D1746952

600 Jahre Musik an der Universität Leipzig

Stammbuch des Johann Heinrich Graf (Ms 2642) - Blatt 34v/35r:
Collage mit Spielkarte, Zeitung, Landkarte, Schachbrett und Notenblatt von Christian Friedrich Eckard, Planitz 14.4. (ca. 1783)
(Universitätsbibliothek Leipzig, MS 2642, Bl. 34r)

UNIVERSITÄT LEIPZIG

600 JAHRE MUSIK
AN DER UNIVERSITÄT LEIPZIG

Studien anlässlich des Jubiläums

Herausgeber
Eszter Fontana

Herausgeberkollegium
Stephan Greiner
Anselm Hartinger
Helmut Loos
Michael Maul
Christoph Wolff

Redaktion
Bernhard Schrammek

VERLAG JANOS STEKOVICS

Leipziger Studenten und Burschenschafter um 1820
(Bundesarchiv, Koblenz)

Förderer

**Beauftragter der Bundesregierung für Kultur und Medien
aufgrund eines Beschlusses des Deutschen Bundestages**

Vereinigung von Förderern und Freunden der Universität Leipzig e. V.

Fördernde Subskribenten:

Bärbel Irmler, Bamberg
Burkhard Jung, Oberbürgermeister der Stadt Leipzig
Prof. Andreas Schulz, Direktor des Gewandhauses zu Leipzig

* * *

Prof. Dr. David Backus, Schwangau
Prof. Dr. Andreas Beurmann
Eckhart Braun, Rechtsanwalt bei CMS Hasche Sigle in Leipzig
Eberhard Brünger, Freistatt
Prof. Dr. Markus A. Denzel, Leipzig
Graphikantiquariat Koenitz, Leipzig
Prof. Friedemann und Dr. Barbara Hellwig, Hamburg
Dr. Heralt Hug, Rechtsanwalt bei CMS Hasche Sigle in Leipzig
Johann und Andreas Huhmann, Espelkamp
Helmut und Ingrid Kaußler, Haldenwang
Marc Christian Kyewski, Rechtsanwalt bei CMS Hasche Sigle in Leipzig
Dr. Michael und Evelyn Märker, Ingelheim
Prof. Siegfried Pank, Markkleeberg
Michael Rosenthal, Musikalienhandlung M. Oelsner in Leipzig
Gerd Schmidt, Rechtsanwalt bei CMS Hasche Sigle in Leipzig
Prof. Dr. Werner Schneider, Leipzig
Dr. Gisela Schultz, Haldensleben
Wolf-Dietrich Freiherr Speck von Sternburg
Christian Starke, Hilden
Stiftung Kloster Michaelstein
Christian und Katrin Velebil, Leipzig
Dr. Senta Völter geb. Schultz, Berlin
Pfarrer Christian Wolff, Ev.-Luth. Kirchgemeinde St. Thomas Leipzig
Hans Zimmermann, Recklinghausen

Danksagung

Für Unterstützung und Hinweise danken wir

Christina Balciunas
Christina Barofke
Markus Brosig
Anett Dunte
Klaus Gernhardt
Pawel Gorszczynski
Wieland Hecht
Birgit Heise
Gunter Hempel †
Hubert Henkel
Brigitte Köbler
Manfred Kröger
Claudia Lanfer
Silvia Lauppe
Ursula Muntschick
Zsuzsa Murányi
Karsten Schiewe
Gisela Schultz
Christine Thiemann
Jürgen Udolph
Barbara Wiermann
Institut für Musikinstrumentenforschung
„Georg Kinsky" e. V.

Inhaltsverzeichnis

David Timm
Grußwort — 11

Vorwort — 13

Christoph Mackert
„Musica est ars ex septem liberalibus una" – Musiktheoretische Texte
in mittelalterlichen Handschriften aus Leipziger Universitätsgebrauch — 21

Michael Maul
Musikpflege in der Paulinerkirche im 17. Jahrhundert
bis hin zur Einführung des ‚neuen Gottesdienstes' (1710) — 33

Cornelia Junge
„Effigies XXI Clarissimorum Musicorum à Wernero Fabricio, Musico Lipsiensi" –
Die Porträtsammlung berühmter Musiker des Werner Fabricius — 57

Peter Wollny
Das Leipziger Collegium musicum im 17. Jahrhundert — 77

Andreas Glöckner
Die Musikpflege an der Universitätskirche St. Pauli zur Zeit Johann Sebastian Bachs — 91

Hans-Joachim Schulze
Lorenz Christoph Mizler – Versuch einer Restitution des Studienfaches Musik — 101

Veit Heller
„Eine kleine Ehr"– Zum Status der Orgelbauer an der Universität Leipzig zwischen 1685 und 1850 — 111

Peter Király
Studentisches Lautenspiel im 16. und 17. Jahrhundert – Eine Betrachtung mit Hinblick auf Leipzig — 131

Eszter Fontana, Christiane Arnhold
„F. Vogt ist angetreten" – Ein Kontrabass und die studentische Musik — 143

Stefan Altner
Die Thomana und die Universität Leipzig –
Über die Anfänge einer seit 600 Jahren verknüpften Geschichte — 155

Martin Petzoldt
Musik im Universitätsgottesdienst zu Leipzig — 173

Andreas Mitschke
Musikausbildung in Leipzig vor der Gründung des Konservatoriums
am Beispiel Johann Adam Hillers — 191

Claudius Böhm
Ohne Universität kein Gewandhausorchester — 197

Anselm Hartinger
Universitäres Musikleben und öffentliche Musikpflege an der Paulinerkirche
in der ersten Hälfte des 19. Jahrhunderts — 203

Stephan Greiner
Singende Studenten mit Band und Mütze
Der Akademische Gesangverein Arion im Kreise der Leipziger Musikvereine
des 19. und frühen 20. Jahrhunderts — 223

Stefan Keym
Hermann Kretzschmars ‚Akademische Orchester-Concerte' — 239

Andreas Sopart
Collegium musicum – Eine Kammermusikreihe als Beispiel und Produkt
einer fruchtbaren Wechselwirkung zwischen der Universität Leipzig,
ihrem Musikforscher Hugo Riemann und dem Musikverlag Breitkopf & Härtel — 259

Helmut Loos
Musikwissenschaft an der Universität Leipzig — 265

Eszter Fontana
Zur Geschichte des Museums für Musikinstrumente der Universität Leipzig — 285

Eszter Fontana
Annäherungen an die Alte Musik
Leipziger Protagonisten einer ‚Bewegung' — 327

Winfried Schrammek
Alte Musik an der Universität Leipzig von 1929 bis 2009
Musikausübung der Mitarbeiter des Musikinstrumenten-Museums — 337

Manuel Bärwald
Der Leipziger Universitätschor in Geschichte und Gegenwart –
Untersuchungen zu Ursprung, Entwicklungen und Traditionen im Kontext seiner Chorleiter — 349

Hans-Jürgen Feurich
Geschichte der Musikpädagogik an der Universität Leipzig — 367

Katrin Stöck
Zeitgenössische Musik an der Universität Leipzig zur Zeit der DDR
Ur- und DDR-Erstaufführungen durch Ensembles der Universität — 377

BERND FRANKE
Das Auftragswerk zum 600-jährigen Bestehen der Universität Leipzig
und zur Einweihung des Neuen Paulinums: *Memoriam – Tempo e tempi* für Chor
und Orchester auf Texte von Hans-Ulrich Treichel und William Shakespeare (2008/09) — 389

PETRA HESSE
Dokumente zur universitären Musikgeschichte im Universitätsarchiv Leipzig — 393

ANNEGRET ROSENMÜLLER
Sammlungen und Nachlässe mit Musikhandschriften und Musikerbriefen
in den Sondersammlungen der Universitätsbibliothek Leipzig — 399

ANNEGRET ROSENMÜLLER, CHRISTINE KORFF
Musiksammlungen der Universität Leipzig — 413

Anhang

Abkürzungsverzeichnis — 416

Leipziger Universitätsmusikdirektoren, Universitätsorganisten und Universitätskantoren — 419

In Leipzig studieren, Musiker werden …
Eine Liste Leipziger Studenten, die Musiker, Komponisten, oder Instrumentenbauer geworden sind — 445

Veranstaltungen der Leipziger Universitätsmusik und
des Museums für Musikinstrumente 2004 bzw. 2005 bis 2009 — 459

Literaturverzeichnis — 473

Über die Autoren — 492

Personenregister — 497

Bildnachweis — 511

Impressum — 512

Augustusplatz und Paulinerkirche. Aquarell von Felix Mendelssohn Bartholdy, Leipzig, undatiert (nach 1838)
(The Bodleian Library University of Oxford: Ms. Margaret Deneke Mendelssohn e 4, fol. 3)

Grußwort

Die Leipziger Universitätsmusik kann auf eine unvergleichlich reiche Geschichte zurückblicken. In den 600 Jahren seit 1409 ist eine Fülle von Musik entstanden und erklungen, haben viele Komponisten, darunter auch einige der größten überhaupt, ihre Werke für die Universität geschaffen und aufgeführt. Was wäre die in alle Welt ausstrahlende Leipziger Musik- und Geistesgeschichte ohne die Beiträge und Impulse aus der Universität?

Der wichtigste Ort für die Musiktraditionen der Leipziger Universität ist bis 1968 die Paulinerkirche gewesen. Hier wirkten Persönlichkeiten wie Werner Fabricius, Johann Adam Hiller und Max Reger, es komponierten Johann Sebastian Bach und Johann Gottfried Schicht für feierliche Anlässe in der Universitätskirche. Durch deren Zerstörung wurde die Kontinuität dieses geschichtsträchtigen Ortes zwar unterbrochen, aber keinesfalls beendet.

Das große Erbe der Vergangenheit sollte in unserem Bewusstsein bleiben, wenn wir in Zukunft das neu erbaute Paulinum – die Aula/Universitätskirche St. Pauli wieder mit Musik, mit geistigem und geistlichem Leben füllen.

Der Reichtum der Leipziger Universitätsmusikgeschichte ist nun in dem vorliegenden neuen Band umfassend dokumentiert worden und dem Fachpublikum, aber auch allen anderen Interessierten, werden die neuesten Forschungsergebnisse zur Geschichte der Musik an der Universität Leipzig präsentiert. Erstmals wird hier ein selbstständiger Studienband über die Musik an der Leipziger Universität und in ihrem Umfeld vorgelegt.

Es ist mir daher eine Freude und ein Bedürfnis, den Verfasserinnen und Verfassern sowie den zahlreichen Förderern, die das Projekt unter anderem durch Subskription unterstützt haben, herzlich zu danken und unserem Buch eine große Leserschaft zu wünschen!

David Timm
Universitätsmusikdirektor
Leipzig, im Dezember 2009

Vorwort

Zwischen 1909 und 1941 erschienen mit den drei Bänden der *Musikgeschichte Leipzigs* von Rudolf Wustmann und Arnold Schering die letzten umfassenden, nicht nur auf ein Teilthema beschränkten wissenschaftlichen Werke zur Musikkultur dieser Stadt.[1] Der erste Band war der 500-jährigen ehrwürdigen Alma mater Lipsiensis gewidmet. Das 600-jährige Jubiläum der Universität Leipzig haben wir nun zum Anlass genommen, die vielfältigen Musiktraditionen an und im Umfeld der Leipziger Universität neu zu untersuchen und insbesondere mit den Ereignissen des 19. und 20. Jahrhunderts zu ergänzen. 26 Autorinnen und Autoren konnten für das ehrgeizige Projekt gewonnen werden, auf diese Weise die lokale Musikgeschichte mit dem Schwerpunkt Universität weiterzuschreiben. Unser Ziel bestand darin, die universitätsbezogenen Linien der Leipziger Musikgeschichte dort zu aktualisieren und neu zu bewerten, wo neue Forschungsergebnisse dies gebieten, und dort fortzusetzen, wo Wustmann und Schering aufhörten. Das Ergebnis ist ein multiperspektivischer Blick auf die verschiedenen musik- und sozialgeschichtlichen Phänomene im Umfeld der Alma mater auf einer teilweise völlig neu erarbeiteten Daten- und Faktenbasis, die nicht nur heute, sondern auch in Zukunft als Forschungsgrundlage dienen kann. Wir möchten an dieser Stelle die Gelegenheit nutzen, auf einige grundlegende Zugänge zu den Themen dieses Bandes und auf bestimmte übergreifende Phänomene einzugehen.

Seit dem frühen Mittelalter ist die Musik mit der Idee der Universität aufs Engste verbunden. In der abendländischen Universität, wie sie sich im 12. Jahrhundert entwickelte, gehörte Musik zum Grundstudium der Artes liberales als Voraussetzung zum berufsbezogenen Studium der Rechte, Medizin oder Theologie. Diese wurden von Doctores Juris, Medicinae oder Theologiae gelehrt, die freien Künste hingegen von Magistri Artium. Im Rahmen des Grundstudiums in den Disziplinen Grammatik, Rhetorik und Dialektik (dem sogenannten Trivium) auf der einen Seite sowie Arithmetik, Geometrie, Musik und Astronomie (dem Quadrivium) auf der anderen spielte die ‚musica' die Rolle einer naturwissenschaftlichen Erkenntnisquelle. Das Statut der Artistenfakultät der Leipziger Universität schrieb seit 1410 Vorlesungen über die Musik als Bestandteil des Quadriviums vor, seit 1436 waren Kenntnisse der Musiktheorie Voraussetzung für den Erwerb des Magisteriums. Die diesem Bildungsaspekt dienenden Gespräche in kleinem Kreise und das Studium der lateinisch verfassten theoretischen Abhandlungen wurden spätestens im Jahre 1588 durch Vorlesungen zur Physik abgelöst. Die aus dieser frühen Zeit in der Leipziger Universitätsbibliothek aufbewahrten wissenschaftlichen Abhandlungen über Musik, mit denen sich Christoph Mackerts Beitrag auseinandersetzt, geben Auskunft darüber, welche theoretischen Schriften in Mitteldeutschland im 15. und 16. Jahrhundert als Lehrwerke und Forschungsgrundlagen dienten. Zu ihnen gehört zum Beispiel eine über viele Jahre zusammengetragene und 1456 abgeschlossene, von verschiedenen Händen stammende Schriftensammlung, die neben theologischen Arbeiten und Abschriften von Werken antiker Autoren auch über 30 Seiten kommentierte Traktate zur Musik sowie einige Motetten enthält. Im ‚Kleinen Fürstenkolleg' der Leipziger Universität stand sie für das Studium der sieben freien Künste zur Verfügung.

Die Voraussetzung für das Universitätsstudium bildeten Lateinschulen, zu deren Aufgabenbereich es auch gehörte, mit ihren Kantoreien die Musik der Stadtkirchen zu bestellen. Die erste und rund drei Jahrhunderte auch einzige Lateinschule Leipzigs war die im Jahre 1212 als Klosterschule gegründete und 1254 erstmals erwähnte Thomasschule. Dort bekamen die Schüler eine gründliche musikalische Ausbildung und verfügten später als Studen-

---

[1] Rudolf Wustmann: *Musikgeschichte Leipzigs*, Bd. 1: *Bis zur Mitte des 17. Jahrhunderts*, Berlin und Leipzig 1909; Arnold Schering: *Musikgeschichte Leipzigs*, Bd. 2: *Von 1650 bis 1723*, Leipzig 1926; Arnold Schering: *Musikgeschichte Leipzigs*, Bd. 3: *Johann Sebastian Bach und das Musikleben Leipzigs im 18. Jahrhundert*, Leipzig 1941.

ten bereits über einige praktische Erfahrung. Der Lehrkörper der Thomasschule war seit der Reformation eng mit der Universität verbunden, zumal der Thomasschulrektor bis 1750 immer ein Professor der Universität war. Wichtige Aspekte der gemeinsamen Geschichte der beiden anfänglich konkurrierenden Institutionen werden von Stefan Altner dargelegt. Ausdrücklich für hochbegabte, musikalisch gebildete und besonders bedürftige ehemalige Thomasschüler, die an der Leipziger Universität studieren wollten, war ein Stipendium bestimmt, das der wohlhabende und offenbar musikliebende, 1591 zu Steyr in Österreich verstorbene Mediziner Matern Hammer in seinem Testament verfügt hatte. Wie aus von Andreas Glöckner im Jahr 2008 im Leipziger Universitätsarchiv aufgefundenen Dokumenten zu erfahren ist, profitierten noch Bachs Chorpräfekten von diesem ‚Hammerischen Stipendium'.[2]

In der weltoffenen Messestadt Leipzig gab es ein einzigartiges Zusammenwirken zwischen Thomasschule, Universität, Kirchenmusik und Stadtpfeiferei, das die Stadt zu einem bedeutenden Musikzentrum erhob. Das Musizieren und das Musikhören gehörten nicht nur zum alltäglichen Zeitvertreib der Studenten, sondern auch zur umfassenden Bildung. Im Verlauf des 16. Jahrhunderts und vor allem im 17. Jahrhundert bildeten sich an vielen Universitäten Collegia musica, die sowohl in der Ausgestaltung der universitären Festmusiken als auch im städtischen Musikleben eine herausragende Rolle spielten. Etwa Johann Hermann Schein, Student der Rechtswissenschaften an der Universität Leipzig von 1608 bis 1612, war zunächst Musiklehrer bei Gottfried von Wolffersdorf in Weißenfels, später Weimarer Hofkapellmeister und schließlich Thomaskantor und städtischer Musikdirektor in Leipzig. Er widmete eine Liedersammlung der musizierfreudigen Leipziger Studentenschaft. Die Geschichte und Bedeutung der studentischen Collegia musica wird im vorliegenden Band von mehreren Beiträgen mit zahlreichen neuen Erkenntnissen behandelt, zentral im Text von Peter Wollny. Auch das ‚Große Konzert', das später als Leipziger Gewandhausorchester eine besondere Bedeutung bekam, wurde als ein Collegium musicum gegründet. Claudius Böhm nimmt in seinem Beitrag eine Rekonstruktion der Gründungsbesetzung von 1743 vor und belegt, dass es neben Berufsmusikern großteils Studenten der Leipziger Universität waren, die dort musizierten. Zu den später dort wirkenden Studenten gehörte auch Johann George Tromlitz. Seit 1750 hatte er Jurisprudenz studiert, zwischen 1754 und 1776 war er Soloflötist im ‚Großen Konzert', in den späteren Jahren bekannt als Flötenbauer. Sein Portrait konnte 2009 für das Museum für Musikinstrumente der Universität Leipzig erworben werden.

Es fällt in diesem Zusammenhang besonders auf, wird aber auch in anderen Artikeln immer wieder deutlich, dass im Laufe der Jahrhunderte erstaunlich viele Studenten nach einem abgeschlossenen oder auch abgebrochenen Studium an der Leipziger Alma Mater eine musikalische Laufbahn begannen. Die Erkenntnis, dass in der Geschichte für lange Zeit ein Universitätsstudium eine Voraussetzung für eine erfolgreiche Musikerkarriere war, zieht sich wie ein roter Faden durch unser Buch. Nicht nur im Leipziger Raum, sondern überall in den protestantischen Gebieten Deutschlands hatte es beispielsweise nach dem Dreißigjährigen Krieg bis weit nach 1750 eine sehr große Zahl von Theologiestudenten gegeben, die zumeist aus Armut nur sehr kurz studierten (2 bis 3 Semester), dann arbeitslos waren und deshalb nach Hauslehrerstellen oder ähnlichen Verdienstmöglichkeiten Ausschau hielten. Nicht wenige von Ihnen wurden Kantoren (was in einer kleineren Gemeinde oft auch Verpflichtungen als Schulmeister mit sich brachte), manchmal konnten sie auch aus dem Beruf als Lehrer, Kirchenmusiker oder Küster heraus schließlich doch noch eine Pfarrstelle bekommen. Es ist zwar kein ausschließlich Leipziger Phänomen, aber es lässt sich doch hier besonders gut in Wechselwirkung mit dem Musikleben der Stadt zeigen, dass zahlreiche professionelle Musikerlaufbahnen im Studium an der Leipziger Universität die entscheidende Wendung nahmen. Die städtische Infrastruktur, von der die Universität einen Teil bildete, bot optimale Voraussetzungen für eine vielseitige musikalische Ausbildung. Es gab zwar nie ein Lehrfach an der Leipziger Universität, das zielgerichtet auf eine Musikerkarriere vorbereitet hätte, jedoch zahlreiche Möglichkeiten für die Praxis: Die Mitwirkung und Aushilfe in den Ensembles der Stadt- und Kirchenmusik sowie das Erteilen und Genießen von privatem Musikunterricht sind nur wenige, besonders typische dieser Bildungsstationen.

Als im Juni 1692 der Kurfürst Johann Georg IV. ein Privileg zur Errichtung einer deutschen Oper in Leipzig an Nicolaus Adam Strunck (1640–1700) erteilte, sprach er die Hoffnung aus, dass die Leipziger Oper ein Ort der Beförderung der Kunst und zugleich hinsichtlich der Instrumentalisten eine Art Vorschule für die Dresdner Oper sein möge. Der Leipziger Student Georg Philipp Telemann spielte, sang, dirigierte hier drei Jahre und schrieb für das Haus nach eigener Aussage mehr als zwei Dutzend Opern. Die Leipziger Barockoper blühte danach für fast 30 Jahre als einzige öffentliche Oper in Sachsen. Immerhin schätzte auch August der Starke, regelmäßiger Besucher des Unternehmens und Schirmherr der Universität, das Zusammen-

---

2 Andreas Glöckner: *Johann Sebastian Bach und die Universität Leipzig – Neue Quellen (Teil I)*, in: Bach-Jahrbuch 94 (2008), S. 159–201, hier S. 187–195.

wirken der literarischen, musikalischen, bildenden und mechanischen Künste in der Universitätsstadt als „ein besonderes musikalisches Seminarium in unseren Landen".[3] Als wichtige Persönlichkeiten jener Zeit stoßen wir in diesem Zusammenhang außerdem etwa auf die Namen von Johann David Heinichen oder Georg Philipp Telemann, die sich als Studenten ihre Sporen als Komponisten für die Leipziger Oper verdienten und danach als Hofkapellmeister, Stadt- oder Kirchenmusikdirektor in verschiedenen Städten wirkten. Johann Friedrich Fasch und der Bach-Schüler Johann Friedrich Agricola kamen ebenfalls an die Leipziger Universität, um ihren musikalischen Ambitionen einen akademischen Rahmen zu geben, der ihnen berufliche Vorteile verschaffte. Denn Hofkapellmeister wurden gern und oft zu Verwaltungs- und Sekretärsdiensten mit herangezogen. Vielseitige Bildung war also erforderlich, die Biografien von Männern wie Johann Kuhnau (Advokat), Lorenz Christoph Mizler (unter anderem Hofarzt) und Gottfried Wilhelm Fink (unter anderem Hilfsprediger) zeugen vom Erfolg des Konzeptes der mehrgleisigen Beschäftigung bis ins 19. Jahrhundert hinein. Dass die Matrikel der Leipziger Universität voller Komponisten und Musiker sind, ist mittlerweile zum Allgemeinplatz geworden. Wir haben es uns zur Aufgabe gemacht, diese Behauptung erstmals anhand konkreter Daten zu belegen. Die im Anhang publizierte Liste „In Leipzig studieren, Musiker werden" mit ihren weit über 300 Einträgen ist das vorläufige Resultat dieser Bemühungen.

Mit der Entstehungsgeschichte einer ungewöhnlichen Musikergalerie, die auch Portraits von Schütz, Schein und Fabricius beinhaltet, beschäftigt sich der Beitrag von Cornelia Junge. Die Bilder wurden der Universität von Werner Fabricius vermacht. Dieser Mann war es auch, dem 1656 zum ersten Mal nachweisbar und offiziell das Musikdirektorat an der Universitätskirche St. Pauli verliehen wurde, wodurch die Universität erstmals pro forma die Unabhängigkeit der akademischen Musikpflege deklarierte. Die Musik an der Paulinerkirche lag nämlich zuvor und danach nochmals bis ins 18. Jahrhundert hinein in der Hand des Thomaskantors. Dass möglicherweise unmittelbar vor Fabricius schon Johann Rosenmüller (wenn auch ohne Titel) als eine Art akademischer Musikdirektor der Leipziger Universität fungierte, wird in Michael Mauls Beitrag zu diesem Band erstmals geschildert. Auch wenn die praktische Ausübung der Musik nicht zur universitären Disziplin der ‚musica' gehörte, hatte diese schon immer in der Ausgestaltung verschiedener Festakte eine herausragende Rolle gespielt: Zu den Gottesdiensten an den Hochfesten und am Reformationsfest, zu Quartalsorationen, Promotionen sowie Erinnerungs- und Trauerfeiern wurde musiziert. Lange bevor die damalige Kirche des Dominikanerklosters zur Universitätskirche und damit zum Zentrum der akademischen Musik wurde, wurden Universitätsgottesdienste in den Hauptkirchen der Stadt ausgetragen. Die Herausgeber dieses Bandes stellten sich die Aufgabe, sich auch mit dem Begriff des Amtes eines Universitätsmusikdirektors auseinanderzusetzen und anhand von Archivquellen die aus anderen Publikationen bekannten Angaben zu überprüfen. Das im Anhang publizierte Lexikon der Leipziger Universitätsmusikdirektoren, -organisten und -kantoren entstand in Zusammenarbeit mehrerer Autoren des vorliegenden Bandes, darunter Christiane Arnhold, Stephan Greiner und Martin Petzoldt. Es versammelt erstmals biografische Daten zu allen Personen, die an der Universitätskirche als Musikdirektoren, Organisten und Kantoren amtierten. Eine ausführliche Vorbemerkung zu diesem Abschnitt führt in die Quellenlage und die Gesamtentwicklung der Ämter ein. Detailliert setzt sich darüber hinaus Michael Maul mit der Geschichte des Musikdirektorats der Leipziger Universität bis zur Einführung der regelmäßigen öffentlichen Sonntagsgottesdienste in der Universitätskirche im Jahr 1710 auseinander. Andreas Glöckner erläutert unter anderem die Umstände, die zur (diesmal endgültigen) Trennung der Ämter Thomaskantor und Universitätsmusikdirektor führten und mit der langwierigen Berufung Johann Sebastian Bachs zum Thomaskantor in Zusammenhang stehen. Die 1710 eingerichteten ‚neuen Gottesdienste' musste Bach nämlich dem neuen Universitätsmusikdirektor Johann Gottlieb Görner überlassen, und Bach selbst unterlag in seiner Eigenschaft als Thomaskantor – er war der einzige bis ins 19. Jahrhundert, der selbst nie Studiosus und Magister Artium gewesen war – nur noch die musikalische Ausgestaltung des Universitätsgottesdienstes an den hohen Kirchenfesten Weihnachten, Ostern und Pfingsten sowie am Reformationstag. Aber auch zu außergewöhnlichen Anlässen wurde er von der Universität herangezogen, wie etwa Trauergottesdiensten für die 1727 verstorbene Kurfürstin und Königin Christiane Eberhardine oder für den Thomasschulrektor Johann August Ernesti.[4] Der Thomaskantor Bach bewohnte eine Dienstwohnung in der Thomasschule. Als Nicht-Hausbesitzer konnte er mit einem Bürgerrecht der Stadt nicht rechnen. Insofern ist es von Bedeutung, dass er unter die sogenannten ‚Universitätsverwandten' zählte, und entsprechend etwa seine Nachlass-Angelegenheiten über die Universität geregelt wurden.

---

3   Zitiert nach: Michael Maul: *Barockoper in Leipzig (1693–1720)* (Voces: Freiburger Beiträge zur Musikgeschichte, Bd. 12), Freiburg etc. 2009, S. 211.

4   Ernesti hatte 1730 seine Ausbildung an der philosophischen Fakultät der Universität Leipzig abgeschlossen, 1742 wurde er dort zum außerordentlichen Professor für alte Literatur ernannt, 1756 zum ordentlichen Professor für Rhetorik, 1759 der Theologie.

In den Zusammenhang, welche musikbezogenen Titel und Ämter die Universität zu vergeben hatte, gehört auch das Thema der Universitäts-Orgelmacher. Veit Heller untersucht hier erstmals zusammenhängend deren Status und Tätigkeit und fördert anhand von Archivmaterialien bislang unbekannte Erkenntnisse zu Tage.

Es bleibt eine spannende Frage, wo und wie ein Musikstudium in Leipzig vor der Eröffnung des von Felix Mendelssohn Bartholdy 1843 gegründeten Konservatoriums möglich war. Ein Teil der Antwort muss nach den Erkenntnissen unserer Autoren lauten: Im Umfeld der Universität. Aus der zweiten Hälfte des 18. Jahrhunderts berichtet Andreas Mitschkes Beitrag über die Verdienste des ersten Gewandhauskapellmeisters, Universitätsmusikdirektors und nachmaligen Thomaskantors Johann Adam Hiller um die Musikausbildung in Leipzig.

Schon im 18. Jahrhundert gab es Gelehrtengesellschaften, die sich theoretisch mit der Wissenschaft von der Musik auseinandersetzten. Der bereits erwähnte Lorenz Christoph Mizler (1711–1778) gründete 1738 in Leipzig die ‚Correspondierende Societät der musicalischen Wissenschaften', die aus heutiger Sicht die erste musikwissenschaftliche Vereinigung darstellt. Telemann, Bach und Händel gehörten zu den Mitgliedern. Hans-Joachim Schulzes Beitrag beschreibt Mizlers Tätigkeit als Musikforscher, Herausgeber und Dozent an der Leipziger Universität. Auch bedeutende Lehrwerke entstanden im Laufe des 18. Jahrhunderts im Bereich der Musik- und Tanzkunst. Nur einige Autoren seien hier erwähnt, wie der Universitäts-Tanzmeister Gottfried Taubert (1679–1746), der sein Werk über die Tanzkunst zur Erlangung eines Doktorgrades an der Universität Leipzig einzureichen beabsichtigte. Ernst Gottlieb Baron (1696–1760) schuf eine der letzten bedeutenden Abhandlungen über die Laute und das Lautenspiel, Johann Adam Hiller (1728–1804) begründete 1759 die erste deutsche Musikzeitschrift *Der musikalische Zeitvertreib* und veröffentlichte auch mehrere Werke zum Musikunterricht, zum Beispiel die *Anweisung zum musikalisch-richtigen Gesange* (Leipzig 1774).

Außer Mizlers Vorlesungen können im späten 18. und im 19. Jahrhundert immer wieder einzelne Lehrveranstaltungen zu musikbezogenen Themen nachgewiesen werden, etwa von Christian Friedrich Michaelis, Gottfried Wilhelm Fink und Hermann Langer. Erst 1908 erfolgte die Gründung des Musikwissenschaftlichen Instituts durch Hugo Riemann. Der Beitrag von Helmut Loos beleuchtet neben der Vorgeschichte des Instituts vor allem dessen wechselhafte Entwicklung im 20. Jahrhundert und behandelt dessen Stellung innerhalb der deutschen Musikwissenschaft anhand der bedeutendsten Personen bis in die Gegenwart.

Mit dem Ankauf der Heyerschen Sammlung für die Universität im Jahre 1926 bekam die Musikforschung und die Musikausübung in Leipzig einen neuen zusätzlichen Schwerpunkt. Die Beiträge von Eszter Fontana und Winfried Schrammek setzen sich mit der Geschichte des Museums für Musikinstrumente und seiner Rolle in der Alte-Musik-Bewegung auseinander. Auch als Ort der praktischen Musikausübung nahm und nimmt das Museum Teil an der florierenden Musikpflege, die an der Leipziger Universität bis in die jüngste Vergangenheit zu beobachten ist. Im Vergleich zu früheren Jahrhunderten sind Musikveranstaltungen und -institutionen der Alma mater seit dem 20. Jahrhundert zunehmend besser dokumentiert. Eine gute Quellenlage gleichermaßen für das noch junge 21. Jahrhundert zu schaffen, dazu dient unter anderem die im Anhang abgedruckte Übersicht, welche die Veranstaltungen der Leipziger Universitätsmusik und des Museums für Musikinstrumente in den Jahren 2004 bis 2009 auflistet. Drei Institutionen firmieren heute direkt unter dem Titel ‚Leipziger Universitätsmusik' und werden von der Alma mater zu repräsentativen Veranstaltungen wie den feierlichen Immatrikulationen herangezogen. Diese drei Ensembles sind im Jahr 2009: das Universitätsorchester,[5] die Uni-Bigband[6] und der Leipziger Universitätschor. Letzterer wird traditionsgemäß vom Universitätsmusikdirektor, derzeit David Timm, geleitet. Die Geschichte des Leipziger Universitätschors wird im vorliegenden Band von dem jungen Musikwissenschaftler Manuel Bärwald gründlich aufgearbeitet.

Einige der zahlreichen weiteren Musikformationen an der Leipziger Universität, die im Rahmen der Beiträge dieses Bandes nicht ausführlicher gewürdigt werden können, sollen an dieser Stelle Erwähnung finden. Dazu gehört die 1959 von einigen Physikstudenten gegründete ‚Kammermusikgruppe der Fakultät für Physik und Geowissenschaften an der Universität Leipzig'.[7] Deren erste Kammermusikabende wurden geleitet von Detlef Schneider, später von Dieter Michel und danach von Volker Riede, der die Leitung bis heute innehat. Gegenwärtig sind die Mitwir-

---

5   Das Leipziger Universitätsorchester wurde 2003 als ‚Leipziger studentisches Orchester' gegründet und 2004 als Universitätsorchester offiziell anerkannt und umbenannt. Seine Dirigenten bisher waren: Norbert Kleinschmidt (Wintersemester 2003/04), Anna Shefelbine (Sommersemester 2004 bis Sommersemester 2005), Juri Lebedev (Wintersemester 2005/06 bis Sommersemester 2007, erneut ab Sommersemester 2008), Daniel Huppert (Wintersemester 2007/08). Vgl. dazu auch Stephan Greiner: *Kein Fest ohne Musik – Von musizierenden Studenten und der Leipziger Universitätsmusik früher und heute*, in: Vivat, Crescat, Floreat. Sonderedition der Leipziger Blätter zum 600. Gründungstag der Universität Leipzig, Leipzig 2009, S. 94–97.

6   Die UniBigband wurde 2006 gegründet und steht unter der Leitung von Reiko Brockelt.

7   Für die Informationen zur Geschichte dieses Ensembles danken wir Herrn Volker Riede.

kenden sowohl Laien- als auch Berufsmusiker und nach wie vor rekrutiert sich ein Teil von Ihnen aus der Studentenschaft. Die Mitgliederfluktuation führte dazu, dass über 120 Personen als ehemalige oder derzeitige Mitglieder der Kammermusikgruppe gezählt werden können. Auf dem Programm der Kammermusikabende standen zu Beginn noch arrangierte Werke verschiedener Genres, bald aber erfolgte die Besinnung auf original kammermusikalische Stücke. Von Anfang an erklangen in den Konzerten sowohl instrumentale als auch vokale Kompositionen. In Zusammenarbeit mit Musikwissenschaftlern wurden und werden den thematisch orientierten Kammermusikabenden[8] Einführungen in die Werke und deren Hintergründe vorangestellt. Die dargebotenen Musikstücke aus fast allen Epochen bedingen eine ständig wechselnde Besetzung vom Solovortrag bis zum Quintett in variablen Kombinationen.[9] Die Auftritte der Kammermusikgruppe der Fakultät für Physik und Geowissenschaften umfassen neben den Kammermusikabenden auch besondere universitäre Veranstaltungen[10] und Gastspiele außerhalb Leipzigs.

Seit 2001 bietet der Leipziger Komponist Professor Bernd Franke am Institut für Musikwissenschaft Kurse für Tonsatz/Komposition und seit einigen Jahren ebenfalls im Fach Neue Improvisation an. Diese Kompositionskurse werden wöchentlich von bis zu 20 Studenten besucht, wobei die Arbeit in kleineren Gruppen stattfindet. Als Ergebnis dieser Beschäftigung mit Neuer Musik des 20. und 21. Jahrhunderts werden in den Kursen entstandene Kompositionen und auch Improvisationen öffentlich in regelmäßig stattfindenden Veranstaltungen aufgeführt. Diese Konzerte werden von und mit Studierenden der Musikwissenschaft und Gästen etwa ein- bis zweimal im Semester organisiert. Seit 2004 fanden solche Konzerte auch in Zusammenarbeit mit dem Deutschen Literaturinstitut der Leipziger Universität statt. Besonders erfreulich ist, dass die in den Kursen angeregten Aktivitäten von manchen ehemaligen Studenten der Musikwissenschaft nach Ende des Studiums weitergeführt werden, so unter anderem vom Ensemble ‚Phase Drei' in Leipzig. Ebenfalls am Institut für Musikwissenschaft werden seit 2005 innerhalb des Lehrangebots Kurse auf einem balinesischen Gamelan belegan jur angeboten, geleitet von Gilbert Stöck.

Weitere Beispiele des vielfältigen nicht zentral organisierten akademischen Musiklebens an der Leipziger Universität, das Angehörige aller Fakultäten in Orchester, Chöre und andere Ensembles mit einbezieht, sind unter anderem: das Akademische Orchester[11], das Medizinerkonzert[12], der Jazzchor „Chor'nfeld"[13] als Arbeitsgemeinschaft des StudentInnenrates, die weiteren festen und projektbezogenen Ensembles an den Instituten für Musikpädagogik und Musikwissenschaft sowie die zahlreichen aus Studenten bestehenden Leipziger Bands. Diese Vielfalt vermittelt einen Eindruck davon, was die Musikpflege im Umfeld der Universität Leipzig im Jahr ihres 600-jährigen Jubiläums ausmacht.

Das Institut für Musikwissenschaft und das Museum für Musikinstrumente der Universität Leipzig arbeiteten für dieses Buch mit namhaften Wissenschaftlern nicht nur der Leipziger Universität, sondern auch des Bach-Archivs, des Gewandhauses, des Thomanerchores und anderer Institutionen zusammen. Neben Musikwissenschaftlern wurden auch Fachleute anderer Sachgebiete zu Rate gezogen. Besonders erfreulich ist, dass jüngere Musikwissenschaftler und Musikwissenschaftlerinnen hochwertige Beiträge mit bislang nicht publizierten Erkenntnissen leisten. So stehen Aufsätze von ehemaligen Studenten, jetzigen Dozenten und gestandenen Forschern nebeneinander. In die Texte konnten auch die Ergebnisse einiger musikwissenschaftlicher Magisterarbeiten Eingang finden.[14] Außerdem konnten sich die Autoren des Lexikonteils auf die Vorarbeiten mehrerer Seminare und Arbeitsgruppen am Institut für Musikwissenschaft stützen: „Geschichte der Musikwissenschaft an der Universität Leipzig" (Seminar im Wintersemester 2005/06, Frieder Zschoch, Hans-Joachim Schulze, Winfried Schrammek, Helmut Loos), „Leipziger Universitätsmusik" (Arbeitsgruppe vom Wintersemester 2004/05 bis zum Wintersemester 2005/06, Helmut Loos, Thomas Schinköth), „Musik an der Leipziger Uni-

---

8   Einige Themen seien hier genannt: „Polnische Musik der Renaissance", „Französische Kammermusik", „Franz Schubert – Zeit und Werk" und „Komponisten in Leipzig". Besonderes Interesse galt der Sonatenform. Zu diesem Thema wurden mehrere Abende gestaltet.

9   Weil dafür unterschiedliche Probenzeiten notwendig sind, konnte die Kammermusikgruppe nicht wie andere Ensembles feste wöchentliche Proben einführen.

10 Beispielsweise die Eröffnung des 53. Deutschen Geographentages im Jahre 2001 im Gewandhaus, die Festveranstaltung anlässlich des 200. Geburtstages von Gustav Theodor Fechner 2001 im Alten Rathaus und die Ehrenpromotion von Prof. Peter von Polenz 2003 im Alten Senatssaal.

11 Das Akademische Orchester Leipzig e. V. wurde 1954 von Horst Förster als Collegium Musicum der Universität gegründet. Es veranstaltet jährlich sechs Akademische Konzerte. „Ambitionierte Musikant/innen nahezu jeden Alters und jeder Profession sind heute Mitglieder, darunter besonders viele Studenten und ‚gestandene' Akademiker." (Zitat aus der Selbstpräsentation unter http://www.akademisches-orchester-leipzig.de/Musikant.htm, Zugriffsdatum 18. März 2009).

12 Das von der Medizinischen Fakultät ausgerichtete Medizinerkonzert fand 2002 zum ersten Mal statt und bietet ein Forum für die musikalisch aktiven Medizinstudenten und Ärzte.

13 „Chorn'feld" wurde 1994 gegründet und steht derzeit unter der musikalischen Leitung von Virginie Ongyerth.

14 Das betrifft die Beiträge von Stephan Greiner (Magisterarbeit 2008), Michael Maul (2001) und Andreas Mitschke (2008).

Universitätschor und Universitätsorchester unter UMD David Timm im Paulinum im neuen Campus Augustusplatz beim Festakt zum 600. Gründungstag der Universität Leipzig am 2. Dezember 2009 in Anwesenheit von Bundespräsident Horst Köhler (Pressestelle der Universität Leipzig, Foto: Volkmar Heinz)

Abbildung S. 19
Brunnen der Weisheit. Blatt aus dem ersten Immatrikulationsbuch, Wintersemester 1512/1513. Die Quelle des Wissens, in welcher der Durst nach Erkenntnis gestillt werden kann, mit den neun Musen als Beschützerinnen von Kunst und Wissenschaft (Universitätsarchiv Leipzig)

versität – Wege zum Ausstellungsprojekt" (Seminar im Sommersemester 2006, Birgit Heise, Thomas Schinköth). Unterstützung bekamen wir auch von mehreren universitären Einrichtungen wie der Universitätsbibliothek, dem Büro der Universitätsmusik, dem Universitätsarchiv und der Kustodie.

Vollständigkeit, das hat die Arbeit an diesem Band gezeigt, ist bei einem so vielschichtigen Thema nicht zu erreichen. Vielmehr wollen wir zum Weiterdenken und Weiterforschen einladen. So liegt es in der Natur des Gegenstandes, dass unsere Liste der Leipziger Studenten, die Musiker, Komponisten oder Instrumentenbauer geworden sind, kaum je wird vollständig sein können. Innerhalb der Artikel wird direkt oder indirekt auf weitere Desiderate hingewiesen.[15] Insofern kann der vorliegende Band sicherlich auch Anregungen für die eine oder andere zukünftige Bachelor- oder Masterarbeit mit Bezug auf die Musik- und Universitätsstadt Leipzig bieten.

Wir freuen uns, heute sowohl dem Fachpublikum als auch allen anderen, die sich für die Stadt Leipzig, ihre Universität und ihr Musikleben interessieren, in dieser Publikation den derzeitigen Forschungsstand zur Musik an der Universität Leipzig in bisher einmaliger Bandbreite präsentieren zu können.

Die Herausgeber
Leipzig, im Dezember 2009

---

15 Fast völlig musste beispielsweise die NS-Zeit ausgeklammert werden. Thomas Schinköth, der über diese Zeit mehrere bedeutende Publikationen vorgelegt hat, weist darauf hin, dass hier noch zahlreiche Dokumente erschlossen und Zeitzeugen befragt werden müssen und empfiehlt dieses Thema ausdrücklich zukünftigen Doktoranden.

Decanatus Magistri Joannis Tuberini

AB IOVE PRINCIPIUM MVSAE
NYMPHAE NOSTER AMOR
DVLCES ANTE OMNIA MVSAE

ἐμμέα θυγατέρες μεγάλου Διός
HIPPOCRENE
χαίρετε τέκνα Διός

Anno à Natali Christiano Millesimo Quingentesimo duo
decimo, die Saturni ante festum diui Georgÿ, Gallus
die Nona mensis Octobris, electus fuit in antistitem
siue decanu̅, Facultatis artium Joannes Tuberinus Ery-
thropolitanus, vulgo Rotemburgensis vocatus, philosophie Magister, natione Bauarus.

Eiusdem Epigramma
Ille ego qui quondam cecini sacra Celticola̅
Celtaru̅ musis scripsi opus atq̃ nouu̅.
Triginta unde mihi presignis ab arte facultas
Condidit larga fuluu̅ metalla manu̅.

Festzug Leipziger Studenten: ‚Vorstellung / der am 5. Marty 1783 aufgeführten Abend Music, Ihro Hochwürdigen Magnificenz, dem Herrn / Rector, Domherrn und Primarius, D. Burscher gewidmet.' Friedrich August Scheuereck, Leipzig 1785 (Stadtgeschichtliches Museum Leipzig)

„Musica est ars ex septem liberalibus una"
Musiktheoretische Texte in mittelalterlichen Handschriften aus Leipziger Universitätsgebrauch*

CHRISTOPH MACKERT

Wer im Mittelalter ein Universitätsstudium aufnahm, wurde obligatorisch an der sogenannten Artistenfakultät immatrikuliert. Der Name bezog sich auf die Artes liberales, die sieben freien Künste, einen Kanon von Studienfächern, der sich in der Antike als Bildungsideal formiert hatte und durch das gesamte Mittelalter als Grundlage für gelehrt-wissenschaftliche Bildung angesehen wurde.[1] Erst nachdem ein Student den Grad eines Magister artium erworben hatte, konnte er eine der drei höheren Fakultäten für Rechtskunde, Medizin oder Theologie besuchen.

Zu den Artes liberales gehörte auch die Musica im Sinne von regelorientierter Musiktheorie. Sie bestand im wesentlichen in der Lehre von Proportionsberechnungen und Konstruktionsverfahren.[2] Daher war die Musica eine der vier ‚rechnenden Künste' des Quadriviums (Arithmetik, Geometrie, Musik, Astronomie), welches sich an das Trivium mit seinen drei ‚redenden Künsten' (Grammatik, Rhetorik und Dialektik bzw. Logik) anschloss.

Es wäre allerdings irrig anzunehmen, dass die Praxis an den spätmittelalterlichen Artistenfakultäten das über die Jahrhunderte tradierte, idealtypische Artes-Schema unverändert abgebildet hätte. Der reale Studienbetrieb[3] war vielmehr dadurch geprägt, dass ein Großteil der Studenten die Universität ohne Abschluss oder nach dem Baccalar-Examen verließ und damit nur einen Teil des Lehrprogramms durchlief, der eher am Fächerspektrum des Triviums ausgerichtet war.[4] Inhaltlich war das Artisten-Studium zudem von der Lektüre aristotelischer Schriften dominiert und hatte sich damit de facto vom überkommenen Sieben-Fächer-Schema entfernt.

Was tatsächlich im 15. Jahrhundert studiert wurde, ist für die Leipziger Universität[5] außergewöhnlich gut bezeugt, da sich eine Reihe studentischer Belegzettel (‚Cedulae') erhalten hat, mit denen der Besuch aller Pflichtveranstaltungen an der Artistenfakultät nachgewiesen

---

* Für Herta Zutt, einer großen Freundin mittelalterlicher Zahlen- und Proportionslehre.

1 Zur Entwicklungsgeschichte des Systems der Artes liberales von der Antike bis zum Spätmittelalter siehe Uta Lindgren: *Die Artes liberales in Antike und Mittelalter: bildungs- und wissenschaftsgeschichtliche Entwicklungslinien* (Algorismus 8), München 1992; Michael Stolz: *Artes-liberales-Zyklen. Formationen des Wissens im Mittelalter* (Bibliotheca Germanica 47), Tübingen und Basel 2004, Bd. 1, S. 6–85.

2 Vgl. Martin Staehelin: *Musik in den Artistenfakultäten deutscher Universitäten des späten Mittelalters und der frühen Neuzeit*, in: Artisten und Philosophen. Wissenschafts- und Wirkungsgeschichte einer Fakultät vom 13. bis zum 19. Jahrhundert (Veröffentlichungen der Gesellschaft für Universitäts- und Wissenschaftsgeschichte 1), hrsg. v. Rainer Christoph Schwinges, Basel 1999, S. 129–141, hier vor allem S. 131 f.

3 Vgl. zum folgenden Walter Rüegg (Hrsg.): *Geschichte der Universität in Europa*, Bd. 1, München 1993, S. 279–320, sowie die einschlägigen Aufsätze in: Artisten und Philosophen, hrsg. v. R. C. Schwinges (wie Anm. 2), S. 9–159.

4 Die Situation an der Leipziger Universität lässt sich, was das Verhältnis von Immatrikulierten mit und ohne Baccalar- oder Magister-Abschluss angeht, durch den Registerband der Universitätsmatrikel gut überschauen, siehe Georg Erler (Hrsg.): *Die Matrikel der Universität Leipzig* (Codex diplomaticus Saxoniae Regiae; 2,16–2,18), 3 Bde., Leipzig 1895–1902, Bd. 3: Register, Leipzig 1902. Vgl. auch Enno Bünz: *Die Universität Leipzig um 1500*, in: Der Humanismus an der Universität Leipzig. Pirckheimer Jahrbuch 2008, S. 9–39, hier v. a. S. 26–32.

5 Zur Musikkunde und -praxis an der Leipziger Universität siehe als Einstieg mit weiterführender Literatur: Gerhard Pietzsch: *Zur Pflege der Musik an den deutschen Universitäten bis zur Mitte des 16. Jahrhunderts*, Nachdruck mit Vorwort, Ergänzungen und neuerer Literatur, Hildesheim etc. 1971, S. 65–93, 183 f. und 186 f.; Gunther Hempel, Peter Krause: *Leipzig*, in: Die Musik in Geschichte und Gegenwart, 2. Ausg., hrsg. v. Ludwig Finscher, Sachteil Bd. 5, Kassel etc. 1996, Sp. 1050–1075, hier Sp. 1053 f.; Helmut Loos: *Die Universität als Stätte musikalischer Ausbildung*, in: Erleuchtung der Welt. Sachsen und der Beginn der modernen Wissenschaften, hrsg. v. Detlef Döring und Cecilie Hollberg, Dresden 2009, Essayband, S. 338–343. Eine Einzelstudie für das mittlere 15. Jahrhundert liegt vor bei Martin Kirnbauer: *Hartmann Schedel und sein „Liederbuch". Studien zu einer spätmittelalterlichen Musikhandschrift (Bayerische Staatsbibliothek München, Cgm 810) und ihrem Kontext* (Publikationen der Schweizerischen Musikforschenden Gesellschaft, Serie II, 42), Berlin etc. 2001, S. 71–86.

wurde.[6] Diese ‚Cedulae', die für Leipzig verhältnismäßig reich überliefert sind, weil mehrere Exemplare von einem Buchbinder als Einbandmaterial für verschiedene Handschriften verwendet wurden, zeigen, dass die Musiktheorie im Lehrplan nur eine sehr untergeordnete Rolle spielte, was mit den Festlegungen in den Universitätsstatuten übereinstimmte; dies galt übrigens ebenso und zum Teil noch ausgeprägter für andere Universitäten im Deutschen Reich.[7] In Leipzig waren für das Baccalaureat keinerlei musikkundliche Vorlesungen zu besuchen, für das Magister-Examen musste lediglich die Teilnahme an einer Veranstaltung nachgewiesen werden, in der „Musicam Muris" behandelt worden war.[8]

Mit der *Musica Muris* ist ein spätmittelalterliches Standardwerk angesprochen, das an vielen Hochschulen dem Unterricht zugrunde lag. Gemeint ist die Schrift *Musica speculativa secundum Boetium* des französischen Mathematikers, Astronomen und Musiktheoretikers Johannes de Muris, der ab 1321 als Lehrer an der Pariser Sorbonne wirkte und für die Musiklehre des 14. und 15. Jahrhunderts eine der einflussreichsten Autoritäten wurde.[9]

Die Tatsache, dass die *Musica speculativa* zur Pflichtlektüre der Leipziger Magister gehörte, setzt voraus, dass der Text entsprechend in handschriftlichen Kopien verbreitet war (zum Druck gelangte die Schrift im Gegensatz zu anderen Leipziger Vorlesungsmaterialien wohl wegen des relativ geringen Gesamtbedarfs nicht[10]). Im Handschriftenbestand der Leipziger Universitätsbibliothek hat sich jedoch keine dieser Abschriften erhalten,[11] was insofern erstaunt, als auch die Büchersammlungen der Philosophischen Fakultät (= der Artistenfakultät) sowie des Großen und Kleinen Fürstenkollegs in ihn eingegangen sind, die zahlreiche Bände Leipziger Universitätslehrer mit Manuskripten aus Studium und Lehre enthalten.[12]

Lediglich im Codex Ms 1469[13] findet sich der Text von Johannes de Muris, allerdings nur in fragmentarischer Form. Die Handschrift ist aus zahlreichen ursprünglich selbständigen Faszikeln zusammengesetzt, die im 14. und 15. Jahrhundert entstanden sind und in ihrer überwiegenden Mehrheit astronomisch-mathematische bzw. geometrische Schriften enthalten. Am Ende ist eine Lage von sieben Papierdoppelblättern (fol. 365–378) eingebunden, die den Schlussteil der *Musica speculativa* sowie Auszüge aus dem Musiktraktat des Theoger von Metz (Theoger von

6 Siehe Ulrike Bodemann: *Cedulae actuum. Zum Quellenwert studentischer Belegzettel des Spätmittelalters. Mit dem Abdruck von Belegzetteln aus dem 14. bis frühen 16. Jahrhundert*, in: Schulliteratur im späten Mittelalter, hrsg. v. Klaus Grubmüller (Münstersche Mittelalter-Schriften, 69), München 2000, S. 435–499, hier S. 457–484. Eine detaillierte Auswertung einzelner Cedulae unter Abgleich der Statuten und anderer Quellen (u. a. einiger im vorliegenden Beitrag behandelten Handschriften) bei Rudolf Helssig: *Die wissenschaftlichen Vorbedingungen für Baccalaureat in artibus und Magisterium im ersten Jahrhundert der Universität*, in: Beiträge zur Geschichte der Universität Leipzig im fünfzehnten Jahrhundert, zur Feier des 500jährigen Jubiläums der Universität gewidmet von der Universitätsbibliothek, Leipzig 1909, Teil II.

7 Siehe die bei U. Bodemann: *Cedulae actuum* (wie Anm. 6) abgedruckten studentischen Belegzettel aus den Universitäten Erfurt, Freiburg, Köln, Prag und Wien sowie Peter Wagner: *Zur Musikgeschichte der Universität*, in: Archiv für Musikwissenschaft 3 (1921), S. 1–16, hier S. 4 f.; G. Pietzsch: *Pflege der Musik* (wie Anm. 5); M. Staehelin: *Musik in den Artistenfakultäten* (wie Anm. 2), S. 132.

8 Siehe U. Bodemann: *Cedulae actuum* (wie Anm. 6), S. 460 (Zitat), 461, 476, 479 und 483, sowie die bei P. Wagner: *Musikgeschichte der Universität* (wie Anm. 7), S. 4, Anm. 5, zitierten und bei G. Pietzsch: *Pflege der Musik* (wie Anm. 5), S. 68, referierten Stellen aus den Leipziger Universitätsstatuten. Zu den Leipziger Statuten siehe Friedrich Zarncke: *Die Statutenbücher der Universität Leipzig aus den ersten 150 Jahren ihres Bestehens*, Leipzig 1861.

9 Zu Johannes de Muris und seinem musiktheoretischen Werk siehe Ulrich Michels: *Die Musiktraktate des Johannes de Muris* (Beihefte zum Archiv für Musikwissenschaft 8), Wiesbaden 1970; Christoph Falkenroth: *Die Musica speculativa des Johannes de Muris. Kommentar zur Überlieferung und kritische Edition* (Beihefte zum Archiv für Musikwissenschaft 34), Stuttgart 1992; Susan Fast (Hrsg.): *Johannis de Muris musica (speculativa)* (Wissenschaftliche Abhandlungen 61 = Musicological studies 61), Ottawa 1994; Jean de Murs: *Écrits sur la musique*, trad. et comm. de Christian Meyer, Paris 2000; Frank Hentschel: *Johannes de Muris*, in: Die Musik in Geschichte und Gegenwart, 2. Ausg., hrsg. v. Ludwig Finscher, Personenteil Bd. 9, Kassel etc. 2003, Sp. 1102–1107.

10 Der Gesamtkatalog der Wiegendrucke (siehe http://gesamtkatalog-derwiegendrucke.de) verzeichnet unter M25700 eine angebliche Ausgabe „Muris, Johannes de: Musica manuscripta et composita. Leipzig 1496" und gibt damit einen Eintrag bei Ludwig Hain: *Repertorium bibliographicum in quo libri omnes ab arte typographica inventa usque ad annum MD typis expressi ordine alphabetico vel simpliciter enumerantur vel adcuratius recensentur*, Stuttgart etc. 1826–1838, Nr. 11646, wieder. Laut Notiz auf dem Zettel der GW-Redaktion an der Berliner Staatsbibliothek dürfte hier aber ein Irrtum vorliegen, denn die Ausgabe ist nicht nachweisbar. Ich danke Falk Eisermann (Berlin) für diese Auskunft.

11 Zu Handschriften aus dem Leipziger Universitätsbetrieb, die in anderen Bibliotheken aufbewahrt werden, siehe unten Anm. 32.

12 Zu den universitären Leipziger Büchersammlungen, die heute zum Bestand der Leipziger Universitätsbibliothek gehören, siehe Gerhard Loh: *Geschichte der Universitätsbibliothek Leipzig von 1543–1832. Ein Abriß* (Zentralblatt für Bibliothekswesen, Beiheft 96), Leipzig 1987, S. 32 f.; Detlef Döring: *Die Bestandsentwicklung der Bibliothek der Philosophischen Fakultät der Universität zu Leipzig von ihren Anfängen bis zur Mitte des 16. Jahrhunderts. Ein Beitrag zur Wissenschaftsgeschichte der Leipziger Universität in ihrer vorreformatorischen Zeit* (Zentralblatt für Bibliothekswesen, Beiheft 99), Leipzig 1990; Thomas Döring: *Leipzigs Bibliotheken*, in: Erleuchtung der Welt. Sachsen und der Beginn der modernen Wissenschaften, hrsg. v. Detlef Döring und Cecilie Hollberg, Dresden 2009, Essayband, S. 130–137, hier S. 130 und 132.

13 Zur Handschrift siehe Franzjosef Pensel (Bearb.): *Verzeichnis der deutschen mittelalterlichen Handschriften in der Universitätsbibliothek Leipzig*, zum Druck gebracht von Irene Stahl (Deutsche Texte des Mittelalters 70, Verzeichnisse altdeutscher Handschriften 3), Berlin 1998, S. 184; Christian Meyer (Bearb.): *The Theory of Music, Vol. 6: Manuscripts from the Carolingian Era up to c. 1500. Addenda, Corrigenda. Descriptive Catalogue*, München 2003, S. 315 f.

St. Georgen, um 1050–1120)[14] überliefert (siehe Abbildung). Diese Lage wird zu einem umfangreicheren Konvolut gehört haben, dessen erster Teil vor der Bindung verlorengegangen. Nach dem Wasserzeichenbefund dürften die musiktheoretischen Texte im dritten Viertel des 15. Jahrhunderts niedergeschrieben worden sein.[15]

Die inhaltliche Zusammenstellung von Ms 1469 passt gut zu den Fächern des Quadriviums, dennoch ist unsicher, ob die hier versammelten Materialien auf den Leipziger Lehrbetrieb des 15. Jahrhunderts zurückgeführt werden können.[16] Der Band stammt zwar aus dem Besitz des Leipziger Professors und mehrfachen Rektors Caspar Borner, dem

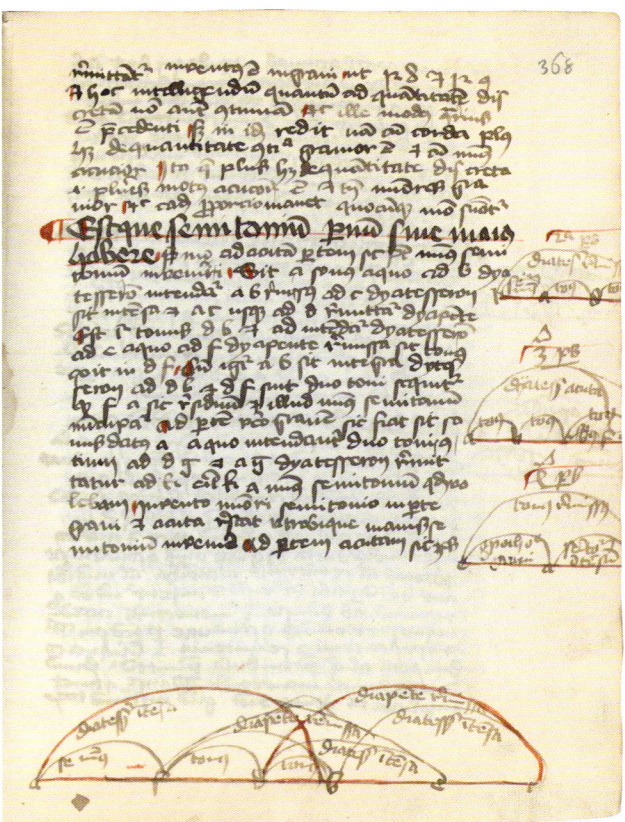

Fragmentarische Abschrift der Musica speculativa *des Johannes de Muris, 3. Viertel 15. Jahrhundert (Universitätsbibliothek Leipzig: Ms 1469, fol. 368r)*

die Gründung der Universitätsbibliothek aus den Buchbeständen säkularisierter Klöster im Jahre 1543 zu verdanken ist,[17] doch wie ein eigenhändiger Vermerk auf dem vorderen Spiegel dokumentiert, erhielt Borner den Band 1521 als Geschenk „Ex bibliotheca Reineciana". Dieser Eintrag dürfte sich auf die Hinterlassenschaft des in Naumburg ansässigen Klerikers Johannes Reyneck beziehen, an deren Regelung Borner 1521 beteiligt war.[18] Ein Studium Reynecks in Leipzig lässt sich freilich nicht nachweisen. Eine Identifikation mit einer der elf Personen namens Johannes Reinecke/Renicke/Rheineck/Rieneck, die in den Leipziger Matrikeln zwischen 1432 und 1510 bezeugt sind,[19] ist nicht möglich, zudem ist für keinen dieser Leipziger Studenten ein quadriviales Studium belegt: Einen Magisterabschluss hat niemand von ihnen erreicht, und nur drei der Genannten sind überhaupt bis zum Baccalar gelangt.[20]

Es ist daher nicht unwahrscheinlich, dass die Schriftensammlung von Ms 1469 in einem anderen Kontext zu verorten ist. Eventuell wäre eine Entstehung im Umkreis der Erfurter Universität zu erwägen. Denn die Handschrift enthält kleinere deutschsprachige Texte, deren dialektale Prägung nach Thüringen zu weisen scheint,[21] und eine der

---

14 Vgl. Karl-Werner Gümpel: *Theoger, Dietger, von Metz*, in: Die Musik in Geschichte und Gegenwart, 2. Ausg., hrsg. v. Ludwig Finscher, Personenteil Bd. 16, Kassel etc. 2006, Sp. 736 f.

15 Wasserzeichen: Ochsenkopf mit Augen, darüber zweikonturige Stange mit Kreuz und einkonturigem Stern, vgl. Gerhard Piccard (Bearb.): *Die Ochsenkopf-Wasserzeichen* (Veröffentlichungen der Staatlichen Archivverwaltung Baden-Württemberg, Sonderreihe: Die Wasserzeichenkartei Piccard im Hauptstaatsarchiv Stuttgart, Findbuch II), Stuttgart 1966, 3. Teil, XI, 211–235, sowie Piccard-Online (http://www.piccard-online.de).

16 Siehe auch R. Helssig: *Die wissenschaftlichen Vorbedingungen* (wie Anm. 6), S. 36.

17 Zu Borner mit weiterführender Literatur siehe zuletzt Rainer Kößling: *Caspar Borners Beitrag zur Pflege der ‚studia humanitatis' an der Leipziger Universität*, in: Der Humanismus an der Universität Leipzig. Pirckheimer Jahrbuch 2008, S. 41–57; Rainer Kößling: *Caspar Borner*, in: Sächsische Lebensbilder, Bd. 5, hrsg. v. Gerald Wiemers (Quellen und Forschungen zur sächsischen Geschichte 22), Stuttgart 2003, S. 45–74. Zu Borners Bibliothek siehe Sylvie Jacottet: *Caspar Borner († 1547) und seine Bücher. Einbandkundliche Merkmale als ein Mittel, die Privatbibliothek des Rektors der Leipziger Universität bei der Einführung der Reformation zu rekonstruieren*, in: Einband-Forschung, Heft 25 (2009), S. 21–31.

18 Vgl. Julius Pflug: *Correspondance*, Recueillie et éd. avec introd. et notes par J. V. Pollet, Bd. 1: *1510–1539*, Leiden 1969, S. 55 und 104; zu Johannes Reyneck siehe auch ebenda, S. 82 und 106. Zur Nennung eines „Johannes Ryneck" als „nepos doctoris Monhoffer" (= Johannes Monhofer/Mugenhofer aus Leipzig, immatrikuliert an der Universität Leipzig WS 1472, später Dr. iur. utr., † 1510) siehe Enno Bünz: *Das Mainzer Subsidienregister für Thüringen von 1506* (Veröffentlichungen der Historischen Kommission für Thüringen, Große Reihe 8), Köln etc. 2005, S. 153, Nr. 1366.

19 Vgl. G. Erler (Hrsg.): *Matrikel* (wie Anm. 4), Bd. 3, S. 696 f., 700, 704, 707.

20 „Reinecke ... Ioh. al. Rynbe de Gubin ... b. W 1443" (ebenda, S. 697), „– Ioh. de Manßfelt ... b. W 1495" (ebenda), „Renicke Ioh. de Delitzsch ... b. W 1481" (ebenda, S. 700).

21 Zu den deutschsprachigen Kurztexten in Ms 1469 siehe F. Pensel (Bearb.): *Verzeichnis* (wie Anm. 13), S. 184. Für eine Schreibspracheneinordnung kommt vor allem der von Hermann Leyser edierte Text auf fol. 47v infrage, der aufgrund seiner gewissen Länge am meisten Wort- und Graphienmaterial bietet, vgl. den Abdruck in: Anzeiger für Kunde des deutschen Mittelalters 2 (1833), Sp. 72 f. Signifikant für eine Lokalisierung in Thüringen erscheinen neben anderen Elementen z. B. die Schreibungen ‚ome' und ‚on' für neuhochdeutsch ‚ihm' bzw. ‚ihn' sowie die Schreibung ‚-pph-' für neuhochdeutsch ‚-pf-' (tropphin = Tropfen), vgl. *Johannes Rothes Elisabethleben*, aufgrund des Nachlasses von Helmut Lomnitzer hrsg. v. Martin J. Schubert und Annegret Haase (Deutsche Texte des Mittelalters 85), Berlin 2005, S. XLVIII f.

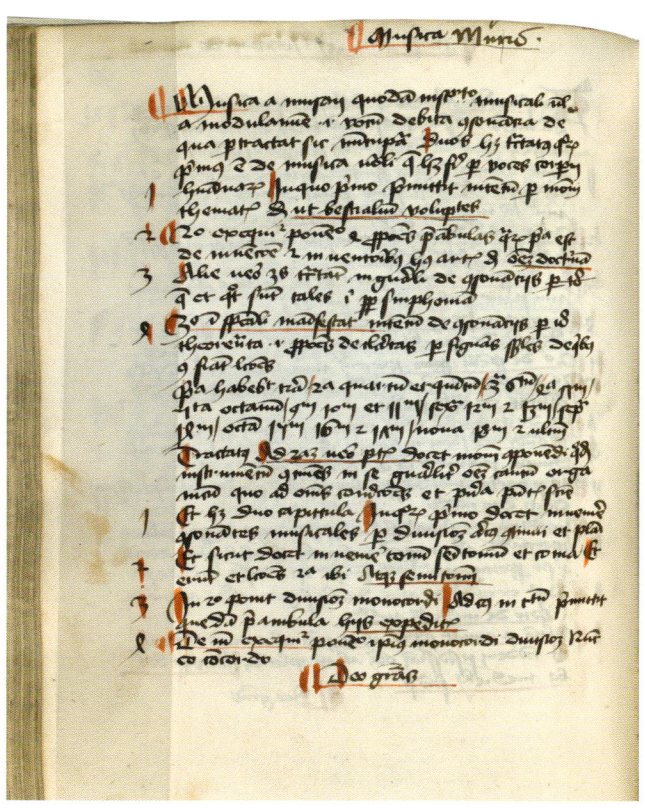

Accessus *zur Musica speculativa aus dem Leipziger Universitätsbetrieb, um 1450/60*
(Universitätsbibliothek Leipzig: Ms 1348, fol. 90v)

handelt sich also um eine Aufstellung, die das Lehrprogramm an der Leipziger Artistenfakutät thematisch und organisatorisch aufschlüsselt. Zwischen den Abschnitten zur Arithmetik und zu Euklid erscheint hier erwartungsgemäß auch ein Accessus zur *Musica Muris*, der auf einer Seite eine Übersicht über Struktur und Inhalt des Werks bietet (fol. 90v, Abbildung). Diese Aufzeichnungen zur artistischen Pflichtlektüre dürften nach dem verwendeten Papier in die Zeit um 1450/60 zu datieren sein.[24] 1471 wurde die Schriftensammlung von Ms 1348 in ihrer heutigen Form zusammengestellt und von dem Leipziger Buchbinder Johannes Cruse eingebunden; seit 1488 gehörte die Handschrift zur Büchersammlung der Philosophischen Fakultät.[25]

Werden in Ms 1348 die Inhalte des Leipziger Artistenstudiums durch ein normatives Dokument wohl aus dem Umkreis der Fakultätsmagister beleuchtet, so sind es in der astronomischen Tabellen des Bandes ist „super meridianam Erffordensem" (fol. 265v) berechnet.

Wenn auch der Leipziger Handschriftenbestand kein Studienexemplar der *Musica speculativa* aus dem Vorlesungsbetrieb des 15. Jahrhunderts aufzuweisen scheint, so lässt er dennoch die Beschäftigung mit der *Musica Muris* in der Lehre der Artistenfakultät vereinzelt erkennen: In zwei Handschriften, die bezeichnenderweise aus der Bibliothek der Philosophischen Fakultät stammen, finden sich Kurztexte zum Werk des Johannes de Muris, die direkt in das Artesstudium an der Leipziger Universität führen.

Eines dieser Manuskripte ist der Codex Ms 1348, eine 395 Blatt umfassende Sammlung von Texten vor allem aus dem Leipziger (und Erfurter) Hochschulmilieu, die um die Mitte des 15. Jahrhunderts entstanden sind.[22] Der Band enthält als ersten Teil auf fol. 1r–94v eine detaillierte Auflistung zu denjenigen Büchern, deren Studium für das Baccalar- und Magisterexamen Voraussetzung war („distinctiones librorum ad gradum baccalaureatus et magisterij in artibus").[23] Für jede Schrift wird dabei ein inhaltlicher Abriss gegeben, der häufig in Lektionen gegliedert ist. Es

---

22 Zur Handschrift siehe D. Döring: *Bestandsentwicklung* (wie Anm. 12), S. 95, Nr. 237; C. Meyer (Bearb.): *Theory of Music 6* (wie Anm. 13), S. 315 (mit weiterer Literatur).

23 Vgl. R. Helssig: *Die wissenschaftlichen Vorbedingungen* (wie Anm. 6), S. 25 f. Eine andere Bewertung sowohl zur inhaltlichen Einordnung als auch zur Datierung bei F. Pensel (Bearb.): *Verzeichnis* (wie Anm. 13), S. 182 f.

24 Wasserzeichen des Papiers fol. 83–90: Ochsenkopf mit Augen, darüber zweikonturige Stange mit Kreuz und einkonturiger siebenblättriger Blüte, vgl. G. Piccard (Bearb.): *Ochsenkopf-Wasserzeichen* (wie Anm. 15), 3. Teil, XI, 311–322.

25 Buchbindevermerk auf dem hinteren Spiegel: „Johannes Cruse liga […] Lüpczk anno domini 1471° pro 7 grossis magnis". Erwerbungsvermerk auf dem vorderen Spiegel: „Iste liber comparatus est sub decanatu magistri Melchioris Lodwicj de Freynstadt anno domini lxxxviij". Gleichlautende Erwerbungsvermerke und gleichartige Einträge zur Einbandanfertigung finden sich in weiteren Handschriften, die evtl. mit Ms 1348 auf eine gemeinsame Provenienz zurückgehen: Ms 568, Ms 1246, Ms 1248, Ms 1377, Ms 1400, Ms 1438, Ms 1445, Ms 1448, vgl. D. Döring: *Bestandsentwicklung* (wie Anm. 12), S. 83, Nr. 73 und 74, S. 87, Nr. 151 und 152, S. 91, Nr. 193, S. 95, Nr. 237 und 238, S. 108, Nr. 433 und 443; Gerhard Loh: *Die Leipziger Buchbinder im 15. Jahrhundert. Zugleich ein methodischer Beitrag zur Nutzung historischer Bucheinbände für die Erforschung der örtlichen Buchgewerbe- und Handwerkergeschichte*, Diss. Humboldt-Universität Berlin 1989, S. 55; R. Helssig: *Die wissenschaftlichen Vorbedingungen* (wie Anm. 6), S. 30. Alle Bände weisen auch eine gleichartige Form der oberen Schnittbeschriftung mit Angaben zum Inhalt der Handschriften auf, vgl. exemplarisch zu Ms 568: Peter Burkhart: *Die lateinischen und deutschen Handschriften der Universitäts-Bibliothek Leipzig*, Bd. 2: *Die theologischen Handschriften*, Teil 1: *Ms 501–625* (Katalog der Handschriften der Universitäts-Bibliothek Leipzig V,2), Wiesbaden 1999, S. 147. Es könnte sich um Stücke aus der Bibliothek des Leipziger Universitätslehrers Johannes Weiße († 1486 oder kurz danach) handeln, da sicher nachweisbare Handschriften aus Weißes Vorbesitz ebenfalls solche Schnittbeschriftungen und Buchbindevermerke tragen, vgl. hierzu und zur Person Weißes Marek Wejwoda: *Wenn ein politisches Projekt Makulatur wird – Die Reform der Universität Leipzig im Jahre 1446 und das Schicksal der Originalausfertigung des Reformstatuts*, erscheint in: Stadtgeschichte. Mitteilungen des Leipziger Geschichtsvereins 2010.

zweiten Handschrift studentische Materialien, die einen Einblick in den Vorlesungsbetrieb bieten. Ms 1470 ist ein umfangreicher Sammelband von 541 Papierblättern im Folioformat, der von dem späteren Leipziger Rektor Virgilius Wellendörffer[26] angelegt wurde und zahlreiche Mitschriften und andere Texte aus seinen Studienjahren an der Leipziger Universität enthält.[27] Der Codex wurde wohl 1487 zusammengestellt, wahrscheinlich im Kontext des Magisterexamens, das Wellendörffer im Wintersemester des Jahres ablegte.[28] Die Schriften, die in Ms 1470 vereinigt sind, stammen vor allem aus der Zeit nach Erwerb des Baccalaureats 1483,[29] so dass die Handschrift genau jene Studienphase dokumentiert, in welcher der Unterricht in den rechnenden Künsten erfolgte. Auch die Beschäftigung mit dem Pflichtautor Johannes de Muris lässt sich hier fassen. Seine *Musica speculativa* ist auf fol. 394ra–395va in Form einer knapp eineinhalbseitigen Kurzversion vertreten, die Teil eines längeren Textes mit Zusammenfassungen weiterer Standardwerke des Artistenstudiums ist (fol. 383ra–396rb).[30] Gliedernde Überschriften von Wellendörffers Hand wie „Liber musice excerptus" sowie Marginalien zeigen an, dass dieser Schnellzugang zur Pflichtlektüre durchaus benutzt wurde. In Ms 1470 ist noch an einer zweiten Stelle die Behandlung musiktheoretischer

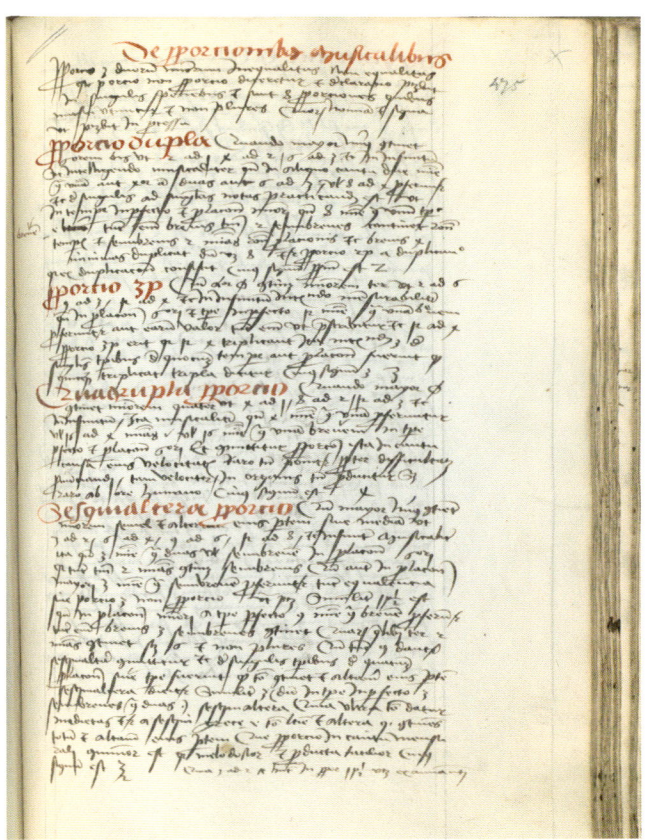

Musiktheoretischer Kurztraktat, geschrieben von Virgilius Wellendörffer während des Magisterstudiums an der Leipziger Universität, um 1485
(Universitätsbibliothek Leipzig: Ms 1470, fol. 475r)

26 Zur Person siehe Detlef Döring: *Die Beziehungen zwischen Johannes Kepler und dem Leipziger Mathematikprofessor Philipp Müller. Eine Darstellung auf der Grundlage neuentdeckter Quellen und unter besonderer Berücksichtigung der Astronomiegeschichte an der Universität Leipzig* (Sitzungsberichte der Sächsischen Akademie der Wissenschaften zu Leipzig, Philologisch-historische Klasse 126,6), Berlin 1986, S. 14–16; D. Döring: *Bestandsentwicklung* (wie Anm. 12), S. 115.

27 Zur Handschrift siehe R. Helssig: *Die wissenschaftlichen Vorbedingungen* (wie Anm. 6), S. 7 f., 24 f. und öfter; D. Döring: *Bestandsentwicklung* (wie Anm. 12), S. 92, Nr. 207; C. Meyer (Bearb.): *Theory of Music 6* (wie Anm. 13), S. 316 (jeweils mit weiterführender Literatur).

28 Vgl. den Eintrag auf dem vorderen Spiegel, in dem sich Wellendörffer „artis Baccalarius" nennt und der auf 1487 datiert ist, zitiert bei D. Döring: *Bestandsentwicklung* (wie Anm. 12), S. 92. Zum Zeitpunkt von Wellendörffers Magisterexamen siehe Georg Erler (Hrsg.): *Die Matrikel der Universität Leipzig* (Codex diplomaticus Saxoniae Regiae; 2,16–2,18), 3 Bde., Leipzig 1895–1902, Bd. 2: *Die Promotionen von 1409 bis 1559*, Leipzig 1897, S. 299.

29 Es finden sich zum Beispiel folgende Datierungen: Dezember 1487 (fol. 56v), 1483 (fol. 105v), 1486 (fol. 139r), 1482 (fol. 243r), 1486 (fol. 282v), 1485 (fol. 380v), 1486 (fol. 444v, 493v, 497v, 499r, 501r), 1487 (fol. 540v).

30 Incipit: „Circa materiam parvorum naturalium quaeritur de quibus dictis(?)", letzter exzerpierter Text: „Liber theorice planetarum exerptor Punctor(?)" (Eintrag Wellendörffers fol. 395v).

31 Incipit: „Proportio est duorum numerorum inaequalitas". Zu Adam von Fulda († 1505) siehe Jürgen Heidrich: *Adam von Fulda*, in: Die Musik in Geschichte und Gegenwart, 2. Ausg., hrsg. v. Ludwig Finscher, Personenteil Bd. 1, Kassel etc. 1999, Sp. 111–113.

Fragen im Leipziger Universitätsbetrieb greifbar. Auf fol. 475r/v hat Wellendörffer einen kurzen Traktat eingetragen, der mit „De proportionibus musicalibus" überschrieben ist (Abbildung). Der Text weist teilweise wörtliche Übereinstimmungen mit dem Musiktraktat des Adam von Fulda auf, welcher allerdings etwas später datiert wird (1490), so dass wohl von einer gemeinsamen Quelle der beiden Textzeugnisse auszugehen ist.[31]

Zusammenfassend lässt sich also feststellen, dass Musiktheorie einen festen Platz im Leipziger Vorlesungsbetrieb des 15. Jahrhunderts hatte, insofern der Besuch einer entsprechenden Lehrveranstaltung für die Magister-Kandidaten verpflichtend war. Gleichzeitig liefert die in Leipzig aufbewahrte handschriftliche Überlieferung aber keinen Anhaltspunkt dafür, dass die gelehrte Beschäftigung mit Musik an der Leipziger Universität eine besondere Pflegestätte gehabt hätte, im Gegenteil: Der Unterschied zwischen der geringen Zahl musiktheoretischer Textzeugnisse, die sich erhalten hat, und der großen Menge beispielsweise aristotelischer und astronomischer Handschriften, die aus dem Vorlesungsbetrieb an der hiesigen Artistenfakultät auf uns gekommen sind, ist frappant und kaum mit Verzerrungen durch die Zufälligkeit der Überlieferung zu erklären. Die in anderen Bibliotheken aufbewahrten Handschriften aus dem Leipziger Universitätsbetrieb scheinen dieses Bild im wesentlichen zu bestätigen.[32] Man wird wohl nicht fehlgehen, wenn man daraus folgert, dass in Leipzig kaum mehr als ein notwendiges Minimum an musikkundlichem Unterricht stattgefunden hat[33] (was freilich nichts über den Stellenwert der praktischen Musikausübung im Universitätsleben[34] aussagt).

Einer solchen Einschätzung scheint das Beispiel des Magisters Johannes Klein von Löbau (heute: Lubawa) zunächst zu widersprechen. Klein, der von 1447 bis 1452 in Leipzig studiert hatte, war spätestens von 1472 an Mitglied der Leipziger Artistenfakultät.[35] Bei seinem Tod 1490 hinterließ er der Bibliothek des Kleinen Fürstenkollegs, dessen Kollegiat er gewesen war, ca. 20 Bücher, die heute zum Bestand der Universitätsbibliothek gehören.[36] Darunter befinden sich zwei Papierhandschriften, die aus musikhistorischer Perspektive von Interesse sind (Ms 1084, Ms 1236).[37] Sie enthalten sowohl Aufzeichnungen liturgischer Musikstücke als auch Traktate zur Musik. Unter musiktheoretischem Aspekt verdient dabei vor allem ein längerer Text in Ms 1236 Beachtung, der aus einer anonymen Abhandlung und einem begleitenden Kommentar besteht (fol. 140r–174r, siehe Abbildung S. 27).[38] Beide Teiltexte wechseln sich passagenweise ab, wobei der Grundtext, der die Musica als eine „ars ex septem liberalibus" bezeichnet, in größerer Schrift ausgeführt ist – insgesamt ein typisches Layout gelehrter Aufbereitung, wie wir es auch aus dem universitärem Schrifttum kennen. Eine Verbindung zum Leipziger Lehrbetrieb herstellen zu wollen, wäre allerdings aller Wahrscheinlichkeit nach verfehlt. Denn der Text wurde, wie das Schluss-Kolophon angibt, in Parchim (Mecklenburg-Vorpommern) niedergeschrieben[39] und dürfte damit einer Phase in Kleins Werdegang zuzuordnen sein, die ihn zwischen 1452 und 1467 nach Norddeutschland führte: zunächst als Rektor an die Stettiner Marienkirche, dann ab 1465 als Magister an die Universität

---

32 In den Handschriften aus dem Leipziger Universitätsbetrieb des 15. Jahrhunderts, die sich in verschiedenen Sammlungen außerhalb Leipzigs finden, sind nach meiner Kenntnis keine Texte mit Bezug zu den musiktheoretischen Vorlesungen überliefert. Vgl. auch M. Kirnbauer: *Hartmann Schedel* (wie Anm. 5), S. 82 f. Eine – allerdings erst kurz nach der Jahrhundertwende entstandene – Ausnahme ist die Handschrift Wien, Österreichische Nationalbibliothek: Cod. 5274. Sie enthält fünf Schriften aus dem quadrivialen Teil des Leipziger Artistenstudiums, darunter die *Musica speculativa* des Johannes de Muris in den beiden Versionen A und B, von denen die Muris-Textüberlieferung geprägt ist. Wie der Handschrift zu entnehmen ist, las der Leipziger Magister Conradus Noricus (= Conrad Tockler von Nürnberg) 1503 über beide Fassungen getrennt in textkritisch anmutender Manier, vgl. R. Helssig: *Die wissenschaftlichen Vorbedingungen* (wie Anm. 6), S. 36–42; U. Michels: *Musiktraktate* (wie Anm. 9), S. 22 mit Anm. 23. Zur Handschrift siehe *Tabulae codicum manu scriptorum praeter graecos et orientales in Bibliotheca Palatina Vindobonensi asservatorum*, Vol. IV, Wien 1870, S. 81 f.

33 Gegen einen solchen Befund spricht auch nicht die jüngst bekanntgemachte Universitätsrede bei der feierlichen Erteilung der Licentia magistrandi im Wintersemester 1448/49, bei der die Lizentiaten mit Musikinstrumenten verglichen wurden. Denn die Rede folgt mit der Praxis des allegorischen Vergleichs einer etablierten Tradition, bei der die Vergleichsreihen allen möglichen Bereichen entstammen konnten, außerdem sind die musikspezifischen Kenntnisse keinem einschlägig musikkundlichen Werk entnommen, sondern der „hochmittelalterlichen Enzyklopädie des Bartholomäus Anglicus", siehe Volker Honemann: *Leipziger „magistrandi" als Musikinstrumente: Die Magisterpromotion des Peter Eschenloer und seiner Kommilitonen im Jahre 1449*, in: Die Musikforschung 61 (2008), S. 122–127, insbesondere S. 124, Anm. 11, Zitat: S. 123. – Möglicherweise hat sich die Situation in der Zeit um und kurz nach 1500 geändert. Darauf könnte nicht nur die Auseinandersetzung des Magisters Conrad Tockler von Nürnberg mit den beiden Fassungen der *Musica Muris* hindeuten (siehe Anm. 32), auch „die Matrikel wimmelt geradezu von Namen, die dem Musikhistoriker auch aus anderen, musikgeschichtlichen Zusammenhängen bekannt sind" (M. Staehelin: *Musik in den Artistenfakultäten* [wie Anm. 2], S. 135).

34 Vgl. oben Anm. 5.

35 Zur Person siehe Tom R. Ward: *Music in the library of Johannes Klein*, in: Music in the German Renaissance. Sources, Styles, and Contexts, ed. by John Kmetz, Cambridge 1994, S. 54–73. Zu Kleins universitärer Laufbahn in Leipzig ebenda, S. 56, Anm. 14.

36 Vgl. Karl Boysen: *Das älteste Statutenbuch des kleinen Fürstenkollegs der Universität Leipzig*, in: Beiträge zur Geschichte der Universität Leipzig im fünfzehnten Jahrhundert, zur Feier des 500jährigen Jubiläums der Universität gewidmet von der Universitätsbibliothek, Leipzig 1909, Teil I, hier S. 51 f.; T. R. Ward: *Johannes Klein* (wie Anm. 35), S. 57 und 68.

37 Zu Ms 1084 siehe Rudolf Helssig: *Die lateinischen und deutschen Handschriften der Universitäts-Bibliothek Leipzig, Bd. 3: Die juristischen Handschriften* (Katalog der Handschriften der Universitätsbibliothek zu Leipzig VI,3), Leipzig 1905, Nachdruck Wiesbaden 1996, S. 205–208; Tom R. Ward: *Music in the University. The Manuscript Leipzig, Universitätsbibliothek, Ms 1084*, in: Gestalt und Entstehung musikalischer Quellen im 15. und 16. Jahrhundert, hrsg. v. Martin Staehelin (Quellenstudien zur Musik der Renaissance 3; Wolfenbütteler Forschungen 83), Wiesbaden 1998, S. 21–34. Zu Ms 1236 siehe *Redeakte bei Erwerbung der akademischen Grade an der Universität Leipzig im 15. Jahrhundert*, aus Handschriften der Leipziger Universitätsbibliothek hrsg. v. Georg Buchwald, Theo Herrle (Abhandlungen der Sächsischen Akademie der Wissenschaften zu Leipzig, Philologisch-Historische Klasse 36,5), Leipzig 1921, S. 11 f. und 43 f.; G. L. Bursill-Hall: *A census of medieval Latin grammatical manuscripts* (Grammatica speculativa 4), Stuttgart-Bad Cannstatt 1981, S. 104 f.; T. R. Ward: *Johannes Klein* (wie Anm. 35), S. 60–62, 64 (Abb.) und 69; C. Meyer (Bearb.): *Theory of Music 6* (wie Anm. 13), S. 314 f.; Handschriftenbeschreibung von Christoph Mackert, in: http://www.manuscripta-mediaevalia.de/.

38 Zum Text ausführlich T. R. Ward: *Johannes Klein* (wie Anm. 35), S. 60–62; ebenda S. 64 Abbildung aus der Anfangspartie des Traktats. Das Zitat im Titel des vorliegenden Beitrags ist diesem Traktat (fol. 141r) entnommen.

39 Fol. 174r: „Et sic est finis huius compendij laudetur deus et sanctus Bartholomeus in Parchin etc."

in Greifswald.[40] Hierzu passt, dass auch die zweite Handschrift mit musikbezogenen Zeugnissen aus Kleins Besitz (Ms 1084) nicht aus der Leipziger Wirkungszeit zu stammen scheint, da sie unter anderem Greifswalder Universitätsstatuten von 1458 enthält.[41]

Offenbar brachten Kleins Aufgaben in Stettin und/oder Greifswald also eine eingehendere Beschäftigung mit Musiktheorie und -praxis mit sich. Eventuell war der Magister zusammen mit Studenten an der Gestaltung der Liturgie zu bestimmten Anlässen beteiligt, wie dies etwa für die Wiener Universität belegt ist.[42] Umso auffälliger ist, dass sich aus Kleins Leipziger Zeit keine vergleichbaren Zeugnisse erhalten haben. Ob die aus Norddeutschland mitgebrachten Schriften für die Lehrtätigkeit an der sächsischen Landesuniversität weiter Verwendung fanden, muss offen bleiben. Eine Nutzung und Nachwirkung in Leipzig lässt sich jedenfalls nicht nachweisen. So bestätigen Kleins Handschriften kontrastiv nochmals, dass an der Leipziger Artistenfakultät im 15. Jahrhundert andere Schwerpunkte gesetzt wurden.

Wenn die Universität Leipzig im Handschriftenbestand ihrer Bibliothek heute jedoch über die bisher genannten

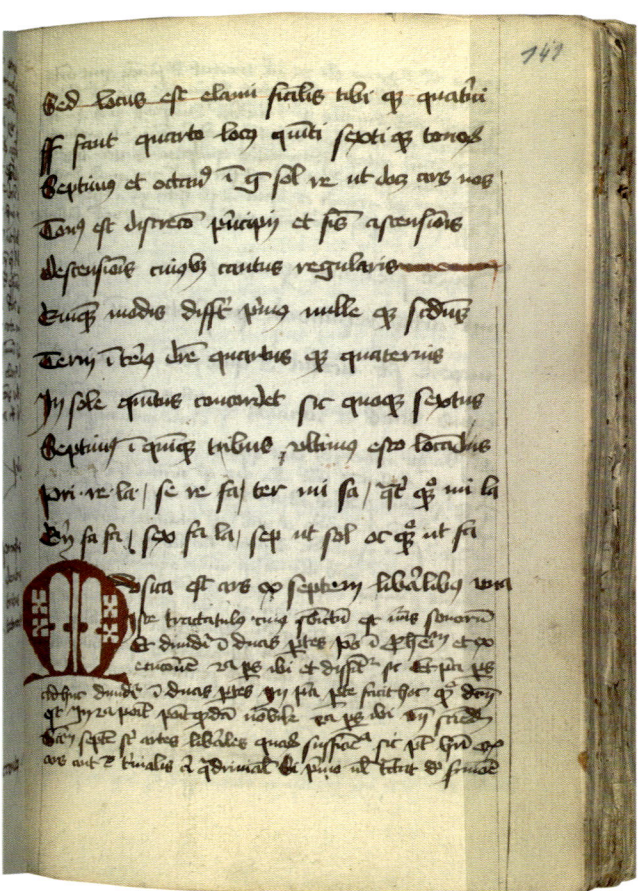

Musiktheoretischer Traktat mit Kommentar aus dem Besitz des Johannes Klein, Parchim, mittleres 15. Jahrhundert (Universitätsbibliothek Leipzig: Ms 1236, fol. 141r)

Materialien hinaus noch weitere Manuskripte mit Quellen zur mittelalterlichen Musiktheorie besitzt, die teilweise bedeutend und von hohem Alter sind, so ist dies ein Verdienst des bereits erwähnten Caspar Borner.[43] Ihm gelang es durch intensive Bemühungen in den frühen 1540er Jahren, dass Buchbestände aus den gerade säkularisierten Klöstern des albertinischen Sachsen ab 1543 der Landesuniversität zur Verfügung gestellt wurden. Im ehemaligen Leipziger Dominikanerkloster St. Paul, dessen Übereignung an die Universität ebenfalls Borner erreicht hatte, entstand so eine zentrale Universitätsbibliothek, die Bibliotheca Paulina.

Entgegen einer verbreiteten Auffassung wurden nicht einfach alle Klosterbibliotheken Sachsens in Leipzig zusammengezogen, vielmehr traf Borner eine Auswahl sowohl in Hinblick auf die Konvente als auch hinsichtlich ihrer Buchbestände. Die Selektionsprinzipien folgten dabei der humanistisch-reformatorischen Ausrichtung des frühneuzeitlichen Universitätsgelehrten.[44] Entsprechend gelangten in

---

40 Vgl. T. R. Ward: *Johannes Klein* (wie Anm. 35), S. 54–56. Der Eintrag zu Kleins Wechsel nach Stettin in der Handschrift Leipzig, Universitätsbibliothek: Ms 806, den Ward nur teilweise lesen konnte, lautet: „Possessor libri huius est magister Iohannes Cleyn de Lobaw Prutenus sub rectoratu decanatuque venerabilium dominorum Andree Garlitz et Nicolai Gersthman philosophie magistrorum anno domini 1452 in alma universitate Lipczensi promotus et paulo post in eodem anno Stettin in directorem scolarum constitutus", siehe die Handschriftenbeschreibung von Almuth Märker, in: http://www.manuscripta-mediaevalia.de/.

41 Siehe R. Helssig: *Die juristischen Handschriften* (wie Anm. 37), S. 207, wo allerdings das Datum fehlerhaft als „1478" wiedergegeben ist.

42 Vgl. T. R. Ward: *Johannes Klein* (wie Anm. 35), S. 61. Mit dem Wiener Universitätsbetrieb könnte die Leipziger Handschrift Ms 595 in Zusammenhang stehen, die fol. 200r/v einen musiktheoretischen Kurztext enthält, vgl. P. Burkhart: *Ms 501–625* (wie Anm. 25), Wiesbaden 1999, S. 217–222; C. Meyer (Bearb.): *Theory of Music 6* (wie Anm. 13), S. 314.

43 Vgl. oben Anm. 17. Zum Folgenden siehe Christian Alschner: *Die Säkularisation der Klosterbibliotheken im albertinischen Sachsen (Mark Meißen, Leipzig und Pegau)*, Diss. masch. Leipzig 1969; G. Loh: *Geschichte der Universitätsbibliothek* (wie Anm. 12), S. 11–17.

44 Vgl. Christoph Mackert: *Repositus ad Bibliothecam publicam – eine frühe öffentliche Bibliothek in Altzelle?* (mit einem Anhang: *Verzeichnis der nachweisbaren Bände aus der Altzeller bibliotheca publica*), in: Die Zisterzienser und ihre Bibliotheken. Buchbesitz und Schriftgebrauch im Kloster Altzelle, hrsg. v. Tom Graber und Martina Schattkowsky (Schriften zur sächsischen Geschichte und Volkskunde 28), Leipzig 2008, S. 85–170, hier S. 88; Almuth Märker: *Die Bibliothek des Benediktinerklosters Pegau*, in: Zur Erforschung mittelalterlicher Bibliotheken. Chancen – Entwicklungen – Perspektiven, hrsg. v. Andrea Rapp und Michael Embach (Zeitschrift für Bibliothekswesen und Bibliographie, Sonderbände 97), Frankfurt am Main 2009, S. 275–289, hier S. 283 f.

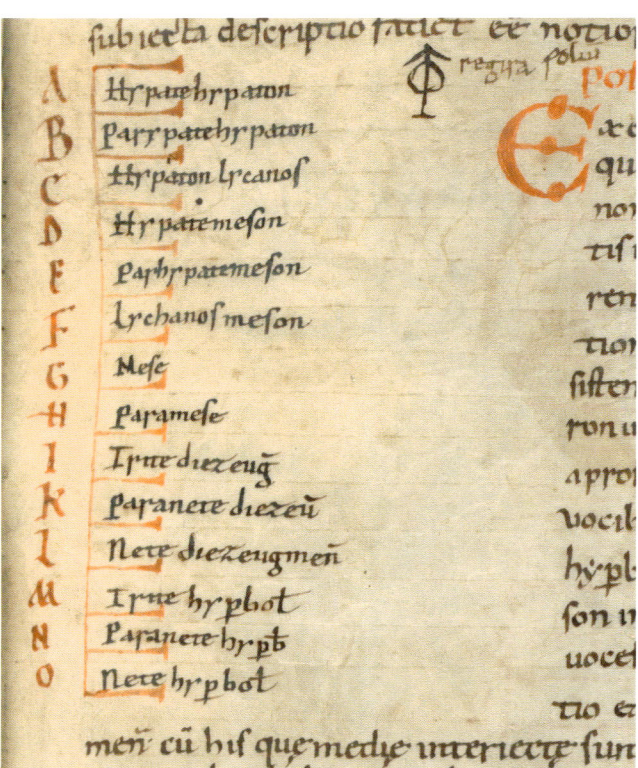 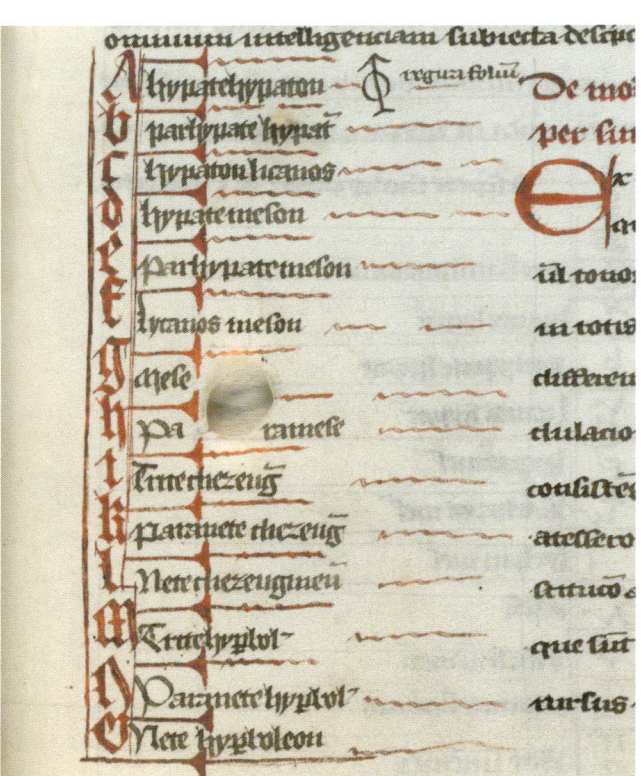

Abschrift der Musica *des Boethius mit nachgetragenem Verweiszeichen in Ms 1493, fol. 38r und die korrespondierende Stelle in Ms 1492, fol. 33r, Ausschnitte*
(Universitätsbibliothek Leipzig)

erster Linie Schriften in die Bibliotheca Paulina, die für den Lehr- und Studienbetrieb von Belang erschienen. Werke mit direktem Bezug zum universitären Fächerkanon waren in diesem Zusammenhang selbstverständlich von besonderem Interesse.

Die Universitätsbibliothek bewahrt heute vier Handschriften aus sächsischem Klosterbesitz, die musiktheoretische Texte enthalten. Es handelt sich um die Signaturen Ms 79, Ms 431, Ms 1492 und Ms 1493.[45] Drei der Handschriften[46] stammen aus dem Zisterzienserkloster Altzelle bei Nossen, einem intellektuellen Zentrum unter den sächsischen Klöstern, das die größte Büchersammlung Ostmitteldeutschlands beherbergte,[47] der vierte Codex (Ms 431) war im Besitz der Benediktinerabtei in Pegau, des ältesten Klosters östlich der Saale, das im ausgehenden 11. Jahrhundert gegründet wurde.[48]

Der Inhalt der Handschriften im einzelnen ist bereits in der Forschungsliteratur dokumentiert[49] und muss daher im Rahmen des vorliegenden Beitrags nicht nochmals ausgebreitet werden. Einige Hinweise auf Charakteristika und Besonderheiten mögen genügen.

Allen Handschriften gemein ist, dass sie Texte älterer Autoritäten tradieren. Neben dem zentralen Referenzwerk

45 Zu allen vier Handschriften siehe C. Meyer (Bearb.): *Theory of Music* 6 (wie Anm. 13), S. 311–314 und 316–321. Zu Ms 79 und 431 siehe Rudolf Helssig: *Die lateinischen und deutschen Handschriften*, Bd. 1: *Die theologischen Handschriften*, Teil 1 (Katalog der Handschriften der Universitäts-Bibliothek zu Leipzig IV,1), Leipzig 1926–1935, Nachdruck Wiesbaden 1995, S. 80–82 und 670–674. Zu Ms 79 siehe auch unten Anm. 58. Zu Ms 431 weiterhin: Anton Chroust (Hrsg.): *Denkmäler der Schreibkunst des Mittelalters. Schrifttafeln in lateinischer und deutscher Sprache*, Serie 3, Bd. 2, Leipzig 1931–1935, 10. Lieferung, Tafel 9a und 9b (Tafel 579a/b des Gesamtwerks). Zu Ms 1492: Annegret Rosenmüller: *Musik und Erkenntnis*, in: Ein Kosmos des Wissens. Weltschrifterbe in Leipzig, hrsg. v. Ulrich Johannes Schneider (Schriften aus der Universitätsbibliothek 15), Leipzig 2009, S. 136–147, hier S. 138 f. (mit Abb.); T. J. H. McCarthy: *Music, Scholasticism and Reform. Salian Germany, 1024–1125*, Manchester 2009, S. 52 f. Zu Ms 1493: F. Pensel (Bearb.): *Verzeichnis* (wie Anm. 13), S. 191 f.; T. J. H. McCarthy: *Music, Scholasticism and Reform* (wie oben), Register S. 259 (Abb. S. 135).

46 Ms 79, Ms 1492, Ms 1493.

47 Zu Altzelle und seiner Bibliothek siehe zuletzt die Beiträge in: *Die Zisterzienser und ihre Bibliotheken. Buchbesitz und Schriftgebrauch im Kloster Altzelle*, hrsg. v. Tom Graber und Martina Schattkowsky (Schriften zur sächsischen Geschichte und Volkskunde 28), Leipzig 2008.

48 Zu Pegau und seiner Bibliothek siehe zuletzt A. Märker: *Bibliothek Pegau* (wie Anm. 44).

49 Siehe oben Anm. 45.

der mittelalterlichen Musiklehre, Boethius' *De institutione musica*,[50] sind es die Schriften der namhaften Musiktheoretiker des 10./11. Jahrhunderts, die sich hier überliefert finden. Zu nennen sind folgende Autoren: Hucbald von Saint-Amand (um 840–930), Berno von Reichenau (978–1048), Guido von Arezzo (992–um 1050), Hermann von Reichenau/Hermannus Contractus (1013–1054), Johannes Cotto/Afflighemensis (tätig um 1100) und Aribo Scholasticus (2. Hälfte 11. Jahrhundert).[51] Hinzu kommen verschiedene anonyme Kurztexte. Für die Universität des mittleren 16. Jahrhunderts bedeutete der Erwerb dieser Schriften eine Bereicherung im Quellenfundus gegenüber der monopolhaften Stellung, die Johannes de Muris ab dem 14. Jahrhundert an den gelehrten Instituten erreicht hatte.

Nicht nur die enthaltenen Werke gehören einer früheren Epoche an, auch die Handschriften selbst sind deutlich älter als die oben behandelten Materialien aus dem Universitätsbetrieb. Dies macht sich auch darin bemerkbar, dass als Beschreibstoff durchweg Pergament verwendet ist. Drei der Handschriften (Ms 79, Ms 431, Ms 1493) sind nach dem paläographischen Befund zwischen dem späteren 11. und dem frühen 13. Jahrhundert entstanden, der

Johannes Cotto De musica, *Abschrift des 12. Jahrhunderts, möglicherweise aus der Altzeller Gründungsausstattung (Universitätsbibliothek Leipzig: Ms 79, fol. 108r)*

50 Boèce: *Traité de la musique*, introd., trad. et notes par Christian Meyer, Turnhout 2004.

51 Zur hochmittelalterlichen Musiktheorie siehe T. J. H. McCarthy: *Music, Scholasticism and Reform* (wie Anm. 45). Zu den einzelnen Autoren vgl.: Karl-Werner Gümpel: *Hucbald von Saint-Amand, Hucbaldus, Hubaldus, Ubaldus Elnonensis*, in: Die Musik in Geschichte und Gegenwart, 2. Ausg., hrsg. v. Ludwig Finscher, Personenteil Bd. 9, Kassel etc. 2003, Sp. 458–461; Alexander Rausch: *Bern, Berno, Bern(h)ardus von Reichenau*, in: ebenda, Personenteil Bd. 2, Kassel etc. 1999, Sp. 1356–1359; Wolfgang Hirschmann: *Guido von Arezzo, Guido Aretinus, auch Gwido, Wido*, in: ebenda, Personenteil Bd. 8, Kassel etc. 2002, Sp. 221–229; Michael Bernhard: *Hermannus Contractus, Hermann der Lahme, Hermann von Reichenau*, in: ebenda, Personenteil Bd. 8, Kassel etc. 2002, Sp. 1393–1395; Wolfgang Hirschmann: *Johannes, gen. Cotto oder Afflig(h)emensis*, in: ebenda, Personenteil Bd. 9, Kassel etc. 2003, Sp. 1077–1081; Wolfgang Hirschmann: *Aribo*, in: ebenda, Personenteil Bd. 1, Kassel etc. 1999, Sp. 905–908.

52 Siehe die Abbildung bei A. Rosenmüller: *Musik und Erkenntnis* (wie Anm. 45), S. 139.

53 Siehe zum Beispiel die säulenartigen Stützen des Diatesseron-Diagramms und deren Bezeichnung mit Groß- oder Kleinbuchstaben in Ms 1493, fol. 39v, und in Ms 1492, fol. 34v, sowie die lilienartigen Schmuckformen zu Seiten des Schemas in Ms 1493, fol. 40r, und in Ms 1492, fol. 36r.

54 Ms 1493, fol. 38r = Ms 1492, fol. 33r. Weitere Beispiele: marginales XP-Monogramm mit Alpha und Omega (Ms 1493, fol. 40r = Ms 1492, fol. 36v); von späterer Hand nachgetragene Textergänzung „servat" in Ms 1493, fol. 40r, ist in Ms 1492, fol. 35v, in den Text übernommen; übereinstimmend sind auch die marginalen Glossen im Schlussteil des Boethiustextes (Ms 1493, fol. 43v–46r; Ms 1492, fol. 39r–42v).

ehemalige Altzeller Codex Ms 1493 ist dabei das älteste Stück. Die vierte Handschrift, Ms 1492, gehört zwar dem 15. Jahrhundert an – sie wurde 1438 in Altzelle geschrieben –, scheint aber zumindest in ihrem ersten Teil, der die *Musica* des Boethius enthält, auf eine hochmittelalterliche Vorlage zurückzugehen, die in Schriftbild und Illustrationen vielfach nachgeahmt wurde, so dass das Manuskript auf den ersten Blick außerordentlich archaisch wirkt.[52]

Es wäre zu prüfen, ob es sich bei dieser Abschrift des 15. Jahrhunderts nicht um eine direkte Kopie aus Ms 1493 handelt, das ebenfalls als erste Schrift das Werk des Boethius enthält. Denn der Anfangsteil des Textes ist in beiden Codices verloren, und viele der illustrierenden Schemata weisen auffällige Übereinstimmungen in gestalterischen Details auf,[53] auch sind spezifische Eigenheiten wie beispielsweise ein Verweiszeichen, das im älteren Manuskript nachgetragen ist,[54] in der jüngeren Abschrift getreu übernommen (siehe Abbildung). Eine direkte Abhängigkeit zwischen den beiden Stücken würde auch erklären helfen, weshalb der Codex des 11./12. Jahrhunderts sich überhaupt in der Altzeller Bibliothek befunden hat. Denn wie zwei Einträge in der Handschrift belegen, war er spätestens ab dem 13. Jahrhundert und bis zum 15. Jahrhundert im Besitz des Benediktinerklosters St. Peter und Paul in Merseburg; erst 1526 ist der Band mit dem Altzeller Besitzvermerk versehen worden.[55] Die Annahme liegt daher nahe, dass die Merseburger Handschrift in den 1430er Jahren nach Altzelle ausgeliehen wurde, um dort abgeschrieben werden zu können, dass es aber später aus unbekannten Gründen nicht zu einer Rückgabe kam.

Ms 1493 ist nicht nur wegen ihres hohen Alters bemerkenswert, sondern auch weil sie zwei spätalthochdeutsche Textstücke musikkundlichen Inhalts enthält. Es handelt sich um Ausschnitte aus der Boethius-Übersetzung, die Notker Labeo (= Notker III., Notker der Deutsche, um 950–1022) im späten 10. oder frühen 11. Jahrhundert im Kloster St. Gallen angefertigt hat, ein außerordentlich frühes Beispiel volkssprachiger Rezeption der lateinischschulmäßigen Musiklehre.[56] Die Leipziger Überlieferung ist einer von insgesamt fünf handschriftlichen Textzeugen, die sich von Notkers Übersetzung erhalten haben.[57] Nach dem alemannischen Sprachcharakter, den die Passagen in Ms 1493 aufweisen, lässt sich die Entstehung der Handschrift im südwestdeutschen Gebiet lokalisieren.

Ob die beiden anderen hochmittelalterlichen Handschriften mit musiktheoretischen Texten – Ms 79 aus Altzelle und Ms 431 aus Pegau – originär aus dem sächsischen Raum stammen und somit als Zeugen der gelehrten Beschäftigung mit musikkundlichen Fragen in diesem Gebiet schon in hochmittelalterlicher Zeit gelten dürfen, lässt sich derzeit nicht sicher entscheiden. Im Fall von Ms 79 besteht immerhin eine gewisse Wahrscheinlichkeit, dass der Codex jenes Exemplar der *Musica Johannis* überliefert, welches der Altzeller Konvent bei seiner Gründung um 1170 aus dem Mutterkloster Pforta bei Naumburg erhielt.[58] Zwar weist die Handschrift einen Altzeller Besitzvermerk des 13. Jahrhunderts auf, wonach das Buch dem Kloster von einem Priester Servatius geschenkt wurde, doch betrifft dieser Eintrag nur den ersten Teil des Bandes, der eine Abschrift des Matthäus-Evangeliums mit der Glossa ordinaria eventuell aus dem französischen Studienbetrieb enthält. Die angebundene Musik-Überlieferung mit dem *De musica*-Traktat des Johannes Cotto (siehe Abbildung S. 29) bildete ursprünglich eine eigenständige Handschrift. Dieser Teil von Ms 79 dürfte bereits im früheren 12. Jahrhundert entstanden sein, so dass unter rein zeitlichem Aspekt eine Identifizierung mit dem Stück der Altzeller Gründungsausstattung möglich erscheint. Wann der Musik-Faszikel mit dem glossierten Matthäus-Evangelium zum heutigen Band vereinigt wurde, ist nur ungefähr einzugrenzen. Einen Terminus post bietet ein Blatt aus dem mittleren 13. Jahrhundert, das im vorderen Buchdeckel als Buchbindermakulatur verwendet wurde. Der Einband könnte daher in das spätere 13. oder 14. Jahrhundert zu datieren sein.

Auch bei Ms 431 handelt es sich um eine Bindesynthese, die mehrere ursprünglich selbständige Handschriften in einem Codex zusammenfasst.[59] Die Vereinigung zu einem Band erfolgte hier erst im 15. Jahrhundert, als in Pegau offenbar in größerem Umfang Ordnungsarbeiten im Bibliotheksbestand vorgenommen wurden. Die Pegauer Bücher müssen damals in teilweise desolatem Zustand gewesen sein, denn es haben sich mehrere Sammelbände erhalten, die im 15. Jahrhundert aus älteren Handschriftenteilen zusammengestellt und mit einem Einband versehen wurden.[60] Im Fall von Ms 431 setzt sich der Codex aus sieben Einzelfaszikeln zusammen, die einst separaten Büchern zugehört haben dürften, wie verschiedene Pegauer Besitzeinträge unterschiedlicher Schreibhände

---

55 Siehe C. Mackert: *Repositus ad bibliothecam publicam* (wie Anm. 44), S. 167.

56 „Gilt als älteste Musikabh. in dt. Sprache" (Martin van Schaik: *Notker Labeo, Notker III., Notker Teutonicus*, in: Die Musik in Geschichte und Gegenwart, 2. Ausg., hrsg. v. Ludwig Finscher, Personenteil Bd. 12, Kassel etc. 2004, Sp. 1210–1212, hier Sp. 1210). Zu Notker siehe auch Stefan Sonderegger: *Notker III. von St. Gallen (N. Labeo; N. Teutonicus) OSB*, in: Die deutsche Literatur des Mittelalters. Verfasserlexikon, 2., völlig neu bearbeitete Aufl. hrsg. v. Kurt Ruh u. a., Bd. 6, Berlin etc. 1987, Sp. 1212–1236.

57 M. van Schaik: *Notker* (wie Anm. 56), Sp. 1210; S. Sonderegger: *Notker* (wie Anm. 56), Sp. 1220.

58 Vgl. hierzu und zum folgenden Ludwig Schmidt: *Beiträge zur Geschichte der wissenschaftlichen Studien in sächsischen Klöstern, I: Altzelle*, erweiterter Sonderabdruck aus dem Neuen Archiv für Sächsische Geschichte und Altertumskunde 18 (1897), Dresden 1897, S. 11; Gerhard Karpp: *Bibliothek und Skriptorium der Zisterzienserabtei Altzelle*, in: Altzelle. Zisterzienserabtei in Mitteldeutschland und Hauskloster der Wettiner, hrsg. v. Martina Schattkowsky und André Thieme (Schriften zur sächsischen Landesgeschichte 3), Leipzig 2002, S. 193–233, hier S. 199–201 und 221 (mit Abb.). Weitere Literatur zur Handschrift siehe oben Anm. 45.

59 Zur Handschrift siehe oben Anm. 45.

60 Zum Beispiel Ms 24, Ms 60, Ms 778, Ms 1264 (jeweils mit Besitzeinträgen in einzelnen Faszikeln der Handschriften).

61 Vorderspiegel: „Liber monasterij sancti Iacobi apostoli in Pegaw" (15. Jh., wiederholt von derselben Hand 177r = letztes Blatt des Codex); Teil 1: fol. 1–76, Ende 13./Anfang 14. Jh., Anfang fehlt, 76v „Explicit commentum magistri Petri in epistolas sancti et beatissimi Pauli apostoli ::: Liber beati Jacobi apostoli in Pygavia"; Teil 2: fol. 77–92, Ende 12. Jh., Ende fehlt, 77r auf dem oberen Rand nachgetragen „Petrus Manducator. Sancti Iacobi apostoli in Pigauia" (13. Jh.), darunter von späterer Hand (Ende 13. Jh.) „a principio usque ad reditum filiorum Israel ad patrem suum. Et vita Appollonij regis"; Teil 3: fol. 93–117, 12. Jh., Anfang fehlt, 117v (= ehemalige letzte Seite der Hs.) leer und stark verschmutzt, 93r auf dem unteren Rand „Liber sancti Iacobi ecclesie Pigauiensis" (13. Jh.), andere Hand als 77r; Teil 4: fol. 118–137 und 138–139, frühes 13. Jh. und nach 1220, Anfang fehlt, 139v leer, unten „Liber sancti Jacobi in Pigav" (13. Jh., andere Hand als 77r und 93r); Teil 5 (fol. 140–161) sowie Teil 6 und 7 (fol. 162–177) ohne Besitzeinträge.

und Entstehungszeiten belegen, die sich an den Grenzen der einzelnen Teile finden.[61] Vielfach sind die Texte am Beginn oder Ende unvollständig, was darauf hindeutet, dass die ursprünglichen Bände beschädigt waren und daher Blattverluste eingetreten sind.

Als fünften Teil enthält der Codex eine Sammlung von musiktheoretischen Schriften, die paläographisch ins erste Viertel des 13. Jahrhunderts datiert werden kann. Auch diese Sammlung ist am Beginn verstümmelt, die Überlieferung setzt mitten in Kapitel 16 von Guidos von Arezzo *Micrologus de disciplina artis musicae* ein. Auf dem ersten erhaltenen Blatt findet sich eine gerahmte Federzeichnung, welche die Musica in personifizierter Form als Frauengestalt in langem Gewand mit den zeittypisch weit geschnittenen Ärmeln darstellt und die nun durch die Einbindung in den Codex des 15. Jahrhunderts wie eine Eingangsillustration zu den musiktheoretischen Texten erscheint (siehe Abbildung auf Seite 31).

Seit wann sich der musikkundliche Teil von Ms 431 im Pegauer Kloster befand, lässt sich nicht feststellen: Der Faszikel weist keinen Besitzeintrag auf. So muss offen bleiben, ob es sich um ein im Kloster angefertigtes Manuskript handelt oder ob die Handschrift zu einem späteren Zeitpunkt in die Pegauer Bibliothek gelangte. In jedem Fall wird sie deutlich vor dem 15. Jahrhundert bereits in der Abtei vorhanden gewesen sein, weil die Schäden und die Zusammenbindung mit anderen Pegauer Handschriften sonst kaum verständlich wären.

So belegen die Handschriften, die Caspar Borner aus sächsischen Klosterbibliotheken für die Universität sicherte, dass seit dem späten 12. Jahrhundert in der Markgrafschaft Meißen eine gelehrte Beschäftigung mit Musiktheorie stattfand. Borners Ziel war es sicherlich, solche

Personifizierte Darstellung der Musica,
1. Viertel 13. Jahrhundert
(Universitätsbibliothek Leipzig: Ms 431, fol. 140r)

Quellen den akademischen Studien an der Leipziger Universität zur Verfügung zu stellen. Allerdings hat es den Anschein, dass diese musikkundlichen Handschriften in der frühen Neuzeit, in der sich die gelehrte Hinwendung zur Musikpraxis vollzog und das Fach aus dem quadrivialen Zusammenhang herausgelöst und schließlich aufgegeben wurde,[62] weitgehend unbeachtet geblieben sind. Erst von der modernen Forschung wurden und werden sie genutzt.

---

62 Vgl. P. Wagner: *Musikgeschichte der Universität* (wie Anm. 7), S. 8; G. Pietzsch: *Pflege der Musik* (wie Anm. 5), S. 65; M. Staehelin: *Musik in den Artistenfakultäten* (wie Anm. 2), S. 136–141.

Ansicht des Bibliotheksgebäudes im Paulinerkolleg im 17. Jahrhundert, Tonflächenlithografie um 1860 (Kunstbesitz der Universität Leipzig, Inv.-Nr. 1697/90)

Musikpflege in der Paulinerkirche im 17. Jahrhundert bis hin zur Einführung des ‚neuen Gottesdienstes' (1710)

Michael Maul

Eine breite Aufarbeitung der Leipziger Musikgeschichte des 17. Jahrhunderts, speziell der musikalischen Ereignisse in der Paulinerkirche, ist kaum noch möglich, da fast keine Primärquellen mehr vorhanden sind. Weder existiert eine historische Musikaliensammlung der Universität, noch geben die überlieferten Aktenmaterialien dezidert Auskunft über die Musikpflege. Ja, es ist sogar unklar, wer überhaupt die damaligen Protagonisten der Universitätsmusik waren und ob diese Personen so unabhängig von dem musikalischen Leben in den städtischen Kirchen agierten, dass man mit Recht von einer selbständigen universitären Musikpflege sprechen könnte. Dieser schlechten Quellenlage – sie ist zugleich eine Herausforderung – muss sich die Forschung stellen; sie muss versuchen, anhand von (teils nur vermeintlichen) Sekundärquellen, das heißt Chroniken, Textdrucken und dem Korpus der fast ausschließlich nur abschriftlich überlieferten Kompositionen zeitgenössischer Leipziger Komponisten, nach Spuren jener längst verklungenen Universitätsmusik zu suchen. Dass diese Suche zum Erfolg führen kann und sich anhand von Einzelstudien mitunter doch noch ein recht lebendiges Bild zeichnen lässt, sollen die folgenden Ausführungen zeigen. Sie verstehen sich nicht als eine Gesamtdarstellung zur Thematik; sie möchten jedoch demonstrieren, dass über die in Arnold Scherings *Musikgeschichte Leipzigs* (2. Band, 1926) vorgestellten Materialien hinaus noch manche weitere wichtige Quelle zur Universitätsmusik des 17. Jahrhunderts existiert. Die Studie geht im Kern auf meine bislang nur auszugsweise publizierte Magisterarbeit zurück, die ich im Jahr 2001 an der Universität Leipzig einreichte,[1] sowie auf Aufsätze meines Kollegen Peter Wollny,[2] dem ich überdies für zahlreiche Anregungen und Hinweise dankbar bin.

I. Universitäre Musikpflege

Wann wurde in der Paulinerkirche musiziert?

Diese Frage wurde von Arnold Schering folgendermaßen beantwortet:

„Musik erklang bei den Exequien vornehmer Leipziger Familien, bei den Promotionen, bei den Jubiläen, Krönungs-, Sieges-, Huldigungsfeiern der Universität, abgesehen von dem, was bei solchen Gelegenheiten die Studenten für sich an Musik verbrauchten. Dennoch ist eine lückenlose Darstellung der Leipziger Universitätsmusik bis hin zu Bach nicht möglich, da der größere Teil des nähere Aufschlüsse verheißenden Aktenmaterials verloren gegangen oder vernichtet worden ist. […] Gottesdienste fanden in ihr nur an den drei großen Festen und am Reformationstag statt."[3]

Für das 17. Jahrhundert belegte Schering dies freilich mit keinem einzigen konkreten Ereignis; aus seinen Ausführungen wird noch nicht einmal ersichtlich, auf welcher Basis er zu dieser Einschätzung gelangte. Letzteres ist allerdings charakteristisch für seine wenig transparente Darstellungsweise im zweiten Band der *Musikgeschichte Leipzigs*, den er unter der Maxime verfasste, „die Masse der Einzelheiten vor straffen Zusammenfassungen zurücktreten" zu lassen und „auf Mitteilungen aller und jeglicher Notizen" zu verzichten[4] – ein nicht zuletzt aus der Not

---

1 Michael Maul: *Musik und Musikpflege in Leipzig nach dem Dreißigjährigen Krieg (1645–1660)*, Magisterarbeit (Manuskript), Universität Leipzig 2001; siehe auch Michael Maul: *Die musikalischen Ereignisse anlässlich der Erbhuldigung von Johann Georg II. (1657). Ein Beitrag zur Rekonstruktion von Leipziger Festmusiken im 17. Jahrhundert*, in: Schütz-Jahrbuch 28 (2006), S. 89–121.

2 Siehe Peter Wollny: *Eine anonyme Leipziger Hochzeitsmusik aus dem 17. Jahrhundert*, in: Über Leben, Kunst und Kunstwerke: Aspekte musikalischer Biographie. Johann Sebastian Bach im Zentrum, hrsg. v. Christoph Wolff, Leipzig 1999, S. 46–60; und Peter Wollny: *Studien zum Stilwandel in der protestantischen Figuralmusik des mittleren 17. Jahrhunderts*, Habilitationsschrift, Universität Leipzig 2009.

3 Arnold Schering: *Musikgeschichte Leipzigs*, Bd. 2: *Von 1650 bis 1723*, Leipzig 1926, S. 315 f.

4 Ebenda, S. IX.

heraus geborener Grundsatz, denn Schering hatte den Auftrag zur Anfertigung des Buches kurzfristig anstelle des verstorbenen Verfassers des ersten Bandes, Rudolf Wustmann, übernommen, und als Quellenbasis diente ihm dabei dessen umfangreiche, vielleicht nicht immer für andere verständliche Materialsammlung.[5]

Die neuerliche Sichtung der Universitätsarchivalien führte zu dem Ergebnis, dass überhaupt nur eine Quellengruppe über die offiziellen, das heißt im Namen der Universität stattgefundenen Veranstaltungen mit musikalischen Anteilen Auskunft gibt. Es sind dies die Rechnungsbücher der Universitätsrektoren, die für das 16. Jahrhundert nur sehr sporadisch, über weite Strecken des 17. Jahrhunderts aber nahezu lückenlos (ausgenommen die Jahre ab 1679) vorliegen.[6] Hier werden pauschal stets die Kosten für die Festveranstaltungen in der Paulinerkirche aufgeführt, darunter auch die Aufwendungen für Musiker. Die jährlich wiederkehrenden diesbezüglichen Einträge lauten seit den 1610er Jahren (mit kleinen Nuancen in der Formulierung):[7]

	Gulden	*Groschen*	*Pfennige*
In festo Pentecostes			
cantori	1	3	
symphoniacis oder Tubicinibus	1	3	
Fidicinibus[8]		12	
In celebratione Quartembr. Trinitatis			
cantori		16	6
In celebratione Quartembr. Crucis			
cantori		16	6
In festo Nativitatis			
cantori	1	3	
symphoniacis bzw. Tubicinibus	1	3	
Fidicinibus[9]		12	
In festo Paschatos			
cantori	1	3	
symphoniacis bzw. Tubicinibus	1	3	
Fidicinibus[10]		12	
In celebratione Quartembr. Luciae			
cantori		16	6
In celebratione Quartembr Reminiscere			
cantori		16	6

Hinzu treten in unregelmäßigen Abständen, maximal aller zwei Jahre, die Vermerke:

Ad parentationem Electoris
Mauriti [unterschiedliche Namen] p. cession   5 [fl.]
Cristiani I. [unterschiedliche Namen] p. cession   5 [fl.] 15 [gr.]

Ab 1667 wurde – kraft kurfürstlichen Befehls – zudem jährlich der Reformationstag mit einem Festgottesdienst begangen, was sich folgendermaßen in den Rechnungsbüchern niederschlug:

In Festo sesquiseculari Lutherano in memoriam[11]
Cantori et. Musicis   2 [fl.] 18 [gr.; entspricht der Summe der Aufwendungen für die hohen Festtage]

Interpretieren lassen sich die Einträge wie folgt: Figuralmusik erklang regulär nur an den drei hohen Festtagen des Kirchenjahrs: zu Ostern, Pfingsten und Weihnachten. Bezahlt wurden dabei der Kantor und die Instrumentalisten. Die ab 1645/46 erfolgte Unterteilung in „Tubicines" (auch „Tibicines" oder gleichbedeutend „Symphoniaci") und zusätzlich „Fidicines" deutet an, dass zu diesen Anlässen mit Bläsern und Streichern musiziert wurde. Eindeutige Belege dafür, dass mit „Tubicines" die Stadtpfeifer gemeint sind, liegen zwar für die Zeit nach 1630 nicht mehr vor,[12] doch ist dies ohnedies naheliegend, denn die Stadtpfeifer verfügten über entsprechende Musizierprivilegien.[13] Dass indes die „Fidicines" mit den Kunstgeigern gleichzusetzen wären, ist wenig plausibel: zum einen, weil diese auch für ihre Auftritte in den Stadtkirchen stets gemeinsam mit den Stadtpfeifern honoriert wurden (die Summe wurde üblicherweise vom rangältesten Stadtpfeifer auf die Mitwirkenden aufgeteilt);[14] zum anderen, weil beispielsweise Johann Beer in seinen *Musicalischen Discursen* mit einer Episode aus seiner Leipziger Studentenzeit belegt, dass sich die Streichergruppe in der Paulinerkirche hauptsächlich aus Studiosi – sicherlich Mitgliedern der örtlichen

---

5 Vgl. ebenda; sowie M. Maul: *Musik und Musikpflege* (wie Anm. 1), S. 7 f.; und M. Maul: *Die musikalischen Ereignisse* (wie Anm. 1), S. 94.

6 Universitätsarchiv Leipzig (UAL): Rektor, B 30 (Rationarium [1601–1627]) und B 31 (Novus liber Rationum 1627–1678). Für die Jahre 1679 bis 1722 existieren diese Rechnungen nicht mehr. Jedoch setzt für die Zeit ab 1685 die Überlieferung der Rechnungen der Paulinerkirche ein, in denen jährlich ein Salär von zwölf Talern für den „Director Chori musici" aufgeführt ist. Inwieweit diese Ausgabe zusätzlich zu den in den Rektoratsrechnungen (siehe unten) erwähnten Beträgen schon in früherer Zeit gezahlt wurde, ist unklar.

7 Der Abrechnungstypus ist erstmals für das Jahr 1612 dokumentiert und verfestigte sich – nach Abweichungen (in Bezug auf die Höhe der Beträge und die Musiziertermine) – Anfang der 1620er Jahre. Nach derzeitigem Kenntnisstand bleibt es fraglich, ob die Veränderung nur die Art der Abrechnung betraf (wurden die Musiker zuvor aus anderen Kassen bezahlt?) oder ob mit dem Jahr 1612 tatsächlich eine grundlegende Reformierung der Universitätsmusik erfolgte.

8 Erst ab 1645/46 (vgl. Anm. 48).

9 Ab 1645/46 (vgl. Anm. 48).

10 Ab 1645/46 (vgl. Anm. 48).

11 So die Bezeichnung auch noch nach 1667.

12 In den 1610er Jahren erfolgte die Aufstellung teilweise in deutsch; dann ist ausdrücklich die Rede von der „Aufwartung" der Stadtpfeifer. 1628 ging die Zahlung zudem ausdrücklich an die „Tibicinibus Urbiscis".

13 Vgl. auch die Anm. 76 und 103.

14 Vgl. hierzu auch Anm. 103 sowie Arnold Schering: *Die Leipziger Ratsmusik von 1650 bis 1775*, in: Archiv für Musikwissenschaft 3 (1921), S. 17–53.

Collegia musica – zusammensetzte.¹⁵ Mithin dürfte sich hinter der Bezeichnung „Fidicines" ein hauptsächlich mit Streichern besetztes Studentenorchester verbergen, das sich offenbar in den 1640er Jahren, wahrscheinlich unter Johann Rosenmüllers Leitung (siehe weiter unten) konstituierte, oder zumindest ab dieser Zeit für seine Auftritte in der Paulinerkirche bezahlt wurde. Gelegentlich erscheint anstelle des Postens „Cantori" die Formulierung „Cantori thomano", was die Frage aufwirft, ob mit „Cantor" tatsächlich stets der Thomaskantor oder nur allgemein der Leiter einer Aufführung gemeint ist. Wir werden darauf zurückkommen.

Die an „Cantor" und Instrumentalisten gezahlten Summen blieben über die Jahre hinweg stabil. Jedoch finden sich 1656 und 1659 Abrechnungen für die hohen Festtage, in denen lediglich Ausgaben für den „Cantor" („Cantori 1 [fl.] 3 [gr.]") erwähnt werden, jedoch keine für Bläser und Streicher. Die Ursache hierfür liegt auf der Hand: Nach dem Tod des Kurfürsten Johann Georg I. (gest. 8. Oktober 1656) und der Kurfürstenwitwe Magdalena Sibylle (gest. 12. Februar 1659) herrschte jeweils für ein ganzes Jahr Landestrauer. Dabei wurden die Orgeln verhangen und in den Gottesdiensten auf die Darbietung von Figuralmusik verzichtet. Angesichts dieses Zusammenhanges wird außerdem ersichtlich, dass die unregelmäßig abgehaltenen Gedenkfeiern für die längst verstorbenen sächsischen Kurfürsten Christian I. und Moritz generell ohne Figuralmusik abgelaufen sein müssen, denn die diesbezüglichen Ausgabeposten blieben auch während der Landestrauern stabil. Gleiches gilt – anders als dies Schering beschrieb – für die Quartalsorationen, für die nur der „Cantor" (Motettengesang der Thomaner?) ein Honorar erhielt.

Die Rechnungsbücher liefern außerdem einen Überblick über diejenigen außerordentlichen Universitätsgottesdienste, -feiern oder Dankfeste, an denen in der Paulinerkirche ebenfalls großbesetzt musiziert wurde. In diesen Fällen – etwa dem Dankfest nach dem Ende der schwedischen Besatzung am 22. Juli 1650, den Zentenarfeiern des Passauer Vertrages (1652) und des Augsburger Religionsfriedens (1655), und die solenne Begehung des 71. Geburtstages des Landesherrn Johann Georg I. (1656) – gleichen Art und Höhe der Ausgaben denen für die drei hohen Festtage.

Entgegen der Einschätzung Scherings muss also resümiert werden, dass es nur an den drei höchsten Festen des Kirchenjahres, anlässlich des Reformationstages (erst ab 1667) und zu außerordentlichen kirchen- und landesgeschichtlichen Ereignissen zu universitären Figuralmusikaufführungen in der Paulinerkirche kam. Die übrigen Veranstaltungen wurden nur mit Motettengesang – wohl stets der Thomaner – begleitet. Neben dieser institutionellen Musikpflege kam es in der Kirche freilich immer wieder zu privat oder von einzelnen Fakultäten initiierten Darbietungen von Gelegenheitsmusiken. Diese dritte Säule der studentischen/universitären Kirchenmusik wird durch die Rechnungsbücher der Rektoren nicht dokumentiert und kann überhaupt nur sehr sporadisch – anhand von Musikalien, Textdrucken und Chroniken – erhellt werden (siehe weiter unten).

Ob beziehungsweise inwieweit die somit umrissene Musikpflege an der Paulinerkirche eine genuin universitäre war, also weitestgehend unabhängig von dem musikalischen Leben in den städtischen Kirchen stattfand, lässt sich nur im Zusammenhang mit der Frage ergründen, wer ihre maßgeblichen Akteure waren.

Der ‚Academiae Musicus' Werner Fabricius – ein Sonderfall im 17. Jahrhundert?

Wem die Bestallung der Universitätsmusik von alters her aufgetragen war, lässt sich nicht mehr genau feststellen. Wustmann berichtet, der Rektor habe bald nach der Einführung der Reformation in Leipzig „mit Mühe" die Einrichtung eines vierteljährigen Universitätsgottesdienstes (ab 1544) durchsetzen können. Für dessen musikalische Ausgestaltung wurden Kantor und Organist bezahlt.¹⁶ 1545 wird aktenkundig, dass dabei offenbar die kurfürstlichen Stipendiaten, also Studenten, zu singen pflegten.¹⁷ Aus dem 16. und frühen 17. Jahrhundert sind vereinzelt Namen von Kantoren der Paulinerkirche überliefert: Es handelte sich ebenfalls zumeist um kurfürstliche Stipendiaten respektive Studenten, so etwa 1556 um Andreas Bergener aus Neustadt, 1581/82 um den späteren Thomaskantor Sethus Calvisius, 1610–1612 beziehungsweise 1612–1615 um die künftigen Kantoren der Dresdner Kreuzkirche Samuel Rüling (um 1586 bis 1626) und Christoph Neander (1589–1625) und 1616 um Johannes Scheibe. Letzterer scheint als erster den Titel eines

---

15 Vgl. *Johann Beerens [...] Musicalische Discurse durch die Principia der Philosophie deducirt [...]*, Nürnberg 1719, Reprint mit einem Nachwort von Heinz Krause-Graumnitz, Leipzig 1982, S. 63. Beer erzählt, wie er einen „Pollacken [den er] in Leipzig auf dem Pauliner Collegio dergestalten geschwind auf seiner violin hin und wieder, auf und nieder, oben und unten, solvirt und gebunden, habe herumfahren, hupffen und springen sehen, daß ich immer gedacht habe, der Kerl würde mit samt der Fiddel zum Fenster naus fahren." Bei jenem polnischen Virtuosen dürfte es sich nach Lage der Dinge um einen Studenten gehandelt haben. Siehe auch Peter Wollny: *Das Leipziger Collegium musicum im 17. Jahrhundert*, S. 77 bis 78 im vorliegenden Band.

16 Rudolf Wustmann: *Musikgeschichte Leipzigs*, Bd. 1: *Bis zur Mitte des 17. Jahrhunderts*, Leipzig 1909, S. 58.

17 Ebenda, S. 59, 135 ff.

‚director chori musici Paulini' geführt zu haben.[18] Zeitweise lag die Leitung der Musikaufführungen aber auch schon in der Hand des Thomaskantors. So erhielt Sethus Calvisius 1609 anlässlich des 200. Jubiläums der Alma mater zwei Gulden und sechs Groschen aus der Universitätskasse – offenkundig das Honorar für die damals erklungene Festmusik.[19] Weihnachten 1626 zahlte man laut Rektoratsrechnung dem Thomaskantor („Cantori Joh. Hermanno Schein") die übliche Summe von einem Gulden und drei Groschen für die Darbietung einer Figuralmusik.[20] Jedoch können wir nicht davon ausgehen, dass die Thomaskantoren nun stets für die Universitätsmusik verantwortlich waren, denn die letztere Summe erhielt ein Jahr später (Weihnachten 1627) ein ebenfalls als „cantor" titulierter „M[agister] Ungern"[21] – es muss sich um den späteren Naumburger Kantor (ab 1634) Andreas Unger (um 1605–1657) handeln, der, ehemals Thomaner und Leipziger Student (ab 1625), während der 1620er Jahre lediglich als Hilfslehrer an der Thomasschule wirkte und sich 1631 umsonst um die Nachfolge Scheins im Kantorat bemühte.[22] Sollte sich hinter der Bezeichnung „cantor" in den Rektoratsrechnungen also doch schon damals – zumindest zeitweise – ein unabhängig vom Thomaskantor agierender Universitätsmusikdirektor (aus der Studentenschar) verbergen? Aktenkundig wird ein solcher erst (wieder?) im Juli 1657, als Werner Fabricius am 11. Juli um das nach dem Tod Tobias Michaels vakante Thomaskantorat anhielt und in seinem Bewerbungsschreiben anführte, er habe „numehro fast in die 2 Jahr" eine „von einer Hochlöbl. Universität allhier" ihm übertragene „Musicalische Bestallung" verwaltet.[23] Die Alma mater bestätigte in diesem Zusammenhang, Fabricius sei gegenwärtig der bei „der *Universität* alhier in der Pauliner Kirchen bestalte *Musicus*" und würde hier den „Chorum musicum [...] verwalten".[24] Die daraus sich erschließende Datierung seines Dienstantrittes als Universitätsmusikdirektor auf 1655/56 deckt sich mit den – im Folgenden noch zu besprechenden – musikalischen Quellen, die zum einen belegen, dass Fabricus spätestens im Frühjahr 1656 den Titel eines ‚Academiae Musicus' führte, zum anderen davon zeugen, dass er bereits ab der zweiten Jahreshälfte 1655 als Komponist der universitären Festmusiken auftrat. Ob Fabricius jedoch der erste ‚Academiae Musicus' (zumindest nach dem Dreißigjährigen Krieg) war, ist zumindest zweifelhaft. Verschiedene Beobachtungen deuten darauf hin, dass die Entscheidung der Universität, ihm gerade 1655/56 dieses (Neben-)Amt aufzutragen[25] und damit für eine Separierung der Universitätsmusik von derjenigen in den städtischen Kirchen zu sorgen, durch den Verlust eines bis dato schon eigens für die Paulinerkirche komponierenden Musikers motiviert war, nämlich durch die im Mai 1655 erfolgte Flucht Johann Rosenmüllers nach Venedig. Rosenmüller war zweifellos die schillerndste Leipziger Musikerpersönlichkeit der 1640/50er Jahre, ja der lokale Hoffnungsträger schlechthin.[26] Bald nachdem der im Vogtland gebürtige Musiker 1640 als Student an die Pleiße gekommen war, avancierte er zum Hilfslehrer (ab Herbst 1642)[27] und Baccalaureus funerum (ab 1650)[28] an der Thomasschule und scheint in diesen beiden Funktionen ein Gehilfe des gichtgeplagten, oft über Wochen ans Bett gefesselten Thomaskantors Tobias Michael gewesen zu sein.[29] Wie Peter Wollny zeigen konnte, war Rosenmüller schon 1645 – noch vor seinem Italien-Aufenthalt 1645/46[30] – ein gefragter Komponist; da-

18 Ebenda, S. 138 f.
19 „Setho Calvisio cantori ad D. Thomani 2 [fl.] 6 [gr.]"; die Ausgabe erscheint innerhalb der Abrechnung der Jubiläumskosten, UAL: Rektor, B 30, fol. 94r.
20 UAL: Rektor, B 30, fol. 239.
21 UAL: Rektor, B 31, fol. 2.
22 Vgl. R. Wustmann: *Musikgeschichte Leipzigs*, Bd. 1 (wie Anm. 16), S. 208; und Werner Braun: *Unger, Andreas*, in: Die Musik in Geschichte und Gegenwart, 2. Ausg., hrsg. v. Ludwig Finscher, Personenteil Bd. 16, Kassel etc. 2006, Sp. 1211.
23 *Besetzung derer Schuldienste in beyden Schulen zu St. Thomae und St. Nicolai*, Stadtarchiv Leipzig: Tit. VII B(F) 116, fol. 106.
24 Schreiben von „Rector, Magistri undt Doctores der Universität Leipzigk" vom 9. Juli 1657, ebenda, fol. 104 f.
25 Für diese Bezeichnung spricht die oben beschriebene geringe Entlohnung, wobei nicht auszuschließen ist, dass er darüber hinaus noch die später dokumentierte jährliche Besoldung von zwölf Reichstalern (vgl. Anm. 6 und 82) erhielt.
26 Biographische Angaben im folgenden, wenn nicht anders angegeben, nach Peter Wollny: *Rosenmüller, Johann*, in: Die Musik in Geschichte und Gegenwart, 2. Ausg., hrsg. v. Ludwig Finscher, Personenteil Bd. 14, Kassel etc. 2005, Sp. 406–412.
27 Vgl. Stadtarchiv Leipzig: *Jahresrechnungen Des Raths der Stadt Leipzigk, über Einnahmen und Außgabe, von 22. Augusti 1642. biß 21. Augusti 1643*, S. 182.
28 Vgl. Jahresrechnungen 1649/50; im 2. Quartal (Trinitatis) wird Rosenmüller erstmals als 1. Collaborator in der Nachfolge von Johann Georg Drombsdorf geführt und erhielt „Costgeld als Baccalaureus funerum"; aus der Berechnung des anteiligen Jahreskostgeldes geht hervor, dass Rosenmüller diesen Dienst am 16. März 1650 antrat; zu den Aufgaben des Baccalaureus funerum siehe A. Schering: *Musikgeschichte Leipzig*, Bd. 2 (wie Anm. 3), S. 98.
29 Zu Michaels „über 30. Jahr" andauernden Gichtbeschwerden siehe den Lebenslauf in der von Martin Geier gehaltenen Leichenpredigt, *Köstliches Aqua vitae Oder Lebens-Wassers [...] 1657*, abgedruckt bei Philipp Spitta: *Leichensermone auf Musiker des XVI. und XVII. Jahrhunderts*, in: Monatshefte für Musikgeschichte 3 (1871), S. 30–41, speziell S. 33 f.; sowie Michael Maul: *Scheidt-Dokumente aus der Lutherstadt Eisleben*, in: Samuel Scheidt (1587–1654). Werk und Wirkung. Bericht über die Internationale wissenschaftliche Konferenz in Halle (Schriften des Händel-Hauses in Halle 20), Halle 2006, S. 201.
30 Siehe Detlef Döring: *Das Musikleben im Leipziger Collegium Gellianum in den vierziger und fünfziger Jahren des 17. Jahrhunderts*, in: Beiträge zur musikalischen Quellenforschung, hrsg. v. der Forschungs- und Gedenkstätte Schütz-Haus Bad Köstritz (Protokollband Nr. 2 der Kolloquien im Rahmen der Köstritzer Schütz-Tage), Bad Köstritz 1991, S. 123 f.; M. Maul: *Musik und Musikpflege* (wie Anm. 1), S. 26; und P. Wollny: *Studien zum Stilwandel* (wie Anm. 2), S. 184 ff.

Johann Rosenmüller, Caspar Ziegler: Entsetze dich, Natur, *Textbuch, Titel und erste Seite*
(Niedersächsische Staats- und Universitätsbibliothek Göttingen: 8 P Germ. II, 6281)

mals komponierte er für den schwedischen General Robert Douglas eine musikalisch erhalten gebliebene Hochzeitsmusik.[31] Seine in Leipzig publizierten Drucke wurden von keinem Geringeren als dem Dresdner Hofkapellmeister Heinrich Schütz durch Worte[32] und Taten[33] unterstützt. 1651 stieg Rosenmüller zum Nikolaiorganisten auf und wurde 1654 – unter Beibehaltung der beiden Ämter – zum „von Hauß auß bestellten Director der Music" am Altenburger Hof ernannt.[34] Im Dezember 1653 veranlasste seine drohende Abberufung ins Dresdner Kreuzkantorat den Leipziger Rat gar dazu, ihm schriftlich zu garantieren, dass er nach dem Ableben Tobias Michaels neuer Thomaskantor werden würde.[35] Dazu kam es freilich nicht, weil Rosenmüller wegen eines im Raum stehenden Verdachtes der Päderastie – er soll sich an Alumnen der Thomasschule vergangen haben[36] – im Mai 1655 aus Leipzig floh und dann fast drei Jahrzehnte in Venedig wirkte (er starb 1684 in Wolfenbüttel).

Dass Fabricius just nach Rosenmüllers Weggang als Komponist für die universitären Festmusiken zum Zuge kam, könnte also auf einen kausalen Zusammenhang deuten. Jedenfalls ist in einem konkreten Fall belegt, dass es in der Tat Rosenmüller – und nicht der Thomaskantor Tobias Michael – war, der um 1650 die Musik in der Paulinerkirche bestellte. Davon zeugt ein Textdruck mit dem Titel: „Caspar Zieglers Auff das H. Weihnacht-Fest / Zu der Von Johann Rosenmüllern In der Pauliner Kirch Auff den Ersten Feyer-Tag angestellten Musik Vorentworffener Text. Gedruckt / bey Fried. Lanckischen S. Erben / 1649".[37]

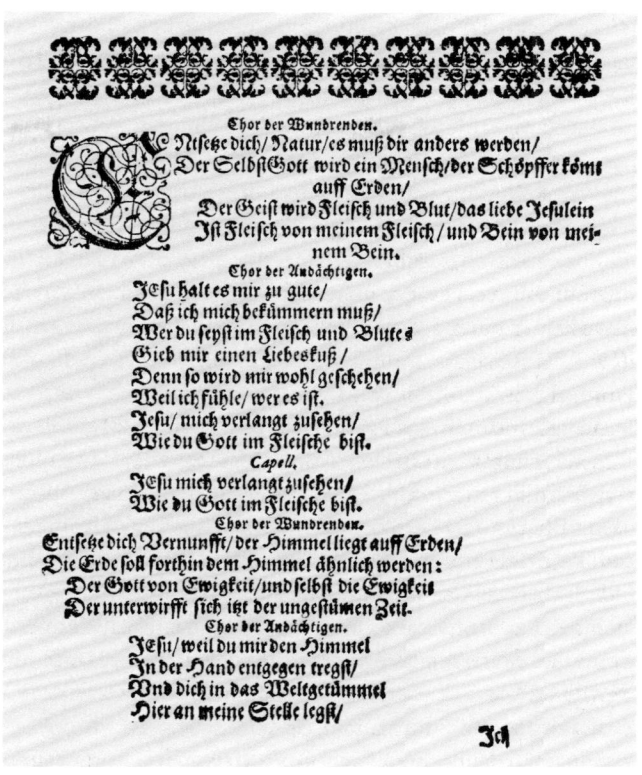

---

31 Siehe P. Wollny: *Eine anonyme Leipziger Hochzeitsmusik* (wie Anm. 2).

32 Durch eine Eloge in der 1645 gedruckten Sammlung *Paduanen, Alemanden, Couranten, Balletten, Sarabanden, mit drey Stimmen und ihrem Basso pro Organo.*

33 Schütz stellte das Papier für den Druck von Rosenmüllers Sammlung *Andere Kern-Sprüche,* Hamburg und Leipzig 1652/53, zur Verfügung; siehe hierzu Peter Wollny: *Heinrich Schütz, Johann Rosenmüller und die „Kern-Sprüche" I und II,* in: Schütz-Jahrbuch 28 (2006), S. 35–47.

34 Vgl. die bei Arno Lehmann: *Die Instrumentalwerke von Johann Rosenmüller,* Dissertation, Leipzig 1965, S. 10 f., wiedergegebenen Dokumente.

35 P. Wollny: *Eine anonyme Leipziger Hochzeitsmusik* (wie Anm. 2), S. 54 f.

36 August Horneffer: *Johann Rosenmüller (ca. 1619–1684),* Dissertation, Charlottenburg 1898, S. 33–39.

37 Exemplare in Göttingen, Staats- und Universitätsbibliothek: 8 P Germ. II, 6281; und Kraków, Biblioteka Jagiellońska (PL-Kj): Yf 6847.

Den Inhalt bildet eine umfangreiche madrigalische Dichtung über das refrainartig wiederkehrende Motto „Entsetze dich, Natur" (siehe Abbildung S. 37), vorgetragen von einem „Chor der Wundernden" und einem „Chor der Andächtigen".[38] Glücklicherweise kann dem Text noch Rosenmüllers opulent besetzte, außerordentlich moderne, weil von italienischen Einflüssen geprägte Komposition an die Seite gestellt werden, die als Stimmensatz in der historischen Musikaliensammlung der Erfurter Michaeliskirche überliefert ist.[39] Das Stück für sechs Gesangssolisten (CCATTB), sechsstimmigen Kapellchor, zwei Zinken, drei Posaunen, zwei Violinen und Basso continuo stellt womöglich das älteste musikalische Zeugnis einer genuin universitären Leipziger Festmusik dar. Das gemeinsame Auftreten Rosenmüllers mit dem Studenten (und später berühmten Wittenberger Kirchenrechtler) Ziegler war indes kein Einzelfall. Dies verdeutlichen einige weitere Textdrucke, nunmehr zu weltlichen Kompositionen Rosenmüllers.[40] Auch eine Bemerkung Erdmann Neumeisters in seiner Dissertation *De poetis germanicis* (1695) könnte so verstanden werden. Er berichtet über den jungen Caspar Ziegler, den – ebenfalls von Schütz geförderten – ‚Erfinder' der deutschen madrigalischen Dichtung (im Folgenden nach der deutschen Übersetzung):

> „die Poeten verehren kniefällig den großen Dichter in ihm, dem sogar Apoll selbst und seine Schwestern den Vorzug einräumen. Seine hervorragenden Schriften sind: *IESUS, oder XX. Elegien, über die Geburth, Leiden und Auferstehung unsers Herrn und Heylandes Jesu Christi*, Leipzig 1648, 8°.[41] Man kann nichts Lieblicheres und nichts Abgerundeteres als diese Verse finden [...]. Der würde sich jedoch nicht vergeblich, der es unternähme, die *Madrigale* und auch die *übrigen Gedichte* unseres Ziegler zu sammeln, um sie in einem Band herauszugeben. Ich selber bewahre unter meinen Papieren nicht weniges auf namentlich Gedichte, die von unserem Ziegler dem Johann Rosenmüller, dem gefeierten Musiker, zu Gefallen verfaßt wurden; auch habe ich ein *Musik-Drama*, den *Kühleweins zur Hochzeit gewidmet*.[42] Dann ein *Gedicht über die Geburt Christi*,[43] ebenso *über Ostern*.[44] Weiter: *Der an der Pleiße wohnenden Najaden erster Friedens-Gesang, an Herrn Johann Copy, Schwedischen Obristen*[45] etc. etc."[46]

Schließlich liefern auch einige Archivalien Indizien dafür, dass Rosenmüller nahezu ein Jahrzehnt lang als eine Art ‚Academiae Musicus' fungierte.[47] Neben Merkwürdigkeiten bei der Abrechnung der Kosten für die Musikaufführungen in der Paulinerkirche, die durch Rosenmüllers Italienreise 1645/46 bedingt sein könnten,[48] wird diese Annahme durch eine wenig bekannte handschriftliche Chronik der Leipziger Universität aus der Mitte des 18. Jahrhunderts gestützt. Der unbekannte Verfasser schrieb hier über Werner Fabricius zunächst: „1656 [recte 1658] ward Werner Fabricius, der den 10. April 1633 in Izehoe geb. und *Director chori Mus.* in der Paul. Kirche allhier war, Organist zu *Nicolai*, wo er 1679 9. Ian. starb." Offenbar etwas unsicher fügte er dann ergänzend hinzu: „Vielleicht erhielt Werner Fabricius die Stelle Rosenmüllers der hier *Director Chori Mus.* war."[49]

---

38 Die Dichtung basiert teils auf Versen aus *Caspar Zieglers von Leipzig, Jesus Oder Zwantzig Elegien Uber die Geburt/ Leyden/ und Auferstehung unsers Herrn und Heylandes Jesu Christi*, Leipzig 1648; vgl. hier speziell die vierte und siebente Elegie (S. 20, 26 und 39).

39 Heute in der Staatsbibliothek zu Berlin, Preußischer Kulturbesitz: Mus. ms. 18902. Elisabeth Noack: *Die Bibliothek der Michaeliskirche zu Erfurt*, in: Archiv für Musikwissenschaft 7 (1924/25), S. 65–116. Eine ausführliche Würdigung der Komposition bei P. Wollny: *Studien zum Stilwandel* (wie Anm. 2), S. 202 ff.; siehe auch M. Maul: *Musik und Musikpflege* (wie Anm. 1), S. 28 ff.

40 Siehe A. Schering: *Musikgeschichte Leipzig*, Bd. 2 (wie Anm. 3), S. 438 f.; P. Wollny: *Eine anonyme Leipziger Hochzeitsmusik* (wie Anm. 2), S. 53 f.; die Bibliographie der Leipziger Musiktextdrucke 1645–1663, in: M. Maul: *Musik und Musikpflege* (wie Anm. 1), S. 150–172, sowie die Besprechung ebenda, S. 83 ff. Wahrscheinlich gehört auch das textlich von Ziegler herrührende, ebenfalls musikalisch erhalten gebliebene großbesetzte Weihnachtskonzert Rosenmüllers *Ich freue mich in dir* (Frühfassung des Textes abgedruckt in *Caspar Zieglers* [...] *Zwantzig Elegien* [wie Anm. 38]) in diesen Kontext; siehe hierzu P. Wollny: *Studien zum Stilwandel* (wie Anm. 2), S. 202 ff.

41 Wie Anm. 38.

42 Textdruck: *Die sechs Jahreszeiten bey der Kühleweinischen und Trogerischen Hochzeit / Drama Caspar Zieglers Unter Johann Rosenmüllers Musick vorgestellet*, Leipzig 1652. Exemplare in: Jena, Thüringer Universitäts- und Landesbibliothek (D-Ju): 2 Sax. IV, 2 (35); Halle, Universitäts- und Landesbibliothek Sachsen-Anhalt: Kapsel 78 M 354, Nr. 138, und in Zwickau, Ratsschulbibliothek (D-Z): 31.1.8. (183).

43 Wohl *Entsetze dich Natur* (bei Anm. 37).

44 Nicht nachweisbar.

45 Nicht nachweisbar.

46 Erdmann Neumeister: *DE POËTIS GERMANICIS*, o. O. 1695, neu hrsg. und übersetzt v. Franz Heiduk in Zusammenarbeit mit Günter Merwald, Bern 1978, S. 267 f.

47 Dann allerdings wohl ohne einen solchen Titel zu führen.

48 Wie oben beschrieben (siehe Anm. 8–10), erhöhten sich die Kosten für die Figuralmusikaufführungen in der Paulinerkirche ab Ostern 1645, da nun zusätzlich neben dem Kantor und den Stadtpfeifern auch die „Fidicines" – offenbar musizierende Studenten – für ihre Aufwartung belohnt wurden. Jedoch kehrte man von Weihnachten 1645 bis Pfingsten 1646 nochmals zum alten Modell – Entlohnung lediglich von „Cantor" und „Tubicines" (Stadtpfeifer) – zurück. Dies könnte anzeigen, dass es in der Tat auf Rosenmüllers Initiative zurückging, an den hohen Festtagen studentische Musiker mitwirken zu lassen; durch seine zwischenzeitliche Abwesenheit wäre diese Neuerung dann ausgesetzt worden.

49 Universitätsbibliothek Leipzig (D-LEu): *Annales Academiae Lipsiensis de anno 1600–1699*, Rep. XI/3 [Z 540], fol. 87–88, 1656, Blatt 1v und 2r, die Chronik ist lediglich verzeichnet in: *Catalogus, Librorum Manuscriptorum Qui in Bibliotheca Senatoria civitatis Lipsiensis Asservantuo edidit AEmilius Guilemus Robertus Naumann* [...], Grimae 1838.

50 Zugleich praktizierte er (wie später der Thomasorganist Johann Kuhnau) als Notarius publicus Caesareus.

51 Siehe Michael Maul: ‚Alte' und ‚neue' Materialien zu barocken Organistenproben in Mittel- und Norddeutschland, in: Basler Jahrbuch für Historische Aufführungspraxis 32 (2008), S. 221–249.

52 Biographische Angaben hier und im Folgenden, wenn nicht anders angegeben, nach dem Lebenslauf in der Leichenpredigt auf Fabricius: *Musica Davidica, oder Davids-Music / bey Volckreicher Leichbestattung Des weiland Wohl-Ehren-Vesten […] Herrn Werneri Fabricii, Weitberühmten Musici allhier, der Löbl. Universität Chori musici Directoris, wie auch E.E. Hochweisen Raths wohlbestalten Organist zu S. Nicolai, Als derselbe den 9. Januarii 1679 dieses lauffenden […] seelig im Herrn verstorben/ und den 12. darauff mit Christlichen Ceremonien in der Pauliner Kirche beerdiget worden […]. Der Christlichen Gemeine erkläret und fürgetragen von Joh. Thilone S. S. Theol. Lic. ad. D. Nicol. Ecclesiaste* […]; auszugsweise abgedruckt bei Hans-Joachim Buch: *Die Tänze, Lieder und Konzertstücke des Werner Fabricius*, Dissertation, Bonn 1961, S. 28–33; Lebenslauf zusammengefasst wiedergegeben bei Heinrich Beyer: *Leichensermone auf Musiker des 17. Jahrhunderts*, in: Monatshefte für Musikgeschichte 7 (1875), S. 171–188, hier S. 180 f.

53 Georg Erler (Hrsg.): *Die jüngere Matrikel der Universität Leipzig 1559–1809*, Bd. 2: *Die Immatrikulationen vom Wintersemester 1634 bis zum Sommersemester 1709*, Leipzig 1909, S. 98; laut der Leichenpredigt (wie Anm. 52) soll Fabricius schon 1650 nach Leipzig gekommen sein.

54 Titel des Druckes: *Danck- und Denck-Wahl / Seiner Excellentze Dem Wohl-Ehrenvesten […] Johanni Strauchen / J. U. D. der Leipzischen Universität wohlverdientem Prof. Publ. des grossen Fürsten-Collegii Collegiato, der Philosophischen Facultät und Meißnischen Nation Assessori, &c. &c. bey seinem Abzuge von hinnen nach Jehna / umb Seine Ihme daselbst auffgetragene Ordent-und öffentliche Profession beider Rechte anzufangen Glückwünschend auffgerichtet / Und in eine Musicalische Zusammen-Stimmunge versetzet / Die / zu Bezeigunge danckbares Gemüthes wegen der an seiner Excell. gegen Ihm stätz verspürten hochgeneigten Gunst-gewogenheit/ Mit allerhand Instrumenten bey stiller Nacht überbracht von Wernero Fabricio, Itzehöensi-Holsato. Leipzig / Gedruckt bey Qvirino Bauchen / Im Jahr 1652*. Exemplare in D-Ju: 2 Sax. IV, 2 (48); und in D-Z: RB 31.1.8. (153).

55 *E. C. Homburgs Geistliche Lieder Erster Theil Mit zweystimmigen Melodeyen gezieret von Wernero Fabricio, Jetziger Zeit Music-Direktorn in der Pauliner-Kirchen zu Leipzig. Jehna, Gedruckt bey Georg Sengenwalden Auf Unkosten Martini Müllers, Buchh. in Naumburg im Jahr 1659*. Die Zusammenarbeit zwischen Fabricius und Homburg ist bereits für das Jahr 1657 dokumentiert: Auf das Begräbnis der Frau seines „großgünstigen Herrn und Patron" Johann Ernst Bose, Johanna Maria, ließ Fabricius die Arie *Ach, höret auf zu weinen* drucken, die in Homburgs Liedersammlung von 1659 wiederkehrt (hier Nr. 100; Titel des Einzeldrucks: *Christ-selige, Sterbens-Gedancken, und Trost-Wort, an die, Betrübten Hinterlassene, Der Edlen, Viel Ehr- und Tugendreichen, Frawen, Johannen-Marien, geborener Heinzin, Des Wohl Ehrenvesten, Vor Achtbaren, Wohlweisen und, Wolfürnehmen, Herrn Johann-Ernst Bosen […] Hertzgeliebten, Hauß-Ehren. Als dieselbe den 29. April. Anno 1657. diese Welt gesegnet, und hernach den 3. Maii derselben, abgelebte Cörper, mit ansehlicher Begleitung in ihr Ruhe-Cämmerlein versetztet wurde […] seinem großgünstigen Herrn und Patron, auch sämtlichen Freundschaft, In eine Melodey gebracht, von Wernero Fabricio, Holsato. Leipzig, Gedruckt bey Quirin Bauchen*; RISM A/I/3 F 33).

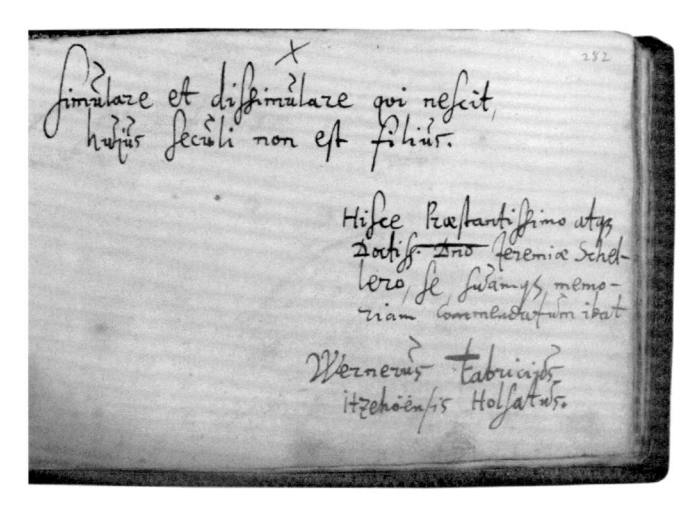

Werner Fabricius: Ein frühes Leipziger ‚Lebenszeichen' – Eintrag im Stammbuch seines Kommilitonen Jeremias Scheller, offenbar aus dem Jahr 1654
(Christian-Weise-Bibliothek Zittau: Mscr. bibl. sen. Zitt. B. 156, fol. 282)

Jedenfalls tritt nach Rosenmüllers Weggang in der Person von Werner Fabricius ein Musiker auf den Plan, dessen Wirken als Universitätsmusikdirektor vielfach belegt ist. Ab 1658 wirkte er zugleich (ebenfalls bis zu seinem Tod im Jahr 1679) als Organist an St. Nikolai[50] und galt in dieser Position manchen seiner Zeitgenossen als einer der bedeutendsten Organisten Mitteldeutschlands.[51] Seine persönliche Vorgeschichte ist folgende: 1633 in Itzehoe (Holstein) geboren,[52] besuchte er das Hamburger Johanneum zur Zeit des Kantors Thomas Selle. 1650 soll Fabricius nach Leipzig gekommen sein; 1652 bezog er hier die Universität (siehe Abbildung).[53] Schnell fasste er auch im Musikleben der Stadt Fuß; in seiner Leichenpredigt heißt es rückblickend, er wäre „von den Berühmtesten der damaligen Musicorum allhier so willig und geneigt an- und aufgenommen […] worden." Schon im November 1652 konnte er eine stattliche Zahl an Studenten um sich versammeln, um dem scheidenden Universitätsprofessor Johann Strauch mit einer von ihm angefertigten Musik aufzuwarten – „bei stiller Nacht" und „mit allerhand Instrumenten", wie es im erhaltenen Textbuch heißt.[54] Als Poet stand ihm offenbar schon damals der in Naumburg lebende Jurist und Dichter Ernst Christoph Homburg (1607–1681) zur Seite, zu dessen gedruckten *Geistlichen Liedern* (1659) er später die Melodien beisteuerte.[55] Zumindest enthält das Zwickauer Textbuchexemplar der Nachtmusik auf dem Titel den diese Auflösung suggerierenden handschriftlichen Vermerk: „H[om]b[urg]". Fabricius' Abschiedsmusik für Strauch muss stattliche Ausmaße gehabt haben. Im sechsseitigen Textbuch wechseln sich neun Gesangsabschnitte mit instrumentalen Tänzen (Paduane, Ballett, Symphonia, Sonata, Sarabande) ab. Aus den abgedruckten Angaben zu

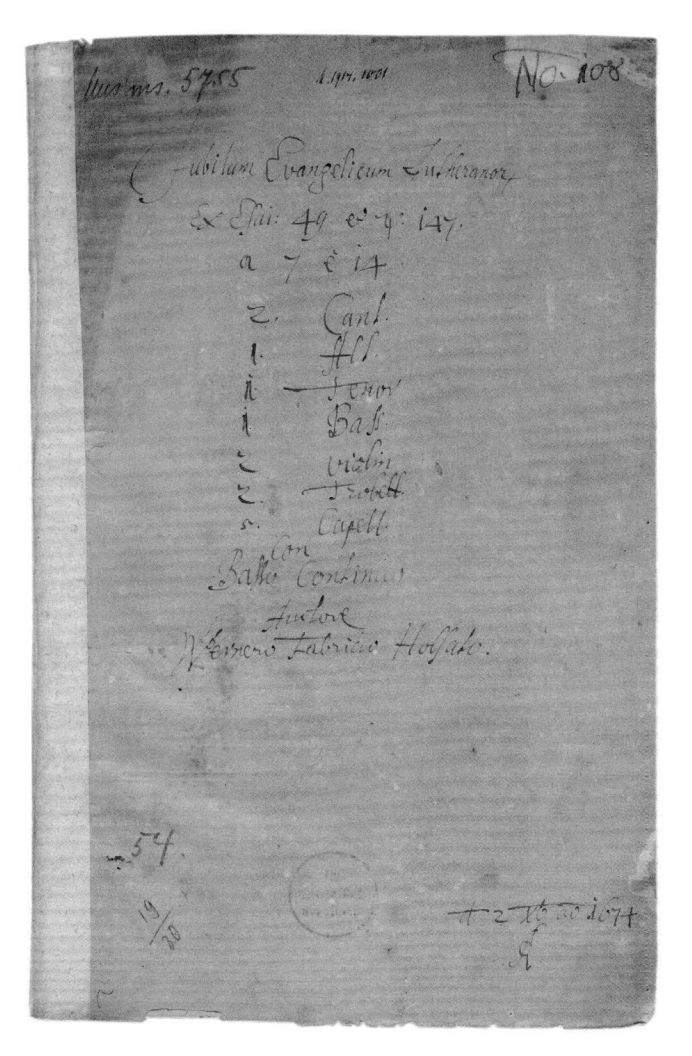

Werner Fabricius: Jauchzet ihr Himmel, Stimmensatz, Titel (Staatsbibliothek Berlin – Preußischer Kulturbesitz, Musikabteilung mit Mendelssohn-Archiv: Mus. ms. 5755)

den mitwirkenden Instrumenten ergibt sich eine Besetzung von etlichen Vokalstimmen (nur zwei „Canti" werden explizit erwähnt), zwei Flöten, zwei Violinen, Viola da gamba und einer Continuogruppe aus Lauten, Positiv, Regal, Clavicymbel und Spinett.

Gut möglich, dass manche der erwähnten Instrumentalstücke später Aufnahme in die 1656/57 von Fabricius publizierte Suitensammlung *Deliciae Harmonicae*[56] fanden. Rosenmüller jedenfalls wies im Vorwort seiner 1654 veröffentlichten *Studenten-Music*[57] explizit darauf hin, dass die darin abgedruckten Tänze ursprünglich in derlei Zusammenhängen entstanden waren:

> „Diese gegenwertige Sachen seynd von mir anfänglich zwar nicht zu dem Ende gemacht / daß sie in öffentlichen Druck kommen sollten / sondern meistentheils auff freundliches Begehren und Ansuchen denen Her-

ren Studenten zu Dienst und Gefallen / wenn sie etwan vornehme Herren und Standespersonen mit einer Nacht *Music* beehren wolle / oftermals in größter Eilfertigkeit aufgesetzet worden / dannenhero sie auch diese Überschrift / STUDENTEN-MUSIC / recht und billich führen. Wann aber hernach solche geringe Liederlein unter ihnen seynd beliebet / und eines und das andere öffters von mir begehret / und ich auch mehrmals nicht ohne ziemlichen Verdruß sehen und erfahren müssen / daß sie mir theils heimlich und wider meinen Willen und Wissen abgeschrieben / und hin und her getragen / auch durch so vielfältiges Abschreiben (wie es zu gehen pfleget) je länger je mehr verfälschet worden. Als habe ich endlich nicht länger zusehen können […] und dem öffentlichen Druck zu übergeben einwilligen müssen."[58]

Auch in der Folgezeit war der Student Fabricius – neben Rosenmüller und Adam Krieger – ein gefragter, aber auch auf Eigeninitiative hin agierender Komponist. Im Mai 1653 schuf er eine textlich dokumentierte *Nacht-Music* in fünf Strophen auf die Durchreise des sächsischen Obristen Christoph Vitztum von Eckstedt (Textbeginn: „Nur frisch heran, ihr Musen-Söhne").[59] 1654 überreichte er Sara Elisabeth geb. Michael, der Tochter des Thomaskantors Tobias Michael, anlässlich ihrer Hochzeit mit dem Juristen Christian Reichert ein ebenfalls textlich überliefertes allegorisches Singspiel, in dem „Die Musica", „die Tugend" und „die Liebe" zu Wort kommen.[60] Ab dem Jahr 1655, genauer gesagt nach der Flucht Rosenmüllers im Mai 1655, mehren

---

56 Titel: *Werner Fabricii, Holsati, Deliciae Harmonicae, oder Musicalische Gemüths Ergätzung, das ist: Allerhand Paduanen, Alemanden, Couranten, Balletten, Sarabanden, von 5. Stimmen, neben ihrem Basso continuo, auff Violen und andern Instrumenten füglich zu gebrauchen*, Leipzig 1656/57; RISM A/I/3 F 30.

57 Titel: *Johann Rosenmüllers Studenten-Music, Darinnen zu befinden Allerhand Sachen Mit drey und fünff Violen oder auch andern Instrumenten zu spielen*, Leipzig 1654.

58 Vorwort aus *Johann Rosenmüllers Studenten-Music*, Leipzig 1654, zitiert nach der Neuausgabe hrsg. v. Fred Hamel (Nagels Musik-Archiv, Nr. 61), Hannover 1930.

59 Titel des Textbuchs: *Als der Hoch-Edelgeborne […] Herr Christoff Vitzthumb von Eckstedt […] Churf. Durchl. zu Sachsen Hochbestellter Obrister, und des Kayser-freyen Weltlichen Stiffts Quedlinburgk hochansehnlicher Hauptmann, etc. Den 11. Maj 1653. allhier zu Leipzig glücklichen ankam, Bediente Ihn aus höchster Schuldigkeit mit einer Nacht-Music Wernerus Fabricius Itzehoensis Holsatus. Leipzig, gedruckt bey Henning Kölern 1653*, Exemplar in D-Z: 31.1.8. (155).

60 Titel: *Der Music Tugend und Liebe, Zusammenstimmung bey Ehelichen Verloben des […] Christian Reicherts, Beyder Rechten Candid. Mit Der Jungfer Sara Elisabeth Michelin, Den 7. Septembris 1654. in Leipzig gehalten Auffgesetzt und übergeben von Wernero Fabricio, Itzehoensi Holsato, Leipzig Bauer 1654*, Exemplar in Dresden, Sächsische Landesbibliothek, Staats- und Universitätsbibliothek (D-Dl): Biogr. erud. D.224,16.

sich dann die Belege für sein musikalisches Wirken. Bereits im Juli 1655 erhielt er den Auftrag, für die Beerdigung von Katharina Pietzsch, der Frau des angesehenen Kramermeisters Georg Pietzsch, das Motto der vom Superintendenten Christian Lange gehaltenen Leichenpredigt, die Verse 25–26 des 73. Psalms *Herr, wenn ich nur dich habe*, in Musik zu setzen. Fabricius' doppelchöriger Motette wurde sogar die Ehre zu Teil, im Anhang der Leichenpredigt abgedruckt zu werden.[61]

Alsbald muss Fabricius seine Fühler auch in Richtung Universität ausgestreckt haben. Seine Verantwortung für die Musik in der Paulinerkirche wird erstmals greifbar, als am 25. September 1655 ebendort der große Festgottesdienst anlässlich des 100. Jahrestages des Augsburger Religionsfriedens abgehalten wurde, wobei Fabricius' Beteiligung erst durch das Zusammenfügen ganz verstreut überlieferter Informationen evident und vor allem hörbar wird.

Eine Festmusik für die Paulinerkirche auf das Jubiläum des Augsburger Religionsfriedens

Im historischen Notenbestand der Erfurter Michaeliskirche (heute in der Staatsbibliothek zu Berlin) ist der Stimmensatz zu einem Concert *Jauchzet ihr Himmel* überliefert (Mus. ms. 5755; Besetzung: CCATB Favoriti, CCATB Capella, 2 Violinen, 2 Trompeten, Basso continuo), in dessen Titel Folgendes zu Entstehungsanlass, Besetzung und Autorschaft vermerkt ist (siehe Abbildung S. 40): „Jubilum Evangelicum Lutheranorum | Ex Esai: 49 et Psalm 147 | a 7 è 14 [...] | Autore | Wernero Fabricio Holsato."[62]

Schering behauptet von dem Stück – ohne Belege zu liefern –, es sei 1674 als Festmusik anlässlich der „150. Wiederkehr des Jahrestages der Reformationseinführung in Leipzig" entstanden.[63] Da in Leipzig die Einführung der Reformation jedoch erst zu Pfingsten 1539 erfolgt war, dürfte ihn nur das auf dem Titelblatt der Quelle notierte Datum „2. XII. ao. 1674" – wohl lediglich der Zeitpunkt der Abschriftnahme durch den Erfurter Schreiber Johann Christian Appelmann – zu dieser vorschnellen Datierung bewogen haben. Und selbst wenn man im Jahr 1689 des Ereignisses in Leipzig gedacht haben sollte – ein Umstand, der nicht aus den einschlägigen Chroniken hervorgeht –, hätte Fabricius nicht daran mitwirken können: Er war bereits am 9. Januar 1679 verstorben. Dass indes jenes auf dem Titel der Erfurter Abschrift genannte „Jubilum" tatsächlich mit einer der drei großen Zentenarfeiern der Lutheraner in Verbindung zu bringen ist – und hier kommt nach Fabricius' Lebensdaten (1633–1679) nur diejenige im Jahr 1655 anlässlich des 100. Jahrestages des Augsburger Religionsfriedens in Frage –, ergibt sich aus dem Beleg einer (Wieder-)Aufführung von Fabricius' Komposition bereits 1657 in Torgau[64] und durch einen Vermerk in den Leipziger Ratsrechnungen. Hier findet sich für den Rechnungszeitraum 1655/56 unter der Rubrik der außerordentlichen Ausgaben der Eintrag: „9 [Florin] 3 [Groschen] Wernero Fabricio pro dedication seines Musicalischen Jubelfests den 2. Novembris [1655]."[65] Die Titulierung „Musicalisches Jubelfest" lässt keinen anderen Schluss zu: Sie bezieht sich auf eine – inzwischen gedruckte – Festmusik von Fabricius, die wenige Wochen zuvor anlässlich des Jubiläums des Augsburger Religionsfriedens entstanden war und die der Komponist dem Leipziger Rat dedizierte. Es muss sich dabei (auch, weil die zeitgenössischen Chronisten keine Jubelmusiken für die Hauptkirchen erwähnen)[66] um jene „herrliche" beziehungsweise „angenehme [...] *Music*" handeln, die Johann Jacob Vogel zufolge am 25. September 1655 im Festgottesdienst in der Paulinerkirche erklungen war[67] und zu der sich laut einem anderen Chronisten „die hier Studierenden häuffig versammlet hatten".[68] Letzteres ist im übrigen auch ein Beleg

---

61 Titel: *Der [...] Leichentext welcher [...] abgesungen und mit 8. Stimmen sampt dem Basso Continuo componiret worden, von, Wernero Fabricio, Itzehoensi Holsato*, in: *Gott unser einiger Hertzens Trost und Theil / Aus dem 73. Psalm: Wenn ich nur dich habe/ etc. Bey fürnehmer und ansehnlicher Leichenbestattung Der [...] Fr. Catharinen/ Des [...] Hn. Georg Pietzschens berühmbten Handelsmanns und Kramermeisters allhier/ vielgeliebten nunmehro sel. Hausfrauen/ Welche am 16. Julii 1655. in Christo seliglich entschlaffen/ und den 19. mit gewöhnlichen Ceremonien begraben worden: Erkläret durch Christian Langen/ D. P. P. und Superintendenten daselbst*. Exemplare nachgewiesen in RISM A/I/3 F 27; eine Abschrift der Motette in PL-Kj (olim Berlin, Staatsbibliothek Preußischer Kulturbesitz): Mus. ms. 40040 (4).

62 Zur Quelle und zum Kontext der Erfurter Sammlung siehe E. Noack: *Die Bibliothek der Michaeliskirche zu Erfurt* (wie Anm. 39), S. 70, 84.

63 A. Schering: *Musikgeschichte Leipzig*, Bd. 2 (wie Anm. 3), S. 321. Die Datierung wurde in die einschlägigen Artikel und Monographien über Fabricius übernommen; siehe etwa H.-J. Buch: *Die Tänze, Lieder und Konzertstücke des Werner Fabricius* (wie Anm. 52), S. 131–133.

64 Hier wurde ein Stück von Fabricius mit dem gleichen Textanfang während des Erbhuldigungsgottesdienstes für Kurfürst Johann Georg II. musiziert (laut überlieferter Gottesdienstordnung; siehe M. Maul: *Die musikalischen Ereignisse* [wie Anm. 1], S. 103).

65 Stadtarchiv Leipzig: Jahresrechnungen 1655/56, S. 297.

66 Vielleicht weil Tobias Michael sein Amt wieder zeitweise nicht ausfüllen konnte.

67 Johann Jacob Vogel: *Leipzigisches Geschicht-Buch Oder Annales, Das ist: Jahr- und Tage-Bücher Der Weltberühmten Königl. und Churfürstlichen Sächsischen Kauff- und Handels-Stadt Leipzig [...]*, Leipzig 1714, S. 673.

68 *Johann Eberhard Kappens [...] Freudiges Andencken / des den 25 Sept. 1655/ im Churfürstenthum Sachsen/ und anderwerts gefeyerten/ ERSTEN/ Religions-Friedens-/ Jubel=Fests [...]*, Leipzig 1754. Zur Begehung des Jubiläums und den landes- und kirchenpolitischen Hintergründen siehe ausführlich Michael Maul: *Der 200. Jahrestag des Augsburger Religionsfriedens (1755) und die Leipziger Bach-Pflege in der zweiten Hälfte des 18. Jahrhunderts*, in: Bach-Jahrbuch 86 (2000), S. 101–118.

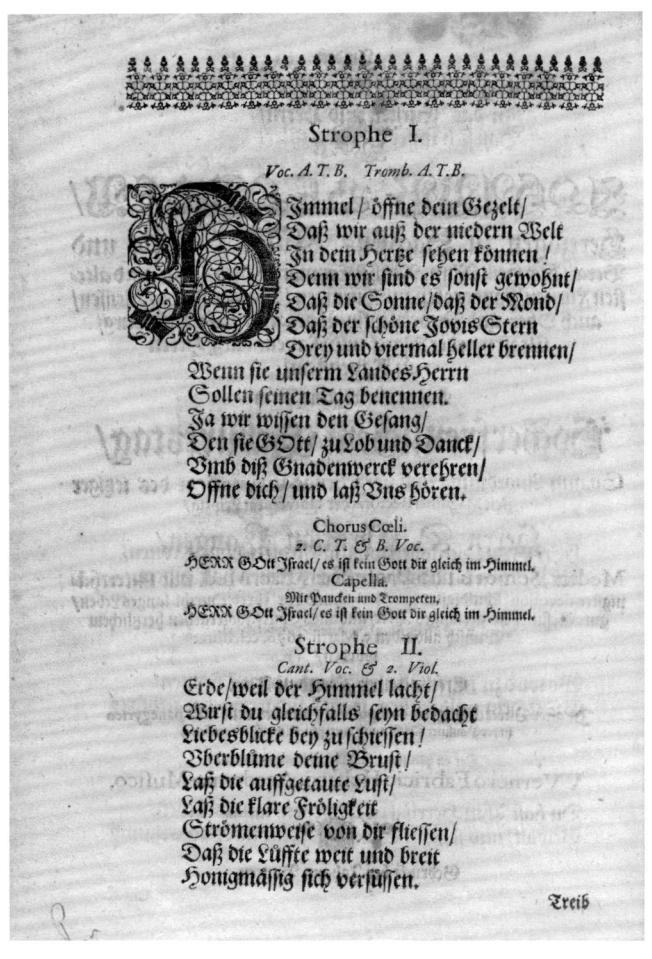

Werner Fabricius, Textdruck der Geburtstagsmusik für Johann Georg I., 1656 (Klassik Stiftung Weimar, Herzogin Anna Amalia Bibliothek: 2°XXXIX:32)

dafür, dass die Darbietung in der Paulinerkirche nicht, zumindest nicht allein von den Thomanern bestritten wurde.[69] Das in der Erfurter Sammlung abschriftlich (wohl auf der Basis des verschollen Drucks kopierte) *Jubilum Evangelicum Lutheranorum Jauchzet ihr Himmel* ist folglich identisch mit der Festmusik für die Paulinerkirche, was auch an der Autorenangabe „Wernero Fabricio Holsato" offensichtlich wird: Bis 1655 bezeichnete er sich so stets auf seinen Text- und Musikdrucken, während er ab 1656 fast immer als „Werner Fabricius, Academiae Musicus"[70] und später (ab 1658) als „Werner Fabricius Academiae & ad D. Nicolai Lipsiensium Musicus" signierte.

Um den Jahreswechsel 1655/56 muss die Universität also Fabricius – vielleicht als Reaktion auf den Erfolg der Festmusik – ganz offiziell zu ihrem Musikdirektor erhoben haben. In der Folge bedeutete dies für ihn die Aufgabe, nun regelmäßig an den hohen Festtagen und vereinzelt zu außergewöhnlichen Anlässen zu musizieren.

[69] Die finanziellen Aufwendungen zu diesem Anlass waren gemäß der Rektoratsrechnung ebenso hoch wie an den hohen Festtagen. Bezahlt wurde dabei wiederum auch ein „Cantor", was sich in diesem Fall auf Fabricius beziehen muss (Eintrag im Rechnungsbuch UAL: Rektor, B 31 [wie Anm. 6], fol. 319).

[70] So erstmals dokumentiert im Textdruck seiner Geburtstagsmusik für Kurfürst Johann Georg I. vom 5. März 1656 (siehe bei Anm. 75).

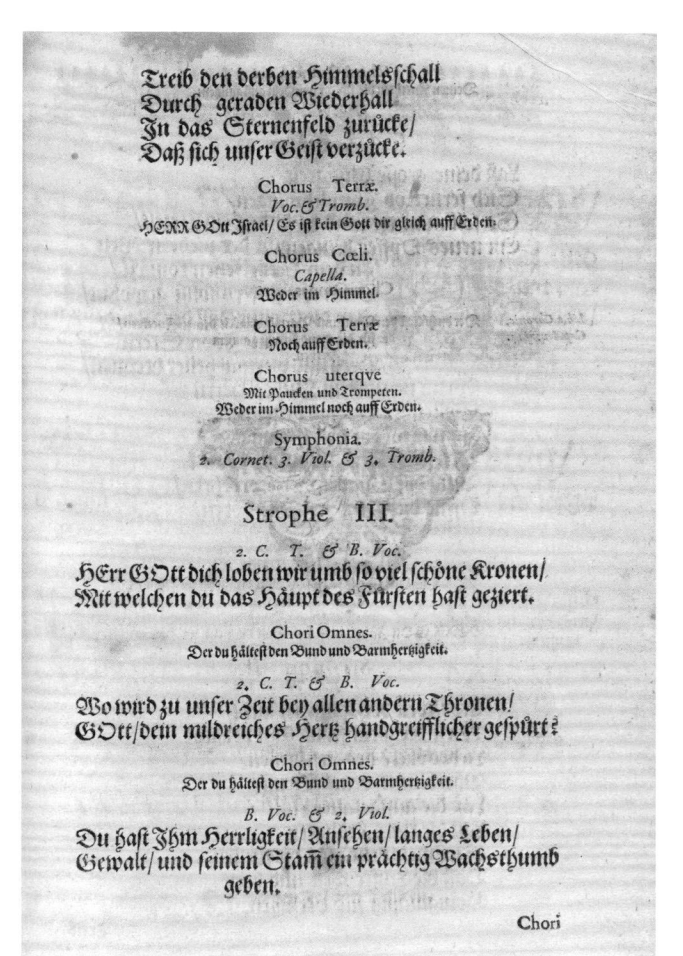

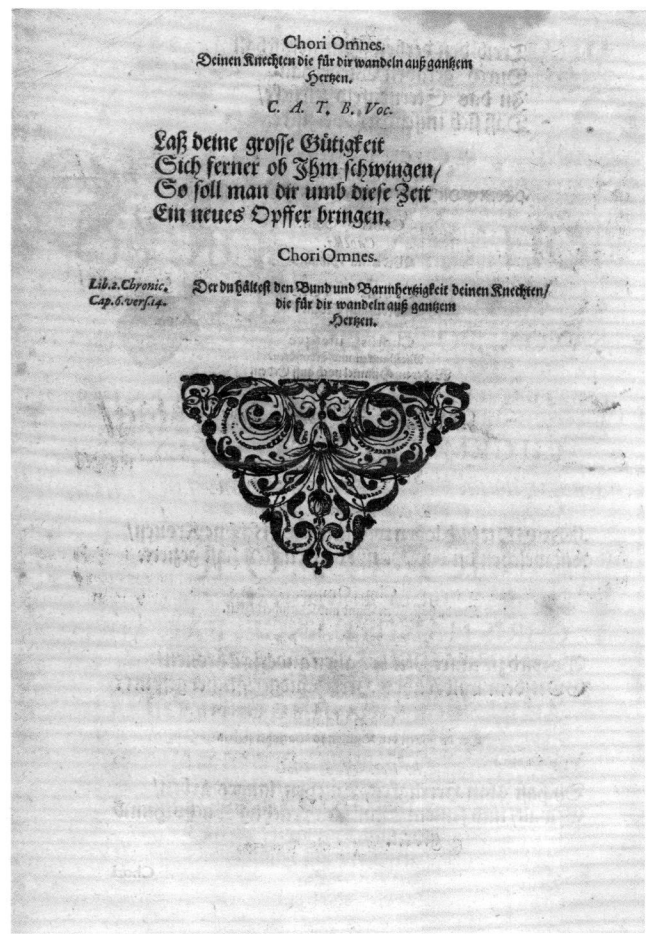

Geistlich oder weltlich?

Einen außergewöhnlichen Anlass gab es bereits am 5. März 1656. Ausgaben im Rechnungsbuch der Rektoren belegen, dass an diesem Tag in der Paulinerkirche ein Panegyricus auf den 71. Geburtstag des sächsischen Kurfürsten Johann Georg I. gehalten[71] und dabei wie an hohen Festtagen musiziert wurde: sowohl den „Symphoniaces" als den „Fidicines" und dem „Cantor" wurden die dafür üblichen Beträge ausgezahlt (insgesamt 2 Gulden und 18 Groschen). Noch in Vogels Chronik (1714) fand das Ereignis Erwähnung:

„Den 5. Martii hat eine wohllöbl. Universität allhier Sr. Churfürstl. Durchl. Hertzog Johann Georgens höchsterfreulichen Geburts-Tag, an welchem Sie in das 71. Jahr Ihres Alters getreten, dergestalt celebriret. Nach gehaltener Frühpredigt hat sich wohlgemeldete Universität und E. E. Rath in der *Sacristey* zu St. Nicolai versamlet, daraus sind sie in Procession in die Pauliner Kirche gegangen, daselbst eine schöne Music, nach die-

---

71 Rechnungsbuch UAL: Rektor, B 31 (wie Anm. 6), fol. 323, Rubrik: „In Panegyrico Natalitio Sereniss. Electoris pariter". – Die Entscheidung der Universität, ausgerechnet die Vollendung des 71. Lebensjahres mit einem außerordentlichen und prächtig ausgestalteten Redeakt zu begehen, dürfte darauf zurückzuführen sein, dass nach der durch den 90. Psalm geprägten damaligen Vorstellung ein Menschenleben gewöhnlicherweise 70 Jahre betrug, folglich der Kurfürst nunmehr das Regelmaß um ein Jahr überschritten hatte. Dabei blieb es dann freilich auch: Der Kurfürst verstarb am 8. Oktober 1656.

Auch Musik der Leipziger Studenten: Die acht Ellen hohe Ehrenpforte mit den neun Musen, errichtet aus Moos, Tannenzweigen und Blumen auf der Burgstraße anlässlich der Erbhuldigung des neuen Kurfürsten Johann Georg II. am 29. September 1657.
Als der Landesherr durch diese Pforte ritt, begannen darin versteckte Musiker eine vielleicht von Werner Fabricius komponierte Festmusik zu musizieren (siehe hierzu ausführlich M. Maul: Die musikalischen Ereignisse [wie Anm. 1]).
Kupferstich der Ehrenpforte (zusammen mit dem Textdruck zur Musik, in: Sächsische Landesbibliothek, Staats- und Universitätsbibliothek Dresden: Hist. Sax. C. 124 m, misc. 8/9)

bezogen auf die Ausgaben für Buchdruckerarbeiten: „*Pro imprimendo textu Musico in eâdem solennitate* 5 [Gulden] 15 [Groschen]"[74]

Da das Geburtstagsfest Johann Georgs I. laut Rechnungsbuch das einzige „solenne" und mit Musikaufführungen begleitete Ereignis in der Paulinerkirche im Wintersemester 1655/56 war, belegt der Vermerk, dass der Text der aufgeführten Musik damals auf Kosten der Universität gedruckt wurde – ein innerhalb der Rechnungen des 17. Jahrhunderts einmaliger Vorgang. Noch heute lassen sich zwei Exemplare des Textdrucks (in Zwickau und Weimar) nachweisen.[75] Er trägt den umfangreichen Titel: „An des Durchleuchtigsten [...] Herrn Johann Georgen / Hertzogen zu Sachsen / [...] Unsers Gnädigsten Herren Geburtstag / So auff Anordnung und vorgehende *Intimation* des ietziger Zeit *Magnifici Rectoris* der Universität Leipzig / Herrn D. Christian Langen / mit unterthänigster *devotion*, schuldigster *gratulation*, und vor Ihrer Durchl. langes Leben, gute Gesundheit, geruhigtes Alter / und alles Churf. wolergehen hertzlichem Wunsch allda den 5. Martii 1656. *celebriret* worden / Erschollener Freuden-Text In aller Unterthänigkeit componiret und bey dem *actu panegyrico* in der Pauliner Kirchen auff unterschiedliche Chöre *musiciret* von Wernero Fabricio, *Academiae Musico*, Gedruckt bey Johann Bauern."

Mit dieser „schönen Music" scheint Fabricius einen besonders klangprächtigen, in vielerlei Hinsicht innovativen Auftakt (?) für sein offizielles Wirken als Universitätsmusikdirektor geboten zu haben. Schon der Titel macht es deutlich: Fabricius bediente sich in der Komposition „unterschiedlicher Chöre", was nach dem zeitgenössischen Sprachgebrauch zugleich auf eine getrennte Aufstellung der Musiker abzielen dürfte; die Musik wurde anscheinend von mehreren Standorten aus musiziert. Da in der Paulinerkirche damals jedoch nur eine kleine Empore vorhan-

sen von dem damaligen Herrn Rectore, Herr Christian Langen [tit.] eine Lob-Rede gehalten, endlich das *Te Deum laudamus* gesungen und darein musiciret worden."[72]

Und der Ohrenzeuge Sebastian Dreuer schwärmt über das Ereignis: „alda [erklang] eine schöne Music von ezlichen Choren als Vocal undt allerley instrumenten, HerPaucken und Trompeten."[73]

Die Spur zu noch weiteren Quellen dieser verlorenen Festmusik weist wiederum ein Eintrag in der Rektoratsrechnung. Hier heißt es für das Wintersemester 1655/56,

72 J. J. Vogel: *Leipzigisches Geschicht-Buch* (wie Anm. 67), S. 674.

73 *Sebastiani Dreueri Senatoris Lipsiensis / Annales Lipsienses 1643–1667*, Manuskript in D-LEu (ehemals Leipziger Stadtbibliothek, Nachlass Johann Jacob Vogel): Rep. IV. 64a, fol. 25. Die bislang kaum zur Kenntnis genommene Chronik diente Johann Jacob Vogel als eine der Hauptquellen für dessen *Leipzigisches Geschicht-Buch* (wie Anm. 67), insbesondere, was die Bemerkungen zu repräsentativen Leipziger Musikaufführungen in der Mitte des 17. Jahrhunderts betrifft. Gegenüber dem Buch Vogels werden in ihr oftmals wesentlich detailliertere Angaben gemacht. Siehe hierzu ausführlich M. Maul: *Musik und Musikpflege* (wie Anm. 1), S. 10 und passim.

74 Rechnungsbuch, UAL: Rektor, B 31 (wie Anm. 6), fol. 326v („Appendix ad Cap. 4").

75 Weimar, Herzogin Anna Amalia Bibliothek: 2° XXXIX:32; und D-Z: 31.1.8. (128).

den war,⁷⁶ müsste dies bedeuten, die Mitwirkenden hätten teilweise auch im Kirchenschiff gestanden. Eine solche Deutung wird vom Inhalt des Textdruckes noch unterstrichen, denn dieser ist – nahezu einmalig für die Leipziger Musiktextdrucke des 17. Jahrhunderts – auch in Bezug auf die beschäftigten Sänger und Instrumente mitteilsam: Für jeden einzelnen Abschnitt der Komposition werden genaue Besetzungsangaben geliefert. Summiert man diese, so ergibt sich ein Aufführungsapparat bestehend aus einem fünfstimmigen Favoritchor (CCATB), einem vierstimmigen „Chorus Coeli" (auf der Empore aufgestellt?), einem Sänger und Posaunen umfassenden „Chorus Terrae" (im Kirchenschiff?) sowie einer Capella „mit Paucken und Trompeten"; an Instrumenten finden drei Posaunen, zwei Zinken und drei Violen Erwähnung (siehe Abbildung S. 42/43). Die unterschiedlichen Musizierebenen werden hier – durch die häufigen Wechsel der Chöre – gewissermaßen zum Programm erhoben. Innovativ ist ebenfalls die formale Textgestalt, denn die Dichtung erweist sich als eine Mischung aus Huldigungsode, vorgetragen von Favoritstimmen, und kommentierendem alttestamentarischem Bibelwort (2. Buch Chronik, 6. Kapitel,

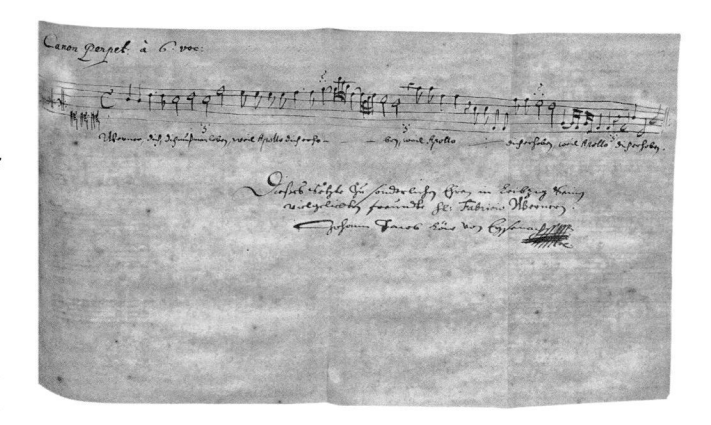

Johann Jakob Löw von Eisenach, eigenhändiger Kanon zu Ehren von Werner Fabricius
(Universitätsbibliothek Freiburg, F 9580)⁷⁸

Vers 14), gesungen von den Chören. Insofern verschließt sich das Werk einer klaren Zuordnung im Sinne einer geistlichen oder weltlichen Komposition, zumal Fabricius in seiner Vertonung auf unterschiedliche, eigentlich eigenständige Gattungen – offenbar die Aria, das Concerto und den Dialog (der Chöre) – zurückgegriffen haben wird. Dies ist um so bemerkenswerter, als derartige Mischformen aus Spruchtext und madrigalischer Dichtung im Vorfeld von David Elias Heidenreichs *Geistlichen Oden*⁷⁷ kaum belegt sind. So gesehen wird nach den Projekten Rosenmüllers und Zieglers (speziell ihrer ‚nur auslegenden' madrigalischen Weihnachtsmusik *Entsetze dich, Natur* aus dem Jahr 1649) auch in Fabricius' Geburtstagsmusik für den Kurfürsten ein formal für seine Zeit außerordentlich modernes Werk aus dem Repertoire der Paulinerkirche greifbar, dessen Darbietung außerhalb des universitären Rahmens damals wohl kaum denkbar gewesen wäre.

Werner, dich, dich muß man loben, weil Apollo dich erhoben!

Fabricius hat das Nebenamt eines Universitätsmusikdirektors bis zu seinem Tod offenbar zur allgemeinen Zufriedenheit erfüllt. Als man ihn im Januar 1679 zu Grabe trug, nutzte der Leipziger Prediger Johann Thilo die Leichenpredigt, um noch einmal Fabricius' Verdienste als Komponist zu unterstreichen, der Zeit seines Lebens in der ‚richtigen', weil zur Andacht einladenden Manier seine Werke gesetzt habe.

> „Die heutige italienische Manier, da man etwas mehr heraus lachet als heraus singet, seltsame Tremulanten und andere wunderliche Dinge machet, kann Gott in seiner Kirchen nicht wohlgefällig sein. […] Unser selig

---

76 Siehe A. Schering: *Musikgeschichte Leipzig*, Bd. 2 (wie Anm. 3), S. 316 und 321, sowie Landesamt für Denkmalpflege Sachsen (Hrsg.), *Die Bau- und Kunstdenkmäler von Sachsen. Stadt Leipzig. Die Sakralbauten*, Bd. 1, München etc. 1995, S. 497 f. Ein ausführlicher Bericht über das Innere der Paulinerkirche vor und nach dem Umbau bietet zudem Johann Jacob Vogels Manuskript *Leipzigisches Geschicht-Buch Erster Theil* [d. i. eine Beschreibung u. a. der Leipziger Kirchen], D-LEu: Rep. VI, 16 Vol. I, fol. 122r. Aus diesem Bericht geht hervor, dass sich nach dem Umbau der Kirche (1676) die „Schüler [d. h. Thomaner], Stadtpfeiffer u. andere Musici" auf der neuen Empore befanden.

77 Zu David Elias Heidenreichs *Geistlichen Oden, auf die fürnehmsten Feste, und alle Sonntage des gantzen Jahres*, Halle 1665, als Muster für die Ausprägung der sogenannten Concerto-Aria-Kantate siehe Gottfried Gille: *Der Kantaten-Textdruck von David Elias Heidenreich, Halle 1665, in den Vertonungen David Pohles, Sebastian Knüpfers, Johann Schelles und anderer*, in: Die Musikforschung 28 (1985), S. 81–94; zur Entstehungsgeschichte der deutschen protestantischen Kirchenkantate siehe Friedhelm Krummacher u. a.: *Kantate*, in: Die Musik in Geschichte und Gegenwart, 2. Ausg., hrsg. v. Ludwig Finscher, Sachteil Bd. 4, Kassel etc. 1996, Sp. 1705–1773, hier Sp. 1732–1744.

78 Dieser Rätselkanon ist in einem Sammelband der Freiburger Universitätsbibliothek überliefert (Signatur: F 9580), der das einzige vollständige Exemplar von Werner Fabricius' Suitensammlung *Deliciae Harmonicae* (1657) sowie verschiedene Personalschriften zu Fabricius, seiner Frau und seinem Sohn enthält. Der hier eingelegte autographe Rätselkanon des Schütz-Schülers Johann Jacob Löwe (1629–1703) legt die Annahme nahe, dass der Band aus Fabricius' eigenem Besitz stammt; vgl. hierzu M. Maul: *Musik und Musikpflege* (wie Anm. 1), S. 55; Konrad Küster: *Die Leipziger Organistenkultur des 17. Jahrhunderts. Beobachtungen am Fabricius-Konvolut der Universitätsbibliothek Freiburg im Breisgau*, in: Schütz-Jahrbuch 28 (2006), S. 65–87, hier S. 69 ff.; sowie Werner Braun: *Kanons aus dem Leipziger Collegium musicum (1662 und 1673)*, in: Schütz-Jahrbuch 28 (2006), S. 49–64, hier S. 53.

verstorbener, gewesener Mitbruder hat dieses alles wohl pflegen in acht zu nehmen. Wie manchen schönen Text hat er seinem Gott zu Ehren komponiert! Wie herrliche Instrumenta, Orgelwerk, Positive, Psalter und Harfen hat der dazu gebraucht! Wie eine gravitätische Manier hat er auch dabei angewendet und sowohl seine eigene Herzensandacht dadurch zu erkennen gegeben, als auch die Zuhörer dazu angereizet. Man betrachte seine herrlichen Concerten, Motetten und Leichgesänge: was für ein sonderbar Geist der Andacht und Herzbewegung ereignet sich doch darinne! Da wird man ja nichts Liederliches, nichts Unbescheidentliches darinne finden, sondern was ehrbar ist, was wohl lautet, was gerecht, was keusch, was lieblich ist; ist etwa eine Tugend, so hat er solche in seiner Musik mit herrlichen Inventionen zu exprimieren nachgedacht."[79]

Freilich dürfen wir dieser durchaus toposartigen Charakterisierung von Fabricius' Kompositionen als solche, die modernen italienischen Einflüssen gegenüber resistent wären, nur bedingt Glauben schenken. Zwar liegen aus der Zeit nach 1662 – abgesehen von einer gedruckten vierstimmigen Motette auf den Namenstag „seines liebwehrten Freundes", des Leipziger Rauchwarenhändlers „Hrn. Wentzel Buhlens" (gest. 1685) aus dem Jahr 1671[80] – keine datierbaren Werke mehr von ihm vor. Jedoch zeugen seine früheren Kompositionen davon, dass er einerseits von Rosenmüllers Leipziger Werken beeinflusst war, andererseits aber auch den damals ganz neuen ariosen Kompositionsstil des am Dresdner Hof als Kapellmeister wirkenden Italieners Vincenzo Albrici (1631–1696) zu adaptieren verstand. Dokumentiert ist dies vor allem in seinem 1662 publizierten Hauptwerk: der Sammlung *Geistliche Arien, Dialogen und Concerten*, die vielleicht nicht zuletzt deshalb im Vorspann ein Epigramm von Albrici – und ein weiteres von Heinrich Schütz – enthält. Die Sammlung ist zudem das zentrale Relikt seines Wirkens als Universitätsmusikdirektor, denn in ihr sind jeweils zwei umfangreich besetzte Kompositionen auf Weihnachten, Ostern und Pfingsten abgedruckt, mithin Musik, die nach Lage der Dinge ursächlich für die Darbietung in der Paulinerkirche in den Jahren um 1660 entstanden sein dürfte. Bemerkenswert an der Sammlung ist, dass Fabricius den drei Festtagen jeweils unterschiedliche musikalische Gattungen zuordnet: Die Ostermusiken sind Dialogkompositionen auf der Basis einer Kompilation aus alt- und neutestamentarischen Texten (*Sie haben meinen Herren weggenommen*) beziehungsweise unter Hinzuziehung eines mittelalterlichen Osterhymnus (*Surrexit Christus hodie*); die Pfingststücke sind geistliche Konzerte in der Manier von Schützens *Psalmen Davids* und basieren auf der lateinischen Pfingstsequenz *Veni sancte spiritus* beziehungsweise auf einem deutschen Psalmtext (*Schaffe in mir Gott ein reines Herz*). Für Weihnachten schuf Fabricius mehrstrophische durchkomponierte Arien auf madrigalische Dichtungen (*O liebes Kind* und *Jesu, liebster Seelenfreund*); diese könnten wiederum von Homburg stammen.[81]

Ob es ungünstigen Überlieferungsumständen geschuldet ist, dass aus der Zeit nach 1662 kaum noch Belege für Kompositionen von Fabricius vorliegen oder er sich tatsächlich mehr und mehr auf die Wiedergabe fremder Werke konzentriert haben könnte, bleibt offen. Bekannt ist nur – und auch dies belegt sein bis zuletzt anhaltendes Wirken als Universitätsmusikdirektor –, dass es zwischen ihm und dem neuen Thomaskantor Johann Schelle 1677 zu einem Streit um die von der Universität ausgezahlten drei Reichstaler für die musikalische Ausgestaltung der Quartalsorationen kam.[82] Damit wird nun auch ein Weiteres offensichtlich: Fabricius' (wohl auch schon Rosenmüllers) nebenberufliches Wirken als ‚Academiae Musicus' und eine damit einhergehende zeitweise – ursächlich durch die Amtsunfähigkeit des Thomaskantor Tobias Michael bedingte – Emanzipierung der Kirchenmusik an der Universität von derjenigen an den Hauptkirchen war eine Episode, die nicht zur nachhaltigen Etablierung einer eigenständigen Universitätsmusik führte. Nach Fabricius' Tod bis zur Anstellung Johann Gottlieb Görners als Universitätsmusikdirektor im Jahr 1723 gibt es keine Hinweise auf die Existenz eines solchen Musikers. Offensichtlich kehrte man zum alten Status, also einer Bestallung der Paulinermusik durch den Thomaskantor, zurück. Die offenkundigsten Belege dafür bietet der Ablauf der Feierlichkeiten anlässlich des 300-jährigen Universitätsjubiläums Anfang Dezember 1709, der sowohl durch eine umfangreiche Aktenüberlieferung[83] als auch durch origi-

---

79 Leichenpredigt auf Fabricius (wie Anm. 52).

80 Abschriftlich überliefert in der Musikaliensammlung der Grimmaer Fürstenschule, jetzt D-Dl: Mus. 1899-E-501; Druckexemplar erwähnt im Artikel *Fabricius (Wernerus)*, in: Johann Gottfried Walther: Musicalisches Lexicon Oder Musicalische Bibliothec [...], Leipzig 1732, Reprint Kassel 1953, S. 237.

81 Zumindest kehren viele der Floskeln in Homburgs Liedersammlung aus dem Jahr 1659 (siehe Anm. 55) wieder.

82 Die Auseinandersetzung ist lediglich durch einen Vermerk im Register von Jakob Thomasius' Tagebuch dokumentiert; die entsprechenden Seiten fehlen, siehe *Acta Nicolaitana et Thomana. Aufzeichnungen von Jakob Thomasius während seines Rektorates an der Nikolai- und Thomasschule (1670–1684)*, hrsg. v. Richard Sachse, Leipzig 1912, S. 745. Offensichtlich wurde hier um jene zwölf Reichstaler jährlich gestritten, deren Auszahlung an den „Director Chori Musici" in den Rechnungsbüchern der Paulinerkirche ab 1685 dokumentiert ist (vgl. Anm. 6) und um die später auch Johann Sebastian Bach und Johann Gottlieb Görner stritten (siehe Andreas Glöckner: *Die Musikpflege an der Universitätskirche St. Pauli zur Zeit Johann Sebastian Bachs*, S. 91–100 im vorliegenden Band).

83 Vor allem: UAL: Rektor, Rep. II/V, Nr. 16–18.

nale Musiktextdrucke[84] und mehrere gedruckte Jubelchroniken[85] gut dokumentiert ist. Bevor jedoch die musikalischen Anteile der Festtage besprochen werden sollen, lohnt ein Blick auf die Vorgeschichte der Feierlichkeiten, denn schon die Planung war mit mancherlei Unwägbarkeiten verbunden.

Pleiten, Pech und Pannen – Die Begehung des Universitätsjubiläums im Jahr 1709

Es begann bereits in der Vorbereitungsphase:[86] Als der Universitätssenat im Januar 1709 erstmals anfragen ließ, in welcher Höhe das kurfürstliche Geldgeschenk für das Jubiläum ausfallen würde, wurden ihm zunächst nur 500 Taler aus der Rentkammer in Aussicht gestellt. Der Senat betrachtete dies insofern als einen Affront, als die Alma mater zu Wittenberg, wo ohnedies alles kostengünstiger sei, anlässlich ihrer Zentenarfeier (1702) 1500 Taler erhalten hatte. Ein Kostenvoranschlag der Universität belief sich zudem auf 3050 Taler. Nach langwierigen Verhandlungen wurde Leipzig denn auch der einst nach Wittenberg gegangene Betrag zur Verfügung gestellt.[87] Allerdings zerschlugen sich die Pläne des Senats, dem sächsischen Kurprinzen im Jubiläumssemester das Ehrenrektorat zu verleihen. Und als schließlich Kurfürst und Kurprinz kurzfristig am 20. November 1709 ihr Kommen absagten und sich vom Leipziger Gouverneur vertreten ließen,[88] zog dies nach sich, dass auch die sächsischen Sekundogenituren, ja selbst die meisten deutschen Universitäten nur Stellvertreter

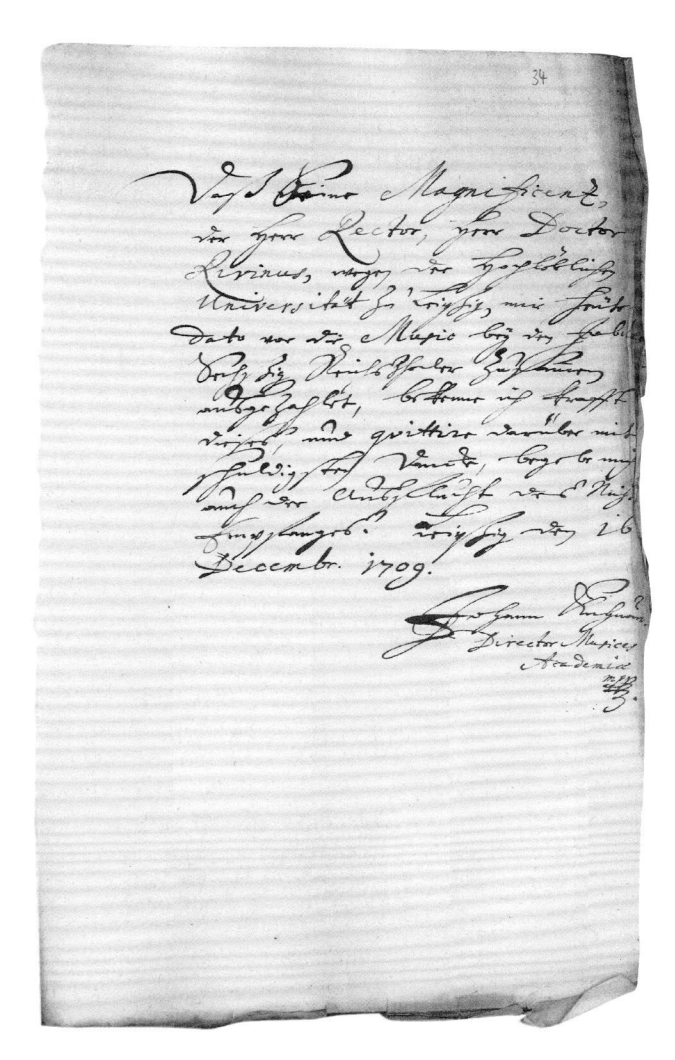

Aufstellung Johann Kuhnaus über seine geleistete Arbeit während des Universitätsjubiläums 1709, letzte Seite mit autographer Unterschrift
(Universitätsarchiv Leipzig: Rektor, Rep. II/V, Nr. 18, fol. 34v)

84 *Texte zur Music Bey dem am Jubel-Feste Der Löblichen Universität zu Leipzig In der Kirche zu St. Nicolai Den 4 Decembr. An. 1709. gehaltenen Gottes-Dienste. Leipzig, Gedruckt bey Immanuel Tietzen*; Exemplar in D-Ju: 4 Bud. Hist. un. 163 (78).

85 Vor allem: *Das Dritte Jubel-Fest der berühmten Universität Leipzig/ Mit historischer Feder entworffen* [...], Leipzig 1710; und [Georg Christian Lehms], *Historische Beschreibung der weltberühmten Universität Leipzig* [...], Leipzig 1710.

86 Eine ausführliche Darstellung von Vorgeschichte und Ablauf der Jubiläumsfeierlichkeiten im Jahr 1709 bietet Werner Fläschendräger in seiner Manuskript gebliebenen Dissertation *Geschichtliche Entwicklung und gesellschaftliche Stellung der Universität Leipzig im Spiegel ihrer Jubiläumsfeiern von 1509 bis 1959. Ein Beitrag zur Geschichte der Karl-Marx-Universität*, Leipzig 1965, S. 59–127. Ich danke Herrn Prof. Dr. Detlef Döring (Leipzig) für den Hinweis auf diese Schrift.

87 Siehe UAL: Rektor, Rep. II/V, Nr. 16, passim; sowie W. Fläschendräger: *Geschichtliche Entwicklung und gesellschaftliche Stellung* (wie Anm. 86), S. 63 ff.

88 Ob hierfür die vorangegangenen Spannungen zwischen Senat und Hofbehörden der Grund waren oder die Absage des Landesherrn darauf zurückzuführen ist, dass dieser zur Neujahrsmesse 1710 ohnehin nach Leipzig musste, um hier mit König Friedrich I. in Preußen zusammenzutreffen, steht dahin.

entsandten. So fehlte es der Jubelfeier an jeglichem aristokratischen Glanz. Hingegen bevölkerten Abgesandte und Studenten der benachbarten Universitäten zu Halle, Wittenberg und Jena die Stadt – nicht eben zu einem vorteilhaften Ablauf der Feierlichkeiten. Wenn in einer der anonymen Jubel-Chroniken nämlich vage angedeutet wird:

„Gleichwie es nun bey andern solennen Festins der Universitäten bräuchlich ist / daß denen Herren Studiosis die Freyheit gelassen wird ihre Freude durch ausser ordentliche Lustbarkeiten an den Tag zu legen / also genossen sie derselben / so viel nur immer möglich rechtschaffen zu gebrauchen. Das Schiessen aus denen Häusern und Fenstern und das Raqveten und Schwermerwerffen währete die gantze Nacht. Es pfleget aber bey dergleichen Gelegenheit gemeiniglich zu geschehen / daß sich viel unnützes Gesindel mit untermischt /

u. meiste Boßheit vornimmt / wie es denn auch hier nicht anders zugieng / so daß vieles unter dem Nahmen der Studenten vorgenommen wurde / wobey vielleicht dieselben das wenigste gethan. Dahero wurde sonderlich den dritten Abend von E. E. Rathe solche rühmliche Anstalt gemacht/ daß dieses Freuden-Fest / GOtt Lob! ohne Unglück / und mit allem Vergnügen seine Endschafft erreichte",[89]

so war dies noch diplomatisch formuliert. Denn aus den Festschriften geht nicht hervor, dass manche der angereisten Studenten eine Spur der Verwüstung hinterließen. Dies bezeugt etwa der Wittenberger Theologieprofessor Gottlieb Wernsdorf in Briefen vom 12. Dezember 1709 und 1. Mai 1710, wenn er schreibt:

„Das Jubiläum zu Leipzig ist nicht zum besten abgelaufen. Freue mich aber, daß von Wittenberger Studiosis, die wirklich hier studieren, niemand beteiligt ist […]. In Leipzig sollen die fremden Studiosi von Jena, Halle und Wittenberg auf dem Jubiläo fast in allen Häusern die Fenster eingeworfen und bestialisch sich aufgeführt haben."[90]

Und dies bezeugen ebenso die Berichte der Abgesandten vom Dresdner Hof. Hier liest man von Studenten, die leere Weinfässer durch die Straßen stießen – offenbar als Protest wegen der nur den Ehrengästen vorbehaltenen kulinarischen Köstlichkeiten –, von Feuerwerkskörpern, die sie warfen und von Pistolenschüssen; der Rektor, der Gouverneur und der Abgesandte des Zeitzer Hofs mussten sich gar vor Steinen und den Körpersekreten mancher Studiosi in Sicherheit bringen.[91]

Die musikalische Ausgestaltung der verschiedenen universitären Festveranstaltungen oblag fast allein dem Thomaskantor. Neben entsprechenden, wenig konkreten Bemerkungen in den Jubelchroniken geht dies aus einer von der Musikforschung bislang noch nicht zur Kenntnis genommenen teilautograph vorliegenden Rechnung Kuhnaus vom 11. Dezember 1709 hervor (vollständig wiedergegeben weiter unten; siehe auch Abbildung S. 47),[92] die überdies Rückschlüsse auf die musikalische Gestalt der sämtlich verschollenen Kompositionen und die mitwirkenden Musiker gestattet. Demnach hatte Kuhnau für den Festgottesdienst der Universität am 4. Dezember vormittags in der Nikolaikirche eigens drei Werke geschaffen, die sämtlich auf Psalmtexte zurückgehen: *Dies ist der Tag*, *Der Herr hat Zion erwählet* und *Lobet den Herrn in seinem Heiligtum*. Sie umrahmten die von Johann Gottfried Olearius gehaltene „Jubel-Predigt" über Psalm 132, Vers 13–18 (den Text des unmittelbar zuvor erklungenen Musikstückes), in der Leipzig zum Zion stilisiert wurde. Kuhnau stellte dafür 16 Taler in Rechnung; außerdem verlangte er einen weiteren Taler für einen von ihm herangezogenen anonymen „Poeten" (ein Thomaner?), von dem folglich die zwischen den Spruchtexten der ersten beiden Werke erklungenen frei gedichteten Verse (Rezitative?) stammen. Schreib-, Papier und „Licht"-Gebühren für die „starck" – das heißt großbesetzten – Stücke stellte er ausdrücklich nicht in Rechnung. Die Kompositionen erzielten offenbar den erhofften Effekt: Ein anonymer Chronist schwärmt speziell über die abschließend erklungene Vertonung des 150. Psalms, dass es „denn sonderlich angenehm klang, als sich alle die Instrumenten, welche in dem Texte genennet werden, zugleich hören liessen."[93] Auf den Gottesdienst in St. Nikolai folgte unmittelbar eine Feierstunde in der prächtig geschmückten Paulinerkirche, wo der Universitätsprofessor Johann Burckhardt Mencke die Orationem secularem ablegte.[94] Auch hier besorgte Kuhnau die musikalische Umrahmung: zu Beginn mit einem neu komponierten *Veni sancte spiritus*, für das er sechs Taler verlangte; zum Beschluss mit einem von ihm „in die Stimmen gesetzte[n] lateinische[n] Te Deum laudamus" (vorgetragen unter Kanonensalven).[95] Letztere Formulierung Kuhnaus zeigt wohl an, dass er hier auf ein älteres, nur in Partitur vorliegendes Repertoirestück aus seiner Bibliothek zurückgriff. Gewissermaßen als Echo auf die lateinische Festrede erklang außerdem eine kunstvolle lateinische „Ode Secularis" von Kuhnau mit dem Textbeginn *Absterge curas, frontis et expli-*

---

89 *Das Dritte Jubel-Fest* (wie Anm. 85), Leipzig 1710, S. 49.

90 Zitiert nach Theodor Wotschke: *Gottlieb Wernsdorf gegen Johann Olearius*, in: Zeitschrift für Kirchengeschichte 53 (1934), S. 242–254, hier S. 243. – Eine Akte, den „bei gehaltenen Jubilaeo Academico vorgegangenen Tumult und sich dabei befundenen Studiosen betr. 1709" (UAL: GA IV, Nr. 48), ist aus konservatorischen Gründen derzeit für die Benutzung gesperrt.

91 Ausführlich geschildert bei W. Fläschendräger: *Geschichtliche Entwicklung und gesellschaftliche Stellung* (wie Anm. 86), S. 104 ff.

92 Bereits erwähnt ebenda, S. 111 f.

93 *Das Dritte Jubel-Fest* (wie Anm. 85), S. 40. Während des Erklingens dieses Psalms wurden die zu Ehren der Universität verfassten Glückwunschdichtungen verteilt, siehe *Beschreibung des Leipziger Dritten Academici Jubilaei, mit allen seinen Solennitaeten […] Von einem der dabey gewesen*, Jena 1710, S. 14. – Bei dem Gottesdienst stellte sich freilich gleich eine Panne im Protokoll ein. So fühlten sich die beiden Abgesandten der Zeitzer und Weißenfelser Sekundogeniturlinien degradiert, weil ihnen, anders als den Abgesandten von Kurfürst und Kurprinz, keine „mit Rothem Sammet" überzogenen Stühle bereitgestellt worden waren, sondern lediglich mit Leder gepolsterte. Die darauf eingehende Beschwerde – die Abgesandten drohten mit sofortiger Abreise, falls sie weiterhin zurückgesetzt würden – konnte die Universität aber mit dem Hinweis parieren, nicht sie, sondern der Stadtrat habe für die Ordnung des Gottesdienstes in der Nikolaikirche zu befinden, und sie garantiere bei den universitären Veranstaltungen die Gleichbehandlung (siehe W. Fläschendräger: *Geschichtliche Entwicklung und gesellschaftliche Stellung* [wie Anm. 86], S. 86; ebenda, S. 90 ff. zahlreiche weitere Hinweise auf Streitigkeiten bezüglich der Rangordnung während der Feierlichkeiten).

94 Gedruckt unter dem Titel: *Oratio secularis de Viris Eruditis, qui Lipsiam scriptis atque doctrina illustrem reddiderunt, in Academia Lipsieni […]*, Leipzig 1710.

95 Laut *Das Dritte Jubel-Fest* (wie Anm. 85), S. 45.

*ca.*⁹⁶ Sie bildete den musikalischen Mittelpunkt der Veranstaltung und schlug mit zehn Talern zu Buche; da Kuhnau über seine „Composition" hinaus hier kein Honorar für einen Poeten verlangte, steht zu vermuten, dass ein Angehöriger der Alma mater selbst den Pegasus gesattelt hatte. Sogar für die musikalische Untermalung des anschließenden Festmahls für die Honoratioren und die Universitätsoberen, abgehalten an sieben Tafeln im Fürstenhaus, war der Thomaskantor verantwortlich. Für seine „3 neu componirten Stücke" „bey der Taffel-Music" forderte er 14 Taler. Eingedenk der zusätzlichen Kosten von zwölf Talern für die in der Paulinerkirche und bei der Tafel aufwartenden „Studenten", das heißt „Sängern, Violisten, Violonisten, Violoncellisten, Bassonisten, so allemahl mit geholffen, deren biß in die 20 gewesen", und dem generösen Verzicht Kuhnaus auf ein Honorar für die „Execution der Music", die der Thomaskantor mit zwölf Talern bezifferte, stellte er der Universität somit allein für den ersten Tag 51 Taler in Rechnung (korrekt summiert wären es 61 gewesen). Hinzu kamen noch je zwei Taler und das obligatorische Paar Handschuhe von jedem der elf neu Promovierten für die Aufwartung bei der Promotionsfeier in der Paulinerkirche⁹⁷ am folgenden Tag – musiziert wurden drei lateinische Oden (*Accede quaeso, Biga Virum sacra* […], *Jam Vos adeste huc, candida corcula* […] und *Accede templum nunc in eburneum* […]).⁹⁸ Für die Magisterfeier am dritten Tag verlangte er sodann sechs Groschen von jedem der 75 Absolventen, wiederum für die Darbietung einer siebenstrophigen lateinischen Ode (*Excitata Musa tandem* […]).⁹⁹ Alles in allem ergaben sich also laut Kuhnaus Rechnung 91 Taler und 18 Groschen, die der Thomaskantor abzurechnen gedachte; ausdrücklich mit dem Verzicht auf die – wahrscheinlich überfällige – Honorierung eines „componirte[n] starcke[n] Stücke[s] alß Seine Magnif. der Herr Doctor Cyprianus, das Rectorat niederlegen wolte"¹⁰⁰ und exklusive einer „Ergötzligkeit vor die Schüler [das heißt die Thomaner], sonderlich vor den Tag des *Jubel* Festes" (das heißt für deren Gesang in der Nikolaikirche). Jedoch hatte sich Kuhnau vorab mit der Universität offenbar nicht genau über den finanziellen Rahmen für seine Beiträge geeinigt, denn es muss dem Rektor gelungen sein, zu Gunsten der Universität nachzuverhandeln. Jedenfalls quittierte ihm Kuhnau fünf Tage nach dessen Rechnungslegung „mit schuldigsten Danck" die Auszahlung von nur 60 Reichstalern, ausdrücklich unter „Ausflucht des NichtEmpfanges".¹⁰¹ An einer „Ergötzlichkeit" für die Thomaner werden 15 Taler für deren Speisung aktenkundig,¹⁰² die „Stadtpfeifer und Kunst-Geiger" erhielten 50 Reichstaler „vor Auffwarttung" an allen drei Tagen des Jubiläums;¹⁰³ und dem Orgelbauer Christoph Donat wurden 30 Groschen für den Transport eines Positives aus der Thomasschule ins Fürstenhaus gereicht¹⁰⁴ – offensichtlich für die Musik während des Festmahls.

Von der Universität überhaupt nicht honoriert wurden hingegen die in Eigeninitiative der Studenten vorbereiteten Musikaufführungen. So hatten die im Convictorium der Universität versorgten Studenten für den Abend des 4. Dezembers die Darbietung einer „propren Musique bey anbrechender Finsternüs" vor dem Fürstenhaus organisiert und dafür das Collegium musicum des Neukirchenmusikdirektors Melchior Hoffmann gewonnen. Die Aufführung musste „wegen einfallenden Schnee-Wetters" jedoch abgebrochen werden und wurde schließlich tags darauf am frühen Abend im großen Saal des Fürstenhauses nachgeholt.¹⁰⁵

---

96 Text abgedruckt ebenda, S. 44 f.

97 Zu dieser – auch an anderen Universitäten üblichen – Praxis siehe Nikolaus Grass: *Alm und Wein. Aufsätze aus Rechts- und Wirtschaftsgeschichte*, Hildesheim 1990, S. 431.

98 Texte abgedruckt in: *Das Dritte Jubel-Fest* (wie Anm. 85), S. 50–52.

99 Texte abgedruckt ebenda, S. 53 f.

100 Johann Cyprian verwaltete im Wintersemester 1708/09 das Rektorat; vgl. Ephraim Gotthelf Gersdorf: *Beitrag zur Geschichte der Universität Leipzig: die Rectoren der Universität Leipzig* […], Leipzig 1869, S. 55. Die Formulierung „niederlegen wollte" könnte auf den Umstand abzielen, dass über das Abhalten und den Zeitpunkt der Wahl eines neuen Rektors (für das Wintersemester 1709/10) längere Zeit im Senat gestritten worden war, da die Universität noch im Oktober 1709 auf einen Sinneswandel auf Seiten der Hofbehörden, bezüglich der Übernahme des Ehrenrektorats durch den Kurprinzen, hoffte (siehe W. Fläschendräger: *Geschichtliche Entwicklung und gesellschaftliche Stellung* [wie Anm. 86], S. 71 ff.).

101 Zu dem juristischen Terminus siehe den Artikel *Exeptio non numeratae vel acceptae pecuniae*, in: Johann Heinrich Zedler: *Großes vollständiges Universal Lexicon Aller Wissenschafften und Künste*, Halle 1732–1754, Reprint Graz 1999, Bd. 8, Sp. 2300.

102 W. Fläschendräger: *Geschichtliche Entwicklung und gesellschaftliche Stellung* (wie Anm. 86), Bd. 2, S. 38.

103 Quittung Gottfried Reiches (für den Gesamtbetrag) in UAL: Rektor, Rep. II/V, Nr. 18, fol. 36.

104 Quittung Donats ebenda, fol. 37.

105 Zitate nach der Beschreibung in Lehms: *Historische Beschreibung* (wie Anm. 85), S. 113. Noch ausführlicher beschrieben in: *Das Dritte Jubel-Fest* (wie Anm. 85), S. 74–79; hier auch die Wiedergabe des gesamten Kantatentextes (Einzeldruck unter dem Titel: *Unterthäniges Abend-Opffer E. Hochlöblichen Academie zu Leipzig* […] *Pflichtschuldigst angebrennet* […]; Exemplar in D-LEu: Univ. 38/14): „Das *Convictorium* kunte auch bey diesem glücklich erlebten Geburths-Tage der *Academie* seine Freude und Danckbarkeit nicht verbergen […]. Dahero bemüheten sie sich ihre *observantz* durch eine Abend-Music an den Tag zulegen. Es kamen also den ersten Tag etliche und 50. Studenten mit Fackeln begleitet und durch eine *Compagnie* Stadt-Soldaten bedeckt in einem *Marche* über den Marckt die Grimmische Gasse herunter biß vor das Fürsten-Hauß / allwo E. Löbl. Universität ihre Vornehmen Gäste *tractirete.* Allhier stellten sie sich an die vor dem Hause hierzu gesetzten Tische und spielten eine Parthie / worauf die *Cantate* folgen solte / weil aber ein unvermuthet einfallender Schnee dasselbe verhinderte / wurde selbige folgenden Tages auf dem grossen Saale des Fürsten-Hauses *produc*iret. Sie war aber folgenden Inhalts:
ARIA.
Schweiget nur / ihr raschen Saiten!
Hemmt der Finger schnellen Lauff /
Sonst weckt ihr durch das Gethöne /
(solt ihr euch nicht selbst besinnen?)
Und das ungestüme Raschlen unsre theuren Pierinnen
Mit dem grossen Phœbus auff. Da Capo."

Außerdem wurden die Festtage durch Wiederaufführungen von Johann David Heinichens Oper *Der angenehme Betrug, oder: Der Carneval von Venedig* (Erstaufführung bereits zur Ostermesse 1709) im Leipziger Opernhaus begleitet.[106] Die Sache ist allerdings doppelt merkwürdig und scheint etwas halbherzig vorbereitet worden zu sein: Nirgendwo in der Aktendokumentation wird ersichtlich, dass die Opernaufführungen ein Teil des offiziellen Festprogrammes waren; ein Chronist schreibt nur vage, die „löbliche Universität" habe den Operisten „ihre Gegenwart zu gönnen Hoffnung gemacht".[107] In das vorliegende Operntextbuch[108] gelangte zudem nicht einmal ein damals „absonderlich verfertigter Epilog". Dieser wurde von dem – nicht studierten – Operndirektor Samuel Ernst Döbricht vorgetragen, der dabei als „Orientalischer Abgesandter in prächtigem Habit zu Pferde" auf der Bühne erschien, vor allem den nicht anwesenden Kurfürsten pries und nur ganz nebenbei der Universität zum Jubiläum gratulierte.[109] Immerhin: Die Tatsache, dass es allem Anschein nur einmal in der 27-jährigen Spielzeit des ersten Leipziger Opernhauses zu Aufführungen außerhalb der Messezeiten kam, nämlich zum Universitätsjubiläum, zeigt die enge Beziehung zwischen Opernhaus und Studentenschaft an. Denn die Bühne, von August dem Starken als „besonderes musicalisches Seminarium in unsern Landen" gepriesen,[110] rekrutierte die meisten Sänger und Instrumentalisten, aber auch einen großen Teil ihres Publikums, aus der Leipziger Studentenszene. Und so ist die kurfürstliche Genehmigung von Opernaufführungen anlässlich des Universitätsjubiläums wohl zuvorderst als ein Geschenk an die Studenten zu verstehen.

Johann Kuhnaus Aufstellung über seine geleistete Arbeit im Zusammenhang mit dem Universitätsjubiläum:[111]

Liqvidation dessen, was ich vor die *Musiqv*en beÿ dem durch Gottes Gnade *celebri*rten *Jubilæo* der Hochlöbl. *Universität* zu Leipzig verdienet, und dabeÿ zu verlegen gehabt.

Den 1sten Tag [4. Dezember 1709]

	thlr.	gr.
Vor die *Composition* des gegebenen *Textes*: Diß ist der Tag *etc*:	4	
Vor dergleichen des *Textes*: Der Herr hat *Zion* erwehlet.	6	
Den Poeten vor die *Ari*en dazu.	1	
Ferner vor die *Composition* des Stückes nach der Predigt: Lobet den Herrn in seinem Heÿligthumb so in der Kirche zu St. Nicolai musiciret worden.	6	
Summa hierüber	17	

NB. Die Lichter, das viele Pappier, Schreibe-Gebühren, so beÿ denen großen starcken Stücken auffgegangen, nehme ich über mich.
In Paulino.

	thlr.	gr.
Vor die *Composition* des *Veni sancte Spiritus*	6	
Vor das in die Stimmen gesetzte lateinische *Te Deum laudamus.*	2	
Vor die *Composition* des *Carminis secularis.*	10	
Vor die 3 neu *componi*rten Stücken, beÿ der Taffel *Music* zusammen	14	
Denen Studenten an Sängern, *Violisten, Violonisten, Violoncellisten, Bassonisten,* so allemahl mit geholffen, deren biß in die 20 gewesen, zu ihrer Ergötzligkeit	12	

Vor meine Bemühung und *Execution* der *Music* nehme ich weiter nichts.

Summa vor den Tag des *Jubel* Festes   51 [recte: 61] thlr.

Vor den andern Tag bekomme ich sonsten ordentlich von einem jedweden *promovi*rten neuen Herrn *Doctore*, wenn ihrer viel, wie jetzo gewesen sind,   2 thlr. und ein Paar Handschuh.

Hier nehme ich aber alle Kosten, auch vor die mithelffende Studenten, ausser denen Handschuhen, welche sie sonsten *a part* bekommen, über mich.   22 [thlr.] und 11 Paar Handschuh.

Den 3ten Tag vor die *Music* beÿm *Magisterio* wird es nicht zu viel seÿn, wenn auff jeden neuen Herrn *Magister* 6 gr. gerechnet wird. und weil deren 75 gewesen, machet es in der *Summa*   18 [thlr.] 18 [gr.]

Summa sumarum   91 thlr. 18 gr.

Vor das *componi*rte starcke Stücke, alß Seine *Magnif.* der Herr *Doctor Cyprianus*, das Rectorat niederlegen wolte, hätte ich auch zu *prætendi*ren. Es mag aber mit dreÿn gehen.
Doch wird die Ergötzligkeit vor die Schüler, sonderlich vor den Tag des *Jubel* Festes der Hochlöbl. *Universitæt Discretion* überlaßen.

Leipzig den 11 *Decembr*. 1709.   Johann Kuhnau
                                 Director Chori Musici
                                 Academiæ mpp.

---

106 Siehe Michael Maul, *Barockoper in Leipzig (1693–1720)* (Voces: Freiburger Beiträge zur Musikgeschichte, Bd. 12), Freiburg etc. 2009, S. 375 ff.

107 *Das Dritte Jubel-Fest* (wie Anm. 85), S. 71.

108 *Der angenehme Betrug / oder der CARNEVAL von VENEDIG wurden mit Ihro Königl. Majest. in Pohlen / und Churfürstl. Durchl. zu Sachsen Allergnädigster Bewilligung / bey solenner Begehung Des dritten Jubel-Fests der Weltberühmten Universität Leipzig / Auf dem daselbst befindlichen THEATRO vorgestellt in einer OPERA. Gedruckt im Jahr 1709.* Exemplare nachgewiesen in M. Maul: *Barockoper in Leipzig* (wie Anm. 106), S. 893.

109 Beschreibung des Epilogs und Abdruck des Textes in: *Das Dritte Jubel-Fest* (wie Anm. 85), S. 71–73; vollständig wiedergegeben und erörtert in M. Maul: *Barockoper in Leipzig* (wie Anm. 106), S. 375 ff.

110 Siehe M. Maul: *Barockoper in Leipzig* (wie Anm. 106), S. 209 ff.

111 UAL: Rektor, Rep. II/V, Nr. 18, fol. 33–35. Kostenaufstellung von fremder Hand, nur Unterschrift und Quittung über das ausgezahlte Geld autograph.

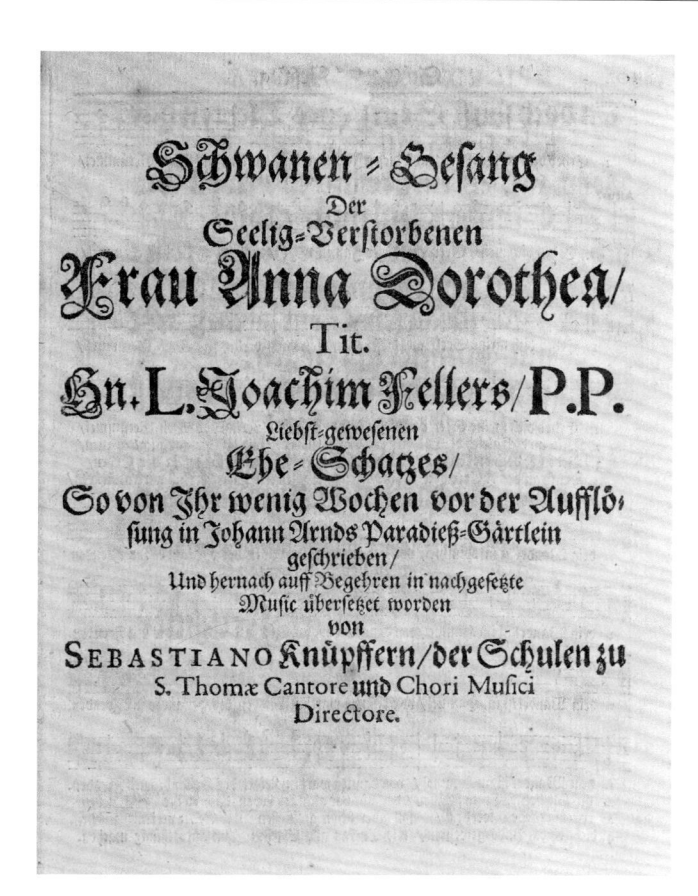

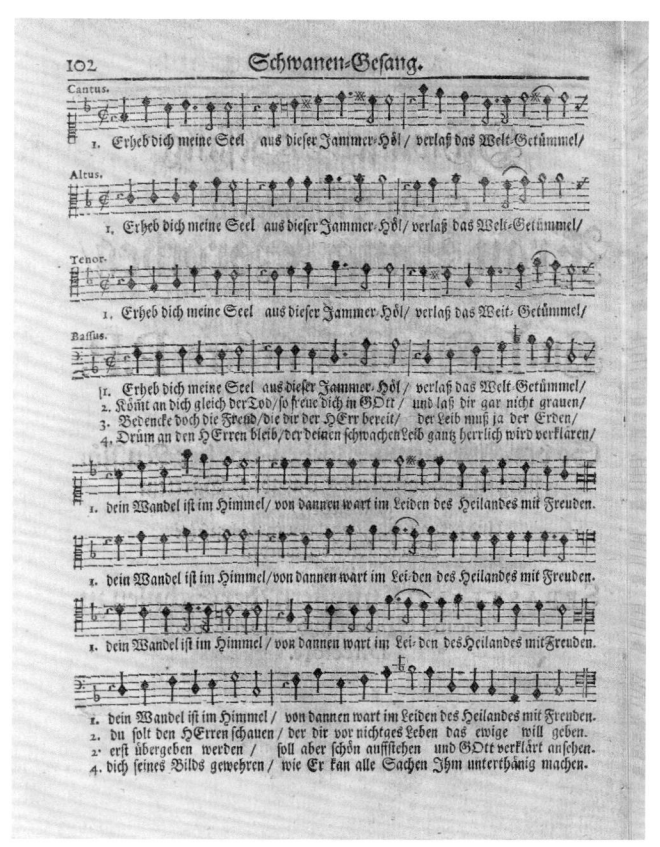

Schwanengesang der Anna Dorothea Feller (1676), vertont von Sebastian Knüpfer; in: Leichenpredigt auf A. D. Feller (wie Anm. 115), S. 101 f.
(Herzog August Bibliothek Wolfenbüttel: Lpr. Stolb. 9285)

[Quittung Kuhnaus]
Daß seine *Magnificenz*, der Herr *Rector*, Herr Doctor Rivinus, wegen der Hochlöblichen *Universität* zu Leipzig, mit heüte *dato* vor die *Music* beÿ den *Jubilæo* sechzig Reichsthaler zusammen ausgezahlet, bekenne ich krafft dieses, und *qvitti*re darüber mit schuldigsten Dancke, begebe mich auch der Ausflucht des NichtEmpfanges. Leipzig den 16. *Decembr.* 1709.
Johann Kuhnau.
Director Musices
Academiæ mpp.

II. Musikaufführungen privater Initiatoren – zwei Fallbeispiele

Einen Platz in der Musikgeschichte hat die Paulinerkirche vor allem als Aufführungsort von Johann Sebastian Bachs sogenannter Trauerode auf die verstorbene Kurfürstin Christiane Eberhardine von Sachsen, *Laß Fürstin, laß noch einen Strahl* BWV 198. Bei diesem Ereignis – die Musik diente zur Umrahmung einer Trauerrede – trat die Universität jedoch nicht als Veranstalter auf. Die Initiative ging vielmehr von einem Studenten aus, von Hans Karl von Kirchbach, der Bach und Gottsched für die Anfertigung der Trauermusik auf eigene Kosten engagierte und dann selbst die Oration vortrug.[112] Solcherlei privatfinanzierte außerordentliche Gedächtnisveranstaltungen, ebenso die häufiger abgehaltenen Begräbnisfeiern für Angehörige der Universität, boten schon im 17. Jahrhundert den Rahmen für eine zweite Facette der Musikpflege in der Paulinerkirche. Jedoch ist diese ungleich schlechter aktenmäßig dokumentiert, eben weil die Universität nicht (oder nur selten) an der Planung solcher Ereignisse beteiligt war. An die

112 Werner Neumann, Hans-Joachim Schulze (Hrsg.): *Fremdschriftliche und gedruckte Dokumente zur Lebensgeschichte Johann Sebastian Bachs 1685–1750* (Bach-Dokumente, Bd. 2), Leipzig und Kassel 1969, Nr. 225–235.

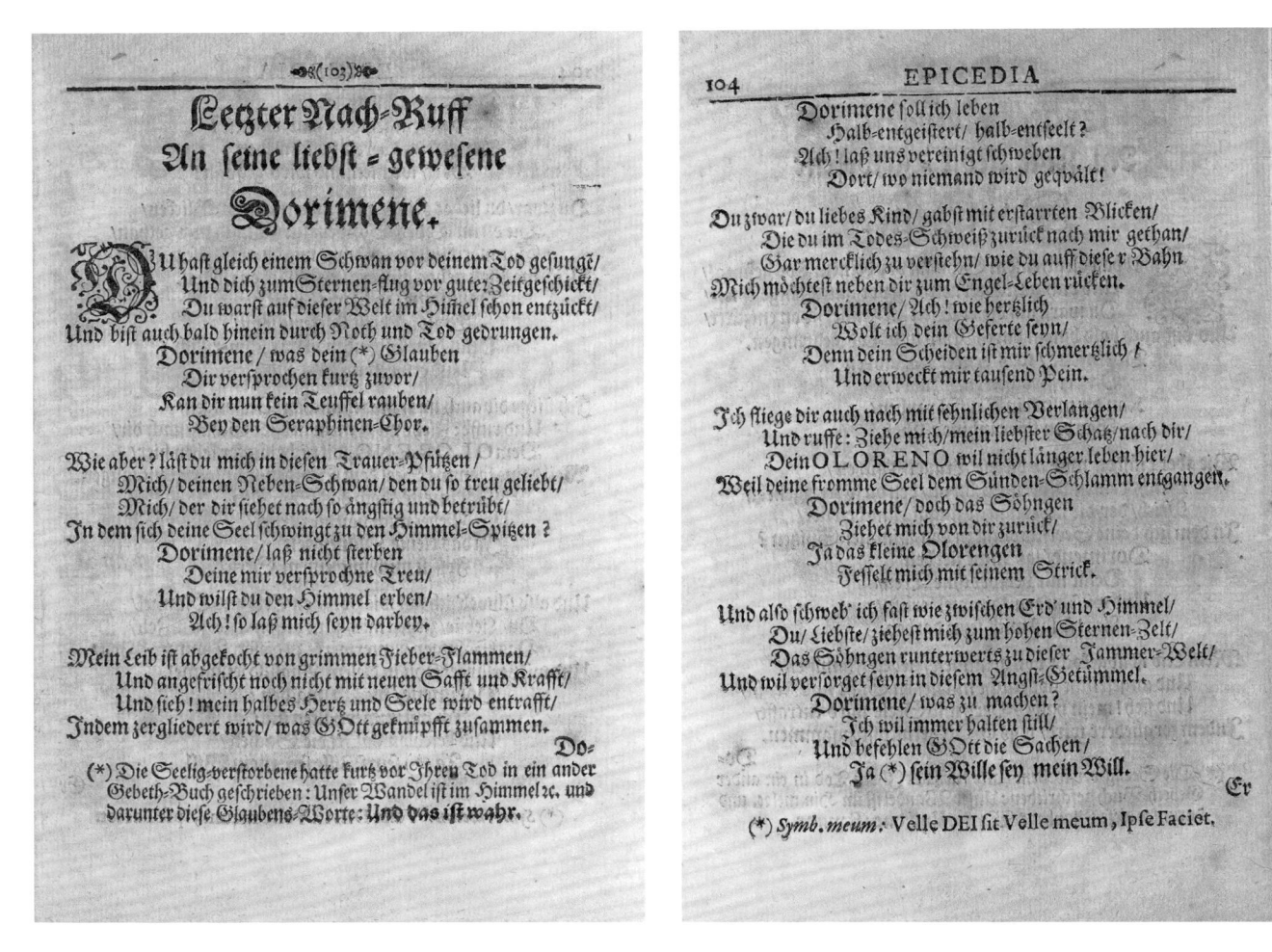

Trauergedicht Joachim Fellers auf seine verstorbene Frau Anna Dorothea (1676), in: Leichenpredigt auf A. D. Feller (wie Anm. 115), S. 103–106
(Herzog August Bibliothek Wolfenbüttel: Lpr. Stolb. 9285)

Stelle von Archivalien treten hier jedoch manchmal überlieferte Leichenpredigten, Textdrucke oder Musikalien. Und so ist es doch möglich, auch diesen Teil des musikalischen Lebens schlaglichtartig zu erhellen.

Eine Trauermusik für die Fellerin

Im Jahr 1715 veröffentlichte der Darmstädter Hofbibliothekar und gebürtige Schlesier Georg Christian Lehms das Lexikon *Teutschlands Galante Poetinnen*. Er stellt darin deutsche und „ausländische" Frauen vor, die als Dichterinnen hervorgetreten waren, um zu zeigen, „daß das Weibliche Geschlecht so geschickt zum Studieren, als das Männliche" sei.[113] Als ehemaliger Leipziger Student (und damals bereits angesehener Opernlibrettist und Kantatentextdichter) kannte er sich in der Poetinnenszene an der Pleiße besonders gut aus, was sich in einer großen Präsenz von Leipzigerinnen in seinem Buch niederschlug. Freilich nicht auf seine persönliche Bekanntschaft mit einem örtlichen „Frauenzimmer" geht sein Artikel über eine gewisse Fellerin zurück. Über sie, die Frau des Leipziger Universitätsbibliothekars (ab 1675) und Poesieprofessors (ab 1676) Joachim Feller (1638–1691), schreibt er, sie sei „eine gar angenehme Dichterin gewesen", „sonderlich in denen Arien". Ihrem Mann habe sie eine solche (Textbeginn: „Erheb dich, meine Seel") vor dessen Begräbnis gesungen und gedichtet.[114] Als Quelle für Lehms' Ausführungen

---

113 So die Titelformulierung in: *Teutschlands Galante Poetinnen Mit Ihren sinnreichen und netten Proben; Nebst einem Anhang Ausländischer Dames / So sich gleichfalls durch Schöne Poesien Bey der curieusen Welt bekannt gemacht, und einer Vorrede. Daß das Weibliche Geschlecht so geschickt zum Studieren / als das Männliche / ausgefertiget Von Georg Christian Lehms*, Frankfurt am Main 1715, Reprint Leipzig 1973.

114 Siehe ebenda, S. 35 (hier auch der Text der Arie) und E. Neumeister: *DE POËTIS GERMANICIS* (wie Anm. 46), S. 31, 163.

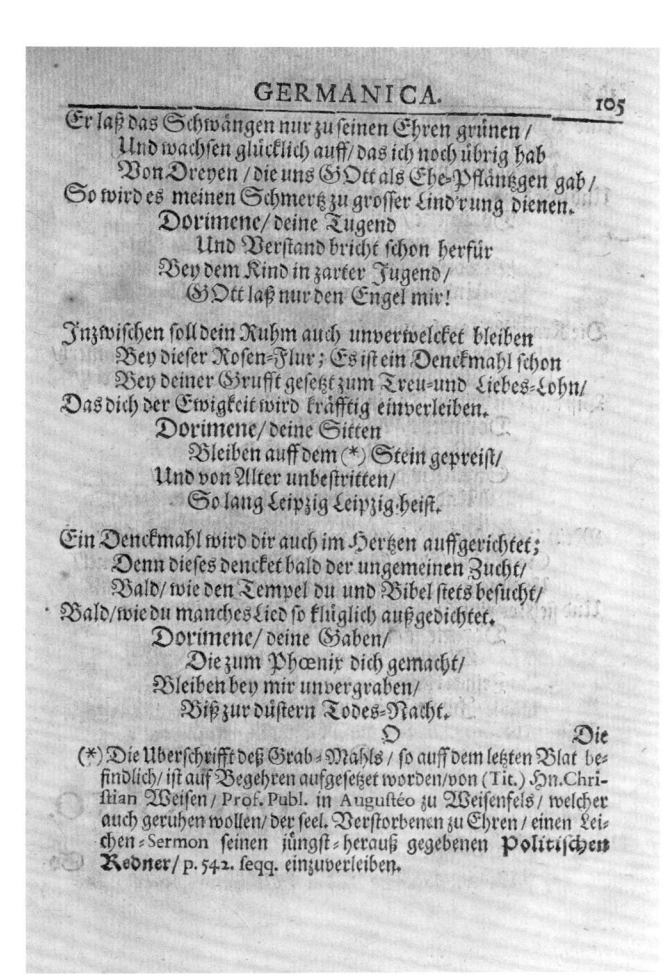

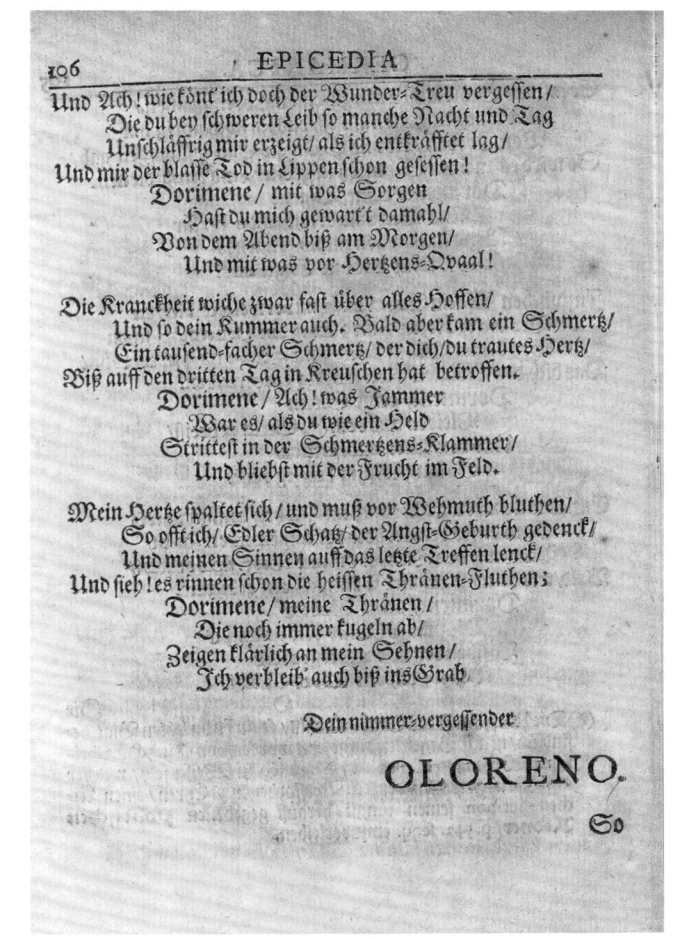

erweist sich Erdmann Neumeisters 1695 in Leipzig vorgelegte Dissertation *De poetis germanicis*. Allerdings wird aus dieser ersichtlich, dass Lehms – offensichtlich durch einen Übersetzungsfehler bedingt – Neumeisters Text in einem Detail falsch interpretiert hat: Anna Dorothea geb. Rappolt, die erste Frau Fellers, starb bereits am 29. März 1676 im Kindbett. Jene Arie hatte sie in der Tat selbst gedichtet, jedoch war das Stück anlässlich *ihrer* Beisetzung musiziert worden. Die damals gedruckte Leichenpredigt[115] überliefert im Anhang sowohl die Dichtung der Fellerin als auch ihre Vertonung, einen atmosphärischen fünfstimmigen Kantionalsatz (siehe Abbildung S. 51), der nicht von Fabricius sondern von keinem Geringeren als dem Thomaskantor Sebastian Knüpfer herrührt[116] und wahrscheinlich während der Leichenpredigt in der Paulinerkirche am 2. April oder während der Beisetzung musiziert wurde. In der Leichenpredigt selbst erzählt Pastor Lehmann den Lebenslauf und das tragische Ende der Fellerin:[117] 1653 als Tochter des Leipziger Universitätsprofessors und Konrektors der Thomasschule Friedrich Rappolt geboren, hatte sie 1670 den aufstrebenden, aus Zwickau gebürtigen Gelehrten Feller geheiratet. Ihr erstes Kind, der Sohn Christian Friedrich, starb nach 13 Wochen. Das zweite

---

115 *Das verlassene/ aber in der That keines weges verlassene Weiblein [...] Bey Christlicher Volckreicher Leich-Bestattung [...] Annen Dorotheen / gebohrner Rappoltin [...] Joachim Fellers [...] Hertzgeliebten Hauß-Ehre / Als dieselbe im XXIII. Jahr ihres Alters bey währenden grossen Geburths-Schmertzen ihre Seele dem getreuen Gott in seine väterliche Hände befohlen hatte / und [...] den 29. Martii 1676 verschieden / In der Pauliner-Kirchen am II. April fürgestellet von D. Georg Lehmann*, Leipzig 1677.

116 *Schwanen-Gesang Der Seelig-Verstorbenen Frau Anna Dorothea / Tit. Hn. L. Joachim Fellers / P. P. Liebst-gewesenen Ehe-Schatzes / So von Ihr wenig Wochen vor der Aufflösung in Johann Arnds Paradieß-Gärtlein geschrieben / Und hernach auff Begehren in nachgesetzte Music übersetzet worden von Sebastiano Knüpffern / der Schulen zu S. Thomae Cantore und Chori Musici Directore*, RISM A/I/5 K 1006.

117 Das Folgende nach *Das verlassene [...] Weiblein* (wie Anm. 115), S. 44 ff.

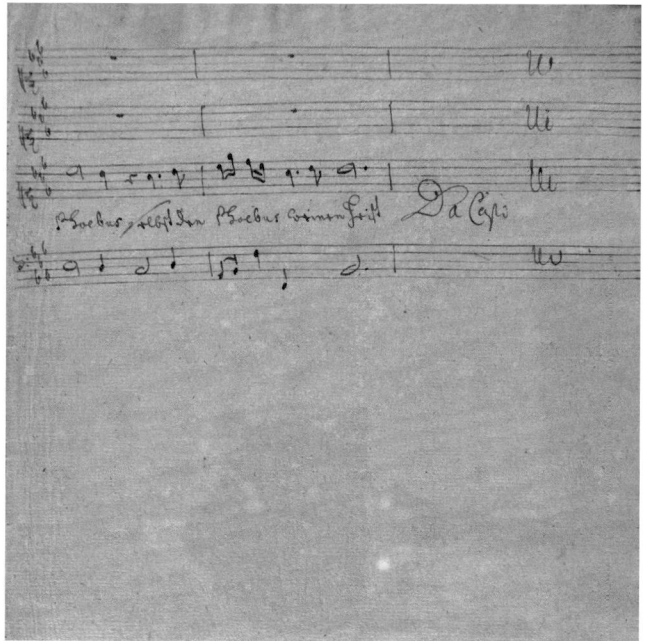

Gottlieb Siegmund Corvinus, Arie Weinet doch, ihr Castalinnen *aus der Leipziger Trauermusik auf den Zeitzer Erbprinzen Friedrich August, aufgeführt am 18. März 1710 in der Paulinerkirche (Schlossmuseum Sondershausen: Inv.-Nr: Mus. A 2:9, Foto: Helmut Rötting)*

Kind, Joachim Friedrich Feller (1673–1726), sollte das Erwachsenenalter erreichen. Während ihrer dritten Schwangerschaft habe sie lange Zeit an einer „fast tödtlichen Bettlägrigkeit" gelitten, weshalb sie die letzten sechs Wochen ihres Lebens „in unabläßlicher Andacht mit Beten und Singen, auch stiller Gelassenheit der Schickung deß Höchsten" verbracht habe und ihr „sehnliches Verlangen nach dem ewigen Leben" insbesondere dadurch zum Ausdruck brachte, dass sie in ihr Exemplar von Johann Arndts *Paradies-Gärtlein* – einem der beliebtesten Erbauungsbücher der 17. Jahrhunderts (Erstausgabe Magdeburg 1612) – eigenhändig jene Verse geschrieben habe, die Knüpfer schließlich für ihr Begräbnis vertonen sollte. Ihr Kind starb bei der schmerzhaften Geburt am Osterfest noch im Mutterleib, und sie selbst folgte am Mittwoch darauf im Alter von nur 22 Jahren, zwei Monaten und einem Tag. Auf ihren Schwanengesang folgen in der Leichenpredigt noch erschütternde Trauerverse ihres Mannes an „seine liebstgewesene Dorimene" (siehe Abbildung S. 52/53) und weitere von ihrem Sohn.

118 *Proben Der POESIE In Galanten– Verliebten– Vermischten– Schertz- und Satyrischen Gedichten abgelegt Von Amaranthes*, Frankfurt und Leipzig 1710; *Proben Der POESIE In Galanten – Verliebten – Vermischten – Schertz- und Satyrischen Gedichten abgelegt Von Amaranthes. Anderer Theil [...]*, Frankfurt und Leipzig 1711; *Reiffere Früchte Der Poesie In unterschiedenen Vermischten Gedichten dargestellet von Gottlieb Siegmund CORVINO [..]*, Leipzig 1720. Für die Veröffentlichung des zweiten Bandes musste er – da er keine gültige Druckerlaubnis vorweisen konnte – für sechs Wochen im Karzer der Universität einsitzen; siehe M. Maul: *Barockoper in Leipzig* (wie Anm. 106), S. 397.

119 Siehe M. Maul: *Barockoper in Leipzig* (wie Anm. 106), S. 84 ff., 127 ff., 397, 564.

120 Zu Corvinus siehe Georg Witkowski: *Geschichte des literarischen Lebens in Leipzig*, Leipzig und Berlin 1909, S. 286–292; zu seinem Wirken als Kantatendichter außerdem die Übersicht bei A. Schering: *Musikgeschichte Leipzig*, Bd. 2 (wie Anm. 3), S. 353 f.

121 Der ehemalige Leipziger Student Gottfried Ephraim Scheibel stellt Corvinus anlässlich einer qualitativen Bewertung der zeitgenössischen Kantatendichter ein vernichtendes Zeugnis aus. Während er die Dichtungen von Johann Ulrich von König als Idealbeispiele hinstellt, schreibt er über Corvinus: „Hingegen hat mir noch niemahls eine einzige Cantata vom Hn. Corvino / oder dem so genandten Amarantho aus Leipzig gefallen wollen." (*Zufällige Gedancken Von der Kirchen-Music, Wie Sie heutiges Tages beschaffen ist Allen rechtschaffnen Liebhabern der MUSIC zur Nachlese und zum Ergötzen wohlmeinende ans Licht gestellet Von Gottfried Ephraim Scheibel*, Frankfurt und Leipzig 1721, S. 68).

122 *Proben Der POESIE* (wie Anm. 118), S. 260 ff; der Text blieb unberücksichtigt in der bei A. Schering: *Musikgeschichte Leipzig*, Bd. 2 (wie Anm. 3), S. 353, abgedruckten Aufstellung der in Corvinus' Sammelwerken veröffentlichten „Kantatenarbeiten".
Textincipits der Kantatendichtung: Aria: Weinet doch, ihr Castalinnen, werffet Buch und Cyther hin – Rezitativ – Aria: Die Hoffnung gleicht den Hyacinthen – Rezitativ – Aria: Des Donners Wuth und Grausamkeit – Rezitativ – Arie: Fahrt ihr grünen Lorbeern hin! – Rezitativ – Arie: Zu guter Nacht! Ihr heiliges Gebeine! – Rezitativ – Aria: Wachse, grosses Fürsten-Hauß.

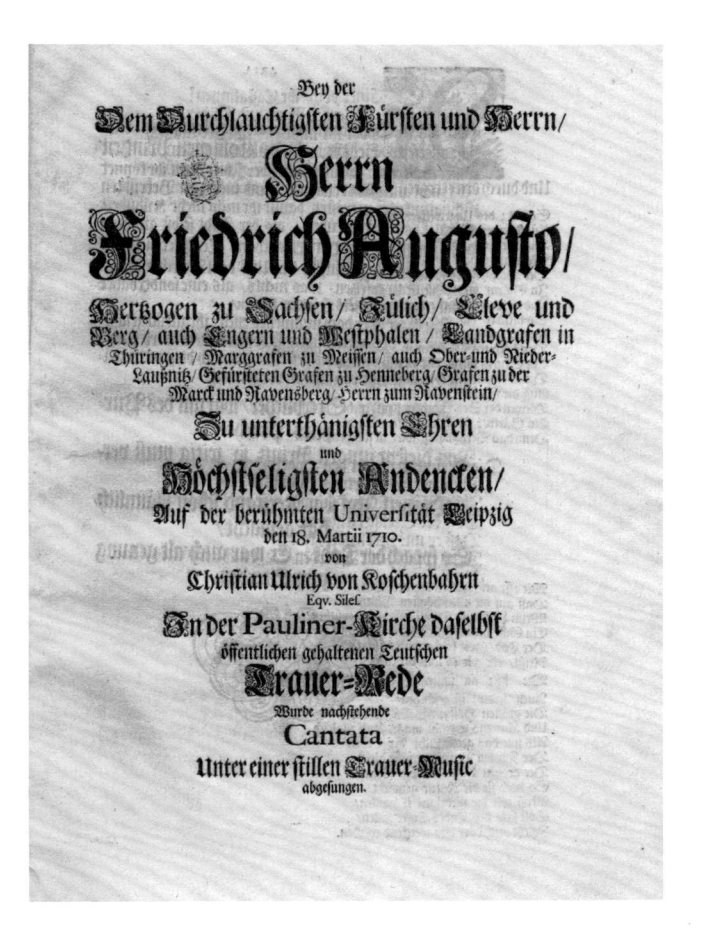

Textdruck der Leipziger Trauermusik auf Friedrich August von Sachsen-Zeitz, Titel und erste Seite
(Sächsische Landesbibliothek, Staats- und Universitätsbibliothek Dresden, Hist. Sax. C. 114, misc. 3)

Bey einer Fürstlichen Parentation

Der in den Jahren um 1710 vielfach als Poet in Leipzig belegte Jurist Gottlieb Siegmund Corvinus, alias ‚Amaranthes', legte in den Jahren 1710, 1711 und 1720 drei gedruckten Bände mit eigenen Gelegenheitsdichtungen vor.[118] In diesen *Proben der Poesie* erscheinen auch allerhand weltliche Kantatentexte, ohne dass deren Überschriften immer zu entnehmen ist, wann und für welchen Anlass sie entstanden. Wohl aber wird ersichtlich, dass Corvinus enge Beziehungen in die Leipziger Musikerszene hatte,[119] obgleich seine Kunst nicht nur Fürsprecher (etwa Georg Christian Lehms)[120] sondern auch Kritiker hervorrief (etwa Gottfried Ephraim Scheibel).[121] Im zweiten Band seiner Gedichtsammlung ist der Text einer aus sechs Arien und fünf Rezitativen bestehenden *Cantata Zu einer Trauer-Music bey einer Fürstlichen Parentation* abgedruckt.[122] Hier klagt der „betrübte Musensitz" – gemeint ist offenkundig Leipzig – über den Tod eines erlauchten Prinzen.

Die Ermittlung des Entstehungskontextes dieser Kantate ist aber nicht nur deshalb von Interesse, sondern vor allem, weil der Text der Eingangsarie „Weinet doch ihr Castalin[n]en,[123] werfet Buch und Cyther hin" in einer um 1710 angefertigten anonymen Partitur in der historischen Musikaliensammlung der Sondershäuser Hofkapelle (D-SHm: Mus. A 2:9) wortgleich wiederkehrt (siehe Abbildung S. 54). Aufgrund der Tatsache, dass die meisten Musikalien des dafür verantwortlichen Sondershäuser Schreibers aus dem Leipzig der 1710er Jahre herrühren, kann kaum bezweifelt werden, dass hier tatsächlich ein Teil jener Trauermusik vorliegt.[124] Wer aber verbirgt sich hinter jenem „Prinzen", dem damit sowie mit einer „fürstlichen" Leichenrede an der Pleiße gedacht wurde? Da der erste Band von Corvinus' *Proben der Poesie* erst 1710, also ein Jahr vor dem zweiten Band, erschienen war, liegt es nahe, im unmittelbaren Vorfeld der Veröffentlichung nach dem Grund für die Dichtung zu suchen. Seinerzeit konnte nur ein prinzlicher Todesfall Anlass für eine solche Zeremonie geben: Am 17. Februar 1710 war der erst zehnjährige Erbprinz Friedrich August von Sachsen-Zeitz in Halle verstorben. Nicht nur dort und in Zeitz[125] zog das Ereignis eine Reihe von Gedächtnisveranstaltungen nach sich; auch in der Leipziger Paulinerkirche fand am 18. März eine Totenfeier statt, bei der der Initiator der Veranstaltung, der schlesische Student Christian Ulrich Koschenbahr, eine Trauerrede verlas.[126] Die Vermutung, dass jene Kantatendichtung tatsächlich für diese Gelegenheit entstand, wird zur Gewissheit anhand eines in der Sächsischen Landesbibliothek Dresden überlieferten Einzeldruckes der Kantate (Abbildung S. 55). Er bestätigt, dass die Komposition „bei der gehaltenen Trauer-Rede" in der Paulinerkirche „abgesungen wurde."[127] Wer indes von Koschenbahr als Komponist der Trauermusik engagiert wurde, lässt auch der Textdruck offen – in erster Linie kämen dafür die um die Gunst des Zeitzer Herzogs buhlenden (ehemaligen) Leipziger Studenten Johann David Heinichen – er komponierte 1709/10 die unter den Augen des Zeitzer Herzogs aufgeführten Naumburger Opern – und Johann Friedrich Fasch in Betracht, außerdem Johann Kuhnau und Melchior Hoffmann. Wie dem aber auch sei: In der anonymen Sondershäuser Arie ist somit das Bruchstück einer ‚Trauerode' aus der Paulinerkirche erhalten geblieben, die sowohl die Art des Anlasses als auch den Aufführungsort mit derjenigen Bachs und Gottscheds auf die sächsische Kurfürstin (BWV 198) teilt.

---

123 Vgl. die Texte zu Bachs Kantaten BWV 207a und BWV Anh. 9.

124 Zum Kontext dieser Handschrift und überhaupt der Musikalien des „Kopisten A" (wohl der Sondershäuser Kapellmeister Elias Christoph Stock) siehe ausführlich M. Maul: *Barockoper in Leipzig* (wie Anm. 106), S. 115–150.

125 Zu der Hallenser Trauermusik siehe Peter Wollny: *Bachs Bewerbung um die Organistenstelle an der Marienkirche zu Halle und ihr Kontext*, in: Bach-Jahrbuch 80 (1994), S. 25–39, hier S. 28; zum Kontext vgl. Arno Werner, *Städtische und fürstliche Musikpflege in Zeitz bis zum Anfang des 19. Jahrhunderts*, Bückeburg und Leipzig 1922, S. 1 f.

126 Gedruckt unter dem Titel: *Den vollkommensten Printzen […] durch eine unterthänige Trauer-Rede in der Pauliner-Kirche zu Leipzig den 18. Martii Anno 1710 vorgestellet von Christian Ulrich Koschenbahr* (Exemplar in D-LEu: Hist. Bor. 47–z/36).

127 *Bey der […] Friedrich Augusto, Hertzogen zu Sachsen […] auf der […] Universität Leipzig […] gehaltenen Trauer-Rede wurde nachstehende Cantata […] abgesungen*, [Leipzig] 1710 (Exemplar in D-Dl: Hist. Sax. C. 114, misc. 3).

„Effigies XXI Clarissimorum Musicorum à Wernero Fabricio, Musico Lipsiensi" – Die Porträtsammlung berühmter Musiker des Werner Fabricius

Cornelia Junge

In ihrer 600-jährigen Geschichte erwarb die Leipziger Universität einen ungewöhnlich großen Besitz an Porträts und anderen Kunstwerken, die nicht in den Kontext von Lehrsammlungen einzuordnen sind, sondern von alters her die Kollegiengebäude, die Bibliothek und die Universitätskirche schmückten.[1] Vor allem die Porträts wie auch Epitaphien und Grabmale einstiger Mitglieder der akademischen Gemeinschaft, von Förderern der Universität und berühmten Gelehrten repräsentierten in augenfälliger Weise das Ansehen der Alma mater. Bewahrten sie doch nicht nur das Äußere der im Bilde Verewigten, sondern vor allem das Andenken an deren persönliche Verdienste. Stets erhob die Bildform die im Denkmal oder Bild Dargestellten zu vorbildhaften Personen, zu ‚viri illustri' und ‚exempla bonorum'[2] für den Betrachter. Die von einer Korporation zusammengetragenen und zur Schau gestellten Bildnisse, zumal wenn sie mit weitgehend typisierten Bildinschriften, bevorzugten Darstellungstopoi und angeglichenen Formaten den Eindruck der galeriemäßigen Zusammengehörigkeit unterstützen, galten als belehrend, waren nach innen identitätsstiftend[3] und dienten nach außen der Reputation der besitzenden Institution. Gelehrtenbildnisse stehen zudem stets im Kontext zu Wissenschaftsbereichen und konnten daher in den seit dem ausgehenden 16. Jahrhundert weltabbildend ausgerichteten Sammlungskonzepten für Bibliotheken, Kunst- und Wunderkammern strukturierend eingesetzt werden.

I. Spärliche Quellen

Auch dem Leipziger Gelehrten Joachim Feller (1638 bis 1691),[4] der seit 1676 das Amt des Universitätsbibliothekars bekleidete, schwebte für die Neuordnung der Universitätsbibliothek ein an Universaliensammlungen orientiertes Konzept vor. Die in diesem Sinne über die eigentliche Bestandserweiterung angestrebte Ausschmückung der Bibliothek mit Kunstwerken, Bildnissen, Münzen und geschnittenen Steinen, wissenschaftlichen Instrumenten, Kuriositäten und Realien realisierte Feller durch rhetorisch geschickt verpackte Appelle an seine gebildeten Zeitgenossen, sich durch Schenkungen an die Bibliothek Verdienst

---

1 Zur Sammlungsgeschichte an der Leipziger Universität und zur Geschichte ihrer Dokumentation siehe Annegret Janda-Bux: *Die Entstehung der Bildnissammlung an der Universität Leipzig und ihre Bedeutung für die Geschichte des Gelehrtenporträts*, in: Wissenschaftliche Zeitschrift der Karl-Marx-Universität Leipzig 4 (1954/55), S. 143–168; und aus jüngster Zeit Rudolf Hiller von Gaertringen, Cornelia Junge, Simone Schulz: *Kustodie*, in: Geschichte der Universität Leipzig 1409–2009, hrsg. v. der Universität Leipzig, Bd. 4: Fakultäten, Institute, Zentrale Einrichtungen, Leipzig 2009, 2. Halbband, S. 1514–1541.

2 Zur Entstehungs- und Sammlungsgeschichte von Gelehrtenporträts allgemein siehe z. B. Roland Kanz: *Dichter und Denker im Porträt. Spurengänge zur deutschen Porträtkultur des 18. Jahrhunderts* (Kunstwissenschaftliche Studien, Bd. 59), München 1993.

3 Ein spezifisches Beispiel für eine solche korporationsbezogene Gelehrtengalerie an der Leipziger Universität ist die Ordinariengalerie der Juristenfakultät, deren auf Lebenszeit eingesetzte Ordinarien vom ausgehenden 16. Jahrhundert bis zum Erlöschen dieser Ordinariatsform am Ende des 19. Jahrhunderts ihr Bildnis an die Fakultät zu geben hatten.

4 Feller hatte in Leipzig studiert und 1671 zum Lizentiaten der Theologie promoviert. Doch bereits 1660 war er, als Dichter unter dem Namen Cholander berühmt, durch Kurfürst Johann Georg II. von Sachsen zum ‚Poetus laureatus' gekürt worden, woraus sich seine Professur und schließlich 1674 das Dekanat an der Philosophischen Fakultät ergaben. 1680, 1684 und 1688 übte er zudem das Rektorenamt aus. Seine eigentliche Bedeutung für die Geschichte der Universität erlangte er jedoch durch sein Wirken als Bibliothekar. Joachim Feller scheint auch eine lebendige Beziehung zur Musikpflege an der Universität unterhalten zu haben. Davon zeugt der 1692 in zwölf Versen abgefasste Nachlob des Collegium musicum zu Fellers Leichenpredigt, der von 14 Mitgliedern (Heinrich Feller, Johann Rudolph Große, Christian Kloß, Samuel Hesse, Michael Kuhn, Johann Michael Poller, Johann Christoph Rosa u. a.) verfasst bzw. in Auftrag gegeben wurde, s. Georg Lehmann: *Der Gefallene / aber nicht weggeworffene Gerechte / Bey Christlicher und Volckreicher Leich-Bestattung Des Wohl-Ehrwürdigen/ Großachtbarn und Hochgelahrten HERRN Joachim Fellers [...] In der Pauliner-Kirchen den 10. April Anno 1691. fürgestellet*, Leipzig 1692. Vgl. auch Peter Wollny: *Das Leipziger Collegium musicum im 17. Jahrhundert*, S. 77–89 im vorliegenden Band.

und Nachruhm zu sichern,⁵ und ging dabei selbst mit gutem Beispiel voran. Voller Stolz meldet sein 1685 erstatteter Bericht über den *Zustand und Catalogum der Universitäts-Bibliothec*, bestimmt für den sächsischen Kurfürsten Johann Georg III., dass während seiner Amtszeit „die Bibliothec ist wohl mit mehr als hundert Briefen, als auch mit 91 Imaginibus svv. Felleram und andern clarorum Virorum, und 13 großen Land Carten, auch rahren instrumenti mathematicarum […] befruchtet und vermehrt worden."⁶

Die Liste der ‚Imagines donato' enthält neben 22 einzeln mit ihren Schenkern aufgelisteten Porträts auch zwei wegen ihres Umfangs nur summarisch genannte Erwerbungen, nämlich 53 Professorenporträts und „effigies XXI Clarissimorum Musicorum à Wernero Fabricio, Musico Lipsiensi".⁷ Während die 53 Professorenporträts auch im 1686 gedruckten Katalog nicht spezifiziert wurden, ergänzte Feller seine Angaben bei den nun mit 18 statt 21 angegebenen Bildnissen berühmter Musiker aus der Sammlung von Werner Fabricius um deren Nationalität: „Musicorum […] XVIII partim Italiae, partim Germaniae celeberrimorum, praeter alias non unas." Fellers spärliche Mitteilung über die 18 Porträts gefeierter Musiker, teils Italiens teils Deutschlands, ist die ausführlichste, die wir über diese Spezialsammlung besitzen. Doch der Umfang dieser im 17. Jahrhundert zumal außerhalb einer fürstlichen Sammlung noch ganz ungewöhnlichen Musikergalerie lässt aufhorchen und macht neugierig auf die Person des Schenkers und die inhaltliche Bedeutung, welche der Sammlung im Kontext der Universität und ihrer Bibliothek beigemessen wurde.

II. Werner Fabricius

Werner Fabricius⁸ vertritt einen für Leipzig im 17. Jahrhunderts charakteristischen Musikertypus, dessen gesellschaftliche Anerkennung auf der Einheit von akademischer Ausbildung, musikantischen Fähigkeiten und kompositorischem Erfindungsreichtum basierte. In der heutigen Musikwelt weitgehend unbekannt, da der Großteil seiner von den Zeitgenossen hoch geschätzten Kompositionen verloren ging, ist er doch eine für die Geschichte der Leipziger Universitätsmusik bedeutende Persönlichkeit. Er führte spätestens seit 1656 den Titel ‚Academiae musicus', was auf eine selbstbewusst vertretene Unabhängigkeit der akademischen Musikpflege von den städtischen Kirchen und besonders dem Thomaskantorat hinweist.⁹

1633 in Itzehoe geboren, wuchs Fabricius in Flensburg auf, wo sein Vater Albert Schmidt¹⁰ als Organist wirkte. Zunächst auch von diesem ausgebildet, scheint er frühzeitig eine große musikalische Begabung entwickelt zu haben.

So ist bezeugt, dass er 1643 in Glückstadt zur Hochzeit des späteren Königs Frederick III. von Dänemark als Sänger auftrat. Konrad Küster¹¹ vermutet in diesem Ereignis den Schlüssel für die freundschaftliche Bekanntschaft, die Fabricius schon in seinen Leipziger Studienjahren mit Heinrich Schütz¹² und dessen Kreis entwickelte. 1645 nahm ihn der zum Bekanntenkreis seines Vaters gehörende Komponist und Hamburgische Musikdirektor Thomas

---

5   Joachim Feller: *Utriusque reipubl. proceribus reliquisque literarum aestimatoribus : qui Bibliothecae Paulinae augmenti vel ornamenti quid promisere aurem per Bibliothecarium Fellerumvellicat Apollo Lipsiensis, adjectis pro donation jam facta gratis*, Leipzig 1679.

6   *Acta den Zustand und Catalogum der Universitäts-Bibliothec betr. de. Ao. 1685*, Universitätsarchiv Leipzig (UAL): Rep. II/II, Nr. 3, Bl. 3r. Fellers Zahlenangaben sind widersprüchlich. Zählt man die auf den Blättern 10 und 11 aufgelisteten Porträtschenkungen zusammen, so sind es insgesamt 96 Porträts. Der Umfang des Musikerkonvolutes wird hier noch mit 21, in der gedruckten Fassung des Kataloges von 1686 jedoch mit der Inschrift des Fabricius-Porträts (s. unten) übereinstimmend, mit 18 Bildnissen angegeben. Vgl. dazu Joachim Feller: *Catalogus codicum mssctorum bibliothecae Paulinae in academia Lipsiensi […]*, Leipzig 1686, Dedicatio (unpag., Bl. X r).

7   UAL: Rep. II/II, Nr. 3, Bl. 11r.

8   Eine erste biografische Überlieferung findet sich bei der Leichenpredigt: *Musica Davidica, oder Davids-Music/ bey Volckreicher Leichbestattung Des weiland Wohl-Ehren-Vesten […] Herrn Werneri Fabricii, Weitberühmbten Musici allhier, der Löbl. Universität Chori musici Directoris, wie auch E. E. Hochweisen Raths wohlbestalten Organist zu S. Nicolai, Als derselbe den 9. Januarii 1679 dieses lauffenden […] seelig im Herrn verstorben/ und den 12. darauff mit Christlichen Ceremonien in der Pauliner Kirche beerdiget worden […]. Der Christlichen Gemeine erkläret und fürgetragen von Joh. Thilone S.S. Theol. Lic. ad. D. Nicol. Ecclesiaste […]*. Da das Original der Verfasserin in der Universitätsbibliothek 2009 nicht zugänglich war, stützen sich alle diesbezüglichen Zitate auf die Edition der Leichenpredigt durch Heinrich Beyer: *Leichensermone auf Musiker des 17. Jahrhunderts*, in: Monatshefte für Musikgeschichte, 7 (1875), S. 171–188, hier S. 180 f. Beyer verzichtete nach eigenen Angaben auf theologische Zitate und Titelwiederholungen sowie auf die Epicidien, ließ ansonsten den Text jedoch unangetastet. Auf der Leichenpredigt basieren die lexikalischen Biografien in Johann Heinrich Zedler: *Neues vollständiges Universal-Lexicon*, Bd. 9, Halle und Leipzig 1735, Sp. 50; der *Allgemeinen deutschen Biographie*, Bd. 6, Leipzig 1877, S. 525 f. (Artikel von August Hirsch) und noch in der *Neuen deutschen Biographie*, Bd. 6, München 1959, S. 733 (Artikel von Christiane Engelbrecht). Neuere Forschungen zu Fabricius fanden Eingang in Konrad Küster: *Leipzig und die norddeutsche Orgelkultur des 17. Jahrhunderts. Zu Werner Fabricius, Jacob Weckmann und ihrem Umkreis*, in: Ständige Konferenz Mitteldeutsche Barockmusik. Jahrbuch 2000, Eisenach 2001, S. 22–41; und Michael Maul: *Academiae musicus Werner Fabricius. Vor 350 Jahren Bestallung des Leipziger Universitätsmusikdirektors*, in: Jubiläen 2006, Personen, Ereignisse, Leipzig 2006, S. 167–170.

9   Vermutlich erfüllte vor Fabricius bereits Johann Rosenmüller eine ähnliche Aufgabe; vgl. Michael Maul: *Musikpflege in der Paulinerkirche im 17. Jahrhundert bis hin zur Einführung des ‚neuen Gottesdienstes' (1710)*, S. 33–55 im vorliegenden Band.

10 Latinisiert: Fabricius.

11 K. Küster: *Leipzig und die norddeutsche Orgelkultur* (wie Anm. 8), S. 24.

12 Schütz stand zwischen 1642 und 1644 als Kapellmeister in dänischen Diensten.

13 Der berühmte Hamburger Komponist und Kirchenmusiker stammte aus Zörbig. Als Vierzehnjähriger nach Leipzig gekommen, erhielt er zunächst als Mitglied der Thomasschule seine musikalische Ausbildung durch Sethus Calvisius und Johann Hermann Schein und war seit 1622 an der Universität inskribiert.

14 Schüler von Jan Pieterszoon Sweelinck in Amsterdam, seit etwa 1625 Organist der Hamburger Katharinenkirche.

15 Dem Nachruf zufolge hatte der Rat schon in Hamburg Unterhalt und Ausbildung des begabten Knaben getragen, der als Mitglied im ‚chorum musicum' geführt wurde. Wahrscheinlich weil er 1649 den Vater verloren hatte und Vollwaise war, übernahm der Rat auch die Finanzierung seiner akademischen Ausbildung in Leipzig, so dass er „in einem feinen Hospitio 8 Jahre wohlversorgt [blieb]". Erstaunlich ist jedoch die Dauer der Stipendienzahlung, die ihn über das eigentliche Studium hinaus bis zum Erhalt der Organistenstelle von St. Nikolai finanziell sicher stellte.

16 H. Beyer: *Leichensermone* (wie Anm. 8), S. 181.

17 Der später als Theologe und bedeutender Kenner der hebräischen Sprache bekannt gewordene Gelehrte stand damals ganz am Beginn seiner Karriere. Er lehrte zu Fabricius' Studienzeit Logik und Philosophie.

18 So z. B. 1653 in seiner Dekanatsrede zu den Magisterpromotionen. Zu Kühn siehe Detlef Döring: *Der junge Leibniz und Leipzig. Ausstellung zum 350. Geburtstag von Gottfried Wilhelm Leibniz im Leipziger Alten Rathaus*, Leipzig 1996, S. 70 f. Der anerkannte Mathematiker war auch der Lehrer von Leibniz, dessen Musikverständnis vor dem Hintergrund seiner Monadenlehre später in der berühmten Sentenz „Musica est exercitium arithmeticae occultum nescientis se numerare animi" (1712 in einem Brief vom 27. April 1712 an Christian Goldbach) zum Ausdruck kommt.

19 Dass der musikalisch ausgebildete Fabricius die unmusikalischen Rechtswissenschaften zum Gegenstand seiner Studien gewählt hatte, ist kein Einzelfall unter den großen Musikern seiner Zeit. So hatte z. B. auch Heinrich Schütz ursprünglich das Studium der Rechte avisiert und gelegentlich, wenn es ihm die Zeit vergönnte, juristische Vorlesungen besucht. Sein Bruder Georg war bis zu seinem Tode 1637 als Jurist in Leipzig tätig und auch sein Freund Johann Hermann Schein hatte einst in Leipzig die Rechte studiert. Auch der mit Fabricius durch gemeinsames Musizieren eng vertraute spätere Bürgermeister Christoph Pincker(t) (1619–1678, seit 1655 achtmaliger Bürgermeister Leipzigs) und seit 1648 Schwiegersohn von Heinrich Schütz, war ein einflussreicher Jurist.

20 Paul Hornigk (1630–1664, lat. Hornigius) erwarb 1655 das Baccalaureat, 1656 die Promotion und war Reichstagsgesandter des Herzogs Moritz von Sachsen in Regensburg. Vgl. Emil Friedberg: *Die Leipziger Juristenfakultät, ihre Doktoren und ihr Heim 1409–1909* (Festschrift zur Feier des 500-jährigen Bestehens der Universität Leipzig, Bd. 2), Leipzig 1909, S. 68, 171.

21 H. Beyer: *Leichensermone* (wie Anm. 8), S. 181. Jäger und Schröter sind unter den Doktoren der Juristenfakultät nicht greifbar, vermutlich handelt es sich um Privatgelehrte, die damals die Hauptlast der Lehrveranstaltungen trugen.

22 Johann Philippi (1607–1674), siehe E. Friedberg: *Die Leipziger Juristenfakultät* (wie Anm. 20), S. 168.

23 H. Beyer: *Leichensermone* (wie Anm. 8), S. 181.

24 J. H. Zedler, *Neues vollständiges Universal-Lexicon* (wie Anm. 8), Bd. 9, Sp. 50 verzeichnet ihn 1735 als „Fabricius, (Wernerus) ein Notar[ius] Publ[icus] Caes[areus] und Organist zu Leipzig".

25 In Leipzig existierten derzeit mehrere Collegia musica, wie das studentische unter der Leitung von Sebastian Knüpfer oder das des Juristen Sigismund Finckelthaus, welches durch den Nikolaikantor Elias Nathusius belegt ist. Vgl. M. Maul: *Academiae musicus Werner xFabricius* (wie Anm. 8), S. 168.

Selle (1599–1633)[13] zur weiteren Ausbildung mit nach Hamburg, wo ihn auch der Organist der Katharinenkirche Heinrich Scheidemann (um 1595–1663)[14] an der Orgel unterrichtete.

Als fertiger Musiker und mit einem offenbar beachtlichen[15] Stipendium des Hamburger Rates ausgestattet, kam Fabricius 1650 nach Leipzig zum Studium. Warum die Wahl auf Leipzig fiel, ist nicht überliefert. Möglicherweise geht die Entscheidung auf den Rat von Thomas Selle zurück, der selbst in Leipzig seine Prägung durch Sethus Calvisius und Johann Hermann Schein erfahren und seit 1622 auch dort studiert hatte.

Fabricius scheint sich dem Nachruf zufolge „neben seinen Exercitiis musicis" mit Ernst seiner akademischen Ausbildung gewidmet zu haben „und gewann sich durch Fleiss und sehr vorsichtiges Betragen die allgemeine Liebe".[16] Bezeugt ist, dass er von den grundlegenden Vorlesungen der Philosophischen Fakultät die von Johann Adam Schertzer (1628–1683)[17] besuchte. Hervorgehoben werden seine „gute[n] Fortschritte" in der Mathematik, die ihm Johannes Kühn (1616–1676) vermittelte. Dieses Interesse an der Mathematik erklärt sich wohl aus deren Rolle für die Musikanalyse. Die musikalische Harmonielehre war Teil der Mathematik und orientierte sich an der Musiklehre des Pythagoras, dessen als empirisch verstandene Philosophie Kühn öffentlich propagierte.[18] Über die akademische Grundausbildung hinaus, welche die philosophische Fakultät lieferte und die durchaus als eine Ergänzung der musikalischen Ausbildung verstanden werden kann, studierte Fabricius aber auch „Jura"[19] bei Hornigk,[20] Jäger und Schröter",[21] um schließlich „durch Dr. Philippi[22] die Dignitas notarius"[23] zu erhalten. Er schloss also sein Studium mit der Berechtigung ab, als öffentlicher Notar tätig zu werden.[24] Die juristische Praxis, die er bis zu seinem Tode in Leipzig betrieb, sicherte ihm die finanzielle Unabhängigkeit von den schlecht oder gar nicht bezahlten musikalischen Ämtern. Sie war die Voraussetzung für einen gewissen Wohlstand, der es ihm erlaubte, seine Bildnissammlung zu erwerben bzw. zu erhalten und letztlich an die Universität zu verschenken.

Musikalisch war Fabricius in Leipzig offenbar von Anfang an in die unter dem Thomaskantorat stehende akademische Musikpflege eingebunden, die um die Mitte des 17. Jahrhunderts unter Johann Rosenmüllers Leitung mit ihren vielstimmigen Aufführungen von Kirchenmusiken und anspruchsvollen Gelegenheitsmusiken „zu der fortschrittlichsten im gesamten protestantischen deutschen Sprachraum gehörte" und fest mit dem Aufblühen weltlicher, meist von Studenten betriebener Musiziergemeinschaften einherging.[25] Belegt ist Fabricius' Mitgliedschaft im ‚Cymbalischen Reich', das der gleichfalls 1650 der Universität und der Musik halber nach Leipzig gekommene

Johann Stridbeck d. J. (del.) und Gabriel Bodenehr (exc.): Die Nikolaikirche in Leipzig mit anliegenden Gebäuden, Kupferstich, Ende des 17. Jahrhunderts
(Kunstbesitz der Universität Leipzig, Inv.-Nr. 2161/90)

Adam Krieger gegründet hatte und dem auch Sebastian Knüpfer und Heinrich Schütz' Schwiegersohn Christoph Pincker angehörten. Die musikalischen Sozietäten, deren Wirkungsfeld neben der kirchlichen Festmusik vor allem in der musikalischen Unterstützung weltlicher Anlässe von der Huldigung bis zur Trauerfeier bestand, benötigten für die oft eigens zu diesen Anlässen in Auftrag gegebenen Gelegenheitsmusiken Dichtungen. Diese entstammten den vielfach in gelehrten Gesellschaften und Freundschaftszirkeln zusammengeschlossenen Kreisen der Studenten und Professoren. Vor allem Caspar Ziegler[26] und das 1641 von ihm gegründete Collegium Gellianum[27] engagierten sich für ein deutsches Madrigal und förderten die Gattung sowohl in musikalischer wie poetischer Hinsicht durch entsprechende Editionen. Auch die Dichtungen zu Fabricius' Tanzsammlung *Deliciae harmonicae* [...] von 1657 stammen aus diesen Kreisen.

Dass Fabricius 1656 zum Organisten und Musikdirektor der Paulinerkirche und 1658 zum Organisten von St. Nikolai bestellt wurde, ist nicht nur eine Folge seiner musikalischen Fähigkeiten, sondern auch seiner Integration in die Gelehrtenkreise der Universität und den Familien- und Schülerkreis von Heinrich Schütz. Schütz selbst kannte und schätzte Fabricius sowohl als Organisten und Orgelsachverständigen als auch als Komponisten. Der Leichensermon spricht sogar von einer „besonder[en] Freundschaft" zwischen beiden Musikern, die sich vor allem in Schütz' letzten Lebensjahren äußert, wenn er den weit jüngeren Kollegen im Zusammenhang mit der Neuerrichtung und Einweihung von Orgeln und Kirchenumbauten emp-

---

26 Ebenfalls Jurist und Schwager von Heinrich Schütz. Zu Schütz' Leipziger Beziehungen siehe Otto Brodde: *Heinrich Schütz. Weg und Werk*, 2. Aufl., Kassel 1979, S. 19–93.

27 Zum Collegium Gellianum siehe Döring: *Der junge Leibniz* (wie Anm. 18), S. 40 f.; und Detlef Döring: *Sozietäten*, in: Erleuchtung der Welt. Sachsen und der Beginn der modernen Wissenschaften, hrsg. v. Detlef Döring und Cecilie Hollberg, Dresden 2009, Essayband, S. 112–119, hier S. 112, 114.

fahl und mit ihm zusammenarbeitete. Der bekannteste Ausdruck dieser von Fabricius als väterlich empfundenen Freundschaft ist der Widmungsvers,[28] den Schütz für den Druck von Fabricius *Geistliche[n] Arien, Dialoge[n] und Konzerte[n]* am 7. Oktober 1662 verfasste. Dieses persönliche Beziehungsgeflecht bildet den geistigen Hintergrund für die Existenz von Fabricius' Porträtsammlung, erklärt die Eigenart ihrer Zusammensetzung und stellt wohl zumindest teilweise die Quelle einzelner ihrer Bilder dar.

Fabricius war sich bewusst, wie sehr seine Anerkennung als Musiker und sein gesellschaftlicher Aufstieg von seinem akademisch geprägten Umfeld getragen wurde. Das Vermächtnis seiner Bildersammlung an die Universität, das er nach langjähriger Schwindsucht[29] im Angesicht des Todes verfügte, ist jedoch nicht nur als Ausdruck seines Dankes zu verstehen, sondern band sein Gedächtnis und die Rolle, die er der Musik im Kanon der Wissenschaften zumaß, für alle Zeiten an die Universität.

III. Der historische Ausstellungsort

Die Verortung der Musik in den Universaliensammlungen und Bibliothekskonzepten des 17. Jahrhunderts hat ihren Ursprung in den mittelalterlichen Kosmologien. Musik[30] wurde als Teil der Artes liberales begriffen und bildete im Lehrbetrieb der Universitäten zusammen mit Astronomie, Geometrie und Arithmetik das Quadrivium. Sie war also zunächst ein von praktischer Musikübung begleitetes Spezialgebiet der Mathematik, das so auch an der Leipziger Universität bis Mitte des 16. Jahrhunderts im Lehrkanon der Artistenfakultät verankert war. Humanismus und Reformation brachten eine rasche Umorientierung der Wissenschaft von den mathematischen zu den sprachlichen Grundlagen der Musik, die nun vor allem mit Rhetorik und Poetik in Verbindung gebracht wurde.[31] Unter diesen Gesichtspunkten dürfte der Universitätsbibliothekar Joachim Feller den Musikerporträts ihren Platz in der Bibliothek zugewiesen haben, wie noch die 1778/79, einhundert Jahre nach Fabricius' Schenkung, von dem Medizinstudenten Johann Heinrich Jugler[32] detailreich verfasste Beschreibung der Paulinerbibliothek vermuten lässt.[33]

Ihre Bezeichnung verdankte die Universitätsbibliothek ihrer Lage inmitten des Paulinerkollegs, das aus dem unmittelbar neben den Universitätsgebäuden hinter der südöstlichen Stadtmauer gelegenen und 1543 säkularisierten Dominikanerkloster St. Pauli hervorgegangen war. Die bereits von den Dominikanern dort angesiedelte Bibliothek befand sich im Obergeschoss des dreiflügligen sogenannten Mittelpaulinums, das zugleich verschiedene Auditorien und das Konvikt beherbergte. Der eigentliche Bibliothekssaal erstreckte sich über den zweischiffigen Nordflügel mit acht Pfeilern und den dreischiffigen Westflügel mit drei Jochen. Feller teilte ihn, der Jochbildung durch die Pfeiler folgend, durch Gitter in abgeschlossene Kabinette. Die Bücher waren hier nach Wissenschaftsgebieten geordnet, die Kabinette und Schränke entsprechend ausgewiesen. Auch die Hängung der von Jugler einzeln aufgeführten Professorenporträts folgte diesem Ordnungsprinzip.[34] Der wesentlich kleinere zweischiffige Südflügel mit seinen vier Jochen war nur mit Manuskriptschränken versehen und diente als Lesesaal. Ihn schmückten neben dem erst 1724 angeschafften Modell einer Synagoge „einige Landkarten, und viele andere Gemälde, von Churfürsten, (in Lebensgröße) und anderen Männern", von denen Jugler, unter ausdrücklicher Beschränkung auf

---

28 „Me, Wernere, rogas, placeatne labor tuus? Ajo: / Quis reprobate, quod vel Cynthius ipse probat! / Perge ita, sic dulci potes inclarescere cantu / Nobilis inque solo, nobilis inque polo." Nach der Übersetzung bei O. Brodde: *Heinrich Schütz* (wie Anm. 26), S. 175: Fragst du mich Werner, ob mir dein Werk gefällt? / Wer kann schon tadeln, wenn schon Cynthius [Apollo] zustimmt! / Fahr so fort, auf daß du durch süßen Gesang berühmt wirst, / nicht allein auf Erden, sondern auch bei Gott.

29 Eduard Emil Koch: *Geschichte des Kirchenliedes und Kirchengesanges der christlichen, insbesondere der deutschen evangelischen Kirche*, Bd. 4, Stuttgart 1868, Reprint Hildesheim 1973, S. 129 benennt damit den Grund für das von M. Maul: *Academiae musicus Werner Fabricius* (wie Anm. 8), S. 169, als „merkwürdig" konstatierte Nachlassen von Fabricius' Produktivität nach 1662.

30 In der sozialen Rangordnung konnte nur der gebildete und komponierende, also in den musikalischen Wissenschaften ausgebildete Musiker gesellschaftliche Anerkennung erlangen. Dies ist der Grund für die in der Regel durch eine zumindest niedere akademische Bildung geprägten Biografien der berühmten Musiker des 17. Jahrhunderts.

31 Helmut Loos: *Die Universität Leipzig als Stätte musikalischer Ausbildung*, in: Erleuchtung der Welt. Sachsen und der Beginn der modernen Wissenschaften, hrsg. v. Detlef Döring und Cecilie Hollberg, Dresden 2009, Essayband, S. 338–343.

32 Friedrich Zarncke (Hrsg.): *Leipzig und seine Universität vor hundert Jahren. Aus den gleichzeitigen Aufzeichnungen eines Leipziger Studenten jetzo zuerst ans Licht gestellt*, Leipzig 1879.

33 Die Vermehrung der Bibliotheksbestände und die in den Feller folgenden Generationen in beträchtlicher Zahl neu hinzugekommenen Bildnisse fügten sich bis zum Umbau des Mittelpaulinums 1844 in das Grundprinzip von Fellers Bibliothekskonzept ein. Auch in der Folgezeit blieb die seit 1891 im Neubau der Bibliotheca Albertina untergebrachte Bibliothek, nicht zuletzt in Ermangelung eines Universitätsmuseums, wichtigster Präsentationsort der Gemäldesammlung. Die Gemälde aus der Fabricius-Schenkung stehen erst seit 1976 zeit- und teilweise der Dauerausstellung des Museums für Musikinstrumente der Universität zur Verfügung.

34 Eine Aufnahme von 1890 aus dem bereits leergeräumten Bibliothekssaal, publiziert in Heinz Füßler (Hrsg.): *Leipziger Universitätsbauten. Die Neubauten der Karl-Marx-Universität seit 1945 und die Geschichte der Universitätsgebäude* (Leipziger Stadtgeschichtliche Forschungen, Bd. 6), Leipzig 1961, S. 200, lässt die Kabinettbildung und die Schatten der Bilderrahmen an den Seitenwangen der Bücherregale deutlich erkennen.

61

die „merckwürdigsten", der Reihe nach einzeln 28 Porträts[35] aufzählt. Hier nun, „an der Wand der Entree, wenn man hineintritt, linker Hand"[36] treffen wir inmitten gelehrter Professoren und adliger Förderer der Universität mit den Bildnissen von Heinrich Schütz[37] und Werner Fabricius[38] erstmals auf zwei genau bezeichnete Musikerporträts aus der Fabricius-Schenkung. Dass sich unter den „unbedeutene[n] Gemälde[n]", die in diesem Raum „an den Pfeilern und Schränken, die in der Mitte stehen", ebenfalls Musikerporträts befanden, ist anzunehmen. Denn bis heute haben sich mit dem historischen Besitz der Universitätsbibliothek außer den beiden von Jugler explizit genannten noch mindestens fünf weitere aus dem 17. Jahrhundert erhalten. Es handelt sich dabei um das Porträt von Johann Hermann Schein und eine Gruppe offensichtlich zusammengehöriger Gemälde mit den Bildnissen von Orlando di Lasso, Alessandro Orologio, Oratio Vecchi und Adrian Willaert,[39] deren Zugehörigkeit zur Fabricius-Sammlung wir als weitgehend gesichert annehmen können.

IV. Porträtsammlungen berühmter Musiker bis zur Mitte des 17. Jahrhunderts

Zusammen mit den verlorenen Bildern ist die Fabricius-Sammlung mit mindestens 18 Porträts nicht nur eine der wenigen bekannten und wenigstens in Teilen überlieferten Musikergalerien des 17. Jahrhunderts überhaupt, sondern hinsichtlich ihres noch heute nachweisbaren Anteils an Gemälden[40] und ihrer bürgerlichen Provenienz auch eine der zumindest für deutsche Verhältnisse bemerkenswertesten Sammlungen. Ihr kulturgeschichtlicher Rang wird klar, wenn man sich vergegenwärtigt, dass Porträts von Musikern, die nicht nur symbolisch für die Kunst der Musik stehen, sondern auf konkrete Leistungen im Bereich der theoretischen und praktischen Musikübung bezogen sind, erst im letzten Viertel des 16. Jahrhunderts in den Konzepten der fürstlichen Kunstkammern und Porträtsammlungen vereinzelt Eingang fanden.[41] So enthielt die 1578 in vielfacher Analogie zu der 13 Jahre älteren Münchner Sammlung begonnene Porträtgalerie des Tiroler Erzherzogs Ferdinand II. für Schloss Ambras unter 900 Porträtminiaturen nur vier Musiker. Erst das Inventar der Innsbrucker Hofburg von 1665 verzeichnet unter 44 als gleichartig beschriebenen, leicht unterlebensgroßen Porträtgemälden zahlreiche Musikerpersönlichkeiten. Ein Teil dieser für die Instrumentenkammer bestimmten Porträts wurde jedoch erst 1650 aus dem Nachlass von Antonio Goretti angekauft.[42] Der Ferrareser Bürger und dilettierende Musiker war ein anerkannter Förderer der zeitgenössischen Musik, insbesondere des Monteverdi-Kreises. In seinem Hause unterhielt er um 1600 eine weithin anerkannte musikalische Akademie, die nach dem Zeugnis von Giovanni Battista Buonamente[43] Musiker und Gelehrte anzog und deren Rahmen eine kompendiös ausgerichtete Sammlung von Musikinstrumenten und Porträts von Musikern aller Zeiten mit ihren Werken bildete. Die Tat-

---

[35] Von diesen existierten 23 bereits zu Fellers Zeiten. Acht der von Jugler im Lesesaal gesehenen und namentlich genannten Porträts sind auch in der Liste der von Feller 1685 im einzelnen genannten Schenkungen enthalten. Es fällt auf, dass keine der 1685 namentlich genannten Donationen im Bibliothekssaal untergebracht war.

[36] F. Zarncke, *Leipzig und seine Universität* (wie Anm. 32), S. 67.

[37] Ebenda: „Henr. Sagittarius." Juglers Bildbezeichnungen verzichten auf antiquarische Genauigkeit, stützen sich jedoch eindeutig auf die für ihn damals erkennbaren Bildinschriften, teilweise aber auch auf andere Beschriftungen, wie die damals bereits angebrachten Rahmenschilder.

[38] Ebenda, S. 68:
„Werner Fabricius, mit beystehenden Versen:
Hic est Wernerus Fabricius, Orpheus urbis,
Vivus qui Pauli rexit in aede chorum.
Mortuus ast Musis Pauli se Musicus ipsum
Ac alios septem tradidit atque deam."
Der Zeilenumbruch des von Zarncke ohne den Nachsatz des Autors exakt mitgeteilten Verses entspricht mit Ausnahme des letzten Wortes völlig der überlieferten Bildinschrift. Ob der Wiedergabefehler, bei dem aus „decem" „deam" wurde, erst auf Zarncke oder schon Jugler zurückgeht, lässt sich zwar nicht mehr klären, doch lassen sich aus dem Betrachterabstand heraus die Zeilenenden tatsächlich nur mit einiger Mühe erkennen.

[39] Sehr wahrscheinlich gehört zu diesen auch ein bislang als Bildnis eines Unbekannten geführtes Porträt, das sich technisch und stilistisch an die letzte Gruppe anschließt und vermutlich Jan Pieterszoon Sweelinck darstellt. Zu den einzelnen Gemälden siehe weiter unten. In einem modernen Denkmälerverzeichnis erfasst wurden die bis in die jüngste Vergangenheit in der Universitätsbibliothek verwahrten Bilder der Fabricius-Sammlung erstmals durch Cornelius Gurlitt: *Beschreibende Darstellung der Bau- und Kunstdenkmäler des Königreiches Sachsen: Stadt Leipzig*, Bd. II (Heft XVIII), Dresden 1896, S. 262, 266, 268–269, 272. Für das erste Kunstinventar der Universität erfasst wurden sie 1913 im Inventar von Felix Becker.

[40] Die Popularität des Porträtsammelns führte um 1600 zum Aufblühen der Porträtgrafik als einer mit dem Verlagswesen verknüpften und leicht erreichbaren Massenware, die das Anlegen grafischer Spezialsammlungen beförderte. Grafische Musikerporträts waren sowohl in Vitenbüchern enthalten, konnten als Autorenporträt zu den Notendrucken erstanden werden und fanden sich als Gedächtnisblatt bei den Drucken der Leichenpredigten. Grafische Musikerporträtsammlungen wurden bisher nicht systematisch recherchiert.

[41] Karoline Czerwenka-Papadopoulus: *Typologie des Musikerporträts in Malerei und Graphik. Das Bildnis des Musikers ab der Renaissance bis zum Klassizismus* (Denkschriften, hrsg. v. Österreichische Akademie der Wissenschaften, Philosophisch-Historische Klasse, Bd. 355), Wien 2007, Textband, S. 26–37.

[42] Ebenda, S. 28 und Anm. 79.

[43] Zu Goretti und seiner Sammlung siehe Peter Allsop: *Cavalier Giovanni Battista Buonamente, Franciscan violinist*, Ashgate, Aldershot und Burlington 2005, S. 12, 89–91. Dort ist auch die Widmung zu den 1636 in Venedig erschienen *Quinto SONATE ET CANZONI a due tre, quattro, cinque a sei voci. [...]* wiedergegeben, in der Giovanni Battista Buonamente auf Gorettis Sammlungen in Verbindung mit der dort geübten musikalischen Akademie verweist.

sache, dass es sich hier um die ausschließlich musikalisch ausgerichtete Sammlung eines akademisch orientierten Musikers handelt, macht dessen Kollektion zu einer interessanten Parallele der Fabricius-Sammlung.

Auch für Sachsen ist bereits für das frühe 17. Jahrhunderts eine Musikergalerie bezeugt. Mitten im Dreißigjährigen Krieg, im Herbst 1629, besuchte der Augsburger Patrizier, Kaufmann und Kunsthändler Philipp Hainhofer (1578–1647) zusammen mit dem Kupferstecher Lukas Kilian (1579–1637) in diplomatischer Mission seiner Heimatstadt[44] den Dresdner Hof und hielt sich dort mehrere Wochen lang auf. Das Reisetagebuch dieses kunstsinnigen Mannes schildert ausführlich die Besichtigung der aus zwei Räumen bestehenden Instrumentenkammer im Dresdner Schloss, die – wie beispielsweise auch in Innsbruck – eine lediglich räumlich abgetrennte Abteilung im Sammlungskonzept der kurfürstlichen Kunstkammer war und nur mit einem Teil der dort untergebrachten Instrumente tatsächlich der zeitgenössischen Musikpflege am Hof diente. Unter diesem Aspekt bildeten Porträts berühmter Musiker einen selbstverständlichen Bestandteil der Instrumentenkammer. In Dresden waren sie nach Hainhofers Beschreibung konzentriert „in der pfeiffenkammer"[45] untergebracht. „Auf 2 gesümsen stehen 14 berhümter capellmaister und componisten contrafette als des Andrea Gabrielj, Filippo del Monte, Giovanni Gabrielis, Cyprian de Rore, Claudio Montevertu, Orlando de Lasso, Alessandro Stucchio,[46] Adrian Willart, Gioannj Croce, Claudio Merulo, Alessandro Orologgio, Gioan Peters,[47] Asmus de Klain.[48]" Interessant ist die Zusammensetzung dieser erst mit Hainhofers Aufzeichnungen greifbaren Galerie. Mit Ausnahme des letztgenannten, nicht weiter identifizierbaren Musikers handelt es sich bei allen anderen um international berühmte Komponisten, Kapellmeister und Musiker, die für die Entwicklung der modernen Polyphonie und Madrigalmusik der Schütz-Zeit insbesondere in Mitteldeutschland von größter Bedeutung waren. Ob Heinrich Schütz selbst die Zusammenstellung der Galerie[49] initiiert hatte, kann nur spekuliert werden. Schütz war 1629 bereits seit zehn Jahren Hofkapellmeister in Dresden und hatte mit Sicherheit Einfluss auf die Ausstattung der Instrumentenkammer. Das bezeugt auch Hainhofers Bericht, den man im Zusammenhang mit seinem Besuch in der Instrumentenkammer davon informiert hatte, dass „des Churfürsten Capellmaister Heinrich Schüz […] jetzt in Lombardia, noch mehr musicalische instrumenta einzukauffen"[50] sei. So mag es kein Zufall sein, dass die wichtigsten Kapellmeister und Organisten von San Marco in Venedig,[51] der für Heinrich Schütz bedeutendsten Ausbildungsstation, mit sieben von 13 genannten Porträts den Schwerpunkt der Galerie bildeten. Es gibt kein Zeugnis dafür, dass Fabricius diese Galerie je mit eigenen Augen sah,[52] doch ist es unwahrscheinlich, dass er in seinen persönlichen Beziehungen und im Gespräch über die Musik und musikalische Vorbilder keine Kenntnis davon erhielt. War doch um die Mitte des 17. Jahrhunderts

---

44 Oscar Döring: *Des Augsburger Patriciers Philipp Hainhofers Reisen nach Innsbruck und Dresden*, Wien 1901, S. 12, 217 ff. Döring nennt als Zweck der Gesandtschaftsreise, vom Kurfürsten von Sachsen eine Intervention beim Kaiser zu erwirken, die die Freiheit der Evangelischen Religionsausübung auf dem Augsburger Treffen gewährleisten sollte. Als Kunsthändler entwickelte und vermittelte Philipp Hainhofer unter anderem die sogenannten Kunstschränke, die er als technisch komplizierte Wunderwerke der Kunsttischlerei mit Preziosen füllte, die in ihrem Kontext aus Artifikalien und Naturalien das Gesamtprogramm einer Universaliensammlung auf kleinstem Raum realisierten.

45 Zitiert nach O. Döring: *Des Augsburger Patriciers Philipp Hainhofers Reisen* (wie Anm. 44), S. 231, 233 f.

46 Alessandro Striggio (um 1535–1592).

47 Jan Pieterszoon Sweelinck (1562–1621).

48 Erasmus de Glein ist als Person nicht greifbar. Er scheint auch Hainhofer, der die Namen der bekannten Musiker sonst nur nennt, nicht geläufig gewesen zu sein. Denn dieser erklärt: „Dieser letzte war kain componist, aber sonsten ein gutter musicus." Da de Gleins Leistung über Hainhofers Bemerkung hinaus nicht greifbar ist, wird das Bildnis nachfolgend nicht berücksichtigt.

49 Außer den von Hainhofer übermittelten Namen sind keine weiteren Informationen zu den Bildern überliefert. Zwar verzeichnet das Inventar der Dresdner Kunstkammer bereits 1590 ganz allgemein den Zugang von 14 gemalten Porträts berühmter Zeitgenossen aus dem Nachlass eines Dr. Andreas Paul, doch sind auch diese nicht spezifiziert und die Übereinstimmung in der Anzahl der Bilder ist wohl eher zufällig. Auch in den späteren Inventaren (z. B. 1593 und 1610) sind gelegentlich allgemein Gemäldeerwerbungen verzeichnet, die jedoch keine Rückschlüsse auf deren Art und Zahl erlauben (siehe Viktor Hantzsch: *Beiträge zur älteren Geschichte der kurfürstlichen Kunstkammer in Dresden*, in: Neues Archiv für Sächsische Geschichte und Altertumskunde, Bd. 23, Dresden 1902, S. 220–296). Dr. Elisabeth Hipp und Dr. Martina Minning (Staatliche Kunstsammlungen Dresden), denen ich für ihre Recherchen und Hinweise danke, konnten in den späteren Inventaren der Kunstkammer von 1640, 1732 und 1741 keine Hinweise auf die Galerie aus der Instrumentenkammer entdecken. Das Inventar der „Pfeiffenkammer" fand in späteren Reisebeschreibungen keinen Widerhall. So kann über das Schicksal der Musikerporträts nur spekuliert werden. Wahrscheinlich gingen sie in Folge des Schlossbrandes 1701 zugrunde. Auch die in den Inventaren erwähnte übliche Aussonderung weniger wertvoll erscheinender Gegenstände durch Verkauf (1640) bzw. Versteigerung oder Tausch kommen in Frage. Leider erachtete man davon betroffene Gemälde so gering, dass kaum deren Genre, geschweige denn die Namen von Porträts überliefert sind.

50 Zitiert nach O. Döring: *Des Augsburger Patriciers Philipp Hainhofers Reisen* (wie Anm. 44), S. 234.

51 Adrian Willaert, Cipriano de Rore, Andrea Gabrieli, Giovanni Gabrieli, Claudio Merulo, Giovanni Croce, Claudio Monteverdi.

52 E. E. Koch: *Geschichte des Kirchenliedes* (wie Anm. 29), S. 129 schreibt zwar, dass sich Fabricius „durch sein Orgelspiel einen solchen Namen gemacht hatte, daß er oftmalen vor dem Churfürstlichen Hof hören lassen mußte", doch kann dies eben so gut in Leipzig geschehen sein.

das Porträtsammeln in Leipzig nicht nur eine institutionelle Angelegenheit,[53] sondern auch eine von Privatpersonen in Fabricius weiterem Umkreis[54] geübte und beförderte Praxis.

V. Katalog der erhaltenen Porträts aus der Fabricius-Schenkung

Werner Fabricius

Das Zentrum und den Schlüssel zum Verständnis dieser für eine bürgerliche Privatperson des 17. Jahrhunderts ungewöhnlichen Musikergalerie bildet das Halbporträt des Schenkers selbst (siehe Abbildung S. 65). Entgegen der Körperhaltung wendet der nur wenig unterlebensgroß Porträtierte den Kopf in übersteigerter Drehung nach links ins Viertelprofil, um in barocker Lebhaftigkeit den Betrachter von der Seite her mit leuchtenden Blicken zu umfangen. Eine effektvoll platzierte Beleuchtung betont die charakteristischen Züge des Gesichts, das mit einem geradezu spitzen Kinn, auffallend großen braunen Augen unter weitgespannten Brauenbögen und einer überaus kräftigen Nase ausgestattet ist. Zwischen tiefen Grübchen, die durch die elegant eingerollten Spitzen des schmalen Oberlippenbartes betont sind, presst sich die leicht vorgeschobene Unterlippe gegen eine sehr schmale Oberlippe und erzeugt ein merkwürdig exaltiertes, wie von unterdrückter Heiterkeit geprägtes Lächeln. In prachtvollen Locken fällt das in der Mitte gescheitelte, glänzende braune Haar über einen zarten, mit kostbaren Spitzen besetzten Schulterkragen. Die bewegte Körpersprache korrespondiert mit der kavaliersmäßigen Empfehlungsgeste der unter einem Lichtstrahl geöffneten rechten Hand, die von einer zarten Spitzenmanschette umspielt wird. Togaartig ist der Mantel um den linken Arm und den Unterkörper geschlungen und vollendet den eleganten weltmännischen Eindruck, den die Präsentationshaltung des in die Hüfte gestemmten linken Arms vorgibt.

Wie eine zusätzliche Applikation in die rechte obere Ecke geschoben, wirkt das entrollte Blatt mit der Inschrift des Bildes. Das in vollendetem Latein[55] abgefasste Epigramm geht in seinem Umfang und Inhalt weit über die bei Porträtgemälden üblichen Inschriften hinaus. Denn nur hier[56] ist neben dem Autorenvermerk das von Fabricius auf dem Totenbett verfügte Vermächtnis über sein Bildnis und 17 weitere Musikporträts an das Paulinerkolleg[57] festgehalten. Verfasser der Inschrift war der Leipziger Theologe und Professor für Logik und Metaphysik Valentin Alberti (1635 –1695),[58] dem Fabricius auch die Nachlassverwaltung und die Sorge für seinen unmündigen Sohn Johann Albert[59] übertrug:

53 Siehe dazu für Leipzig die im Rathaus zusammengetragenen Huldigungsporträts der sächsischen Kurfürsten, die Galerien der Stadtrichter und Bürgermeister, die Bildnisse der Kramermeisterinnung oder für die Universität die Ordinarienporträts der Juristenfakultät und die im Großen Kolleg zusammengetragenen Bildnisse.

54 Dass auch im unmittelbaren persönlichen Umfeld von Fabricius historiografisches Interesse am Porträt und eine entsprechende Wertschätzung von Porträtreihen bestand, lässt sich am Beispiel des mit Fabricius befreundeten Leipziger Mechanikers, Kaufmanns und Mäzens Wenzel Buhl belegen, der seiner Heimatstadt Breslau die von ihm bei dem Leipziger Kupferstecher Philipp Kilian entdeckten und angekauften 23 Porträtgemälde Breslauer Ratsherren (siehe Hermann Markgraf: *Die Bilder der Breslauer Ratsherren von 1667*, in: Jahrbuch des Schlesischen Museums für Kunstgewerbe und Altertümer 1 [1900], S. 87–100) samt den nach ihnen gestochenen Kupferplatten schenkte (ebenda, S. 97). Zweifelsohne kannte Fabricius auch den Professor für Dichtkunst Johannes Frentzel (1609–1674), der selbst Porträtminiaturen sammelte und als Kupferstiche mit üppigem emblematischen elogischen Beiwerk edierte. Auch der bereits 1660 als Dichter (Cholander) geehrte und spätere nachmalige Universitätsbibliothekar Joachim Feller gehörte mit Sicherheit zu seinem Bekanntenkreis.

55 Nach dem berufenen Urteil von Prof. Rainer Kößling (Universität Leipzig), dem ich neben wertvollen Hinweisen zur Lesung der Inschrift auch deren Übersetzung verdanke.

56 Zumindest in Leipzig hat sich Fabricius' Testament nicht erhalten.

57 Dessen Zentrum bildete die Bibliothek. Aber auch die Universitätskirche St. Pauli, der wichtigste Wirkungsort von Fabricius an der Universität, gehörte zum Kolleg. Doch ist diese für die damalige Zeit als Bestimmungsort für die Musikergalerie definitiv auszuschließen.

58 Valentin Alberti kam aus Schlesien 1653 zum Studium nach Leipzig. Schon 1656 als Magister und Kollegiat des Frauenkollegs nachweisbar, stieg er 1661 zum Assessor der Philosophischen Fakultät auf und übte1663 erstmals das Professorenamt für Logik und Metaphysik an der Leipziger Alma mater aus. Bereits 1672 zum außerordentlichen Professor der Theologie erklärt, promovierte er erst 1678 als Theologe. Der orthodoxe Lutheraner war zwischen 1666 und 1693 sechsmal Rektor der Universität. Auch er tritt bei Feller als Schenker eines Porträts für die Bibliothek in Erscheinung (Bildnis Hugo Grotius, Inv.-Nr. 1951:768). Sein eigenes, Christoph Spetner zugeschriebenes Bildnis hat sich im Kunstbesitz der Universität erhalten (Inv.-Nr. 0620/90).

59 Johann Albert Fabricius (1662–1736) ging später als bedeutender Philologe und Polyhistor und als Mitbegründer der Hamburgischen Teutschübenden Gesellschaft in die Geschichte ein (siehe *Allgemeine Deutsche Biographie*, Bd. 6, Leipzig 1877, S. 518–521 und *Neue Deutsche Biographie*, Bd. 6, Berlin 1959, S. 732 f.). Außer Valentin Alberti, der nach dem Tode des Vaters die Vormundschaft über den elternlosen Johann Albert übernommen hatte, sorgte auch Wenzel Buhl, der auf Albertis Veranlassung den Knaben in sein Haus aufnahm, für dessen Erziehung in Leipzig.

Die Porträtsammlung berühmter Musiker des Werner Fabricius

Werkstatt Samuel Bottschild (1641–1706): Werner Fabricius (1633–1679), 1679, Öl auf Leinwand, 85 x 68 cm. Unsigniert, bezeichnet rechts oben durch Inschrift: „Hic est WERNERUS FABRICIUS orpheus / urbis,/ Vivus qui Pauli rexit in aede Chorum, / Mortuus ast Musis Pauli se Musicus ips(um) / Ac alios septem tradidit atque decem. // Ad nutum Morientis / Die emortucal. 9. Januari 1679, / Val. Alberti, D(octor) & P(rofessor) P(ublicus)"
(Kunstbesitz der Universität Leipzig, Inv.-Nr. 0395/90, alte Inv.-Nrn.: 1913:505 und 1951:111, Foto: Marion Wenzel)

Unbekannter mitteldeutscher Maler: Johann Hermann Schein (1586–1630), 1620, Öl auf Leinwand, 92 x 73 cm. Unsigniert, links oben bezeichnet und datiert: „HERMANUS Schein AETATIS. 34.Anno.1620."
(Kunstbesitz der Universität Leipzig, Inv.-Nr. 0021/90, alte Inv.-Nrn. 1913:559 und 1951:216, Foto: Marion Wenzel)

Hic est WERNERUS FABRICIUS orpheus / urbis,	Dieser ist Werner Fabricius, der Orpheus der Stadt,
Vivus qui Pauli rexit in aede Chorum,	der zu Lebzeiten in der Kirche des Paulus den Chor leitete.
Mortuus ast Musis Pauli se Musicus ips(um)	Doch im Tode hat den Musen des Paulus der Musicus sich selbst
Ac alios septem tradidit atque decem.	Und die anderen Siebzehn übergeben.
Ad nutum Morientis Die emortucal. 9. Januari 1679,	Auf des Sterbenden Wunsch hat es am Todestage, dem 9. Januar 1679,
Val. Alberti, D.& P. P.	Val(entin) Alberti, Doktor und Professor publicus geschrieben.

Da der technologische Befund des Gemäldes[60] eine spätere Ergänzung durch die Inschriftrolle ausschließt, kann auch das Porträt frühestens im Verlauf des Jahres 1679, also post mortem gemalt worden sein. Es basiert auf einem früheren Bildnis von Samuel Bottschild, dessen Urheberschaft durch den 1671 datierten Kupferstich[61] von Philipp Kilian gesichert ist. Obwohl das gestochene Bildnis in einen achteckigen Rahmen eingefügt ist, stimmen beide Porträts so sehr miteinander überein, dass sich selbst die Verzeichnungen in der Körperhaltung des linken Armes und in der Schattenbildung der Finger an der geöffneten Hand in beiden Fassungen finden. Die Umschrift auf dem achteckigen Rahmen[62] des Kupferstiches und die als Sockelinschrift[63] darunter gesetzte lateinische Eloge, die ebenfalls von Valentin Alberti verfasst wurde, unterscheiden sich jedoch völlig von der Inschrift des Gemäldes.

Der Kupferstich, der Fabricius der Umschrift zufolge 1671 im Alter von 38 Jahren zeigt, war der Leichenpredigt beigegeben. Er trägt in der Bezeichnung aber kein Todesdatum. Es ist also anzunehmen, dass der Entstehungshintergrund des Kupferstiches ursprünglich ein völlig anderer war. Die manieriert anmutende Empfehlungsgeste, mit der Fabricius dem Betrachter gegenübertritt, stützt die Annahme, dass das ursprüngliche, von Bottschild gemalte (oder gezeichnete?) Bildnis als Vorlage für ein Autorenporträt gedacht war. Tatsächlich erschien 1671 zum „Namenstage seines liebwerten Freundes, Wentzel Buhlens"[64] die vierstimmige Motette *Vater, in deine Hände befehle ich meinen Geist* im Druck.[65] Auch der von Valentin Alberti verfasste lateinische Widmungsvers lässt keinerlei Totengedenken erkennen, sondern spielt vielmehr auf den noch tätigen Organisten und den Wirkungskreis seiner veröffentlichten Kompositionen an, wie die Übersetzung belegt:

„Fabricius Gestalt wird in diesem Kupfer lebendig festgehalten, / doch sein Ruhm, der sich nicht festhalten lässt, fliegt von Mund zu Mund. Leipzig bewundert den Klang, den seine Hand, sein Fuß hervorbringen, doch durch die ganze Welt klingen seine niedergeschriebenen Lieder."[66]

Der durch die Umschrift vorgegebenen Datierung des Stichs auf das Jahr 1671 entspricht auch, dass Alberti das Distichon noch als „L. Val. Alberti Prof. publ.", also als Licentiat unterzeichnete. Seine Anwartschaft auf eine theologische Professur erfüllte sich erst 1672, nachdem er bereits seit 1658 den Lehrstuhl für Logik und Metaphysik innehatte.

Ob Samuel Bottschild (1641–1706)[67] auch das für die Universität bestimmte Fabricius-Porträt selbst ausführte, ist nicht eindeutig zu klären. Der Verbleib des Urbildes von 1671 ist unbekannt und Bottschilds vor seiner italienischen Studienreise 1672–1676 entstandenes Frühwerk weitgehend verloren, so dass die Möglichkeit einer stilkritischen Auseinandersetzung sehr eingeschränkt ist. Nach seiner Rückkehr aus Italien wurde Bottschild, der bereits 1669 nach Dresden gegangen war, zum Hofmaler des musikliebenden Johann Georg II. ernannt. Für unseren Kontext ist es nicht uninteressant, dass Bottschild spätestens seit 1678 auch für die Kunstkammer tätig war, zu der ja die Musikergalerie in der Instrumentenkammer gehörte. Zu seinen Aufgaben zählten in diesem Rahmen neben Neuerwerbungen auch die Restaurierung und das Kopieren von Bildern. Der Kontakt nach Leipzig, in dessen Umkreis seine frühesten Arbeiten entstanden, blieb lebenslang bestehen und wird sich vor allem während der Messezeiten vollzogen haben. Das vielleicht zeitgleich mit dem Fabricius-Por-

---

60 Die restauratorischen Untersuchungen 2009 durch Claudia Luckenbach ergaben eine durchgehende Grundierung mit geschlossener Malschicht.

61 Stadtgeschichtliches Museum Leipzig: Inv.-Nr. K 603. Eine Abbildung bei K. Czerwenka-Papadopoulus: *Typologie des Musikerporträts* (wie Anm. 41), Abbildungsband, S. 216, Abb. 315.

62 „WERNER FABRICIUS, Academiae et ad D. Nicolai Lipsiensum Musicus. Aetatis suae XXXVIII. M.D.C.LXXI".

63 „FABRICII, facies hoc vivida sistur cere [aere] : / Nescia sed sisti fama per ora volat. / Lipsia miratur dextramp(us), pedemq(us) sonantem: / Orbem ad per totum Cantica scripta sonant. // L. Val. Alberti Prof. publ.".

64 J. H. Zedler: *Neues vollständiges Universal-Lexicon* (wie Anm. 8), Bd. 9, Sp. 50. Zu Wenzel Buhl vgl. Anm. 54 und 59. Der Aufsatz von Martin Kügler: *Handwerker und Gelehrter, Sammler und Mäzen. Wenceslaus Buhlen (1619–1685) aus Breslau im Spiegel seiner Leichenpredigt*, in: Silesia nova, Bd. 4 (2007), Heft 2, S. 75–83, konnte aus Zeitgründen für den Aufsatz nicht mehr berücksichtigt werden. Buhls Entdeckung der Breslauer Ratsherrenporträts (siehe Anm. 54), die nur in den 1670er Jahren in der Werkstatt Philipp Kilians erfolgt sein kann (siehe H. Markgraf: *Die Bilder der Breslauer Ratsherren* [wie Anm. 54], S. 97), steht vermutlich im Zusammenhang mit der Auftragsvergabe für den Stich zur Leichenpredigt auf Fabricius.

65 Zitiert nach *Allgemeine Deutsche Biographie* (wie Anm. 59), Bd. 6, S. 526.

66 Übersetzung laut Peter Mortzfeld: *Katalog der graphischen Porträts in der Herzog-August-Bibliothek Wolfenbüttel*, Reihe A., Bd. 31, München 1998, S. 92 (Porträtnr. A 6290).

67 Siehe Matthias Kunze: *Bottschild*, in: Allgemeines Künstlerlexikon, Bd. 13, München und Leipzig 1996, S. 274 f.

*Christoph Spetner (1617–1699): Heinrich Schütz (1585–1672), um 1660, Öl auf Leinwand, 69,9 x 47,8 cm.
In der Mitte oben bezeichnet „HENRICVS SAGITARIUS." und rechts oben signiert durch Inschriftfragment : „Zu Stedten an der ... / gab es Christoph Spe... / Ma..."
(Kunstbesitz der Universität Leipzig, Inv.-Nr. 0023/90, alte Inv.-Nr.n 1913:444 und 1951:221, Foto: Marion Wenzel)*

bezweifeln, dass er bei einer eigenhändigen Replik des vor der italienischen Studienreise entstandenen Porträts von 1671 nicht doch die ungeschickte Anbindung des linken Armes korrigiert und den falschen Schattenschlag der Finger an der offenen Hand vermieden hätte. Es wird sich also wohl eher um eine Werkstattarbeit handeln, deren Kosten Valentin Alberti aus dem nicht unbeträchtlichen Nachlass des Notars und Musikers bestritt.

Heinrich Schütz

Das durch zahllose Reproduktionen und Kopien berühmt gewordene Bildnis ist das einzige authentische unter den gemalten Porträts,[70] die mit Heinrich Schütz in Verbindung gebracht werden. Es zeigt den greisen Musiker im Halbporträt nach rechts mit einer Notenrolle in der von Altersleiden verkrampften rechten Hand, die ihn als Komponisten ausweist. Aus dem dunklen neutralen Hintergrund leuchtet der dem Betrachter zugewandte Kopf mit dem kurzgeschnittenen weißen Haar und dem schmalem Kinn- und Oberlippenbart. Der fest geschlossene Mund und der unter hochgezogenen Brauen angestrengt und müde wirkenden Blick prägen tiefen Ernst in das Antlitz.[71] Der schwarze Rock mit dem zarten weißen Spatenkragen und der plissierten, zurückgeschlagenen Ärmelmanschette entspricht der Tracht der Dresdner Hofbeamten,[72] denen Schütz seit 1617 als Hofkapellmeister angehörte. Als Zei-

trät entstandene Bildnis des Leipziger Stadtrichters Christoph Georg Schütz[68] und die in seiner Dresdner Werkstatt auch für Leipzig entstandenen und teilweise signierten Huldigungsbilder sächsischer Kurfürsten[69] zeigen ebenso wie die durch Farbfotografien gut dokumentierten Deckenbilder für das Palais im Großen Garten in Dresden Eigenheiten, die auch das Fabricius-Porträt auszeichnen. Neben den in Draperien verborgenen anatomischen Schwächen betrifft dies vor allem eine nicht nur in mangelndem künstlerischen Vermögen begründete Unfreiheit gegenüber der Kontur namentlich in den durch Inkarnat auszuführenden Partien der Hände und Gesichtszüge, die er gern mit breitem Strich auszog und in malerischer Hinsicht kaum den Beleuchtungseffekten anpasste. Allerdings ist zu

68 Christoph Georg Schütz (1623–1696) war 1668, 1671, 1674, 1676 und 1680 Stadtrichter von Leipzig. Ulrike Dura weist sein Bildnis im Alten Rathaus zu Leipzig (Stadtgeschichtliches Museum: Inv.-Nr. Stadtrichter 11) aufgrund eines Kupferstiches von Johann Georg Seiller (1663–1740), der ein Schüler Philipp Kilians war, Bottschild zu und datiert es auf die Zeit um 1668 (*Leipzig original. Stadtgeschichte vom Mittelalter bis zur Völkerschlacht. Katalog zur Dauerausstellung des Stadtgeschichtlichen Museums Leipzig im Alten Rathaus*, Teil I, hrsg. v. Stadtgeschichtlichen Museum Leipzig, Leipzig 2006, S. 32).

69 Bildnisse Johann Georgs III., Johann Georgs IV. und Friedrich Augusts I. Siehe die Abbildungen ebenda, S. 27 f.

70 Als ein weiteres authentisches, aber grafisches Bildnis ist der 1627 datierte Kupferstich von August John anzusehen, der Schütz im Alter von 42 Jahren zeigt (K. Czerwenka-Papadopoulus: *Typologie des Musikerporträts* [wie Anm. 41], Datenbank SchüHei 03). Die auf hochgradig spekulativen Argumenten basierende Identifikation eines Rembrandt zugeschriebenen Porträts von 1633 mit Schütz (Washington D. C., Corcoran Galery, Inv.-Nr. Acc. No. 26. 158, ebenda Abb. 200, Datenbank SchüHei 04) wird allgemein als verworfen betrachtet. Ein weiteres frontal ausgerichtetes Porträt mit der Halbfigur des 82-Jährigen hat sich als Fälschung erwiesen.

71 Schütz litt im Alter an Rheuma und konnte nur noch schlecht hören.

72 Dietrich Erben: *Komponistenporträts von der Renaissance bis zur Gegenwart*, Stuttgart 2008, S. 34

chen seiner verdienstvollen Tätigkeit und engen Verbindung mit dem sächsischen Herrscherhaus trägt er an einem Bande ein Kleinod mit dem Bildnis Johann Georgs II. unter dem sächsischen Kurhut, dessen auffällige Platzierung über der Hand mit der Notenrolle sinnfällig auf das Kapellmeisteramt verweist.

Am oberen Rand in der Mitte bezeichnen schwarze Versalien den Dargestellten mit „HENRICVS SAGITARIUS.", jener latinisierten Namensform, der sich Schütz bereits 1611 in seinem ersten, während seines Venedigaufenthalts entstandenen Madrigalbuchs bediente[73]. Rechts darunter findet sich in leuchtendem Goldgelb das erst 1985 wieder freigelegte Fragment einer ungewöhnlich aufwändigen Malersignatur: „Zu Stedten an der ... / gab es Christoph Spe... / Ma...".[74] Die durch die fehlenden Zeilenenden erwiesene Beschneidung des rechten Bildrandes[75] erklärt nicht nur das ungewöhnlich gestreckte Hochformat und den eigenartigen seitlichen Anschnitt der Arme, sondern bestätigt auch die bis dato nur auf stilistischen Befunden und dem der Leichenpredigt beigegebenen Kupferstich von Christian Romstet[76] basierende Zuschreibung des ausdrucksvollen Porträts an den Leipziger Maler Christoph Spetner.

Christoph Spetner wurde um 1617 in dem kleinen, westlich von Merseburg in der Nähe von Röblingen gelegenen Flecken Stedten an der Querna geboren. Obwohl er 1664 zum Hofmaler des Herzogs von Sachsen-Merseburg ernannt wurde, konzentrierte sich seine Tätigkeit als Maler seit 1648 im Stadtgebiet von Leipzig, dessen Bürgerrecht er im Oktober 1654 erwarb und dessen Malerinnung er 1671 als Obermeister vorstand. Hier war er vor allem in den Gelehrtenkreisen als Porträtist hochgeschätzt, so dass sich noch heute allein im Kunstbesitz der Universität mindestens 16 überwiegend für die Universitätsbibliothek und für Epitaphien in der Paulinerkirche bestimmte Professorenbildnisse aus seiner Werkstatt erhalten haben, darunter auch das Porträt von Valentin Alberti.[77] Etliche der Porträtminiaturen im Stammbuch des Magisters Johannes Frentzel[78] stammen ebenfalls von seiner Hand und bildeten wie die Gemälde aus der Universitätsbibliothek die Vorlagen für Porträtstiche, die zum Teil mit emblematischem Beiwerk ausgestattet und mit Anagrammen und Elogen aus der Feder von Johannes Frentzel, Joachim Feller, Valentin Alberti und anderen gelehrten Poeten versehen ediert wurden. Zu diesen von Frentzel herausgegebenen Blättern gehört auch das von Christian Romstet 1665 nach einem Gemälde Spetners gestochene Bildnis von Schütz' Schwiegersohn Christoph Pincker.[79] Wie damals üblich, umfasste der Aufgabenbereich der Innungsmaler aber auch zahlreiche eher handwerkliche Arbeiten. Für unseren Kontext ist diese Seite in Spetners Tätigkeit ebenfalls von Interesse, denn gerade hier muss er in engeren Kontakt mit Werner Fabricius gekommen sein. So war er 1662 mit den Festdekorationen zur Trauerfeier für Johann Georg I. in der Nikolaikirche beauftragt und sorgte in den folgenden Jahren für die Instandhaltung ihrer Ausstattung und die Restaurierung der Epitaphien. Auch für die Thomaskirche lieferte er nicht nur Porträts, sondern beteiligte sich 1671/72 an der Reparatur der Orgel.

---

73 Ebenda.

74 Bereits C. Gurlitt: *Beschreibende Darstellung* (wie Anm. 39), S. 269 versuchte die schon damals kaum noch erkennbaren Reste der Inschrift zu lesen: „[...] zu steten an [...] / [...] gobe Christoph [...]/". Nachdem mehrere Restaurierungen die Inschrift unberücksichtigt ließen, erfolgte 1985 durch Claus Müller die Freilegung.

75 Wann die Beschneidung erfolgte, ist unbekannt. Möglicherweise handelt es sich um eine Folge der für zahlreiche Bilder aus der Universitätsbibliothek nachweisbaren alten Praxis, die Leinwände ohne separaten Spannrahmen einfach auf die Rückseiten der Schmuckrahmen zu nageln. Dieser Zustand war bis 1995 auch der Fall bei den zur Fabricius-Schenkung gehörenden Porträts Orlando di Lassos, Oratio Vecchis, Alessandro Orologios und Adrian Willaerts.

76 Abbildung in K. Czerwenka-Papadopoulus: *Typologie des Musikerporträts* (wie Anm. 41), Abbildungsband, S. 130, Abb. 199. Bei dem Kupferstich von Christian Romstet (1640–1721) handelt es sich um die früheste nachweisbare Reproduktion des Gemäldes. Romstet bezieht sich in der Signatur eindeutig auf das Gemälde von Christoph Spetner. Der Umschrift zufolge, die keine Lebensdaten enthält, sondern nur die 57 Dienstjahre als sächsischer Kapellmeister anführt, zeigt ihn das Blatt im 87. Lebensjahr, doch hat Romstet die Vorlage dem erklärten Alter entsprechend vor allem in der Stirnpartie deutlich angepasst. Nur das rund gefasste Emblematum, welches am Fuß des Ovalmedaillons die Hand teilweise überschneidet, deutet mit dem auf die Unsterblichkeit der Lebensleistung zielenden Trophaion aus Noten, Lorbeerkranz und den Posaunen der Fama über dem Totenkopf und dem Motto „VITABIT LIBITINAM" auf den Anlass des Blattes.

77 Um 1675, Kunstbesitz der Universität Leipzig: Inv.-Nr. 0620/90. Auch ein Teil der Porträts Leipziger Superintendenten ab 1648, die sich aus dem Kreis der Professoren rekrutierten und an der Thomaskirche amtierten, werden ihm zugeschrieben. Im Auftrag des Rates entstanden zudem etliche Porträts von Ratsherren und Stadtrichtern. Zahlreiche Malernachweise auf Kupferstichen geben zudem Hinweise auf heute nicht mehr nachweisbare Werke von seiner Hand und stützen die Zuschreibung an den Maler, der seine Werke in der Regel selbst nicht zu signieren pflegte.

78 Universitätsbibliothek Leipzig: Rep. IV. 88d.

79 Die angesichts der familiären Verbindung mit Heinrich Schütz interessante Frage nach der Datierung dieses Gemäldes ist nicht eindeutig zu klären. Der prachtvolle Kupferstich (Stadtgeschichtliches Museum Leipzig: Inv.-Nr. K 1553/2003) ist unter dem Bild in der Mitte mit „1665" datiert. In ziemlichem Abstand flankieren die Stechereangabe „Christian Romstett sculpebat" und der Malernachweis „Christoph Spetner pingebat" die freistehende Jahreszahl, die damit recht eindeutig den Stich datiert und den Terminus post quem setzt. Martin Gregor-Dellin bringt die Entstehung des im Zweiten Weltkrieg in der Ratsbibliothek verbrannten Gemäldes in Verbindung mit der erstmals 1655 erfolgten Wahl Pinckers zum Bürgermeister Leipzigs (siehe Martin Gregor-Dellin: *Heinrich Schütz. Sein Leben, sein Werk, seine Zeit*, Berlin 1985, S. 295). Der Artikel *Spetner (Spätner), Christoph*, in: Allgemeines Lexikon der bildenden Künstler von der Antike bis zur Gegenwart, hrsg. v. Hans Vollmer, Bd. 31, Leipzig 1937, S. 365, datiert es auf 1664.

Wann Spetner das Porträt von Heinrich Schütz malte, lässt sich nicht genau bestimmen. Schütz, dessen hervorragendes Bildnis Modellsitzungen voraussetzt, hielt sich nicht nur wegen seiner verwandtschaftlichen und freundschaftlichen Verbindungen häufiger in Leipzig auf. Er besuchte regelmäßig die Messe, zum einen wegen des Musikalienhandels, an dem er selbst nicht nur mit eigenen Kompositionen beteiligt war, und zum anderen, weil hier auch in späteren Jahren seine Entlohnung erfolgte.[80]

Doch ergibt sich aus dem Gemälde selbst durch das Bildnismedaillon Johann Georgs II. ein wertvoller Anhaltspunkt für die frühest mögliche Datierung.[81] Das kostbar gefasste Kleinod ist vom Kurhut bekrönt, Johann Georg II. regierte also bereits als Kurfürst. Seine Regierungszeit begann 1656, unmittelbar darauf erhob er Schütz in den Rang eines Oberhofkapellmeisters, was für diesen praktisch die Befreiung von den Pflichten des Hofkapellmeisteramtes und die seit 1651 immer wieder erbetene Pensionierung bedeutete. Es kann kein Zweifel darüber bestehen, dass Schütz die Gnadenkette aus diesem Anlass überreicht wurde, der zugleich den Höhepunkt seiner höfischen Karriere in Dresden markierte und ihm endlich den 1657 vollzogenen Umzug nach Weißenfels gestattete.

Einen weiteren Hinweis auf das genauere Entstehungsjahr des Bildes könnte die Notenrolle bieten, die Schütz als Standesattribut präsentiert. Das zusammengerollte Notenblatt gibt jedoch nur einen winzigen Ausschnitt in Breite von vier bis fünf Notenzeichen auf zwei mit Text[82] unterlegten Zeilen einer Stimme wieder. In dem Bemühen, eine Erklärung für die Leipziger Provenienz des Porträts zu finden, wurde nicht sehr überzeugend versucht, die Noten mit der *Geistlichen Chormusik* op. 11 in Verbindung zu bringen, die Schütz bereits im April 1648 dem Rat der Stadt Leipzig und dem Thomanerchor widmete und den Rat als Auftraggeber des Bildes vorzuschlagen. Dass der Rat Jahre später das Porträt als „Anerkennung für die Widmung"[83] in Auftrag gegeben haben sollte, erscheint jedoch in jeglicher Hinsicht äußerst unwahrscheinlich. Für die mit der Musikpflege in der Stadt betrauten Musiker, wie zum Beispiel Werner Fabricius, war die im Sinne eines Lehrwerks für die polyphone Musikübung und Komposition konzipierte *Geistliche Chormusik* jedoch auch Jahre später noch von Bedeutung. Letztlich lässt sich nicht klären, ob Fabricius das Porträt seines verehrten Kollegen selbst bei Spetner, sei es als Urfassung oder Replik, in Auftrag gab oder, wie Romstets Kupferstich zur Leichenpredigt auf Schütz von 1672 und die Existenz des Bildnisses Johann Hermann Scheins an der Universität vermuten lassen, möglicherweise aus dem Verwandtenkreis der Familie Schütz erwarb.

Johann Hermann Schein

Das repräsentative Bild, das ein bislang unbekannter mitteldeutscher Künstler von dem mit Heinrich Schütz eng befreundeten Musiker malte, präsentiert den Leipziger Komponisten und Thomaskantor in seinem 34. Lebensjahr als Hüftbild im Viertelprofil nach rechts (siehe Abbildung S. 66).

Obwohl das Gemälde von alters her zum Kunstbesitz der Universität gehört[84] und von jeher in der linken oberen Bildecke die Bezeichnung „HERMANUS Schein. AETATIS. 34. Anno. 1620" trug, taucht es wie die ebenfalls sämtlich mit Inschriften versehenen Bildnisse von Schütz, Fabricius, Lasso, Orologio, Willaert und Vecchi noch nicht in dem erstmals 1675 gedruckten Leipziger Inschriftenverzeichnis Salomon Stepners auf[85] – ein Indiz, das für seine Zugehörigkeit zu der erst nach Drucklegung an die Universität gelangten Fabricius-Sammlung spricht.

Schein, der seit 1616 das Amt des Thomaskantors innehatte, zeigt sich in eleganter dunkelgrauer, schwarz gemusterter spanischer Tracht, deren feine Manschetten und Mühlsteinkrause mit kostbaren Klöppelspitzen gesäumt sind und einen Wohlstand verkünden, der über

---

80 O. Brodde: *Heinrich Schütz* (wie Anm. 26), S. 19–93.

81 Auch D. Erben: *Komponistenporträts* (wie Anm. 72), S. 34 plädiert für einen Zusammenhang mit dem 1657 nach der Pensionierung erfolgten Umzug von Schütz nach Weißenfels. M. Gregor-Dellin, *Heinrich Schütz* (wie Anm. 79), S. 295 erwägt als zweite Datierungsmöglichkeit eine Entstehung vor dem Herbst 1654. Von der ungewöhnlichen Malerinschrift ausgehend, nimmt er an, dass das Bild vor dem Erwerb des Bürgerrechtes durch Spetner 1654 entstanden sein könne. Dagegen spricht aber das bereits ursprünglich zum Bilde gehörenden Medaillon.

82 Die Zeilenanfänge lassen sich relativ gut entziffern als „Hertzbe[g]..." und „Lebe", die Buchstaben in den Blattumbrüchen sind nur fragmentarisch sichtbar. Da das Gemälde zumindest im 20. Jahrhundert mehrfach restauriert wurde, ist es nicht ganz auszuschließen, dass der Text früher durch falsche Lesart entstellt wurde.

83 So zum Beispiel M. Gregor-Dellin, *Heinrich Schütz* (wie Anm. 79), 295. Die Schütz-Forschung hat bislang die historische Einbindung des Gemäldes in den Kontext der Universitätssammlungen ignoriert. Mit den Texten zur *Geistlichen Chormusik* lassen sich die Textfragmente in der vorliegenden Form nicht in Verbindung bringen. Als Initiator aus dem Rat heraus käme allenfalls Christoph Pincker in Frage. Doch hatte dessen persönliches Verhältnis zu seinem einstigen Schwiegervater nach dem Tod von Schütz' Tochter Euphrosine 1654 stark gelitten.

84 Das Gemälde ist erstmals namentlich und mit seiner Datierung in einem von Felix Becker lediglich erwähnten und heute verschollenen Inventar der Bibliotheca Paulina von 1814 aufgeführt.

85 Salomon Stepner: *Verzeichniß allerhand denckwürdiger Uberschrifften, Grab- und Gedächtniß-Mahle in Leipzig*, Leipzig 1675. Das Inschriftenverzeichnis erfuhr 1690 eine 2. Auflage, ohne dass die unter den Miszellaneen erfassten Inschriften aus den Kollegien ergänzt wurden.

dem für einen Thomaskantor zu erwarten liegt. An schmalem Gürtel mit vergoldeter und mit klaren Steinen besetzter Schließe hängt seitlich ein Degen, dessen spiralförmiges Griffprofil ebenso wie das Stichblatt vergoldet scheint. Drückt sich bereits in der Tracht der deutliche Wille zu standeserhöhender Repräsentation aus, so trifft dies umso mehr auf die Notenrolle zu, die ihn als Komponisten und somit Angehörigen der geistigen Elite ausweist: Überdeutlich sind die nach außen gerollten Noten mit „OPELLA NOVA" überschrieben. Die *Opella nova, geistliche Koncerte Auff jetzo gebräuchliche Italienische Invention Componiert* und 1618 mit ihrem ersten Teil in Leipzig erschienen, waren Scheins erste bedeutende Veröffentlichung geistlicher Lieder. Bereits 1609 hatte der seit 1608 an der Universität Leipzig inskribierte Jurastudent[86] seine erste Sammlung weltlicher Lieder unter dem Titel *Venuskräntzelein* [...] in Weißenfels in Druck gegeben. Der Edition war ein dem Gemälde typologisch verwandtes und gleichartig ausgerichtetes Halbporträt als Autorenporträt[87] vorangestellt. Auch in diesem frühen Porträt hält Schein eine Notenrolle in der auf die Hüfte gestützten rechten Hand. Ganz nah unter den charakteristischen Degengriff[88] geschoben und vom unteren Bildrand beschnitten, erscheint die kleine Notenrolle auf dem Holzschnitt angesichts der breitschultrig mit aufgestützten Armen sich überaus selbstbewusst präsentierenden Männergestalt mit der weit vom Kopf abstehenden Lockenpracht und dem wild gekräuselten Vollbart noch beinahe nebensächlich. Auf dem Gemälde wird sie jedoch zum Hauptattribut. Demonstrativ hält Schein die nun in voller Größe in das Bild gebrachte Notenrolle mit gleichfalls angewinkeltem rechten Arm genau vor der Leibesmitte. Sie erscheint nun nicht mehr nur als beiläufiges Standesattribut, sondern möchte als das eigentliche Identifikationssymbol verstan-

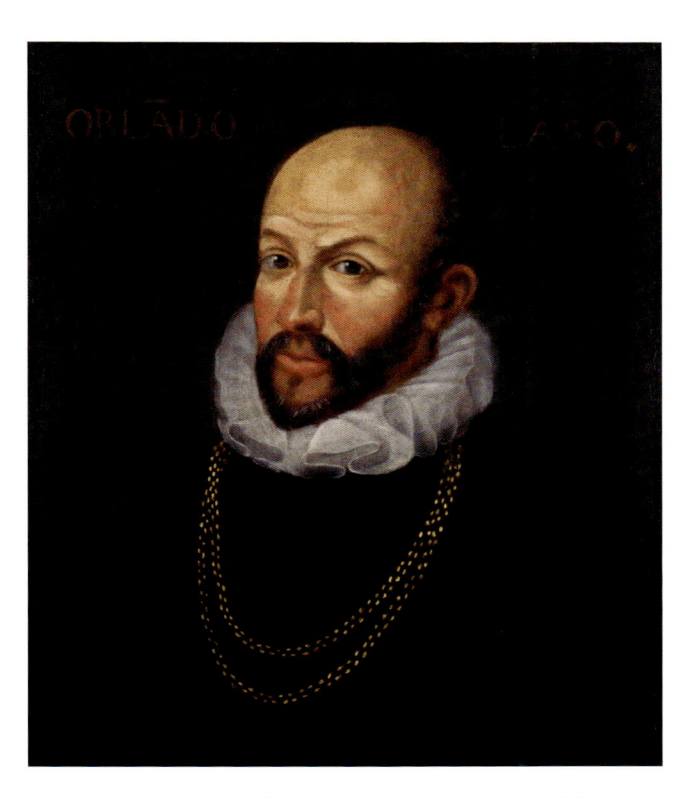

Unbekannter Kopist nach Hans von Aachen (1552–1615):
Orlando di Lasso (1530 oder 1532–1594),
1. Hälfte des 17. Jahrhunderts, Öl auf Leinwand, 61,5 x 50,5 cm.
Bezeichnet am oberen Rand: „ORLĀDO LASO."
(Kunstbesitz der Universität Leipzig, Inv.-Nr. 0775/90,
alte Inv.-Nrn. 1913:512 und 1951:170, Foto: Marion Wenzel)

---

86 Schein studierte hier bis 1612. Anders als Fabricius scheint er jedoch später nie eine juristische Praxis betrieben zu haben. Sein Wohlstand, der sich auch in aufwändigen Editionen seiner Werke zeigt, wird mit der Mitgift seiner ersten Frau in Verbindung gebracht.

87 Stadtgeschichtliches Museum Leipzig: Inv.-Nr. H 185; siehe auch K. Czerwenka-Papadopoulus: *Typologie des Musikerporträts* (wie Anm. 41), Abbildungsband, S. 128, Abb. 197.

88 Durch das im Verhältnis zu dem langen Griff sehr enge Stichblatt weist der Degengriff eine sehr charakteristische Form auf, die völlig dem Degengriff auf dem späteren Gemälde gleicht. Schein muss also bei beiden Porträts Wert auf die Wiedergabe genau dieses Stücks als Teil seiner Persönlichkeit gelegt haben.

89 Bereits Arthur Prüfer: *Johann Hermann Schein*, Leipzig 1895, S. 13, Anm. 1 schildert das Porträt als „leider stark beschädigt". Felix Becker bezeichnet 1913 auf seiner Katalogkarte 1913:559 den Zustand drastisch als „volle Ruine". Von den Restaurierungsmaßnahmen Walther Kühns von 1930 sind keine fotografischen oder schriftlichen Dokumentationen vorhanden. Die Restaurierung von 1976 durch Ingrid Käppler beschränkte sich weitgehend auf Sicherungsmaßnahmen.

den werden, hinter der der Körper selbst wie auch der Degen zurücktreten. Das schmale, wie die Notenrolle in ihrem oberen Teil von links oben hell beleuchtete Gesicht wirkt sehr ruhig, von freundlichem Ernst geprägt. Die rundlichen kleinen, braunen Augen sind von oben herab auf den Betrachter gerichtet. Der ziemlich breite, gerade Mund ist von einem herzförmig gestutzten Kinnbart und einem vollen knebelbartartigen Oberlippenbart halb überdeckt, dessen ursprüngliche Form durch die Restaurierung von 1930[89] etwas verunklärt zu sein scheint. Das braune, nun sehr kurz geschnittene Haar ist über der hohen Stirn zurückgekämmt und lässt bereits hohe Stirnecken sehen. Das sichtbare rechte Ohr ist wohl eine vollständige Rekonstruktion des früheren Restaurators, dessen starke Verputzungen im Bereich der Hände und des linken Armes die einstige künstlerische Qualität des Bildes beeinträchtigen. Sie scheint jedoch eher mittelmäßig gewesen zu sein, wie die Schwächen in der Beherrschung anatomischer Verkürzungen und der Wiedergabe des körperlichen Volumens wie des stofflichen Charakters von Kleidung und Händen vermuten lassen.

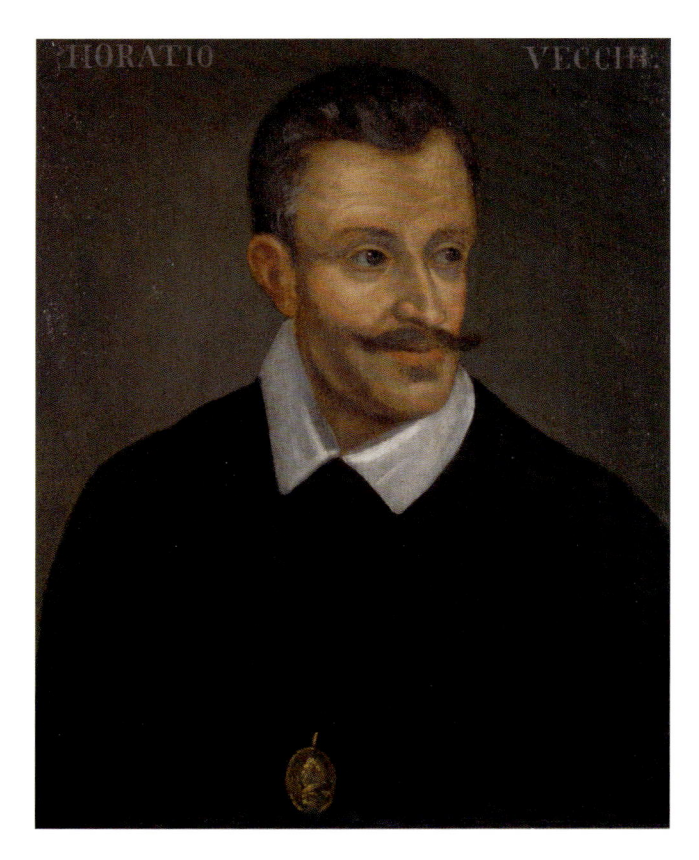

*Unbekannter Kopist: Oratio Vecchi (um 1550–1606),
1. Hälfte des 17. Jahrhunderts, Öl auf Leinwand, 61,6 x 51,3 cm.
Bezeichnet „HORATIO VECCHI"
(Kunstbesitz der Universität Leipzig, Inv.-Nr. 0499/90,
alte Inv.-Nrn. 1913: 511 und 1951:245, Foto: Marion Wenzel)*

Dennoch verfügt das Bild über eine Ausstrahlung, die durch klare Komposition und souveräne Lichtführung bedingt ist und die äußeren Persönlichkeitswerte, ihre Reputation, wirkungsvoll zur Anschauung zu bringt. Vor allem überzeugt das Porträt durch seine Authentizität[90] und das ruhige Selbstbewusstsein, mit dem sich der gereifte Musiker präsentiert.

VI. Die Gruppe der vier bezeichneten Kopien von Musikerporträts

Während die zu verschiedenen Zeiten und Anlässen entstandenen, typologisch und stilistisch sehr verschiedenen Bildnisse von Fabricius, Schein und Schütz auf Porträtsitzungen des jeweiligen Malers mit dem lebenden Modell basieren, bilden die vier Porträts von Orlando di Lasso, Alessandro Orologio, Oratio Vecchi und Adrian Willaert eine nicht nur in dieser Hinsicht abweichende, eigene Gruppe[91]. Ihre Zusammengehörigkeit äußert sich zunächst in der weitgehenden Einheitlichkeit von Format und Bildausschnitt der etwa in Höhe der unteren Rippenbögen ansetzenden und vor einen sehr dunklen neutralen Hintergrund formatfüllend gestellten Brustbilder. Bei allen bezeichnet eine bereits ursprünglich am oberen Rand aufgebrachte und auf den Namen beschränkte Inschriftzeile den Dargestellten in großen Antiqua-Versalien. Mit Ausnahme des Lasso-Porträts, dessen Beschriftung ganz an den oberen Rand gerückt wurde und einen etwas gestreckteren Schrifttyp mit einer silbrig gebrochene Variante des sonst goldgelben Farbtons aufweist, teilt bei den anderen Porträts die Schädelkalotte den Namenszug in Vor- und Zunamen.[92] Auch technologisch sind die Bilder miteinander verwandt. Alle vier sind mit einer dünnen Ölfarbenschicht auf eine nur sparsam mit Bolus grundierte Flachsleinwand von mittlerer Fadendichte[93] gemalt, die bis 1995 mit Leim und Nägeln an der Rückseite der für die Feller-Ära typischen Schmuckrahmen[94] der Bibliothek fixiert waren. Trotz geringer stilistischer Unterschiede[95] tragen sie zudem mit den als Schattenlinien weich ausgezogenen Konturen und den aus dem Inkarnat herausstechenden Rottönen die Handschrift ein und desselben Malers.[96]

Da sie von einer Hand stammend schwerlich nach dem Leben gemalt sein können, stellt sich die Frage nach ihren Vorlagen. Die Konturbetontheit der Porträts legt nahe, die Quelle in grafischen Werken zu suchen, wie sie seit dem ausgehenden 16. Jahrhundert mit Autorenporträts zu Notendrucken oder Abbildungen in den Bildnisvitenbüchern in

90 Für das Alumnat der Thomasschule fertigte Gustav Piegler zu Beginn der 1890er Jahre eine sehr freie Kopie des Gemäldes im Stile Antonis van Dycks.

91 Die Zusammengehörigkeit der Gruppe wurde nach der letzten Restaurierung der schwer geschädigten Gemälde von Detlef Kautz im Jahr 1995 durch eine einheitliche Rahmung betont. Ihr Vorzustand wies mit zahlreichen Übermalungen, alten handwerklichen Kittungen und partiellen Bleiweißdoublierungen unübersehbare Spuren alter Restaurierungen auf.

92 Beide Arten der Beschriftung finden sich in gleicher Form bei den für die Innsbrucker Hofburg bestimmten Musikerporträts, die zum Teil aus der Sammlung Gorettis kamen. Vgl. insbesondere K. Czerwenka-Papadopoulus: *Typologie des Musikerporträts* (wie Anm. 41), Abbildungsband, S. 38 f.

93 Die technologischen Angaben basieren auf den Restaurierungsberichten von Detlef Kautz aus dem Jahr 1995. Er gab die Fadendichte mit 12 x 13 für Willaert, 13 x 13 für Orologio, 13 x 14 für Vecchi und 14 x 13 für Lasso an.

94 Es waren schlicht profilierte, braun gestrichene Holzrahmen, die wohl später teilweise durch vergoldete Innenleisten aufgewertet wurden, die gleichzeitig die Fixierung der Gemälde unterstützen sollten. Der überaus hohe Brüchigkeit der Leinwände machte eine Doublierung der Bildträger erforderlich, die nun auf Keilrahmen gezogen, den Ersatz der alten Rahmen zur Folge hatten.

95 Bildnis Adrian Willaert betreffend, siehe unten.

96 Seine Handschrift, die sich nicht nur aus den verwendeten Vorlagen erklärt, findet sich bei den im 17. Jahrhundert in Leipzig tätigen Malern nicht wieder.

großer Zahl kursierten und als allgemein verfügbare Vorlagen eine schier unerschöpfliche Quelle der Porträtisten darstellten. Aus diesem überreichen Fundus bediente sich unser Maler erstaunlicherweise jedoch offenbar nicht. Stattdessen finden sich ihre größten Übereinstimmungen in Gemälden, die im Kontext mit den bekannten Bildnisreihen[97] vor allem der fürstlichen Universaliensammlungen nördlich und südlich der Alpen stehen. Die eng verwandten Konzepte dieser Sammlungen förderten den Austausch von Bildwerken, die von Kopisten zwar möglichst erscheinungsgetreu reproduziert wurden, aber dem jeweils gewünschten Format und in der Regel auch der sammlungsüblichen Form der Bezeichnung angepasst werden konnten. Sicher ist, dass bei solchen Gelegenheiten stets auch Repliken für den freien Kunsthandel gefertigt wurden. Ob die gefundenen Parallelen unmittelbar mit den Bildern der Fabricius-Sammlung zusammenhängen oder sich mit diesen nur eine gemeinsame, verlorengegangene Bildquelle teilen, ist angesichts der geringen bildlichen und der weitgehend fehlenden und aussagearmen schriftlichen Überlieferung wohl nicht mehr endgültig zu klären.

Orlando di Lasso

Obwohl der seinerzeit hochberühmte Orlando di Lasso auch der am meisten und in allen Lebensphasen porträtierte Musiker seiner Zeit war und sich mit seinem Porträt in allen Galerien mit Musikerbildnissen vertreten sah, findet sich heute nur noch einziges Bildnis, das den bereits älteren Orlando di Lasso im Viertelprofil nach links, mit noch braunem Vollbart, aber bereits weit zurückgewichenem Haaransatz, weich gefälteter Mühlsteinkrause und Kette zeigt. Aber auch dieses Münchner Porträt, das der Inschrift zufolge den Musiker im Alter von 50 Jahren zeigt,[98] ist bereits eine spätere Kopie des 17. oder gar 18. Jahrhunderts. Abweichend von der Leipziger Fassung (siehe Abbildung S. 71) handelt es sich jedoch um ein Halbporträt mit angewinkeltem linkem Arm, bei dem Lasso die Hand spielerisch unter die Kette schiebt und so das Kleinod mit dem in der Leipziger Fassung gänzlich fehlenden Bildnismedaillon betont. Auch in der vierzeilig angelegten Inschrift links neben dem Kopf[99] unterscheidet sich dieses Bild deutlich von dem der Fabricius-Sammlung, dessen Inschrift formal mit denen der Musikerporträts aus der Ambraser Sammlung übereinstimmt.[100]

Das 1944 im Münchner Königlichen Erziehungsinstitut Albertinum verbrannte Urbild fertigte 1580 Hans von Aachen (1552–1615)[101] für die Bildnissammlung der Münchner Residenz. Der Maler gehörte zu den seinerzeit hoch geschätzten und fest in das Kunsthandelsnetz integrierten Künstlern. Seit 1592 als Kammermaler von Haus aus für Kaiser Rudolf II. in Prag als Porträtmaler und Kunstagent tätig, verkehrte er an den Höfen von Braunschweig, Wittenberg, Dresden[102] (1602), Innsbruck, Venedig, Turin, Mantua und Modena (zwischen 1603 und 1605) und kommt somit als der ideale Multiplikator[103] für die in den Bildnisgalerien der Kunstkammern mit vielfachen Analogien nachweisbaren Musikerporträts infrage.

Oratio Vecchi

Wie das Bildnis Orlando di Lassos ist auch das von Oratio Vecchi ein armloses Brustbild, das den Musiker lediglich als Hofbeamten mit einem am Bande getragenen Gnadenpfennig[104] über einem schlichten schwarzen Rock mit einfachem Umlegekragen präsentiert (siehe Abildung S. 72). Der langgestreckte Kopf ist im Viertelprofil nach rechts wiedergegeben, der abwesende Blick geht an dem Betrachter vorbei.

---

97 Die für einen Vergleich nächstliegende Musikergalerie in der Instrumentenkammer des Dresdner Schlosses, die mit den Porträts von Orlando di Lasso, Adrian Willaert und Alessandro Orologio nachweisliche Analogien mit der Fabricius-Sammlung aufweist, ist im Laufe der Geschichte verschollen, vgl. Anm. 49. Durch das Fehlen jeglicher bildlicher Überlieferung kann sie nachfolgend keine unmittelbare Beachtung finden.

98 München, Bayerische Staatsbibliothek: Inv.-Nr. 14/185. Siehe K. Czerwenka-Papadopoulus: *Typologie des Musikerporträts* (wie Anm. 41), Abbildungsband S. 55, Abb. 89 und Datenbank LassoOrl16.

99 „ORLANDO / D LASSUS / AES L / MDLXXX".

100 Vgl. die bei K. Czerwenka-Papadopoulus: *Typologie des Musikerporträts* (wie Anm. 41), Abbildungsband S. 38 f., Abb. 056–059 abgebildeten Porträts von Luca Marenzio, Girolamo Frescobaldi, Luzzasco Luzzaschi und Giovanni Bernardino Nanino.

101 Zu Hans von Aachen siehe *Allgemeines Künstlerlexikon*, Bd. 1, München 2005, S. 2–5. Sein durch zahlreiche Reisen geprägter Lebenslauf, bietet keinen Fixpunkt für das Zustandekommen des Porträtauftrags oder eine Begegnung mit Orlando di Lasso für das Jahr der Bilddatierung. Er hielt sich nach seiner Malerausbildung in Köln seit Mitte der 1570iger Jahre in Italien (Rom, Florenz, Venedig) auf und wird erst 1587 mit einem längeren Aufenthalt in München erwähnt, wo er zunächst im Auftrag der Jesuiten für die Ausstattung von St. Michael und erst ab 1589 vermehrt im Auftrag des Münchner Hofes tätig wird. Orlando di Lassos Tochter Regina heiratete er erst in zweiter Ehe 1596. Möglicherweise benutzte Hans von Aachen eine ihm zugesandte Zeichnung von Hans Mielich, der 1570 ein in Drehung und Blickrichtung sehr ähnliches, aber ganzfiguriges und in der Kleidung deutlich verschiedenes Miniaturbildnis des Musikers in den sogenannten ‚Mielich-Codex' der Bayerischen Staatsbibliothek eintrug (Inv.-Nr. Mus. Ms. A2 [Cim II], S. 188).

102 In Dresden galt er als Vertrauter des sächsischen Kurfürsten Christian II.

103 Möglicherweise stehen auch die künstlerisch weit bescheideneren vier Leipziger Bildnisse mit Kopien aus seiner Werkstatt im Zusammenhang, denn die koloristische Besonderheit der Inkarnate, die weichen Schattenkonturen und die Vorliebe für überlängte Köpfe finden sich auch im flämisch geprägten Frühwerk Hans von Aachens.

104 Das Bildnismedaillon wurde bislang nicht entschlüsselt.

Unbekannter Kopist nach Jacopo Palma il Giovane (1544–1628):
Bildnis Alessandro Orologio (um 1555–1633),
Öl auf Leinwand, 59,5 x 50,5 cm.
Bezeichnet am oberen Rand: „ALESSADRO OROLOGIO"
(Kunstbesitz der Universität Leipzig, Inv.-Nr. 0040/90,
alte Inv.-Nrn. 1913:545 und 1951:194, Foto: Marion Wenzel)

Eng verwandt ist das Porträt mit einem Bildnis Vecchis im Museo Civico in Modena,[105] das sich von dem unsrigen nur in wenigen Details wie der anderslautenden Inschrift und einem rechts eingefügten Familienwappen[106] sowie der an den Schultern überstehenden Cappa des priesterlichen Chorrocks unterscheidet. Ob noch weitere gemalte Bildnisse Vecchis existierten, ist nicht bekannt, aber zumindest für die um die Mitte des 17. Jahrhunderts zerstreute Sammlung Gorettis in Ferrara anzunehmen.

Alessandro Orologio

Während die beiden armlosen Brustbilder von Orlando di Lasso und Oratio Vecchi keine Rückschlüsse auf die eigentliche Tätigkeit der Dargestellten zulassen, kennzeichnen Notenblätter in den Bildnissen Alessandro Orologio und Adrian Willaert deutlich deren musikalische Profession. Wie bei Gelehrtenporträts allein schon ein imaginäres Buch den Stand beschreibt, ist auch für das Musikerporträt ein konkretes Notenbild dazu nicht zwingend erforderlich. So verwundert es auch nicht, dass die von Alessandro Orologio in der linken Hand vor die Brustmitte gehaltene Notenrolle lediglich eine deutlich für Notenschrift bestimmte Lineatur in zwei mal fünf Zeilen aufweist. Wie sehr sie jedoch als notwendiges Attribut betrachtet wurde, zeigt die Aufteilung des Bildformates, das zur Hälfte von dem auf stämmigem Hals sitzenden und von einer sehr hohen kahlen Stirn gelängten Schädel eingenommen wird und mit der seitlichen Beschneidung der Armpartien aus anatomischer Sicht eigentlich keinen Platz für die gewaltsam eingeschobene Hand böte. Als Standessymbol wird die mit gespreizten Fingern gehaltene Notenrolle durch die beiden kostbar gefassten Gnadenpfennige ergänzt,[107] die darunter an einer dreiläufigen goldenen Kette hängen.

Das Porträt ist bis hin zur Inschrift die getreue Kopie eines heute in den Civici Musei di Storia ed Arte von Udine befindlichen Gemäldes, das von dem seit 1577 in Venedig tätigen Maler Jacopo Palma il Giovane (1544 bis 1628)[108] herrührt und sich lediglich durch ein etwas helleres, bleigraues Wams von dem Bild der Fabricius-Sammlung unterscheidet. Alessandro Orologio lebte zwar bis 1578 in Udine, wo er seine musikalische Ausbildung erhielt, doch wird das Bildnis des schon von den Jahren geprägten und mit Auszeichnungen versehenen Musikers erst sehr viel später dorthin gelangt sein. Bereits 1580 wird Orologio als „Trommler und Musicus" im Trompeterchor des Prager Hofs erwähnt, wo er 1603 schließlich zum Vizekapellmeister Rudolfs II. aufsteigen sollte. Auch Jacopo Palma arbeitete seit den 1590er Jahren für den Kaiser. Da Orologio das Vizekapellmeisteramt von Haus aus versah, war es ihm gestattet, zwischenzeitlich für längere Zeit an anderen Höfen, wie Kassel oder Wolfenbüttel zu arbeiten. Besonders lange, von 1601 bis 1611 und 1613[109] wirkte er als Zinkenist am befreundeten Dresdner Hof, wo Hainhofer 1629 sein leider verlorengegangenes Porträt in der Instrumentenkammer sah.

---

105 K. Czerwenka-Papadopoulus: *Typologie des Musikerporträts* (wie Anm. 41), Datenbank VeccOra 01. Für den Vergleich konnte lediglich auf die schlechten Schwarzweiß-Abbildung in Walter Salmen: *Musiker im Porträt*, Bd. 1, München 1982, S. 169 zurückgegriffen werden.

106 Die Inschrift „HORATIVS, VECCHIVS MVTIN." und das eingefügte Familienwappen lassen darauf schließen, dass hier dem Sohn und Bürger der Stadt Modena, die auch sein Sterbeort war, ein Denkmal gesetzt wurde. Ob beides in dieser Form zur ursprünglichen Ausstattung des Gemäldes gehört und aus welchem Kontext heraus das Gemälde tatsächlich stammt, konnte im Rahmen dieses Aufsatzes nicht ermittelt werden. Vecchi erfuhr in Modena die musikalische Ausbildung und Priesterweihe, wurde dort 1593 Domkapellmeister und fünf Jahre später, als Cesare d'Este die Nachfolge der d'Este in Ferrara antreten sollte, Hofkapellmeister in der nach Einziehung Ferraras zum Kirchenstaat auf Modena übergegangenen Residenz der d'Este.

107 Sie wurden bislang nicht identifiziert.

108 Freundlicher Hinweis Pizzicato-Verlag, Adlisville, Schweiz

109 Wolfram Steude: *Die Musikkultur Dresdens zwischen 1539 und 1697*, in: Geschichte der Stadt Dresden. Von den Anfängen bis zum Ende des Dreißigjährigen Krieges, Bd. 1, hrsg. v. Karlheinz Blaschke, Uwe John, Stuttgart 2005, S. 576.

Adrian Willaert

Auch Adrian Willaert hält Noten in der Hand, die hier merkwürdigerweise die Gestalt eines Buchdeckels angenommen haben. Sie bilden im Gefolge einer C-Initiale ein relativ klar lesbares, aber noch nicht entschlüsseltes Notenbild, das mit der in Herzgegend ruhenden rechten Hand bis zur Schulter hinaufgeführt, als deutliche Botschaft an den Betrachter verstanden werden muss. Das im Viertelprofil nach rechts orientierte, aber im Blick der großen klaren Augen und der Haltung des Oberkörpers deutlich frontal orientierte Brustbild unterscheidet sich, obwohl derselbe Kopist am Werke war, stilistisch leicht von den anderen drei Bildnissen der Reihe. Die Kontur erscheint insgesamt abgeschwächt. Die Modellierung des mit tiefen Stirnecken weitgehend auf den Hinterkopf zurückgewichenen Haares und vor allem des langen silberweißen Vollbartes in nebeneinander liegenden Strähnen lassen die betreffenden Kopfpartien in der Fläche zerfließen.

Diese Eigenarten des Altersbildnisses können aus der offenbar direkten Vergrößerung eines Miniaturgemäldes erklärt werden, wie des noch vorhandenen aus der Bildnisgalerie von Schloss Ambras.[110] Die Verwandtschaft der beiden Porträts ist trotz des beträchtlichen Größenunterschieds und dem leicht gestreckten Format der Ambraser Miniatur augenscheinlich. Altersstufe, Bart- und Barttracht, die Ausrichtung des Brustbildes, der Blickkontakt, die feine Faltenlinie am Rand der Halskrause und der Verlauf der doppelreihigen goldenen Gliederkette stimmen völlig überein. Dennoch gibt es über die Größe hinaus beträchtliche Unterschiede, die sich in erster Linie in der Beschränkung auf die armlose Büste, der an der oberen Randkante platzierten silberfarbenen Inschrift „HADRIANVS WILHART COMPO / NISTA." und in den von einem dunkleren Wams deutlich abgesetzten gepufften Ärmeln äußern. Da die Sammlung erst 1578 angelegt wurde, setzte Friedrich Kenner[111] ein bereits seinerzeit verlorenes Bildnis aus der herzoglichen Kunstkammer in München voraus, das 1598 im Inventar von Johann Babtist Fickler unter den von Herzog Albrecht V. gesammelten Werken aufgeführt wurde. Allein dieses Gemälde könnte noch zu Lebzeiten Willaerts entstanden sein. Ob es tatsächlich die Brücke zwischen der Ambraser Miniatur und unserem Bild darstellte, muss Spekulation bleiben. Das heute als einziges zeitgenössisches auch bildlich

Unbekannter Kopist nach oberitalienischer (?) Vorlage: Bildnis Adrian Willaert (um 1485–1562), um 1650, Öl auf Leinwand, 62,5 x 51,8 cm. Bezeichnet am oberen Rand: „ADRIAs. VVILAERT." (Kunstbesitz der Universität Leipzig, Inv.-Nr. 0774/90, alte Inv.-Nrn. 1913:551 und 1951:251, Foto: Marion Wenzel)

belegbare authentische Porträt Willaerts ist ein mit ovalem Rollwerkrahmen ausgestatteter Holzschnitt[112] des Monogrammisten LC, den Antonio Gardano 1559 in Venedig als Autorenporträt der Alfonso d'Este II. von Ferrara gewidmeten Motetten- und Madrigalsammlung *Musica nova di Adriano Willaert, Septima pars* voranstellte. Obwohl der armlose Büstenausschnitt und die grafisch bedingt gespiegelte Ausrichtung mit dem Ambraser Bildnis übereinstimmen, ist auch in diesem Fall zu bezweifeln, dass der Holzschnitt selbst mit dem hier deutlich älter und weniger idealisiert wirkenden Musiker die eigentliche Vorlage für das Ambraser und das Leipziger Bildnis gewesen sein könnte.

VII. Anhang: Das namenlose Bildnis

Als Annegrete Janda-Bux zu Beginn der 1950er Jahre im Rahmen ihrer Forschungen zum Gelehrtenporträt die nach dem Zweite Weltkrieg verbliebenen Kunstwerke der Universität neu erfasste, fühlte sie sich bei dem schon längst seiner Identität beraubten Gemälde (siehe Abbildung S. 76) intuitiv an die Gruppe der vier zusammenge-

---

110 Kunsthistorisches Museum Wien: Inv.-Nr. 5033, Öl auf Papier, 12 x 9 cm.
111 Friedrich Kenner: *Die Porträtsammlung des Erzherzogs Ferdinand von Tirol*, in: Jahrbuch der Kunsthistorischen Sammlungen in Wien, 15 (1894), S. 248 f.
112 K. Czerwenka-Papadopoulus: *Typologie des Musikerporträts* (wie Anm. 41), Datenbank WillAdr 01, Abbildungsband S. 9, Abb. 6.

Unbekannter Kopist: Jan Pieter Sweelinck (1562–1621) (?), 1. Hälfte des 17. Jahrhunderts, Öl auf Leinwand, 59 x 50,2 cm. Unbezeichnet
(Kunstbesitz der Universität Leipzig, Inv.-Nr. 0039/90, alte Inv.-Nrn. 1913:522 und 1951:236, historische Aufnahme)

hörigen Musikerporträts erinnert.[113] Sie verfolgte die Spur jedoch nicht weiter, und das bereits 1913 von Felix Becker[114] als „vollständig übermalt und ruiniert" eingestufte Bild geriet erneut in Vergessenheit.

Obwohl der schlechte Erhaltungszustand nur in beschränktem Maße gültige Aussagen gestattet, zeigte eine erste Analyse des Gemäldes, dass über stilistische Eigenheiten hinaus auch für den Bildträger und seine maltechnische Behandlung bis hin zu der von den anderen Gemälden überlieferten historischen Rahmung tatsächlich eine Verwandtschaft mit der Gruppe besteht. Bei allen groben Reparaturen der Malschicht hat sich auch hier eine mittelfädige[115] Leinwand undoubliert und in der alten Rahmung erhalten. Wie früher auch die anderen vier Bilder wurde sie auf einen mit Holzzapfen verbundenen Spannrahmen aufgenagelt und mit dem gleichen, doppelt profilierten braunen Holzrahmen versehen. Auch die Aufwertung des Rahmens durch direkt auf die Leinwand genagelte vergoldete Zierstäbe findet sich hier wieder. Die Nagellöcher der abgefallenen Zierleisten und die umgeschlagenen, unsauber beschnittenen Leinwandränder lassen erkennen, dass auch hier nur eine dünne Bolusgrundierung angelegt war und der heute grüne Hintergrund ursprünglich wesentlich dunkler gehalten war.

Leider ist von der eigentlichen Malschicht unter dem Schmutz der Kriegslagerung und den fast alle Teile des Bildes dick überziehenden Übermalungen der vorangegangenen Zeit momentan so wenig erkennbar, dass ohne eine gründliche restauratorische Behandlung keine genaueren Aussagen über das ursprüngliche Gemälde getroffen werden können. Der gesamte Hintergrund und der größte Teil des Kopfes wie auch die weich gefältelte Halskrause sind von flächigen, wenig differenzierten Farbschichten von glasiger Härte überzogen, die mit der Beimengung grünlicher Töne im Inkarnat und in der Halskrause sekundär wohl den Eindruck der niederländischen Schule van Dycks schaffen oder verstärken sollte. Lediglich das mittlerweile in die relativ locker gewebte Leinwand fast eingesunkene Schwarz des möglicherweise als Chorrock zu interpretierenden Gewandes wurde weitgehend von den Übermalungen verschont.

Das armlose Brustbild des schmalgesichtigen Mannes mit dem kurzen schwarzen Haar, den tiefen Stirnecken und dem geschweiften Haaransatz, dem markanten spitzen Vollbart und der weich gefältelten Halskrause mit einem der einschlägigen Musikerporträts bis zur Mitte des 17. Jahrhunderts in Verbindung zu bringen, erbrachte noch kein eindeutiges Ergebnis. Doch weisen die Gesichtszüge und die eigentümlich Form von Haar und Bartwuchs auf eine Identität mit Jan Pieterszoon Sweelinck hin, dessen Aussehen durch das 1606 von seinem Bruder Gerrit Pieterszoon Sweelinck gemalte Porträt[116] und den vermutlich darauf basierenden, 1624 in Umlauf gebrachten Kupferstich von Jan Müller[117] überliefert ist. Unser Porträt würde Sweelinck in den dazwischenliegenden Jahren zeigen. Die leicht unorganische Art, in der der Kopf in die Halskrause gebettet ist, könnte auch ein Hinweis darauf sein, dass der Maler in diesem Fall die Vorlage der vom Galerietypus vorgegebenen Form anpasste.

---

113 Notiz auf der Katalogkarte zum Kunstbesitz der Universität Leipzig Inv.-Nr. 1951:236. Das Wissen um die Person des Dargestellten war dem Fehlen jeglicher Form von Beschriftung oder Beschilderung zufolge bereits im 18. Jahrhundert nicht mehr vorhanden. Erst während der abschließenden Arbeiten an diesem Artikel wurde das Bild im Magazin der Universitätsbibliothek wiederentdeckt. Die Auseinandersetzung mit dem Porträt steht damit erst am Anfang.

114 Katalogkarte 1913:522.

115 15 x 13 Fäden.

116 Den Haag, Gemeentmuseum: Inv.-nr. 15/1936. Brustbild als Halbfigur mit leicht zurückgelegtem Kopf im Viertelprofil nach rechts in einem gemalten ovalen Rahmen, sich mit der herausgereichten Hand im Präsentationsgestus empfehlend.

117 K. Czerwenka-Papadopoulus: *Typologie des Musikerporträts* (wie Anm. 41), Datenbank SweeJanP 02. Müller verzichtete bei seiner Reproduktion (?) der Halbfigur auf das Oval des Rahmens und stellte Sweelinck als gealterten Mann mit einer das Haar bedeckenden Kappe dar.

Das Leipziger Collegium musicum im 17. Jahrhundert
Peter Wollny

Die Geschichte des studentischen Musizierens in Leipzig reicht vermutlich bis in die Anfänge des akademischen Lebens der Stadt zurück. Neben der wissenschaftlichen Betrachtung im Rahmen der universitären Lehre und des akademischen Schrifttums hatte insbesondere die praktische Musikausübung ihren festen Platz in nahezu sämtlichen akademischen Actus. Rudolf Wustmann und Arnold Schering haben in den drei Bänden der *Musikgeschichte Leipzigs* zahlreiche Belege für musikalische Darbietungen im universitären Rahmen gesammelt;[1] Schering fasst das Spektrum wie folgt zusammen: „Musik erklang bei den Exequien vornehmer Leipziger Familien, bei den Promotionen der drei oberen Fakultäten, bei den sogenannten Quartalsorationen, bei Jubiläen, Krönungs-, Sieges-, Huldigungsfeiern der Universität".[2] Hinzu kamen die Aufführungen geistlicher Figuralmusik im Rahmen der Gottesdienste in der Paulinerkirche, und schließlich darf die Mitwirkung von Studenten bei der vom Thomaskantor dirigierten Hauptkirchenmusik ebensowenig außer Acht gelassen werden wie die altertümliche liturgische Musikpflege an der Nikolaikirche, die traditionell von den Choralisten – mit Stipendien ausgestatteten Studenten – bestritten wurde. Außerhalb dieser vielschichtigen zeremoniellen Bereiche liegen die freien Zusammenkünfte musizierender Studenten zur privaten Erbauung oder vor einem kleineren oder größeren Zuhörerkreis, die nicht zuletzt auch der musikalischen Übung, Ausbildung und Weiterqualifizierung dienten.[3] Auch wenn hier meist weder konkrete Umstände noch spezifische festliche Anlässe auszumachen sind, zählte besonders dieser Bereich zu den zentralen Aspekten des studentischen Musiklebens.

Weitaus schwieriger als das bloße Benennen wenigstens einiger der zahlreichen mit Musikdarbietungen ausgeschmückten akademischen und nichtakademischen Feiern ist es allerdings, aus heutiger Perspektive Aufschlüsse über Organisationsformen, Mitwirkende und personelle Strukturen der Musikpflege im weiteren Umfeld der Leipziger Universität zu gewinnen. So stellt sich die Geschichte der studentischen Musiziergesellschaften der Messestadt im 17. und frühen 18. Jahrhundert dem heutigen Betrachter nicht als Kontinuum dar, sondern als eine vielfach unterbrochene Reihe von Einzelereignissen, die in der einschlägigen Literatur unterschiedliche Deutungen erfahren haben. Das bisher ausgewertete dokumentarische Quellenmaterial vermag in seiner Lückenhaftigkeit bestenfalls Schlaglichter zu werfen, größere Zusammenhänge und Entwicklungslinien sind hingegen kaum erkennbar. Besonders mager sind unsere Kenntnisse der verwendeten musikalischen Repertoires. Die wenigen in den genannten Zusammenhang gehörenden gedruckten Sammlungen spiegeln nur einzelne Facetten des akademischen Musizierens, andere dokumentarisch belegte Aktivitäten – so etwa Aufführungen großbesetzter, oft szenisch dargebotener Freiluftmusiken – finden in der musikalischen Überlieferung keine Entsprechung. Die folgenden Ausführungen versuchen daher, schon bekannte Zeugnisse in einen größeren Zusammenhang zu rücken und nach Möglichkeit auch neue Quellen und Zugänge zu erschließen. Dabei ist weniger eine lückenlose Gesamtdarstellung beabsichtigt, als vielmehr die Diskussion einiger zentraler Probleme anhand von instruktiven Fallbeispielen.

Begriffsbestimmung

Der Terminus ‚Collegium musicum' ist aus heutiger Sicht untrennbar mit dem akademischen Musikleben verbunden, im 17. und 18. Jahrhundert verfügte er hingegen über

---

1 *Musikgeschichte Leipzigs*, Bd. 1: Rudolf Wustmann: *Bis zur Mitte des 17. Jahrhunderts*, Leipzig und Berlin 1909; Bd. 2: Arnold Schering: *Von 1650 bis 1723*, Leipzig 1926; Bd. 3: Arnold Schering: *Johann Sebastian Bach und das Musikleben Leipzigs im 18. Jahrhundert*, Leipzig 1941.

2 A. Schering: *Musikgeschichte Leipzigs*, Bd. 2 (wie Anm. 1), S. 315.

3 Siehe hierzu speziell Michael Maul, *Barockoper in Leipzig (1693–1720)* (Voces: Freiburger Beiträge zur Musikgeschichte, Bd. 12), Freiburg etc. 2009, S. 211 f.

ein breiteres Spektrum von Bedeutungen, was eine genaue Definition nicht gerade erleichtert. Nach Zedlers *Universallexikon* bezeichnet der Begriff ‚Collegium' zum einen die „Zukunft [Zusammenkunft, Anm. d. Verf.] oder Consociation gewisser Personen von gleicher Condition u. Macht, welche mit consens der Obrigkeit geschehen", zum anderen „ein Gebäude derer Academien und Universitäten […], in welchen die Professores zusammen kommen, die Disputationes und Lectiones auch andere Academische solennitäten und Verrichtungen celebriret werden", und drittens „wenn die Professoren über gewisse Materien der studirenden Jugend zum Nutzen lesen".[4] Das Adjektiv ‚musicum' wirkt einschränkend und konkretisierend, doch bleibt ein Teil der Bedeutungsfülle des vorausgehenden Substantivs erhalten. Der Begriff ‚Collegium musicum'[5] kann sich auf Hofkapellen ebenso beziehen wie auf schulische Kantoreien und Stadtpfeifer-Kompanien, schließlich aber auch auf bürgerliche Musikvereinigungen, wie sie nach 1650 auf private Initiative hin in zahlreichen größeren Städten entstanden.[6]

Im studentischen Milieu Leipzigs taucht der Begriff ‚Collegium musicum' erstmals kurz nach der Mitte des 17. Jahrhunderts auf, wobei offenbar einerseits die musikalische Veranstaltung mit – tatsächlichem oder vorgeblichem – akademischem Anspruch und Charakter gemeint ist und andererseits die zu diesem Zweck gebildete Vereinigung gleichgesinnter Personen. Johann Hermann Schein widmete seinen erstmals 1628 veröffentlichten *Studenten-Schmaus*, eine Sammlung humoristischer und geselliger Lieder, noch scherzhaft einer „Compagnie de la vino-biera" und spielte damit ironisch auf die sprichwörtliche sorglose und trinkfreudige Lebensweise der Studentenschaft an. Der Leipziger Nikolaikantor Elias Nathusius hingegen berichtet 1657 in seiner Bewerbung um das Thomaskantorat, er habe während seiner Studienzeit (1649–1652) regelmäßig dem „Collegio Musico Practico" im Hause des Ratsherrn und Juristen Sigismund Finckelthaus d. J. (1611–1674) beigewohnt, wobei er sich offensichtlich auf Veranstaltungen bezieht, die an Würde und Professionalität den akademischen Kollegien gleichkamen, auch wenn sie nicht der Wissenschaft, sondern der praktischen Musikausübung galten.[7]

Die Bezeichnung ‚Collegium musicum' konnte sich anscheinend nicht leicht durchsetzen. Eine Auswertung der recht zahlreich erhaltenen – und durch die Datenbank VD 17[8] mittlerweile auch leicht zu ermittelnden – Textdrucke zu musikalischen Aufführungen im Umfeld der Universität ergibt, dass in den 1640er und 1650er Jahren die „allhier Studierenden" fast immer pauschal als Verantwortliche genannt werden; nur gelegentlich erscheint der Name des musikalischen Leiters oder des Organisators der Veranstaltung. Hinweise auf eine fest gefügte Vereinigung fehlen hingegen durchweg. Die durch Kasualdrucke belegbaren Aufführungen betreffen ausnahmslos Huldigungen für akademische, kirchliche oder städtische Würdenträger, Mitglieder der kurfürstlichen Familie oder andere Standespersonen. Die Titel dieser Schriften lassen hinter barock überschwenglichen und blumigen Formulierungen eine klare hierarchische Differenzierung erkennen, die die Bedeutung des Gehuldigten spiegelt. Dem Landesherrn, dem Rektor der Universität und anderen hohen Würdenträgern wurden die musikalischen Glückwünsche von der gesamten Studentenschaft zugeeignet.[9] Gewöhnliche Professoren erhielten Huldigungen von ihren Tischgenossen oder von den Studenten ihrer jeweiligen Nation.[10] Bei Promotionen oder ähnlichen Ereignissen ging die Initiative lediglich von „guten Freunden" aus.[11] Zweifellos sind diese Formulierungen nicht zufällig gewählt. Dass bei einem Besuch des Landesherrn tatsächlich die gesamte Studen-

---

4 Johann Heinrich Zedler: *Grosses vollständiges Universal Lexikon aller Wissenschaften und Künste* […], Halle und Leipzig 1732–1754, Reprint Graz 1999, Bd. 6, S. 691.

5 Heinrich Schütz bezeichnete 1621 die sächsische Hofkapelle mit diesem Begriff, und noch die Zuschüsse, die Johann Sebastian Bach 1717/18 in Köthen für die in seinem Haus abgehaltenen Proben der Hofkapelle erhielt, wurden in den Kammerrechnungen als „Hauß-Zins vor das Collegium Musicum" verbucht. Siehe *Glückwündschung des Apollinis und der Neun Musen, Welche auff dem GeburtsTag Des […] Herrn Johan Georgen / Hertzogen zu Sachsen […] des heiligen Römischen Reichs Ertzmarschalln und Churfürsten / etc. Von Ihrer Churf. Gn. Collegio Musico […] am 5. Martii repraesentiret worden. In die Music ubersetzt Durch Henrich Schützen Capelmeistern / Anno M. DC. XXI.*, Freiberg 1621, Exemplar: Dresden, Sächsische Landesbibliothek, Staats- und Universitätsbibliothek (D-Dl): Hist. Sax. C. 86 3; sowie Werner Neumann, Hans-Joachim Schulze (Hrsg.): *Fremdschriftliche und gedruckte Dokumente zur Lebensgeschichte Johann Sebastian Bachs 1685–1750* (Bach-Dokumente, Bd. 2), Leipzig und Kassel 1969, Nr. 91.

6 Stellvertretend genannt seien hier die seinerzeit berühmten Ensembles in Hamburg und Görlitz.

7 Michael Maul: *Elias Nathusius. Ein Leipziger Komponist des 17. Jahrhunderts*, in: Ständige Konferenz Mitteldeutsche Barockmusik. Jahrbuch 2001, Schneverdingen 2002, S. 70–98, speziell S. 90.

8 *Verzeichnis der im deutschen Sprachraum erschienenen Drucke des 17. Jahrhunderts*, www.vd17.de.

9 Siehe etwa: *Gehorsambste Aufwartung Welche Bey deß Durchlauchtigsten Hochgebornen Fürsten v. Herrn Herrn Johann Georgen Hertzogen zu Sachsen […] Nach geschlossenen Teützschen Friede Glücklichen Einzuge in die Stadt Leipzigk in einen Musicalischen Aufzuge bey wehrender Nacht Unterthänigst abgeleget Die sämbtlich daselbst Studirenden*, Leipzig 1650, Exemplar: Universitätsbibliothek Halle (D-HAu): Pon. Vc 3485.

10 Siehe etwa: *Schuldige Aufwartung, mit welcher dem […] Herrn Jacob Wellern […] bey seinem Anwesen zu Leipzig die daselbst studirenden Meissner und Voigtländer in einer Nacht-Musik begegnet haben*, Leipzig 1650, Exemplar: D-HAu: an Pon. Zd 4150, 4°, 27.

11 Siehe etwa: *Glückwünschung An Hn. Friedrich Blumbergen von Schneeberg Als er zu Leipzig Magister worden von zweyen guten Freunden überbracht / unter welchen die Music Johann Rosenmüllers*, Leipzig 1650, Exemplar: Ratsschulbibliothek Zwickau (D-Z).

tenschaft an der Musikdarbietung beteiligt war, erscheint kaum glaubhaft. Vielmehr verbirgt sich hinter den Floskeln offenbar ein kompliziertes Regelwerk, das nicht zuletzt auch eine finanzielle Seite hatte: Die Kosten für die Vorbereitung einer Musikdarbietung und die Drucklegung der zugehörigen Carmina wurden in der Regel wohl anteilig von den Veranstaltern getragen. Abweichungen von diesen Gepflogenheiten begegnen uns erstmals in den 1650er Jahren. Auf offiziellen musikalischen Textdrucken zu Huldigungen der Studenten erscheint von nun an mit auffälliger Regelmäßigkeit der Name des Universitätsmusikus Werner Fabricius.[12]

Eine stärker auf die Institution der musizierenden Studenten zielende Verwendung des Begriffs ‚Collegium musicum' und der ihm angehörenden Mitglieder findet sich in Druckschriften ab den 1660er Jahren. Eine *Licentiaten-Aria* (1662) und ein Hochzeitsgruß (1663) für den Juristen Johann Ernst Noricus werden „vom Collegio musico" „abgeleget" beziehungsweise „vorgestellet".[13] 1663 steuerte

---

12 Siehe etwa: *Dank- und Denk-Mahl / Seiner Excellentze […] H. Johanni Strauchen / […] Glükwünschend aufgerichtet / Und in eine Musicalische Zusammenstimmunge versetzet / Die […] Mit allerhand Instrumenten bey stiller Nacht überbracht von WERNERO FABRICIO, Itzehoensi-Holsato*, Leipzig 1652, Exemplar: Universitätsbibliothek Jena (D-Ju): 2 Sax. IV, 2, 48. Eine vollständige Bibliographie der Leipziger Textdrucke von 1645 bis 1663 findet sich bei Michael Maul: *Musik und Musikpflege in Leipzig nach dem Dreißigjährigen Krieg (1645–1660)*, Magisterarbeit, Universität Leipzig 2001.

13 Siehe Werner Braun: *Kanons aus dem Leipziger Collegium musicum (1662 und 1673)*, in: Schütz-Jahrbuch 28 (2006), S. 49–64, speziell S. 51–55.

14 Siehe Sebastian Knüpfer: *Lustige Madrigalien und Canzonetten* (Recent Researches in the Music of the Baroque Era 97), hrsg. v. Bernd Baselt und Peter Wollny, Madison (Wisconsin) 1999.

15 Siehe Johann Theile: *Weltliche Arien und Canzonetten* (Denkmäler Mitteldeutscher Barockmusik, Serie I, Bd. 3), hrsg. v. Stephan Blaut, Leipzig 2004.

16 *Music-liebende Gedancken Bey der Neander- und Mengeringischen Hochzeit In verbundener Freundschafft entworffen Von dem Collegio Musico. Am 15. Octobr. 1666*, Nr. LIV in: Christian Weise: *Höchnöthige Gedancken Erster Theil*, Leipzig 1675, Neudruck in: Christian Weise: *Sämtliche Werke*, Bd. 21, hrsg. v. John D. Lindberg und Hans-Gert Roloff, Berlin 1971, S. 141.

17 *Lob-schallendes Ehren-Gedichte Auf den erfreulichen Namens-Tag […] Samuel Troegers von Zwickaw aus Meissen […] bey einer geringen Nacht-Music abgestattet im Namen eines sämmtlichen Collegii Musici vom Christoff Zeißelern*, Leipzig 1680, Exemplar: D-Z: 49.6.10.(124).

18 *Der Gefallene / aber nicht weggeworffene Gerechte / Bey Christlicher und Volckreicher Leich-Bestattung Des Wohl-Ehrwürdigen / Großachtbarn und Hochgelahrten HERRN Joachim Fellers […] In der Pauliner-Kirchen den 10. April Anno 1691. fürgestellet / Von D. Georg Lehmannen / P. P. und Superint.*, Leipzig 1692, Exemplar: Universitätsbibliothek Leipzig (D-LEu): Vit. 323-ab. Siehe auch A. Schering: *Musikgeschichte Leipzigs*, Bd. 2 (wie Anm. 1), S. 336 f. und den Beitrag von Cornelia Junge: *„Effigies XXI Clarissimorum Musicorum à Wernero Fabricio, Musico Lipsiensi"* – Die Porträtsammlung berühmter Musiker des Werner Fabricius, S. 57–76 im vorliegenden Band.

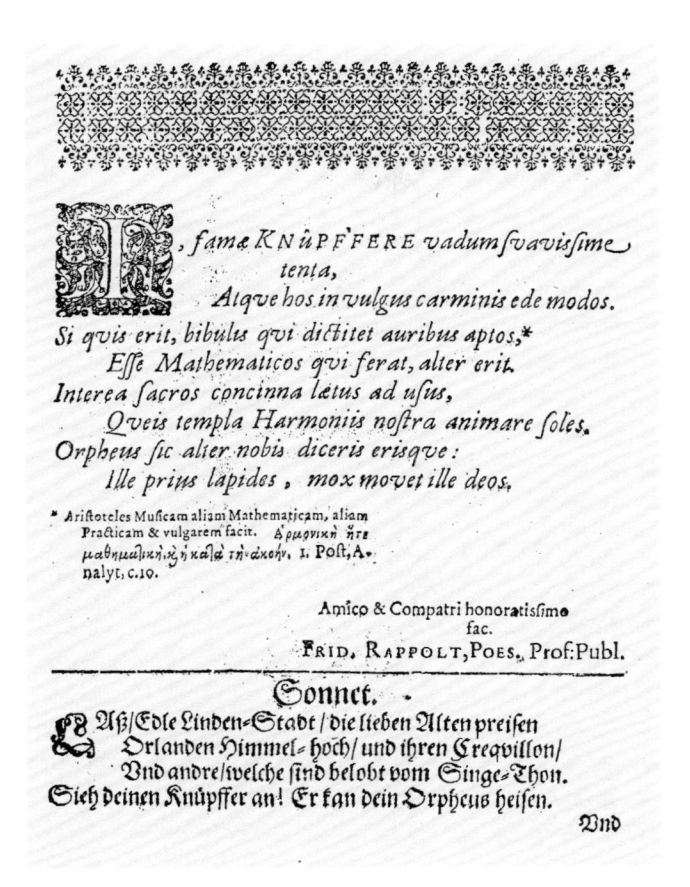

Sebastian Knüpfer, Lustige Madrigalien und Canzonetten, *Leipzig 1663, Huldigungsgedicht des „Collegium musicum in Leipzig"*

„das COLLEGIUM MUSICUM in Leipzig" ein Huldigungsgedicht zu den *Lustigen Madrigalien und Canzonetten* des Thomaskantors Sebastian Knüpfer bei (siehe Abbildung);[14] vier Jahre später (1667) konnte der Student Johann Theile in die Ausgabe seiner *Weltlichen Arien und Canzonetten* ebenfalls ein mit „Der Leipziger Collegium Musicum" unterschriebenes Gedicht einrücken.[15] In der Folge erschienen im Namen des Collegium musicum weitere Gelegenheitsdrucke zu Ehren einzelner Mitglieder. Die Verfasser solcher Beiträge sind nur selten zu bestimmen. Einmal gibt sich der nachmalige Zittauer Rektor Christian Weise als Verfasser eines 1666 „von dem Collegio Musico" entworfenen Hochzeitsgedichts zu erkennen.[16] Ein anderes Mal (1680) gratuliert der Jurist („Notarius publicus Caesareus") Christoph Zeißeler „im Namen eines sämmtlichen Collegii Musici" dem aus Zwickau stammenden Theologen Samuel Tröger zum Namenstag.[17] Für längere Zeit zum letzten Mal erscheint das Leipziger Collegium musicum als Institution 1688 als Beiträger eines Glückwunschgedichts zu Johann Kuhnaus juristischer Dissertation sowie im Anhang der Leichenpredigt für den 1691 verstorbenen Universitätsprofessor und -bibliothekar Joachim Feller.[18]

Organisationsstruktur, Mitglieder, Häufigkeit der Auftritte

Die häufige Erwähnung des Institutionsnamens zwischen etwa 1660 und 1690 deutet offensichtlich auf eine stabile und wohlregulierte Vereinigung. Um die Mitte des 17. Jahrhunderts – teils noch während des Dreißigjährigen Krieges, besonders aber danach – entstanden in den protestantischen Regionen Deutschlands zahlreiche Gelehrte Gesellschaften. Für Leipzig liegt ein Vergleich des Collegium musicum mit dem 1655 ins Leben gerufenen Collegium Anthologicum und speziell dem bereits 1641 gegründeten Collegium Gellianum nahe. Caspar Ziegler, einer der Gründungsväter des Collegium Gellianum, war nachweislich auch im Kreis der musizierenden Studenten aktiv und mag bis zu seinem Weggang aus Leipzig (1655) deren schrittweise Institutionalisierung betrieben haben. In den Titeln von Gelegenheitsschriften taucht das Collegium Gellianum zwischen 1655 und 1679,[19] das Collegium Anthologicum zwischen 1659 und 1686 auf.[20] Zu beiden Gesellschaften konnte Detlef Döring reichhaltiges Quellenmaterial nachweisen, aus dem hervorgeht, dass die Mitglieder wöchentliche Zusammenkünfte abhielten und dass auch die Inhalte und Abläufe der Treffen in den Statuten auf das Genaueste geregelt waren und offenbar immer protokolliert wurden. Selbst für die Veröffentlichung von Gratulations- und Denkschriften gab es Bestimmungen; so sollten „die Mitglieder des Kollegiums bei Anlässen, zu denen sich […] die Menschen gegenseitig zu gratulieren pflegen, mit einem Carmen geehrt werden." Promotionen und Berufungen auf Professuren wurden festlich begangen; dem Geehrten wurde ein Geschenk überreicht und ein Gratulationsgedicht vorgetragen. Beratungen zur Ausrichtung solcher Feiern finden sich in den Protokollbüchern.[21] Die von Döring zitierten Protokollnotizen zu einer 1655 vom Collegium Gellianum veranstalteten Ehrung Caspar Zieglers anlässlich seiner Berufung auf eine Rechtsprofessur an der Universität Wittenberg können nun durch den Nachweis des zugehörigen gedruckten Carmens ergänzt werden.[22] Die – ungeachtet der lateinischen Sprache – festzustellende Ähnlichkeit zu den nachgewiesenen Gratulationsschriften des Collegium musicum lässt vermuten, dass auch hier jeweils protokollierte Beratungen und die Einhaltung eines festen Regelwerks im Hintergrund standen und dass wir es mithin in der zweiten Hälfte des 17. Jahrhunderts mit einer stabilen und dauerhaft etablierten Vereinigung zu tun haben. Auch wenn die entsprechenden Nachweise lückenhaft sind, darf man gewiss davon ausgehen, dass die Treffen regelmäßig (vermutlich in wöchentlichem Turnus) stattfanden und dass Mitgliedschaft und Repertoires auf das Genaueste geregelt waren. Die Triftigkeit dieser Annahme beruht aber nicht allein auf dem Vergleich mit den beiden anderen akademischen Leipziger Gesellschaften, sondern auch auf interner Plausibilität: Die – noch zu würdigenden – herausragenden Leistungen des Ensembles und auch dessen spätere Entwicklung wären nicht zu erklären, wenn wir uns die Zusammenkünfte des Collegium musicum als ein zwangloses Musizieren von Amateuren vorstellten.

Ein förmliches Gründungsdatum des Collegium musicum ist zwar nicht überliefert, doch ist anzunehmen, dass eine bereits seit Längerem bestehende Vereinigung in der Zeit um oder kurz vor 1660 durch die Formulierung von Statuten konsolidiert wurde. Vielleicht waren hierfür äußere Ereignisse ausschlaggebend. Der unvermittelte Weggang von Johann Rosenmüller (Mai 1655) und Adam Krieger (1657) – also von zwei Musikern, die innerhalb der musikalischen Studentenschaft nachweislich führende, wenn nicht sogar nachhaltig prägende Rollen gespielt hatten – könnte die Fixierung von Regularien veranlasst oder zumindest begünstigt haben, um den Fortbestand der Vereinigung künftig nicht zu sehr von einzelnen Personen abhängig zu machen.

Gestützt auf die Nachweise im Gelegenheitsschrifttum ist zu vermuten, dass vor dieser Zeit die maßgeblichen Impulse von der Initiative einer jeweils leitenden Persönlichkeit ausgingen. Über Adam Krieger ist eine kurze, aber bemerkenswerte Notiz greifbar, die Johann Mattheson im zweiten Band seiner *Critica Musica* veröffentlichte. Sie entstammt einer brieflichen Mitteilung des ehemaligen Weißenfelser Konzertmeisters Johann Georg Linike und beruft sich auf eine Erzählung von Johann Philipp Krieger (dessen Quelle nicht genannt wird):[23]

„Dieser Adam Krieger […] hat zu seiner Zeit eine musicalische Societät, so das Cymbalische Reich gennenet worden, und worin er König gewesen, aufgerichtet. Es sollen viel grosse Herren mit darin begriffen gewesen seyn".

---

19 Gelegenheitsdrucke in Sammelbänden der Ratsschulbibliothek Zwickau: 31.1.8.(95).

20 Gelegenheitsdrucke in Sammelbänden der Ratsschulbibliothek Zwickau: 49.6.4.(74), 49.6.4.(78), 49.6.5.(259), 49.6.7.(11).

21 Detlef Döring: *Das Musikleben im Leipziger Collegium Gellianum in den vierziger und fünfziger Jahren des 17. Jahrhunderts*, in: Beiträge zur musikalischen Quellenforschung, hrsg. v. Ingeborg Stein (Protokollbände wissenschaftlicher Kolloquien 2), Bad Köstritz 1991, S. 118–128, speziell S. 122 f. und 127 f.

22 Forschungs- und Landesbibliothek Gotha: Theol. 2° 370/01 (61).

23 Johann Mattheson: *Critica Musica*, Bd. 2, Hamburg 1725, Reprint Laaber 2003, S. 253; siehe auch die auf den folgenden Seiten zu findenden Vorschläge Johann Georg Linikes, Heinrich Bokemeyers und Matthesons zur Wiederbelebung dieser Institution („Das neu-aufgerichtete Cymbalische Reich") und für entsprechende Statuten. – Johann Philipp Kriegers Wissen über die ursprüngliche Gesellschaft könnte auf Mitteilungen älterer Kollegen der Hallenser Hofkapelle zurückgehen.

Falls diese Bemerkungen nicht Aktivitäten aus Kriegers Dresdner Zeit betreffen – die Formulierung „grosse Herren" deutet vielleicht eher auf ein höfisches Umfeld –, müsste es sich um das von ihm zwischen 1655 und 1657 in Leipzig geleitete Ensemble handeln, für das er unter anderem seine 1657 veröffentlichten *Arien von einer, zwey und drey Vocal-Stimmen* komponierte und mit dem er vermutlich auch – in Vertretung des kränklichen Thomaskantors Tobias Michael – die Figuralmusik in den Hauptkirchen bestritt. Krieger selbst erwähnt in seinem Bewerbungsschreiben um das Thomaskantorat aus dem Jahr 1657 das „Cymbalische Reich" mit keinem Wort, sondern spricht von seinen Bemühungen, „unser Collegium Musicum im besten Flor, und die darinnen befindlichen Membra durch meine bisher aufgewendete und mir fast schädliche Unkosten zuerhalten".[24]

Als König eines musikalischen Reiches mochte sich auch Johann Rosenmüller fühlen, als am 14. August 1652 „Etliche seiner Edlen Kunst / zugethane Freunde / Als / Studenten / in Leipzig" seinen Geburtstag mit einer „Nacht-Music" feierten.[25]

Über die übliche Besetzungsstärke des Ensembles und die Namen der einzelnen Mitglieder ist nur wenig in Erfahrung zu bringen. Die ermittelten Gelegenheitsschriften deuten auf einen vermutlich recht stattlichen Kreis von Studenten und jungen Magistern. Auch ehemalige Studenten der Leipziger Universität blieben, sofern sie nicht die Stadt verließen, dem Ensemble häufig verbunden. Neben den bereits erwähnten Juristen Finckelthaus und Zeißeler ist hier auch Magister Jacob Gauch zu nennen, der Konrektor der Nikolaischule, dem 1684 als „werthgeschätztem Mitglied" zu seiner Hochzeit von dem „Collegium Musicum in Leipzig" ein Carmen zugeeignet wurde.[26] Dem Collegium musicum ebenfalls dauerhaft verbunden blieb der bereits erwähnte Universitätsprofessor Joachim Feller. Das im Anhang seiner 1692 veröffentlichten Leichenpredigt gedruckte Trauergedicht nennt sogar die Namen der seinerzeit vierzehn regulären Mitglieder der Sozietät. Die folgende Aufstellung gibt die Namensliste in der Reihenfolge und Orthographie des Originals wieder (linke Spalte) und fügt einige Angaben aus der von Georg Erler veröffentlichten Matrikel der Universität Leipzig hinzu (rechte Spalte):[27]

---

24 Wiedergegeben bei Helmuth Osthoff: *Adam Krieger (1634–1666). Neue Beiträge zur Geschichte des deutschen Liedes im 17. Jahrhundert*, Leipzig 1929, S. 103–105.
25 D-Ju: 2 Sax. IV, 2 (38).
26 *Die wohlgestimmte Harffe*, Leipzig 1684, Exemplar: D-Z: 49.6.4, Nr. 117.
27 Georg Erler (Hrsg.): *Die jüngere Matrikel der Universität Leipzig 1559–1809*, Bd. 2: *Die Immatrikulationen vom Wintersemester 1634 bis zum Sommersemester 1709*, Leipzig 1909.

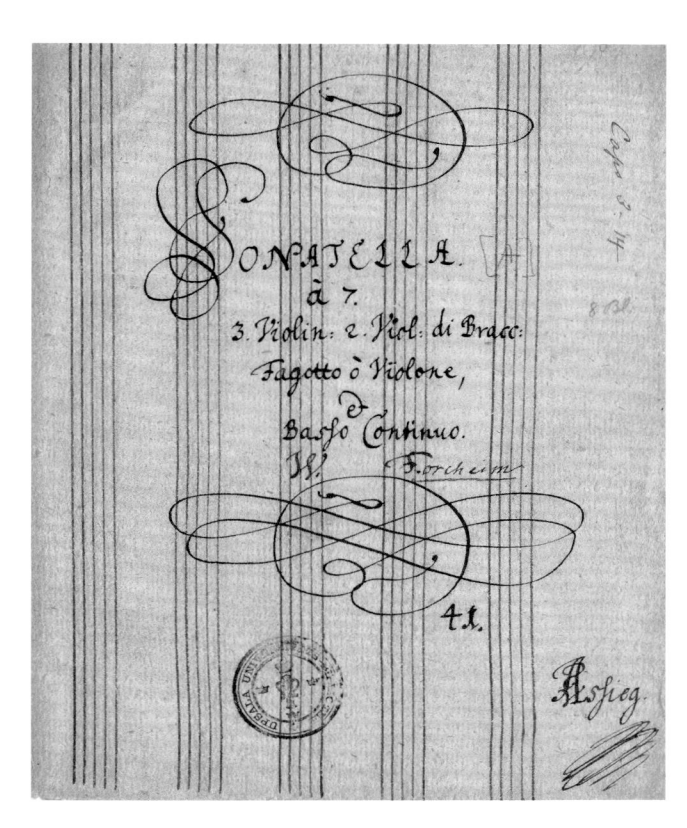

W[erner] F[abricius], Sonatella à 7 in A-Dur, Abschrift aus der Sammlung Johann von Assig
(Universitätsbibliothek Uppsala, IMHS 3:14)

Heinrich Feller/Geranus.	Depositus Sommersemester 1677, Immatrikulation Sommersemester 1688; 1688 Absolvent der Ratsschule Zwickau; 1703 als Pfarrer in Eula nachgewiesen
Johann Rudolph Große/Cadiza-Misnicus.	Immatrikulation Wintersemester 1683 (Herkunft abweichend als „Radizicens. Misn." angegeben); 1693–1729 als Pfarrer in Dresden nachgewiesen
Christian Kloß/Stolbergâ-Misn.	Depositus, Juratus und Immatrikulation Sommersemester 1686
Samuel Hesse/Knautnaundorff. Misn.	Depositus Sommersemester 1680, Immatrikulation Sommersemester 1688
Michael Kuhn/Cygn. Misn.	Depositus Sommersemester 1679, Immatrikulation Sommersemester 1690; 1688 Absolvent der Ratsschule Zwickau
Johann Michael Poller/Ciz. Misn.	Depositus Sommersemester 1682, Immatrikulation Wintersemester 1689
Johann Christoph Rosa/Pulsnic. Lusac.	Immatrikulation Sommersemester 1681
Johann Heinrich Hopffius/Elsterberga Var.	Immatrikulation Wintersemester 1690
Augustus Möller/Dippold. Misn.	Depositus und Immatrikulation Wintersemester 1688, Baccalaureus und Magister 25. Februar 1694; später als Rektor in Dippoldiswalde tätig

Joh. Balthasar Francke/ Zipsendorf. Misn.	Depositus Wintersemester 1688, Immatrikulation Sommersemester 1689
Alexander Philipp Boehmer/Sonders. Thur.	Depositus, Juratus und Immatrikulation Sommersemester 1690 (Familienname abweichend „Brömer")
Christianus Stahl/ Ciz. Misn.	Depositus Sommersemester 1689, Immatrikulation Sommersemester 1690
Donatus Clajus/ Dœbel. Misn.	Depositus, Juratus und Immatrikulation Sommersemester 1690 (Herkunft abweichend als „Pulsn[icensis]" angegeben[28])
Johann Christoph Keil/ Oelsnitz. Var.	Depositus, Juratus und Immatrikulation Sommersemester 1690

Die Strophen 10 und 11 des insgesamt zwölfstrophigen Gedichts geben einen Einblick in die Tätigkeit des Collegium musicum:

X.
Wir dencken auch nochmahls an die sehr grossen Proben
Der unverdienten Gunst / die du uns hast erweist;
Indem du dein Gehör / den höchsten GOTT zu loben /
Auf dem Pauliner-Saal zur Music dargeleist
Nun müssen wir uns deiner Sorgfalt entschlagen /
Den willigen Præsidem sehnlich beklagen.

XI.
Du warst ein rechter Baum / um den wir musicirten /
Dein angenehmer Sinn vergönnet uns den Platz /
Du hörtest mit Bedacht / wie wir die Bogen führten /
Und gabest willig dar den musicalschen Schatz.
Jetzt lebstu mit Freuden in Englischen Schallen /
Und lässest dir lieber das Ewge gefallen.

Wenn – wie Arnold Schering vermutet – der dritte und vierte Vers der elften Strophe als Anspielung auf Fellers Rolle im Collegium musicum zu deuten sind, dann dürfte dieser handschriftliche und/oder gedruckte Musikalien aus seiner Privatbibliothek zur Verfügung gestellt haben. Unterstützung finanzieller Art wird auch aus der Bürgerschaft gekommen sein. In diese Richtung weisen die Widmungen der drei Dekaden von Johann Theiles *Weltlichen Arien und Canzonetten* – das „erste Zehen" ist drei einflussreichen Ratsherren gewidmet, das zweite sieben „Führnehmen Kauff- und Handels-Leuten zu Leipzig", das dritte siebzehn Studenten und jungen Absolventen der hiesigen Universität und damit vermutlich aktuellen und ehemaligen Mitgliedern des Collegium musicum.[29]

Die Kontinuität des Collegium musicum bis in die frühen 1690er Jahre ist durch zahlreiche Textdrucke belegt. Mit dem Rückzug seines langjährigen Spiritus rector Johann Kuhnau und der Gründung der Oper (1693)[30] scheint es um das Ensemble in der Folge stiller geworden zu sein. Vielleicht erfolgte gar ein – weitgehender oder vollständiger – Rückzug auf die Aufgaben im Rahmen der Gottesdienste in der Paulinerkirche; die Formulierungen in dem oben zitierten Gedicht könnten in diesem Sinne gedeutet werden. So wäre auch erklärlich, warum Georg Philipp Telemann in seiner Autobiographie von 1718 behaupten konnte, er habe in seiner Leipziger Studienzeit ein studentisches Ensemble „neu aufgerichtet". Eine weitere, konkurrierende Neugründung erfolgte wenige Jahre später durch Johann Friedrich Fasch. Beide Ensembles bestimmten fortan bis zur Gründung des Großen Concerts in den 1740er Jahren maßgeblich das bürgerliche Musikleben der Universitäts- und Handelsstadt Leipzig. Eine Darstellung von deren Geschichte würde aber den hier gesteckten Rahmen sprengen.[31]

Aufführungsorte und -anlässe

Basierend auf unseren weitaus genaueren Kenntnissen der Collegia musica in der ersten Hälfte des 18. Jahrhunderts sind wir gewohnt, die studentischen Musiziergesellschaften Leipzigs in der Sphäre der Kaffeehäuser anzusiedeln.[32] Im 17. Jahrhundert können diese Lokalitäten allerdings noch kaum eine Rolle gespielt haben. Das erste Leipziger Kaffeehaus („Zum arabischen Coffee-Baum") öffnete erst 1685 seine Pforten; wann sich dort musikalische Darbietungen zu etablieren begannen, ist nicht bekannt. Erst 1713 heißt es, das „Hoffmannische Collegium musicum" trete mittwochs und freitags von 8 bis 10 Uhr abends bei dem „Königl. Poln. und Churfürstl. Sächs. Hof-Chocolatier" Johann Lehmann in „Schlaffs-Hause" am Markt auf.[33] Für die Jahrzehnte davor sind eher Privathäuser anzunehmen – etwa die von Elias Nathusius bezeugten Wohnräume von Sigismund Finckelthaus d. J. oder die von Knüpfers Förderer Johann Philippi. Vielleicht ist – wie bei den Treffen des Collegium Gellianum – von einem turnusmäßigen Wechsel auszugehen. Zu öffent-

---

28 Ein Christian Clajus aus Döbeln schrieb sich im Wintersemester 1662 in die Leipziger Matrikel ein; vielleicht handelt es sich um den Vater.

29 Siehe die Abbildungen in der Neuausgabe: J. Theile: *Weltliche Arien und Canzonetten* (wie Anm. 15), S. XVI, XX und XXI.

30 Ausführlich dargestellt bei M. Maul: *Barockoper in Leipzig* (wie Anm. 2).

31 Siehe hierzu die Darstellungen Arnold Scherings im zweiten und dritten Band der *Musikgeschichte Leipzigs* (wie Anm. 1).

32 Siehe Werner Neumann: *Das „Bachische Collegium Musicum"*, in: Bach-Jahrbuch 47 (1960), S. 5–27.

33 A. Schering: *Musikgeschichte Leipzigs*, Bd. 2 (wie Anm. 1), S. 338; siehe auch Andreas Glöckner: *Bachs Leipziger Collegium musicum und seine Vorgeschichte*, in: Die Welt der Bach-Kantaten, hrsg. v. Christoph Wolff und Ton Koopman, Bd. 2, Stuttgart und Kassel 1997, S. 105–117.

lichen oder halböffentlichen Auftritten kam es im Zusammenhang mit Feierlichkeiten wie Hochzeiten, Namens- und Geburtstagen, Promotionen und Jubiläen, Trauerfeiern, Begrüßungen und Verabschiedungen von Würdenträgern und Standespersonen. Die verbreitetste Art der Darbietung war dabei die Abend- oder Nachtmusik. In der warmen Jahreszeit fanden die Auftritte traditionell im Freien statt; im Winter und bei schlechter Witterung mussten gegebenenfalls Ausweichquartiere gefunden werden. Anfangszeit, Dauer und Ablauf der Aufführungen waren vermutlich flexibel und von dem jeweiligen Anlass abhängig. Eine Huldigungsmusik für Herzog Moritz zu Sachsen am 17. September 1645 zum Beispiel fand „Bey einbrechender Nacht" statt.[34] Dem nach Breslau berufenen Dekan der Philosophischen Fakultät und Archidiakon der Nikolaikirche Ananias Weber wurden am 6. Januar 1645 „Abends um 9 Uhr / […] von der studirenden Jugend Carmina Gratulatoria überreichet und eine stattliche Vocal- und Instrumental-Music vor seiner Pfarr-Wohnung" dargebracht.[35]

Weitaus umfangreicher und prachtvoller war eine Festmusik zu Ehren des am 29. November 1674 in sein Amt eingeführten neuen Rektors der Universität. Die ausführliche Schilderung des Ereignisses durch den Leipziger Chronisten Johann Jacob Vogel belegt neben der Beschreibung der vielfältigen Musikdarbietungen, dass derartige Ereignisse nicht immer friedlich verliefen:

„Den 29 Novembr. war der erste Advent Sontag / ward bey der wohllöblichen Universität allhier / der am Tage Galli erwehlter Herr Rector / Herr Friedrich Geißler / der Philosophie und beyder Rechten berühmter Doctor und Professor Publicus, nach alten Brauch und Herkommen commendiret / und von ihm selbigen Tag das gewöhnliche Rector-Mahl ausgerichtet. Darbey auch die studierende Jugend mit einer lieblichen und schönen Nachtmusic gehorsamst auffwarten wollte / deswegen gemeldeten Tag nach verrichteten GOttesdienst in dem Metznerischen Hause am Marckte sich in grosser Anzahl versambleten und die neu componirten Musicalischen Stücken vocaliter und instrumentaliter versuchte. Abends umb 9. Uhr theilete sich der gesamte Hauffen vor besagten Hause in zwey Chöre / deren ieden zwey Nationes von denen Studierenden in einer schönen Ordnung bey vielen Windlichtern begleiteten. Beyde Chöre zogen mit klingenden Seiten-Spiel Trommeten und Paucken über den Marckt / der eine die Cather-Strassen und den Brühl hinunter / der andere die Peters-Strassen hinauff und den Neumarckt hinunter / daß sie also beyde vor des Hn. Rectoris Behausung auf der Reichsstrassen zugleich zusammen kamen. Diese gemachte Abtheilung war bey so vielen Fackeln und Windlichtern nicht allein schön anzusehen / sondern auch wegen der schönen Harmonie und Abwechselung beyder Chöre mit den Musicalischen Instrumenten / welches ein liebliches Echo gab / anmuthig anzuhören. Vor der Haus-Thür des Herrn Rectoris ward ein deutsches Gedichte abgesungen und die Harffen und Lauten geschlagen. Nach Endigung der Music / welche bey nahe 3 Stunden währete / zog der gantze Hauffen in obgedachter / wiewohl abgewechselter Ordnung wieder fort / also daß beyde Parten auff dem Marckte zugleich wieder zusammen kahmen. Dabey begab sichs / daß ein Studenten Junge durch einen Steinwurff die Schaarwache unter dem Rahthaus provocirte / welche denn alsobald heraus fiel / den gesammten Hauffen zertrennete / und viel Musicalische Instrumenta zerschlug und selbige unbrauchbar machte. Dieses suchten etliche von denen Studierenden folgenden Tages an denen Circklern zu rächen / foderten diese Abends umb 10. Uhr heraus / welche sich denn mit Brust-Harnischen / Spiessen und eisernen Flegeln versehen alsobald stelleten / auf die Studenten erbittert loß giengen / und da kam es zu einen scharffen Gefechte / darinnen 3. Studenten gefährlich verwundet und einer / Nahmens Eccard Todte / von Itzehöe / aus Hollstein bürtig / von dem Marcktmeister mit einem Sauspieß in die lincke Seite zwischen der 7. und 8. Rippen in die Lunge und durchs Netze gestochen wurde / daß er den 5ten Tag daran seinen Geist auffgeben muste. Von denen Stadtknechten wurden auch fünffe hart beschädiget / worunter einem die Wade am lincken Schenckel abgehauen ward."[36]

Eine ähnliche, die Straßen um den Markt mit einbeziehende Darbietung der Studenten erlebten die Leipziger am 3. Oktober 1683 anlässlich der Heimkehr des sächsischen Kurfürsten von den Türkenschlachten vor Wien. Vogels Annalen berichten sehr knapp von dem Besuch des Kurfürsten in der Messestadt, seiner Einkehr im „Amelungischen Haus am Marckte" und einer „Nacht-Music", mit der ihn „sämtlich allda Studierenden […] unterthänigst bewillkommet und bedienet" hätten.[37] Ausführlicher schildert Johann Mattheson die Begebenheit in seiner *Ehren-Pforte*, wobei er sich auf autobiographische Mitteilungen Johann Kuhnaus beruft:

„Als nun des folgenden 1683. Jahrs Churfürst Johann Georg, der dritte, von dem wienerischen Entsatz, als ein Türckenbesieger, wieder kam, und die Leipziger

---

34 Johann Jacob Vogel: *Leipzigisches Geschicht-Buch Oder Annales, Das ist: Jahr- und Tage-Bücher Der Weltberühmten Königl. und Churfürstlichen Sächsischen Kauff- und Handels-Stadt Leipzig* […], Leipzig 1714, S. 622.
35 Ebenda, S. 619.
36 Ebenda, S. 760 f.
37 Ebenda, S. 829.

Messe mit seiner Gegenwart beehrete, brachten ihm die sämtlichen Studiosi eine herrliche Musik, welche unser Kuhnau erfand und aufführte, und wobey verschiedene Chöre aus verschiedenen Gassen zusammenstiessen. Diese neue Erfindung vermehrte seinen Ruf dergestalt, daß, da An. 1684., durch Kühnels Tod, der Organisten-Dienst an [der] S. Thomas-Kirche aufs neue erlediget wurde, niemand das Hertz hatte, sich darum zu bewerben: so, daß ihn Kuhnau, durch einmüthige Wahl, ohn allen Wiederspruch erhielt."[38]

Die wohl prächtigste Musikaufführung fand allerdings im Oktober 1650 im Rahmen der Feierlichkeiten zum Abzug der schwedischen Besatzung aus Leipzig statt. Vogel berichtet von einem „singenden Schauspiel", das auf einer provisorischen Bühne auf dem Marktplatz aufgeführt wurde:

„Den 21. Octobr. wolten Ihrer Churfürstl. Durchl. Dero höchsterwündschete Gegenwart man mit allen Freuden diesen Tag in Leipzig vermuthete / die allhier Studierenden ihre sonderbahre Freude über der Schwedischen Völcker Abzug / Qvittierung der Stadt Leipzig und getroffenen allgemeinen Frieden in einen singenden Schauspiel vorstellen und höchstermeldte Churfürstl. Durchl. mit einer Nacht-Music unterthänigst auffwarten. Weil aber dieselbe dazumals nicht kommen / und die angestellte Vorstellung nicht auffgeschoben werden kunte / als nahm dieselbe besagten Tages auff öffentlichen Marckt Abends umb 10. Uhr bey grossen Zulauff und Versamlung vieles Volcks ihren Fortgang. Hierzu ward eine prächtige Schaubühne auffgerichtet und war dieselbe also angeleget: der unterste Theil des Theatri war mit Brettern verschlagen und mit schönen Teppichten bedecket / innerhalb spieleten die Studierenden mit ihren Musicalischen Instrumenten. Die Scena war mit schwartz und vergüldeten Tapezereyen verhenget. Uber derselben waren allerhand Zierathen und mitten unter derselben auff einer Marmorirten Seulen / welche die Scena von einandertheilete / war das Churfürstliche Sächsische Wappen künstlich ausgehauen und vergüldet / darüber der Reichs Adler mit einem vergüldeten Scepter / Cron und ReichsApffel zu sehen. An denen vier Ecken des Theatri waren gleich so viel marmorirte Pyramiden mit grünen Laubwerck und allerhand Früchten umbwunden / über 10. Ellen hoch von der Erden auffgeführt / oben darauff waren Kugeln mit brennenden Flammen / welche den bey brennenden Fackeln und Windlichtern / derer über 200. und theils schwartz / theils gelb waren / einen schönen Schein von sich gaben."

Derartige Ereignisse bildeten freilich die Ausnahme. Dennoch zeigen sie nachdrücklich, über welches außergewöhnliche künstlerische und organisatorische Potential die studentischen Musiziergemeinschaften verfügten.

Musikalische Quellen – Die Sammlungen Assieg, Adami und Stohr

Die einschlägigen gedruckten Liedersammlungen von Adam Krieger, Sebastian Knüpfer, Johann Theile und Johann Caspar Horn sowie die Anthologien mit instrumentalen Suiten von Johann Rosenmüller, Johann Pezel, Werner Fabricius und wiederum Horn bilden augenscheinlich nur einen kleinen und kaum repräsentativen Ausschnitt des tatsächlichen Repertoires des Leipziger Collegium musicum. Neben den in gedruckten Textheften nachgewiesenen, in der Regel jedoch nicht erhaltenen großen Huldigungsmusiken vermitteln aber einige in ihrer Bedeutung noch kaum erkannte Handschriftenbestände wertvolle Einblicke in das Alltagsrepertoire der Studenten. In dieser Hinsicht herausragende Bedeutung fällt zunächst vor allem einem in der Universitätsbibliothek Uppsala innerhalb der Sammlung Düben erhaltenen und als ‚Sammlung Assieg' bekannt gewordenen Quellenbestand zu, der vor längerer Zeit bereits aufgrund alter Signaturen und Besitzervermerke als zum Teil zusammengehörig erkannt wurde,[39] dessen Beziehung zu Leipzig und Bedeutung für die hiesige studentische Musikpflege jedoch zunächst verborgen blieb.

Die Sammlung Assieg umfasst in erster Linie Instrumentalwerke, in kleinerem Umfang aber auch weltliche und geistliche Vokalmusik. Obwohl sie eine größere Zahl unterschiedlicher Schreiber und Wasserzeichen aufweist, teilen fast alle zu dieser Gruppe gehörenden Quellen auch eine Reihe gemeinsamer Merkmale; zu nennen sind die Bevorzugung kleiner Papierformate (halbe oder gefaltete Bogen), eine eigenständige Tintensignatur, einheitlich beschriftete Titelumschläge sowie der in der Vergangenheit nicht befriedigend zu deutende Besitzvermerk „Assieg" oder „Assig".[40] Die charakteristische Tintensignatur erlaubt es, auch einige nicht mit Besitzersignets versehene Handschriften als zu der Sammlung „Assieg" gehörig zu bestimmen.

---

38 Johann Mattheson: *Grundlage einer Ehrenpforte*, Hamburg 1740, Neudruck, hrsg. v. Max Seiffert, Berlin 1910, S. 156.

39 Siehe Bruno Grusnick: *Die Dübensammlung. Ein Versuch ihrer chronologischen Ordnung (Teil 2)*, in: Svensk Tidskrift för Musikforskning 48 (1966), S. 63–186, speziell, S. 150 f.

40 Zur Forschungsgeschichte siehe Erik Kjellberg: *Instrumentalmusiken i Dübensamlingen. En Översikt*, Uppsala 1968; vgl. auch Kjellbergs Aufsatz *Über Inhalt und Bedeutung der Instrumentalmusik in der Düben-Sammlung. Zur Geschichte der schwedischen Hofkapelle in Buxtehudes Zeit*, in: Dietrich Buxtehude und die europäische Musik seiner Zeit. Bericht über das Lübecker Symposion 1987, hrsg. v. Arnfried Edler und Friedhelm Krummacher (Kieler Schriften zur Musikwissenschaft 35), Kassel 1990, S. 162–182; sowie Peter Wollny: *Beiträge zur Entstehungsgeschichte der Sammlung Düben*, in: Svensk Tidskrift för Musikforskning 87 (2005), S. 100–114.

Die regionale Zuordnung der Sammlung und die Identifizierung des ursprünglichen Besitzers konnte vor allem aufgrund der Konzentration des Repertoireschwerpunkts auf Leipzig gelingen. Die Initialen des Komponisten auf einer auf 1672 datierten Abschrift einer vierstimmigen Suite in d-Moll („S. K.") sind offenbar auf den Leipziger Thomaskantor Sebastian Knüpfer zu beziehen. Eine mit den Initialen „W. F." versehene *Sonatella à 7* in A-Dur dürfte von Werner Fabricius stammen. (siehe Abbildung S. 81) Ebenfalls auf Leipzig verweist das Lied *Ich lobe den Krieg* von Adam Krieger. Alle drei Werke gehören in den Umkreis des studentischen Musiklebens an der Leipziger Universität, in das sich zudem auch zwei anonyme Arien (*Unlängst kam Filidor* und *Ihr Klugen dieser Welt*) leicht einordnen lassen. Diese letztgenannten Werke ähneln in ihrer Faktur den geselligen Liedern der Leipziger Studenten Johann Theile und Johann Caspar Horn, konnten jedoch nicht in deren einschlägigen gedruckten Sammlungen lokalisiert werden. Dieses Leipziger Repertoire ist eingebettet in eine erlesene Auswahl von Abschriften mit Werken italienischer und Wiener Komponisten. Die auf einigen Handschriften zu findenden Datierungen stammen sämtlich aus den Jahren 1671–1673.

Die ‚Assieg'-Handschriften gelangten bereits im Jahr 1674, also kurze Zeit nach ihrer Entstehung, in den Besitz des schwedischen Hofkapellmeisters Gustav Düben.[41] Dieser merkwürdige Befund erklärt sich mit der Identifizierung des Besitzers. Bei genauerer Betrachtung stellt sich heraus, dass der erste Buchstabe ein Monogramm darstellt, als dessen weitere Bestandteile sich die Buchstaben ‚J' und ‚v' erkennen lassen; auf einigen Quellen scheint dem ‚A' zusätzlich noch ein spiegelverkehrtes ‚S' eingeschrieben zu sein. Eine Auflösung könnte somit lauten ‚J. v[on] Assieg [+ S]'. Dies lenkt den Blick auf den Leipziger Studenten und nachmaligen kurfürstlich brandenburgischen Hauptmann, Burglehns- und Kammerdirektor in Schwibus Johann von Assig und Siegersdorff, über dessen Biographie die Vorrede zu seinen 1719 posthum in Breslau bei Michael Hubert gedruckten *Gesammelten Schriften* Auskunft gibt.[42] Nach Ausweis dieser Vorrede wurde Assig am 8. März 1650 in Breslau geboren. Zum Sommersemester 1669 bezog er im Alter von 19 Jahren die Leipziger Universität, an der er drei Jahre lang – also vermutlich bis zum Sommer 1672 – studierte.[43] Nach Beendigung seiner Studien reiste er über Stettin, Anklam, Wolgast und Rügen nach Stockholm. In Stockholm erhielt er eine Anstellung als „Hof-Juncker bey dem Grafen Magno Gabriel de la Gardie" und bald darauf wurde er „bey Seiner Exzellenz Gemahlin/ der Durchl. Fürstin Maria Euphrosina, Pfaltz-Gräfin beym Rhein/ ec. als Camer-Juncker ernennet". Die Stellung im Hause de la Gardies war indes nur von kurzer Dauer, denn am 10. November 1674 wurde Assig zunächst zum „Fähnrich unter dem Königl. Bergs-Regiment" und kurz darauf in Malmö zum „Marschall oder Hof-Intendant bey Gouverneur General und Graf Schultze" ernannt. In dieser Funktion unternahm er eine Reise „durch Liefflland, Rußisch Narva, bis an die Moscowitische Gräntze", von der er Anfang 1676 zurückkehrte, um als „Lieutenant unter dem Oester-Gothischen Regiment" die Kommandantur der Festung Landskrona zu übernehmen. Im März 1676 hielt Assig sich für kurze Zeit wieder in Stockholm auf, bevor er zum „Commandeur-Lieutenant" auf dem Admiralsschiff Victoria ernannt wurde und an mehreren großen Seeschlachten teilnahm. Durch den Kriegsdienst gesundheitlich schwer angeschlagen kehrte er um 1677/78 in seine Heimatstadt Breslau zurück, wo er sich am 20. September 1678 mit Rosina Sophia Gloger von Schwanbach vermählte. 1692 verließ er Schlesien und trat als Hauptmann und Amtsdirektor von Schwibus in Brandenburgische Dienste. Am 5. August 1694 verstarb Assig im Alter von gerade einmal 44 Jahren.

Nach Beendigung seiner militärischen Laufbahn widmete Assig sich ausgiebig der Dichtkunst; seine in dem genannten Sammelband veröffentlichten geistlichen und weltlichen Dichtungen sowie Parentationen weisen ihn als ein namhaftes Mitglied der sogenannten Zweiten Schlesischen Dichterschule aus.[44] Obwohl sein Lebenslauf über musikalische Interessen nichts berichtet, kann aufgrund der referierten biographischen Daten kein Zweifel daran bestehen, dass es sich bei Johann von Assig und Siegersdorff um den einstigen Besitzer der mit „Assig"/„Assieg" signierten Handschriften handelt.[45] Aus dem geschilderten Lebensweg wie auch aus quellenkritischen Beobachtungen erklärt sich zudem, warum Assig sich von seiner erst kurz zuvor zusammengetragenen Sammlung schon so bald wieder trennte: Die durch seinen Eintritt in die schwedische Armee bedingte tiefe Zäsur in seiner Biographie ließ für die Interessen der Jugendzeit und damit auch für die ehedem sorgsam gehüteten Musikalien keinen Raum mehr.

---

41 Vgl. B. Grusnick: *Die Dübensammlung* (wie Anm. 39), S. 134, 150 f., 153.

42 *Herrn Hannß von Aßig / Weyland Sr. Chur-Fürstl. Durchl. zu Brandenburg gewesenen Hauptmanns / und des Schlosses und Burg-Lehns Schwiebuß Directoris, Gesammelte Schrifften / Bestehend theils aus Geistl. und Vermischten Gedichten / Theils aus gehaltenen Parentationen / Wovon das meiste biß hieher ungedruckt gewesen / anietzo aber mit Fleiß selbst aus des Sel. Herrn AUTORIS MSSt. zusammen getragen worden*, Breslau 1719, Exemplar: D-LEu: B. S. T. 91.

43 Angabe nach G. Erler: *Die jüngere Matrikel der Universität Leipzig*, Bd. 2 (wie Anm. 27), S. 11; der Lebenslauf nennt als Studienbeginn, wohl versehentlich, das Jahr 1668. Im Blick auf die Datierung einer seiner Abschriften auf das Jahr 1673 wäre zudem zu fragen, ob Assig sein Studentenleben möglicherweise erst Anfang dieses Jahres beendete.

44 Vgl. Karl Goedecke: *Grundrisz zur Geschichte der deutschen Dichtung*, Bd. 3, 2. Aufl., Dresden 1887, S. 190 und 271.

45 Die häufig auftretende zweite Namensform „Assieg" wäre demnach als Kontraktion der beiden Bestandteile des Nachnamens anzusehen.

Entstehungszeit und -ort von Assigs Musikaliensammlung lenken den Blick auf zwei etwa zur gleichen Zeit ebenfalls in Leipzig angelegte Repertoires, die heute als Teil der Sammlung der Fürstenschule Grimma in der Sächsischen Landesbibliothek, Staats- und Universitätsbibliothek aufbewahrt werden:

Der aus Dresden stammende Friedrich Adami, ein Absolvent der Fürstenschule in Grimma, trug – vermutlich beginnend mit seiner Einschreibung in die Matrikel der Universität Leipzig im Sommersemester 1671 – eine kleine Sammlung von etwa zwanzig Geistlichen Konzerten zusammen, die er bereits im April 1672 an seine ehemalige Schule verkaufte.[46] Zwischen den Sammlungen Assig und Adami sind immerhin zwei Konkordanzen festzustellen – das anonyme Konzert *Quid mihi o bone Jesu* (D-Dl: Mus. 2-E-23) und Isabella Leonardas Motette *O anima mea* (D-Dl: Mus. 1737-E-500). Die Abschriften Assigs und Adamis scheinen eng miteinander verwandt zu sein, es lässt sich allerdings derzeit nicht sicher klären, ob sie gemeinsam auf dieselbe Vorlage zurückgehen oder ob eine direkte Abhängigkeit vorliegt. In jedem Fall aber zeigen die ermittelten biographischen Hintergründe kennenswerte Verbindungen zwischen zwei zentralen Handschriftensammlungen, die noch im 17. Jahrhundert durch die Zeitläufte weit voneinander entfernt wurden.

Zur Sammlung Adami gehören folgende Handschriften:[47]

Mus. 2-E-634	Anonym, *Ach Herr strafe mich nicht* (Fragment, nur Bc vorhanden)
Mus. 2-E-706	Anonym, *Cantabo Domino* (B, 2 Vl, Bc)
Mus. 2-E-518	Anonym, *Cantabo Domino* (TB, Bc); *Lauda Sion Salvatorem* (TB, Bc)
Mus. 2-E-504	Anonym, *Confitebor* (CCB, Bc)
Mus. 2-E-502	Anonym, *Cupio dissolvi* (TT, Bc)
Mus. 2-E-508	Anonym, *Hic est vere Martyr* (C, 2 Vl, Bc)
Mus. 2-E-537	Anonym, *Lauda Jerusalem* (CCB, Bc)
Mus. 2-D-503	Anonym, *Missa a 8. 12. 16. vel 20. voc.*
Mus. 2-E-24	Anonym, *O Dulcissime Domine Jesu* (CC, Bc)
Mus. 2-E-514	Anonym, *Salvum me fac Deus* (CCB, Bc)
Mus. 2-E-21	[Giacomo Carissimi], *Audite sancti* (CCB, Bc)
Mus. 1733-E-505	Gasparo Casati, *Dixit Dominus* (CATB, Bc)
Mus. 1820-E-500	Johann Ernst Eulenhaupt, *Omnes gentes a 4*
Mus. 1825-E-521?	Sebastian Knüpfer, *Welt Vater du* (CC, 4 Va, Bc)
Mus. 1737-E-500	Isabella Leonarda, *O anima mea* (CC, Bc)
Mus. 1739-E-508	Johann Rosenmüller, *Ach Herr es ist nichts Gesundes* (CATB, CATB cap, 2 Vl, [3 Va], Bc)
Mus. 1739-E-506	Johann Rosenmüller, *Ach Herr strafe mich nicht* (C, 4 Va, Bc)
Mus. 1739-E-507	Johann Rosenmüller, *Seine Jünger kamen des Nachts, a 18 o 23*
Mus. 1739-E-502	Johann Rosenmüller, *Wie lieblich a 9 vel 14*
Mus. 1856-E-500	Johann Theile, *Was betrübst du dich* (A, 3 Va, Bc)

Die von Adami gesammelten Werke zeichnen sich durch vorwiegend kleine Besetzungen aus. Unter den Anonyma lässt sich bisher lediglich Carissimis dreistimmige Motette *Audite sancti* identifizieren, die seinerzeit in Drucken und Handschriften weit verbreitet war.[48] Zu diesem Repertoire passen die sechs kleinen geistlichen Konzerte mit ein oder zwei Singstimmen und Instrumentalbegleitung, bei denen es sich weitgehend – wenn nicht gar ausschließlich – um Werke deutscher Komponisten handelt. Neben offenbar singulären Stücken finden sich hier auch zwei der im Handschriftenrepertoire des 17. Jahrhunderts am häufigsten vorkommenden Werke: Rosenmüllers Psalmvertonung *Ach Herr, strafe mich nicht* und die anonyme Motette *Cupio dissolvi* für zwei Tenöre. Einen deutlichen Kontrast zu den kleindimensionierten Motetten und Konzerten bilden die drei großbesetzten Stücke, darunter zwei Konzerte von Rosenmüller und eine anonyme *Missa a 8. 12. 16. vel 20. voc.* Das Auftreten solcher Kompositionen könnte als Indiz dafür gewertet werden, dass Adami mit seinen Kopien nicht primär eigene Interessen verfolgte, sondern im Auftrag seiner ehemaligen Schule arbeitete.

Die Leipziger Provenienz der Abschriften Adamis, aus der sich die Möglichkeit einer exakten Datierung auf dessen Studienjahr 1671/72 ergäbe, wird vor allem durch das Auftreten bestimmter deutscher Komponisten weiter bekräftigt. Die beiden großbesetzten Konzerte Rosenmüllers stehen sicherlich mit dessen Leipziger Zeit in Zusammenhang; das gleiche gilt für die Aria von Knüpfer. Mit Theiles Solokonzert *Was betrübst du dich* liegt offensichtlich ein Frühwerk des Komponisten vor, das eigentlich nur in dessen Leipziger Studentenjahren (1666 bis etwa 1670) entstanden sein kann. Wären im Falle des überregional berühmten Rosenmüller theoretisch auch noch andere Überlieferungswege denkbar, so ist bei Theiles Konzert davon auszugehen, dass dieses Werk eines jungen und noch wenig bekannten studentischen Musikers um 1670 kaum außerhalb von dessen engstem Wirkungsradius Verbreitung gefunden haben kann.

Das auf zehn weiteren Quellen der Sammlung Grimma zu findende Signum „M.I.S." konnte von Wolfram Steude als „Magister Johann Stohr" aufgelöst werden.[49] Stohr wurde 1640 in Ablaß bei Oschatz geboren und absolvierte von 1659 bis Anfang 1663 ebenfalls ein Studium an der

---

[46] Zur Identifizierung des Schreibers und seines Repertoires siehe Peter Wollny: *Zur stilistischen Entwicklung des geistlichen Konzerts in der Nachfolge von Heinrich Schütz*, in: Schütz-Jahrbuch 23 (2001), S. 7–32, speziell S. 10–12.

[47] Wie einer auf einer leer gebliebenen Seite von Adamis Abschrift der Motette *O dulcissime Domine Jesu* eingefügten Liste zu entnehmen ist, gehörte ursprünglich auch das heute verschollene Konzert *O Felix Triumphus a 3 voc Bass. e 2. Cant.* zu dieser Gruppe.

[48] Vgl. Andrew V. Jones: *The Motets of Carissimi* (Studies in British Musicology, hrsg. v. Nigel Fortune), 2 Bde., Ann Arbor 1982, Bd. 2, S. 15. Möglicherweise wurde das Werk aus der 1670 in Konstanz erschienenen Sammlung *Arion Romanus* kopiert.

[49] Siehe Wolfgang Steude: *Neue Schütz-Ermittlungen*, in: Deutsches Jahrbuch für Musikwissenschaft 12 (1967), S. 40–74, speziell S. 61. Zur Biographie Stohrs siehe auch Arno Werner, *Musik und Musiker in der Landesschule Pforta*, in: Sammelbände der Internationalen Musikgesellschaft 8 (1906/07), S. 535–550, speziell S. 542.

Universität Leipzig.⁵⁰ Nach seiner Magisterpromotion⁵¹ blieb er offenbar zunächst in Leipzig, denn 1666 veröffentlichte er dort eine zweite akademische Abhandlung, und 1667 steuerte er ein Gedicht für den Druck von Johann Theiles *Arien und Canzonetten* bei, in dem er diesen seinen „werthen Freund" nennt.⁵² Von 1667 bis 1669 bekleidete Stohr das Kantorat der Landesschule Pforta, gab dann jedoch sein professionelles Musikerdasein auf und wechselte auf die einträglichere Stelle eines Tertius an der Fürstenschule Grimma, wo er bis 1678 wirkte. Anschließend war er bis zu seinem Tod im Jahre 1707 als Pastor in Schwarzbach bei Colditz tätig. Von Stohrs Hand bzw. aus seinem Besitz stammen die folgenden innerhalb der Sammlung Grimma überlieferten Quellen:

Mus. 2-E-30	Anonym	*Dulcissime Redemptor a 3*
Mus. 2-E-27	Anonym	*Jauchzet ihr Himmel a 2*
Mus. 2-E-22	Anonym	*Jesu bone fac a 4*
Mus. 2-E-521	Anonym	*Jesu dulcissime creator a 3*
Mus. 2-E-520	Anonym	*O amor qui semper ferves a 3*
Mus. 2-E-509	Anonym	*O anima mea a 3*
Mus. 2-E-26	Anonym	*O quam suavis a 3*
Mus. 1471-E-500	„Signor Vincens" [Vincenzo Albrici]	*Manifeste est a 2*
Mus. 1801-E-500	Wolfgang Carl Briegel	*Amor Jesu dulcissimus a 3*
Mus. 1733-E-507	Gasparo Casati	*O felix felicitas a 2*
Mus. 2-E-28	[Gasparo Casati]	*O quam suavis*
Mus. 1731-E-500	Maurizio Cazzati	*Lauda Jerusalem a 3*
Mus. 1700-E-501	Johann Georg Schröer	*Ach Herr wie sind meiner Feinde so viel a 3*
Mus. 1479-E-503	Heinrich Schütz	*Herzlich lieb hab ich dich a 6* (SWV 387)
Mus. 1479-E-501	Heinrich Schütz	*Teutzsch Magnificat a 8* (SWV 494a)
Mus. 1906-E-500	Johann Stohr	*Der Tod ist verschlungen a 8 vel 12*

Angesichts seiner beruflichen Entscheidung erscheint es nur folgerichtig, dass Stohr bereits nach seinem ersten Amtsjahr in Grimma seine Musikalien an die Fürstenschule verkaufte. Dies belegt ein Eintrag in den Schulrechnungen nebst zugehöriger Quittung vom August 1670, die erstmals von Wolfram Steude veröffentlicht und diskutiert wurde.⁵³ Dass mit den in der Quittung genannten „Partium" die noch heute im Bestand der Sammlung Grimma befindlichen von Stohr signierten Handschriften gemeint sind, liegt auf der Hand; Stohrs Beteiligung an einer Reihe von unsignierten handschriftlichen Stimmensätzen wie auch verschiedene Eintragungen von seiner Hand in Druckexemplare aus dem Bestand der Fürstenschule⁵⁴ bedürfen hingegen noch der genaueren Untersuchung, ein anschauliches Bild seiner Sammeltätigkeit vermitteln indes bereits die oben zusammengestellten Quellen mit den Initialen „M.I.S.". Auffällig ist die große Zahl kleinbesetzter Konzerte für ein oder zwei hohe Stimmen, häufig mit Begleitung von zwei Violinen. Mit Gasparo Casati und Maurizio Cazzati sind zwei der in den 1640er bis 1660er Jahren in Nordeuropa verbreitetsten italienischen Meister dieses Genres vertreten. Wie durch eine glaubwürdige Konkordanz nachzuweisen ist, handelt es sich bei dem „Signor Vincens" zugewiesenen Duett *Manifeste est* für zwei Soprane um eine bislang verschollen geglaubte Komposition Vincenzo Albricis;⁵⁵ ob die vertraulich anmutende Nennung des Komponistennamens, die in der Folge zu irrtümlichen Deutungen Anlass gab,⁵⁶ als eine Unachtsamkeit des in Stohrs Sammlung singulären Kopisten zu interpretieren ist oder aber auf dessen Nähe zum Dresdner Hof deutet, bleibt ungewiss. Die anonymen Werke stehen den zuvor genannten stilistisch sehr nahe und mögen teils ebenfalls von italienischen Autoren, teils aber wohl auch von deutschen Komponisten stammen, die sich den italienischen Stil angeeignet hatten. Auf persönliche Verbindungen Stohrs deutet die Psalmvertonung *Ach Herr, wie sind meiner Feinde so viel* des von 1653 bis 1704 tätigen Bautzener Petri-Organisten Johann Georg Schröer (Schreyer).⁵⁷ In diesem durch kleine Besetzungen und Formen geprägten Repertoire bilden die beiden großbesetzten Werke – Stohrs eigene Komposition sowie seine Abschrift des *Deutschen Magnificat* aus dem *Schwanengesang* von Heinrich Schütz – bemerkenswerte Ausnahmen.

---

50 Vgl. G. Erler: *Die jüngere Matrikel der Universität Leipzig*, Bd. 2 (wie Anm. 27), S. 443.

51 1663 erschien in Leipzig Stohrs Abhandlung *Sirenum fabulam*, 1666 folgte seine *Dissertatio De vera sirenum historia*; Exemplare der beiden Schriften sind in D-Dl (Ant. Graec. 202, Nr. 24 und 27) sowie in der Herzogin Anna Amalia Bibliothek Weimar (16,5:71) erhalten.

52 Vgl. die Neuausgabe J. Theile: *Weltliche Arien und Canzonetten* (wie Anm. 15). Stohrs Glückwunschgedicht findet sich im Canto-Stimmbuch und ist unterschrieben mit „M. Johannes Stohr / der Heil. Schrifft Befließener / und der Zeit beruffener *Collega* und *Cantor* der Churfl. Sächs. Landschul Pforta". Das Gedicht entstand demnach offenbar unmittelbar vor Stohrs Weggang aus Leipzig.

53 Sächsisches Hauptstaatsarchiv Dresden: Fürstenschule Grimma, Nr. 834, fol. 61r (Rechnungsposten) und fol. 69r (Quittungsbeleg). Vgl. W. Steude: *Neue Schütz-Ermittlungen* (wie Anm. 49), S. 60–62. Die Quittung hat folgenden Wortlaut: „Daß *salv. tit.* Herr, *M. Justus* Gottfriede Rabener wohlverordneter *ConRector* des Churfl: Sächßl: *Gymnasij* alhir zu Grimme, mihr endes unterschriebenen wegen in den *Chorum Musicum* verlaßenen *Partium* von denen *Bibliothec* geldern 3 ½ f. sage drey undt einen halben gülden auf abschlag paar gezahlet, thue ich hiermit bekennen undt d... gedachten Herrn Bibliothecarium deßhalb gebührend q[ui]ttiren. Grimme den 7. *Aug.* 1670. M. Johannes Stohr mpria."

54 Vgl. W. Steude: *Neue Schütz-Ermittlungen* (wie Anm. 49), S. 73.

55 Das Werk ist als Komposition Albricis im Inventar Ansbach, fol. 992 (in der Rubrik „Musicalia Vom Alborizi"), sowie auf fol. 986 und 1036 zweimal ohne Autorenangabe nachgewiesen.

56 Im Katalog der Sächsischen Landesbibliothek, Staats- und Universitätsbibliothek ist als Komponist tentativ der Flame Caspar Vincentius (1580–1624) genannt, der jedoch aus stilistischen Gründen nicht in Frage kommt.

57 Vgl. Reinhard Vollhardt: *Geschichte der Cantoren und Organisten von den Städten im Königreich Sachsen*, Berlin 1899, Nachdruck hrsg. v. Hans-Joachim Schulze, Leipzig 1978, S. 17 und 397.

Gattungen und Stile

Die Sammlung Assig deutet an, dass im Umfeld der Universität ein breitgefächertes internationales Repertoire gepflegt wurde. Besonders auffällig ist die starke Präsenz von Instrumentalwerken der seinerzeit am Wiener Kaiserhof führenden Musiker. Die klangvollen Sonaten von Johann Heinrich Schmelzer und Antonio Bertali müssen den Aufführungen des Collegium musicum eine gleichsam höfische Aura verliehen haben. Vor dem Hintergrund dieses Repertoires sind auch die entsprechenden Werke von Leipziger Komponisten neu zu bewerten: Georg Knüpfer, der ebenfalls in der Messestadt wirkende jüngere Bruder des Thomaskantors, zitiert in einer seiner beiden erhaltenen Sonaten ein Themenmodell Schmelzers, und Johann Pezel lehnt sich in seinem *Opus musicum Sonatarum* mit mottohaften Werktiteln und der Kombination von tänzerischen Rhythmen und instrumentaler Virtuosität ebenfalls offensichtlich an Wiener Vorbilder an.

Im Bereich der Vokalmusik fällt die stattliche Reihe von virtuosen italienischen Solomotetten mit Instrumentalbegleitung auf. Diese um 1670 außerhalb des Repertoires von Hofkapellen noch kaum verbreiteten Werke scheinen ebenso zum geläufigen Repertoire des Leipziger Collegium musicum gehört zu haben wie die Wiener Sonaten und die geselligen weltlichen Lieder. Ihr ausgesprochen virtuoser Charakter hebt diese Musik deutlich von den konservativeren Repertoires der städtischen Kantoreien um 1650 ab. Komponisten wie Johann Rosenmüller, Werner Fabricius und Sebastian Knüpfer, die ihre ersten und prägenden musikalischen Erfahrungen im Leipziger Collegium musicum erfuhren, führten die entsprechenden stilistischen Neuerungen später als Inhaber bedeutender musikalischer Ämter auch in die städtische Kirchenmusik ein.

Am nachhaltigsten lässt sich dies bei Sebastian Knüpfer verfolgen. Seine frühen geistlichen Werke – virtuose Solomotetten im italienischen Stil – entstanden offenbar bereits vor seinem Amtsantritt als Thomaskantor (1657) und gehören demnach in das Umfeld seiner Tätigkeit als Mitglied des Collegium musicum.[58] Später (um 1665) verarbeitete er die Eindrücke und Anregungen aus seiner Studentenzeit in seinen ausdrucksvollen Dialogen und in seinen Vertonungen der neuartigen Kantatendichtungen des Hallenser Poeten David Elias Heidenreich. Ähnliche Tendenzen lassen sich knapp drei Jahrzehnte später in zwei frühen Werken Johann Kuhnaus nachweisen, die vielleicht ebenfalls in das Umfeld seiner Zusammenarbeit mit dem Collegium musicum gehören. Zum einen handelt es sich hier um die Kantate *Spirate suaves clementes*, die den Stil der am Dresdner Hof wirkenden Italiener Vincenzo Albrici und Giuseppe Peranda aufgreift,[59] zum anderen um die sogar in einem vor 1696 entstandenen autographen Stimmensatz erhaltene madrigalische Kantate *Mein Alter kömmt, ich kann nicht sterben*, deren ausgedehnter Soloteil den greisen Simeon in der Art einer Opernszene einen frei gedichteten Klagegesang vortragen lässt.[60] Das zur Ausführung des Continuo vorgesehene Cembalo deutet auf eine Darbietung des für seine Zeit ungewöhnlich kühnen Werks außerhalb der Kirche; in Betracht kommt daher in erster Linie eine Zusammenkunft des Collegium musicum.

Insgesamt lässt sich erkennen, dass das Wirken des Collegium musicum über die Jahrzehnte hinweg auch die städtische Musikpflege mit wichtigen Impulsen versah. Von dem von Studenten zusammengetragenen internationalen Repertoire gingen Anregungen aus, auf die Musiker in anderen Städten nicht oder nur wesentlich verspätet Zugriff hatten. Vor diesem Hintergrund wird verständlich, warum Wolfgang Caspar Briegel im Vorwort des 1660 erschienenen ersten Teils seiner *Evangelischen Gespräche* schrieb, die Stadt Leipzig könne „wol mit recht eine musikalische Universität" genannt werden.[61]

---

58 Vgl. Peter Wollny: *Zur Rezeption des stile nuovo in der Oberlausitz – Beobachtungen an der Handschrift Mus. Löb 53 der Sächsischen Landesbibliothek – Staats- und Universitätsbibliothek Dresden*, in: Ständige Konferenz Mitteldeutsche Barockmusik. Jahrbuch 2006, Beeskow 2007, S. 117–140.

59 Abschrift in dem zur Sammlung Bokemeyer gehörenden Sammelband: Staatsbibliothek zu Berlin Preußischer Kulturbesitz (D-B): Mus. ms. 12260.

60 Quelle: D-Dl: Mus. 2133-E-504. Erstmals diskutiert bei Peter Wollny, *Neue Forschungen zu Johann Kuhnau*, in: „Nun bringt ein polnisch Lied die gantze Welt zum springen": Telemann und Andere in der Musiklandschaft Sachsens und Polens des 18. Jahrhunderts, hrsg. v. Friedhelm Brusniak (Arolser Beiträge zur Musikforschung 6), Sinzig 1998, S. 185–195.

61 Zitiert nach Elisabeth Noack: *Wolfgang Carl Briegel. Ein Barockkomponist in seiner Zeit*, Berlin 1963, S. 32.62 Für Konkordanzen zur dritten Suite siehe Paul Nettl: *Die Wiener Tanzkomposition in der zweiten Hälfte des siebzehnten Jahrhunderts*, in: Studien zur Musikwissenschaft. Beihefte der Denkmäler der Tonkunst in Österreich 8 (1921), S. 45–175, speziell S. 139, sowie Jiři Sehnal, Jitrenka Pešková: *Caroli de Liechtenstein-Castelcorno Episcopi Olomucensis operum artis musicae collectio Cremsirii reservata*, Prag 1998, S. 471–473 und 478 f. Es handelt sich offenbar um Sätze aus Schmelzers Ballett *Das Narrenspital*, das am 21. Februar 1667 aufgeführt wurde. Die zweite Suite ist ebenfalls anonym in Kroměříž erhalten; vgl. J. Sehnal, J. Pešková: *Caroli de Liechtenstein* (wie Anm. 62), S. 719.

63 Konkordanzen: *Duodena selectarum* (1659), Nr. 2; Codex Rost, Nr. 2 (vgl. Marmee Alexandra Eddy: *The Rost Codex and its Music*, Diss. Stanford University 1984, S. 188).64 Auch als Teil einer Sonate im Codex Rost (Nr. 103) überliefert (vgl. M. A. Eddy: *The Rost Codex* [wie Anm. 63], S. 243).

65 Konkordanzen: Codex Rost, Nr. 41 und 40 (vgl. M. A. Eddy: *The Rost Codex* [wie Anm. 63], S. 210).

66 Konkordanzen: Codex Rost, Nr. 37 (vgl. M. A. Eddy: *The Rost Codex* [wie Anm. 63], S. 208); Kroměříž, A 542 und A 645 (vgl. J. Sehnal, Pešková: *Caroli de Liechtenstein* [wie Anm. 62], S. 174).

67 Konkordanz: D-Dl: Mus. 2-E-23.

68 Konkordanz: D-Dl: Mus. 1737-E-500.

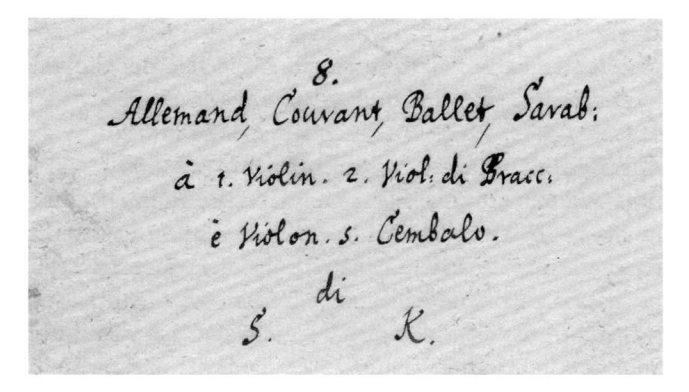

S[ebastian] K[nüpfer], Suite in d-Moll, Abschrift aus der Sammlung Johann von Assig, Titelseite und 1. Seite der Stimme Viola, Detail (Universitätsbibliothek Uppsala, IMHS 4:4)

Instrumental- und weltliche Vokalmusik, Sammlung Assig

Signatur	Werk	Assigs Nummerierung	Besitzvermerk/Datierung
IMHS 8:19	Johann Heinrich Schmelzer, Suite D-Dur (Vl, Bc)	1.	„Assieg"
IMHS 11:16:1–3	[Johann Heinrich Schmelzer], 3 Suiten (Vl, 2 Va, Bc)[62]	4.	„Assieg"/„Wien, 26 may 1671"
IMHS 9:5	S. Ulrici, Sonata F-Dur (Vl, Bc)	7.	„Assieg"
IMHS 4:4	S. K.[Sebastian Knüpfer], Suite d-Moll (Vl, 2 Va, Bc)	8.	„Assieg"/1672
IMHS 8:17	Johann Heinrich Schmelzer, *Intrada con Treza Viennese* d-Moll (Vl, 2 Va, Bc)	9.	„Assieg"
IMHS 66:5	Anonym, Suite g-Moll (Vl, 2 Va, Bc)	10.	„Assieg"/„Wien, 5 Jun. 1671"
IMHS 11:13	Anonym, Suite g-Moll (Vl, 2 Va, Bc)	11.	„Assieg"/„Wien, 4 Jun. 1671"
IMHS 8:15	Johann Heinrich Schmelzer, Suite e-Moll (Vl, 2 Va, Bc)	12.	„Assieg"
IMHS 58:7	Johann Heinrich Schmelzer, Sonata d-Moll (Vl, Vdg, Bc)	13.	„Assieg"/„Anno 1672. 8. Juli."
IMHS 11:23	Anonym, Suite D-Dur (Vl, 2 Va, Bc)	14.	
IMHS 58:11	Johann Heinrich Schmelzer, Sonata G-Dur (2 Vl, Vdg, Bc)	19.	„Assieg"/„1672."
IMHS 10:1	Anonym, Suite D-Dur (2 Vl, Bc)	21.	„Assieg"/„ao. 1673"
IMHS 66:1	Anonym, *Balletto à 4* (Vl, 2 Va, Bc)	23.	(Zuweisung unsicher)
IMHS 8:20	Johann Heinrich Schmelzer, Suite D-Dur (Vl, Bc)	24.	
IMHS 8:5	Johann Heinrich Schmelzer, Sonata e-Moll (2 Vl, Bc)[63]	25.	„Assieg"
IMHS 8:18	Johann Heinrich Schmelzer, *Sarabanda variata* D-Dur (Vl, Bc)[64]	26.	„Assieg"
IMHS 11:5	Anonym, Sonata a-Moll (2 Vdg, Bc)	27.	
IMHS 11:3	Anonym, *Sonata Italiana* B-Dur (Vl, Vdg, Bc)	28.	„Assieg"
IMHS 11:1	Anonym [Antonio Bertali?], *Due Bellissime Sonate* (Vl, Vdg, Bc)[65]	29.	„Assieg"
IMHS 11:2	Anonym, Sonata a-Moll (Vl, Vdg, Bc)	34.	„Assieg"
VMHS 46:11	Anonym, *Unlängst kam Filidor* (C, 2 Vl, Bc)	36.	
VMHS 42:12	Anonym, *Ihr Klugen dieser Welt* (C, 2 Vl, 2 Vdg, Bc)	37.	„Assieg"
IMHS 1:8	Antonio Bertali, Sonata *1000 Gülden* (2 Vl, 3 Va, Fg, Bc) F-Dur[66]	40.	„Assieg"
IMHS 3:14	W. F. [Werner Fabricius], *Sonatella à 7* A-Dur	41.	„Assieg"
VMHS 27:8	Adam Krieger, *Ich lobe den Krieg* (B, 2 Vl, Bc)	43.	

Tabelle 2: Geistliche Vokalmusik

Signatur	Werk	Alte Nummerierung (Dübens Tintennummern in Klammern)	Besitzvermerk/Datierung
VMHS 44:14	Giovanni Felice Sances, *O dulce nomen Jesu* (A, 4 Va, Bc)	1. (499)	–
VMHS 33:6	Anonym, *O anima mea suspira* (A, 2 Vl, Bc)	3. (501)	–
VMHS 38:23	Anonym, *Bone Jesu* (A, 2 Vl, Fg, Bc)	5. (498)	–
VMHS 45:6	Anonym, *Quid mihi o bone Jesu* (CT, 2 Vl, Bc)[67]	6. (486)	„Assieg" (getilgt)
VMHS 33:2	Angelo Romani, *Jesu Rex admirabilis* (CCATB, 2 Vl, 3 Va, Fg, Bc)	7. (500)	–
VMHS 33:5	Angelo Romani, *Gaudete Jubilate* (TTB, Bc)	8. (–)	–
VMHS 28:1	Isabella Leonharda, *O anima mea* (2 TC, Bc)[68]	10. (–)	„Assieg"
VMHS 46:9	Anonym, *Transfige* (C, 2 Vl, 3 Va, Fg, Bc)	12. (521)	–
VMHS 53:7	Samuel Capricornus, *Surrexit pastor bonus* (A, Vl, Bc)	20. (–)	(Zuweisung unsicher)
VMHS 40:7	Anonym, *Diligam te Jesu* (C, 2 Vl, Bc)	– (485)	–
VMHS 33:3	Angelo Romani, *Minentur turtines* (AAT, Bc)	– (496)	–
VMHS 44:19	Anonym, *O Jesus meus et omnia* (A, 2 Vl, Bc)	– (497)	–
VMHS 164:10	[Treviso], *Cupio dissolvi* (A, Bc)	– (102)	–

Johann Kuhnau, Neuer Clavier Übung Erster Theil, *Leipzig, 1689*
(Leipziger Städtische Bibliotheken, Musikbibliothek: Carl-Ferdinand-Becker-Sammlung II. 2. 41)

Die Musikpflege an der Universitätskirche St. Pauli zur Zeit Johann Sebastian Bachs[1]

Andreas Glöckner

Unmittelbar zum Ende des 17. Jahrhunderts kam es in Leipzig zu einer spürbaren Belebung des gottesdienstlichen Lebens – eine Entwicklung, die sich alsbald auch auf die Kirchenmusik auswirken sollte. 1699 hatte man die ehemalige Barfüßer- oder Franziskanerkirche – von den Leipzigern fortan als ‚Neue Kirche' bezeichnet – für die öffentlichen Gottesdienste wieder eröffnet. Zu dieser Zeit wurde die außerhalb der Stadtmauern befindliche Johanniskirche bereits von Leipziger Bürgern zu Gottesdiensten und Andachten aufgesucht. Außerdem hatten Thomasschüler an hohen Kirchenfesten daselbst zu singen.[2] Im Februar 1705 kam es zur Einweihung der ‚Waysenhauß-Kirche', und im Mai 1712 öffnete die seit der Reformation nicht mehr genutzte Peterskirche ihre Pforten; im April 1714 folgte die ‚Lazareth-Kirche vor dem Ranstädter Tore'. Bereits 1710 hatte man in der Universitätskirche St. Pauli erstmals regelmäßige Gottesdienste an Sonn- und Feiertagen eingeführt, nachdem die Kirche zuvor nur für wenige Akademische Gottesdienste (am 1. Weihnachtstag, am Ostersonntag, am Pfingstsonntag sowie zum Reformationsfest) und zu feierlichen akademischen Anlässen (Quartalsorationen und Promotionen) genutzt worden war. Die mit dem Jahre 1699 entstandene neue Situation beschreibt der Leipziger Chronist Anton Weiz im Jahre 1728 folgendermaßen:

„Denn, da man nach der heilsamen Reformation, bis Anno Christi 1699 nur in zweyen Kirchen innerhalb der Ringmauer GOtt loben hörete, als in denen zwey Haupt-Kirchen zu St. Nicolai und St. Thomae, so werden itzo die Rechtgläubigen alle Sonn- und Fest-Tage von 6 Cantzeln, in sechs besondern Gottes-Häusern, nemlich denen itzt erwehnten zweyen Haupt-Kirchen, nebst der St. Pauli, Neuen-, St. Petri und Waysen- oder St. Georgen-Kirche, gelehret, und in denen Geboten des HErrn treulich unterrichtet; wozu noch die zwey vor denen Thoren, als zu St. Johannis, vor dem Grimmischen und die Lazareth-Kirche vor dem Ranstädter Thore, kommen, welche theils von Grund aus neu erbauet, theils aber nur renoviret, und zum Dienst des wahren GOttes zugerichtet worden."[3]

Die erweiterte Nutzung der Paulinerkirche hatte für das Leipziger Musikleben weitreichende Folgen. Seit der Amtszeit des Thomaskantors Sethus Calvisius (1594–1615) war das Amt des Akademischen Musikdirektors traditionell mit dem des Thomaskantors verknüpft gewesen, denn dieser hatte bei den Akademischen Gottesdiensten nicht nur die Orgel zu spielen, sondern auch figurale Kirchenstücke aufzuführen. Bei den sogenannten ‚Quartalsorationen' erklangen außerdem Motetten, die von den Thomasschülern unter der Leitung ihres Kantors (oder dessen Präfekten) gesungen wurden. Mit der Übernahme des Thomaskantorats (am 6. Mai 1701) war Johann Kuhnau nicht nur Director musices der Stadt Leipzig, sondern zugleich auch Musikdirektor der Alma mater geworden.

Die Einführung der ‚Neuen Gottesdienste' am 31. August 1710 veranlasste das Universitätskonzil zu einer Entscheidung, die zu einem ernsten Konflikt mit dem Thomaskantor führte: Da zu befürchten war, dass Kuhnau keine zusätzlichen Aufgaben übernehmen könne, verpflichtete man einen Studenten für das sonntägliche Orgelspiel – allerdings ohne Wissen des Kantors, der sich kompromittiert sah und dagegen protestierte – schon deshalb, da man bei ihm die Orgelschlüssel hatte abholen lassen und es somit den Anschein erwecken konnte, er sei von

---

1 Der vorliegende Beitrag basiert im Wesentlichen auf dem zweiten Abschnitt meines Aufsatzes *Johann Sebastian Bach und die Universität Leipzig – Neue Quellen (Teil I)*, in: Bach-Jahrbuch 94 (2008), S. 159–201. Daher sind einige Überschneidungen unvermeidlich.

2 Schon im Jahre 1695 hatte diese Kirche eine eigene Orgel erhalten. Später sang an hohen Kirchenfesten hier die der Peterskirche zugeordnete vierte Thomasschul-Kantorei.

3 Anton Weiz: *Verbessertes Leipzig, oder die vornehmsten Dinge, so von Anno 1698 an biß hieher bey der Stadt Leipzig verbessert worden, mit Inscriptionibus erleutert*, Leipzig 1728, S. 2 f.

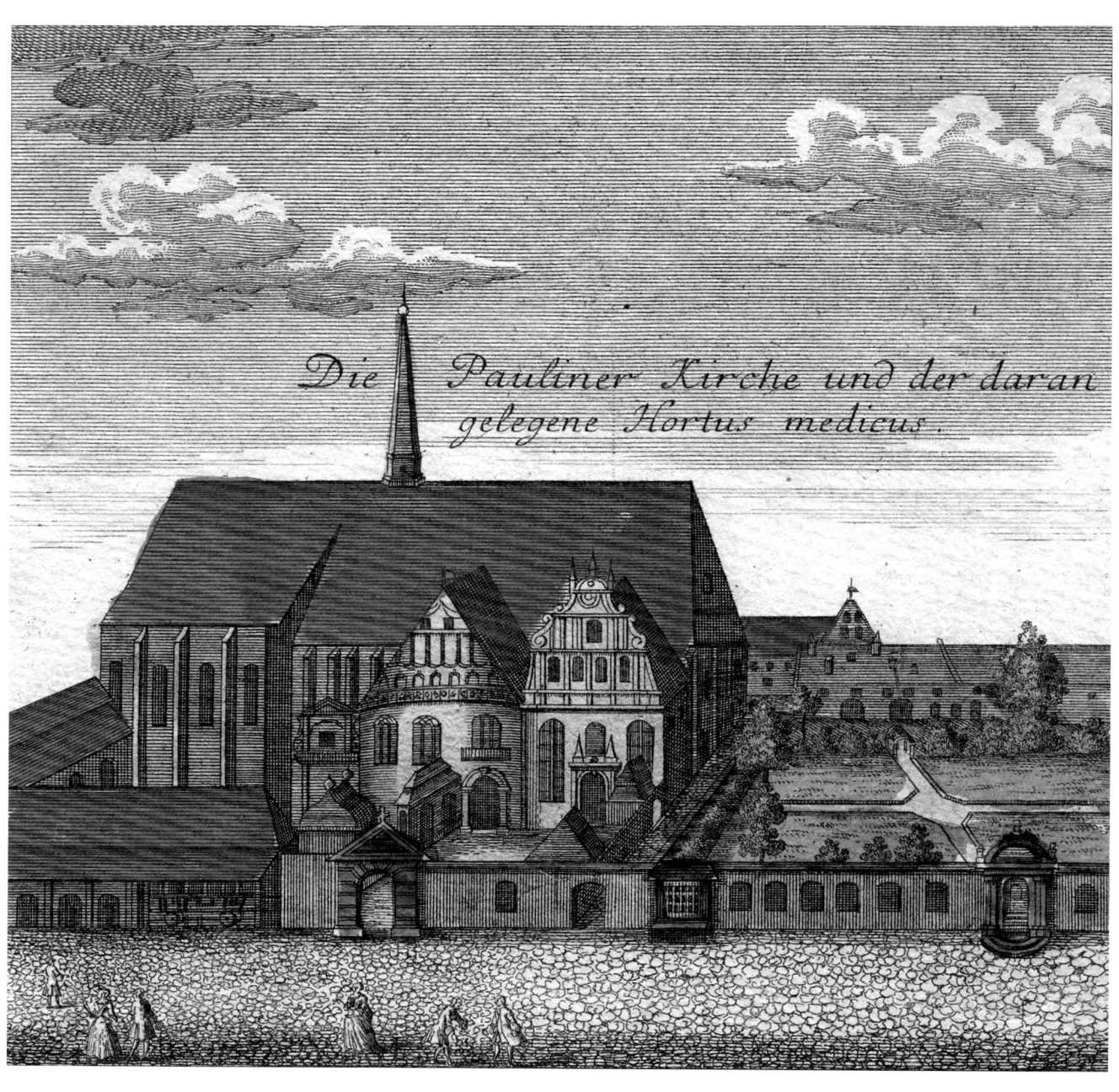

Die Universitätskirche St. Pauli. Stich nach Joachim Ernst Scheffler, Nürnberg 1749 (Stadtgeschichtliches Museum Leipzig)

seinen bisherigen Aufgaben als Musikdirektor der Universität entbunden worden. Sein Einspruch folgte sogleich am 1. September 1710[4] und führte dazu, dass ihm das Organistenamt nicht aberkannt wurde. Allerdings musste er sich fortan von einem Substituten (einem Studenten) an der Orgel in St. Pauli vertreten lassen. Eine andere Lösung schien nicht gegeben, da der Universitätsgottesdienst um 9 Uhr begann, der Thomaskantor aber ab 7 Uhr die Frühgottesdienste in den Hauptkirchen (St. Nikolai und St. Thomas) zu besorgen hatte. Diese gingen – vor allem bei großer Abendmahlsbeteiligung – erst gegen 11 Uhr zu Ende. Bis nach der Predigt war der Thomaskantor daher unabkömmlich. Unter der Communion wurde – wie Bachs Amtsvorgänger Johann Kuhnau 1717 in einem Memorial ausdrücklich hervorhob[5] – seinerzeit noch nicht figuraliter musiziert.

Nachdem Johann Kuhnau noch am Reformationsfest (31. Oktober) 1710 nach bisherigen Gepflogenheiten in der Paulinerkirche musiziert hatte, untersagte ihm der Leipziger Rat die Hinzuziehung von Alumnen und städtischen Musikern (Stadtpfeifern und Kunstgeigern) bei weiteren Universitätsgottesdiensten. Lediglich der traditionelle Motettengesang anlässlich der „Academischen Orationibus" sollte den Alumnen unter der Leitung ihres Kantors (oder dessen Präfekten) auch weiterhin gestattet bleiben.

Kuhnau hat dieses Verbot fortan grundsätzlich respektiert, wie er später (am 17. Januar 1711) in einem Schreiben an den Leipziger Rat ausdrücklich hervorhob:

„Unterdeßen gehorchte ich des Hochlöbl. Raths *Collegii* Willen hierinne schuldigst, schickte keine Schüler, wie sonsten geschehen, an dem Bußtage in ihre Kirche, machte auch am 1sten *Advent* Sonntage und dem 1sten Weÿnacht Feÿer Tage beÿ ihrem neuen Gottes Dienste keine *Music*."[6]

Damit wurde jedoch eine Entwicklung befördert, die keineswegs im Interesse des Kantors sein konnte. Im Wissen, dass Kuhnau die Aufführung figuraler Kirchenstücke im „Pauliner Tempel" unlängst verboten worden war, erlaubten einflussreiche Professoren dem Jurastudenten Johann Friedrich Fasch, an den drei Weihnachtsfeiertagen 1710 die Figuralmusik mit seinem erst zwei Jahre zuvor (1708) gegründeten Collegium in jenem Gotteshaus bestellen zu dürfen. Kuhnau musste tatenlos zusehen, wie „ein großer *Chor* von einem *Collegio Musico*, darunter der vornehmste Theil aus meinen gewesenen Thomas Schülern bestehet"[7] in der Universitätskirche die allgemeine Aufmerksamkeit auf sich zog.

Er protestierte sogleich am 29. Dezember 1710 und offerierte dem Konzil in einem Schreiben, die Kirchenmusik in St. Pauli fortan selbst bestellen zu können, sofern er nicht seinen „gesamten *Chor* und die Schüler"[8] dazu mit heranziehen müsse und erklärte, dass einige Studenten ihre unentgeltliche Mitwirkung schon zugesichert hätten. Zudem könnten notfalls einige der Ratsmusiker mitwirken, wodurch der Universität keine unnötigen Kosten entstehen würden.

Im Konzil gab es vermutlich einen Informanten, der den jungen Fasch sofort von Kuhnaus Gesuch in Kenntnis gesetzt hatte: Noch am selben Tag (29. Dezember 1710) beantragte Fasch, die Kirchenmusik auch weiterhin – also zum bevorstehenden Neujahrsfest sowie an den folgenden Sonn- und Feiertagen – besorgen zu können und argumentierte, es wäre doch

„Weltkundig daß fast aller Orthen wo *florire*nde *Academi*en, die *Academi*sche Kirchen *Music* von denjenigen, welche sich denen *Studiis* gewidmet, und einen so genannten *Collegio musico*, bestellet und *dirigi*ret wird, und dieses könte alhier in Leipzigk desto leichter bewerckstelliget werden, indem beÿ dem unter meiner *direction* stehenden *Collegio musico* kein Mangel an *musicali*schen *Instrument*en anzutreffen"[9]

sei. Fasch ersuchte das Konzil, die Kirchenmusik ohne jedwede Hoffnung auf eine künftige finanzielle „Erkäntlichkeit" weiterhin besorgen zu dürfen. Außerdem gab er nachdrücklich zu bedenken, dass es Kuhnau gänzlich unmöglich sei, die Musik in allen Leipziger Kirchen zu bestellen. Zudem hätte der Rat „die denen Stadt Kirchen gewidmete *Instrumenta*, in der *Academi*schen Kirchen zu gebrauchen" inzwischen untersagt. Letztlich wüsste doch jedermann in der Stadt, „daß ohne Hülffe derer H[err]n. *Studiosorum* der H[err]. *Cantor* keine vollstimmende *Music* würde bestellen können." Mit seinem Hauptargument, „daß kein eintziger *Studiosus* aus denen *Collegiis musicis*, (in welchen doch fast alle *Musici* angetroffen werden) sich H[errn]. Kuhnauen zu gefallen unter seine *direction* werde zwingen laßen",[10] traf Fasch allerdings den Kern der Sache: Viele der musikausübenden Studenten hatten sich vom Thomaskantor abgewandt, um in anderen

---

4 Universitätsarchiv Leipzig (UAL): Rep. II/III/B II 3, fol. 4r–5v, erstmals wiedergegeben bei: Philipp Spitta: *Johann Sebastian Bach*, Bd. 2, Leipzig 1880, S. 860.

5 Vgl. Andreas Glöckner: „*... daß ohne Hülffe derer Herren Studiosorum der Herr Cantor keine vollstimmende Music würde bestellen können ...": Bemerkungen zur Leipziger Kirchenmusik vor 1723 und nach 1750*, in: Bach-Jahrbuch 87 (2001), S. 131–140, hier S. 136.

6 *Acta die hiesige Paulinerkirche betr.*, in: Stadtarchiv Leipzig: Tit. VII. C. 24, fol. 113r–115r. Erstmals wiedergegeben bei Arnold Schering: *Ein Memorial Joh. Kuhnaus*, in: Zeitschrift für Musikwissenschaft, 4 (1921/22), S. 612–614. In sämtlichen Zitaten werden die original in lateinischen Buchstaben geschriebenen Wörter kursiv wiedergegeben.

7 Ebenda.

8 UAL: Rep. II/III/B II 3, fol. 18r–20r; erstmals wiedergegeben bei Bernhard Engelke: *Johann Friedrich Fasch. Sein Leben und seine Tätigkeit als Vokalkomponist*, Halle 1908, S. 19–21.

9 UAL: Rep. II/III/B II 3, fol. 15r–17v.

10 Ebenda.

Ensembles zu musizieren; Kuhnau musste auf ihre Mitwirkung verzichten. Noch am 22. April 1723, als in der entscheidenden Plenarsitzung des Leipziger Rates Bachs Wahl zum Thomaskantor besiegelt wurde, argumentierte der Regierende Bürgermeister Gottfried Lange: „Es wäre nöthig auf einen berühmten Mann bedacht zu seyn, damit die Herren *Studiosi animir*et werden möchten"[11] – was vor allem dahingehend zu verstehen war, dass man die Studenten zur unentgeltlichen Mitwirkung bei der Kirchenmusik zurückgewinnen wollte.

Bereits am folgenden Tag (30. Dezember 1710) wurden beide Gesuche (von Kuhnau und Fasch) in der Sitzung des Konzils vorgetragen und erörtert. Der Rektor Carl Otto Rechenberg gab gleich am Anfang der Debatte zu erkennen, dass er an den bisherigen Regelungen festhalten wolle:

„Es wäre H[err] Kuhnau in *Possessione* und wäre auch sonst der *Universitæt* ihr *Musicus* gewesen, man solte bey der *Choral Music* verbleiben, und wenn man ja *Figural Music* haben wolte, solte man Kuhnauen behalten, mit Faschen würde es sich nicht schicken, weil er auf den *Coffeè* Hauße, Schloß Keller und in denen *Opern* nebst denen *Studenten musicir*e."[12]

Das von Fasch gegründete Collegium musicum musizierte demnach noch immer im Opernhaus am Brühl. Nach Rechenbergs Auffassung war ein Musiker, der sowohl im Kaffeehaus als auch in der Oper musiziere, für die Aufführung sakraler Musik untragbar. Strikte Ablehnung kam von Seiten des Thomasschulrektors Johann Heinrich Ernesti, der erklärte:

„Man solle Kuhnauen nicht abschaffen, Erinnert dabey daß H[err]. Fasch und die *Studiosi* auf dem *Coffeè* Hauße und in denen *Opern musicir*ten, auch *præsentir*te derjenige, so den *Discant* singe, die lustige Person in der *Opera*, da denn öffters allerhand Zoten gesungen würden, und würde also es vielmehr eine *Hame* geben, wenn von ihnen in der Kirche hernach solte *musicir*et werden."[13]

Ernesti – ein einflussreicher Mann an der Universität – war Dezemvir im Konzil; in späteren Jahren hatte er in jenem Gremium sogar „die *Directionem oeconomiæ* zu verwalten".[14] Der von ihm genannte Diskantist war offenbar Johann Christian Pechuel, der das Alumnat vier Jahre zuvor ohne Erlaubnis verlassen hatte.[15] Auch der Physikprofessor Johann Christian Lehmann wollte an Kuhnaus Direktion festhalten. Er zeigte sich aufgeschlossen für die Darbietung figuraler Kirchenmusik.

„Man solle Kuhnauen *secundir*en, könte aber nicht verhalten, daß in andern kleinen Städtgen die Leuthe darzu gehalten würden, daß Sie müsten zum wenigsten etl. mahl des Jahres eine *Music* machen, und stelle also dahin, ob alhier dergl. gänzl. zu unterlaßen."[16]

Der nachmalige Universitätsrektor Johann Florens Rivinus gab außerdem zu bedenken, dass Kuhnau wegen seiner anderweitigen Verpflichtungen nicht ohne Weiteres für die Universitätsmusik zu Verfügung stünde:

„Was die andern schlößen wolle er sich auch gefallen laßen, doch erinnere er dabey, ob es nicht beßer wäre, wenn eine gute *Music* gehalten würde, man solle doch in denen *Psalmen* Davids davon lesen, er hätte gehöret, daß hinführo der Rath nicht verstatten würde, daß die *Instrumenta* aus einer andern Kirche in diese solten geschleppet werden, Kuhnau hätte ja in denen andern Kirchen zu thun gnug, und wären eben die *Theatralischen Musicen*."[17]

Am Ende wurde beschlossen: „Es soll bey denen ordentl. Liedern verbleiben und H[err]. Kuhnau bey dem *Directorio* gelaßen werden."[18]

Fasch war mit seinem Vorstoß, seinen ehemaligen Lehrer aus dem Amt des Akademischen Musikdirektors zu verdrängen, gescheitert. Das Konzil hatte sich darauf geeinigt, die Aufführung von figuralen Kirchenstücken an regulären Sonntagen vorerst auszusetzen. Hingegen sollte es dem Thomaskantor erlaubt werden, an Feiertagen eine „kurtze Music" nach der Predigt, allerdings nur mit Studenten (also ohne die Hinzuziehung der Alumnen und Stadtmusiker) aufzuführen, bis sich das gespannte Verhältnis zwischen dem Stadtrat und der Universität wieder normalisiert hätte. Nach eigener Darstellung[19] musizierte Kuhnau an den folgenden Feiertagen – also zu Neujahr und zum Epiphaniasfest 1711 – im Paulinum mit Studenten des der Neukirchenmusik eng verbundenen Hoffmannischen Collegium musicum.[20]

---

11 Werner Neumann, Hans-Joachim Schulze (Hrsg.): *Fremdschriftliche und gedruckte Dokumente zur Lebensgeschichte Johann Sebastian Bachs 1685–1750* (Bach-Dokumente, Bd. 2), Leipzig und Kassel 1969, Nr. 129.

12 UAL: Rep. II/III/B II 4, fol. 84r–86r.

13 Ebenda.

14 UAL: Rep. I/XVI/I 34, fol. 108r.

15 Erwähnt in Kuhnaus Memorial von 1709, wiedergegeben bei: Ph. Spitta: *Johann Sebastian Bach* (wie Anm. 4), S. 855–859, besonders S. 858.

16 UAL: Rep. II/III/B II 4, fol. 84r–86r.

17 Ebenda.

18 Ebenda.

19 In Kuhnaus Schreiben vom 17. Januar 1711 an den Leipziger Rat mitgeteilt. Vgl. *Acta die hiesige Paulinerkirche betr* (wie Anm. 6).

20 Nach den Mitteilungen von Gottfried Heinrich Stölzel (in: Johann Mattheson: *Grundlage einer Ehren-Pforte*, Hamburg 1740, S. 119) und Johann Adam Hiller (*Lebensbeschreibungen berühmter Musikgelehrten und Tonkünstler neuerer Zeit*, Leipzig 1784, S. 186) weilte der damalige Neukirchen-Musikdirektor Melchior Hoffmann zu jener Zeit in England. Unter diesen Umständen war es für den Thomaskantor offenbar wesentlich leichter, dessen Adjuvanten bei seinen Aufführungen vorrübergehend mit einzusetzen. Vgl. dazu neuerdings Michael Maul: *Barockoper in Leipzig (1693–1720)* (Voces: Freiburger Beiträge zur Musikgeschichte, Bd. 12), Freiburg etc. 2009.

Aber selbst dies wollten die Stadtväter nicht dulden, wie Kuhnau vom Vorsteher der Thomasschule Gottfried Conrad Lehmann alsbald erfahren musste.

Der Thomaskantor richtete am 17. Januar 1711 nunmehr ein Gesuch an den Leipziger Rat, in dem er zunächst darauf hinwies, daß er sich an die Weisung der Stadtväter seit dem Reformationsfest 1710 strikt gehalten hätte, lediglich mit Studenten, nicht aber mit den Thomasalumnen, Stadtpfeifern und Kunstgeigern in der Universitätskirche St. Pauli zu musizieren. Da ihm nunmehr ein gänzliches Musizierverbot daselbst angedroht worden war, gab er nochmals nachdrücklich zu bedenken:

„Daß wenn ich (1.) von der mir anvertrauten Orgel, oder dem an deren statt darinne befindlichen *Positiv* weggehen, und die von mir verlangte *Music* in Feÿer Tagen, die ich (2.) mit meiner besten *Commoditæt*[21] ohne die geringste Versäumnüß meiner Denenselben schuldigen Dienste bestellen kan, wegginge, sich (3.) meine Wiedrigen gleich mit ihrem starcken *Choro* dabeÿ einfinden, (4.) mein in die 10. Jahr genoßenes jähriges *fixum Salarium* an 20. fl. sammt denen *Accidentien* von *Doctorat*en und andern *solennen Orationibus* an sich bringen, (5.) große *Musiqven*, wenn es ihnen einfiele, machen, alle *Studiosos* (6.) mir entziehen würden, daß ich also (7.) auff unsern ordentlichen *Choris* mit meinen armen Schülern und *Incipient*en zu meiner *continui*rlichen Bekränckung und zum höchsten *Despect*[22] unsrer *Music* in den Haupt Kirchen verlaßen stehen müsste, da ich hingegen (8.) wenn ich die von meiner wenigen Person begehrte *Music dirigi*rte Meinen HochEdlen Herren *Patronen* nicht den geringsten Wiederwillen erwecken, (9.) allen Schaden unserer ordentlichen Kirchen *Music* verhüten, (10.) beÿ meinem *lucello*[23] ungekränket bleiben, (11.) die auff dem *Academi*schen *Choro* willig zusammen gekommene *Studiosos* und *Adjuvant*en an mich bringen, und weil (12.) zu denen jetzigen *Musiqven* sonderlich sehr viel *exerci*rte Leute erfodert werden, (13.) das Auffnehmen und den Ruhm der *Music* unserer Haupt Kirchen, so ich so hoch als mein Leben schätze, mit Gottes Hülffe sehr befördern könte."[24]

Er versprach fernerhin, nicht das Geringste von seinen Amtspflichten als Thomaskantor zu versäumen und

21 Bequemlichkeit.
22 Geringschätzung.
23 Kleinen Gewinn.
24 *Acta die hiesige Paulinerkirche betr.* (wie Anm. 6).
25 Ebenda.
26 Stadtarchiv Leipzig: Tit. VIII. 57, fol. 149r.
27 UAL: Rep. II/III/B II 3, fol. 30r.

Johann Heinrich Ernesti. Stich von Martin Beringeroth (Bach-Archiv Leipzig)

„weder von Schülern noch unsern Kirchen *Instrument*en etwas zu gebrauchen".[25]

Als am 16. Januar 1711 im Engen Rat über die anhaltenden Kontroversen mit der Universität debattiert wurde, unterbreitete der Bürgermeister Johann Ernst Kregel den Vorschlag, dass „die Zeit zum Gottesdienste [in der Pauliner Kirche] wie in andern Kirchen gesezet und die *Music* eingestellet werden solle".[26] Die unterschiedlichen Gottesdienstzeiten am Sonntagmorgen waren im Übrigen ein dauerhaftes Streitthema zwischen der Stadt und der Universität.

Dass Kuhnau auf die Mitwirkung der Thomasschüler, Stadtpfeifer und Kunstgeiger für seine Aufführungen in der Universitätskirche verzichten musste, schien das Konzil nicht zu beunruhigen. In einem Protokoll vom 29. Januar 1711 heißt es denn auch beinahe salomonisch: „Die Kirchen *Music* belangend, [sind] unterschiedene *Studiosi* vorhanden, welche sich selbst *offeriret* die Kirchen *Music* ohne Entgelt zu versehen. Nun ist auch dieses dergleichen *Exercitium*, woraus keinem Menschen ein Nachtheil erwächset, iedoch die *Studiosi* zu einer Gottgefälligen *Music* angeführt, und die Zuhörer zu Gottes Lobe aufgemuntert werden."[27]

Vermutlich blieb dem Konzil auch keine andere Wahl, zumal die Stadtväter verboten hatten, die Kircheninstrumente (aus St. Thomas und St. Nikolai) bei den Aufführungen in der Universitätskirche zu verwenden. Kuhnau waren die Hände somit weitgehend gebunden. Selbst auf die Mitwirkung von studentischen Helfern konnte sich der Kantor nicht verlassen, da kaum einer unter ihnen sich vom Thomaskantor dirigieren lassen wollte – so jedenfalls in der Darstellung des jungen Johann Friedrich Fasch.

Die Angelegenheit blieb weiterhin in der Schwebe, so dass sich die beiden Kontrahenten (Kuhnau und Fasch) zum Handeln veranlasst sahen und abermals schriftlich intervenierten.

Bereits am 31. März 1711 wurden ihre Gesuche im Konzil beraten. Gleich zu Anfang der Debatte ergriff der Theologieprofessor Dr. Johann Gottfried Olearius[28] das Wort, indem er bezweifelte, Kuhnau weiterhin im Amt des Akademischen Musikdirektors zu belassen:

„Die *Music* betr. so stelle er dahin ob Kuhnau das *Directorium Musices* würde *maintenir*en[29] können, zu mahle da er gegen Ihn selbst nicht abredig seyn können, daß ihm einiger maßen *inhibition*[30] geschehen seyn möchte, hätte aber doch gedacht, daß es nichts zu bedeuten haben würde. Solte er es nicht thun können, so sehe er nicht, wie man von denen *Studiosis* abfallen könte zu mahle da in einem allerunterthänigsten Berichte sich auf Sie, daß Sie die Kirchen *Music* versehen wolten, beruffen worden wäre, wenn man es ietzo eine Weile noch mit ansehen wolte, so ließe Er sichs auch gefallen."[31]

Das von der Stadt gegen Kuhnau verhängte Verbot schien Olearius nicht sonderlich beeindruckt zu haben. Johann Florens Rivinus gab außerdem zu bedenken, Kuhnau habe die Aufführungen bisher nicht selbst leiten können. Im Übrigen würde er sich lieber aus der Diskussion heraushalten:

„Wolte er lieber mit dem *Voto* verschonet seyn, und läßet sich zwar Kuhnauen gefallen, erinnert aber dabey, daß wenn es ihn *inhibir*et worden, wie er denn bey dem *Directorio* seyn könte, er hätte nun etliche mahl der *Music* nicht bey gewohnet, doch ließe Er sich was geschloßen würde gefallen."[32]

Daran anknüpfend empfahl der Medikus Dr. Johann Wilhelm Pauli, dass „Faschen Hoffnung zum künfftigen [directorio] gemachet werden" solle. Zum Ende der Debatte erwies sich der einflussreiche Thomasschulrektor Johann Heinrich Ernesti wiederum als ein strikter Gegner jedweder Neuerungen:

„Kuhnau wäre bey der *Direction* der *Music* allerdings zu laßen, Fasch hingegen, weil er so *impotun*[33] wäre, und seinen *Præceptorem* der ihn so zu sagen aus den Kothe gezogen, indem er ein Knabe von 14 Jahren gewesen, als er auf die *Thomas* Schule kommen, und biß ins 21. Jahr darauff verblieben, zu kräncken suche, mit einer guten *reprimande*[34] abzuweisen, ja er solte auch nicht einmahl wenn Kuhnau gleich das *Directorium* nicht mehr haben wolte, darzu angenommen werden."[35]

Am Ende der Debatte blieb alles beim Alten. Kuhnau sollte – zumal er den Orgelbau in der Paulinerkirche mit zu beaufsichtigen hatte – das Amt so lange beibehalten, bis er es nicht mehr ausüben könne.[36]

Spätestens im Sommer 1713 beendete Fasch sein Jurastudium und verließ Leipzig. Vielleicht erfolgte sein Weggang bereits im Frühjahr 1711, nachdem sich seine Hoffnungen auf das Amt des Akademischen Musikdirektors wohl endgültig zerschlagen hatten. Obgleich Johann Kuhnaus Witwe Sabina Elisabeth auf Bachs Veranlassung noch im Jahre 1725 schriftlich zu Protokoll gab, ihr Mann habe in den ‚Neuen Gottesdiensten' seit 1710 „die *Musiqv*en gleichfalls *dirigi*ret" und dies „verschiedener Umstände wegen, lediglich umsonst gethan, und darvor nicht den geringsten Genuß, noch einige Zulage bekommen",[37] bleibt offen, in welcher Regelmäßigkeit oder Häufigkeit solche Kirchenmusiken stattfanden.

Wie aus einer Stellungnahme der Universität vom 29. Oktober 1725 hervorgeht,[38] hatte sich Kuhnau dabei „grösten theils […] *durch Substituirte Vicarios*"[39] vertreten lassen, weil „besonders der Rath hiesiges Orths nicht geschehen laßen wollen, daß der *Cantor* zu *St. Thomæ*, weder einige von seinen *Thomas*-Schülern, noch einige von denen Stadt und Kunst-Pfeiffern zugleich mit zur Bewerckstelligung der *Music* in der *Universitæts*-Kirche an Sonn- und Festtagen gebrauche."[40]

---

28 Johann Gottfried Olearius (1672–1715) eröffnete auch die ‚Neuen Gottesdienste' in der Universitätskirche St. Pauli mit einer Predigt.

29 Als sein Eigentum verteidigen könne.

30 Verbot.

31 UAL: Rep. II/III/B II 4, fol. 111r–114r.

32 Ebenda.

33 Aufdringlich.

34 Rüge.

35 UAL: Rep. II/III/B II 4, fol. 111r–114r.

36 Ebenda.

37 Werner Neumann, Hans-Joachim Schulze (Hrsg.): *Schriftstücke von der Hand Johann Sebastian Bachs* (Bach-Dokumente, Bd. 1), Leipzig 1963, Nr. 12, S. 41.

38 Ebenda, Nr. 12, S. 44, wiedergegeben nach der Quelle im Sächsischen Hauptstaatsarchiv Dresden: Loc. 2127, fol. 115b–116b.

39 Eingesetzte Stellvertreter.

40 W. Neumann, H.-J. Schulze: *Schriftstücke* (wie Anm. 37), Nr. 12, S. 44.

Mit jenen Studenten, „deren Dienst und Beyhülffe" sich die Universität „zu Bestellung der *Music* bey dem neuen Gottes-Dienst bedienen" musste, kam es zu „wiederwärtigen *difficultæt*en und verdrüßlichkeiten",[41] weil sie sich vom Thomaskantor nicht dirigieren lassen wollten und dieser bei den Aufführungen ohnehin nur ausnahmsweise zugegen war.

Ungeachtet dessen wurde Kuhnau für die Musik in den ‚Neuen Gottesdiensten' zusätzlich ein „jährliches gratial" von 12 Gulden zu seinen Einkünften für die Musik im Alten Gottesdienst und bei den Quartalsorationen aus den Mitteln der Universität gezahlt.[42]

In einer Denkschrift vom 29. Mai 1720,[43] in welcher Kuhnau den Stadtvätern sein Konzept einer zwischen den Kirchen St. Nikolai, St. Thomas und der Neukirche alternierenden Kirchenmusik vorstellte, werden die Gottesdienste in der Universitätskirche St. Pauli mit keinem Wort erwähnt. Zum einen spielten sie für seine Überlegungen zur Neuorganisation der Kirchenmusik wohl keine Rolle mehr. Zum anderen waren die Vorbehalte der Stadtväter gegen Kuhnaus Beteiligung an der Universitätsmusik noch immer nicht ausgeräumt, weswegen Kuhnau dieses neuralgische Thema besser ausklammerte.

Nur allgemein berichtet Christoph Ernst Sicul, dass in den Gottesdiensten der Universitätskirche nach der Predigt über das verordnete Evangelium „dann und wann / zumal in Fest-Tagen und in den Messen / von denen Herrn *Studiosis* unter Herrn Kuhnauens *Direction* gar vortreffliche *Concerten figuri*ret werden."[44]

Damit waren zweifelsfrei nicht nur die ‚Alten Gottesdienste', sondern auch die ‚Neuen Gottesdienste' gemeint. Wie aus einem Gesuch des nachmaligen Universitätsmusikdirektors Johann Gottlieb Görner vom April 1755 hervorgeht, wurden zu dieser Zeit „22 öffentliche Kirchen-*Music*ken"[45] im laufenden Jahr aufgeführt. Dies entspricht im Wesentlichen der Mitteilung Siculs, insofern es sich bei jenen 22 Musiken nur um Figuralaufführungen an den hohen Kirchenfesten und zu den Messen (zu Neujahr, Ostern und Michaelis) handeln kann.

Das Verhältnis zwischen Johann Kuhnau und dem Konzil erwies sich als zunehmend gespannt. Nachdem der Kantor schriftlich gefordert hatte, die Universität dürfe keinen Organisten ohne sein Wissen und seine Billigung annehmen, wurde er zurechtgewiesen und ermahnt, er möge „in leidlichen *Terminis* sich erklähren, und ohne der *Universitæt* Vorbewußt Niemanden das Orgelschlagen in der Pauliner Kirche auftragen."[46] Die Besetzung der Organistenstelle war mittlerweile eine Angelegenheit der Universität geworden; der Universitätsorganist fungierte nicht mehr als Substitut des Akademischen Musikdirektors. Dennoch behielt dieser ein Mitspracherecht bei der Nominierung und Wahl der Kandidaten.

Nachdem Johann Gottlieb Görner sein Amt als Pauliner-Organist aufgegeben hatte und am 29. April 1721 zum Nikolai-Organisten gewählt worden war, wurde zunächst Kuhnaus Urteil über die Bewerber um Görners Nachfolge eingeholt.[47] Der Thomaskantor war zu jener Zeit erkrankt und konnte der Organistenprobe nicht beiwohnen. Als das Konzil am 24. Mai 1721 über die Neubesetzung zu beraten hatte, wurde Georg Gottfried Wagner als Nachfolger favorisiert, weil dieser „zeithero in der neuen Kirche alhier die Orgel geschlagen hätte, und wegen seiner Wißenschafft in der *Music*, auch seines Wohlverhalten halber wohl *recommendir*et worden".[48] Die Wahl am 3. Juli 1721 fiel jedoch auf Johann Christoph Thiele, den Johann Kuhnau in einem an Johann Heinrich Ernesti[49] gerichteten Schreiben vor allem wegen seines profunden Generalbassspiels als fähigsten Bewerber empfohlen hatte.[50]

Formell war der Thomaskantor seinerzeit noch Akademischer Musikdirektor, obgleich er sich in jenem Amt zumeist vertreten ließ. Wegen anhaltender Spannungen zwischen der Universität und dem Rat musste jedoch mittelfristig eine tragfähige Neuregelung gefunden werden. Bereits 1718 war mit Gottlieb Zetzsch ein Organist angestellt, der nicht mehr als Kuhnaus Vertreter fungierte und direkt von der Universität besoldet wurde.[51]

Reelle Chancen für eine Veränderung der Situation sahen die Universitätsbehörden nach Kuhnaus Tod, als Georg Philipp Telemann am 11. August 1722 vom Leipziger Rat zum Thomaskantor gewählt worden war. Wie aus dem Sitzungsprotokoll des Konzils vom 18. August 1722

---

41 Ebenda.

42 Einige Zahlungsbelege, in denen Kuhnau den Empfang von 3 Gulden im Quartal quittierte, sind erhalten geblieben. Sie stammen aus den Jahren 1713 und 1714. UAL: Rep. II/III/B I 12, fol. 47r, 50r.

43 „*Project*, welcher Gestalt die Kirchen *Music* zu Leipzig könne verbeßert werden.", Universitätsbibliothek Leipzig: Rep. III 15e.

44 *NEO ANNALIUM LIPSIENSIUM CONTINUATIO II. Oder Des mit dem 1715ten Jahre Neuangegengenen Leipziger Jahr-Buchs Dritte Probe, auf das Jahr 1717 ausgefertigt*, Leipzig [1717], § 16, S. 575.

45 UAL: Rep. I/XVI/I 39, fol. 83v–84r; vgl. A. Glöckner: *Johann Sebastian Bach und die Universität Leipzig* (wie Anm. 1), S. 186.

46 Protokoll des Konzils vom 21. Juli 1716; UAL: Rep. II/III/B II 8, fol. 64r+v.

47 UAL: Rep. I/XVI/I 29, fol. 80r–81r.

48 Zitiert nach: UAL: Rep. I/XVI/I 29, fol. 82r–83r.

49 Ernesti war einer der einflussreichsten Mitglieder im Universitätskonzil.

50 UAL: Rep. I/XVI/I 29, fol. 86r+v.

51 Gottlieb Zetzsch war der Vorgänger Johann Gottlieb Görners als Universitätsorganist. Der Amtswechsel erfolgte 1719/20. Die letzte Besoldungsurkunde von Zetzsch datiert auf den 20. Februar 1719, die erste von Görner auf den 1. Juli 1720. Vgl. UAL: Rep. II/III/B I 12, fol. 129r bzw. 152r.

hervorgeht, hatte sich dieser sogleich auch um die Stelle des Akademischen Musikdirektors mündlich und schriftlich beworben.

„II George Philipp Telemann, der neue Stadt-*Cantor*, hätte beydes, münd- als schriftlich Ansuchung gethan, daß ihme auch das *Directorium Chori Musici* beym *Templo Paulino* anvertrauet werden möchte.
Conclus.
Telemannen, dieweil an ihm, als einem *excellenten Musico* nichts auszusetzen, soll auf sein beschehenes Suchen, das *Directorium Musices* anvertraut, ihme auch, besonders zu dem Ende, damit es nicht das Ansehen gewinne, als ob *Academia* eben allemahl den Stadt-*Cantorem* anzunehmen schuldig sey, eine *Instruction* ertheilet, iedoch darinnen, wie und durch wen er die *Academische Music* zu bestellen hätte, ihme nichts vorgeschrieben, sondern solches seinem Gutbefinden überlaßen werden.
III Weil nurgemeldter neuer *Director*, Telemann, allererst in der *Michael*-Meße ankommen würde, so frage sich, wer *interim* und besonders am *Michaelis*-Tage die Pauliner *Music* bestellen solle?"

Die Übergangslösung war rasch gefunden: „Es soll *interim* dem ehemaligen *Organico Paulino*, nunmehro aber *Organisten* bey der *Nicolai*-Kirche, Gernern, aufgetragen werden, gestallt derselbe solches gerne übernehmen würde."[52]

Da Telemann als ein exzellenter Musiker in Leipzig hinreichend bekannt war,[53] erwies sich seine Wahl kaum mehr als eine Formsache. Bis zu seiner Ankunft sollte der vormalige Organist Johann Gottlieb Görner die Figuralaufführungen im *Paulinum* dirigieren. Das Konzil war sich indes einig, dass man an der Personalunion von Thomaskantor und Akademischem Musikdirektor künftig nicht mehr festhalten wolle. Zudem müsse der neugewählte Amtsinhaber selbst entscheiden, mit welchen Sängern und Instrumentalisten er fortan musizieren wolle. (Noch immer war es dem Thomaskantor nicht gestattet, die Pauliner-Gottesdienste mit den Alumnen der Thomasschule und Musikern des Rates zu bestellen.) Telemann hatte fest zugesichert, während der Michaelismesse 1722 seine neuen Ämter in Leipzig zu übernehmen. Wie bereits Kurfürst Friedrich August I. in einer Depesche kurz vor der Michaelismesse 1701 gefordert hatte, „die *Music* in denen Kirchen in guten Stand sezen laßen", weil „sonderlich in Meßzeiten immerhin fremde Herrschafften nach Leipzig kommen",[54] sollten zu Michaelis wieder geregelte Verhältnisse im Leipziger Musikleben einkehren.

Telemann sagte erst Anfang November 1722 in Leipzig ab, wodurch sich die Wiederbesetzung des Thomaskantorats und der Stelle des Akademischen Musikdirektors auf unabsehbare Zeit in die Länge zog. Nachdem Ende März 1723 aus Darmstadt die Nachricht durchsickerte, dass auch der Kapellmeister Christoph Graupner das vakante Thomaskantorat nicht übernehmen könne, sah sich das Universitätskonzil zum Handeln veranlasst: Am 3. April 1723 – wenige Wochen vor Bachs Wahl zum Thomaskantor – wurde der Nikolaiorganist Johann Gottlieb Görner, der „in seiner *Music* gar geschickt sey, und sich biß anhero in der *Pauliner* Kirche, in welcher er die *Musiqven* frey willig ohne was davor zu verlangen, verrichtet habe, gar wol hatte hören laßen"[55] zum Musikdirektor der Alma Mater angenommen.

Wie aus einer Mitteilung des Chronisten Christoph Ernst Sicul hervorgeht, waren die Zuständigkeiten für den Akademischen Musikdirektor und den Thomaskantor nunmehr neu geregelt worden:

„dieser [J. G. Görner] hat die *Music* nur bey dem neuen Gottesdienst, d. i. bey denen ordentlichen Sonn- und Festtags-Predigten aufzuführen; die alte *Music* hingegen i. e. die bey denen *Orationibus Festivalibus* und *quadrimestribus* ist dem Stadt-*Cantori* verblieben."[56]

Nachdem die figurale Kirchenmusik in den ‚Neuen Gottesdiensten' über lange Zeit unter unbefriedigenden Bedingungen stattgefunden hatte, wollten die Universitätsbehörden endlich stabile Verhältnisse schaffen. Und dies lag letztlich auch im Interesse des Leipziger Rates, der aufgrund bisheriger Erfahrungen in Bachs Anstellungsrevers vorsorglich den Passus einfügen ließ, dass dieser „bey der *Universität* kein *officium*, ohne E. E. Hochweisen Rats *Consens* annehmen solle und wolle."[57]

Für Bach bestanden daher keine reellen Aussichten, die vom Konzil einmal getroffene Entscheidung noch einmal revidieren zu lassen. Bachs Forderung, die ‚Neuen Gottesdienste' seiner Direktion wieder unterzuordnen, blieb trotz

---

52 UAL: Rep. I/XVI/I 27, fol. 58v–59r, auszugsweise wiedergegeben bei Bernhard Friedrich Richter: *Joh. Seb. Bach und die Universität zu Leipzig*, in: Monatshefte für Musikgeschichte 33 (1901), S. 101–110, hier S. 102; siehe auch Bernhard Friedrich Richter: *Joh. Seb. Bach und die Universität zu Leipzig*, in: Bach-Jahrbuch 22 (1925), S. 1–10, hier S. 3 und UAL: Rep. I/XVI/I 30, fol. 18r–19r.

53 Telemann amtierte von 1704 bis 1705 als Musikdirektor an der Leipziger Neukirche. Zuvor hatte er ein studentisches Collegium musicum gegründet. Der Leipziger Rat designierte ihn zu jener Zeit als Nachfolger für den schwer erkrankten Thomaskantor Kuhnau. In Leipzig sind einige seiner Opern aufgeführt worden; vgl. M. Maul: *Barockoper* (wie Anm. 20).

54 Stadtarchiv Leipzig: Urkundensammlung 97,1.

55 UAL: Rep. I/XVI/I 27, fol. 82v–83r.

56 Christoph Ernst Sicul, *ANNALIUM LIPSIENSIUM … Des Leipziger Jahr-Buchs zu dessen Dritten Bande Erste Fortsetzung […]*, Leipzig 1723, S. 241 f.

57 Vgl. W. Neumann, H.-J. Schulze: *Schriftstücke* (wie Anm. 37), Nr. 92.

mehrfacher Beschwerden⁵⁸ erfolglos. Weder die Universität, das Konsistorium noch die Landesregierung hatten Interesse an einer Wiederherstellung der ehemaligen Situation. Möglicherweise war Bach über die zurückliegenden Ereignisse nicht hinreichend informiert worden. Selbst einigen Vertretern des Konzils schienen die Zusammenhänge undurchsichtig. Glaubte doch der Rektor Christian Ludovici zunächst, Bach mit einer Ausgleichszahlung von 6 Talern für die entgangenen ‚Neuen Gottesdienste' zufriedenstellen zu können.⁵⁹

Aller Fehlschläge zum Trotz hat Bach die ‚Alten Gottesdienste' sowie die Musik zu den ‚Quartalsorationen' bis zu seinem Lebensende ohne Unterbrechung musikalisch ausgestaltet und dafür jährlich ein Honorar von 13 Talern und 10 Groschen empfangen. Ob er bei den Aufführungen stets zugegen war oder sich zumeist von seinen Präfekten vertreten ließ, ist den Akten nicht zu entnehmen. In rund 27 Amtsjahren dürfte Bach aber immerhin über 100 Figuralaufführungen in der Universitätskirche St. Pauli bestellt haben. Offenbar standen ihm dabei – zumindest über einen längeren Zeitraum – ausschließlich studentische Helfer und sonstige Adjuvanten als Sänger und Instrumentalisten zur Verfügung. Ob sich die Lage in späteren Jahren entspannte und auch die Thomasalumnen zur Pauliner Kirchenmusik mit hinzugezogen werden durften, wissen wir nicht. Immerhin bezeugt ein Rechnungseintrag von 1733/34 die (erstmalige?) Mitwirkung von Ratsmusikern bei einer Universitätsmusik.⁶⁰

Außer den Kirchenmusiken im ‚Alten Gottesdienst' hat Bach auch Werke zu außergewöhnlichen offiziellen Anlässen der Universität komponiert. Nachweislich waren dies zunächst zwei (?) Lateinische Oden (BWV Anh. I 20), die am 9. September 1723 im Hörsaal der Universität auf der Ritterstraße in Anwesenheit des Rektors Burckhardt Mencke zum Geburtstag Herzog Friedrich II. von Sachsen-Gotha-Altenburg musiziert worden sind.

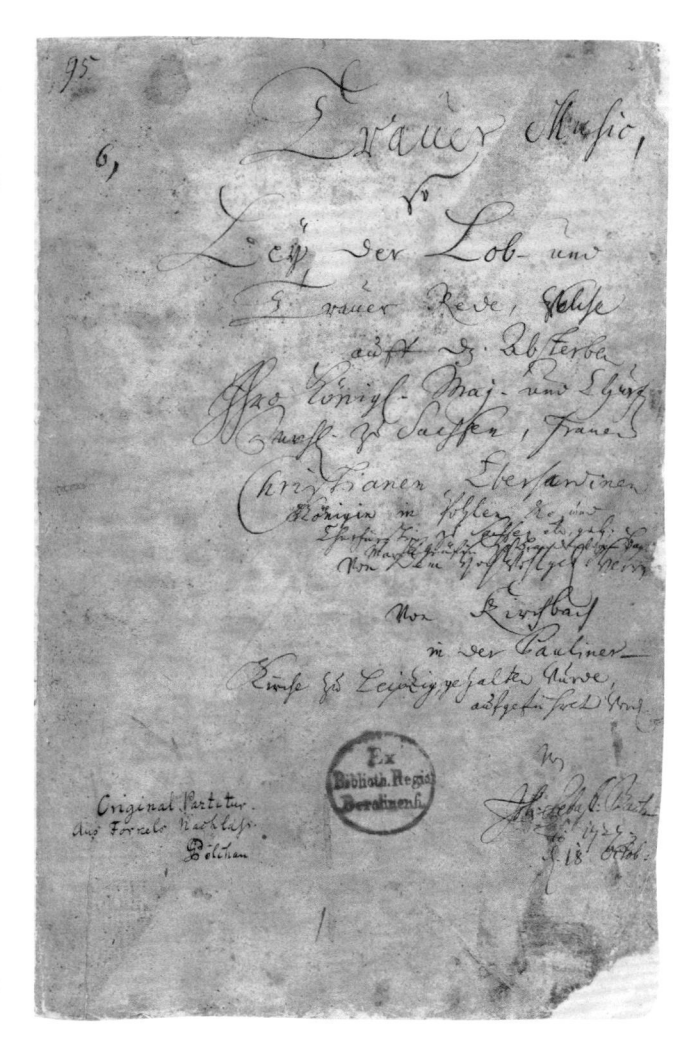

Laß, Fürstin, laß noch einen Strahl *(BWV 198)*,
*Titelblatt der autographen Partitur
(Staatsbibliothek zu Berlin – Preußischer Kulturbesitz, Musikabteilung mit Mendelssohn-Archiv: Mus. ms. Bach P 41, fol. 2v)*

Im Rahmen einer akademischen Trauerfeier für die Kurfürstin Christiane Eberhardine kam es unter Bachs Leitung am 17. Oktober 1727 in der Universitätskirche St. Pauli zur Aufführung der Trauerode *Laß, Fürstin, laß noch einen Strahl* (BWV 198). Bachs Mitwirkung an jenem Akt hatte allerdings sofort den Einspruch des Universitätsmusikdirektors Görner zur Folge. Da der an Bach ergangene Kompositionsauftrag nicht mehr rückgängig zu machen war, sollte dieser einen Revers unterschreiben, dass er daraus keine weiteren Rechtsansprüche ableiten würde. Zu dessen Unterzeichnung kam es aber offensichtlich nicht. Es wurde ein Vergleich geschlossen, der den Auftraggeber⁶¹ verpflichtete, an Görner eine Abfindung von 12 Talern zu zahlen.

Anlässlich einer weiteren Trauerfeier kam es erneut zu Konflikten – diesmal zwischen der Alma mater und dem

---

58 Vgl. Bachs Gesuche vom 28. September 1723 (ebenda, Nr. 9), 14. September 1725 (ebenda, Nr. 10), 3. November 1725 (ebenda, Nr. 11) und 31. Dezember 1725 (ebenda, Nr. 12.).

59 Protokoll des Conciliums vom 19. April 1725. W. Neumann, H.-J. Schulze: *Fremdschriftliche und gedruckte Dokumente* (wie Anm. 11), Nr. 189.

60 In den handschriftlichen Aufzeichnungen des Rektors August Friedrich Müller werden 1733/34 „Stadtmusiker" erwähnt. Für eine ungenannte Aufführung erhielten sie den bescheidenen Betrag von 1 Taler und 12 Groschen. Vgl. Reinhard Szeskus, *Bach und die Leipziger Universitätsmusik*, in: Beiträge zur Musikwissenschaft 32 (1990), S. 161–170.

61 Den akademischen Trauerakt hatte der Student Hans Carl von Kirchbach im September 1727 in die Wege geleitet. Dieser sollte zunächst am 14. Oktober stattfinden.

Leipziger Rat. Am 16. Oktober 1729 verstarb der Thomasschulrektor Johann Heinrich Ernesti. Als ökonomischer Direktor der Universität und Mitglied des Konzils sollte er am 23. Oktober 1729 nicht in einer der städtischen Hauptkirchen (St. Nikolai oder St. Thomas), sondern in der Universitätskirche St. Pauli beigesetzt werden. Bach, der mit der Darbietung einer Begräbnismotette beauftragt worden war, blieb somit eine Woche Zeit zur Komposition und Vorbereitung. Die Aufführung des doppelchörigen Werkes (*Der Geist hilft unser Schwachheit auf*, BWV 226) erfolgte allerdings unter ungewöhnlichen und misslichen Begleitumständen – zum einen weil der Rat nicht „in Corpore" an der Beerdigung teilnehmen wollte, die Bereitstellung des städtischen Leichenwagens in Frage stand und die Beauftragung des Zeremonienmeisters und Leichenbitters Johann Georg Martius umstritten war. Zum andern war den Thomasschülern und Ratsmusikern die Mitwirkung bei dergleichen akademischen Anlässen offenbar auch weiterhin untersagt, weshalb Bach ein separates, überwiegend aus Studenten und Privatschülern bestehendes Ensemble eigens dafür zusammenstellen musste.[62]

Kompositionen zu außerordentlichen Anlässen der Universität blieben auch in den Folgejahren für Bach eine Ausnahme. In der Regel war dafür der Akademische Musikdirektor Johann Gottlieb Görner verantwortlich, dem im Jahre 1723 auch die Musik in den ‚Neuen Gottesdiensten' übertragen worden war.

Die von Seiten Bachs deswegen geführten Auseinandersetzungen führten aber weder zum Bruch mit der Universität noch hatten sie ein Zerwürfnis mit Görner zur Folge. Bach, der bereits 1717 die Orgel in der Universitätskirche St. Pauli geprüft und abgenommen hatte, wurde von der Alma mater in späteren Jahren (seit 1730) abermals als Sachverständiger wegen einiger Reparaturen und Umbauten am Instrument mit hinzugezogen.[63] Auch der Konflikt mit Görner hatte sich lediglich auf beruflicher Ebene ergeben; ihre privaten Beziehungen blieben davon weitgehend unberührt. Für ein freundschaftliches Verhältnis der beiden spricht die Tatsache, dass Bachs Witwe, Anna Magdalena, Görner im Oktober 1750 als Vormund für ihre vier unmündigen Kinder einsetzen ließ.

Nach dem Tod ihres Mannes wurde Anna Magdalena Bach wohl auch das sogenannte Gnadenhalbjahr von der Universität bewilligt.

In seinen letzten Lebensjahren war Bach außerdem in das Verfahren bei der Vergabe eines Stipendiums involviert, das der 1591 zu Steyr (in Österreich) verstorbene Mediziner Matern Hammer der Alma mater für besonders bedürftige und hochbegabte Thomasschüler gestiftet hatte. Einige der für Stipendienanwärter von Bach verfassten Zeugnisse (Empfehlungsschreiben) sind erst unlängst im Universitätsarchiv Leipzig entdeckt worden.[64]

---

62 Vgl. A. Glöckner: *Johann Sebastian Bach und die Universität Leipzig* (wie Anm. 1), S. 181 ff.

63 Ebenda, S. 159 ff.

64 Ebenda, S. 187 ff.

Lorenz Christoph Mizler
Versuch einer Restitution des Studienfaches Musik[1]
HANS-JOACHIM SCHULZE

Als solide Basis für die Erkundung von Lorenz Christoph Mizlers frühen Jahren erweist sich nach wie vor die Autobiographie, die jener 1739 in das bei Johann Heinrich Zedler in Leipzig erschienene *Große vollständige Universal Lexicon*[2] zu lancieren gewußt hatte und die er – möglicherweise unaufgefordert – wenig später in erweiterter Form Johann Mattheson in Hamburg für dessen *Grundlage einer* [musikalischen] *Ehren-Pforte* zukommen ließ, solchergestalt als jüngster – vom Herausgeber allerdings kritisch beäugter – Fachgenosse den neueröffneten Ehrentempel bevölkernd.[3]

Ungeachtet nicht weniger Ergänzungen, die Franz Wöhlke für seine 1940 vorgelegte Mizler-Dissertation[4] zusammentragen konnte, besteht jedoch hier und da noch immer Klärungsbedarf, bleiben Erweiterungen und Richtigstellungen zu wünschen.

Als in diesem Sinne diskussionswürdig entpuppt sich bereits die Frage nach Mizlers Geburtstag und -ort. Die Autobiographie nennt lediglich den 25. Juli 1711 als Geburtstag[5] und deutet anschließend auf die Tätigkeit des Vaters als Amtmann in Wettelsheim an der Altmühl, woraus zu schließen ist, daß Lorenz Christoph Mizler seine Kinderjahre dort verlebt haben wird. Erst später und eher beiläufig wird der – zwischen Wassertrüdingen und Treuchtlingen gelegene – kleine mittelfränkische Ort Heidenheim[6] als vorhergehende Wirkungsstätte des Vaters genannt, und in der Tat bestätigt das von Wöhlke konsultierte Kirchenbuch die Herkunft Mizlers aus ebendiesem Heidenheim.[7]

Die offenbar gutdotierte Stellung des Vaters in Wettelsheim ermöglichte eine erste Ausbildung des Sohnes durch einen Privatlehrer, den die Autobiographie als Diakon „N. Müller, dermahlen Prediger zu Ober-Sultzbach" bezeichnet. Gemeint ist Johann Christoph Müller (1687–1749), der von 1718 an bis zu seinem Wechsel nach Obersulzbach (1726) in Degersheim bei Heidenheim tätig war.[8] Dort, in unmittelbarer Nähe seines Geburtsortes, jedoch getrennt von der übrigen Familie, müßte Mizler demnach diesen Privatunterricht genossen haben. Mit 13 Jahren will er in das Ansbacher Gymnasium eingetreten sein; infolge des Verlustes der Matrikel läßt sich der Zeitpunkt nicht weiter präzisieren. Als Rektoren des Gymnasiums[9] nennt Mizler nur Johann Matthias Gesner (1691–1761, vor seinem Wechsel an die Leipziger Thomana 1729/30 kurzzeitig in Ansbach tätig) sowie dessen Nachfolger Georg Ludwig

---

1 Auf Wunsch des Verfassers Wiedergabe in traditioneller Rechtschreibung.
Die vorliegenden Ausführungen verstehen sich weitgehend als Ergänzungen zu meinem Beitrag: *Lorenz Mizlers Societät der musikalischen Wissenschaften in Deutschland*, in: Gelehrte Gesellschaften im mitteldeutschen Raum (1650–1820), hrsg. v. Detlef Döring und Kurt Nowak, Teil III (Abhandlungen der Sächsischen Akademie der Wissenschaften zu Leipzig. Phil.-hist. Klasse, Bd. 76, Heft 6), Stuttgart und Leipzig 2002, S. 101–111.

2 Johann Heinrich Zedler: *Großes vollständiges Universal Lexicon Aller Wissenschafften und Künste*, Bd. XXI, Leipzig und Halle 1739, Sp. 655 f. Namhafte Komponisten wie Carl Heinrich Graun, Christoph Graupner und Georg Friedrich Händel sind dort nicht berücksichtigt, Johann Sebastian Bach findet erst einen Platz im Supplement.

3 Johannes Mattheson: *Grundlage einer Ehren-Pforte*, Hamburg 1740, vollständiger, originalgetreuer Neudruck mit gelegentlichen bibliographischen Hinweisen und Matthesons Nachträgen hrsg. v. Max Schneider, Berlin 1910, Reprint Kassel etc. 1969, S. 228–234 (Nachträge Matthesons S. 420–426 sowie Anh. S. 33 und 44).

4 Franz Wöhlke: *Lorenz Christoph Mizler. Ein Beitrag zur musikalischen Gelehrtengeschichte des 18. Jahrhunderts*, Würzburg-Aumühle 1940.

5 Der ebenda, S. 3, genannte Kirchenbucheintrag vom 26. Juli 1711 bezieht sich sicherlich auf die Taufe.

6 Die Bezeichnung Heidenheims als „einer kleinen Stadt im Hertzogthum Wirtenberg" (J. Mattheson: *Ehren-Pforte* [wie Anm. 3], S. 228; offenbar unautorisierter Zusatz Matthesons) verwechselt den fränkischen Ort mit der Stadt Heidenheim an der Brenz.

7 Aus Heidenheim richtete L. C. Mizler am 25. Oktober 1734 einen Brief an Johann Gottfried Walther in Weimar; Briefe des Vaters Johann Georg Mizler aus den Jahren 1746 und 1748 sind hingegen in Wettelsheim geschrieben. Vgl. Hans Rudolf Jung, Hans-Eberhard Dentler: *Briefe von Lorenz Mizler und Zeitgenossen an Meinrad Spiess (mit einigen Konzepten und Notizen)*, in: Studi Musicali XXXII (2003), N. 1, S. 73–196, hier S. 179 f. sowie S. 103 f., 118.

8 Matthias Simon: *Ansbachisches Pfarrerbuch* (Einzelarbeiten zur Kirchengeschichte Bayerns XXVIII), Nürnberg 1955–1957, S. 331, 607, 670.

9 Hermann Schreibmüller: *Das Ansbacher Gymnasium 1528–1928*, Ansbach 1928, S. 41 ff., 90 f.

Oeder (1694–1760, Rektor bis 1737),[10] nicht jedoch beider Vorgänger Johann Georg Christoph Feuerlein (1677–1748, Rektor ab 1718), unter dessen Ägide er den größeren Teil seiner Gymnasiastenzeit verbracht hatte.

Für die musikalische Ausbildung sorgten in Ansbach „der Musik-Director, Ehrmann", „welcher ihm die Anfangsgründe im Singen und auf dem Clavier gezeiget hat", sowie der „Hochfürstl. Kammermusikant und Violinist, Carl", von dem er „die Concertvioline verschiedene Jahre hindurch erlernet".[11] Johann Samuel Ehrmann (1696–1749) wurde am 17. Februar 1725 zum Stadt- und Stiftskantor berufen,[12] wechselte später jedoch in die offenbar einträglichere Pfarrstelle zu Gundelsheim (nördlich von Bamberg). Über Mizlers Geigenlehrer berichtet Johann Gottfried Walthers *Musiklexikon* (1732),[13] jener, mit vollem Namen Johann Martin Carl, „gebohren in Walchenfeld ohnweit Bamberg [recte: bei Hofheim/Unterfranken] an. 1697", habe „mit einem vornehmen *Ministre* eine Reise nach Franckreich und Holland gethan, und daselbst die besten *Maîtres* auf der *Violin* gehöret", stehe „jetzo seit etlichen Jahren als *Violinist* in Marggräflich-Anspachischen Diensten, und *tractir*et auch die *Flûte traversiere.*" Zu fragen bleibt, ob Mizler von Kantor Ehrmann tatsächlich nur „Anfangsgründe" vermittelt bekam, und ob Johann Martin Carl (1697–1739) ihm ausschließlich Violinunterricht erteilt oder vielleicht doch auch eine Grundlage für das Querflötenspiel geliefert hat (das Mizler allerdings als Autodidakt erlernt haben will).

Zu Mizlers Studienzeit in Leipzig und anderwärts

Im Verlauf von fünfeinhalb Jahren – beginnend mit der Immatrikulation in Leipzig am 30. April 1731 – absolvierte Mizler an mehreren Universitäten eine Art Studium generale an allen vier Fakultäten, so daß er wie später Goethes Dr. Faust hätte behaupten können, er habe (wenngleich in anderer Reihenfolge als jener) „nun, ach! Philosophie, Juristerei und Medizin und, leider! auch Theologie durchaus studiert, mit heißem Bemühn".

Seine akademischen Lehrer in Leipzig zählt Mizlers Autobiographie in wünschenswerter Vollständigkeit – allerdings lediglich mit ihren Zunamen – auf: Im Fach Theologie Heinrich Klausing (1675–1745), Salomon Deyling (1677–1755), Johann Gottlob Pfeiffer (1667–1740), Johann Christian Hebenstreit (1686–1756) und Christoph Wolle (1700–1761), im Fach Hebräisch Christian Weiß d. J. (1700–1743) und Karl Gottlob Sperbach (1694–1772), in den Schönen Wissenschaften Johann Matthias Gesner (1691–1761) und Johann Erhard Kapp (1696–1756), in Mathematik Christian August Hausen (1693–1743) und Georg Friedrich Richter (1691–1742), in Physik Johann Christian Lehmann (1675–1739), in Philosophie August Friedrich Müller (1684–1761) und Friedrich Wilhelm Stübner (1710–1736) sowie in der Poesie Johann Christoph Gottsched (1700–1766). Außer Hausen, Sperbach, Stübner und – mutatis mutandis – Pfeiffer sind alle Genannten im engeren oder weiteren Umfeld Johann Sebastian Bachs anzutreffen.[14] Zur Zeit von Goethes Ankunft in Leipzig hatten sie mit Ausnahme von Sperbach und Gottsched samt und sonders bereits das Zeitliche gesegnet.

Bei Klausing – in dessen Haus Mizler nach eigener Angabe ein Jahr lang wohnte – handelt es sich um den ältesten Sohn eines Orgelbauers aus dem westfälischen Herford. Ob dies für ein musisches Klima im Hause des nachmaligen Rektors sorgte und Mizler dort etwa privatim vor Zuhörern musizieren konnte, wissen wir freilich nicht. August Friedrich Müller, der Widmungsempfänger der Bach-Kantate vom „Zufriedengestellten Äolus" zählte zu den beliebtesten Professoren der Leipziger Alma mater und erfreute sich einer breiten Zuhörerschaft; sein Vortrag soll so klar und deutlich gewesen sein, daß es hieß, wer ihn nicht verstehen könne, könne überhaupt nichts verstehen. Die berühmte Denkschrift, die der todkranke Leipziger Magister Johann Gottlieb Reichel am 5. Mai 1742 den Landständen in Dresden zuzuleiten versuchte,[15] bewertet Müller, Gottsched, Pfeiffer und teilweise auch Deyling positiv, Klausing eher kritisch, fällt aber ein vernichtendes Urteil über Kapp.

Ob Mizler in Leipzig das geschilderte Mammutprogramm – Lehrveranstaltungen von 15 Professoren – in der ihm zur Verfügung stehenden relativ kurzen Zeit ohne Abstriche zu absolvieren vermochte, läßt sich nicht sagen.[16]

---

10 Zu dessen seltsamen Ansichten über Philosophie vgl. Lorenz Mizler: *Musikalische Bibliothek*, Bd. I, Teil 5, Leipzig 1738, S. 62.

11 J. Mattheson: *Ehren-Pforte* (wie Anm. 3), S. 230 f.

12 Günther Schmidt: *Die Musik am Hofe der Markgrafen von Brandenburg-Ansbach*, Kassel und Basel 1956, S. 76; M. Simon: *Pfarrerbuch* (wie Anm. 8), passim.

13 Johann Gottfried Walther: *Musicalisches Lexicon Oder Musicalische Bibliothec*, Leipzig 1732, S. 142; Nachweise für 1737 und 1739 bei G. Schmidt: *Die Musik am Hofe* (wie Anm. 12), S. 77 und 78.

14 Vgl. das Personenverzeichnis in: Bach-Archiv Leipzig (Hrsg.): *Dokumente zu Leben, Werk und Nachwirken Johann Sebastian Bachs: 1685–1800*, Bd. 5: Neue Dokumente, Nachträge und Berichtigungen zu Band I–III, vorgelegt und erläutert von Hans-Joachim Schulze, Kassel etc. 2007.

15 Ernst Kroker: *Die Universität Leipzig im Jahre 1742*, in: Georg Merseburger (Hrsg.), Leipziger Kalender. Illustriertes Jahrbuch und Chronik 5 (1908), S. 71–79; G[eorg] W[itkowski] (Hrsg.): *Thränen und Seuffzer wegen der Universität Leipzig denen getreuen Land Ständen geoffenbahret. 1742*, Leipzig 1929.

16 Nach Reichels Schilderung (vgl. E. Kroker: *Universität* [wie Anm. 15] und G. Witkowski: *Thränen und Seuffzer* [wie Anm. 15]) gingen des öfteren Vorlesungen schon nach wenigen Wochen mangels Zuspruchs wieder ein.

Nach seinen eigenen Worten waren ihm nur 18 Monate, mithin die Zeit von Mai 1731 bis einschließlich Oktober 1732, zu unbeeinträchtigter Arbeit vergönnt. Danach sei er neun Wochen – wohl von Anfang November 1732 bis Jahresanfang 1733 – lebensgefährlich krank gewesen und anschließend, ärztlichem Rat folgend, zwecks Luftveränderung in das fränkische Altdorf gewechselt; hier ließ er sich am 19. Januar 1733 an der Universität einschreiben. Der Wiederaufnahme der Studien sowie einer Probepredigt in Ansbach als Abschluß der theologischen Ausbildung und zugleich Abschied von der ursprünglich geplanten Theologenlaufbahn folgte nach einigen Monaten die Rückkehr nach Leipzig. Hier erwarb Mizler am 12. Dezember 1733 das Baccalaureat und ein halbes Jahr später den Magistergrad mit seiner *Dissertatio quod musica ars sit pars eruditionis philosophicae* (30. Juni 1734). Wohl wegen der nicht eben glanzvoll verlaufenen Präsentation[17] reiste er anschließend erneut nach dem Süden („ins Reich"), kehrte dann nach Leipzig zurück und beschloß, auch noch die Rechte sowie Medizin zu studieren. Ungeachtet des guten Rufs der Leipziger Juristenfakultät ging er zu diesem Zweck nach Wittenberg und ließ sich hier am 22. März 1735 inskribieren. Spätestens Ende September 1736 will er wieder nach Leipzig zurückgekommen sein. Zu diesem Zeitpunkt, fünf Jahre und fünf Monate nach seiner Inskription an der Universität Leipzig, hatte Mizler sein Studium endlich abgeschlossen und konnte mit einer Lehrtätigkeit beginnen.

Zur Frage der musikalischen Ausbildung in Leipzig liefert die Autobiographie lediglich vage Auskünfte: „In der Composition hat er sich durch Lesung guter Bücher; Anhörung guter Musiken; Durchsehung vieler Partituren von guten Meistern, und auch durch den Umgang mit dem Capellmeister Bach festgesetzt", auch habe er besonderen Nutzen aus den „Schrifften des berühmten Capellmeisters Mattheson" gezogen.[18] Erst nach dem Tode des Thomaskantors heißt es in einem Zusatz Mizlers zu dessen Nachruf expressis verbis, Johann Sebastian Bach sei Mizlers „guter Freund" gewesen und habe ihm „Anleitung im Clavierspielen und in der Composition als einem noch in Leipzig Studirenden gegeben".[19] Die Richtigkeit dieser singulären Behauptungen läßt sich heute nicht mehr überprüfen.

Zu universitären Aktivitäten einiger Zeitgenossen

Charakteristisch für das 18. Jahrhundert und speziell für dessen erste Hälfte sind Bemühungen um eine Erhöhung des Ansehens von Musikpraktikern und Musikgelehrten. Höchst unterschiedliche Beiträge gehören in diesen Kontext: Auf der einen Seite repräsentative zusammenfassende Veröffentlichungen des Hamburger Musikgelehrten Johann Mattheson, auf der anderen Seite etwa eine Flut zumeist anonymer Streitschriften um die 1748 von dem Freiberger Rektor Johann Gottlieb Biedermann eröffnete Diskussion zur Deutung des Begriffs ‚musike vivere',[20] dazu lokale Kontroversen wie der aus der Bach-Biographik bekannte Leipziger ‚Präfektenstreit' der Jahre 1736 bis 1738 oder auch terminologische Haarspaltereien wie die ermüdende Debatte zwischen Johann Abraham Birnbaum in Leipzig und Johann Adolph Scheibe in Hamburg um Zulässigkeit und Begriffsbild von pejorativ gefärbten Vokabeln wie ‚Musikant' und ‚Künstler'.[21]

Hinsichtlich der – insgesamt als beklagenswert erkannten – Situation an Universitäten und verwandten Einrichtungen versuchte der Berliner Historiker Johann Carl Conrad Oelrichs (1722–1799) eine knappe Wertung mit seiner *historischen Nachricht von den akademischen Würden in der Musik und öffentlichen musikalischen Akademien und Gesellschaften*,[22] in deren an Mattheson gerichteter Zuschrift vom 15. September 1752 es heißt, man habe „bisher beständig, wenn etwa von der Ertheilung akademischer Würden in der Musik, und einem öffentlichen Lehramte in dieser Wissenschaft geredet wird, hoch aufgehöret, als ob dieses alles eine Fabel wäre." Angesichts der Tatsache, daß um 1750 keine deutsche Universität einen Professor der Musik aufzuweisen hatte, vermochten Nachweise über frühe Beispiele derartiger Titulaturen im Bereich von Gymnasien nur geringen Trost zu spenden. Oelrichs nennt hier neben anderen den 1643 bis 1647 als Kantor in Stettin tätigen Joachim Fabricius, der sich auf einem Stammbuchblatt von 27. Juni 1644 als „Musices Professor" bezeichnet haben soll, sowie den ebenfalls als Kantor in Stettin tätigen

---

17 F. Wöhlke: *Mizler* (wie Anm. 4), S. 10.

18 J. Mattheson: *Ehren-Pforte* (wie Anm. 3), S. 231. Daß weder Bach noch Mattheson Mizler „die vermeinten mathematischen Compositions-Gründe" beigebracht hätten, bemerkt eine Fußnote Matthesons ausdrücklich.

19 Lorenz Mizler: *Musikalische Bibliothek*, Bd. IV, Teil 1, Leipzig 1754, S. 173. Vgl. auch Bd. I, Teil 4, Leipzig 1738, S. 61.

20 Vgl. Ulrich Leisinger: *Biedermann und Bach – Vordergründe und Hintergründe eines gelehrten Streites im 18. Jahrhundert*, in: Musik, Kunst und Wissenschaft im Zeitalter Johann Sebastian Bachs (Leipziger Beiträge zur Bach-Forschung 7), Hildesheim etc. 2005, S. 141–167.

21 Johann Adolph Scheibe: *Critischer Musikus. Neue, vermehrte und verbesserte Auflage*, Leipzig 1745, S. 833 ff. Den Königsweg mittels Nutzung des Begriffs ‚Musiker' zu beschreiten, gelang keinem der beiden Kontrahenten; dieses Wort begann sich erst kurz nach 1750 einzubürgern.

22 Johann Carl Conrad Oelrichs: *historische Nachricht von den akademischen Würden in der Musik und öffentlichen musikalischen Akademien und Gesellschaften*, Berlin (Christian Friedrich Voß) 1752, 52 S.

Johann Georg Ebeling (1637–1676), dem das 1676 gedruckte Funeralprogramm den gleichen Titel zubilligt.[23]

Im Zusammenhang mit mutmaßlichen beziehungsweise tatsächlichen universitären Aktivitäten und/oder Titulaturen nennt die einschlägige Literatur für die erste Hälfte des 18. Jahrhunderts und damit für einen wichtigen Teil von Mizlers Lebenszeit zumeist fünf Namen: Joachim Meier, Heinrich Bokemeyer, Christoph Gottlieb Schröter, Jacob Adlung sowie Mizler selbst.

Joachim Meier (1661–1732), dessen Name der Musikgeschichtsschreibung vor allem wegen einer Polemik um die aktuelle Kirchenmusik[24] bekannt und geläufig ist, wirkte zwar in der nachmaligen Universitätsstadt Göttingen und führte den Titel eines ‚Professoris Musicä‘,[25] dies jedoch ausschließlich im Zusammenhang mit seiner Tätigkeit am Gymnasium.

Heinrich Bokemeyer (1679–1751) hatte seinem Brieffreund Johann Gottfried Walther bereits im Frühjahr 1729 einen „weitläufftigen und merckwürdigen 50-jährigen Lebens-Lauff" zukommen lassen, doch konnte das 1732 veröffentlichte Musiklexikon hiervon lediglich einen „Extract" aufnehmen;[26] das ausführliche Original ist verschollen. Nach dem „Extract" übernahm Bokemeyer am 2. April 1704 das Kantorat an der Martinskirche zu Braunschweig, trat 1712 „4 Wochen vor Michaelis" (also Anfang September) das Kantorat in Husum an und kam 1717 nach Braunschweig und schließlich Wolfenbüttel zurück. Von Aktivitäten in Verbindung mit einer Universität ist nirgends die Rede.

Gleichwohl schloß Werner Wolffheim aus einer ihm vorliegenden undatierten Handschrift, Bokemeyer könnte als „*Cant. Mart.*" Lehrveranstaltungen in Verbindung mit der Universität Helmstedt durchgeführt haben.[27] Nach der genannten Quelle plante Bokemeyer mit „*Consens* des Herrn *Rectoris* und *Conrectoris*" sein Vorhaben „wegen eines an zu stellenden *collegii Musici*" zum Nutzen aller „zukünfftigen Prediger, Redner und Poëten", sah wöchentlich zwei Stunden vor, mittwochs und sonnabends, „da andrer *collegia cessi*ren", und erbat Vorauszahlung „zur *encouragi*rung des Fleisses der *commilitonum*".

Ungeachtet der Nutzung des Begriffs ‚Commilitones'[28] sprechen doch gewichtige Gründe gegen die Annahme, Bokemeyer könnte vor September 1712 von Braunschweig aus an der Universität Helmstedt tätig geworden sein: 1. Bokemeyer hätte für sieben Interessenten bei einer Subskriptionsgebühr von je 16 Groschen wöchentlich zweimal eine Wegstrecke von etwa 70 Kilometern für Hin- und Rückweg absolvieren müssen. 2. Alle Subskribenten wurden an Universitäten erst dann immatrikuliert, als Bokemeyer längst nicht mehr Kantor der Martinskirche in Braunschweig war. Die Universität Helmstedt bezogen[29] Johann Christoph Enckhausen aus Celle (14. April 1714),

Jacob Ritter aus Bergen an der Dumme (nordwestlich von Salzwedel, „Valleria Luneburgensis"; 18. September 1713), Petrus Trapps aus Bortfeld bei Braunschweig (15. September 1715), Julius Adolph Rosenhagen aus Braunschweig (12. März 1717) sowie Daniel Dieterich Alberti (1695 bis 1766)[30] aus Destedt Ortsteil Cremlingen Kreis Wolfenbüttel (26. März 1716). Ein Studium in Halle (Saale) nahmen Johann Heinrich Kipp aus Hörde (Westfalen) (4. Oktober 1713) sowie Christian Friedrich Weichmann (1698 bis 1770)[31] aus Hamburg-Harburg (5. November 1716) auf.

Bokemeyers „Kolleg-Ankündigung" gehört also in den Bereich der Martinskirche und -schule in Braunschweig und hat nichts mit einer Universität zu tun. Folgerichtig bleibt Bokemeyer in Oelrichs' Zusammenstellung[32] unerwähnt.

Christoph Gottlieb Schröter (1699–1782) will ebenfalls eine „vollständige Lebensbeschreibung" angefertigt haben, doch liegt lediglich eine „*Ex autogr.*" überschriebene kürzere Version vor, die Friedrich Wilhelm Marpurg 1762 in

---

23 Ebenda, S. 42 f. und 43 f. Vgl. auch J. G. Walther, *Lexicon* (wie Anm. 13), S. 220, sowie Johann Mattheson: *Der Vollkommene Capellmeister*, Hamburg 1739, Vorrede, S. 28.

24 Jürgen Heidrich: *Der Meier–Mattheson–Disput. Eine Polemik zur deutschen protestantischen Kirchenkantate in der ersten Hälfte des 18. Jahrhunderts*, in: Nachrichten der Akademie der Wissenschaften in Göttingen, I. Phil.-Hist. Kl., Jg. 1995 Nr. 3, S. 57–107.

25 Christian Gottlieb Jöcher: *Allgemeines Gelehrten-Lexicon*, Bd. 3, Leipzig 1751, S. 369. Nach Jöcher hätte Meier den Titel bereits vor 1695 erhalten, nach J. C. C. Oelrichs: *Nachricht* (wie Anm. 22), S. 37 f., dagegen erst 1707.

26 Klaus Beckmann, Hans-Joachim Schulze (Hrsg.): *Johann Gottfried Walther, Briefe*, Leipzig 1987, S. 32, 80, 82 f.; J. G. Walther: *Lexicon* (wie Anm. 13), S. 102 f. Das bei Walther fehlende Geburtsdatum Bokemeyers (16. März 1679) verrät dessen Brief vom 30. Juni 1749 an Meinrad Spieß; vgl. H. R. Jung, H.-E. Dentler: *Briefe* (wie Anm. 7), S. 122.

27 Werner Wolffheim: *Eine Kolleg-Ankündigung des Kantors Heinrich Bokemeyer*, in: Gedenkboek aangeboden aan Dr. D. F. Scheurleer op zijn 70sten Verjaardag, 's-Gravenhage 1925, S. 393–396. Der Verbleib der Quelle ist unbekannt; in den Versteigerungskatalogen der Sammlung Wolffheim (Martin Breslauer und Leo Liepmannssohn, Berlin, 1928/29) taucht sie nicht auf, und auch beim Nachverkauf einiger Zimelien (1932) wird sie nicht genannt.

28 Die anderwärts gebrauchte Anrede „ihr" beziehungsweise „euch" weist eher auf Schüler als auf Studenten.

29 Vervollständigung der Namen und Angabe der Herkunftsorte nach der Matrikel.

30 Vgl. *Die Pastoren der Braunschweigischen Evangelisch-Lutherischen Landeskirche*, Bd. II, bearbeitet von Friedrich-Wilhelm Freist, Wolfenbüttel 1974.

31 Vgl. die ausführliche Darstellung seines Lebensganges in der *Allgemeinen Deutschen Biographie*. Sein Vater Friedrich Weichmann war Rektor der Martinischule in Braunschweig.

32 Vgl. J. C. C. Oelrichs: *Nachricht* (wie Anm. 22).

seine *Kritischen Briefe über die Tonkunst* aufnahm. Hier ist von einer nach 1719 angetretenen Reise die Rede, die „nicht nur an viel deutsche Hofhaltungen, sondern auch nach Holl- und Engelland" ging.

> „Nach vergnügt vollbrachter Reise zog ich 1724. aus Liebe zu den schönen Wissenschaften nach Jena, und mußte endlich daselbst fast wider meinen Willen 1) Matthesons erste Eröffnung des Orchestre umständlich erklären; 2) ein Collegium Melopoeticum halten; 3) wegen der mancherley Temperaturen theoretisch und practisch meine Meynung entdecken: welche Umstände mir sehr viel Nutzen brachten. Von Jena wurde ich 1726. wider Vermuthen nach Minden als Componist und Organist an der Hauptkirche [...] berufen."[33]

Im Unterschied zu diesen eher vagen Hinweisen auf einen Konnex zur Universität Jena heißt es in der 1784 von Johann Adam Hiller vorgelegten Neufassung von Schröters biographischer Skizze dezidiert:

> „Nach geendigter Reise kam ihm die Lust an, der schönen Wissenschaften wegen, noch einmal eine Akademie zu besuchen. Er erwählte Jena, und begab sich im Jahr 1724 dahin. Seine musikalische Kenntnisse machten ihn hier bald bekannt, so daß er, von einigen daselbst studirenden Musikliebhabern zu musikalischen Vorlesungen aufgefodert wurde."[34]

Ein Beleg für die hier suggerierte offizielle Vorlesungstätigkeit dürfte schwer zu finden sein; näher liegt die Annahme eines erweiterten Privatunterrichts. Gleichwohl attestiert Oelrichs unter Berufung auf Matthesons 1751 publizierte *Sieben Gespräche der Weisheit und Musik samt zwo Beylagen, als die dritte Dosis der Panacea* Schröter „öffentliche akademische Vorlesungen über die Musik [...] in dem 1725, und 1726ten J[ahre] zu Jena".[35] Gegen die Annahme einer engen Bindung an die Universität als Voraussetzung für offiziell zugelassene Vorlesungen spricht allerdings die Tatsache, daß Schröter in Jena augenscheinlich nicht immatrikuliert war.[36] Damit läßt sich auch der Beginn seiner – wie auch immer gearteten – Unterrichtstätigkeit nicht näher bestimmen. Gleiches gilt für das Ende der Jena-Episode, da die Musikgeschichte der Stadt Minden keinen Aktenbeleg für Schröters Anstellung im Jahre 1726 liefert.[37]

Jacob Adlung (1699–1762), Altersgefährte Schröters, wurde wie dieser 1762 mit der Wiedergabe seines Lebenslaufs in Marpurgs *Kritischen Briefen über die Tonkunst* gewürdigt.[38] Ungeachtet einer vorangedruckten Echtheitsbestätigung handelt es sich um eine gekürzte und bearbeitete Version; die ungeänderte Originalfassung nach Adlungs „eigenhändigem Aufsatz" erschien erst sechs Jahre später.[39] Adlung beschreibt hier ausführlich seinen Werdegang einschließlich des Universitätsstudiums im Anschluß an den bis Ostern 1721 reichenden Schulbesuch. An der Universität Erfurt hatte er sich bereits am 16. Mai 1718 einschreiben lassen; hier begann er auch mit dem Vorlesungsbesuch. Am 22. April 1722 wechselte er an die Universität Jena. Das überreiche Studienprogramm[40] legt einen Vergleich mit den bereits erwähnten Aktivitäten Lorenz Christoph Mizlers in Leipzig, Altdorf und Wittenberg nahe. Hinsichtlich der eigenen Lehrtätigkeit Adlungs widmet die Autobiographie sich hauptsächlich der Schilderung von Schwierigkeiten und Hindernissen in bezug auf die Erlangung einer Lehrbefugnis und erwähnt nur kurz „philologische, mathematische und philosophische Collegia" sowie „Sprach- und andere Stunden". In Hillers Neufassung von 1784 heißt es hingegen, Adlung habe in Erfurt die Erlaubnis erhalten, „seine Collegia zu lesen, wie er wollte, und sie anzuschlagen, wo er wollte. Diese betrafen nun mehrentheils Philologie, Mathematik und Philosophie; doch hat er auch über seine musikalische Gelahrtheit Vorlesungen gehalten."[41] Die letztgenannte Behauptung Hillers stützt sich auf eine Bemerkung Adlungs aus dem Jahre 1758, in der es heißt: „Ich habe meinem Nechsten dienen, und zugleich ein Buch liefern wollen, welches auch könnte zum Grunde eines Collegii gelegt werden, dergleichen ich über diesen Entwurf oft gehalten."[42]

Nach eigener Angabe hatte Adlung mit seinen Vorlesungen viel verdient, mochte sich auf die insgesamt zu

---

33   Friedrich Wilhelm Marpurg: *Kritische Briefe über die Tonkunst*, Bd. 2, CXXII. Brief, Berlin, 4. Dezember 1762, S. 456 ff., hier S. 457.

34   Johann Adam Hiller: *Lebensbeschreibungen berühmter Musikgelehrten und Tonkünstler, neuerer Zeit. Erster Theil.*, Leipzig 1784, S. 241 ff., hier S. 245 f.

35   J. C. C. Oelrichs: *Nachricht* (wie Anm. 22), S. 26 f.

36   Für die von Schröter 1717 angesetzte Aufnahme eines Theologiestudiums in Leipzig läßt sich gleichfalls kein Matrikelbeleg ermitteln.

37   Jürgen Brandhorst: *Musikgeschichte der Stadt Minden. Studien zur städtischen Musikkultur bis zum Ende des 19. Jahrhunderts* (Schriften zur Musikwissenschaft 3), Hamburg und Eisenach 1991, S. 175: Lediglich Akten von 1765 erwähnen einen „antecessor Reschtore" (Anagramm Schröters, von Brandhorst nicht aufgelöst). Georg Krause: *Geschichte des musikalischen Lebens in der evangelischen Kirche Westfalens von der Reformation bis zur Gegenwart*, Kassel 1932, S. 102, weist anderenorts für 1732 einen 15-jährigen Organisten nach, der 1731 von „Reschtore" geprüft worden sei.

38   F. W. Marpurg: *Kritische Briefe* (wie Anm. 33), S. 451–455: *Mag. Jacob Adlungs Lebenslauf. (Von ihm selbst entworfen, und vom Herrn M. Albrecht der Gesellschaft mitgetheilet.)*

39   Jakob Adlung: *Musica Mechanica Organoedi*, hrsg. v. Johann Lorenz Albrecht, Bd. II, Berlin 1768, Vorrede, S. II–XIV.

40   Ebenda, S. V und VII f.

41   J. A. Hiller: *Lebensbeschreibungen* (wie Anm. 34), S. 5.

42   Jacob Adlung: *Anleitung zu der musikalischen Gelahrtheit*, Erfurt 1758, Einleitung, S. 29. Hiller hatte 1783 einen Neudruck dieses Werkes herausgegeben.

unsicheren Einnahmen jedoch nicht auf Dauer verlassen und bewarb sich deshalb um eine feste Anstellung am Gymnasium. Diesen Dienst konnte er am 28. August 1741 auch antreten. Gleichwohl ist er von den vier Genannten – Meier, Bokemeyer, Schröter, Adlung – der einzige, der im regulären Universitätsbetrieb hatte Fuß fassen können, wenn auch nur als Privatdozent.

Universitäre und andere Aktivitäten Lorenz Christoph Mizlers in Leipzig

Spätestens 1588 weisen die Statuten der Universität Leipzig unter den Lehrfächern die Musik nicht mehr auf, und vielleicht fehlte diese sogar schon in den unvollständig überlieferten Statuten aus dem Jahre 1543.[43] Daß „nirgends in Deutschland, weder auf Schulen noch Akademien, ein besonderer Professor der Musik vorhanden",[44] wurde im 18. Jahrhundert denn auch des öfteren beklagt. Johann Mattheson trug sich sogar mit dem Gedanken, „etwas, zur Stifftung eines musikalischen Professorats in Leipzig, testamentlich zu vermachen, wenn nur einige Gehülffen da wären."[45] In der einschlägigen Literatur wurde dieser Vorschlag freudig begrüßt, doch blieb er wie so vieles unausgeführt.

Im Unterschied zu seinen Zeitgenossen, die es mit einer Zustandsbeschreibung beziehungsweise einem Planspiel bewenden ließen, sah der 1736 gerade 25jährige Mizler sich augenscheinlich veranlaßt, selbst in die Speichen zu greifen und für Vorwärtsbewegung zu sorgen. Der übergroße Nachholbedarf mag ihn dazu gebracht haben, auf die Einteilung der Kräfte nicht zu achten und möglichst alles gleichzeitig anzupacken. Über das Ziel war er sich schon früh im klaren; nicht unbedingt vom Inhalt her,[46] doch zumindest in der Formulierung ihres Titels benennt es seine Dissertation, speziell in der verbesserten Auflage von 1736: *Dissertatio quod musica scientia sit et pars eruditionis philosophicae*.

Sein Anliegen versuchte Mizler auf verschiedenen Wegen zu verwirklichen. So brachte er bereits im Herbst 1736 seine *Musikalische Bibliothek Oder Gründliche Nachricht, nebst unpartheyischem Urtheil von Musikalischen Schrifften und Büchern* mit einem ersten Teil heraus, dessen Vorrede vom 20. Oktober vermuten läßt, daß die Vorbereitung noch in Mizlers Wittenberger Studienzeit gehört. Mizlers Plan, diese Schrift monatlich erscheinen zu lassen, alles und jedes aufzunehmen – Rezensionen, musiktheoretische Abhandlungen, Übersetzungen, Beschreibungen musikalischer Ensembles, Nachrufe auf Musikgelehrte, Componisten und andere kennenswerte Persönlichkeiten sowie allerlei Neuigkeiten – erwies sich schnell als unrealistisch; die sechs Teile des ersten Bandes lagen erst Ende 1738 vollständig vor, und eine weitere Vorrede räumte ein, daß die hochgesteckten Ziele hätten merklich reduziert werden müssen. Verzögerungen hinsichtlich der Erscheinungsweise nahmen in der Folgezeit weiter zu, so daß der erste Teil des dritten Bandes erst 1746, der erste Teil des vierten Bandes sogar erst 1754 erscheinen konnte; ein noch geplanter zweiter Teil von Band IV[47] ist offenkundig nicht mehr zum Druck gekommen. Immerhin hat die Zeitschrift sich insgesamt über 18 Jahre gehalten, das ursprünglich Vorgesehene jedoch nur zum relativ kleinen Teil erreichen können.

Mizlers zweites Leipziger Vorhaben betraf die Gründung der ‚Correspondirenden Societät der musikalischen Wissenschaften in Deutschland' im Jahre 1738. Deren wechselvolle Geschichte[48] kann hier nur gestreift werden. Als Mitbegründer und Sekretär hat Mizler diese Vereinigung von Musikgelehrten (und ausnahmsweise einigen bevorzugten Praktikern) über Jahre fast allein am Leben erhalten, durch umlaufende Sendungen, wissenschaftliche Preisaufgaben oder Kompositionsaufträge für Bewegung gesorgt und schließlich auch seine *Musikalische Bibliothek* in den Dienst der Societät gestellt, wenngleich sie niemals expressis verbis als deren Publikation bezeichnet worden ist. Entsprechend den 1738 gedruckten Statuten der Societät war es das Hauptziel, „die musikalischen Wissenschaften, so wohl was die Historie anbelanget, als auch was aus der Weltweisheit, Mathematik, Redekunst und Poesie dazu gehöret, so viel als möglich ist, in vollkommnen Stand zu setzen".[49] Nach Mizlers Vorstellung, seiner Absicht entsprechend die Musik in die Gestalt einer Wissenschaft[50] zu bringen, sollte hierbei die „mathematische Erkenntnis in der Musik" eine zentrale Rolle spielen. Ebendieses Vorhaben rief Widerstand und Widerspruch seitens namhafter

---

43 Peter Wagner: *Zur Musikgeschichte der Universität*, in: Archiv für Musikwissenschaft 3 (1921), S. 1–16, hier S. 8.

44 J. C. C. Oelrichs: *Nachricht* (wie Anm. 22), S. 46, fast gleichlautend J. Adlung: *Gelahrtheit* (wie Anm. 42), S. 108.

45 J. Mattheson: *Capellmeister* (wie Anm. 23), Vorrede, S. 28.

46 Vgl. F. Wöhlke: *Mizler* (wie Anm. 4), S. 38 ff.

47 Mizler an Telemann, Warschau, 31. 10. 1753, vgl. Hans Große, Hans Rudolf Jung (Hrsg.): *Georg Philipp Telemann Briefwechsel. Sämtliche erreichbare Briefe von und an Telemann*, Leipzig 1972, S. 327.

48 Vgl. F. Wöhlke: *Mizler* (wie Anm. 4), S. 96 ff. sowie meinen in Anm. 1 genannten Aufsatz.

49 Lorenz Mizler: *Musikalische Bibliothek*, Bd. I, Teil 4, Leipzig 1738, S. 73–76.

50 Rainer Bayreuther: *Struktur des Wissens in der Musik-Wissenschaft Lorenz Mizlers*, in: Die Musikforschung 56 (2003), S. 1–22; Rainer Bayreuther: *Mizler, Lorenz Christoph*, in: Die Musik in Geschichte und Gegenwart, 2. Ausg., hrsg. v. Ludwig Finscher, Personenteil Bd. 12, Kassel etc. 2004, Sp. 280–284.

Praktiker hervor[51] und schadete auf Dauer dem Ansehen der Societät, beförderte nach 1750 wohl auch ihren Niedergang.

Im Unterschied zu den vorgenannten seriösen Unternehmungen erwies ein drittes Vorhaben Mizlers sich auf Dauer als Fehlschlag. Wie sein großes Vorbild Gottsched sich – nicht unbedingt zu seinem Vorteil – als Dichter präsentieren zu sollen glaubte, wagte Mizler, getreu seinem Grundsatz, daß in der Musik Theorie und Praxis nicht getrennt werden dürften, sich auch als Komponist an die Öffentlichkeit, indem er Beiträge zu der in den 1730er und 1740er Jahren beliebten Gattung ‚Oden mit Melodien' lieferte. Von ursprünglich sechs vorgesehenen Sammlungen kamen 1740, 1741 und 1742 drei im Selbstverlag Mizlers heraus, möglicherweise in kleinen Auflagen, die gelegentlich sogar Nachdrucke erforderlich werden ließen. Angesichts mancher Ungereimtheiten in der Textdeklamation, verschiedener gravierender Satzfehler und der insgesamt wenig inspirierten kompositorischen Erfindung erfuhren sie von verschiedenen Seiten scharfe Kritik und wurden als Resultate mathematischer Kompositionsart verspottet.[52]

Die für Mizlers Selbstverständnis wichtigste Aktivität in Leipzig war aber offenbar seine Lehrtätigkeit an der Universität. Stolz bezeichnete er sich auf der 1739 gedruckten Titelseite zu Band I der *Musikalischen Bibliothek* als „Der Weltweisheit und der freyen Künste Lehrer auf der Academie zu Leipzig / und der Societet der musikalischen Wissenschafften Mitglied und Secretarius".[53] Selbstbewußtsein und Zuversicht verrät auch schon die Vorrede zu Teil 1 des ersten Bandes der *Musikalischen Bibliothek*, in der es unter dem 20. Oktober 1736 heißt, Anlaß für die Veröffentlichung sei unter anderem gewesen, daß „ich meinen Zuhörern in der Musik, welchen ich selbige als eine Philosophische Wissenschafft auf hiesiger Academie dermahlen lehre, zugleich was zum nachlesen überreichen wolte". Vier Tage später leitete Mizler zu Beginn des Wintersemesters 1736/37 seine Lehrveranstaltungen mit einer Disputation ein, die weitere fünf Tage danach auch gedruckt erschien: *De usu ac praestantia Philosophiae in Theologia, Jurisprudentia, Medicina breviter disserit, simulque recitationes suas privatas indicat M. Laurentius Mizlerus*.[54] Angekündigt werden Vorlesungen in Philosophie, Griechisch, Naturrecht (anhand von Samuel Freiherr von Pufendorfs Schrift *De officio hominis et civis prout ipsi praescribuntur lege naturali*) und Musik, letztere über Johann Matthesons 1713 veröffentlichtes Buch *Das Neu-Eröffnete Orchestre*. Ob das Angebotene in gewünschter Weise akzeptiert wurde, bleibt fraglich; zumindest hatte Johann Gottfried Walther in Weimar zum Jahreswechsel 1736/37 aus Leipzig die Auskunft erhalten, Mizler sei in seine Heimat verreist und käme erst im März nach Leipzig zurück, woraus er schloß, „daß die oben gemeldte *Collegia* ihren Fortgang nicht müßen gehabt haben".[55]

Sollte eine solche unerwünschte Zwangspause tatsächlich eingetreten sein und diese Mizler gar zu vorübergehender Flucht in die alte Heimat veranlaßt haben, so hätte ihn die mögliche negative Erfahrung doch nicht auf Dauer von seinem Vorhaben abgebracht. Jedenfalls veröffentlichte er in Teil 2 seiner *Musikalischen Bibliothek* als Vorschau einen ausführlichen „Bericht von seinen musikalischen Lehrstunden / so er dieses Jahr nach verflossener Oster-Messe in Leipzig halten wird." Beginnend mit dem 27. Mai 1737 plante er demnach „Uber die gelehrte Historie der Musik wöchentlich zwey Stunden Mittwochs und Sonnabends Vormittags von *VIII* bis *X* Uhr zur Aufnahme der Musik ohne Entgeld zu lesen" sowie „Wöchentlich vier Stunden Nachmittag von *I* biß *II* über Herrn Matthesons neu eröfnetes *Orchestre*." Matthesons Schrift wollte Mizler so lange zur Vermittlung musikalischer Grundbegriffe nutzen, „biß meine Anfangs Gründe der Musikalischen Wissenschaften fertig sind." Die Lehrstunden sollten alle halben Jahre wiederholt werden. Unterricht in den Anfangsgründen der Komposition, in Temperatur und

---

51 Steffen Voss: „*...sur les loix d'une certaine societé*". *Die Mizlersche Societät der musikalischen Wissenschaften im Urteil Georg Philipp Telemanns und Johann Matthesons*, in: Telemann und Bach. Telemann-Beiträge (Magdeburger Telemann-Studien XVIII), hrsg. v. Brit Reipsch und Wolf Hobohm, Hildesheim etc. 2005, S. 206–213; Ralph-Jürgen Reipsch, *Telemanns „Zuschrift" der Vier und zwanzig, theils ernsthaften, theils scherzenden, Oden" (Hamburg 1741) an Scheibe – eine Satire auf Mizler?*, in: Biographie und Kunst als historiographisches Problem. Bericht über die Internationale Wissenschaftliche Konferenz anläßlich der 16. Magdeburger Telemann-Festtage Magdeburg, 13. bis 15. März 2002 (Telemann-Konferenzberichte XIV), hrsg. v. Joachim Kremer, Wolf Hobohm und Wolfgang Ruf, Hildesheim etc. 2004, S. 233–260.

52 Vgl. Lorenz Mizler: *Sammlungen auserlesener moralischer Oden*, Faksimile der ersten, zweiten und dritten Sammlung nach den einzigen erhaltenen Exemplaren der Originalausgabe. Mit einem Nachwort in Deutsch und Englisch von Dragan Plamenac, Leipzig 1972, sowie H. R. Jung, H.-E. Dentler: *Briefe* (wie Anm. 7), S. 87, 93. Seinen Kritikern hatte Mizler die Arbeit insofern erleichtert, als er 1739 *Anfangsgründe des General-Basses nach mathematischer Lehrart abgehandelt* veröffentlicht hatte, von Oktober 1739 bis April 1740 außerdem sieben Folgen der Streitschrift *Musikalischer Staarstecher, in welchem rechtschaffener Musikverständigen Fehler bescheiden angemerket, eingebildeter und selbstgewachsener so genannten Componisten Thorheiten aber lächerlich gemachet werden* und ihnen hiermit vielerlei Angriffsflächen bot.

53 Diese „Dienstbezeichnung" galt für ihn auch als Briefanschrift, vgl. H. R. Jung, H.-E. Dentler: *Briefe* (wie Anm. 7), S. 85 (Beleg vom 6. Februar 1743).

54 Vgl. K. Beckmann, H.-J. Schulze: *Johann Gottfried Walther, Briefe* (wie Anm. 26), S. 199, 203; Lorenz Mizler: *Musikalische Bibliothek*, Bd. II, Teil 1, Leipzig 1740, S. 158 (hier 1. Aufl. 1736 und 2. Aufl. 1740 erwähnt), sowie F. Wöhlke: *Mizler* (wie Anm. 4), S. 14–17.

55 Brief vom 21. Januar 1737, vgl. K. Beckmann, H.-J. Schulze: *Johann Gottfried Walther, Briefe* (wie Anm. 26), S. 199.

Generalbaß wären nach besonderer Vereinbarung möglich.⁵⁶

Nach dieser relativ ausführlichen Ankündigung versiegen die Quellen plötzlich. Ob dies auf einen ungestörten Fortgang der Lehrveranstaltungen deutet, oder aber auf ein kürzeres oder längeres Aussetzen, läßt sich nicht sagen. 1739 heißt es eher beiläufig, daß „Herr M. Mizler nechstens de Luthero Musico [...] disputiren wird, [...] wahrscheinlich mit Beginn des Wintersemesters 1739/40."⁵⁷ Erst am 22. Oktober 1742, zu Beginn des Wintersemesters 1742/43 gibt Mizler wieder eine Einladungsschrift heraus, um Vorlesungen in Mathematik, Philosophie („Wolffische Logik, Metaphysik und Ontologie") und Musik („Collegia über musikalische Wissenschaften") anzukündigen.⁵⁸ Grundlage für die Behandlung der Musik – Musikgeschichte und -theorie sowie musikalische Praxis einschließlich der Komposition – sollten einerseits Mizlers seit langem erwartete und zur Ostermesse 1742 endlich erschienene Übersetzung⁵⁹ von Johann Joseph Fux' klassischem Lehrwerk *Gradus ad Parnassum* sein, andererseits Mizlers „beinahe schon fertiggestelltes Buch" *Anfangsgründe aller musikalischen Wissenschaften nach mathematischer Lehrart abgehandelt*.

Das letztgenannte Werk ist verschollen und war möglicherweise nie fertiggestellt worden: Die Arbeit hatte sich erübrigt, als Mizler im April 1743 Leipzig verließ und damit seine Lehrveranstaltungen ein für allemal zu Ende waren. Ob ein ebenfalls verschollenes umfangreiches *Systema musicum*, von dessen möglicher Veröffentlichung 1747 die Rede ist,⁶⁰ eine Fortschreibung der *Anfangsgründe* darstellte, bleibt ungewiß. Immerhin bestätigt jenes spätere Vorhaben die Beobachtung, daß Mizler in den Jahren seiner Lehrtätigkeit selbst noch dabei war, bestimmte Wissensfelder schrittweise zu erkunden und den jeweiligen Erkenntniszuwachs ebenso vereinzelt in Publikationen bekanntzugeben. In einem späteren Rückblick formuliert er denn auch etwas abschätzig:

„In meiner Jugend habe ich außer der griechischen Sprache auch in der Weltweisheit und Mathematik auf der Akademie zu Leipzig die studierende Jugend unterrichtet, auch die Musik als mein beliebtes Nebenwerk, aus physikalischen und mathematischen Gründen zu erläutern, und Collegia darüber zu lesen [angefangen]."⁶¹

Gleichwohl kommt Mizler das Verdienst zu, eine Verknüpfung der Musik mit der aktuellen Philosophie sowie vor allem mit naturwissenschaftlichen Methoden versucht und sich so – seiner Zeit vorauseilend – von dem verminten Terrain theologischer Argumentation wie von dem verwickelten Geflecht antikischer Spekulation ferngehalten zu haben.

Mizlers Loslösung von Leipzig

Neben der bereits erwähnten Reise in die fränkische Heimat zur Jahreswende 1736/37, aus der sich eine Unterbrechung der Vorlesungstätigkeit ableiten läßt, belegen zwei Briefe Mizlers an Gottsched eine Abwesenheit von Leipzig im Februar und März 1740 wegen eines kürzeren oder längeren Besuchs des ersteren auf den Besitzungen des Grafen Heinrich von Bünau im unweit von Meißen in Elbnähe gelegenen Seußlitz.⁶² Mizlers Widmung seiner ersten Odensammlung von 1740 an „Fräulein Juliana Augusta von Bünau, als einer besondern Liebhaberin der Tugend, der Wahrheit, der Musik und aller freyen Künste" spricht für die Bedeutung dieses Aufenthalts, obwohl über dessen Veranlassung und Dauer nichts Näheres zu erfahren ist.

Unbekannt sind auch die Gründe, die Mizler dazu brachten, im Frühjahr 1743⁶³ für längere Zeit seine Zelte in Leipzig abzubrechen und – zu allerdings überaus vorteilhaften Bedingungen⁶⁴ – als Hauslehrer in die Dienste des im etwa 125 Kilometer südwestlich von Warschau in

---

56 Lorenz Mizler: *Musikalische Bibliothek*, [Bd. I], Teil 2, Leipzig 1737, S. 70–75. Seine „übrigen Lehrstunden [...] in andern Theilen der Weltweisheit" wollte Mizler nicht hier, sondern „am gehörigen Ort" annoncieren.

57 *Hamburgische Berichte von gelehrten Sachen*, 1739, Nr. 82 (nach F. Wöhlke: *Mizler* [wie Anm. 4], S. 21). Ob Mizler sein Vorhaben in die Tat umsetzte, bleibt unbekannt.

58 Über den Inhalt der Programmschrift berichtet anhand von Sekundärquellen F. Wöhlke: *Mizler* (wie Anm. 4), S. 25 f. Die Kenntnis des lateinischen Originals (*De natura syllogismi disserit ac simul recitationes suas mathematicas philosophicas musicas de novo futur. D. XXII Octobr. in Academia Lipsiensi inchoandas indicat Laurentius Mizlerus*) verdanke ich Herrn Lutz Felbick (Aachen), der eine neue Dissertation über Mizler vorbereitet.

59 Anzeige in den *Leipziger Zeitungen* vom 26. April 1742. Abbildungen der Titelseiten von Originalausgabe und Übersetzung bei Christoph Wolff: *Der Stile antico in der Musik Johann Sebastian Bachs. Studien zu Bachs Spätwerk* (Beihefte zum Archiv für Musikwissenschaft VI), Wiesbaden 1968, S. 226. Vgl außerdem Hellmut Federhofer: *Lorenz Christoph Mizlers Kommentare zu den beiden Büchern des Gradus ad Parnassum von Johann Joseph Fux*, in: Johann Joseph Fux und seine Zeit. Kultur, Kunst und Musik im Spätbarock, hrsg. v. Arnfried Edler und Friedrich Wilhelm Riedel, Laaber 1996, S. 121–136.

60 H. R. Jung, H.-E. Dentler: *Briefe* (wie Anm. 7), S. 113.

61 Zitiert nach F. Wöhlke: *Mizler* (wie Anm. 4), S. 24.

62 Ebenda, S. 22, 26, 81.

63 Den Vorbericht zu Band II, Teil 4 der *Musikalischen Bibliothek* unterschrieb Mizler noch mit „Leipzig an der Oster-Messe, 1743"; seine Abreise aus Dresden zur Übersiedelung nach Polen erfolgte am 22. April, dem Montag nach Quasimodogeniti (F. Wöhlke: *Mizler* [wie Anm. 4], S. 29).

64 Eine enthusiastische Schilderung lieferte Mizler wenige Monate nach seiner Ankunft an Gottsched (F. Wöhlke: *Mizler* [wie Anm. 4], S. 30), von „glückseeligen Umständen, die ich sie mir nicht besser wünschen kan" berichtete er am 12. August 1743 an Telemann (H. Große, H. R. Jung: *Briefwechsel* [wie Anm. 47], S. 320).

Kleinpolen gelegenen Końskie residierenden Grafen Małachowski zu treten. Denkbar wäre, daß er sich in Leipzig mit seinen vielfältigen Unternehmungen und den mit diesen verbundenen Belastungen physisch, psychisch und auch finanziell übernommen hatte, oder daß die Aussichtslosigkeit seines Hoffens auf eine Festanstellung an der Universität ihm zunehmend bewußt geworden war.

Leipzig, die Stadt, die Mizler in seiner Autobiographie geradezu beschwörend häufig genannt hatte, verschwand trotz des Ortswechsels nicht aus seinem Blickfeld. Leipzig blieb Sitz der „Societät der musikalischen Wissenschaften", auch wenn der Sekretär die Geschäfte nunmehr – nicht zur Freude aller Mitglieder[65] – von Polen aus zu führen genötigt war.[66] Als Mizlers Kommissionär in Leipzig wirkte der Buchhändler Johann Martin Blochberger;[67] aus unbekannten Gründen übernahm von der Ostermesse 1752 an die Firma Johann Samuel Heinsius Erben die Vertretung.[68]

„Alle zwey Jahr komme ich auf die Leipziger Oster-Messe, so lange ich hier bin", läßt Mizler am 12. August 1743 Georg Philipp Telemann in Hamburg wissen.[69] Die Hoffnung auf Besuche vermischt sich bald mit dem Wunsch nach endgültiger Rückkehr: „Was mich anbelangt, so hoffe wieder nach einem u. einem halben, oder höchstens zwey Jahren in Leipzig zu seyn", heißt es am 8. November 1745 an den Prior des Klosters Irsee Meinrad Spieß, und ein Jahr später, am 12. Dezember 1746 „Ich werde aber nicht mehr so lange in Pohlen seyn, als ich schon gewesen bin, u. hoffe in Deutschland mehr Zeit zu gewinnen".[70] Im Juni 1747 berührt Mizler Leipzig zweimal, als er, von Dresden kommend, nach Erfurt reist, um dort im Blick auf seine künftige Laufbahn einen akademischen Grad im Fach Medizin zu erwerben, und bei der Rückkehr den Leipziger Thomaskantor als Mitglied für die Musikalische Societät wirbt.[71] Am 3. Februar 1749 ersucht er Meinrad Spieß, ihm nicht mehr nach Końskie zu schreiben, sondern nach Leipzig, „allwo ich 8 Tage nach Ostern eintreffen werde".[72] Am 1. März 1752 heißt es – mittlerweile aus Warschau – an denselben Adressaten: „Nach Leipzig kan ich unter zwey Jahren noch nicht zurück, u. ich habe mich hier beßer als in Leipzig."[73] Einen Besuch zur Leipziger Messe kündigt auch noch ein Brief Mizlers vom 27. Dezember 1766 an.[74]

Ungeachtet der Resultate solcher gelegentlichen Vergleiche, bei denen für Mizler Leipzig gegenüber der polnischen Provinzstadt Końskie ebenso schlechter abschneidet, wie gegenüber der Metropole Warschau, zieht es ihn doch lange Zeit an seinen einstigen Wirkungsort zurück. Ende 1748 bestürmt er – mit Blick auf den bevorstehenden Ablauf seiner sechsjährigen Verpflichtungen in Końskie – in vier Briefen seinen einstigen Gönner Gottsched, ihm in Leipzig zu einer außerordentlichen, gegebenenfalls auch unbezahlten Professur zu verhelfen. Das Alter seiner Eltern und die vorsorgliche Regelung von Erbangelegenheiten mache seine Rückkehr nach Deutschland ebenso erforderlich, wie die Absicht seiner drei Brüder, in Leipzig zu studieren,[75] insbesondere aber der in Polen auf ihn ausgeübte Druck in Richtung auf Konversion und anschließende Verheiratung.[76]

Doch Mizler überschätzt den Einfluß Gottscheds an der Alma mater Lipsiensis. Gottscheds Stern hatte spätestens Ende der 1730er Jahre zu sinken begonnen: Am 25. September 1737 wurde er durch die von Theologen beherrschte Bücherkommission in Leipzig wegen seiner 1736 gedruckten *Redekunst* sowie wegen Äußerungen in seinen Lehrveranstaltungen einem peinlichen Verhör unterworfen, dessen Auswirkungen nur durch Eingreifen des Landesherrn abgemildert werden konnten,[77] und am 20. Juni 1738 wurde er aus der von ihm selbst gegründeten ‚Deutschen Gesellschaft' verdrängt.[78]

So muß Mizler sich mit der Vermutung trösten, daß sein Avancement durch die „calumnien einer bösen Zunge" verhindert wurde.[79] Die nicht näher spezifizierten „calum-

---

65 Vgl. die Briefe Georg Andreas Sorges vom 7. September 1750 und 14. April 1751 bei H. R. Jung, H.-E. Dentler: *Briefe* (wie Anm. 7), S. 124 und 135 f., sowie vom 16. Juni 1750 bei H. Große, H. R. Jung: *Briefwechsel* (wie Anm. 47), S. 336.

66 Die Mitgliederwerbung erfolgte von Polen aus oder – wie im Falle Johann Sebastian Bachs – bei Gelegenheit einer Reise nach Deutschland, der Versand der zum Umlauf bestimmten Pakete – von 1741 bis 1752 allein 9 Stück – wurde bis mindestens 1755 fortgesetzt und kam erst im Verlauf des Siebenjährigen Krieges zum Erliegen. Vgl. Lorenz Mizler: *Musikalische Bibliothek*, Bd. III, Teil 2, S. 346 ff., und Bd. IV, Teil 1, S. 103 ff., sowie H. R. Jung, H.-E. Dentler: *Briefe* (wie Anm. 7), S. 119, 162, 166, 172.

67 Blochberger aus Friedebach bei Rudolstadt hatte am 18. März 1731 das Leipziger Bürgerrecht erworben; er starb ledig im Alter von 66 Jahren am 5. November 1756. Vgl. F. Wöhlke: *Mizler* (wie Anm. 4), S. 31, sowie H. R. Jung, H.-E. Dentler: *Briefe* (wie Anm. 7), S. 95, 97 f., 111, 113, 148, 154 f.

68 H. R. Jung, H.-E. Dentler: *Briefe* (wie Anm. 7), S. 148.

69 H. Große, H. R. Jung: *Briefwechsel* (wie Anm. 47), S. 320.

70 H. R. Jung, H.-E. Dentler: *Briefe* (wie Anm. 7), S. 101 und 107.

71 Ebenda, S. 110.

72 Ebenda, S. 121. Die Zeitangabe weist auf Mitte April 1749.

73 Ebenda, S. 141.

74 F. Wöhlke: *Mizler* (wie Anm. 4), S. 31.

75 Die Matrikel der Universität enthält keine einschlägigen Inskriptionen.

76 F. Wöhlke: *Mizler* (wie Anm. 4), S. 32f.

77 Vgl. Agatha Kobuch: *Zensur und Aufklärung in Kursachsen. Ideologische Strömungen und politische Meinungen zur Zeit der sächsisch-polnischen Union (1697–1763)*, Weimar 1988, S. 268 ff.

78 Gustav Waniek: *Gottsched und die deutsche Litteratur seiner Zeit*, Leipzig 1897, S. 348.

79 F. Wöhlke: *Mizler* (wie Anm. 4), S. 29.

nien" der ungenannten Gegner mögen auf menschliche Schwächen Mizlers oder auf wissenschaftliche Defizite gezielt haben, sie könnten sich aber auch in Argumentationen widerspiegeln, wie sie Johann Michael Schmidt 1754 in seine *Musico-Theologia* aufgenommen hat. Im Kapitel „Von dem Endzweck und Nutzen der Music" heißt es hier zur Frage „Ob sie [die Music] auf Universitäten wieder einzuführen sey":

> „Zu unsern Zeiten sind manche Gelehrte so sehr vor dieselbe eingenommen, daß sie bitterlich darüber klagen, daß sie aus dem philosophischen Sprengel gestoßen, und von den Lehrern auf hohen Schulen gerissen worden ist. Allein hier thun manche der Sache zu viel. Es ist wahr, bey den Alten gehörte sie mit zur philosophischen Encyclopädie, als welche in allen aus der Geometrie, Astronomie und Music bestunde [...] Manche haben noch die Arithmetic, andre auch die Rhetoric und Dialectic mit in ihrem philosophischen System begriffen. Allein 1) ist gewiß, daß sie keine philosophische Wissenschaft ist, sondern eine solche, welche nur ihre Grundsätze, Beweise und Regeln daraus herholet, wie die Dichtkunst und Rhetoric auch thun. 2) Leiden es auch die so sehr eingeschränkten academischen Lehrjahre nicht, sie mitzunehmen. Sie müßte also als eine besondre Wissenschaft betrachtet werden, und einen besondern Lehrer haben, [...] Doch wieviel Wissenschaften würden nicht noch aufkommen, wenn man ieder gleich einen Professor zuordnen wollte?"

Schmidts Schlußfolgerung: Wenn nach der Bestimmung Gottes die Gelehrsamkeit in dieser Welt das Hauptwerk hätte sein sollen, so wäre nicht zu begreifen, daß Gott dem Menschen so weitgehende Begierden gegeben hätte, ohne ihm ein Äquivalent an Zeit und Fähigkeit zur Verfügung zu stellen.[80] Solche Auffassungen, wenn sie denn in Leipzig entwickelt worden sein sollten, waren besonders geeignet, Mizler den Rückweg an die Universität zu versperren und zugleich dem Ansehen seines Lehrers und Mentors Gottsched zu schaden.

Mit seinem gutgemeinten Versuch, nach annähernd drei Jahrhunderten Musik wieder als Lehrfach an der Universität Leipzig zu etablieren, ist Lorenz Christoph Mizler spätestens 1748 endgültig gescheitert. Er selbst sah in dieser Niederlage zumindest im Nachhinein keine Katastrophe, die sein mühevoll errichtetes Wissenschaftsgebäude – sofern dieses jemals zur Stabilität gelangt sein sollte – für alle Zeiten zum Einsturz gebracht hätte.

Nach sechs Jahren in Końskie führte Mizlers Weg nicht wie erhofft zurück nach Leipzig, sondern weiter nach Osten in die Hauptstadt Polens. Bis zu seinem Tode am 8. Mai 1778 entfaltete er hier als Mediziner, Übersetzer, Wissenschaftsorganisator, Geschichtsschreiber eine ebenso vielgestaltige wie ertragreiche Tätigkeit, deren Erhellung eine Aufgabe für künftige Forschungen bleibt.

---

80 Johann Michael Schmidt: *Musico-Theologia, Oder Erbauliche Anwendung Musicalischer Wahrheiten*, Bayreuth und Hof 1754, S. 253–255. Vgl. Peter Wagner: *Universität* (wie Anm. 43), S. 13 f. Schmidt hatte die Universität Leipzig am 12. März 1749 bezogen, das Vorwort zu seinem Buch schrieb er 1754 in Naumburg (Saale). Möglicherweise stand er hier in Verbindung mit Bachs Schwiegersohn, dem seit 1748 als Organist an der Stadtkirche St. Wenzel tätigen Johann Christoph Altnickol.

„Eine kleine Ehr" – Zum Status der Orgelbauer an der Universität Leipzig zwischen 1685 und 1850

Veit Heller

Es ist bisher davon ausgegangen worden, dass während des 18. Jahrhunderts und bis etwa zur Mitte des 19. Jahrhunderts die mit der Betreuung der Paulinerorgel beauftragten Orgelmacher für sich den auszeichnenden Titel eines Universitätsorgelbauers in Anspruch nehmen durften, „ohne dass es spezielle Statuten oder Regelungen gab".[1] Die sich daraus weiterhin ergebenden Fragen, etwa nach den Verpflichtungen, die Universität und Orgelbauer gegenseitig eingingen, inwieweit tatsächlich von einem Titel oder Amt gesprochen werden kann und ob für die Orgelbauer eventuelle Begünstigungen mit dieser Anstellung verbunden waren, ließen sich nicht hinreichend beantworten.

Anhand der Akten des Universitätsarchivs sind für den Zeitraum zwischen 1685 und 1850 Beschäftigungsverhältnisse zu erkennen, bei denen die Orgelbauer der Universität, wenn auch in unterschiedlichem Maße, nahestanden. Diesen Fragen für den genannten Zeitraum vom Wirken Christoph Donats (1625–1706/07) bis zu Johann Gottlob Mende (1787–1850) nachzugehen, ist Anliegen des vorliegenden Beitrags.[2]

Mit der nach der Reformation übernommenen ehemaligen Dominikanerklosterkirche verfügte die Universität seit 1543 über eine eigene, evangelische „Academische Kirche zu St. Paul",[3] in der spätestens seit etwa 1528 eine relativ große Orgel mit einer 16füßigen Prinzipalbasis vorhanden war.[4] Der erweiternde Umbau dieser Orgel 100 Jahre später (1626/27) dürfte der erste große Orgelbau im Auftrag der Universität gewesen sein. Als man 1710 die Paulinerkirche umgestaltete und den jetzt öffentlichen, sogenannten ‚Neuen Gottesdienst' einführte, hatte das auch Auswirkungen auf die Kirchenmusik. Abermals wurde ein Orgelbau in die Wege geleitet. Dieser von Johann Scheibe (um 1675/1680–1748) ausgeführte Bau blieb bis zur Mitte des 19. Jahrhunderts der umfangreichste in der Geschichte der Paulinerkirche. Die entstehende Orgel, die schließlich am 16. Dezember 1717 von Johann Sebastian Bach (1685–1750) geprüft wurde, sollte nun den Anforderungen sowohl dieser neuen Gottesdienste als auch einer repräsentativen Universitätsmusik gerecht werden. Erst nach mehreren Reparaturen und Veränderungen ersetzte Gottlob Mende zwischen 1841–1846 das Orgelwerk Johann Scheibes durch einen völligen Neubau.

Während des hier von uns zu betrachtenden Zeitraums ist das Interesse der Universität an einer vertraglich geregelten Wartung und Stimmung der Orgel in gewisser Weise auch vor dem Hintergrund jener Bestrebungen zu verstehen, eine vielseitige, kontinuierliche Universitätsmusik zu organisieren, die von den musikalischen Ämtern an den Stadtkirchen möglichst unabhängig sein sollte. Gerade im 18. Jahrhundert kamen deshalb zu den Gehältern von Musikdirektor, Kantor und Organist weitere kleine, aber regelmäßige Posten für den Instrumententräger (seit 1738/39),[5] für die Besorgung der Noten, Instrumente und Musiker sowie für die Anschaffung und Reparatur von Musikinstrumenten hinzu.

„In ordentlicher Stimmung zu erhalten" – Reparatur und Pflege

Neubauten von Orgeln waren große, seltene Ereignisse, so dass die Aufgabe, für die Orgelbauer von der Universität verpflichtet wurden, vor allem in der Wartung und Stimmung der vorhandenen Orgel bestand. Ausgaben für diese dauer-

---

1 Herbert Heyde: *Produktionsformen und Gewerbeorganisation im Leipziger Musikinstrumentenbau des 16. bis 18. Jahrhunderts*, in: Der „Schöne" Klang, Studien zum historischen Instrumentenbau in Deutschland und Japan unter besonderer Berücksichtigung des alten Nürnberg, hrsg. v. Dieter Krickeberg, Nürnberg 1996, S. 217–248, hier S. 229.

2 Eine Beschreibung der Orgeln der Paulinerkirche im historischen Wandel ist vorgesehen.

3 So z. B. auf dem Titel des Rechnungsbuches Universitätsarchiv Leipzig (UAL): Rep. II/III/B I 3b.

4 Michael Praetorius: *Syntagma musicum*, Bd. 2: *De Organographia*, Wolfenbüttel 1619, Faksimile-Reprint hrsg. v. Wilibald Gurlitt (Documenta Musicologica, Erste Reihe, Bd. 14), Kassel etc. 1958, S. 115 f.

5 UAL: Rep. II/III/B I 3a, fol. 287.

haft anstehenden Arbeiten entnehmen wir den Rechnungsbüchern der Paulinerkirche regelmäßig ab 1685. Zunächst wurden 4 Gulden jährlich an einen nicht namentlich genannten Orgelbauer gezahlt.[6] Eine größere Bedeutung erhielt die Pflege der 1717, eine Woche vor Weihnachten, abgenommenen neuen Orgel. Noch während des Aufsehen erregenden Orgelbaus durch Scheibe trat die künftige Werterhaltung dieser Orgel verstärkt ins Bewusstsein der Universitätsleitung. Hatte man doch große finanzielle Anstrengungen unternehmen müssen und war nun mit recht stolz auf das hervorragende Orgelwerk. Sogar den direkten Vergleich mit der im August 1714 von Gottfried Silbermann (1683–1753) im Freiberger Dom fertiggestellten Orgel scheuten die Unterstützer Scheibes nicht: Christian Gottfried Potsche, Pastor zu Zscheila bei Meißen schätzte in einem Schreiben an Rektor Johann Burchard Mencke (1674 bis 1732), dass das Orgelwerk mit all seinen geplanten Registern „so gerne 15000. Thlr als das Freybergische 3000. werth" sei.[7] So wuchs im Kollegium der Universitätsleitung die Besorgnis, der Unterhaltung dieser wertvollen Orgel überhaupt gerecht werden zu können. Anfang Dezember 1715 wollte Rektor Mencke die Bedenken zerstreuen. Zunächst wären die Zinnpfeifen, sofern sie nicht vom Salpeter befallen würden, nicht vom Wertverfall bedroht. Darüber hinaus seien aus dem Legat Titii noch 100 Taler vorhanden, deren „Zinsen zu jährlichen Obsicht und Reparatur angerechnet werden" könnten. Und der Orgelmacher habe sich „mit Beziehung auf seinen bey E. löbl. Universität bereits abgelegten Threu Eyd" erboten, für 5 Taler jährlich „die Orgel Zeit Lebens in baulichen Wesen zuerhalten". „Verhoffe also es werden Dieselben alle kümmerliche Besorgnis fahren […] lassen".[8] Der weitere Verlauf der Verhandlungen ist nicht dokumentiert, aber nach der Orgelabnahme nahm man die Orgelpflege recht genau und kam Scheibe deutlich weiter entgegen als mit den erwähnten 5 Talern im Jahr: Die Miete für die Wohnung und wohl auch für die Werkstatt des Orgelbauers übernahm die Universität. Die Pflege der Blasebälge wurde in die Hände der Kalkanten gegeben, die zwischen 1722 und 1738 pro Jahr 2 bis 4 Groschen „vor Baumöhl die Bälge damit zu schmieren" erhielten.[9] Auf diese Weise versuchte die Universität zugleich auch, mit Scheibe wegen noch immer bestehender Zahlungsrückstände zum Ausgleich zu kommen (siehe S. 122 f.).

Die Verpflichtung, als Gegenleistung für Wartungsaufgaben die Miete des Orgelbauers zu zahlen, war die Universität bisher noch nie eingegangen. Für viele Jahrzehnte wurden nun Orgelpflegeverträge auf dieser Grundlage geschlossen (siehe den folgenden Abschnitt). Wechselte der Orgelbauer, so fertigte man Übergabeprotokolle an oder benannte den Zustand der Orgel im Vertrag. Denn häufig (aber nicht immer) begann der neue Orgelbauer seine Arbeit mit einem Reparaturauftrag.

Umfangreichere Reparaturen, große Umbauten oder gar Orgelneubauten wurden mit Empfehlungen, Gutachten und Vorschlägen durch Organisten und Orgelmacher vorbereitet und in der Regel anhand der vorgelegten Kostenangebote entschieden. Diesem Auswahlverfahren hatten sich auch diejenigen Orgelbauer zu unterziehen, die bereits mit der Orgelpflege unter Vertrag waren. Ob sie aber im Auswahlverfahren eine bevorzugte Position genossen haben, kann kaum mit Sicherheit beurteilt werden, weil von ihnen stets das preisgünstigste Angebot kam.[10] Den Ausschlag im Fall Mendes dürfte letztlich seine Zusage gegeben haben, dass er – anders als sein Mitbewerber Johann Gotthold Jehmlich (1781–1862) – sofort mit der Arbeit beginnen könne.

Alle Leistungen aber, die den Umfang der turnusmäßigen Wartung überstiegen, wurden zusätzlich vergütet und bei Abschluss der Reparatur durch die Organisten der Universität und der Stadt und vom amtierenden Praeposito Templi Pauli abgenommen.

„Für des Orgelmachers Stube" – Wohnung und Werkstatt

Über 72 Jahre hinweg wandte die Universität ohne Unterbrechung jährlich 12 Taler beziehungsweise ab 1744 dann 12,4 Taler als „Mietzins für des Orgelbauers Stube" auf. Das Besondere an dieser in zwei Posten zu Ostern und zu Michaelis vorgenommenen Zahlung ist, dass hier keine gewöhnlichen Logiskosten übernommen wurden, die an zeitlich begrenzte Orgelbauarbeiten gebunden und in den Rechnungsbüchern zur Paulinerkirche dann in der Rubrik „ad varia" oder „ad structuram" verzeichnet worden wären, sondern dass dieser Mietzins unter „ad salaria" eine ebenso feste Größe war wie die Gehälter des Director Chori Musici, des Precentors, des Organisten und der Kalkanten oder auch der Mietzins für die Stuben des Organisten und des Kirchenaufwärters.[11]

---

6   Vgl. S. 121.

7   Aus *H. Christian Gottfried Potschens Pastori zu Zscheyla* [bei Meißen, Anm. d. Verf.] *Schreiben an Herrn D. Johann Burchard Mencken izigen Rectorem Acad: Lips: de dato Zscheyla den 17. Junii 1715. das Orgelwerck in Templo Paulino betr.*, UAL: Rep II/III/B II 5, fol. 35.

8   UAL: Rep II/III/B II 5, fol. 48v f.

9   Mit Baumöl ist Olivenöl gemeint. UAL: Rep. II/III/B I 3a, erstmals fol. 182, letztmalig fol. 282.

10 So Scheibe gegenüber Silbermann, Stephani gegenüber Knoblauch und Mendes günstiges erstes Angebot.

11 *Rationarium Fisci veteris Templi Pauli, 1685–1741*, UAL: Rep. II/III/B I 3a; *Rationes Fisci veteris Templi Paulini, 1741–1801*, UAL: Rep. II/III/B I 3c.

Der erstmals wörtliche Beleg „dem Organopoeo vor seine Wohnung" findet sich während der Wirkungszeit Johann Scheibes auf Ostern 1724. Jedoch wurde der gleiche Geldbetrag schon 1720 rückwirkend bis Michaelis 1718 gezahlt, so dass anzunehmen ist, dass dieser bereits im Jahr nach der Orgelabnahme als Mietzins bestimmt war.[12] Tatsächlich aber muss, wie sich rekonstruieren lässt, die Universität schon mit dem Beginn des Orgelbaus im Herbst 1710 die Räumlichkeiten für Johann Scheibes Familie und seine Arbeit bereitgestellt haben. Die Miete sollte jedoch von Scheibe selbst aufgebracht werden. Ob nun universitätsinterne Unklarheiten, ein Missverständnis während der Verhandlungen mit Johann Scheibe oder aber die Verweigerung der Zahlungen durch Scheibe aufgrund des katastrophalen Zustands der Wohnung dazu geführt hat, dass seit Michaelis 1711 keine Miete bezahlt wurde, ist nicht aufklärbar. Das Ansinnen, den „rückständigen [...] Miet-Zinnß von etlichen Jahren" Scheibe anzulasten und durch Abzug von seinem für den Orgelbau vereinbarten Lohn einzufordern, wurde vom ehemaligen Rektor und nunmehrigen Finanzverwalter des Orgelbaus, Johann Burchard Mencke, im November 1716 zurückgewiesen,[13] nachdem schon im Februar des gleichen Jahres Johann Scheibe der Universitätsleitung seine Situation geklagt hatte. Scheibe beschrieb hier nicht nur drastisch die Mängel der zugewiesenen Räume, die ein gesundes Wohnen und effektives Arbeiten unmöglich machen. Ebenso verwies er auf die sonst für Orgelbauer üblichen Bedingungen, wonach ihnen während des Orgelbaus geeignete Wohn- und Werkstatträume kostenlos zur Verfügung gestellt würden, was ihm „hier doch nicht geschehen":

„So muß ich doch vernehmen, daß noch von Michaelis 1711 biß hierher Stuben-Zinß von mir praetendiret werden will. Es wird aber E. Magnificenz u. Hochedl. Herrn noch unentfallen seyn, welchergestalt ich auf die Erste an dieser Orgel verfertigte Arbeit, annoch in liquido [...?] 358. Thlr. bey Auffrichtung dieses Contract [vom 26. Mai 1715], zu fordern gehabt [...] Zugeschweigen, daß diejenige Stube, so ich bißher eine habe, nicht einmahl zu meiner Wohnung, vielweniger nur das geringste darinnen zuarbeiten, hinlänglich, auch dergestalt übel gebauet, ungesund, modrich, ohne Lufft und schlecht verwahret ist, daß ich, auch die Meinigen ihre Gesundheit darbey zusetzen, und zwey meiner kleinen Kinder bereits ihr Leben darüber einbüßen müssen und mir das Meinige alles vermodert u. verfault, auch, wegen großer Feuchtigkeit, kein Leim etwas hält.

Da doch wohl vor so vielen Zinß, als mir bereits abgefordert worden, beßere Bequemlichkeit genießen sollen: Absonderlich, da notorisch, und alle Orgel'Macher bezeugen werden, daß, wenn sie an einem Orthe eine neue Orgel zumachen, oder auch nur was wichtiges zu repariren haben, Ihnen auch zulängliche Herberge und Werkstatt, es sey solches expresse bedungen oder nicht, allemahl, so lange die Arbeit währet, ohne Entgeld verschaffet werden müße. Welches mir hier doch nicht geschehen. Sondern ich habe mir solchen Mieth-Zinß, als baaren Empfang anrechnen, ja noch sehr viel darüber abziehen laßen, und kann also unmöglich denselben doppelt zugeben, adigirt werden, noch weiter zu einigen Zinse, außer was ich nach Schließung ermeldten Contracts, von verwichenen Ostern 1715 an verseßen habe verstehen kan. Also lebe ich der zuversichtlichen Hoffnung, Ewr. Magnif. u. Hocheh. Herrn werden dieses alles nachdrückl. erwägen [...] Der ich ferner zu allen möglichen diensten bereit bin und verharren Ewr. Magnificens u. Hochedl. Herrn
gehorsamster Diner
Johann Scheibe
Orgelmacher
Leipzig, den 24. Febr. 1716."[14]

Demnach kann nicht angenommen werden, dass man vor 1718/20 das Anliegen hatte, einem Orgelbauer durch ein gewisses Entgegenkommen – wie etwa mit der kostenlosen Gewährleistung guter Arbeitsbedingungen – ein spürbares Privileg zuteilwerden zu lassen und ihn somit als der Universität nahestehend zu wissen. Allerdings dürfte es schon ein gewisser Vorteil gewesen sein, überhaupt einen ausreichend großen Gewerberaum vermittelt zu bekommen. Denn nach dem Dreißigjährigen Krieg, dem Abzug der schwedischen Truppen aus Leipzig im Sommer 1650 und schließlich nach der letzten Pestepidemie von 1680 ging die Messestadt endlich wieder besseren Zeiten entgegen. Die Bevölkerung erholte sich – mit nur 15 600 Einwohnern war 1699 ein Tiefstand erreicht –, und der wieder florierende Handel beanspruchte Geschäfts- und Lagerräume. Von Flussauen und Sumpf umgeben, war das befestigte Stadtgebiet seit dem Mittelalter nicht gewachsen, so dass innerhalb der Stadtmauern in prosperierenden Zeiten eine angespannte Raumsituation herrschte.[15] Vielleicht auch deshalb hatte Johann Scheibe mindestens sechs Jahre,

---

12 UAL: Rep. II/III/B I 3a, fol. 158, 190.
13 UAL: Rep. II/III/B I 5, fol. 57f.
14 UAL: Rep. II/III/B II 5, fol. 53v.
15 Zur Stadtentwicklung Leipzigs vgl. u. a. Pit Lehmann: *Vom Verteidigungsgelände zum Promenadenring*, in: Leipzig um 1800. Beiträge zur Sozial- und Kulturgeschichte, hrsg. v. Thomas Topfstedt und Hartmut Zwahr, Leipzig 1998, S. 7–16; Christian Schwela: *Zentrum und Peripherie. Stadtkern, Vorstädte und Umland von Leipzig im frühen 19. Jahrhundert*, in: ebenda, S. 163–173.

wahrscheinlich aber noch zwei Jahre länger, also bis 1718, äußerst schlechte Raumbedingungen hinnehmen müssen.

Der Beginn der Mietzahlungen durch die Universität 1720 (einschließlich der Rückerstattung für 1719 und auch 1718, dem Jahr nach der Orgelabnahme im Dezember 1717) könnte gleichzeitig einen Umzug Scheibes in geeignetere Räume markieren. Da die Miete mit 12 Talern beinahe doppelt so hoch war wie jene, die seit 1776 für die Organistenwohnung bezahlt wurde,[16] dürfte sie nicht nur für Scheibes Wohnung, sondern – wie spätere Dokumente bestätigen (siehe unten) – auch für dessen Werkstatt bestimmt gewesen sein.

Dass die Universität Scheibes Miete jetzt, nach Abschluss des Orgelbaus übernahm, darf sicher mit der nun notwendigen Werterhaltung und regelmäßigen Pflege des neuen Orgelwerks in Zusammenhang zu bringen sein, die seit 1716 diskutiert wurde[17] und für die ein verlässlicher Orgelbauer zur Hand sein sollte. Diese seither regelmäßigen Mietzahlungen für die Orgelbauer enden mit dem Ausscheiden von Gottlob Göttlich (gest. um 1789) und sind letztmalig zu Michaelis 1790 eingetragen.[18]

Weil für die auf Johann Scheibe folgenden Orgelmacher Johann Christian Immanuel Schweinefleisch (1721–1771; an der Universität 1748/51–1770) und Johann Gottlieb Mauer (nachweisbar zwischen 1764–1803; an der Universität 1771–1780) zwar im Rechnungsbuch Mietzahlungen und Abschläge für Reparaturen festgehalten sind, bisher aber keine Verträge und Ähnliches aufgefunden werden konnten, ist eine kleine Passage im Vertrag vom 3. Dezember 1780 mit Gottlob Göttlich um so bedeutender:

„Dagegen machen wir [die Universität, Anm. d. Verf.] uns verbindlich, […] vor die [unter] No: 3. vorgeschriebene Stimmung der Orgel, soll derselbe, die von dem vorigen Orgelbauer [Mauer] besessene Werckstatt unentgeldlich zu seinem Gebrauch, so lange er als Orgelbauer sich alhier befindet, und die Stimmung der Orgel mit gehörigen Flaiss besorget, inne haben und gebrauchen."[19]

Leider erfahren wir in den Universitätsakten nichts darüber, an wen der Mietzins gezahlt wurde, wem die gemieteten Räume gehörten, und vor allem wo sie sich befanden. Einen Hinweis erhalten wir aber aus der Rechnungsunterschrift eines Zimmermanns von 1806: „Johann Gottfried Friedrich Zimmermann in Paulino".[20] Er arbeitet also im sogenannten Paulinum, dem zentralen Universitätsgebäude unmittelbar neben der Paulinerkirche. 1727, elf Jahre nach Scheibes Klage über seine miserable Wohnung, heißt es über eine Stube im Paulinum, sie sei „ein Gewölbe und zu feucht zum Wohnen".[21] Dieses oder ein ähnliches Gewölbe könnte damals Johann Scheibes (möglicherweise erste eigene) Werkstatt und Wohnung seiner Familie gewesen sein, eben jene, für die man die Miete von ihm forderte.[22]

Eine ganz andere Quelle, ein Bericht zum Orgelbau in Gütz spricht davon, dass Gottlieb Göttlich und sein Vorgänger Johann Gottlieb Mauer als „Universitaets Orgel-Baumeister u. Instrument Macher in Leipzig" eine Werkstatt in diesem „Paulino" nutzten.[23]

Aus diesen Informationen ist zu schließen, dass der Mietzins kein Zuschuss war, der in die laufenden Kosten eines sonst rein privaten Geschäfts des Orgelmachers einfloss, sondern für eine Werkstatt verwendet wurde, über deren Vergabe und Nutzung die Universität in dem ihr eigenen Gebäude des Paulinerkollegs selbst verfügen konnte. Sicher belegt ist die Bereitstellung einer Werkstatt für Scheibe, Mauer und Göttlich. Punkt 3 im Vertrag mit Gottlob Göttlich macht deutlich, dass die kostenfreie Werkstattnutzung eine Gegenleistung der Universität für die in folgendem Wortlaut vereinbarten Wartungsaufgaben ist:

„Die Orgel alle 6. Wochen, und so oft es die Witterung nöthig macht, stimmen und daferne eine kleine Reparatur bey einigen wenigen Pfeifen vorfällt, selbige so fort besorgen, damit ein grösserer Schade und Reparatur vermieden werde."[24]

Dieser Vertrag von 1780 bestätigt im Nachhinein auch unsere Vermutung, dass bereits 60 Jahre früher die Übernahme des Mietzinses für Johann Scheibe unmittelbar mit der Orgelpflege in Zusammenhang zu bringen ist. Da die Rahmenbedingungen für Scheibes Nachfolger Schweinefleisch die gleichen waren, kann – wenngleich kein Vertrag erhalten ist – davon ausgegangen werden, dass auch er diese Werkstatt nutzte.

Damit sorgte die Universität seit Vollendung der neuen Orgel von Johann Scheibe über Schweinefleisch und Mauer bis zu Göttlich ohne Unterbrechung für die Werkstatt der mit der Paulinerorgel betrauten Orgelmacher und ließ ihnen auf diese Weise ein unterstützendes Privileg zukommen. Für Gottlob Göttlich war die Anstellung bei der Uni-

---

16 UAL: Rep. II/III/B I 3c, fol. 323.

17 UAL: Rep. II/III/B II 5, fol. 48v.

18 Dagegen liefen die Mieten für den Kirchenaufwärter und den Organisten weiter.

19 UAL: Rep. II/III/B II 10, fol. 1.

20 UAL: Rep. II/III/B I 62, fol. 39.

21 UAL: Rep. II/III/A 85, fol. 20.

22 Schon Arnold Schering: *Musikgeschichte Leipzigs*, Bd. 2: *Von 1650 bis 1723*, Leipzig 1926, S. 257, schreibt (aber leider ohne Quellenangabe), Scheibe beziehe jetzt sogar eine Wohnung im Paulinerkolleg. Dagegen ist nicht anzunehmen, dass er die modrige Wohnung „bis an seinen Tod" behalten sollte.

23 Johann Gottlieb Troitzsches Abschlussbericht zum Orgelbau in Gütz bei Landsberg, wiedergegeben in: Wilfried Stüven: *Orgel und Orgelbauer im Hallischen Land vor 1800*, Wiesbaden 1964, S. 102 ff.

24 UAL: Rep. II/III/B II 10, fol. 1v.

versität mitsamt der zur Verfügung gestellten Werkstatt geradezu die Starthilfe für seine eigenständige Tätigkeit als Orgel- und Instrumentenmacher. Von seinem flüchtigen Meister Mauer mit „mehr als 300 Thlr. rückstehenden Lohn" im Stich gelassen und weil „Göttlich als ein neuer Anfänger einen schweren Stand bekam, indem es Ihm an allem nur möglichen fehlte, da er weder Geld in Händen, weder Verlag, weder Materialien, eine noch nicht eingerichtete Hauß Wirthschaft, wes wegen er fast keinen Gesellen halten konnte",[25] hatte er so wenigstens die Sicherheit mit den Räumlichkeiten. Auch Johann Scheibe und Johann Christian Emanuel Schweinefleisch müssen zu Beginn ihrer Selbständigkeit die universitäre Unterstützung als Chance erfahren haben. Beide waren ziemlich genau 30 Jahre alt, als sie von der Universität verpflichtet wurden. Hatte zwar Scheibe bereits 1707 die Nikolaiorgel selbständig repariert, so kam dagegen Schweinefleisch als ein Geselle von Zacharias Hildebrandt aus Naumburg nach Leipzig.[26]

Das eigentlich Besondere dieser Mietzahlungen bestand aber darin, dass sie ein wesentlicher Teil eines neuen Beziehungsmodells zwischen einem Orgelbauer und der Universität waren. Was anfänglich wie der Lösungsversuch eines einzelnen Streitfalls zwischen Johann Scheibe und der Universität erscheint, wird prägend für mehr als ein Jahrhundert. Wenn Scheibe darauf verwies, dass es seit jeher üblich sei, dem Orgelmacher Wohnung und Werkstatt am Arbeitsort kostenfrei zur Verfügung zu stellen, bezog sich das genau genommen auf die Tatsache, dass Orgelmacher an ständig wechselnden Orten Orgeln zu bauen und zu reparieren hatten und jeweils vor Ort geeignete Räume benötigten – erst recht, wenn sie als Wanderorgelmacher keine feste Werkstatt besaßen. Im Fall Scheibes ist es gut möglich, dass zum Zeitpunkt seines Orgelbaus in der Paulinerkirche für ihn durchaus noch nicht absehbar war, ob er auf Dauer in Leipzig würde bleiben können. Als Neuerung seit den Verhandlungen mit Scheibe schloss die Universität langfristige Wartungsverträge mit den Orgelmachern ab und stellte der Tradition entsprechend für die Zeit des Auftrags die Wohn- und Arbeitsräume bereit. Die Universität hat die Position eines dauerhaften Auftraggebers übernommen.

Für die „angestellten" Orgelmacher bedeutete dies darüber hinaus, unter dem Patronat der Universität zu stehen. Auf diese für die Orgelbauer nicht unwichtige Absicherung wird noch einzugehen sein. Eine kostenfreie Verpflegung an einem der Freitische im Konvikt der Universität ist hingegen nicht nachzuweisen.

„Eine kleine Ehr" – Der Titel „Universitätsorgelbaumeister"

In den Universitätsakten und Rechnungsbüchern erscheinen Berufsbezeichnungen äußerst selten mit dem Hinweis, dass es sich um Universitätsangestellte handelte, was im Schriftverkehr innerhalb der Universität auch verständlich ist. Wenn diese verwendet wurden, dann tragen sie weniger die Bedeutung eines Titels, sondern kennzeichnen den Auftraggeber des Ausführenden: zum Beispiel „Universitätsknecht" und „Universitätsboten". In der Stellung dem Orgelbauer nahe kommend ist jedoch hin und wieder vom „Universitätsbaumeister" die Rede. Alle Orgelmacher unterzeichneten im 18. Jahrhundert stets mit „Orgelmacher" oder „Orgelbauer". Die Organisten und Musikdirektoren umschrieben ihr Amt mit dem Wirkungsort: zum Beispiel „Organist an der Paulinerkirche" oder „an der Nikolaikirche".

Erst am Anfang des 19. Jahrhunderts begegnet am Ende eines Briefes von Orgelbauer Johann Gottlieb Ehregott Stephani (Lebensdaten unbekannt; an der Universität 1812–1821) an die Universität eine aufschlussreiche Passage, in der die wörtliche Benennung „Universitätsorgelbaumeister" erstmals ganz deutlich im Sinne eines Titels zu verstehen ist:

„Schlußl[ich] Noch eine gehorsamste Bitte: Sonst, als di[ese] Vorfahren, diese Orgel in Bestallung hatten wurden sie Universitäts Orgelbaumeister [ge]nannt. Dürft ich wohl ebenfalls ein Hochgeehrtes Collegium geziemend ersuchen und bitten: ob es nicht möglich, daß mir auch diese kleine Ehr als Universitäts-Orgelbaumeister zu Theil werden könnte? – Dieses würde mir so wohl in meiner Lage als auch in meinen Geschäften eben nicht unnütz seyn.
Ew. Magnificis
Unterthänigster Diener
Johann Gottlieb Ehregott Stephani"[27]

Es bedeutete für Stephani also eine Auszeichnung, für die Universität arbeiten zu dürfen, und er hoffte, sich mit dieser Ehre als Handwerker empfehlen zu können.

Bemerkenswert ist weiterhin, dass er auf seine Vorgänger verweist, von denen im Abschnitt zuvor namentlich Christian Heinrich Wolf (Lebensdaten unbekannt; an der

---

25   Johann Gottlieb Troitzsches Abschlussbericht zum Orgelbau in Gütz bei Landsberg, wiedergegeben in: W. Stüven: *Orgel und Orgelbauer im Hallischen Land* (wie Anm. 23), S. 102 ff.; zuletzt zitiert von Roland Hentzschel: *Der Orgelbauer Johann Gottlieb Mauer*, in: Händel-Hausmitteilungen, hrsg. v. Freundes- und Förderkreis des Händel-Hauses zu Halle e. V., Juni 2008, S. 54–60, hier S. 57.
26   Hubert Henkel: *Lexikon deutscher Klavierbauer*, Frankfurt am Main 2000, S. 595 f.
27   UAL: Rep. II/III/B II 10, fol. 89 f.

Universität 1790–1801) Erwähnung findet. Aus einer anderen Quelle ist bekannt, dass sich zuvor auch schon Mauer (an der Universität 1771–1780) zumindest selbst als Universitätsorgelbauer bezeichnet.[28] Eine Reaktion der Universität auf Stephanis Anfrage ist nicht aktenkundig. Wenn, wie bisher beobachtet, diese „kleine Ehr" an die Verpflichtung zur Orgelpflege gebunden war – und genau diese Leistung bietet er in seinem Brief der Universität an – dann dürfte sich auch Stephani mit dem Bezug seines „Jahrgehalts für Stimmung der Orgel" ab Herbst 1812 Universitätsorgelbaumeister genannt haben.

Dieses Amt bedeutete aber nicht eine unmittelbare Zugehörigkeit der Orgelbauer zum Kreis jener, die beispielsweise durch den Erwerb von „Männer- und Weiberstühlen" auf besondere Weise mit der Universitätskirche verbunden waren. Ein Läuten mit der Glocke der Paulinerkirche anlässlich von Taufen oder Leichenbegängnissen in den Familien der Universitätsorgelbauer ist im Rechnungsbuch von St. Pauli niemals verzeichnet.

„Auch in meinen Geschäften eben nicht unnütz" – Wirtschaftliche Vorteile und rechtliche Absicherung

Stephani setzte seiner Bitte, die Ehre eines Universitätsorgelbaumeisters genießen zu dürfen, hinzu: „Dieses würde mir so wohl in meiner Lage als auch in meinen Geschäften eben nicht unnütz seyn".[29]

Selbstverständlich meinte Stephani damit nicht den unmittelbaren finanziellen Vorteil, der ihm aus der Gehaltszahlung entstehen würde, denn dieser Betrag war gering. Ebenso wie die Ämter des Musikdirektors, des Organisten und der Kalkanten bedeutete auch die Anstellung als Orgelmacher kein Haupteinkommen, von dem sich leben ließe.

Vergleich des festgesetzten jährlichen Einkommens für die musikbezogenen Ämter an der Universität ohne die Vergütung von zusätzlichen Leistungen:[30]

Amt	jährliches Salär
Director chori musici	1685–1718: 12 Gulden
	1719–1755: 10 ½ Taler (dazu ab 1732 „ad legatum Rivinianum" 2 Taler und ab 1738 „per modum precarii jährliche Zulage" 7 Taler)
	1755–1779: 32 Taler (zuzüglich der 9 Taler aus Legat und Zulage)
	1779–1810: 50 Taler (zuzüglich der 9 Taler)
	1811–1833: „vacat" (vertreten durch Praecentor
Precentor	24 Taler (vertritt ab 1811 den DCM)
	1822–1833: 40 Taler
Organist	1719–1751: 6 Taler
	1751–1768: 12 Taler (dazu ab 1761 6 Taler bzw. ab 1765 8 Taler und 1767 10,18 Taler Zulage „zu Holtze")
	1769–1822: 25 Taler (einschließlich Zulage; dazu ab 1775 7,4 Taler Mietzins)
	1822–1826: 40 Taler und 30 Taler „als Vorsteher des Sängervereins" (dazu 7,4 Taler Mietzins)
2 Calcanten	1685–1717: 9 Gulden
	1717–1782: 12 Taler
	1782–1813: 16 Taler
	1818–1827: 24 Taler
Orgelmacher	1685–1706 (1710?): 4 Gulden
	1718–1744: 12 Taler (Mietzins)
	1718–1790: 12,4 Taler (Mietzins)
	1790–1801: 30 Taler (für Stimmung)
	1812/1817–1823: 12 Taler (für Stimmung)
	1823–1833: 15 Taler (für Stimmung)

Hintergrund war vielmehr die allgemeine wirtschaftliche und rechtlich unsichere Stellung der Orgelmacher als freie Handwerker. Es ging den Orgelmachern nicht nur um die Ehre, sondern vor allem um Anerkennung der Rechtmäßigkeit ihrer Arbeit. Auch wenn es eine lange Tradition hatte, dass Musikinstrumentenbauer in der Regel ihr Handwerk als eine freie Kunst betrieben und also nicht in Zünften organisiert waren, gab es doch immer wieder Konflikte mit den zünftigen Gewerken. In kaum einem anderen Handwerk überschnitten sich die notwendigen Arbeitstechniken, Werkzeuge und verwendeten Materialien auf so vielfältige Weise mit den Privilegien der Zünfte wie im Orgelbau. Somit war es nicht nur im Sinn einer ökonomischen Arbeitsteilung, wenn Orgelmacher das Aufsetzen der Gehäuse einem Zimmermann und Tischler übertrugen oder eiserne Trakturteile von einem Schlosser liefern ließen, sondern mit der Arbeitsteilung wurden zugleich die bestehenden Ansprüche der Zünfte erfüllt. Aber die meisten Teile einer Orgel, die unmittelbar mit der klanglichen, künstlerischen Qualität in Zusammenhang stehen, musste ein Orgelbauer doch selbst fertigen, weil er – mit den Worten Johann Scheibes – als „ein Künstler nicht allen Leuthen seine Arcana anvertrauen, und unter die Hände geben kann".[31] Doch daran wird immer wieder Anstoß genommen.

Beispiele aus verschiedenen Städten zeigen, mit welcher Härte Zunfthandwerker gegen sogenannte Störer vorgehen konnten und welche Möglichkeiten für Orgelmacher und Obrigkeit bestanden, solchen Konflikten vorzubeugen. Waren doch die Instrumentenbauer meistens zu wenige an einem Ort, um selbst eine Zunft gründen zu können. Ein besonders eindringlicher Fall ist die „Bönhasenjagt" Hamburger Zunfthandwerker auf den Vorgänger Arp Schnitgers (1648–1719), den Orgelmacher Friedrich Besser um 1677.

---

28 Ein Brief vom 20. August 1771, s. R. Hentzschel: *Der Orgelbauer Johann Gottlieb Mauer* (wie Anm. 25).

29 UAL: Rep. II/III/B II 10, fol. 89v.

30 *Rationes Fisci Templi Paulini, 1685–1833*, UAL: Rep. II/III/B I 3a; Rep. II/III/B I 3b; Rep. II/III/B I 3c; Rep. II/III/B I 3d.

31 Stadtarchiv Leipzig: Sekt. II, T 393; zitiert nach H. Heyde: *Produktionsformen und Gewerbeorganisation* (wie Anm. 1), S. 228.

Ihm hatte man die Windladen einer fast fertigen Orgel voll Wasser gegossen, Teile der Traktur zerbrochen und Pfeifen gestohlen.[32] Zwar gestatteten entsprechende Abschnitte in den Zunftstatuten die Herstellung von besonderen Dingen, die innerhalb einer Zunft nicht angefertigt werden konnten, durch freie Handwerker. Aber die Hamburger Räte dieser Zeit waren politisch zu schwach, um regelnd eingreifen zu können. Ein anderes Beispiel ereignete sich in Altenburg, 30 Kilometer südlich von Leipzig. Hier konfiszierten die Meister der Altenburger Tischlerzunft dem Orgelmacher Tobias Heinrich Gottfried Trost (1673–1759) im März 1721 eine Vorrichtung zum Fräsen von Pfeifenköpfen und Kehlen für Zungenpfeifen, weil man glaubte, Trost wolle ihnen Konkurrenz machen.[33]

Selbst aus Leipzig sind einzelne derartige Fälle bekannt geworden, obwohl gerade hier durch den florierenden Handel und die regelmäßigen Messen eine gewisse Offenheit und freie Konkurrenz herrschte. Auch regelte die Stadt die Anzahl der Handwerksmeister nicht. Hier wurden die Musikinstrumentenbauer in ihrem Status als freie Künstler auf dem Gebiet der „musikalischen Mechanik" weitestgehend akzeptiert. Unter diesen relativ toleranten messestädtischen Gewerbebedingungen war es schon immer schwierig gewesen, die Interessen der einzelnen Leipziger Zünfte zu wahren.[34]

Auch in Leipzig waren es die Tischler, die unter den Musikinstrumentenmachern vor allem in den Orgel- und Klavierbauern Störer ihres Handwerks sahen. In drei Fällen brach man in ihre Werkstätten ein, um Werkzeug zu beschlagnahmen und anschließend vor Gericht zu ziehen: 1732 traf es den Tischlergesellen Christian Francke, der seit 1718 für Johann Scheibe arbeitete. Weil es sich aber nach Scheibes Erklärung um sein eigenes und nicht Franckes Werkzeug gehandelt habe und Francke zudem an zwei Gehäusen von Instrumenten (vermutlich Cembali) gearbeitet hätte, die für keinen geringeren als „Ihro Königl. Majest. in Polen und Churfürstl. Durchl. zu Sachsen pp. auf Dero hohes Geburths Fest" bestimmt waren, wurde der Vorwurf fallen gelassen.[35]

Über den anderen Vorfall berichtet die *Acta Das Tischlerhandwerck alhier, contra Die Orgelbauer und Instrumentenmacher Matthias Voglern und Christian Heinrich Wolfen, Anno 1785*.[36]

Der Orgelmacher musste also hoffen, entweder von den Zünften geduldet zu werden oder aber die Anerkennung seitens der Obrigkeit oder einer einflussreichen Institution zu erhalten. Bemerkenswert an den aufgeführten Beispielen ist, dass die Übergriffe zu einem Zeitpunkt stattfanden, als die betroffenen Orgelbauer noch nicht auf einen privilegierenden Titel verweisen konnten: Tobias Heinrich Gottfried Trost wurde erst im November 1723 zum Hoforgelbauer in Altenburg ernannt. Nicht der Universitätsorgelmacher Johann Scheibe wurde angegriffen, sondern sein ohne eigenes Meisterrecht für ihn arbeitender Tischlergeselle. Und Christian Heinrich Wolf trat erst fünf Jahre später in den Dienst der Universität.

So wird verständlich, weshalb sich beispielsweise Gottfried Silbermann mit Nachdruck in Dresden um den Titel des Hof- und Landorgelmachers bemühte und Arp Schnitger engen Kontakt zu den einflussreichen Territorialfürsten in Hamburgs Umgebung hielt.[37] Ein anderes Modell war das des Stadtorgelmachers. Die Stadt Nürnberg vergab dieses hier seit 1537 eingerichtete Amt nach bestandener handwerklicher Prüfungsaufgabe 1611 an Steffan Cuntz (1565?–1629) und schließlich an dessen Schüler Nicolaus Manderscheidt (1580–1662).[38] Heinrich Compenius (um 1565–1631), der sich selbst als „Orgelmacher und Baumeister aus Halle" bezeichnete,[39] war ebenfalls der Stadt unterstellt. Als die Leipziger Universität Compenius gewinnen wollte, damit er das missratene Werk Josias Ibachs (gest. 1639) in Ordnung bringe, antwortet der „Rathmanne [und] Meistere der Innungen und Gemeinheitt der Stadt Halle":

„Großachtbahre und Hochgelarte besonders günstige Herrn und gute Freunde, deroselben Begehren und Bitten zufolge, haben Wir unseren Bürger undt Orgelmacher Henricum Compenium ahn Unß bescheiden, und

---

32 Giesela Jaacks: *Arp Schnitger und die Hamburger Zünfte*, in: Acta organologica 28 (2004), S. 275–281, hier S. 278.

33 Felix Friedrich: *Der Orgelbauer Tobias Heinrich Gottfried Trost und seine Bedeutung für den Thüringischen Orgelbau seiner Zeit*, Vortrag, gehalten auf dem wissenschaftlichen Symposium anlässlich des 250. Todestages des Orgelbauers Tobias Heinrich Gottfried Trost, veranstaltet vom Schloss Altenburg in Zusammenarbeit mit der Gottfried-Silbermann-Gesellschaft e. V. Freiberg und der Gesellschaft der Orgelfreunde, Altenburg, am 12. September 2009.

34 Zur Gewerbeorganisation in Leipzig vgl. u. a. H. Heyde: *Produktionsformen und Gewerbeorganisation* (wie Anm. 1), S. 226 ff.; Christian Schatt: *Die Leipziger Tischlerinnung im 18. Jahrhundert*, in: *Leipzig um 1800. Beiträge zur Sozial- und Kulturgeschichte*, hrsg. v. Thomas Topfstedt und Hartmut Zwahr, Leipzig 1998, S. 95–112.

35 Stadtarchiv Leipzig: Sekt. II, T 393; zitiert nach H. Heyde: *Produktionsformen und Gewerbeorganisation* (wie Anm. 1), S. 230.

36 Stadtarchiv Leipzig: Sekt. II, T 653; zitiert nach: H. Heyde: *Produktionsformen und Gewerbeorganisation* (wie Anm. 1), S. 247.

37 G. Jaacks: *Arp Schnitger* (wie Anm. 32), S. 281.

38 Hermann Fischer, Theodor Wohnhaas: *Sieben Jahrhunderte Nürnberger Orgelbau*, in: Der „Schöne" Klang, Studien zum historischen Instrumentenbau in Deutschland und Japan unter besonderer Berücksichtigung des alten Nürnberg, hrsg. v. Dieter Krickeberg, Nürnberg 1996, S. 158–170, hier S. 159 f.; Jürgen-Peter Schindler: *Die Nürnberger Stadtorgelmacher und ihre Instrumente*, Ausstellungskatalog hrsg. v. G. Ulrich Grossmann, Germanisches Nationalmuseum Nürnberg 1995, S. 16.

39 In den Universitätsakten u. a. UAL: Rep. II/III/B II 1, fol. 32v.

Ihm der Herrn Schreiben zuverlehsen geben, dabey auch ermahnet, sich zue den Herrn zuerheben, daß berürte Orgelwerck in Augenschein zue nemen, und zue reparirung deselben sich gebrauchen zue lassen."⁴⁰ In Leipzig hielt die Universität als einflussreiche Institution das Patronat über die ihr verpflichteten Orgelmacher, und das nicht erst mit dem Beginn des 19. Jahrhunderts.

Möglicherweise hat schon Christoph Donat in einem solchen Verhältnis zur Universität gestanden. Für Johann Scheibe lässt es sich dann sehr deutlich zumindest anhand seiner eigenen Briefe nachvollziehen. Er wollte auch künftig „am allerliebsten [...] E. löbl. Universität, mit dero hohen Vorgesetzten, daferne einige Möglichkeit wär, zu Patronen behalten".⁴¹ Wie wichtig es Johann Scheibe war, die Universität weiterhin hinter sich zu wissen, lässt sich erahnen, wenn man den strittigen Zusammenhang beachtet, in dem er dennoch diesen dringenden Wunsch vorbrachte: Am 28. Dezember 1718, ein Jahr nach der Orgelabnahme sah sich Scheibe durch die Universität so unrechtmäßig behandelt und in finanzielle Schwierigkeiten gebracht, dass es ihm kein „Mensch verdencken" könne, wenn er sich „so dann höhern Orts" melden würde, „und was [ihm] von Gott und Rechts wegen gebühret, via juris vel gratia zu suchen gezwungen" sei, sofern die „gar vielfältig unermüdete gütliche Vorstellung, und nun viel Jahre her vergeblich gesuchte compositio amirabilis verworffen" würde. In den zwölf anklagenden Punkten ging es ihm zunächst um die Art und Weise, wie man mit ihm umgegangen sei. „Drey Jahre und 21. Wochen" habe er „so zureden in Exilio stille sitzen" müssen, um auf Entscheidungen, Arbeit und Geld seitens der Universität zu warten. Am 29. Oktober 1716 offerierte Scheibe die Orgel zur Prüfung, doch habe man ihn „biß gegen den Decembr. des 1717ten Jahres" hingehalten und noch dazu sein Ansehen geschädigt: „bey so unnöthiger Verzögerung hintern Rücken und unter die Augen schimpflich nachgeredet worden, alß ob ich das Werck angefangener Maßen zu perfectioniren nicht capable wäre, dadurch meine Ehr und fernere recommendation empfindlichen Anstoß leiden müßen." ⁴²

Sodann drängte er bis zur bevorstehenden Neujahrsmesse auf die „völlige Bezahlung alles desjenigen, was [er] bey der Examination mit Recht zufordern gehabt". Diese Summe belief sich einschließlich von 200 Talern, die er noch aus eigenen Mitteln zugesetzt hat, auf insgesamt mindestens 816 Taler! Nach all dieser berechtigten Schärfe lenkte Scheibe ein. Es war praktisch ein Lösungsvorschlag von seiner Seite, dafür „E. löbl. Universität, mit dero hohen Vorgesetzten zu Patronen behalten" zu können. Zwar dauerte es nun noch zwei weitere Jahre, aber am 26. März 1720 zahlte die Universität an Scheibe nicht nur 200 Taler „vermöge getroffenen Vergleichs, vor alle und jede Anforderung, sie habe Nahmen wie sie wolle",⁴³ sondern finanzierte

ab sofort – wie bereits beschrieben – Wohnung und Werkstatt. Wir dürfen annehmen, dass die Universität mit dieser Geste gleichzeitig ihre Schirmherrschaft über den Orgelmacher verband. Die Universität selbst war in Leipzig eine Institution der Rechtsprechung. Johann Scheibe hatte zu Baubeginn Ende 1710 auf das Universitätsrecht schwören müssen:

„einer Löbl. Universitaet Juris Diction mich unterwerfen, und mich jederzeit ohnweigerlich vor ihre stellen, und Recht leiden, auch zu dem Ende mein ordentliches Forum in so weit prorogiret, und meiner ordentlichen Obrigkeit, auch folglich begeben haben will, Alles so wahr mir Gott helffe und sein heiliges Worth".⁴⁴

So stand mit der Universität eine juristisch einflussreiche Institution als Auftraggeber hinter den Orgelbauern. Es ist jedoch bisher nicht bekannt geworden, dass die Einflussnahme der Universität auf ihre Orgelbauer so weit gegangen wäre, dass diese für ihre auswärtigen Projekte von der Universität eine ähnliche Zustimmung hätten einholen müssen, wie seinerzeit beispielsweise Heinrich Compenius von dem ihm weisungsberechtigten Rat und Zunftmeister der Stadt Halle.

Auf diese gestützte Position sind sicher einige Besonderheiten zurückzuführen, die manchen Universitätsorgelmacher gegenüber anderen Orgelbauern auszeichneten.

Hatte Arp Schnitger in Hamburg das Materialmonopol der Zünfte zu respektieren und die Materialbeschaffung deshalb seinen Auftraggebern zu überlassen,⁴⁵ konnte dagegen Johann Scheibe sein Material selbst auswählen und einkaufen. Das im Kontrakt für das benötigte Material vorgesehene Geld erhielt Scheibe von der Universität ausgezahlt und hatte es selbst zu verwalten. Er nutzte dabei gezielt die Vorteile der Leipziger Handelsmessen, um preisgünstig einkaufen zu können.⁴⁶

Weiterhin ist auffällig, dass Johann Scheibe seine für Zschortau (20 Kilometer nördlich von Leipzig) gebaute Orgel – es ist leider seine einzige erhaltene Orgel – auf dem Vorsatzbrett über der Klaviatur gut sichtbar mit seinen in Holz eingelegten Initialen und der Jahreszahl 1742 versah (Abbildung S. 119).⁴⁷ Das ist insofern bemerkens-

---

40 UAL: Rep. II/III/B I 1, fol. 29.

41 UAL: Rep. II/III/B II 5, fol. 87.

42 UAL: Rep. II/III/B II 5, fol. 84–87.

43 UAL: Rep. II/III/B I 3b, S. 85v.

44 UAL: Rep II/III/B II 6, fol. 31.

45 G. Jaacks: *Arp Schnitger* (wie Anm. 32), S. 278.

46 Scheibe beklagte sich einmal, dass ihm diese Gelegenheit wegen verschleppter Entscheidungen entgangen war, UAL: Rep. II/III/B II 6, fol. 26v; ein anderes Beispiel s. Rep. II/III/B II 6, fol. 20v.

47 Ulrich Dähnert: *Historische Orgeln in Sachsen*, Leipzig 1980, S. 285.

Signatur mit den Initialen des Orgelbauers Johann Scheibe am Spieltisch der Orgel zu Zschortau, 1742
(Foto: Marcus Stahl)

wert, als dass die wenigsten Orgelbauer, ja Instrumentenmacher überhaupt, ihre Werke offen sichtbar signierten. Selbst Gottfried Silbermann als Hof- und Landorgelmacher hat keine einzige seiner Orgeln derart gekennzeichnet. Johann Scheibe konnte es sich erlauben, das Signieren, das eigentlich zünftigen Handwerkern vorbehalten und ihnen durch die Zunft zur Qualitätssicherung auch zur Pflicht gemacht war,[48] als stolzen Ausweis seiner Kunst zu nutzen.

Und weil die Universitätsorgelmacher in einem dauerhaften Auftragsverhältnis zur Universität standen und damit in gewisser Weise unter institutionellem Schutz arbeiteten, war es ihnen möglich, sich nun sogar Universitätsorgelbaumeister zu nennen und Gesellen zu beschäftigen.[49] Nach 1750 entlehnten sie den Meistertitel, der ihnen als nicht zünftige, freie Künstler normalerweise versagt gewesen wäre, zumindest im Sprachgebrauch. Offizielle Schriftstücke unterzeichneten sie aber zunächst weiterhin ohne Nennung des Titels.

Einen parallelen Beleg gab es für den Orgelbauer der Wittenberger Universität Johann Ephraim Hübner, der sich 1765 selbst als Universitätsorgelbaumeister bezeichnete.[50]

Die Notwendigkeit, dass Städte, Fürstenhöfe oder Universitäten regelnd für Musikinstrumentenbauer eintraten und durch Anstellungen oder die Vergabe von Titeln deren Stand als freie, musikalische Kunsthandwerker legitimierten, nahm nach 1800 mit den gewerberechtlichen Veränderungen in Mitteldeutschland schnell ab. In Sachsen reagierte man auf die wirtschaftlichen Entwicklungen 1861 mit der Proklamierung der völligen Gewerbefreiheit, die letztlich die Aufhebung der Zünfte zur Folge hatte.

---

48 Hubert Henkel: *Beiträge zum historischen Cembalobau* (Beiträge zur musikwissenschaftlichen Forschung in der DDR, Bd. 11), Leipzig 1979; Kapitel „Die Rolle der Zünfte im Cembalobau", S. 48–52, hier S. 51.

49 Die im damaligen Gewerberecht für freie Künstler in der Regel gebrauchten Standesbezeichnungen waren Geselle und Gehilfe.
Peter Nathanael Sprengel: *Handwerk und Künste in Tabellen*, 11. Slg., Berlin 1773, S. 2 f., umging bewusst die Bezeichnung „Meister": „Hierbey kann gefragt werden: worin der Unterschied zwischen mechanischen Künsten und Handwerken oder Professionen bestehe; oder kürzer, worinn Künstler von Handwerkern unterschieden sind? Beyde sind im Grunde einerley; bloß zufällige Dinge haben ihren Unterschied eingeführt. Dieser besteht überhaupt darinn, dass jene zum theil sich mit Hervorbringung und mit dem Verkauf solcher Waren beschäftigen, die eine größere Kunst erfordern; dass sie eine historische Erkenntnis mancher Dinge besitzen, die zur Gelehrsamkeit gehören, und dass sie andern theils nicht zünftig sind: folglich z. E. die Gesellen oder Diener keine Wanderjahre auszustehen haben, und Herren werden können, sobald es sonst ihre Umstände erlauben wollen."
Zum Gewerberecht im Leipziger Instrumentenbau s. H. Heyde: *Produktionsformen und Gewerbeorganisation* (wie Anm. 1), S. 226–229.

50 Hermann J. Busch: *Fünf Jahrhunderte Orgeln in der Schlosskirche zu Wittenberg*, in: Die Orgel in der Schlosskirche zu Wittenberg, hrsg. v. evang. Predigerseminar und Anne-Dore Baumgarten, Wittenberg 1994, S. 8–23.

*Die Orgelbauer und ihre Arbeiten
in der Paulinerkirche – eine chronologische Übersicht*

1. Die älteste bekannte Orgel der Paulinerkirche entstand um 1527 und wurde mit der Kirche 1543 von der Universität übernommen. Ihr Orgelbauer ist unbekannt. Die Datierung stützt sich auf Michael Praetorius, der auch Angaben zu ihrer Disposition macht.[51] Es handelte sich um eine Orgel mit zwei Manualen und Pedal, die von Praetorius als ein typisches Beispiel für die „Invention der Rück-Positiffen" angeführt wird. Sie befand sich an der Südwand, wo sie bis 1710 „hinter der Cantzell gestanden" hat und ihre „Bälge gleich unter denen Kornböden" der im Süden unmittelbar an die Kirche angebauten Gebäude gelegen haben.[52] Aus dem Angebot von Josias Ibach zum Umbau der Orgel in den Jahren 1626/27 und dem Abnahmegutachten vom August 1627 lässt sich die ungefähre Anlage des Prospektes rekonstruieren.[53] Die Mittelachse mit dem (Haupt-)Werk, dem darunter liegenden Brustwerk und dem vorspringenden Rückpositiv wurde von den „Seitenbässen" flankiert, die den Prinzipal 16' enthalten. Hinter dem Werk befand sich eine weitere, möglicherweise nach 1527 aber noch vor 1626 ergänzte Windlade, die 1626 den schon von Praetorius genannten Posaunenbass 16' und zwei weitere Pedalregister enthielt. Die Disposition, so wie sie Praetorius mitteilt, war geprägt von dem kräftigen Prinzipalchor, dessen Einzelstimmen vom 16' bis zum 2' reichen und der mit einem 12fachen Hintersatz klanglich überhöht wurde. Drei Zungenstimmen und nur zwei gedackte Flöten traten kontrastierend hinzu.

„Neben dieser Orgel war in der Höhe noch ein kleineres Orgelwerk." Diese interessante Aussage, die darauf verweist, dass eine möglicherweise noch ältere Orgel existierte, die als sogenanntes Schwalbennest gebaut gewesen sein könnte, machte Arthur Prüfer 1895 leider ohne Quellenangabe.[54]

2. Josias Ibach (gest. 1639; Arbeit an der Paulinerorgel 1626/27), ursprünglich aus Grimma kommend und seit 1620 „Bürger und Orgelmacher alhier [in Leipzig, Anm. d. Verf.]"[55], wird beauftragt, die Orgel in den Jahren 1626/27 umfassend zu reparieren.[56] Dabei wurden auch Veränderungen an der Disposition vorgenommen, die den Flötenstimmen größeres Gewicht verleihen sollten. Ibach versuchte, die Orgel mit neuartigen Bälgen auszustatten. Anders als damals noch allgemein üblich, baute er wenige, aber dafür größere Bälge mit nur einer Falte.[57] Trotz mehrfacher Nachbesserungen misslang das gesamte Vorhaben vollständig. Die als Gutachter bestellten Organisten Georg Engelmann (an der Thomas- und an der Paulinerkirche Leipzig), Samuel Scheidt (1587–1654; Hofkapellmeister in Halle) und Caspar Schwartze (Merseburg) benannten an nahezu allen Bauteilen Mängel, die sowohl auf handwerkliches Unvermögen als auch auf schlechte und zu sparsame Materialwahl zurückzuführen waren. Die Windladen waren undicht und die Bälge lieferten einen so unsteten Wind, dass das Pfeifenwerk nicht sauber eingestimmt werden konnte.[58] Hinzu kam der Verdacht auf Veruntreuung. Der gesamte Streitfall endete vor Gericht mit der Entscheidung, zur Erfüllung von Schadenersatzforderungen der Universität Ibachs Haus zu verpfänden.[59]

Der Orgelbau in der Paulinerkirche ist nicht der einzige Auftrag, den der Orgelbauer und Gastwirt Josias Ibach nicht zufrieden stellend erfüllte. Schon 1623/24 zog der Thomaskantor Johann Hermann Schein (1586–1630) wegen eines angezahlten, aber nicht erhaltenen Positivs für die Thomaskirche gegen Ibach vor Gericht.[60] Nach dem Leipziger Desaster ging Ibach als „Orgelmacher und Gastwirth zum Weißen Bock" nach Altenburg. Hier reparierte

---

51 M. Praetorius: *Syntagma musicum* (wie Anm. 4), S. 115 f.

52 Diese Hinweise widerlegen missverständliche Angaben, nach denen die Orgel an der Nordwand gestanden haben soll; Gutachten von J. Kuhnau und D. Vetter, 1710 sowie Kontrakt mit J. Scheibe, Dezember 1710, beides in: UAL: Rep. II/III/B II 6, fol. 2, 22.

53 UAL: Rep. II/III/B I 1, fol. 1–4 und Rep. II/III/B II 1, fol. 17–24.

54 Arthur Prüfer: *Johann Hermann Schein*, Leipzig 1895, S. 113.

55 UAL: Rep. II/III/B II 1, fol. 6; U. Dähnert: *Historische Orgeln* (wie Anm. 47), S. 304.

56 Vgl. auch ebenda, S. 183.

57 Gutachten des Universitäts- und Thomasorganisten Georg Engelmann vom 9. August 1627, UAL: Rep II/III/B II 1, fol. 17v.

58 UAL: Rep II/III/B II 1, fol. 11–24.
Aus Engelmanns Kriterien für gut intonierte und sauber gestimmte Pfeifen (fol. 18v) geht eindeutig hervor, dass man eine konsequent (im heutigen Sprachgebrauch) mitteltönige Stimmung, d. h. mit reinen Terzen und verkleinerten Quinten, verwendete:
„Zum 1.) ob sie recht intoniert sein, das ist: ob sie recht rein, ohne zischen, hauchen, heuscherkeit und stocken sich hören laßen, keine die andere uberschreyet und dergleichen.
2.) Müßen alle Octaven, derer in ganzen clavir in seindt, rein und just, ohn einiges schweben sich hören laßen, und inne stehen.
3.) Müßen alle Tertien zu jeglicher octav auch rein ohne einiges schweben kling[en] sonsten stehet ein verborgener Wolff dahinder.
Zum 4.) müßen alle Quinten nicht zu sehr schweben, dann wo das geschiht, und die Tissonantia von der guten octav und Tertia nicht kan absorbiret und vertuschet, oder gut gema[cht] werden, so stehet auch ein Wolff dahinder."

59 Zum gesamten Vorgang die Akte UAL: Rep II/III/B II 1. Ein erstes Haus soll Ibach „vor dem Peters Thore am großen Kautze" (Vgl. A. Prüfer: *Johann Hermann Schein* [wie Anm. 54], S. 112; Rudolf Wustmann: *Musikgeschichte Leipzigs*, Bd. 1: *Bis zur Mitte des 17. Jahrhunderts*, Leipzig und Berlin 1909, S. 217) und ein späteres in der Nikolaistraße besessen haben (ebenda).

60 A. Prüfer: *Johann Hermann Schein* (wie Anm. 54), S. 112. Die gerichtlichen Vorgänge wegen des Positivs und der Paulinerorgel sind von Prüfer allerdings miteinander vermengt. Folgende Quellen im Stadtarchiv gibt er an: Kontraktbücher des Leipziger Ratsarchivs von 1624, fol. 3; 1626, fol. 109, 1627, fol. 96 f; 1629, fol. 103 f; Schoßbuch 1620–1635, fol. 360.

und erweiterte er die Orgel der Schlosskirche. Im Urteil Samuel Scheidts hieß es: „und es wäre besser, er bliebe ein Gastwirth undt ließe andere gute Meister undt Orgelmacher Orgeln verfertigen, die es besser gelernet".[61]

3. **Heinrich Compenius** (um 1565–1631; Arbeit an der Paulinerorgel 1627–1630) aus Halle und sein Sohn Esaias II übernehmen im November 1627 die Arbeit an der von Ibach verdorbenen Orgel und konnten diese erst drei Jahre später, im September 1630, beenden. Bisher wurde angenommen, dass Compenius lediglich erfolglos versuchte, die Orgel zu stimmen.[62] Der lange Zeitraum erklärt sich jedoch damit, dass es sich nach ersten Versuchen, einen spielfähigen Zustand der bestehenden Orgel zu erreichen, schließlich als notwendig erwies, wesentliche Teile wie Windladen, Pfeifenstöcke und Bälge in der eigenen Hallenser Werkstatt neu zu bauen. Am 14. September 1629 wurden 30 Gulden bezahlt, um in „6 Fuhren dem Orgelmacher seine Werckhzeug hin und her zuführen, auch die zu Hall verfertigten Windladen, Blaßbälge, und Pfeiffenbreth herüber zu fahren".[63]

4. **Christoph Donat** (1625–1706/07; an der Universität vor 1685–1705) findet im Rechnungsbuch der Paulinerkirche erstmals namentliche Erwähnung im Rechnungsjahr von Michaelis 1697 bis Michaelis 1698.[64] Vermutlich handelt es sich bei dem jährlichen Gehalt von 4 Gulden um das des Vaters und nicht das seines gleichnamigen Sohnes (vor 1659–1713). Beide haben aber bis zum Tod des Vaters in der gemeinsamen Werkstatt gearbeitet. Dieser an einen Orgelmacher gezahlte Betrag ist bis 1685/86 im Rechnungsbuch zurückzuverfolgen: Exposita / Ad salaria: „dem Orgelmacher 4,–,–" Gulden.[65] Mit einer Unterbrechung in den drei Jahren von 1687 bis 1690 wurde dieser Betrag bis 1709/10, also bis kurz vor den Beginn der Orgelumsetzung durch Johann Scheibe, gezahlt. Verunklarend ist dabei, dass von 1706 bis 1710 die 4 Gulden an gleicher Stelle des Rechnungsbuches jedoch „dem Organoedo", also eigentlich dem Organisten zugeschrieben wurden, bevor ab 1711/12 mit der Bezeichnung „Organopoeo" wieder eindeutig der Orgelmacher gemeint war. Dass nun aber hier kein Salär mehr ausgewiesen ist, hat seine Richtigkeit, weil Johann Scheibes Bezüge während des großen Orgelbaus in einem anderen Rechnungsbuch aufgeführt wurden, das speziell die umfassenden Renovierungsarbeiten an der Paulinerkirche beinhaltete.[66] Sollte die Eintragung „dem Organoedo" versehentlich geschehen und statt dessen „Organopoeo" gemeint gewesen sein, müsste nach dem Tod von Christoph Donat dem Älteren (1706/07) die Orgelpflege von dessen Sohn oder vielleicht schon durch Johann Scheibe fortgeführt worden sein.[67]

Es kann angenommen werden, dass der aus Marienberg stammende Christoph Donat (der Ältere), der schon 1653 in Leipzig nachweisbar ist und hier 1662 Bürger wurde, als erster Orgelbauer in der Geschichte der Universität mit einem regelmäßigen Salär für die Wartung der Orgel angestellt war. Wenn dem so ist, dann dürften zwei Reparaturen, die Ulrich Dähnert einem unbekannten Orgelbauer zuschreibt,[68] von Christoph Donat ausgeführt worden sein. Eine erste erfolgte (nach Dähnert) 1654, die zweite, bei der vermutlich eine Erweiterung der Orgel vorgenommen wurde, lässt sich in die Jahre 1685 bis 1687 datieren. Zunächst entstanden für 40 Gulden neue Bälge und anschließend wurden „dem Orgelmacher für Renovirung der Orgel" etwa 180 Gulden ausgezahlt.[69]

5. **Johann Scheibe** (um 1675/1680–1748; an der Universität 1710–1748) ist der Universität von 1710 bis zu seinem Tod 1748 verpflichtet.

In einem ersten, „acht Tage vor Weyhnachten" 1710 geschlossenen Kontrakt[70] wurde vereinbart, „diejenige Orgell, so in der Pauliner Kirche vormahls hinter der Cantzell [auf der Südempore, Anm. d. Verf.] gestanden, in das Schüler-Chor [auf die Westempore] zuversetzen". Die Veränderungen, die das Werk unter anderem nach einem Gutachten von Thomaskantor Johann Kuhnau (1660 bis 1722) und Nikolaiorganist Daniel Vetter (gest. 1721) dabei erfahren sollte,[71] bezogen sich vor allem auf einen neuen Prospekt ohne Rückpositiv, die Erweiterung des Tonumfanges von der kurzen Oktave zur chromatisch ausgebauten großen Oktave (aber ohne Cis), den Neubau und die Erweiterung der Rohrwerke, einen neuen Prinzipal 16' von Metall im Prospekt und neue Windladen für Brustwerk und Seitenbässe. Der geplante Umbau geriet zum einen

---

61 Zitiert nach Autorenkollektiv [u. a. Felix Friedrich, Helmut Werner]: *Geschichte und Rekonstruktion der Trost-Orgel in der Konzerthalle Schloßkirche Altenburg* (Beiträge zur Altenburger Heimatkunde, Heft 10), hrsg. v. Schloß- und Spielkartenmuseum Altenburg, Altenburg 1978, S. 3 f.
62 U. Dähnert: *Historische Orgeln* (wie Anm. 47), S. 183.
63 UAL: Rep. II/III/B I 1, fol. 72.
64 *Rationarium Fisci veteris Templi Pauli*, UAL: Rep. II/III/B I 3a, fol. 43.
65 UAL: Rep. II/III/B I 3a, fol. 3.
66 Templi Paulini, Neuen Fisci Einnahme und Ausgabe […] der Renovation der Kirchen, als auch Orgelbaus gekostet, von Anfange, als Mense 7bris: 1710. Continuiert 1711. 1712. 1713; darin ab fol. 23: Conten Buch, Über die Pauliner Kirchbau, Rechnung, von Anfang, als Mens. 7br: Anno 1710. bis dahin Anno 1713. UAL: Rep. II/III/B I 6.
67 Zur Aufklärung dieser Fragen müssten weitere Archivakten aufgefunden werden.
68 U. Dähnert: *Historische Orgeln* (wie Anm. 47), S. 183.
69 UAL: Rep. II/III/B I 3a, fol. 3, 6.
70 *Orgel Macher Contract*, UAL: Rep. II/III/B II 6, fol. 22, 23.
71 UAL: Rep. II/III/B II 6, fol. 1–4.

wegen der schlechten Substanz des alten Werkes, zum andern aber auch aufgrund von Scheibes großem Ehrgeiz mehr und mehr zu einem Neubau der Orgel, so dass am 26. Mai 1715 ein zweiter Kontrakt geschlossen werden musste.[72]

Scheibes Willen, mit diesem Orgelbau etwas Besonderes zu leisten, beschreibt Mencke, unter dessen Rektorat der zweite Kontrakt mit Scheibe geschlossen wurde, in einem Brief an das Kollegium:

„Was übrigens den Orgelmacher und deßen Verrichtung oder Erholung betrifft, so kan ich ihm zwar mit guten Gewißen das Zeugnüß geben, daß ich ihn mit seinen Gesellen allezeit, auch in dem härtesten Winter eyfrig über der Arbeit angetroffen, kan aber auch nicht läugnen, daß er immer mehr gemacht, als er versprochen, wie er denn an stat 66. Register in der That 70. liefert, und sonst an Windladen und dergleichen viel praestiret, wozu ihn theils seine eigene ambition angetrieben, inmaßen er das Werck gern so vollkommen, als immer müglich, liefern, und damit, wie er auch in der That erhalten, bey fremden und einheimischen Ehr einlegen wollen, theils andere, welchen das Werck wolgefallen und die dahero vielen Beytrag zu thun versprochen, damit es nur zu einer rechten Vollkommenheit gedeihen möchte. [...] Daher ich denn verführet bin, daß er von diesem gantzen Bau, dergleichen doch nicht alle Jahre vorkommt, biß dato nicht einen Thlr. Profit hat; mag auch wohl vielleicht noch darüber in einige Schulden geraten seyn."[73]

Bei aller euphorischer Übertreibung Menckes[74] und trotz kleiner Beanstandungen, die Johann Sebastian Bach[75] bei der Orgelabnahme am 16. Dezember 1717 und Johann Andreas Silbermann[76] bei seiner Besichtigung im März 1741 äußerten, hat man diese Orgel als eine der modernsten „unter die completesten in gantz Teutschland"[77] gezählt und hoch geschätzt. (Abbildung S. 124) Mehrere der „etwanigen defecta" und offen gebliebenen Wünsche in der Disposition sowie vor allem die große Verzögerung des Orgelbaus waren jedoch nicht allein Johann Scheibe anzulasten.[78] Die maßgeblichen Ursachen lagen in der Verantwortung des Bauherrn: mangelnde Koordination von Orgel- und Kirchenbau, verschleppte Entscheidungen sowie Uneinigkeiten in Fragen der Bezahlung. Diese unbefriedigenden Umstände ließ sogar Bach in seinem Gutachten (Punkte 3 und 6) nicht unerwähnt und bezog dabei Position für Scheibe: Auch „sind also ohne mein Erinnern dem Orgelmacher die über die Contracte noch neu verfertigten Stücke zu verguten, und er also schadloß zu halten".[79] Johann Scheibe sprach in etlichen Briefen an die Universität die Missstände offen und selbstbewusst an. So unter anderem bereits nach einem halben Jahr Arbeit am 11. Mai 1711:

„außer dem aber ist es zu keinen Schluße kommen, so daß ich nicht weiß, worann ich bin, in dem Herr Doct. Abicht und Herr Doct. Schelle sich darin gemenget, mir viel Schwierigkeiten gemacht und mit aller Gewalt angetrieben, daß ich habe die Orgel zusetzen anfangen müßen, daß ich auch nicht soviel zeit gehabt die Windlade zu ändern und dijenige Clavier so noch darinnen fehlen anzubringen und diß zuvor auß keiner andern Ursache, wie man mir ins Gesichte sagen dürffen, als weil man ein Mißtrauen in mir sezte und nicht glaubte, daß ich das Werck zu Stande bringen würde, so haben sie drauf gedrungen, ich solte machen, daß die Orgel klänge und man einen Anfang davon sehe. Ob ich nun wohl alles vorhero gesagt, wie es kommen würde, wie mir Herr Doct: Riving [...] Herr Vetter und Herr Hüffner zeigen kommen;[80] daß viel vergebliche Arbeit und doppelte Mühe wäre, und dabey viel unnöthige Uncosten und großer Schade daraus entstehen könne, wannen ich alles wieder wegnehmen und von forne anfangen müste, so habe, weil doch alle meine Vorstellungen nichts geholffen, und auf ihre Gefahr und verantwortung es müßen ankommen laßen, itzo weist sichs erstl. 1.) daß die Bälge wandelbahr werden, indem der Leim von der Näße erweichet, das Leder womit sie verwahret, fahren läst, damit kostet es wieder neu Leder, Leim und Arbeit, dabei ich meine Zeit vergeblich zubringe.

---

72 UAL: Rep. II/III/B II 5, fol. 41 f; ein Kontrakt vom 11. Mai 1711 (nach Ernst Flade: *Gottfried Silbermann*, Leipzig 1953, S. 93) existiert nicht; möglicherweise eine Verwechslung mit dem Schreiben Scheibes vom 1. Mai 1711.

73 UAL: Rep. II/III/B II 5, fol. 59.

74 Gebaut wurden 48 klingende Stimmen auf 3 Manualen und Pedal, mit 6 Transmissionen und allen Nebenzügen waren es 61.

75 Werner Neumann, Hans-Joachim Schulze (Hrsg.): *Schriftstücke von der Hand Johann Sebastian Bachs* (Bach-Dokumente, Bd. 1), Leipzig 1963, S. 163–168.

76 Andreas Silbermann: *Das Silbermann-Archiv. Der handschriftliche Nachlaß des Orgelmachers Johann Andreas Silbermann (1712–1783)*, hrsg. v. Marc Schaefer, Winterthur 1994, S. 156–158.

77 Christoph Ernst Sicul in der *Anderen Beylage zu dem Leipziger Jahrbuche, aufs Jahr 1718*, S. 198 f., zitiert nach W. Neumann, H.-J. Schulze: *Schriftstücke* (wie Anm. 75), S. 166.

78 Die Beurteilung von Scheibes Leistung durch Ernst Flade: *Gottfried Silbermann* (wie Anm. 72), S. 94, ist unrichtig. Auch waren es die Windladen der alten Orgel, die von schlechter Substanz waren und eine kurze Oktave besaßen. Scheibe sollte ursprünglich nur die fehlenden Töne ergänzen, baute dann aber die Windlade ganz neu.

79 W. Neumann, H.-J. Schulze: *Schriftstücke* (wie Anm. 75), S. 165.

80 Augustus Quirinus Rivinus (1652–1723), Botaniker und Professor für Medizin, war Praepositus der Paulinerkirche. Der Nikolaiorganist Daniel Vetter (1657/58–1721) war mit der Aufsicht des Orgelbaus betraut.

2.) Was der Tischer mit seinen Simbsen, bey Stößen, und Seiten Wänden vor Unlust und Verdruß gemachet, indem die Hobel und Sägespähne in in Pfeiffen und Windladen gefallen, und alles voll Staub gemacht, kan ich alle Tage zeigen und werde ich viel zeit und Arbeit dabey verliehren, wenn ich alles itzo wieder abnehmen ausputzen und wieder von neuen aufsetzen müßen.

3.) Eben so wirds wieder gehen zum andern mahle, wenn der Bildhauer seine Figuren und andere darzu gehörige Sachen anpaßen und aufsetzen, weshalben ich den vorlängst Anregung gethan, daß man möchte die Arbeit beschleinigen laßen, damit die Orgel hernachmahls in Ruhe stehen könnte.

4.) Solte es auch noch darzu kommen, wie es höchst nöthig ist, daß man fenster auf der Seite durchbrechen wolte, da mit mehr Licht in die Orgel fiehle, so weiß ich nicht, wie man sich genug verwahren würde, daß nicht die Orgel zuschaden gehe. Wäre also wohl am besten, was man thun wolte, thäte man bey Zeiten ehe noch mehr bey der Orgel aufgeseet würde.

5.) Habe ich vor etlichen Tagen, ein Schreiben eingegeben ..."[81]

Stilistisch bemerkenswert ist, dass Bach „2 Rohrwercke, nehmlich Schallmey 4. Fuß und Cornet 2. Fuß, welche vermöge eines Hochlöblichen Collegii Befehl haben unterbleiben müßen", vermisste.[82] Mit ihnen hätte das Pedal einen vollständigen Zungenchor von 16', 8', 4' und 2' besessen, wie er in anderen sächsischen Orgeln ebenfalls vorhanden war.

Scheibe behielt die Orgel in dauernder Pflege. Darüber hinaus hat er selbst fünf kleinere Reparaturen (Wetterschäden von 1718 und 1719 sowie andere 1730, 1731, 1742) und von April bis August 1736 eine größere „Renovation […] vermöge des Contracts […] d. d. 13. April 1736" für 160 Taler ausgeführt.[83]

Die Kostenbilanz des gesamten Um- und Neubaus der Orgel in den Jahren 1710 bis 1717 lässt sich aus den Rechnungseintragungen, Verträgen und den erst 1719 und 1721 an Scheibe gerichteten Nachzahlungen wie folgt rekonstruieren:[84]

Die Gesamtsumme betrug reichlich 2762 Taler. Nicht eingerechnet sind hierin die unbaren Aufwendungen wie das wieder verwendete Zinn und Blei (jeweils etwa ein halber Zentner) alter Pfeifen und von 18 großen Zinnkannen.[85] Von der Gesamtsumme entfielen 856 Taler auf Materialkosten. Die 1320 Taler für „H. Scheiben als Orgelmacherlohn" setzten sich einerseits zusammen aus den in Aussicht gestellten Diskretionen, sofern alles zufrieden stellend geliefert wurde, und andererseits aus wöchentlich ausgezahlten Raten von 9 Talern. Diese 9 Taler enthielten auch den Lohn für die Gesellen. Aus einer der letzten Abrechnung geht hervor, dass Scheibe mit drei Gesellen gearbeitet hat, von denen jeder wöchentlich einen Taler erhielt.[86] Zu welchen Anteilen die von Scheibe aus eigenen Mitteln vorgeschossenen und ihm erst 1721 zurückerstatteten 200 Taler Arbeits- und Materialkosten enthielten, kann nicht benannt werden.[87] Die restlichen Gelder erhielten andere Handwerksmeister, die mit Zuarbeiten beauftragt waren: der Schlosser, Maler, Drechsler und Schraubenmacher, der „Bilthauer von Märseburg" und der Bildhauer Näther aus Leipzig. Der größte dieser Beträge (200 Taler) ging an den Tischlermeister Gerlach, der auch die drei Klaviaturrahmen „dorzu fourniren muß".[88]

Dass Gottfried Silbermann, der Ende November 1710 die alte Orgel der Paulinerkirche begutachtete und dafür am 28. November 24 Taler erhält,[89] sich bei der Bewerbung um einen Neubau nicht gegen Scheibe durchsetzen konnte, ist bekannt. Neben den veranschlagten Kosten stieß vor allem der Dispositionsentwurf auf Ablehnung, weil seine ökonomische Klangdisposition nicht der in Mitteldeutschland üblichen Tradition entsprach. So votierte der mit der Betreuung des Orgelbaus beauftragte Nikolaiorganist Daniel Vetter entschieden gegen Silbermann und brachte sein Unverständnis unter anderem im folgenden Abschnitt zum Ausdruck:

„Solte ein gantz neu Orgelwerck verfertiget werden, so wehre höchst unrecht, wenn kein 16füßiges Principal manualiter ins Gesicht solte gebracht werden, denn solches ja dem Wercke einen starcken und sehr kräftigen Thon geben muß, und wehre wieder alle raison ein Werck von 2 Claviren, nebst 2 Principalen 8 Fuß Thon zu verfertigen, item es wehre wegen Abwechselung deren Clavier im Schlagen kein unterschied zu hören, und ist dieses so ein einfältiger Vorschlag von einer disposition derer gleichen mann in gantz Deutschland nicht finden wird".[90]

Später wird andererseits für Johann Andreas Silbermann (1712–1783), den im Elsass arbeitenden und von der französischen Orgelbaukunst beeinflussten Neffen Gottfrieds,

---

81 UAL: Rep. II/III/B II 6, fol. 25–27.

82 W. Neumann, H.-J. Schulze: *Schriftstücke* (wie Anm. 75), S. 164.

83 UAL: Rep. II/III/B I 3a, fol. 229, 235, 267 und Rep. II/III/B I 3b, fol. 47v, 73v, 348v.

84 UAL: Rep. II/III/B I 6, fol. 37 – 41; Rep. II/III/B II 6, fol. 41 ff.

85 UAL: Rep. II/III/B 5, fol. 32 f.

86 UAL: Rep. II/III/B 6, fol. 45.

87 UAL: Rep. II/III/B 6, fol. 86v; Rep. II/III/B I 3a, fol. 85v.

88 UAL: Rep. II/III/B I/6, fol. 37–41; Rep. II/III/B II 6, fol. 22v.

89 *Ad Rationes Fisci Academiae Lipsiensis*, UAL: Rektor B 28, fol. 133v.

90 UAL: Rep. II/III/B II 6, fol. 9.

gegangen sein. In den erhaltenen Universitätsakten findet Schweinefleischs Name zwar erst 1751 Erwähnung, als er für eine auf 200 Taler veranschlagte Reparatur am 25. Januar den ersten Abschlag erhielt.[93] Doch ist es durchaus möglich, dass Schweinefleisch die Aufgabe der Orgelpflege unmittelbar von Johann Scheibe (gestorben am 3. September 1748) übernommen hat. Denn die Zahlungen des Mietzinses für Wohnung und Werkstatt des Orgelbauers durch die Universität liefen auch nach dem Tod Scheibes ohne Unterbrechung weiter. Und weil es üblich war, größere Reparaturen ungeachtet einer bestehenden Anstellung gesondert zu vereinbaren und zu vergüten, muss die Namensnennung von Schweinefleisch 1751 nicht zwangsläufig mit seinem Amtsantritt verbunden sein. Eine umfangreiche Reparatur führte Schweinefleisch zwischen Februar und November 1767 aus und erhielt dafür in fünf Raten insgesamt 742 Taler.[94]

7. Johann Gottlieb Mauer[95] (nachweisbar zwischen 1764 und 1803[96]; an der Universität 1771–1780) trat noch im Todesjahr von Schweinefleisch (1771) dessen Nachfolge an. Er übernahm unmittelbar von seinem Schwiegervater[97] und vermutlichen Lehrmeister die Werkstatt an der Universität.[98] Erst drei Jahre zuvor, Ende 1768 war er nach Altenburg übergesiedelt, um dort für 44 Taler jährlich die Stelle des Hoforgelbauers zu übernehmen. Nun hoffte er, beide Ämter ausüben zu können, wurde aber in Altenburg seiner Aufgabe enthoben.[99] In Leipzig lieferte er 1774/75

Orgel der Paulinerkirche Leipzig, erbaut von Johann Scheibe 1710–1716, Kupferstich nach Süsse, um 1720[91] *(Silbermann-Archiv, Straßburg)*

bei seinem Besuch in Leipzig 1741 manches an der Dispositionsweise der Scheibe-Orgel stilistisch fremd gewesen sein.

6. Johann Christian Immanuel Schweinefleisch (1721 bis 1771; an der Universität 1748? oder 1751–1771) war nach einer Lehr- und Gesellenzeit bei Tobias Heinrich Gottfried Trost (1731–1739) schließlich als Geselle Zacharias Hildebrandts am Orgelbau in der Wenzelskirche zu Naumburg (1743–1746) beteiligt.[92] Nach der Orgelabnahme am 27. September 1746 wird er bald nach Leipzig

91 Mit handschriftlichen Anmerkungen von Johann Andreas Silbermann, 1741: „Das Corpus ist weißlicht, hat hin und wieder ein wenig Gold." Die Nummern in den Prospektfeldern bezeichnen die Fußtonlage der dort stehenden Register. In den Wolken der Glorie, für die der Glaser eine „große Glastaffel" lieferte, stehen die Pfeifen eines Tones aus der Pedalmixtur (s. Anm. 76).
Zirkel, Richtscheit und die von Christian Förner (1609/10–um 1678) eingeführte Windwaage verweisen auf den besonderen Status der Orgelbauer als mechanische Künstler, die „eine historische Erkenntnis mancher Dinge besitzen, die zur Gelehrsamkeit gehören" (P. M. Sprengel: *Handwerk und Künste* [wie Anm. 49]).

92 Eigenhändiger Zettel vom 16.6.1746 in einer Holzpfeife der Orgel, H. Henkel: *Lexikon deutscher Klavierbauer* (wie Anm. 26), S. 595 f.

93 UAL: Rep. II/III/B I 3c, fol. 74.

94 Für detaillierte Angaben zu dieser Reparatur fehlen bislang die Vertragsakten. Aus gleichem Grund konnte auch das verschiedentlich genannte Anstellungsjahr 1750 nicht verifiziert werden.

95 Im Rechnungsbuch auch die Schreibweise Maurer.

96 Zum Leben von Mauer s. R. Hentzschel: *Der Orgelbauer Johann Gottlieb Mauer* (wie Anm. 25).

97 Am 29. April 1764 hatte er Schweinefleischs Tochter Mariana Elisabeth geheiratet. Vgl. ebenda, S. 54.

98 Bei der Mietzahlung wird Mauer schon 1771 namentlich genannt (UAL: Rep. II/III/B I 3c, fol. 273).

99 R. Hentzschel: *Der Orgelbauer Johann Gottlieb Mauer* (wie Anm. 25), S. 55.

für 230 Taler neue Bälge für die Orgel der Universitätskirche.[100] Seiner guten handwerklichen Arbeit stand aber sein leichtsinniges und sogar kriminelles Handeln entgegen: „Im Monath July 1780 ging Mauer, von Sandersleben ab, machte Panquerot, ließ in Leipzig Frau, u. 4 Kinder zurück, und ward nicht mehr gesehen. An diesem Panquerot war vermutlich schuld sein flüchtiges, und leichtsinniges Wesen welches auch einiger maßen daher kam, dass seine Frau in seiner Abwesenheit, zu Hauße gute Wirtschafft trieb, indem Sie täglich, ein, u. dem andern guten Freynd bei sich hatte, welche so wohl bey Tage, als des Nachts die Oeconomie-Angelegenheiten besorgen halfen, wodurch er zwar unvermerckt in starcke Schulden gerieht, welche nachgehendes auf 6000 Thlr. geschätzt wurden, wobey das schlimmste war, daß er sich an den Leipziger Stadt Orgeln, welche er in Aufsicht hatte, vergriffen hatte, allwo er, besonders in der Thomas- u. Pauliner- Kirche die mehrersten Zinnernen Register beraubt hatte, wes wegen er flüchtig werden musste, weil er sich an aller Orten, und überall Leute an geführt hatte".[101]
1788 soll Mauer nach Russland gegangen sein.[102] Ab 1801 wohnte er wieder in Leipzig, in der Hintergasse Nr. 1239. Vermutlich nach einem neuerlichen Diebstahl ist Mauer „bei dem löbl. Stadtgerichten allhier wegen einiger aus der Paulinerkirche entwendeten messingner Epitaphien zur Haft und Untersuchung gekommen".[103]

8. Gottlob Göttlich (gest. um 1789; an der Universität 1780–1789), der „über 12 Jahr bey seinen Hn [Herrn J. G. Mauer, Anm. d. Verf.], als ein rechtschaffener, u. geschickter Mann in Arbeit gestanden, und daher bey jedermann in guten Ruff stund",[104] schloss am 3. Dezember 1780 einen Vertrag mit der Universität. Dieser verpflichtete ihn, die von seinem Vorgänger und flüchtigen Meister Mauer vernachlässigte und beraubte Orgel zunächst wieder in spielfähigen Zustand zu bringen und anschließend regelmäßig zu warten. Es wurde vereinbart,
„daß er
1.) die nach beyliegenden Verzeichnisse in der Orgel stehenden 749. zinnernen Pfeifen gut und tüchtig fertigen, neu setzen, und dadurch auch durch Reparatur der sehr schadhaften Bälge, die Orgel wiederum in vorigen guten Stand herstelle.
2.) Alle Register, auch die Wind-Laden bestens ausputzen und den Wind ausledern, ingleichen die Register-Schlüssel, deren verschieden entzwey sind, neu und tüchtig mache.
3.) Die Orgel alle 6. Wochen, und so oft es die Witterung nöthig macht, stimmen und daferne eine kleine Reparatur bey einigen wenigen Pfeifen vorfällt, selbige so fort besorgen, damit ein grösserer Schade und Reparatur vermieden werde. Daferne er aber einen Schaden gewahr wird, solchen dem Herrn Praeposito Templi Paulini anzeige, und dessen Resolution gewärtig sey."[105]
Das beiliegende Verzeichnis listet insgesamt 701 fehlende Pfeifen auf (darunter sind auch ganze Register: zwei Oktaven 2', Mixtur 3fach, Cymbel 2fach, Quinte 1 ½', Tertia 2fach, Oktavbass 8' von Holz). Einige Zinnpfeifen waren, wohl um ihr Fehlen zu vertuschen, durch hölzerne ersetzt worden.

Die auf 330 Taler veranschlagte Arbeit wurde erst nach 7 ½ Jahren im Mai 1788 beendet.[106] Im Rechnungsjahr 1789/90 zahlte die Universität für Gottlob Göttlich letztmalig den Mietzins in Höhe von 12 Talern und 4 Groschen. Damit endeten überhaupt die Mietzahlungen der Universität für einen Orgelbauer. Um diese Zeit ist Göttlich gestorben. Weil 1790 wieder eine große Menge Pfeifen gestohlen wurde, wollte man Ende April 1790 „von des Orgelbauer Göttlichs Witbe die sämtl. Schlüßel zur Orgel in der Pauliner Kirche abfordern laßen, auf daß solche einstweilen im Concilio aufbehalten werden solten ..."[107]

9. Christian Heinrich Wolf (Lebensdaten unbekannt; an der Universität 1790–1801), „der ein ehrliebender, fleissiger nicht ganz unbemittelter Mann ist" wurde mit Vertrag vom 4. September 1790 die Wartung der Orgel aufgetragen.[108] Dafür erhielt er statt der zunächst angebotenen 24 Taler nach Verhandlungen jährlich 30 Taler.[109] Am 6. August 1791 unterbreitete Wolf das Angebot für eine Reparatur, die das Ausbessern der „vom Salpeter zerfreße-

---

100 UAL: Rep. II/III/B I 3c, fol. 314.
101 Johann Gottlieb Troitzsches Abschlussbericht zum Orgelbau in Gütz bei Landsberg, wiedergegeben in: W. Stüven: *Orgel und Orgelbauer im Hallischen Land* (wie Anm. 23), S. 102 ff; zuletzt zitiert R. Hentzschel: *Der Orgelbauer Johann Gottlieb Mauer* (wie Anm. 25), S. 57.
102 Ernst Ludwig Gerber: *Neues historisch-biographisches Lexikon der Tonkünstler*, Bd. 3, Leipzig 1813, S. 365 f.
103 Staatsarchiv Leipzig: 20021, Konsistorium Leipzig Nr. 611, fol. 6 und 7. zitiert nach R. Hentzschel: *Der Orgelbauer Johann Gottlieb Mauer* (wie Anm. 25), S. 57.
104 Johann Gottlieb Troitzsches Abschlussbericht zum Orgelbau in Gütz bei Landsberg, wiedergegeben in: W. Stüven: *Orgel und Orgelbauer im Hallischen Land* (wie Anm. 23), S. 102 ff.; zuletzt zitiert von R. Hentzschel: *Der Orgelbauer Johann Gottlieb Mauer* (wie Anm. 25), S. 57.
105 UAL: Rep. II/III/B II 10, fol. 1–2v.
106 Abnahmegutachten vom 30. Mai 1788, UAL: Rep. II/III/B II 10, fol. 4 f.
107 UAL: Rep II/III/B I 48, fol. 1 f.
108 UAL: Rep. I/X 62, fol. 9–14.
109 UAL: Rep. I/X 62, fol. 1 f.

nen"¹¹⁰ Pfeifen, das Beledern und Abdichten der Stiefel der Rohrwerke, die Bälge sowie die Intonation und Stimmung betreffen sollte.¹¹¹ Der Auftrag wurde am 7. Juni 1792 erteilt.¹¹² Bei der Intonation und Umstimmung der gesamten Orgel folgt Wolf den klanglichen und musikpraktischen Erfordernissen der Zeit.

> „Übrigens zeigte Herr Wolf noch an, daß er das gantze Werk, welches vorher in unrichtigen Cammer Ton gestanden, nunmehro in richtigen Chor Ton, mithin durch aus höher, und für die Kirchen-Musik bequemer den blasenden Instrumenten gleich, mit vieler Mühe umgestimmet habe".¹¹³

Im besiegelten Abnahmegutachten, das Musikdirektor Johann Adam Hiller (1728–1804) und Nikolaiorganist August Eberhard Müller (1767–1817) am 10. November 1794 unterzeichnet haben, wurde präzisiert: „auch ist die Temperatur und Stimmung neu im richtigen Chorton, und so, daß in allen 24 Tonarten rein gespielt werden kann."¹¹⁴ Die Höherstimmung erfolgte durch Abschneiden der Pfeifen.¹¹⁵ Weil man sich nicht einigen konnte, ob Wolfs Nachforderung für diese Umstimmung und für eine Vox humana, die unerwartet neu gebaut werden musste, gerechtfertigt war, erhielt er die von ihm veranschlagten 270 Taler und zusätzlich 28 Taler erst Mitte Januar 1795. Im Juni 1801 kündigte Wolf der Universität seinen Dienst auf,¹¹⁶ nachdem ihm zu Ohren gekommen war, dass man bereits seit dem Frühjahr ernsthaft erwog, die Orgel nach dem durch Abt Vogler (Georg Joseph Vogler, 1749–1814) entwickelten, aber durchaus umstrittenen Simplifikationssystem¹¹⁷ umbauen zu lassen, und für diese Arbeit Johann Gottlob Trampeli (1742–1812) aus Adorf zu gewinnen suchte.¹¹⁸

10. Johann Gottlob Trampeli (1742–1812; Arbeit an der Paulinerorgel Juli 1801–Januar 1803) legte schon am 3. Mai 1801 ein Angebot über eine umfangreiche Reparatur vor.¹¹⁹ Nachdem man vom Umbau der Orgel nach dem Voglerschen System endgültig Abstand genommen hatte, wurde der Vertrag am 3. Juli 1801 mit Trampeli geschlossen.¹²⁰ Trampeli lieferte sechs neue Bälge und neue Windkanäle, überarbeitete die Trakturen und brachte Fagott 16' und Trompete 8' „auf die Manual Lade [...] wogegen aber zwey überschüssige Flöten Register casirt werden sollen".¹²¹ Abermals musste „das ganze Werk, so nach dem Cammerton zu hoch und nach dem Chor Ton zu tief stehet", etwas höher gestimmt werden, „damit die blasenden Instrumente mit der Orgel harmonieren".¹²² Bis zum Januar 1803 war die Arbeit abgeschlossen und Trampeli erhielt den letzten Abschlag der vereinbarten 1200 Taler.¹²³

Mit Johann Gottlob Trampeli, der seine Werkstatt im vogtländischen Adorf 140 km südlich von Leipzig betrieb, lag die Reparatur der Paulinerorgel nun nach über 100 Jahren nicht in den Händen eines in Leipzig ansässigen Orgelbauers. So wurde auch erstmalig die Kontinuität der Orgelpflege unterbrochen. Denn aus praktischen Gründen verzichtete man auf einen Wartungsvertrag mit Trampeli. Er sei aber ohnehin zwei Mal jährlich zur Messe (Ostern und Michaelis) in Leipzig; zwischendurch könne das Stimmen der Organist Möller übernehmen, der nun 15 Taler jährlich und damit nur die Hälfte der in den Jahren zuvor mit Orgelbauer Wolf vereinbarten Summe für die Orgelstimmung erhielt.¹²⁴ Die anderen 15 Taler sollte Trampeli erhalten, wenn er denn die Orgel zweimal im Jahr durchsehen würde. In der Folge führte diese Regelung aber dazu, dass die Orgel über neun Jahre hinweg (bis zum Vertrag mit Stephani) unter keiner fachgerechten Betreuung stand.

Zwischendurch hatte sich im Oktober 1805 der Orgel- und Instrumentenmacher Wilhelm Philipp Voit angeboten, die Orgel in Ordnung zu bringen.¹²⁵ Sein Angebot wurde nicht angenommen. Daraufhin kam jedoch ein Geselle Trampelis 1806 einmal zum Stimmen.¹²⁶

---

110 Gemeint ist ein Korrosionsvorgang der Zinn-Blei-Legierung, der durch Feuchtigkeit und der im Eichenholz (Windladen und Pfeifenstöcke) enthaltenen Gerbsäure ausgelöst wird.
111 UAL: Rep. II/III/B II 10, fol. 8 ff.
112 UAL: Rep. I/X 62, fol. 8 ff.
113 UAL: Rep. II/III/B II 10, fol. 10. Schon 1780 kaufte die Universität „Neue Waldhörner und Trompeten" für 16 Taler bei dem Leipziger Instrumentenmacher und -händler Schwabe und „1 Paar neue Paucken" vom Kupferschmied Göldner für 35 Taler. Für Zuarbeit erhielt der Schlosser 5 Taler, 4 Groschen und der Tischler „für einen Kasten dazu" 4 Taler, 12 Groschen. Rep. II/III/B I 3c fol. 362.
114 UAL: Rep. II/III/B II 10, fol. 16. Gemeint ist also mindestens eine „wohltemperierte" Stimmung, wenn nicht sogar eine Temperatur, die bereits einer Gleichstufigkeit recht nahe kommt.
115 Wolf verrechnete 15 Pfund abgeschnittenes Orgelmetall. UAL: Rep. II/III/B II 10, fol. 20v.
116 UAL: Rep. I/X 62, fol. 7.
117 Der Orgelvirtuose, Komponist, Musiktheoretiker und Geistliche Abt Georg Joseph Vogler glaubte, mit Klangmischungen aus Obertönen und durch die Ausnutzung der Bildung von Kombinationstönen die Dispositionen von Orgeln auf eine deutlich geringere Registerzahl reduzieren zu können. Bei drastisch gesenktem Kostenaufwand sollte der Klang jenem einer voll ausgebauten Orgel entsprechen.
118 UAL: Rep. II/III/B II 10, Briefe, Gutachten und Vorträge fol. 22–45.
119 UAL: Rep. II/III/B II 10, fol. 47.
120 UAL: Rep. II/III/B II 10, fol. 54 ff.
121 UAL: Rep. II/III/B II 10, fol. 54 ff.
122 UAL: Rep. II/III/B II 10, fol. 54v.
123 UAL: Rep. II/III/B I 3d fol. 21.
124 UAL: Rep. II/III/B II 10, fol. 52.
125 UAL: Rep. II/III/B II 10, fol. 80 f.
126 UAL: Rep. II/III/B I 3d fol. 55.

Es musste aber von vornherein klar sein, dass es Schwierigkeiten mit der weiteren Wartung der Orgel geben würde. Wolf, der diese Aufgabe bisher versah und sich nun übergangen fühlte, stand nicht mehr zur Verfügung. Und Trampeli konnte von Adorf aus in Leipzig nicht regelmäßig präsent sein. Außerdem hatte sich Trampeli noch bevor der Bau überhaupt begann, gegen Anfeindungen des Organisten Möller zu verwahren und ließ dabei seine Unabhängigkeit durchblicken:

> „Ich bin ein Mann der mit Haus und vielen Grundstücken in Adorf ansässig ist, und bin darauf Niemand etwas zu zahlen schuldig, mithin war es mir sehr auffallend, daß mir Hr. Organist Möller der erhaltenen 200 Th. halber solche bittern Vorwürfe gemachet hat. Ich habe 54. neue Werker gebauet, und viele wichtige Orgel Reparaturen verrichtet, und dahero werde auch die Orgel in der Pauliner Kirche in solchen Stande setzen, worüber sich echte Orgelkenner freuen sollen, nur muß man einen ehrlichen Mann nicht schlecht behandeln, sonst wird man zu so einem wichtigen Geschäfte verdrüßlich gemacht."[127]

Die Hoffnung, die extra auf die aktuelle Chortonhöhe umgestimmte Orgel wieder vermehrt in vokal-instrumentale Universitätsmusik einbeziehen zu können,[128] blieb also von einer unglücklichen Regelung zur Orgelpflege überschattet. Auch die allgemeinen Unsicherheiten während der napoleonischen Kriege mögen diese Situation bedingt haben.[129]

11. **Johann Gottlieb Ehregott Stephani** (Lebensdaten unbekannt; an der Universität 1812–1821) erhielt nach einem Beschluss vom 12. Dezember 1811 die Anfrage zur Orgelreparatur.[130] Offensichtlich nach Abschluss dieser Reparatur wies er in einem Schreiben an das Collegium Decemvirale, das Leitungsgremium der Universität, auf die Notwendigkeit einer dauerhaften fachgerechten Betreuung der Orgel hin. Das Rechnungsbuch der Paulinerkirche verzeichnet ab Michaelis 1812 nun wieder ein „Jahrgehalt für Stimmung der Orgel [...] dem Orgelbauer Stephani" in Höhe von 12 Talern.[131] Doch im folgenden Jahr bricht die Völkerschlacht über Leipzig herein. „Da die Kirche als Lazareth gebraucht gewesen",[132] musste der Zimmermann Heßler die Kirchenstühle abbrechen und die Orgel verschlagen. Die Ausgaben für Musik und Orgel wurden ausgesetzt. Erst vier Jahre später war die Kirche wieder hergestellt. Aus der *Abrechnung der Wiederherstellung der Kirche in den Jahren 1816/17* geht hervor, dass „dem Orgelbauer Herrn Stephani für die Wiederherstellung der Orgel, l[aut] Accord 700,–,– und für den außer dem Contracte gesetzten, und für nothwendig befundenen vierfüß. Octavbaß 30,–,–" Taler gezahlt wurden.[133] Fortan erhielt Stephani wieder 12 Taler „Jahrgehalt für Stimmung der Orgel", und die während des Stimmens benötigten Kalkanten bekamen eine Zulage.

Um den Auftrag für die Reparatur der Orgel hatte sich auch Carl Albrecht Heinrich von Knoblauch (gest. 1826) aus Halle erfolglos beworben. 15 Taler zahlt man „dem Orgelbaumeister Hr. Knoblauch für Untersuchung der Orgel auch Fertigung des Kostenanschlags der Reparatur auf den aber nicht Rücksicht genommen werden konnte, weil er mehr als noch einmal so viel forderte als Stephani".[134]

12. **Johann Gottlob Mende** (1787–1850; an der Universität 1821–1846 oder 1850?[135]) war seit 1820 in Leipzig ansässig und begann schon im Sommer 1821 – Stephani erhielt noch bis Juni anteilig sein Jahresgehalt – die Reparaturarbeiten an der Orgel. Seinen diesbezüglichen *Anschlag der Hauptreparatur an der Orgel der Universitäts-Kirche zu Leipzig* reichte er bereits im März ein.[136] Neben umfangreichen Erneuerungen schadhafter Bestandteile wie der „ganz vom Wurm zerfreßenen" Pedalladen bemühte sich Mende um eine zeitgemäße Klanganpassung der alten, in ihrem Kern noch immer auf Johann Scheibe zurückreichenden Orgel. Dafür unterzog er mehrere Register einer Neuintonation und ergänzt das Pedalwerk mit einem Untersatz 32'. Dennoch stellte sich in den folgenden Jahren als unumgänglich heraus, was sich schon bei den Reparaturen der vergangenen 30 Jahre aus substanziellen Gründen, aber auch zunehmend aus klanglichen Erwägungen abzuzeichnen begann: die Notwendigkeit einer völlig neuen Orgel. So fiel nach übereinstimmenden Gutachten der Organisten der Nikolaikirche und der Petrikirche 1833 die Entscheidung zum Orgelneubau. Johann Gottlob Mende, der bis dahin die Orgel für ein jährliches Gehalt von 15 Talern gewartet und gestimmt hatte, reagierte sofort: Am 30. September 1833 legt er seinen ersten Kostenanschlag vor.[137] „So könnte [ich] diese Hauptrepara-

---

127 UAL: Rep. II/III/B II 10, fol. 51.

128 So vermutlich zum Jubiläum 1809; der Stadtmusikus erhält 5 Taler und 16 Groschen „für Blasinstrumente und Pauken bei Kirchenmusiken". UAL: Rep. II/III/B I 3d, fol. 112.

129 Leipzig wurde 1806 von französischen Truppen besetzt. Einer Zerstörung während der Völkerschlacht 1813 entging Leipzig nur knapp.

130 UAL: Rep. II/III/B II 10, fol. 87.

131 UAL: Rep. II/III/B I 3d, u. a. fol. 169, 250.

132 UAL: Rep. II/III/B I 3d, fol. 184 f.

133 UAL: Rep. II/III/B I 3d, fol. 276.

134 UAL: Rep. II/III/B I 3d, fol. 276.

135 Mende starb am 14. August 1850. Ein entsprechendes Rechnungsbuch für die Zeit ab 1834 ist nicht verfügbar.

136 UAL: Rep. II/III/B I 86, fol. 83 f. und 85–87.

137 UAL: Rep. II/III/B II 11, fol. 17–20.

tur unter 2700 Thlr. schreibe Zweitausend Siebenhundert Thaler, mit inclusive des alten Materials nicht unternehmen." Dabei seien schon die Verwendung des alten Materials und ein Kalkant, den er selbst bezahlen wolle, eingerechnet. Doch sollten noch beinahe acht Jahre vergehen, bis es Ende April 1841 zum Vertrag mit Mende kam.[138] Mende vollendete die schließlich auf 7500 Taler veranschlagte Orgel im Herbst 1846.

Die Auftragsvergabe hatte sich schwierig gestaltet. Denn einerseits haben in der Orgelgeschichte der Universität noch nie zuvor so viele Angebote – auch von auswärtigen Orgelmachern – zur Diskussion gestanden.[139] Und andererseits waren nach der sächsischen Staatsreform von 1830/31 die Zentralbehörden in Dresden weisungsberechtigt, so dass sich das „Königlich Sächsische Hohe Ministerium des Kultus und öffentlichen Unterrichts" erstmals auch in die Orgelbaufragen der Universität einschaltete und letztlich den Vertrag mit Mende genehmigen musste.

Das ganz sicher solide Orgelwerk Mendes wurde jedoch von den rasanten Veränderungen, die im Orgelbau dieser Zeit einsetzten, bald eingeholt. Das, was sowohl Trampeli (mit dem Einbau einer 16füßigen Zunge im Manual) als auch Mende schon bei seiner ersten Reparatur (Ergänzung eines Untersatzes 32', Intonation) ansatzweise versuchten, führte 25 Jahre später Mendes ehemaliger Schüler Friedrich Ladegast (1818–1905) aus Weißenfels bei seinem grundlegenden Umbau der gesamten Orgel in eine völlig neue, romantische Klangdimension.

Zacharias Hildebrandt (1688–1757) – (K)ein Universitätsorgelmacher?

Dafür, dass Zacharias Hildebrandt jemals an der Orgel der Paulinerkirche gearbeitet und in einer längerfristigen Anstellung an der Universität gestanden hätte, fehlen bislang die Belege im Universitätsarchiv. Soweit wir rekonstruieren können, resultiert die heutige Annahme, Hildebrandt sei Universitätsorgelmacher gewesen, aus einem Missverständnis Arnold Scherings und dessen weiteren Übernahmen. Von Schering stammt die früheste uns bekannte Erwähnung Hildebrandts in einem Atemzug mit Johann Scheibe: „Scheibes Nachfolger wurde [...] Zacharias Hildebrand."[140] Schering wollte diese Aussage aber offensichtlich allgemein in dem Sinn verstanden wissen, dass Hildebrandt nach Scheibe der maßgebliche Orgelbauer in Leipzig war. Denn er ließ an anderer Stelle im konkreten Zusammenhang mit der Orgelpflege in der Universitätskirche Hildebrandt aus: „Als Pfleger des Werks begegnen wir in Zukunft denselben Meistern (Scheibe, Schweinefleisch, Göttlich), die die Stadtkirchen betreuten."[141] In diesem Sinn übernahm auch Paul Rubardt die Aussage (ebenfalls ohne Quellenangabe), verwendete aber die historisierende Formulierung „bestallter Nachfolger".[142] Ulrich Dähnert, der Paul Rubardt zitierte, erhob die Wortgruppe damit ungewollt zum historischen Zitat. Da eine Bestallung institutionell erfolgen musste, lag nichts näher, als auf die „Berufung zum Universitätsorgelmacher in Leipzig als Nachfolger des verstorbenen Johann Scheibe" zu schließen.[143]

Tatsächlich kehrte Zacharias Hildebrandt nach Vollendung seiner Orgel in der Naumburger St. Wenzelskirche zwischen 1748/49 und 1751 für kurze Zeit nach Leipzig zurück.[144] Sein baldiger Umzug nach Dresden deutete sich wohl aber schon bei der Orgelabnahme und Begegnung mit Gottfried Silbermann in Naumburg an.[145]

Im Universitätsarchiv fehlen für die fraglichen Jahre Vertragsakten oder Briefe in Sachen Orgelbau; auch Reparaturen, deren Kosten in den Rechnungsbüchern aktenkundig geworden wären, fielen zu unserem Leidwesen nicht an. Während die Mietzahlungen für den Orgelmacher in den Jahren nach Scheibes Tod (1748) weiterliefen, begegnet erst im Januar 1751 wieder ein Name: Johann Christian Immanuel Schweinefleisch erhielt eine erste Abschlagszahlung für eine größere Reparatur. So sind Zacharias Hildebrandts Dienste für die Universität aufgrund der Quellenlage nicht erwiesen, aber auch nicht gänzlich auszuschließen.

Eine weitere Frage ist, ob es der Universität aus rechtlichen Gründen überhaupt möglich gewesen wäre, Hildebrandt anzustellen. Denn nach der im Wechselkontrakt vom 21. September 1722 zwischen Silbermann und Hilde-

---

138 UAL: Rep. II/III/B II 11, fol. 127–137.

139 Johann Gottlob Mende, Leipzig, 30. September 1833; Johann Gotthold Jehmlich, Dresden 27. Januar 1834; Urban Kreutzbach, Borna/Leipzig, 28. August 1834; Carl Friedrich Lochmann, Delitzsch, 2. Januar 1835; UAL: Rep. II/III/B II 11, fol. 17–60.

140 A. Schering: *Musikgeschichte Leipzigs*, Bd. 2 (wie Anm. 22), S. 257.

141 Arnold Schering: *Musikgeschichte Leipzigs*, Bd. 3: *Johann Sebastian Bach und das Musikleben Leipzigs im 18. Jahrhundert*, Leipzig 1941, S. 112.

142 Paul Rubardt: *Johann Scheibe. Zu seinem 200. Todestag*, in: Musik und Kirche 18 (1948), S. 173 f., hier S. 174.

143 Felix Friedrich: *Zacharias Hildebrandt*, in: Die Musik in Geschichte und Gegenwart, 2. Ausg., hrsg. v. Ludwig Finscher, Personenteil Bd. 8, Kassel etc. 2004, Sp. 1528–1532, hier Sp. 1531.

144 Orgelabnahme in Naumburg durch J. S. Bach und G. Silbermann am 27. September 1746; 1750/51 setzt er die Orgel der Nikolaikirche für 300 Taler instand, vgl. U. Dähnert: *Historische Orgeln* (wie Anm. 47), S. 181.

145 Den Vertrag mit G. Silbermann, dessen Orgelbau in der Dresdner Hofkirche zu unterstützen, unterzeichnete Hildebrandt erst später, am 27. Juli 1750, Ulrich Dähnert: *Der Orgel- und Instrumentenbauer Zacharias Hildebrandt*, Leipzig 1962, S. 121.

brandt getroffenen Regelung war Letzterem jegliches Orgelbauvorhaben auf kursächsischem Territorium nur mit der Zustimmung Silbermanns gestattet. Der künftige Universitätsorgelmacher wäre also vom Wohlwollen des Hof- und Landorgelmachers in Freiberg abhängig gewesen. Da dieser Vertrag zwei Jahre später seine nochmalige Bestätigung durch Kurfürst Friedrich August II. erfahren hat, ist zudem nicht auszuschließen, dass sich die Universität damit in ein Spannungsverhältnis zur landesherrlichen Rechtsprechung begeben hätte.

Fazit

Zusammenfassend ist festzuhalten, dass die Universität Leipzig nachweislich zwischen 1685 und 1833 ein regelmäßiges Gehalt an die mit der Wartung der Orgel in der Paulinerkirche betrauten Orgelbauer zahlte. Eine Ausnahme war natürlich der ohnehin unter hohen Kostenaufwendungen durchgeführte umfangreiche Orgelbau durch Scheibe (1710–1717). Eine weitere Unterbrechung betrifft die Zeit einer Reparatur durch den von auswärts kommenden Trampeli und der darauf folgenden Vakanz des Orgelbaueramtes, die bis in die Jahre der Völkerschlacht hineinreichte (1801–1811). Das Salär für die Orgelpflege wurde von 1718 bis 1790 als Miete für die Wohnung und Werkstatt der Orgelbauer abgerechnet. Diese Regelung ist das Ergebnis intensiver Verhandlungen Scheibes mit der Universität. Ab Herbst 1791 schloss die Universität mit den Orgelbauern Verträge zur Stimmung und Wartung der Orgel. Fielen umfangreiche Reparaturen an, wurden diese gesondert vergütet. Für Großreparaturen und Neubauten waren Kostenangebote vorzulegen.

Wichtiger noch als die finanzielle Leistung der Universität, die nur den tatsächlichen Arbeitsaufwand für Stimmung und Wartung der Paulinerorgel umfasste, muss den als freie Künstler arbeitenden Orgelbauern die erlangte institutionelle Anbindung gewesen sein. Unter dem Patronat der Universität erfuhren die Universitätsorgelmacher neben einer gewissen Reputation auch eine rechtliche Anerkennung, die sie davor schützen konnte, von den Zunfthandwerkern als „Störer" angegriffen zu werden. Ab der zweiten Hälfte des 18. Jahrhunderts nahmen die Orgelmacher die Bezeichnung Universitätsorgelbaumeister für sich in Anspruch.

Merkmale eines solchen engen Verhältnisses zwischen Universität und Orgelbauer bestanden zwischen 1710 und 1850. Als Universitätsorgelbaumeister und deren Wirkungszeiten an der Universität sind somit folgende Orgelbauer anzusehen: Johann Scheibe (1710–1748), Johann Christian Immanuel Schweinefleisch (1748? oder 1751 bis 1771), Johann Gottlieb Mauer (1771–1780), Gottlob Göttlich (1780–1789), Christian Heinrich Wolf (1790–1801), Johann Gottlieb Ehregott Stephani (1812–1821) und Johann Gottlob Mende (1821–1846 oder 1850?). Dass bereits Christoph Donat (vor 1685–1705 oder 1710?) Universitätsorgelmacher war, ist aufgrund geringer Gehaltszahlungen wahrscheinlich, aber vertraglich bisher nicht zu konkretisieren.

Für das Wirken von Zacharias Hildebrandt als Universitätsorgelmacher konnten bislang keine Belege erbracht werden. Johann Gottlob Trampeli ging keinen Wartungsvertrag und kein engeres Verhältnis zur Universität ein, als es für die einmalige Orgelreparatur notwendig war. Hildebrandt und Trampeli sind demnach nicht in die Reihe der Universitätsorgelmacher zu stellen.

129

Lautespielender Student aus dem Stammbuch des Johann F. Wenige: ‚Ich zeig Gehör, Gefühl, Geruch, Gesicht, Geschmack, / Durch Lauten Clang und Griff, Rauch, Noten und Toback', Eintrag von Johann Daniel Wolfram, Gotha, 4. September 1750 (Universitätsbibliothek Leipzig, Ms 2771, Bl. 126v)

Studentisches Lautenspiel im 16. und 17. Jahrhundert – Eine Betrachtung mit Hinblick auf Leipzig
Peter Király

„Hett ich wol uff der luten oder virginail oder clavicordio oder pfeifen leren spilen [...] dan gemeinlich alle studenten leisten dermaissen etwas"
(Hermann von Weinsberg, Student in Köln, 1537) [1]

Kein geringer Widerspruch ist es, dass, während sich Lautenforscher wie Lautenspieler gleichermaßen vor allem für die Kunst der großen Meister der Laute interessieren, die heute zur Verfügung stehenden mitteleuropäischen Lautenmanuskripte des späten 16. und frühen 17. Jahrhunderts doch meistens von Amateuren stammen. Ein beachtlicher Anteil dieser Quellen lässt sich Universitätsstudenten zuordnen und gewisse Merkmale anderer Sammlungen sprechen dafür, dass wohl auch zahlreiche weitere Lautentabulaturen im Studentenmilieu entstanden sind.

Der Quellenbefund, dass ein so bedeutender Anteil der handschriftlichen Lautentabulaturen nicht von Berufsmusikern, sondern von Amateuren und innerhalb dieser Gruppe recht häufig von Studenten stammt, hängt offenkundig mit dem späteren Lebenslauf der Akademiker zusammen. Viele von ihnen schlugen eine Lebensbahn ein, die zu höheren gesellschaftlichen Positionen führte: Sie wurden beispielsweise Geistliche, Gelehrte, Lehrer, Juristen, Verwaltungsbeamte, oder sie gehörten schon von vornherein zum Adel. Damit zählten sie also grundsätzlich zu den sozialen Schichten, aus denen uns entschieden mehr Dokumente überliefert sind als von Berufsmusikern.

Verallgemeinernd lässt sich feststellen: Wir betrachten heute die Kunst der bedeutenden Lautenisten des 16. und frühen 17. Jahrhunderts in nicht geringem Maße anhand von Sammlungen von Amateuren, teils von Studenten – eigentlich also durch solche Quellen, die erfahrungsgemäß oft wenig zuverlässig sind.[2] Andererseits muss man sich aber auch darüber im Klaren sein, dass vieles aus dem Schaffen großer Lautenkünstler überhaupt nur durch die Tabulaturen der Amateure der Nachwelt überliefert wurde. Ohne diese ergiebige Quellengruppe gäbe es in vielen Fällen nicht einmal ein bruchstückhaftes Bild über die Musik manch eines namhaften Lautenkomponisten.[3] Insofern ist es ein Glücksfall, dass diese Sammlungen der Amateure überhaupt – auch wenn oft nur in korrumpierter Gestalt – die Musik von so vielen Musikern erhalten haben.

Die studentischen Lautentabulaturen sind gewöhnlich durch eine sehr große inhaltliche Vielfalt gekennzeichnet, von zeitlicher ebenso wie von räumlich-geographischer. Sie decken oft eine erstaunlich große Zeitspanne ab. So begegnet man gelegentlich innerhalb einer Tabulaturhandschrift sogar Stücken, die mit einem Zeitabstand von bis zu etwa 100 Jahren entstanden sind.[4] Bezeichnend sind auch die immensen Qualitätsschwankungen, oft innerhalb einer Sammlung, indem bis zur Rätselhaftigkeit entstellte Sätze neben gutem Spielmaterial stehen. Ein Großteil der Stücke in studentischen Sammlungen bleibt anonym oder wurde falsch zugeschrieben. Ein direkt nachweisbarer Bezug zwischen Inhalt und Entstehungsort der jeweiligen Handschrift besteht meistens nicht. Die identifizierten Lautensätze stammen von den unterschiedlichsten, in verschiedenen Teilen Europas aktiven Musikern. Die Stücke sind durch verzweigte – im Detail selten dokumentierbare –, den Kontinent übergreifende Übermittlungswege in die Quellen gelangt.

Im Gegensatz zu den konkreten Überlieferungsabläufen und der Filiation der einzelnen Quellen, die meistens im Dunkel bleiben, lässt sich grundsätzlich doch recht gut nachvollziehen, wie die Weitergabe der Musik stattfand. Die

---

1 Klaus Wolfgang Niemöller: *Untersuchungen zu Musikpflege und Musikunterricht an den deutschen Lateinschulen*, Regensburg 1969, S. 266, Anm. 269.

2 Siehe dazu Peter Király: *Einige Beobachtungen und Anmerkungen über Lautenmusikquellen, Lautenisten und Amateure im 16. und frühen 17. Jahrhundert*, in: Die Laute. Jahrbuch der Deutschen Lautengesellschaft Nr. 1, Frankfurt am Main 1997, S. 24–44, speziell zum Lautenspiel der Studenten S. 29–37; Eine weitere Studie des Autors mit dem Titel *Lautenmusik und Studentenleben im 16. Jahrhundert* befindet sich in Vorbereitung.

3 Als stellvertretendes Beispiel sollte hier die vor allem durch deutsche Quellen überlieferte Musik von polnischen Hoflautenisten, wie Diomedes Cato oder Wojciech (Adalbert/Albert) Długoraj genannt werden. Von ihnen wäre ohne die Tabulaturen von ausländischen Amateurlautenspielern kaum etwas überliefert.

4 Gute Beispiele liefert dazu das um 1591–1594 (?) erstellte Tabulaturbuch des Basler Emanuel Wurstisen. Basel, Universitätsbibliothek: Ms. IX. 70.

Sprösslinge adliger Familien (gemeinsam mit ihren Begleitern, die oft wenig bemittelte Studenten mit guten geistigen Fähigkeiten waren) wie auch viele Bürgersöhne suchten häufig in relativ kurzer Zeit, innerhalb von ein bis zwei Jahren, zahlreiche Universitäten und Universitätsstädte auf. Ihr Wanderweg, den man damals auch als ‚peregrinatio academica' bezeichnete, führte meistens von Norden über deutsche und niederländische (seltener über französische) Universitäten nach Italien. Auch die Ost-Mitteleuropäer beschritten im Grunde genommen denselben Weg.

Anders als die heutige allgemeine Vorstellung, was ein Studienaufenthalt beziehungsweise eine Studienreise bedeuten sollte, wich diese ‚peregrinatio academica' in Wirklichkeit oft von unserem heutigen Universitätsstudium stark ab. Sie entsprach eher einer ‚Kavalierstour' – auch wenn der Begriff erst in späterer Zeit geprägt wurde, um diese Art von Reisen zu charakterisieren. Sie diente nicht allein dem Studium in einer Lehranstalt, sondern war auch darauf ausgerichtet, die Welt anzusehen: andere Länder und ihre berühmten Ortschaften aufzusuchen, Sprachen zu erlernen, andere Bräuche und Sitten sich zu eigen zu machen und nicht zuletzt – wenn es möglich sein sollte – bedeutende Persönlichkeiten der Zeit kennenzulernen. In den Universitäten hörten die Studenten mehr oder weniger intensiv Vorlesungen, manche erwarben sogar Doktortitel, andere dagegen ‚schnupperten' nur ein wenig in den Lehrbetrieb – wenn überhaupt – oder besuchten Privatunterricht bei Professoren beziehungsweise ortsansässigen Lehrern. Daneben nahmen viele Studenten auch Lauten- oder anderweitigen Musik- oder Tanzunterricht.

Die Notwendigkeit des Musikunterrichts allgemein wie auch die Wahl der Laute als Instrument wurde von den Studierenden vielfach für sich, aber ebenso für die Außenwelt, mit antiken Beispielen und Gemeinplätzen begründet. Gerne wurde ferner behauptet, dass Lautenspiel als Ausgleich zur geistigen Arbeit dienen solle.

In den ehemals Studenten gehörenden Stammbüchern des 16. und 17. Jahrhunderts, wie auch in ihren Lautenbüchern, taucht die Devise ‚Nympha, calix, pietas, musica noster amor' auf.[5] Dieser Spruch zeigt, was parallel zum Studium – oft aber auf Kosten dessen – außerdem eine wichtige Rolle im damaligen Studentenleben spielte. Die Notizen eines in Italien studierenden tschechischen Adligen, Vilém Slavata (Wilhelm Slawata), aus dem Jahre 1593 gewähren einen Einblick in den Tagesablauf eines Studenten: Neben Privat- und Schulunterricht standen auf dem täglichen Stundenplan ‚Fechtschul', ‚Spring-Tanz-Schul' und zweimal Lautenübungen.[6] Dass dies als typisch angesehen werden kann, bestätigen auch andere Quellen.

Die Studenten boten also den in Universitätsstädten wirkenden Berufslautenisten aber auch anderen Musikern und Tanzmeistern gute Verdienstmöglichkeiten. Dokumentiert sind beispielsweise Joachim van den Hoves Lehrtätigkeit in Leiden oder Jean Baptiste Besards in Köln.[7] Ebenso bekannt sind Giovanni Pacolonis oder Giulio Cesare Barbettas Verbindungen zu Studenten in Padua oder Barbettas Brief aus dem Sommer 1596, mit dem er sich in Tübingen (wo er sich schon früher aufgehalten hatte) als Lautenlehrer bewarb.[8] Im Falle des in Padua lebenden Valentin Bakfark ist belegbar, dass er vielfältige Verbindungen zu der dortigen Studentenschaft hatte, auch wenn Details nicht bekannt sind.[9] Es gibt darüber hinaus weitere beachtenswerte historische Belege für den Kontakt zwischen professionellen Lautenisten und

---

5 Lautentabulatur des Joannes Arpinus, Zwickau, Ratschulbibliothek: Ms. 115.3, fol. 3r; Lautentabulatur des Johannes Fridericus, Leipzig, Musikbibliothek der Stadt (D-LEm): Ms. II. 6. 23, S. 7; Stammbuch des Andreas Wilke von 1569, siehe Günther Kraft: *Die thüringische Musikkultur um 1600*, Teil I: *Die Grundlagen der thüringischen Musikkultur um 1600*, Würzburg 1941, Tafel XIII; siehe noch: Walter Salmen: *Musikleben im 16. Jahrhundert* (Musikgeschichte in Bildern. Bd. III, Lieferung 9), Leipzig 1976, S. 132.

6 Siehe: Ferdinand Vaňa, *Notační principy Loutnových památek v Českých zemích* [Notierungsprinzipien der Lautendenkmäler in den böhmischen Ländern], in: Sborník prací Pedagogické Fakulty Univerzity Palackého v Olomouci, Hudební Výchova 2, Olomouc 1979, S. 57–181, hier S. 72.

7 Zu Hove siehe P. Király: *Einige Beobachtungen* (wie Anm. 2), S. 26, 34, 35; zu Besard siehe Peter Király: *Jean Baptiste Besard: new and neglected biographical information*, in: The Lute 35 (1995), S. 62–72, sowie Joachim Lüdtke: *Die Lautenbücher Philipp Hainhofers (1578–1647)*, Göttingen 1999, S. 19–22.

8 In einer Lautentabulatur von 1565 in Castelfranco, Italien (Ms. ohne Signatur), die wohl ein Autograph des zwischen 1553 und 1565 in Padua nachweisbaren Lautenisten Giovanni Pacoloni (Pacaloni) darstellt, sind auch einige Stücke zu finden, die Pacoloni für den englischen Studenten Thomas Pari (Parry) notierte. Siehe Franco Rossi: *Pacolini da Borgotaro versus Pacolone da Padova, Francesco da Milano nell'antologia manoscritta di Castelfranco Veneto*, in: Trent'anni di richerche musicologiche, Studi in onore di F. Alberto Gallo, hrsg. v. Patrizia Dalla Vecchia und Donatella Restani, Roma 1996, S. 167–196. Zu Barbettas Beziehung zu deutschen Studenten in Padua siehe: P. Király: *Einige Beobachtungen* (wie Anm. 2), S. 36 f. Für die Bewerbung in Tübingen siehe: Georg Reichert: *Martin Crusius und die Musik in Tübingen um 1590*, in: Archiv für Musikwissenschaft 10 (1953), S. 185–212, hier S. 196.

9 Neuere, im Detail noch unveröffentlichte Forschungsergebnisse belegen, dass Bakfarks Verbindungen zu ungarischen Gegnern des Ungarnkönigs und Kaisers Maximilian, zu denen auch Studenten in Padua gehörten, Bakfark 1569 in Schwierigkeiten brachten. Eine kurze Eintragung, „G[ott] J[st] M[eine] H[offnung] / Valentinus Greff Alias Bakffark: etc." (ca. 1572–1574) findet man im Stammbuch des österreichischen Studenten, Jacob Heckelberger. Zu den Zeugen des letzten Willens Bakfarks am 22. August 1576 zählte auch der Student Joachim Alramer aus Wien. Die ‚Natio Germanica' zu der neben deutschen auch mitteleuropäische Studenten gehörten, vermerkte seinen Tod in ihren Annalen. Später beteiligten sich Mitglieder der ‚Natio' an der Aufstellung eines Epitaphs in der Kirche von San Lorenzo. Siehe Peter Király: *Valentin Bakfark*, in: Beiträge zur Musikgeschichte der Siebenbürger Sachsen, hrsg. v. Karl Teutsch, Kludenbach 1999, S. 7–47, hier S. 35, 38. Die Bakfark betreffenden Dokumente der ‚Natio Germanica' siehe Otto Gombosi: *Der Lautenist Valentin Bakfark, Leben und Werke*, Budapest 1935, S. 156 f.

der Studenten, wie zum Beispiel, dass Lautenspieler in Leiden Zimmer an Studenten vermieteten, oder dass 1562 in Padua ein Lautenist/Lautenbauer namens Lorenzo dal Lauto an einer „botegeta picola" am Universitätsgebäude beteiligt war.[10]

Die Lautenisten unterrichteten ihre Schüler nicht nur spieltechnisch, sondern stellten ihnen auch ihre eigene Lautensammlungen zum Kopieren zur Verfügung. Die von Universität zu Universität wandernden Studenten transportierten trotz beschwerlicher Reise oft ihre Laute mit,[11] vor allem aber ihre Lautenbücher.[12] Damit trugen sie offensichtlich zur raschen Verbreitung von bestimmten Lautenstücken in ihren Gesellschaftskreisen wesentlich bei. Denn aus den Tabulaturen der Lautenlehrer oder der Kommilitonen wurde eifrig abgeschrieben. Ein sehr anschauliches Beispiel dafür, wie Lautenstücke mittels herumreisender Studenten aus einem Land ins andere gelangten, bietet die sogenannte *Herold-Tabulatur*: Es ist eine 1602 in Padua von einem unbekannten deutschen Studenten angefertigte Kopie einer Tabulaturhandschrift, die seinem deutschen Kommilitonen, Christoph Herold aus Halle, gehörte. Herold hatte seine als Vorlage dienende Handschrift einige Zeit vorher in Leiden erstellt, als er dort zwischen 1598 und 1601 Student war.[13]

Wenn Werke manch eines bedeutenden Lautenisten, wie Lorenzino, Diomedes Cato oder John Dowland fernab von ihrer Wirkungsstätte auftauchen, dann ist es offensichtlich kaum ein Zufall, dass dies recht häufig in solchen Lautentabulaturen geschieht, die als studentische zu bestimmen sind. Nach unserem jetzigen Kenntnisstand trugen also die Studenten ebensoviel zur Übermittlung der Lautenmusik aus einem Teil Europas in einen anderen bei wie die fahrenden Lautenisten, mit deren Wirkung man früher – nicht wenig romantisierend – die in geographisch entfernten Quellen auftauchenden Lautenstücke in erster Linie in Verbindung brachte.

Angesichts des bisher Dargestellten dürfte es daher nicht verwunderlich sein, dass es unter den Herausgebern von Lautentabulaturen auch solche gab, die ein Universitätsstudium aufweisen konnten: Sie haben wohl ihre frühere Musikleidenschaft weitergeführt. Sie alle übten jedoch den Beruf des Lautenisten grundsätzlich nicht aus, obwohl der eine oder andere von ihnen zeitweilig auch als Lautenlehrer oder Lautenist wirkte. Als Beispiele lassen sich aufführen:

Matthäus Waissel, Schullehrer und Pfarrer in Ostpreußen, ein emsiger Sammler von Lautenmusik und Herausgeber von mehreren zwischen 1573 und 1592 erschienenen Tabulaturbüchern.[14]

Jean Baptiste Besard, Jurist und Lautenlehrer,[15] der durch seinen 1603 in Köln erschienen *Thesaurus harmonicus [...]* zum Herausgeber der umfangreichsten gedruckten Lautenmusiksammlung aller Zeiten avancierte. Besard publizierte später noch einflussreiche Unterrichtswerke über das Lautenspiel.[16]

Georg Fuhrmann, ein Nürnberger Buchhändler-Verleger, veröffentlichte 1615 ein Lautenbuch, *Testudo Gallo-Germanica*.[17]

---

10 Christian Cornelis Vlam: *Leiden*, in: Die Musik in Geschichte und Gegenwart, hrsg. v. Friedrich Blume, Bd. 8, Kassel etc. 1960, Sp. 508–514, hier Sp. 511 f.; Archivio di Stato di Padova, Estimi 1518. Nr. 153. fol. 58r.

11 Die Dokumente der ‚Natione Germanica' von Padua bezeugen aber auch, dass manche Studenten, wohl vor Antreten der Heimreise, ihre Lauten („testudo") der ‚Burse' der Studenten überließen. Siehe: Antonio Favaro (Hrsg.): *Atti della nazione germanica artista nello studio di Padova*, Bd. 2, Venezia 1912, S. 268 (1607), 356 (1613), 397 (1615), 398 (1615).

12 Ebenda, S. 151, 217 f.

13 Siehe das Vorwort in: François-Pierre Goy, Andreas Schlegel (Hrsg.): *Ms. Herold Padua 1602*, Faksimileausgabe, München 1991, S. 14–16.

14 Waissel immatrikulierte sich im Jahre 1553 an der Universität von Frankfurt an der Oder und im Jahre 1560 in Königsberg. Siehe Ernst Friedlaender (Hrsg.): *Aeltere Universitäts-Matrikeln*, I: *Universität Frankfurt a. O.*, Bd. 1, Leipzig 1887, S. 124; sowie Georg Erler (Hrsg.): *Die Matrikel der Albertus-Universität zu Königsberg i. Pr.*, Bd. 1, Leipzig 1910, S. 27. Von Waissel sind Veröffentlichungen für die Laute von 1573 bis 1592 bekannt, siehe Howard Mayer Brown: *Instrumental Music Printed Before 1600*, Cambridge MA. 1965, 1573_3, 1591_{13}, 1592_{12}, 1592_{13}, 1592_{14}. Zu Waissel siehe Douglas Alton Smith: *A history of the lute from Antiquity to the Renaissance*, Lute Society of America 2002, S. 179.

15 Besard erhielt am 19. März 1587 an der Universität von Dôle den Doktortitel beider Rechte, siehe Auguste Castan: *Note sur Jean-Baptiste Bésard de Besançon célèbre luthiste*, in: Mémoires de la Société d'Emulation du Doubs, Besançon 1876, S. 29; sowie Monique Rollin: *Étude biographique et appareil critique*, in: Oeuvres pour luth seul de J. B. Besard, hrsg. v. André Souris und Monique Rollin (Corpus des Luthistes Français), Paris 1969, S. XI–XV; Besard immatrikulierte sich fünf Jahre später an der Universität von Heidelberg, siehe Gustav Toepke (Hrsg.): *Die Matrikel der Universität Heidelberg*, Bd. 2, Heidelberg 1886, S. 160.

16 Dieses Unterrichtswerk, das zuerst 1603 als Teil des *Thesaurus harmonicus* erschien, wurde von Besard 1617 in einer überarbeiteten Form in Latein (*Novus partus [...]*, Augsburg, 1617) und zugleich auch in einer deutschen Bearbeitung (*Isagoge in artem testudinariam Das ist: Gründlicher Underricht über das Künstliche Saittenspil der Lauten*, Augsburg, 1617) veröffentlicht. Eine Übernahme der Instruktionen aus dem *Thesaurus [...]* taucht schon 1604 in der Lautentabulatur des mit Besard befreundeten Philipp Hainhofers auf: Wolfenbüttel, Herzog-August-Bibliothek: Ms. Guelf. 18. 7. Unterweisungen, die Besard folgen, lassen sich in zwei weiteren erhaltenen Lautenhandschriften nachweisen: Tabulatur des Buhoslaw Stryal, Praha, Universitätsbibliothek: Ms. 59r 469 sowie die sogenannte ‚Stobäus-Tabulatur', London, British Library: Sloane 1021. Zur letzterem siehe: Andreas Nachtsheim (Hrsg.): *Die Lautentraktate des Ms. Sloane 1021 British Museum (Stobaeus-Manuskript)*, Welschneudorf 1996.

17 Fuhrmann erscheint zwischen 1597 und 1604 in den Matrikeln von verschiedenen Universitäten (Jena, Marburg, Tübingen und Basel), siehe Jürgen May: *Georg Leopold Fuhrmanns Testudo Gallo-Germanica*, Frankfurt am Main 1992, S. 24. Die Universitätsbibliothek von Strasbourg besitzt aus dem vormaligen Bestand der Heilbronner Stadtbibliothek ein Exemplar von Fuhrmanns Lautenbuch von 1615, an dessen Titelblatt sich ein handschriftlicher Vermerk befindet, wonach Fuhrmann dieses Exemplar in 1616 einem ehemaligen Kommilitonen geschenkt hat.

Johann Daniel Mylius war Arzt, Alchemist-Apotheker und Autor von alchemistischen Büchern sowie nebenbei Lautenist in Frankfurt am Main. Von ihm ist 1622 eine als *Thesaurus gratiarum [...]* betitelte Sammlung bekannt.[18]

Wendet man nun die Aufmerksamkeit der Universitätsstadt Leipzig zu, so darf festgestellt werden, dass zwar – dank der ergiebigen Forschungsarbeit vorangehender Musikhistoriker, vor allem von Rudolf Wustmann und Arnold Schering[19] – etliche Erkenntnisse und Indizien auf die Beliebtheit des Lautenspiels unter den Leipziger Studenten hindeuten, das Bild jedoch, das sich anhand des zur Verfügung stehenden Quellenmaterials aufzeichnen lässt, oft verschwommen bleibt. Vor allem fehlen uns – wie im Weiteren dargestellt – die unzweifelhaft mit Leipziger Studenten in Verbindung stehenden Lautenquellen.

Dass aber im 16. und 17. Jahrhundert die Studenten auch in Leipzig ebenso Laute spielten wie anderorts, steht außer Frage. Indirekt bezeugt dies schon ein Verbotserlass der Universität (um 1497–1537), wonach den Studenten nicht nur das Mitbringen von Waffen zu Disputationen untersagt wurde, sondern auch das Musizieren mit Lauten oder anderen Musikinstrumenten.[20]

Auch weitere Dokumente geben Auskunft über studentisches Lautenspiel in Leipzig: So blickte Michael Lindener auf seine Studentenzeit während der 1540er Jahre in Leipzig, als er allabendlich mit der Laute unterwegs war, als glücklichsten Teil seines Lebens zurück.[21] Vielleicht betraf eben solche abendlichen Aktivitäten eine Beschwerde, wonach Studenten einen nächtlichen Skandal verursachten, weil sie sich eine Laute geliehen hatten, um die Nachtruhe der Bürger durch Spottlieder zu stören.[22]

Laut eines Amtsdokuments vom 13. November 1536 musste die Habe von zwei Studenten, Vincent und Georg Brugel, wegen Schulden beschlagnahmt werden. Inventarisiert wurden hierbei unter anderem zwei Lauten sowie „Ein lauthenbuch gedruckt".[23] Angesichts des für Lautendrucke recht frühen Datums würde man gerne an Hans Newsiedlers *Ein newgeordent künstlich Lautenbuch [...]* (Nürnberg 1536) denken,[24] denn auch wenn im deutschsprachigen Raum bis 1536 schon einige weitere Lautendrucke veröffentlicht wurden,[25] so findet sich doch auf Newsiedlers Titelblatt ganz oben in der ersten Zeile der Überschrift die aus dem Leipziger Inventar bekannte Bezeichnung „Ein [...] Lautenbuch".[26]

Den Leipziger Musikinstrumentenhandel bringt man vor allem mit der weitbekannten Leipziger Messe in Verbindung, trotzdem darf nicht außer Acht gelassen werden, dass die Studentenschaft wohl auch in Leipzig ein wichtiges Klientel für die Instrumentenbauer und Instrumentenhändler bedeutet hat. Wahrscheinlich boten sie ebenso gute Verdienstmöglichkeiten für die ortsansässigen Musiker, die nicht nur zu verschiedensten Anlässen aufspielten, sondern vermutlich viele Studenten unterrichtet haben. Obwohl in Bezug auf studentisches Lautenspiel in anderen Universitätsstädten (wie zum Beispiel Padua oder Leiden) detailliertere Erkenntnisse vorhanden sind, so lassen diese sich doch – mutatis mutandis – wohl auch auf Leipzig übertragen, zumal hier im 16. und 17. Jahrhundert eine beachtliche Anzahl von Lautenisten oder Lautenist-Lautenmachern lebte.[27] Nur die eindeutigen Belege, die eine Verbindung der Studenten zu Instrumentenbauern oder zu Lautenisten bezeugen würden, sind selten. So tauchen zwar in der seit 1563 geführten Schuldnerliste des am 5. Mai 1574 gestorbenen Leipziger Stadtpfeifers, Händlers und Instrumentenbauers Bernhard

---

18 Vgl. George J. Buelow: *Mylius*, in: The New Grove Dictionary of Music and Musicians, London 1980, Bd. 17, S. 581; Josef Zuth: *Handbuch der Laute und Gitarre*, Wien 1926–1928, Reprint Hildesheim 1978, S. 205; Franz Julius Giesbert: *Mylius, Johann Daniel*, in: Die Musik in Geschichte und Gegenwart, hrsg. v. Friedrich Blume, Bd. 9, Kassel etc. 1961, Sp. 1236 f., sowie Schriftleitung (Franz Julius Giesbert): *Mylius, Johann Daniel*, in: Die Musik in Geschichte und Gegenwart, 2. Ausg., hrsg. v. Ludwig Finscher, Personenteil Bd. 12, Kassel etc. 2004, Sp. 883 f.

19 Rudolf Wustmann: *Musikgeschichte Leipzigs*, Bd. 1: *Bis zur Mitte des 17. Jahrhunderts*, Leipzig und Berlin 1909; Arnold Schering: *Musikgeschichte Leipzigs*, Bd. 2: *Von 1650 bis 1723*, Leipzig 1926.

20 „neque arma seu lutinas vel quaecunque alia musicalia instrumenta". Vgl. Friedrich Zarncke (Hrsg): *Die Statutenbücher der Universität Leipzig aus den ersten 150 Jahren ihres Bestehens*, Leipzig 1861, S. 239.

21 R. Wustmann, *Musikgeschichte Leipzigs*, Bd. 1 (wie Anm. 19), S. 59.

22 Ebenda, S. 486.

23 Friedrich Zarncke: *Acta rectorum universitatis studii Lipsiensis*, Leipzig 1859, S. 85; R. Wustmann, *Musikgeschichte Leipzigs*, Bd. 1 (wie Anm. 19), S. 66, Wustmann nennt sie allerdings „Brigel". Die beiden Studenten erscheinen jedoch nicht in den Matrikeln der Universität, siehe Georg Erler (Hrsg.): *Die Matrikel der Universität Leipzig* (Codex diplomaticus Saxoniae Regiae; 2,16–2,18), 3 Bde., Leipzig 1895–1902, Bd. 1: *Die Immatrikulationen von 1409 bis 1559*, Leipzig 1895.

24 H. M. Brown: *Instrumental Music Printed* (wie Anm. 14), IM 1536_6.

25 Z. B. von Hans Judenkünig, oder von Hans Gerle. Siehe H. M. Brown: *Instrumental Music Printed* (wie Anm. 14), passim.

26 Das genaue Erscheinungsdatum für Newsiedlers Erstlingswerk ist unbekannt, doch wurde das im Lautenbuch abgedruckte kaiserliche Privilegium am 15. Mai 1535 in Wien ausgestellt. Dies lässt die Vermutung zu, dass Newsiedlers Lautenbuch schon Anfang/Frühjahr 1536 erschienen sein könnte. Insofern könnten es die Gebrüder Brugel im Spätherbst 1536 schon besessen haben.

27 Siehe die Angaben in: R. Wustmann: *Musikgeschichte Leipzigs*, Bd. 1 (wie Anm. 19), S. 189, 202 f., 211–213, 217; A. Schering: *Musikgeschichte Leipzigs*, Bd. 2 (wie Anm. 19), S. 414 f.; Herbert Heyde: *Produktionsformen und Gewerbeorganisation im Leipziger Musikinstrumentenbau des 16. bis 18. Jahrhunderts*, in: Der „Schöne" Klang, Studien zum historischen Instrumentenbau in Deutschland und Japan, hrsg. v. Dieter Krickeberg, Nürnberg 1996, S. 217–248, hier S. 221, 226.

Krause[28] auch einige Universitätsstudenten auf,[29] doch bleibt es meistens unklar worum bei den Schulden ging. Es gibt lediglich zwei Ausnahmen: Jacob Nambdelstadt (oder Nandelstadt) aus Altenburg schuldete Krause 5 Florins (Gulden) für drei Lauten, und der in die Liste zweimal ohne Angaben eingetragene Joachim Krüger vom Havelberg blieb für eine „Zitter" (= Zister) den beachtlichen Betrag von 6 Talern und 3 ½ Florins schuldig.[30]

Man könnte zwar meinen, dass die bei den Leipziger Buchhändlern inventarisierten Lautentabulaturen[31] auch für die Studenten als Zielgruppe gedacht waren, doch hier mahnen uns Erkenntnisse aus Leipziger Nachlassverzeichnissen zur Vorsicht: Im Besitz Leipziger Bürger sind neben Lauten auch gedruckte oder geschriebene Lautentabulaturen dokumentiert.[32] Man darf also die Studenten nicht als alleinige Konsumenten von Lautenmusik und Nutzer der damit in Zusammenhang stehenden Musikalien ansehen.

In der Studentenschaft lassen sich, neben den schon erwähnten Gebrüder Brugel sowie Michael Lindener auch weitere Lautenspieler ausmachen, darunter Amateure ebenso wie solche, die teils als Berufsmusiker aktiv waren.

Im Sommersemester 1583 immatrikulierte sich an der Leipziger Universität „Fredericus de Drusino Dantiscanus".[33] Offensichtlich war er derselbe Friedrich [de] Drusina, der in den Jahren 1590 und 1591 am Hofe des Herzogs Julius von Braunschweig-Wolfenbüttel als Instrumentist nachweisbar ist[34] und später bis zu seinem Tode 1601 in Hamburg als Lautenist und Ratsmusikant wirkte.[35]

1588 schrieb sich Joachim von Loß mitsamt seinen beiden Brüdern Christoph und Nicolaus in Leipzig ein.[36] Sie waren Söhne des Christoph von Loß, dem Älteren zu Pillnitz und Graupa, des kurfürstlichen Geheimrats und zugleich Hofmarschalls der Kurfürstin, der auch das Amt des Reichspfennigmeisters bekleidete.[37] Die Gebrüder Loß wechselten 1591 von Leipzig nach Jena.[38] Joachim von Loß ging später auf eine Studienreise nach Italien, wo er in Florenz auf den Fürsten Ludwig zu Anhalt-Köthen traf. Der Fürst dichtete 1598 in einem als Gedicht verfassten Reisebericht über Loß' Lautenspiel wie folgt:

„[…] auch Joachim von Loß
ein Meisner Edelmann, schön von gestalt und gros,
Der hatte sich gelegt aufs reine lauten spielen,
Und sein gemüt dahin ließ er alleine zielen,
Das er es bringen wolt drin zur volkommenheit,
Worzu dan wendet an er seine meiste zeit"[39]

Anhand dieses im Gedicht dargestellten Eifers darf davon ausgegangen werden, dass Joachim von Loß sich schon zu seiner Leipziger Studentenzeit mit der Laute beschäftigte. Auch das von Johann Seussius stammende Hochzeitsgedicht (*Epithalamium*) auf die Heirat von Loß am 14. September 1618 in Pillnitz weist im Rahmen einer Beschreibung des Musengartens von Loß in Pillnitz auf dessen Saitenspiel hin.[40] Möglicherweise war Loß der Besitzer des ehemaligen Dresdner Lautenhandschriften-Konvoluts, der sogenannten Loss-Tabulatur, von der später noch die Rede sein wird.[41]

---

28 Die Liste siehe: H. Heyde: *Produktionsformen und Gewerbeorganisation* (wie Anm. 27), S. 220 f.

29 Joachim Krueger vom Havelberg (immatrikuliert im Sommersemester 1567), Wolfgang Bock zu Altenburg (immatrikuliert im Sommersemester 1569), Jacob Nambdelstadt zu Altenburg (wohl identisch mit dem 1561 immatrikulierten „Iac[obus] Nandelstadt, Aldenburgensis"). Siehe: Georg Erler (Hrsg.): *Die jüngere Matrikel der Universität Leipzig 1559–1809*, Bd. 1: *Die Immatrikulationen vom Wintersemester 1559 bis zum Sommersemester 1634*, Leipzig 1909, S. 246 [Krueger], 36 [Bock], 311 [Nandelstadt]. Außerdem könnte es sich bei den in Krauses Schuldnerliste aufgeführten *Studiosi* Andreas Schuman bzw. Michael Meckel zumindest im Falle von Schuman auch um einen Leipziger Universitätsstudenten gehandelt haben, denn der Name Andreas Schumann erscheint mehrmals in den Universitätsmatrikeln. Für die Bestimmung der genannten Personen als Studenten bin ich Herrn Stephan Greiner (Museum für Musikinstrumente der Universität Leipzig) zu Dank verpflichtet.

30 H. Heyde: *Produktionsformen und Gewerbeorganisation* (wie Anm. 27), S. 221.

31 R. Wustmann, *Musikgeschichte Leipzigs*, Bd. 1 (wie Anm. 19), S. 169–172.

32 Ebenda, S. 163 f.

33 G. Erler (Hrsg.): *Die jüngere Matrikel der Universität Leipzig* (wie Anm. 29), Bd. 1, S. 85.

34 Martin Ruhnke: *Beiträge zu einer Geschichte der deutschen Hofmusikkollegien im 16. Jahrhundert*, Berlin 1963, S. 65, 68, 89, 104.

35 Josef Sittard: *Geschichte des Musik- und Concertwesens in Hamburg*, Altona und Leipzig 1890, S. 19.

36 G. Erler (Hrsg.): *Die jüngere Matrikel der Universität Leipzig* (wie Anm. 29), Bd. 1, S. 272.

37 Martina Schattkowsky: *Zwischen Rittergut, Residenz und Reich: Die Lebenswelt des kursächsischen Landadligen Christoph von Loß auf Schleinitz (1574–1620)*, Leipzig 2007, S. 118.

38 Georg Mentz (Hrsg.): *Die Matrikel der Universität Jena*, Bd. 1: *1548 bis 1652*, Jena 1944, S. 190. Diesen Hinweis verdanke ich Herrn Ralf Jarchow, Glinde.

39 Zitiert nach Johann Christoff Beckmann: *Accessiones Historiae Anhaltinae […]*, Zerbst 1716, S. 230, von M. Schattkowsky: *Zwischen Rittergut* (wie Anm. 37), S. 124.

40 *In Amores Conjugales Generosi […] viri Dn. Joachimi à Loss […] et Generosae […] virginis […] Ursulae à Schleunitz […] 14. Septe[mbris] Anni 1618. Pilnitzii feliciter consummatos, […] Johann Seussii Epigrammata*, Freiberg [o. J.]; Die Kenntnis dieses Gelegenheitswerkes verdanke ich Herrn Ralf Jarchow, Glinde.

41 Die Schreibung der Namen wurde im vorliegenden Text bewusst nicht vereinheitlicht, um deutlich zu machen, dass es sich bei dem Zusammenhang zwischen Joachim von Loß und der Loss-Tabulatur um eine Vermutung handelt.

Ein weiterer Student an der Leipziger Universität, Johann Klipstein aus Langensalza,[42] der 1613 das Leipziger Bürgerrecht erwarb, wirkte später hier als Notar. Auch war er ein Amateurmusiker, in Ratsvermerken von 1613 und 1619 wird er als ein „vornehmer Lautenist" charakterisiert.[43] In einer Lautenhandschrift vermutlich Leipziger Herkunft (Ms. II. 6. 15.) – auf die noch zurückzukommen sein wird – werden Klipstein zwei Galliarden zugeschrieben.

Klipsteins ebenfalls studierter Sohn Gottfried, der in Leipzig als Jurist und Notar wirkte, wandte sich dem Musikerberuf offensichtlich noch stärker als sein Vater zu. Er wurde um 1650 als Musiker und Lautenist bezeichnet. Sein Sterbeeintrag vom 5. Mai 1665 nennt ihn einen „Fürstl[ich] S[ächsisch-] Magdeburgischen Lautenisten".[44]

In der Mitte des 17. Jahrhunderts lebte in Leipzig der Lautenlehrer, Tanzmeister und zugleich auch Lautenbauer Andreas Cares, der wohl mit dem im Sommersemester 1639 immatrikulierten gleichnamigen Studenten aus Magdeburg identisch ist.[45] Cares gab 1652 zur Leipziger Frühjahrsmesse den Traktat *Etliche Tabellen und abgerissene Lautenkragen oder Griffbretter, d. i. wie man eine [...] Verstimmung in die andere, auch in andere Tabulatur und Noten versetzen soll*[46] heraus – ein Werk, das leider nicht überliefert ist.

Vor Cares haben sich bereits weitere Vertreter der Leipziger Studentenschaft, wie Matthäus Reymann, Johannes Rude(nius) und Benedict de Drusina, auch als Lautenisten und Herausgeber von Lautenmusik betätigt:

Der aus Thorn (heute Toruń, Polen) stammende Matthäus Reymann erscheint im Sommersemester 1582 in der Matrikel der Universität von Leipzig als Student der Rechte.[47] Man geht davon aus, dass er zumindest bis 1625 in Leipzig als Gerichtsverwalter und Notar, aber auch als Lautenist aktiv war.[48] Reymann veröffentlichte zwei Lautenbücher: *Noctes Musicae [...]*, das er bei dem inzwischen auch in Heidelberg aktiven vormaligen Leipziger Buchdrucker Voegelin 1598 herausgab, sowie die Sammlung *Cythara sacra sive psalmodia Davidis*, die 1613 in Köln erschienen ist.[49] In der angesprochenen wahrscheinlich Leipziger Lautenhandschrift (Ms. II. 6. 15) tauchen einige Reymann („Mathias Reinmann" bzw. „M. Reinmann" oder „M. R.") zugeschriebene, aber anderswo nicht nachgewiesene Stücke auf, wie auch solche, die von der veröffentlichten Fassung in den *Noctes [...]* abweichen. Ein weiteres Reymann-Stück, diesmal anonym und wiederum in einer vom Druck abweichenden Fassung, wurde in der – ebenfalls schon erwähnten – Loss-Tabulatur (ehemals Dresden) festgestellt, die möglicherweise die Lautensammlung eines Leipziger Studenten darstellt. Reymann ist nach heutigen Erkenntnissen in anderen Lautentabulaturen nicht nachgewiesen.

Im Gegensatz zu Reyman waren Johannes Rude(nius) und Benedictus (Benedikt) de Drusina hauptsächlich als Musiker tätig. Rude(nius) war Sohn eines Leipziger Stadtpfeifers.[50] Obwohl in seiner 1600 bei Voegelin in Heidelberg erschienen Lautenmusiksammlung *Flores musicae* mehrfach der Hinweis aufzufinden ist, dass er Jurastudent war,[51] ist der Name Rude(nius) in den Matrikeln der Universität Leipzig nicht zu finden – worauf seinerzeit schon Kurt Dorfmüller hingewiesen hat.[52] Rude(nius) soll in Leipzig als Lautenist tätig gewesen sein, allerdings bleibt ungeklärt, ob sich alle Leipziger Angaben, die über den Lautenisten namens Johannes/Hans Rude berichten, wirklich auf ein und dieselbe Person beziehen, oder ob es sich hier um ein Verschmelzen von zwei Personen durch die Forschung handelt.[53]

---

42 Klipstein immatrikulierte sich zuerst im Sommersemester 1591 und dann nochmals im Sommersemester 1611. Zu Klipstein siehe R. Wustmann: *Musikgeschichte Leipzigs*, Bd. 1 (wie Anm. 19), S. 211 f. sowie Gottfried Johann Dlabacz: *Allgemeines historisches Künstler-Lexikon für Böhmen [...]*, Prag 1815, Sp. 73.

43 R. Wustmann: *Musikgeschichte Leipzigs*, Bd. 1 (wie Anm. 19), S. 212.

44 Ebenda, S. 212, sowie A. Schering, *Musikgeschichte Leipzigs*, Bd. 2 (wie Anm. 19), S. 415.

45 Georg Erler (Hrsg.): *Die jüngere Matrikel der Universität Leipzig 1559–1809*, Bd. 2: *Die Immatrikulationen vom Wintersemester 1634 bis zum Sommersemester 1709*, Leipzig 1909, S. 59.

46 A. Schering: *Musikgeschichte Leipzigs*, Bd. 2 (wie Anm. 19), S. 414 f.

47 Siehe G. Erler (Hrsg.): *Die jüngere Matrikel der Universität Leipzig* (wie Anm. 29), Bd. 1, S. 358: „Mathias Reyman Toronensis".

48 R. Wustmann: *Musikgeschichte Leipzigs*, Bd. 1 (wie Anm. 19), S. 195 f.

49 D. A. Smith: *A history of the lute* (wie Anm. 14), S. 180 f.; Harold Bruce Lobaugh: *Three German Lute Books: Denss's Florilegium, 1594; Reymann's Noctes Musicae, 1598; Rude's Flores Musicae, 1600*, Diss., University of Rochester 1968.

50 R. Wustmann: *Musikgeschichte Leipzigs*, Bd. 1 (wie Anm. 19), S. 195; Kurt Dorfmüller: *Rude, Johannes*, in: Die Musik in Geschichte und Gegenwart, hrsg. v. Friedrich Blume, Bd. 11, Kassel 1963, Sp. 1057 f.

51 Auf dem Titelblatt ist zu lesen: „Ioannem Rvdenivm Lipsiensem LL [= legum] Stvdiosum", siehe Emil Bohn: *Katalog Musik-Druckwerke bis 1700, welche in [...] Breslau aufbewahrt werden*, Berlin 1883, S. 345. Im Lautenbuch wendet sich Christoph Hunichius (Hunich) – vorher in Leipzig und 1612 Rektor der Universität Frankfurt an der Oder – mit einem Epigramm „ad ornatissium virum Ioannem Rudenum I[uris] U[triusque] Studiosum, et Musicum praestantissium". Auch Ernst Gottlieb Baron publizierte dieses Gedicht in seinem Buch *Historisch-Theoretisch und Practische Untersuchung des Instruments der Lauten*, Leipzig 1727, S. 55 f.

52 K. Dorfmüller: *Rude* (wie Anm. 50), Sp. 1058; siehe noch G. Erler (Hrsg.): *Die jüngere Matrikel der Universität Leipzig* (wie Anm. 29), Bd. 1.

53 R. Wustmann: *Musikgeschichte Leipzigs*, Bd. 1 (wie Anm. 19), S. 163; K. Dorfmüller, *Rude* (wie Anm. 50), Sp. 1058.

Schließlich gehört zu den in Leipzig studierenden Herausgebern von Lautenmusik auch Benedikt de Drusina.[54] Er immatrikulierte sich im Sommersemester 1570 an der Universität, als er schon im fortgeschrittenen Erwachsenenalter stand, wohl in seinen Vierzigern. Drusinas Name erscheint sechs Jahre später (1576) auch in den Matrikeln der Universität Jena.[55] Obwohl man wegen des recht späten Universitätsstudiums die Möglichkeit, es könne sich hier um einen Verwandten des Lautenisten handeln, in Erwägung ziehen muss, entkräften einige Fakten diese Annahme und sprechen insgesamt dafür, dass man den Lautenisten mit dem Leipziger Studenten identifizieren kann.[56]

Als sich Drusina 1570 in Leipzig immatrikulierte, konnte er sich schon auf die Veröffentlichung eines Lautenbuches (*Tabulatura*, Frankfurt an der Oder 1556) berufen.[57] In der Widmung dieser Edition an den schwedischen Kronprinzen wies er darauf hin, dass er, während er verschiedene Regionen, darunter Italien, durchwanderte, Lautenmusik von den allerbesten Lautenisten gesammelt und teils selbst Stücke für die Laute bearbeitet habe. Während seine zweite Veröffentlichung von 1573 lediglich eine Übertragung von Melchior Newsiedlers 1566 erschienenem Lautenbuch aus der italienischen Tabulatur in das deutsche System darstellt,[58] ist Drusinas erstes Tabulaturbuch ein Sammelsurium, das sich offensichtlich aus der damals in Umlauf befindlichen riesigen Menge von Lautenmusik bediente. Es zeigt gewisse Ähnlichkeiten mit handschriftlichen Sammlungen, die von Universitätsstudenten überliefert sind.

Drusina tritt in seinen beiden Lautenbüchern als Bearbeiter-Herausgeber in Erscheinung. Über seine eigenen Kompositionen sind wir nicht unterrichtet, ein ihm zugeschriebenes Stück konnte in den zeitgenössischen Lautenhandschriften bislang nicht ermittelt werden. Insofern entspricht unser Bild von Drusina nicht dem, was man von einem gut ausgebildeten Lautenisten erwartet. Auch wenn belegt ist, dass Drusina als Lautenspieler aktiv war,[59] gehörte er trotzdem eher zur Gruppe der früher erwähnten Sammler-Herausgeber, wie Waissel oder Fuhrmann.

Im Falle von Reymann, Rude(nius), den beiden Drusinas und Cares bleibt jedoch unbekannt, ob und in welchem Maße sie auch als Lautenisten beziehungsweise Lautenlehrer im Kreise der Leipziger Studenten aktiv waren. Doch man kann wohl grundsätzlich davon ausgehen, dass auch die Leipziger Lautenspieler die Möglichkeiten für sich zu nutzen wussten, die die Studentenschaft für den in Universitätsstandorten aktiven Lautenisten bot. Ein viel späteres Beispiel dafür stellt Esaias Reusner d. J. dar, der eigener Bekundung zufolge während der Jahre 1672 und 1673 in Leipzig „bey der Universität mit informieren auff der Laute" seinen Lebensunterhalt bestritt.[60] Eine Tätigkeit, die jedoch nicht lange dauerte, schon 1674 nahm Reusner in Berlin eine Stelle an.

Aus Beständen der Leipziger Stadtbibliothek und der Sächsischen Landesbibliothek in Dresden sind zwar Lautentabulaturen bekannt, die eine Verbindung zu Leipziger Studenten haben könnten, doch ist ihre konkrete Zuweisung nicht unproblematisch.

Eines dieser Manuskripte, die schon angesprochene Loss-Tabulatur, wurde bis Ende des Zweiten Weltkriegs in Dresden aufbewahrt und ist seitdem verschollen.[61] Der

---

54 Leben und Werk des aus dem westpreußischen Elbing (heute: Elbląg, Polen) stammenden Drusinas erscheinen uns trotz etlicher Angaben noch immer als schemenhaft. Vgl. Mirko Arnone: *Drusina*, in: Die Musik in Geschichte und Gegenwart, 2. Ausg., hrsg. v. Ludwig Finscher, Personenteil Bd. 5, Kassel etc. 2001, Sp. 1452–1454; Drusina soll im Jahre 1556, als sein Lautenbuch in Frankfurt an der Oder erschien, dort auch studiert haben, siehe R. Wustmann: *Musikgeschichte Leipzigs*, Bd. 1 (wie Anm. 19), S. 189, sowie Gerhard Pietzsch: *Zur Pflege der Musik an der deutschen Universitäten*, Darmstadt 1971, S. 169. Dennoch erscheint Drusinas Name in den Matrikeln der Universität von Frankfurt an der Oder nicht. Siehe E. Friedlaender (Hrsg.): *Aeltere Universitäts-Matrikeln*, I: *Universität Frankfurt* (wie Anm. 14). Die Möglichkeit einer Verwandtschaft mit dem oben erwähnten Friedrich de Drusina kann in Betracht gezogen werden, Belege hierfür sind aber nach derzeitigem Kenntnisstand nicht vorhanden.

55 G. Erler (Hrsg.): *Die jüngere Matrikel der Universität Leipzig* (wie Anm. 29), Bd. 1., S. 85.: „Benedictus de Truszina Elbingen[sis]", sowie G. Mentz (Hrsg.) *Die Matrikel der Universität Jena* (wie Anm. 38). S. 83.

56 Sowohl der identische Rufname des Studenten und des Lautenisten als auch die übereinstimmende Elbinger Herkunft sprechen für die Identifizierung, darüber hinaus die Tatsache, dass ein „Musicus" namens Drusina einige Jahre später, am 7. Dezember des Jahres 1577, das Leipziger Bürgerrecht erwarb. Siehe R. Wustmann: *Musikgeschichte Leipzigs*, Bd. 1 (wie Anm. 19), S. 189. Außerdem steht fest, dass der Lautenist, als er zu Pfingsten 1573 in Wittenberg die Widmung zu seiner zweiten Lautenveröffentlichung (siehe: H. M. Brown: *Instrumental Music Printed* [wie Anm. 14], 1573_1) verfasste, sich in der Widmung als Untertan des sächsischen Kurfürsten, Herzog August bezeichnete, dem er dieses Lautenbuch widmete und in dessen Diensten auch sein Sohn stand. Siehe Hans-Peter Kosack: *Geschichte der Laute und Lautenmusik in Preussen*, Kassel 1935, S. 65.

57 H. M. Brown: *Instrumental Music Printed* (wie Anm. 14), 1556_2. Faksimileausgabe der *Tabulatura* von Benedict de Drusina, Leipzig 1980.

58 H. M. Brown: *Instrumental Music Printed* (wie Anm. 14), 1573_1.

59 Clemens Meyer: *Geschichte der Güstrower Hofkapelle: Darstellung der Musikverhältnisse am Güstrower Fürstenhofe im 16. und 17. Jahrhundert*, in: Jahrbücher des Vereins für Mecklenburgische Geschichte und Altertumskunde, Bd. 83, Aufsatz 1, Schwerin 1919, S. 1–46, hier S. 10. Siehe ferner die in Anm. 53 zitierte Literatur.

60 A. Schering: *Musikgeschichte Leipzigs*, Bd. 2 (wie Anm. 19), S. 415.

61 Ehemals Dresden, Sächsische Landesbibliothek, Musikabteilung: Ms. 1. V. 8. (vorher: Ms. Mus. B. 1030); Wolfgang Boetticher: *Handschriftlich überlieferte Lauten- und Gitarrentabulaturen des 15. bis 18. Jahrhunderts* (RISM B. VII.), München 1978. S. 87 f.; Christian Meyer u. a. (Hrsg.), *Sources manuscrites en tablature, Luth et theorbe (c. 1500 – c. 1800)*, Bd. 2: *Bundesrepublik Deutschland* (Collection d'etudes musicologiques. Bd. 87), Baden-Baden und Bouxwiller 1994, S. 99–104.

Inhalt dieser umfangreichen, etwa Anfang des 17. Jahrhunderts in der sogenannten deutschen Lautentabulatur notierten Sammlung ist nur anhand der zahlreichen, oft jedoch nur beiläufigen und teils leider unpräzisen Erwähnungen in der Sekundärliteratur zu erschließen. Zusätzliche Informationen dazu enthalten Wissenschaftlernachlässe, vor allem Wilhelm Tapperts in der Berliner Staatsbibliothek aufbewahrte Notizen.

Rudolf Wustmann bezeichnet die Loss'sche Sammlung als „Foliolautentabulatur", Wilhelm Tappert als „hochfolio", Wolfgang Boetticher gibt dagegen das Oktav-Format an und in dem Dresdner Vorkriegskatalog steht schließlich die Größenangabe: „4°".[62] Der nach Tapperts und Boettichers Angabe aus 103 Blättern bestehende Tabulaturband war nach Tapperts Einschätzung eine „sehr flüchtig geschriebene Sammlung", ein „Sam[m]elband von allerlei Tabulaturen von älterer Hand u[nd] aus späteren Zeiten". Ergänzend ist dazu die Information von Boetticher zu nennen, wonach die einzelnen Faszikeln „abweichende Formate" aufwiesen und auch „unterschiedliche Papierbeschaffenheit" festzustellen war. Wustmann bemerkte noch „die ursprüngliche Brieffaltung, Adressierung und abgekürzte Schreiberunterschriften". Auch wenn Boetticher „neuere Faszikelheftung" vermerkt, bewertete er den Ledereinband als zeitgleich zur Tabulatur. Nach seiner Beobachtung waren „mindestens zwei Schreiber" an dieser Handschrift beteiligt. Auch Tappert stellte unterschiedliche Hände fest.

Insgesamt erscheint also das Bild eines Konvoluts, das aus verschiedenen Einzelteilen, Heften und Einzelblättern in einem Sammelband vereinigt worden ist. Es handelte sich dabei um eine ähnliche Sammlung, wie diejenige, worüber in einem Leipziger Inventar von 1577 zu lesen ist: „ezliche geschrieben Lautenstück zusammengebunden."[63]

Die Loss-Tabulatur enthält auch einige Namen: Auf dem ersten Blatt befand sich einst der Eintrag „Johann Joachim Losses [Lossen?], dem edlen gestrengen Herrn" sowie am fol. 38r: „Nobilissimo viro J. Joachim a los amico suo". (Beide Formulierungen könnten Teile von Adressierungen sein, möglicherweise handelte es sich bei diesen Blättern um die von Wustmann erwähnten Briefe.) Auf fol. 36 war der Name „Christoff von Loß" geschrieben,[64] und schließlich gab es auf fol. 64v noch einen weiteren möglichen Personen- oder Ortsnamen, „oldenburg" (oder eher „aldenburg"/„altenburg"?), zu lesen.[65]

Es liegt auf der Hand, dass man bei der Identifizierung des hier genannten Johann Joachim Loss an den schon erwähnten eifrig Laute spielenden sächsischen Adligen Joachim von Loß denkt. Es könnte aber auch dessen gleichnamiger Neffe gemeint sein, der sich im Sommersemester 1619 an der Universität Leipzig immatrikulierte.[66] Beide hatten Brüder mit dem gleichlautenden Namen Christoph, insofern helfen die aus der Tabulatur bekannten Namen leider nicht bei der Klärung, welcher von den beiden der Besitzer des Bandes gewesen sein könnte. Erschwerend kommt hinzu, dass, wie es scheint, weder der Onkel noch der Neffe den Doppelnamen, Johann Joachim getragen haben.[67] Insofern bleiben also gewisse Zweifel, ob überhaupt eine Zuschreibung zu einem Mitglied dieser sächsischen Familie zutreffend ist.

Der heute bekannte Inhalt der Quelle hilft ebenfalls nur bedingt weiter. Unglücklicherweise wurde die Loss'sche Lautentabulatur durch die frühere Forschung in keiner umfassenden Studie gewürdigt – es war noch nicht die Zeit der ausgedehnten Quellenstudien über Lautentabulaturen – und so liefert uns die Gesamtheit der Vermerke, trotz zahlreicher Erwähnungen, nicht einmal eine vollständige Inhaltsauflistung. Lediglich eine lückenhafte, aus etwa 130 Stücktiteln bestehende Inhaltsliste kann rekonstruiert werden. Wie viele Lautensätze die Loss'sche Tabulatur tatsächlich enthielt, ist nicht bekannt, da frühere Zahlenangaben zum Teil einander widersprechen oder gewissen Gattungen zugehörige Stücke in der Literatur nur ungenau summarisch angegeben sind.[68] Viele der früheren Vermerke beschränken sich überdies auf einfache Titelangaben (es sind Titel ohne Musikaufzeichnung oder Incipit oder eindeutige Identifizierung der erwähnten Stücke), womit sich etliche Lautensätze nicht mehr bestimmen lassen. Es ist aber insgesamt eindeutig, dass diese Tabulatur

---

62 Vgl. hier und im Folgenden: R. Wustmann: *Musikgeschichte Leipzigs*, Bd. 1 (wie Anm. 19), S. 237 f.; Berlin, Staatsbibliothek zu Berlin Preußischer Kulturbesitz: Sammlung Wilhelm Tappert: „Nachlese aus der Handschrift (Sammelband) B 1030 der Bibliothek in Dresden Decbr. 1886." sowie hier weitere Notizen von Tappert. Die Kenntnis dieses Materials verdanke ich Herrn Arthur Ness, Boston, USA; W. Boetticher: *Handschriftlich überlieferte Lauten- und Gitarrentabulaturen* (wie Anm. 61), S. 87 f.; „Lautentabulatur Mus. 1/V/8, Ein Band mit hs. Lautentabulaturen 16. u. 17. Jahrh. des Joachim von Loss. Mus.-Mscr. 4°" Diese Information verdanke ich Herrn Dr. Karl Wilhelm Geck (Musikabteilung, Sächsische Landesbibliothek – Staats- und Universitätsbibliothek, Dresden).

63 R. Wustmann: *Musikgeschichte Leipzigs*, Bd. 1 (wie Anm. 19), S. 164.

64 Ebenda, S. 493.

65 Wustmann bezeichnete möglicherweise deshalb die Handschrift als eine, „deren erster Besitzer Joachim von Loß in Altenburg war." Siehe R. Wustmann: *Musikgeschichte Leipzigs*, Bd. 1 (wie Anm. 19), S. 237.

66 G. Erler (Hrsg.): *Die jüngere Matrikel der Universität Leipzig* (wie Anm. 29), Bd. 1, S. 272: „Ioach[im] Loss eq[ues] Misn[ensis]".

67 Briefliche Mitteilung von Frau Martina Schattkowsky, Dresden.

68 Siehe dazu die Angaben in R. Wustmann: *Musikgeschichte Leipzigs*, Bd. 1 (wie Anm. 19), passim; Jenny Dieckmann: *Die in deutscher Lautentabulatur überlieferten Tänze des 16. Jahrhunderts*, Kassel 1931, S. 93–95; Robert Eitner, Otto Kade (Hrsg.): *Katalog der Musik-Sammlung der Kgl. Öffentlichen Bibliothek zu Dresden*, Leipzig 1890, S. 42.

das für die kontinentalen Lautensammlungen zeittypische, sehr vermischte internationale Repertoire beinhaltete.

Da es sich bei der Loss-Tabulatur um ein aus verschiedenen Teilen zusammengestellten Konvolut handelte, in welcher nach Tapperts vorher erwähnten Feststellung „von älterer Hand u[nd] aus späteren Zeiten" stammende Teile zusammengefügt waren, ist es heute mangels Originalquelle schwierig, eine zeitliche Zuordnung vorzunehmen. Doch zumindest ergibt sich teils das Jahr 1594 als sicherer Terminus ante quem non, denn wenigstens 38 Stücke wurden direkt oder auf indirekte Weise aus dem 1594 publizierten *Florilegium* des Adrian Denss[69] übernommen. Einen weiteren Anhaltspunkt bieten die *Allemande Bisarde* und *Reprinse* (fol. 70ᵛ), denn sie stammen offensichtlich aus dem *Pratum musicum [...]* von Emmanuel Adriaensen, entweder aus der Erstausgabe von 1584 oder aus dem 1600 erfolgten Nachdruck. Konkordanzen bestehen auch zu Sammlungen dieser Zeit und sprechen für eine Teildatierung um circa 1600. Andererseits fehlen, soweit uns heute bekannt ist, Konkordanzen zu Sammlungen aus den ersten beiden Jahrzehnten des 17. Jahrhunderts.[70] Diese Beobachtungen sprechen eher für eine Gesamtentstehung um oder kurz nach 1600 und nicht um 1619 und insofern für den Onkel Joachim von Loß und nicht seinen Neffen – doch all die aufgeführten Hinweise sind keinesfalls eindeutig. Abschriften aus Drucken entstehen nicht zwangsläufig zeitgleich mit der Publikation, oft dauert es Jahre oder gar Jahrzehnte, bis veröffentlichte Stücke auch in Handschriften nachweisbar sind. Danach zeigen sie aber eine erstaunlich lange Präsenz – ein Phänomen, das bis zum allmählich vollzogenen Stilwandel ab dem ersten Drittel des 17. Jahrhunderts beobachtet werden kann.

Die geografische Einordnung des ehemaligen Dresdner Konvoluts ist ebenso schwierig wie seine Datierung – schon allein wegen der erwähnten Briefsendungen. Doch zumindest eine Fantasia über *Ich ruf zu dir, Herr Jesu Christ*, die sich zwar in der Handschrift ohne Autorenbezeichnung befindet, sich jedoch als eine abweichende Fassung der von Reymann veröffentlichten Bearbeitung bestimmen lässt,[71] könnte als ein Indiz für eine Verbindung der Sammlung nach Leipzig bewertet werden.

Insgesamt lässt sich also nur vorsichtig vermuten, dass es sich bei Teilen der Loss'schen Sammlung möglicherweise um eine studentische Leipziger Lautentabulatur handelt. Fest steht dagegen, dass diese Quelle eine besondere Form der Sammleraktivitäten nachweist, das Versenden von Lautenmusik in Briefen.

Ähnlich problembehaftet wie die Zuordnung der Loss-Tabulatur ist die Bestimmung einer Handschrift aus der Musikbibliothek der Stadt Leipzig mit der Signatur Ms. II. 6. 15. Dieses umfangreiche, aus fast 600 Musikeinheiten bestehende Lautenmanuskript in deutscher Tabulatur ging 1856 aus der Sammlung des Organisten der Leipziger Nikolaikirche Carl Ferdinand Becker (1804–1877) in den Besitz der Stadt über.[72] Diese Handschrift, die auf der ersten Seite von einer alten, wohl aus Beckers Hand stammenden Eintragung – vollkommen zu Recht – als „Eine höchst kostbare Sam[m]lung" bewertet wurde,[73] wird bis in die jüngsten Zeit in den einschlägigen Publikationen wiederholt dem polnischen Hoflautenisten Albert (Wojciech) Długoraj zugeschrieben, eine trotz zahlreicher Berichtigungsversuche leider hartnäckig weiterlebende grundlose Fehlzuordnung.[74] Der unbekannte Schreiber dieser Lautenmusiksammlung war offensichtlich deutscher Herkunft, er gehörte zur lutherisch-protestantischen Konfession, wie allein schon die Luther- und Melanchthon-Zitate auf fol. VIIIʳ⁻ᵛ verdeutlichen. Auch enthält das letzte Kapitel unter dem Titel ‚Cantiunculae sacrae' einige teils bis heute gebräuchliche protestantische Gesänge.[75]

Mehrere Stücke lassen sich bis zu gedruckten Lautensammlungen aus dem späten 16. und frühen 17. Jahrhundert zurückverfolgen.[76] Von diesen Quellen bietet der 1615 in Straßburg erschienene *Hortus musicalis [...]* von Elias

---

69 Die Datierung von Wolfgang Boetticher „um 1580–1590" ist viel zu früh angesetzt. Siehe W. Boetticher: *Handschriftlich überlieferte Lauten- und Gitarrentabulaturen* (wie Anm. 61), S. 87.

70 Bei der anonymen Leipziger Tabulatur Ms. II. 6. 15. findet man z. B. Verbindungen zu Besards *Thesaurus harmonicus* (1603), Fuhrmanns *Testudo Gallo-Germanica* (1615) oder Mertels *Hortus musicalis* (1615).

71 R. Wustmann: *Musikgeschichte Leipzigs*, Bd. 1 (wie Anm. 19), S. 234.

72 D-LEm: Ms. II. 6. 15.; W. Boetticher: *Handschriftlich überlieferte Lauten- und Gitarrentabulaturen* (wie Anm. 61), S. 164 f.; C. Meyer u. a. (Hrsg.): *Sources manuscrites en tablature* (wie Anm. 61), S. 159–179; Der Einband, sowie das Vor- und das Nachsatzblatt stammen offensichtlich aus dem 19. Jahrhundert. Stempel auf fol. Ir: „C. F. Beckers Stiftung"; Vollständige photomechanische Schwarzweiß-Ausgabe dieser Tabulatur: *So genanntes Lautenbuch des Albert Dlugorai, 1619 Musikbibliothek Leipzig, Signatur II. 6. 15*, Lübeck 2001; sowie Herbert Speck (Hrsg. und Übertragung): *Lautenbuch des Albert Dlugorai 1619*, Lübeck 2005.

73 D-LEm: Ms. II. 6. 15, fol. Ir: „Tonstücke für die Laute 1619. Eine höchst kostbare Sam[m]lung."

74 Die Benennung „Lautenbuch des Albert Dlugorai" taucht schon in: Johannes Wolf: *Handbuch der Notationskunde*, Bd. II, Leipzig 1919, S. 50 auf. Unglücklicherweise wurde diese Fehlzuschreibung wohl Anfang des 20. Jahrhunderts mit Bleistift beidseitig auf dem ersten Blatt der Tabulatur vermerkt. Dieser unbegründeten Zuweisung widersprach zwar schon vor Jahrzehnten Hans Radke, doch letztlich leider erfolglos.

75 D-LEm: Ms. II. 6. 15, S. 521–541.

76 Nachgewiesen sind direkte oder möglicherweise mittelbare Übernahmen aus: Krengels *Tabulatura nova* (1584), Besards *Thesaurus harmonicus* (1603), Mertels *Hortus musicalis* (1615) sowie eventuell aus den beiden Waissel-Editionen *Tabulatura continens insignes et selectissimas quasque cantiones [...]* (1573) und *Tabulatura Allerley künstlicher Preambulen [...]* (1591).

Mertel einen Terminus post quem für die Entstehung der Leipziger Tabulatur, denn an verschiedenen Stellen kommen Stücke vor, die aus Mertels Veröffentlichung stammen. Insofern würde also die gegenüber der ersten Tabulaturseite auf fol. VIII^v befindliche Jahreszahl von 1619 tatsächlich etwa die Entstehungszeit wiedergeben. Doch zwei dreistimmigen Villanellen *Du edler Schäfer Coridon* (S. 464) und *O Coridon laß dein schalmey* (S. 316 f.), die im ersten Teil von Johann Hermann Scheins *Musica boscareccia oder Wald-Liederlein [...]* (Leipzig 1621) erschienen sind, sprechen dafür, dass eine Niederschrift der Sammlung erst nach 1621 in Erwägung gezogen werden muss.[77]

Die Handschrift bietet deutliche Hinweise, die eine Entstehung in Leipzig (oder zumindest im Leipziger Raum) glaubhaft machen. Es ist nicht so sehr das Stück mit dem auffälligen Titel *Engelender zu Leipzig geschlagen* (S. 496 f.), das einen lokalisierenden Hinweis bietet, sondern es sind vor allem die Sätze von Leipziger Musikern, so zum Beispiel von Valerius Otto, dessen Musik in Lautenmusiksammlungen sonst nicht nachgewiesen ist. Ein weiterer Leipziger ist der – vorher schon erwähnte – Bürger, Notar und Amateurlautenist Johann Klipstein.[78] Ähnliche Bedeutung könnte man den insgesamt sieben mit dem Namen „Mathias Reinmann" oder „M. Reinmann" beziehungsweise „M. R." gekennzeichneten Stücke beimessen, denn diese sind offenkundig dem in Leipzig wirkenden Matthäus Reymann zuzuordnen. Drei der Sätze sind auch in Reymanns *Noctes [...]* enthalten, jedoch dort in deutlich abweichenden, schwierigeren Fassungen. Auffallend ist auch, dass in der Handschrift Ms. II. 6. 15 ab S. 224 Galliarden von Klipstein und Reymann – sozusagen als ‚Leipziger Block' – nebeneinander angeordnet stehen.

Als weiteres Indiz für eine regionale Zugehörigkeit sind die fünf Intraden des Wittenberger Studenten Heinrich Steucke (Steuccius) anzusehen,[79] eines Komponisten von regionaler Bedeutung.[80] Stücke von ihm konnten außerdem lediglich in einer etwa zeitgleichen Handschrift, in der Lautentabulatur des Jenaer Studenten Wolff Christian von Harling nachgewiesen werden.[81]

Doch all diese Beobachtungen dürften letztendlich nur als Hinweise für einen Leipziger Ursprung bewertet werden. Es ist nicht auszuschließen, dass die Sammlung Ms. II. 6. 15 doch nicht direkt in Leipzig geschrieben wurde, sondern in der näheren oder ferneren Umgebung, eventuell in einer Universitätsstadt wie Jena oder Wittenberg. Die im Vorfeld dargestellte ‚Wanderung' der Lautenmusik macht eine definitive Aussage hierzu wohl unmöglich. Auch bei der Einstufung dieser Tabulatur als studentische Lautenhandschrift wird man mit Schwierigkeiten konfrontiert. Obwohl anhand der Randbemerkungen und Zitate am Anfang des Lautenbuches eindeutig feststeht, dass es sich hier um die Handschrift einer gelehrten Person handelt, so ist doch nicht festzustellen, in welchem Alter und in welcher Umgebung der Unbekannte seine Sammlung schrieb.

Insgesamt lässt sich zwar als Vermutung weiterhin aufrechterhalten, dass der Schreiber des Manuskripts Ms. II. 6. 15 zum Studentenmilieu gehörte und die Tabulatur wohl im Leipzig entstanden ist, doch vor allem die erste der beiden Folgerungen dürfte gegenwärtig als kaum mehr als eine Arbeitshypothese betrachtet werden.

Zwei weitere Leipziger Lautenmusikmanuskripte, die handschriftlichen Anhänge zu den ebenfalls aus der Beckerschen Sammlung stammenden Lautendrucken von Hans Newsiedler und Sebastian Ochsenkhun,[82] kann man ebenfalls nicht mit Sicherheit Leipziger Studenten zuordnen. Die Eintragungen bieten leider keinerlei Anhaltspunkte für eine genauere Bestimmung.[83] Gleiches gilt für den wohl Anfang des 17. Jahrhunderts entstandenen handschriftlichen Lautenmusikanhang im Verbundband von drei gedruckten Lautentabulaturen von Hans Gerle, Rudolf Wyssenbach und Benedikt de Drusina, der auch zu den Beständen der Musikbibliothek der Stadt gehört.[84]

Das Wissen über die dem Leipziger Studentenmilieu zuzurechnenden Lautentabulaturen ist – wie man sieht –

---

77 Wolfgang Boetticher setzte die Entstehungszeit zwischen 1619–1625 an. Siehe: W. Boetticher: *Handschriftlich überlieferte Lauten- und Gitarrentabulaturen* (wie Anm. 61), S. 164.

78 D-LEm: Ms. II. 6. 15, S. 224 f.: „Galliarda Joannis Klipsteini", S. 226 f.: „Galliarda Joanni Klipsteini", S. 290 f.: „Ballet Joh. K[lipstein?]".

79 D-LEm: Ms. II. 6. 15, S. 124, 125, 145, 146, 147.

80 Steucke stammte aus Weißenfels. Er lebte nach seinem Wittenberger Studium in Naumburg. Siehe: Adolf Schmiedecke: *Heinrich Steucke (Steuccius) 1579–1645*, in: Die Musikforschung 17 (1964), S. 40 f.

81 Lüneburg, Ratsbücherei: Mus. ant. pract. D-Lr 2000, S. 62: „Intrada Steuccij". Zur Quelle siehe Joachim Lüdtke: *Handschrift Mus. ant. pract. 2000 der Lüneburger Ratsbücherei: Das Lautenbuch des Wolff Christian von Harling*, in: Die Laute. Jahrbuch der Deutschen Lautengesellschaft Nr. 5, Frankfurt am Main 2003, S. 68.

82 D-LEm: Ms. II. 6. 7. (Newsiedler 1536$_6$ Anhang) und Ms. II. 2. 45. (Ochsenkhun 1558$_5$ Anhang). Letztere Handschrift beschreibt kurz W. Boetticher: *Handschriftlich überlieferte Lauten- und Gitarrentabulaturen* (wie Anm. 61), S. 163. Die Inhaltsauflistung beider Quellen siehe in: C. Meyer u. a. (Hrsg.): *Sources manuscrites en tablature* (wie Anm. 61), S. 155 f., 153.

83 Den in beiden Anhängen vorhandenen *Studententanz* (in Ms. II. 2. 45. wird er nur als *Tantz* bezeichnet), der auch in einigen anderen süddeutschen Lautentabulaturen zu finden ist, kann man kaum als einen ernstzunehmenden Beleg für einen studentischen Ursprung der Sammlung bewerten.

84 D-LEm: Ms. II. 6. 6. (Anhang zu Gerle 1552$_1$, Wissenbach 1550$_4$ und Drusina 1556$_2$) Siehe W. Boetticher: *Handschriftlich überlieferte Lauten- und Gitarrentabulaturen* (wie Anm. 61), S. 163 f. Boetticher datiert (ebenda, S. 164.) den handschriftlichen Lautentabulaturanhang auf „um 1570–1580", was offensichtlich viel zu früh ist. Die Inhaltsauflistung des handschriftlichen Lautentabulaturteils siehe in: C. Meyer u. a. (Hrsg.): *Sources manuscrites en tablature* (wie Anm. 61), S. 154 f.

viel unsicherer, als man früher denken mochte. Auch wenn Rudolf Wustmann unter anderen im Bezug auf Tabulaturen von Rude(nius) von „Einblicken in die private Leipziger Studentenmusik" sprach,[85] bleibt auch dort unklar, ob und wie die Lautendrucke von Rude(nius) oder Reymann die Musik unter den Leipziger Studenten oder überhaupt in Leipzig widerspiegeln können. Solche Sammlungen sind viel eher anderen zeitgenössischen Lautenquellen verpflichtet als dem lokalen Musikleben. Unsere heutigen Erkenntnisse über gedruckte und handschriftliche Lautentabulaturen des 16. und des frühen 17. Jahrhunderts belegen vor allem die weitläufigen Zusammenhänge, die regionale wie auch nationale Grenzen überschreitenden Verbindungen. Die meisten Lautentabulaturen der Zeit liefern wenig Anzeichen von irgendwelcher ‚Bodenständigkeit' oder ‚Ortsverbundenheit'. Handschriften wie die schon erwähnte *Herold-Tabulatur* (1602) oder das Lautenbuch des Ernst Schele (nach 1613)[86] oder aber die gedruckten Sammlungen von Drusina, Waissel, Besard, Fuhrmann oder Mertel führen uns vor Augen, wie sehr international weitgestreckt das Verbindungsgeflecht der Lautentabulaturen eigentlich war. Man findet recht wenig Anhaltspunkte für das Lokale: Das Örtliche wie auch das Persönliche tritt zurück hinter dem eher gesichtslosen Allgemeinen. Angesichts dessen scheint das Leipziger Manuskript mit der Signatur Ms. II. 6. 15 mit einem relativ großen, genauer definierbaren lokalen Anteil eher zu den Ausnahmen zu gehören.

Wustmann fokussierte seine Betrachtung der Lautenhandschriften noch auf ihren wahren oder vermeintlichen Entstehungsort – man kann wohl sagen auf eine isolierend-lokalisierende Art und Weise. In seiner Darstellung wird der immer wiederkehrende Gedanke auch im Bezug auf die Lautenhandschriften greifbar, dass die Musikstücke an Ort und Stelle – etwa nach Gehör oder nach den Griffen – mehr oder weniger selbständig notiert worden

seien. Dabei zeigen aber die Übereinstimmungen zwischen entsprechenden Stücken verschiedener Lautenmusikquellen, dass bei der Erstellung von Tabulaturen anstelle von eigenständiger Notierung offensichtlich viel mehr die Kopierarbeit eine Rolle spielte. Um im Falle von Leipzig etwas klarer zu sehen, lohnt es sich, die Gemeinsamkeiten der vermutlich aus Leipzig stammenden studentischen Handschrift Ms. II. 6. 15 und der studentischen Lautentabulaturen aus Jena zu betrachten.[87] Von Jenaer Studenten sind zwei Sammlungen bekannt: das Lautenbuch des Wolff Christian von Harling, der sich 1617 in Jena immatrikulierte,[88] sowie die sogenannte Tabulatur eines Jenenser/Jenaer Studenten,[89] eine anonyme Sammlung, in der lediglich zwei nicht musikbezogenen Textstellen über Frauen in Jena einen Hinweisen auf den möglichen Entstehungsort geben.[90] Teile des Musikinhaltes beider Lautenbücher, aber auch die zahlreiche Randbemerkungen und Zeichnungen im letzteren, weisen die Sammlung dem Studentenmilieu zu.

Vergleicht man diese beide Tabulaturen mit der anonymen Leipziger Handschrift Ms. II. 6. 15, so lassen sich zwar auf den ersten Blick recht viele inhaltliche Überschneidungen finden, denn diese Quellen enthalten zahlreiche identische Titel. Vergleicht man die Stücke jedoch genauer miteinander, bleibt festzustellen, dass direkte Übereinstimmungen, die auf mittelbare oder unmittelbare Verwendung gemeinsamer Quellen zurückgehen und so auf lokale Überlieferungen hindeuten würden, kaum enthalten sind. Diese Lautentabulaturen teilen sich also zwar das Repertoire, bedienen sich aus derselben populären Musik, doch bekamen die Schreiber ihre Musikstücke offensichtlich auf separaten Wegen. Was man vorfindet, sind scheinbare Entsprechungen, dahinten verbergen sich jedoch Varianten, mehr oder weniger deutlich abweichende, oft sogar selbständige Fassungen. Eben diese unterschiedlichen Versionen und lediglich als ‚entfernt' zu bewertenden Entsprechungen zeigen, dass es sich bei den Stücken nicht um lokale Überlieferung handelt.

---

85 R. Wustmann: *Musikgeschichte Leipzigs*, Bd. 1 (wie Anm. 19), S. 130.

86 Hamburg, Stadt- und Universitätsbibliothek: Ms. ND VI 3238 (zeitweilig: M B/2768); Faksimileausgabe: *Tabulatur Buch [...] Anno 1619 [...] Ernst Schele*, Faksimile nach dem Exemplar der Staats- und Universitätsbibliothek Hamburg, Sign.: ND VI 3238, hrsg. u. kommentiert v. Ralf Jarchow, Glinde 2004.

87 Das, was heute vom Inhalt der Loss'schen Tabulatur bekannt ist, bietet leider keine Möglichkeit für die Einbeziehung in einen Vergleich.

88 Siehe: J. Lüdtke: *Handschrift Mus. ant. pract. 2000* (wie Anm. 81), S. 32–79, sowie Joachim Lüdtke (Hrsg.): *Lautenbuch des Wolff Christian von Harling ca. 1618*, Lübeck, 2005.

89 Dresden, Sächsische Landesbibliothek – Staats- und Universitätsbibliothek, Handschriftenabteilung: Ms. M. 297.

90 S. 151: „Nomina Puellarum Jenensium. Panis, Anas, Bombyx, Pennalis, Porcus, avernus" und auf S. 155 und ff.: „Ein Jänisch Jungfern Liedt von einer Praven Dahmen erdichtet".

Eine Nachtmusik Leipziger Studenten
(Christian Friedrich Henrici [Pseudonym Picander]: Ernst-Scherzhaffte und Satyrische Gedichte, Zwei Teile,
2. Auflage, Leipzig 1732–1734, S. 498)

„F. Vogt ist angetreten"
Ein Kontrabass und die studentische Musik
ESZTER FONTANA, CHRISTIANE ARNHOLD

Aufgrund seiner hervorragenden Qualität gehört ein fünfsaitiger Kontrabass, gebaut in Königsberg im Jahre 1662 von Gottfried Tielke[1] (1639–1682), zu den wertvollsten und durch seine Größe und Gestaltung zu den auffallendsten Instrumenten im Museum für Musikinstrumente der Universität Leipzig. Auf seinem Boden ist die sorgfältig mit Tusche in Antiqua geschriebene Aufschrift: „GOTTFRIED THIELKE || ME FECIT ANNO i66z" zu lesen. Es handelt sich um eine Rarität, da es das einzige bekannte Instrument in Kontrabassgröße der Brüder Gottfried und Joachim Tielke und gleichzeitig ein prägnantes Beispiel für die norddeutsche Bauart darstellt.

Der Kontrabass trägt zahlreiche Gebrauchsspuren, hierzu gehören auch die am Instrument vorgenommenen, mehr oder minder sichtbaren zahlreichen Reparaturen des 19. und 20. Jahrhunderts.[2] Der Wirbelkasten ist am Hals mit modernem Halswinkel angeschäftet,[3] ebenso sind die fünf Wirbel und der Steg neueren Datums. Die Namen der Reparateure aus der zweiten Hälfte des 20. Jahrhunderts können den Unterlagen des Museums entnommen werden; einer von ihnen hat seine Signatur auf die Innenseite des Bodens gesetzt „Reparatur || 1946 Johannes Englert || Baßbaumeister || Taucha b. Leipzig || Paul Heinze Str. 3".[4] Der Anlass zu diesem größeren Eingriff könnte die Ende Februar 1947 eröffnete Sonderausstellung ‚Kunstgewerblich interessante Musikinstrumente' gewesen sein.[5]

In den Jahren 1957 und 1977 wurde der Kontrabass wieder zu Geigenbauern gegeben,[6] 1997 nahm ihn zuletzt Volker Friedemann Seumel[7] in die Restaurierungswerkstatt des Museums. Die zahlreichen Reparaturen sind Anzeichen dafür, dass der Bass bis zu diesem Zeitpunkt regelmäßig für die Aufführung von Alter Musik verwendet wurde,[8] aber auch dafür, dass der häufige Gebrauch die Abnutzung solcher Instrumente beschleunigt.

Den Gottfried-Tielke-Bass erwarb Paul de Wit, der Begründer der wertvollen Musikinstrumentensammlung[9] in Leipzig, im Jahre 1893. Nähere Umstände über den Kauf sind derzeit nicht bekannt. Wir erfahren nur aus dem

---

1 Inv.-Nr: 940. Gottfried Tielke, geb. 30. November 1639 in Königsberg (Preußen), gest. 28. Dezember 1682 in Legitten (Kirchenkreis Labiau). Legitten, heute Turgenjevo, liegt etwa 40 km entfernt von Königsberg (heute Kaliningrad). Gottfried Tielke der Jüngere war das älteste Kind des Richters Gottfried Tielke, gest. 1673 in Königsberg, und Regina Tielke, geb. Kolmentz. Vgl. Friedemann Hellwig: *Tielke, Familie*, in: Die Musik in Geschichte und Gegenwart, 2. Ausg., hrsg. v. Ludwig Finscher, Personenteil Bd. 16, Kassel etc. 2006, Sp. 818–820. Siehe auch die Publikation von Friedemann und Barbara Hellwig: *Joachim Tielke. Musikinstrumentenmacher und Kaufmann in Hamburg* (in Vorbereitung, Erscheinungstermin voraussichtlich 2011).

2 Der Kontrabass ist mit geschnitztem Löwenkopf und mit Elfenbein- und Ebenholzeinlagen auf dem Boden, auf dem Wirbelkasten, auf Griffbrett und Saitenhalter ausgestattet. Maße: Gesamt-Länge: 208 cm; Korpus-Länge: 115,4 cm; Decken-Breite oben/Mitte/unten: 55,4/40,1/73,2 cm; Decken-Mensur: 60,8 cm.

3 Der Hals wurde wahrscheinlich 1946 für ein viersaitiges Instrument schmaler gemacht. Der Geigenbauer Hans Müller versah das Instrument wieder mit fünf Saiten. Der Steg stammt aus dieser Zeit, siehe Brief an Paul Rubardt vom 16. Juni 1957 im Archiv des Museums für Musikinstrumente der Universität Leipzig.

4 Handschriftlich an der Innenseite des Bodens. Auf der Unterseite des Bodens gibt es einen Stempel mit ähnlichem Wortlaut.

5 Im Rahmen der Ausstellung wurden auch Konzerte organisiert. Somit kann es als wahrscheinlich gelten, dass der Hals zu diesem Zeitpunkt erneuert wurde. Siehe auch Eszter Fontana: *Zur Geschichte des Museums für Musikinstrumente der Universität Leipzig*, S. 285–325 im vorliegenden Band.

6 1957 zum Geigenbauer Hans Müller in Leipzig, 1977 zum Geigenbauer Joachim Franke in Leipzig.

7 Siehe auch Restaurierungsberichte von Volker Friedemann Seumel aus den Jahren 1978 und 1997 im Archiv des Museums (Restaurierungen). Der Restaurator weist darauf hin, dass der Bass nicht mehr gespielt werden sollte.

8 Siehe auch Winfried Schrammek: *Alte Musik an der Universität Leipzig von 1929 bis 2009. Musikausübung der Mitarbeiter des Musikinstrumenten-Museums*, S. 337–348 im vorliegenden Band.

9 Siehe auch Eszter Fontana: *Zur Geschichte des Museums für Musikinstrumente der Universität Leipzig* (wie Anm. 5), und W. Schrammek: *Alte Musik an der Universität Leipzig* (wie Anm. 8) im vorliegenden Band.

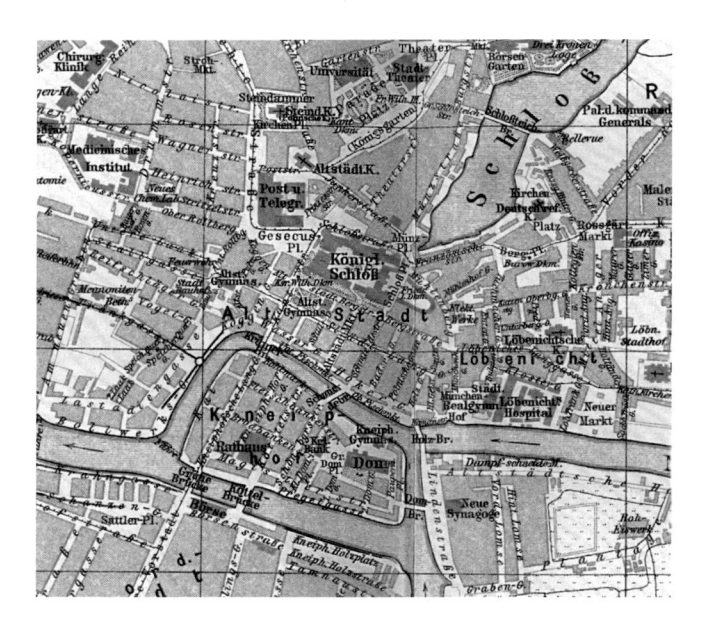

*Historische Karte von Königsberg in Preußen, Ausschnitt
(Meyer Konsversations-Lexikon, 5. Aufl., Leipzig 1895)*

Nachtrag des de Witschen Katalogs[10] von 1893/94, dass das Instrument „bis vor einigen Jahren eine Hauptzierde des Musik-Salons des berühmten Geigenvirtuosen Wilhelmj" bildete. Ob de Wit dieses wertvolle Stück unmittelbar vom Eigentümer oder durch einen Zwischenhändler erwarb, ist nicht überliefert, ebenso ist nicht bekannt, wann, wo und von wem Wilhelmj das Instrument erhalten hatte. August Wilhelmj (1845–1908) studierte auf Empfehlung von Franz Liszt von 1861 bis 1864 bei Ferdinand David, Moritz Hauptmann und Ernst Friedrich Eduard Richter Violinspiel, Theorie und Harmonielehre am Leipziger Konservatorium; sein erfolgreiches Prüfungskonzert im Gewandhaus wurde auch als sein Debüt bezeichnet.[11] Zwischen 1865 und 1876 absolvierte er zahlreiche Auftritte in allen europäischen Metropolen, 1871 erhielt Wilhelmj den Titel eines Königlichen Professors, weitere Tourneen folgten zwischen 1878 und 1882 in den Staaten Nord- und Südamerikas, dann in Asien und in Australien mit großem Erfolg. Danach wandte er sich zunehmend der Pädagogik zu. In Biebrich am Rhein bezog er eine eigene Villa und gründete eine Geigenschule mit Pensionat, die er aber bald wieder aufgab.[12] Zwischen 1886 und 1893 unterrichtete er seine Schüler in seiner mit einem schönen Musiksalon ausgestatteten Villa im Dresdner Stadtteil Blasewitz.[13] 1894 erlangte er eine Professur für Violine an der Guildhall School of Music in London. Sein Wegzug nach London aus diesem Grunde kann der Anlass gewesen sein, den wertvollen Kontrabass zu veräußern.

Schon Wilhelmjs Schüler und Gäste mögen über die zahlreichen, über Decke, Boden und Zargen gestreuten Ritzungen, die eingekratzten oder mühsam eingravierten, zuweilen geschwärzten Namensinschriften gestaunt haben – die meisten stammen aus dem ersten Viertel des 19. Jahrhunderts und sind oft nur mit der Angabe des Jahres, gelegentlich auch mit dem genauen Datum versehen. Einige der Namen waren bereits im Heyer-Katalog abgedruckt.[14] Eine nähere Beschäftigung mit ihnen, um beispielsweise Hinweise auf frühere Eigentümer des Instruments zu finden, aber auch um die Museumsdokumentation zu ergänzen, stand noch aus. Zwei Anlässe führten dazu, uns dieser Aufgabe in den Jahren 2008 und 2009 anzunehmen: zum einem die Untersuchung des Basses für den umfangreichen Studienband über Tielke durch Friedemann Hellwig, bei welcher das überaus große und schwer handhabbare Instrument aus der Vitrine geholt und nicht nur vermessen, sondern auch detailliert fotografiert wurde, zum anderem ein im Wintersemester 2008/2009 veranstaltetes Paläographie-Seminar[15] mit einer Gruppe von engagierten, talentierten und interessierten Studenten, die zur letzten Veranstaltung einige schwierigere Fälle aus der Praxis, darunter auch Fotos von dem Tielke-Kontrabass, zu lesen bekamen.[16]

Dieser Aufsatz widmet sich nicht nur den in das Instrument eingekratzten Namen, sondern geht auch einigen Fragen nach, die sich in diesem Zusammenhang stellen lassen: Können Institutionen oder Besitzer[17] früherer Zeiten herausgefunden werden? Wer waren die auf diese

---

10 Paul de Wit: *Kurzgefasster Katalog aller im musikhistorischen Museum von Paul de Wit vorhandenen Musikinstrumente, Gemälde und anderen Merkwürdigkeiten, die auf Musik oder Musikinstrumente Bezug haben*, Leipzig 1893. Mit zwei Nachträgen 1893/94 und 1895/96, hier: Nachtrag 1893/94, S. 4; und Paul de Wit: *Katalog des musikhistorischen Museums von Paul de Wit Leipzig*, Leipzig 1903, S. 107–109, Nr. 308.

11 A. Ehrlich, Albert Payne, Heinrich Ehrlich (Hrsg.): *Berühmte Geiger der Vergangenheit und Gegenwart. Eine Sammlung von 104 Biographien und Portraits*, Leipzig 1893, S. 337–342, hier S. 341.

12 Ebenda, S. 342.

13 Die Angaben zum Leben Wilhelmjs basieren – wenn nicht anders angegeben – auf Fabian Kolb: *Wilhelmj, August*, in: Die Musik in Geschichte und Gegenwart, 2. Ausg., hrsg. v. Ludwig Finscher, Personenteil Bd. 17, Kassel etc. 2007, Sp. 934 f.

14 Georg Kinsky: *Musikhistorisches Museum von Wilhelm Heyer in Cöln*, Katalog, Bd. 2: Zupf- und Streichinstrumente, Köln 1912, S. 573, S. 643–644.

15 Eszter Fontana: *Paläographie: Deutsche Kurrent- und Frakturschrift*, Universität Leipzig, Institut für Musikwissenschaft, Kommentiertes Vorlesungsverzeichnis, Wintersemester 2008/09, S. 21.

16 Zwei von ihnen, Christiane Arnhold und Pawel Gorszczynski, gehören zu den Mitarbeitern des vorliegenden Studienbandes.

17 Es sind Beispiele bekannt, dass Eigentümer (Musiker oder Institutionen) einen Besitzvermerk am Instrument durch Einritzen, manchmal mit einem Stempel oder Siegel, angebracht haben. Solche Besitzvermerke findet man auch auf höfischen und Militär-Instrumenten.

besondere Art verewigten Personen? Bringen uns die Namen dem Ort der Verwendung des Kontrabasses näher?

Die Tatsache, dass innerhalb einer verhältnismäßig kurzen Zeit so viele Namen eingekratzt wurden, lässt den Gedanken aufkommen, dass es sich in den ersten Jahrzehnten des 19. Jahrhunderts keinesfalls um die Eigentümer, sondern um die Spieler des Instrumentes an einem bestimmten Ort, vielleicht einer Kirche ohne fest engagierte Musiker, handelt. Für den Auftraggeber aus der Entstehungszeit gibt es keine Dokumente, so widmen wir uns zuerst der Heimatstadt des Instrumentenbauers.

Königsberg in Preußen war zwar den Verwüstungen des Dreißigjährigen Krieges (1618–1648) und im Zuge des Zweiten Schwedisch-Polnischen Krieges (1655–1661) auch der schwedischen Belagerung entgangen. Dafür musste aber im wortwörtlichen Sinne ein sehr hoher Preis entrichtet werden. Angeführt von den Ständen der Stadt wurde der Protest gegen die unerträgliche Landessteuer des Brandenburgischen Kurfürsten Friedrich Wilhelm I., der gleichzeitig auch Herzog von Preußen war, immer lauter. Der ‚Königsberger Aufstand' erreichte seinen Höhepunkt, als die Bürger Königsbergs 1662 dem Kurfürsten die Verbrauchssteuer (Akzise) verweigerten. Daraufhin trat der Herzog am 18. Oktober 1662 mit 2000 Leibgardisten höchst persönlich gegen die Königsberger Bürgerschaft an und erzwang so, nach deren Kapitulation, im Oktober 1663 die Huldigung der Bürger.

Der junge Gottfried Tielke, der in den 1650er Jahren das Instrumentenbauhandwerk erlernte,[18] weilte während der Zeit der Unruhen seit 1659 zum Theologiestudium an der Universität Rostock, welches er 1662 abschloss. Sein jüngerer Bruder, Joachim Tielke (1641–1719), welcher später als erfolgreicher Geschäftsmann mit Musikinstrumenten überregionalen Handel betrieb,[19] befand sich zu dieser Zeit noch in der Instrumentenbaulehre, wahrscheinlich ebenfalls in Königsberg. Er ist aber 1663 als Studiosus medicinae und ein Jahr später als Studiosus philosophiae an der Universität Leiden immatrikuliert.

Gedenkblatt zur sechshundertjährigen Jubelfeier der Königl. Haupt und Residenz-Stadt Königsberg in Preußen um 1613. Kupferstich von Joachim Bering, um 1613, Ausschnitt (Wikimedia)

Zu dieser Zeit gehörte Königsberg – nicht zuletzt durch die 1544 gegründete Universität, an der es ein Lehrfach Musik gab – zu den Zentren der geistigen Kultur in Deutschland. Es existierte hier eine Hofkapelle, zunächst mit Sängern und Diskantisten, dann seit 1540 mit zwölf, in den besten Jahren mit bis zu siebzehn Instrumentalisten. Zudem bestand eine lange Tradition der Kirchenmusik und auch des bürgerlichen Musizierens, insbesondere des Liedgesangs sowie des Harfen- und Lautenspiels. Das musizierende studentische ‚Collegium' der Universität trat zu verschiedenen festlichen Anlässen – wie Doktorjubiläen – auf und offerierte sogar anlässlich der Hundertjahrfeier der Universität Albertina am 21. September 1644 eine Darbietung des aus fünf Akten bestehenden Singspiels *Sorbuisa* von Heinrich Albert (1604–1651).[20] Das nach dem Text des Universitätsprofessors Simon Dach (1605–1659) komponierte Stück wurde am 9. Mai 1645 am kurfürstlichen Hof erneut aufgeführt.[21]

Der aus dem Vogtland stammende Musiker Albert studierte in Leipzig die Rechte, danach in Dresden Musik, ging 1626 nach Königsberg und wurde dort 1631 Domorganist. An die Ereignisse erinnert sich Albert in der Vorrede zum 6. Teil der *Arien, Etliche theils Geistliche, theils Weltliche, zur Andacht, guten Sitten, keuscher Liebe und*

---

18 Wo Gottfried Tielke Instrumentenbau gelernt hat, ist nicht bekannt. Es gibt keine Beweise für die Annahme, er sei zur Ausbildung in Italien gewesen. Von ihm haben sich zwei Arbeiten erhalten: Neben der hier diskutierten ‚Groß Contra-Bass-Geige' von 1662 existiert noch eine zur Gitarre veränderte Laute von 1670 (?) im Museum für Kunst und Gewerbe Hamburg. Weiterhin haben wir Nachrichten über Violinen. Vgl. F. Hellwig: *Tielke, Familie* (wie Anm. 1).

19 Siehe beispielsweise Alexander Pilipczuk: *Neue Erkenntnisse zu Ausbildung und Profession des Lautenmachers und Kaufmanns Joachim Tielke*, in: Jahrbuch des Museums für Kunst und Gewerbe Hamburg, Neue Folge 20–22 (2001–2003), Hamburg 2006, S. 19–38, hier S. 29; Friedemann Hellwig: *Hamburg and Paris*, in: The Galpin Society Journal 62 (2009), S. 183–193, hier S. 183, 189.

20 Hans Engel: *Königsberg*, in: Die Musik in Geschichte und Gegenwart, hrsg. v. Friedrich Blume, Bd. 7, Kassel etc. 1958, Sp. 1369–1379, hier Sp. 1374.

21 *Sorbuisa* (Anagramm von Borussia) in einigen Lexika auch *Prussarius*. Zu Simon Dach gibt es zahlreiche Literatur: z. B. Andreas Waczkat: *Simon Dachs Liederspiele und die Anfänge der deutschen Oper*, in: Simon Dach (1605–1659). Werk und Nachwirken, hrsg. v. Axel E. Walter, Tübingen 2008, S. 321–336.

Ehren-Lust dienender Lieder, Zum Singen und Spielen gesetzt etc. (1645), als er einer „im vorigen Jahre auf dem akademischen Jubelfeste erhaltenen und nachher wiederholten Comödien-Musik" gedenkt.[22]

Es kann vermutet werden, dass Gottfried Tielke als Sohn eines wohlhabenden, auf dem Kneiphof[23] ansässigen Richters und als ehemaliger Lehrling einer (namentlich nicht bekannten) Geigen- und Lautenbauwerkstatt Kontakte zu den Musikern und Musikliebhabern Königsbergs hatte. Zu diesen Kreisen gehörte außer der musizierenden Studentenschaft wahrscheinlich auch der Domorganist[24] bzw. der zwischen 1658 und 1672 amtierende Domkantor Matthias Rymkovius. Es ist überliefert, dass dieser sich ebenso wie Johann Sebastiani (1622–1683), der seit 1661 das Amt des kurfürstlich-brandenburgischen Hofkapellmeisters innehatte, an der Durchführung akademischer Festakte beteiligte.[25] Im Jahre 1662 nun kehrte Gottfried Tielke nach Abschluss seines Studiums als junger Theologe nach Königsberg zurück und suchte in seiner Heimatstadt den Einstieg ins Berufsleben. Genau in diesem Jahr ist jener ausgezeichnete Kontrabass entstanden, dessen musikalische Verwendung – gemessen an seiner Qualität und Ausstattung – im höfischen Milieu vorstellbar wäre. Es gilt also noch zu prüfen, ob es einen Zusammenhang zwischen der Ernennung von Sebastiani zum Hofkapellmeister, der in diesem Amt in erster Linie für die Kirchenmusik in der Schlosskirche zuständig war, und Gottfried Tielke beziehungsweise dem Kontrabass gibt.

Aus jener Zeit gibt es zwei Kompositionen von Sebastiani, die in diesem Zusammenhang Beachtung finden könnten: *Das Leiden und Sterben unseres Herrn und Heilands Jesu Christi nach dem Heiligen Matthaeo* für Sopran, vier Viole da gamba und Basso continuo und das kurz danach, ebenfalls im Jahr 1663, für eine Adelshochzeit[26] in Königsberg fertig gestellte und vor dem Großen Kurfürsten und seiner Gemahlin am 4. Juni aufgeführte Stück *Pastorello musicale*.

Letzteres Werk für 14 Sänger, Blockflöten, Schalmeien, Violen, Lauten und Basso continuo gilt als der früheste erhaltene Beleg für die damals noch junge Gattung Oper nördlich der Alpen. Das Libretto stammt von dem seit 1660 in der Nachfolge Simon Dachs als Professor für Poesie an der Universität Königsberg tätigen Johann Röling. Für die Vorführung mussten Stadtpfeifer, die Studentenschaft und andere Musikliebhaber hinzugezogen werden, da das Geld für die Musik am Königsberger Hofe durch die Kriegsjahre sehr knapp bemessen war. 1624 bereits waren die alten Kapellsänger sowie die verbliebenen vier „Trommeter und Instrumentalisten"[27] entlassen und neue Sänger unter neuen Voraussetzungen aufgenommen worden. 1632 wurden die Kosten der Hofhaltung, und damit ebenso die – schon damals nicht üppigen – Gehälter der Hofmusiker weiter gekürzt und ab jenem Jahr über das ganze folgende Jahrhundert hinweg mit großer Verspätung oder nur teilweise ausgezahlt.[28] Sebastiani muss die schwierige Finanzsituation bekannt gewesen sein. Sein Anstellungsdekret verrät, dass sein Antritt dennoch mit hohen Erwartungen seitens des Hofes verbunden war:

> „daß er vnß alß seinem Erb- vndt Oberherren zuforderst Trew, holdt, gehorsamb und in allen fallen vffwärtig sein, in den hohn Festtagen, alß auch Sontäglichen mit einer Vocal- und Instrumental music bey dem Gottesdienst auffwarten undt daß Chor höchstes fleißes bestellen und beschücken, und die Churfr. Capell dermaßen daß daran im geringsten nicht gebrechen versehen solle."[29]

Doch erging es – die Auszahlungen betreffend – dem neu bestellten Kapellmeister noch schlechter als seinem Vorgänger, er bekam etwa ein Zehntel dessen, was ihm eigentlich zustand.[30] Unter solchen Bedingungen ist es verständlich, dass die Mitglieder der Hofkapelle häufig wechselten und unter ihnen viele Studenten und andere Musikliebhaber zu finden waren. Auch einen Organisten für die Schlosskirche zu gewinnen erwies sich in den Jahren 1661 bis 1663 als äußerst schwierig. Die Studenten Herlinus und

---

22 v. Dommer: *Albert, Heinrich*, in: *Allgemeine Deutsche Biographie*, hrsg. v. der Historischen Kommission bei der Bayerischen Akademie der Wissenschaften, Bd. 1 (1875), S. 210–212, hier S. 211 f.

23 Eine unmittelbar neben der Altstadt liegende, aber bis 1724 juristisch selbständige Stadt auf der gleichnamigen Flussinsel im Pregel.

24 Tielkes Vater Gottfried hatte seine drei Ehen in den Jahren 1638, 1666 und 1669 im Königsberger Dom geschlossen. Siehe A. Pilipczuk: *Neue Erkenntnisse* (wie Anm. 19), S. 20.

25 Michael Maul: *Sebastiani, Johann*, in: Die Musik in Geschichte und Gegenwart, 2. Ausg., hrsg. v. Ludwig Finscher, Personenteil Bd. 15, Kassel etc. 2006, Sp. 492–494, hier Sp. 492.

26 Hochzeit der Tochter des preußischen Kanzlers, Anna Beata Goldstein mit Gerhard Graf von Dönhoff. Die Trauung fand in der Königsberger Schlosskirche statt. Das Stück wurde von Michael Maul 2001 in Vilnius wiederentdeckt und 2005 beim ortus musikverlag herausgegeben. Johann Sebastiani: *Pastorello musicale*, hrsg. v. Michael Maul, Beeskow 2005.

27 Nach Albert Mayer-Reinach gibt es einen gewissen Konnex zwischen der Vokalkapelle und der Instrumentalgruppe, auch wenn nach Angaben der Rechnungsbücher „die Instrumentalisten […] von den Herrn Ober-Regimentsräthen undterhalten [werden]". Albert Mayer-Reinach: *Zur Geschichte der Königsberger Kapelle in den Jahren 1578–1720*, in: Sammelbände der Internationalen Musikgesellschaft 6 (1904–1905), S. 32–78, hier S. 60 f.

28 Ebenda, S. 63 f., 67.

29 Anstellungsdekret Sebastianis von 11. August 1661. Zitiert nach ebenda, S. 67 f.

30 Sein Gehalt betrug, wie das seiner Vorgänger, 1000 Mark. Im Jahre 1664 schuldete ihm die Hofkasse 2637 Mark; eine Summe, die in den folgenden Jahren stetig wuchs. Vgl. ebenda, S. 69.

Fischer erklärten sich schließlich bereit, wohl wegen des angebotenen (aber wiederum erst nach Jahren vollständig ausgezahlten) Gehaltes.[31]

Zum Direktor der Instrumentalisten wurde 1664 Michael Willamovy bestellt. Er sollte an Sonn- und Festtagen, „wan vnser Capellmeister in der kirchen zu Chor gehet undt musiciren will, vnaußbleichlichen mit seinem Adjuvanten, so mit seiner Person Sechß sein sollen," und mit drei weiteren, bestellten Personen[32] die Musik stellen. Er hatte „alß ein Meister undt Director der Instrumental-Capellisten, mit seinen eigenen Instrumenten in vnser Capel auffzuwarten, und die so bey vnser Capell verhanden, zu seiner Verandtwortung in acht zu nehmen".[33]

Gibt es Belege dafür, dass der Tielke-Kontrabass zu den in der „Capell verhanden[en]" Instrumenten gehörte? Wir müssen uns mit durchaus informativen aber indirekten Angaben zufrieden geben. In der Vorrede eines Kasualdrucks von Sebastiani, einer 1662 erschienenen Sammlung mit zweistimmigen Tänzen, sind beachtenswerte aufführungspraktische Ratschläge und Hinweise über die Musizierpraxis in Königsberg enthalten:

„Ueber gegenwärtigen Tanz wolle sich, bitte ich, keiner ärgern, daß ich nicht die Mittelstimmen dazu gesetzt; habe solches mit Fleiß getan und aus Ursache, weil sie mehr einen guten Progreß zwischen den Arien und dem Fundament verhindern, als zu Wege bringen und also nicht befinde, daß sie im Tanze nützig oder nötig seien: habe also den Anfang machen wollen, hoffe, andere werden mir nachfolgen. Unterdessen wolle man nur die Oberstimme mit soviel Violinen als vorhanden, nebst dem Fundament wohl besetzen, ich will hoffen, es wird einen besseren Affekt von sich geben als sonsten."[34]

Wahrscheinlich bedachte Sebastiani das Singspiel mit einer – für Königsberger Zustände – großen Besetzung und dementsprechend mit einem „wohl besetzten Fundament", das heißt mit mehrfach besetztem Basso continuo, also auch mit einem Kontrabass. Hierzu schreibt Johann Mattheson 1713:

„Der brummende Violone: […] Ihr Thon ist sechzehnfüßig / und ein wichtiges, bündiges Fundament zu vollstimmigen Sachen / als Chören und dergleichen / nicht weniger auch zu Arien und sogar zum Recitativ auff dem Theatro hauptnöthig / weil ihr dicker Klang weiter hin summet / und vernommen wird / als des Claviers und anderen bassirenden Instrumenten. Es mag aber wol Pferde-Arbeit seyn / wenn einer diß Ungeheuer 3 biß 4 Stunden unabläßlich handhaben soll."[35]

Die Jahreszahl 1662 findet sich zweimal auf dem Tielke-Kontrabass. Diese Wiederholung weist auf ein besonderes Ereignis hin. War er Tielkes erstes bedeutendes Werk? War er ein Geschenk an eine Kirche, die für die Figuralmusik unbedingt einen Kontrabass benötigte, aber eine größere Spende für den Ankauf aus den Reihen der Bürgerschaft durch die maßlos erhöhten Steuern nicht erhoffen konnte? Oder war er ein Geschenk Tielkes an diejenige Kirche, der er demnächst dienen würde? Hierzu bietet uns der Kontrabass selbst den ersten Beweis: Auf dem Griffbrett ist in ein Elfenbein-Medaillon nicht nur die Jahreszahl 1662 eingraviert, sondern auch das St.-Georgs-Kreuz und die Krone, also das Wappen der Altstadt (ursprünglich die Hanse-Flagge) von Königsberg. Die prominente Signatur mit großen Buchstaben auf dem Boden weist ebenfalls auf eine Schenkung hin.[36] Möglicherweise arbeitete Gottfried Tielke vorerst als Substitut in der Schlosskirche, bis er 1667 als evangelisch-lutherischer Pastor ebendort ordiniert wurde.[37] Die Ordination erfolgte erst, wenn eine bestimmte Pfarrstelle feststand, zu der das betreffende kirchenleitende Organ die sogenannte Confirmation (heute: zweites theologisches Examen) abgenommen hatte. Tielke gehörte offensichtlich zu den Geistlichen, die als Zweitbeschäftigung ein Handwerk ausübten.[38]

---

31 Ein weiterer, tüchtiger Studiosus, Gottfried Feyerabendt (Feyrabendt), der „das Orgelwerck woll tractiren künt, undt das Fundament der Music gut verstehe", wurde 1679 als Organist bestellt. Ebenda, S.72 f.

32 Willamovy bekam 200 Mark, Johan Hagenmeister 80 Mark, Johan Metzler, ein alter Diener, der aus seinem Geld einen Jungen als Stellvertreter (vielleicht Stadtpfeifergeselle oder Studiosus) stellen sollte, ebenfalls 80 Mark und Reinholdt Buchholtz 40 Mark.

33 Zitiert nach A. Mayer-Reinach: *Zur Geschichte der Königsberger Kapelle* (wie Anm. 27), S. 47. Da eine zum bescheidenen Lebensunterhalt ausreichende Bezahlung aus der Hofhaltung nicht möglich war, wurden Sonderrechte – das Spielen auf Hochzeiten, Begräbnissen und Gelagen – zugesichert.

34 Zitiert nach Michael Maul: *Einführung*, in: Johann Sebastiani: *Pastorello musicale*, hrsg. v. Michael Maul, Beeskow 2005.

35 Johann Mattheson: *Das Neu-Eröffnete Orchestre*, Hamburg 1713, Neuausgabe Hildesheim 1993, S. 285.

36 Zum Beispiel: Paukenpaar aus dem Jahre 1763 im Inventar des Museums für Musikinstrumente der Universität Leipzig, Inv.-Nr.: 5472. Die Aufschrift verrät, dass die Instrumente anlässlich der Friedensschließung am 15. Februar 1763 auf der Hubertusburg der Gemeinde in Stöntzsch geschenkt worden sind.

37 In einer handschriftlichen Ost- und Westpreußischen Presbyterologie von Johann Jakob Quandt, 18. Jahrhundert (Geheimes Staatsarchiv Preußischer Kulturbesitz: GStA PK, XX. HA StA Königsberg) findet sich unter „Legitten" folgende Eintragung: 1667 „Godfried Tielcke, reg[iomontanus]. Prussus ist 1667 19. Aug. zu Schlos ordiniret. Er hat die K[irchen]-Ordnung mit silbernen Beschlag 1667 geschenket, auf deßen einer Decken sein v. auf der anderen s. Ehegattin Elisabeth Namen zu finden." Zitiert nach: Günther Hellwig: *Joachim Tielke. Ein Hamburger Lauten- und Violenmacher der Barockzeit*, Frankfurt am Main 1980, S. 25, Fußnote 40.

38 Nach dem Dreißigjährigen Krieg gab es in den evangelischen Gebieten Deutschlands eine sehr große Zahl von Theologiestudenten, die zeitweise als Kantoren, Kirchenmusiker oder Küster an einer Kirche arbeiteten, bis sie eine Pfarrstelle bekamen. In diesem Zusammenhang kann der zusätzliche Beruf als Instrumentenbauer verstanden werden. Die Entscheidung über die Besetzung gehörte in die Zuständigkeit des Stadtrates. Für die Information danken wir Professor Dr. Martin Petzoldt, Universität Leipzig, Autor des vorliegenden Bandes.

147

Wahrscheinlich blieb der Kontrabass bis zur Auflösung der Hofkapelle[39] im Jahre 1707 im Inventar der Schlosskirche Königsberg und wurde gelegentlich von Studenten oder sonstigen Liebhabern der Musik gespielt.

Aus welchem Grund die ersten Einritzungen geschahen, lässt sich nur vermuten. Ob die Kontrabass spielenden Studenten schon damals der seit der Römerzeit bekannten Sitte, den eigenen Namen in Möbel einzukratzen und auf Gebäudewände aufzumalen, nachgingen, lässt sich nicht mehr sagen. Durchaus denkbar wäre es, denn schließlich stand schon die Inschrift des Instrumentenbauers an einer gut sichtbaren Stelle als Vorbild da.

Der früheste, mit Datum versehene, lesbare Vermerk eines Spielers auf dem Instrument stammt von „Fleischmann d. [...?][ten] Juli 1710" und stellt vielleicht einen Hinweis auf den bereits angedeuteten Orts- und Eigentümerwechsel dar. Nun galt es für uns zu überlegen, welche Städte in Frage kommen könnten. Eine auffallend sorgfältige, gut sichtbare Aufschrift „Wien" lenkte unsere Aufmerksamkeit zuerst auf die Kaiserstadt. Doch die Dokumente konnten die ersten Vermutungen nicht bestätigen.[40] In Wiener Kirchen musizierten – im Gegensatz zu vielen deutschen Städten wie Halle an der Saale, Leipzig oder Königsberg – feststehende Ensembles. Es kam selbstverständlich vor, dass sie zusätzliche Aushilfen engagierten, aber es gab keinen steten Wechsel von Musikern. So viele Namen für professionelle oder semiprofessionelle Kontrabassspieler in einem engen Zeitraum, wie sie sich aus den Daten auf dem Kontrabass in den ersten Jahrzehnten des 19. Jahrhunderts ergeben, können nicht speziell für eine Kirche in Österreich oder Ungarn[41] gelten. Es gab zahlreiche Städte, in denen die Stadtpfeifer, Schüler oder Studenten für die Versorgung der Kirchenmusik zuständig waren, und ebenso viele Orte oder kleinere Höfe mit nur wenigen, oft auch einen Zweitberuf ausübenden Musikern. Vor allem in der Zeit der Klassik kam es vor, dass für die Kirchenmusik Militärmusiker, beispielsweise ein Harmonie-Ensemble mit doppelt besetzten Klarinette-, Fagott-, und Hornspielern herangezogen werden mussten. Doch zu besonderen Anlässen wie kirchlichen Feiertagen mit Figuralmusik, zu Staatsfesten oder Jubiläen war eine große Besetzung notwendig. Dann holte man den Kontrabass aus der Kammer, und um ihn anzuspielen einen Substituten, vornehmlich einen Studenten. Nach Martin Heinrich Fuhrmann sollten die Kontrabässe auch beim Choral erklingen:

„Violone, Bass-Geige. Violone Grosso, eine Octav-Bass-Geige / darauff das 16 füssige Contra C. Eine solche große Geige sollte billich in allen Kirchen vorhanden seyn / und nicht nur beym Musiciren / sondern auch unter den Choral-Liedern immer mitgestrichen werden; Denn was diese große Geige von ferne einen durchdringenden und dabey süssen Resonantz wegen ihrer 16füssigen Tieffe giebt / kann niemand glauben / als der sie gehöret."[42]

Eine Aufzeichnung von Wolfgang Caspar Printz (1641 bis 1717) aus Altdorf bei Nürnberg beschreibt die musikalische Praxis jener Zeiten wie folgt:

„Wir Studenten hielten auch ein Collegium musicum. In diesem lernte ich auf der Baß-Geige streichen, und zwar auf eine außerordentliche Manier. Ich pflegte sonst die Violine zu streichen. Es trug sich aber zu, dass unser Violonist nach Nürnberg gereist war. Als wir nun zu musiciren anfingen, war niemand der den Baß geigen wollte oder konnte."[43]

Der ehemalige Leipziger Student, selbst Gelegenheits-Kontrabassist und spätere Universitätsmusikdirektor Johann Adam Hiller (1728–1804) berichtet von einer ähnlichen Situation:

„Da es nun an Baßspielern fehlte, so ließ ich mich bereden, für 18 Groschen eine alte Bassgeige zu kaufen, um ein Mitglied dieser musikalischen Gesellschaft zu werden. Eine solche Übung, und der bisherige Unterricht hatten so viel genutzt, dass ich an den Orten, wo ich nach der Zeit hinkam, bey Kirchen- und anderen Musiken, gern gesehen ward."[44]

Auch in der Leipziger ‚Concert-Gesellschaft' wurde der „Grand Violon" den Studenten „Hr [Johann Wilhelm]

---

39 Die Hofhaltung wurde 1684 aufgelöst und ging 1707, nach dem Tod des letzten Kapellmeisters Georg Raddäus, ein. 1720 wurde ein neuer Kapellmeister, Johann Georg Neidhardt, bestellt, vgl. H. Engel: *Königsberg* (wie Anm. 20), Sp. 1374.

40 Die Namen kommen in den verschiedenen Mitgliederlisten, wie die der Wiener Tonkünstlersozietät, der Mitglieder der 1812 gegründeten Gesellschaft der Musikfreunde oder in den Wiener Musikadressbüchern der ersten Hälfte des 19. Jahrhunderts, nicht vor und auch nicht in der von Prof. Biba angelegten Kartei, in der besonders viele Kirchenmusiker und Musiker in Adelsdiensten enthalten sind. Wir danken für die Information Prof. Dr. Otto Biba, Direktor der Gesellschaft für Musikfreunde, 2007. Demzufolge ist „Wien" hier kein Ortsname, sondern ein Eigenname, wie er in Deutschland vereinzelt vorkommt. Diese Interpretation ist auch deshalb sehr wahrscheinlich, weil die Einritzung auf dem Instrument isoliert steht und keine Übereinstimmung im Schriftduktus mit anderen Namen hat.

41 Eszter Fontana: *Inventare der Pester Stadtpfarrkirche*, in: Musik-Geschichten. Festschrift Winfried Schrammek zum 70. Geburtstag, Leipzig 1999 (Privatdruck), S. 15–24.

42 Martin Heinrich Fuhrmann: *Musikalischer Trichter*, Frankfurt an der Spree [Berlin] 1706, S. 95. Zitiert nach Ulrich Prinz: *J. S. Bachs Instrumentarium. Originalquellen – Besetzung – Verwendung*, Kassel etc. 2005, S. 605.

43 Zitiert nach Alfred Planyavsky: *Geschichte des Kontrabasses*, Tutzing 1984, S. 268.

44 Johann Adam Hiller: *Lebensbeschreibungen berühmter Musikgelehrten und Tonkünstler neuerer Zeit*, 1. Teil. Leipzig 1784, S. 291. Zitiert nach A. Planyavsky: *Geschichte des Kontrabasses* (wie Anm. 43), S. 269.

Cunis" und „Hr. Fucke" anvertraut.⁴⁵ Diese Zitate und auch Bachs Eingabe an den Rat der Stadt Leipzig, wonach er den „Violon aber allzeit (in Ermangelung tüchtiger subjectorum) mit Schülern habe bestellen müssen",⁴⁶ mögen belegen, dass es an (Kontra)Bassspielern auch in Leipzig fehlte. Daraus ergibt sich die These, dass der Tielke-Kontrabass, der sich wegen seiner Größe nicht ohne Weiteres transportieren ließ, in einer mitteldeutschen, eventuell Leipziger Kirche stand und gelegentlich von Studenten gespielt wurde.

Die festliche Ausgestaltung der Gottesdienste, Festakte, Quartals-Orationen, Doktorpromotionen oder das prachtvolle, dreitägige Fest zum 300-jährigen Universitätsjubiläum wären ohne Mitwirkung der Studenten gar nicht möglich gewesen. Man rechnete ebenso mit ihnen, als der sogenannte ‚Neue Gottesdienst' im Jahr 1710 eingeführt wurde.⁴⁷ In diesem Zusammenhang erstellte die Theologische Fakultät eine Liste von Vorschlägen, wie der Gottesdienst an der Universitätskirche verbessert werden könne, und schlug betreffs der Organistenstelle unter anderem vor: „Weil alle Zeit viel studiosi allhier, welche das Orgel Schlagen wohl verstehen, so könte man gegen ein gering Salarium leichtlich einen erlangen."⁴⁸ Im Jahre 1710 ist in einem Brief des Thomaskantors Johann Kuhnau (1660 bis 1722), der gleichzeitig Musikdirektor der Universitätskirche war, zu lesen:

„Gleichwie ich mich mit der ganzen Stadt über den angestellten neuen Gottes Dienst in der Pauliner Kirche gefreut, und mir dabei die Hoffnung gemacht, daß ich, damir sonsten der Chorus Musicus und die Orgel solcher Kirchen anvertraut ist, auch bey diesem Gottes Dienste meine Dienste leisten würde; [...] Ich auch solchen Gottes Dienst Gelegenheit habe, indem ich, imfalle ich ja Zu weilen in den andern Kirchen möchte aufgehalten werden, welches aber selten geschieht, indem nach der Predigt nur kleine schwache Stücken musiciret werden, durch einer meiner auff der Orgel wohl exercierten Scholaren und Studenten, die mir alle mahl zur Music accompagnieren, den Anfang zum Gottes Dienste machen laßen könte, biß ich selbst dazu köhme."⁴⁹

Ab diesem Zeitpunkt stammten die Organisten fast ausschließlich aus den Reihen der (Theologie-)Studenten, so auch im Jahre 1721: „Betrifft die vacant gewordene Organisten- Stelle an der Pauliner-Kirche, und hätten sich darzu 5 Studiosi benannt: Wagner, Thiele, Starke, Ursinus und Walther."⁵⁰

Der Einblick in die alten Akten zeigt auch, dass es oftmals um die Verteidigung bestimmten Positionen und nicht nur um die Musik selbst ging. Johann Friedrich Fasch (1688–1758) bat den Rektor der Universität, ihm und dem von ihm geleiteten studentischen Collegium musicum die musikalische Gestaltung der akademischen Gottesdienste zu übertragen. So sollte das kostenlose studentische Musizieren durch die Universität stärkere Förderung erfahren. Damit geriet Fasch in Konflikt mit dem Musikdirektor Kuhnau:

„daß bißhero Hr. Kuhnau, alß Leipziger Stadt Cantor bey der Hochlöbl Academie die Kirchen Music hochrühml. verwaltet, auch solche fernerweit zu dirigiren, bey der Hochlöbl. Universität Ansuchung gethan, sich wieder mich, alß der ich ihm in seiner vermeinten profession zu turbiren gedachte, beschweret."

Aber, so argumentiert Fasch weiter, die Universitätskirche sei nun in einem „ganz andern Stand als vormahls" (vor der Einführung des ‚Neuen Gottesdienstes'), und Kuhnau wäre gar nicht in der Lage, sich neben seinen anderen Verpflichtungen ausführlich um die universitäre Kirchenmusik zu kümmern. Daher sollten dies die Studenten selbst übernehmen und würden sich nicht unter Kuhnaus „Direction zwingen laßen".⁵¹

In der Streitsache zwischen dem Thomaskantor Johann Kuhnau und dem Studenten Fasch, der wie viele Mitglieder des ‚Collegium musicum' ein ehemaliger Thomasschüler Kuhnaus war, entschieden sich die Professoren gegen eine Erneuerung. „Es soll bey denen ordentl. Liedern verbleiben und Hr. Kuhnau bey dem Directorio gelaßen werden." Einzig die Choralmusik wäre der Universität ‚würdig', die von Fasch vorgeschlagene Instrumentalmusik sei außerdem wegen des ‚Instrumentenschleppens' zu aufwendig, und

---

45 Johann Salomon Riemers Sitzplan in der Leipziger Stadtchronik *Das Große Konzert, Tabula Musicorum*, 1746. Stadtgeschichtliches Museum, Leipzig. Siehe die Abbildung im Beitrag von Claudius Böhm: *Ohne Universität kein Gewandhausorchester*, S. 198 im vorliegenden Band.
46 23. August 1730. Zitiert nach U. Prinz: *J. S. Bachs Instrumentarium* (wie Anm. 42), S. 610.
47 Siehe auch Veit Heller: *„Eine kleine Ehr" – Zum Status der Orgelbauer an der Universität Leipzig zwischen 1685 und 1850*, S. 111–129, und Andreas Glöckner: *Die Musikpflege an der Universitätskirche St. Pauli zur Zeit Johann Sebastian Bachs*, S. 91–100 im vorliegenden Band. Vgl. zu den im Folgenden geschilderten Vorgängen zwischen Kuhnau, Fasch und der Universität sowie zu den dazugehörigen Dokumenten: Andreas Glöckner: *Johann Sebastian Bach und die Universität Leipzig – Neue Quellen (Teil I)*, in: Bach-Jahrbuch 94 (2008), S. 159–201
48 Brief der Theologischen Fakultät an das Concilio Professorum der Universität Leipzig, ohne Datum, aber wohl 1702. Universitätsarchiv Leipzig (UAL): Rep. II/III/B II 2, Bl. 2.
49 Brief von Johann Kuhnau an den Rektor der Universität Leipzig vom 2. September 1710. UAL: Rep. II/III/B II 3, Bl. 4–5v.
50 Protokoll der Dekanatssitzung vom 24. Mai 1721. UAL: Rep. I/XVI/I 29, Bl. 80. Die Stelle bekam schließlich der Theologiestudent Johann Christoph Thiele.
51 Brief von Johann Kuhnau an den Rektor der Universität Leipzig vom 29. Dezember 1710. UAL: Rep. II/III/B II 3, Bl. 15–17v.

mit Fasch selbst „würde es sich nicht schicken, weil er auf den Coffee Hause, Schloffs Keller und in denen Opern nebst denen Studenten musicire."

Die studentische Musik in Leipzig fand also keineswegs immer im offiziellen Rahmen statt, sondern die Studenten pflegten ihre eigene Musikkultur, die sich oft, wie obiges Zitat zeigt, fernab der ‚würdigen' Universitätsmusik bewegte. Auch die lebhafte Respektlosigkeit vor etablierten Autoritäten und Institutionen gehört wohl seit jeher zum studentischen Selbstverständnis. Die im Tielke-Kontrabass eingekratzten Namen verweisen auf ein solches Umfeld. Es war und ist ein studentischer Brauch, den eigenen Namen, wo immer sich eine Gelegenheit ergibt, für die Nachwelt zu hinterlassen, und dies besonders gerne auf Eigentum der ehrwürdigen Alma mater. Ein besonderer Ort, sich auf diese Weise die Zeit zu vertreiben, war der Karzer, der im Sinne der akademischen Gerichtsbarkeit Bestandteil älterer Universitäten wie Wien, Heidelberg, Leipzig, Rostock, Basel und Göttingen war und bis zur Abschaffung aller Sondergerichte im Deutschen Reich im Jahre 1879 als Symbol der Eigenständigkeit der Universitäten verstanden wurde. Doch Schilderungen aus dem 19. Jahrhundert zeigen, dass der Respekt vor dieser Einrichtung seit Ende des 18. Jahrhunderts rapide sank. Ausschreitungen über ein bestimmtes Maß hinaus, wie etwa die mit Höllenlärm auf allerlei Instrumenten vorgetragene ‚Katzenmusik',[53] wurden auch in Leipzig mit einigen Tagen Karzeraufenthalt bestraft. Die von der Universitätsleitung auferlegten Tage der Besinnung, deren Beginn der Student oft selbst bestimmen konnte, ertrug man als Ehrensache. Denn wichtiger war es, die soziale Sonderstellung der Studenten und ihre Ungebundenheit gegenüber dem städtischen Bürgertum und seiner Ordnungsmacht zu demonstrieren. Dieses Ereignis wurde dann auch gebührend begangen, und es ging um alles andere als um Reue, wie die farbenfrohe Ausgestaltung der Karzerräume und die in den Tischen, Türen und sonstigen hölzernen Gegenständen sorgfältig eingravierten Inschriften zum Beispiel in Leipzig und Göttingen belegen.[54] Anfang der 1820er Jahre erlangte Joseph Kyselak[55] (1795 oder 1799–1831), ein ehemaliger Philosophiestudent der Wiener Universität, Berühmtheit, der sich vornahm, seinen Namen bzw. „Kyselak war hier!" überall, wo es nur möglich war, anzubringen. Er soll eine Wette abgeschlossen haben, dass er damit innerhalb von drei Jahren im gesamten Kaisertum Österreich bekannt werden würde.

Dieser Drang, sich gut sichtbar zu verewigen, könnte auch zu den auf dem Tielke-Kontrabass befindlichen Namen geführt haben. Einige Namen sind von Lorbeerkränzen gerahmt und es kommt gelegentlich auch die Anmerkung „[…] ist angetreten am […]" vor.[56] Neben der Inschrift „Schulz" befinden sich sieben parallele Striche, die wohl weitere Auftritte desselben kennzeichnen. Mit Unterstützung des Namensforschers Dr. Jürgen Udolph, Professor für Onomastik der Universität Leipzig, konnte im Jahre 2007 die Häufigkeit des Vorkommens von Nachnamen untersucht werden. Diese Forschungsergebnisse lieferten uns eine entscheidende Hilfe bei der regionalen Einordnung der auf dem Kontrabass eingravierten Namen. Bei einigen seltenen Namen fällt die Konzentration in Mitteldeutschland auf, für Wien wären sie aber ungewöhnlich, wie z. B. Bölcke, Fleischmann, Kittlitz, Kressmer, Lert, Littig, Mittrach und Schille. Andere Namen wiederum sind im gesamten deutschsprachigen Raum verbreitet, wie Dreher, Becher, Braun, Vogt, Neumann, Schmidt, Schulz und Wolf. Einige Namen verweisen auch auf slawische Ursprünge, möglicherweise aus dem polnischen oder tschechischen Raum, wie Gasic, Godlewsky, Lesik, Nowack und Schwaroffsky. Einzig der Name Schwartzenberger weist auf österreichischen Ursprung hin, bleibt aber ein Einzelfall. Einige der Namensträger können als Leipziger Studenten nachgewiesen bzw. vermutet werden, bei den deutschlandweit verbreiteten Namen ist selbstverständlich eine genaue Zuordnung nicht möglich. In wenigen Fällen ist das Datum gut lesbar, eines davon kann auch als Kirchenfeiertag nachgewiesen werden.[57] Alle lesbaren Namen – manche sind sehr schwer entzifferbar, sie sind häufig übereinander geritzt, durchgestrichen oder zerkratzt[58] – samt

---

52 Protokoll Concilium Dnn. Professorum vom 30. Dezember 1710. UAL: Rep. II/III/B II 4, Bl. 84 f.

53 Zum Beispiel unter dem Fenster eines unbeliebten Professors.

54 Cornelia Junge: „Ein Tisch, gezimmert aus dem Holz der Arche Noah". Studien zum Karzer der Leipziger Universität, in: Journal. Mitteilungen und Berichte für die Angehörigen und Freunde der Universität Leipzig, Heft 3/2000, S. 46–49.

55 Joseph Kyselak wuchs in einer Hofbeamtenfamilie auf. Er besuchte das Piaristen-Gymnasium, anschließend studierte er einige Semester an der Wiener Universität, ohne einen Abschluss zu erlangen. Als Praktikant bekam er eine Anstellung in der Behörde, in der auch sein Vater tätig war: der k. k. Privat-, Familien- und Vitikalfondskassenoberdirektion. Nach sieben Jahren als Praktikant wurde er 1825 zum Registratur-Accessisten befördert. Für den Hinweis danken wir Otto Biba, Wien.

56 Die gleiche Formulierung finden wir in einer Art ‚Tagebuch' aus dem Karzer der Universität Leipzig, zum Beispiel im Eintrag von Robert Fränzel: „Wegen unpolitischer Umtriebe auf drei Wochen angetreten am 12ten Nov. 1836". ‚Brummkäfer oder die Musen in carcere solae'. UAL: Rektor B 102.

57 Christi Himmelfahrt am 8. Mai 1823.

58 Die in Decke, Boden und Zargen des Instrumentes geritzten Namen sind sehr schwer zu lesen. Damit erklärt sich, dass die bei G. Kinsky: Musikhistorisches Museum (wie Anm. 14) veröffentlichte Liste nicht vollständig ist und einige seiner Interpretationen sich nicht bestätigen. Die Lesbarkeit wird dadurch erschwert, dass viele Namen im Laufe der Jahrzehnte übereinander geschrieben worden sind und beim Schreiben das Messer oder ein anderes spitzes Schreibgerät aufgrund der Holzmaserung häufig verrutschte. Man kann sich vorstellen, dass die Studenten für die Eingravierung ihrer Namen keine Spezialwerkzeuge mit sich führten, die Spitze eines Taschenmessers musste wohl oft genügen. In manchen Fällen, v. a. bei den größeren ‚Gravierungen', nahm der Prozess Zeit und Geduld in Anspruch, so könnte es dabei auch vorgekommen sein, dass gelegentlich ein Buchstabe vergessen wurde.

einer Kurzfassung zu deren Verbreitung sowie einem kurzen Hinweis, ob diese in den Matrikeln der Universität Leipzig (einmal, mehrfach oder sehr häufig) gefunden werden konnten, sind in der diesem Aufsatz nachfolgenden Tabelle zusammengefasst.

Nun spricht alles dafür, dass der Kontrabass 1662 für die Schlosskirche in Königsberg angefertigt wurde. Es bleibt noch zu erforschen, ob der Bass nach der Auflösung der Hofkapelle 1707 oder später seinen Weg nach Mitteldeutschland in eine andere Universitätsstadt fand. Rege Kontakte zwischen den Königsberger und den Leipziger Gelehrten legen die Vermutung nahe, dass diese Stadt auch Leipzig[59] sein könnte. Leider mangelt es an Beweisen, so zum Beispiel an Rechnungen für kleinere Instrumentenreparaturen, da solche Ausgaben direkt aus einer dafür vorgesehenen Jahrespauschale des zuständigen Musikdirektors und nicht über das Rentamt der Universität bezahlt wurden. Der 1785 bestellte neue Universitätsmusikdirektor Johann Georg Häser übernahm bei seinem Amtsantritt ein Instrumenteninventar von „1 Paar Pauken, 4 Posaunen, 2 Kontrabässen, 2 Violen, 1 Paar Trompeten, 2 Paar Hörner, 2 Cellis, 10 Violinen".[60] Er bekam, wie seine Vorgänger, ein geringes Jahresgehalt von 50 Talern, hinzu kamen noch 7 Taler für die Instrumentenreparaturen. In einem Attest vom 24. Juli 1792 bescheinigte ihm die Universität, dass die Musiker, mit denen er die Musik in der Universitätskirche ausführte, „von niemand honoriert und also von ihm bloss erbeten seien".[61] So war es auch unter seinem Nachfolger Johann Gottfried Schicht, der seine Anstellung bekam, weil er viele Noten besaß und die Bekanntschaft mit jungen Musikern hatte, die gern in der Kirchenmusik

Kontrabassviola da gamba, Gottfried Tielke, 1662, siehe auch Seite 325
(Museum für Musikinstrumente der Universität Leipzig, Inv.-Nr: 940, Foto: Marion Wenzel)

in St. Pauli mithelfen wollten. Seit ca. 1810 kommen in den Rechnungsbüchern die Positionen Besorgung Noten, Instrumente sowie Musiker und deren Bezahlung regelmäßig vor. Bei einer Inventur, die der Universitätskantor Johann Lebrecht Salzer im Jahre 1827 vornahm, waren nur noch Pauken und ein alter Violon – ohne nähere Bezeichnung – im Bestand der Universitätskirche.[62] Leider bringen uns die bislang ausgewerteten Kircheninventare keine näheren Informationen: Violoni befanden sich in der Thomasschule, in der Thomas- und Nikolaikirche und auch in der Neukirche. 1721 wurde aufgezeichnet, dass beim „Coffee Schenken Zimmermann […] 2 Violinen | 1 Viola | 2 Bassono | 2 Violone" standen.[63]

Wilhelmj könnte das Instrument, falls es sich damals in Leipzig befand, während seiner Studienzeit gesehen und später für seinen Dresdener Salon erworben haben. Während dieser Zeit könnte „Sub disciplina"[64] in den Boden unterhalb des Zapfens eingekratzt und weiter unten in Tusche „SANTO MAGGINI BRESCIA"[65] aufgebracht worden sein. Solche Täuschungen zur Erzielung eines höheren Kaufpreises sind im 19. Jahrhundert reichlich belegt.

Die frühe Geschichte des Kontrabasses von Gottfried Tielke konnte hier stellenweise erhellt werden. Auch spricht einiges für seine spätere Verwendung im studentischen Musizieren. Es bleiben aber doch offene Fragen, für deren Beantwortung mit etwas Glück vielleicht in der Zukunft zusätzliche Dokumente gefunden werden können.

---

59 Sämtliche greifbaren publizierten Universitätsmatrikeln Mitteldeutschlands (Halle, Leipzig, Frankfurt, Jena, Göttingen, Erfurt) wurden für diesen Beitrag untersucht. Die Autorinnen danken Herrn Michael Maul und Herrn Stephan Greiner für die Unterstützung.

60 Hans Hofmann: *Gottesdienst und Kirchenmusik in der Universitätskirche zu St. Pauli-Leipzig seit der Reformation (1543–1918)*, in: Beiträge zur Sächsischen Kirchengeschichte 32 (1919) [Jahresheft für 1918], S. 118–151, hier S. 144.

61 Ebenda.

62 Brief von Johann Lebrecht Salzer an das Rentamt der Universität Leipzig vom 20. Juni 1827. UAL: Rentamt 169 I, Bl. 28.

63 U. Prinz, *J. S. Bachs Instrumentarium* (wie Anm. 42), S. 608 f.

64 Aus der Stradivari-Werkstatt sind Gesellenarbeiten mit der Anmerkung auf den sogenannten Geigenbauer-Zetteln ‚Sotto la Disciplina' oder auch lateinisch ‚Sub disciplina' versehen. Das bedeutet, nicht der Meister selbst, sondern einer seiner Gesellen hat das Instrument ‚unter Aufsicht' gebaut.

65 Santo Maggini (1630–1680) eigentlich Santo de Santis übernahm nicht nur die Werkstatt sondern auch den Namen von Maggini. Der Geigenbauer war ein wichtiger Vertreter der Brescianer Geigenbauschule.

Name, Datum auf dem Instrument in der Lesung von Christiane Arnhold	Untersuchungsergebnisse des Namensforschers J. Udolph, 2007[56]	Der Name kommt in den Matrikeln der Universität Leipzig (1709–1809; 1809–1832) vor
Becher	häufiger Name, Konzentrationen in Thüringen, Weimar, Gotha, Saalkreis, Vogtland, Erzgebirge, sowie Rheinland, Köln	mehrfaches Vorkommen
BECHER 1826	wie oben	
Bessel	vor allem in Berlin, Wittenberg, Merseburg, Altenburg, Gotha, Gera und Norddeutschland	
Bessel	wie oben	
Bessel 1838	wie oben	
Bessel [direkt neben voriger Inschrift]	wie oben	
Boelcke [e = über dem o] den 3ten sebr. 1806	selten, etwas größere Konzentrationen in der Leipziger Gegend, Spreewald, Havelland und in Norddeutschland	
Boelcke [e = über dem o]	wie oben	
Braun d. 29ten Maÿ 1815	sehr häufig, vor allem in Süd- und Südwestdeutschland	mehrfaches Vorkommen
Bräche [evtl. auch Brache]	nur als ‚Bräche' gefunden: sehr selten, Konzentration im Mansfelder Land, Riesa und Vorpommern	
DREHER 1824 I.F [= Februar?]	Konzentration in Baden-Württemberg, kommt aber auch in Brandenburg und Sachsen vor	mehrfaches Vorkommen
EHLERT 1820	häufig, besonders in Norddeutschland	
Ehlo I. [?] evtl. Ehla	‚Ehla': äußerst selten, nur in Chemnitz und im Rhein-Neckar-Kreis	
Eichke oder Eschke	nur als ‚Eschke' gefunden: seltener, besondere Konzentration im Gebiet Halle, Bitterfeld und in Südholstein	
Fleischmann d [...?]ten Juli 1710	besondere Konzentration in Süd- und Westthüringen, in Oberfranken, Bamberg und in der Oberpfalz	sehr häufiges Vorkommen
Fuhrm [vermutl. Fuhrmann]	‚Fuhrmann': häufig, besondere Konzentration im Rheinland, in Nordhessen und Niedersachsen	
V I W Gasic [?]	in Deutschland äußerst selten, nur in Friesland, München; als ‚Gasik' in Polen häufiger, vor allem in der Region Warschau, Posen und Krakau	
Godliewsky	nur als ‚Godlewsky' gefunden: äußerst selten; Köln und Traunstein	
Groil oder Grail	nur als ‚Grail' gefunden: sehr selten, vorrangig in Süddeutschland	
Gross	insgesamt sehr häufig, besonders in West- und Süddeutschland	sehr häufiges Vorkommen
Hasse	sehr häufig in Nordostdeutschland, aber auch im Gebiet Weimar und Döbeln-Meißen	
HELWICH	selten, Vorkommen in der Pfalz, Schwarzwald, auch Oberlausitz, Spreewald, Potsdam	Ioh. Christ Helwich, 1722
Hickisch	selten; Vorkommen vor allem in der Altmark, Potsdam, Vorpommern, im Erzgebirge, Jena und Nordthüringen	
Homann 1827	häufig, größere Konzentration in Niedersachsen, Nordrhein-Westfalen und im Harz	
Hörner	Konzentration in der Pfalz, Karlsruhe, Würzburg, Schwäbisch Hall, Ansbach	Iac. Horner, Turicen, Helvet, 1794 Francisc. Christianus Horner, 1817
Huerschan oder Buerschan	nicht gefunden	
Kirchamer	laut Suchergebnissen auf google.de durchaus als Nachname in Österreich und der Schweiz vorhanden	
H. Käsinger 1826	äußerst selten; nur im Schwarzwald und in Nordhessen, Kassel	
Käsinger	wie oben	
Keil	sehr häufig, Konzentration in Hessen, Nordthüringen, Sachsen und Sachsen-Anhalt	sehr häufiges Vorkommen
F: Kittlitz 1818	äußerst selten, Unterzeichner war vermutlich Mitglied der Adelsfamilie von Kittlitz, stammend von dem gleichnamigen Rittergut in der Oberlausitz	
Kittlitz 1819	wie oben	

Name, Datum auf dem Instrument in der Lesung von Christiane Arnhold	Untersuchungsergebnisse des Namensforschers J. Udolph, 2007[66]	Der Name kommt in den Matrikeln der Universität Leipzig (1709–1809; 1809–1832) vor
C. W. KRESSMER DI 8. Mi [= Dienstag, 8. Mai?] 1823	äußerst selten, nur in Zwickau, dem Vogtland, dem Hohenlohekreis und Tübingen	
C. KRESMER [z. T. überschrieben]	wie oben	
Kressmer	wie oben	
LAU	sehr häufig in Sachsen, Mecklenburg-Vorpommern und Holstein	mehrfaches Vorkommen
I.G. Laubusch ist angetreten d 24.ten März 1819	äußerst selten, nur in der Region Halle, in Zwickau, im Rhein-Neckar-Kreis und Coesfeld	
Lesik [unsicher, schwer lesbar]	sehr selten, Konzentrationen im Muldentalkreis, Bautzen und im Sauerland	
LINK	Vorkommen in ganz Deutschland, große Konzentration in Baden-Württemberg und Hessen	mehrfaches Vorkommen
Lintz	selten; vorrangig in Westdeutschland, vereinzelt auch in Dresden und Berlin	
Lische	sehr selten; Vorkommen in Thüringen, Harz, Havelland und in der Lüneburger Heide	Johann August Lische, 1831
Littig	seltener; vor allem in der Pfalz, Marburg, Bayreuth, Südostthüringen, Kyffhäuserkreis und Bernburg	
LITTIG.	wie oben	
Massinger [den?] 4ten August 1806	selten, große Konzentration nur in Niederbayern, Regensburg, Greiz, Jena und Bitterfeld	
Massinger 1806	wie oben	
Matrusch	äußerst selten, ausschließlich in Mettmann, Gelsenkirchen und Kreis Borken	
MITTRACH	selten, Konzentration in Bautzen, Dresden und in der Lausitz	
Moritzen	selten, Konzentration in Nordfriesland, Schleswig-Holstein, Schwerin und Güstrow	
Nowack d 13t April 1805	sehr häufig in ganz Ostdeutschland	
Neumann	allgemein verbreitet, besonders häufig in Ost- und Norddeutschland	sehr häufiges Vorkommen
Neumann [sieb] Juný 1815	wie oben	
Philipp	insgesamt häufig, größere Konzentration in Sachsen und Brandenburg	mehrfaches Vorkommen
Philipp 1800	wie oben	
PREUS. CP	sehr selten; im Westerwald und Ruhrgebiet vorkommend	
Peetz	häufiger; besonders große Konzentration im östlichen Franken, Erlangen und in Plauen (Vogtland)	
Sail	äußerst selten, nur in Waldeck-Frankenberg, Krefeld und Bielefeld; als ‚Seil' häufiger in Mitteldeutschland und Niederbayern	
Schenkjahn oder Schenk John [=Johann?]	als ‚Schenkjahn' nicht gefunden; aber evtl. Nachname und Vorname: ‚Schenk' sehr häufig im ganzen deutschsprachigen Raum	
F: Schlichewsky ist angetreten den 5ten Febr. 1825	extrem selten, Vorkommen in Schwäbisch-Hall, Koblenz und Minden	
Schmidt	allgemein verbreitet in ganz Deutschland	extrem häufiges Vorkommen
Schmidt	wie oben	
Schille	selten; größte Konzentration in Sachsen und Ostthüringen	
C:F: Schulz ist angetreten d 1: Febr: 1812	allgemein verbreitet in ganz Deutschland	Christ. Frdr Schulz (Marklißa) 1784 Carl Frdr. Schulz (Reikoldsgrün) 1784
C.F. Schulz ist angetreten d 1t Febr: 1818	wie oben	
Schultz d [14 ?] ten Febr 1717	allgemein verbreitet, besondere Konzentration in Mecklenburg-Vorpommern und Schleswig-Holstein	extrem häufiges Vorkommen
C: Schwartzenberger d. 1ten Novbr 1817	in Deutschland äußerst selten; nur in Essen, Bonn; in Österreich häufiger, v. a. in Wien und im östlichen Weinviertel	

Name, Datum auf dem Instrument in der Lesung von Christiane Arnhold	Untersuchungsergebnisse des Namensforschers J. Udolph, 2007[66]	Der Name kommt in den Matrikeln der Universität Leipzig (1709–1809; 1809–1832) vor
F: W: SCHWARTZENBERGER DEN. 14. SPT. [= September] 1823	wie oben	
F.W. Schwarzenberger den 14ten Sept. 1823	wie oben	
Schwaroffsky	sehr selten, laut Suchergebnissen auf google.de als Nachnamen ‚Schwarowsky', ‚Schwarovsky' und ‚Scharowsky' existent	
Sorn[...]		
Steiner	allgemein häufig, besondere Konzentration in Thüringen, Franken und ganz Süddeutschland	
Treiber	in Mittel-und Norddeutschland sehr selten, in Thüringen und Süddeutschland häufiger	
F. Vogt ist angetreten 17ten Febr 1817	deutschlandweit häufig, größere Konzentrationen in der Lausitz, in Hessen und Nordrhein-Westfalen	Aug. Ferd.Vogt 1815
Vogt ist eingeten [?] d 17ten Januar 1817	wie oben	
WIEN	selten; kommt aber deutschlandweit vor, häufiger in Thüringen, Köthen, Halle, Halberstadt und in Mecklenburg	
Rō [=Abkürzung für Robert, Roland od. Philipp] Witt	häufig, besonders in Schleswig-Holstein Mecklenburg-Vorpommern und im östlichen Franken	
Witt 1790	wie oben	
Witt II.	wie oben	
Philipp Witt	wie oben	
Witt 1787	wie oben	
I.H. Wolf 1823	sehr verbreitet, vor allem in Mittel- und Süddeutschland sehr häufig	Joan. Henricus Wolf 1816
John.-H. Wolff	häufig, größte Konzentration in Mecklenburg-Vorpommern, Brandenburg, Berlin und im Ruhrgebiet	Ioch. Hnr.Wolff, Lips. 1716

[66] Die Streuung der meisten deutschen Familiennamen entspricht auch derjenigen vor ca. 200 Jahren. Ausnahmen sind Familiennamen, die nach 1945 in das heutige deutsche Staatsgebiet gekommen sind. Da die Namensliste aus einer früheren Zeit stammt, konnte für die Untersuchung das Verzeichnis der Telefonanschlüsse ‚DT-Info & Route' mit ca. 35 Millionen Einträgen aus dem Jahre 1998 verwendet werden. Siehe: Jürgen Udolph: *Familiennamen in ihrer Bedeutung für die Dialektologie, Wüstungsforschung und Siedlungsgeschichte: Anwendungsmöglichkeiten digitaler Familiennamenverzeichnisse*, in: Zunamen. Zeitschrift für Namenforschung 1 (2006), S. 48–75.

Die Thomana und die Universität Leipzig – Über die Anfänge einer seit 600 Jahren verknüpften Geschichte

Stefan Altner

Der einst gängige Begriff der Thomana bedarf heute wieder der Erläuterung. Unter dem Namenspatron St. Thomas waren und sind in der Thomana drei Einrichtungen zusammengefasst, die Thomaskirche, die Thomasschule und der Thomanerchor. Wenn man heute von den Thomanern spricht, versteht man im Allgemeinen die Sänger des seit 1543 in städtischer Trägerschaft befindlichen Thomanerchores. Der Aufsatz für den vorliegenden Studienband betrachtet beim Vergleich der Thomana und der Universität besonders die divergente gar diametrale Entwicklung von einst eng miteinander verwobenen und zeitweise konkurrierenden Institutionen.[1] Wenige schlaglichtartige Einblicke können hier nur Hinweise auf einen umfangreichen Themenkomplex geben.

Trotz umfänglicher Suche in handschriftlichen und gedruckten Quellen nach institutionellen Verbindungen zwischen der Thomana und der Leipziger Universität ist die Ausbeute bisher eher ernüchternd gering. Über das Verhältnis zwischen Thomana und Universität ist am meisten immer noch aus den Schul-, Kirchen- und Ratsakten, den zahlreichen Landes- und Leipzig-Chroniken sowie Einzeluntersuchungen zu erfahren. Bisher wenig erschlossen ist auf diesem Hintergrund das Universitätsarchiv, wie neuere Funde belegen.[2] Glücklicherweise werden viele bis vor kurzem nur schwer zugängliche Quellen durch die Verbesserung der Bibliotheks- und Archivzugänge wie auch durch moderne Findhilfen im Original oder in verlässlichen Kopien leichter nutzbar. Manche – zum Teil verstreut überlieferte – Panegyrici auf Lehrer und die jährlichen Schulfestreden gaben den Thomasschul-, wie auch den Nikolaischulrektoren willkommenen Anlass, umfangreiche historische Studien über ihre Schulen zu veröffentlichen. Dabei streifen sie häufig auch die Stellung der Schulen zur Universität. Es werden umfangreiche Einzelheiten über handelnde Personen der Schulleitung, der Lehrer, des Lehrplans und zu den Absolventen berichtet. Auch Leichensermone verhelfen zudem zu genaueren Kenntnissen. Über die Menge der Schüler und Studenten und deren Zusammenwirken dagegen ist bisher viel weniger auszumachen.

Im Gegensatz zur Geschichtsschreibung der Thomana, die nur in Teilbereichen, wie die Bach-Zeit, gut dokumentiert ist, mutet die der Universität universell aufgearbeitet an. Die Universitätsmatrikel, Lehrordnungen sowie viele andere Zeugnisse sind noch zahlreich vorhanden und häufig in Sekundärliteratur leicht zugänglich. Nicht zuletzt die sechste Zentenarfeier brachte, wie auch die vorhergehenden, einen neuen Wissensschub, der sich in zahlreichen Publikationen niederschlug. Das manifestiert sich unter anderem auch in dem vorliegenden Studienband und in den beiden Bänden zur Jahres-Sonderausstellung 2009 *Erleuchtung der Welt* im Alten Rathaus.[3]

Die Bestätigungsfeier zur Errichtung der Universität im Dezember 1409 im Refektorium des Thomasklosters stellt im Werdegang des heutigen Thomanerchores neben dem Übergang in städtische Trägerschaft 1543 – im Zuge der 1539 in Leipzig erfolgten Einführung der Reformation – einen gewichtigen Markstein dar. Der auf den Stifterbrief vom 20. März 1212 zurückgehenden Thomana, deren Schule 1254 erstmals erwähnt wurde, wurde damit nach knapp 200 Jahren ihres Bestehens eine ernsthafte Konkurrenz in mancherlei Hinsicht entgegengestellt.

Die Thomasschule bot vom Elementarunterricht im Progymnasium bis zum höheren Schulunterricht die einzige durchgängige Bildungsmöglichkeit in Leipzig. Der Elementarunterricht wird oft zu wenig beachtet, weil meist

---

1   Zur Verknüpfung des Thomaskantorates mit der Universität, zur Kirchenmusik in der Pauliner- bzw. Universitätskirche sowie zur Entstehung der Collegia musica, Singvereine, etwa des Paulus oder des Arion, kann hier getrost auf die Arbeiten der anderen Autoren verwiesen werden. Vgl. u. a. die Beiträge von Michael Maul, Andreas Glöckner, Peter Wollny und Stephan Greiner im vorliegenden Band.

2   Siehe hierzu beispielsweise: Andreas Glöckner: *Johann Sebastian Bach und die Universität Leipzig – Neue Quellen (Teil I)*, in: Bach-Jahrbuch 94 (2008), S. 159–201.

3   Detlef Döring, Cecilie Hollberg (Hrsg.): *Erleuchtung der Welt. Sachsen und der Beginn der modernen Wissenschaften*, Dresden 2009.

nur der Alumnenanteil in Betracht kommt.⁴ Wie man sich den Elementarunterricht konkret vorzustellen hat, ist bisher nicht hinreichend erforscht. Immerhin vermutete Otto Kaemmel: „für geringere Ansprüche wie für Schreiben und Rechnen mögen die ‚Deutschenschreiber' und ‚Rechenmeister' in Privatschulen (‚Winkelschulen') gesorgt haben, die der Rat gelegentlich unterstützte."⁵ Dass es jedoch mehr als die in den Akten bzw. Matrikeln erfassten Knaben gegeben haben muss, belegt beispielsweise die Aufforderung des Leipziger Rates vom 29. Juli 1521 an den Thomasschulrektor, die ihm nahelegt, nicht mehr als 200 Schüler zu halten, „wegen der ‚Sterbeläufte' an vielen Orten, und weil es ohnehin schon genug Bettler in Leipzig gebe."⁶ Wer den zusätzlichen Unterricht in welchen Räumen gegeben hat, ist kaum mehr zu ergründen. Es gab nur wenige andere Bildungsangebote in Winkel-, Mädchen- oder Privatschulen.

Die Bedeutung der Thomasschule schwächte sich nach der Erstarkung der Universität deutlich ab, wenngleich anfangs eine Verzahnung beider Einrichtungen ablesbar ist. Dass das Chorherrenstift St. Thomas der regulierten Augustinerchorherren der Mittelpunkt des geistigen Lebens Leipzigs zu Beginn des 15. Jahrhunderts war, trotz der nach dem Ende der schweren Pest- und Notzeiten beginnenden städtischen Selbstverwaltung, fand Bestätigung durch die Verlesung der Universitätsgründungsakte im Thomaskloster. Die Chorherren waren einst nicht ohne Widerstand der Bürger als Weltgeistliche durch landesherrliche Akte in Leipzig etabliert worden. Als an Wissenschaft interessierte und weltoffene, nicht mönchisch lebende Kleriker sollten sie quasi als Ministeriale die landesherrlich kontrollierte Kirchenverfassung durchsetzen und somit der vom Papst geführten Kirche weiteren Machtzuwachs verwehren.⁷ David Peifer bemühte in seiner Leipzig-Chronik bei der Beschreibung der Universitätsgründung das ambivalente Bild des trojanischen Pferdes. Daraus seien gebildete Männer zum Lob und Vorteil für die christliche Welt hervorgekommen. Er belegt diese Gebildeten mit Attributen der Frömmigkeit, Tüchtigkeit, Zuverlässigkeit, Einsicht, Klugheit sowie Fleiß.⁸

Die Thomasschule sorgte zunächst für die Herausbildung eines Schülerchores, der den Gesangs- und Hilfsdienst in Gottesdiensten und den Horen der weltoffenen, regulierten Augustiner-Chorherren in der Thomaskirche übernahm. Sie unterhielt ein Alumnat, in das zumeist ärmere Knaben von außerhalb Leipzigs aufgenommen wurden. Es gilt immer wieder darauf hinzuweisen, dass die Thomasschule zwar als ‚schola pauperum' bezeichnet wurde, was jedoch grundsätzlich keinen Rückschluss auf die Qualität ihrer Lehrverfassung zulässt. Im Vergleich zu anderen Schulen war die Thomasschule räumlich recht gut ausgestattet,⁹ und es konnten meistenteils hervorragende und über die Schule hinaus wirksam und bekannt gewordene Lehrer und Kantoren an die Schule gebunden werden.¹⁰ Die oft in den Schulakten zu findenden Klagen über die baulichen, vor allem sanitären Mängel sind keine Besonderheit der Thomasschule.

4   In früher Zeit ist wie bei der Universität auch bei der Thomasschule die Schülerfrequenz nicht ohne Weiteres zu bestimmen. Konnten in die Universität viele von frühester Kindheit eingeschrieben werden, ohne in der Lage zu sein, die Lektionen zu hören, so ist die Aufnahme oder der Besuch von Unterrichtsstunden an der Thomasschule ebenfalls nicht zweifelsfrei zu bestimmen. Am 12. Juni 1677 nimmt der Thomasschulrektor Jakob Thomasius zwei Brüder als junge Schüler in die Elementarklasse der Septima auf: „Post lectionem matutinam accedit me Johann. Christoph Inniger, Fourirer bey des Hrn. Obr. Leutnant Tituls Leibcompagni, praesentat mihi filios duos (hat sich sonst bißher in militia in Gotha auffgehalten) Gotfridum et Johannem Christianum (ille 8. Jahr alt, der ander ist im sechsten). Ipse pater jam habitat beim Petersthor in der Kalckhütte. Pro inscriptione utriusque accepi 2. gr. et locavi in VII.ᵐᵃᵐ" Zitat: Jakob Thomasius, Richard Sachse (Hrsg.): *Acta Nicolaitana et Thomana. Aufzeichnungen von Jakob Thomasius während seines Rektorates an der Nikolai- und Thomasschule zu Leipzig (1670–1684)*, Leipzig 1912, S. 245.
Bei Georg Erler (Hrsg.): *Die Matrikel der Universität Leipzig* (Codex diplomaticus Saxoniae Regiae; 2,16–2,18), 3 Bde., Leipzig 1895–1902, Bd. 1: *Die Immatrikulationen von 1409 bis 1559*, S. LIX f. ist zu lesen: „Unter den Unvereidigten finden sich übrigens Knaben von 12 Jahren abwärts bis zu 4, ja 2 Jahren, bei denen der Rector hinsichtlich der Belehrung über die Pflichten seine Schwierigkeiten gehabt haben wird. [Eidfähigkeit war erst ab dem 13. Lebensjahr gegeben, Anm. d. Verf.]. [...] Die Zahl der eigentlichen Hörer ist eben nach den Matrikeln der mittelalterlichen Universitäten überhaupt nicht zu bestimmen. Es handelt sich lediglich um die Zahl derer, die als Universitätsverwandte in die Matrikel Aufnahme fanden. Ein erheblicher Procentsatz von ihnen wird immer abzurechnen sein, wenn wir die Zahl der Hörer berechnen wollen." Daraus kann geschlussfolgert werden, dass die Zahl der Lehrerhilfskräfte für die vielen Elementarschüler nicht zweifelsfrei zu bestimmen ist, wenn die Thomasschule als die einzige Bildungseinrichtung für die ganze Stadt Leipzig gelten muss.

5   Otto Kaemmel: *Geschichte des Leipziger Schulwesens vom Anfange des 13. bis gegen die Mitte des 19. Jahrhunderts (1214–1846)*, Leipzig 1909, S. 6.

6   Ebenda, S. 18.

7   Vgl. Ernst-Heinrich Lemper: *Die Thomaskirche zu Leipzig*, Leipzig 1954, S. 17 ff.

8   David Peifer [Davidis Peiferi]: *Lipsia seu Originum Lipsiensium, Libri IV. cum Quibusdam additamenitis, Curante*, Leipzig 1689, Liber III, §. 13, S. 303: „ex quo veluti es equo Trojano complures optimarum artium studiis eruditi, & liberali doctrina exculti prodierunt viri, quorum in re Ecclesiastica & publica, pietas, virtus; fides, consilium, prudentia & industria magna cum laude atque orbis Christiani commodo eluxerunt." Peifer war Thomas- und Pförtnerschüler, Student der Leipziger Universität und später kursächsischer Kanzler.

9   Über den Schulbau vor 1553 ist wenig bekannt.

10 Vgl. Justus Christian Thorschmid: *Historia praefecturae Thomanae quam praepositurum vocant in incluta Lipsiensium urbe a primis inititius*, Leipzig 1741, S. 64: „Schola non minus [hier bezieht er sich auf die vorangegangene Aufzählung anderer Schulen in Deutschland, Anm. d. Verf.] THOMANA ecclesiæ ac conventus, imo postea orbi Literato, maximo semper in Academias Professores & tandem Rectores, exemplo Borneri, in Ecclesiam Thomanam Sacerdotes, ac tandem Pastores, qui honos Abrah. Teller contigit: ex Con-Rectores Martinus Cramerus tandem Ecclesiastes Verspertinus."

ANNO A NATIVITATE CHRISTI M DC LXXVI.

Rectore Thomanæ Scholæ M. Jacobo Thomasio,

in numerum Alumnorum & Inquilinorum recepti sunt:

d. 30. Maj   Johannes Voigt von Urbra auß Thüringen meines Alters 13 Jahr Verspreche zu Verbleiben 6 Jahr.
Sepultus A. 1680. 5. Sept. ob me hi pesti.

d. 27. July. Johann Daniel Freisleben von Orlamünd: auß Thüringen meines Alters 12 Jahr Verspreche Zu Verbleiben 6 Jahr.
obiit in schola 7. Sept. 1680. p. 710.

d. 9. Septemb. Cristian Hetzberg ~~freisleben~~ von Eÿlenburg Versprche weiter zu Verbleiben 2 Jahr. biß 9 7br. 1681.
meines Alters 14 Jahr Verspreche zu bleiben 4 Jahr.
valedixit A. 1681. d. 10. April.

d. 28. Octobr. Andreas Günther von Spaldwitz Meines alters 16 Jahr hab versprochen 5 Jahr Hierzubleiben. Versprche nochfener zu bleiben 2 Jahr. noch fener 1 Jahr. *discesß. A. 26. Maii 1684 tella sunt valedixt*

d. 15. Novembr. Georgius Adler von Iacobshayn meines alters 14 Jahr verspreche zu verbleiben 4 Jahr.
discessit A. 1678. 9. december.

d. 26. Novembr. Gabriel Wilfeldt von Mühldorff meines alters 15 Jahr Versprche Zu Verbleiben 4 Jahr.

Anno 1677.

A° 1677. Sema 6.

d. 27. April. Christoph Bramße von Eÿlenburg meines alters 14 Jahr Versprche Zu Verbleiben 2 Jahr.

Eod.   Johannes Casparus Doltz von Finsterwalda meines alters 14 Jahr verspreche zu verbleiben 6 Jahr. *morib pesti A. 1680. 5. octobr.*

d. 4. May   Johann Keßel von Stockholm, meines Alters 18½ Jahr, verspreche zu bleiben 2 Jahr.

Auszug aus der Alumnenmatrikel von 1676 (Archiv des Thomanerchores)

Das Schulgebäude neben der Thomaskirche beherbergte bis 1876 neben den Schulräumen, dem Alumnat der Chorsänger mit Wohn-, Arbeits-, Sanitär- und Schlafräumen auch die Wohnungen von Rektor und Kantor. In einer Aula oder dem Cönakel[11] wurden festliche Veranstaltungen ausgerichtet. Gegen Ende des 18. Jahrhunderts gab es hier gar eine Konzertreihe, in der neben Thomanern auch Bürger der Stadt und Studenten mit Vokal- und Instrumentalwerken auftraten.

Im Unterschied zu den später vielerorts aufkommenden Internaten, die reine Schülerwohnheime waren, hatten die Zöglinge des Alumneums für die Vergünstigung, eine kostenfreie Wohnstatt zu erhalten und ernährt zu werden,[12] zahlreiche zumeist musikalische Dienstleistungen zu erbringen. Das Alumneum, später Alumnat genannt, war im hohen Grade selbstverwaltet. Eine große Anzahl von Ämtern unter den Alumnen sorgte für eine mit Rechten und Pflichten ausgestattete Hierarchie unter den Zöglingen. Diese Selbstorganisation brachte manche Vorteile für die Amtsinhaber im Alltag und war eine gute Vorbereitung auf das Leben nach der Schulzeit.

Aus dem Tagebuch von Thomasschulrektor Jakob Thomasius[13] erfahren wir, wie eine Aufnahme in das Alumnat 1676 ablief. Daran hat sich über die vielen Jahrhunderte wenig geändert:[14]

„9. Septemb. 1676 h. [Kalenderzeichen für Samstag] Adibat me Dominus Cantor, berichtende, daß sich bey ihm vor etlichen wochen ein Bürger aus Eilenburg angegeben vnd gebethen, seinen Sohn zu befördern, daß er ein Alumnus werden möchte: er hab solchen Sohn selbst in Musicis exploriret, gefalle ihm gar wol, beruhe also darauff, ob ich ihn examiniren vnd zum wenigsten eine expetantenstelle gönnen wolle, denn der Vater hab selbst indessen seinen Sohn mitgebracht. Annui, vnd weil heut Vater und Sohn zur stelle, hab ich den verlaß mit dem Hrn Cantore genommen, daß ich gleich itzo den Sohn examiniren wollte, vnd zwar in seinem, des Cantors beysein. Adfuit ergo pater Balthasar Hetscher, Schlosser von Eilenburg, praesentavitque Christianum filium, so bißher zu Eilenburg in die Schul gangen, daselbst in prima gesessen, ist beynahe vierzehn Jahr alt. Examinavi ipsum praesente Cantore et dignum deprehendi, qui locaretur in tertia. Quaesivi ex patre, wie lang er bey hiesiger schul zu verbleiben als ein alumnus zusagen sollte. Ipse petiit cum uxore deliberandi spacium. Solvit interea pro inscriptione 6. gr. Kam hierauff kurz vor Tisch mit dem Sohne wieder, hatte sich resolviret, denselben 4. Jahr bey uns zu lassen. Worauff ich diesen discipulum solches in gewöhnliche buch der Alumnorum einschreiben lassen. Wird indessen, so viel das bette anbelanget, ein expetant sein. Der Vater brachte mir auch zur verehrung einen sack welsche nüsse [Walnüsse, Anm. d. Verf.]."

Der Schüler Christian Hetscher aus Eilenburg, der dort bereits als Vierzehnjähriger die Prima besucht hatte, wurde also von seinen Eltern beim Thomasschulrektor vorgestellt, um ihm eine der begehrten Alumnenstelle zu verschaffen. Zuvor gab es offenbar schon eine Eignungsprüfung durch den Thomaskantor Sebastian Knüpfer, der ihn als gut brauchbar eingeschätzt hatte. Eine gute Stimme, musikalische Begabung und Vorbildung waren wichtige Voraussetzungen für die Aufnahme. Nach der schulischen Prüfung durch den Rektor wurde er in die Schule aufgenommen, musste jedoch noch einmal in der Tertia beginnen. Solange bis eine Alumnenstelle frei wurde, konnte ihm zunächst nur eine Bettstelle in der Expetantenstube zugewiesen werden. In das Alumnenverzeichnis[15] wurde er bereits eingetragen, was immerhin sechs Groschen gekostet hat.

Und um den Rektor gütig zu stimmen, wurde ihm ein Sack „Welscher Nüsse" verehrt … Die Eltern und der Schüler hatten sich verpflichtet, dass Christian vier Jahre im Chor verbleibt. Er hat später um weitere zwei Jahre verlängert. Mit der Unterschriftsleistung auf einem Revers verpflichtete sich der künftige Alumne, für eine fest vereinbarte Zeit auf der Schule zu verbleiben. So konnte sichergestellt werden, dass die anfänglich etwa zwölf, bald aber schon ca. 50 Alumnen ihre vielfältigen ‚Dienstleister'-Aufgaben qualitativ auch wirklich hoch stehend ableisten konnten.

Der Singechor der Thomasschule trug durch die Einnahmen aus den musikalischen Dienstleistungen wesentlich zur Unterhaltung der Schule bei. Hauptsächlich kamen diese Einnahmen bei Kurrenden, den Neujahrs- und

---

11 Lat. Coenaculum = Speisesaal.

12 Daher der Name Alumnat abgeleitet vom lateinischen alere = ernähren.

13 Jakob Thomasius, geboren 17. August 1622 in Leipzig, gestorben 9. September 1684 ebenda. Nach den Unterlagen im Archiv des Thomanerchores hatte Thomasius folgende universitäre Ämter: 1653 Professur für Moral, 1656 Professur für Dialektik, 1659 Professur für Beredsamkeit. Seit 1654 war er Collegiat des kleinen Fürstencollegs, und er war fünfmal Dekan der philosophischen Fakultät sowie 1659 Rektor der Universität. Seit 1662 begleitete er das Amt eines Decemvirs bei der Universität. Thomasius konnte seine akademischen Ämter auch beibehalten, nachdem er 1670 Rektor der Nikolaitana geworden war und auch als er am 2. Mai 1676 als Rektor zur Thomana wechselte.

14 J. Thomasius, R. Sachse (Hrsg.): *Acta Nicolaitana et Thomana* (wie Anm. 4), S. 150.

15 Der erst dritte Eintrag von Thomasius im Alumnenverzeichnis vom 9. September 1676 lautet: „Christian Hetscheri, von Eylenburg meines Alters 14. Jahr verspreche zu verbleiben 4. Jahr. [Spätere Zusätze] verspreche weiter zu verbleiben 2 Jahr. biß, [?]bi. 1682. valedict. A. 1682. d. 20. April." Quelle: Archiv Thomanerchor (siehe Abbildung S. 157).

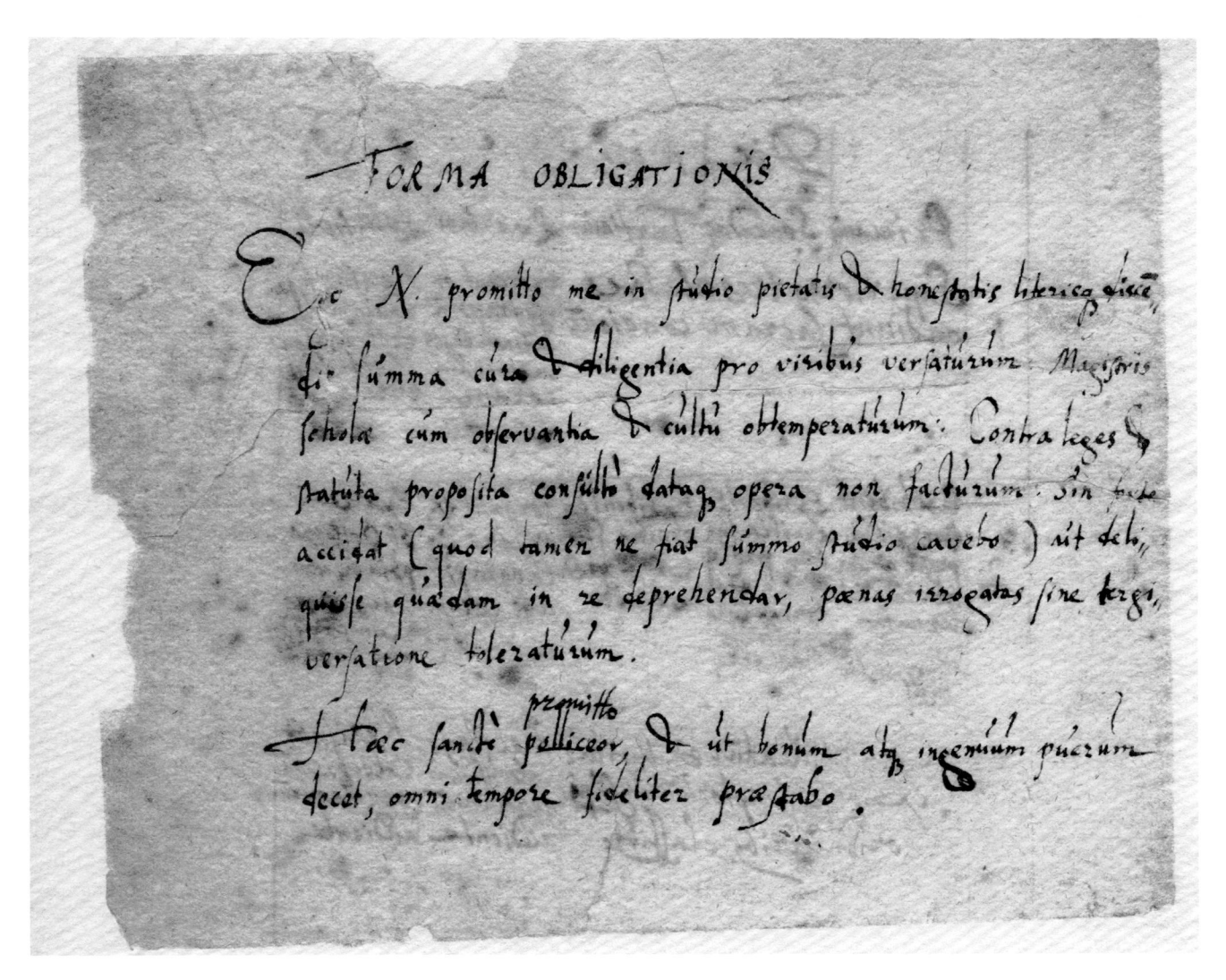

Forma obligationis (Verpflichtungserklärung) der Alumnen aus dem Ende des 16. Jahrhunderts (Archiv des Thomanerchores)

16 Die sogenannten Neujahrs- wie auch das Gregoriussingen dauerten bis zu drei oder gar vier Wochen, in denen kleine Chorgruppen nach einem genauen Plan in der gesamten Stadt Leipzig vor und in der. Häusern sangen, um für den Schulbetrieb Geld einzusammeln. Vergleichbar ist das mit einer Art Steuereintreibung auf freiwilliger Basis. Die Geber wurden registriert, das Geld nach genauen Plänen innerhalb der Schule mit Wissen des Rates der Stadt verteilt.

17 Georg Erler: *Leipziger Magisterschmäuse im 16., 17. und 18. Jahrhundert*, Leipzig 1905, S. 184: „Auch die neuen Magister hatten den Wunsch, ihr Promotionsfest nicht dürftiger als ihre Vorgänger zu feiern. [...] Bestimmt doch die Agenda, die den Zustand in der ersten Hälfte des 17. Jahrhunderts widerspiegelt, daß auf Geheiß des Dekans von jungen Magistern der Rektor, der Pastor der Nikolaikirche, der Syndikus der Universität, alle Kollegen der Fakultät und der Verfasser des Lobgedichts auf die Magister einzuladen seien. [...] Nach der Agenda hatte der Dekan auch dafür zu sorgen, daß ein Orgelspieler mit seinem Instrument zugegen war. Die Rechnungen des Liber culinarius ergeben außerdem, daß zu Zeiten auch die Sänger der Thomasschule und die Stadtpfeifer durch Gesang und Spiel die Gäste erfreuten."

Gregoriussingen,[16] bei Musiken in Bürgerhäusern, bei Hochzeiten, Leichenbegängnissen, Ratsfeiern, Theateraufführungen sowie bei Universitätsfeierlichkeiten, z. B. bei Promotionsfeiern zustande.[17]

Verschiedentlich ist in den Berichten zu lesen, dass nicht allein die Alumnen zu musikalischen Diensten herangezogen wurden. Aus Anlass der Leichenprozession von Lorenz von Adlershelm (gestorben am 7. Februar 1684, er war als Bürgermeister auch Vorsteher der Thomasschule gewesen und hat eine der größten Stiftungen zugunsten der Thomasschule hinterlassen) am 13. Februar 1684 wurden testamentarisch genau definierte Gebührenanteile (Leichengelder) ausgezahlt. Eine Anweisung für die Aufteilung der überaus reichlichen 30 Taler für die Schüler legt fest:

Altkolorierter Stich von Schwarze aus der Suite von Leipzig, 1789. Leichenzug mit Thomanern auf dem Weg zum vor den Stadtmauern liegenden Johannisfriedhof vorbei an der Paulinerkirche und noch vor dem Grimmaischen Tor
(Archiv des Thomanerchores)

„Denen Schülern zu S. Thomas, so wol denen alumnis, alß denen nach proportion, welche nicht eben alumni, fürnemlich aber denen, welche der Cantorey zugetahn seyn, das meiste nach proportion zu geben, deswegen die meinigen wol etwas nachfrage zu halten, vnd zu gleich mit disponiren, vmb meinen willen eigentlich dadurch zu vollziehen".[18]

Zu der außergewöhnlich festlichen Leichenprozession wurde ein vom Verstorbenen gestiftetes neues kostbares Prozessionskreuz vorangetragen, das später nur für „fürnehme leichenbegengnisse"[19] genutzt wurde. Es wurde in einem besonderen Schrank in der Thomasschule, in der sogenannten ‚Kreuzköthe', aufbewahrt. Am Abend nach Beendigung der Trauerfeierlichkeiten trugen 46 Alumnen Fackeln, um dem Prozessionszug Licht zu spenden.

Die dem Thomasstift angeschlossene Thomasschule blieb die einzige höhere Latein-Schule in Leipzig, bis sich 1511 mit der Nikolaischule eine erste bürgerlich-städtische Bildungseinrichtung etablieren konnte. Während die Kirche eifersüchtig über das Recht wachte, allein Schulen zu halten, drängten die erstarkenden Städte mit etabliertem Stadtrat aus dem Abhängigkeitsverhältnis zur Geistlichkeit. Schon seit 1395 hatte die Leipziger Bürgerschaft, bekräftigt durch eine Bulle von Papst Bonifatius IX., eine Konzession erstritten, um eine eigene, freie Stadtschule zu errichten. Widerstände sowohl der Thomaspropstei wie auch der Universität, die auf Befürchtungen von Machtverlust und gleichermaßen von wachsender wirtschaftlicher Konkurrenz beruhten, führten jedoch dazu, dass mit der lebensfähigen Errichtung der Nikolaischule erst nach mehr als 100 Jahren begonnen werden konnte. Den Thomasschü-

---

18 J. Thomasius, R. Sachse (Hrsg.): *Acta Nicolaitana et Thomana* (wie Anm. 4), S. 669.

19 Ebenda.

lern wurde das bestehende Recht zugesichert, die Musik in den beiden Hauptkirchen weiterhin allein zu bestreiten.

Den Tagebucheinzeichnungen von Jakob Thomasius ist zu entnehmen, dass es zwischen Thomas- und Nikolaischülern Rivalitäten gab, die nicht selten mit groben körperlichen Übergriffen ausgefochten wurden. In dem Bericht vom 13. März 1675 – da war Thomasius noch Rektor der Nikolaischule – ist zu lesen, dass es am 10. März 1675 bei der Begräbnisfeier von Doktor Wagner zu Provokationen von Thomanern gekommen war.

Ein geplanter Überfall von Thomasschülern auf Nikolaischüler mit Knüppeln [Prügel] konnte zwei Tage später nur durch die Stadtknechte verhindert werden. Mit den Übergriffen mussten sich auch der Stadtrat und die Schulleitungen untereinander verständigen. 1675 war Michael Thomasius, der Bruder von Jakob Thomasius, als Mitglied des Leipziger Rates für die Thomasschule mit zuständig, so dass es in dem speziellen Fall leicht gewesen sein mag, den Streit beizulegen.[20] Am 28. Juli desselben Jahres gab es wegen privater Händeleien blutige Auseinandersetzungen zwischen Studenten und Stadtsoldaten unter Einbeziehung einer Bürgerwehr, wie bei Johann Jacob Vogel in seinen *Annales* nachzulesen ist.[21]

Folgt man den umfangreichen Quellendetails von Johannes Rautenstrauch[22] und dem Stiftungsbuch der Stadt Leipzig von Heinrich Geffcken und Heiin Tykocinski,[23] dann waren die Schulen in vorreformatorischer Zeit als die Hauptpflegestätten der kirchlichen Musik anzusehen. Er hebt dabei besonders die beiden bekanntesten Klosterschulen Sachsens, die Thomasschule und St. Afra in Meißen als ursprüngliche Chorschulen heraus.

Anfänglich standen die Universität und die Thomasschule in Konkurrenz, boten sie doch weitgehend einen ähnlichen Bildungskanon mit dem Unterricht in den Septem artes liberales an. Darin stand im Quadrivium die Musik an vorderster Stelle. An der Universität soll es dafür von Anfang an Musikmeister gegeben haben. Heinrich Gottlieb Kreussler schreibt hierzu noch 1810:

„Selbst die magische Sprecherin der tiefsten und unbekanntesten Gefühle, die Musik, hatte ihren eigenen Lehrer, der freylich willkührlich sich diesem Geschäfte unterzog, aber leider seit der Mitte des vorigen Jahrhunderts keinen Nachfolger gefunden hat."[24]

Im Unterschied zu heute wurden die Schüler als Alumnen in der Regel mit dem zwölften Lebensjahr und manchmal erst nach dem fünfzehnten in die Schule aufgenommen.[25] So kam es vor, dass sich nach fünf bis sieben Jahren Aufenthalt auf der Schule die Altersgleichheit mit den Universitätsstudenten herstellte. Beide höhere Schulformen buhlten um Schüler und Studenten, die Lehrer um Privatschüler. Bevor Lehrer feste Gehälter bekamen und somit wirtschaftlich abgesichert wurden, wohnten bei ihnen in den Bursen oder in den Wohnungen die Privatschüler zur Miete.

Für die Lehrer der Thomasschule war es attraktiv, sich an die Universität zu bewerben, um dort außerordentlichen akademischen Unterricht geben zu können. Um dies von vornherein zu verhindern, wurde den Lehrern der Thomasschule bei Amtsantritt auferlegt, ohne Zustimmung der städtischen Behörde kein Lehramt auf der Universität annehmen zu dürfen.[26] Der Rat hatte Sorge, dass der Unterricht an der Thomasschule vernachlässigt werden könnte, wenn die Lehrer gleichzeitig auch an der Universität unterrichten würden.

Gegen 1500 war das Thomaskloster wirtschaftlich angeschlagen, und die Universität hatte die Vormachtstellung als Bildungsträger endgültig errungen. Das änderte sich auch nicht, als 1511 die von der Bürgerschaft getragene Nikolaischule gegründet wurde. Erst nach der durch Luther und Melanchthon im Zuge der Reformationsbewe-

---

20 Ebenda, S. 76: „13. Martii ♄ [Kalenderzeichen für Samstag] [1675] Inquisivi, quod potui, numquid turbarum inter utriusque scholae discipulos contugerit. Wollte verlauten, ob were etwas bey dem Marstall vorgangen, doch wurd die schuld auff die Thomasschüler geleget, welche denen unsrigen nicht allein den 4. Martii ♃ [Kalenderzeichen für Donnerstag] jüngst hin, alß sie in Templo Paulino geopfert, sondern auch neulichst am 10. Martii ☿ [für Mittwoch] in eodem Templo bey dem begräbnis viduae D. Wagneri, denen vnsern Stoße angebothen vnd gegeben; wollte auch verlauten, ob hette ihnen ihr Rector befohlen, sich mit prügeln gefasset zu halten, welche sie auch gestern im Marstalle hetten brauchen wollen, weil aber anstalt gemachet, daß die Stadtknechte achtung auff ihre actiones gegeben, hetten sie ihre prügel fallen lassen vnd weren wieder zurückgelauffen. Retuli haec fratri meo Senatori, ut Senatui demonstraret: deque re utrinque gesta ulterius inquisiturum me promisi."

21 Johann Jacob Vogel: *Leipzigisches Geschicht-Buch Oder Annales, Das ist: Jahr- und Tage-Bücher Der Weltberühmten Königl. und Churfürstlichen Sächsischen Kauff- und Handels-Stadt Leipzig [...]*, Leipzig 1714, S. 762.

22 Johannes Rautenstrauch: *Luther und die Pflege der kirchlichen Musik in Sachsen (14.–19. Jahrhundert), ein Beitrag zur Geschichte der katholischen Brüderschaften, der vor- und nachreformatorischen Kurrenden, Schulchöre und Kantoreien Sachsens*, Leipzig 1905, Reprint Hildesheim 1970, S. 19.

23 Heinrich Geffcken, Heiin Tykocinski (Hrsg.): *Stiftungsbuch der Stadt Leipzig*, Leipzig 1905. Vgl. auch Stefan Altner: *Aus dem Archiv* [Artikel über das Leipziger Stiftungswesen zugunsten der Thomaner], in: Thomanerchor Leipzig, Almanach 2, Leipzig 1996/97, S. 62–71.

24 Heinrich Gottlieb Kreussler: *Geschichte der Universität Leipzig*, Dessau und Leipzig 1810, S. 25.

25 Heutzutage haben die meisten Knaben dann schon den Stimmbruch hinter sich, der einst viel später einsetzte.

26 Am bekanntesten sind hierfür die Anstellungsverträge der Thomaskantoren als Belege zu nennen. Der von Johann Sebastian Bach vom 5. Mai 1723 beinhaltete die Bestimmung: „14.) Und bey der *Universität* kein *officium*, ohne E. E. Hochweisen Raths *Consens* annehmen solle und wolle." Zitiert nach: Werner Neumann, Hans-Joachim Schulze (Hrsg.): *Schriftstücke von der Hand Johann Sebastian Bachs* (Bach-Dokumente, Bd. 1), Leipzig 1963, S. 177 f.

gung geforderten Herausbildung eines breiten humanistischen Bildungsangebotes wurde die Thomasschule wie andere Einrichtungen auch wieder aufgewertet.

Die angestammte Thomasschule und die Universität werden sich zwar beargwöhnt haben, waren jedoch beide bemüht, viele auswärtige Schüler beziehungsweise Studenten zu erhalten. Dass die beiden Institutionen sich auch zahlenmäßig einst miteinander fast auf Augenhöhe befanden, wird glaubhaft, wenn man den Ausführungen von Thomasschulrektor und Universitätsprofessor Johann Gottfried Stallbaum und dem Bericht Johann Burckhardt Menckes folgen will, die sich auf die erste Zentenarfeier der Universität 1509 beziehen:

„Derselbe [Johann August Ernesti, Anm. d. Verf.] erzählt auch von Caspar Borner ausdrücklich, daß er wegen der großen Menge der bei ihm Unterricht suchenden Jünglinge außer dem Cantor und Baccalaureus noch den Georg Fabricius Chemniciensis und den berühmten Wolfgang Meurer zu Gehilfen angenommen habe. Und natürlich konnte die Zahl der Schüler, da die Thomasschule die einzige Schule für Leipzig war, nicht eben gering sein, zumal da der Elementarunterricht hier ebensowohl als der höhere Unterricht ertheilt wurde und mithin die Schule nach damaliger Sitte die höchsten und niedrigsten Theile des Unterrichts, so weit möglich, in ihren Kreis zog. Somit ist es denn auch gar nichts Wunderbares, wenn erwähnt wird, daß an einem öffentlichen Aufzuge mehr als 700 Thomasschüler Antheil genommen. [als Fußnote bei Stallbaum, Anm. d. Verf.] 1) Mencken. Oratt. Academ. p. 123. der sich auf Io. Brotuffii Chronicon Sax. Ms. bezieht. A probatissimis scriptoribus, sagt Mencken, traditum invenio, in publica et solemni pompa, quam ipse Dux Georgius ducebat, bis mille et centum magistros pariter iuvenesque, et in Schola Thomana septingentos pueros, qui optimis artibus ad humanitatem informarentur, fuisse numeratos."[27]

In der Regionalkundlichen Bibliothek der Stadtbibliothek Leipzig ist unter Sax. 122 ein Exemplar (mit Vorbesitzerstempel der Bibliothek der Fürsten- und Landesschule Grimma) der Rede von Johann Burckhardt Mencke erhalten, die er anlässlich der 300-Jahrfeier der Universität am 4. Dezember 1709 in der Universitätskirche öffentlich gehalten hat. Sie beschäftigt sich mit dem Entwicklungsgang der Universität in widrigen und guten Zeiten sowie deren namhaften Lehrern. In der Rede ist die Originalsequenz zum Zitat von Stallbaum ohne Auslassungen zu finden:

„Equidem illis fidem habere nequeo, qui multa millia studiosorum juvenum e Pragensi in Lipsiensem Academiam venisse jactzitant; a probatissimis tamen illius temporis scriptoribus *[als Fußnote: v. Jo. Brotuffi Chronicon Sax. MS] traditum invenio, cento post inaugurationem annis in publica et solenni pompa, quam ipse Dux GEORGIUS ducebat, bis mille centum Magistros pariter juvenesque & in schola Thomana septingentos pueros, qui optimis artibus ad humanitatem informarentur, fuisse numeratos."[28]

Es ist also über die sonst wenigen vorhandenen Informationen zur Einhundertjahrfeier der Universität hinaus zu erfahren, dass Mencke denjenigen nicht traut, die damit prahlen, dass viele Tausend Studenten von Prag auf die Leipziger Universität gekommen seien. Er berichtet, dass er jedoch bei zuverlässigen, trefflichen Schriftstellern der Zeit – mit besonderem Hinweis auf die handschriftliche sächsische Chronik von Brutuffo – entdeckt habe, dass bei der von Herzog Georg geführten feierlichen Prozession zum 100. Universitätsjubiläum 2100 Personen der Universität (Lehrer und Studenten) und 700 Schüler der Thomasschule gezählt worden seien.

Das Verhältnis zwischen der Thomana und der Universität war jedoch nicht immer Anlass zum Jubel. Als autarker ‚Staat' mit eigener Gerichtsbarkeit und eigenen ‚Bürgerrechten' der Universitätsverwandten stand die Universität manchmal heftig im Widerspruch zum Gemeinwesen der Stadt Leipzig. Der Alltag war bis in kleinste Situationsfragmente geregelt und mit Auflagen belegt:

„Jeder, der in das Kolleg. aufgenommen wird, muß innerhalb der ersten 4 Wochen eine AnTritts-Predigt halten. Wer aus dem Koll. heraustritt, muß eine AbschiedsRede halten, oder 1 Thl. dafür bezahlen. – Jedes Mal den MondTag vor einem der vier Feste, WeyhNachten, Ostern, Pfingsten und Michael, muß eine FestRede gehalten werden. Wer dabei weder das FestEvangelium, noch einen recht schicklichen Text, richtig auslegt, bezahlt 8 Gr. Wer länger, als drei ViertelStunden, predigt, bezahlt 2 Gr., und wer eine ganze Stunde predigt, 4 Gr. Doch ist bei den LeichenReden eine Ausnahme verstattet. Jeder, der die Predigt abließt, wird gestraft. Die Predigt muß jedoch in AbSchrift an die MitGlieder herumgegeben werden. Der jedesmalige

---

27 Gottfried Stallbaum: *Die Thomasschule zu Leipzig nach dem allmählichen Entwickelungsgange ihrer Zustände, insbesondere ihres Unterrichtswesens*, Leipzig 1839, S. 13 f.

28 *D. JO. BURCHARDI MENCKENII, S. REGIÆ MAJ. POLON. CONSILIARII ET HISTORIOGRAPHI, NEC NON HIST. PROF. PUBL. ET SOCIETIT REGIÆ BRITANN. SOCII, ORATIO SECULARIS, DE Viris Eruditis, qui Lipsiam scriptis atque doctrina illustrem reddiderunt, IN ACADEMIA LIPSIENSI, EX DECRETO RECTORIS MAGNIFICI ET SENATUS ACADEMICI, DIE IV. Decembris A. MDCCIX. IN IPSA JUBILÆI ACADEMICI CELEBRITATE, PRÆSENTIBUS SPLENDISSIMIS ATQUE EXCELLENTISSIMIS DOMINIS LEGATIS, IN TEMPLO ACADEMICO publice recitata. LIPSIÆ, apud Jo. Fr. Gleditsch & Fil. MDCCX.*, S. 3.

Beginn des Vorworts zur Paedologia *von Mosellan mit Widmung an Johann Graumann (Poliander)*
(Universitätsbibliothek Leipzig: Off. Lips. LO162)

Prediger muß nur bei LeichenPredigten in schwarzer Kleidung erscheinen. Wer eine Predigt noch einmal hält, bezahlt 8 Gr.–"[29]

Beide Seiten haben es sich dabei nicht leicht gemacht und sich in Abgrenzungen geübt, um ja keine Pfründe und Rechte dem anderen zu überlassen. In vorreformatorischer Zeit werden unter anderem die Bemühungen der Pröpste des Thomasklosters bekannt, nach welchen sie eine exponierte Stellung in der Universitätsleitungsspitze einforderten.

„Mit großem Eifer verteidigt die Universität ihre Rechte auch gegenüber ihrem Konservator, dem Bischof von Merseburg. Als dessen Vertreter, der Propst des Thomasstifts, Burkard von Chemnitz, um Neujahr 1443 den bisher unerhörten Anspruch erhob, bei allen Feierlichkeiten der Universität den Platz nach dem Rektor und vor allen Magistern und Professoren einzunehmen, und der Bischof diese Forderung bestätigte, richtet die Universität, nachdem ihren Abgesandten die Umstimmung des Bischofs nicht gelungen war, zum Schutz ihrer Privilegien, Freiheiten und Ordnungen einen feierlichen Protest an den Papst oder das in Bälde zu berufende allgemeine Konzil. Sie betont darin wiederholt, daß sie den Bischof zwar als ihren Kanzler und Konservator, aber nicht als ihren Richter anerkenne. Die Angelegenheit scheint dann zur Befriedigung der Universität und speziell ihrer dabei zunächst beteiligten Theologen geordnet worden zu sein."[30]

Der Kampf um angestammte Plätze ist später auch bei den Thomaskantoren zu erkennen, die sich ihre Rechte und Aufgaben (mithin die damit verbundenen Einnahmequellen) als Musikdirektoren nicht beschneiden lassen wollten. Spätestens seit das Werk zur Chronologie *Elenchus calendarii Gregoriani* von Sethus Calvisius von der Universität aus wissenschaftlichen Gründen, die mir im Dunkeln liegen, zurückgewiesen wurde, begannen immer wieder auf-

---

29 Vgl. Johann Daniel Schulze: *Abriß einer Geschichte der Leipziger Universität*, Neue bis zum Jahre 1810 vermehrte Ausgabe, Leipzig 1810, S. 179 [zu den Gesetzen der gelehrten Gesellschaft ‚Das montägige oder große Prediger-Kollegium', die seit 1624 gelten].

30 Vgl. Otto Kirn: *Die Leipziger Theologische Fakultät in fünf Jahrhunderten*, in: Festschrift zur Feier des 500-jährigen Bestehens der Universität Leipzig, 1. Bd., Leipzig 1909, S. 18 f.

Grabplatte von Selmnitz in der Thomaskirche, neben dem Südportal. Zustand 2009
(Foto: Stefan Altner)

kommende Eifersüchteleien, die lange Zeit zwischen der Universität und dem Thomaskantorat fortbestanden.[31]

Dass die Thomaner bei vielen für Leipzig wichtigen Ereignissen die Musik stellten, zeigt sich auch in der für die Reformation so entscheidend gewordenen Leipziger Disputation vom Juni/Juli 1519 zwischen dem katholischen Theologen Johannes Eck und den Reformatoren um Martin Luther wie Philipp Melanchthon und Andreas Bodenstein (genannt Karlstadt). Neben den Disputanten waren unter vielen anderen auch der Rektor der Thomasschule Johannes Graumann (Poliander),[32] der Thomaskantor Georg Rhau mit dem Thomanerchor und der Universitätlehrer – und möglicherweise zeitweise auch Kollaborator von Poliander an der Thomasschule – Peter Schade (Petrus Mosellanus) beteiligt. Zum Eröffnungsgottesdienst am 27. Juni 1519 in der Thomaskirche sang der Thomanerchor eine zwölfstimmige Messe des Thomaskantors Georg Rhau, der Gräzist Petrus Mosellanus hielt eine einstündige Eröffnungsrede. Danach sang der Thomanerchor ein Te Deum und die Vorfeier wurde mit dem *Veni creator spiritus* beendet, bei dem die Stadtpfeifer mitwirkten. Rudolf Wustmann beschrieb die Szenerie wie folgt:

> „Ein vierstimmiger Satz mag es gewesen sein, in dem am Schluß der Vorfeier in der Pleißenburg, auf Mosellans Vorschlag und nach dessen Eröffnungsrede, das Lied Veni sancte spiritus musiziert wurde, wobei alle Anwesenden ehrfürchtig niederknieten."[33]

Zum Abschluss der Disputation am 15. Juli führte Georg Rhau mit den Thomanern und den Stadtpfeifern erneut ein Te Deum auf, nachdem der Rektor der Universität, Arnold Wüstenfeld, seine lobende Abschlussrede über die Disputanten gehalten hatte. Auf die Bedeutung Mosellanus' und Polianders sowie auf die überaus erfolgreiche und weit verbreitete *Paedologia*[34] für das Leipziger wie für das deutsche Unterrichtswesen kann hier nicht näher eingegangen werden (siehe Abbildung S. 163).

---

31 „Mit Calvis, der selbst eine Zeitlang (1604) die Paulinermusik als Thomaskantor dirigierte, beginnen die Nöte der großen Thomaskantoren mit der Universität; diese verweigerte in einem wissenschaftlich nichtigen Gutachten das Imprimatur des Elenchus, der schließlich in Frankfurt a. O. gedruckt wurde." Zitiert nach: Rudolf Wustmann: *Musikgeschichte Leipzigs*, Bd. 1: *Bis zur Mitte des 17. Jahrhunderts*, Leipzig und Berlin 1909, S. 191.

32 Johannes Graumann (Poliander) war von 1516 bis 1522 erst Lehrer und dann Rektor der Thomasschule. Mit ihm zog das humanistische Bildungsideal in die Thomasschule ein. Petrus Mosellanus hat 1517 seinem Freund Graumann zunächst für dessen Lateinunterricht in 37 Schülergesprächen die *Paedologia Petri Mosellani Protegensis in puerorum usum conscripta* geschrieben, die starken Bezug auf die Thomasschule und die Universität nehmen. Poliander ist der Dichter des noch heute häufig gesungenen Liedes *Nun lob, mein Seel' den Herren*, das er 1530 in Königsberg geschrieben hat.

33 R. Wustmann: *Musikgeschichte Leipzigs*, Bd. 1 (wie Anm. 31), S. 41.

34 *PETRI MOSELLANI PROTEGENSis, PAEDOLOGIA, iam quartum, vna cum scholijs in loco oppositis, edita. adiectis insuper DIALOGIS duobus, quorum alter relegem dæ prælectionis ratione complectitur, alter de delectu Academiarum habem do, disserit.* Die *Paedologia* ist in Dialogform für den Lateinunterricht geschrieben. In kurzen Alltagsszenen, die sich zum Teil direkt auf die Thomasschule oder die Leipziger Universität beziehen, hat das Werk eine außerordentlich große Verbreitung gefunden. 64 Nachdrucke lassen sich nach Bömer bis ins 18. Jahrhundert nachweisen. Vgl. Aloys Bömer: *Die lateinischen Schülergespräche der Humanisten*, in: Texte und Forschungen zur Geschichte der Erziehung und des Unterrichts in den Ländern deutscher Zunge, hrsg. v. Karl Kehrbach, Berlin 1897, S. 97 ff.

Im Ergebnis der Belagerung Leipzigs 1633 war in der Thomaskirche die Beseitigung von schweren Schäden notwendig geworden. Und trotz der großen Notzeit wurde die Thomaskirche in der Folgezeit weitreichend umgestaltet und neuausgestattet. Auf der Südseite wurde eine zweite, heute nicht mehr existente Empore für die Studenten eingebaut. Bereits 1560 fand im Zusammenhang mit einem Blitzschlag[35] ein „Studenten-Chor" Erwähnung.[36]

An der südlichen Wand des Langhauses der Thomaskirche neben der Bach-Tür (Südportal) befindet sich eine Grabplatte des 1665 im 17. Lebensjahr verstorbenen adligen Studenten Friedemann von Selmnitz. Er erhielt eine von den Familienangehörigen, der Universität, der Stadt Leipzig (Thomaskirche) und sicher mit Musik der Thomaner pompös ausgestattete Begräbnisfeier, bei der der Superintendent Geier[37] letztmalig eine Trauerpredigt in Leipzig hielt (siehe Abbildung S. 164).[38]

„Den 9. Mart. nach Mittage um 2. Uhr ward Hr. Friedemanns von Selmnitz / in Strausfurth / Vehra / Steinburg und Krannichborn / etc. welcher den 16. Januar dieses 1665sten Jahres /auff hiesige Academie im 17. Jahr seines Alters seinen Lebens-Lauff beschlossen / Hoch-Adeliches Leichen-Begängnüß mit grossem Pomp aus dem Heintzberg. Hause am Marckte in die Thomas-Kirchen gehalten / daselbst auch ein schön Epitaphium auffgerichtet / und die Ritterlichen Zeichen auffgehenget / dem Verstorbenen zur letzten Ehren. Die Leichen-Predigt that bey hochansehnlicher und Volckreicher Versammlung Hr. D. Martin Geier / sel. Gedächtnüß / und war dieses die letzte Leichen-Predigt / so dieser sel. Mann in Leipzig gehalten / inmassen er den 12. Mertz-Monats / war der Sonntag Judica / seine Valet-Predigt hielte und damit seinen Lands-Leuten und Pfarr-Kindern beweglichen Abschied nahm / und folgenden Tages darauff sich nach Dreßden begab / dahin Ihr. Chur-Fürstl. Durchl. ihn zum Ober-Hoff-Prediger beruffen hatte."

Die Einführung der Reformation und die damit verbundenen geänderten Rahmenbedingungen waren sowohl für die Thomana als auch für die Universität von entscheidender Bedeutung. Während die Schule mit ihrem Chor durch eine Gerechtsame von Herzog Moritz 1543 unter die Fittiche des Leipziger Rates kam, mit der Verpflichtung, sie auf Dauer zu erhalten, war es durch Caspar Borners, vormaliger Thomasschulrektor und seinerzeit Universitätsrektor, unabweisbare Bemühungen gelungen, unter anderem auch Teile aus dem reichen Besitz des aufgelösten Thomasklosters für die Universität zu erlangen. Die Thomasklosterbibliothek konnte er der Universitätsbibliothek einverleiben, wodurch die Bestände bis heute großteils in Leipzig erhalten geblieben sind.[39]

Als es im Zusammenhang mit der Einführung der Reformation zur Auflösung von Klöstern und der damit verbundenen Schulchöre kam, übernahmen in Mitteldeutschland fast überall Kantoreigesellschaften (Laienchöre) die musikalische Ausgestaltung der Gottesdienste. In Leipzig dagegen blieb der Thomanerchor durch die Übernahme der Thomasschule und des dazugehörenden Alumnates in städtische Trägerschaft von der Auflösung verschont. Der Neubau eines großen Schulgebäudes konnte 1553 die Lehr- und Wohnbedingungen wesentlich aufbessern. Das neue Haus bot Schülern (darunter 22 Alumnen), Rektor und Kantor eine neue Heimstatt. Dabei halfen die Leipziger Bürger tatkräftig mit in Form freiwilliger Mitarbeit bei der Errichtung, mit Sachdienstleistungen und durch erhebliche finanzielle Zuwendungen. Sie brachten von den 2800 Gulden Gesamtkosten fast die Hälfte durch Spenden auf.[40]

Aus dem Stiftungsbuch der Stadt Leipzig ist anhand der nachgewiesenen Legate und Stiftungen ersichtlich, wie hoch die Thomasschule mit den Chorschülern seit der Reformation in der Gunst der Leipziger Bürger verankert war. Seit den 1560er Jahren gab es einen regelrechten ‚Wettbewerb' unter den Bürgern, sich mit einer Stiftung nachhaltig zugunsten der Thomaner hervorzutun.

Die Universität trat zwar bei der – wie wir heute sagen – ‚Drittmitteleinwerbung' in Konkurrenz zur Thomasschule, wobei bis zum 19. Jahrhundert der Opferwille der Leipziger zugunsten der bedürftigen Thomasschüler von der Universität weder in den Summen noch in der Anzahl der Stiftungen/Legate erreicht wurde. In diesem langen Zeitraum war die Thomasschule die Leipziger Bildungsanstalt, wel-

---

35 J. J. Vogel: *Leipzigisches Geschicht-Buch oder Annales* (wie Anm. 21), S. 210: „Donner schlägt in die Thomas-Kirche / Den 9 Junii entstand Abends ein grausames Donner-Wetter / welches nicht nur allein Herr Christian Lotters Vorwerg vor dem Grimmischen Thore auff der Hüner-Gasse anzündete / sondern auch in der Thomas-Kirche von Herrn Sigismund Pfintzings Epitaphio auff dem Studenten-Chor etliche Stücken Holtz herunter schlug."

36 Vgl. E.-H. Lemper: *Die Thomaskirche zu Leipzig* (wie Anm. 7), S. 109.

37 Martin Geier (1614–1680) hielt am 17. November 1672 in der Dresdner Frauenkirche die Leichenrede für den am 6. November verstorbenen Heinrich Schütz. Geier wurde 1639 Professor für Hebräisch an der Universität und war nach seiner seit 1643 begonnenen Pastorentätigkeit von 1661 bis 1665 Superintendent in Leipzig.

38 J. J. Vogel: *Leipzigisches Geschicht-Buch oder Annales* (wie Anm. 21), S. 723.

39 Vgl. hierzu Christoph Mackert: *„Musica est ars ex septem liberalibus una" – Musiktheoretische Texte in mittelalterlichen Handschriften aus Leipziger Universitätsgebrauch*, S. 21–32 im vorliegenden Band.

40 Vgl. H. Geffcken, H. Tykocinski (Hrsg.): *Stiftungsbuch der Stadt Leipzig* (wie Anm. 23), S. XVI ff.

che am meisten gefördert wurde. Aus den Bestimmungen, die mit einer Stiftung beziehungsweise einem Legat verbunden wurden, ist ersichtlich, welche Missstände ein Stifter gebessert wissen wollte, oder wie durch die Begünstigten das Gedächtnis an den Stifter aufrechterhalten werden sollte.[41] Von größtem Vorteil war dabei, dass die Thomaner für die jährlich zu erwartenden Erträgnisse verpflichtet werden konnten, festgelegte Gesänge etwa zum Jahrgedächtnis zu singen – welches an die Stelle der vorreformatorischen Gedächtnismessen getreten war. So waren beide, Stifter wie Dienstleiter, im öffentlichen Leben auch jenseits von Kirche und Schule präsent und verankert.

Im Jahre 1543 wurden die Fürsten- bzw. Landesschulen in Meißen (St. Afra) und in Pforta bei Naumburg gegründet, 1550 kam St. Augustin in Grimma hinzu. Als höhere Lateinschulen bereiteten diese Lehranstalten auf das Universitätsstudium in Leipzig, Wittenberg und Jena vor. Dazu gehörte auch eine fundierte musikalische Ausbildung mit herausragenden Schulchören. Die nunmehr städtische Thomasschule war den Fürstenschulen in etwa gleichgestellt.

In den beiden älteren Thomasschulordnungen von 1634 und 1723 sind genaue Bedingungen verzeichnet, nach denen ein Schüler als Alumne, der einige Vergünstigungen erwarten durfte, aufgenommen werden konnte. Dabei wird deutlich, dass ein gehöriges Maß an musikalischer Vorbildung vorausgesetzt wurde. Das lässt auch vermuten, dass die bekannten Klagen der Kantoren über die schlechte Qualität der Sänger auf hohem Niveau stattfanden und wohl nur durch deren sehr hohen Anspruch und Ehrgeiz Berechtigung erfahren. Sollten bei den Schülern, die bei der Aufnahme noch über zu geringe Kenntnisse und musikalische Praxis verfügten, deren Anstrengungen oder Begabung nicht ausreichen, sich nach den Erfordernissen rasch genug zu entwickeln, wurde eine Frist gesetzt, innerhalb der eine Verbesserung eingefordert wurde. Widrigenfalls sollten sie durch bessere Schüler ersetzt werden, um die musikalische Leistungsfähigkeit der beiden Musikchöre nicht zu gefährden.[42]

„III. Würde aber ein Knabe in Musicis gantz nichts gelernet haben, und doch sonsten an ihm so viel verspühret, daß er mit einem guten Ingenio begabet, und die Beneficia an ihm nicht übel angewendet seyn mögten, so sollen sie [...] denselben Knaben dergestalt annehmen, daß er zusage und verspreche, sich auch in Arte Musica neben den andern zu üben, damit er ehistens mit Nutzen im Choro musico gebraucht werden könne. Im Falle er aber, aus Mangel der Stimme, zur Musica entweder gantz nicht tüchtig, oder auch selbige nicht lernen wolte, soll [...] ihm nach Gelegenheit seiner Profectuum, eine gewisse Zeit gesetzet werden, binnen welcher er seine Stelle, so er in der Schule gehabt, resignire, damit also durch ihn und seines gleichen, die Bestellung derer Musicalischen Choren nicht verhindert, oder auch andere, so in dem Singen geübet und der Kirche und Schule dienen können, davon ausgeschlossen werden."[43]

Wollte ein Alumne die Thomasschule zur Universität verlassen, regelten die Schulordnungen diesen Übergang:

„VIII. Wenn ein Knabe, sich von der Schule zu wenden, und entweder hier auf die Universitæt, oder anders wohin, seiner hoffenden Beförderung halber, zu begeben Vorhabens, und er sich fromm und fleißig verhalten, auch dessen ein Testimonium und Schein begehren würde, so soll der Rector ihm denselben eigenhändig unterschrieben ertheilen, und darauf den Knaben, nachdem er zuvor gegen seine zu solchem Actu insonderheit invitirte Præceptores, sich öffentlich, auch in Beyseyn derer andern Schüler, für ihre gehabte Mühe bedancket und valediciret, loß lassen. Würde ein solcher Knabe bey der Universitæt allhier verbleiben, und um ein Stipendium anhalten, soll er, wegen seines Wohlverhaltens, in billigmäßige Consideration kommen."[44]

Aus den Zitaten ist ersichtlich, wie hoch der Anspruch an die musikalische Leistungsfähigkeit ausgeprägt war und welch starker Druck von der Schulbehörde auf die Alumnen ausgeübt werden konnte: Denn nur durch Wohlverhalten und Gehorsam konnte eine Anwartschaft auf ein städtisch gestütztes Stipendium erlangt werden. An anderer Stelle wird beschrieben, wie die Schüler, die sich unerlaubt von der Schule wegbegeben, mit Repressalien zu rechnen haben.[45]

Johannes Rautenstrauch verwies detailreich darauf, wie Universitätsstudenten – meist Theologen – im 17. Jahrhundert als ‚Chorales' in den Abendgottesdiensten der Nikolaikirche eingesetzt wurden. Dazu bildete sich eigens ein Choralisteninstitut, das 1628 eine ausführliche Satzung erhielt, die bei Rautenstrauch in einer Fassung von 1678 mit späteren Ergänzungen und Änderungen abgedruckt ist. Diese ‚Dienstanweisungen' und Honorarordnungen sind zur Zeit von Nikolaikantor Gottfried Vopelius (1645 bis 1715) entstanden und wirkten nach bis zur Auflösung

---

41 Ebenda, passim.

42 Es gab zwei Musikchöre, der erste stand unter der Leitung des Kantors, der zweite unter der des Konrektors. Die Wochenkantoreien sind hier nicht beachtet.

43 Vgl. hierzu: *E. E. Hochw. Raths der Stadt Leipzig Ordnung der Schule zu S. THOMÆ.*, Leipzig 1723, S. 39 f.

44 Ebenda, S. 42 f.

45 Ebenda, S. 41 f., Caput VI, VII.

des Instituts 1823 im Zusammenhang mit der Abschaffung der ‚hora canonicae'. Ihr Titel lautet: *Leges ad universos ac singulos Concentores Aedis divi Nicolai, quae Lipsiae est spectantes, anno 1628 latae, pridie vero Calend. Januar. Anni Millesimi Sexcentesimi Septuagesimi Octavi denuo descriptae a Gottfried Vopelio Zittá Lusato pro tempore Choralium praecentore*".[46]

Das Amt des Thomaskantors, das bis ins 20. Jahrhundert zu den ‚drei oberen Lehrern' der Thomasschule gehörte, war bis zum Beginn des 19. Jahrhunderts zugleich mit dem eines ‚Director chori musici' – eines städtischen Musikdirektors – verbunden. In der Thomasschule war der Kantor nach den Schulordnungen mit der Musikausbildung aller Schüler und ganz besonders der Alumnen betraut. Hier gibt es jedoch noch Wissenslücken, die bisher nicht geschlossen werden konnten. Das betrifft beispielsweise die grundständige Instrumentalausbildung und die in der Thomasschule zur Verfügung stehenden Instrumente.[47]

In diesem Zusammenhang kann die Vermutung geäußert werden, dass auch Studenten den Musikunterricht übernommen haben. Die Ausbildungserfolge müssen zeitweise sehr gut gewesen sein, haben die Schüler doch mitunter ein ganzes Orchester stellen können. In Halle ist in der Waisenhausschule in Franckes Schulordnung von 1721 ein Hinweis darauf zu finden, dass sich die Schüler durch Universitätsstudenten in verschiedenen Instrumenten unterweisen lassen konnten.

„Welche Sorgfalt das Hallesche Pädagogium der Unterweisung der Schüler im Instrumentenspiel angedeihen ließ, ergeben die Worte der Schulordnung von 1721: Aus der Instrumental-Musik aber wird ordentlich in allen zu den Recreationsübungen destinirten Stunden die Fleute douce tractiret, weil darauf unterschiedene zugleich informiret werden können. Der Maitre giebt den hierzu erforderten Unterricht. Außer diesem aber ist allemal ein Informator ordinarius mit zugegen, der auf gute Ordnung halten und dafür sorgen muß, daß ein jeder das Seinige mit rechtem Fleiße thue. – Außerordentlich kann auch jemand auf dem Clavier, der Laute, Viola da Gamba und andern dergleichen Instrumenten informiret werden, wenn hierzu ein Maitre auf hiesiger Universität zu finden ist. Weil aber dieses für eigene und besondere Bezahlung geschieht, so muß ein jeder, der es verlanget, dazu die Concession von seinen Eltern erstlich einholen und schriftlich vorzeigen, nebst dem aber auch dem Directori durch den Inspectorem davon Nachricht geben lassen und desselben Consens darüber erwarten, damit sich nicht übelberüchtigte und den Scholaren schädliche Leute ins Pädagogium einschleichen mögen."[48]

Die Annahme, der Thomaskantor hätte allein oder selbst mit Hilfe der oberen Schüler diese Ausbildung bei allen Alumnen und besonders begabten Externen samt Theorieunterricht vorgenommen, wie das die Schulordnungen und auch der Revers etwa von Johann Sebastian Bach suggerieren, ist bei der großen Zahl der Schüler unrealistisch. Die Notwendigkeit einer Inanspruchnahme fremder Hilfe wird noch verstärkt, ruft man sich in Erinnerung, wie zahlreich die zu absolvierenden musikalischen Verpflichtungen bei Gottesdiensten (auch unter der Woche) und Kasualien waren. Hierzu mussten Proben absolviert und Besetzungen logistisch abgesichert werden, Kompositionen mussten geschaffen und mit Aufführungsmaterial versehen werden. Zieht man dann noch die sonstigen wissenschaftlichen Unterrichts- und Singestunden in Betracht, so ist der Kantor als der meistbeschäftigte Lehrer der Thomasschule anzusehen.

Die Rektoren, manche Lehrer der Thomasschule sowie die Superintendenten und einige Pfarrer der Thomas- bzw. Nikolaikirche findet man als Lehrer zeitgleich an der Universität. Dass sich darunter hohe Amtsträger innerhalb der Universität, wie Rektoren, Dekane, Decemviri, ordentliche und außerordentliche Professoren und Prediger finden, ist bekannt. Eine Aufstellung der aus der Thomasschule hervorgegangenen Schüler und Lehrer, die ein universitäres Amt übernommen haben, fehlt jedoch, genauso wie eines

---

46 J. Rautenstrauch: *Luther und die Pflege der kirchlichen Musik* (wie Anm. 22), S. 360 ff.

47 Rektor Johann Gottfried Stallbaum bittet 1841 beispielsweise beim Rat um die Erlaubnis der Entrümpelung des Alumnates, Claviere sind davon betroffen. „Auf dem Schulboden sind mehrere alte Geräthschaften, die nur den Raum wegnehmen, und zu nichts mehr brauchbar sind, z. B. alte Claviere, Gestelle. u. s. f. Wäre es nicht wünschenswerth denselben davon zu befreien?" Stadtarchiv Leipzig: StadtAL Stift. VIII B 36, Vol. I, fol. 65. Dem Kantor standen 1836 für die Proben ein Flügel und ein „schönes Positiv mit zwei Manualen und einem Pedale" zur Verfügung. Vgl. M.[agister] Fr.[iedrich] G[ottlob] Hofmann: *Versuch einer historisch-statistischen Beschreibung der beiden Leipziger Gymnasien oder der Thomas- und Nicolaischule. Mit vielen Urkunden und anderen Beilagen*, Bd. 1: *Historische Beschreibung der Thomasschule, Erster Theil*, Ms. Thomasalumnat, o. J. [entstanden ca. 1841], S. 332. 1836 wird dem Thomanerchor ein Flügel mit 6 3/4 Oktaven von dem Instrumentenbauer Johann Nepomuk Tröndlin, dem Vater des späteren Oberbürgermeisters Bruno Tröndlin, übergeben. Das Geld hierfür wurde durch viele Kleinspenden zusammengetragen. Der Flügel kostete 190 Taler, wobei der Schule der Preis von ursprünglich 240 Talern um 50 Taler gemindert wurde. Stallbaum war Rektor der Thomasschule von 1835 bis 1861, war von 1808 bis 1815 als Alumne mit schönem Sopran selbst Thomasschüler, seit 1820 Lehrer und später Konrektor an der Schule. Vgl. Albert Brause: *Johann Gottfried Stallbaum, ein Beitrag zur Geschichte der Thomasschule in der ersten Hälfte des 19. Jahrhunderts*, in: Thomasschulprogramme I 1896/1897, II 1897/1898, III 1898/1899, Leipzig 1896–1899.

48 J. Rautenstrauch: *Luther und die Pflege der kirchlichen Musik* (wie Anm. 22), S. 431.

über Thomasschullehrer, die von der Leipziger Alma mater kamen und möglicherweise zuvor dort Ämter innehatten.

Einen Lehraustausch von der Universität in die Schule gab es institutionell geregelt nicht, sofern es sich nicht um Seminaristenübungen handelte. Den Thomasschülern wurde allerdings von 1837 an erlaubt, neben dem gewohnten Schulunterricht im Sommer auch Turnübungen bei Universitätsfechtmeister Berndt und im Winter Tanzstunden zu besuchen.[49]

Bis zur Gründung des Leipziger Konservatoriums 1843 absolvierten die meisten Musiker, nicht nur die Schulabgänger der Thomasschule, ein Universitätsstudium. Die Thomaskantoren haben zumeist einen akademischen Abschluss erlangen müssen, da sie neben der Musik zum Unterricht anderer Fächer, wie Latein, Theologie oder Musiktheorie, verpflichtet waren. Die Musiktheorie hatte einst einen sehr hohen, wissenschaftlich-philosophischen Anspruch. Thomaskantoren haben dazu bedeutende Lehrwerke hinterlassen, wie unter anderem Georg Rhau (Thomaskantor 1518 bis 1520?) mit seinem erstmals 1517 in Wittenberg erschienenen und ab 1518 auf der Thomasschule benutzten „Enchiridion utriusque musicae practicae" und ab 1594 von „Seth Calvisius[50] das Compendium Musicae pro incipientibus, das in acht kurzen Kapiteln die Theorie der Musik mit Notenbeispielen in katechetischer Form enthält und die italienische Guidonische Solmisation anwendet (Kap. 3), von der er übrigens später abkam."[51]

Zu erinnern ist auch daran, wie gut der Unterricht in Latein gewesen sein muss – noch war es die universelle Sprache der Wissenschaft –, da die Schulgesetze der Thomasschule vorschrieben, dass die Schüler der drei oberen Klassen, „sowohl mit denen Præceptoribus, als untereinander selbst Lateinisch reden, damit sie in solcher Sprache sich bey zeiten feste setzen, und ihnen hernach alle Studia, und das Lesen derer Autorum, desto leichter werde."[52]

Diese ausführlichen Erläuterungen sollten zeigen, mit welchem Rüstzeug die Schüler auf die Universität vorbereitet wurden. Die Rektoren der Thomasschule konnten manchen ihrer ehemaligen Zöglinge bei Vorlesungen und Seminaren an der Universität wiederbegegnen. Die meisten Rektoren erfüllten bis zur Mitte des 20. Jahrhunderts Lehraufträge, nicht nur für Altphilologie, sondern auch im Pädagogischen Seminar, dessen Leitung sie auch zeitweise innehatten.[53] Das Philologische Seminar[54] ging zu praktischen Übungen in die Prima der Thomasschule.

Die Leitung der Thomana bildete lange Zeit neben der unangefochtenen chorischen auch die wissenschaftliche, pfarrherrliche und musikalische Spitze der Stadt Leipzig. Als sich nach 500 Jahren Bestehen am Ende des 18. Jahrhunderts eine Verlagerung des kulturellen und geistigen Zentrums von den Kirchen und Schulen auch in Leipzig hin zum erstarkten Bürgertum vollzog, ging das Alleinstellungsmerkmal der Thomana allmählich verloren. Der Anteil des Musikunterrichts wurde zurückgedrängt, die Realien (Mathematik, Physik, Chemie) erhielten einen eigenständigen Platz und wurden nicht mehr innerhalb des sprach- oder musiktheoretischen Unterrichts abgehandelt. Die Universität ihrerseits entwickelte sich langsam zu einer von der Aufklärung geprägten Bildungseinrichtung, die bald unterschiedliche Institute herausbildete und

49 Vgl. Stefan Altner: *Das Thomaskantorat im 19. Jahrhundert, Bewerber und Kandidaten für das Leipziger Thomaskantorat in den Jahren 1842 bis 1918. Quellenstudien zur Entwicklung des Thomaskantorats und des Thomanerchors vom Wegfall der öffentlichen Singumgänge 1837 bis zur ersten Auslandsreise 1920*, 2. Aufl., Leipzig 2007, S. 24, Fußnote 68.

50 Vgl. Stefan Altner: *Sethus Calvisius, das Thomaskantorat und die Thomasschule um 1600. Zum 450. Geburtstag von Sethus Calvisius „Astronomus, Chronicus, Musicus, Poeta"*, in: TEMPUS MUSICÆ – TEMPUS MUNDI, Untersuchungen zu Seth Calvisius, hrsg. v. Gesine Schröder, Hildesheim 2008, S. 1–19. Darin konnte auch erstmals der Stundenplan der Thomasschule der Klassen Prima bis Quinta von 1592 farbig gedruckt wiedergegeben werden, der im Stadt-Archiv Leipzig mit dem Signum Stift VIII B 2 a, Bl. 90v, 91r) aufbewahrt wird. Der abgedruckte Plan umfasst die Tage Montag bis Mittwoch und Freitag. Mit roter Tinte sind die Lehrer – LUDIRECTORE, SUPREMO, CANTORE, MEDIO, M. JOH. RICHTERO, LOCATO –, und deren Unterricht mit Lehrinhalt bezeichnet. Den Musikunterricht erteilten demnach der Kantor und der Konrektor (Supremus), der Kantor hatte mit den Tertianern in je einer Stunde Lateinische Grammatik – Gramattica latina minor explicatur á CANTORE, sowie die Fabeln von Aesop zu erklären – Fabulæ Aesopi exponuntur á CANTORE und mit den Quintanern eine Stunde Lateinische Grammatik- und Leseübungen – Recitantur paradigmata decl: Coniugat: audien[?]re CANTORE – zu bestreiten. Auf der nächsten im Artikel nicht abgedruckten Seite (Stift VIII B 2a Bl. 91v, 92r) kann man erkennen, dass am Donnerstag und Samstag nur vormittags Unterricht war. Der CANTOR hatte folgenden Unterricht zu erteilen: Donnerstags zusammen mit einem Locaten bei den Tertianern Übungen aus seinen Lehrbüchern halten (Musiktheorie?) – Ex liberii exercitia sua CANTORE & LOCATO. Samstags bei den Tertianern eine Stunde Katechismuserklärung – Catechism: latina exponitur á CANTORE und eine Stunde Psalmenkunde – Psalterii latinum ex ponitur á CANTORE. Der Lehrplan wurde von Jacob Laßmann aufgestellt, der von 1592 bis 1604 Rektor war, Kantor war von 1564 bis 1594 Valentin Otto aus Markkleeberg. Die Locaten waren ältere Schüler, deren Aufgaben später im 17. Jahrhundert den Collaboratores und Präfekten übertragen wurden. Von Rudolf Wustmann wurde Calvisius als der „gelehrteste aller gewesenen Leipziger Thomaskantoren und nächst Sebastian Bach auch als Musiker der schätzenswerteste, ein kräftiger, vorzüglicher, künstlerisch und menschlich gleich tief durchgebildeter Charakter, ein Eckstein der Musikentwicklung Leipzigs" genannt. R. Wustmann: *Musikgeschichte Leipzigs*, Bd. 1 (wie Anm. 31), S. 190 f.

51 O. Kaemmel: *Geschichte des Leipziger Schulwesens* (wie Anm. 5), S. 134.

52 *E. E. Hochw. Raths der Stadt Leipzig Ordnung der Schule zu S. THOMÆ.* (wie Anm. 43), S. 59.

53 *Die Institute und Seminare der philosophischen Fakultät. Festschrift zur Feier des 500-jährigen Bestehens der Universität Leipzig*, Bd. 4, Teil 1, Leipzig 1909, S. 136 ff.

54 Ebenda, S. 4, 10.

sich damit spezialisierte. Sie wurde lange mit dem Vorbehalt der scholastischen Befangenheit bedacht. Dennoch konnte sie sich in Teilbereichen besonders günstig entwickeln, dank der Weltoffenheit Leipzigs, vor allem durch die Messen bedingt, und sicher auch, weil die einzige Landesuniversität Sachsens nicht in der Residenzstadt Dresden, sondern im von bildungs- und kulturinteressierten Bürgern getragenen Leipzig angesiedelt war.

Im zugleich konservativen, traditionsverhafteten Leipzig hielten sich beispielsweise bis lange nach der Reformation und nach Bachs Zeit Reste des katholischen Gottesdienstes.[55] Das vorreformatorische sogenannte ‚Thomas-Graduale' aus dem 13. Jahrhundert (in der Universitätsbibliothek aufbewahrt) muss Johann Sebastian Bach gut gekannt, möglicherweise noch in Gebrauch gehabt haben. Denn er verwendete die nur im alten Thomas-Graduale vorkommenden Ergänzungen im Vergleich zum Standard-Missale (Tropuszusatz „altissime") im Gloria der h-Moll-Messe (BWV 232) sowie das Note für Note mit der Fassung auf einem der Vorsatzblätter der Sammlung übereinstimmende Choralzitat auf die Worte „Confitebor unum baptisma in remissionem peccatorum".[56]

Die Thomasschule konnte und durfte es sich nicht leisten, die Privilegien antasten zu lassen, die ihr zusicherten, bei öffentlichen und solennen Kasualien vor allem die figurale Vokalmusik zu stellen. Generell waren Musikaufführungen, auch der Einsatz der Orgel in der Universitätskirche bei den Predigtkollegien nach Wiedereinsetzung der Kirche als Gottesdienstort nach 1710, nicht ohne weiteres möglich, denn die Zuständigkeiten und Abläufe waren strikt wie bei einer Zunft geregelt und gleichermaßen kodifiziert. Die rigiden landesherrlichen bzw. städtischen Regeln/Erlasse gaben zahlreich Anlass zu Unruhen, dies betraf etwa die Gerichtsbarkeit, die in Inhaftsetzung von Bürgern und Studenten, aber auch Kleider- und Stiefelordnungen. Besonders heftig wurde über die Biereinlagerung und den Zugriff auf die Vorratslager gestritten. Da fällt es nicht schwer, sich vorstellen, dass genau geregelt wurde, wie ein Gottesdienst agendarisch abzulaufen hat und welche Personen im Gottesdienst mit welchen Rechten ausgestattet agieren durften. Auch was von wem musiziert werden durfte, mit oder ohne Instrumenten, selbst wann die Orgel gespielt werden durfte, unterlag einer genauen Regelung.[57]

Mit Rudolf Wustmann in seiner *Musikgeschichte Leipzigs* ist übereinstimmend festzuhalten,[58] dass in Leipzig aus dem Nebeneinander der Thomana und der Universität ein besonders starkes kulturelles Zentrum für Deutschland erwuchs.

Viele Thomaner blieben dem Chor meist auch als Studenten verbunden und wurden von den Thomaskantoren bei Männerstimmenmangel gern zu Aufführungen herangezogen. Dafür zahlte zeitweise sogar die Stadt Leipzig ein kleines Salär. Im 19. Jahrhundert gab es für ganz Sachsen nur in Leipzig eine Volluniversität, daher studierten auch viele ehemalige Kruzianer in Leipzig. Sie waren neben den Thomanern als Abgänger der beiden letzten großen Chorschulen im Königreich Sachsen quasi als ‚Chorsängerprofis' gern gesehene Mitglieder der Chöre bzw. Gäste bei den Choraufführungen.

Das Thomaskantorat ist bis heute eines der attraktivsten kirchenmusikalischen Ämter deutschlandweit. Die größtenteils erhaltenen Bewerbungsunterlagen beweisen, dass sich die besten Musiker berufen fühlten, sich um das Amt zu bewerben. Im späten 19. Jahrhundert finden sich etliche Bewerber, die eine Karriere an universitären und sonstigen wissenschaftlichen Einrichtungen nicht nur in Leipzig aufweisen können: Hugo Riemann, Universitätsprofessor für Musikwissenschaft in Leipzig, Ernst Naumann, Universitäts-Musikdirektor in Jena, Hermann Langer, Universitäts-Musikdirektor in Leipzig, August Friedrich Reißmann, vor allem als Lexikograph bekannt, Friedrich Brandes, Universitätsmusikdirektor in Leipzig, Karl Ernst Wilhelm Müller, Universitätsorganist in Leipzig

---

55 Vgl. J. Rautenstrauch: *Luther und die Pflege der kirchlichen Musik* (wie Anm. 22), S. 164.

56 Vgl. Stefan Altner: *Ein Schatz im Dornröschenschlaf, Das Thomas-Graduale in der Bibliotheca Albertina*, in: Leipziger Blätter, Heft 41, Leipzig 2002, S. 50 f.

57 Vgl. J. D. Schulze: *Abriß einer Geschichte der Leipziger Universität* (wie Anm. 29), S. 181–185: Hier beschreibt Schulze das langwierige Antragsverfahren zur Ausgestaltung der Einhundertjahrfeier, das vom 17. April bis zum 13. November 1724 währte. Es wurde um Erlaubnis beim Kurfürsten nachgesucht, das Jubiläum am 23. Oktober feiern zu dürfen, „mit der Predigt, nach Absingung eines und andern Dankliedes, in der Paul. Kirche". Später baten die Mitglieder, „daß ihnen darbei auch der Gebrauch der Orgel, Absingung einer musikalischen Ode, die Läutung des Glöckchen […] erlaubt werde." [S. 184] Das Fest konnte nach weiteren Schriftwechseln mit höchsten Entscheidungen endlich am 13. November begangen werden. „Die Predigt hielt M. Joh. Chn. Hebenstreit, d. Z. Sonnab. Pred. zu St. Nik., und ConR. Adj. an der ThomasSchule, über den Text Jesa. 60, 21. […] Nach der Predigt wurde das Te Deum, unter Trompeten- und PaukenSchall, angestimmt."

58 R. Wustmann: *Musikgeschichte Leipzigs*, Bd. 1 (wie Anm. 31), S. 71: „Um die Mitte des 16. Jahrhunderts tritt Leipzig in die vorderste Reihe der deutschen Städte ein. […] Die damalige Bürgerschaft musizierte viel, und von außen floß der Stadt fortwährend Nachwuchs zu, in Instrumentenmachern vom Rhein und aus dem Südwesten, in Thomasalumnen aus dem liedertreuen Thüringen und dem sangeslustigen Vogtland und Erzgebirge, in Studenten, die stipendiengemäß zur Musik verpflichtet waren und teils aus ganz Kursachsen über die fürstliche Kantorei in Dresden kamen, teils aus Franken und Schlesien. Durch das Nebeneinander von Thomaskantorat und Universität wurde Leipzig zu einem einflußkräftigeren Mittelpunkt für das musizierende Kursachsen als die Dresdner Hofkapelle; selbst für die Besetzung des Kreuzkantorates erkundigte sich der Dresdner Rat in schwierigen Fällen beim Leipziger Thomaskantor".

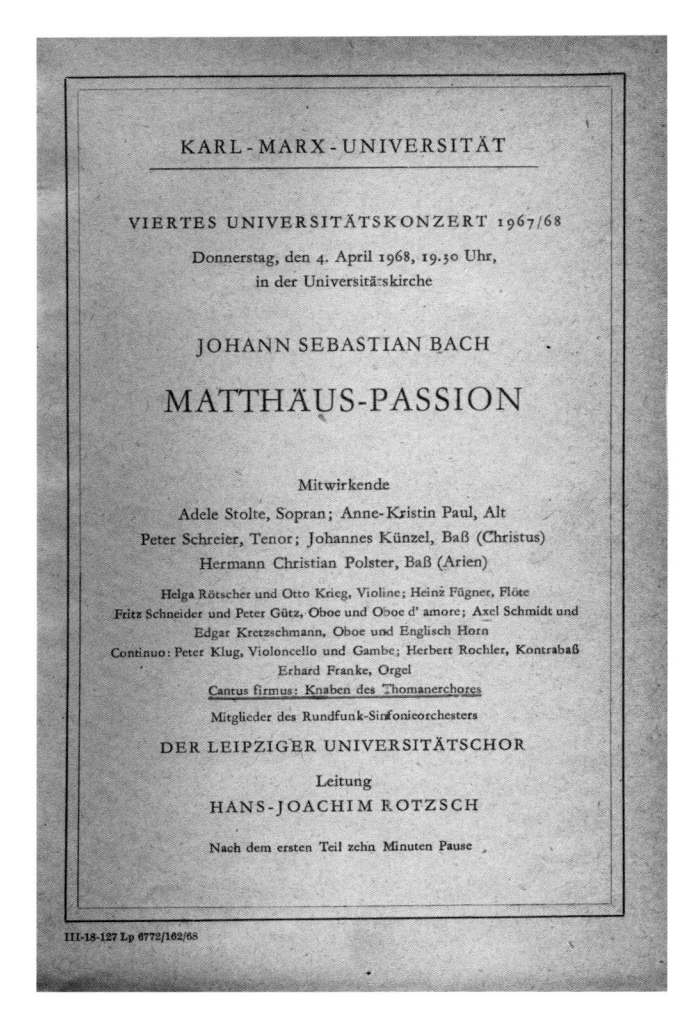

Programmzettel von 1968
(Archiv des Thomanerchores)

und Karl Hasse, Komponist und Universitätsmusikdirektor in Tübingen, später Direktor der Musikhochschule in Köln.[59]

In der Thomaskirche fanden einige der geretteten Zimelien aus der 1968 gesprengten Universitätskirche nach langer Zwischenlagerung endlich in den 1980er Jahren als Leihgaben der Universität eine würdige Heimstatt, wie der Pauliner-Altar, der Sarkophag von Markgraf Dietrich von Wettin (Diezmann) sowie Epitaphien von Nickel Pflug, Elisabeth von Sachsen und den beiden Wedebachs (Georg und Appolonia Wiedebach, auch Wedebach).

In Bibliotheken und Sammlungen der Universität wird zahlreiches Material aufbewahrt sowie wissenschaftlich ausgewertet, das die gemeinsame Geschichte von Thomana und Universität lebendig erhalten möge. Ein wünschenswertes Standortregister zur Leipziger Musik- und Schulgeschichte ist schon länger im Gespräch, um einen virtuellen Überblick über die in Leipzig auf mehrere Einrichtungen verteilten Archivalien zu schaffen. Der Thomanerchor besitzt nicht zuletzt in seinem Archiv und seiner historischen Bibliothek noch zu erschließendes Material.

Leider fehlt bisher ein Gesamtverzeichnis der Mitwirkungen der Thomaner bei Aufführungen der Universitätsmusik. Im Jahr der Sprengung der Universitätskirche 1968 beispielsweise wirkten Thomaner in der Aufführung der *Matthäus-Passion* unter Hans-Joachim Rotzsch mit.

Später sangen sie auch in der Thomaskirche unter Max Pommer bei der *Matthäus-Passion* als Cantus firmus-Chor mit. Der Chor war da weit entfernt auf der Nordempore platziert, in Anlehnung an die Vermutung, dass Bach den Cantus firmus von der ehemaligen Schwalbennestorgel aus hat singen lassen.[60] Noch immer strebt ein Großteil der ehemaligen Thomasschüler zum Studium auf die Universität. Die Thomaner bleiben oft in Laienchören auch weiterhin musikalisch aktiv. Einige der Choristen werden Musiker, studieren dann meist an der Leipziger Hochschule für Musik und Theater Felix Mendelssohn Bartholdy.

Aus der Thomasschule herausgelöst hat sich letztendlich der Thomanerchor und rechtlich verselbständigt etabliert. Er ist heute als städtische Einrichtung trotz starker Bindungen weder als Schulchor der Thomasschule noch als Kirchenchor der Thomaskirche anzusehen. Bei den heutigen Anstrengungen, den Thomanerchor neben dem Gewandhaus als einen der wichtigsten Kultur- und Werbeträger der Stadt Leipzig zukunftssicher einzurichten und auszustatten, wird bei der Errichtung des Bildungszentrums ‚forum thomanum' im Bachstraßenviertel ersichtlich, wie die Thomana sich für eine lebendige Zukunft ihrer traditionsgebundenen Aufgaben immer wieder selbst vergewissern muss. Die Kämpfe um das Primat über die Sänger zwischen Schulleitung und Kantor sind so alt wie die ganze Einrichtung. Heute kommen noch die Auseinandersetzungen dazu, den Chor in einer weitgehend säkularen Umwelt erhalten und künstlerisch weiter entfalten zu können. Die traditionelle Bindung des Thomanerchores an die Musica sacra, die heute im Wesentlichen an die Motetten, Konzerte und Gottesdienste in der Thomaskirche gebunden ist, muss erstaunlicherweise verteidigt werden. Sie ist und bleibt essentiell. Dass sich die Exponenten von Thomaskirche und Thomanerchor mit Blick auf Universität und Stadt engagiert mit den inhaltlichen Entwicklungen auch heute kritisch auseinandersetzen, zeigen die hohe

---

59 Vgl. S. Altner: *Das Thomaskantorat im 19. Jahrhundert* (wie Anm. 49).

60 Den Hinweis verdanke ich einem Gespräch mit dem ehemaligen UMD Prof. Dr. Max Pommer.

Wellen schlagenden Diskussionen um die Neugestaltung der Universitätsbauten am Augustusplatz. Da entzündet sich besonders die hitzig geführte Debatte um den Ersatzbau und die künftige Funktion der 1968 auf Weisung der SED-Führung gesprengten Universitätskirche.

Zwischen dem Thomanerchor und universitären Instituten gibt es nach wie vor eine fruchtbare und nutzvolle Verbindung. Die Phoniatrische Abteilung der Hals-Nasen-Ohren-Klinik der Universität betreut seit langem die Thomaner und konnte zur Entwicklung der Knabenstimme wichtige Publikationen vorlegen. Das Institut für Musikwissenschaft forscht zur Geschichte des Chores, mit dem Museum für Musikinstrumente werden seit langem fortlaufende Projekte durchgeführt, auch im pädagogischen Bereich. Mit dem Lehrstuhl für Betriebswirtschaftlehre, insbesondere Marketing, der Universitätskinderklinik und vor allem mit der Theologischen Fakultät gibt es ebenso wie mit dem Institut für Amerikanistik eine enge Zusammenarbeit.

Gerade jetzt, bei den Vorbereitungen der Jubiläen der Universität (2009: 600 Jahre), der Thomana (2012: 800 Jahre), der Stadt Leipzig (2015: 1000 Jahre) und der Reformation (2017: 500 Jahre) bleiben die Verbindungen der Thomana mit der Kustodie, der Universitätsbibliothek ‚Albertina', der Theologischen Fakultät, dem Institut für Musikwissenschaft sowie der Universitätsmusik besonders eng.

Sethus Calvisius, Kupferstich von Melchior Haffner, Augsburg, 1. Hälfte 17. Jahrhundert (Museum für Musikinstrumente der Universität Leipzig, Inv.-Nr. 5154)

Musik im Universitätsgottesdienst zu Leipzig
MARTIN PETZOLDT

Universitätsgottesdienst in Leipzig gibt es seit Gründung der Universität im Jahr 1409. Der Nachweis darüber verläuft über die Erwähnung eines Universitätspredigers im Jahr 1419.[1] Dies lässt den Rückschluss zu, dass ein solcher bereits seit Gründung der Universität tätig war. Die Leipziger Alma Mater, zweitälteste Universität mit zeitlich ununterbrochener Lehre und Forschung in Deutschland, kann somit auf eine lange Tradition geistlicher Betätigung zurückblicken. Heute wird diese Tatsache in der stark entchristlichten Öffentlichkeit Ostdeutschlands zwar durchaus dem mittelalterlichen Bildungsideal eines Miteinanders von Humanismus und Christentum im Sinne traditioneller Entwicklung zugebilligt – gelegentlich mit gleichgültiger oder gar abwertender Geste –, jedoch nicht selten im gleichen Atemzug als überwunden hingestellt. Insbesondere in Deutschland vermischt sich gern solche Überzeugung mit immer noch unausgegorenen Vorstellungen einer vermeintlichen Ausschließlichkeit von Glauben und Wissen, die zum Teil der vorkantianischen Aufklärung angehören, zum Teil einfach auch Trägheit des Denkens heute anzeigen.[2]

Würde die Glaubensübung des Christentums allein aus traditionellen Gründen aufrecht erhalten, sollte man sie sehr rasch beenden. Gerade aber die unaufhörliche Bemühung um die Menschlichkeit des Menschen, die mit der Entstehung künstlerischer Werte im Zusammenhang mit Religion und Glauben, insbesondere des Christentums, sich verschwistern, darf als wesentliches Indiz für lebendiges Christentum und Glauben verstanden werden.

Die Musikausübung im Universitätsgottesdienst zu Leipzig darzustellen und der Frage nach seiner Sinngebung eine gewisse Klärung zuzuführen, bedeutet, sich auf historische und gegenwärtige Argumentationen einzulassen, die stärker den Charakter der ohnehin dem christlichen Glauben gemäßen Inhalte von Freiwilligkeit an sich tragen, als sie den missbräuchlichen Verhältnissen der Religiosität unter konstantinischen Bedingungen abzugewinnen sind. Die Tatsache der weithin – allerdings nicht völlig – fehlenden Institutionalisierung der Musikausübung im Leipziger Universitätsgottesdienst hat etwas mit der fehlenden parochialen Struktur einerseits, aber auch mit spontaner und eben freiwilliger Tätigkeit andererseits zu tun.

Die derzeitige Rückkehr des Universitätsgottesdienstes nach reichlich 40 Jahren an seine über Jahrhunderte angestammte Stelle inmitten des Campus am Augustusplatz lässt unter den genannten stark säkularisierten Bedingungen in Ostdeutschland miterleben, welche Kräfte unter der Prämisse der verfassungsmäßigen Bestimmung, dass es keine Staatskirche in Deutschland gibt, gegen diese Rückkehr mobilisiert werden können, und welche Kräfte nötig sind, dieser Rückkehr Plausibilität zu verleihen.

Methodisch sind die zusammengetragenen Gegenstände und Ereignisse eher personalgeschichtlich zu spezifizieren, weil für eine institutionsgeschichtliche Darstellung die Zusammenhänge oder für eine mentalitätsgeschichtliche Darstellung die Quellen zu spärlich vorhanden sind. Eine Institutionalität der Musik im Universitätsgottesdienst bildete erst im 20. Jahrhundert dauerhaftere Formen aus. Die eher personengeschichtliche, zum Teil auch ereignisbezogene Form der Darstellung versucht selbstverständlich weitergehende Anteile beizuziehen, auch wenn sie sich methodisch nicht fügen sollten. Voraus liegen vor allem zwei Darstellungen unterschiedlichen Ausmaßes, die gern in Anspruch genommen werden, nämlich die dreibändige *Musikgeschichte Leipzigs* von Rudolf Wustmann und Arnold Schering sowie der thematische Beitrag von Hans Hofmann.[3]

---

1 Bisher archivalisch nicht zu sicherndes Datum; von Heinz Wagner (1912–1994), dem Erstem Universitätsprediger von 1963 bis 1992, ohne Angaben von Quellen überliefert, vgl. Heinz Wagner: *Zeugenschaft. Glaubenserfahrungen in meinem Leben*, mit einem Geleitwort von Martin Petzoldt, Leipzig 1992, S. 132.

2 Dazu nehme man Jürgen Habermas zur Kenntnis: *Glauben und Wissen*, Frankfurt am Main 2001, insbesondere S. 20–23.

3 *Musikgeschichte Leipzigs*, Bd. 1: Rudolf Wustmann: *Bis zur Mitte des 17. Jahrhunderts*, Leipzig und Berlin 1909; Bd. 2: Arnold Schering: *Von 1650 bis 1723*, Leipzig 1926; Bd. 3: Arnold Schering: *Johann Sebastian Bach und das Musikleben Leipzigs im 18. Jahrhundert*, Leipzig 1941; Hans Hofmann: *Gottesdienst und Kirchenmusik in der Universitätskirche zu St. Pauli-Leipzig seit der Reformation (1543–1918)*, in: Beiträge zur Sächsischen Kirchengeschichte 32 (1919) [Jahresheft für 1918], S. 118–151.

An unserer Bemühung ist ablesbar, dass Musik im Universitätsgottesdienst noch stärker als Universitätsmusik im Allgemeinen, nicht nur der stetigen Fluktuation studentischer Lebensbedingungen unterliegt – manchmal auch erliegt –, sondern zu allen Zeiten (!) auch der Tendenz zur Entziehung aus dem geistlichen Bereich ausgesetzt ist und auch dieser nicht selten unterlegen ist. Außerdem prägen immer neu aufblühende und verschwindende musikalische Gruppierungen das Bild der Musik im Universitätsgottesdienst. Entwicklungen im 17. Jahrhundert zeigen das ebenso wie solche im 19. und 20. Jahrhundert. Umso erstaunlicher nehmen sich die immer wieder gemachten Anstrengungen aus, die geistlichen Dienste im Universitätsgottesdienst neu zu erkennen und ihnen Rechnung zu tragen. Auch das vollzieht sich bis heute.[4]

Ein interessantes Beobachtungsfeld eröffnet sich mit der Gliederung in drei Ämter, die fast durchgehend wahrgenommen werden: Universitätsmusikdirektor, Universitätskantor und Universitätsorganist. Alle drei Posten haben im Lauf der Jahrhunderte manche Wandlungen erlebt: Das Amt des Universitätsmusikdirektors wurde lange Zeit gleichzeitig durch den jeweiligen Thomaskantor wahrgenommen, das des Universitätskantors hat seinen Grund eigentlich in dem eines ‚Praecentors', also jener Person, die die Gemeindelieder zu Zeiten des durch Orgel unbegleiteten Liedgesangs anzustimmen hatte. Das Amt des Universitätsorganisten zeigt sich als am beständigsten.

Musik im Leipziger Universitätsgottesdienst hat es immer gegeben. Das darf behauptet werden, auch wenn für die ersten anderthalb Jahrhunderte dafür so gut wie keine Zeugnisse beizubringen sind, weil Gottesdienst immer mit bestimmten Formen von Musik einhergeht. Diese gottesdienstliche Musik muss dann in der Nikolaikirche stattgefunden haben, da diese vor der Reformation zugleich als Universitätskirche genutzt wurde. Gern hätten wir Kenntnisse darüber, wie sich das Verhältnis zur Nikolaigemeinde im Einzelnen gestaltete, mit welcher Frequenz gottesdienstliche Veranstaltungen stattfanden und auf welchem kirchenrechtlichen Boden sich ein solcher Gottesdienst vollzog, doch schweigen hierzu bisher bekannte Quellen. Gelegentlich werden besondere Gottesdienste genannt; so ist aus dem 15. Jahrhundert die Kunde eines besonderen Festgottesdienstes der Universität zum Amtsantritt des Papstes Sixtus IV. (gestorben 1484) im Jahr 1472 überliefert. Dieser Papst hatte eine Marienbruderschaft bestätigt, die Fraternität der ‚Rosarii', die im Leipziger Dominikanerkloster entstanden war. Zumindest feierliche universitäre Gottesdienstes fanden offenbar immer auch in der Paulinerkirche statt; so sei die glanzvolle ‚Missa universitatis' nicht nur in der Pfarrkirche St. Nikolai, sondern „bisweilen auch in St. Pauli" gefeiert worden.[5] Jedoch kam es noch 1539 zur Vermehrung sogenannter Singmessen durch die Universität im Chorraum der Nikolaikirche.[6]

Mit der Einführung der lutherischen Reformation an der Universität Leipzig im Jahr 1543 konnte nach zähem Ringen mit der Stadt die Übereignung des Dominikanerklosters an die Universität vollzogen werden. Die Umwidmung der ehemaligen Dominikaner-Klosterkirche, der sogenannten Paulinerkirche,[7] zur evangelischen Universitätskirche St. Pauli „durch eine gewaltige Predigt" von Martin Luther, „unter Zulauf der ganzen Stadt"[8] – zugleich seine letzte Anwesenheit in Leipzig vor seinem Tode – ereignete sich am Mittwoch, dem 12. August 1545; er predigte zum Sonntagsevangelium des 10. Sonntages nach Trinitatis (Lk 19,41–48). Vorausgegangen waren Hoffnungen der Universität und zum Teil injuriöse Verhandlungen des Stadtrates, der – zu den anderen im städtischen Bereich liegenden Klöstern, ihren Ländereien und Liegenschaften – auch den Reichtum des Dominikanerklosters in seinen Besitz zu bringen gedachte. Doch der erste Rektor der Universität nach der Reformation, Caspar Borner (1492–1547), hatte Herzog Moritz von Sachsen (1521/1541–1553), den späteren sächsischen Kurfürsten,

---

4   Die Gedenkmusik im Konzert der Universitätsmusik in der Leipziger Thomaskirche anlässlich des 40. Jahrestages der Sprengung der Universitätskirche am 30. Mai 1968 – und während damaliger Folgetage auch von Augusteum und Albertinum –, ein Werk von Volker Bräutigam (*1939) mit dem Titel *Epitaph*, legt einen Textzusammenhang zugrunde, der ideell und musikalisch gleichsam ein geistesgeschichtliches Resümee zu unserem Thema zur Darstellung gebracht hat. Vgl. *Epitaph, Sechsteiliges Werk von Volker Bräutigam, Text von Martin Petzoldt*, in: Vernichtet, vertrieben – aber nicht ausgelöscht. Gedenken an die Sprengung der Universitätskirche St. Pauli zu Leipzig nach 40 Jahren, hrsg. v. Rüdiger Lux und Martin Petzoldt, Leipzig und Berlin 2008, S. 115–120.

5   Gabriel M. Löhr OP: *Die Dominikaner an der Leipziger Universität* (Quellen und Forschungen zur Geschichte des Dominikanerordens in Deutschland 30), Vechta 1934, S. 80.

6   R. Wustmann: *Musikgeschichte Leipzigs*, Bd. 1 (wie Anm. 3), S. 40.

7   Zur Sprachregelung sollte beachtet werden, dass der Begriff ‚Paulinerkirche' sich auf die ‚Pauliner', also die im Volk gern so bezeichneten Dominikanermönche, bezieht. Nach 1545 hat sich der Begriff als populäre Bezeichnung erhalten, wie durch die Jahrhunderte immer wieder festzustellen ist. Nicht selten wurde auch der gesamte ehemalige Klosterbereich, der nun offizieller Sitz der Universität war, verkürzend ‚Paulinum' genannt. Die offizielle Bezeichnung, die indes gerade auch den Machthabern der DDR inakzeptabel erschien, war aber die der ‚Universitätskirche St. Pauli'. Der heute geschaffene Begriff des ‚Paulinum' ordnet sich leider ein in die Geschichte der Nichtakzeptanz der Bezeichnung ‚Universitätskirche', da er den vorhandenen und gewachsenen Zusammenhang von Universität und Kirche in Leipzig zumindest zu verschleiern sucht bzw. dazu in der Lage ist. Im Übrigen trug bis 1943 ein ganz anderes Teilgebäude des früheren Klosterareals den Namen ‚Paulinum'. Ein möglicher Kompromiss ist durch die Einigung vom Dezember 2008 auf die Doppelbenennung ‚Aula. Universitätskirche St. Pauli' erreicht.

8   H. Hofmann: *Gottesdienst und Kirchenmusik in der Universitätskirche* (wie Anm. 3), S. 121.

mit plausiblen Gründen davon überzeugen können, dass die Übertragung dieses Klosters an die Universität eine Investition in die Zukunft von besonderer Art sein würde.[9] Moritz willigte ein, und es kam am 22. April 1543 zur Stiftung des Dominikanerklosters „mit allen datzu gehörenden Häusern, Gebäuden, Geräumen, auch der Kirchen und dem Kirchhofe" zum Besten der Universität.[10] Tatsächlich ist es so, dass das klösterliche Areal in der Stadt wie auch die sogenannten Universitätsdörfer nord- und südöstlich Leipzigs[11] mit ihren dazugehörigen Ländereien und Wäldern nicht nur bis in unsere Zeit hinein im Besitz der Universität geblieben sind, sondern auch über Jahrhunderte entscheidend zu ihrer ökonomischen Bestandssicherung beigetragen haben.

Rektor Borner hielt noch nach Pfingsten 1539 – Einführung der Reformation in Leipzig durch eine Predigt Martin Luthers in der Thomaskirche – an den vierteljährlichen Universitätsgottesdiensten in der Nikolaikirche fest;[12] doch bereitete die Eigenständigkeit eines Universitätsgottesdienstes in der Auseinandersetzung mit dem Stadtrat aus geistlichen und parochialrechtlichen Gründen erhebliche Mühe, was auch nach 1544 beim Übergang des Gottesdienstes in die Universitätskirche nicht leichter wurde.

So wollten Stadt und kurfürstliches Konsistorium keine Kommunion gestatten, sondern es sollten nur ‚Actūs' mit Psalmen und lateinischen Reden zur Ehre Gottes gefeiert werden, was man außerhalb der Universität gern als ‚Spektakelmessen' verleumdete.

Da die Universitätskirche der baulichen Erneuerung bedurfte, feierte man zunächst die Universitätsgottesdienste weiterhin in der Nikolaikirche. Für die finanziellen Aufwendungen der Musik setzte Borner folgende Kosten fest: Jeweils 1 Groschen für den Schulrektor, den Kantor und den Organisten, 2 Groschen den Läutern und 8 Pfennige den Bälgetretern.[13] Daraus lässt sich ableiten, dass es sich um Musikdarbietungen der Thomasschüler handelte, für die Thomasrektor und Thomaskantor bezahlt werden mussten. Ob es sich bei dem Organisten auch um einen der Stadtkirchenorganisten handelte, ist ungewiss.

Im Jahr 1528 hatten die Paulinermönche ihre Orgel noch einmal renovieren lassen, der Rat gab 2 Schock dazu.[14] Es handelte sich um ein Werk aus dem 15. Jahrhundert mit Sperrventillade im Hauptwerk, das in der Mitte der Südempore stand. Wir haben gute Kenntnis von dieser Orgel, da Michael Praetorius sie 1619 im zweiten Band seines Werkes *Syntagma musicum* verhältnismäßig ausführlich beschrieben hat. Im Zusammenhang mit der Erläuterung der technischen und klanglichen Entwicklung des Orgelbaus kommt er auf diese Orgel der Leipziger Universitätskirche und ihre Besonderheiten zu sprechen:

„Vor neunzig Jahren ist man den Sachen aber näher kommen / vnnd seynd zwar die *Mixturen* auff ihrer abgesonderten Laden vnnd Sperr *Ventil* geblieben; Aber da seynd mehr Stimmen / als nemlich die zugespitzte Pfeiffen / so sie Spitz=Flötten genennet / vnnd etwas von Schnarrwercken erfunden: Vnd seynd auch Spänbälge gearbeitet worden.

So hat man auch zu der zeit die *Invention* der Rück Positiffen *speculiret*; Wie derer grossen Orgelwercke vnter andern zu Leipzig in der *Pauliner* Kirchen an jetzo noch eins stehet / welches *Principal* im Pedal von 16.f Thon / im *Manual* von 8.f Thon gewesen; hat Grobgedacht vff 8.f / *Octava* von 4.f *Superoctava* 2.f *Quinta* 3.f Rauschpf. Zimbeln / *Mixtur* 12. Fach, auff einer besondern Laden.

Im RückPositiff; *Principal* 4.f Mittel Gedackt 4.f Zimbeln / klein Octävelein / vnd ein groß Blechen Kälber *Regal*. Sein *Manual Clavir* vom *D* angefangen / vnd in zweybestrichnem *c* sich geendet; Sein Pedal vom *C* zum *c* gemachet / vnd mit 12. Spänbälgen belegt gewesen; hat auch in der Brust ein Messing *Regall*, vnd im Pedal Posaunen gehabt."[15]

Zwei Orgeln, eine große und eine kleine, gerieten so mit der Reformation in das Eigentum der Universität.[16] Im Winter 1543/44 kam es zu einem Umbau der Kirche, von dem Borner ausdrücklich berichtet:

„In dem selben Winter (1543) haben wir auf dem Unterbau des abgetragenen höchsten Altars (Hochaltar) einen hölzernen Altar errichtet und darauf ein Bild einfachster Art gestellt. Und nach diesem ersten Vierteljahr haben wir eine öffentliche gottesdienstliche Zusammenkunft [publicum conventum sacrum], in den Versammlungen [Collegiis] vorher sittengemäß angesagt und durch Bekanntmachung angeordnet, unter dem

---

9 Ebenda, S. 118 f.
10 Universitätsarchiv Leipzig (UAL): Rektor Rep. II/III, Nr. 3, pag. 80b.
11 Die sogenannten Propsteigüter oder zur Universität Leipzig gehörigen Dörfer sind die drei sogenannten ‚alten', Hohenheida, Gottscheina und Merkwitz, und die fünf ‚neuen', Holzhausen, Kleinpößna, Wolfshain, Zuckelhausen und Zweenfurt.
12 R. Wustmann: *Musikgeschichte Leipzigs*, Bd. 1 (wie Anm. 3), S. 40.
13 Ebenda, S. 58.
14 Ebenda, S. 40.
15 Michael Praetorius: *Syntagma musicum*, Bd. 2: *De Organographia*, Wolfenbüttel 1619, Faksimile-Reprint hrsg. v. Wilibald Gurlitt (Documenta Musicologica, Erste Reihe, Bd. 14), Kassel etc. 1958, S. 115 f.; vgl. Ulrich Dähnert: *Historische Orgeln in Sachsen*, Leipzig 1983, S. 182 f.
16 R. Wustmann: *Musikgeschichte Leipzigs*, Bd. 1 (wie Anm. 3), S. 40; vgl. auch Veit Heller: „Eine kleine Ehr" – Zum Status der Orgelbauer an der Universität Leipzig zwischen 1685 und 1850, S. 111–129 im vorliegenden Band.

Läuten der Glocke auf dem kleinen Turm mit Gesang und Orgelklang unter zahlreicher Beteiligung der studierenden Jugend gefeiert. Und die Abhaltung dieser Feier hierorts haben wir unsern Nachfolgern angeordnet. Eine gelehrte Ansprache hielt Lic. Antonius Musa über jenes Psalmwort [Ps 2,12]: ‚Küsset den Sohn' und diese hat er alsdann gedruckt herausgegeben."[17]

Der hier erwähnte erste Universitätsgottesdienst fand am 13. März 1544 statt.[18] Die Rede ist nicht nur von der Predigt des Rochlitzer Superintendenten Antonius Musa (um 1485–1547), der 1543/1544 in Leipzig studierte, zum Licentiaten, Magister und Doktor promoviert wurde, sondern auch von „Gesang und Orgelklang" und von der ausdrücklichen Anordnung des Rektors an die „Nachfolger", diese „Feier hierorts" immer zu begehen. Lange nahm man an, Musa habe das berühmte Erfurter *Enchiridion* von 1524 herausgegeben und mit einem Vorwort[19] versehen; richtig ist allerdings, dass er kirchenmusikalisch tätig war und mehrere fünfstimmige Motetten hinterlassen hat, die die musikalische Prägung von Johannes Galliculus – zwischen 1520 und 1526 Leipziger Thomaskantor – tragen. So darf angenommen werden, dass der Hinweis auf „Gesang und Orgelklang" nur das Kürzel für einen kirchenmusikalisch reich ausgestatteten Gottesdienst darstellt.

Zum Verdruss der Stadtgeistlichkeit übte sich schon 1545 eine Anzahl der neuen kurfürstlichen Stipendiaten im Kirchengesang; diese ‚Alumni electorales' bildeten eine Gruppierung von nicht weniger als 70 Studenten, die von der kursächsischen Regierung ein Stipendium erhielten, unter einem ‚Praeceptor' auf dem Paulinum beisammen wohnten und lebten und unter den Leipziger Geistlichen einen ‚Ephorus' hatten. In der Regel waren sie durch ihren Besuch an der Dresdner Kreuzschule, der Leipziger Thomasschule oder der Fürstenschule Schulpforta schon musikalisch vorgebildet. Zusammen mit anderen Kollegiatstudenten und Magistern bildeten sie eine Figuralkantorei, die nicht selten mit dem Schülerchor der Thomasschule zusammenwirkte. Einzelne Mitglieder waren auch des Komponierens fähig und haben teilweise erstaunliche Leistungen erbracht. Fähigkeiten und Intensität dieses Instituts hielten bis gegen Ende des Dreißigjährigen Krieges an und haben Leipzigs Universität den Ruf einer der musikalischsten in Deutschland eingebracht.[20] Mit Kirchengesängen trugen die Alumni regelmäßig zur Ausstattung der Universitätsgottesdienste bei, was bereits aus einem Schreiben des Kurfürsten Moritz an den Leipziger Rat vom 26. März 1545 hervorgeht.[21] Doch gab es schon zu diesem Zeitpunkt – also vor der berühmten Predigt Martin Luthers im August 1545 – eine Einigung mit dem geistlichen Ministerium der Stadt und dem Stadtrat darauf, dass die Universitätskirche fortan nur zu akademischen Feiern benutzt werden sollte, und zwar

– zu Festgottesdiensten an den ersten Feiertagen der hohen Feste, zu denen später das Reformationsfest hinzukam,
– zu den vier Quartalsorationen an den Terminen Reminiscere, Trinitatis, Crucis und Luciae,
– zu Doktorpromotionen,
– zu Leichenbegängnissen der Professoren und ihrer Verwandten (der sogenannten Universitätsverwandten) und
– zu akademischen Festfeiern (Ereignissen des wettinischen Herrscherhauses, bei Regierungsantritten, Jubiläen, Erinnerungsfeiern usw.), auch die Jahrhundertfeiern der Universität 1609, 1709, 1809 und 1909 erhielten besondere gottesdienstliche und musikalische Gestaltungen.[22]

Nicht unwesentlich im Blick auf die Musikentwicklung erscheint die Kunde von einem regelmäßigen Vespergottesdienst an jedem Sonnabend, den es bereits seit dem 16. Jahrhundert in der Universitätskirche gab.[23]

Am 19. Dezember 1556 wird ein gewisser Andreß Bergener als „Cantor im Pauler Collegio" genannt,[24] ein früherer Afraner aus Meißen, dem seiner Leistungen wegen und auf sein Versprechen hin, später in Kursachsen bleiben zu wollen, das Stipendium um zwei Jahre verlängert wurde.[25] Nicht unerwähnt sollte bleiben, dass im Dezember 1580 die Universität „die *Formula Concordiae* von allen *Professores*, *Doctores* und *Philosophiae Magistri* [...] unterschrieben"[26] hat, was für den Gottesdienst unter den heraufzie-

---

17 [Caspar Borner]: *Actis Academicis An. 1543*, UAL: Lit. L Signatis fol. 46, 47. Übersetzung bei H. Hofmann: *Gottesdienst und Kirchenmusik in der Universitätskirche* (wie Anm. 3), S. 121.

18 R. Wustmann: *Musikgeschichte Leipzigs*, Bd. 1 (wie Anm. 3), S. 58 f.

19 Widerlegung durch Wilhelm Lucke: *Die erste Überlieferung. Die Gesangbücher des Jahres 1524*, in: D. Martin Luthers Werke, Kritische Gesamtausgabe, Bd. 35, Weimar 1923, S. 5–25, besonders S. 17 f.

20 R. Wustmann: *Musikgeschichte Leipzigs*, Bd. 1 (wie Anm. 3), S. 135 ff.

21 Ebenda, S. 59.

22 H. Hofmann: *Gottesdienst und Kirchenmusik in der Universitätskirche* (wie Anm. 3), S. 122; vgl. auch R. Wustmann: *Musikgeschichte Leipzigs*, Bd. 1 (wie Anm. 3), S. 77.

23 Elisabeth Hütter: *Die Pauliner-Universitätskirche zu Leipzig. Geschichte und Bedeutung*, Weimar 1993, S. 120.

24 Johann Gottfried Walther: *Musicalisches Lexicon*, Leipzig 1732, S. 87, teilt folgenden interessanten Eintrag mit, der unseren Bergner meinen könnte: „Bergerus (*Andreas*) Dolsensis Misnicus, ließ an[no]. 1606 Harmonias s[eu]. Cantiones Sacras 4–8 voc. zu Augspurg in 4to drucken. Es bestehet dieses Werck aus 32 Stücken."

25 R. Wustmann: *Musikgeschichte Leipzigs*, Bd. 1 (wie Anm. 3), S. 138.

26 Johann Jacob Vogel: *Leipzigisches Geschicht-Buch Oder Annales, Das ist: Jahr- und Tage-Bücher Der Weltberühmten Königl. und Churfürstlichen Sächsischen Kauff- und Handels-Stadt Leipzig [...]*, Leipzig 1714, S. 243.

henden kryptokalvinistischen Wirren unter Kurfürst Christian I. (1560/1586–1591) nicht unbedeutsam gewesen sein muss.

Sethus Calvisius (1556–1615) aus Gorschleben in Thüringen, Thomaskantor von 1594 bis 1615, kam im Anschluss an seinen Studienbeginn in Helmstedt im Jahr 1580 als Student an die Universität Leipzig, wo er bereits im Folgejahr die Kirchenmusik an St. Pauli übernahm. Auch 1605 dirigierte er noch als Thomaskantor Kirchenmusiken in der Universitätskirche und beteiligte Thomasschüler und Studenten daran. Seit 1581 schon wird er als Kantor der Universitätskirche bezeichnet,[27] was vor allem die Funktion des ‚Praecentors' betraf, doch ohne Zweifel sich darin nicht erschöpfte. Doch die Theologische Fakultät empfahl ihn bereits 1582 zum Kantor in Schulpforta, so dass damit vorerst seine Tätigkeit an der Universität beendet war. Von dort holte ihn der Leipziger Rat zwölf Jahre später wieder zurück, um ihn zum Nachfolger des Thomaskantors Valentin Otto zu machen. In seine frühen Jahre als Thomaskantor fallen Studium und Graduierungen des durch das *Florilegium Portense* und das *Florilegium selectissimorum Hymnorum* bekanntgewordenen Erhard Bodenschatz (1576–1636), den er bereits in Schulpforta unterrichtet hatte. Ob Bodenschatz, der zwischen 1595 und 1600 in Leipzig war, auch für die Musik im Universitätsgottesdienst zu sorgen hatte, kann bisher nicht erwiesen werden, doch spricht einiges dafür. Wustmann berichtet auch von sogenannten Magistermotetten[28] bei Magisterpromotion, die um 1600 an einem der letzten Januartage begangen wurden; später verlegte man sie ins Frühjahr und führte nicht selten von Studierenden eigens komponierte Motetten auf.

Während des Thomaskantorates von Sethus Calvisius zeichneten nacheinander zwei Theologiestudenten, die später in Dresden zu Kreuzkantoren avancieren sollten, verantwortlich für die Musik in den Universitätsgottesdiensten. Zunächst war es Samuel Rüling (1586–1626), der zwischen 1610 und 1612 wirkte (Kreuzkantor 1612–1615, danach Pfarrer an der Kreuzkirche in Dresden). Aus seiner Feder sind sechs- bis neunstimmige Werke bekannt, von denen angenommen wurde, er habe sie bereits während seines Studiums für die Universitätskantorei in Leipzig geschrieben.[29] Schon zu dieser Zeit wurde er mit dem Titel eines ‚Poeta laureatus Caesareus' geehrt. Später als ‚Diaconus' an der Kreuzkirche – seelsorgerlich zuständig für den Gemeindebereich am Neumarkt und den Umkreis um die Dresdner Frauenkirche herum – war er zugleich Beichtvater von Heinrich Schütz (1585–1672) und dessen Familie. Seine Predigten weisen ihn als kundigen Musiker aus, der darin in Umrissen eine interessante Musiktheologie entwickelte.[30] Noch 100 Jahre später, in der Zeit Bachs, erinnerte man sich Rülings als Beispiels eines „gelehrten Cantors".[31] Während seiner Leipziger Tätigkeit kam es zu einem Ereignis besonderer Art, bei dem alle drei großen Leipziger Kirchen einbezogen wurden: Anlässlich der Leipziger Leichenfeier für Kurfürst Christian II. (1583/1600 bis 1611), die am 6. August 1611 stattfand, versammelte sich die Trauergemeinde bei einem ersten Puls des Geläutes in der Nikolaikirche, zog zum zweiten Puls in die Universitätskirche, um „allda lateinisch Choral" zu singen, und schließlich unter dem dritten Puls zur Thomaskirche, wo mit Liedern der Thomasschüler die Gedächtnispredigt (zu Kld 5) von Superintendent Georg Weinrich (1554–1617) gehalten und im Auftrag des Universitätsrektors von M. Johann Friedrich eine ehrenvolle Parentation vorgetragen wurde.[32]

Als Rüling zum Kreuzkantor nach Dresden berufen worden war, empfahl er Christoph Neander (1589–1625) als seinen Nachfolger für die Musik im Universitätsgottesdienst. Dieser hatte die Thomasschule unter Calvisius besucht und 1610 in Leipzig das Theologiestudium aufgenommen. Dazu hörte er naturwissenschaftliche Vorlesungen bei dem damals in Leipzig hochbedeutsamen Wolfgang Corvinus (1562–1614), der auch mehrfach Rektor der Universität war. Das philosophische Studium beendete er 1613 mit dem Erwerb des Magistertitels. Doch war er schon seit 1612 unermüdlich als Kantor der Universitätskirche tätig. Als er in der Nachfolge Rülings 1615 zum Kreuzkantor berufen wurde, begleiteten ihn Empfehlungsschreiben, die von seiner Leipziger Tätigkeit berichteten. Darin heißt es:

„Herr M. Christophorus Neander, *Theologiae Studiosus*, welcher neben itztgedachten seinem *Studio Theologico* sich auch insonderheit vf die *Musicam* iederzeit höchlich befließen, vnd darin solche ansehnliche *profectus* erlanget, da ihme darinnen wenig gleich, zu geschweigen vorzuziehen [...] ein sonderlicher außbündiger, guter *Musicus vocalis*, und deßen alhie zu gar vielen mahlen mit anstellhaltung vnd *direction* herrlicher Musicen in den Kirchen mit gar unterschiedlichen Chören solche Proben gethan, dergleichen alhie kaum geschehen oder gehöret worden, vnd er deßwegen fast von jedermann gerühmet wird."[33]

---

27 R. Wustmann: *Musikgeschichte Leipzigs*, Bd. 1 (wie Anm. 3), S. 138 f.

28 Ebenda, S. 139 f.

29 Karl Held: *Das Kreuzkantorat zu Dresden*, Leipzig 1894, S. 50 f.

30 Samuel Rüling: *Succus Propheticus, das ist XXV außerlesene Kernsprüche aus den Propheten in Predigten erklärt*, Dresden 1625, S. 29–33.

31 *M. H. J. Sivers gelehrter Cantor*, aus dem Lateinischen übersetzt und mit Anmerkungen versehen von Johann Mattheson, Hamburg 1730.

32 R. Wustmann: *Musikgeschichte Leipzigs*, Bd. 1 (wie Anm. 3), S. 87 f.

33 Zitiert nach Hans John: *Der Dresdner Kreuzchor und seine Kantoren*, Berlin 1982, S. 34 f.

Ein gewisser Johannes Scheibe nannte sich 1616 ‚director chori musici Paulini' und scheint damit den Versuch anzudeuten, den Thomaskantor aus der Universitätskirche musikalisch fernhalten zu wollen.[34] Im gleichen Jahr wird davon berichtet, dass eine Studentenkantorei Musiken auf fünf und sechs Chören aufgeführt habe,[35] wie überhaupt die zu dieser Zeit üblichen Magistermotetten, von denen schon die Rede war, ein hohes Niveau zeigten. Georg Engelmann d. Ä. (nach 1570–1632), Thomasorganist von 1625 an, bekleidete zuvor die Position des Universitätsorganisten, nachdem er seit 1593 bei der Universität als Student eingeschrieben war. Er komponierte zum Reformationsjubiläum 1617 die Festmusik der Universität: *Hymnus jubilantium Lutheranorum panegyricus. Der 71. Psalm zum 31. 10. 1617 für 8 Stimmen und Bc.*, gedruckt in Leipzig bei L. Cober 1617, die wohl unter seiner Leitung aufgeführt worden ist.[36]

Kurz nach diesen Ereignissen begann der Dreißigjährige Krieg, der zwar Leipzig zunächst kaum berührte, doch zu bestimmten Gelegenheiten Aufmerksamkeit auf sich zog. So fand am 9. Dezember 1621 im Anschluss an ein Te Deum in der Nikolaikirche in der Universitätskirche ein Dankgottesdienst für den schlesischen Erfolg des Kurfürsten Johann Georg I. (1585/1611–1656) statt, bei dem „vocaliter und instrumentaliter aufs herrlichste ist musiciret worden".[37] Der Kurfürst hatte durch Besetzung der beiden Lausitzen und Schlesiens nicht nur die Duldung der Protestanten durch den Kaiser erzwungen, sondern gewährte seinerseits auch den Katholiken Schutz.[38]

Inzwischen war Johann Hermann Schein (1586–1630) in Leipzig tätig; seit 1616 Thomaskantor, schrieb er 1624 ein kleines Konzert zum Rektoratswechsel der Universität.[39] Adressat war möglicherweise Wilhelm Schmuck, der das Rektorat zum Sommersemester übernahm, ein Sohn des Leipziger Superintendenten Vincenz Schmuck (1565 bis 1628), mit dem Schein freundschaftlich verbunden war. Es ist anzunehmen, dass hierbei – wie üblicherweise zu Universitätsfesten – der Schülerchor der Thomasschule sang,[40] obgleich während des 17. Jahrhunderts die Leipziger Studentenschaft als die musikalischste in ganz Deutschland galt.[41]

Durchweg Studenten waren auch die Mitglieder der Nikolaichoralisten, weshalb ihre Tätigkeit innerhalb der Musik des Universitätsgottesdienstes Erwähnung finden darf. Es handelt sich um eine Gruppierung, die später unter der Leitung des Nikolaikantors (eines Lehrers der Nikolaischule) stand und deren liturgische Dienste im Chorraum der Nikolaikirche verrichtet wurden; sie hatten Legate einzelner schlesischer und fränkischer Städte bzw. ehemaliger von dort stammender Studenten, die zu Ansehen und Reichtum gekommen waren, zur Basis. Die Begründung dieser Legate geht auf vorreformatorische Anlässe zurück;[42] 1495 wurde jedenfalls der vollständige Horengesang in der Nikolaikirche eingeführt, gebunden an derartige Stiftungen und Stipendien. Diese Institution als Hilfe für mittellose Studenten wurde bis ins 19. Jahrhundert in der Nikolaikirche fortgeführt, aber anlässlich der Reformation nicht in die Universitätskirche übernommen. Lediglich die Marienhoren wurden 1539 auch für die Nikolaikirche abgeschafft,[43] außerdem zentralisierte man alle vorhandenen Choralistenstipendien, deren es auch solche für die Katharinenkapelle und für das Georgenhospital gab, auf die Nikolaikirche. Während der schwedischen Besatzungsjahre Leipzigs (1644–1650) ging das Choralisteninstitut fast zugrunde, da die Zinsen nicht mehr ausgezahlt werden konnten. Später erholte es sich wieder. Zur Zeit Bachs stand es in hohem Ansehen, seine Stellen waren sehr begehrt. Namhafte Mediziner, Juristen und Theologen verweisen in ihrer Biographie darauf, durch dieses Institut gefördert worden zu sein.

Am 16. und 23. September 1631 wurden in der Universitätskirche zwei gefallene Offiziere der Schlacht bei Breitenfeld bestattet, wozu die Thomaner sangen.[44] Von Thomaskantor Tobias Michael (1592–1657), seit 1631 im Amt, sowie seinen Nachfolgern ist bekannt, dass sie mehrere Universitätsmusiken dirigierten. Als Michael im Juni 1657 gestorben war, bewarb sich unter anderen auch Werner Fabricius (1633–1679) um die Nachfolge, der seit 1656 als Universitätsorganist tätig war und sich nebenbei auch als Rechtsanwalt betätigte. Er wird in den Akten ‚Musikdirektor am Paulinum' genannt.[45] Ausdrücklich für die hohen Feste des Kirchenjahres sind seine *Geistlichen Arien, Dialogen und Concerten, so zur Heiligung hoher Festtage mit 4–8 Vokalstimmen, nebst allerhand Instrumenten* (Leipzig 1662) bestimmt. Zu den von ihm komponierten Grablie-

---

34 R. Wustmann: *Musikgeschichte Leipzigs*, Bd. 1 (wie Anm. 3), S. 139.
35 Ebenda, S. 137.
36 Rebekka Fritz: *Engelmann, Georg d. Ä.*, in: Die Musik in Geschichte und Gegenwart, 2. Ausg., hrsg. v. Ludwig Finscher, Personenteil Bd. 6, Kassel etc. 2001, Sp. 348–350, hier Sp. 348.
37 R. Wustmann: *Musikgeschichte Leipzigs*, Bd. 1 (wie Anm. 3), S. 176.
38 Rudolf Kötzschke, Hellmuth Kretzschmar: *Sächsische Geschichte (1935)*, Augsburg 1995, S. 244.
39 R. Wustmann: *Musikgeschichte Leipzigs*, Bd. 1 (wie Anm. 3), S. 88.
40 Ebenda, S. 102.
41 Ebenda, S. 128.
42 Ebenda, S. 16, 54.
43 Ebenda, S. 54.
44 Ebenda, S. 178.
45 A. Schering: *Musikgeschichte Leipzigs*, Bd. 2 (wie Anm. 3), S. 133. Vermutlich erfüllte vor Fabricius bereits Johann Rosenmüller eine ähnliche Aufgabe; vgl. Michael Maul: *Musikpflege in der Paulinerkirche im 17. Jahrhundert bis hin zur Einführung des ‚neuen Gottesdienstes' (1710)*, S. 33–55 im vorliegenden Band.

dern und Leichenmotetten, die zu Beerdigungsgottesdiensten von Universitätsangehörigen musiziert wurden, gehören das Grablied *Leider, daß von unsern Häuptern unsre Krone weggerissen* für Johann Benedict Carpzov (gestorben 1657),[46] sowie die Motette zu vier Stimmen *Vater, in deine Hände befehle ich meinen Geist* (Leipzig 1671). Zum Reformationsjubiläum 1667 (nicht 1674, wie es bei Arnold Schering heißt[47]) schrieb er ausdrücklich für den Universitätsgottesdienst ein groß angelegtes Konzert mit dem Titel *Jubilum Evangelicum Lutheranorum ex Esaia 49 et Ps. 147*. Als spätere Nachwirkung darf der Abdruck einzelner Lieder von Werner Fabricius in Joachim Fellers Gebetbuch *Andächtiger Studente* (1682, vier Auflagen bis 1718) gelten. Ob er der Verfasser des *Unterricht[s], wie man ein neu Orgelwerk [...] in und auswendig examiniren und probiren soll* ist, das mit der Jahreszahl 1756 in Frankfurt am Main und Leipzig erschien, muss offenbleiben, wenn auch bekannt ist, dass Fabricius ein ausgezeichneter Orgelbaukenner war, der verschiedentlich zu Orgelprüfungen herangezogen wurde.

Als ‚Praecentor' bzw. ‚Cantor choralis' in den Gottesdiensten wirkte während seines Studiums zwischen 1665 und 1669 Christian Clodius (1647–1717). Er wurde weniger durch diese Tätigkeit als vielmehr durch eine studentische Liedsammlung mit dem Titel *Hymnorum Studiosorum* (1669 abgeschlossen) bekannt, die ein qualitativ sehr unterschiedliches Liedgut vereinigt, von frommen Liedern einerseits bis zu zotigen Liedern auf Kirchenliedmelodien andererseits. Die Sammlung verdankt sich seiner – wie auch anderer Praecentoren oder Nikolai-Choralisten – gleichzeitigen Funktion als Vorsteher der Pauliner Tischgenossenschaft, die ihn offensichtlich zu solcher Tätigkeit anregte.

Seit 1667, 150 Jahre nach dem Thesenanschlag Luthers, wurde auf Anordnung des Kurfürsten Johann Georg II. (1613/1656–1680) das Reformationsfest jedes Jahr gefeiert, was insbesondere der Universitätskirche einen weiteren festen Gottesdiensttermin im Jahr verschaffte;[48] später bürgerte sich der Brauch ein, an diesem Tage zugleich den Rektoratswechsel zum Wintersemester vorzunehmen.

Die Nutzung der Universitätskirche durch Collegia und Predigergesellschaften nimmt mit der Gründung zweier solcher Institutionen 1624 (Montägiges Predigercollegium) und 1641 (Donnerstägiges Predigercollegium) ihren Anfang; 1716 wurde in der Universitätskirche das Sorben-wendische Predigercollegium eröffnet. Es geht auf Anraten des Theologieprofessors Johann Gottlob Pfeiffer (1668–1740) zurück.[49] Daneben existierten eine Reihe weiterer solcher *Collegia*, die das Ziel hatten, sich in der freien Rede zu üben oder fromme Bibelauslegung zu betreiben, unter anderen das von August Hermann Francke 1689 eröffnete ‚Collegium philobiblicum', das allerdings nicht in der Universitätskirche abgehalten wurde. Ob es im Zusammenhang mit der Tätigkeit der Predigercollegien auch musikalische Anteile gab, ist bisher nicht bekannt.

Eine wesentliche bauliche Veränderung, die auch musikalisch Verbesserungen brachte, ereignete sich 1678, als man den sogenannten Schülerchor von der Südseite auf die Westseite der Kirche verlegte, ohne die bisherige Orgelempore auf der Südseite aufzugeben. Die neue Empore ist wohl zum ersten Mal anlässlich des Friedensdankfestes am 2. November 1679 genutzt worden, da eine „schöne Musik" aufgeführt wurde.[50]

Schon 1671 wandte sich die Theologische Fakultät an den Kurfürsten und bat um Erlaubnis, in der Universitätskirche einen regelmäßigen Sonn- und Festtagsgottesdienst einzurichten. Nicht zuletzt hing eine solche Aktivität auch mit der Vergrößerung der Stadtbevölkerung zusammen, die in den Gottesdiensten der Stadtkirchen nur noch mit Mühe Platz fand. Denn im gleichen Jahr erging auch der Antrag, die ehemalige Franziskanerklosterkirche (spätere Neu- bzw. Matthäikirche) wieder in Gebrauch zu nehmen. Diese Bitte wurde 1698 erneuert, so dass es 1699 zur Eröffnung der Neukirche kam, in der ausdrücklich eine Studentenempore eingerichtet wurde. Seit 1702 regte sich auch der Wunsch wieder hinsichtlich der Universitätskirche. Elf umfängliche Aktenstücke der Rektoratsakten geben von diesen Bemühungen Kunde.[51] Die weitestgehende Lösung strebte ein Gesuch der Universität vom 15. April 1702 an den Kurfürsten an: Man beantragte die Anstellung von zwei ordentlichen Predigern für die Vor- und Nachmittagsgottesdienste an Sonn- und Festtagen und die Erteilung des Rechtes der Abendmahlsausspendung. Im Juni 1702 schaffte eine Äußerung des Kurfürsten Klarheit, der einem Vergleich zwischen Rat und Universität gleichkam: Es solle Universitätsgottesdienste durch Professoren und Dozenten der Theologie für Universitätsangehörige geben, damit es nicht zu neuen Personalanstellungen kommen müsse.[52]

---

46 A. Schering: *Musikgeschichte Leipzigs*, Bd. 2 (wie Anm. 3), S. 250–252.

47 Ebenda, S. 321.

48 H. Hofmann: *Gottesdienst und Kirchenmusik in der Universitätskirche* (wie Anm. 3), S. 123.

49 Gerhard Graf: *Die Seminare der Lausitzer Prediger-Gesellschaft im Lehrbetrieb der Theologischen Fakultät*, in: Die Theologische Fakultät der Universität Leipzig. Personen, Profile und Perspektiven aus sechs Jahrhunderten Fakultätsgeschichte (BLUWiG Reihe A, Band 2), Leipzig 2005, S. 323–330.

50 A. Schering: *Musikgeschichte Leipzigs*, Bd. 2 (wie Anm. 3), S. 316.

51 H. Hofmann: *Gottesdienst und Kirchenmusik in der Universitätskirche* (wie Anm. 3), S. 124.

52 Ebenda, S. 127.

Die Ausführung zog sich hin; im Jahr des Universitätsjubiläums 1709 wurde die bauliche Erneuerung der Universitätskirche in Gang gesetzt, die bis 1712 andauerte. Die Erlaubnis zum Gottesdienst wurde am 20. August 1710 ausgesprochen.[53] Demnach sollten Doktoren, Professoren und Baccalaureen der Theologie sowie die Senioren der Prediger-Collegien sollten die Predigten halten und der Gottesdienst sonntags um 9 Uhr beginnen, weil es ja sonst keinerlei Amtshandlungen geben werde, die die anderen Stadtgeistlichen in ihren Einkünften schmälern könnten.

Zum ersten Gottesdienst kam es am 11. Sonntag nach Trinitatis, dem 31. August 1710. Die Predigt hielt Prof. D. Johann Gottfried Olearius zum Tagesevangelium (Lk 18,9–14).

Die Erlaubnis eines Nachmittagsgottesdienstes am Sonntag konnte wegen weiterer erheblicher Widerstände seitens der Stadt erst am 20. Mai 1722 erteilt werden. Gleichwohl hatte man bereits seit 1714 solche Vespergottesdienste gehalten.

Dieser Prozess der Durchsetzung regelmäßiger Gottesdienste machte sehr bald auch Änderungen für ihre musikalische Betreuung notwendig. Offensichtlich hatte man das bei den offiziellen Verhandlungen nicht bedacht und überließ es nun dem Selbstlauf. In diese Auseinandersetzungen sind nun insbesondere Bach und sein Vorgänger Kuhnau verwickelt gewesen.

Es scheint so, als ob seit den Zeiten des Thomaskantors Calvisius das Amt des Akademischen Musikdirektors traditionell mit dem des Thomaskantors verknüpft gewesen sei.[54] Wie aus der Vergangenheit bekannt, fanden Gottesdienste nur zu den ersten Feiertagen der hohen Feste statt, seit 1667 auch am Reformationstag. Da sonst für das Orgelspiel in den Stadtkirchen Organisten, nicht aber der Thomaskantor zuständig seien, habe dieser in den wenigen Universitätsgottesdiensten die Orgel zu spielen und figurale Kirchenstücke aufzuführen.[55] Im Blick auf die Einführung regelmäßiger Sonn- und Festtagsgottesdienste der Universität fühlte sich Johann Kuhnau (1660–1722), Thomaskantor seit 1701, kompromittiert, da die Universität zum Orgelspiel alsbald einen Studenten verpflichtete.[56] In gewisser Weise gab er nach und willigte in einen Kompromiss ein: Er behalte das Organistenamt pro forma, müsse sich aber vertreten lassen, da er in den Gottesdiensten der Hauptkirchen (7–11 Uhr maximal) unabkömmlich sei.

Noch bevor aber der regelmäßige Sonntagsgottesdienst eröffnet wurde, ist die musikalische Ausstattung des Universitätsjubiläums im Dezember 1709 zu würdigen.[57] Darüber berichtet ausführlich Johann Jacob Vogel in seinem *Leipzigischen Geschicht-Buch Oder Annales*:[58] Es wurde – nicht wie heute üblich am 2. Dezember, sondern – am 4. Dezember 1709 gefeiert. Dazu erging eine ausführliche ‚Invitatio' des Rektors Augustus Quirinus Schacher, eines Mediziners. Morgens gab es um 5 Uhr 20 Schuss aus den Kanonen auf der Festung Pleißenburg, worauf alle Glocken der Stadt läuteten. Darauf bliesen die Trompeten von den Türmen der Thomas- und Nikolaikirche in zwei Chören. Nach der Wiederholung dieses Vorgangs um 6 und um 7 Uhr gab es eine stille Prozession des Corpus Academicum vom Fürstenhaus „in gewöhnlicher Ordnung" durch die Sakristei in die Nikolaikirche, wo alle im Chorraum Platz nahmen. Dann erfolgte der Einzug der geladenen Gäste aus der Stadt, der Universitäten Halle, Jena und Wittenberg, der Stifter Merseburg, Meißen und Zeitz sowie der Abgesandten der Höfe in Weißenfels und Dresden, für den es eine protokollarische Reihenfolge gab, die ausführlich beschrieben ist. Dann begann der Festgottesdienst:

„Gegen 8. Uhr wurde der Anfang mit einer kleinen Music [Johann Kuhnau, *Dies ist der Tag, den der Herr gemacht hat*, Ps 118,24 ff., Anm. d. Verf.] in der Kirchen gemacht, nach diesen das Lied: **Es woll uns Gott genädig seyn** angestimmet, hierauff so lange *praeludi*ret, biß die Herren Gesandten und Abgeordneten insgesammt zugegen waren, und darauff: **Nun lob meine Seele den HErren**, etc. theils dem Höchsten zu Ehren das angefangene Opffer weiter fortzusetzen, theils auch sich zu desto inbrünstigerer Andacht zu bereiten, mit vereinigten Hertzen, und Munde gesungen. Diesem folgte die grosse Music [Johann Kuhnau, *Der Herr hat Zion erwehlet*, Ps 132,13 ff., Anm. d. Verf.], so in dem Texte der Predigt bestand. Nach Endigung derselben legte Herr *D. Gottfried Olearius, Theol. P. P.* dieser *Universit*ät bey einer fast erstaunenden Menge fremder Studenten und anderer *courieux*en Ausländer, so sich ins gesamt in Leipzig eingefunden, dem *Jubilaeo* beyzuwohnen, die Jubel=Predigt, über Psal. CXXXII, v.13. biß zu Ende, welche bereits zum öffentlichen Druck befördert ist, und verlaß ein besonders auff diese *solennit*ät gerichtetes Gebeth, welches der gehaltenen und gedruckten Jubel=Predigt wie auch dem Bericht von der Universität Leipzig und ihrem 1709. d. *4. Dec.* begangenen dritten *Jubilaeo* beygefüget ist, nicht weniger auch die übrigen gewöhnlichen Gebethe. Hierauff wurde der 110. Psalm[59] musiciret [Johann Kuhnau,

---

53 Ebenda, S. 128.
54 Andreas Glöckner: *Johann Sebastian Bach und die Universität Leipzig – Neue Quellen (Teil I)*, in: Bach-Jahrbuch 94 (2008), S. 159–201, hier S. 169.
55 Ebenda.
56 Ebenda.
57 Vgl. dazu auch die Ausführungen von Michael Maul im vorliegenden Band (wie Anm. 45).
58 J. J. Vogel: *Leipzigisches Geschicht-Buch* (wie Anm. 26), S. 1024–1031.
59 Recte: 150. Psalm.

Halleluja, lobet den Herrn in seinem Heiligthum, Ps 150,1 ff., Anm. d. Verf.], das *Te Deum laudamus* in Deutscher Sprache unter Lösung 20. Canonen auff der Vestung Pleißenburg, wozu mit zwey Raqveten von dem Kirch=Hofe die Losung gegeben wurde, gesungen, und endlich mit der Collecte und Seegen das Ende mit der Andacht in dem Gottes=Hause zu *St. Nicolai* gemachet."[60]

Anschließend gab es eine Prozession des gesamten Festkorpus aus der Nikolaikirche heraus zur Universitätskirche.

„Auf dem Kirch=Hofe der Pauliner=Kirche war eine volle Wache *rangi*ret, und wurde die ankommende *Procession* auf demselben mit zwey Chören Trompeten und Paucken bewillkommnet. [folgt die Beschreibung der Ausschmückung und Einrichtung der Kirche sowie die Plazierung der Anwesenden, Anm. d. Verf.] [...] Der Anfang zum Gottes=Dienst in besagter Kirche war, daß das *Veni sancte Spiritus, figuraliter musici*ret wurde; Nach dieser Music hielte Herr D. Johann Burchard Mencke, *Historiarum Profess. Publ. Consiliar.* und *Historiographus Regius* die *Orationem secularem*, darinne er sonderlich von denen gelehrten Männern, welche Leipzig vor andern berühmt gemacht, handelte, und zugleich GOtt anruffte, der Universität ihren Flor noch ferner zu erhalten. Hierauff wurde eine hierzu *à part* verfertigte *Oda secularis musici*ret, worauf das *Te Deum laudamus* abermahl in Lateinischer Sprache gesungen, und darbey die Stücken auff der Vestung, nach gegebener Losung zweyer vor der Kirche gepflantzeter Raqveten, zum dritten mahl gelöset, und endlich mit der lateinischen *Collecte* und Seegen der Schluß gemachet.

Nach geendigten *Actu* gienge die *Procession* in vorerwehnter Ordnung aus der Pauliner=Kirche um die Kirche zu *St. Nicolai* in das Fürsten=Hauß, welche von einer *continuirli*chen *Concerte* zweyer Chöre Trompeten und Paucken, deren einer von dem Niclas=Thurme, der andere aus dem Fürsten=Hause sich hören liesse, begleitet wurde."[61]

Dann folgt die Beschreibung der Sitzordnung im Fürstenhaus und des Gala-Diners. Von den „fremden Herren *Studiosi*" wird berichtet, man habe sie

„mit Weine, Bier, Kuchen und *Confect* in dem *Vaporarii Collegii rubri* [Rotes Kolleg an der Ritterstraße, Anm. d. Verf.] *tracti*ret. Denen Herren *Convictoribus*

[kurfürstliche Stipendiaten, Anm. d. Verf.] wurde *à partes tractament* so wohl mit Speisung, als Weine von der *Universi*tät gemacht. Gleich wie denn diese letztern auch die zwey folgenden Tage der Ergötzlichkeit, die ihnen von E. Edl. Hochweisen Rath dieser Stadt mit einer Verehrung von etlichen Vasen Duchstein [ein damals in Königslutter am Elm gebrautes und exportiertes Bier] gemacht worden, genossen. Diese brachten zu Vermehrung der *solennit*äten eine *propre Musique* bey anbrechender Finsternüß, die aber wegen einfallenden Schnee=Wetters erst den andern Tag auff dem Fürsten=Hauß zu aller Anwesenden höchsten *Contentement* unter der *Direction Monsieur* Hoffmanns [Melchior Hoffmann, Anm. d. Verf.] gemachet wurde."[62]

Am folgenden Tag versammelten sich in der berichteten Ordnung alle wieder in der Universitätskirche zu Promotionen der drei oberen Fakultäten.

„Der Anfang zu diesen *Solennit*äten wurde durch eine absonderlich dazu verfertigte Ode gemacht, davon so viel *musici*ret wurden, als die *Theol. Facult*ät angienge, nach welcher Herr Gottfried *Olearius SS. Theol. D.* und *Prof. Publ.* wie auch dasiger erwehlter Promotor in der *Theologi*schen *Facult*ät aufftrat, und nach einer kurtzen *Oration* mit allen sonst gewöhnlichen *Ceremoni*en zwey *Doctores Theologiae crei*erte, [...] Nachdem diese beiden *Candidati* ihren *gradum* erlanget, traten sie benebenst ihren *Promotore* ab, und wurden ihnen ihre Stelle auff denen auff dem Platz der Kirche hierzu bestimmten Stühlen angewiesen. Darauff wurde von der erwehnten Ode wiederum so viel *musici*ret, als die Juristische Fakultät angienge".[63]

In gleichem Zeremoniell vollzogen sich dann auch die Promotionen der Juristen und der Mediziner, immer unterbrochen durch ein Stück der Musik. Am Schluss wurde wieder das Te Deum laudamus angestimmt und ein Hymnus gesungen Nach der Prozession ins Fürstenhaus gab es wieder ein Festessen. Am dritten Tag folgte der Promotionsakt der Philosophischen Fakultät, von dem mitgeteilt wird, dass „die *Musique* dieses Tages, eben wie die vorigen eingerichtet, wurde auch mit dem *Te Deum laudamus* und Seegen beschlossen". Später heißt es im Zusammenhang mit einer Art Rückschau auf die Gratulationen: „So sind auch die *Solennit*äten durch eine von *Monsieur* Heinichen *componir*te *Opera* annoch vermehret"[64] worden. Von den Studenten schließlich wird berichtet:

„So erzeigten sich auch die Herren Bursche, welche in ziemlicher Anzahl von benachbarten *Universit*äten sich allhier eingefunden hatten, nichtweniger vergnüget, etliche mit musicalischen Instrumenten auff ihren Stuben und auff denen Gassen, andere hatt ihr Vergnügen an Raqveten und Schiessen, da es denn durchgehends

---

60 J. J. Vogel: *Leipzigisches Geschicht-Buch* (wie Anm. 26), S. 1025.

61 Ebenda, S. 1026.

62 Ebenda, S. 1027.

63 Ebenda.

64 Ebenda, S, 1028 f.

nicht so gar ohne allen *Excess* abgieng, es wurde aber bald allen Unordnungen durch hochlöbliche Anstalt so wohl der hochlöblichen *Universit*ät als E. Hoch=Edlen Raths abgeholffen und allen besorgenden Ubel bester massen vorgebauet, auch weiter niemand einiger Schaden zugefüget wurde. Also erreichete diese *Academi*sche Jubel=Freude ein glückseliges Ende."[65]

Johann Kuhnau komponierte also für die Festgottesdienste des Universitätsjubiläums am 4. Dezember 1709 mehrere umfangreiche Stücke.[66] Außerdem schuf er wohl auch die beiden Jahrhundert-Oden, *Oda secularis I* und *II*, die auch geistlichen Inhaltes waren. Bedeutsam erscheint außerdem der Hinweis auf die Abendmusik Melchior Hoffmanns (1679–1715) und auf die Oper Johann David Heinichens (1683–1729).

Nach Christoph Ernst Sicul[67] hatte der im Jahr 1710 eingeführte regelmäßige Universitätsgottesdienst folgende Gestalt, die zugleich die Bedeutung des Orgelspiels zeigen kann:

„Um 9 Uhr wird eingeläutet;
zuerst mit der Orgel präludiert;
Gemeindelied ‚Allein Gott in der Höh sei Ehr';
[Orgelzwischenspiel]
sodann ‚ein ander Lied';
[Orgelzwischenspiel]
Darauf der Glaube gesungen, ‚Wir glauben all an einen Gott';
Predigt zum Tagesevangelium, Kirchengebete, Abkündigungen, abgeschlossen mit dem Segen;
[Orgelzwischenspiel]
Darauf ein Gemeindelied, zum Evangelium und zur Predigt passend;
Musik, an 1. Festtagen der hohen Feste und am Reformationsfest durch den Thomaskantor,
an anderen Fest- oder Sonntagen durch den Universitätsorganisten oder -musikdirektor;
Gemeindelied ‚Gott sei und gnädig und barmherzig'

Um 3 Uhr begann die Pauliner-Vesper"

Bereits drei Monate nach Einführung dieser regelmäßigen Sonntagsgottesdienste, zu Weihnachten 1710, ergeht seitens der Universität die Erlaubnis an Johann Friedrich Fasch (1688–1758), einen Jurastudenten, mit seinem Collegium musicum die Figuralmusik zu bestellen.[68] Wesentliche Einsprüche dagegen aus stadtrechtlichen, zeitlichen und moralischen Gründen – vorgetragen vor allem von dem Thomasschulrektor und ‚Professor Poeseos', Johann Heinrich Ernesti (1652–1729) – wurden vom Konzil der Universität abgelehnt. Dennoch wurde eine Regelung notwendig, die darin bestand, die Frage nach der sonntäglichen Figuralmusik zunächst auszusetzen. Zugleich aber erging die Anordnung, Kuhnau habe an hohen Festen nach der Predigt ausschließlich mit Studenten zu musizieren.[69]

Die Praxis war allerdings sofort eine andere: Es sieht ganz so aus, als ob es – auch nach Faschs Weggang aus Leipzig – in den regulären Universitätsgottesdiensten künftig Figuralmusik gegeben habe, und zwar aufgeführt sowohl durch Studenten als auch durch den Thomaskantor.[70] In Kuhnaus Denkschrift zur Kirchenmusik in Leipzig aus dem Jahr 1720 wird allerdings der Universitätsgottesdienst nicht erwähnt.[71] Doch muss es auch musikalische Aufführungen in den Universitätsgottesdiensten zu den Messeterminen gegeben haben. Auch die studentischen Collegia musica Telemanns und Faschs, die dann unter der Leitung weiterer Personen standen, bis sie in die Hände Görners und Bachs kamen, sind für die Gottesdienstmusik der Universitätskirche wichtig geworden, wie schon an der Offerte Faschs deutlich wurde.

Zwischen 1716 und 1721 scheint die Organistenstelle eine Sache der Universität geworden zu sein, denn 1717 stellte man Johann Gottlieb Görner (1697–1778) als Universitätsorganist an; 1718 wird allerdings Gottlieb Zetzsch als Organist genannt; als Görner im April 1721 zum Nikolaiorganisten gewählt wurde, beriet des Konzil über dessen (?) Nachfolge. Am 3. Juli 1721 wählte man Johann Christoph Thiele zum Universitätsorganisten.[72] Die Universität zeigte sich nach dem Tod Kuhnaus mit der Wahl Georg Philipp Telemanns zum Thomaskantor einverstanden und rechnete bereits mit dessen Tätigkeit zum Michaelisfest 1722. Telemanns Absage und die weitere Vakanz des Thomaskantorats führten am 3. April 1723 zur Entscheidung der Übergabe der Universitätsmusik, also nicht nur des Organistendienstes, an den Nikolaiorganisten Görner, jedoch ausdrücklich nur für den sogenannten ‚neuen Gottesdienst', das heißt den regelmäßigen Sonntagsgottesdienst; der sogenannte ‚alte Gottesdienst' solle beim Stadtkantor verbleiben.[73]

---

65 Ebenda, S. 1030 f.

66 Vgl. A. Glöckner: *Johann Sebastian Bach und die Universität Leipzig* (wie Anm. 54), S. 169 f.

67 Christoph Ernst Sicul: *Neo Annalium Lipsiensium Continuatio II*, Leipzig 1715–1717, § 16; vgl. A. Schering: *Musikgeschichte Leipzigs*, Bd. 3 (wie Anm. 3), S. 103.

68 Vgl. hierzu Andreas Glöckner: *Die Musikpflege an der Universitätskirche St. Pauli zur Zeit Johann Sebastian Bachs*, S. 91–100 im vorliegenden Band.

69 A. Glöckner: *Johann Sebastian Bach und die Universität Leipzig* (wie Anm. 54), S. 172.

70 Ebenda, S. 174.

71 Ebenda, S. 175.

72 Ebenda, S. 175–177.

73 Ebenda, S. 178 f.

Bach hat die musikalische Leitung des alten Gottesdienstes bis zu seinem Lebensende in Leipzig behalten und muss in diesem Amt weit mehr als 100 Musiken geleitet haben.[74]

Görner versah indes den ‚neuen Gottesdienst', musste dazu auch für das Herantragen der Instrumente sorgen, denn die Universitätskirche verfügte über keine eigenen. Erst 1755 erhielt er eine Zulage, mit der er sowohl musikalische Helfer als auch die Instrumententräger zu bezahlen hatte. In dem Zusammenhang spricht er von „22 öffentlichen Kirchen-Musicken"[75]. 1717 hatte Sicul mitgeteilt, dass es in den Universitätsgottesdiensten dann und wann Figuralmusik gäbe, insbesondere an Festtagen und während der drei jährlichen Messen.[76]

Nicht unwesentlich ist die musikalische Tätigkeit des Kantors bzw. des ‚Praecentors' oder ‚Cantor choralis' gewesen. Spätestens seit Einführung des regelmäßigen Sonntagsgottesdienstes war die Beschäftigung einer solchen Person notwendig, denn hier – wie auch in den Gottesdiensten der Stadtkirchen – sang man die Gemeindelieder ohne Orgelbegleitung. Zwischen 1720 und 1741 versah dieses Amt Georg Irmler (1695–1762), der von 1709 an Thomasschüler unter Kuhnau war und 1716 zum Studium auf die Universität wechselte. Im Januar 1740 trat er in den Kreis der Thomasschullehrer ein und wurde ‚Baccalaureus funerum'. Am Rande sei erwähnt, dass Irmler im Mai 1727, als Bach mit den kurfürstlichen Alumni und den Convictores eine Kantate zum Geburtstag Augusts des Starken (1670/1694–1733) aufführten (*Entfernet euch ihr heitern Sterne*, BWV Anh. 9), als einer der beiden Marschälle fungierte, die den Dichter Christian Friedrich Haupt bis vor das Zimmer des Monarchen in Apels Haus am Markt begleiteten.

Die Ordnung des ‚alten' und des ‚neuen Gottesdienstes' in der Universitätskirche blieb bis 1836 bestehen, dem Jahr, in welchem die Universität eine eigene Aula im neuerbauten Augusteum erhielt und deshalb auch mit den letzten akademischen Feierlichkeiten aus der Universitätskirche auszog. Diese blieb von nun an allein dem gottesdienstlichen Gebrauch vorbehalten. Mit einem Reskript vom 13. Januar 1834 war sogar eine viermalige Abendmahlsfeier im Laufe des Jahres in der Universitätskirche genehmigt worden; es betraf die Termine Johannis, im August, Ende November und während der Fastenzeit. Doch schon seit 1836 zog man diese zu zwei Feiern pro Jahr zusammen. Die Aufhebung des Beichtgeldes in den Stadtkirchen führte schließlich am 15. September 1848 zur Freigabe des Abendmahls in der Universitätskirche.

Die oben genannten Predigercollegien stellten im 19. Jahrhundert nach und nach ihren Betrieb ein; lediglich die sogenannten ‚Vespertinerstellen' blieben erhalten. In gewisser Nachfolge zu den alten Predigercollegien kam es am 10. November 1862 zur Gründung des bis in unsere Zeit bestehenden Prediger-Collegiums zu St. Pauli. Ihm gab das sächsische Ministerium des Cultus und öffentlichen Unterrichts das unter dem 21. August 1869 erlassene *Regulativ über das Prediger-Collegium zu St. Pauli* als Grundlage[77] bei. Dort ist hinsichtlich seines Charakters und im Blick auf den regelmäßigen Gottesdienst zu erfahren, dass dieses Prediger-Collegium „ein für sich bestehendes Institut" ist, „welches von der Universität unabhängig ist und mit dieser nur soweit in Verbindung steht, als von seinen Mitgliedern in der § 20 bestimmten Weise ein Theil des Kirchendienstes an der Universitätskirche verwaltet wird" (§ 2). Durch das Prediger-Collegium zu St. Pauli wurden auch die vier Vesperpredigerstellen – die sogenannten „Vespertiner" – übernommen, die seit 1710 durch Stiftungen zustande gekommen waren. Hier übte der akademische Senat der Universität das Patronat aus, indem er aus „den ordentlichen Mitgliedern des Collegiums […] vier Nachmittagsprediger an der Universitätskirche" auswählte.[78]

Aus der Zeit der Universitätsmusikdirektoren Johann Adam Hiller (1778–1785) und Johann Georg Häser (1785 bis 1809) sind zwar keine Nachrichten darüber bekannt, was in den Universitätsgottesdiensten musiziert wurde, doch sind von Hiller eine Reihe lateinischer figuralmusikalischer Stücke[79] erhalten, die eine Vorstellung darüber vermitteln, welchen Gefühlseindruck sie hinterlassen haben mochten; außerdem hatte Hiller bei seiner Anstellung versprochen, Sänger und Instrumentalisten mitzubringen, die ihm bei der Aufführung von gottesdienstlicher Musik helfen würden.[80] Das lässt den Schluss zu, dass in der zweiten Hälfte des 18. Jahrhunderts – also noch während der Dienstzeit des Universitätsmusikdirektors Görner und des Universitätsorganisten Thiele – die einstigen

---

74 Ebenda, S. 179. Möglicherweise ließ sich Bach aber auch vertreten. Dass Bach in St. Pauli erstmalig am 1. Pfingsttag 1723, dem 16. Mai, musizierte, führte zu dem Umstand, dass er hier bereits 14 Tage vor seinem offiziellen Dienstantritt am 1. Sonntag nach Trinitatis, dem 30. Mai 1723, tätig war.

75 A. Glöckner: *Johann Sebastian Bach und die Universität Leipzig* (wie Anm. 54), S. 186.

76 Ebenda, S. 175, 186.

77 *Regulativ über das Prediger-Collegium zu St. Pauli*, in: Festschrift zur fünfundzwanzigjährigen Stiftungsfeier des Prediger-Collegiums zu St. Pauli in Leipzig, verfaßt von Gustav Baur und Bruno Hartung, Leipzig 1887, S. 64–70.

78 Ebenda, § 15.

79 Nach Mitteilung A. Scherings in: *Musikgeschichte Leipzigs*, Bd. 3 (wie Anm. 3), S. 499 als Abschriften in der Musikabteilung der Deutschen Staatsbibliothek, Preußischer Kulturbesitz, in Berlin vorhanden.

80 A. Schering: *Musikgeschichte Leipzigs*, Bd. 3 (wie Anm. 3), S. 498 ff.

musikalischen Höhenflüge, die gelegentlich rivalisierende Collegia musica erzeugt hatten, längst Geschichte waren. Die Gründung einer ‚Musikübenden Gesellschaft' unter seiner Leitung führte zwölf Sänger – Studenten, für den Diskant im Kirchendienst freilich keine Frauen, sondern Knabenstimmen – kurz vor Antritt seiner universitären Funktion zusammen und kam ihm dabei sehr zustatten. Dabei strebte er nach einer Art kirchenmusikalischer Ausbildungsstätte, ein Anspruch, der über 100 Jahre später wieder aktuell werden würde. Wenn unter Hiller im Gottesdienst musiziert wurde, dann offenbar nur an dem schon früher schon bezeichneten Ort nach der Predigt.

Aus dem Jahr 1784, also aus der Zeit Hillers, datiert ein eigenes Gesangbuch für die Universitätskirche, *Sammlung neuer geistlicher Lieder*.[81] Der Untertitel *Sammlung vorzüglicher geistlicher Lieder zur Unterhaltung einer vernünftigen Andacht unter Christen* lässt den Rückschluss zu, dass es sich um Lieder des rationalistischen vernünftigen Christentums handelt, was eine zeitgenössische Rezension bestätigt, die in der Rubrik „Gottesgelahrtheit" abgedruckt ist:

„Aus dem Umstande, den der Messkatalog anführt, dass diese Sammlung *zum Mitgebrauch in der Universitätskirche* veranstaltet worden, lässt sich schon muthmassen, dass die Sammlung mit Geschmack gemacht, nur solche Lieder, die durch Würde der Sprache und der Gedanken sich unterscheiden, in dieselbe aufgenommen, und nach dem Vorgang der besten Sammler auch ohne Bedenken in den Liedern auch neuer Verfasser Veränderungen vorgenommen worden, welche der Absicht christlicher Gesänge gemäss sind. Es sind 250 Lieder von *Gellert, Uz, Neander, Klopstock*, und, wie mich dünkt, am meisten von *Cramer*, besonders aus den neuesten Sammlungen seiner Gedichte, in denen doch mehr didaktische Prose, als Liederpoesie zu sein scheint. – Bey der Vergleichung dieser Sammlung mit dem *Göttinger* und *Berliner* Gesangbuch und einer *Sammlung vorzüglicher geistl. Lieder, welche im J. 1784. zu Jena* in eben der Absicht, wie die obige Sammlung herauskam, glauben wir in den letztern in Absicht auf dogmatische und mystische Ausdrücke mehr Scrupulosität wahrgenommen zu haben."[82]

Damit zeigen sich die Universitätsgottesdienste recht früh auf den zeitgenössischen geistlichen Trend des Rationalismus eingestellt, der sich in den Gottesdiensten der Stadt erst mit dem betreffenden Gesangbuch von 1796, *Sammlung christlicher Gesänge zum Gebrauch bey der öffentlichen Andacht in den Stadtkirchen zu Leipzig*, äußert.

Einen neuen Anfang nahm die Musik im Universitätsgottesdienst mit der Gründung der ‚Universitätssängerschaft zu St. Pauli in Leipzig'. Denn zunächst war nach der Völkerschlacht auch der Universitätsgottesdienst längere Zeit unterbrochen worden, da die Kirche – wie auch die anderen Stadtkirchen – zu Lazaretten und teilweise zu Pferdeställen umfunktioniert worden waren. Die Renovierung der Universitätskirche dauerte von 1814 bis 1817. Darüber existiert umfangreiches Aktenmaterial,[83] und die übersichtliche Beschreibung der durchgeführten Arbeiten durch Elisabeth Hütter begründet, warum es erst recht spät zur Wiedereinweihung der Kirche kam.[84]

Am Reformationsfest 1817, das zugleich Jubiläum der Reformation Luthers nach 300 Jahren war, weihte man die Kirche wieder ein. Wenige Jahre später wuchsen die Studentenzahlen, die zuvor radikal zurückgegangen waren, erheblich,[85] und auch die Berufung von bedeutenden Gelehrten nach Leipzig nahm wieder zu. Mitten in den Auseinandersetzungen um die Entstehung der – zunächst verbotenen – Burschenschaften formierte sich 1819 eine Gruppe Leipziger Studenten, die 1820 Gotthelf Traugott Wagner (1779–1832) kennenlernten, den damaligen Vertreter des Universitätsorganisten Pohlenz. Er erhielt am 3. März 1821 dessen Nachfolge, weil Pohlenz auf die Stelle des Thomasorganisten berufen worden war. Wagner – selbst Junggeselle – wohnte im Gasthaus Pelikan am Neumarkt, wo jeweils mittwochs und sonnabends die ersten Zusammenkünfte zu Proben stattfanden. Die Aufforderung zur gottesdienstlichen Musik in der Universitätskirche erging auf Anraten eines Stammtischs aus Gelehrten, die sich im Pelikan trafen, zu dem auch die Schuldirektoren Dolz und Plato sowie der Thomaskantor Schicht gehörten.[86] Dass die am 4. Juli 1822 erfolgte förmliche Gründung des ‚Paulus' – wie man diese Gruppierung nannte – in die Zeit allgemeinen musikalischen Aufbruchs des Männerchorgesangs und der Entstehung von Burschenschaften fiel, wirkte sich außerordentlich begünstigend aus. Es handelte sich zuerst um 16 Studenten, die sich zum Zweck des Kirchengesangs und der Aufführung von Kirchenmusik zusammenschlossen. 1824 vergrößerte man die Beteiligung auf 24, und 1833 hob man die Mitgliedsbegrenzung auf. Diese Gruppe wurde als studentische Verbindung organi-

---

81 Erdmann Hannibal Albrecht: *Sächsische evangelisch=luther'sche Kirchen= und Predigergeschichte, Ersten Bandes erste Fortsetzung*, Leipzig 1800, S. 655.

82 *Allgemeine Literatur-Zeitung* Band II, Numero III. Freitags. den 13. May 1785, S. 149 f.

83 *Acta. Die Rechnungsablegung über den Fiskus der Paulinerkirche zu Leipzig betr. 1836–1841*, Landeshauptarchiv Dresden: Loc. XII, Nr. 10260.

84 E. Hütter: *Die Pauliner-Universitätskirche zu Leipzig* (wie Anm. 23), S. 129.

85 Konrad Krause: *Alma mater Lipsiensis. Geschichte der Universität Leipzig von 1409 bis zur Gegenwart*, Leipzig 2003, S. 165.

86 Richard Kötzschke: *Geschichte der Universitäts-Sängerschaft zu St. Pauli in Leipzig 1822–1922*, Leipzig 1922, S. 19–21.

siert, Vorsitzende waren seit 1828 immer Universitätsprofessoren.[87] In der musikalischen Leitung folgte dem genannten Universitätsorganisten Wagner seit 1832 der spätere Thomasorganist Carl Friedrich August Geißler (1804–1869). Als Dr. Hermann Langer 1847 den Verein übernommen hatte, kam es auch zu Auftritten im Gewandhaus (seit 1848), was sich dann regelmäßig bei großen Gewandhauskonzerten fortsetzte. 1903 vollendete man für den ‚Paulus' die Organisation einer studentischen Verbindung; es wurden Waffen angeschafft und man besaß seit 1905 ein eigenes Haus.[88]

Der ‚Paulus' sah in den ersten 20 Jahren seines Bestehens, also bis zur Übernahme des Direktorats durch Hermann Langer, seine musikalische Aufgabe im Universitätsgottesdienst als Hauptsache an, wie es ja auch Kapitel I der Statuten vom 4.7.1822 festsetzte: Hauptzweck des Vereins sei, „den Kirchengesang zu leiten und durch Aufführung guter kirchlicher Gesangsstücke ohne alle weitere musikalische Instrumentalbegleitung – die Orgel ausgenommen – das Gemüt zu religiöser Andacht zu stimmen".[89] Da die Entwicklung sich zu Veranstaltungen verlagerte, die wir heute als Kirchenkonzerte bezeichnen würden, half man sich zunächst – auf Wunsch des Senats seit Oktober 1840 – mit der Abordnung von sechs Paulinern zur Leitung des Choralgesangs im Gottesdienst. Man nannte diese Gruppe später ‚Kirchensängerinstitut'.[90] Zu Ostern 1846 hob man dieses jedoch auf, da Männerstimmen dazu nicht geeignet erschienen und man es seitens der Pauliner auch als eine Last ansah. Ab sofort wurden acht Knaben angestellt, denen Langer unentgeltlich Gesangsunterricht erteilte, um sie für den Choralgesang einsetzen zu können. Wie lange diese Regelung Bestand hatte, ist nicht zu erfahren. Nicht unwichtig ist aber, dass der ‚Paulus' ab 1846 wesentlich die nichtgeistlichen Universitätsfeierlichkeiten zu gestalten hatte, nachdem die Singakademie, die diese Aufgabe bis dahin verrichtete, nicht mehr zur Verfügung stand.[91] Als der bisherige Universitätsorganist Langer 1847 schließlich zum Universitätsmusikdirektor ernannt worden war, lockerte sich die Verpflichtung zur geistlichen Musik in den Universitätsgottesdiensten. Gegen Ende des Jahrhunderts meldeten sich auch Zeichen des Überdrusses im Blick auf den ausschließlichen Männerchorgesang im Gottesdienst. So trat die Situation ein, dass der ‚Paulus' pro Jahr höchstens noch drei bis vier Mal im Universitätsgottesdienst sang, wie aus der einhundertjährigen Auflistung 1822 bis 1922 durch Richard Kötzschke zu sehen ist.[92]

Im 20. Jahrhundert wurden erneute Versuche unternommen, für die Musik – insbesondere die Vokalmusik – im Universitätsgottesdienst eine institutionalisierte Lösung zu finden. Zur Wiedereinweihung der Universitätskirche nach der neugotischen Renovierung am 2. Sonntag nach Trinitatis, dem 11. Juni 1899, hören wir nochmals von der Mitwirkung des ‚Paulus':

„*II. p. Trin.* 1899 Weihe, Zug des Universitätskörpers vom Albertinum aus, an der Spitze der Universitätsprediger u. Baumeister Roßbach, Kreishauptmann, Rector magn., Cultusminister, Decane in Amtstracht, Präsident u. Vicepräsident des Landesconsist., Altarplatz umstanden von den Chargirten der academ. Verbindungen mit ihren Fahnen. Weihgebet des *D.* Rietschel. ‚*Te Deum laudamus*' von Kleint [recte: Klein] durch die Pauliner, Festpredigt des *D.* Rietschel über 2. Cor. 13,8. (Wissenschaft und christlicher Glaube gehören der Wahrheit, denn als Jünger der Wissenschaft suchen wir allein die Wahrheit, u. als Christen erfahren wir, daß uns die Wahrheit ergriffen hat, darum laßt uns in der Wahrheit leben[93]), durch die Pauliner: ‚*Benedictus*' von Volkmann. Geschenke: 2 Paramente (Beck in Herrnhut) u. Altarteppich von den Frauen und Töchtern der Universitätslehrer, Altardecke von den Töchtern der Professoren, Fenster der Südseite von den 4 Facultäten, Fenster der Nordseite (Prof. Linnemann in Frankfurt) von den Gewerken (3700 M)."[94]

Doch kurz darauf gründete sich ein eigener Kirchenchor, der im Jahr 1906 unter der Leitung des neuen Universitätskantors Hans Hofmann (1877–1932) zusammen mit den Theologieprofessoren Georg Rietschel (1842–1914) und Ludwig Ihmels (1858–1933) in einen ‚Universitäts-Kirchenchor zu St. Pauli auf akademischer Grundlage' umgewandelt wurde.[95] Nicht unwesentlich dürfte für diese Gründung die Tatsache gewesen sein, dass es inzwischen auch Studentinnen an der Universität gab. Sie waren zusammen mit Professorenfrauen und Studentenschwestern für die Frauenstimmen zuständig, Studenten für die Männerstimmen. Diesem Chor kam ab sofort die Aufgabe zu, alle 14 Tage im Universitätsgottesdienst die Kirchenmusik zu übernehmen. Hinzu kam die Aufgabe, im Jahr

---

87 Ebenda, S. 48.

88 Ebenda, S. 358 f.

89 Ebenda, S. 24.

90 Ebenda, S. 84, 109.

91 H. Hofmann: *Gottesdienst und Kirchenmusik in der Universitätskirche* (wie Anm. 3), S. 148.

92 R. Kötzschke: *Geschichte der Universitäts-Sängerschaft* (wie Anm. 86), S. 334, 338, 341, 350, 365, 368 und passim.

93 Georg Rietschel: *Wir können nichts wider die Wahrheit, sondern für die Wahrheit. Predigt bei der Wiedereröffnung der Paulinerkirche in Leipzig II. p. Tr. 1899*, Leipzig 1899.

94 *Amtskalender* 30. Jahrgang, Leipzig [1899], S. 140. Vgl. dagegen die nebensächliche Erwähnung dieses wesentlichen Datums bei R. Kötzschke: *Geschichte der Universitäts-Sängerschaft* (wie Anm. 86), S. 368.

95 H. Hofmann: *Gottesdienst und Kirchenmusik in der Universitätskirche* (wie Anm. 3), S. 149.

vier bis fünf Kirchenkonzerte zu geben und im Sommer eine Konzertfahrt zu veranstalten. Auch lebte gleichsam der Gedanke Hillers wieder auf, kirchenmusikalische Bildung zu vermitteln; denn der Universitäts-Kirchenchor will

> „die Theologiestudierenden in die Schätze der Kirchenmusik einführen und ihnen für ihr späteres Amt durch Auswahl, Vorführung neuer Arten (Wechselgesänge!) dienstbar sein. Endlich will er durch seine Konzertreisen nach auswärts (wie Dessau, Eisenach, Gosslar, Wernigerode, Saalfeld, Chemnitz, Hamburg, Lübeck, Kiel u. a.) nicht nur den Mitgliedern für ihre treuen, selbstlosen, regelmässigen Dienste in St. Pauli eine Freude bereiten, sondern zugleich der Kunst dienen und durch Vorführung von ‚Leipziger, Sächsischer Kirchenmusik der Gegenwart' zeigen, wie die Musica sacra auch heute noch in Leipzig und im Sachsenlande eine bedeutsame Pflege findet."[95]

Wieder Neues kündigte sich an, als der Student der Musikwissenschaft, Germanistik und Philosophie Friedrich Rabenschlag (1902–1973) aus Herford in Westfalen, der zuvor in Tübingen und Göttingen bereits mit der Singbewegung in Kontakt gekommen war, den ‚Madrigalkreis Leipziger Studenten'[97] gründete:

> „Es war, wenn ich mich recht erinnere, am 17. Juni 1926 ein ebenso schöner Junitag wie heute [vermutlich in den fünfziger Jahren, Anm. d. Verf.]. Die Linden standen in voller Blüte und dufteten betörend, als sich gegen 20 Uhr ein kleiner Kreis von singbegeisterten jungen Menschen in meiner Studentenbude in der Moschelesstraße 11 II – es war übrigens ein recht komfortables Zimmer mit einem herrlichen Steinway-Flügel und ging pekunitär natürlich weit über meine Verhältnisse! – traf und Liedsätze von Ludwig Senfl, Caspar Othmayr und Heinrich Isaak und einige Choräle von Johann Sebastian Bach sang. Es war in den ersten Jahren der Singbewegung, und es lag einfach in der Luft, daß man singen mußte, und zwar ganz bestimmte Sachen, die immer stärker auf uns zukamen und uns dann schließlich ganz gefangen nahmen. [...] Die Erinnerung an diesen ersten Singabend – und an den zweiten, bei dem es nach dem Singen große Mengen frisch eingezuckerter Erdbeeren gab! – ist noch ganz lebendig, und es sprach doch wohl auch für die Ernsthaftigkeit unseres Vorhabens, daß die Kontinuität unserer Arbeit durch all die Jahre hindurch erhalten blieb und sogar die menschlichen Beziehungen zwischen diesen ersten Mitstreitern und mir noch durchaus lebendig sind."[98]

Klingende Namen von Persönlichkeiten der Musik, der Musikwissenschaft und der Musikkritik aus dem 20. Jahrhundert unterstützten solche Unternehmungen bzw. waren selbst aktiv dabei tätig und standen zu Leipzig in enger Beziehung: Heinrich Besseler, Walter Blankenburg, Alfred Heuß, Wolfgang Fortner und natürlich Ernst Pepping (selbst Mitglied des Madrigalkreises). Als dann Rabenschlag dem Madrigalkreis 1932 einen Freundeskreis zur Seite stellte, um die finanzielle Lage zu sichern und durch politische und künstlerische Schirmherrschaft gefördert zu werden, war der Schritt zur allgemeinen Anerkennung getan. Zu den Persönlichkeiten der Schirmherrschaft gehörten unter anderen Oberbürgermeister Carl Friedrich Goerdeler (1884–1945), Thomaskantor Prof. Karl Straube (1873–1950), Generalmusikdirektor Gustav Brecher (1879–1940), Musikverleger Geheimrat Dr. Henri Hinrichsen (1868–1942), Kunsthistoriker Prof. Dr. Heinrich Brockhaus (1858–1941), Direktor der Universitätsbibliothek Prof. Dr. Otto Glauning (1876–1941), Direktor des musikwissenschaftlichen Instituts Prof. Dr. Theodor Kroyer (1873–1945) und der Kultur- und Sozialphilosoph Prof. Dr. Theodor Litt (1880–1962).

Als der Universitätskantor Prof. Lic. Hans Hofmann Ende des Jahres 1932 gestorben war, traten die Professoren Litt, Zenk und Müller auf den Rektor zu und schlugen Friedrich Rabenschlag zur Nachfolge vor. Der Rektor stellte das Einvernehmen mit den beiden Universitätspredigern, den Professoren D. Alfred Dedo Müller (1890 bis 1971) und D. Ernst Sommerlath (1889–1983), her, und es kam zur Ernennung Rabenschlags zum Universitätskantor. Damit begann eine neue Phase außerordentlich stabiler und dem Gottesdienst förderlicher Bemühung um die Kirchenmusik an St. Pauli, die durch den Zweiten Weltkrieg nicht wesentlich unterbrochen bis in die 1960er Jahre andauern sollte. In einem überlieferten ersten Rundschreiben des neuen Universitätskantors heißt es im Sommersemester 1933:

> „Es darf wohl ohne Überheblichkeit gesagt werden, daß in dieser Ernennung, die schon vor Weihnachten [1932, Anm. d. Verf.] erfolgt ist, aber erst Mitte März [1933] vom Sächsischen Ministerium bestätigt worden ist, eine starke Anerkennung und Wertung unserer gemeinsamen Arbeit zu sehen ist, auf die der MLS [Madrigalkreis Leipziger Studenten] stolz sein kann. [...] Um die Chorarbeit an der Universität auf eine neue und breitere Basis zu stellen, werde ich im Einverständnis mit Seiner Magnifizenz und den beiden Universi-

---

96 Ebenda, S. 150.

97 Vgl. Manuel Bärwald: *Der Leipziger Universitätschor in Geschichte und Gegenwart – Untersuchungen zu Ursprung, Entwicklungen und Traditionen im Kontext seiner Chorleiter*, S. 349–365 im vorliegenden Band.

98 *Friedrich Rabenschlag*, in: 75 Jahre Leipziger Universitätschor. Festschrift, hrsg. v. Wolfgang Unger, Leipzig 2001, S. 12.

tätspredigern am 1. Mai 1933 die UNIVERSITÄTS-KANTOREI LEIPZIG, in der alle singenden Kräfte an der Universität zu gemeinsamer Chorarbeit zusammengefaßt werden sollen, ins Leben rufen."[99]
Was alles geprobt und aufgeführt worden ist, darüber gibt die genannte Festschrift von 2001 einen guten Überblick. In welchem Rhythmus die Kantorei im Gottesdienst sang, ist für die erste Zeit nicht belegt, es darf aber mit einer kontinuierlichen Regelmäßigkeit gerechnet werden. Rabenschlag führte neben der Universitäts-Kantorei den Madrigalkreis – bis 1938, dann gehen beide im ‚Leipziger Universitätschor' auf – weiter und profilierte die Programme zunehmend mit Werken von Heinrich Schütz und seinen Zeitgenossen sowie der kirchenmusikalischen Moderne, insbesondere des früheren ‚Madrigalkreis'-Mitgliedes Ernst Pepping. Anlässlich des Gedenkjahres an Schütz, Bach und Händel 1935 veranstaltete Rabenschlag ein ‚Heinrich-Schütz-Jahr' und benannte die Universitäts-Kantorei in ‚Heinrich-Schütz-Kantorei' um. Auch von außen wurde wahrgenommen, dass die „wortgebundenen und im Liturgischen verankerten Kompositionen des Meisters [Schütz, Anm. d. Verf.] an ihrem eigentlichen Platz […], nämlich im Gottesdienst" eingebaut wurden und „Sonntags in der Universitätskirche zu Gehör" kamen.[100] Von 1937 an gab es hier wöchentliche musikalische Vespern. Ideologische Einflussnahme wollte Studenten, die im Nationalsozialistischen Deutschen Studentenbund organisiert waren, von der Mitgliedschaft im Universitätschor fernhalten, so dass unter den Männerstimmen fast nur noch Theologen zu finden waren. Rabenschlag, in der Nachfolge von Hermann Grabner zum Universitätsmusikdirektor ernannt, entdeckte in der Serie der Bachschen Oratorienaufführungen durch den Thomanerchor eine Lücke: Er nahm sich zu Weihnachten 1938 erstmalig der Kantaten 4 bis 6 des Weihnachtsoratoriums an, die ab sofort durch den Universitätschor in Ergänzung zu den Kantaten 1 bis 3 der Thomaner in St. Thomas erklangen. Dass es dann 1942 zur Aufführung des gesamten Oratoriums in der Universitätskirche kam, gehört ebenso zu den von Thomaskantor Ramin nicht gern gesehenen Verselbständigungen wie schon die Aufführung des Weihnachtsoratoriums durch den jungen Kantor der Taborkirche Hans-Jürgen Thomm am 6. Dezember 1936.

Rabenschlag verlor wegen seiner Mitgliedschaft in der NSDAP im November 1945 alle seine Ämter, wurde aber im Juni 1946 rehabilitiert mit dem ausdrücklichen Hinweis auf seine Weigerung der Ausgestaltung von NS-Feiern und der Pflege von Musik, die als „entartete Kunst" eingestuft wurde. Seine Wiedereinsetzung in seine Universitätsämter erfolgte am 1. Juli 1949.

Was sich in den Folgejahren entwickelte, gehört zu den sich erneut abzeichnenden Versuchen, den Universitätschor sukzessive von der musikalischen Aufgabe im Universitätsgottesdienst abzuwenden. Nicht war es Rabenschlag, der diesen Trend etwa eingeleitet oder gar befördert hat – im Gegenteil! Sein beständiges Streben galt der genannten Nähe von Chor und Gottesdienst. Zunächst verlief in dem folgenden reichlichen Jahrzehnt fast alles in gewohnten Bahnen, die Oratorien wurden aufgeführt, der Chor sang regelmäßig im Gottesdienst, man unternahm Konzertreisen nach Westdeutschland, ja Rabenschlag wurde 1954 sogar zum Professor ernannt. Ein Herzinfarkt setzte 1960 eine Zäsur, die nach einer nur kurzen zwischenzeitlichen Erholung überhaupt zur Aufgabe seiner Tätigkeit führte. Nur noch zu einzelnen Terminen dirigierte er den Universitätschor im Gottesdienst, während er mit Zusammenfügung noch vorhandener Kraftreserven unter anderem die Einspielung von zwei Schallplatten mit Musik von Johannes Brahms leitete. Sein Engagement für den Zusammenhang von Gottesdienst und Universitätschor wurde am 5. Mai 1963 mit der Verleihung der theologischen Ehrendoktorwürde durch die Theologische Fakultät der Leipziger Universität gewürdigt: für seine musikwissenschaftliche, chorerzieherische und theologisch vermittelnde Arbeit, wie es in der Laudatio hieß.

In den folgenden Jahren bis zur Sprengung der Kirche – also etwa zwischen 1964 und 1968 – waren es vor allem Gruppierungen der Theologischen Fakultät und der evangelischen Studentengemeinde Leipzig, die immer wieder den Versuch unternahmen, die zu dieser Zeit sehr gut besuchten Universitätsgottesdienste und die Semestergottesdienste mit musikalischen Anteilen zu versorgen, soweit die Semestergottesdienste – nach dem Schauprozess gegen den Studentenpfarrer Dr. Siegfried Schmutzler und dem Verweis der Studentengemeinde aus der Universitätskirche durch die kommunistische Universitätsleitung – überhaupt noch in St. Pauli stattfanden.

Herausragend waren in diesen Jahren insbesondere zwei regelmäßig tätige Gruppierungen:

Zum einen eine Liturgische Schola unter Leitung von Dr. theol. habil. Ulrich Kühn (geb. 1932), die sich im Gregorianischen Gesang übte und die Halleluja-Verse zum Teil in bemerkenswerten Kompositionen des Universitätsorganisten Prof. Robert Köbler (1912–1970) vortrug. Zurückzuführen waren diese liturgische Übungen auf Bemühungen von Eberhard Paul. Proben dazu fanden in der Theologischen Fakultät und sonntags vor dem Gottesdienst – mangels eines Raumes – in einem Gang zwischen Universitätskirche und Augusteum statt, der sich dem auf

---

99 Ebenda, S. 18.
100 *Neue Leipziger Zeitung* vom 3. April 1935, vgl. *75 Jahre Leipziger Universitätschor* (wie Anm. 98), S. 20.

der Südseite liegenden Kreuzgang anschloss und zu Toiletten führte und deshalb einen fürchterlich unangenehmen Geruch enthielt.

Die zweite Gruppierung setzte sich aus Mitgliedern der evangelischen Studentengemeinde zusammen, die sich jeden Donnerstag im Anschluss an die stark frequentierte Bibelstunde der Studentengemeinde in der Paul-Gruner-Straße (Gemeinschaftshaus) gegen 21.30 Uhr im Chorraum von St. Pauli versammelte und dort die Komplet, das liturgische Nachtgebet, mit Verteilung der verschiedenen Ämter und Gruppen – Kantor, Lektor – sang.

Zu einzelnen bestimmten gottesdienstlichen Gelegenheiten musizierte die damals außerordentlich leistungsfähige Kurrende der evangelischen Studentengemeinde unter Leitung des damaligen Musikstudenten Ludwig Güttler (geb. 1943), später unter dem Kantor der Friedenskirche Gothart Stier (geb. 1939). Wesentliche Literatur für diesen Kreis waren neben den Bach-Motetten das *Israelis-Brünnlein* Johann Hermann Scheins und Motetten der klassischen Moderne (Hugo Distler, Ernst Pepping, Kurt Thomas). Mindestens für folgende Gottesdienste ist trotz des bestehenden Verbots für die Studentengemeinde diese Kurrende in der Universitätskirche tätig geworden: am 12. Mai 1966 (ökumenischer Semestermittelgottesdienst der katholischen und evangelischen Studentengemeinden), am 16. November 1966 (Buß- und Bettag: Aufführung der Bach-Kantate *Du wahrer Gott und Davids Sohn* BWV 23), am 28. Oktober 1967 (Semestermittelgottesdienst der Studentengemeinde).

Gleichsam aus dieser größeren Gruppierung abgeleitet musizierten nicht selten auch kleinere Vokalgruppen im Universitätsgottesdienst; in Erinnerung geblieben ist ein Gottesdienst am Epiphaniastag – wohl 1967 – unter der Leitung von stud. theol. Christine Stiehl (1942–1998), in dem unter anderem das Drei-Könige-Lied von Peter Cornelius mit Vokalbearbeitung der Begleitung aufgeführt wurde.

Im Jahr 1967 wurde auch der letzte Begräbnisgottesdienst für einen Hochschullehrer in der Universitätskirche gehalten; es handelte sich um die Trauerfeier für den verstorbenen Theologen Prof. Dr. Kurt Wiesner (1907–1967). Der Gottesdienst fand am 20. April 1967, 11 Uhr, statt. Die vokale Kirchenmusik bestritt der Universitätschor unter Hans-Joachim Rotzsch (geb. 1929), der ohnehin die Direktion des Universitätschores für den erkrankten Prof. Rabenschlag wahrnahm. Zu einer Probe zuvor rief er Mitglieder des Universitätschores zusammen, die von ihren Lehrveranstaltungen sich frei machen konnten, sowie andere befähigte Studierende in den oft genannten Hörsaal 40 des Augusteums, um unter anderem die Aufführung der Bach-Motette *Der Geist hilft unser Schwachheit auf* vorzubereiten.

Nach Sprengung der Kirche wurde der Universitätsgottesdienst – nun unter der erzwungenen Bezeichnung eines ‚Akademischen Gottesdienstes' – vom 18. Oktober 1968 an in der Nikolaikirche gehalten; zwar hatte man die Universitätskirche sprengen, nicht aber die Universitätsgemeinde vernichten können, doch kam es weiterhin zu Verboten. So wurden dem Universitätschor zum Beispiel Funkaufnahmen für evangelische Morgenfeiern im Rundfunk der DDR verboten.[101] Ob es ein Verbot auch für die Mitwirkung des Chores in den nunmehrigen Akademischen Gottesdiensten gab, ist nicht aktenkundig. Tatsache ist aber, dass der Universitätschor ab sofort nicht mehr in diesen Gottesdiensten sang. Vielmehr bemühte sich der nach dem Tode von Robert Köbler den Orgeldienst in den Akademischen Gottesdiensten übernehmende KMD Wolfgang Hofmann mit seiner Kantorei St. Nikolai immer wieder sowohl um sonntägliche Musiken als auch um die musikalische Ausgestaltung der Vesper am Heiligen Abend sowie um den Karfreitagsgottesdienst. Natürlich könnte man kritisch fragen, ob nicht wegen der freundlichen Hilfe durch die Kirchenmusik an St. Nikolai die Musikausübung durch den Universitätschor gar nicht mehr angefragt wurde. Freilich gab es auch keine Angebote unter der Leitung von Hans-Joachim Rotzsch und Max Pommer.

Erst unter der Leitung von Universitätsmusikdirektor Wolfgang Unger (nach 1987) kam es wieder zur Beteiligung des Universitätschores am Akademischen Gottesdienst. Allerdings konnte die alte Frequenz nicht wieder hergestellt werden, da eine Verpflichtung auf die Zeit des Sonntagvormittag aufgrund neuerer sozialer Strukturen unter den Studierenden kaum möglich war. Sowohl Universitätsmusikdirektor als auch Universitätsorganist sind Mitglieder des nach der friedlichen Revolution neu ins Leben gerufenen ‚Beirates des Universitätsgottesdienstes', einer Gruppierung aus Wissenschaftlern vieler Fachrichtungen, die beratende Aufgaben eines Kirchenvorstandes wahrnimmt; hier kommt es zu einem lebhaften Austausch über weitere Möglichkeiten gottesdienstlicher Wirksamkeit mit der Unterstützung durch Universitätsmusik und dem wiedergegründeten Kirchenmusikalischen Institut der Hochschule für Musik und Theater Felix Mendelssohn Bartholdy. Aus solchen Überlegungen sind inzwischen zwei weitere Veranstaltungen entstanden, zwei 30 Minuten-Angebote, die beide schon mehr als zehn Jahre Laufzeit hinter sich haben:

Zunächst sei die Universitätsvesper am Paulineraltar genannt, die im laufenden Semester an jedem Mittwoch um 18 Uhr im Chorraum der Thomaskirche stattfindet;

---

101 *75 Jahre Leipziger Universitätschor* (wie Anm. 98), S. 46.

hier hat der Altar der Universitätskirche – seit 1982 im Aufbau und unter Bedingungen der Restaurierung, seit Pfingsten 1993 vollständig und eingeweiht – als Dauerleihgabe der Universität Aufstellung gefunden. Es musizieren unter der Verantwortung des Universitätsorganisten Studierende des Kirchenmusikalischen Instituts; die liturgische und theologische Verantwortung liegt beim Ersten Universitätsprediger, der darin – hinsichtlich der Organisation von einem der Institutssekretariate – von einigen Mitarbeitern und studentischen Hilfskräften der Theologischen Fakultät unterstützt wird, die Aufgabe einer Ansprache mit einer aktuellen wissenschaftlichen Thematik unter der Überschrift ‚Ansage zur Zeit' haben verschiedene Fachwissenschaftler aus vielen Gebieten der Universität übernommen: unter anderem Mediziner und Germanisten, Physiker und Juristen, Orientalisten und Religionssoziologen.

Eine zweite Veranstaltung findet unter der Bezeichnung ‚Orgel-Punkt-Zwölf' donnerstags mittags um 12 Uhr in der Peterskirche statt; hier musizieren in der Regel ebenso Organisten des Kirchenmusikalischen Instituts, aber auch Musiker mit anderen Instrumenten und unter Mitarbeit des Büros der Universitätsmusik und eines Institutssekretariats der Theologischen Fakultät, das die Büroarbeiten für den Ersten Universitätsprediger verrichtet. Die Kurzansprachen werden – ebenfalls in der Verantwortung des Ersten Universitätspredigers – von Wissenschaftlern und Studenten der Theologischen Fakultät gehalten.

Einen Einschnitt wird es geben, wenn der Universitätsgottesdienst Einzug in das neue Gebäude am Augustusplatz, die ‚Aula. Universitätskirche St. Pauli' hält. Die Vorbereitungen seitens der Universitätsmusik und des Universitätsorganisten laufen bereits außerordentlich konzentriert und konstruktiv. Ebenso bereitet sich der Predigerkonvent auf diesen Zeitpunkt vor, bei dem es darauf ankommen wird, die Universitätsgemeinde mit der neuen Kirche und den neuen Bedingungen bekanntzumachen und ihr dort Heimat zu schaffen. Drei Rektoratskommissionen, in denen Universitätsprediger, Theologische Fakultät, Universitätsmusik und Universitätsorganist beteiligt sind, beraten und arbeiten an den notwendigen Aufgaben: Baukommission, Kunstkommission und Orgelkommission. Insbesondere Planung und Bau von zwei neuen Orgeln lassen die berechtigte Annahme zu, dass es zu guten Voraussetzungen für Universitätsgottesdienst und Universitätsmusik kommen wird. Für beide Institutionen gilt, dass sie in dem neuen Raum endlich wieder eine eigene Heimstatt erhalten, die ihnen mit der schamlosen Sprengung und dem restlosen Verschwinden der Universitätskirche St. Pauli 1968 genommen worden war. Und die gesamte Universität wird mit diesem Raum tatsächlich ein geistig-geistliches Zentrum erhalten, das sie so dringend benötigt.

Die Gründung der ‚Stiftung Universitätskirche' am 29. Mai 2008 lässt die begründete Hoffnung entstehen, dass – gemäß ihrer Satzung – neben der Förderung von kulturell-wissenschaftlichen Veranstaltungen auch für die Belange von Universitätsgottesdienst und Universitätsmusik Mittel zur Verfügung stehen werden. Alle Beteiligten sind trotz mancher Auseinandersetzungen vom Dank gegenüber der sächsischen Staatsregierung und gegenüber der Universität erfüllt, nicht zuletzt auch gegenüber dem sehr interessanten Architekturentwurf für dieses neue Gebäude am Augustusplatz.

*Anton Graff (1736–1813): Johann Adam Hiller, 1774, Öl auf Leinwand, 63,0 x 51,5 cm, unbezeichnet, aus der Freundschaftsgalerie des Leipziger Buchhändlers und Verlegers Philipp Erasmus Reich
(Kunstbesitz der Universität Leipzig, Inventarnummer 0052/90)*

Musikausbildung in Leipzig vor der Gründung des Konservatoriums am Beispiel Johann Adam Hillers
Andreas Mitschke

Mit der Tendenz zur Verbürgerlichung der Gesellschaft wurde Ende des 18. Jahrhunderts die Schicht derer, die Zugang zur Musik bekamen, immer größer. Damit stellte sich aber auch zunehmend die Aufgabe, Ausbildungsmöglichkeiten für jene zu schaffen, die sich professionell mit Musik beschäftigen wollten. An der Universität konnte man Musik nicht studieren, eine institutionelle Ausbildung im modernen Sinne gab es noch nicht. Dafür gewährleistete in Leipzig die Thomasschule ihren Schülern eine grundständige Musikausbildung.[1] Oft reichte dieser Unterricht schon aus, um erfolgreich am öffentlichen Konzertleben teilzunehmen, denn die Thomaner traten nicht nur im kirchlichen Rahmen auf, sondern wurden auch über ihre Schulzeit hinaus als Aushilfen für Oper und Konzert engagiert, wie aus Berichten, Besetzungslisten und Rechnungen hervorgeht.[2] Auch zur Gestaltung der Universitätsgottesdienste wurden Lehrer und Schüler der Thomasschule wie auch Nikolai-Choralisten herangezogen.

Möglichkeiten des Musikunterrichtes außerhalb der Thomasschule boten sich bei Studenten und Hauslehrern an. Aus der Liste der Leipziger Universitätsmusikdirektoren ist beispielsweise von Johann Schelle belegt, dass er sich als Student seinen Unterhalt durch das Erteilen von Musikunterricht in vornehmen Bürgerhäusern erwarb. Zu seinem späteren Schülerkreis als Thomaskantor gehörten Johann David Heinichen, Christoph Graupner und Christian Ludwig Boxberg. Auch Johann Georg Häser finanzierte sich auf diese Weise sein Jurastudium und betätigte sich später verdienstvoll als Musikpädagoge. Sein Wissen über die Gesangsausbildung gab er an seinen Sohn August Ferdinand weiter, der es schließlich in seinen Lehrwerken niederschrieb.[3]

Eine institutionelle Musikausbildung war bis ins 18. Jahrhundert hinein nur im handwerklichen Sinne bei den städtischen Musikbediensteten, den Stadtpfeifern, möglich. Die Bestimmungen über deren Lehrlingsausbildung und Gesellenhaltung nahmen in der sächsischen Musikantenordnung von 1653 breiten Raum ein. Bevor ein Geselle freigesprochen wurde, musste er eine mindestens fünf-, oft sogar bis zu achtjährige Ausbildung auf verschiedenen Blas-, Streich-, Zupf- und Tasteninstrumenten absolvieren, wobei ein Meister aus Gründen der Qualitätssicherung nie mehr als drei Lehrjungen gleichzeitig annehmen durfte.[4] Gleich anderen Handwerksberufen schloss sich an diese Zeit eine Wanderschaft an, um „bey andern berühmten Meistern […] sich gebrauchen zu lassen."[5]

Erst hernach konnte man sich über Probespiele um eine Stelle auf Lebenszeit mit sicheren Einkünften und gewissen rechtlichen Freiheiten bewerben.

Die steigenden technischen und musikalischen Ansprüche der Musik an der Wende zum 19. Jahrhundert forderten mehr und mehr Spezialisten auf dem jeweiligen Instrument.[6] Diesen Anforderungen konnten die Stadtpfeifer auf Dauer nicht mehr gerecht werden, was zum sinkenden Einfluss und schließlich zum Ende dieser Berufsgruppe führte. Außerdem machte sich das Fehlen einer verantwortungsbewussten Leitung bemerkbar, die die Musiker

---

1 Zur Vertiefung dieses Themas vgl.: Klaus Wolfgang Niemöller: *Untersuchungen zu Musikpflege und Musikunterricht an den deutschen Lateinschulen vom ausgehenden Mittelalter bis um 1600* (Kölner Beiträge zur Musikforschung 54), Regensburg 1969, sowie Eckard Nolte: *Lehrpläne und Richtlinien für den schulischen Musikunterricht in Deutschland vom Beginn des 19. Jahrhunderts bis in die Gegenwart*, Mainz 1975. Des Weiteren liegen Berichte über Johann Sebastian Bachs Instrumentalunterrichtsgestaltung vor: vgl. Johann Nikolaus Forkel: *Ueber Johann Sebastian Bachs Leben, Kunst und Kunstwerke*, Leipzig 1802, Nachdruck hrsg. v. Walther Vetter, Berlin 1966, S. 36–44.

2 Vgl. Leipzig, Stadtgeschichtliches Museum (D-LEsm): Musikkarton, IN 142, IN 222, Gewandhauskarton 1 und 2.

3 Vgl. August Ferdinand Häser: *Versuch einer systematischen Übersicht der Gesangslehre*, Leipzig 1822; *Chorgesangsschule für Schul- und Theaterchöre und angehende Singvereine*, 2 Teile, Mainz 1831.

4 Vgl. Statuten abgedruckt bei Rudolf Wustmann: *Sächsischer Musikantenartikel von 1653*, in: Neues Archiv für Sächsische Geschichte und Altertumskunde 19 (1908), S. 108ff., Art. 11 und 21.

5 Ebenda, Art. 13.

zur Vervollkommnung ihrer Fähigkeiten hätte anhalten können. Der Thomaskantor, als städtischer Director musices ihr Vorgesetzter, war mit den vielfältigen Aufgaben seines Chores zu beschäftigt, um die Qualitätssicherung übernehmen und beaufsichtigen zu können.

Auch der 1803 versuchte Strukturwandel, der die Zentralisierung des Stadtmusicus-Amtes beinhaltete, hatte die handwerkliche, auf Vielseitigkeit ausgerichtete Ausbildung der jungen Musiker nicht verbessert. Aus einer Eingabe des Stadtrates Carl Wilhelm August Porsche aus dem Jahre 1832 erfahren wir, dass die 12 bis 15 Gesellen des Stadtmusicus Wilhelm Leberecht Barth im Kirchenorchester „bei wohlgeordneter Orchestermusik nur zu den Seconda Blas- und Saiteninstrumenten anstellig sind."[7] Mehr ließen ihre Fähigkeiten anscheinend nicht zu.

Trotz der Tendenz der Spezialisierung und Professionalisierung der musikalischen Ausbildung gab es weiterhin Rufe nach dem unbedingten Fortbestand des Ratsmusiksystems. So schrieb Carl Borromäus von Miltitz 1837: „Wie ganz anders und unendlich zweckmäßiger und folgenreicher gestaltet sich das Verhältnis der jungen Leute, die sich unter den Stadtmusikern zur Kunst ausbilden wollen."[8] Es werde ein Streich- und ein Blasinstrument als Hauptfach verlangt, dazu müsse jeder nach wie vor die Violine beherrschen. Durch das dauernde Zusammenspiel erfahre die Intonationsfähigkeit der Musiker eine stetige Förderung, zudem gebe öfteres Spielen der Kirchenmusik diesen Menschen einen Begriff vom Wesen und der Würde derselben. Auch ließen die vielfältigen Geschäfte keinen Müßiggang zu, weshalb es auch selten zu Exzessen komme. Vielmehr werden sie meist sehr tüchtige Musiker, die besonders auch in den fürstlichen Kapellen gern gesehen seien. „Von ganzem Herzen wünsche ich daher ihr fröhlichstes Fortbestehen, fest überzeugt, daß sie eine Hauptstütze der musikalischen Bildung ausmache."[9] Mit Barths Tode und dessen Stellenstreichung wurde 1849 endgültig das Ende der Leipziger Ratsmusik und der damit verbundenen musikalischen Ausbildungsmöglichkeit besiegelt.

Auch das Fehlen theoretischer Unterweisungen, wie man sie nur an der Universität erhalten konnte, wird mit dazu beigetragen haben, dass an die Stelle dieser allgemeinen, von einer Person, einem Stadtmusicus, durchgeführten Ausbildung nun ein spezialisiertes Fachstudium trat. Die hohen Anforderungen an eine moderne und zeitgemäße Ausbildung konnte nur eine Bildungsstätte mit mehreren Lehrern erfüllen, das Konservatorium.

Doch auch dieses System besaß bereits Ende des 18. Jahrhunderts ein Vorläufermodell. Der Leipziger Musikdirektor und spätere Thomaskantor Johann Adam Hiller erkannte die Notwendigkeit einer professionelleren Ausbildung für die steigenden Ansprüche an die musikalische Qualität wie auch die damit einhergehende unumgängliche Verbindung zwischen Theorie und Praxis. 1774 konstatierte er den schlechten Stand der Musik in Leipzig: „Jedermann singt, und der größte Theil singt – schlecht."[10] Welche Konsequenzen das nach sich zog, schrieb er an anderer Stelle: „Die schlechte Beschaffenheit unserer Kirchen- und Theatermusik ist noch mit einem anderen Nachtheile verknüpft. Junge Genies haben nie Gelegenheit etwas in seiner Art vortreffliches zu hören, was ihnen als Muster zur Nachahmung dienen könnte."[11] Die Ursachen für die, übrigens auch von Charles Burney[12] beschriebene missliche Lage der Musik erkannte Hiller in der schlechten Ausbildung. „Immer noch haben die Italiener […] den Vorzug vor uns […]. Die Ursache ist: Sie haben das, was den Deutschen fehlt, Ermunterung und Gelegenheit zu studieren."[13]

Zur Grundlage einer soliden musikalischen Bildung gehören nach Hiller nicht nur gute Lehrmeister oder Vorbilder, die man nachahmen kann, sondern auch brauchbare schriftliche Anweisungen, die der Schüler sowohl im Unterricht als auch im Selbststudium anwenden kann.[14] Gerade hier erkannte Hiller den Handlungsbedarf, da unter der Maßgabe, nicht Virtuosen zu bilden, sondern eine sichere Erlernung des musikalischen Handwerks zu gewährleisten, die bisher bestehenden Lehrwerke seiner Ansicht nach unbrauchbar waren.[15]

Um diesem Missstande abzuhelfen, schrieb Hiller seine drei umfassenden Gesangslehrwerke, denn den Gesang

---

6 Vgl. Gunter Hempel: *Das Ende der Leipziger Ratsmusik im 19. Jahrhundert*, in: Archiv für Musikwissenschaft 15 (1958), S. 187–197.

7 Stadtarchiv Leipzig: Tit. VII B 147, S. 1, 13.4.1832.

8 Carl Borromäus von Miltitz, *Über das Institut der Stadtmusiker*, in: Allgemeine musikalische Zeitung 39 (1837), Sp. 825.

9 Ebenda.

10 Johann Adam Hiller: *Anweisung zum musikalisch-richtigen Gesange*, Leipzig 1774, Vorrede. Weitere diesbezügliche Äußerungen finden sich auch in der Vorrede seines Lehrwerkes *Anweisung zum musikalisch zierlichen Gesange*, Leipzig 1779, Nachdruck hrsg. v. Bernd Baselt, Leipzig 1976, Vorrede passim.

11 J. A. Hiller: *Anweisung zum musikalisch-zierlichen Gesange* (wie Anm. 10), Vorrede, S. XIII.

12 Vgl. Charles Burney: *Tagebuch einer musikalischen Reise*, Hamburg 1772, Neuausgabe hrsg. v. Christoph Hust, Kassel etc. 2003, S. 368 ff.

13 J. A. Hiller: *Anweisung zum musikalisch-zierlichen Gesange* (wie Anm. 10), Vorrede, S. IV.

14 Vgl. Johann Adam Hiller: *Anweisung zum Violinspielen für Schulen und zum Selbstunterrichte*, Leipzig [1792], Vorerinnerung.

15 Hiller kommentierte die bekannten Lehrwerke u. a. von Pier Francesco Tosi und Giovanni Battista Mancini (Gesang), vgl. J. A. Hiller: *Anweisung zum musikalisch-zierlichen Gesange* (wie Anm. 10), Vorrede, sowie von Georg Simon Löhlein, Leopold Mozart, Francesco Geminiani und Ferdinand Kauer (Violine), vgl. J. A. Hiller: *Anweisung zum Violinspielen* (wie Anm. 14), Vorerinnerung.

sah er als Grundlage einer fundierten musikalischen Bildung. Dazu veröffentlichte er bereits 1774 einen Exempelband mit Singübungen, denn wichtig war ihm die Orientierung seiner Lehrwerke an vielen „practischen Beyspielen."[16]

Um die Ausbildung und das musikalische Potential zu bündeln und zu optimieren, erwog Hiller die Errichtung einer Sing- bzw. Musikschule nach dem Vorbild der italienischen Konservatorien und Hospitäler, denn auch die Kurrenden und Alumnäen erhielten von ihm eine schlechte Beurteilung.[17]

„Man errichte, nach Beschaffenheit des Ortes Concertgesellschaften, wöchentliche Übungen, wobey man hauptsächlich sein Augenmerk auf die Verbesserung des Gesanges richtet. Man begehe aber dabey nicht wieder den Fehler, daß man das weibliche Geschlecht davon ausschließt. […] Unsere Concertgesellschaften, und die damit verbundenen Singschulen, werden zwar nie die Figur machen, die ein italiänisches Conservatorium macht […] ohne Nutzen aber würden sie doch nicht seyn; die in den Kirchen aufzuführenden Musiken würden gewiß gewinnen, in sofern sie von eben den Subjecten aufgeführt würde, die sich in einer solchen Gesellschaft zusammen üben, und das um soviel mehr, wenn diese Gesellschaft selbst fleißig Stücke zur Aufführung wählte, die aus der Kirche entlehnt sind."[18]

In diesem Sinne gründete Hiller 1775 die ‚Musikübende Gesellschaft', deren Ziel vordergründig ein Studium der Musik sein sollte, dessen Ergebnisse öffentlich vorgetragen wurden, auch zu Feiern und Gottesdiensten der Universität. Mitglieder waren vornehmlich Dilettanten und Musikliebhaber beiderlei Geschlechts. Hingegen wurde das ‚Große Concert' vermehrt von musizierenden Studenten bestritten, die eher aus Interesse an der Aufführung als an einem Musikstudium spielten. Vielleicht war auch gerade die musikalische Ungebildetheit, die zu nicht zufriedenstellenden musikalischen Ergebnissen im ‚Großen Concert' führte, einer der Gründe Hillers zur Errichtung der ‚Musikübenden Gesellschaft'. Nachricht über diesen Zustand haben wir durch einen Brief von Johann Friedrich Reichardt aus dem Jahr 1771.[19]

In der Programmgestaltung der Gesellschaft stand vor allem die Interpretation vokaler Werke im Vordergrund. Angedacht war die wöchentliche Aufführung eines Oratoriums oder eines anderen großen Singstücks während jeder Messezeit. Während der Advents- und Fastenzeit errichtete Hiller die ‚Concert spirituels', bei denen das Programm aus verschiedenen geistlichen Werken zusammengestellt wurde. Mitglieder waren

„sogleich verschiedene angesehene Damen der Stadt, als Klavierspielerinnen, […] so wie das Orchestre zum Theil von Liebhabern besetzt ward. Ich [Hiller, Anm. d. Verf.] hatte vorher schon aus den hier Studierenden ein kleines Chor von Sängern zusammen gebracht, in deren Gesellschaft meine Singscholaren wöchentlich einer sogenannten Chorübung beywohnten, und dadurch so geübt wurden, daß sie vor keiner lateinischen großen Kirchenfuge erschracken; wie ich denn mit diesem, größtenteils aus Liebhabern bestehenden Musikchore, das Graunische und Händelsche Te Deum aufgeführt habe. […] Da im Jahre 1776 ein paar junge Mädchen[20] aus Böhmen nach Leipzig kamen, und hier Unterstützung suchten, nahm ich sie in mein Haus, um eine Anlage zu einem wirklichen Conservatorio zu haben."[21]

Die von Hiller angemerkten „Singscholaren" stammten aus der von ihm 1771 gegründeten Singschule, deren Intention es war, „wenigstens den Concerten, hier und an andern Orten, Sänger und Sängerinnen zu verschaffen, auch den Gesang der Kirche einigermaßen zu verbessern, welches bis auf den heutigen Tag noch sehr nöthig ist."[22] Vier Jahre später berichtete er von einer bereits laufenden, regelmäßigen öffentlichen Konzertreihe mit seinen Schülern, die in der Gründung der ‚Musikübenden Gesellschaft' mündete.

„Ich betreibe das Gesangs-Studium mit allem Eifer. Alle Dienstage haben wir eine Uebungsgesellschaft im Concertsaale,[23] wobey Frau von Alvensleben, Mademoiselle Hilmer, Mademoiselle Frosch, Obermann,[24] von Heimthal, und Seelig, als Sängerinnen auftreten. Zur Aufführung großer Stücke habe ich noch ein Chor Sänger von 9 Personen dabey: so daß schon im ersten Jahre unsere öffentliche Musik eine bessere Gestallt gewonnen hat. Was für eine Arbeit mir das mache,

---

16 J. A. Hiller: *Anweisung zum musikalisch-zierlichen Gesange* (wie Anm. 10), Vorrede, S. VI.

17 Ebenda, Vorrede, S. VIII ff.

18 Ebenda, Vorrede, S. XIV f.

19 Vgl. Alfred Dörffel: *Die Gewandhausconcerte zu Leipzig. Geschichte der Gewandhausconcerte zu Leipzig vom 25. November 1781 bis 25. November 1881*, Leipzig 1884, Reprint Leipzig 1980, S. 12 f.

20 Gemeint sind die Schwestern Podleska.

21 Johann Adam Hiller *Lebensbeschreibungen berühmter Musikgelehrten und Tonkünstler neuerer Zeit*, Leipzig 1784, Faksimile, hrsg. v. Bernd Baselt, Leipzig 1975, S. 315 f.

22 Ebenda, S. 315.

23 Gemeint ist wahrscheinlich das Gasthaus zu den drey Schwanen, da der Saal im Thomäischen Haus am Markt erst für die ‚Musikübende Gesellschaft' ab 1775 belegt ist.

24 1782–1785 als Sängerin unter Hiller im Gewandhaus aufgetreten.

können Sie leicht einsehen. Ob ich in jener Welt dafür möchte belohnt werden, weiß ich nicht; in dieser habe ich wenig Hofnung dazu. Nun, es sey!"[25]

Die theoretische Grundlage von Hillers dreijährigem Kurssystem in der ‚Musikübenden Gesellschaft' fand sich in seinen eigenen, zum Teil auf Johann Friedrich Agricola[26] fußenden Schriften über den Gesang.[27] Des Weiteren sah Hiller eine optimale Unterrichtsverteilung bei einer Stunde vormittags und zwei Stunden täglich nach dem Mittag.

Neben Gesang und Theorie waren weitere Fächer von Nöten, um die musikalische Ausbildung durchzuführen, so das Erlernen des Klavierspiels wie auch das Sprechen anderer Sprachen. Hiller legte besonderen Wert auf die gute Kenntnis der italienischen Sprache beim Singen und veranlasste Italienischunterricht für seine Singstudierenden. Mit der Eröffnung des Gewandhauses wurde dies sogar zur Pflicht.[28]

Aus der Eröffnungsnachricht des ‚Leipziger Concerts' ist ersichtlich, dass die Chorsänger besondere Unterrichtsstunden für Gesang und italienische Sprache erhielten, sowie eine „wöchentliche Uebung", die heutigen Chorproben gleichkommen dürfte. Dieses Prozedere, das auch von der ‚Musikübenden Gesellschaft' praktiziert wurde, belegt, wie sehr Hiller an einer gesanglichen Bildung seiner Chorsänger gelegen war. Über die Besetzung des Chores dieser Gesellschaft informiert Hiller in einem Brief aus dem Jahre 1775.[29] Hier erwähnt er neun nicht näher beschriebene Personen, die in seiner Singschule studierten und den dortigen Chor bildeten. Die Namen dieser Sänger liegen leider nicht vor. Bekannt ist aber, dass dieser Chor nicht nur bei den öffentlichen Übungsvorspielen wirkte, sondern auch bei den öffentlichen Konzerten der ‚Musikübenden Gesellschaft'. Die Stammbesetzung konnte aber noch erweitert werden. So finden sich fast parallel Angaben zu Chorbesetzungen im ‚Großen Concert'. Wie Karl Peiser berichtet, der 1894 anscheinend Einblick in einige heute verlorene Quellen besaß,[30] verfügte ‚Musikübende Gesellschaft' über einen festen Chor, der sich aus Studierenden von Hillers Singschule rekrutierte. Am 3. Januar 1778 beispielsweise umfasste der Chor 24 Sänger.[31] Es ist festzustellen, dass die Oberstimmen mit acht Sopranen und sechs Altisten stärker besetzt waren, als die Tenöre und Bässe mit jeweils fünf Stimmen. Letztere werden fast traditionell „von hier Studierenden"[32] besetzt. Der Sopran setzte sich aus sechs Frauen und zwei Männern, der Alt aus zwei Frauen und vier Männern zusammen.

Diese stärkere Besetzung zu Gunsten der hohen Stimmen muss nicht unbedingt bedeuten, dass die Oberstimme klanglich dominierte, denn in Hillers *Anweisung zum musikalisch-zierlichen Gesange* (1779) verlangte er einen ausgewogenen Klang zwischen den Stimmen.[33] Vielmehr ist damit Hillers weiterer Forderung Genüge getan, auf die „Stärke oder Schwäche der anderen Stimmen Rücksicht zu nehmen, damit keine von ihnen überschrieen werde."[34] Denn der Klang der jugendlichen Sopranstimmen gegenüber den älteren, reiferen Stimmen der Studenten dürfte feiner und leiser gewesen sein.

Entgegen der allgemeinen Praxis, nur männliche Schüler anzuleiten, wagte Hiller den Vorstoß einer gleichberechtigten Ausbildung von Männern und Frauen:

„Wenn Gott den Menschen die vortreffliche Gabe, melodische Töne mit ihrer Kehle hervorzubringen, vornehmlich gegeben hat, um ihn damit zu loben und zu preisen: so ist es ja höchst ungereimt, wenn man das andere Geschlecht, das diese Gabe in einem reichlichern Maaße vom Schöpfer empfing, davon ausschließt."[35]

Die gängige Altersspanne der Gesangsschüler Hillers lag vermutlich zwischen 10 und 25 Jahren. Dies wird aus verschiedenen Quellenbeständen des Leipziger Musiklebens, beispielsweise auch der Thomaner, bestätigt.[36]

Eine ausgebildete Singstimme erhält man gemäß Hiller bei gutem Gesangsstudium etwa im Alter zwischen 15 und 19 Jahren, so schrieb er in einem Brief an den Schriftsteller und Publizisten Heinrich August Ottokar Reichard:

„Das vorzüglichste aber sind meine beiden beyden Töchter: die eine ein Mädchen von 17, die andere von 14 Jahren; beyde gute Stimmen, spielen ganz gut artig

---

25 Johann Adam Hiller in einem Brief an Friedrich Nicolai am 13. Februar 1775, in: Johann Adam Hiller, *Mein Leben. Autobiographie, Briefe und Nekrologe*, hrsg. v. Mark Lehmstedt, Leipzig 2004, S. 48.

26 Vgl. Johann Friedrich Agricola: *Anleitung zur Singkunst*, Berlin 1757, Reprint, hrsg. v. Thomas Seedorf, Kassel etc. 2002.

27 Vgl. vor allem die 1774, 1780 und 1792 erschienen *Anweisungen zum Gesang*.

28 Vgl. *Nachricht von der künftigen Errichtung des Leipziger Concerts vom 30.08.1781*, wiedergegeben in: A. Dörffel: *Die Gewandhausconcerte zu Leipzig* (wie Anm. 19), S. 16 f.

29 Brief Hillers an Friedrich Nicolai (wie Anm. 25).

30 Leider verzichtete er wie auch Arnold Schering fast immer auf Quellenangaben, was die Überprüfbarkeit aus heutiger Sicht erheblich erschwert.

31 Vgl. Karl Peiser: *Johann Adam Hiller. Ein Beitrag zur Musikgeschichte des 18. Jahrhunderts*, Leipzig 1894, S. 25.

32 Ebenda, S. 25.

33 Vgl. J. A. Hiller: *Anweisung zum musikalisch-zierlichen Gesange* (wie Anm. 10), S. 105 f.

34 Ebenda, S. 105.

35 Ebenda, Vorrede, S. XIIf.

36 Vgl. Andrew Parrott: *Bachs Chor zum neuen Verständnis*, Stuttgart und Weimar 2003, Tabelle S. 160. Die genaue Altersangabe verschiedener Jahrgänge in: Andreas Glöckner, *Alumnen und Externe in den Kantoreien der Thomasschule zur Zeit Bachs*, in: Bach-Jahrbuch 92 (2006), S. 9–36, passim.

Clavier, und haben, seit ein paar Jahren, den Gesang so studirt, daß sie mit Ehren auftreten können; auch sind sie mit der italiänischen Sprache schon so bekannt, als es zum Gesange nöthig ist. Ich gebe sie indeß für keine vollendete Sängerinnen: aber ein fortgesetztes Studium von 1 höchstens 2 Jahren bringt sie sicher an die Grenze der Vollkommenheit; und heut zu Tage wird dazu viel erfordert."[37]

Trotz ihrer noch nicht ausgereiften Stimme traten Hillers Töchter Elisabeth Wilhelmine (geb. 1769) und Henriette Wilhelmine Friderica (geb. 1766) schon 1783 und 1784 als Solistinnen im Gewandhaus auf. Bereits in solch jugendlichem Alter öffentlich als Sänger in Erscheinung zu treten, war keinesfalls ungewöhnlich, sondern bereits lange gängige Praxis. So ist beispielsweise bekannt, dass Jean-Baptiste Lullys Opernsänger zwischen 15 und 30 Jahren alt waren.[38]

Auch der Gesangslehrer musste nicht unbedingt außerhalb dieser Altersspanne liegen, wie man am Beispiel der „Mme Mara" sehen kann. Bis zu ihrer Berufung in königlich-preußische Dienste im Alter von 22 Jahren hatte sie die Gesangsausbildung für das ‚Große Concert' geführt. Nach Leipzig kam Elisabeth Mara, geb. Schmehling (1749–1833) bereits im Herbst 1766 und wurde prompt von Hiller als Sängerin für das ‚Große Concert' engagiert. Nach ihrem Weggang aus Leipzig Ostern 1771 suchte Hiller Ersatz und versuchte selbst die Ausbildung voranzutreiben:

„Den Anfang machte ich damit, daß ich einige Knaben aus der Stadt frey unterrichtete, und diese bisweilen im Concert mit einer Arie, oder einem Duett auftreten ließ. Bald darauf fanden sich einige junge Frauenzimmer aus Familien, die zu ihrem Vergnügen den Gesang studieren wollten, und meiner Unterweisung anvertraut wurden. Nach den nöthigen elementaren Vorübungen, die ich freylich nicht lange konnte dauern lassen, um sie bey der Lust zu erhalten, griff ich zu allerhand prak-

tischen Werken, zu Arien, Duetten, Chören, Motetten, Psalmen, in deutscher, italiänischer und lateinischer Sprache aus Oratorien, Missen u. dergl."[39]

Aus dem letzten Satz geht auch hervor, dass der Gesangsunterricht gleichermaßen für solistischen Gesang in Arien und für die Mehrfachbesetzung in Chören gedacht war.

Hillers Ausbildungskonzeption bestand also darin, Schüler beiderlei Geschlechts vornehmlich im Gesang, aber auch im Instrumentalspiel zu unterrichten. Um das Erlernte praktisch zu erproben, wurden regelmäßig stattfindende Vorspiele eingerichtet. War dieser Teil erfolgreich absolviert, konnte am öffentlichen Konzertleben teilgenommen werden. Bevor ein gewisses Maß an Vollkommenheit nicht erreicht war, war dieser Schritt aus Gründen der musikalischen Qualitätssicherung nicht sinnvoll. Hiller beschrieb diesbezüglich beispielhaft die Lehrtätigkeit des Antonio Bernacchi aus Bologna:

„Während dieser Zeit [seines Gesangsstudiums, Anm. d. Verf.] sang er in keiner Kirche, auf keinem Theater; ja er wollte sich nicht einmal vor seinen vertrauten Freunden hören lassen. Er blieb standhaft dabey, bis ihm sein Meister selbst rieth, und nun die Zeit gekommen war, wo er durch seine erlangte Vollkommenheit der allgemeinen Bewunderung versichert seyn konnte. Einen so guten Erfolg hatte der Beystand eines solchen Meisters, und der unermüdete Fleiß eines so willigen Schülers."[40]

Folgte man diesem Prozedere, so war ein kontinuierlicher Qualitätszuwachs nicht nur für die Schüler, sondern auch für das Konzertleben der Stadt vorprogrammiert. Das zu studierende Repertoire wurde mit vielen kirchenmusikalischen Kompositionen auf die musikalischen Bedürfnisse der Stadt abgestimmt.[41] Alfred Dörffel berichtete über die ‚Musikübende Gesellschaft', dass deren Konzerte „zu jener Zeit für die angesehensten in Leipzig galten, und dass sie in ihrem Zuhörerkreise, ebenso wie die früheren Concerte in den drei Schwanen, die vornehmsten, reichsten und gelehrtesten Bewohner der Stadt vereinigten."[42]

Im deutschsprachigen Raum ist Hillers Lehrwerk in der Zeit zwischen Agricolas Ausgabe von Pier Francesco Tosis *Opinioni de' cantori* (1757) und dem Erscheinen der Singschule von Johann Friedrich Schubert (1804)[43] sowie der ersten deutschen Übersetzung der Gesangsschule des Pariser Conservatoires (1805) überhaupt die einzige Gesangsschule von Rang geblieben.[44]

Lange vor Carl Friedrich Zelter versuchte Hiller durch sein wissenschaftlich fundiertes Konzept, Ansätze einer Reformierung der Musikausbildung in den Schulen voranzutreiben. Seine Singschule kann so als Vorläufereinrichtung der späteren Konservatorien in Deutschland und speziell als Wegbereiter des Leipziger Konservatoriums angesehen werden.

---

37 Johann Adam Hiller in einem Brief an Heinrich August Ottokar Reichard am 12.8.1783, in: J. A. Hiller, *Mein Leben* (wie Anm. 25), S. 58.

38 Vgl. Klaus Miehling: *Direktion und Dirigieren in der Barockoper*, in: Basler Jahrbuch für historische Musikpraxis 24 (2000), S. 25–47, hier S. 36.

39 J. A. Hiller *Lebensbeschreibungen* (wie Anm. 21), S. 315.

40 J. A. Hiller: *Anweisung zum musikalisch-zierlichen Gesange* (wie Anm. 10), Vorrede, S. XVIII.

41 Vgl. LEsm: Musikkarton, IN 142, IN 222, Gewandhauskarton 1 und 2 sowie die Repertoireanalysen in: A. Dörffel: *Die Gewandhausconcerte zu Leipzig* (wie Anm. 19), und J. A. Hiller, *Mein Leben* (wie Anm. 25).

42 A. Dörffel: *Die Gewandhausconcerte zu Leipzig* (wie Anm. 19), S. 14.

43 Johann Friedrich Schubert: *Neue Singe-Schule*, Leipzig 1804.

44 Vgl. Hartmut Grimm: *Hiller, Johann Adam*, in: Die Musik in Geschichte und Gegenwart, 2. Ausg., hrsg. v. Ludwig Finscher, Personenteil Bd. 9, Kassel etc. 2002, Sp. 1571 ff.

Schließlich ist zu hinterfragen, welche praktischen Ausübungsmöglichkeiten sich den Musikschülern boten, insbesondere wenn sie sich mit Gesang und musikalischer Leitung beschäftigt hatten. Hierzu lohnt es sich, einen Blick auf das Leipziger Konzertleben und die Leipziger Singakademie zu werfen. Grundsätzlich ist davon auszugehen, dass die öffentlich stattfindenden Konzerte jeweils vom eigenen Musikdirektor[45] dirigiert wurden. Zumindest deuten die aus dem untersuchten Zeitraum erhaltenen Rechnungen und Programmzettel der Gewandhauskonzerte, der Dilettantenkonzerte sowie der Singakademie darauf hin.[46] Auch die Proben wurden meist ausschließlich vom entsprechenden Musikdirektor geleitet. Nicht einmal im Krankheitsfalle griff man auf Assistenten oder Schüler zurück, wie eine überlieferte Mitteilung der Singakademie aus dem Jahre 1827 belegt: „Verschiedene Male waren die Übungen […] ausgefallen, weil Musikdirektor Schulz ernstlich erkrankt war und der Verein nicht unter einem anderen Dirigenten üben wollte."[47] Die in der Zeit notwendigen Vertretungen der öffentlichen Konzerte im Gewandhaus übernahm ebenfalls kein Assistent, sondern ein bereits im Amt stehender Musiker, der damalige Thomasorganist Christian August Pohlenz. Für Musikschüler war es demzufolge schwierig, außerhalb der vom jeweiligen Lehrer veranstalteten öffentlichen Übungen und Konzerten aufzutreten. Daraus folgt, dass sich die Dirigierschüler um eigene Betätigungsfelder bemühen mussten, um Erfahrung zu sammeln.

Ein Zeugnis dafür sind die 1805 und 1812 ins Leben gerufenen Riemschen Singakademien in Leipzig. Diese Vereinigungen existierten jeweils nur für kurze Zeit. Ihr Begründer Friedrich Wilhelm Riem[48] war Thomasschüler unter Hiller. Sein an der Universität begonnenes Theologie- und Jurastudium brach er aus Liebe zur Musik ab und wurde Privatschüler von Johann Gottfried Schicht sowie des Organisten der Schlosskapelle an der Leipziger Pleißenburg, Carl Immanuel Engel. Seit 1802 wirkte er als Cellist im Theater und im Konzert, später auch als Pianist in den Abonnementskonzerten. Die zweite Riemsche Gesangsvereinigung existierte bis zu seiner Berufung als Domorganist nach Bremen im Jahre 1814 und verband sich schließlich mit der Schichtschen Gesellschaft.

Aus den Statuten der Leipziger Singakademie von 1814 geht hervor, dass Riem diese Institution „im Jahre 1812 durch Vereinigung seiner Schüler und Schülerinnen und einiger Musikfreunde […] unter seiner Leitung"[49] bildete. In den Ausführungen über deren Direktion wird stets bekräftigt, wie sich das Verhältnis zwischen Dirigent und Sängern definieren lässt: „Die Mitglieder stehen […] zu ihm [Dirigent, Anm. d. Verf.] in dem Verhältnis gebildeter Schüler zu ihrem Lehrer."[50] Die Proben wurden ähnlich wie Unterrichtsstunden regelmäßig abgehalten und beinhalteten wöchentliche Registerproben für die Ober- bzw. Unterstimmen, die als „Vorübung" deklariert wurden, sowie eine „zweistündige Übung" für den gesamten Chorapparat.[51] Wollte man dieser Vereinigung beitreten, so konnte man dies nicht ohne Besitz musikalischer Grundkenntnisse.

„Es werden bei diesen Übungen nicht nur die Elementarkenntnisse der Musik überhaupt, Bekanntschaft mit Schlüsseln, Noten, Intervallen, Takten, Tonarten etc., sondern auch eine reine, biegsame, bereits etwas ausgebildete Stimme, ein richtiges Gehör und einige Übung im Treffen vorausgesetzt."[52]

Die Singakademie war eine praktische Erprobungsstätte für musikalischen Unterricht, wie er bei Hiller geschildert wurde, der man ohne musikalische Eignungsprüfung nicht beitreten konnte. Zieht man das Hillersche Ausbildungskonzept und die praktischen Erprobungsmöglichkeiten (hier vor allem auf dem Gebiet des Gesanges) zusammen, erkennt man bereits Grundzüge des Konservatoriumsgedankens: eine spezialisierte professionelle Musikausbildung in praktischen und theoretischen Fächern bei mehreren Lehrern.

Im Februar 1842 hatte der sächsische König die vom Gewandhauskapellmeister Felix Mendelssohn Bartholdy eingereichten Statuten genehmigt, wodurch im folgenden Jahr das erste deutsche ‚Conservatorium der Musik' unter Studiendirektor Mendelssohn öffnen konnte. Leipzig bot mit der Universität als geistigem Zentrum und dem Gewandhaus als erlesenem Musikforum die erforderliche Infrastruktur zur Errichtung eines Konservatoriums, das dadurch seinerseits „zum Markstein in der Geschichte des deutschen musikalischen Erziehungswesens werden"[53] konnte.

---

45 Ausgenommen sind Gastdirigenten oder Sonderkonzerte.

46 Vgl. LEsm: Musikkarton; Stadtarchiv Leipzig: *Statuten der Singakademie*, Singakademie zu Leipzig; A. Dörffel: *Die Gewandhausconcerte zu Leipzig* (wie Anm. 19); Paul Langer: *Chronik der Leipziger Singakademie. Herausgegeben zur 100-jährigen Jubelfeier am 14.–16. Februar 1902*, Leipzig 1902.

47 Vgl. ebenda, S. 18 f.

48 Vgl. Claudius Böhm, Hans-Rainer Jung: *Das Gewandhausorchester. Seine Mitglieder und seine Geschichte seit 1743*, Leipzig 2006, S. 131 f.

49 Stadtarchiv Leipzig: Singakademie zu Leipzig, Nr. 1, § 2.

50 Ebenda, § 3.

51 Vgl. P. Langer: *Chronik der Leipziger Singakademie* (wie Anm. 46), S. 9.

52 Stadtarchiv Leipzig: Singakademie zu Leipzig, Nr. 1, § 5.

53 Georg Sowa: *Anfänge institutioneller Musikerziehung in Deutschland 1800–1843* (Studien zur Musikgeschichte des 19. Jahrhunderts 33), Regensburg 1973, S. 193.

Ohne Universität kein Gewandhausorchester
CLAUDIUS BÖHM

Ohne die Leipziger Universität hätte es das Gewandhausorchester nicht gegeben. Zwar ist dasselbe keine Gründung der Alma mater lipsiensis. Sein Entstehen und seine Entwicklung verdanken sich jedoch zu einem guten Teil dem Umstand, dass der Ruf der Universität etliche junge Männer bewog, zum Studium nach Leipzig zu kommen. Wer von ihnen auf dem zuvor besuchten Gymnasium bereits regelmäßig musiziert, vielleicht gar mehrere Instrumente zu spielen gelernt hatte, fand in Leipzig gute Bedingungen vor, sich weiterhin der Musik widmen zu können. Mancher Student konnte es sich leisten, aus bloßer Neigung der Musikausübung nachzugehen. Für manch anderen war es notwendig, mit dem Musizieren Geld zu verdienen, um das eigene Studium finanzieren zu können. Für einige wurde aus der anfänglichen Nebenbeschäftigung nach (und oftmals auch schon vor) dem Studienabschluss ein Hauptberuf. So heißt es 1736 in Lorenz Christoph Mizlers *Neu eröffneter Musikalischer Bibliothek* schon über die beiden Leipziger Collegia musica, sie bestünden „mehrentheils aus den allhier Herrn Studirenden, und sind immer gute Musici unter ihnen, so daß öffters, wie bekandt, nach der Zeit berühmte Virtuosen aus ihnen erwachsen".[1]

Zehn Jahre später verzeichnete der Leipziger Adresskalender *Das jetzt lebende und florirende Leipzig* ein drittes „Ordinaires Collegium musicum": das sogenannte Große Konzert im Gasthaus ‚Drey Schwanen' am Brühl.[2] Es unterschied sich von den beiden älteren Collegia musica durch zwei wesentliche Neuerungen: zum einen dadurch, dass es nicht von einem einzelnen professionellen Musikdirektor organisiert wurde, sondern von einer außermusikalischen, keiner amtlichen Funktion innerhalb des städtischen Musiklebens verpflichteten kaufmännischen Direktion; zum anderen dadurch, dass seine musikalischen Veranstaltungen Subskriptionskonzerte waren – Konzerte, für die im Voraus ein Jahresbeitrag zu entrichten war. Das Orchester des Großen Konzerts dagegen mag den zwei älteren Collegia musica geglichen haben, möglicherweise war es in Teilen sogar personalidentisch mit diesen: Es bestand größtenteils aus professionellen Musikern und aus Studenten der Leipziger Universität.

Erstere, das waren die von der Stadt fest angestellten und besoldeten Rats- und Kirchenmusiker: Stadtpfeifer, Kunstgeiger, Kirchenmusikdirektoren und Organisten. 1746 wurde diese Gruppe im Orchester des Großen Konzerts von sieben Musikern gebildet. Der Jüngste von ihnen, der als Kunstgeiger bei der Ratsmusik angestellte Johann Christian Oschatz, war zu dieser Zeit etwa 36 Jahre alt.[3] Der Älteste war der etwa 65-jährige Heinrich Christian Beyer,[4] ebenfalls ein Kunstgeiger. Die meisten anderen dieser Gruppe waren um die 40 Jahre alt. Die Mehrzahl dieser Musiker hatte von Kind auf eine musikalische Ausbildung erhalten und eine Lehre in einer Stadtpfeiferei absolviert.

Die Studenten, die 1746 die größte Gruppe im Orchester des Großen Konzerts bildeten, waren Männer überwiegend im Alter zwischen 20 und 30 Jahren. Dass keiner von ihnen aus Leipzig stammte, unterstreicht das eingangs Gesagte. Wenige sind als Alumnen der Thomasschule seit längerem in der Stadt; die meisten hat das Studium an der Universität nach Leipzig gebracht.

Dass es neben den beiden genannten Gruppen noch eine dritte gegeben hätte, nämlich die der Dilettanten – möglicherweise gar aus den Reihen der Konzertgesellschaft selbst –, lässt sich nicht belegen. Die wenigen aus der Anfangszeit, die weder zur Gruppe der professionellen Musiker noch zu jener der Studenten gezählt werden können, sind kaum als ‚Liebhaber', sondern gleich den Studen-

---

1 Zitiert nach: Alfred Dörffel: *Die Gewandhausconcerte zu Leipzig. Geschichte der Gewandhausconcerte zu Leipzig vom 25. November 1781 bis 25. November 1881*, Leipzig 1884, Reprint Leipzig 1980, S. 3.
2 Zitiert nach: ebenda, S. 4.
3 Oschatz starb am 10. Januar 1762 im Alter von 51 Jahren, wie das Leichenbuch vermerkt. Vgl. Claudius Böhm, Hans-Rainer Jung: *Das Gewandhausorchester. Seine Mitglieder und seine Geschichte seit 1743*, Leipzig 2006, S. 21.
4 Auch von Beyer ist nur das Sterbedatum 18. September 1748 bekannt, verbunden mit der Altersangabe 67 Jahre. Vgl. ebenda, S. 19.

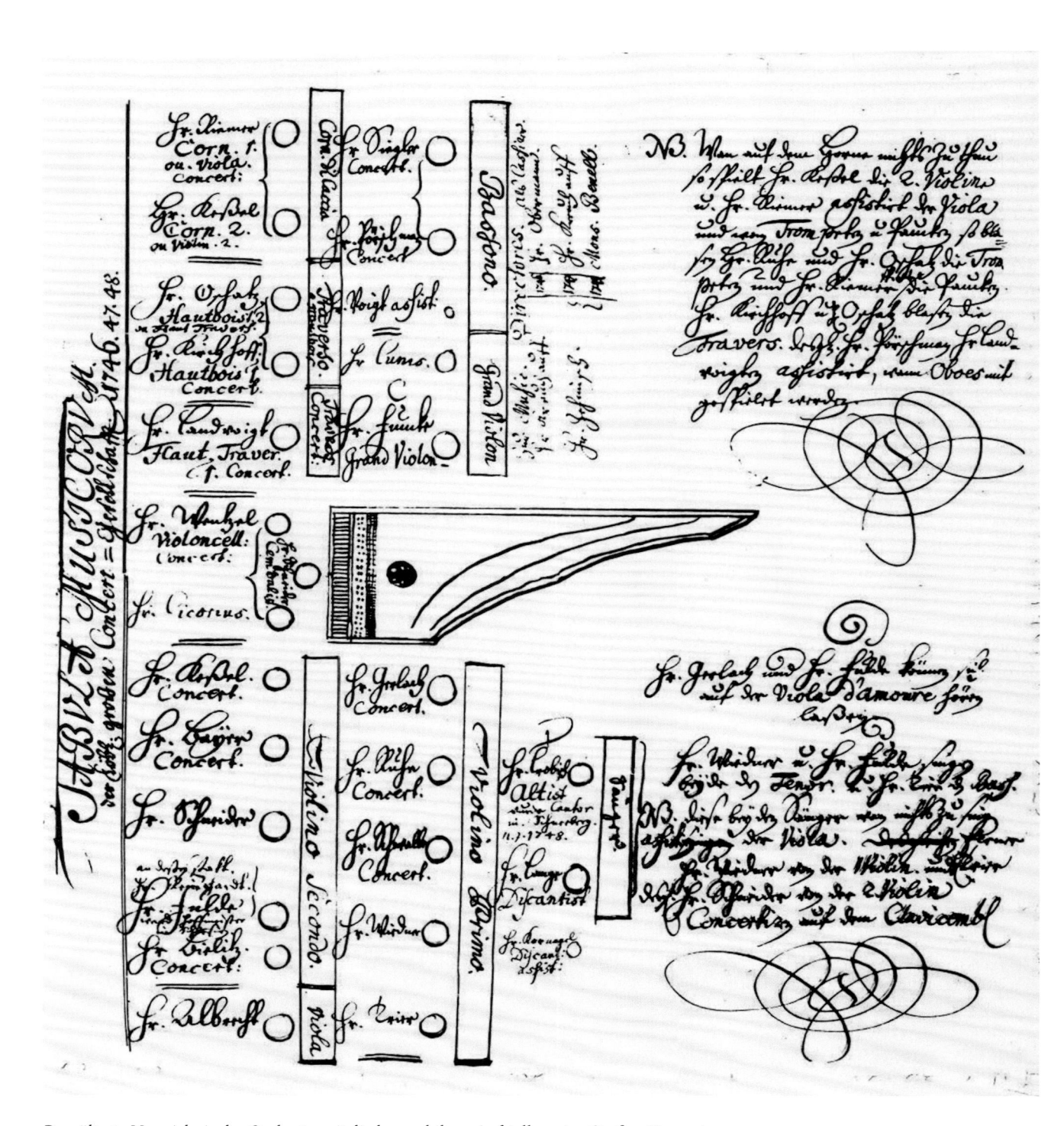

*Das älteste Verzeichnis der Orchestermitglieder und ihrer Aufstellung im Großen Konzert:
Johann Salomon Riemers* Tabula musicorum
(Stadtgeschichtliches Museum Leipzig)

ten als semiprofessionelle Musiker zu bezeichnen. Beispielsweise Johann Salomon Riemer: Er war als 15-Jähriger nach Leipzig gekommen, Alumne der Thomasschule geworden und hatte sich im Alter von 21 Jahren an der Universität immatrikuliert. Für das 1743 gegründete Große Konzert wurde er nicht nur als Mitwirkender tätig, sondern auch als Notenkopist und quasi als Sekretär. Zugleich wurde er zum ersten Chronisten der neuen Konzertunternehmung: In seinem handschriftlichen Buch *Andere Fortsetzung des Leipzigischen Jahr-Buchs so ehemals von Herr Mag. Vogeln zusammengetragen, aufgeschrieben und heraus gegeben worden, nunmehro aber von 1714 ferneweit bis 17[71] allhier continuiret wird* findet sich für den Monat März des Jahres 1743 folgende Eintragung:

> „Den 11. wurde von 16. Personen so wohl Adel. als Bürgerlichen Standes das Große Concert angeleget, wobeÿ iede Person jährlich zu Erhaltung deßelben 20. rt., und zwar vierteljährig 1. Louisd'or erlegen mußten, die Anzahl der Musicirenden waren gleichfalß 16. außerlesene Personen."

Drei Jahre später fertigte Riemer eine *Tabula musicorum der Löbl. großen Concert-Gesellschaft*[5] an. Auf ihr sind 26 Musiker verzeichnet. Unter ihnen trug sich Riemer selbst als ersten Hornisten ein, versehen mit dem Notabene: „Wan auf dem Horne nichts zu thun so […] Hr. Riemer assistirt der Viola, und wan Trompeten u. Paucken so […] Hr. Riemer spielt die Paucken."[6] Diese *Tabula musicorum* ist das erste Mitgliederverzeichnis des Orchesters des Großen Konzerts. Laut jüngstem Forschungsstand[7] sind von den auf der *Tabula* verzeichneten Musikern 17 zweifelsfrei identifiziert, bei drei von ihnen ist die Wahrscheinlichkeit sehr hoch, den Richtigen gefunden zu haben, und nur bei fünf von ihnen gibt es außer dem Familiennamen und der Funktion, mit der sie auf der *Tabula* verzeichnet sind, keinen weiteren Hinweis. Das bedeutet: Das Orchester der Anfangszeit ist zu etwa 80 Prozent bekannt. Die Gruppe der nicht identifizierten Musiker kann somit vernachlässigt werden; es besteht kein Anlass, sie als eigenständige vierte Orchestergruppe zu betrachten. Vielmehr darf angenommen werden, dass ihre Mitglieder wohl entweder der Gruppe der Studenten oder jener der sonstigen semiprofessionellen Musiker angehörten.

Es bleibt als Zwischenbilanz festzuhalten: Das Orchester des Großen Konzerts setzte sich drei Jahre nach seiner Gründung aus sieben Berufsmusikern, mindestens elf Studenten und mindestens zwei semiprofessionellen Musikern zusammen (zu Letzteren gehörten der bereits genannte Johann Salomon Riemer und Johann Gottlob Pörschmann, ein Leipziger Instrumentenmacher). Unter den 26 Musikern befanden sich sechs ehemalige Thomasschüler. Zwei von ihnen (Carl Gotthelf Gerlach und wiederum Johann Salomon Riemer) waren als Alumnen auf der Schule, als Johann Kuhnau Thomaskantor war; vier (Philipp Christoph Siegler, Johann August Landvoigt, Johann Wilhelm Cunis und ein nicht näher identifizierter Albrecht) waren Alumnen in der Zeit, als Kuhnaus Nachfolger Johann Sebastian Bach amtierte.

Diese Zwischenbilanz zeigt bereits, wie sehr die Universität auf dem Weg über ihre Studenten in das junge bürgerliche Konzertleben hineinreichte. Es darf vermutet werden, dass dies von Anfang an der Fall war. Lässt sich doch aus der Riemerschen *Tabula musicorum* die Gründungsbesetzung des Orchesters des Großen Konzerts rekonstruieren – zwar mit Vorbehalten (denn es wird hierbei vorausgesetzt, dass das Orchester in den ersten drei Jahren keinen wesentlichen personellen Veränderungen unterworfen war), aber doch mit hohem Wahrscheinlichkeitsgehalt: Die Amtszeiten der fest angestellten städtischen wie auch der Kirchenmusiker sind überliefert genauso wie die Inskriptionen der Studenten. Zusammen mit einer zusätzlichen Personalnachricht, Johann Friedrich Doles betreffend, kann daraus die folgende Aufstellung für den 11. März 1743 abgeleitet werden:

Johann Friedrich Doles, 27 Jahre
  Musikdirektor (Cembalo), seit 1739 Student[8]
Carl Gotthelf Gerlach, 38
  Vorspieler (Violine), seit 1729 Organist und Musikdirektor an der Matthäikirche
Ulrich Heinrich Christoph Ruhe, 36
  Violine, seit 1734 Stadtpfeifer
Johann Gottlieb Wiedner, 19[9]
  Violine, seit 1739 Student
Johann Trier, 26
  Violine, seit 1741 Student

---

5   Riemer hatte die *Tabula musicorum* seiner im Stadtarchiv Leipzig erhaltenen Chronik *Andere Fortsetzung des Leipzigischen Jahr-Buchs* beigelegt; sie gilt seit Jahren als verschollen. Eine Reproduktion hat sich jedoch im Stadtgeschichtlichen Museum Leipzig erhalten. Veröffentlicht ist diese in: Claudius Böhm, Sven-W. Staps (Hrsg.): *Das Leipziger Stadt- und Gewandhausorchester. Dokumente einer 250-jährigen Geschichte*, Leipzig 1993, S. 11. Bei A. Dörffel: *Die Geschichte der Gewandhausconcerte* (wie Anm. 1), S. 6, findet sich eine stilisierte Wiedergabe der *Tabula*.

6   Zitiert nach der Abbildung bei C. Böhm, S.-W. Staps (Hrsg.): *Das Leipziger Stadt- und Gewandhausorchester* (wie Anm. 5), S. 11.

7   Vgl. C. Böhm, H.-R. Jung: *Das Gewandhausorchester* (wie Anm. 3), S. 18–22.

8   Das Jahr bezeichnet bei den Studenten jeweils den Zeitpunkt der Immatrikulation.

9   Geburtsjahr 1724, er könnte also am 11. März 1743 noch 18 gewesen sein. Vgl. H.-R. Jung, C. Böhm: *Das Gewandhausorchester* (wie Anm. 3), S. 18.

Heinrich Christian Beyer, 62[10]
  Violine, seit 1706 Kunstgeiger
Johann Schneider, 40
  Violine, seit 1729 Organist an der Nikolaikirche
Gotthard Wenzel,
  Violoncello, seit 1740 Student
Johann August Landvoigt, 27
  Flöte, seit 1737 Student
Johann Friedrich Kirchhoff, 37
  1. Oboe, seit 1737 Stadtpfeifer
Johann Christian Oschatz, 33[11]
  2. Oboe, seit 1738 Kunstgeiger
Philipp Christoph Siegler, 34
  Fagott, von 1729 an Student
Johann Salomon Riemer, 40
  1. Horn/Viola, Pedell und Famulus der Juristischen Fakultät
Johann Christoph Kessel, 20
  2. Horn/Violine, seit 1742 Student
Johann Gottfried Kornagel, 53
  Sänger (Diskant), seit 1719 Kunstgeiger

Zu ergänzen wären sicher noch die Namen der zwei zu dieser Zeit dienstältesten Stadtpfeifer

Johann Cornelius Gentzmer, 67[12]
  seit 1712 Stadtpfeifer
Johann Caspar Gleditsch, 68[13]
  seit 1719 Stadtpfeifer

Zwei Jahre später, 1745, verpflichteten Gentzmer und Gleditsch Substituten, die an ihrer Stelle den musikalischen Dienst versahen.[14] So waren sie, als Riemer 1746 seine *Tabula musicorum* anfertigte, nicht mehr im Orchester des Großen Konzerts dabei – ebenso wie Johann Friedrich Doles, der im Mai 1744 als Kantor nach Freiberg in Sachsen gegangen war. Im Gesuch, mit dem er sich am 24. April 1744 an den Rat der Stadt Freiberg wandte, bewarb er sich um die Kantorenstelle unter anderem mit dem Hinweis darauf, dass „das hiesige Leipziger neu aufgerichtete Concert mir die direction der music aufgetragen, welches ich mit aller hohen membrorum Zufriedenheit, die solches halten laßen, noch biß dato dirigire".[15]

So sind es nun sogar 17 Musiker, die zur allerersten Besetzung des Orchesters des Großen Konzerts gehört haben könnten. Da der Rekonstruktion wegen ihres spekulativen Charakters ohnehin ein großes Fragezeichen anzufügen ist, sei es bei dieser gleichsam exemplarischen Liste belassen. Denn sie zeigt immerhin die grundsätzliche Zusammensetzung des Orchesters: professionelle Musiker und Studenten. Gewiss wäre es der Gesellschaft des Großen Konzerts möglich gewesen, an Stelle der Studenten Dilettanten aus ihren eigenen Reihen um die Mitwirkung im Orchester zu bitten. Doch die Gründer dieser Konzertgesellschaft hatten eben gerade kein Liebhaberkonzert errichten wollen, in dem mehrere ihrer Mitglieder als Amateure mitwirkten. Sondern sie wollten ganz nach dem Vorbild der Dresdner Hofmusik eine Kapelle, die sie für sich musizieren lassen konnten.[16] Die 16 Musiker, die sie dafür engagierten, bildeten ein ausreichend besetztes Orchester respektive eine vollständige Kapelle. (Zum Vergleich: Die Mannheimer Hofkapelle, das führende Orchester seiner Zeit, bestand 1746 aus 16 Instrumentalisten.)

Dass dem bereits mehrfach genannten Johann Salomon Riemer in diesem Gefüge eine Schlüsselfunktion zukam, er sozusagen der Verbindungsmann zwischen dem Großen Konzert und der Studentenschaft war, ist gut denkbar. Möglicherweise hat er den jeweils ersten Kontakt hergestellt, hat die für Besetzungsfragen verantwortlichen Musiker des Großen Konzerts auf neu immatrikulierte Studenten hingewiesen, die musikalische Fähigkeiten offenbarten. Allerdings werden Musikdirektor Johann Friedrich Doles und Vorspieler Carl Gotthelf Gerlach – diese beiden waren wohl die Hauptverantwortlichen für die Besetzung, Doles für die der Gesangsstimmen, Gerlach für die der Instrumente – auch eigene Kontakte zu Studenten gehabt haben: Doles war selbst noch Student, Gerlach leitete die Musik an der Matthäikirche, wo er auf Unterstützung durch musizierende Studenten angewiesen war. Doch den besten Überblick und die Kenntnis, wer einen weggegangenen Absolventen ersetzen konnte, wird über die Jahre hinweg tatsächlich Riemer gehabt haben.

Es mag reiner Zufall sein, dass das Große Konzert im Jahr von Riemers Tod – er starb im Dezember 1771 – in eine Krise geriet oder zumindest deutlich auf eine solche zusteuerte. Sieben Jahre später kam die Konzertunternehmung vollständig zum Erliegen: Das Große Konzert hörte

---

10 Vgl. Anm. 4.

11 Vgl. Anm. 3.

12 Gentzmer lebte vom 16. März 1685 bis zum 22. Oktober 1751, er wurde also wenige Tage nach dem Gründungskonzert 68 Jahre alt.

13 Gleditsch lebte von 1684 bis zum 20. Mai 1747, er könnte am 11. März 1743 schon 69 Jahre alt gewesen sein.

14 Vgl. Arnold Schering: *Musikgeschichte Leipzigs*, Bd. 3: *Johann Sebastian Bach und das Musikleben Leipzigs im 18. Jahrhundert*, Leipzig 1941, S. 151.

15 Zitiert nach: ebenda, S. 261.

16 Zur engen Verbindung der Gesellschaft des Großen Konzerts zum Dresdner Hof vgl. Claudius Böhm: *Ohne Bach kein Großes Konzert?*, in: GewandhausMagazin Nr. 25 (1999), S. 49–53; und Claudius Böhm: *Das Große Konzert und sein Orchester: Auf der Höhe der Zeit*, in: C. Böhm, H.-R. Jung: *Das Gewandhausorchester* (wie Anm. 3), S. 13–16, hier insbesondere S. 14.

auf zu bestehen. Dass es drei Jahre darauf, 1781, mit dem Einzug in den neu errichteten Konzertsaal im Gewandhaus seine Wiedergründung erfuhr – seitdem ist von den Gewandhauskonzerten und vom Gewandhausorchester die Rede –, ist zu einem großen Teil einem Bürgermeister zu verdanken, der an der Leipziger Universität studiert und promoviert hatte: Carl Wilhelm Müller.

Von den 66 Musikern des Großen Konzerts, die für die Zeit bis 1778 bekannt sind, haben mindestens 37 an der Alma mater lipsiensis studiert. Damit stellt sich zum einen das Orchester, das 1781 den Namen Gewandhausorchester erhielt, in seiner Zusammensetzung als ein ausgesprochen akademisch geprägtes und zum anderen die frühe Leipziger Orchestergeschichte als einzigartig dar. Denn bei keinem anderen Orchester weltweit findet man eine Entstehungsgeschichte, die so eng mit der Existenz einer Universität verflochten wäre.

Das belegt auch die Liste der 30 Instrumentalisten,[17] die das Orchester beim Konzert zur Einweihung des neuen Konzertsaales im Gewandhaus bildeten: Auf ihr sind 23 Musiker verzeichnet, deren Namen auch in den Matrikeln der Leipziger Universität zu finden sind. Von diesen 23 wiederum waren am 25. November 1781, dem Tag des Einweihungskonzerts, mindestens 13 noch Studierende. Sie, die Studenten, machten nun die eindeutig größte Gruppe im Orchester aus. Die zweite wurde nach wie vor von den städtischen und den Kirchenmusikern gebildet, und zwar von drei Stadtpfeifern und drei Kunstgeigern, einem Organisten und einem Türmer. Die dritte Gruppe jedoch hatte sich gegenüber den Anfängen in den 1740er Jahren grundlegend gewandelt: Es waren keine semiprofessionellen Musiker mehr, die sie bildeten, sondern gleichsam ‚freie' professionelle Musiker – allesamt ehemalige Studenten der Leipziger Universität (einige scheinen ihr pro forma nach wie vor angehört zu haben) –, die als Musiker bei den verschiedenen Theater- und Konzertunternehmungen sowie als Musiklehrer ihren Unterhalt zu verdienen suchten. 1781 war diese Gruppe noch klein – mit Sicherheit lassen sich nur vier Musiker als ihr zugehörig erkennen –, doch man kann ihr bereits eine gewisse Tradition zusprechen: Immerhin war einer der ersten, die sich auf diese Art als freie Musiker zu behaupten versuchten, Johann Adam Hiller, der langjährige Musikdirektor erst des Großen, dann des Gewandhauskonzerts. Er steht beispielhaft für die Entwicklung des freien Musikertums da – wohlgemerkt eine Entwicklung, die nicht aus den Reihen der ständisch ausgebildeten und verankerten Berufsmusiker erwuchs, sondern aus denen der akademisch Gebildeten.

Inwieweit sich die Organisation des jungen bürgerlichen Konzertlebens und die Teilhabe an diesem auch personell mit der Universität verflochten, kann für die Anfangszeit wohl nicht mehr nachgeprüft werden. Denn wer alles der Konzertgesellschaft des Großen Konzerts angehörte, ist bis auf einige wenige Namen nicht überliefert. Erst 1771 heißt es in einer Bekanntmachung, mit der zur Subskription für das Große Konzert eingeladen wurde, über die Direktion desselben:

„Neun der angesehensten Mitglieder des Concertes: drei von Seiten der Herren Gelehrten, drei von Seiten der deutschen, zwei von Seiten der französischen und eins von Seiten der italienischen Herren Kauf- und Handelsherren, hätten künftig das Directorium der getroffenen Einrichtung zu führen."[18]

Es fällt auf, dass die „Herren Gelehrten" an erster Stelle genannt sind. Dass diese aus den Reihen der Universitätsverwandtschaft stammten, ist zu vermuten. Ob ihre Nennung hier erstmals erfolgt, lässt sich mangels älterer Dokumente nicht sagen. Und ob ihre Nennung im Zusammenhang mit der Einstellung des sogenannten Universitäts- oder auch Gelehrtenkonzerts steht – es wurde 1765 gegründet und im Leipziger Adressbuch unter den Collegia musica verzeichnet; im Adressbuch für 1772 ist es nicht mehr erwähnt –, auch das muss offen bleiben.

Umso besser dokumentiert ist jedoch, wer seit der Wiedergründung des Großen Konzerts 1781 zu der ehrenamtlich arbeitenden, nunmehr zwölf Mitglieder umfassenden Direktion der Gewandhauskonzerte gehörte. Unter den Gründungsmitgliedern findet sich zum Beispiel der Doktor der Rechte Johann Samuel Traugott Gehler. „Er war ein in den Naturwissenschaften wohl bewanderter Gelehrter, der viele Jahre hindurch mathematische Vorlesungen hielt."[19] Oder der Doktor der Rechte und Beisitzer der Juristischen Fakultät August Friedrich Siegmund Green. 1785 nahm Ernst Platner, Doktor der Medizin und ordentlicher Professor der Physiologie, die Wahl in die Konzertdirektion an. Im Jahr darauf kam Johann Ehrenfried Pohl hinzu, Doktor der Medizin und außerordentlicher Professor der Botanik. Zwei Jahre später wurde Christian Gottlob Einert in das Gremium gewählt. Der Absolvent der Universität Leipzig, Doktor der Rechte und Beisitzer der Juristischen Fakultät, an der er bis 1802 Vorlesungen hielt, blieb 33 Jahre lang Mitglied der Gewand-

---

17 Vgl. Carl Augustin Grenser: *Geschichte der Musik hauptsächlich aber des großen Conzert- u. Theater-Orchesters in Leipzig. 1750–1838*, hrsg. und transkribiert v. Otto Werner Förster, Leipzig 2005, S. 36 f., und A. Schering: *Musikgeschichte Leipzigs*, Bd. 3 (wie Anm. 14), S. 487.

18 Zitiert nach A. Dörffel: *Die Geschichte der Gewandhausconcerte* (wie Anm. 1), S. 11. Vgl. auch C. A. Grenser: *Geschichte der Musik* (wie Anm. 18), S. 26.

19 A. Dörffel: *Die Geschichte der Gewandhausconcerte* (wie Anm. 1), S. 230, Nr. 7.

haus-Konzertdirektion. Ab 1801 war er als Deputierter der Konzertdirektion der ständige Verbindungsmann zwischen dieser und der eigenständigen Vereinigung der Theater- und Gewandhausmusiker, dem sogenannten Orchester-Institut.[20] In dieser Funktion nahm er auch auf Besetzungs- und Anstellungsfragen Einfluss. 1790 wurde der 34-jährige Doktor der Philosophie Johann Christian Gottlieb Ernesti Direktionsmitglied und blieb es bis zu seinem frühen Tod zwölf Jahre später. Bereits seit 1782 – da war er 26 Jahre alt – war er außerordentlicher Professor der Philosophie; in seinem Todesjahr wurde er zum ordentlichen Professor der Beredsamkeit berufen.

Auch für die folgenden Jahre und Jahrzehnte enthält das Mitgliederverzeichnis der Gewandhaus-Konzertdirektion etliche Namen, die eine Verbindung zur Leipziger Universität herstellen: Namen von Professoren wie etwa die des Philosophieprofessors Johann Amadeus Wendt (Mitglied von 1821 bis 1829) und des Anatomieprofessors Christian Wilhelm Braune (Mitglied von 1881 bis 1892); daneben die Namen der Königlichen Regierungsbevollmächtigten bei der Universität – Johann Paul von Falkenstein (Mitglied von 1839 bis 1844), Eduard von Broizem (Mitglied von 1844 bis 1854), Carl Ludwig Gottlob von Burgsdorff (Mitglied von 1855 bis 1875) –; schließlich auch viele Namen von Absolventen der Hochschule. Stellvertretend für die Letzteren sei Heinrich Blümner genannt. 36 Jahre gehörte er der Gewandhausdirektion an. Bei seinem Tod 1839 hinterließ er neben anderen Legaten ein „für Zwecke der Kunst und Wissenschaft"[21] bestimmtes Kapital von 20 000 Talern. Gewandhauskapellmeister Felix Mendelssohn Bartholdy erreichte, dass dieses Legat für die Errichtung des ersten deutschen Konservatoriums der Musik 1843 in Leipzig verwendet wurde.

Die Studenten und Absolventen dieses Konservatoriums wurden in den folgenden Jahrzehnten für das Stadt- und Gewandhausorchester so wichtig, wie es einst die Studenten der Leipziger Universität waren. Zu den Letzten von ihnen, die neben ihrem Studium an der Universität im Orchester mitspielten, zählt Wilhelm Eduard Hermsdorf. 19-jährig schrieb er sich 1823 als Jurastudent an der Leipziger Universität ein, wirkte bis 1827 im Orchester mit und war später als Rechtsanwalt und Stadtrat in Leipzig tätig. Er gehörte 1826, noch während seiner Studienzeit, zu den Mitbegründern des Musikvereins ‚Euterpe' – einer ähnlich wie die Gewandhauskonzerte strukturierten Konzertunternehmung –, deren Vorsteher er später für einige Jahre war.

Um am Ende dieser Erkundungen auf die Eingangsthese zurückzukommen: Hätte es ohne die Universität Leipzig wirklich nicht das Gewandhausorchester gegeben? Mit einiger Bestimmtheit kann gesagt werden: Ja, es hätte nicht ‚dieses' Gewandhausorchester, nicht ein solcherart akademisch geprägtes, in wesentlicher Weise von den musizierenden Studenten mitgetragenes Orchester gegeben. Der Blick auf die Entwicklung des bürgerlichen Musiklebens, wie sie im 18. Jahrhundert in anderen deutschen Städten verlaufen ist, sei es in Hamburg, sei es in Köln oder in Frankfurt am Main, legt auch für Leipzig die Vermutung nahe: Ohne die Existenz der Universität, ohne den Pool an Studenten wäre es hier wenn überhaupt zu einer Konzertgründung, so wohl lediglich zu der eines Liebhaberkonzerts gekommen. Dessen Orchester wäre aus ortsansässigen professionellen Musikern und aus Dilettanten gebildet worden. Doch in ganz Deutschland sind sämtliche derartige Liebhaberkonzerte noch im 18. Jahrhundert wieder eingegangen – ein Schicksal, dem wohl auch ein Leipziger Liebhaberkonzert nicht entronnen wäre. Erst mit der Gründung stehender Theater und damit einhergehend der Herausbildung fester Theaterorchester kam es in den ersten Jahrzehnten des 19. Jahrhunderts vielerorts zu einer Wiederbelebung des bürgerlichen Konzerts, das nun auf die Theatermusiker zurückgreifen konnte. Wäre in Leipzig, wo 1817 das Stadttheater gegründet wurde, die Entwicklung anders verlaufen?

Dass sie in Leipzig von Anfang an durch die rasche Etablierung und Konsolidierung des Konzertlebens anders als in vergleichbaren deutschen Städten verlaufen ist, verdankt sich in erheblicher Weise der Existenz der Leipziger Universität. Ohne sie und ihre Studenten gäbe es heute nicht das Gewandhausorchester, sondern ein geschichtlich anders geprägtes, anders entwickeltes, später entstandenes Konzertorchester in Leipzig.

---

20 1786 hatten sich 21 Musiker des Theater- und Gewandhausorchesters vereinigt, einen Gegenseitigkeitsvertrag geschlossen und einen Pensionsfonds gegründet. Näheres dazu bei C. Böhm, H.-R. Jung: *Das Gewandhausorchester* (wie Anm. 3), S. 35 ff.

21 A. Dörffel: *Die Geschichte der Gewandhausconcerte* (wie Anm. 1), S. 232, Nr. 36.

Universitäres Musikleben und öffentliche Musikpflege an der Paulinerkirche in der ersten Hälfte des 19. Jahrhunderts

Anselm Hartinger

Die ersten Jahrzehnte des 19. Jahrhunderts bilden für die Leipziger Musikgeschichte generell eine Periode des Übergangs, in der die Transformation gewachsener Strukturen und Aufführungstraditionen – etwa im Bereich der Ratsmusik und des Thomanerchores – mit wegweisenden Neugründungen und Neubestimmungen wie dem Amtsantritt Mendelssohns 1835 und der Eröffnung des Konservatoriums 1843 zusammentraf. Zugleich handelte es sich um eine Zeit politischer Krisen, gesellschaftlicher Umbrüche und einer beschleunigten wirtschaftlichen Dynamik, die sich an Ereignissen wie der für die Stadt folgenreichen Völkerschlacht von 1813, der auch für die Universitätsgeschichte bedeutsamen sächsischen Staatsreform 1830/31 sowie der Entwicklung Leipzigs zu einem Eisenbahnknotenpunkt von überregionaler Bedeutung ab Mitte der 1830er Jahre beispielhaft ablesen lässt. Über das unbestrittene Zentrum Gewandhaus und die zu Recht schon seinerzeit als Glücksfall betrachtete Tätigkeit Mendelssohns hinaus finden weite Bereiche des musikbezogenen Alltags und der musikalischen Produktion jedoch noch immer kaum die ihnen gebührende Aufmerksamkeit, bleiben das knappe Jahrhundert nach Bach und vor Mendelssohn ebenso wie das vielfältige Musikleben neben diesen beiden Leitgestalten trotz einiger mittlerweile unternommener Bemühungen weithin konturlos.[1]

Dies gilt auch für die Erforschung der Musikpflege an der Universitätskirche St. Pauli.[2] Eine Gesamtdarstellung der musikalischen Aktivitäten in Universität und Paulinerkirche während der ersten Hälfte des 19. Jahrhunderts kann allerdings auch im Rahmen dieser knappen Studie nicht geleistet werden. Stattdessen soll es darum gehen, anhand von vier Problemkreisen wichtige Facetten und Grundlagen der Musikpflege an der Universitätskirche vorzustellen und dabei Einblicke in die Entscheidungswege und die sowohl dienstlichen als auch freiwilligen Organisationsstrukturen der Universitätsmusik zu gewinnen.[3] Im Einzelnen geht es dabei zunächst um die für die musikalische Ausstattung der Universitätsgottesdienste bestimmenden Faktoren und Ressourcen und im Zusammenhang damit um die Gründung und erste Wirkungszeit des Pauliner-Sängervereins. Eine eigene Darstellung soll die bedeutende Rolle der Paulinerkirche als führende Konzertstätte Leipzigs im Bereich der Oratorienaufführungen und Orgelkonzerte erhalten. Abschließend geht es um den langwierigen Vorgang der Projektierung und Errichtung der neuen Orgel, der in den 1830er und 1840er Jahren die Tätigkeit des Universitätsorganisten und die Ausstrahlung der Gottesdienste stark beeinträchtigte und Licht auf die verwickelten Zuständigkeiten für die universitären Finanz- und Musikverhältnisse wirft.

Zu den Rahmenbedingungen von Universitätsgottesdienst und Universitätsmusik

Zumindest die eigenständige Musikpflege an der Paulinerkirche kann in den ersten Jahrzehnten des 19. Jahrhunderts kaum als glänzend bezeichnet werden. Wie auch die höchst unterschiedliche Beachtung in der Leipziger Tages-

---

1 Dies gilt vor allem für die Zeit nach 1800 – wohl nicht zufällig hat das Wustmann-Scheringsche Projekt einer musikalischen Gesamtgeschichte Leipzigs über das Jahr 1800 hinaus bisher keine Fortsetzung gefunden: *Musikgeschichte Leipzigs*, Bd. 1: Rudolf Wustmann: *Bis zur Mitte des 17. Jahrhunderts*, Leipzig und Berlin 1909; Bd. 2: Arnold Schering: *Von 1650 bis 1723*, Leipzig 1926; Bd. 3: Arnold Schering: *Johann Sebastian Bach und das Musikleben Leipzigs im 18. Jahrhundert*, Leipzig 1941.

2 Auch die repräsentative Publikation zum Universitätsjubiläum 1984, Lothar Rathmann (Hrsg.): *Alma mater Lipsiensis. Geschichte der Karl-Marx-Universität Leipzig*, Leipzig 1984 geht auf Fragen des universitären Musiklebens kaum und – aus vorhersehbaren Gründen – auf die Bedeutung der Universitätskirche St. Pauli so gut wie gar nicht ein.

3 Die Darstellung stützt sich dabei im Wesentlichen auf die dienstliche Aktenüberlieferung im Universitätsarchiv Leipzig (im Folgenden als UAL abgekürzt), bezieht jedoch auch weitere Dokumentenbestände vorwiegend Leipziger Institutionen sowie zeitgenössische Presseberichte mit ein. Der Autor dankt herzlich Petra Hesse (Universitätsarchiv Leipzig) für die freundliche Unterstützung bei den dortigen Recherchen.

und Musikpresse zeigt, konnte sie weder mit den immer mehr Züge einer konzertmäßigen Veranstaltung annehmenden Vesper-Motetten des Thomanerchores noch mit den angesehenen Figuralaufführungen in den Leipziger Hauptkirchen St. Thomas und St. Nikolai konkurrieren. Bevor jedoch auf die genaueren Umstände dieser Situation und auf die Versuche zu ihrer Verbesserung näher eingegangen werden kann, müssen strukturelle Rahmenbedingungen benannt werden, die der Entwicklung eines attraktiven musikalischen und Gottesdienstlebens an der Universitätskirche wenig förderlich waren.

Zum einen war dies die relativ strikt gehandhabte Weisungsbefugnis der Dresdner Landesbehörden, denen die Universität als quasi exterritorialer Rechtskörper unterstand. In allen wichtigen und selbst in zahlreichen Detailfragen musste die Genehmigung von Zentralbehörden wie dem ‚Königlich-Sächsischen Kirchen-Rath und Oberconsistorium' sowie nach der Staatsreform von 1831 dem ‚Ministerium für Cultus und öffentlichen Unterricht' eingeholt werden.

In zahlreiche Fragen der Liturgie sowie der baulichen und musikalischen Ausstattung der Kirche regierte der Kurfürst bzw. ab 1807 die Krone direkt hinein. Dies betraf etwa die Ausgabe von Lesetexten für Bußtage und die Ausgestaltung von Feierlichkeiten zu Geburtstagen, Taufen oder Traueranlässen der Herrscherfamilie. Daher waren viele der auch musikalisch bedeutenderen Aktivitäten mit Staatsakten und Feierlichkeiten der Wettiner verbunden, die in dienstlichen Schriftstücken gern von der „unter unserer besonderen Aufsicht stehenden Paulinerkirche" sprachen. So wurde anlässlich des Friedens von Luneville 1801 für die Paulinerkirche angeordnet, „daß auf den 26sten dieses Monats, als am Sonntage Jubilate, allhier nach der Predigt ein Dankgebet nach beyliegendem Formular abgelesen, und darauf das Lied: Herr Gott, dich loben wir p. unter Trompeten- und Pauken-Schall abgesungen werde."[4]

In ähnlicher Weise wurde das Dankfest zum Friedensschluss 1807 und zur Annahme der von Napoleons Gnaden erhaltenen Königswürde am Sonntag Sexagesimä mit dem „Lob-Lied: Herr Gott, dich loben wir, pp. unter Läutung aller Glocken, und mit den sonst gewöhnlichen Solenitäten" begangen.[5]

Die Abhaltung derartiger Sonderanlässe wies natürlich über den kirchenmusikalischen Rahmen an St. Pauli weit hinaus. Vielmehr war in solchen Fällen die gesamte Universität beteiligt oder sogar in corpore im Stadtbild Leipzigs präsent. So berichtet der Musikchronist Carl Augustin Grenser über die Feierlichkeiten im Dezember 1806 und Januar 1807:

„d. 23. Dec. war im Paulinum, wegen der Annahme der Königswürde von unsrem Churfürsten, eine Feierlichkeit veranstaltet, wobey auch gleich Anfangs ein Conzert gehört wurde, in welchem, außer den Instrumentalstücken, mehrere deutsche Chöre zum Ruhme unsers Monarchen, u. einige ital. Arien u. Duetten aufgeführt wurden, u. bey dem sich die Talente der Dem. Schicht u. der Herren Schulz und Mathäi auszeichneten. Nach diesem Konzert war ein Fackelzug der Studirenden."[6]

„d. 1. Januar Feyer wegen des den 11. December zu Posen unterzeichneten Friedens […] Zwischen 11–12 Uhr unter Geläute aller Glocken großer Universitätsaufzug aus der Nikolai in die Paulinerkirche, in welcher ein Te Deum von Haydn aufgeführt wurde, u. nach der lateinischen Rede eine Cantate. Chor u. Solo, Musik von Händel. „König der Geister". Der deutsche Text war der Händelschen Musik angepaßt worden."[7]

In die Reihe dieser Jubelanlässe reihte sich auch das Universitätsjubiläum 1809 ein, über dessen musikbezogene Bestandteile Carl Augustin Grenser Folgendes berichtet:

„d. 4. Dec. war die vierte Säcularfeyer der Universität zu Leipzig. Früh um 5 Uhr wurde mit allen Glocken der Stadt geläutet. Dann sangen die Thomasschüler unter Posaunen und Paukenschall einen Lobgesang vom Thomasthurm, so wie nach einer Pause das Lied: ‚Nun danket alle Gott'. Um 6 Uhr wurde wieder mit allen Glocken geläutet u. dann dieselben Lieder vom Nikolaithurme gesungen. Um 7 Uhr wurde wieder mit allen Glocken geläutet. Um 9 Uhr begann der Zug der Universität und der eingeladenen Honoratioren aus der Thomaskirche wo er versammelt worden, nach der Universitätskirche mit 2 Musikchören zur Begleitung. Die Orgel begrüßte den Zug u. spielte während er sich in der Kirche ordnete. Dann ertönte der alte Hymnus: Veni Sancte Spiritus vom Musikdirektor Schicht für diese Feierlichkeit componirt ohne Instrumentalbegleitung vom Chore herab. Nach der Predigt wurde ein Theil aus der Schöpfung von Haydn musizirt, wozu der Oberhofgerichtsrath D. Ehrhard einen passenden Text gedichtet hatte. Nach der Säcularrede machte ein Te Deum Laudamus von Schicht componirt den Beschluß. D. Orchester war stark besetzt. Bey dem feierlichen

---

4 Ministeriell gegengezeichnetes Reskript Kurfürst Friedrich Augusts vom 17. April 1801, in: *Convolut, Kirchensachen betr. 1760–1836*, UAL: Rep. II/III/B I 86, fol. 31.

5 Königliches Schreiben vom 9. Januar 1807, UAL: Rep. II/III/B I 86, fol. 69.

6 Carl Augustin Grenser: *Geschichte der Musik hauptsächlich aber des großen Conzert- u. Theater-Orchesters in Leipzig. 1750–1838*, hrsg. und transkribiert v. Otto Werner Förster, Leipzig 2005, S. 88.

7 Ebenda S. 91. Die Verfertigung neuer Texte für ältere und Musikwerke einschließlich der Bearbeitung und Eindeutschung klassischer Opern- und Oratoriensätze sowie lateinischer Kirchenstücke war für die Leipziger Kirchenmusik der Zeit generell nicht untypisch.

Male welches eine Versammlung Gelehrter auf Klassigs Kaffeehause hielt, wurde auch ein von D. Heiroth gedichteter und vom Hofrath Rochlitz komponirter Gesang abgesungen. Bey dem großen Fackelzug der Studenten d. 5. Dec. Abends waren 3 Chöre Music. Das erste bestand aus Trompeten u. Pauken; das zweyte aus allerley Blasinstrumenten; das dritte aus Blasinstrumenten u. Janitscharenmusik."[8]

Ähnliches galt für die Reformationsjubiläen 1817 und 1839. Das erhaltene Gottesdienstprogramm der ‚Dritten Säcularfeier der Leipziger Reformation, den ersten Pfingstfesttage 1839 in der Paulinerkirche' deutet mit seinen in der Lied- und Musikauswahl sehr versöhnlichen Zügen direkt auf entsprechende Vermahnungen aus Dresden hin.[9]

Ebenfalls auf dem Verordnungsweg kam es mit Jahresbeginn 1831 zu einer weitreichenden Reform des liturgischen Kalenders in St. Pauli, durch die u. a. die Zahl der Bußtage auf jährlich zwei reduziert, der dritte Weihnachts-, Oster- und Pfingstfeiertag abgeschafft und einige Nebenfeste wie Mariä Reinigung, Michaelis- und Johannistag auf den jeweils folgenden Sonntag verlegt wurden.[10] In diesem Zusammenhang wurde neu festgelegt, dass die Gesänge an den Bußtagen und in der Fastenzeit ebenfalls mit Orgelbegleitung erfolgen sollten, was zuvor offenbar nicht der Fall gewesen war. Die Regenten Anton und Friedrich August von Sachsen beriefen sich bei der Anordnung dieser Zusatzdienste des Universitätsorganisten nicht nur auf die durch Wegfall zahlreicher Feiertage eingetretene Erleichterung, sondern auch auf die nötige Angleichung an die Gewohnheiten der übrigen protestantischen Kirchen der Stadt und des Landes[11] – ein Zug hin zur Vereinheitlichung, der das kulturelle Leben der Universität und ihrer Kirche nach 1831 zunehmend erfasst zu haben scheint. So legte die Theologische Fakultät der Universität 1833 fest, dass angesichts des Mangels an Exemplaren des alten Pauliner-Gesangbuches bis auf Weiteres das neuere Gesangbuch der Stadt Leipzig auch in St. Pauli verwendet werden sollte, eine Maßnahme, mit der man nebenbei auch die Leipziger verstärkt zum Besuch der Universitätsgottesdienste anregen wollte.[12]

Detaillierte ministerielle Vorgaben regelten auch die Trauerzeit für den am 6. Juni 1836 verstorbenen König Anton. In einem Schreiben vom 11. Juni des Jahres hieß es dazu:

„Das Orgelspiel mag von jetzt an wieder stattfinden, es sind jedoch die Organisten zu sanftem Zuge und ernstem Spiel der Orgel anzuweisen. Auch bleibt vom Tage nach der Gedächtnisfeier an die Veranstaltung von Kirchenmusiken unbenommen."[13]

Der Universität wurde dazu gestattet, die Kirche schwarz zu dekorieren, doch sollte dabei „auf möglichste Kostenersparnis Bedacht" genommen werden.[14] Auch bei den Planungen für die Illumination der Kirche zum Gutenbergfest 1840 wurde angesichts der großen Zahl von 81 Fenstern ausdrücklich auf Sparsamkeit geachtet.[15]

Tatsächlich blieb die Finanzausstattung von Universitätsmusik und -liturgie prekär, da sie noch immer zu weiten Teilen auf einem auch für die zuständigen Entscheidungsträger unübersichtlichen System alter Stiftungen und ‚Neben-Cassen' beruhte,[16] die nur unter großen Schwierigkeiten modernen Gegebenheiten angepasst bzw. für veränderte Zwecke umgewidmet werden konnten. Wie sich noch an der Entwicklung des Pauliner-Sängervereins zeigen wird, waren zwar die Predigten durch Legate abgesichert, anspruchsvollere musikalische Aktivitäten bedurften jedoch der permanenten Alimentierung. Daher überrascht es nicht, dass selbst bei den Planungen für einen Festgottesdienst zur Feier des hundertjährigen Bestehens der evangelischen Gottesdienste in der Paulinerkirche – also des 1710 eingerichteten regelmäßigen ‚neuen' Gottesdienstes – im Jahr 1810 größter Wert darauf gelegt wurde, dass

---

8 C. A. Grenser: *Geschichte der Musik* (wie Anm. 6), S. 91.

9 *Kirchensachen aus der 1. Hälfte des 19. Jahrhunderts*, UAL: Rep. II/III/B I 86a, fol. 90–91. Von den älteren reformatorischen Liedern wurde nur die dritte Strophe des ohnehin eher ‚verträglichen' Liedes *Nun danket alle Gott* gesungen. Als Figuralmusik erklang ein lateinisches *Te Deum* des 1838 nach Altenburg gewechselten früheren Musikdirektors der Leipziger Orchestervereinigung Euterpe, Christian Gottlieb Müller (1800–1863).

10 Schreiben der Regenten Anton und Friedrich August [II] von Sachsen vom 18. Januar 1831, UAL: Rep. II/III/B I 86, fol. 109 f. Als Bußtage festgelegt wurden die Freitage vor Oculi und vor dem letzten Trinitatissonntag des Jahres.

11 Schreiben der Regenten vom 28. Januar 1831, UAL: Rep. II/III/B I 86, fol 132.

12 Schreiben der theologischen Fakultät an das Rektoratskollegium vom 26. Juni 1833, UAL: Rep. II/III/B I 86, fol. 147.

13 Ministerielles Schreiben vom 11. Juni 1836, UAL: Rep. II/III/B I 86, fol. 155.

14 Ministerielles Schreiben vom 25. Juni 1836, UAL: Rep. II/III/B I 86, fol. 158.

15 In einer Auflistung vom 13. Juni 1840 über Beleuchtungskosten zum „Buchdrucker Jubiläum" nötigen Lampen heißt es u. a.: „Da die Kirche noch illuminirt werden soll, wie bei dem Reformations Jubelfeste im vorigen Jahr geschehe, so wird es erforderlich seyn 2400 Stück Lampen füllen zu lassen. Hoffentlich wird man damit ausreichen.", UAL: Rep. II/III/B 86a, fol. 92.

16 Vgl. dazu u. a. die *Tabellarische Übersicht der bey den Kirchen-Aerarien in der Inspection nach Abzug der currenten Ausgaben von den currenten Einnahmen in den Jahren 1811. 1812. und 1813. verbliebenen reinen Ueberschüsse*, UAL: Rep. II/III/B I 86, fol. 57–58 sowie den Bericht *Ueber den Ursprung und das Wachstum des Vermögens der Pauliner-Kirche*, UAL: Rep. II/III/B I 86a, fol 5–6. Im Zusammenhang mit der historisch gewachsenen Mischfinanzierung finden sich in den Quellen des 19. Jahrhunderts wiederholt Abschriften historischer Legate der Barockzeit, deren Bestimmungen offenbar immer wieder in Erinnerung gebracht werden mussten.

rekonstruieren.[30] Zielsetzung des vom Universitätsorganisten Wagner ins Leben gerufenen Vereins war es laut seiner am 4. Juli 1822 bestätigten Satzung, „durch Ausführung guter kirchlicher Gesangsstücke, und durch Leitung des Choralgesanges*), das Gemüth zur religiösen Andacht zu stimmen".[31] Mit der in der in die Satzung eingefügten Bemerkung, „*) Im Falle wir dazu von der academischen Behörde veranlaßt würden, unseren Zweck in so weit auszudehnen, daß auch die vorkommenden Choralgesänge von uns geleitet würden, so sind wir dazu bereit", empfahl sich der Verein der Universitätsleitung von vornherein als Instrument zur Hebung der Musikpflege an der Paulinerkirche.

Das neue Institut unterschied sich tatsächlich in mehrfacher Hinsicht sowohl vom Thomanerchor als dem Dienstensemble der städtischen Kirchenmusik als auch von bestehenden freiwilligen Chorvereinen wie etwa der Leipziger Singakademie. Zunächst einmal handelte es sich um einen reinen Männerchor und ein ausschließlich akademisches Projekt, in dem Studenten der theologischen Fakultät bei Weitem dominierten, ein Zustand, an dem sich nach Darstellung Emil Kneschkes bis in die 1860er Jahre hinein wenig geändert hatte.[32] Aus dieser engen Bindung der satzungsgemäß zunächst nur 16, im Jahr 1830 jedoch bereits 24 Mitglieder des Vereins[33] an Gottesdienst und Liturgie ergab sich ein besonderes Repertoire, das sich weder auf die seinerzeit bei Chorvereinen überwiegende Oratorienpflege noch in erster Linie auf das weltliche Liedgut von Liedertafeln stützte. Auch war der Paulinerverein – im Gegensatz zu auf den ersten Blick vergleichbaren Initiativen wie der Sing-Akademie zu Berlin, dem Frankfurter Cäcilienverein oder dem Heidelberger Singverein des Justizrats Thibaut – kein spezialisiertes Ensemble zur Aufführung alter vokalpolyphoner Werke oder gar der Musik Bachs. Vielmehr sangen die Pauliner zunächst ganz überwiegend geistliche A-cappella-Kompositionen moderner Tonsetzer ihres Leipziger Umfeldes, von denen nicht wenige dem Verein selbst als Sänger angehörten.[34] Zu den bekannteren Namen und regelrechten ‚Hauskomponisten' innerhalb dieses frühen Repertoires gehören Friedrich Schneider, Johann Gottfried Schicht, Carl Ludwig Drobisch und Carl Friedrich Zöllner.

Die Verantwortlichen des Vereins erwiesen sich von Beginn an als gewandte Interessenvertreter gegenüber den Universitäts- und Landesbehörden, denen es gelang, ein immer größeres Ausmaß an Unterstützung zu erlangen, ohne dabei die Verpflichtungen des Chores zu steigern. Bereits im Frühjahr 1825 und damit keine drei Jahre nach Gründung versicherte man sich der wohlwollenden Zustimmung des Königs, der die Universität zur nachhaltigen Förderung des Vereins und seiner Zwecke anhielt und ihm dazu – wie von den Paulinern gewünscht – „erledigte Königliche Stellen in dem Convictorium bei Unserer Universität zu Leipzig" übertrug.[35] Damit wurde zwar nicht die Musikausübung direkt gefördert, doch erhöhte sich die Attraktivität des Vereins für singefähige bedürftige Studenten durch die zunächst drei Freistellen deutlich.[36] Im Gegenzug trug der Verein in den Folgejahren durchschnittlich acht bis zwölf Mal pro Semester zur Ausschmückung der Universitätsgottesdienste bei; um verstärkt auch gesellige ‚Konversationsgesänge' einüben und sich damit für die beliebten Sängerfahrten ins nähere und weitere Umland rüsten zu können, führte Wagner Ende 1825 eine dritte wöchentliche Singstunde ein. Auch zur

30 Vgl. dazu: Richard Kötzschke: *Geschichte der Universitäts-Sängerschaft zu St. Pauli in Leipzig, 1822–1922*, Leipzig 1922; Alfred Richter: *Aus Leipzigs musikalischer Glanzzeit. Erinnerungen eines Musikers* [ca. 1913], hrsg. v. Doris Mundus, Leipzig 2004, S. 417–423; Emil Kneschke: *Zur Geschichte des Theaters und der Musik in Leipzig*, Leipzig 1864, S. 298–302. Kneschke rechnete die Pauliner immerhin neben der Singakademie und dem Riedel-Verein zu den drei traditionsreichsten und leistungsstärksten Chorvereinen der Stadt. Die in diesem Abschnitt getroffenen Ausführungen stützen sich – wenn nicht anders angegeben – auf die Darstellungen dieser Werke.

31 *Bericht ueber den Zustand des Saengervereins an der Kirche zu St. Pauli in dem ersten Jahre seines Bestehens, von dem IV. Juli 1822 bis dahin 1823*, UAL: Rep. II/I O 1, fol. 1–4.

32 Vgl. dazu E. Kneschke: *Zur Geschichte des Theaters* (wie Anm. 30), S. 301: „Da die theologische Fakultät in dem Vereine, der übrigens Studirende aller Facultäten umfaßt, doch meist überwiegend vertreten ist, so hat er zwar das Gesamtgebiet des Männergesanges in seinen besten Erscheinungen zum Studium gewählt, die Pflege des religiösen Gesangs bleibt aber immer das erste Augenmerk, und der Verein ist gehalten, jedes Semester zwei oder drei Mal Motetten oder Lieder bei dem Gottesdienst in der Universitätskirche vorzutragen, sowie überhaupt bei akademischen Feierlichkeiten, je nach Wunsch des Rectors, mitzuwirken."

33 Vgl. dazu u. a. die kommentierte erste Mitgliederliste bei R. Kötzschke: *Geschichte der Universitäts-Sängerschaft zu St. Pauli* (wie Anm. 30), S. 21 f.

34 Vgl. dazu die ebenda, S. 26–29 zusammengestellte Auflistung der Komponisten. In dieser Selbstergänzung des Repertoires liegt eine deutliche strukturelle Parallele zu den ebenfalls weitgehend in Eigenverantwortung der Alumnen organisierten Motetten des Thomanerchores, aus dessen Reihen im Laufe der Jahrzehnte etliche erfahrene Sänger zum Paulinerverein stießen.

35 Königliches Reskript vom 4. März 1825, UAL: Rep. II/I O 1, fol. 6 f.; der Text abgedruckt auch bei R. Kötzschke: *Geschichte der Universitäts-Sängerschaft zu St. Pauli* (wie Anm. 30), S. 44 f. Die vorhergehende Berichtsvorlage an den Kirchenrat als Konzept: UAL: Rep. II/I O 1, fol. 5.

36 In einer Verordnung wurde im Dezember 1834 nochmals bestätigt, dass nur wirklich studierende und eindeutig bedürftige Mitglieder des Sängervereins in den Genuss der Konviktstellen kommen sollten. Das Vorschlagsrecht des Universitätsorganisten bzw. der versammelten Vereinsmitglieder dafür wurde bestätigt, UAL: Rep. II/III/B I 86a, fol. 44. Dass die Mitwirkung im Sängerverein als Argument für die besondere Förderwürdigkeit eines Studenten genutzt werden konnte, wird durch die lateinische Bittschrift Friedrich August Buschmanns aus dem Jahr 1825 verdeutlicht, UAL: Rep. II/I O 1, fol. 8–10.

Ausgestaltung kleinerer und größerer Anlässe im Leben der Universität und ihrer Glieder erwies sich der Verein als zuverlässige Stütze – so wirkten die Pauliner bereits im November 1822 bei der Orgelweihe im Universitätsdorf Zuckelhausen mit.³⁷ Anfang der 1830er Jahre war das Ansehen der Pauliner soweit gestiegen, dass Wagner sich nun auch mit der Bitte um eine direkte finanzielle Unterstützung an die Universität wenden konnte. Diese bewilligte auf zwei Jahre die Auszahlung von jeweils 50 Thalern aus dem Fiskus der Paulinerkirche, womit die erhöhten Aufwendungen für „Heitzung, Beleuchtung, Reinigung" des nunmehr nötigen „größeren Lokal[s]" ebenso wie der „kostspielige Miethzinß eines Tastinstruments" und die Anschaffung von Musikalien abgedeckt werden sollten.³⁸ Dieses Gesuch wurde Ende 1834 durch Carl Friedrich August Geißler, den seit 1832 amtierenden und selbst aus den Reihen des Vereins hervorgegangenen Nachfolger Wagners, erfolgreich erneuert, wobei die Genehmigungsbehörde den Kommentar „auch für Ausbildung des Gesanges künftiger Prediger sehr nützlich" hinzufügte.³⁹ Im Zuge einer weiteren Verlängerung für die Jahre 1837 bis 1840 wurde die – gegen vom Universitätsprediger Krehl abgezeichnete Quittungen auszuhändigende – Fördersumme um 25 Thaler erhöht, was den Organisten zugleich für die durch den Umbau des Paulinums weggefallene Dienstwohnung entschädigte.⁴⁰ Anlässlich der erneut anstehenden Verlängerung im Herbst 1840 wurden erstmals Klagen über die ungenügenden Leistungen und den mangelnden Einsatz der Pauliner vor allem im Choralgesang des Nachmittagsgottesdienstes laut. Doch versuchte die Universität zunächst, den Verein mittels zusätzlicher Anreize zu größerem Einsatz zu motivieren, indem sie die den Paulinern zugesprochenen Konviktstellen auf sechs erhöhte, dies aber an eine regelmäßige Dienstausübung in der Zukunft

---

37 R. Kötzschke: *Geschichte der Universitäts-Sängerschaft zu St. Pauli* (wie Anm. 30), S. 33.

38 UAL: Rep. II/I O 1, fol. 11–12.

39 UAL: Rep. II/I O 1, fol. 13–16. Geißler war wie Wagner und wie sein späterer eigener Nachfolger Langer zugleich Universitätsorganist und Vereinsdirektor.

40 UAL: Rep. II/I O 1, fol. 19–23.

41 *Senatsprotocoll* vom 3. September 1849, UAL: Rep. II/I O 1, fol. 24–26.

42 UAL: Rep. II/I O 1, fol. 28.

43 E. Kneschke: *Zur Geschichte des Theaters* (wie Anm. 30), S. 299.

44 Ebenda. Ein sehr persönliches Charakterbild Langers hat Alfred Richter gezeichnet. Vgl. dazu: A. Richter: *Aus Leipzigs musikalischer Glanzzeit* (wie Anm. 30), S. 418–423.

45 Hermann Langer war selbst ein gefragter Tenorsolist in Musikaufführungen aller Art.

band.⁴¹ Natürlich ergriff der Verein umgehend die dargebotene Hand; in einem Schreiben vom 22. Oktober 1840 zeigte Universitätsorganist Geißler dem Rektorat an, „daß aus der Mitte des Pauliner Sänger–Vereines folgende Mitglieder zu Vorsängern in der Kirche zu S. Pauli designiert worden sind. Nämlich die Herren Liebert, Langer, Ficker, Grössel, Buschbeck und Mosen."⁴²

Die erhoffte Konsolidierung trat damit jedoch nicht ein. Vielmehr verlor der Verein in den frühen 1840er Jahren zunehmend Mitglieder und geriet mit der Wegberufung Geißlers in das Amt des Thomasorganisten Mitte 1843 sogar in eine existentielle Krise.⁴³ Zwar gelang es dem neuen Organisten und Chordirektor Hermann Langer (1819–1889), den Verein vor der drohenden Auflösung zu bewahren und ihm bald sogar „einen Aufschwung, wie er ihn nie gehabt"⁴⁴ zu bescheren. Gerade das durch Langers energische Leitung deutlich erhöhte Interesse an anspruchsvoller Chorliteratur und die zunehmenden Aktivitäten der Pauliner außerhalb der Universitätsmusik – etwa als Teilensemble in Oratorienaufführungen und bei Musikfesten in Leipzig und Umgebung⁴⁵ – mussten den Verein seiner ursprünglichen Zweckbestimmung und vor allem dem Choralgesang in den Gottesdiensten zunehmend entfremden. Langer selbst räumte diese Probleme Anfang 1846 in einer ausführlichen Denkschrift freimütig ein, wobei er zugleich Schuldzuweisungen zuvorkam und Lösungsvorschläge unterbreitete:

„Die früher lautgewordenen Klagen über mangelhafte Leitung der Choralgesänge in genannter Kirche sind auch in der neueren Zeit mit Grund von vielen Seiten wiederholt worden. Wenn nun auch die sechs Sänger des Universitäts-Sängervereines, welche die Leitung des Gesanges unter gewissen Vergünstigungen übernommen haben, in der letzten Zeit pünktlicher als je ihren Verpflichtungen nachgekommen sind, so stellt sich doch deutlich heraus, daß diese Männerstimmen **allein** bei einer so zahlreichen Gemeinde, wie oft die Paulinerkirche in sich faßt, nicht durchgreifend wirken können, da höherliegende Stimmen die tieferen Männerstimmen leicht unwirksam machen können und so die erstern ohne Leitung singen, was besonders nach der Einführung des neuen Choralbuches oft zum großen Nachtheile des erhebenden Gesanges geschah. Dieser Uebelstand würde verschwinden, wenn in der Universitätskirche wie in anderen Kirchen, der Gesang von vielleicht **acht** Sopranstimmen mitgeleitet werden könnte und so ein vierstimmiger Chorgesang der Gemeinde zur Stütze diente.

Ueber die Ausführung dieses Vorschlages erlaube ich mir noch hinzuzufügen, daß jeder fähige Knabe der hiesigen Armenschule gegen einen jährliche Vergütung von vielleicht drei Thalern sich gern zu pünktlichem

Erscheinen und fleißigem Singen verpflichten würde. Die erforderlichen vierundzwanzig Thaler dürften wohl dann von den für Leitung des Kirchengesanges bereits bestimmten sechzig Thalern, welche bisher sechs Mitglieder des Pauliner-Vereines erhielten, um so eher entnommen werden können, weil es genügte, daß anstatt sechs nur vier Pauliner von nun an den Gesang mitleiteten und die übrigen zwei als Stellvertreter zu Zeiten wirkten, wo einer oder der andere Sänger abgehalten sein sollte, in der Kirche zu erscheinen. Für diese Dienstleistung würden die stellvertretenden Sänger keine Vergütung an Geld beanspruchen, sondern nur Einen Hohen Academischen Senat ergebenst bitten, sie im Genusse des Convictes zu lassen."[46]

In seinem Memorandum, in dem er sich auch bereiterklärte, die Knaben unentgeltlich im Gesang zu unterrichten, war Langer stillschweigend darüber hinweggegangen, dass eigentlich nicht nur die sechs Konviktsänger, sondern der ganze Paulinerverein zur Leitung des Gemeindegesanges verpflichtet gewesen wäre, wofür er schließlich die genannten 60 Taler erhielt. Laut des Sitzungsprotokolls vom 28. Oktober 1846 kam der Senat jedoch prompt darauf zurück, bevor er seinerseits Klartext redete:

„Die Erfahrung hat aber diese Einrichtung als ungenügend erkennen lassen, weil die Studirenden gerade während der hohen Feste nicht anwesend sind, und auch während der übrigen Zeit jene Verpflichtung nicht regelmäßig genug erfüllten. Eine Aufhebung dieser Einrichtung schien uns daher umso nothwendiger, als auch die Vergütung nicht ganz den Convictgesetzen und den Bestimmungen der Knaupsischen Stiftung entsprechen dürfte, und es doch offenbar in der Natur der Sache liegt, daß die Kosten des Kirchengesanges aus dem Kirchenfiskus bestritten werden, der hiezu vollkommen hinreichend ist."

Die daraus gezogene Konsequenz überrascht daher nicht – wohl aber der von den Senatoren zunächst gesuchte Ausweg:

„Wir haben deshalb zu Ostern d. J. jene Einrichtung aufgehoben, und zunächst versucht, ob wir aus dem Sängerchore der Thomasschule die nöthigen Vorsänger erhalten könnten. Da uns jedoch von der Schulbehörde erklärt wurde, daß die brauchbaren Sänger alle in anderen Kirchen verwendet würden, und unserem Wunsche bei dem besten Willen nicht entsprochen werden könne, so trafen wir nach dem Vorschlage des Organisten Langer versuchsweise die Anordnung, daß acht Knaben aus den hiesigen Armenschulen durch den Organisten Langer zum Vorsingen eingeübt und regelmäßig verwendet würden. Diese Einrichtung hat sich als vollkommen ausreichend und zweckmäßig erprobt, und wir beantragen daher nun ihre definitive Einführung."[47]

Langer war es also unter erheblichem persönlichen Einsatz gelungen, die lästigen Choralverpflichtungen des Vereins auf elegante Weise loszuwerden. Ja er konnte seine Vorgesetzten sogar davon überzeugen, dass für den Singunterricht der Knaben ein Klavier gemietet oder besser sogar angekauft werden müsse, das mit Zustimmung des Senats dann auch „für die Uebungen des Pauliner Sängervereines eine wesentliche Unterstützung gewähren würde".[48] Von den Konviktstellen war nun auffälligerweise gar nicht mehr die Rede.

Das letztzuständige Ministerium erklärte sich mit den Neuerungen einverstanden, fragte aber nicht ohne Grund danach, was mit der Unterstützungssumme für den Paulinerverein werden solle, der ja nun „nur noch zu den selten vorkommenden Aufführungen größerer Gesangstücke gebraucht" würde und damit seiner förderungswürdigen Hauptfunktion teilweise verlustig gegangen war.[49] Die Universität brachte demgegenüber vor, dass die Fördersumme höchstens um den Betrag der Klaviermiete gemindert werden sollte, da die Pauliner nun das für den Knabenunterricht angeschaffte Piano mitnutzen konnten. Angesichts der musikalischen Leistungen des Vereines und des Missverhältnisses zwischen der geringen Einsparung und den gravierenden Folgen für die Pauliner riet der Senat generell von jeder Kürzung ab.[50] Er stützte sich dabei auf eine zweite Denkschrift Langers, in der dieser die vielfältige Teilhabe des Vereins am universitären Leben unterstrich und mit allen denkbaren Argumenten – einschließlich der überregionalen Ausstrahlung seiner mit Fördergeldern erworbenen Notenbibliothek – dessen Nutzen zu beweisen suchte. Dabei verstieg sich Langer zu der – förderrechtlich gesehen – etwas kühnen Behauptung:

„Die Leistungen des Vereines in der Paulinerkirche bleiben jetzt nach Errichtung eines Knabenchores dieselben, da er durch Aufführung von Motetten oder stets mit Beifall gehörter religiöser Männergesänge zu erbauen sucht und den Gesang der Chorknaben

---

46 Schreiben Hermann Langers an den Senat der Universität Leipzig, 22. Dezember 1845, UAL: Rep. II/III/B I 88, fol. 54–59. Hervorhebungen original.

47 Abschrift des Senatsprotokolls vom 28. Oktober 1846, UAL: Rep. II/I O 1, fol. 29 f.

48 Ebenda.

49 Schreiben des Ministeriums vom 4. November 1846, UAL: Rep. II/I O 1, fol. 31.

50 Abschrift des Senatsprotokolls vom 16. Dezember 1846, UAL: Rep. II/I O 1, fol. 32.

dadurch unterstützt, daß er, wie in anderen Kirchen durch Thomaner geschieht, die tieferen Stimmen bei dem harmonischen Gesange übernimmt."[51]

Diesen vereinten Anstrengungen gegenüber gab sich das Ministerium geschlagen. Es bestand jedoch auf der Anrechnung des Klavieres und verpflichtete die Universität, dieses auch für die liturgischen Singübungen des von Universitätsprediger Krehl geleiteten homiletischen Seminars bereitzustellen.[52] Da sich unter den studierenden Theologen allerdings traditionell viele Pauliner befanden, blieb das klingende Corpus delicti letztlich doch in der Familie …

Nach der Revolution von 1848/49 schien man von obrigkeitlicher Warte aus einen allein auf musikalische Zwecke ausgerichteten studentischen Verein ohnehin mit anderen Augen zu sehen. Wurde bereits im ersten Subventionsbegehren der Pauliner von 1823 die „Beförderung und Erhaltung der Moralität unter den Mitgliedern" als einer der Nebenzwecke genannt,[53] so konnte in einem erneuten Gesuch vom 1. Juli 1850 nun hinsichtlich der Wirkung des Vereins auf die Mitglieder geltend gemacht werden: „indem er ihnen ein warmes Interesse für die Musik einflößt, entfernt er dieselben von der Verfolgung einseitiger politischer Richtungen."[54]

Derartige Äußerungen werden nur vor dem Hintergrund der vorausgegangenen Politisierung der Leipziger Studentenschaft verständlich, die sich u. a. auch darin ausdrückte, dass am 5. April 1848 im Leipziger Hotel de Pologne ein ‚Grosses Concert zur Anschaffung von Waffen für studirende Freiwillige' abgehalten wurde, an dem laut Zeitungsankündigungen „sämmtliche Männergesangskräfte Leipzigs", also wohl auch die Pauliner teilnahmen.[55] Kein Wunder, dass nach den Dresdner Maikämpfen von 1849 stattdessen die unverbrüchliche Königstreue der Pauliner hervorgehoben wurde, die sich u. a. darin ausgedrückt habe, dass der Verein dem Monarchen bei seinen Leipziger Aufenthalten stets ein Ständchen dargebracht habe.[56]

Damit war es der Universität und ihrem Organisten gelungen, die Pauliner vor der drohenden Auflösung zu bewahren und dem Verein eine gesicherte Zukunft zu schaffen, obwohl sich dessen Zwecke weitgehend von der regulären Kirchenmusik in St. Pauli gelöst hatten. Paragraph 1 der offenbar seit 1853 gültigen neuen Satzung nannte dahingehend nur noch die folgenden, eher allgemein-künstlerischen Zielstellungen:

„a) sich in dem Gesange zu vervollkommen

b) academische Feierlichkeiten durch seine Mitwirkung zu erhöhen"[57]

Das im Juli 1850 begangene und damit von der königlichen Approbation der ersten Satzung an datierte 25jährige Stiftungsfest konnte mit großem Festaufwand und in Anwesenheit zahlreicher ehemaliger Pauliner gefeiert werden. Höhepunkt des Festes war das Kirchenkonzert am 4. Juli, dessen auf Felix Mendelssohn Bartholdy, Robert Schumann, Luigi Cherubini, Johann Gottfried Schicht und weitere bekannte Meister gestütztes Repertoire zeigt, wie weit sich der einstige reine Kirchenchor mittlerweile der Praxis der großen Leipziger Gesangsvereine angelichen hatte.[58] Durch den kollektiven Beitritt des aus Lausitzer Studenten bestehenden ‚Zittauer Gesangvereins' im August 1850 konnten sich die Pauliner kurz nach dem Stiftungsfest nochmals nachhaltig verstärken. Wie sich an einem im März 1853 im Gewandhaussaal gegebenen Konzert zugunsten der Gustav-Adolph-Stiftung zeigt, bei dem der Chor neben Felix Mendelssohn Bartholdy, Robert Schumann und Niels Wilhelm Gade zu Beginn auch Werke von Orlando di Lasso und Giovanni Pierluigi da Palestrina zu Gehör brachte (siehe Abbildung S. 212),[59] öffneten sich die Pauliner nunmehr auch dem älteren A-cappella-Repertoire, womit sie insgesamt anschlussfähiger an das Leipzi-

---

51 Schreiben Langers an den Rektor vom 14. Dezember 1846, UAL: Rep. II/I O 1, fol. 37–38. Langer machte geltend, dass in den drei Jahren seit seiner Leitungsübernahme der Chor „13mal an den Grabesstätten verehrter Lehrer und Studirender" aufgewartet, „6mal bei Fackelzügen, welche Studirende unternahmen, den Dank und die Verehrung ihren Lehreren auszudrücken" mitgewirkt und „18mal bei Geburtstagen vieler Professoren" gesungen habe.

52 Schreiben vom 31. Dezember 1846, UAL: Rep. II/I O 1, fol. 34–36.

53 UAL: Rep. II/I O 1, fol. 5.

54 Gesuch des Sängervereins an das Cultusministerium vom 1. Juli 1850, UAL: Rep. II/I O 1, fol. 40–43.

55 *Leipziger Tageblatt und Anzeiger* (im Folgenden als LTB abgekürzt), Nr. 94, 5. April 1848. Laut Zeitungsannonce (LTB, Nr. 93 vom 2. April 1848) wurden alle Angehörigen von Männergesangvereinen zur Mitwirkung aufgefordert. Die von Kötzschke tendenziell vorgenommene Umdeutung des Konzertes in ein reines Bekenntnis zur notfalls bewaffneten Aufrechthaltung der Ordnung dürfte trotz der zweifellos darauf gerichteten Absicht der Universitätsleitung nur zu Teilen der seinerzeitigen Situation entsprechen. Vgl. dazu: R. Kötzschke: *Geschichte der Universitäts-Sängerschaft zu St. Pauli* (wie Anm. 30), S. 112.

56 Gesuch des Sängervereins (wie Anm. 54).

57 Statuten des Universitäts-Gesangvereines zu St. Pauli in Leipzig, UAL: Rep. II/I O 1, fol. 44. Das gedruckte Statut ist mit dem handschriftlichen Zusatz „(gültig 1853)" versehen worden.

58 Das Programm des Konzertes ist abgedruckt bei R. Kötzschke: *Geschichte der Universitäts-Sängerschaft zu St. Pauli* (wie Anm. 30), S. 118. Neben dem Hymnus *Hör mein Bitten* von Felix Mendelssohn Bartholdy, Robert Schumanns *Motette* nach Friedrich Rückert und Sätzen aus Luigi Cherubinis *Requiem* erklangen auch einige mit der Geschichte des *Paulus* verbundene Werke wie Johann Gottfried Schichts 1822 dem Verein gewidmetes *Te Deum*. Als eröffnendes Orchesterwerk wurde sinnigerweise die Ouvertüre zu Mendelssohns *Paulus* gespielt. In einem Vorbericht der Nr. 184 des *Leipziger Tageblattes* (LTB) vom 3. Juli 1850 wurde darauf hingewiesen, dass „die Wahl der Compositionen […] in echt künstlerischem Sinne erfolgt" sei.

59 Vgl. dazu das erhaltene Programmheft: Leipzig, Stadtgeschichtliches Museum, Bibliothek (D-LEsm): Mus. II, G 58,21.

211

Programmzettel des vom Pauliner-Gesangverein am 8. März 1853 im Leipziger Gewandhaus gegebenen „Concertes zum Besten der Gustav-Adolph-Stiftung" (Stadtgeschichtliches Museum Leipzig: Mus. II G, 58, 21)

ger Musikleben wurden. Das 1863 herausgegebene neue Liederbuch des Vereins belegt überdies, dass sich das anfangs eher zurückgedrängte weltliche Liedgut mittlerweile neben Kirchenmusik a cappella und orchesterbegleitetem Konzertrepertoire zu einem nahezu gleichberechtigten Schwerpunkt der Vereinsarbeit entwickelt hatte.[60]

Zusammenfassend kann die hier relativ ausführlich betrachtete Entwicklung der Pauliner als Beispiel für die gelungene Transformation eines noch unter den Bedingungen des landesherrlichen Kirchenregiments gegründeten und teilweise auf jahrhundertealten Finanzierungsquellen beruhenden studentischen Liebhaberprojektes in einen populären großen (Männer-)Gesangverein unter institutioneller Anbindung an die Universität und bei flexibler Anpassung an deren im Wandel begriffene musikalische Bedürfnisse gelten. Die einmal gewonnenen Privilegien hat der Verein auch in der Folgezeit zäh und erfolgreich verteidigt – so setzte sich Langer noch 1853 energisch gegen den Versuch des Senats zur Wehr, die seit Jahren stillschweigend behaltenen Konviktstellen nunmehr einzuziehen.[61] Und noch aus dem Jahr 1930 sind Dokumente erhalten, die den Kampf des „Paulus" um die Mitwirkung in der universitären Kirchenmusik und das alleinige Auftrittsrecht in der Universitätskirche belegen.[62]

Eine über die Universitätsgrenzen hinaus ausstrahlende Kirchenmusikpflege hat der Verein allerdings zumindest in den ersten Jahrzehnten seines Bestehens nicht begründen können.

Oratorienaufführungen und Orgelkonzerte – Zur öffentlichen Musikpflege an der Paulinerkirche

Was der Universitätskirche in der ersten Hälfte des 19. Jahrhunderts an eigenständiger musikalischer Bedeutung abging, wurde durch ihre Rolle als öffentliche Konzertkirche allerdings mehr als wettgemacht. Gerade der Umstand, dass es in St. Pauli an einer vielgestaltigen und ausdifferenzierten eigenen Musikpflege fehlte, erwies sich für ihre flexible Nutzung als Heimstätte für die seinerzeit konkurrenzlos populären Oratorienaufführungen sowie für Orgelkonzerte als großer Vorzug. Auch waren die räumlichen Bedingungen in St. Pauli größeren Aufführungen besonders zuträglich, so dass sich gerade das Direktorium des benachbarten ‚Großen Concertes' immer wieder mit der Bitte um Überlassung der Kirche für im Gewandhaus nicht realisierbare Oratorienprojekte an die Universität wandte.

In einem wenige Wochen vor der Aufführung des Oratoriums *Israel in Aegypten* verfassten Schreiben des Gewandhausdirektors Johann Georg Keil an den Universitäts-Rentmeister Siegmund Gottlob Wachs vom 23. Oktober 1836 heißt es diesbezüglich:

„Das Directorium des großen Concerts zu Leipzig beauftragt mich, Ew. Wohlgeboren die ergebenste Mittheilung zu machen, daß dasselbe die Absicht hat, das berühmte Händelsche Oratorium ‚die Israeliten in Aegypten', zu einem milden Zwecke zur Aufführung zu bringen, und daß dasselbe sich dazu der Paulinerkirche, als der geeignetsten unter den hiesigen Kirchen, zu bedienen wünscht, wozu auch die Bewilligung des academischen Senats bereits erfolgt ist. Das genannte Directorium hofft, da durch diese Bewilligung der Kir-

---

60 *Vivat Paulus! Liederbuch des Universitäts-Sängervereins zu. St. Pauli*, Leipzig 1863. Das Liederbuch zeichnet sich durch eine ausgewogene Mischung von Liebes-, Trink- und eher weniger patriotischen Sätzen sowie zwischen lokalen Tonsetzern und überregional bekannten Komponisten aus; bemerkenswert sind sicher die 14 Sätze Mendelssohns, der damit die Komponistenliste nahezu anführt. Herangezogen wurde das Exemplar aus dem Kunstbesitz der Universität Leipzig: Inventarnummer 2123/90 DLG. Der Autor dankt herzlich Frau Dr. Junge (Kustodie der Universität Leipzig) für den Hinweis auf die Quelle.

61 UAL: Rep. II/I O 1, fol. 51–53.

62 UAL: Rep. II/I O 1, fol. 106–108.

che auf keine Weise irgendein Nachtheil erwächst, auch Ew. Wohlgeboren geneigte Zustimmung zu erhalten, um die es hiermit ergebenst bittet, und für welche Ihnen nicht nur das Directorium des Concerts, sondern auch das sämtliche hiesige musikalische Publikum zu großem Danke verpflichtet wird."[63]

Bedingung für die unter Auflagen erteilte Genehmigung war in diesem wie in vielen weiteren Fällen der zumindest pro forma gewahrte Status des Konzertes als Benefiz „zu einem milden Zwecke".[64] Die Aufführung fand dann am 7. November 1836 unter Leitung Mendelssohns statt; die Verfügbarkeit der Kirche war eine wesentliche Voraussetzung für den Erfolg und die breite Ausstrahlung der 1836 begonnenen Serie eigenständiger Oratorienaufführungen des Gewandhausorchesters und eines von Mendelssohn aus den besten Sängerinnen und Sängern aller Leipziger Chorvereine zusammengestellten Projektchores.[65] In einem Bericht des *Leipziger Tageblattes* hieß es dazu:

„Kennern und Freunden der Kunst wurde am 7. d. m. ein wahrhaft seltener und köstlicher Genuß gewährt, den unsere Stadt seit dem Regierungsjubiläum des verstorbenen Königs Friedrich August im Jahre 1818 nicht wieder gehabt hatte. Eine Versammlung von beinahe 300 Sängern und Sängerinnen nämlich, aus dem Gesangpersonale des hiesigen großen Concerts, den Mitgliedern der Singakademie und des Thomanerchors, so wie aus zahlreichen Dilettanten und Dilettantinnen bestehend, brachte am Abend des genannten Tages in der geschmackvoll erleuchteten und decorirten Universitätskirche das große Händel'sche doppelchörige Oratorium: ‚Israel in Aegypten', mit Orgel- und leiser Instrumentalbegleitung zur Aufführung."[66]

Der zugleich als Publizist tätige Leipziger Organist Carl Ferdinand Becker fasste in der *Neuen Zeitschrift für Musik* den überwältigenden Eindruck folgendermaßen zusammen:

„Und nun ein Wort über die Aufführung selbst, die in Gegenwart von einigen Tausend Zuhörern in der hell erleuchteten, im edlen Styl erbauten und für große Musikaufführung sehr geeigneten Paulinerkirche Statt fand. Ueber 300 Sänger und Instrumentisten waren vereint, um das Werk würdig auszuführen. Die nöthigen Proben hatten zeitig genug begonnen, von denen die meisten von dem mit Händel's Geist so innig vertrauten M. D. Mendelssohn-Bartholdy selbst geleitet wurden. Deutlich konnte man sich bei der Aufführung ueberzeugen, wie sein Feuer auf dies große Personal eingewirkt hatte. Alle schienen wahrhaft begeistert, tief ergriffen von den Klängen des unsterblichen Händel. Jeder einzelne Chor wurde gleich würdig vorgetragen, jedes Piano, Forte, Crescendo, Decrescendo von der Masse, wie von einer Stimme ausgeführt und selbst die deutliche Aussprache, auf welche so selten Rücksicht genommen wird, war höchst lobenswerth. Die Sologesänge waren trefflichen Künstlern und ausgezeichneten Dilettanten übergeben und fast sämmtlich in Sinne und Geiste des Meisters vorgetragen. Das Orchester stand dem Ganzen nicht nach und entfaltete auch in dieser Gattung der Tonkunst seine längst anerkannte Meisterschaft. Besonderer Erwähnung verdient noch der Organist an der Paulinerkirche, der seine sehr schwierige Orgelpartie mit ungemeiner Ruhe und Sicherheit ausführte."[67]

Im Jahresrückblick des *Leipziger Tageblattes* für 1836 wurde allerdings zugleich auf das Missverhältnis zwischen dem normalen Gottesdienstbesuch und der starken Beachtung der Oratorienaufführungen hingewiesen, indem es hieß: „So gedrängt voll waren die weiten Hallen dieser Kirche kaum je gewesen, als an diesem (7.) Novemberabende."[68]

In Fortsetzung der erfolgreichen Oratoriendarbietung fanden in der Paulinerkirche am 16. März 1837 auch die Leipziger Erstaufführung des *Paulus* unter der Leitung seines Komponisten (siehe Abbildung S. 214) sowie in ähnlich glänzender Weise die Darbietungen von Händels *Messias* am 16. November 1837 und nochmals des *Paulus* am 15. September 1838 statt.[69]

Dass die in St. Pauli anders als bei Darbietungen im Konzertsaal gewährleistete Mitwirkung einer Orgel die Klangpracht und erbauliche Wirkung von Oratorienaufführungen merklich zu steigern vermochte, wird durch zahlreiche Zeugnisse belegt. So wurde anlässlich der Wiederaufführung des *Elias* am 21. April 1848 in der Tagespresse angemerkt:

---

63 UAL: Rep. II/III/B I 86a, fol. 103.
64 UAL: Rep. II/III/B I 86a, fol. 104. Das Schreiben des Universitätsrentmeisters datiert vom 24. Oktober 1836. Weitere Anfragen des Gewandhauses sind auch zur Aufführung des *Paulus* im März 1837 erhalten. Vgl. dazu: UAL: Rep. II/III/B I 86a, fol. 106–108v.
65 Vgl. dazu die in Vorbereitung befindliche Dissertation des Verfassers.
66 LTB, Nr. 315, 10. November 1836. Die Bemerkung „mit leiser Instrumentalbegleitung" bezieht sich auf den Umstand, dass Mendelssohn bei der Aufführung auf die in der Tradition der Bearbeitungen Ignaz von Mosels üblich gewordene Hinzufügung von Bläserstimmen verzichtete.
67 *Neue Zeitschrift für Musik*, 5. Bd., Nr. 41, 18. November 1836, S. 164. Mendelssohn muss mit Geißlers Orgelspiel so zufrieden gewesen sein, dass er ihm auch die bearbeitete Orgelpartie bei der Leipziger Wiederaufführung der *Matthäus-Passion* am 4. April 1841 in der Thomaskirche übertrug.
68 LTB, Nr. 25, 25. Januar 1837.
69 Die Aufführung wurde in Vertretung Mendelssohns von Konzertmeister Ferdinand David geleitet.

*Ankündigung zur Leipziger Erstaufführung
von Felix Mendelssohn Bartholdys Oratorium* Paulus
am 16. März 1837
(Leipziger Tageblatt und Anzeiger, Nr. 73, 14. März 1837)

„Am nächsten Charfreitage wird, wie schon seit einer Reihe von Jahren, in der Universitätskirche eine große Musikaufführung stattfinden, deren Ertrag zum Besten des Orchester-Witwenfonds bestimmt ist. […] Die ersten Talente unserer Stadt sind für die Soloparthien gewonnen. Ein großer tüchtiger Chor hat sich aus den Befähigtsten unserer Dilettanten und den Thomanern gebildet, und so steht eine in aller Weise treffliche Aufführung bevor, die unter der sicheren Leitung unseres Capellmeisters Rietz jene erste Aufführung im Gewandhause schon deshalb übertreffen muß, weil dort die gewaltige Wirkung der Orgel fehlte."[70]

Damit ist bereits eine weitere eng mit der Universitätskirche verbundene Aufführungstradition von Oratorien genannt – die von der Leipziger Singakademie in Zusammenarbeit mit dem Orchester des ‚Großen Concerts' veranstalteten und bis zu seinem Tod 1843 vom Universitätsmusikdirektor Christian August Pohlenz geleiteten Karfreitagskonzerte.[71] Im Rahmen dieser Reihe, die eine feste Instanz im Leipziger Musikleben darstellte, erklangen alljährlich bedeutende Oratorien und verwandte chorsinfonische Werke u. a. von Georg Friedrich Händel, Wolfgang Amadeus Mozart, Joseph Haydn, Luigi Cherubini und Ludwig van Beethoven sowie wiederholt das in Leipzig sehr populäre Oratorium *Das Ende des Gerechten* von Johann Gottfried Schicht nach einem Text von Friedrich Rochlitz. Trotz der Darbietung am Karfreitag und der Benefizbindung handelte es sich dabei um außerliturgische Veranstaltungen mit eindeutigem Konzertcharakter. Eine der bedeutendsten Aufführungen der Reihe stellte die von Ernst Friedrich Eduard Richter geleitete erste Leipziger Gesamtdarbietung von Beethovens *Missa solemnis* am 21. März 1845 dar, die Richters Sohn Alfred in seinen Erinnerungen noch Jahrzehnte später als „Großtat" bezeichnete.[72] Aus einer Notiz zum unmittelbar vorangehenden Gottesdienst wird allerdings einmal mehr deutlich, wie groß die Diskrepanz zwischen kirchlichem Alltag und öffentlichkeitswirksamer Oratorienpflege tatsächlich war. Auch sahen sich die Sängerinnen und Sänger dabei auch mit außermusikalischen Herausforderungen konfrontiert:

„d. 21. Mart: 1845. Es schneite u. das Thermometer stand Mittags auf dem Eispuncte. Am Morgen waren 4 Grad Kälte. Es ward gesungen No. 66: O Welt! Sieh hier dein Leben; ohne Begleitung von Instrumenten, jedoch mit Begleitung der Orgel. […] Die Thüren zum Professorenchor standen offen, u. es war nur 1. Person auf gedachter Emporkirche. Im Ganzen waren ungefehr 30 Personen in der Kirche. Auf dem Orgelchor waren der Cantor mit 3 Knaben. – Um 4 Uhr war eine musikalische Aufführung von Bethoven. Die Kirche sollte geheizt sein es war aber wenig zu spüren. Die Versammlung war zahlreich."[73]

In den 1840er Jahren kam es dann zur Einbeziehung einzelner Orchesterpsalmen und Oratorien Mendelssohns in die Karfreitagsaufführungen in St. Pauli; 1852/53 wurde erstmals Johann Sebastian Bachs *Matthäus-Passion* und damit wieder eine originäre Karfreitagskomposition im Rahmen der Reihe dargeboten. Mehr noch als die einmalige Wiederaufführung der Passion durch Felix Mendelssohn Bartholdy am 4. April 1841 sorgten die ab 1856 regelmäßigen karfreitäglichen Darbietungen des Werkes in der Pauliner-Kirche für seine dauerhafte Etablierung in Leipzig. Die heute aus dem Leipziger Musikleben kaum noch wegzudenkenden Aufführungen der Bachschen Passionen durch Ensembles der Universitätsmusik können sich also auf eine verdienstvolle Aufführungstradition der Paulinerkirche stützen. Allerdings wurde Bachs *Matthäus-Passion* in den von Julius Rietz und Ferdinand David verantworteten Aufführungen der 1850er Jahre in einer noch weit über Mendelssohns Fassung hinausgehenden Weise gekürzt dargeboten, womit den Zuhörern in St. Pauli etliche der schönsten Bachschen Sätze vorenthalten wurden.[74] Den-

---

70 LTB, Beilage zu Nr. 109, 18. April 1848. Die noch zu Lebzeiten Mendelssohns geplante, jedoch erst posthum realisierte Leipziger Erstaufführung fand am 3. Februar 1848 im Gewandhaus statt.

71 Siehe dazu: Maria Hübner: *Leipziger Karfreitagskonzerte*, 2 Teile, in: GewandhausMagazin, Nr. 42, Frühjahr 2004, S. 40–42 sowie Nr. 43, Sommer 2004, S. 36–38.

72 A. Richter: *Aus Leipzigs musikalischer Glanzzeit* (wie Anm. 30), S. 403. Auch in zeitgenössischen Presseberichten wurde die immense Schwierigkeit des Werkes hervorgehoben. Die erfolgreiche Aufführung wurde am 6. April 1845 in der Thomaskirche wiederholt.

73 UAL: Rep. II/III/B I 86a, fol. 64.

74 Siehe dazu die in Vorbereitung befindliche Dissertation des Verfassers.

noch belegen Presseberichte, dass etliche Anwesende der trotz aller Kürzungen ungewöhnlichen Länge der Aufführung auf den harten Kirchenbänken von St. Pauli nicht standhalten konnten oder wollten:

> „Die Damen (unserer ersten gesellschaftlichen Classe angehörend), welche, gefühl- und rücksichtslos genug, mitten im Schlusschor, unter dem rührenden Gesange: „Wir setzen uns mit Thränen nieder," ihren Thee im Sinne, aufstanden, und ganze Reihen noch andächtig Zuhörender zum Aufstehen nöthigten, um sich durchzudrängen und fortzueilen, mögen doch lieber gar nicht in die Kirche gehen!"[75]

Doch beschränkten sich die Oratoriendarbietungen in St. Pauli keineswegs auf die Ära Mendelssohns und die Karfreitagskonzerte der Singakademie. Bereits am 18. September des Jahres 1800 wurde nach dem Zeugnis des Chronisten Grenser „Haydns Schöpfung von einem Orchester von fast 150 Personen, u. vn. etwa 800 Zuhörern in der Universitätskirche zum Besten des Musikerpensionsinstitutes" aufgeführt.[76] Eine von Pohlenz geleitete Wiederaufführung des beliebten Stückes im Jahr 1832 wurde zugleich mit der „Nachfeier des 100-jährigen Geburtstages Jo. Haydn's" verbunden.[77]

Neben seiner Tätigkeit als Direktor des Pauliner-Vereins trat Universitätsorganist Geißler auch als Leiter eigenständiger Oratorienaufführungen in St. Pauli in Erscheinung. So gelang es ihm, am 31. August 1837 eine Darbietung von Friedrich Schneiders großbesetztem Oratorium *Das Weltgericht* zu veranstalten, die von den zeitgenössischen Beobachtern auf eine Stufe mit Mendelssohns bekannter Aufführungsserie von 1836/37 gestellt

Ankündigung zur Aufführung von Joseph Haydns Oratorium
Die Schöpfung *am 13. Mai 1832*
(Leipziger Tageblatt und Anzeiger, *Nr. 131, 10. Mai 1832*)

wurde (siehe Abbildung S. 216).[78] Der der Universität seit seiner von 1807 bis 1810 währenden Dienstzeit als Organist und möglicherweise auch Musikdirektor verbundene Komponist hatte die Aufführung durch die Übersendung seines eigenen Chor- und Orchestermaterials großzügig unterstützt – womit er sich in gewisser Weise für die Mitwirkung der Pauliner in einer von ihm 1824 in Luckau geleiteten Aufführung des Werkes revanchierte.[79] Einer weiteren Aufführung lag am 14. Dezember 1840 Carl Ludwig Drobischs Oratorium *Moses auf Sinai* zugrunde, wobei das Benefizkonzert in diesem Fall nicht in der Paulinerkirche, sondern wie schon die Proben ausnahmsweise in der Universitätsaula im Augusteum stattfinden konnte.[80] Dass Geißler für diese Darbietungen in erster Linie auf den von ihm ebenfalls geleiteten Chorverein ‚Orpheus' zurückgriff, hängt natürlich mit dessen gemischtem Charakter zusammen. Doch verdeutlicht die im Konzert verwirklichte Kooperation sämtlicher Leipziger Singvereine im Umkehrschluss die begrenzte Leistungsfähigkeit der Pauliner wie auch der übrigen beteiligten Chorvereine.[81] Die Konzertaktivitäten von Pohlenz und Geißler legen darüber hinaus den Schluss nahe, dass die – auch finanziell nicht sonderlich attraktive – Tätigkeit im Rahmen der universitären Dienst- und Musikstrukturen wirklich ambitionierte Musiker nicht auszufüllen vermochte.

Die Paulinerkirche wurde am 7. November 1847 auch Schauplatz der bewegenden Abschiedsfeier der Leipziger von ihrem hochgeschätzten ehemaligen Musikdirektor Mendelssohn. Obwohl nach dessen für die Öffentlichkeit völlig unerwartetem Tod am 4. November nur wenige Tage blieben, war es für seine Freunde, Schüler und Verehrer zweifellos Herzenssache, dem Verstorbenen vor seiner Überführung nach Berlin eine würdige Totenehrung auszurichten. Dafür wurden kurzfristig und teilweise per schriftlichem Zirkular alle verfügbaren Sänger und Instrumentalisten der Stadt mobilisiert, von denen viele schon an Mendelssohn Oratorienaufführungen in St. Pauli teilgenommen hatten. Am Zug vom Trauerhaus zur Paulinerkirche und während der musikalischen Andacht war praktisch

---

75   LTB, Nr. 103, 12. April 1852 (*Die musikalische Charfreitagsfeier in der Pauliner Kirche*).

76   Bei der zugrundeliegenden Partitur handelte es sich möglicherweise um ein Geschenk des Barons van Swieten an die Leipziger musikalische Gesellschaft und den Gewandhaus-Kontrabassisten Carl Gottfried Wilhelm Wach. Vgl. dazu C. A. Grenser: *Geschichte der Musik* (wie Anm. 6), S. 73 f.

77   LTB, Nr. 131, 10. Mai 1832.

78   LTB, Nr. 241, 29. August 1837. Vgl. auch R. Vollhardt: *Geschichte der Cantoren und Organisten* (wie Anm. 28), S. 184.

79   R. Kötzschke: *Geschichte der Universitäts-Sängerschaft zu St. Pauli* (wie Anm. 30), S. 41–44.

80   LTB, Nr. 345, 10. Dezember 1840. In der Presse wurde darauf hingewiesen, dass der Leipziger Professor Seiffarth der Librettist des Werkes war, das wiederum der ebenfalls von seiner Studentenzeit her mit Leipzig verbundene Komponist durch Übersendung seiner eigenen ungedruckten Partitur gefördert hatte. Offenbar hatte es zuvor Probedarbietungen im kleineren Kreis gegeben.

81   Laut Presseberichten umfasste der Orpheus Mitte der 1830er Jahre ebenfalls nur etwa 24 Frauen und Männer.

Ankündigung zur Aufführung von Friedrich Schneiders Oratorium Das Weltgericht *am 31. August 1837*
(Leipziger Tageblatt und Anzeiger, Nr. 235, 28. August 1837)

Leipzigs gesamte kulturelle Öffentlichkeit mitwirkend oder als Zuhörer vertreten. Das *Tageblatt* berichtete über die Veranstaltung und ihr sinnreich zusammengestelltes Musikprogramm, das wie die Trauerrede des reformierten Pastors Howard in erster Linie Mendelssohns Bedeutung als Kirchenkomponist im „Dienste des Heiligen, im Dienste des Herrn" in den Mittelpunkt stellte und nach Meinung des anwesenden Thomaskantors Moritz Hauptmann „von ganz wundervoller Wirkung"[82] war:

> „Bei der in der Pauliner-Kirche am 7. November Nachmittags stattgefundenen Todtenfeier Mendelssohns wurden zuerst die Schlußverse des erhebenden Liedes von P. Gerhard ‚O Haupt voll Blut und Wunden' ec. gesungen, und hierauf unter Direction des Herrn Musicdirector Gade von einem Chore von mehr als 600 Sängern ein Choral aus Paulus (‚Dir Herr, Dir will ich mich ergeben' ec.) aufgeführt. Hierauf hielt Herr Pastor Howard vor dem Sarge, der auf einem mit Gueridons erleuchteten Altarplatze aufgestellt war, eine in ihrer Einfachheit tief ergreifende Gedächtnißrede, und sprach, nachdem noch ein Chor aus Paulus: (‚Siehe, wir preisen selig, die erduldet haben; denn ob der Leib gleich stirbt, wird doch die Seele leben') aufgeführt worden war, den Segen. Den Schluß der Feier bildete der Schlußchor aus der Passion nach Matthäus von J. S. Bach, den Mendelssohns größter Schüler, Hr. Capelmeister J. Rietz, dirigirte."[83]

Dank Mendelssohns Oratorienaufführungen und aufgrund der Trauerfeier von 1847 darf die historische Paulinerkirche als eine der wichtigsten Mendelssohn-Stätten in Leipzig bezeichnet werden, was gewiss eine dankbare und verpflichtende Aufgabe für alle jetzige und künftige Universitätsmusik darstellt.

Die für diese Oratorienprojekte nachweisbare und heutigentags kaum noch vorstellbare Vielzahl an Mitwirkenden in Chor und Orchester sowie der meist ebenso große Publikumszuspruch stellte die Verantwortlichen vor enorme logistische Herausforderungen. Weitere Auszüge aus der dienstlichen Korrespondenz zwischen den Gewandhausdirektoren Keil und Carl Wilhelm August Porsche sowie dem Universitäts-Rentmeister Wachs mögen dies verdeutlichen. Bereits in seiner Antwort auf die erste Anfrage des Gewandhauses zur *Israel*-Aufführung im November 1836 hatte Wachs von den vom Universitäts-Baudirektor Geutebrück zu treffenden „erforderlichen Einrichtungen" gesprochen.[84] Damit war zunächst der Einbau temporärer bzw. zusammenlegbarer Chorgerüste gemeint, über den bereits 1828 in den Akten berichtet wurde.[85] Ungelöst blieb aber offenbar die Frage, wie dem großen Zuhörerandrang zu begegnen sei. Gewandhausdirektor Porsche wies im Zuge seiner Anfrage für die geplante Folgedarbietung des *Paulus* am 9. März 1837 darauf hin, dass „bei der letzten ähnlichen Musikaufführung […] die meisten verschlossenen Capellen und Kirchenstühle unbenutzt geblieben" seien, „wodurch die übrigen freien Plätze mit überfüllt wurden". Er fragte deshalb an, ob nicht „jene Lokalien ebenfalls den Zuhörern überlassen werden könnten." Als Problem erwies sich dabei das Anrecht der Besitzer auf ihre gemieteten Kirchenstühle, weshalb Porsche vorschlug, diesen eine vergünstigte Subskription auf ihre nominellen Plätze anzubieten, wobei er sich auf eine „in Dresdener Kirchen" übliche Praxis berief.[86] In einem daraufhin angefertigten Memorandum trug der Universitäts-Rentmeister „kein Bedenken", einen Teil der Kapellen zu öffnen, wohingegen er darauf bestand, für die übrigen angefragten Plätze zunächst die Genehmigung der besagten „Interessenten" einzuholen.[87] Hinsichtlich der für

---

82 Brief Moritz Hauptmanns an Franz Hauser vom 2. Dezember 1847, zitiert nach: Alfred Schöne (Hrsg.): *Briefe von Moritz Hauptmann Kantor und Musikdirektor an der Thomasschule zu Leipzig an Franz Hauser*, 2. Bd., Leipzig 1871, S. 70.

83 LTB, Nr. 313, 9. November 1847. Der Text der Trauerrede wurde auszugsweise abgedruckt in der Nummer 316 des *Leipziger Tageblattes*.

84 Brief an Johann Georg Keil vom 24. Oktober 1836, UAL: Rep. II/III/B I 86a, fol. 104.

85 Notiz vom 15. September 1828 über die Aufstellung eines Chorgerüstes für ein Konzert, UAL: Rep. II/III/B I 86a, fol. 4.

86 Brief Porsches an Wachs, 9. März 1837, UAL: Rep. II/III/B I 86a, fol. 106–107.

87 UAL: Rep. II/III/B I 86a, fol 105.

die Aufführung nötigen Einbauten hatte die Concertdirektion bereits zuvor versichert: „Der Bau des Orchestergerüstes würde, wie das vorige Mahl, unter Beaufsichtigung des Universitäts-Baumeisters Hern Baudirectors Geutebrück statt finden."[88] Auch die Kartenausgabe für die teils öffentlichen Hauptproben musste präzise geregelt werden; fast immer erhielten die mitwirkenden Sänger in einem fortgeschrittenen Stadium des Probenprozesses spezielle Zutrittskarten für den Besuch der Orchesterproben und den Eingang auf „Emporkirchen" und „Orchestergerüste".

Durch die Veranstaltung von Oratorienprojekten konnte es im Einzelfall auch zu Behinderungen für die Gottesdienstpraxis kommen, so geschehen etwa am 14. April 1843, zu dem sich in den Kirchenakten folgender Bericht erhalten hat:

> „Zuhörer im Schiffe leidlich. Auf den Emporkirchen niemand, auch nicht Hr. D. Krehl. Es fand die Büchsensammlung statt. Unter dem 2ten Liede kamen schon buntgekleidete Sängerinnen aufs Chor, wo um 3 Uhr ein Oratorium aufgeführt werden sollte. Contrast nach [?] dem 3. Verse: Wenn dann mein sterbend Auge bricht der Organist spielte nicht mit dem Gesange der Gemeinde zusammen. 10 Minuten nach 3 war die Kirche zuende, und die Oratorien Zuhörer traten ein. Zu gleicher Zeit wurden die Fleischerbuden auf den Nicolai Kirchhof gefahren, nicht ohne Gelärm. Der Charfreitag hätte wenigstens davon frei bleiben sollen." [89]

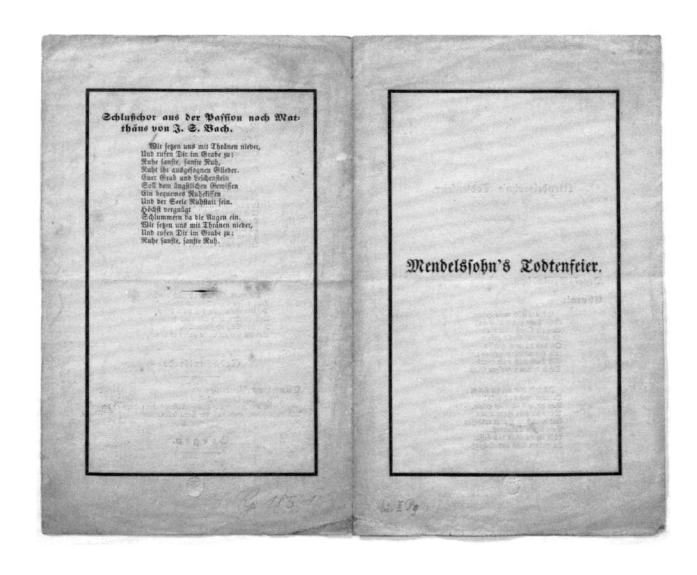

Programmheft zu „Mendelssohn's Todtenfeier"
am 7. November 1847 in der Paulinerkirche, S. 1 und 4
(Stadtgeschichtliches Museum Leipzig)

Bei dem erwähnten „Oratorium" handelte es sich notabene um eine von Felix Mendelssohn Bartholdy geleitete Aufführung des Schicht-Rochlitzschen Oratoriums *Das Ende des Gerechten*. Mendelssohn hatte das Konzert, das damit Züge einer Gedenkfeier für den am 10. März plötzlich verstorbenen Universitätsmusikdirektor Pohlenz annahm, an dessen Statt kurzfristig übernommen.[90]

Ein meist weniger zahlreich besuchter, dafür jedoch künstlerisch oft hochstehender Bereich der Musikpflege an St. Pauli bestand in den dort gegebenen Orgelkonzerten.[91] Die Universität hatte es in den ersten Jahrzehnten des 19. Jahrhunderts verstanden, eine ganze Reihe qualifizierter Organisten zumindest zeitweise an sich zu binden, wobei die Stelle an St. Pauli als eine Art Sprungbrett für besser dotierte Positionen in und außerhalb Leipzigs diente. So wechselten sowohl Friedrich Schneider (1813) als auch Pohlenz (1821) und Geißler (1843) an die Thomaskirche, während Schneiders jüngerer Bruder Johann Gottlob 1812 nach nur kurzer Dienstzeit an der Paulinerkirche den Organistenposten an St. Petri und Pauli in Görlitz übernahm.[92] Gerade Johann Gottlob Schneider, der als nachmaliger Organist an der Silbermann-Orgel der Dresdner Evangelischen Hofkirche (Sophienkirche) eine internationale Reputation als Konzertspieler genoss und in Rezensionen sogar als „Bach unseres Jahrhunderts" bezeichnet wurde,[93] konzertierte auch in späteren Jahren wiederholt an der Paulinerorgel. So haben sich Programmzettel für zwei Konzerte erhalten, die Schneider am 9. September und 9. Oktober 1820 in St. Pauli gab (siehe Abbildung S. 218).[94] Beide sind mit ihrer Mischung aus

---

88 Schreiben Keils an Porsche vom 19. Januar 1837, UAL: Rep. II/III/B I 86a, fol. 108.

89 UAL: Rep. II/III/B I 86a, fol. 63v.

90 Zur seinerzeit kontrovers diskutierten Beziehung Mendelssohns zu seinem Vorgänger Pohlenz siehe auch: Anselm Hartinger: *„Es gilt dem edelsten und erhabensten Theil der Musik" – Felix Mendelssohn Bartholdy, die Thomaner, die Thomaskirche und die Leipziger Stadtkirchenmusik. Neue Dokumente und Überlegungen zu einer unterschätzten Arbeitsbeziehung*, in: Mendelssohn-Studien 16 (2009), S. 139–186, vor allem S. 173–178.

91 Klagen über das mangelnde Interesse der Öffentlichkeit an Orgelvorträgen bildeten im frühen 19. Jahrhundert einen festen Bestandteil der Rezensionen solcher Konzerte.

92 Vgl. dazu: Axel Beer, Eva Verena Schmid: *Schneider, Familie*, in: Die Musik in Geschichte und Gegenwart, 2. Ausg., hrsg. v. Ludwig Finscher, Personenteil Bd. 14, Kassel etc. 2005, Sp. 1498–1501.

93 *Allgemeine Wiener Musik-Zeitung*, 3. Jg., Nr. 130, 31. Oktober 1843, S. 548 f.

94 D-LEsm: Mus. II K 15, 4 und 5. Schneiders zweites Konzert vom 9. Oktober wies folgendes Programm auf: „Erster Theil. 1. Freye Phantasie und Fuge. 2. Quartett mit eingewebtem Choral: „O Haupt voll Blut und Wunden." Nebst Veränderungen darauf. 3. Fugen von Sebastian Bach. Zweiter Theil. 4. Thema mit Variationen. 5. Das Schlusschor aus dem Weltgericht: „Es ist vollbracht. – Sein ist das Reich und die Kraft" etc., von Friedrich Schneider." Es ist denkbar, dass die genannten „Fugen von Sebastian Bach" überwiegend aus dessen *Wohltemperiertem Klavier* stammten.

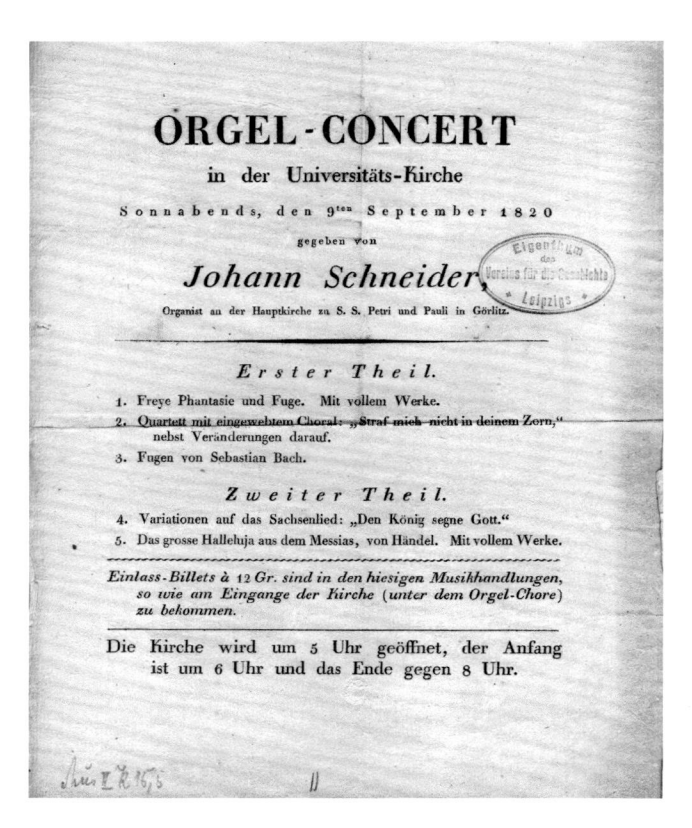

*Programmzettel des Orgelkonzertes
von Johann Schneider am 9. September 1820
(Stadtgeschichtliches Museum Leipzig: Mus. II K. 15, 3)*

klassischen organistischen Gattungen und Techniken einschließlich der Choralbearbeitung, der Improvisation und von „Fugen von Sebastian Bach" einerseits sowie eingängigen Variationen und Oratorienbearbeitungen andererseits typisch für das konzertante Orgelspiel nach 1800. Dies gilt auch für die Zweiteilung der Konzerte mit einem eher ‚seriös-traditionellen' ersten und einem eher ‚populären' zweiten Teil.[95] Dass man mit den öffentlich angekündigten Programmen nur einen Teil der tatsächlich außerhalb der Liturgie dargebotenen Orgelmusik erfasst, muss allerdings betont werden. In kaum einem anderen Bereich des Musiklebens waren die Grenzen zwischen angekündigtem Konzert und privater oder halböffentlicher Vorführung so fließend wie im Feld der Orgelauftritte. So fand sich in einer Kostenauflistung der Universitätskirche (u. a. für Orgelreparaturen und Calcanten) zum Gottesdienst am Reformationstag 1837 eine Notiz, die auf eine solche konzertmäßige Fortsetzung verweist: „Nach der Kirche fand ein Orgelnachspiel statt."[96] Auch zu dem bei Gottesdiensten und Andachten in St. Pauli dargebotenen Repertoire lässt sich über gelegentliche Vermerke wie ‚Präludium' hinaus gegenwärtig nichts Konkretes sagen.

Die Paulinerkirche blieb während des gesamten 19. Jahrhunderts ein beliebtes Ziel ortsansässiger oder reisender Organisten, wobei die hinter ihren Programmen stehenden ästhetischen Positionen und Stiltraditionen durchaus konträr sein konnten. So ist bereits für den 13. April 1801 ein Konzert des Abbé Vogler nachweisbar, in dem dieser mit der Darbietung etlicher Programmstücke wie etwa eines „Afrikanischen Leichengesanges" und der „Rheinfahrt vom Donner unterbrochen" inhaltlich „alle Register zog", wobei er seiner Simplifikationsidee entsprechend „mit Ausschliessung von 2581 Pfeiffen, nur 436 benutzt" zu haben angab.[97] Ein anderes künstlerisches Profil vertraten die in St. Pauli konzertierenden Vertreter der Erfurter Kittel-Schule, die damit Enkelschüler Bachs waren. Zu ihnen gehörte der auch als Quellensammler und zeitweiliger Besitzer des Andreas-Bach-Buches namhafte Organist der Leipziger Petrikirche Johann Andreas Dröbs, der im Herbst 1812 in der Universitätskirche ein Konzert gab, „wobey er zwey große Stücke von Seb. Bach vortrug, sowie mehreres von eigner Erfindung."[98] Der ebenfalls als Kittel-Schüler ausgewiesene und im thüringischen Gangloffsömmern tätige Carl Christian Kegel bot mit anspruchsvollen Kompositionen von Bach, Johann Christian Kittel und Michael Gotthard Fischer sowie einer ganzen Serie eigener Choralvorspiele seinen Zuhörern am 10. September 1826 ein Rezital von seinerzeit selten erreichter stilistischer Konsequenz und handwerklicher Meisterschaft. Dass in seinem Konzert auch der Thomanerchor mitwirkte, entsprach einem bei öffentlichen Orgelvorträgen gebräuchlichen Arrangement, das auf die vorherrschenden Erwartungen nach einer abwechslungsreichen Programmgestaltung reagierte. So hieß es in der Rezension eines von Ferdinand Vogel am 20. Oktober 1832 in der Paulinerkirche gegebenen Orgelkonzertes bezeichnenderweise:

„Schade nur, daß die Zahl derer, die sich für das erhabenste aller Instrumente interessieren, sich fast nur auf einen kleinen Cirkel von Kunstkenners beschränkt. Indeß haben sich dießmal doch genug Zuhörer einge-

---

95 Vgl. dazu Anselm Hartinger: *Das Orgelkonzert nach 1800: Erscheinungsbild, Protagonisten und Transformation einer Aufführungsgattung*, in: „Diess herrliche, imponirende Instrument" – Die Orgel im Zeitalter Felix Mendelssohn Bartholdys, Konferenzbericht Leipzig 2007, hrsg. v. Anselm Hartinger, Christoph Wolff und Peter Wollny, Wiesbaden 2010 (Druck in Vorbereitug).

96 UAL: Rep. II/III/B I 86a, fol. 10v. Damit war wohl kaum das gewöhnliche Postludieren gemeint, sondern eher eine Art anschließender Konzert- bzw. Improvisationsvorführung, so wie sie auch für Mendelssohn und andere Orgelvirtuosen der Zeit belegt ist.

97 D-LEsm: Mus. II K, 15,1.

98 C. A. Grenser: *Geschichte der Musik* (wie Anm. 6), S. 112. Für Grenser war Dröbs „ein geschickter Orgelspieler aus Kittels Schule".

funden. Vor Einförmigkeit hatte sich der Concertgeber theils durch die ihn unterstützenden Männerchöre, theils durch die Verschiedenartigkeit der von ihm vorgetragenen Stücke geschützt." [99]

Daher wurden nicht wenige der in St. Pauli gebotenen Auftritte eher als „Geistliches- und Orgel-Concert" denn als reines Orgelrezital angekündigt, wenn es sich nicht gar um echte Mischkonzerte handelte. Als Beispiel dafür möge die „Geistliche Musik-Aufführung" der blinden Lübecker Sängerin Bertha Bruns am 29. November 1846 dienen. Sie setzte sich sogar aus vier verschiedenen musikalischen ‚Modulen' zusammen, unter denen die wenigen eher kurzen Soloarien der nominellen Konzertgeberin nicht einmal quantitativ dominierten (siehe Abbildung). Im Vordergrund dürften vielmehr die von Ferdinand Breunung dargebotenen großen Orgelwerke – Bachs Passacaglia und eine nicht näher bestimmte Sonate aus Mendelssohns op. 65 – gestanden haben, die durch geistliche Chorwerke von Friedrich Schneider und Bernhard Klein sowie einen Gemeindechoral ergänzt wurden.[100] Nach Zeitungsberichten wurden die Chorbeiträge vom Pauliner-Sängerverein unter Leitung Hermann Langers ausgeführt; eine ausführliche Rezension im Musikjournal *Signale* sprach neben den Leistungen der Beteiligten auch Probleme des Orgelspiels in St. Pauli an:

> „Frl. Bruns, leider des Anblickes des sie bereits bei ihrem früheren öffentlichen Auftreten, wie auch dießmal, wenigstens mit stillbemerkbarem Beifall belohnenden Publicums, beraubt, trug die von ihr gewählten Gesänge […] mit tiefem Ausdruck und unter den an sie zu stellenden Anforderungen auf Technik recht gelungen vor. Die Klangfülle ihrer Stimme, namentlich das An- und Abschwellen des Tones, war in den weiten Hallen der Kirche von vieler Wirkung. Die Begleitungsweise mit der Orgel müssen wir loben, obgleich manche Stellen für die Eigenthümlichkeit der letzteren nicht ganz geeignet sind. Die beiden Orgel-Solo-Vorträge, die einzig in ihrer Art dastehende Passacaglia von J. S. Bach, sowie die meisterliche Sonate von Mendelssohn wurden zwar mit vieler Gewandtheit, deßhalb aber für einen solch' geräumigen Ort, in dem der Ton mehr Zeit braucht, sich auszubreiten, fast mit zu vieler Routine und in einem zu eilenden Zeitmaße ausgeführt. […] Die zur Abwechslung der Solo-Vorträge eingelegten Männerchorgesänge wurden, bis auf Kleinigkeiten bezüglich der harmonischen Reinheit, befriedigend executirt." [101]

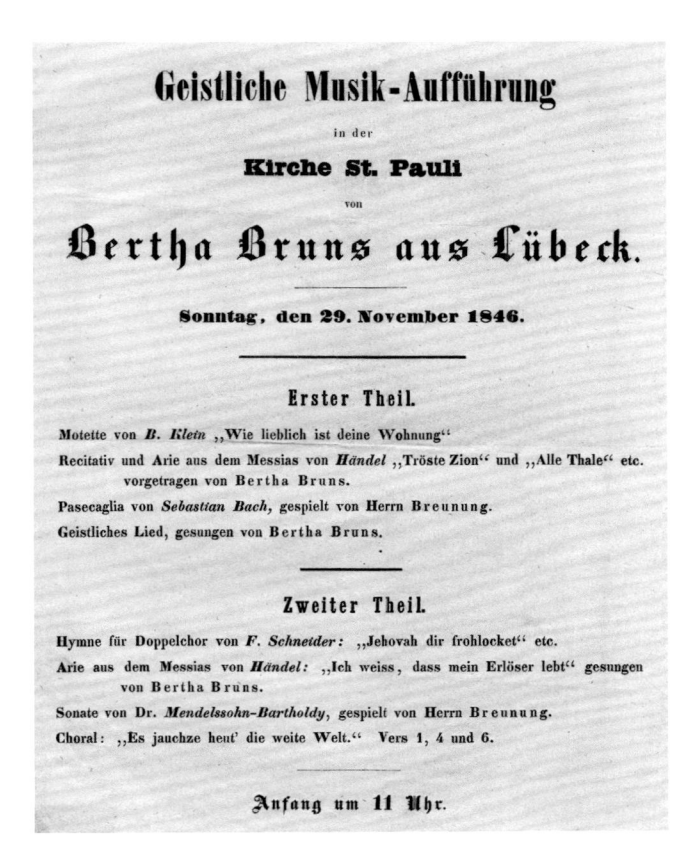

Programmzettel der „Geistlichen Musik-Aufführung" von Bertha Bruns am 29. November 1846 (Stadtgeschichtliches Museum Leipzig)

Ähnlich wie der junge Breunung traten ab Mitte der 1840er Jahre zunehmend Studenten und Absolventen der von Carl Ferdinand Becker geleiteten Orgelklasse des neu gegründeten Konservatoriums der Musik auch als Konzertspieler in Erscheinung. Die 1846 erneuerte Paulinerorgel könnte dabei die sehr begrenzten Spiel- und Übemöglichkeiten der Orgelstudenten etwas erweitert haben.[102] In dieser Tradition sind etwa zwei Orgelkonzerte zu sehen, die Robert Radecke am Palmsonntag sowie nochmals am 23. Oktober 1852 wiederum unter Mitwirkung von Vokal- und Instrumentalsolisten in der Universitätskirche gab (siehe Abbildung S. 220).[103] Den Kern beider Programme

---

99 LTB, Nr. 118, 26. Oktober 1832. Da die eingelegten Chorwerke sämtlich „für Männerstimmen" gesetzt waren, ist eine Mitwirkung der Pauliner wahrscheinlich.

100 D-LEsm: ohne Signatur.

101 *Signale für die musikalische Welt*, 4. Jg., Nr. 50, Dezember 1846, S. 394 f.

102 Vgl. dazu Annegret Rosenmüller: *Carl Ferdinand Becker und die Orgelausbildung am Leipziger Konservatorium*, in: „Diess herrliche, imponirende Instrument" – Die Orgel im Zeitalter Felix Mendelssohn Bartholdys, Konferenzbericht Leipzig 2007, hrsg. v. Anselm Hartinger, Christoph Wolff und Peter Wollny, Wiesbaden 2010 (Druck in Vorbereitung).

103 D-LEsm: Mus. II. K, 15, 15, ohne Signatur sowie Nachweise in der Tagespresse.

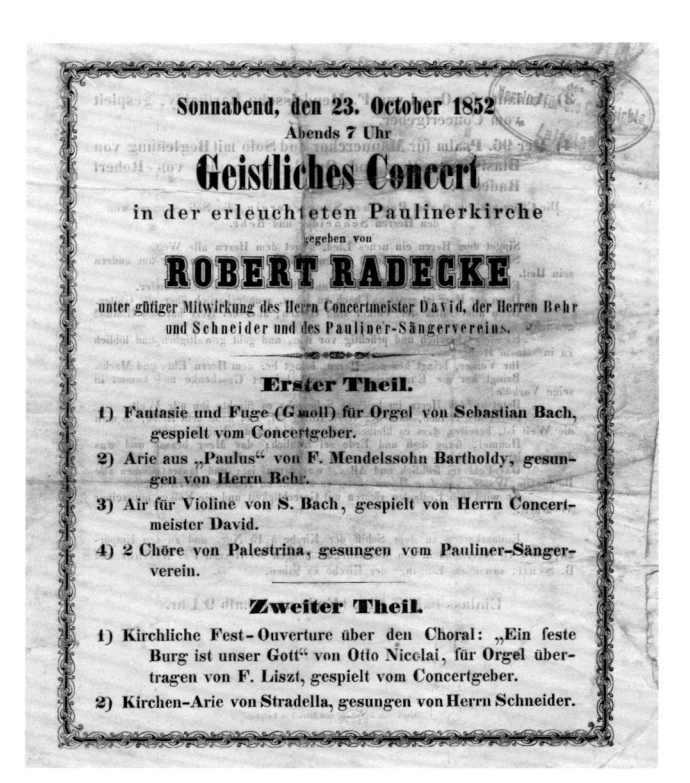

*Programmzettel des „Geistlichen Concertes"
von Robert Radecke am 23. Oktober 1852
(Stadtgeschichtliches Museum Leipzig)*

bildeten große Orgelwerke Bachs – es ist aufgrund dieser zahlreichen Orgeldarbietungen in St. Pauli und angesichts der wiederholten Aufführungen der *Matthäus-Passion* ab 1852 mehr als angebracht, die Universitätskirche neben St. Thomas und dem Gewandhaus als eine der wichtigsten Stätten der Bach-Renaissance des 19. Jahrhunderts in Leipzig namhaft zu machen. In sein zweites Konzert von 1852 bezog Radecke wiederum die Pauliner ein, die neben Chören von Palestrina auch seine eigene Komposition des *96. Psalms für Männerchor und Solo mit Begleitung von Blasinstrumenten und Orgel* zur Aufführung brachten. Mit Franz Liszts Orgeltranskription von Otto Nicolais Fest-Ouvertüre über *Ein feste Burg* erklang im Konzert – bei dem Liszt selbst anwesend war[104] – auch noch eine weitere ‚neuere' Komposition. Das wenig von eingeführten eigenen Repertoire-Traditionen geprägte Musikleben an St. Pauli öffnete insofern auch Türen zu einer musikalischen Modernität, die in der von Becker, Bach und Mendelssohn geprägten organistischen Welt Leipzigs eher ungewöhnlich war. Symptomatisch dafür könnte sein, dass während des ersten Tonkünstler-Kongresses am 13. und 14. August 1847 die Universitätskirche zur Veranstaltung eines Orgelkon-

zertes ausersehen wurde, das im Rahmen der überregional beachteten und von Grundsatzvorträgen auch zur Kirchen- und Orgelmusik geprägten Konferenz nur als Zusammenstellung für die Gegenwart musterhafter Werke verstanden werden konnte.[105]

Der Neubau der Paulinerorgel 1833 bis 1846

Der großen Beliebtheit der Paulinerkirche als öffentliche Konzertstätte zum Trotz befand sich ihre Orgel während der ersten Jahrzehnte des 19. Jahrhunderts meist in keinem guten und zeitweise sogar in einem beklagenswerten Zustand. Dies musste zum einen die bereits angesprochenen Probleme mit der Leitung des Gemeindegesanges verschärfen und die Abhaltung von Gottesdiensten mit kaum kalkulierbaren Risiken belasten. So heißt es in einer Notiz zum Karfreitag 1844:

> „d. 5/4. 1844. Charfreitags. Nachmittags predigte M. Gratsch nicht gelehrt passirt aber. Posaunen waren nicht beim Absingen des Liedes O mensch sieh hier dein Leben. Aber die Orgel ging. (Ich hörte, daß der Stadt Musikus Bahrt mehr Geld begehrt habe.) Auf dem Chor waren außer dem guten Vorgänger nur ein paar Knaben. Die Orgel schien zu mucken. Bei dem Liede nach der Predigt ging sie gar nicht, u. dem braven Vorsänger mußte das Singen schwer werden."[106]

Für Oratorienaufführungen und Orgelkonzerte war es ebenfalls unabdingbar, dass sich das Instrument zuverlässig spielen ließ. Es könnte durchaus sein, dass der zwischenzeitliche Abbruch der Oratorienserie des Gewandhauses nach dem Herbst 1838 auch mit dem verschlechterten Zustand der Orgel zusammenhing. Dem umfänglichen Problemkreis des Orgelneubaus an St. Pauli soll daher zumindest in den Grundzügen nachgegangen werden.

---

104 LTB, Nr. 300, 26. Oktober 1852.

105 Vgl. dazu: *Euterpe*, 7. Jg., Nr. 12, Dezember 1847, S. 209; LTB, Beilage zu Nr. 226, 14. August 1847. Von den Teilnehmern dieses organistischen ‚Gipfeltreffens', zu denen so bedeutende Spieler und Lehrer wie die Leipziger Becker und Schellenberg sowie der Merseburger und spätere Magdeburger Domorganist August Gottfried Ritter gehörten, wurden außer Bach und einer BACH-Fuge Schumanns ausschließlich eigene neue bzw. extemporierte Werke dargeboten. Das Konzert fand am Abend des zweiten Sitzungstages statt.

106 UAL: Rep. II/III/B I 86a, fol. 64. Wilhelm Leberecht Barth (1775–1849) war seit 1813 als ‚Stadtmusikus' Leiter des aus dem aufgelösten Ensemble der Stadtpfeifer- und Kunstgeiger hervorgegangenen Stadtmusikchores. Vgl. dazu Gunter Hempel: *Das Ende der Leipziger Ratsmusik im 19. Jahrhundert*, in: Archiv für Musikwissenschaft 15 (1958), S. 187–197.

Zu größeren Reparaturen und Umbauprojekten war es bereits nach den Zerstörungen der Kriegsjahre von 1806 und 1813 gekommen. So legte der auch für die Orgelstimmung zuständige ortsansässige Orgelbauer Johann Gottlob Mende[107] bereits im März 1821 einen „Anschlag der Hauptreparatur an der Orgel der Universitäts-Kirche zu Leipzig" vor,[108] in dem er für einen Gesamtpreis von 640 Talern nicht nur eine gründliche Reinigung, Wiederinstandsetzung und Neuintonation großer Teile des Pfeifenwerkes, sondern auch eine Neuanfertigung der „ganz vom Wurm zerfreßenen" Pedal-Windladen einschließlich der Ergänzung eines Untersatzes 32', eine Überholung der „Bälge, Windbehälter, Windführungen" sowie den Austausch einiger „ganz unbrauchbar" gewordener Stimmen versprach. Der an der Begehung beteiligte Thomaskantor Schicht bestätigte in einem Gutachten die Einschätzung des Orgelbauers, wobei er vor allem die „sehr ausgetretene Pedal-Tastatur" und „das störende Klappern und Geräusch" rügte und die mangelnde Pflege der Orgel durch frühere Organisten und Orgelbauer dafür mit verantwortlich machte. Hingegen attestierte er dem gerade neu berufenen Organisten Gotthelf Traugott Wagner, „mit wahrer Liebe zur Sache seine Stelle" zu verwalten. Dieser werde „gewiß Sorge tragen, daß solche grobe Verletzungen bey Reparaturen, die in einem so sehr complicirten Werke, nicht ganz ausbleiben können, [nie] wieder vorkommen werden".[109]

Dennoch begann der aktenkundig gewordene Prozess einer Erneuerung der 1717 von Johann Scheibe fertiggestellten, von Johann Sebastian Bach geprüften und ab dem späteren 18. Jahrhundert mehrfach umgebauten Paulinerorgel[110] erst im Jahre 1833 und damit unmittelbar nach dem Dienstantritt Geißlers. Dieser nutzte die mit seiner Amtsübernahme verbundene Inventur der Orgel zu einer schonungslosen Darlegung ihres Zustands:

---

107 Vgl. dazu eine Zahlungsanweisung für die Orgelstimmung durch Orgelbauer Mende im Juni 1823, UAL: Rep. II/III/B I 86a, fol. 8.

108 Kostenanschlag (Konzept) vom März 1821, UAL: Rep. II/III/B I 86, fol. 83 f.; eine zweite leicht modifizierte Fassung vom 19. März befindet sich auf fol. 85–87.

109 Gutachten vom 26. März 1821, UAL: Rep. II/III/B I 86, fol. 88.

110 Vgl. dazu: Christoph Wolff, Markus Zepf: *Die Orgeln J. S. Bachs. Ein Handbuch*, Leipzig 2006, S. 65 ff. Bachs Orgelgutachten ist dokumentiert in: Werner Neumann, Hans-Joachim Schulze (Hrsg.): *Schriftstücke von der Hand Johann Sebastian Bachs* (Bach-Dokumente, Bd. 1), Leipzig 1963, Nr. 87.

111 *Acta die Herstellung der Orgel in der Pauliner-Kirche betr.*, UAL: Rep. II/II/B II 11, fol. 1–2.

112 Ebenda. Die folgenden und aus Umfangsgründen hier verkürzt wiedergegebenen Seitenangaben beziehen sich – wenn nicht anders angegeben – auf diese Akte UAL: Rep. II/II/B II 11. Eine ausführliche Dokumentation des gesamten Vorganges muss einer eigenen späteren Veröffentlichung vorbehalten bleiben.

„An den Ew. Hochpreislichen Verwaltungs-Ausschuß der Universität Leipzig
Rector magnifice.
Hochwürdige
Wohlgeborne

Nachdem mir als Organisten die Orgel der Pauliner-Kirche anvertraut wurde, hielt ich es für eine meiner ersten Pflichten mich von der Beschaffenheit des Orgelwerkes in allen seinen zugänglichen Teilen möglichst genau zu unterrichten. Ich habe gefunden dass

1., das Werk, selbst das Orgel-Chor vom Holzwurm angegriffen ist;
2., die meisten Stimmen entweder vermöge ihres Materials, oder ihrer ursprünglichen Construction oder durch das Alter, nur störend neben den noch tauglichen wirken;
3., die Bälge, Windkanäle und Windladen schadhaft und nicht mehr luftdicht sind;
4., die Klaviaturen, so wie das Regierwerk, sehr abgenutzt und unsicher sind;
5., der innere Orgelraum so beschränkt ist dass man an viele Stellen nur sehr mühsam oder gar nicht kommen kann; und
6., das Pedal noch der bessere Theil der Orgel ist

Diesen von mir nur im Allgemeinen geschilderten Zustand der Orgel Ew. Magnifizenz, Hochwürden, Wohlgeboren anzuzeigen halte ich für meine Schuldigkeit und verbinde damit mein gehorsamstes Gesuch: Sachverständige mit einer genauen speciellen Besichtigung und Prüfung der Orgel zu beauftragen.

Ew. Magnificenz
Hochwürden
Wohlgeboren

Gehorsamster
Carl Friedrich August Geißler
Org.

Leipzig d. 12. Juni 1833"[111]

Aufgeschreckt durch Geißlers offenherziges Memorandum schienen die Universitätsbehörden nun endlich handeln zu wollen. Wie die im Universitätsarchiv erhaltene Akte belegt,[112] wurden umgehend der Nikolaiorganist Adolph Heinrich Müller und der damalige Petriorganist Carl Ferdinand Becker zu Gutachtern bestellt, die sich einhellig für einen grundlegenden Um- bzw. Neubau aussprachen. Bereits im September 1833 legte daraufhin der mit dem Instrument vertraute Orgelbauer Mende einen ersten

Anschlag vor.[113] Nun jedoch schalteten sich die Dresdner Oberbehörden ein, womit ein fast zehn Jahre andauernder Konflikt in Gang gesetzt wurde, in den nach und nach fast alle in der Region führenden Sachverständigen verwickelt wurden. Zunächst legte am 27. Januar 1834 der Dresdner Hoforgelbauer Johann Gotthold Jehmlich einen Gegenvorschlag vor, der sich auf eine Empfehlung des jetzigen Hof- und früheren Paulinerorganisten Johann Gottlob Schneider stützen konnte, der seinerseits Mendes Planungen als oberflächlich und klanglich unbefriedigend verwarf.[114] Daraufhin wurden weitere Anschläge der Orgelbauer Urban Kreutzbach (Borna) und Johann Carl Lochmann (Delitzsch) eingeholt; zugleich musste aufgrund der in mehreren Projekten geforderten Vergrößerung des Orgelchores der Universitätsbaudirektor Geutebrück konsultiert werden. Im September 1835 ordnete das Cultusministerium schließlich an, dass Jehmlich für einen Festpreis von 7.500 Talern den Auftrag in reduzierter Form (ohne Umbau der Empore) erhalten sollte. Doch scheinen Terminschwierigkeiten und Geldmangel die Ausführung des beschlossenen Vorhabens für mehrere Jahre verzögert zu haben. Daher richtete Geißler am 30. Juli 1840 einen regelrechten Hilferuf an die Behörden, in dem er zunächst daran erinnerte, „daß wirklich ein Abschluß mit Herrn Jehmlich und ein baldiger Angriff des Baues in Aussicht gestellt ward", bevor er eingestehen musste, „das gedachte Werk verfällt aber von Jahr zu Jahr mehr, so daß vor 2 Jahren eine sofortige Reparatur der Bälge vorgenommen werden musste, damit kein gänzlicher Stillstand eintrat."[115] Damit erhielt nun Mende im Herbst 1840 eine zweite Chance, und auf Druck des Ministeriums erklärte sich schließlich auch Hoforganist Schneider mit dessen Vorschlägen einverstanden, wobei er einige Ergänzungen anbrachte. Der mittlerweile völlig verzweifelte Geißler, dessen künstlerische Sympathien eindeutig auf Seiten Jehmlichs lagen, musste schließlich erkennen, dass dieser aufgrund anderer Verpflichtungen den Neubau in St. Pauli „unter 2 bis 3 Jahren nicht in Angriff nehmen könnte".[116] Damit waren die Würfel gefallen: Nach einigem Hin und Her und weiteren Gutachten Schneiders und Geißlers unterschrieb Mende am 24. April 1841 den von Dresden am 3. Juni des Jahres gebilligten Vertrag. Dieser verpflichtete ihn, gegen das mittlerweile nicht mehr verhandelbare Honorar von 7500 Talern und die Überlassung des Vorgängerinstrumentes, bis Ende 1843 eine Orgel zu errichten,[117] die nach diversen Umplanungen 56 Stimmen auf drei Manualen und Pedal umfassen sollte.[118] Doch gab es erneut Verzögerungen auf Seiten des ebenfalls auswärtig beschäftigten Mende,[119] so dass die Orgel erst im Oktober 1846 übergeben werden konnte. Geprüft wurde sie durch Geißler und den Hoforganisten Schneider sowie durch eine Delegation des Senats einschließlich des Universitätspredigers Krehl, wobei die begleitenden Aktenstücke ein weiteres Mal die bürokratische Unterordnung von Universität, Kirche und Universitätsmusik unter die Dresdner Zentralinstanzen belegen.[120] Der leidgeprüfte Geißler hatte zu diesem Zeitpunkt allerdings wie so viele seiner Vorgänger längst den Posten an St. Pauli mit demjenigen an der Thomaskirche vertauscht und damit bereits 1843 sein persönliches Orgel-Martyrium beendet. Wenngleich somit nach einem Zeitraum von immerhin 13 Jahren der Neubau der Paulinerorgel erfolgreich abgeschlossen wurde, so hat es doch den Anschein, dass ähnlich wie bei dem gescheiterten Silbermann-Projekt des Jahres 1711 die Universität im Ergebnis eines langwierigem Instanzenkampfes erneut keine wirklich erstrangige Lösung für ihr repräsentatives Orgelinstrument realisieren konnte.[121] Ein Befund, der sowohl zur Leipziger Orgelgeschichte als auch zur Musikkultur an der Paulinerkirche im 19. Jahrhundert passt, die sich kaum anders als durch den letztlich unauflösbaren Widerspruch zwischen beeindruckenden persönlichen Initiativen und einem weithin ausstrahlenden Konzertleben einerseits und beschränkten materiellen Mitteln sowie einem bestenfalls bescheidenen kirchenmusikalischen Alltag andererseits charakterisieren lässt.

---

113 Ebenda, fol. 17–20. Weitere Exzerpte und Auflistungen relevanter Dokumente in UAL: Rep. II/III B I 86a, fol. 37–45.

114 UAL: Rep. II/II/B II 11, fol. 28–46. Schneider und Jehmlich waren durch ihre gemeinsame Dresdner Arbeit einander allerdings eng verbunden.

115 Ebenda, fol. 98.

116 Ebenda, fol. 104–106.

117 Der gesamte Vertragsvorgang: ebenda, fol. 127–137.

118 Vgl. dazu auch C. Wolff, M. Zepf: *Die Orgeln J. S. Bachs* (wie Anm. 110), S. 65.

119 Mende errichtete 1843–1845 eine große Orgel in der Nikolaikirche zu Freiberg.

120 *Acta Kirchensachen betr.* (wie Anm. 21), fol. 64–66.

121 Sowohl Mende als auch Jehmlich sind um diese Zeit noch weitgehend der sächsischen Silbermann-Tradition zuzurechnen. Beider Entwürfe unterscheiden sich daher nicht fundamental, wobei Jehmlich wohl das geringfügig modernere Konzept vertrat. Der Autor dankt Kristian Wegscheider (Dresden) für anregende Auskünfte zu diesem Thema.

Singende Studenten mit Band und Mütze
Der Akademische Gesangverein Arion im Kreise der Leipziger Musikvereine des 19. und frühen 20. Jahrhunderts

Stephan Greiner

Wer sich mit deutscher Musikgeschichte im 19. und frühen 20. Jahrhundert beschäftigt, wird immer wieder auf Musikvereine stoßen. Singakademien, Liedertafeln und Liederkränze als die „charakteristisch bürgerlichen Erscheinungen in der Musikkultur des 19. Jahrhunderts"[1] gediehen in großer Zahl im gesamten deutschsprachigen Raum, wobei Leipzig quantitativ und qualitativ zu den Zentren der Gesangvereinsbewegung gehörte. Deren wichtigstes Organ war die Zeitschrift *Die Sängerhalle*,[2] auch sie erschien zwischen 1861 und 1908 in Leipzig. Die einzelnen Gesangvereine definierten sich oft über die soziale Zugehörigkeit ihrer Mitglieder, so gab es in Leipzig zum Beispiel Vereine für Handwerksgesellen, Buchdrucker und Lehrer.[3]

Auch Studenten schlossen sich mit großer Selbstverständlichkeit in eigenen Gesangvereinen zusammen, darüber hinaus wirkte sich die Blüte des Vereinswesens auf die offiziellen Formen der Musikpflege an der Leipziger Universität aus: Schon zu Beginn des 19. Jahrhunderts waren es bestimmte vereinsmäßig organisierte Chöre, die zur Ausgestaltung akademischer Festakte herangezogen wurden, regelmäßig trugen die Leiter dieser Vereine gleichzeitig den Titel Universitätsmusikdirektor. Zwei Vereine – zuerst die Leipziger Singakademie,[4] später der Universitäts-Gesangverein zu St. Pauli[5] – wurden auf diesem Wege zu Repräsentanten der Universität.

Die eher randständige Position der Gesangvereine in der Forschungsliteratur zur Musikgeschichte Leipzigs steht in Widerspruch zu ihrer tatsächlichen Breitenwirksamkeit sowie zu ihrer starken Präsenz im städtischen Musikleben. Hier harrt umfangreiches Material der Auswertung.[6] An dieser Stelle sei an einen der ‚vergessenen' Vereine erinnert. Der Akademische Gesangverein Arion zu Leipzig war Repräsentant einer besonderen Korporationsgattung, die an der Schnittstelle zwischen Gesangvereinen und Studentenverbindungen entstanden war. Bevor dieser Verein ins

---

[1] Carl Dahlhaus: *Die Musik des 19. Jahrhunderts* (Neues Handbuch der Musikwissenschaft, Bd. 6), Wiesbaden u. Laaber 1980, S. 38.

[2] *Die Sängerhalle. Allgemeine Deutsche Gesangvereinszeitung für das In- und Ausland. Offizielles Organ des Deutschen Sängerbundes, sowie offizielles Organ des Thüringer Sängerbundes* [Titelzusatz wechselt], Leipzig 1861–1908. Noch heute gibt der Nachfolgeverband des Deutschen Sängerbundes, der Deutsche Chorverband, die *Neue Chorzeit* heraus, deren Publikationsgeschichte sich bis zur *Sängerhalle* zurückverfolgen lässt.

[3] Unter der Leitung von Carl Friedrich Zöllner (1800–1860) gründeten sich in Leipzig 1845 ein ‚Gesellen-Gesangverein' und 1848 ein ‚Gesellenverein' (letzterer hieß ab 1854 ‚Zöllnerscher Mittwochsverein'). Der Gesangverein der Buchdrucker ‚Gutenberg' bzw. ‚Guttenberg' entstand 1862, vgl. Stadtarchiv Leipzig (D-LEsa), Kap. 35, Nr. 1360. Der Lehrergesangverein gründete sich 1876 (vgl. Paul Hase: *Festschrift zum 50-jährigen Jubiläum des Leipziger Lehrergesangvereins 1876–1926*, Leipzig 1926; sowie D-LEsa, Kap. 35, Nr. 627).

[4] Gegründet 1802 von Johann Gottfried Schicht (1753–1823) und Jakob Bernhard Limburger (1770–1847). Ihre Geschichte bis 1902 ist beschrieben in: Paul Langer: *Chronik der Leipziger Singakademie. Herausgegeben zur 100-jährigen Jubelfeier am 14.–16. Februar 1902*, Leipzig 1902. Siehe außerdem: D-LEsa, Kap. 35, Nr. 624 u. 1860.

[5] Gegründet 1822 von Traugott Wagner. Die maßgebliche Chronik dieses Vereins ist: Richard Kötzschke: *Geschichte der Universitäts-Sängerschaft zu St. Pauli in Leipzig 1822–1922*, Leipzig 1922. Siehe außerdem: D-LEsa, Kap. 35, Nr. 1308; sowie Universitätsarchiv Leipzig (UAL), Rep. II/XVI/II P 2. Im Folgenden wird diese Verbindung gemäß dem Sprachgebrauch der Mitglieder kurz als ‚Paulus' bezeichnet.

[6] Neben den Festschriften, eigenen Zeitschriften und Gesangbüchern einzelner Gesangvereine bieten sich Konzertberichte in Leipziger Tageszeitungen zur Auswertung an. Im Dokumentenbestand des Leipziger Stadtmuseums lagern Programmzettel zu vielen Konzerten Leipziger Gesangvereine. In den Kapitelakten des Leipziger Stadtarchivs befindet sich ein Kapitel Nr. 35 (Vereine, Innungen und Genossenschaften), das Akten zu zahlreichen Musikvereinen enthält. (Vgl. weiterhin: Beate Berger: *Variationen eines Themas. Quellen zur Musikgeschichte im Stadtarchiv Leipzig*, in: Musik & Dramaturgie. 15 Studien. Fritz Hennenberg zum 65. Geburtstag, hrsg. v. Beate Hiltner-Hennenberg, Frankfurt [Main] 1997, S. 9–32.) Das Universitätsarchiv Leipzig führt im Repertorium II, Kapitel XVI, Akten über studentische Vereinigungen, darunter die akademischen Gesangvereine. Vgl. hierzu: Harald Lönnecker: *Archivalien zur Studentengeschichte aus dem Universitätsarchiv Leipzig*, Frankfurt am Main 1998 [vergriffen, als Datei abrufbar unter: http://www.burschenschaft.de/server/gfbg/studentenhistorische_publikationen.htm; Zugriff am 12. Dezember 2008].

Zentrum der Betrachtungen rückt, sollen die Ausdifferenzierungen der Leipziger Musiklandschaft skizziert werden, die mit dem generellen Aufstieg der Musikvereine einhergingen.

Im Bereich der Instrumentalmusik existierten neben dem prestigeträchtigen Gewandhausorchester einige Laienensembles, die sich jedoch entweder zunehmend selbst professionalisierten oder von gewerbsmäßig auftretenden Kapellen verdrängt wurden. Ersteres war beim Musikverein Euterpe, gegründet 1824, der Fall, wo „ähnlich wie bei der Entwicklung im ‚Großen Konzert' der Anteil der Dilettanten mit der Steigerung der Anforderungen immer geringer wurde."[7] Der Dilettantenorchesterverein, gegründet 1859, stand in der öffentlichen Wahrnehmung weit hinter Gewandhaus und Euterpe zurück.[8] Noch bis zur Einführung der Gewerbefreiheit 1862 hatten die städtischen Musikchöre formell das Privileg der Stadtmusik inne. Neben ihnen begannen gegen Ende des 19. Jahrhunderts die Kapellen der ortsansässigen Armeeregimenter ihren Einfluss auszubauen. Militärmusikchöre bestimmten „von 1881 außerhalb des Gewandhauses und Theaters unangefochten das Musikleben der Stadt"[9] – ein Zustand, der bis ins erste Jahrzehnt des 20. Jahrhunderts fortdauerte, an dessen Ende statistisch betrachtet in Leipzig mehr als drei Konzerte pro Tag[10] von Militärkapellen bestritten wurden. Diese Auftritte dienten oft zur musikalischen Unterhaltung in Kaffeegärten, Tanzlokalen und Restaurants. Auch das 1896 von Hans Winderstein (1856–1925) ins Leben gerufene und bis zum Beginn des Ersten Weltkriegs in Leipzig aktive Windersteinorchester bestand aus Berufsmusikern.[11]

Den Musikliebhabern, die selbst aktiv werden wollten, blieb neben der heimischen Kammermusik und der Betätigung in den oft kurzlebigen Orchestervereinen, von denen nach 1890 noch einige gegründet wurden[12] – der Gesang. Die Anzahl der Leipziger Gesangvereine ist zwar kaum genau zu bestimmen, doch die Größenordnungen, in denen sich folgende Zählungsversuche bewegen, vermitteln einen Eindruck vom Umfang des Phänomens. Die *Neue Zeitschrift für Musik* schreibt im Oktober 1862: „Leipzig zählt zur Zeit, inclusive der gemischten Chöre, 44 Gesangvereine; von diesen sind 28 Männergesangvereine mit zusammen 583 Sängern zu einem Zöllnerbunde vereinigt."[13] Das von Eduard Kral 1864 herausgegebene *Taschenbuch für deutsche Sänger* verzeichnet für Leipzig die Zahl von 36 Gesangvereinen.[14] Friedrich Schmidt berichtet für das Jahr 1868 von 10 Chorgesang- und 36 Männergesangvereinen.[15] Einen weiteren Höhepunkt erreichte die Zahl und Mitgliederstärke der Gesangvereine in Leipzig, wie in ganz Deutschland, in der Zeit zwischen den Weltkriegen. Ein Artikel aus dem Jahr 1931 behauptet: „Wir zählen heute in Leipzig nicht weniger als zirka 75 Männerchöre!"[16] Im Jahr 2008 wurde mit einer Studie[17] begonnen, alle Leipziger Chor- und Orchestervereine zwischen 1802 und 1936 in einer Übersicht zu erfassen. Im untersuchten Zeitraum konnten etwa 100 Institutionen namentlich festgestellt werden, davon über 50 Männergesangvereine, knapp 20 gemischte Chöre, nur 4 Frauenchöre und reichlich 10 Gesangvereine, deren Besetzung bislang unbekannt geblieben ist. Dem standen rund 15 Orchestervereine gegenüber, wobei die zum Broterwerb agierenden Orchester wie zum Beispiel die städtischen Musikchöre und die Militärkapellen hier nicht mitgezählt sind.

---

7 Manfred Würzberger: *Die Konzerttätigkeit des Musikvereins „Euterpe" und des Winderstein-Orchesters im 19. Jahrhundert* (Die Musikstadt Leipzig. Arbeitsberichte, Heft 4), Leipzig 1966 [ohne Seitenzahlen], S. 9. Vgl. zur Geschichte der Euterpe außerdem: Manfred Würzberger: *Die Entwicklung des Orchesterwesens in Leipzig außerhalb des Stadt- und Gewandhausorchesters in der zweiten Hälfte des 19. Jahrhunderts*, Diss., Leipzig 1967; sowie Carl Wilhelm Whistling: *Der Musikverein Euterpe zu Leipzig*, Leipzig 1874.

8 Er existierte bis 1890. Vgl. M. Würzberger: *Entwicklung des Orchesterwesens* (wie Anm. 7), S. 81.

9 Ebenda, S. 168.

10 „Zwischen dem 1. Mai 1908 und dem 30. April 1909 finden in Leipzig 1096 Militärkonzerte und 284 Konzerte von insgesamt 188 auswärtigen Militärkapellen statt." Claudius Böhm, Sven-W. Staps (Hrsg.): *Das Leipziger Stadt- und Gewandhausorchester. Dokumente einer 250-jährigen Geschichte*, Leipzig 1993, S. 173.

11 Vgl. zur Geschichte des Windersteinorchesters: M. Würzberger: *Die Konzerttätigkeit des Musikvereins* und *Entwicklung des Orchesterwesens* (wie Anm. 7), passim.

12 Vgl. M. Würzberger: *Die Konzerttätigkeit des Musikvereins* (wie Anm. 7), S. 31.

13 Zitiert nach C. Böhm, S.-W. Staps (Hrsg.): *Das Leipziger Stadt- und Gewandhausorchester* (wie Anm. 10), S. 129.

14 Eduard Kral: *Taschenbuch für deutsche Sänger*, Wien 1864, Nachdruck mit Einführung hrsg. v. Friedhelm Brusniak und Dietmar Klenke, Schillingsfürst 1996. Die hier angegebene Zahl enthält alle im Hauptverzeichnis des Buches aufgeführten Leipziger Vereinigungen (S. 130–133) außer der Euterpe (hier handelt es sich um einen Orchesterverein), dem Sängerbund Teutonia und dem Zöllnerbund (welche nicht selbstständige Gesangvereine, sondern Dachverbände darstellen). Dazu kommen die Nachträge zum Hauptverzeichnis (Leipzig: S. 372–373) und der eine Verein (Typographia), der weder im Hauptverzeichnis noch in den Nachträgen, sondern nur als Mitglied des Zöllnerbunds in Leipzig (S. 289) aufgelistet ist.

15 Vgl. Friedrich Schmidt: *Das Musikleben der bürgerlichen Gesellschaft Leipzigs im Vormärz (1815–1848)* (Musikalisches Magazin, Heft 47), Diss., Langensalza 1912, S. 161.

16 Erica Buhlmann: *Der Männerchorgesang und Leipzig*, in: Der Männerchor. Nachrichtenblatt des Leipziger Männerchors e. V. 11 (1931), Heft 9 (S. 161–164), Heft 11 (S. 192–195) u. Heft 12 (S. 207–212), hier S. 209.

17 Stephan Greiner: *Gesangvereine in Leipzig dargestellt am Beispiel des ‚Arion' 1849–1936*, Magisterarbeit am Institut für Musikwissenschaft der Universität Leipzig 2008. Eine erweiterte Fassung dieser Arbeit unter dem Titel *Der Akademische Gesangverein Arion 1849–1936. Eine singende Studentenverbindung aus der Blütezeit der Leipziger Gesangvereine* befindet sich momentan in der Druckvorbereitung.

Aus der Vielfalt der Vereine seien an dieser Stelle neben den bereits genannten Ensembles noch zwei gemischte Chöre herausgehoben, die wegen ihrer hohen künstlerischen Ambitionen von sich reden machten: Der seit 1854 bestehende Riedelverein[18] wurde zuerst von seinem Mitgründer Carl Riedel geleitet, stand von 1888 bis 1897 unter der Leitung von Hermann Kretzschmar und wurde danach bis 1913 von Georg Göhler dirigiert. Dieser Chor hatte sich vor allem der geistlichen A-cappella-Musik des 16. und 17. Jahrhunderts verschrieben.[19] Unter Kretzschmars Ägide beteiligte sich der Riedelverein an den 1890 bis 1895 stattfindenden Akademischen Konzerten.[20] Im Jahr 1875 riefen Philipp Spitta, Alfred Volkland, Heinrich von Herzogenberg und Franz von Holstein den Bach-Verein ins Leben, der in den Mittelpunkt seiner Konzerttätigkeit zunächst hauptsächlich die Kantaten Johann Sebastian Bachs stellte, von denen bis dahin etwa 90 in der von der Bach-Gesellschaft herausgegebenen Gesamtausgabe erschienen waren.[21] Der Bach-Verein wurde zunächst von Volkland, dann von Herzogenberg geleitet und erlebte seine Blütezeit unter dem späteren Thomaskantor Karl Straube, der ihn ab 1903 dirigierte und unter dessen Leitung er im Jahr 1920 mit dem Gewandhauschor[22] zur Chorvereinigung des Gewandhauses verschmolz.

Über den künstlerischen Zweck hinaus lässt sich die Rolle der Gesangvereine, insbesondere der zahlenmäßig dominierenden Männergesangvereine, nur mit Blick auf die politischen und gesellschaftlichen Verhältnisse begreifen. Überkommene institutionelle Bindungen lösten sich mit der Abschaffung der Handwerkszünfte und der fortschreitenden Säkularisierung auf. Das sprunghafte Wachstum der Städte tat ein Übriges beim Entstehen eines Bedarfs an neuen Foren der Geselligkeit. Im Männergesangverein traf man seinesgleichen, pflegte berufliche und private Beziehungen und fand einen „Vermittlungsraum für politische Gesinnungen".[23] Männergesangvereine erscheinen sowohl als Schutzgemeinschaften gegen die Unsicherheiten, welche die industrielle Revolution mit sich brachte, als auch als verschworene Männerbünde, die ein spezifisch nationales Kulturerbe zu bewahren glaubten – gemäß des oft zitierten Diktums „Sänger, Turner, Schützen sind des Reiches Stützen".[24] Die Leipziger Laien-Musikszene des 19. Jahrhunderts hatte dabei die Gestalt eines Netzwerks: Die einzelnen Vereine traten nicht nur bei gemeinsamen Auftritten in Kontakt, sondern waren untereinander durch ihre künstlerischen Leiter verbunden, die oft mehreren Institutionen gleichzeitig vorstanden. Die Fluktuation des leitenden Personals bezog darüber hinaus die Orchestervereine, das seit 1843 bestehende Konservatorium, die Thomasschule und die städtischen Berufsmusiker mit ein. Innerhalb dieser Infrastruktur von Stätten der musikalischen Ausbildung und Übung, Ensembles verschiedenster Couleur und zahlreichen zu bespielenden Auftrittsorten konnte ein professioneller Musikschaffender seine Karriere weit voranbringen, wie die Biografien der Beteiligten immer wieder zeigen.

Vom Schülerverein zum Studentenverbindung

Im Jahr 1849 bildeten Primaner und Sekundaner der Leipziger Thomasschule einen Gesangverein, der sich einmal wöchentlich zu Übungen traf – beginnend mit dem als Gründungstag geltenden 12. Mai. Der Verein wurde nach einer Gestalt der griechischen Mythologie ‚Arion' genannt (siehe Abbildung S. 226)[25] und schrieb im ersten Paragrafen seiner Satzung als Hauptzweck fest: „Die Gesellschaft soll zur Erweckung der Gemütlichkeit und Geselligkeit sich vorzüglich mit Gesang beschäftigen."[26] Bald wechselten die ersten Mitglieder nach dem Schulabschluss auf die Leipziger Universität. Während anfänglicher Konkurrenz durch

---

18 Er hieß zunächst ‚Riedel-Whistling-Verein'. Vgl. die zeitgenössische Festschrift von Albert Göhler: *Der Riedel-Verein zu Leipzig. Eine Denkschrift zur Feier seines fünfzigjährigen Bestehens*, Leipzig 1904; und Oskar Schäfer: *Der Leipziger Riedelverein. Die Geschichte eines gemischten Chores*, in: Die Musikpflege 9 (1938/39), S. 17–22; sowie die Magisterarbeit von Isabell Brödner: *Die Schützpflege des Leipziger Riedel-Vereins von 1854 bis 1888*, Institut für Musikwissenschaft der Universität Leipzig 2006.

19 Vgl. dazu und zu anderen Leipziger Gesangvereinen: Helmut Loos: *Gesangvereinswesen in Leipzig*, in: Choral Music and Choral Societies and their Role in the Development of the National Musical Cultures. Symposium (18th Slovenian Musical Days 2003), hrsg. v. Primož Kuret, Ljubljana 2004, S. 153–161.

20 Vgl. Stefan Keym: *Hermann Kretzschmars ‚Akademische Orchester-Concerte'*, S. 239–257 im vorliegenden Band.

21 Vgl. Maria Hübner: *Der Bach-Verein zu Leipzig 1875–1920*, in: Bach-Jahrbuch 83 (1997), S. 97–115, hier S. 100; siehe außerdem zum Bach-Verein D-LEsa: Kap. 35, Nr. 809.

22 Vgl. zum Gewandhauschor: Wolfgang Langner: *Der Gewandhauschor zu Leipzig. Von den Anfängen bis 2000*, Beucha 2005.

23 Friedhelm Brusniak, Dietmar Klenke: *Sängerfeste und die Musikpolitik der deutschen Nationalbewegung*, in: Die Musikforschung 52 (1999), Heft 1, S. 29–54, hier S. 29.

24 Z. B. bei Rudolf Falk: *Geschichte der Sängerschaft Arion zu Leipzig 1849–1929* (Sonderheft der Arionenzeitung), Leipzig 1930, S. 19.

25 Damit folgte man einem üblichen Verfahren, andere Leipziger Männerchöre hießen beispielsweise Merkur (gegründet 1858), Asträa (1860) und Apollo. Der Sänger und Dichter Arion von Lesbos ist auch als historische Person um 600 v. Chr. belegt. Die Legende besagt, dass Arion auf einer Schiffsreise nach Korinth aus Habgier von der Besatzung getötet werden sollte. Als letzten Wunsch ließ er sich gewähren, noch einmal singen und die Kithara spielen zu dürfen und stürzte sich anschließend ins Meer – wo er von einem Delfin ans Land getragen wurde.

26 Wilhelm Külz: *Leben und Streben des Akademischen Gesangvereins Arion während der 50 Jahre seines Bestehens. Festschrift zum 50-jährigen Jubiläum*, Leipzig-Reudnitz 1899, S. 2.

Das Titelblatt von Arno Angers dem Arion gewidmeten Festmarsch von 1874 zeigt die mythische Gestalt des Sängers Arion mit der Leier auf einem Delfin reitend. Am Ufer steht ein Student in den Farben des Gesangvereins Arion. Er hält einen Schläger (Fechtwaffe) und die Vereinsfahne. Oben das Wappen des Arion: Es zeigt die Farben, den Zirkel (Monogramm) und den Wahlspruch des Vereins („Freiheit, Kraft und Liebe."), außerdem ein Paar Schläger vor einem Lorbeerkranz, eine geflügelte Lyra und zwei einander greifende Hände. Im Wintersemester 1887/88 wurde die Lyra im Wappen durch einen Helm ersetzt. Das Motiv der Treuehände findet sich auch auf dem Wappen der Jenaer Urburschenschaft und symbolisiert die Bundestreue, die beispielsweise in Wolfgang Amadeus Mozarts Bundeslied mit dem Text „Brüder, reicht die Hand zum Bunde" (Arionen-Liederbuch Nr. 78) besungen wird
(Archiv der Sängerschaft Arion-Altpreußen zu Göttingen)

den aus ehemaligen Thomanern bestehenden Akademischen Gesangverein Philharmonie,[27] profitierte der jüngere Verein von der dauernden Unterstützung durch den Thomasschullehrer und Gründer zahlreicher Gesangvereine Carl Friedrich Zöllner. Schon zum dreijährigen Bestehen des Arion wurde Zöllner zum Ehrenmitglied[28] ernannt.

Im Wintersemester 1852/53 teilte sich der Verein in eine Schüler- und eine Studentenabteilung. Eines der raren Zeugnisse der Schülerabteilung des Arion ist eine Couleurkarte der Pennälerverbindug Arion zu St. Thomae, die wohl nach dem Ersten Weltkrieg entstanden ist (die Couleurkartendatenbank http://couleurkarten.ooecv.at verzeichnet eine artgleiche Karte mit einem Stempel aus dem Jahr 1921). Das Wappen zeigt neben den eigenen Farben der Verbindung (grün-silber) die Farben der Sängerschaft Arion (rot-grün-gold), eine Lyra und die Treuehände, die auch im Wappen der Studentenverbindung (siehe Abbildung S. 226) vorkommen. Eigene Elemente sind der Zirkel im Zentrum, das Band mit dem Wahlspruch ‚In Friede und in Streit, ein Lied ist gut Geleit!' und das an das Leipziger Stadtwappen angelehnte rechte untere Feld, das die Stadtfarben (blau-gold) in die Vereinsfarben wandelt. An der rechten oberen Ecke der Karte sind Bänder in den Farben der beiden Zweige des Arion angedeutet.

Die Studentenabteilung firmierte als ‚Akademischer Gesangverein Arion', 1907 erfolgte die Umbenennung in ‚Sängerschaft Arion'.[29] Diese Namensänderung war Ausdruck einer länger andauernden Entwicklung. Man verstand sich mehr und mehr als studentische Korporation (daher die begriffliche Anlehnung an ‚Burschenschaft')

Couleurkarte P. V. Arion St. Thomae
(Stadtgeschichtliches Museum Leipzig, F/920/2009)

und grenzte sich von anderen bürgerlichen Gesangvereinen ab. Als Marksteine auf dem Weg zur typischen studentischen Verbindung – aber zu einer mit Gesangsprinzip – seien exemplarisch genannt: Die Weihe einer eigenen Fahne (Sommersemester 1863), die Einführung der roten Samtmütze als Korporationszeichen (1871), die Einrichtung eines eigenen Ehrengerichts (Wintersemester 1883/84), die Einführung eines verpflichtenden Fechtkurses (Wintersemester 1892/93), die Anschaffung eigener schwerer Waffen (zuerst Wintersemester 1892/93, erneut 1902), das Anlegen des dreifarbigen Bandes (rot-grün-gold) und der Trikolore (Mütze mit dreifarbigem Couleurband, Wintersemester 1898/99) sowie der Erwerb eines eigenen Korporationshauses in der Elsterstraße 35 (1911).[30] Als ausgewachsene studentische Verbindung trennte man Mitglieder in Füxe und Burschen, Aktive und Inaktive, hielt Kneipen und Konvente ab und trug bestimmte Abzeichen. Bisweilen forderten Arionen von anderen Studenten Satisfaktion mit der Waffe. Damit positionierte sich der Arion in den Kreisen der von Norbert Elias sogenannten ‚satisfaktionsfähigen Gesellschaft'.[31] Um in das Establishment des wilhelminischen Kaiserreiches aufzusteigen, mussten Männer demnach durch die Zugehörigkeit zum Militär oder zu einer anerkannten Studentenverbindung die Aufnahme in den Kreis der Satisfaktionsfähigen erkämpfen. Gerade in der Handelsstadt Leipzig war dies erstrebenswert: Auf der einen Seite waren die exklusiven Lebensperspektiven der Studenten durch emporgekommene reiche Kaufleute fühlbar bedroht. Auf der anderen Seite hatten die Arionen Mühe, nicht selbst von den schlagenden, nicht musischen Studentenverbindungen als ‚Emporkömmlinge' bezeichnet zu werden. Trotz des Widerstands vieler Alter Herren, die um die zentrale Stellung des Chorgesangs fürchteten, wurde der Arion letztlich zu einer farbentragenden Studentenverbindung mit eige-

---

27 Das Universitätsarchiv Leipzig besitzt über den Akademischen Gesangverein Philharmonie keine Akten. „Die Philharmonie scheint besonders aus früheren Thomasschülern bestanden zu haben. Um 1840 war der später berühmte Komponist Franz Abt […] eine Zeitlang ihr Leiter. 1844 stand sie unter Zöllners Leitung. In den Paulusprotokollen wird sie zuerst im Sommer 1841 erwähnt." R. Kötzschke: *Geschichte der Universitätssängerschaft zu St. Pauli* (wie Anm. 5), S. 95. Laut Kötzschke ist der Verein in den 1850er Jahren eingegangen.

28 Weitere bekannte Ehrenmitglieder des Arion waren Carl Reinecke, Edvard Grieg, Max Reger und Wilhelm Furtwängler.

29 Der Übersichtlichkeit halber wird im Folgenden meist die gebräuchliche Kurzform ‚Arion' verwendet, um die Korporation zu bezeichnen. Bei der Aussprache liegt die Betonung auf der zweiten Silbe.

30 Das ehemalige Arionenhaus existiert noch heute unter dem Namen ‚Kulturbundhaus' und wird als Veranstaltungsort für Konzerte, Ausstellungen, Feste und Ähnliches genutzt. Es beherbergt außerdem das Lokal ‚Tonelli's'.

31 Norbert Elias: *Zivilisation und Informalisierung*, in: ders.: Studien über die Deutschen. Machtkämpfe und Habitusentwicklung im 19. und 20. Jahrhundert, Frankfurt am Main 1989, S. 31–158.

Diese Seite aus dem Fotoalbum eines Arionen zeigt Beteiligte am Arionen-Weihnachtsstück des Jahres 1926 in ihren Kostümen. Die Beschriftung lautet: Weihnachtsstück 1926. Faust (Walter), Gretchen (Laue), Mephisto (Boden) (Archiv der Sängerschaft Arion-Altpreußen zu Göttingen)

Fotografie zum Weihnachtsstück 1926. Die ‚Moonlightgirls‘ (Schlegel, Reuter, Meißner, Roßbach, Leuthier) und die Teufel (Sonntag, Hänsch, Ranft, Kunz) tanzten im dritten Akt ein Ballett. Die Namen der Darsteller sind der Arionenzeitung *(wie Anm. 48) entnommen (Archiv der Sängerschaft Arion-Altpreußen zu Göttingen)*

Herz ist schwer, / ein andrer schwamm mir hinterher". Die dramaturgisch sehr unstetige, ständig überraschende Wendungen nehmende Handlung ist gespickt mit Anspielungen auf aktuelle Themen, auf deren Hintergründe die Kritik der *Leipziger Abendpost* hinweist:

> „Was an Ereignissen der vergangenen Monate auf politischem, sportlichem, wissenschaftlichem, kommunalpolitischem, literarischem, künstlerischem Gebiete, an Leipziger Sensatiönchen irgendwie Anlaß zu Witz, Spott und Persiflage bietet, tauchte in dem lustigen Arionenspiel auf […]. Dr. Peltzer, die Lipsia als Stiefkind unter den Großstädten, die ‚Goselei', Gertrud Ederle, Leipzigs Hungerkünstler, die Schupo, das Rosental, Monsieur Coué, die Raketenfahrt nach dem Mond, sie alle und alles müssen den beißenden Spott der Sängerschafter über sich ergehen lassen, der, trotz allen Spiels, als ernster Kritiker hinter den Kulissen hervorlugt."[49]

Auch die weiteren Zeitungskritiken waren voll des Lobes für Verfasser, Regisseur, Komponisten, Tänzer, Sänger und Darsteller. Die *Leipziger Neuesten Nachrichten* zogen das Fazit: „Gesungen und gespielt wurde flott und prächtig".[50]

Die Reihe der Arionen-Weihnachtsstücke wurde nur durch Kriege unterbrochen. In den Jahren 1937 und 1938, als die Sängerschaft als solche bereits nicht mehr existierte, zeichnete der Bund Alter Arionen für die letzten Vorkriegsveranstaltungen verantwortlich. Direkt nach Ende des Krieges wurden 1946 bis 1948 wieder Weihnachtsstücke von Alten Herren auf die Bühne gebracht, die sogar junge nichtkorporierte Studenten, Söhne von Alten Herren, mitwirken ließen, bis diese Tradition in Leipzig endgültig abbrach.

---

49 *Leipziger Abendpost*, 13. Dezember 1926, S. 3: *Die Arionen-Operette*.

50 *Leipziger Neueste Nachrichten* Nr. 343, 12. Dezember 1926, 4. Beilage, Rubrik *Stadt-Nachrichten: Das Weihnachtsstück der Arionen*.

Die Liedermeister und das Repertoire im Wandel der Zeiten

Eine Eigenheit der akademischen Gesangvereine im Vergleich zu anderen studentischen Korporationen ist die Rolle des Dirigenten und künstlerischen Leiters als zentrale Bezugsperson der Mitglieder. Fünf Personen fungierten in der 88-jährigen Geschichte des Akademischen Gesangvereins Arion zu Leipzig als sogenannte Liedermeister. Der Gründungsvater des Arion war Richard Müller (siehe Abbildung),[51] Sohn des Gewandhaus-Violinisten, Euterpe-Dirigenten und späteren Altenburger Stadtmusikdirektors Christian Gottlieb Müller (1800–1863).[52] Dem Gesangverein Arion blieb er bis ins Jahr 1893, also 44 Jahre lang, als aktiver Dirigent erhalten. Er „hat sich durch Quartette für gemischten und Männerchor, Lieder für eine Singstimme u. a. auch als Componist vortheilhaft bekannt gemacht."[53] Die Kompositionen Müllers gehörten zum festen Repertoire des Vereins.

Für das Repertoire während Müllers Amtszeit ist das *Arionen-Liederbuch*[54] aus dem Jahr 1897 eine wesentliche

---

51 Richard Müller (25.2.1830–1.10.1904) war Präfekt des Thomanerchors und studierte nach seiner Matura an der Leipziger Universität Theologie. Neben dem Arion leitete er die Leipziger Liedertafel und die Liederhalle (beide fusionierten 1859 unter Müllers Leitung), den Richard-Müller-Verein (1874–1882), den Gesangverein Ossian (1874–1878) sowie die Leipziger Singakademie (1883–1893) und war langjähriger zweiter Musikdirektor des Leipziger Gausängerbundes. Müller war als Musik- bzw. Gesangslehrer an der Nicolai-, Real-, und ersten Bürgerschule tätig und bewarb sich im Jahr 1868 um das Thomaskantorat. (Vgl. Stefan Altner: *Das Thomaskantorat im 19. Jahrhundert, Bewerber und Kandidaten für das Leipziger Thomaskantorat in den Jahren 1842 bis 1918. Quellenstudien zur Entwicklung des Thomaskantorats und des Thomanerchors vom Wegfall der öffentlichen Singumgänge 1837 bis zur ersten Auslandsreise 1920*, 2. Aufl., Leipzig 2007, S. 47.) 1889 wurde er zum Professor der Musik ernannt, sein Grabmal befindet sich auf dem Alten Johannisfriedhof in Leipzig. Vgl. zu Müllers Biografie und zu den von ihm geleiteten Ensembles: Heinrich Pfeil: *Richard Müller und der akademische Gesangverein „Arion" in Leipzig. Ein Festgruß zu ihrem 40-jährigen Jubiläum*, in: Die Sängerhalle. Allgemeine Deutsche Gesangvereinszeitung für das In- und Ausland 29 (1889), Heft 15, S. 223–225; August Reissmann: *Handlexikon der Tonkunst*, Berlin 1882, S. 298; G. Reuschke, F. Hartung: *Chronik der Leipziger Liedertafel*, Leipzig 1892; und P. Langer: *Chronik der Leipziger Singakademie* (wie Anm. 4).

52 Vgl. zu Christian Gottlieb Müller: Hans-Rainer Jung, Claudius Böhm: *Das Gewandhaus-Orchester. Seine Mitglieder und seine Geschichte seit 1743*, Leipzig 2006, S. 83.

53 A. Reissmann: *Handlexikon* (wie Anm. 51), S. 298. In seiner Funktion als Lehrer gab Müller ein *Liederbuch für Bürgerschulen* (Stadtgeschichtliches Museum Leipzig, Mus 638a) mit 168 zweistimmigen Gesängen heraus, das vornehmlich für den Gebrauch in Mädchenklassen gedacht war.

54 Exemplare dieses Buches befinden sich im Archiv der Sängerschaft Arion-Altpreußen und im regionalkundlichen Bestand der Leipziger Stadtbibliothek (Signatur Sax.1142).

Titelseite der ersten Ausgabe der Zeitschrift Arion *vom 12. Mai 1891 mit einem Portrait Richard Müllers. Über dem Titel befinden sich der Wahlspruch und der Zirkel des Arion (Archiv der Sängerschaft Arion-Altpreußen zu Göttingen)*

Quelle. Das wertvoll gestaltete Buch (siehe Abbildung S. 232) versammelt 155 der im Arion beliebtesten und am häufigsten gesungenen A-cappella-Werke. Ein Großteil der Stücke ist nur von versierten Chören zu meistern; hier zeigt sich das aus dem Thomanerchor herrührende technische Niveau und die zur Erarbeitung nötige Chordisziplin. Die Besetzung im Rahmen der Möglichkeiten des Männerchores variiert vom einfachen vierstimmigen Satz über Stücke für Chor und Solist bis zu Werken für Chor und Männerquartett. Innerhalb des vierstimmigen Chorsatzes repräsentiert die Sammlung ein weites Spektrum, das einerseits zum Ideal des Volksliedes – repräsentiert von Friedrich Silcher – und andererseits zur kunstvollen Polyphonie strebt, wie sie beispielsweise den Werken von

Titelblatt des Arionen-Liederbuchs. *Zwei singende Studenten, einer mit Liederbuch, der andere mit Blumen in der Hand, blicken ins Saaletal auf die Rudelsburg und Burg Saaleck. Ein kräftiger Baum trägt den Namen Richard Müllers und das Gründungsdatum des Arion. Über dem Titel befindet sich das Wappen des Arion, unten im Kreis das alte Gebäude der Thomasschule und die Thomaskirche in Leipzig*
(Archiv der Sängerschaft Arion-Altpreußen zu Göttingen)

Conradin Kreutzer zu eigen ist. Traditionsgemäß homophon gesetzt sind die fünf Choräle am Ende des Buches. Vergleicht man das *Arionen-Liederbuch* mit dem *Allgemeinen Deutschen Commersbuch*, der für das studentische Singen maßgeblichen Liedersammlung, so fällt neben den unterschiedlichen Ansprüchen an die Fähigkeiten der Singenden auf, dass der Anteil der Vaterlands-, Kampf- und Heimatlieder im Kommersbuch wesentlich höher als im *Arionen-Liederbuch* ist.[55] Außerdem ist für die Unterscheidung des Repertoires des Arion vom durchschnittlichen Studentengesang die Feststellung wichtig, dass im Kommersbuch religiöse Gesänge so gut wie völlig fehlen. Im Gegensatz dazu bilden geistliche Lieder und lutherische Choräle einen wesentlichen Teil des *Arionen-Liederbuches*. Ebenso finden sich in den überlieferten Konzertprogrammen des jungen Vereins öfter Motetten, Mess-Sätze sowie solche Lieder, in denen sich Naturbetrachtung und religiöse Gefühle mischen.

Eine zeittypische Tendenz im letzten Viertel des 19. Jahrhunderts war der Hang zum großen Werk. Beim Winterfest 1870 trat erstmals ein Orchester auf, ab 1873 wurde der Einsatz eines Orchesters auf den Vereinskonzerten zur festen Institution. Es wuchsen die Zahlen der Sänger, die Werke selbst wurden umfangreicher und der einfache A-cappella-Gesang geriet etwas in den Hintergrund. Das Programm des Sommerfestes vom 18. Juli 1888 zeugt davon:

> I. Teil.
> Zwei Männerchöre: a) „Licht, mehr Licht" (mit Begleitung von Trompeten und Posaunen) von F. Liszt.
> b) „Fern vom Rhein", von J. Rheinberger (Ehrenmitglied des Vereins).
> Des Sängers Wiederkehr. Gedicht v. Uhland für Männerchor und Orchester, komp. v. J. Brambach.
> Drei Männerchöre: a) „Heimweh" von W. Speidel
> b) Burschenlied v. G. Vierling
> c) Jagdlied (mit Hörnerbegleitung) v. Jetenski
> II. Teil.
> Drei Männerchöre: a) „Vöglein, wohin so schnell? komp. von Richard Müller.
> b) „Im Maien". Gedicht von R. Baumbach, komp. von V. E. Becker.
> c) „Nachtgesang" im Walde. Gedicht v. J. G. Seidel (m. Hörnerbegleitung, komp. v. Fr. Schubert).
> Drei Männerchöre: a) „Margret am Thore", komp. v. H. T. Petschke.
> b) „Heute!" Gedicht von R. Reinick, komp. v. R. Müller.
> c) „Das Fräulein an der Himmelsthür" von H. Schäffer.
> Eine Sängerfahrt, Quadrille f. Männerchor mit Orchesterbegleitung von K. R. Kristinus.[56]

---

55 Dem Vergleich liegen die Auflagen von 1869 (12. Aufl.) und 1928 (142.–143. Aufl.) zugrunde. Während im Kommersbuch die Rubrik Vaterlandslieder an erster Stelle steht und knapp 20 Prozent der Gesänge versammelt, sind es im *Arionen-Liederbuch* unter 10 Prozent. Im Einzelnen: Kommersbuch 1869: 94 von 547 Stücken, Kommersbuch 1928: 151 von 803 Stücken, *Arionen-Liederbuch*: 12 von 155 Stücken. Vom Kommersbuch wurde die existierende Rubrizierung übernommen, beim *Arionen-Liederbuch* vom Verfasser selbst erstellt.

56 Vgl. W. Külz: *Leben und Streben des Akademischen Gesangvereins Arion* (wie Anm. 26), S. 251.

Nach Richard Müller wurde Paul Klengel (1854–1935)[57] zum Liedermeister ernannt. Von 1881 bis 1886 war er Dirigent der Euterpe gewesen und übernahm 1893 nicht nur den Arion, sondern auch die Singakademie von Müller. Klengel lebte von 1898 bis 1902 in New York, wo er den Deutschen Liederkranz dirigierte. Nach seiner Rückkehr leitete er erneut den Arion vom Wintersemester 1903/04 bis ins Jahr 1921. Er widmete sich mit dem Arionenchor unter anderem den großbesetzten Werken Johannes Brahms' (*Rinaldo* und *Alt-Rhapsodie*). Im A-cappella-Bereich positionierte er neue Kompositionen, unter anderem von Friedrich Hegar, Georg Göhler und sich selbst. Die Festkonzerte unter Klengels Leitung boten in der Regel neben Chor und Orchester sowohl Instrumental- als auch Gesangssolisten Gelegenheit zum Auftritt. Der erste Dirigent während Klengels Abwesenheit in New York war Alfred Richter (1846–1919).[58] Die Chroniken berichten, dass zwischen Richter und den Arionen keine Sympathie aufkommen wollte, er leitete den Chor daher nur vom Sommersemester 1899 bis zum Sommersemester 1900. Richters Nachfolger Georg Göhler (1874–1954)[59] war erfolgreicher; er trat im Sommersemester 1900 das Liedermeisteramt des Arion an und behielt es drei Jahre lang.

Der Chronist schreibt von der Zeit unter Göhler als einer „zu den allerbesten Jahren in der langen Geschichte unseres Arion"[60] gehörenden Periode. Nach der darauf folgenden zweiten Amtszeit von Paul Klengel übernahm im Jahr 1921 der damalige Thomasorganist Günther Ramin (1898 bis 1956)[61] die Leitung. Der künstlerisch ehrgeizige Ramin, Liedermeister bis 1923, legte Wert auf eine große musikalische Bandbreite. Zum Winterkonzert des Jahres 1922 schrieb ein Kritiker: „Der Studentenverein ‚Arion' wagte sich unter seinem neuen Liedermeister Günther Ramin auf modernstes Glatteis, und zwar mit Glück, was angesichts von vier zur Uraufführung gebrachten Chören von E. Lendvai etwas heißen will".[62] Am Ende des Wintersemesters 1923/24 übernahm Hermann Ernst Koch (1885 bis 1963)[63] den Liedermeisterposten. Seine Konzertprogramme vom Ende der 20er Jahre deuten eine Hinwendung zu älterer Vokalmusik, besonders zu der der Renaissance und des Barock an. Als Beispiel für eine chronologisch geordnete Vortragsfolge unter Hermann Ernst Koch sei das Programm zum Winterfest 1931 wiedergegeben:

---

60 Ebenda, S. 342.

61 Günther Ramin besuchte die Thomasschule und studierte am Leipziger Konservatorium. Er wurde 1918 Organist an der Thomaskirche (bis 1939), 1920 Gewandhausorganist und 1940 schließlich Thomaskantor. Außer dem Arion leitete er den Leipziger Lehrergesangverein (1922–1935), die Chorvereinigung des Gewandhauses (1933/34 und 1945–1951) und den Philharmonischen Chor Berlin (1925–1943). Vgl. Martin Elste: *Ramin, Günther*, in: Die Musik in Geschichte und Gegenwart, 2. Ausg., hrsg. v. Ludwig Finscher, Personenteil Bd. 13, Kassel etc. 2005, Sp. 1248 f.

62 Alfred Heuß in der *Zeitschrift für Musik*, zit. nach J. Hohlfeld: *Geschichte der Sängerschaft Arion* (wie Anm. 41), S. 156. Erwin Lendvai (1882–1949) war ein aus Ungarn stammender Komponist und Chordirigent, der ab 1906 in Deutschland lebte. Er wirkte als Lehrer und Dozent in Berlin, Hellerau, Weimar, Jena und Hamburg und dirigierte angesehene Chorvereine in Koblenz, München, Saarbrücken und Erfurt. Im Jahr 1933 musste er emigrieren und lebte letztlich in England. Vgl. *Lendvai (1)*, in: Die Musik in Geschichte und Gegenwart, 2. Ausg., hrsg. v. Ludwig Finscher, Personenteil Bd. 10, Kassel etc. 2003, Sp. 1562 f.

63 Hermann Ernst Koch studierte am Leipziger Konservatorium und arbeitete ab 1910 als Kantor und Organist in Dresden-Cotta, später in Chemnitz. 1923 wurde er Universitätsmusikdirektor in Rostock und kam 1924 wegen einer Berufung ans Leipziger Konservatorium in die Stadt. Hier half er beim Aufbau des Kirchenmusikalischen Instituts und wirkte als Dozent für Liturgik, Hymnologie, Musiktheorie und Komposition. Koch komponierte fast ausschließlich religiöse Vokalmusik. Im Jahr 1946 wurde er zum Landeskirchenmusikdirektor nach Dessau berufen. Die biografischen Informationen stammen von der Internetpräsenz des Carmina-Musikverlages: http://www.carmina-musikverlag.de/Hermann_Ernst_Koch/hermann_ernst_koch.html (Datum der Einsichtnahme: 20. Februar 2008). Derselbe biografische Text befindet sich (ohne Quellenangabe) im Nachlass Kochs im Archiv der Hochschule für Musik und Theater „Felix Mendelssohn Bartholdy" Leipzig. Am selben Ort lagert eine Kopie einer Würdigung Kochs zu seinem 70. Geburtstag, verfasst von Herbert Gadsch (aus: *Musik und Kirche* 1955, Heft 3).

---

57 Dr. phil. Paul Friedrich Moritz Klengel war Bruder des Gewandhauscellisten Julius Klengel und spielte selbst von 1873 bis 1879 Violine im Gewandhausorchester; vgl. H.-R. Jung, C. Böhm: *Das Gewandhaus-Orchester* (wie Anm. 52), S. 139 f. Er ging 1887 ans Hoftheater nach Stuttgart, wo er im Jahr darauf Hofkapellmeister wurde. 1891 kehrte er nach Leipzig zurück und bewarb sich 1892 erfolglos um das Thomaskantorat. Er wurde 1908 zum Professor am Leipziger Konservatorium ernannt, wo er auch den Hochschulchor leitete. Paul Klengel komponierte Kammermusik, Klavierstücke, Lieder und Chorwerke. Im Jahr 1934 wurde er emeritiert.

58 Sein Vater Ernst Friedrich Eduard Richter war Thomaskantor, Alfred Richter selbst besuchte die Thomas- und Nikolaischule und studierte am Leipziger Konservatorium, wo er später auch als Lehrender tätig war. Richter leitete von 1876 bis 1879 die Leipziger Singakademie; vgl. C. Böhm, S.-W. Staps: *Das Leipziger Stadt- und Gewandhausorchester* (wie Anm. 10), S. 145. Er dirigierte in den Jahren 1879 und 1880 interimistisch den Thomanerchor und bewarb sich wie auch Paul Klengel 1892 erfolglos um den Posten des Thomaskantors. Er komponierte Chor- und Sololieder sowie Klavierstücke und veröffentlichte neben Aufgabenbüchern zu den Lehrbüchern seines Vaters einige musiktheoretische Werke; vgl. *Arionenzeitung* 8 (1898), S. 126. Seine Memoiren wurden jüngst veröffentlicht: Alfred Richter: *Aus Leipzigs musikalischer Glanzzeit. Erinnerungen eines Musikers*, hrsg. v. Doris Mundus, Leipzig 2004.

59 Göhler studierte in Leipzig an der Universität und am Konservatorium und übernahm danach unter anderem die Leitung des Riedelvereins. 1903 wurde er als Hofkapellmeister nach Altenburg berufen. Nachdem er auch in Karlsruhe als Hofkapellmeister gedient hatte, kehrte Göhler 1909 nach Leipzig zurück und dirigierte erneut den Riedelverein. Im Jahr 1913 verließ er Leipzig, um in Hamburg an der Neuen Oper und beim dortigen Lehrergesangverein zu dirigieren. Weitere Stationen seines Lebens waren Lübeck und ab 1922 wieder Altenburg, wo er 1923 Generalmusikdirektor wurde. Vgl. *Göhler*, in: *Deutsche Biografische Enzyklopädie*, 2006, S. 883 u. L. Fuhrmann, W. Meyer: *Geschichte des Arion* (wie Anm. 37), S. 13.

Drei geistliche Gesänge für Männerchor:
 Tibi laus/Orlando di Lasso (1520–1594)
 Adoramus te, Christe/Vicenzo Russo (um 1560)
 Surrexit pastor bonus/G. P. Palestrina (1526–1594)
Fünf alt-italienische Arien für Sopran mit Klavierbegleitung:
 O del mi dolce ardor/C. W. Gluck (1714–1787)
 Pur dicesti/A. Lotti (1647–1740)
 Danza, danza/F. Durante (1684–1755)
 Chi vuol la zingarella/G. Paisiello (1741–1816)
 Vittoria, vittoria/G. Carissimi (1605–1674)
Drei Madrigale, für Männerchor bearbeitet von Max Reger:
 Frühling umstrahlt/Thomas Morley (1557–1604)
 Jungfrau, dein' schön' Gestalt/J. L. Hasler (1564–1612)
 Villanella/Baldassare Donati (?–1603)
Vier Lieder für Sopran mit Klavierbegleitung:
 Der Spielmann/Richard Heuberger
 Volkslied/Max Reger (1873–1916)
 Waldeinsamkeit/Max Reger
 Mein Schätzelein/Max Reger
Kammerchor mit Soloinstrumenten/Hugo Herrmann, op. 55. Doppelvariationen: Chor a cappella, Flöte, Violine, Viola und Violoncello nach dem Gedicht ‚Lebenspflichten' von L. Hölty.[64]

Zu beachten ist ab den späten zwanziger Jahren der wachsende Einfluss der Singbewegung auf den Arion und damit die ideologisch motivierte Wertschätzung für das deutsche Volkslied, die Walther Hensel (1887–1956) mit seinen Liedersammlungen beförderte. Im gleichen Zug wurde die ältere Vokalpolyphonie auf- und das vierstimmige Männerchorlied des 19. Jahrhunderts abgewertet, sogar das den Arionen so liebe *Auf den Bergen die Burgen/Vor Jena* von Wilhelm Stade wurde als minderwertig eingestuft. In ihrer konsequentesten Auslegung verwarf diese musikalisch-völkische Jugendbewegung völlig die Darbietungsmusik bürgerlicher Chöre.[65] Das führte dazu, dass sich der Arion mehr und mehr von den Bühnen der Stadt zurückzog. Seine Konzerte zu Stiftungs-, Winter- und Sommerfesten fanden nun im Konservatorium, im Städtischen Kaufhaus und zuletzt – so wie das oben zitierte Winterkonzert – nur noch auf dem Arionenhaus statt.

Im Netzwerk der Institutionen

Das Besondere am Arion in Leipzig war seine Stellung im Organisationsgefüge des bürgerlichen Lebens und Musiklebens. Vielfältige Kooperationsformen zeugen von der Verankerung des akademischen Gesangvereins in der städtischen Musikkultur. So übernahm der Arion während der Sommerferien an der Thomasschule regelmäßig an zwei aufeinanderfolgenden Terminen die Vertretung des Thomanerchors in den Sonnabendmotetten. Erstmals war das 1853 der Fall.[66] Diese Tradition, die die Verbundenheit des Vereins zu seiner Gründungsstätte zeigt, hielt sich bis Anfang der 1920er Jahre. Mit Kompositionen, die dem Verein gewidmet waren, verlieh man den Thomaner-Motetten ein eigenes Gepräge. Andererseits stand geistliche Musik von Arion nahestehenden Komponisten wie Moritz Hauptmann und Richard Müller in den Jahrzehnten von etwa 1880 bis 1910 ohnehin recht regelmäßig auf dem Programm der Thomaner-Motetten. Der Arion sang in der Thomaskirche außerdem beispielsweise Werke von Ernst Friedrich Richter, Gustav Schreck, Heinrich Marschner, Franz Schubert (wiederholt die *Deutsche Messe*) und Franz Liszt (Messe für Männerchor, Solo und Orgel).[67]

Zwischen dem Paulus und dem Arion, den beiden größten unter den insgesamt fünf Leipziger akademischen Gesangvereinen beziehungsweise Sängerschaften, schwankte die Beziehung vielmals zwischen Freundschaft, produktiver Konkurrenz und gegenseitiger Beleidigung. Eine Reihe von gemeinsamen Konzerten führte Arionen und Pauliner zusammen, darunter Wohltätigkeitskonzerte mit anderen Gesangvereinen in den 1850er und 1860er Jahren. In Zeiten guter Beziehungen lud man sich gegenseitig auf Stiftungsfeste ein und trat gemeinsam Kartellen und Dachverbänden bei (siehe Abbildung S. 235), in schlechten Zeiten fühlte man sich durch Äußerungen der jeweils anderen Partei beleidigt und trat aus den Bünden wieder aus. Im Sommersemester 1928 sangen anlässlich des Universitätsfestes beide Sängerschaften zum „ersten Male wieder seit langer Zeit […] gemeinsam ihre Lieder zur Erbauung des Publikums als Zeichen der Einheit den anderen Korporationen gegenüber."[68] Eine Weihnachtsbe-

---

64 *Arionenzeitung* 41, Heft 2, April 1931, S. 92 f.

65 Vgl. Harald Lönnecker: *„Nicht Erz und Stein, Musik soll unser Denkmal sein!" Die Singbewegung und das nie gebaute Denkmal der Deutschen Sängerschaft (Weimarer CC)*, in: Einst und Jetzt. Jahrbuch des Vereins für corpsstudentische Geschichtsforschung 47 (2002), S. 321–352, hier S. 322.

66 Vgl. W. Külz: *Leben und Streben des Akademischen Gesangvereins Arion* (wie Anm. 26), S. 26.

67 Das Archiv der evangelisch-lutherischen Kirchgemeinde St. Thomas Leipzig verwahrt die Textdrucke, die Besucher der Sonnabendmotetten erwerben konnten. Diese sogenannten Motettenzettel wurden erstmals 1865 gedruckt, seit 1869 regelmäßig gesammelt und sind von 1875 an nahezu vollständig archiviert. Wenn der Arion die Ferienvertretung für den Thomanerchor übernahm, ist das nicht immer, aber seit 1876 relativ regelmäßig, auf den Motettenzetteln vermerkt.

68 *Arionenzeitung* 38 (1928), Heft 5, S. 118.

scherung wird beim Paulus erstmals im Winter 1864/65 erwähnt – also fast 10 Jahre nach den Anfängen der Arionen-Weihnachtsbescherung. Wichtiger als die Suche nach vermeintlichen Ursprüngen ist aber der Befund, dass der auch darüber hinaus sehr ähnliche Festkalender beider akademischer Gesangvereine aus einem gemeinsamen städtisch-studentischen Milieu und aus engen Kontakten untereinander hervorgegangen ist.

Immer wieder kam es zur Zusammenarbeit zwischen dem Arion und anderen Leipziger Musikinstitutionen, von denen hier nur einige beispielhaft aufgeführt seien: Gemeinsame Konzerte vereinten den Arion, die Liedertafel, den Gesangverein Philharmonie und die beiden Zöllnervereine im Jahr 1852. Der Orchesterverein Euterpe erhielt durch den Arion gesangliche Unterstützung bei seinen Konzerten (ab 1860/61), im Gegenzug wurden einige Winterkonzerte des Arion (1875, 1883, 1885) von der Euterpe mitgestaltet. Der Arion sang gemeinsam mit dem Riedelverein (Sommersemester 1863 und 1880), der Leipziger Singakademie (11. März 1872) und dem Lisztverein (28. Februar 1885). Ein Alter Herr des Arion, Professor Hans Hofmann, gründete 1899 einen Arionenfrauenchor.[69] Vereinzelt traten Mitglieder des Gewandhausorchesters als Solisten der Arionenkonzerte auf, so der Geiger Ferdinand David 1857 und der Cellist Julius Klengel 1917. Für das Festkonzert anlässlich des 50. Stiftungsfestes im Neuen Gewandhaus am 26. Mai 1899 konnte sogar das Gewandhausorchester selbst, allerdings in verringerter Besetzung, gewonnen werden. Zwischen 1887 und 1912 wurden unter anderem die Kapellen des 106., des 107. und des 134. Infanterieregiments – die seinerzeit bedeutendsten ortsansässigen Militärkapellen – zu Sommer- und Winterfestkonzerten herangezogen. Ferner wurden für Winterfeste das Windersteinorchester (1905, 1910, 1912) und das Leipziger Sinfonie-Orchester (1925 bis 1927) engagiert.

Zur Leipziger Universität pflegte der Arion ein enges Verhältnis. Im Wintersemester 1861/62 wurde im Arion das Amt eines Ehrenvorstandes eingerichtet, ein Posten,

Couleurkarte „Der Leipziger C.C." – Der Leipziger Chargierten-Convent zwischen den Gesangvereinen Paulus und Arion entstand nach 1902
(Stadtgeschichtliches Museum Leipzig)

der immer mit einer angesehenen Größe der Leipziger Universität besetzt wurde. Die Aufgabe des Amtsinhabers bestand in der Repräsentation des Arion an der Universität und dem Einsatz für den akademischen Gesangverein mittels seiner Autorität, wann immer es nötig werden sollte.[70] Honoratioren der Universität wurden oft mit ehrenvollen Aufwartungen, Fackelzügen und Ständchen bedacht. Zu einer regelmäßigen Institution etablierten sich die Fackelzüge zum jährlichen Rektoratswechsel, an denen sich der Arion seit den 1870er Jahren beteiligte. Das 500-jährige Universitätsjubiläum brachte dem Arion Gelegenheit zum musikalischen Einsatz vor den Gästen aus aller Welt. Am Nachmittag des 29. Juli 1909, am Schluss des Festaktes im Neuen Theater, „sang der 300 Mann starke Doppelchor des Arion und Paulus unter Mitwirkung der Sängerin Bella Alten und des Gewandhausorchesters eine große, von Rudolf G. Binding gedichtete und vom Thomaskantor Schreck komponierte Festkantate".[71]

---

69 Hans Hofmann war später Kantor an St. Pauli und in dieser Funktion an der Gründung des Universitäts-Kirchenchores zu St. Pauli (1906) und des Studentenorchesters (1912) beteiligt. Vgl. Hans Hofmann: *Gottesdienst und Kirchenmusik in der Universitätskirche zu St. Pauli-Leipzig seit der Reformation (1543–1918)*, in: Beiträge zur Sächsischen Kirchengeschichte 32 (1919) [Jahresheft für 1918], S. 119–151.

70 Der erste Ehrenvorsteher war Professor Otto Müller, Senior der Juristenfakultät und königlich sächsischer Geheimer Rat. Er behielt diesen Posten 37 Jahre lang bis zu seinem Tod im Dezember 1898 inne. Ihm folgten Albert Köster und Felix Krüger.

71 J. Hohlfeld: *Geschichte der Sängerschaft Arion* (wie Anm. 41), S. 9.

Offizielle Feierlichkeiten in Leipzig riefen den Arion, wie viele andere Gesangvereine und studentische Korporationen auch, zur Teilnahme. In diese Reihe gehört die Grundsteinlegung des Völkerschlachtdenkmals am 18. Oktober 1900, „die für ganz Leipzig ein patriotischer Festtag war. Der Arion stellte zum Festzug, der sich vom Augustusplatz hinaus nach der Höhe bei Stötteritz bewegte, drei Chargierte mit Fahnen und beteiligte sich bei einem der von der gesamten Bürgerschaft abgehaltenen zwei großen Festkommerse, dem im Palmengarten, in corpore".[72] Zur Einweihung des Völkerschlachtdenkmals am 18. Oktober 1913 bildete sich ein Zug aus „2000 Studenten mit mehr als 250 Fahnen",[73] in dem die Reiter des Arion an zweiter Stelle nach denen des Paulus auftraten. Regelmäßig lud der Arion hohe städtische Beamte zu seinen Feiern und Konzerten ein,[74] auch zu den Repräsentanten des Königreichs Sachsen bemühte man sich um ein gutes Verhältnis. Anlässlich des Todes des sächsischen Königs Albert 1902 zählt der Chronist stolz die Kontakte des Arion zum Herrscherhaus auf: die Verleihung des Ritterkreuzes vom Albrechtsorden an Richard Müller (1874), mehrere Huldigungskonzerte vor den Majestäten, der Besuch König Alberts auf zwei Festkonzerten, der Verkehr der Prinzen Friedrich August, Max, Johann Georg und Albert auf den Veranstaltungen des Arion.[75]

Das Ende des Leipziger Arion

Nach dem Ersten Weltkrieg griff in Sängerkreisen der Antisemitismus um sich: Beim Verbandstag des Weimarer Verbands Deutscher Sängerschafter[76] im Mai 1920 wurde beschlossen, dass „Juden und getaufte Juden sowie Abkömmlinge getaufter Juden und aus Mischehen bis einschließlich Urgroßeltern"[77] nicht mehr in Sängerschaften aufgenommen werden durften. Im Jahr 1923 wurde „Juden und Judenstämmlingen auch die Satisfaktion abgesprochen."[78] Die nationalsozialistische Diktatur konnte später beim Versuch der Indoktrinierung des deutschen Korporationswesens auf einem bestehenden Grundstock an Einstellungen aufbauen: Antisemitismus, durch die Singbewegung propagiertes völkisches Denken und ein traditionell kämpferisches Ethos. Ab 1931 trat der Arion bei den regelmäßigen „Protestkundgebung[en] gegen das Versailler Schanddiktat"[79] auf; bald wurde erklärt, das Ziel des Arion sei es, die Studenten „zu politischen, einsatzbereiten Soldaten zu erziehen."[80] Auch das Singen hatte diesem Zweck zu dienen, bei Sonnenwendfeiern wurde es instrumentalisiert, ebenso bei Auftritten mit dem ‚Fliegersturm' (einer SS-Abteilung), mit Massenchören und in Fabriken sowie bei einem Rundfunkkonzert mit einem SA-Potpourri – alles Veranstaltungen, an denen die Sängerschaft Arion im Sommersemester 1934 mitwirkte.[81] Am 20. Oktober 1935 beschloss die Deutsche Sängerschaft, der Dachverband der farbentragenden Sängerschaften, ihre Auflösung: „Für die einzelnen Sängerschaften bietet sich die Möglichkeit, als Kameradschaften in den NS-Studentenbund eingegliedert zu werden. Auch der Arion wird diesen Weg zu gehen haben".[82] Die Feindschaft des nationalsozialistischen Staates gegenüber Vereinigungen, die aus der Gemeinschaft der Bürger selbst entstanden waren und sich obrigkeitlicher Kontrolle entzogen, bedeutete das vorläufige Ende eines freien Vereinslebens und betraf somit alle Musikvereine. Nach einer organisatorischen Umwandlung in die nur von Dezember 1935 bis Februar 1936 bestehende ‚Kameradschaft Arion des NSDStB'[83] wurde die Aktivitas des Arion endgültig aufgelöst. Im Dezember 1937 forderte der nach wie vor bestehende Altherren-Tag seine Mitglieder zum Beitritt in die NS-Studentenkampfhilfe auf, eine nationalsozialistische Parteiorganisation, die sämtliche Alte Herren der ehemaligen deutschen Studentenverbindungen zu sammeln trachtete. Als Anreiz wurde in Aussicht gestellt, dass man eine neue Korporation gründen und wieder zu einer wesentlichen Rolle im Leipziger Musikleben aufsteigen könnte: „In einer Veröffentlichung von Mitte Dezember rufen der Rektor der Universität Leipzig, der Dozenten- und Studentenführer die Dozenten- und Studentenschaft der Universität und ihre Angehörigen, auch die Altakademiker, zur Gründung eines Universitätschores auf […]. In diesem Chor, der eine Einrichtung der Universität und der Studentenschaft ist und unter der Leitung des Universitätskantors Rabenschlag steht, sollen

---

72   L. Fuhrmann, W. Meyer: *Geschichte des Arion* (wie Anm. 37), S. 30.

73   J. Hohlfeld: *Geschichte der Sängerschaft Arion* (wie Anm. 41), S. 55.

74   Vgl. D-LEsa, Kap. 35, Nr. 249. Die dort archivierten Einladungen zu Winter- und Sommerfesten sowie zu Weihnachtsstücken sind meist an den Rat der Stadt adressiert. Die Vermerke und Antwortschreiben zeigen, dass die Einladungen oft Erfolg hatten und dann ein Abgesandter der Stadt den Veranstaltungen repräsentativ beiwohnte.

75   Vgl. L. Fuhrmann, W. Meyer: *Geschichte des Arion* (wie Anm. 37), S. 35 ff.

76   Später umbenannt in ‚Deutsche Sängerschaft (Weimarer CC)'.

77   J. Hohlfeld: *Geschichte der Sängerschaft Arion* (wie Anm. 41), S. 139 f.

78   Ebenda, S. 140, dort Fußnote 1.

79   *Arionenzeitung* 41 (1931), Heft 3, S. 140.

80   *Arionenzeitung* 44 (1934), Heft 3, S. 100.

81   Ebenda, S. 100 f.

82   *Arionenzeitung* 45 (1935), Heft 4, S. 103 f.

83   NSDStB steht für eine Parteiorganisation der NSDAP, den ‚Nationalsozialistischen Deutschen Studentenbund'. Vgl. zur Auflösung der Kameradschaft: *Arionenzeitung* 46 (1936), Heft 2, S. 63.

nach den Erläuterungen der Studentenführung die auf dem Pauliner- und dem Arionenhause zu bildenden Kameradschaften als singende Mannschaften den Stamm bilden."[84] Die Altherrenschaften des Paulus und des Arion gingen auf das Angebot ein: Am 16. Februar 1938 wurde die ‚Altherrenschaft der Kameradschaft des NSD-Studentenbundes im Arionenhaus' gegründet, am 15. Mai wurde das Arionenhaus feierlich der dort wohnenden Kameradschaft übergeben.[85] Diese zweite Kameradschaft und die zugehörige Altherrenschaft waren Neugründungen, wobei frühere aktive Arionen in die Kameradschaft aufgenommen und die Alten Arionen dazu aufgefordert wurden, vollständig in die Studentenkampfhilfe einzutreten. Am 11. November wurde die Kameradschaft nach ‚Volker von Alzey' benannt, einer Figur der Nibelungensage: „Er ist der heitere Waffenbruder des finsteren Hagen, der noch kurz vor dem drohenden Untergang während der Nachtwache die Helden in Schlaf geigt. Aber nicht nur auf die Kunst versteht er sich, im Kampfe steht er wie nur einer. Fiedelbogen und Schwert führt er mit gleicher Meisterschaft."[86] Im Gegensatz zur eher sanften Erscheinung des Arion (siehe Abbildung S. 226) wird Volker in einer zeitgenössischen Abbildung als muskulöser Krieger dargestellt. Er trägt einen gehörnten Helm, kurze Hosen und einen weiten Umhang auf dem ansonsten nackten Leib. Statt einer Lyra oder Geige hält er – ein Schwert.[87]

Nach dem Ende des Zweiten Weltkrieges konnte die Sängerschaft in Leipzig nicht wieder Fuß fassen. Sie gründete sich jedoch 1951 in Göttingen neu, im Jahr 1968 trat ihr die Altherrenschaft der Sängerschaft Altpreußen bei.[88] Bis heute lebt die Sängerschaft Arion-Altpreußen mit aktiven Studenten in Göttingen fort.

---

84 *Arionenzeitung* 48 (1938), Heft 1, S. 1. Auf den Zusammenhang zwischen dem Ende der Leipziger Sängerschaften und der Gründung des Leipziger Universitätschores im Jahr 1938 ist in der Sekundärliteratur bisher noch nicht hingewiesen worden, wird der Universitätschor doch meist verkürzt als Zusammenschluss des Madrigalkreises Leipziger Studenten und der Universitätskantorei beschrieben, so z. B. bei Fritz Hennenberg: *Musikgeschichte der Stadt Leipzig im 19. und 20. Jahrhundert. Studien zur Methodologie und Konzeption*, in: Beiträge zur Musikwissenschaft 33 (1991), Heft 3, S. 225–249, u. Heft 4, S. 259–289, hier S. 272. Ob allerdings das Versprechen, den Stamm des Universitätschores bilden zu dürfen, tatsächlich eingelöst wurde oder nur als Anreiz zum Beitritt in den NSDStB dienen sollte, muss an dieser Stelle leider offen bleiben. Die neuesten Untersuchungen Manuel Bärwalds deuten jedoch eher auf letzteres hin, vgl. dessen Beitrag im vorliegenden Band: *Der Leipziger Universitätschor in Geschichte und Gegenwart – Ursprung, Entwicklungen und Traditionen im Kontext seiner Chorleiter*, S. 349–365.

85 Vgl. *Arionenzeitung* 48 (1938), Heft 2, S. 56; sowie Heft 3, S. 72.

86 *Arionenzeitung* 48 (1938), Heft 4, S. 111.

87 Vgl. *Arionenzeitung* 49 (1939), Heft 1, S. 21.

88 Diese Verbindung war 1921 in Leipzig vornehmlich von Arionen gegründet worden und hatte von 1922 bis 1936 in Königsberg in Ostpreußen existiert. Vgl. UAL: Rep. II/XVI/II A 15.

Ausmalungsentwurf für die Paulinerkirche zum 500-jährigen Jubiläum der Universität Leipzig. Richard Schultz, vor 1909 (Landesdenkmalamt Sachsen)

Hermann Kretzschmars ‚Akademische Orchester-Concerte'
STEFAN KEYM

In den fünf Konzertsaisons 1890–1895 veranstaltete der Leipziger Universitätsmusikdirektor Hermann Kretzschmar (1848–1924) jährlich sechs ‚Akademische Orchester-Concerte'. Der Klangkörper, den er dabei dirigierte, war kein Studentenorchester, sondern die Capelle des Königlich Sächsischen Infanterie-Regiments Nr. 134, die von weiteren Musikern, vor allem aus dem Gewandhausorchester, verstärkt wurde. Dennoch besaß die Konzertreihe eine direkte Verbindung zur Universität durch Kretzschmars dort ergänzend dazu abgehaltene Vorlesungen über die ‚Geschichte der Sinfonie im Anschluß an die Akademischen Orchesterconcerte'.[1] Aus der Leipziger Universitätsmusikgeschichte sticht sie durch die enge Verzahnung von Musikpraxis und -wissenschaft hervor. Als Bindeglied zwischen beiden Tätigkeitsfeldern Kretzschmars fungierten seine Konzerteinführungstexte sowie sein aus ihnen entwickelter *Führer durch den Concertsaal*, der zu jenen Schriften zählte, für die er 1891 eine außerplanmäßige Professur erhielt. Im Folgenden werden die ‚Akademischen Orchester-Concerte' und ihr Werkrepertoire aus zwei Perspektiven beleuchtet:[2] Zum einen werden sie in die Geschichte des Leipziger Konzertwesens eingeordnet; zum anderen wird anhand von Kretzschmars Einführungstexten und seines Konzertführers untersucht, nach welchen Kriterien er die Werke auswählte und in welchem historisch-ästhetischen Sinnzusammenhang er sie dem Publikum präsentierte. Die im Mittelpunkt des Beitrags stehende vergleichende Repertoire-Analyse wird eingerahmt durch Angaben zur Entstehungs- und Rezeptionsgeschichte der Konzerte.

Entstehungsgeschichte

‚Historische Konzerte', in denen vor allem ältere Werke in einer entwicklungsgeschichtlichen Abfolge präsentiert werden, gab es im deutschen Raum seit dem frühen 19. Jahrhundert.[3] In Leipzig sind hier vor allem die drei Zyklen mit jeweils drei bis vier Konzerten zu nennen, die Felix Mendelssohn Bartholdy 1838, 1841 und 1847 im Rahmen der Abonnementkonzerte des Gewandhauses gab und die „nach der Reihenfolge der berühmtesten Meister, von vor 100 Jahren bis auf die jetzige Zeit angeordnet" waren.[4] Carl Reinecke veranstaltete 1866 am Gewandhaus einen Zyklus von fünf historischen Konzerten und leitete außerdem 1863 und 1876 drei einzelne Konzerte, die einen Überblick über die Musikgeschichte je eines Landes vermitteln sollten (zweimal Frankreich; einmal Italien).[5]

---

[1] Vgl. Heinz-Dieter Sommer: *Praxisorientierte Musikwissenschaft. Studien zu Leben und Werk Hermann Kretzschmars*, München und Salzburg 1985, S. 41.

[2] Informative Angaben zu dieser Konzertreihe finden sich ebenda, S. 41 f., bei Tatjana Böhme: *Wege von der Kunst zur Wissenschaft. Hermann Kretzschmars Wirken in Leipzig*, in: Hermann Kretzschmar. Konferenzbericht Olbernhau 1998, hrsg. v. Rainer Cadenbach und Helmut Loos, Chemnitz 1998, S. 44–51, und bei Manfred Würzberger: *Die Entwicklung des Orchesterwesens in Leipzig außerhalb des Stadt- und Gewandhausorchesters in der zweiten Hälfte des 19. Jahrhunderts*, maschr. Diss., Universität Leipzig 1967, S. 180–189.

[3] In Frankreich setzte diese Tradition etwa zur gleichen Zeit ein, in England bereits im 18. Jahrhundert. Siehe dazu Monika Lichtenfeld: *Zur Geschichte, Idee und Ästhetik des historischen Konzerts*, in: Die Ausbreitung des Historismus über die Musik, hrsg. v. Walter Wiora, Regensburg 1969, S. 41–53.

[4] Vgl. Alfred Dörffel: *Die Gewandhausconcerte zu Leipzig. Geschichte der Gewandhausconcerte zu Leipzig vom 25. November 1781 bis 25. November 1881*, Leipzig 1884, Reprint Leipzig 1980, S. 91, 98 und 115 f. Das Repertoire dieser Konzerte reichte von Händel und Bach über die Wiener Klassiker bis zu Weber und (1847) Schubert. – Bei dem von Friedrich Rochlitz konzipierten Jubiläumskonzert zum 50. Bestehen des Gewandhauses (1831) wurden Werke aus jedem der vergangenen fünf Jahrzehnte präsentiert.

[5] Der historische Zeitrahmen reichte bei den fünf Konzerten 1866 von Bach und Händel bis zu „Mendelssohn, Meyerbeer, Schumann und Zeitgenossen" (Marschner, Kreutzer, Chopin u. a.), bei den drei „national-historischen" Konzerten von Palestrina bzw. Lully bis zur Gegenwart. Vgl. A. Dörffel: *Gewandhausconcerte* (wie Anm. 4), S. 168–171, und Katrin Seidel: *Carl Reinecke und das Leipziger Gewandhaus*, Hamburg 1998, S. 76–78.

Hermann Kretzschmar hatte sein Konzept eines von Begleittexten flankierten historischen Konzertzyklus' zunächst in Rostock erprobt, wo er 1877–87 als ‚Academischer Lehrer der Musik' an der Universität wirkte.[6] Die umfangreiche Konzerttätigkeit, die er dort entfaltete und die ihm 1879 den Titel eines ‚Großherzoglichen Musikdirektors' einbrachte, stand indes in keinem direkten Zusammenhang mit seiner universitären Tätigkeit, die in Rostock noch kaum musikwissenschaftliche Vorlesungen umfasste. Zusätzlich zu den Veranstaltungen des von ihm gegründeten Concertvereins übernahm Kretzschmar 1881 die Abonnementkonzerte des alteingesessenen ‚Vereins Rostocker Musiker'. Um diesen ein eigenes Profil zu verleihen, gestaltete er sie um zu einer Reihe ‚Historischer Orchester-Aufführungen'. Diese Reihe war beim Publikum zwar deutlich weniger beliebt als die des Concertvereins; die Einführungstexte, die Kretzschmar dazu auf Programmzetteln (nach englischem Vorbild) sowie in der Tagespresse (gleichsam als ‚vorweggenommene Musikkritik'[7]) veröffentlichte, bildeten jedoch die Grundlage für die erste Auflage seines vielgelesenen *Führers durch den Concertsaal*, dessen erster Band 1887, kurz vor Kretzschmars Wechsel nach Leipzig, im dort ansässigen Verlag A. G. Liebeskind erschien.

In Leipzig traf Kretzschmar freilich auf eine völlig andere Musiklandschaft. Während es ihm in Rostock binnen kurzer Zeit gelungen war, eine „führende Position"[8] im städtischen Musikleben zu erlangen und dieses grundlegend zu reformieren, fand er in der ‚Musikstadt Leipzig' eine langjährige, vielfältige Konzerttradition vor, die seit etwa einhundert Jahren Vorbild für den deutschen Raum und darüber hinaus war.[9] Im Leipziger Orchesterkonzertwesen hatte sich seit dem frühen 19. Jahrhundert ein ‚duales System' entwickelt. Die erste Säule bildeten die ‚Großen Concerte' des Gewandhauses, die hinsichtlich des künstlerischen Niveaus, der Kanonbildung sowie der das Sinfoniekonzert bis heute umrahmenden Strukturen und Rituale (Abonnementwesen; Andachtshaltung des Publikums etc.) Maßstäbe setzten.[10] Die zweite Säule bestand aus einem Konglomerat weiterer Konzertreihen und einzelner Konzerte verschiedener Orchester und Veranstalter, die vor allem eine das Angebot des Gewandhauses ergänzende Funktion hatten, welche jedoch nicht unterschätzt werden sollte.[11] Sie boten zum einen ein Podium für wenig bekannte – vor allem junge sowie auswärtige, durchreisende – Komponisten und Interpreten; zum anderen eröffneten sie Hörern, die (aus finanziellen oder anderen Gründen) über kein Abonnement im Gewandhaus verfügten, die Möglichkeit, in den Genuss sinfonischer Musik zu kommen. Die Qualität dieser Aufführungen stand naturgemäß gegenüber der der Gewandhauskonzerte zurück. Die Programme hingegen waren deutlich vielfältiger und offener. Insbesondere in der zweiten Hälfte des 19. Jahrhunderts, als das Gewandhaus-Direktorium und der Kapellmeister Carl Reinecke ein sehr konservatives, primär auf die Wiener Klassik und die ‚Leipziger Schule' ausgerichtetes Programm präferierten, hatten die Konzerte der übrigen Veranstalter eine erhebliche Bedeutung für das Leipziger Musikleben.

Die meiste Zeit existierte in Leipzig neben dem Gewandhausorchester ein weiteres festes Sinfonie-Orchester, dem innerhalb der zweiten Säule des städtischen Konzertlebens die wichtigste Rolle zukam. Über sechzig Jahre spielte diese Rolle der Musikverein Euterpe (1824–1886), dessen Klangkörper allerdings personell eng mit dem Gewandhausorchester verflochten und stets von Finanznot und starker Fluktuation betroffen war. Letzteres galt auch für das 1896 von Hans Winderstein gegründete Orchester, das bis in die Zeit des Ersten Weltkriegs in der Alberthalle des Krystallpalasts zu niedrigen Eintrittspreisen Konzerte für ein sehr großes Publikum gab. Seit den 1920er Jahren stellt der Rundfunk Leipzigs ‚zweites' beständiges Orchester. Des Weiteren wurden Sinfoniekonzerte im späten 19. Jahrhundert von Militärkapellen, zivilen Orchestermusikvereinen, eigenverantwortlich agierenden Orchesterunternehmern sowie von speziellen Musikvereinen veranstaltet, die – wie der 1885 gegründete Liszt-Verein – für ihre Konzerte wechselnde Orchester engagierten. Ebenfalls zur zweiten Säule sind die Sinfoniekonzerte zu rechnen, die Kapellmeister der Leipziger Oper gelegentlich gaben. Das dabei eingesetzte ‚Orchester des Leipziger Stadttheaters' war zwar faktisch das Gewandhausorchester; doch

---

6 Siehe dazu Karl Heller: *Das Rostocker Jahrzehnt Hermann Kretzschmars*, in: Hermann Kretzschmar. Konferenzbericht Olbernhau 1998, hrsg. v. Rainer Cadenbach und Helmut Loos, Chemnitz 1998, S. 57–77, und H.-D. Sommer: *Praxisorientierte Musikwissenschaft* (wie Anm. 1), S. 20–24.

7 Diese Idee entwickelte Kretzschmar in seiner Rezension des Buchs von Ludwig Meinardus: *Des einigen deutschen Reiches Musikzustände*, in: Musikalisches Wochenblatt 4 (1873), S. 21.

8 K. Heller: *Das Rostocker Jahrzehnt* (wie Anm. 6), S. 61.

9 Siehe dazu Rebecca Grotjahn: *Die Sinfonie im deutschen Kulturgebiet 1850 bis 1875. Ein Beitrag zur Gattungs- und Institutionengeschichte*, Sinzig 1998.

10 Siehe A. Dörffel, *Gewandhausconcerte* (wie Anm. 4), und Johannes Forner (Hrsg.): *Die Gewandhaus-Konzerte zu Leipzig 1781–1981. Mit einem zusammenfassenden Rückblick von den Anfängen bis 1781*, Leipzig 1981.

11 Diese Konzerte sind bislang nur unzureichend erforscht und dokumentiert. Pionierarbeit auf diesem Gebiet leistete Manfred Würzberger: *Die Konzerttätigkeit des Musikvereins ‚Euterpe' und des Winderstein-Orchesters im 19. Jahrhundert* (Die Musikstadt Leipzig 4), Leipzig 1966; und M. Würzberger: *Die Entwicklung des Orchesterwesens* (wie Anm. 2).

handelte es sich eben nicht um Gewandhauskonzerte, sondern um eigenständige Veranstaltungen, die eine Ergänzung und Alternative zum einseitigen Programm des Konzerthauses boten (ein Paradebeispiel dafür bildet die 1884 vom damaligen Theaterkapellmeister Arthur Nikisch geleitete Uraufführung von Anton Bruckners Sinfonie Nr. 7 E-Dur).

Die für Auswärtige einigermaßen kompliziert anmutende Situation des Leipziger Konzertwesens war Hermann Kretzschmar wohlbekannt. Schließlich hatte er selbst am hiesigen Konservatorium studiert und danach einige Jahre diverse Leipziger Musikensembles geleitet, darunter neben dem Bachverein und der Singakademie auch kurzzeitig die Konzerte des Musikvereins Euterpe. 1875 gab er diese Tätigkeiten jedoch wegen gesundheitlicher Probleme auf. Dass er den Taktstock mitten in einem Euterpe-Konzert niederlegen musste,[12] bildete zweifellos eine schwere persönliche Demütigung für den jungen ambitionierten Musiker. Nachdem er in Rostock gerade als Orchesterdirigent große Erfolge und vielfältige Erfahrungen gesammelt hatte, war Kretzschmar 1887 nach Leipzig zurückgekehrt mit dem offensichtlichen Ziel, sich neben seiner akademischen Tätigkeit als Musikforscher und Leiter des Paulinerchors auch auf dem Gebiet der Orchesterleitung in der ‚Musikstadt Leipzig' Anerkennung zu verschaffen.

Die Gelegenheit dafür war günstig. Die frühen 1890er Jahre fielen in eine ‚Interregnums'- und Übergangsperiode des Leipziger Konzertwesens. Der Musikverein Euterpe hatte sich ein Jahr vor Kretzschmars Rückkehr aufgelöst. Das Winderstein-Orchester trat erst zehn Jahre später auf den Plan. 1889 verließ Theaterkapellmeister Nikisch die Stadt. Die Gewandhauskonzerte befanden sich in der Endphase der Amtszeit Carl Reineckes (1860–1895), in der sie nach Einschätzung Alfred Richters Gefahr liefen, „ihren eigentlichen Charakter als Kunststätten zu verlieren und den fashionabler Reunions anzunehmen".[13] In dieser Situation bedurfte Leipzig dringend eines innovativen Alternativangebots, um seinen Ruf als deutsche Musikhauptstadt, vor allem der Sinfonik, zu wahren. Diese Lücke dürfte Kretzschmar nicht verborgen geblieben sein. Dabei hatte er seine Leipziger Konzertaktivitäten zunächst auf die Vokalmusik ausgerichtet, indem er neben dem Paulinerchor 1888 die Leitung des Riedel-Vereins übernahm. Erst 1890 – ein Jahr nach dem Weggang Nikischs – gründete er die ‚Akademischen Orchester-Concerte'.

Wie Kretzschmar selbst angab, wurde seine Konzertreihe durch den sächsischen Staat subventioniert.[14] Die Unterstützung betraf zum einen die Finanzierung der Miete der Alberthalle – einer 1882 eröffneten Mehrzweckhalle im Krystallpalast, die für Sänger- und Sportfeste, Zirkus- und Konzertveranstaltungen konzipiert war und je nach Verwendungszweck 3000–4000 Personen fasste[15] – sowie der Honorare der zivilen Musiker, mit denen die Militärkapelle auf etwa 70 bis 80 Musiker verstärkt wurde.[16] Zum anderen dürfte auch der Einsatz der Militärkapelle durch die staatliche Schirmherrschaft erleichtert worden sein. Dass sich Kretzschmar hauptsächlich auf ein Militärorchester stützte, war zur damaligen Zeit auch in Leipzig nicht ungewöhnlich. Seit einer Reform des sächsischen Militärmusikwesens (1867) wurden diese Kapellen systematisch ausgebaut und spielten zunehmend auch sinfonische Musik.[17] In Leipzig traten ab 1876 die Kapelle des 8. Infanterie-Regiments Nr. 107 unter Carl Salomo Walther und ab 1881 die des 10. Infanterie-Regiments Nr. 134 unter Hermann Alfred Jahrow mit Sinfoniekonzertreihen hervor. Ein Erlass von 1883, der die Größe der Kapellen auf maximal 42 Mann einschränkte, zwang die beiden Klangkörper zur Zusammenarbeit. So fanden 1886/87 vier Sinfoniekonzerte der beiden vereinigten Kapellen unter Leitung von Hans Sitt statt, bei denen an Novitäten u. a. Piotr Tschaikowskis Phantasie-Ouvertüre *Romeo und Julia*, Frederic H. Cowens *Skandinavische Sinfonie* und Alberto Franchettis Sinfonie e-Moll erklangen. Das offizielle Eröffnungskonzert der Alberthalle 1887 unter Alexander Siloti wurde ebenfalls von Musikern beider Regimenter bestritten (u. a. mit Franz Liszts *Hunnenschlacht*). Ab 1891 griff auch der Liszt-Verein – offenbar angespornt durch den Erfolg der ersten Konzertsaison Kretzschmars – bei seinen jährlich fünf von Gastdirigenten geleiteten Sinfoniekonzerten auf die Kapelle des 134. Regiments zurück.[18]

Die ‚geschäftliche' Organisation der Akademischen Konzerte, die auch ein Abonnement anboten, übernahm zunächst der Verleger Ernst Eulenburg, ab der zweiten Sai-

---

12 Über diesen Vorfall beim vierten Euterpe-Konzert am 30. November 1875 berichtete das *Musikalische Wochenblatt*, 10. Dezember 1875, S. 636.
13 Alfred Richter: *Aus Leipzigs musikalischer Glanzzeit. Erinnerungen eines Musikers* [ca. 1913], hrsg. v. Doris Mundus, Leipzig 2004, S. 210.
14 Vgl. die Ankündigung der Konzertreihe im *Leipziger Tageblatt*, 2. November 1890, sowie Hermann Kretzschmar: *Musikalische Zeitfragen. Zehn Vorträge*, Leipzig 1903, S. 88.
15 Vgl. M. Würzberger: *Die Entwicklung des Orchesterwesens* (wie Anm. 2), S. 179.
16 Vgl. ebenda, S. 184.
17 Zum Folgenden siehe ebenda, S. 149 ff.
18 Laut dem *Musikalischen Wochenblatt*, 8. Dezember 1892, S. 623, war die außergewöhnliche sinfonische Leistungsfähigkeit dieser Militärkapelle „in erster Linie dem kunstsinnigen Obersten des betr. Regiments, Hrn. v. Loeben, zu verdanken, der [...] die HH. Capellisten öfters sogar zu Gunsten der Mitwirkung derselben in den beregten Concerten [Kretzschmars und des Liszt-Vereins, Anm. d. Verf.] von anderen dienstlichen Obliegenheiten entbindet."

son ein ‚Komitee' von 14 Leipziger Geschäftsleuten und Bildungsbürgern, zu denen auch Felix Liebeskind, der Verleger von Kretzschmars Konzertführer, gehörte.[19]

Laut einer Programmvorschau im *Leipziger Tageblatt* sollten die Konzerte „in erster Reihe den Studenten der hiesigen Universität zur musikalischen Bildung dienen".[20] Nach Einschätzung des Blatts unterlag es indes „wohl keinem Zweifel, daß auch weiten Kreisen des Leipziger Publikums eine Gelegenheit willkommen sein wird, die mit dem direkten musikalischen Genuß auch, und zwar ohne Aufdringlichkeit, einen Theil Belehrung verbindet." Die Aufgabe der Konzertreihe bestehe darin, „ein Bild von der Entwicklung der höheren Orchestermusik, im besonderen der Symphonie, zu geben"[21] und damit „geschichtliche Bildung zu fördern".[22] Anders als in seinen Rostocker historischen Konzerten, bei denen Kretzschmar oft an einem Abend die Geschichte einer Gattung vom 17. bis zum 19. Jahrhundert nachgezeichnet hatte,[23] präsentierte er in Leipzig in jedem Konzert Werke verschiedener Gattungen, „die geeignet sind[,] eine durch Gehalt und Form eigenthümliche Periode der Orchestermusik zu veranschaulichen."[24] Der größte Teil des Programms wurde mit Werken von der Wiener Klassik bis zur Gegenwart bestritten (siehe Tabelle); darin unterschied sich die Reihe kaum von anderen Konzerten.[25]

Die relativ starke Präsenz zeitgenössischer Werke in den Akademischen Konzerten ist auf zwei Gründe zurückzuführen. Zum einen verfolgte Kretzschmar, wie Heinz-Dieter Sommer aufgezeigt hat,[26] die Ausdehnung des historischen Prinzips auf die Gegenwart; von der dabei angestrebten ‚neutralen' Perspektive, die alle auffälligen Strömungen einer Zeit gleichberechtigt nebeneinander betrachtete, erhoffte er sich ein Ende des seit den 1850er Jahren tobenden Parteienstreits zwischen ‚Neudeutscher Schule' und Konservativen, den er als äußerst schädlich für das deutsche Musikleben erachtete.[27] Zum anderen durfte sich Kretzschmar, um seine Ambitionen als Dirigent zu wahren und seine Eignung für bedeutendere Posten auf diesem Gebiet zu beweisen, nicht in die Nische rein historisch-didaktischer Konzertprogramme zurückziehen. Die von den Rostocker historischen Konzerten abweichende Kombination verschiedener Gattungen an einem Abend, die ja der üblichen Konzertpraxis entsprach, dürfte auch durch diesen Gesichtspunkt bedingt worden sein. Gleichwohl unterschieden sich Kretzschmars ‚akademische' Programme in einem wesentlichen Gattungsaspekt von denen anderer Konzertreihen (einschließlich der historischen Konzerte Mendelssohns und Reineckes): Sie verzichteten auf vokale und instrumentale Solisten-Nummern, wie sie am Gewandhaus unter Reinecke in nahezu jedem Konzert, in der Ära Nikisch immerhin noch gelegentlich zum Einsatz kamen und wie sie Kretzschmar selbst bei seiner Rostocker Concertvereinsreihe praktiziert hatte. Neben der daraus resultierenden finanziellen Entlastung dürfte hierfür die ästhetisch-erzieherische Bestimmung der Konzerte den Ausschlag gegeben haben: In seinen *Musikalischen Zeitfragen* polemisierte Kretzschmar gegen den „Jahrmarktsgeist", der sich etwa in der Kopplung von Beethovens neunter Sinfonie mit „Davidoffschen oder Fitzenhagenschen Celloetüden" in einem Konzert zeige.[28] Wenn Instrumentalkonzerte gespielt wurden, traten überwiegend Leipziger Musiker als Solisten auf (darunter mehrfach Kretzschmars Gattin Clara geb. Meller, eine Pianistin, die aus England stammte und wie ihr Mann Absolventin des Leipziger Konservatoriums war[29]). Bei chorsinfonischen Werken kam der von Kretzschmar geleitete Riedel-Verein zum Einsatz.

---

19 Die Mitglieder des Komitees waren laut *Leipziger Tageblatt* 1891, Nr. 310, Musikverleger E. A. Äster, die Buchhändler J. Grunow und Liebeskind, Gymnasial-Oberlehrer Dr. Böttcher, Rechtsanwalt Dr. A Gentzsch, die Geh. Hofräte Prof.es Dr.es Heinze, Wislicenus und Zarnke, Prof. Dr. theol. Rietschel, Dr. med. M. Taube, die Reichsgerichtsräte Schaper und Stellmacher, Kaufmann G. H. Schomburgk und Oberbibliothekar Dr. Wustmann.

20 *Leipziger Tageblatt*, 2. November 1890.

21 Ebenda.

22 Programmtext vom 1. November 1892. Die Programmzettel der ersten drei Jahrgänge (bis auf den zweiten der dritten Saison) finden sich im Stadtgeschichtlichen Museum Leipzig: Mus II V Ak 5.1–5.6 und MT 2/2009–18/2009). Ich danke Frau Kerstin Sieblist, die mir diese Dokumente zugänglich gemacht hat.

23 So spannte Kretzschmar etwa in einem der Ouvertüre gewidmeten Konzert einen Bogen von Claudio Monteverdis *Orfeo* bis zu Richard Wagners *Meistersingern* und an einem Abend über Suite und Serenade von Johann Pezel bis zu Johannes Brahms. Vgl. K. Heller: *Das Rostocker Jahrzehnt* (wie Anm. 6), S. 68.

24 Programmtext vom 1. November 1892.

25 Eine Übersicht über die Programme der ersten drei Jahrgänge gibt ausgehend von den erhaltenen Programmzetteln (vgl. Anm. 22) T. Böhme: *Wege von der Kunst zur Wissenschaft* (wie Anm. 2), S. 46–49. Die Programme sämtlicher Jahrgänge sind aufgeführt in: Albert Göhler (Hrsg.): *Der Riedel-Verein zu Leipzig. Eine Denkschrift zur Feier seines fünfzigjährigen Bestehens*, Leipzig 1904, S. 97–102. Die dortigen Angaben wurden überprüft mit Hilfe der Konzertkritiken im *Musikalischen Wochenblatt* und in der *Neuen Zeitschrift für Musik*.

26 H.-D. Sommer: *Praxisorientierte Musikwissenschaft* (wie Anm. 1), S. 42.

27 Siehe dazu H. Kretzschmar: *Musikalische Zeitfragen* (wie Anm. 14), S. 6 f. und 130 f.

28 Ebenda, S. 124 f.

29 Eine biographische Skizze zu Clara und Hermann Kretzschmar erschien im *Musikalischen Wochenblatt* 21 (1890), S. 3 f. und 18 f.

Repertoire-Vergleich

Da Kretzschmar sein chronologisches Programmkonzept während der fünfjährigen Existenz seiner Konzertreihe im Wesentlichen beibehielt, erscheint es sinnvoll, die sechs durch je ein Konzert repräsentierten historischen Entwicklungsstufen nacheinander zu erörtern und dabei den Schwerpunkt auf den Vergleich zwischen den fünf Saisons zu legen (siehe Tabelle). Außerdem ist vergleichend zu untersuchen, inwieweit die von Kretzschmar ausgewählten Werke auch in anderen Leipziger Konzertreihen (insbesondere am Gewandhaus) präsent waren und wie sie in seinem *Führer durch den Concertsaal* dargestellt wurden. Berücksichtigt werden dabei vor allem die erste Auflage des *Sinfonie und Suite* gewidmeten Band 1 des Konzertführers (1887), deren Text noch in Rostock entstand, und die wesentlich erweiterte dritte Auflage, die 1898 erschien – drei Jahre nach Abschluss der Leipziger Konzertreihe.[30]

1. Das Eröffnungskonzert jeder Saison war erwartungsgemäß der – nach heutigem Sprachgebrauch – Alten Musik gewidmet, also Werken, die keine durchgängige Aufführungstradition bis in die Gegenwart besitzen. Das erste Konzert am 14. November 1890 eröffnete Kretzschmar ,zünftig' mit den Fanfarenklängen der Toccata aus Claudio Monteverdis *Orfeo*, die er bereits in Rostock aufgeführt hatte und mit der auch seine Darstellung der Orchestermusik im Konzertführer beginnt. Abgesehen von diesem kurzen Stück war das frühe 17. Jahrhundert mit einer *Sonata (pian e forte)* von Giovanni Gabrieli vertreten (im 1. Konzert der III. Saison = III/1), das mittlere allein mit der Sonata zu Marc'Antonio Cestis Oper *Il Pomo d'oro* (III/2). Große Fluktuation herrschte bei der Präsentation der Epoche um 1700: Aus dieser Zeit wurden Alessandro Scarlatti, Arcangelo Corelli, Georg Muffat, Leonardo Leo und Giovanni Battista Bassani mit je einem Werk berücksichtigt. Dagegen waren die ,spätbarocken' Komponisten Jean-Philippe Rameau, Georg Friedrich Händel und Johann Sebastian Bach in jeder Konzertsaison präsent. Die überraschend konstante Pflege von Werken Rameaus erklärt sich zum einen durch deren Publikumserfolg (an dem die effektvolle Neuorchestrierung Kretzschmars wohl keinen geringen Anteil hatte),[31] zum anderen durch den Mangel an älteren französischer Orchesterwerken auf dem Musikalienmarkt. Wie sehr Kretzschmar gerade bei der Auswahl Alter Musik von diesem Markt abhängig war, zeigt sein Konzertführer, in dem er aus dem 17. und 18. Jahrhundert (bis einschließlich Haydn und Mozart!) primär solche Werke vorstellte, von denen Ausgaben vorlagen. Zu Rameau heißt es in der ersten Auflage lapidar, aus den Opern des „grossen Franzosen" ließen sich „reizende Suiten mit origineller Instrumentation zusammenstellen".[32] Erst in der dritten Auflage werden einzelne Werke genannt: die Suiten zu *Acante et Céphyse*, *Zoroastre* und *Platée*. Kretzschmar weist darauf hin, dass diese Suiten kürzlich bei Rieter-Biedermann erschienen seien,[33] erwähnt jedoch nicht, dass er selbst derjenige war, der sie zusammenstellte, einrichtete und herausgab, nachdem er sie zuvor in seinen Akademischen Konzerten erprobt hatte. Zu den Früchten der Wechselwirkungen zwischen den vielfältigen Tätigkeitsfeldern Kretzschmars gehörten somit neben den Konzerten und dem Konzertführer auch Publikationen Alter Musik. Auch eine Sinfonie von Carl Ditters von Dittersdorf, vier Sätze aus Christoph Willibald Glucks Ballett *Don Juan* und die Sinfonia zu Leonardo Leos Oratorium *Sant'Elena al Calvario* wurden von Kretzschmar zuerst auf dem Leipziger Konzertpodium erprobt, dann ediert[34] und schließlich in dem stark erweiterten ersten Kapitel der dritten Auflage des Konzertführers gattungsgeschichtlich eingeordnet.

Bei aller Wertschätzung Rameaus ließ Kretzschmar keinen Zweifel daran, dass er Bach und Händel weitaus höher einschätzte. So schrieb er im Programmtext des ersten Konzerts, Bachs dritte Orchestersuite repräsentiere in der Gattungsgeschichte der Suite „die Stufe einer höheren Entwickelung, Rameau eine frühere Periode, in der die Sätze ganz kurz waren" (Programmtext I/1).[35] Dass hier ästhetischer und historischer Standpunkt in einer für

---

30 Hermann Kretzschmar: *Führer durch den Concertsaal. I. Abtheilung: Sinfonie und Suite*, 1. Aufl. Leipzig 1887; 2. Aufl. Leipzig 1890; 3. Aufl. Leipzig 1898. Die zweite Auflage unterscheidet sich kaum von der ersten.

31 Vgl. die Konzertkritiken im *Musikalischen Wochenblatt*, 5. November 1891, S. 580, und 23.11.1893, S. 652, sowie in der *Neuen Zeitschrift für Musik*, 21.11.1894, S. 524.

32 H. Kretzschmar: *Führer durch den Concertsaal*, 1. Aufl. (wie Anm. 30), S. 4.

33 H. Kretzschmar: *Führer durch den Concertsaal*, 3. Aufl. (wie Anm. 30), S. 26.

34 Nach Wolfgang Rathert: *Kretzschmar, Hermann*, in: Die Musik in Geschichte und Gegenwart, 2. Ausg., hrsg. v. Ludwig Finscher, Personenteil Bd. 10, Kassel etc. 2003, Sp. 688–691, hier Sp. 689, erschienen alle drei Notenausgaben 1896 bei Breitkopf & Härtel. In der 3. Auflage des Konzertführers werden sie ohne Nennung des Herausgebers erwähnt. Bei Leonardo Leos Sinfonia wird angekündigt, sie werde demnächst in Breitkopfs „Academischer Orchesterbibliothek" ediert (H. Kretzschmar: *Führer durch den Concertsaal*, 3. Aufl. [wie Anm. 30], S. 42). Ob eine derartige, zur Konzertreihe analoge Musikalienreihe tatsächlich erschien, ist unklar.

35 Die nationalen Implikationen des Vergleichs zwischen Rameau und Bach werden besonders deutlich in einer Rezension des Konzerts III/1 in der *Neuen Zeitschrift für Musik*, 16.11.1892, S. 517, in der Bernhard Vogel die „reizvoll instrumentirte, elegante und esprit blühende Suite" Rameaus in „lehrreichen Gegensatz zu der Tiefe und Kraft unseres Joh. Seb. Bach" setzte.

Kretzschmar bezeichnenden widersprüchlichen Weise vermischt werden,³⁶ wird deutlich an den auf dem Programmzettel angegebenen Entstehungsdaten der Werke (Rameau: 1751, Bach: nach 1723). Tatsächlich war das Programm des ersten Konzerts abgesehen von der initialen Monteverdi-Toccata keineswegs chronologisch angelegt, sondern bewegte sich in einer Zickzackkurve durch die erste Hälfte des 18. Jahrhunderts (1709; 1751; 1708; 1739; 1721; nach 1723). Das entscheidende Ordnungskriterium bildete offensichtlich das Bemühen, die Musik Bachs als krönenden Abschluss der Barockzeit zu präsentieren. In den folgenden Jahren hingegen setzte Kretzschmar zweimal Werke von Händel an die letzte Stelle des Eröffnungskonzerts – u. a. dessen gerade im Druck erschienene wirkungsvolle *Feuerwerksmusik* (III/1), die (im Gegensatz zu den Bachschen Orchestersuiten) noch nie im Gewandhaus erklungen war. In der ersten Auflage von Kretzschmars Konzertführer trägt Kapitel 1 den Titel *Händel und Bach*, wobei Händel wesentlich mehr Platz eingeräumt wird: Während den *Brandenburgischen Konzerten* lediglich ein zusammenfassender Paragraph gewidmet ist, werden Händels zwölf Concerti grossi op. 6 einzeln behandelt. Der Autor macht allerdings kein Hehl aus seiner Vorliebe für die Concerti grossi op. 6 Nr. 2 F-Dur und Nr. 6 g-Moll, die er auch in seinen Leipziger Konzerten aufführte (Nr. 2 sogar dreimal).³⁷ In den Akademischen Konzerten waren Bach und Händel mit durchschnittlich je zwei Werken pro Saison etwa gleich stark vertreten.

Der Programmtext zum ersten Konzert 1890 ist ganz auf die gattungsgeschichtliche Entwicklung der barocken Instrumentalmusik ausgerichtet, deren Vielfalt Kretzschmar auf eine logische Entwicklung mit nicht mehr als zwei parallel verlaufenden Strängen (italienische vs. französische „Sinfonie") zurückzuführen suchte. Seine dem zeitgenössischen Fortschrittsdenken verpflichtete teleologische Perspektive zeigt sich besonders deutlich in der direkten Linie, die er von der Motette über Gabrielis „Orchestersonaten" zur französischen Ouvertüre zog (im Programmtext zum Konzert III/1). Poetisch-hermeneutische Werkdeutungen, für die sein Konzertführer berühmt (und bei Anhängern der Doktrin der absoluten Musik berüchtigt) ist,³⁸ finden sich in den Programmtexten kaum – zum einen wohl aus Platzgründen, zum anderen vielleicht auch deshalb, weil Kretzschmar beim Leipziger Publikum ein entsprechendes inhaltliches ‚Verständnis' bereits voraussetzte. Generell fällt auf, dass er zu vielen bekannteren Werken gar keinen Kommentar gab – oder nur etwa den, dass die Wahl von Beethovens fünfter Sinfonie zum Abschluss der Saison 1892/93 „keiner Rechtfertigung" bedürfe (Programmtext III/6). Dennoch sind Kretzschmars Programmtexte gefärbt von ästhetisch-ideologischen Momenten. So wird das 18. Jahrhundert zu einem idyllischen goldenen Zeitalter der Instrumentalmusik verklärt, das sich ausgezeichnet habe „durch eine glückliche Vereinigung von Reichthum und Einfachheit, von Jugend und Reife" (Programmtext II/1).

„Die Kunst dieser früheren Jahrhunderte ist einfach und anspruchslos, aber lebensvoll und erfreulich: auf gesundem, natürlichem Boden erwachsen, den Zusammenhang mit den Urquellen der Musik, mit Tanz und Lied wahrend, stellt sie in die erregte Gegenwart das Bild einer freundlicheren, ruhigeren Zeit hinein." (Programmtext III/1)

Diese Beschreibung deutet darauf hin, dass Kretzschmar wie damals viele Musikgelehrte die Alte Musik als heilsames Gegenbild zu seiner eigenen Zeit und deren künstlerischer Produktion ansah, die ihm in vielerlei Hinsicht dekadent, krank oder gar entartet erschien.³⁹

2. Dass die ‚Übergangszeit' zwischen Barock und Klassik von Kretzschmar in seinen Konzerten eher wenig bedacht wurde (primär im zweiten Konzert), ist vor allem auf den Mangel an Notenausgaben zurückzuführen: Namentlich die Sinfonien von Johann Stamitz, die Kretzschmars Rivale in der Leipziger Musikforschung, Hugo Riemann, wenig später zu den entscheidenden Wegbereitern der klassischen Sinfonik erklärte, waren noch nicht verfügbar.⁴⁰ Von

---

36 Vgl. H.-D. Sommer: *Praxisorientierte Musikwissenschaft* (wie Anm. 1), S. 34.

37 In der dritten Auflage des Konzertführers fielen beide Werkgruppen dem Ausschluss konzertanter Gattungen zum Opfer. Kretzschmar ergänzte hier vor allem die Darstellung des 17. Jahrhunderts und änderte den Titel des ersten Kapitels in *Von Gabrieli bis Bach*.

38 Siehe dazu H.-D. Sommer: *Praxisorientierte Musikwissenschaft* (wie Anm. 1), S. 35–38, sowie Christian Thorau: *Führer durch den Konzertsaal und durch das Bühnenfestspiel. Hermann Kretzschmar, Hans von Wolzogen und die Bewegung der Erläuterer*, in: Hermann Kretzschmar. Konferenzbericht Olbernhau 1998, hrsg. v. Rainer Cadenbach und Helmut Loos, Chemnitz 1998, S. 93–107, und Hendrikje Mautner: *Wege der Musikvermittlung. Hermann Kretzschmars ‚Führer durch den Concertsaal'*, in: Gattungsgeschichte als Kulturgeschichte. Festschrift für Arnfried Edler, hrsg. v. Christine Siegert u. a., Hildesheim 2008, S. 163–174.

39 Vgl. Max Nordau: *Entartung*, 2 Bde., Berlin 1892–93. – Kretzschmar verwendete den damals modischen Begriff der ‚Entartung' besonders bei seiner Kritik am zeitgenössischen Konzertwesen (H. Kretzschmar: *Musikalische Zeitfragen* [wie Anm. 14], S. 128). – Die Alte Musik als Ideal einer ‚reinen Tonkunst' der ‚verderbten' Gegenwart entgegenzuhalten, war bereits im frühen 19. Jahrhundert eine Intention der Veranstalter historischer Konzerte (etwa bei Anton Friedrich Justus Thibaut); vgl. M. Lichtenfeld: *Zur Geschichte, Idee und Ästhetik des historischen Konzerts* (wie Anm. 3), S. 49 f.

40 Ähnliches gilt für die Werke Georg Philipp Telemanns. – Dagegen wurde Jan Dismas Zelenka im Konzert IV/2 mit einer Ouvertüre gewürdigt und auch in H. Kretzschmar: *Führer durch den Concertsaal*, 3. Aufl. (wie Anm. 30), S. 34 f., neu aufgenommen.

Carl Philipp Emanuel Bach brachte Kretzschmar einmal die Sinfonie D-Dur Wq 183/1 (zum Abschluss des Konzerts II/1), die im Zeitraum 1863–1888 bereits viermal im Gewandhaus erklungen war und auch im Konzertführer ausführlich gewürdigt wird. Geradezu Repertoirestücke des Gewandhauses waren Christoph Willibald Glucks *Reigen seliger Geister und Furientanz* aus *Orfeo ed Euridice* sowie die Ouvertüre zu *Iphigénie en Aulide*, die bis 1890 auf 36 (!) Aufführungen zurückblicken konnte (Kretzschmar präsentierte sie mit dem von Wagner ergänzten Konzertschluss). Dagegen wurden die drei Sätze aus Glucks Ballett *Don Juan* ebenso wie die anderen von Kretzschmar ‚ausgegrabenen' und später edierten Werke durch ihn neu ins Leipziger Konzertleben eingeführt.[41]

Im Zentrum des zweiten Konzerts standen in der Regel Werke von Joseph Haydn und Wolfgang Amadeus Mozart. Beide waren in jeder Saison präsent (in der letzten wurden Barock und Klassik im ersten Konzert zusammengefasst). Haydn war stets mit einer Sinfonie vertreten, im ersten Jahr mit der *Abschiedssinfonie* Hob. I:46, die auch in der ersten Auflage des Konzertführers das Haydn-Kapitel eröffnet. Sie war im Gewandhaus je einmal in den historischen Konzertzyklen Mendelssohns (1838) und Reineckes (1866) aufgeführt worden, außerhalb dieser Nische jedoch nicht. Ganz unbekannt war in Leipzig die frühe Sinfonie C-Dur Hob. I:7 *Le Midi* (II/2), während die in einer Breitkopf-Ausgabe vorliegenden zwölf Londoner Sinfonien, von denen Kretzschmar drei präsentierte (Nr. 100, 102, 104), häufiger auf dem Programm standen. Der Verweis auf die Nummerierung der Breitkopfschen Auswahlausgabe der Sinfonien Haydns und Mozarts (anstelle der Nummern aus dem bereits vorliegenden thematischen Werkverzeichnis von Köchel) sowie die deutliche Erweiterung der den beiden Komponisten gewidmeten Darstellung in der dritten Auflage des Konzertführers lassen erkennen, dass ihre Orchesterwerke um 1890 noch keineswegs so allgemein bekannt waren, wie man es bei ‚Klassikern' erwarten könnte. Von Mozart brachte Kretzschmar die frühe Salzburger Sinfonie B-Dur KV 319 und die späte Sinfonie Es-Dur KV 543 (nicht jedoch deren zwei noch bekanntere ‚Schwestern' KV 550 und 551), außerdem drei Klavierkonzerte. Als dritter klassischer „Vormeister"[42] Beethovens firmierte Luigi Cherubini, der in vier Saisons mit je einer Ouvertüre präsent war. Gerade diese heute kaum bekannten Stücke waren damals alles andere als Raritäten: Die von Kretzschmar zweimal gewählte Ouvertüre zu *Anacreon* wurde im Gewandhaus bis 1890 nicht weniger als 41 Mal gespielt. Cherubinis Ouvertüren zählen zu denjenigen Orchesterwerken, die erst um 1900 aus dem internationalen Sinfonikkanon verdrängt wurden – durch das sprunghafte Wachstum des weitaus anspruchsvoller instrumentierten zeitgenössischen Repertoires sowie durch den sich mit Hilfe neuer Notenausgaben konsolidierenden Kult um die drei Wiener Klassiker.[43]

3. Dass es Kretzschmar nicht darum ging, mit seinen Konzerten den bestehenden Werkkanon umzustürzen, zeigt sich am deutlichsten daran, dass er in vier Saisons einen ganzen Abend für Beethoven reservierte (I/3, II/3, III/3, V/2). Dabei stellte er je zweimal die dritte und die neunte Sinfonie in den Mittelpunkt (ergänzt durch Solokonzerte und Ouvertüren) und legte den Schwerpunkt somit ganz auf den „heroischen", monumentalen Beethoven, an dem er die „Gewalt" und den „Reichthum seiner Phantasie und seines Empfindungslebens" sowie die „Kühnheit seines Geistes" hervorhob (Programmtext I/3). Schon Mendelssohn hatte seinen zweiten historischen Zyklus (1841) mit einem reinen Beethoven-Programm abgeschlossen, das von der neunten Sinfonie gekrönt wurde. Außerdem war Beethoven auch dreimal im sechsten und letzten Akademischen Konzert präsent, das Kretzschmar ab 1893 als eine Art epochenübergreifende Bilanz anlegte (mit den Sinfonien Nr. 5, 6 und 9). Allein im vierten Jahr verzichtete Kretzschmar auf das ausschließlich Beethoven gewidmete Konzert und brachte lediglich dessen „leichtgewichtige" achte Sinfonie in Kombination mit Werken von Luigi Cherubini, Franz Schubert und Carl Maria von Weber (IV/3).

4. Das vierte Konzert war in den ersten drei Jahren Komponisten gewidmet, die heute zur ‚Romantik' gerechnet werden. Kretzschmar definierte den romantischen Stil als „eine interessante Einseitigkeit, ein Festhalten an Lieblingsstimmungen, eine virtuose Beherrschung bestimmter einzelner Ausdrucksgebiete" (Programmtext I/4). Zunächst bevorzugte er allerdings eine andere, bereits in seinem Konzertführer dargelegte Klassifikation der Sinfonik des frühen 19. Jahrhunderts, bei der er zwischen einer Wiener und einer norddeutschen Schule unterschied.[44] Zur erste-

---

41 Die von Kretzschmar edierte Sinfonie C-Dur op. 1/1 von Carl Ditters von Dittersdorf wurde 1899 auch im Gewandhaus gespielt.

42 Diesen Begriff verwendete Kretzschmar u. a. mit Bezug auf Joseph Haydn (H. Kretzschmar: *Führer durch den Concertsaal*, 1. Aufl. [wie Anm. 30], S. 62); in H. Kretzschmar: *Führer durch den Concertsaal*, 3. Aufl. (wie Anm. 30), S. 130, bezeichnete er Haydn und Mozart als die „grossen Vormänner" Beethovens.

43 Dagegen bildete die erst kurz zuvor von Friedrich Grützmacher bei Kahnt edierte Konzertouvertüre Luigi Cherubinis (IV/3) eine Novität, mit deren Aufführung Kretzschmar einem Rat J. Schuchts in der (ebenfalls bei Kahnt verlegten!) *Neuen Zeitschrift für Musik*, 30. November 1892, S. 547, folgte (vgl. auch ebenda, 20.12.1893, S. 539).

44 Vgl. H. Kretzschmar: *Führer durch den Concertsaal*, 1. Aufl. (wie Anm. 30), S. 117 ff.

ren rechnete er neben Anton Eberl (von dessen Sinfonie d-Moll im Konzert I/2 zwei Sätze erklangen) vor allem Franz Schubert, der in den Akademischen Konzerten relativ konstant vertreten war (mit der im Gewandhaus noch unbekannten Sinfonie B-Dur D 125, der ‚Unvollendeten' und der ‚Großen' C-Dur-Sinfonie sowie mit zwei Stücken aus *Rosamunde*). Im Gegensatz zu der „leichtblütigeren und feurigen Wiener Weise" mehr auf Pathos und „strenge Arbeit" (Programmtext I/4) ausgerichtet war nach Kretzschmar die norddeutsche Schule, zu der er Carl Maria von Weber und den aus Böhmen gebürtigen, in Donaueschingen wirkenden Johann Baptist Wenzel Kalliwoda zählte.

Überzeugender als diese Einteilung erscheint Kretzschmars damals neuartige Vorgehensweise, die zu ihrer Zeit durchaus erfolgreiche, inzwischen aber in Vergessenheit geratene Sinfonik jener Komponisten in seinen Überblick zu integrieren und damit zu historisieren. Sowohl Kalliwodas dritte als auch Webers erste Sinfonie waren im Gewandhaus vor 1840 je dreimal gespielt worden. Noch sensibler für die Vergänglichkeit eines Teils der sinfonischen Produktion seines eigenen Jahrhunderts zeigte sich Kretzschmar gegenüber dem von ihm wegen seiner „neuen Töne sanfter Schwärmerei" (Programmtext II/4) als Romantiker eingestuften Louis Spohr, dessen neun Sinfonien er im Konzertführer einzeln, wenn auch mit vielen kritischen Anmerkungen würdigte. Seine Beobachtung, dass Spohrs Sinfonien im Konzertsaal „seltner zu werden" beginnen (Programmtext I/4), traf zu: Spohrs Dritte war im Gewandhaus immerhin 18 Mal erklungen – zuletzt allerdings 1880. Im Unterschied zu Spohrs damals immer noch beliebtem achten Violinkonzert (I/4) präsentierte Kretzschmar jedoch aus dessen dritter Sinfonie ebenso wie aus derjenigen Kalliwodas nur einen Satz. Offensichtlich war es ihm weniger wichtig, die künstlerische Ganzheit der als zweitrangig eingestuften Werke zu wahren, als möglichst viele Facetten einer Epoche zu präsentieren.[45] So stellte er im vierten Konzert der zweiten Saison lediglich die Kopfsätze zweier (früher häufiger gespielter) virtuoser Violinkonzerte von Niccolò Paganini und Karol Lipiński einander gegenüber.[46]

Im ‚Romantiker-Konzert' war meist auch Mendelssohn präsent. Von der Schlüsselfigur der Leipziger Gewandhaustradition gab Kretzschmar drei kürzere Repertoirestücke (zwei Ouvertüren und das Violinkonzert), jedoch nur eine Sinfonie, und zwar gerade die vom Komponisten verworfene, im Gewandhaus nur zweimal (1868 und 1873; danach erst wieder 1917) aufgeführte *Reformationssinfonie*, die Kretzschmar als ‚halb declarirter Beitrag' zur Programmusik ‚interessant' erschien.[47] Einen bedeutenderen, wenngleich wechselnden Platz räumte er in seinen Konzerten Robert Schumann ein: Während dieser im dritten Jahr mit Mendelssohn und Schubert zu einer romantischen Trias gruppiert wurde, tauchte er dreimal an der Seite von Johannes Brahms im letzten bzw. vorletzten Konzert auf (I/6, II/6, IV/5): je zweimal mit Sinfonien (Nr. 1 und 4) und Solokonzerten.

5. Das fünfte Konzert war meist für ‚neudeutsche' und/oder ‚nationale' Komponisten reserviert. Beide Richtungen interpretierte Kretzschmar (auch bereits im Konzertführer, in dem ihnen das vierte Kapitel gewidmet ist) als Antwort des „Auslands" (Programmtext I/5) auf die deutsche klassische Sinfonik. Bei seiner Würdigung der Programmusik à la Hector Berlioz verbarg er seine ästhetischen Bedenken gegenüber dieser Richtung nicht; zugleich versuchte er sie jedoch historisch zu relativieren, indem er auf die lange Tradition programmatisch-deskriptiver Elemente in der Instrumentalmusik verwies.[48] Hier zeigt sich deutlich seine Absicht, mit Hilfe der historischen Perspektive die Gräben zwischen den beiden ‚Parteien' des deutschen Musiklebens zu überwinden. Tatsächlich stand Kretzschmar persönlich der ‚neudeutschen Zukunftsmusik' zumindest bis Ende der 1880er Jahre durchaus skeptisch gegenüber.[49] Umso höher ist sein Verdienst zu bewerten, dass er sie trotzdem darbot. Gerade in Leipzig waren derartige Werkaufführungen besonders wichtig, denn sowohl Berlioz' *Symphonie fantastique* als auch *Tasso* und die *Faust-Sinfonie* von Liszt waren im Gewandhaus erst je einmal erklungen (1843, 1881, 1877), Wagners *Siegfried-Idyll* zweimal, Berlioz' *Harold en Italie* immerhin dreimal.[50] Dass Kretzschmar neben der von ihm schon in Rostock gewagten Darbietung von Liszts *Faust-Sinfonie* (V/5) auch eine – quer zum gattungsgeschichtlichen Konzept der Konzertreihe stehende – konzertante Aufführung des

---

45 Bei einigen der nur ausschnitthaft dargebotenen Werke lieferte Kretzschmar indirekt auch eine ästhetische Begründung für dieses Vorgehen, indem er im Konzertführer die ausgewählten Sätze als die bedeutendsten bezeichnete, z. B. bei Johann Baptist Wenzel Kalliwodas Sinfonie Nr. 3; vgl. H. Kretzschmar: *Führer durch den Concertsaal*, 1. Aufl. (wie Anm. 30), S. 130 f., und bei Frederic H. Cowens *Skandinavischer Sinfonie*, ebenda, S. 223 f.

46 Häufiger als die Violinkonzerte Nicolò Paganinis und Karol Lipińskis wurde am Gewandhaus im späten 19. Jahrhundert Giovanni Battista Viottis Konzert Nr. 22 a-Moll gespielt, das auch Hermann Kretzschmar einmal aufführte (III/2).

47 H. Kretzschmar: *Führer durch den Concertsaal*, 1. Aufl. (wie Anm. 30), S. 152.

48 Ebenda, S. 171 f.

49 Vgl. H.-D. Sommer: *Praxisorientierte Musikwissenschaft* (wie Anm. 1), S. 25.

50 Wie wenig in Leipzig die *Symphonie fantastique* bekannt war, die lediglich 1843 und dann erst wieder 1899 im Gewandhaus erklang, wurde auch im *Musikalischen Wochenblatt*, 19. Februar 1891, S. 105, moniert.

zweiten Teils des ersten Akts von Wagners *Parsifal* riskierte (I/5), der außerhalb Bayreuths noch nicht auf die Bühne gebracht werden durfte, zeigt, dass es ihm durchaus auch darauf ankam, mit der Präsentation aktueller, spektakulärer Werke auf sich aufmerksam zu machen.

Einem ähnlichen Zweck dürfte die Leipziger Erstaufführung von Edvard Griegs zweiter *Peer Gynt*-Suite gegolten haben (III/5), bei der Kretzschmar den Taktstock zum ersten und einzigen Mal abgab – an den Komponisten. Grieg, dem in der dritten Auflage des Konzertführers weit mehr Raum gewidmet wird als in der ersten, galt Kretzschmar als „einer der poetischsten Köpfe" unter den Musikern des 19. Jahrhunderts (Programmtext III/5) und als führende Figur der „nationalen Richtung", in der „Elemente der Volksmusik die Grundlage oder eine reiche Zugabe bilden"[51] und für größere Klarheit und „Einheit des Inhalts" (Programmtext II/5) sorgen. Als Begründer dieser „Schule von ausserdeutschen Sinfonikern"[52] betrachtete er Niels Wilhelm Gade, von dem er allerdings nur die *Ossian*-Ouvertüre spielte (IV/4) – vermutlich weil ihm der Däne als ein Repräsentant der Gewandhaustradition hinreichend bekannt in Leipzig erschien.

Nachdem Kretzschmar das fünfte Konzert in der ersten Saison den ‚Neudeutschen' gewidmet hatte, bestritt er es in der zweiten ganz mit Werken der ‚nationalen Richtung'.

Dabei stellte er Kompositionen der „Slaven" (Alexander Borodin, Anton Rubinstein und Antonín Dvořák), die neuerdings „an die Spitze der Bewegung" getreten seien, der neueren französischen Musik gegenüber (Berlioz firmierte hier einmal nicht als ‚Neudeutscher', sondern zusammen mit Camille Saint-Saëns und Benjamin Godard als nationalfranzösischer Komponist). Das umfangreichste Werk dieser Gruppe bildete Alexander Borodins Sinfonie Nr. 1 Es-Dur, die Kretzschmar bereits in Rostock aufgeführt und auch in seinem Konzertführer gewürdigt hatte. Sie war in Leipzig zuvor einmal von Opernkapellmeister Arthur Nikisch,[53] jedoch noch nie im Gewandhaus gespielt worden. Die Klavierkonzerte Nr. 4 von Anton Rubinstein und Nr. 2 von Camille Saint-Saëns hingegen, bei denen die Gattin des Dirigenten ihr pianistisches Können auch auf der damals in Mode gekommenen ‚Jankó-Claviatur' präsentieren durfte,[54] waren im Gewandhaus bereits bekannt. Saint-Saëns galt Kretzschmar als „gegenwärtiges Haupt der Pariser Instrumentalcomponisten" und Inkarnation der „alten Natur der französischen Musik" (mit den üblichen Klischees wie Eleganz, Klarheit, Anmut, pikante Charaktere etc.; Programmtext III/6). Die Wahl Rubinsteins überrascht insofern, als er im Konzertführer gerade nicht im Kapitel der ‚nationalen Richtung' vorgestellt, sondern unter die deutschen Gegenwartskomponisten eingereiht wurde. Vermutlich kam es Kretzschmar bei der Programmgestaltung auf ein publikumswirksames Gleichgewicht von Neuem und Altem, von betont Nationalem und eher Kosmopolitischem an. Dies zeigt sich auch am vierten Konzert des vierten Jahrgangs, bei dem er mit Hector Berlioz, Niels Wilhelm Gade, Michail Glinka und Fryderyk Chopin ausschließlich ‚nationale Musik' der ersten Hälfte des 19. Jahrhunderts präsentierte.[55]

Bemerkenswerter als die Auswahl der einzelnen Werke ausländischer Komponisten erscheint die Tatsache, dass Kretzschmar nicht wie andere deutsche Musikhistoriker und -kritiker der Jahrhundertwende versuchte, die zunehmende Bedeutung der ‚nationalen Musik' in der Sinfonik herunterzuspielen.[56] Anlässlich des Grieg-Gastspiels hob er vielmehr die „ungeheure Wichtigkeit des Eintretens neuer Nationalitäten in die höhere Instrumentalmusik" hervor (Programmtext III/5). Zu dem relativ gelassenen und toleranten Umgang mit dieser Entwicklung prädestinierte ihn wiederum seine konsequent historische Sichtweise. Im Konzertführer schrieb er dazu:

„Nach Analogie der Entwickelung, welche die Vocalmusik, zuletzt noch in der Oper, genommen hatte, war anzunehmen, dass eines Tages auch die Geschichte der Sinfonie [wieder][57] den internationalen Charakter tragen und dass der Wettstreit der Nationen sich auch dieser Kunstgattung bemächtigen werde. Nach 80 Jahren trat diese Wendung endlich ein."[58]

---

51 H. Kretzschmar: *Führer durch den Concertsaal*, 1. Aufl. (wie Anm. 30), S. 170.

52 Ebenda.

53 Daran erinnerte J. Schucht in der *Neuen Zeitschrift für Musik*, 24. Februar 1892, S. 88.

54 Der ungarische Pianist und Mathematiker Paul Jankó (1856–1919) erfand 1882 eine sechsreihige Klaviatur, die durch spezielle Anordnung der Tasten deren Abstand innerhalb einer Oktave um ein Siebtel verringerte. Die 1883/85 patentierte Konstruktion vereinheitlichte die Akkordgriffe und den Fingersatz der Skalen und ermöglichte zahlreiche neue Effekte. 27 Hersteller, darunter die Leipziger Klavierbaufirmen H. Francke und J. Blüthner, bauten Instrumente mit Jankó-Klaviatur. (Für diese Informationen danke ich der Herausgeberin des Bandes.)

55 Zur nationalen Musik im Sinne Kretzschmars sind außerdem Frederic H. Cowens *Skandinavische Sinfonie* (IV/6) und César Francks *Les Éolides* (V/4) zu rechnen.

56 Vgl. etwa Hugo Riemann: *Geschichte der Musik seit Beethoven (1800–1900)*, Berlin und Stuttgart 1901, S. 499 ff.

57 Das Wort ‚wieder', das auf den nicht-deutschen Ursprung der Gattung Sinfonie verweist, wurde erst in der zweiten Auflage von Kretzschmars Konzertführer ergänzt: H. Kretzschmar: *Führer durch den Concertsaal*, 2. Aufl. (wie Anm. 30), S. 223.

58 H. Kretzschmar: *Führer durch den Concertsaal*, 1. Aufl. (wie Anm. 30), S. 213 f. Kretzschmars starke Berücksichtigung der zeitgenössischen Musik anderer Nationen in seinem Konzertführer wurde bereits hervorgehoben von Helmut Loos: *Hermann Kretzschmars musikalischer Wertekanon*, in: Hermann Kretzschmar. Konferenzbericht Olbernhau 1998, hrsg. v. Rainer Cadenbach und Helmut Loos, Chemnitz 1998, S. 113–116.

Allerdings schloss Kretzschmar im Konzertführer an die Darstellung der Programm- und Nationalmusik ein fünftes und letztes Kapitel an, in dem er (neben der „modernen Suite") die „neueste Entwickelung der classischen Sinfonie" behandelte und das in der ersten Auflage nahezu ausschließlich deutsche Komponisten enthielt. Wollte er damit andeuten, dass die Deutschen in der Sinfonik letztlich doch das letzte Wort behielten? In der dritten Auflage fügte er am Ende dieses Kapitels noch einige Franzosen und Italiener hinzu,[59] die ihm enger als die Russen am Vorbild der „classischen Sinfonie" orientiert zu sein schienen.[60] Die namentlich von Franz Brendel und Hugo Riemann propagierte Unterscheidung zwischen einem von den drei traditionellen „Musiknationen" Italien, Frankreich und Deutschland ausgeprägten „Universalstil" und den „Nationalstilen" vermeintlich peripherer Länder[61] wirkt hier noch nach, wird von Kretzschmar jedoch nicht mehr mit der üblichen Hierarchisierung und Wertung verbunden.

6. Die zentrale Figur im letzten Kapitel des Konzertführers ebenso wie in den der zeitgenössischen Sinfonik gewidmeten Akademischen Konzerten (I/6, II/6, III/5, IV/5, V/6) war Johannes Brahms. Unter den „ausgezeichneten Sinfonikern der Gegenwart", zu denen er außerdem Anton Rubinstein und Robert Volkmann rechnete, hob Kretzschmar Brahms besonders hervor, weil er „in der Logik und Oekonomie des Satzbaues, in der ununterbrochenen Gediegenheit des Materials und der Arbeit, in dem vornehmen Verzicht auf das Conventionelle dem Ideal am nächsten kommt, welches Beethoven in seinen Sinfonien aufgestellt hat" (Programmtext I/6).[62] Im Hinblick auf diese Beethoven-Nachfolge war es nur konsequent, dass Kretzschmar zum Abschluss seiner ersten Konzertsaison Brahms' erste Sinfonie aufführte. Im Gewandhaus war Brahms – trotz seiner Gegnerschaft zur ‚neudeutschen Schule' – lange vernachlässigt worden, u. a. wohl wegen der ablehnenden Haltung Carl Reineckes.[63] Diese Phase war indes 1877 mit der Erstaufführung der ersten Sinfonie zu Ende gegangen. In den 1880er Jahren wurden alle vier Brahms-Sinfonien mehrfach gespielt. Allein mit der *Akademischen Festouvertüre* vermochte Kretzschmar dem Leipziger Publikum ein Brahmssches Orchesterwerk zu präsentieren (II/6), das erst ein einziges Mal im Gewandhaus erklungen war (1881). Dass er dennoch in drei Jahrgängen jeweils eine Brahms-Sinfonie aufs Programm setzte (Nr. 1, 2 und 3), dokumentiert, welch eine zentrale geschichtliche Bedeutung er dem Komponisten bereits zu Lebzeiten beimaß.[64] Allerdings änderte Kretzschmar später in diesem Punkt seine Haltung und glaubte in der dritten Auflage des Konzertführers – nur ein Jahr nach Brahms' Tod – sogar vor dessen Überschätzung durch dieselben Leute, „die ihn noch vor zwanzig Jahren bekämpften und verhöhnten", warnen zu müssen: „Die blinde Mode beliebt ihn neuerdings über Schumann zu stellen, der doch in seinen Ideen viel reicher und ursprünglicher war."[65] Gleichwohl blieb Brahms für Kretzschmar der in Form und Stil „bedeutendste Beethovenianer". In seinem die Stärken und Schwächen des Komponisten sorgfältig gegeneinander abwägenden Urteil zeigt sich einmal mehr Kretzschmars Streben nach einer neutralen, unparteiischen Sichtweise.

Andere zeitgenössische deutsche Komponisten waren in den Akademischen Konzerten deutlich schwächer vertreten. Lediglich Robert Volkmann und Max Bruch, die auch im Gewandhaus gern gespielt wurden, würdigte Kretzschmar mit je zwei – allerdings kleineren – Werken (Serenade und Solokonzerte), wobei Bruchs *Canzone* für Violoncello und Orchester (II/6) immerhin ihre Leipziger Erstaufführung erlebte. Von den in den 1870er Jahren überregional sehr populären (wenngleich im Gewandhaus wenig beachteten) Sinfonien Joachim Raffs erklang allein die programmatische Nr. 5 (*Leonore*), die Kretzschmar bereits im Konzertführer als wichtigstes Werk des Komponisten darstellte. Im Unterschied zu Riemann, der Raff Eklektizismus, Doppelzüngigkeit und „Halbheiten" vorwarf,[66] bewertete Kretzschmar Raffs „vermittelnde, vorsichtige Stellung" im Parteienstreit (Programmtext II/6) eher positiv. Zum programmatischen Genre zählt auch die einzige weitere Sinfonie aus dem deutschen Raum, die Kretzschmar auswählte: *Traum und Wirklichkeit* von dem aus Posen gebürtigen Philipp Scharwenka – ein heute völlig vergessenes Werk, das in der dritten Auflage des

---

59 H. Kretzschmar: *Führer durch den Concertsaal*, 3. Aufl. (wie Anm. 30), S. 682–697 (César Franck, Camille Saint-Saëns, Charles-Marie Widor; Giovanni Sgambati, Giuseppe Martucci und Marco Enrico Bossi werden nur kurz erwähnt).

60 Ebenda, S. 283.

61 Franz Brendel: *Geschichte der Musik in Italien, Deutschland und Frankreich* [1852], 7. Aufl., Leipzig 1889, S. 128, und H. Riemann: *Geschichte der Musik seit Beethoven* (wie Anm. 56), S. 499.

62 Mit ähnlichen Argumenten und Formulierungen wird Johannes Brahms gewürdigt in: H. Kretzschmar: *Führer durch den Concertsaal*, 1. Aufl. (wie Anm. 30), S. 276.

63 Siehe A. Richter: *Aus Leipzigs musikalischer Glanzzeit* (wie Anm. 13), S. 173–175.

64 In H. Kretzschmar: *Führer durch den Concertsaal*, 1. Aufl. (wie Anm. 30), S. 275, wagte Kretzschmar die Prognose, dass „einst die Musikgeschichte, aller Wahrscheinlichkeit nach", den Namen Brahms „an die Spitze der gegenwärtigen Periode der instrumentalen Tonkunst setzen" werde.

65 H. Kretzschmar: *Führer durch den Concertsaal*, 3. Aufl. (wie Anm. 30), S. 632.

66 H. Riemann: *Geschichte der Musik seit Beethoven* (wie Anm. 56), S. 432.

Konzertführers eingehend beschrieben wird.[67] Die in der Nachzeichnung eines menschlichen Lebenslaufs und in ihrem Verklärungsschluss mit Scharwenkas Programmsinfonie verwandte Tondichtung *Tod und Verklärung* von Richard Strauss wurde für das Abschlusskonzert der vierten Saison angekündigt,[68] jedoch kurzfristig ersetzt durch zwei Sätze der (bereits 1887 von den beiden vereinigten Militärkapellen in Leipzig aufgeführten) *Skandinavischen Sinfonie* des Engländers Frederic H. Cowen (der einige Jahre vor Kretzschmar am Leipziger Konservatorium studiert hatte). Ein Jahr später kam Richard Strauss' sinfonische Dichtung in dem rein ‚neudeutschen', von Liszts *Faust-Sinfonie* dominierten fünften Konzert zur Aufführung. Mit beiden Werken trat Kretzschmar in Konkurrenz zum Liszt-Verein, in dessen Konzertreihe *Tod und Verklärung* bereits am 12. März 1892 durch dasselbe Orchester, jedoch unter Leitung des Komponisten, seine Leipziger Erstaufführung erlebt hatte (im Gewandhaus wurde es erst 1900 von Nikisch eingeführt).[69] Durch die Aufführung der an die Leistungsgrenzen der Militärkapelle gehenden Straussschen Tondichtung, die in den frühen 1890er Jahren selbst in ‚fortschrittsfreudigen' Kreisen noch keineswegs etabliert war,[70] unterstrich Kretzschmar 1895 einmal mehr seinen Anspruch, mit seiner Konzertreihe die gesamte historische Entwicklung der Orchestermusik bis in die jüngste Gegenwart abzudecken.

Abschließend bleibt ein Blick auf diejenigen Komponisten und Werke zu werfen, die in den Akademischen Konzerten nicht berücksichtigt wurden. Dass Kretzschmar in seinem sechsteiligen Zyklus keine Bruckner-Sinfonie spielte, überrascht nicht angesichts deren Länge, ihrer damals noch geringen Bekanntheit sowie der starken Vorbehalte, die ihnen Kretzschmar im Konzertführer entgegenbrachte („steifer" Kontrapunkt, fehlende Übergänge, Mangel an Logik, Maß und Entwicklung).[71] In der ersten Auflage des Konzertführers besprach er allein Bruckners siebte Sinfonie, die er selbst 1886 – nur zwei Jahre nach der Leipziger Uraufführung durch Nikisch – in Rostock gespielt hatte (sie erklang in Leipzig erneut 1893 in einem Konzert des Liszt-Vereins). In der dritten Auflage hingegen bewertete er den Versuch, gerade mit diesem Werk Bruckner ins Konzertleben einführen zu wollen, rückblickend als „argen Missgriff".[72] Weniger einleuchtend ist das Fehlen Piotr Tschaikowskis, der spätestens seit seiner Europa-Tournee 1888 auch im deutschen Raum sehr bekannt war.[73] Freilich entstanden seine Sinfonien Nr. 5 und 6 erst 1888 und 1893; dennoch ist seine Orchestermusik in Kretzschmars Konzertführer vergleichsweise schwach vertreten.[74] In den Akademischen Konzerten blieb die Tschaikowski-Pflege sogar hinter dem Gewandhaus zurück, wo gerade in den frühen 1890er Jahren – noch unter Reinecke – *Romeo und Julia* (1891) und die fünfte Sinfonie (1893) eingeführt wurden, bevor Nikisch mit der Erstaufführung der sechsten Sinfonie im Herbst 1895 eine kontinuierliche Leipziger Tschaikowski-Tradition begründete. Auch die in der dritten Auflage des Konzertführers sehr detailliert gewürdigten Tschechen Bedřich Smetana und Antonín Dvořák scheint Kretzschmar erst nach Einstellung der Akademischen Konzerte stärker wahrgenommen zu haben.[75]

Trotz solcher einzelner Lücken ist die Programmauswahl Kretzschmars insgesamt als für die damaligen Verhältnisse äußerst ausgewogen und vielfältig zu bezeichnen. Seinem Ziel, dem Publikum einen umfassenden Überblick über die Geschichte der Orchestermusik zu vermitteln, wurde er, soweit dies im engen Rahmen von sechs Konzerten möglich war, vollauf gerecht. Nahezu sämtliche der von Kretzschmar gespielten Werke finden sich auch in seinem Konzertführer; viele der in die dritte Auflage neu aufgenommenen Werke, vor allem aus den Bereichen der

---

67 H. Kretzschmar: *Führer durch den Concertsaal*, 3. Aufl. (wie Anm. 30), S. 353–356. Scharwenka wohnte der Aufführung bei, ohne sie jedoch zu leiten, vgl. *Musikalisches Wochenblatt*, 24. Januar 1895, S. 56.

68 Vgl. *Musikalisches Wochenblatt*, 15. März 1894, S. 132. Für das Konzert V/3 waren ursprünglich Brahms' Doppelkonzert und die Ouvertüre *Richard III.* von Robert Volkmann anstelle von dessen Cellokonzert und den drei Sätzen aus Rubinsteins Ballett *Feramors* vorgesehen (vgl. *Musikalisches Wochenblatt*, 20. Dezember 1894, S. 652).

69 In H. Kretzschmar: *Führer durch den Concertsaal*, 2. Aufl. (wie Anm. 30), S. 222 f., werden Strauss' frühe Tondichtungen lediglich kurz genannt; in der 3. Auflage wird diese Gattung generell nicht berücksichtigt.

70 Siehe etwa die negative Besprechung der Leipziger Erstaufführung von *Tod und Verklärung* in dem grundsätzlich zur ‚Fortschrittspartei' neigenden *Musikalischen Wochenblatt*, 24. März 1892, S. 165.

71 H. Kretzschmar: *Führer durch den Concertsaal*, 1. Aufl. (wie Anm. 30), S. 294.

72 H. Kretzschmar: *Führer durch den Concertsaal*, 3. Aufl. (wie Anm. 30), S. 653.

73 In Leipzig dirigierte Tschaikowski am 5.1.1888 im Rahmen des 12. Abonnementkonzerts am Gewandhaus seine erste Orchestersuite. Nach K. Heller: *Das Rostocker Jahrzehnt* (wie Anm. 6), S. 69, führte Kretzschmar in Rostock Musik von Tschaikowski auf.

74 In H. Kretzschmar: *Führer durch den Concertsaal*, 1. Aufl. (wie Anm. 30), S. 230 f., werden lediglich die Streicherserenade op. 48 und die zweite Orchestersuite op. 53 besprochen (dagegen fehlt die schon damals bekannte Ouvertüre-Phantasie *Romeo und Julia*). Noch in H. Kretzschmar: *Führer durch den Concertsaal*, 3. Aufl. (wie Anm. 30), S. 511 f. und 514, verwechselt Kretzschmar die Suiten Nr. 1 und 2 sowie *Manfred*- und vierte Sinfonie – mit der Folge, dass die Vierte wiederum übergangen wird (sie wurde 1900 von den Berliner Philharmonikern, 1901 am Gewandhaus jeweils unter Arthur Nikisch erstaufgeführt, zuvor allerdings bereits in Dresden 1889).

75 Antonín Dvořáks Sinfonie Nr. 9 wurde 1894 noch unter Carl Reinecke am Gewandhaus eingeführt, Bedřich Smetanas Zyklus *Má vlast* ab 1896 von Arthur Nikisch (die *Moldau* wurde bereits in der Saison 1891/92 in einem Sinfoniekonzert des Liszt-Vereins präsentiert). – Kretzschmar hatte in Rostock immerhin Dvořáks Sinfonie Nr. 6 gespielt.

Aufnahme von R. Dührkoop, Berlin. Verlag von Breitkopf & Härtel, Leipzig.

Portrait Hermann Kretzschmars. Fotografie von R. Dührkoop, Berlin, Druck bei Edition Breitkopf Leipzig, um 1910 (Museum für Musikinstrumente der Universität Leipzig, Inv. Nr. 5393.02)

Alten und der ganz neuen Musik, erprobte Kretzschmar zuvor auf dem Leipziger Konzertpodium. Die große Zahl dieser Übereinstimmungen und die aus heutiger Sicht teilweise willkürlich anmutende Auswahl und unverhältnismäßig breite Würdigung zeitgenössischer Werke in der dritten Auflage zeigen, dass Kretzschmar auch noch in dieser Auflage primär vom Musikleben seiner eigenen Zeit ausging: von den damaligen Konzertprogrammen und dem Musikalienangebot. Die These Heinz-Dieter Sommers, Kretzschmar habe sich in der dritten Auflage wesentlich stärker am historischen Werkbestand orientiert und so geradezu einen „Durchbruch der Historie" erzielt,[76] erscheint daher fragwürdig. Tatsächlich änderte sich weniger Kretzschmars Perspektive als vielmehr das Konzert- und Verlagsrepertoire, das im Zeitraum 1887–1898 – nicht zuletzt dank Kretzschmars eigenem Wirken – beträchtlich wuchs und dadurch ein ausgewogeneres Bild älterer und neuerer Musikepochen bot.

Resonanz

Abschließend bleibt zu untersuchen, wie die Akademischen Konzerte von Publikum und Presse aufgenommen wurden. Unter Berufung auf eine Aussage in der Festschrift des Riedel-Vereins (1904)[77] kam Sommer zu dem Schluss, die Konzertreihe hätte ebenso wie die Rostocker historischen Konzerte „keine allzu große Resonanz" gefunden.[78] Eine Überprüfung der zeitgenössischen Musikpresse führt jedoch zu einem ganz anderen Ergebnis. Kretzschmars Konzerten wurde von den drei führenden Leipziger Musikzeitschriften große Aufmerksamkeit gewidmet. Die ‚neudeutsch' gesinnten Organe *Musikalisches Wochenblatt* und *Neue Zeitschrift für Musik* begleiteten die Konzertreihe über die fünf Jahre hinweg mit ausführlichen, meist wohlwollenden Berichten. In den eher konservativen *Signalen für die musikalische Welt* wurden sämtliche Konzerte der ersten Saison besprochen; danach brach die Berichterstattung ab.[79]

Alle drei Musikzeitschriften stimmten darin überein, dass die Konzerte gut besucht wurden (auch in Relation zu den gegenüber dem Gewandhaussaal erheblich größeren Dimensionen der Alberthalle)[80] und beim Publikum regelmäßig enthusiastische, nach Ansicht der *Signale* etwas übertriebene Begeisterung auslösten.[81] Vor allem das *Musikalische Wochenblatt* lobte die „Aufmerksamkeit, ja Andacht, mit welcher das mehrtausendköpfige, zumeist aus Musiker-, Beamten- und Lehrerkreisen sich recrutirende Publicum den Vorträgen lauscht".[82] Dieses Publikum bestehe vorzugsweise aus Zuhörern, „welche ausschliesslich der Musik wegen, nicht berühmten Solisten oder blendenden Toiletten zu Liebe oder auch aus anderen äusseren Gründen kommen", denn „in Folge ihres lehrhaften Zweckes" schlössen Kretzschmars Konzerte „schon im Voraus die willkürliche Wahl auf das Gefallen des Publicums speculirender Werke aus, wie auch das solistische Element" nur eine „nebensächliche" Rolle spiele. Die „Bestimmtheit der künstlerischen Principien", die sich insbesondere darin zeige, dass das Programm der ganzen Reihe als inhaltliche Einheit konzipiert sei und bereits vor Saisonbeginn veröffentlicht werde, empfahl man den anderen Leipziger „Concertinstituten zum Muster".[83] Auch von der *Neuen Zeitschrift für Musik* wurde der „vornehme Plan in der künstlerischen Zusammenstellung der Programme" als „zukunftsreich" erachtet.[84]

Während Zweck und Gesamtanlage der Konzertreihe bei allen Blättern Zustimmung fanden, wurde die Programmstruktur der einzelnen Konzerte kaum kommentiert.

Bei der Beurteilung der Werke hielten die Rezensenten erwartungsgemäß am Primat des Ästhetischen gegenüber dem historischen Prinzip fest, wobei sie sich oft bemühten, eine Übereinstimmung beider Aspekte zu konstatieren („nicht blos historischen, sondern auch starken musikalischen Interesses";[85] „interessante Melodik, die uns noch innig sympathisch berührt"[86]). Wenn Kretzschmar ein Werk in eigener oder fremder Bearbeitung aufführte,

---

76 H.-D. Sommer: *Praxisorientierte Musikwissenschaft* (wie Anm. 1), S. 44 f.

77 In *Der Riedel-Verein*, hrsg. v. G. Göhler (wie Anm. 25), S. 96, ist zu lesen, Kretzschmars Konzerte sei 1895 eingestellt worden, weil ihr „die Öffentlichkeit" zu wenig „Aufmerksamkeit und Unterstützung" geschenkt habe.

78 H.-D. Sommer: *Praxisorientierte Musikwissenschaft* (wie Anm. 1), S. 41.

79 Neben eventuellen persönlichen Konflikten ist hier zu berücksichtigen, dass die *Signale* damals neben den Gewandhauskonzerten in der Regel nur ein weiteres Leipziger Konzert pro Nummer rezensierten und dabei den Schwerpunkt auf berühmte Solisten und Extrakonzerte legten.

80 Besonders gut war der Besuch offensichtlich beim ‚neudeutschen Konzert' mit der konzertanten Teilaufführung von Wagners *Parsifal* (I/5), bei der ersten Aufführung von Beethovens neunter Sinfonie (II/3) und beim Gastspiel Edvard Griegs (III/5).

81 Vgl. *Signale für die musikalische Welt*, März 1891, Nr. 24, S. 371.

82 *Musikalisches Wochenblatt*, 23. November 1893, S. 651 f.

83 *Musikalisches Wochenblatt*, 17. März 1892, S. 151.

84 *Neue Zeitschrift für Musik*, 16. November 1892, S. 517, und 16. März 1892, S. 125.

85 *Musikalisches Wochenblatt*, 8.12.1892, S. 623; ähnlich 12. Februar 1891, S. 92.

86 *Neue Zeitschrift für Musik*, 17. Dezember 1890, S. 573. In den *Signalen* schlug sich die ästhetische Perspektive öfter in abschätzigen Urteilen über ältere, in Vergessenheit geratene Werke nieder (z. B. *Signale für die musikalische Welt*, Dezember 1890, Nr. 74, S. 1171).

wurde dies meist positiv vermerkt.[87] Lediglich die „auffrischenden Farben", in denen er die Suite aus Rameaus Oper *Platée* präsentierte, wurden einmal als „etwas zu üppigmodern" eingestuft.[88] Auch die Darbietung einzelner Sinfonie-Sätze stieß nur ausnahmsweise auf Kritik.[89] Kretzschmars Programmtexte empfand man als hilfreich sowie in Umfang und Inhalt angemessen („kurze, aber vollständig orientirende Erläuterungen"[90]).

Kritischer wurde die Qualität der Aufführungen bewertet. Die drei Zeitschriften stimmten überein, dass die von Kretzschmar gewählten Werke oft an die Grenzen der Leistungsfähigkeit eines Militärorchesters gingen, dass sich die Kapelle des 134. Regiments jedoch im Rahmen ihrer Möglichkeiten meist sehr „wacker" und „tapfer" schlug. Weit auseinander gingen dagegen die Einschätzungen von Kretzschmars Orchesterleitung. Während er im *Musikalischen Wochenblatt* als „genialer", Musiker und Zuhörer gleichermaßen enthusiasmierender „Feuergeist" gefeiert wurde,[91] hatten die *Signale* für sein Dirigat allenfalls das dürre Kompliment „ein- und umsichtig" übrig[92] und bewerteten ihn zunehmend negativ. Den Hauptstreitpunkt bildeten die Tempi, bei denen Kretzschmar offensichtlich zu Extremen und zu häufigen, starken Schwankungen neigte. Der Dirigent berief sich bei seiner Tempogestaltung, die auch bereits während seiner Rostocker Zeit Anstoß erregt hatte, ausdrücklich auf die „Schule R. Wagners".[93] Tatsächlich wurde Kretzschmar vor allem durch sein der ‚neudeutschen Schule' verpflichtetes „subjektives" Dirigat in den Parteienstreit der Leipziger Musikpresse hineingezogen, den er so gern beenden wollte. Im *Musikalischen Wochenblatt*, für das Kretzschmar selbst seit 1873 zahlreiche Beiträge verfasst hatte und das bereits Anfang 1890 forderte, „die eminente Directionsbegabung unseres Künstlers […] für ständige Orchesterconcerte auszunutzen",[94] wurden seine Werkinterpretationen konsequent als positive Alternative zu denen des Gewandhauses dargestellt.[95] Eine Schlüsselrolle spielte dabei die Rezension des ersten Beethovenabends (I/3) mit der Aufführung der *Eroica*, die als „ein musikalisches Ereigniss für Leipzig" gegenüber den „unzähligen Leipziger Gewandhausaufführungen gerade dieses Werkes" hervorgehoben wurde:

> „Hr. Prof. Dr. Kretzschmar hat mit dieser Aufführung bei allen Denen, welche nicht schon vorher sich intimer mit der Partitur dieses Wunderwerkes befasst oder dasselbe auswärts unter glücklicheren Verhältnissen gehört hatten, das Verständniss für den reichen ideellen Gehalt, für die unerschöpfliche Phantasiefülle dieser Schöpfung in dem Maasse gesteigert, in welchem seine mit rückhaltloser Deutlichkeit zur Geltung gebrachte congeniale Auffassung des geistigen Kerns des Werkes von dem traditionellen ortsüblichen Herabspielen der Schöpfung abweicht: da war Nichts von der akademischen [sic!] Zurückhaltung, welche dem Gedankenfluge des Beethoven'schen Geistes stets Zwang anzuthun sucht, und von jenem blos äusserlichen Auspuzt [sic!] des Effects zu spüren, – echt Beethovenisch, frei und elastisch in der Bewegung, gesund im Dynamischen und sinnvoll in der Phrasirung – Alles nur zum Zwecke der unverkürzten Hebung und Verdeutlichung der poetischen Idee –, überragte, dank dem begeisternden Einfluss des genialen, warmblütigen Dirigenten, diese Ausführung des Werkes seitens der zwar wesentlich im Streicherchor verstärkten, jedoch an derartige grosse Aufgaben nicht gewöhnten Jahrow'schen Militärcapelle die regelmässigen Aufführungen desselben Werkes durch das wegen seiner künstlerischen Intelligenz mit vollstem Recht berühmte Gewandhausorchester hinsichtlich der inneren Wirkung um ein Bedeutendes, denn wann hätte je das Gewandhauspublicum bei Gelegenheit der Vorführung der ‚Eroica' nur annähernd die seelische Ergriffenheit zur Schau getragen, welche das fast doppelt so zahlreiche Auditorium in der Alberthalle bis zur Exaltation brachte und Beifallsstürme heraufbeschwor, wie sie in ähnlicher Intensität nach unserem Erinnern leider noch keiner Beethoven'schen Sinfonie im Gewandhaus beschieden waren?"[96]

Dagegen erhielt Kretzschmar für sein Beethoven-Konzert in den *Signalen* erstmals eine überwiegend negative Besprechung: Er „vergreife" sich häufig im Tempo, „wie wir dies nie erlebt haben"; seine „viel zu subjectiv-willkürli-

---

87 Neben den Rameau-Suiten und Glucks *Iphigenien*-Ouvertüre (mit dem Wagnerschen Konzertschluss) präsentierte Kretzschmar auch Chopins Klavierkonzert e-Moll in einer Bearbeitung (von Karol Tausig). Vgl. *Musikalisches Wochenblatt*, 8. Dezember 1892, S. 623; 23. November 1893, S. 652; 25. Januar 1894, S. 55.

88 *Neue Zeitschrift für Musik*, 21. November 1894, S. 524.

89 *Musikalisches Wochenblatt*, 15. März 1894, S. 132.

90 *Musikalisches Wochenblatt*, 10. November 1892, S. 567; ähnlich in: *Neue Zeitschrift für Musik*, 16. März 1892, S. 125.

91 *Musikalisches Wochenblatt*, 5. November 1891, S. 580. Ähnlich äußerte sich das *Leipziger Tageblatt* (z. B. 1892, Nr. 638), das Kretzschmars Konzerte ebenso konsequent unterstützte wie das *Musikalische Wochenblatt*. Diverse Zitate aus dieser Tageszeitung finden sich bei M. Würzberger: *Die Entwicklung des Orchesterwesens* (wie Anm. 2), S. 181–185.

92 *Signale für die musikalische Welt*, November 1890, Nr. 65, S. 1027.

93 K. Heller: *Das Rostocker Jahrzehnt* (wie Anm. 6), S. 72.

94 *Musikalisches Wochenblatt*, 2. Januar 1890, S. 19.

95 Auch bei der Interpretation der Sinfonien von Brahms, der ja eher als Gegner der Fortschrittspartei galt, sah das *Musikalische Wochenblatt*, 19. März 1891, S. 167, Kretzschmar gegenüber dem Gewandhaus deutlich im Vorteil.

96 *Musikalisches Wochenblatt*, 29. November 1891, S. 64.

chen" Rubati könne man „unmöglich für akademisch (bildend) und noch viel weniger für Beethoven'sch halten"; auch der „Nuancirungs- und Schattirungs-Luxus" sei „zu weit getrieben".[97] Demgegenüber zeigte sich das *Musikalische Wochenblatt* davon überzeugt, dass es Kretzschmar gerade durch „gewisse Freiheiten in der Temponahme" gelinge, bekannten Werken „neue Lichter aufzusetzen".[98]

Welche der beiden Zeitschriften den Parteienstreit um Kretzschmars Tempi und seine *Eroica*-Interpretation eröffnete, ist unklar, da die Nummern der *Signale* in dieser Zeit kein Tagesdatum trugen. Auch aus den folgenden Rezensionen geht jedoch klar hervor, dass die primär auf die Gewandhaus-Berichterstattung konzentrierten *Signale* nicht bereit waren, Kretzschmar und seine Konzertreihe als Alternative oder gar Vorbild gegenüber den Gewandhauskonzerten ernst zu nehmen.[99] Das *Musikalische Wochenblatt* hingegen scheute sich nicht, die Akademischen Konzerte in seinem „Kreuzzug" für die Zukunftsmusik zu instrumentalisieren. Den Kernbegriff seiner Berichterstattung über die Konzertreihe bildete der – ihrem akademischen Namen entgegengesetzte[100] – Begriff der „Begeisterung": Bereits vor Gründung der Reihe hatte das Blatt Kretzschmars „Gabe" gerühmt, „die eigene heilige und glühende Kunstbegeisterung in vollstem Maasse auf die Ausführenden zu übertragen und dadurch deren Leistungsfähigkeit bis zum höchsten Grade zu steigern".[101] In den Konzertkritiken lenkte man folgerichtig die Aufmerksamkeit darauf, wie Kretzschmars Begeisterung zunächst auf das Orchester übersprang und dessen technische Unzulänglichkeiten wettmachte, um sich dann auf das Publikum zu übertragen, das sich offenbar gerade deshalb als besonders begeisterungsfähig erwies, weil es teilweise aus Zuhörern mit geringer sinfonischer Vorbildung bestand. Nach Darstellung des Blatts erfüllten die Konzerte damit – im Unterschied zum Gewandhaus, wo sich eine auf Äußerlichkeiten fixierte, gegenüber der Kunst „kalte" Oberschicht in einem sinnentleerten Ritual immer wieder dieselben Werke vorführen lasse –, nicht nur eine künstlerische, sondern auch eine soziale „Mission".[102] Diese Darstellung entsprach den sozialrevolutionären Ideen des jungen Liszt ebenso wie Kretzschmars ethischem Bildungsideal einer breiten „Volkserziehung".[103] Tatsächlich waren die Eintrittspreise der Akademischen Konzerte mit 3 bis 10 Mark für ein Abonnement bzw. 50 Pfennig bis 2,50 Mark für eine Karte sehr moderat[104] und ermöglichten einem breiten Publikum den Zutritt.

Etwas zurückhaltender äußerte sich die gleichfalls ‚progressive' *Neue Zeitschrift für Musik*. Sie konzentrierte sich mehr auf die Besprechung selten gespielter Werke, in deren Darbietung sie das wichtigste Verdienst der Akademischen Konzerte sah. Kretzschmar wurde als „getreuer Eckart" gepriesen, der seine Hörer „mit glühender Begeisterung" durch die „Literaturepochen fernliegender Zeiten" führe.[105] Die Qualität der Aufführungen wurde demgegenüber als sekundär behandelt. In den Jahrgängen 1893/94 und 1894/95 ließ das Interesse beider fortschrittsorientierter Blätter an Kretzschmars Konzerten zeitweilig etwas nach (vor allem an den mittleren, der Klassik gewidmeten Abenden).[106] Die letzten drei Konzerte wurden jedoch wieder sehr positiv und ausführlich besprochen. Insbesondere Kretzschmars Aufführung von Liszts *Faust-Sinfonie* fand große Resonanz und wurde von beiden Blättern den seit 1891 jährlichen Darbietungen des Werks in Konzerten des Liszt-Vereins deutlich vorgezogen („voller Sieg"; „summa cum laude"[107]). Diesen Erfolg führten sie auf die beständige Probenarbeit zurück, die Kretzschmar im Unterschied zu den Gastdirigenten des Liszt-Vereins mit der Militärkapelle absolvierte. Die Einschätzung des *Musikalischen Wochenblatts*, die Qualität des Leipziger Musiklebens sei durch die

---

97 *Signale für die musikalische Welt*, Januar 1891, Nr. 9, S. 134.

98 *Musikalisches Wochenblatt*, 15. März 1894, S. 133 (bezogen auf Beethovens Sinfonie Nr. 6). Eine vermittelnde Position im ‚Tempostreit' bezog die *Neue Zeitschrift für Musik*, die sich einmal kritisch (zu Mozarts Sinfonie KV 532) und einmal beifällig (zu Beethovens Sinfonie Nr. 5) äußerte (vgl. *Neue Zeitschrift für Musik*, 30. November 1892, S. 547, und 8. März 1893, S. 112).

99 Die Nähe des Rezensenten zum Gewandhaus zeigt sich etwa darin, dass im Unterschied zu anderen Raritäten gerade die Wiederentdeckung der Sinfonie Kalliwodas gelobt wurde mit der Begründung, dessen Werke seien einst „auch im hiesigen Gewandhause sehr beifällig aufgeführt" worden. Umso negativer fiel die Bewertung von Kretzschmars Interpretation eines unverwüstlichen Repertoirestücks der Gewandhaustradition, der *Sommernachtstraum*-Ouvertüre Mendelssohns, aus. Vgl. *Signale für die musikalische Welt*, Februar 1891, Nr. 12, S. 183.

100 Im *Musikalischen Wochenblatt*, 7. März 1895, S. 141, wird die „jugendliche, feurige Begeisterung" der Akademischen Konzerte explizit der „akademischen Gemessenheit" der Gewandhauskonzerte gegenübergestellt (bezüglich Beethovens Neunter).

101 *Musikalisches Wochenblatt*, 2. Januar 1890, S. 19.

102 Der Begriff „Mission" findet sich im *Musikalischen Wochenblatt*, 17. März 1892, S. 151.

103 Vgl. H.-D. Sommer: *Praxisorientierte Musikwissenschaft* (wie Anm. 1), S. 5 f. Dementsprechend wurde im *Musikalischen Wochenblatt*, 29. Januar 1891, S. 65, anerkennend hervorgehoben, dass bei dem Konzert I/3 der zu diesem Zeitpunkt für die Organisation verantwortliche Verleger Ernst Eulenburg Sonderdrucke der Besprechung der *Eroica* in Kretzschmars Konzertführer an das Publikum verteilen ließ.

104 *Leipziger Tageblatt*, 2. November 1890.

105 Bernhard Vogel in: *Neue Zeitschrift für Musik*, 16. November 1892, S. 517.

106 Im *Musikalischen Wochenblatt* fehlt eine Rezension des Konzerts IV/2, in der *Neuen Zeitschrift für Musik* wurden V/2 und V/3 übergangen.

107 Heinrich Chevalley in: *Musikalisches Wochenblatt*, 28. Februar 1895, S. 126, und Bernhard Vogel in: *Neue Zeitschrift für Musik*, 13. März 1895, S. 125.

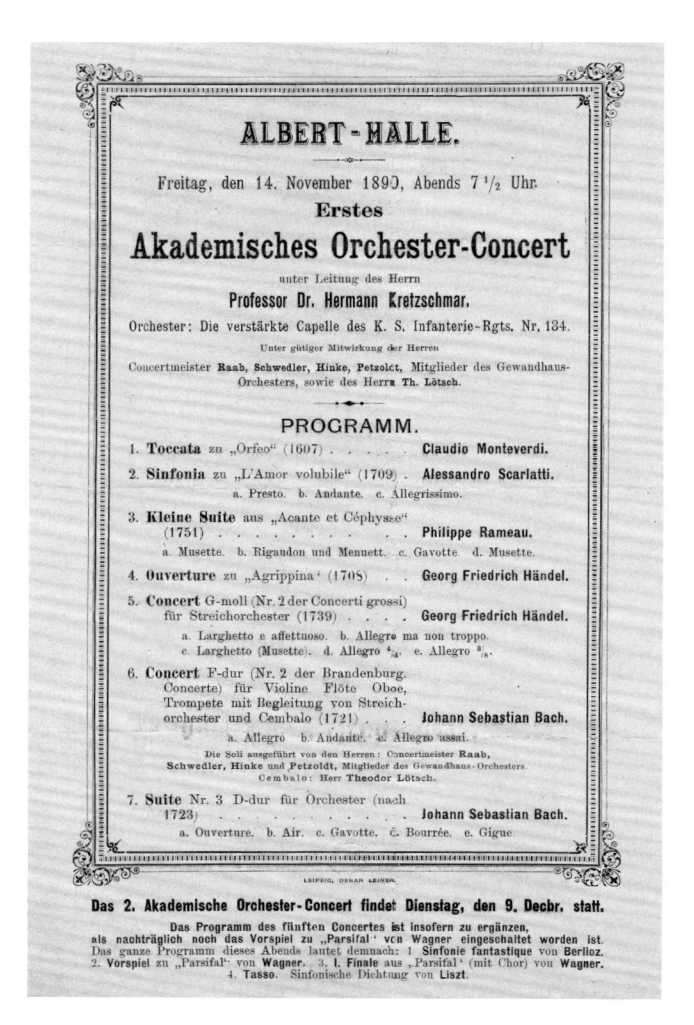

Konzertprogramm des Akademischen Concertes Hermann Kretzschmars am 14. November 1890, Druck (Stadtgeschichtliches Museum Leipzig)

Konzertreihen Kretzschmars und des Liszt-Vereins „derart wesentlich" gesteigert worden, „dass man unsere Stadt […] wohl als die erste deutsche Musikcentrale bezeichnen darf",[108] mag übertrieben sein. Indes urteilte auch ein scharfsichtiger Beobachter wie Alfred Richter rückblickend, durch beide Einrichtungen sei ein „neuer Zug in das Leipziger Musikleben" gekommen.[109]

Angesichts dieser positiven Resonanz stellt sich die Frage, weshalb Kretzschmar seine Konzertreihe 1895 einstellte.[110] Er selbst gab später an, eine Fortsetzung der staatlichen „Munifizenz" hätte „durch Konzessionen erkauft werden müssen, die von den Universitätszielen abführten".[111] Einige Autoren haben auf die erneute Verschlechterung von Kretzschmars Gesundheitszustand hingewiesen, die ihn schließlich zwang, sämtliche musikpraktischen Ämter niederzulegen.[112] Der zu dieser Entscheidung führende Unfall ereignete sich jedoch erst im Februar 1897.[113]

Vieles deutet darauf hin, dass der entscheidende Grund für das Ende der Konzertreihe eher in einer weitreichenden Personalentscheidung am Gewandhaus lag. 1895 wurde dort Arthur Nikisch Kapellmeister, nachdem das Direktorium Carl Reinecke zum Rücktritt genötigt hatte. Dass Kretzschmar gehofft hatte, seinen ehemaligen Lehrer Reinecke zu beerben und die Akademischen Konzerte auch als ‚Sprungbrett' dafür nutzen wollte,[114] hat er selbst zwar nie zugegeben, erscheint jedoch aus mehreren Gründen naheliegend: Dafür spricht zum einen die Breite des von ihm aufgeführten Repertoires, das auch und gerade neue Werke einbezog; zum anderen die Vernetzung mit dem Gewandhaus, die Kretzschmar offenbar gezielt anstrebte. Seine erste Leipziger Vorlesung hatte er den „hauptsächlichen Werken der Gewandhausaufführungen im Winter 87/88" gewidmet.[115] Am 11. Dezember 1890 dirigierte er stellvertretend für den erkrankten Reinecke ein Gewandhauskonzert. Umgekehrt gewann er für seine eigenen Konzerte Reinecke als Pianist mit Mozarts Klavierkonzerten KV 537 und 491 (II/2 und IV/2). Im Programm wurde ausdrücklich darauf hingewiesen, dass Reinecke KV 537 „auf besonderes Ersuchen der Concertgesellschaft" selbst ausgewählt habe; außerdem wurde seine Schrift *Zur Wiederbelebung der Mozart'schen Clavier-Concerte* zur Lektüre empfohlen (Programmtext II/2).

---

108 *Musikalisches Wochenblatt*, 24. März 1892, S. 164.

109 A. Richter: *Aus Leipzigs musikalischer Glanzzeit* (wie Anm. 13), S. 210.

110 Tatsächlich schloss das *Musikalische Wochenblatt*, 7. März 1895, S. 141, noch seine Rezension von Kretzschmars letztem Konzert mit dem Wunsch, „dass der ausgezeichnete Künstler diese Concerte mit gleicher Liebe und Energie im nächsten Winter weiterführen möge. Und daran ist nicht zu zweifeln!"

111 H. Kretzschmar: *Musikalische Zeitfragen* (wie Anm. 14), S. 88. Die wirtschaftliche Entwicklung der Konzertreihe ist unbekannt. In den ausgewerteten Rezensionen findet sich lediglich ein vereinzelter Hinweis, dass neben dem künstlerischen auch das „pecuniäre Resultat" einer Konzertsaison sehr günstig gewesen sei (*Musikalisches Wochenblatt*, 17. März 1892, S. 151). Ein anderes Mal wurden technische Probleme bei der Abwicklung des Abonnements, bei Billetverkauf und Werbung moniert (*Musikalisches Wochenblatt*, 10. November 1892, S. 567).

112 Vgl. M. Würzberger: *Die Entwicklung des Orchesterwesens* (wie Anm. 2), S. 188, und T. Böhme: *Wege von der Kunst zur Wissenschaft* (wie Anm. 2), S. 51.

113 Vgl. *Der Riedel-Verein*, hrsg. v. G. Göhler (wie Anm. 25), S. 123 f.

114 H.-D. Sommer: *Praxisorientierte Musikwissenschaft* (wie Anm. 1), S. 42.

115 Ebenda, S. 40.

Dass Kretzschmar dennoch 1895 am Gewandhaus nicht berücksichtigt wurde, ist vor allem auf zwei Ursachen zurückzuführen. Erstens dürfte ihm die Polemik der ‚neudeutschen' Musikpresse, die seine Konzerte ständig positiv gegenüber denen des Gewandhauses hervorhob, geschadet haben.[116] Zweitens wurde die Entscheidung des Direktoriums, Reinecke zum Rücktritt zu bewegen, weniger durch die Absicht einer Erneuerung und Verbreiterung des Werkrepertoires geleitet[117] (für die Kretzschmars Konzertreihe stand), als vielmehr durch die Einsicht, dass das Gewandhaus nur mit Hilfe eines ‚Stardirigenten' seinen internationalen Ruf würde behaupten bzw. neu festigen können. Zu diesem neuen, von Hans von Bülow begründeten Musikertyp des charismatischen, primär auf das Fach Orchesterleitung spezialisierten Dirigenten zählte Nikisch, nicht jedoch Kretzschmar, der – genau wie Reinecke – noch den älteren Typ des vielseitig aktiven Musikers verkörperte. Bereits seit 1891 wuchs in Leipzig auf diesem Feld die Konkurrenz durch die nun regelmäßig veranstalteten Orchesterkonzerte des Liszt-Vereins, bei denen die auch von Kretzschmar eingesetzte Militärkapelle von berühmten Dirigenten wie Felix Weingartner, Richard Strauss oder Siegfried Wagner geleitet wurde. Dass derart klangvolle Namen längerfristig mehr Aufmerksamkeit bei Presse und Publikum erzielen würden als eine Konzertreihe, die durch ihr streng historisches Prinzip eine gewisse Redundanz in der Makrostruktur kaum vermeiden konnte, dürfte Kretzschmar klar gewesen sein. Insofern überrascht es nicht, dass er – nachdem man ihn am Gewandhaus nicht berücksichtigt hatte – seine Konzerte einstellte.[118]

Kretzschmars Rückzug vom Konzertpodium und seine zunehmende Konzentration auf Musikforschung, -publikation und -pädagogik erscheinen somit durchaus folgerichtig. Für die Entwicklung des Musikwissenschaftlerberufs und die Musikausübung an den Universitäten bedeuteten sie einen Einschnitt mit langfristigen Folgen. Im deutschen Raum war Kretzschmar einer der letzten führenden Vertreter seines Fachs, der in seiner Tätigkeit der Musikpraxis mindestens dieselbe Bedeutung beimaß wie der Forschung und bei dem beide in fruchtbarer Wechselwirkung standen. Anders als in England oder den Niederlanden kam es hier um die Jahrhundertwende zu einer weitgehenden Trennung von Musikwissenschaft und -praxis, die bis heute Bestand hat. Die historische Bedeutung der fünfjährigen Ära der ‚Akademischen Orchester-Concerte' ist daher umso höher einzuschätzen. In ihnen wurden nicht nur zukunftsweisende Strukturmerkmale des Sinfoniekonzerts erprobt (vor allem eine primär inhaltlich bedingte Programmgestaltung und der Verzicht auf Solonummern) sowie ein vielfältiges Werkrepertoire mit zahlreichen Raritäten aufgeführt. Sie stehen auch für eine Zeit, in der Musiktheorie und -praxis noch in Personalunion von ein und demselben Universitätsdozenten betrieben wurden und eine von der Universität initiierte Konzertreihe einen überregional beachteten Beitrag zur Geschichte der ‚Musikstadt Leipzig' zu leisten vermochte.

---

116 Freilich dürfte sich auch Kretzschmar selbst mit seinem Urteil in H. Kretzschmar: *Führer durch den Concertsaal*, 1. Aufl. (wie Anm. 30), S. 254, die „Herrschaft der Mendelssohnschen Schule" sei in der Sinfonik „bald erloschen", am Gewandhaus nicht gerade empfohlen haben.

117 Dass die Einführung von Novitäten mehr durch das Direktorium als durch Reinecke abgebremst wurde, hat K. Seidel: *Carl Reinecke* (wie Anm. 5), S. 74–92, anhand der Gewandhaus-Korrespondenz gezeigt.

118 Vgl. H.-D. Sommer: *Praxisorientierte Musikwissenschaft* (wie Anm. 1), S. 47.

Hermann Kretzschmars „Akademische Orchester-Concerte" in Leipzig 1890–1895

	I. Saison 1890/91	II. Saison 1891/92	III. Saison 1892/93	IV. Saison 1893/94	V. Saison 1894/95
1.	14. November 1890	27. Oktober 1891	1. November 1892	7. November 1893	6. November 1894
	Monteverdi, Toccata aus *Orfeo* A. Scarlatti, Sinfonia zu *L'Amor volubile* Rameau, Suite aus *Acante et Céphysse* Händel, Ouvertüre zu *Agrippina* Händel, Concerto grosso op. 6 Nr. 6 g-Moll J. S. Bach, *Brandenburgisches Konzert* Nr. 2 F-Dur J. S. Bach, Orchestersuite Nr. 3 D-Dur	Corelli, Concerto grosso op. 6 Nr. 2 F-Dur Rameau, Suite aus *Acante et Céphysse* Händel, Concerto grosso op. 6 Nr. 2 F-Dur J. S. Bach, Orchestersuite Nr. 4 D-Dur J. S. Bach, Konzert für 3 Klaviere d-Moll C. Ph. E. Bach, Sinfonie D-Dur Wq 183/1 (Solisten: Clara Kretzschmar, Johannes Weidenbach, Adolf Ruthardt, Klavier)	G. Gabrieli, *Sonata (pian e forte)* Georg Muffat, Suite e-Moll Rameau, Suite aus *Zoroastre* J. S. Bach, *Brandenburgisches Konzert* Nr. 3 G-Dur J. S. Bach, Orchestersuite Nr. 4 D-Dur (Ouverture und Bourrée) Händel, Concerto grosso op. 6 Nr. 2 F-Dur Händel, *Feuerwerksmusik* (EA)	Leo, Sinfonia zu *St. Elena al Calvario* Bassani, Sonata für Streicher J. S. Bach, Orchestersuite Nr. 2 h-Moll J. S. Bach, Konzert für 3 Klaviere C-Dur Rameau, Suite aus *Platée* Händel, Ouvertüre zu *Agrippina* Händel, Orgelkonzert op. 4 Nr. 3 g-Moll (Solisten: Clara Kretzschmar, Elisabeth Schmidt, Adolf Ruthardt, Klavier; Paul Homeyer, Orgel)	Händel, Concerto grosso op. 6 Nr. 2 F-Dur J. S. Bach, Violinkonzert a-Moll Rameau, Suite aus *Platée* Gluck, 3 Sätze aus *Don Juan* Mozart, Konzert für 2 Klaviere Es-Dur Haydn, Sinfonie Nr. 102 B-Dur (Solisten: Adolf Brodsky, Violine; E. Schmidt, Rudolf Zwintscher, Klavier)
2.	9. Dezember 1890	10. November 1891	22. November 1892	28. November 1893	27. November 1894
	Haydn, Sinfonie Nr. 45 fis-Moll *Abschied* Cherubini, Ouvertüre zu *Anacreon* Eberl, Sinfonie d-Moll, 1.-2. Satz Mozart, Sinfonie B-Dur KV 319	Dittersdorf, Sinfonie Nr. 1 C-Dur Mozart, Klavierkonzert D-Dur KV 537 Haydn, Sinfonie Nr. 7 C-Dur *Le Midi* Cherubini, Ouvertüre zu *Anacreon* (Solist: Carl Reinecke, Klavier)	Cesti, Sonata zu *Il Pomo d'oro* Piccini, Ouvertüre zu *Dido* Gluck, Ouvertüre zu *Iphigénie en Aulide* Haydn, Sinfonie Nr. 100 G-Dur *Militär* Viotti, Violinkonzert Nr. 22 a-Moll Mozart, Sinfonie Es-Dur KV 543 (Solist: Florian Zajic, Violine)	Zelenka, Ouvertüre Mozart, Klavierkonzert c-Moll KV 491 Gluck, *Reigen seliger Geister* und *Furientanz* aus *Orfeo e Euridice* Haydn, Sinfonie Nr. 104 D-Dur (Solist: Carl Reinecke, Klavier)	Beethoven, Sinfonie Nr. 3 Es-Dur *Eroica* Beethoven, Klavierkonzert Nr. 3 c-Moll Beethoven, *Leonoren*-Ouvertüre Nr. 2 (Solistin: Mary Krebs-Brenning, Klavier)
3.	20. Januar 1891	8. Dezember 1891	13. Dezember 1892	12. Dezember 1893	11. Dezember 1894
	Beethoven, Sinfonie Nr. 3 Es-Dur *Eroica* Beethoven, Violinkonzert D-Dur Beethoven, *Leonoren*-Ouvertüre Nr. 2 (Solist: Heinrich de Ahna, Violine)	Beethoven, *Coriolan*-Ouvertüre Beethoven, Klavierkonzert Nr. 4 G-Dur Beethoven, Sinfonie Nr. 9 d-Moll (Riedel-Verein; Solist: Heinrich Barth, Klavier)	Beethoven, Ouvertüre *Die Weihe des Hauses* Beethoven, Chorphantasie Beethoven, Sinfonie Nr. 9 d-Moll (Riedel-Verein; Solist: Fritz v. Bose, Klavier)	Cherubini, Konzertouvertüre Weber, Klarinetten-Konzert Nr. 2 Es-Dur Schubert, 2 Entr'actes aus *Rosamunde* Beethoven, Sinfonie Nr. 8 F-Dur (Solist: Richard Mühlfeld, Klarinette)	Mendelssohn, Sinfonie Nr. 5 d-Moll *(Reformation)* Volkmann, Cellokonzert Rubinstein, 3 Sätze aus *Feramors* (Solist: Julius Klengel, Klavier)

	I. Saison 1890/91	II. Saison 1891/92	III. Saison 1892/93	IV. Saison 1893/94	V. Saison 1894/95
4.	30. Januar 1891 Schubert, Sinfonie B-Dur Kalliwoda, Sinfonie Nr. 3 d-Moll, 1. Satz Spohr, Violinkonzert Nr. 8 *in Form einer Gesangsszene* Mendelssohn, *Sommernachtstraum*-Ouvertüre (Solist: Carl Halir, Violine)	19. Januar 1892 Weber, Sinfonie Nr. 1 C-Dur Lipiński, *Concerto militaire*, 1. Satz Spohr, Sinfonie Nr. 3 d-Moll, 2. Satz Paganini, Violinkonzert Nr. 1, 1. Satz Schubert, ‚Große' Sinfonie C-Dur (Solist: Arno Hilf, Violine)	17. Januar 1893 Schubert, Sinfonie h-Moll Mendelssohn, Violinkonzert e-Moll Schumann, Sinfonie Nr. 1 B-Dur (Solist: Arno Hilf, Violine)	16. Januar 1894 Gade, *Nachklänge von Ossian* Chopin, Klavierkonzert e-Moll Glinka, Ouvertüre zu *Ruslan und Ludmilla* Berlioz, *Harold en Italie* (Solisten: Clara Kretzschmar, Klavier; Hermann Ritter, Viola)	15. Januar 1895 Franck, *Les Éolides* Joachim, Violinkonzert *in ungarischer Weise* Ph. Scharwenka, Sinfonie *Traum und Wirklichkeit* (Solist: Arno Hilf, Violine)
5.	9. Februar 1891 Berlioz, *Symphonie fantastique* Wagner, *Parsifal*, 1. Akt, 2. Teil Liszt, *Tasso. Lamento e trionfo* (Riedel-Verein; Solisten: Gustav Borchers, Tenor; Hermann Schneider, Bass)	15. Februar 1892 Borodin, Sinfonie Nr. 1 Es-Dur Rubinstein, Klavierkonzert Nr. 4 d-Moll, 1. Satz Dvořák, Slawische Rhapsodie Nr. 1 Berlioz, Ouvertüre *Carneval romain* Saint-Saëns, Klavierkonzert Nr. 2 g-Moll Godard, *Scènes poétiques* (Solistin: Clara Kretzschmar, Klavier)	7. Februar 1893 Brahms, Sinfonie Nr. 2 D-Dur Grieg, Klavierkonzert a-Moll Grieg, *Peer Gynt*-Suite Nr. 2 (EA unter Leitung Griegs) (Solist: Alexander Siloti, Klavier)	6. Februar 1894 Mendelssohn, *Hebriden*-Ouvertüre Schumann, Klavierkonzert a-Moll Brahms, Sinfonie Nr. 3 F-Dur (Solist: Franz Rummel, Klavier)	14. Februar 1895 Liszt, *Faust-Sinfonie* Bronsart, Klavierkonzert fis-Moll R. Strauss, *Tod und Verklärung* (Mitglieder des Riedel-Vereins (?); Solisten: Emil Pinks, Tenor; P. Homeyer, Orgel; Clara Kretzschmar, Klavier)
6.	10. März 1891 Schumann, Sinfonie Nr. 4 d-Moll Brahms, Klavierkonzert Nr. 2 B-Dur Brahms, Sinfonie Nr. 1 c-Moll (Solistin: Clara Kretzschmar, Klavier)	8. März 1892 Raff, Sinfonie Nr. 5 *Leonore* Schumann, Cellokonzert Volkmann, Streicherserenade Nr. 2 Bruch, *Canzone* für Violoncello und Orchester (EA) Brahms, *Akademische Festouvertüre* (Solist: Robert Hausmann, Violoncello)	28. Februar 1893 Saint-Saëns, Cellokonzert op. 33 Wagner, *Siegfried-Idyll* J. S. Bach, Cellosuite D-Dur, Sarabande und Gavotte Boccherini, Cellosonate A-Dur, Adagio und Allegro Beethoven, Sinfonie Nr. 5 c-Moll (Solist: Robert Hausmann, Violoncello)	6. März 1894 Cowen, *Skandinavische Sinfonie*, 2.-3. Satz Bruch, Violinkonzert Nr. 1 g-Moll Beethoven, Sinfonie Nr. 6 F-Dur (Solist: Florian Zajic, Violine)	26. Februar 1895 Brahms, *Gesang der Parzen* Cherubini, Ouvertüre zu *Médée* Cornelius, „Methdreigesang" aus *Gunlöd* Beethoven, Sinfonie Nr. 9 d-Moll (Chor des Riedel-Vereins)

COLLEGIUM MUSICUM

Auswahl älterer Kammermusikwerke für den praktischen Gebrauch

bearbeitet und herausgegeben von

HUGO RIEMANN UND ANDEREN

Stamitz, Johann (1717—1757), 6 Orchestertrios. Op. 1. Für 2 Viol., Violoncell und Klavier
1. — Nr. 1. Trio in C dur
2. — Nr. 2. Trio in A dur
3. — Nr. 3. Trio in F dur
4. — Nr. 4. Trio in D dur
5. — Nr. 5. Trio in B dur
6. — Nr. 6. Trio in G dur
7. — Orchester-Trio in E dur. Op. 5 Nr. 3. Für 2 Violinen, Violoncell und Klavier
8. Fasch, Joh. Friedr. (1688—1758), Trio in d moll. Kanon für Violine und Viola mit Violoncell und Klavier
9. — Trio in D dur. Kanon für Violine u. Viola m. Violoncell u. Klavier
10. — Trio in a moll. Für 2 Violinen, Violoncell und Klavier
11. — Trio in F dur. Für 2 Violinen, Violoncell und Klavier
12. — Trio in G dur. Für 2 Violinen, Violoncell und Klavier
13. — Sonata a 4 in d moll. Für 2 Violinen, Viola und Violoncell. Partitur und Stimmen
14. Telemann, G. Phil. (1681—1767), Trio in Es dur. Für 2 Violinen, Violoncell und Klavier
15. Jiránek, Anton (1712—1761), Trio in A dur. Für 2 Violinen, Violoncell und Klavier
16. Bach, K. Ph. Em. (1714—1788), Trio in G dur. Für 2 Violinen, Violoncell und Klavier
17. Filtz, Anton (1730—1760), Trio in Es dur. Op. 3 Nr. 5. Für 2 Violinen, Violoncell und Klavier
18. Richter, Franz Xaver (1709—1789), Sonata da camera in A dur. Für Violine (Flöte), Violoncell und obligates Klavier
19. Bach, Joh. Chr. (1735—1782), Trio in D dur. Für Klavier, Violine und Violoncell
20. Mysliweček, Jos. (1737—1781), Trio in B dur. Op. 1 Nr. 4. Für Flöte (1. Violine), Violine, Violoncell und Klavier
21. Locatelli, Pietro (1693—1764), Trio in G dur. Op. 3 Nr. 1. Für 2 Violinen (Flöten), Violoncell und Klavier
22. Förster, Christ. (1693—1745), Suite (mit Ouvertüre) in G dur. Für 2 Violinen, Viola u. Violoncell (Streichorchester). Part. u. Stimmen
23. Porpora, Nicola (1686—1766), Trio in D dur. (Op. 2, Concerto IV.) Für 2 Violinen, Violoncell und Klavier
24. Graun, J. G. (1698—1771), Trio in F dur. Für Oboe (1. Violine), Violine, Violoncell und Klavier
25. — Trio in G dur. Für 2 Violinen, Violoncell und Klavier
26. — Trio in c moll. Für 2 Violinen, Violoncell und Klavier
27. Sammartini, Gioseffo (c. 1700—1770), Trio in a moll. Op. 3 Nr. 9. Für 2 Violinen, Violoncell und Klavier (1743)
28. Sammartini, G. B. (1704—1774), Trio in Es dur. Op. 1 Nr. 3. Für 2 Violinen, Violoncell und Klavier
29. Pergolese, G. B. (1710—1736), Trio Nr. 1 in G dur. Für 2 Violinen, Violoncell und Klavier
30. — Trio Nr. 2 in B dur. Für 2 Violinen, Violoncell und Klavier
31. Krebs, Joh. Ludwig (1713—1780), Trio (Suite mit Ouvertüre) in D dur. Für Flöte (1. Violine), Viola, Violoncell und Klavier
Gluck, Chr. W. v. (1714—1787), Sechs Triosonaten. Für 2 Violinen, Violoncell und Klavier (1746)
32. — Nr. 1 in C dur
33. — Nr. 2 in g moll
34. — Nr. 3 in A dur
35. — Nr. 4 in B dur
36. — Nr. 5 in Es dur (G. Beckmann)
37. — Nr. 6 in F dur (G. Beckmann)
38. — Trio Nr. 7 in E dur Für 2 Violinen, Violoncell u. Klavier (G. Beckmann)
39. Asplmayr, Franz (c. 1721—1786), Trio in F dur. Op. 5 Nr. 1. Für 2 Violinen, Violoncell und Klavier
40. — Trio in D dur. Op. 2 Nr. 2. Für 2 Violinen, Viola u. Violoncell
41. Abaco, Evaristo Felice dall' (1675—1742), Sonata a tre. Op. 3 Nr. 4 G dur (da chiesa). Für 2 Violinen, Violoncell und Klavier
42. — Op. 3 Nr. 5 D dur (da chiesa). Für 2 Violinen, Violoncell u. Klavier
43. — Op. 3 Nr. 9 a moll (da camera). Für 2 Violinen, Violoncell u. Klavier
44. Ravenscroft, John (†1745). Trio da chiesa in h moll. Für 2 Viol., Vcell. u. Klav. Op. 1 Nr. 2. (Früher unter Antonio Caldara veröffentlicht)
45. Bach, W. Friedemann (1710—1784), Trio in B dur. Für Flöte (Violine), Violine und Cembalo mit Violoncell. Bearbeitet von Max Seiffert. (Ausgewählte Instrumentalwerke I, 3.)
46. Sacchini, Antonio (1734—1786), Triosonate in G dur aus Op. 1. Für 2 Violinen, Violoncell und Klavier
47. Gossec, Fr. J. (1734—1829), Trio in Es dur. Op. 9 Nr. 1. Für 2 Violinen und Violoncell

48. Stamitz, Johann (1717—1757), Orchester-Trio in c moll. Op. 4 Nr. 3. Für 2 Violinen, Violoncell und Klavier
49. — Orchester-Trio in C dur. Op. 9 Nr. 6. Für 2 Violinen, Vcell. u. Klav.
50. Schobert, Johann (†1767), Quartett in f moll. Op. 7 II. Für 2 Violinen, Violoncell und Klavier
51. Richter, Franz Xaver (1709—1789), Streichquartett in C dur. Op. 5 I. Für 2 Violinen, Viola und Violoncell (Paul Mies)
52. Reichardt, Joh. Fr. (1752—1814), Trio in Es dur. Für 2 Violinen, Violoncell und Klavier (Paul Klengel)
53. Buxtehude, Dietrich (1637—1707), Sonate in D dur. Für Violine, Viola da gamba (Violoncell) und Klavier (Christian Döbereiner)
54. Corelli, Arcangelo (1653—1713), Sonata da chiesa in e moll. Op. 3 Nr. 7. Für 2 Violinen, Violoncell und Klavier (Paul Klengel)
55. Telemann, G. Phil. (1681—1767), Trio für Flöte, Oboe, Violoncell und Klavier (Max Seiffert)
56. — Quartett für Violine, Flöte, Violoncell oblig. u. Klavier (M. Seiffert)
57. Arne, Thomas Augustine (1710—1778), Triosonate für 2 Violinen, Violoncell und Klavier. Op. 3 Nr. 1 (Max Seiffert)
58. Guillemain, L. G. (1705—1770), Conversation galante et amusante entre une Flûte, un Violon, une Basse de Viole et Basse continue Op. 12 I. Für Flöte, Violine, Viola (Vcell) u. Klavier (Paul Klengel)
59. Telemann, G. Phil. (1681—1767), Quartett in d moll für Flauto dolce (oder Fagott, oder Violoncell), 2 Querflöten, Cembalo und Violoncell. Tafelmusik 1733, II Nr. 2 (Max Seiffert)
60. Furchheim, Johann Wilhelm (um 1635—1682), Dritte Sonate in A dur und Sechste Sonate in B dur aus der „Musicalischen Taffel-Bedienung" 1674. Für 2 Violinen, 2 Violen, Violon und Basso continuo (Paul Rubardt)
61. Abel, Karl Friedrich (1725—1787), Op. 8 III, Streichquartett Es dur. Für 2 Violinen, Viola und Violoncell (W. Hillemann)
62. Haydn, Joseph (1732—1809), Trio für 2 Violinen und Violoncell (W. Hinnenthal)
63. Nardini, Pietro (1722—1793), Sechs Streichquartette. Heft I: Quartett Nr. 1—2 (Wilhelm Altmann)
64. — Heft II: Quartett Nr. 3—4 (Wilhelm Altmann)
65. — Heft III: Quartett Nr. 5—6 (Wilhelm Altmann)
66. Telemann, G. Phil. (1681—1767), Trio-Sonate in F dur. Für 2 Blockflöten (f-Alt) und Cembalo (Klavier), Gambe oder Violoncell ad lib. (Adolf Hoffmann)
67. — Trio-Sonate in C dur. Für Blockflöte, Geige (Blockflöte II) und Cembalo (Klavier), Gambe oder Violoncell ad lib. (Ad. Hoffmann)
68. Janitsch, Joh. Gottl. (1708—1763), Kammersonate „Echo". Für Flauto traverso, Oboe (Viol. oder 2. Flöte), Viola da braccio (oder da gamba) u. Cembalo m. Violoncell ad lib. (Helim. Christ. Wolff)
69. Telemann, G. Phil. (1681—1767), Sonate für 2 Flöten und Cembalo (Heinz Schreiter)
70. Stamitz, Karl (1746—1801), Trio-Sonate für Flöte, Violine (oder 2 Violinen), Violoncell und Klavier (W. Hillemann)
71. Schaffrath, Christoph (1709—1763), Trio C dur für 3 Violinen (Hans Neemann)
72. Stölzel, Gottfried Heinrich (1690—1749). Sonate a 3 für Flöte (Violine, Oboe), Violine, Violoncell und Cembalo (Gotthold Frotscher)
73. Telemann, G. Phil. (1681—1767), III Trietti metodichi e III Scherzi. Für 2 Flöten (Violinen) und Cembalo mit Violoncell. Mit ausgearbeitetem Generalbaß (Max Schneider)
Trietto e Scherzo 1mo
74. — Trietto e Scherzo 2do (Max Schneider)
75. — Trietto e Scherzo 3zo (Max Schneider)
76. Stölzel, Gottfried Heinrich (1690—1749). Sonate für Oboe, Violine und Cembalo mit Violoncell (Günter Hausswald)
77. Reinken, Joh. Adam (1623—1722), Sonate VI aus Hortus musicus für 2 Violinen, Viola da gamba (Viola oder Violoncell) und Cembalo mit Violoncell (Basso continuo) (Christian Döbereiner)
78. Heinichen, Joh. David (1683—1729), Sonate für Flöte, Oboe und Cembalo mit Violoncell (Günter Hausswald)
79. Stölzel, Gottfried Heinrich (1690—1749), Sonate für Oboe, Horn, Violine und Cembalo mit Violoncell (Günter Hausswald)

EIGENTUM DER VERLEGER FÜR ALLE LÄNDER

BREITKOPF & HÄRTEL IN LEIPZIG

Printed in Germany

Gesamtübersicht der Reihe Collegium musicum *mit detaillierten Angaben zu Komponist und Werk (Archiv Breitkopf & Härtel Wiesbaden)*

Collegium musicum – Eine Kammermusikreihe als Beispiel und Produkt einer fruchtbaren Wechselwirkung zwischen der Universität Leipzig, ihrem Musikforscher Hugo Riemann und dem Musikverlag Breitkopf & Härtel

Andreas Sopart

Die 1409 gegründete Universität Leipzig und der 1719 in Leipzig gegründete und damit älteste Musikverlag der Welt Breitkopf & Härtel – zwei altehrwürdige Institutionen in der gleichen Stadt in unmittelbarer räumlicher Nachbarschaft gelegen – standen mit Sicherheit in der einen oder anderen Form miteinander in Kontakt. Diese Zusammenarbeit betraf wohl nicht allein den musikalischen Bereich, denn Breitkopf & Härtel war vor allem bis zu Beginn des 20. Jahrhunderts auch ein Verlag mit universalem Buchprogramm, das außer Musiktiteln auch Belletristik, Wissenschaft und Kunst umfasste.

Das Verlagshaus von Breitkopf & Härtel in der Nürnberger Straße mit seinen reichhaltigen Archivbeständen wurde im zweiten Weltkrieg allerdings zu großen Teilen zerstört, so dass sich heute keine Quellen mehr auffinden ließen, die einen direkten Kontakt zur Universität dokumentieren könnten. Thematisch lässt sich lediglich ein 1879 von Breitkopf verlegtes Buch mit dem Titel *Leipzig und seine Universität im 18. Jahrhundert* anführen; es handelt sich um Aufzeichnungen des Leipziger Studenten Johann Heinrich Jugler aus dem Jahre 1779, herausgegeben von Friedrich Zarncke. Neben einer Beschreibung der Universität im 4. Kapitel mit Informationen zu Professoren und Studenten findet im 5. Kapitel unter dem Stichwort Buchhandel auch der damalige Verlagsinhaber Johann Gottlob Immanuel Breitkopf (1719–1794) und sein florierender Buch- und Musikalienhandel Erwähnung: „die Breitkopfsche [Buchdruckerei ist] die stärkste. Sie hat gegenwärtig 21 Pressen, und verbraucht allein jährlich 1200 Ballen Papier. […] Vom Breitkopfischen Notenverlag giebt diese Buchhandlung besondere Verzeichnisse aus."[1] Es handelt sich hierbei um den berühmten und für die Quellenforschung besonders informativen, dabei immer noch hochaktuellen *Thematischen Breitkopf-Katalog 1762–1787*.[2]

Breitkopf & Härtel kam allerdings auf indirektem Weg mit der Universität Leipzig in Berührung, und zwar durch zahlreiche namhafte deutsche Musikforscher und Musikpädagogen, die vor allem im 19. und 20. Jahrhundert an der Alma Mater Lipsiensis wirkten und zahlreiche Publikationen dem in dieser Zeit schon Weltgeltung besitzenden Verlag anvertrauten. Neben Hugo Riemann, der vor hundert Jahren an der Leipziger Universität die noch junge Disziplin Musikwissenschaft anführte und auf dessen Person und Forschertätigkeit später noch exemplarisch näher eingegangen wird, sind dessen unmittelbarer Vorgänger Hermann Kretzschmar zu nennen, der von 1887 bis 1898 Universitäts-Musikdirektor in Leipzig war, ferner Riemanns Nachfolger Hermann Abert (1920 bis 1923), Theodor Kroyer (1923–1932) sowie Arnold Schering, der von 1907 bis 1920 am Musikwissenschaftlichen Seminar lehrte.

Der bedeutende Musikhistoriker und Musikpädagoge Hermann Kretzschmar (1848–1924) war abgesehen von seiner umfangreichen Herausgebertätigkeit – unter anderem zwei Bände der bei Breitkopf erschienenen *Denkmäler Deutscher Tonkunst*[3] – vor allem als Breitkopf-Autor des seinerzeit überaus populären *Führer durch den Konzertsaal* vielen Musikliebhabern ein Begriff.[4] Zusätzlich verfasste Kretzschmar auch viele Beiträge in der Breitkopfschen *Sammlung musikalischer Vorträge*.[5] Weitere Beispiele für Veröffentlichungen musikwissenschaftlicher Lehrwerke und Musiksammlungen bei Breitkopf sind *Die Lehre vom*

---

1 Friedrich Zarncke (Hrsg.): *Leipzig und seine Universität im 18. Jahrhundert*, 2. Ausg., Leipzig 1909, S. 74 f.

2 Nähere Informationen s. Andreas Sopart: *Verlagsverzeichnisse von Breitkopf & Härtel vom 18. bis zum frühen 20. Jahrhundert*, in: Beethoven und der Leipziger Musikverlag Breitkopf & Härtel, hrsg. v. Nicole Kämpken u. Michael Ladenburger, Bonn 2007, S. 120–127.

3 Ignaz Holzbauer: *Günther von Schwarzburg*, hrsg. v. Hermann Kretzschmar (Denkmäler Deutscher Tonkunst, Bd. 8/9), Leipzig 1902; Johann Ernst Bach: *Sammlung auserlesener Fabeln mit dazu verfertigten Melodien* und Valentin Herbing: *Musikalischer Versuch in Fabeln und Erzählungen des Herrn Professor Gellert*, hrsg. v. Hermann Kretzschmar (Denkmäler Deutscher Tonkunst, Bd. 42), Leipzig 1910.

4 Hermann Kretzschmar: *Führer durch den Konzertsaal*, 3 Bände, Leipzig 1887–1890, zahlreiche Wiederauflagen.

5 Z. B. Hermann Kretzschmar: *Chorgesang, Sängerchöre und Chorvereine* (Sammlung musikalischer Vorträge, Nr. 12), Leipzig 1879.

Ethos in der griechischen Musik von Hermann Abert (1871–1927)[6] und das Sammelwerk *Der vollkommene Partiturspieler* von Theodor Kroyer (1873–1945),[7] der auch die bedeutende Musikreihe *Publikationen älterer Musik* begründete und herausgab.[8] Arnold Schering (1877–1941) schließlich war unter anderem ebenfalls als Herausgeber für die *Denkmäler Deutscher Tonkunst* tätig[9] und verfasste Standardwerke zur Geschichte des Instrumentalkonzerts und des Oratoriums, die ebenso bei Breitkopf & Härtel erschienen wie seine populären *Tabellen zur Musikgeschichte*, die in einer Neufassung von Frank Reinisch auch heute noch im aktuellen Verlagsprogramm stehen.[10]

Zwischen Breitkopf & Härtel und Hugo Riemann bestand eine besonders lange und enge Zusammenarbeit und Verbundenheit, wovon der überaus umfangreiche Briefwechsel – zu großen Teilen im Verlagsbesitz erhalten – Zeugnis ablegt. Hugo Riemann, am 18. Juli 1849 in Groß-Mehlra bei Sondershausen (Thüringen) geboren, war zwar an vielen Orten Deutschlands tätig, Leipzig aber bildete zeitlebens seinen wichtigsten Bezugs- und Lebenspunkt. Von 1871 bis 1873 studierte er am dortigen Konservatorium bei Carl Reinecke, Ernst Friedrich Eduard Richter und Salomon Jadassohn, deren zahlreiche Kompositionen beziehungsweise Lehrbücher zum größten Teil ebenfalls von Breitkopf & Härtel veröffentlicht wurden. 1878 habilitierte sich Riemann an der Universität Leipzig mit der Arbeit *Studien zur Geschichte der Notenschrift*.[11] Nach einigen Zwischenstationen – unter anderem auch 1890 bis 1895 am Konservatorium der Stadt Wiesbaden, dem heutigen Hauptsitz des Verlages Breitkopf & Härtel – war Riemann ab 1895 wieder in Leipzig und wurde dort 1908 zum Direktor des neu gegründeten Musikwissenschaftlichen Seminars ernannt. Hugo Riemann starb auch in Leipzig am 10. Juli 1919.[12]

Hugo Riemann – in Personalunion Musikwissenschaftler, Musikhistoriker, Musiktheoretiker, Musikpädagoge und Musikforscher – war ein rastloser Musikgelehrter mit einem universalen Wissens- und Wissenschaftsanspruch, der in der heutigen Zeit zunehmender Spezialisierung nicht mehr möglich ist. An der Leipziger Universität bildete er die treibende Kraft, die noch junge Disziplin der Musikwissenschaft im Bereich der universitären Lehre als fakultätsinternes, aber autonomes Fach zu etablieren. Riemanns persönliches Engagement besaß Züge von Arbeitsbesessenheit, so dass er auch in seinen literarisch-wissenschaftlichen Schriften außerordentlich produktiv war. Ob umfangreiche Lehrbücher, Zeitschriftenaufsätze, Vorträge, Lexikonartikel, Rezensionen, Glossen, Übersetzungen, Miszellen – sein Schaffensdrang war beispiellos und seine Schriften kaum zu überblicken. Heute ist Hugo Riemann vor allem durch sein *Musiklexikon* – fortgeführt von Alfred Einstein, Wilibald Gurlitt, Hans Heinrich Eggebrecht und Carl Dahlhaus – und seine Funktionstheorie innerhalb der Harmonielehre bekannt und weiterhin aktuell.[13]

Es ist nicht verwunderlich, dass der Verlag Breitkopf & Härtel frühzeitig Kontakt mit dem jungen Wissenschaftler Riemann aufnahm. Bereits 1877 publizierte man sein Werk *Musikalische Syntaxis*, dem in den nächsten drei Jahren – in zahlreichen Auflagen und Sprachen – die *Studien zur Geschichte der Notenschrift* (1878) und die *Skizze einer neuen Methode der Harmonielehre* (1880) folgten, in späteren Jahren unter anderem das *Lehrbuch des einfachen, doppelten und imitierenden Kontrapunkts* (1888) und das mehrbändige *Handbuch der Musikgeschichte* (1904 bis 1913). Bereits im Juni 1907 tauschte sich Riemann in einem Schreiben mit dem Verlag Breitkopf & Härtel über die bevorstehende Gründung eines eigenständigen Musikwissenschaftlichen Seminars an der Universität Leipzig aus. Obwohl Hugo Riemann zu seinen Lebzeiten im Kollegenkreis nicht unumstritten war, er oft mit seinen wissenschaftlich-theoretischen Ansätzen und Reformbestrebungen aneckte und erst spät allgemeine Anerkennung erfuhr, hielt Breitkopf stets an diesem Autor fest, der so gut in das wissenschaftliche Buchprogramm des Verlages passte, in dem die Bereiche Musikwissenschaft und Musikpädagogik traditionell eine große Rolle spielten. Was Riemanns refor-

---

6   Hermann Abert: *Die Lehre vom Ethos in der griechischen Musik* (Sammlung musikwissenschaftlicher Arbeiten von deutschen Hochschulen, Bd. 2), Leipzig 1899.

7   Theodor Kroyer, *Der vollkommene Partiturspieler*, Folge 1: *Eine Sammlung auserlesener Chiaven- und Chiavettensätze des 15. und 16. Jahrhunderts* […], Leipzig 1930.

8   *Publikationen älterer Musik*, veröffentlicht von der Abteilung zur Herausgabe älterer Musik bei der Deutschen Musikgesellschaft unter Leitung von Theodor Kroyer, Leipzig 1927–1940.

9   Z. B. *Instrumentalkonzerte Deutscher Meister*, hrsg. v. Arnold Schering (Denkmäler Deutscher Tonkunst, Bd. 29/30), Leipzig 1907; Sebastian Knüpfer, Johann Schelle, Johann Kuhnau: *Ausgewählte Kirchenkantaten*, hrsg. v. Arnold Schering (Denkmäler Deutscher Tonkunst, Bd. 58/59), Leipzig 1918.

10 Arnold Schering: *Tabellen zur Musikgeschichte. Ein Hilfsbuch beim Studium der Musikgeschichte*, Leipzig 1914, Neufassung: Frank Reinisch, *Neue Tabellen zur Musikgeschichte*, Wiesbaden etc. 2003.

11 Hugo Riemann: *Studien zur Geschichte der Notenschrift*, Leipzig 1878, Reprint Wiesbaden 1970.

12 Nähere Informationen zu Hugo Riemann s. Michael Arntz: *Hugo Riemann (1849–1919). Leben, Werk und Wirkung*, Köln 1999, ferner Ellen Jünger (Hrsg.): *Musik + Wissenschaft = Hugo Riemann*, Leipzig 2008.

13 Hugo Riemann: *Musiklexikon*, Leipzig 1882, fertiggestellt und bearbeitet von Alfred Einstein, Berlin 1919–1929; als *Riemann-Musiklexikon*, 5 Bände, hrsg. v. Wilibald Gurlitt, Hans Heinrich Eggebrecht und Carl Dahlhaus, 12. Aufl., Mainz etc. 1959–1975; Hugo Riemann: *Skizze einer neuen Methode der Harmonielehre*, Leipzig 1880, ab 2. Aufl., Leipzig 1887, als *Handbuch der Harmonielehre*.

merische und pädagogisch-methodische Forschungsambitionen betraf, war es sicherlich auch für den jungen, später auch arrivierten Wissenschaftler von Vorteil, den renommierten Musikverlag Breitkopf & Härtel, der in Leipzig für Musiker und Musikgelehrte die erste Adresse bildete, an seiner Seite zu haben.

Hugo Riemann legte schon durch seine Ausbildung – er studierte sowohl am Leipziger Konservatorium als auch an der Universität Leipzig – besonderen Wert auf die Erarbeitung sowohl praktischer wie auch theoretischer Fähigkeiten. Sein musikwissenschaftliches Denken bezog immer auch praktische Überlegungen mit ein. So war er nicht nur Dirigent und Pianist, sondern komponierte in seinen jüngeren Jahren – allerdings ohne großen Erfolg – auch eigene Werke. Bei Breitkopf erschienen unter anderen Humoreske, Präludium und Fuge op. 12, *Vult und Walt* op. 14, *Goldene Zeiten* op. 15, *Vortragsstücke* op. 21, das Streichquartett op. 26, *Systematische Treff-Übungen* op. 29 sowie *Variationen über eine Beethoven-Bagatelle* op. 53. Auch als Herausgeber war Hugo Riemann für Breitkopf & Härtel verstärkt tätig, so zum Beispiel für drei Bände *Sinfonien der pfalzbayerischen Schule (Mannheimer Symphoniker)* innerhalb der Reihe *Denkmäler der Tonkunst in Bayern*.[14]

1902 gründete Riemann an der Universität Leipzig ein aus studentischen Instrumentalisten bestehendes Collegium musicum, um seine Vorträge praktisch-musikalisch zu fundieren und anschaulicher präsentieren zu können. Ab dem 1. Dezember 1905 veranstaltete er mit diesem Instrumentalensemble nun regelmäßig Übungen und Aufführungen im Auditorium des Musikwissenschaftlichen Seminars. Er knüpfte dabei an die privaten, aber auch für Zuhörer konzipierten Collegia musica des 17. und 18. Jahrhunderts an, die zum Beispiel Adam Krieger, Johann Christoph Pezel, Johann Kuhnau, Johann Friedrich Fasch, Georg Philipp Telemann und Johann Sebastian Bach für Aufführungen eigener Werke zur Verfügung standen und als wichtiger Faktor der bürgerlich-studentischen Musikkultur mit instrumentationstechnisch anspruchsvollen Programmen schließlich den Weg zur Einrichtung des öffentlichen Konzerts ebneten (neben den bestehenden Aufführungen in Kirchen und an Höfen). Mit seinem Studentenensemble, dessen Idee sein Schüler Wilibald Gurlitt 1919/20 in Freiburg (Breisgau) mit der Gründung eines Collegium musicum aufgriff, führte Riemann „damit auch die lange Tradition des Leipziger Musikwesens – nämlich Theorie und Praxis zu verknüpfen – fort."[15]

Der Begriff und die Institution des Collegium musicum spielten in Riemanns Denken und in seiner an der musikalischen Praxis orientierten wissenschaftlichen Arbeit eine signifikante Rolle. In seinem *Musiklexikon* schreibt er zum Stichwort Collegium musicum:

„Die gegenwärtige historisierende Strömung in unserm Musikleben, welche aus dem Studium der Werke älterer Zeiten einen Gesundungsprozeß der zeitgenössischen Produktion erhofft, hat auch die alten *Collegia musica* wieder zum Vorbilde ähnlicher Musikübung in engem Kreise und mit bescheidenen Mitteln gemacht."[16]

Neben dem bereits erwähnten Collegium musicum als Instrumentalensemble wurde 1908 vom Ministerium für Kultus und öffentlichen Unterricht Riemanns Antrag entsprochen, das Musikwissenschaftliche Seminar in ‚Collegium musicum' umzubenennen. Schließlich fand der Begriff ein drittes Mal und besonders folgenreich Verwendung, als Riemann in Zusammenarbeit mit Breitkopf & Härtel die Idee entwickelte, ebenfalls unter dem Titel *Collegium musicum* eine Kammermusikreihe mit dem Untertitel *Auswahl älterer Kammermusikwerke herausgegeben und für den praktischen Gebrauch bearbeitet von Hugo Riemann* zu initiieren. Zur Namensgebung schreibt Riemann selbst: „Der Titel der Sammlung Collegium musicum soll an die Praxis der Vereine zu regelmäßigem geselligen Musizieren erinnern, wie sie vor dem Entstehen der großen Konzertgesellschaften im 17. bis 18. Jahrhundert florierten."[17] Die musikhistorisch bedeutsame Reihe begann 1903 und wurde von Hugo Riemann bis zur Nummer 50 betreut. Nach Riemanns Tod 1919 führten andere Herausgeber die Serie weiter, die schließlich im Jahr 1952 mit der Nummer 79 ihren Abschluss fand.

Es war immer Riemanns besonderes Anliegen, die Alte Musik zu fördern und wiederzubeleben. Dabei kamen ihm seine umfangreichen Quellenforschungen, seine Freude am Aufspüren unbekannter Werke und daraus resultierend seine enorme Repertoirekenntnis zustatten. Die Kammermusikreihe *Collegium musicum* lag ihm besonders am Herzen und beschäftigte ihn bis zu seinem Tod, wovon zahlreiche Briefe mit Breitkopf & Härtel Zeugnis ablegen. Sie enthält spätbarocke und frühklassische Kammermusikwerke, vorwiegend Trios beziehungsweise Triosonaten mit Klavierbegleitung. Die Komponisten stammen vor allem aus der ersten Hälfte des 18. Jahrhunderts, aus dem deutschsprachigen Bereich unter anderem Johann Stamitz, dessen Werke Riemann besonders schätzte, Johann Fried-

---

14 *Sinfonien der pfalzbayerischen Schule (Mannheimer Symphoniker)*, 3 Bände, hrsg. v. Hugo Riemann (Denkmäler der Tonkunst in Bayern, Jg. III/1, VII/2, VIII/2), Leipzig 1902, 1906, 1907.

15 E. Jünger (Hrsg.): *Musik + Wissenschaft = Hugo Riemann* (wie in Anm. 3), S. 27.

16 *Riemanns Musiklexikon*, 11. Aufl., bearb. v. Alfred Einstein, Berlin 1929, S. 333.

17 *Mitteilungen der Musikalienhandlung Breitkopf & Härtel*, September 1905, S. 3244.

rich Fasch, Georg Philipp Telemann, einige Bach-Söhne, Johann Gottlieb Graun, Johann Ludwig Krebs, Christoph Willibald Gluck, Dietrich Buxtehude, Joseph Haydn sowie die Italiener Arcangelo Corelli, Pietro Antonio Locatelli, Evaristo Felice dall'Abaco, Giovanni Battista Sammartini, Nicola Porpora, Giovanni Battista Pergolesi und andere.

Neben der im 18. Jahrhundert stets präsenten Vokal- und Orgel- bzw. Klaviermusik waren viele Kammermusikwerke in Vergessenheit geraten, einerseits weil sie lange Zeit als minderwertig und unvollkommen angesehen wurden, andererseits weil sie aus der ‚Generalbasszeit' stammten und in der zweiten Hälfte des 18. Jahrhunderts das Spiel nach bezifferten Bässen kaum mehr praktiziert wurde. Mit den Werken des *Collegium musicum* wollte Riemann beweisen, dass die Kammermusik dieser Zeit auf gleicher Höhe steht wie die Vokal- sowie Orgel- bzw. Klaviermusik, sie vielfach sogar übertrifft. Um einem breiten Publikum den Zugang zu diesen Werken zu ermöglichen, wurde der Basso continuo nicht in Bezifferung, sondern als Klaviersatz notiert.

Die Reihe war schließlich das Resultat von Riemanns langjähriger und intensiver Suche nach den Wurzeln des modernen Instrumentalstils, der sich mit den Werken der Wiener Klassik herausgebildet hatte. Außerdem war es Hugo Riemann ein besonderes Anliegen, mit zahlreichen Beispielen aus der Reihe *Collegium musicum* nachdrücklich darauf aufmerksam zu machen, dass Mannheim in der Zeit von circa 1750 bis 1780 ein Hauptzentrum der Musik in Deutschland war. Insbesondere der Mannheimer Johann Stamitz wurde mit seinen sechs Orchestertrios op. 1 (1755), in denen er den Themendualismus sowie die typische Form der viersätzigen Sonate beziehungsweise Sinfonie mit dem Menuett als dritten Satz etablierte, zum Wegbereiter von Haydns Instrumentalmusik. Wie sich die früheren Collegia musica aus vielfach wechselnden Mitgliedern zusammensetzten und sich dementsprechend die Besetzung der Ensemblewerke nach den jeweiligen Gegebenheiten richtete, sollten auch die Besetzungsangaben in den Ausgaben des *Collegium musicum* keineswegs starr übernommen werden, was zum Beispiel im Titel (Orchester-)Trio bei Johann Stamitz deutlich wird.

Riemann ließ in seinem Bearbeitungsstil und mit seinen Vortragsbezeichnungen eigene Ideen und Theorien bezüglich Form, Polyphonie, Dynamik, Agogik und Phrasierung in die Notenausgaben einfließen. Dem Klavier kam dabei eine dominante Rolle zu, denn nach dem Untergang der einst hoch entwickelten und differenzierten Generalbassbegleitung (Basso continuo) war in Riemanns Editionen ein elaborierter, sich stilgerecht an der thematischen Arbeit beteiligender und das Ensemble stützender und führender Klavierpart unabdingbar. Das Klavier musste demnach versuchen, den früheren virtuos improvisierten Akkompagnementpart des oft selbst am Cembalo sitzenden Komponisten zu ersetzen, was von Riemann und den anderen Bearbeitern des *Collegium musicum* genaue Kenntnisse allgemein vom Stil und der Aufführungspraxis im 18. Jahrhundert und speziell natürlich von den Eigenarten (‚Manieren') der jeweiligen Komponisten erforderte.

In der zeitgenössischen Presse wurde Breitkopfs Editionsprojekt *Collegium musicum* schon frühzeitig gewürdigt. Hugo Leichtentritt schrieb in der *Allgemeinen Musikzeitung* vom 27. November 1903 über das zu diesem Zeitpunkt noch mit etwa 40 Werken geplante Vorhaben:

„Es wird intelligenten Musikern eine freudige Überraschung gewähren, sich mit dieser frischen, durchaus nicht zopfigen Musik des 18. Jahrhunderts zu beschäftigen, zumal sie wirklich etwas bietet, was man bisher noch nicht kannte. Von Bach und Händel ist sie sehr verschieden, auch durch Haydn und Mozart wird sie nicht überflüssig gemacht."[18]

Das Projekt *Collegium musicum* erwies sich bald als so erfolgreich, dass sich – nach 45 Nummern – Herausgeber und Verlag im Herbst 1905 zur Fortsetzung der Reihe entschlossen, zumal die Ausgaben auch im Ausland immer mehr Beachtung fanden (so hatte zum Beispiel das Konservatorium in Prag am 11. November 1905 einen öffentlichen Abend ausschließlich mit Werken aus dem *Collegium musicum* veranstaltet).

Abschließend kann man konstatieren, dass die Reihe *Collegium musicum* generell entscheidend dazu beigetragen hat, Kammermusikwerke des 18. Jahrhunderts neu zu beleben und nicht unwesentliche Erkenntnisse zu einem musikalischen Zeitabschnitt zu gewinnen, der einen bedeutsamen Übergang zur Epoche Haydns und Mozarts repräsentiert. Wie es Riemanns großer Wunsch war, mit dem *Collegium musicum* bedeutende Kammermusikwerke von damals noch nicht so bekannten Komponisten der Generalbassliteratur der Vergessenheit zu entreißen, so widmete er sich in ähnlicher Intention auch instrumental begleiteten Gesängen aus dem 14. und 15. Jahrhundert, die in drei Heften 1906 bei Breitkopf & Härtel unter dem Titel *Hausmusik aus alter Zeit* erschienen.

Hugo Riemanns Idee, das Fortsetzungsprojekt *Collegium musicum* einzuführen, wurde – auch in ähnlicher Terminologie – 1954 von Breitkopf & Härtel Wiesbaden wieder aufgegriffen, als man die Reihe *Collegium Musicae Novae* (CMN) einführte, die – so der Verlag in seiner Ankündigung – den Zweck erfüllen sollte,

---

18 Zitiert aus: *Mitteilungen der Musikalienhandlung Breitkopf & Härtel*, Januar 1904, S. 2975.

„neue d. h. gegenwartsnahe Orchestermusik darzubieten, die nicht nur von Berufsmusikern im Konzertsaal oder im Rundfunk, sondern – infolge ihrer leichten Ausführbarkeit bei hohem musikalischem Gehalt – nach ernsthaftem Studium auch von Klangkörpern einfachster Besetzung gemeistert werden kann."[19]

In der Reihe wurden Kompositionen unter anderem von Kurt Atterberg, Helmut Bräutigam, Johann Nepomuk David, Helmut Degen, Helmut Eder, Alfred Koerppen, Günter Raphael, Siegfried Strohbach und Kurt Thomas veröffentlicht. Einige wenige Werke mit der Verlagsnummer CMN sind auch heute noch lieferbar.

So entstand mit der alten Sammlung *Collegium musicum* Anfang des 20. Jahrhunderts in Leipzig und ausgehend von Hugo Riemanns Wirken an der Universität und derem Musikwissenschaftlichen Seminar in engster Zusammenarbeit mit Breitkopf & Härtel eine musikhistorisch bedeutende Kammermusikreihe, für die der Verlag Notenmaterial bereitstellte und vertrieb, um dadurch wieder Aufführungen dieser qualitativ hochrangigen Musik zu ermöglichen, oder in Riemanns eigener Bildsprache ausgedrückt: „so ist doch [mit dem *Collegium musicum*] bereits ein ansehnliches Gerüst aufgeschlagen, dessen Fachwerk nun allmählich gefüllt werden kann."[20]

---

19 Ankündigung von Breitkopf & Härtel auf der 2. Umschlagseite der jeweiligen CMN-Ausgaben (Frühjahr 1945).

20 *Mitteilungen der Musikalienhandlung Breitkopf & Härtel*, September 1905, S. 3245.

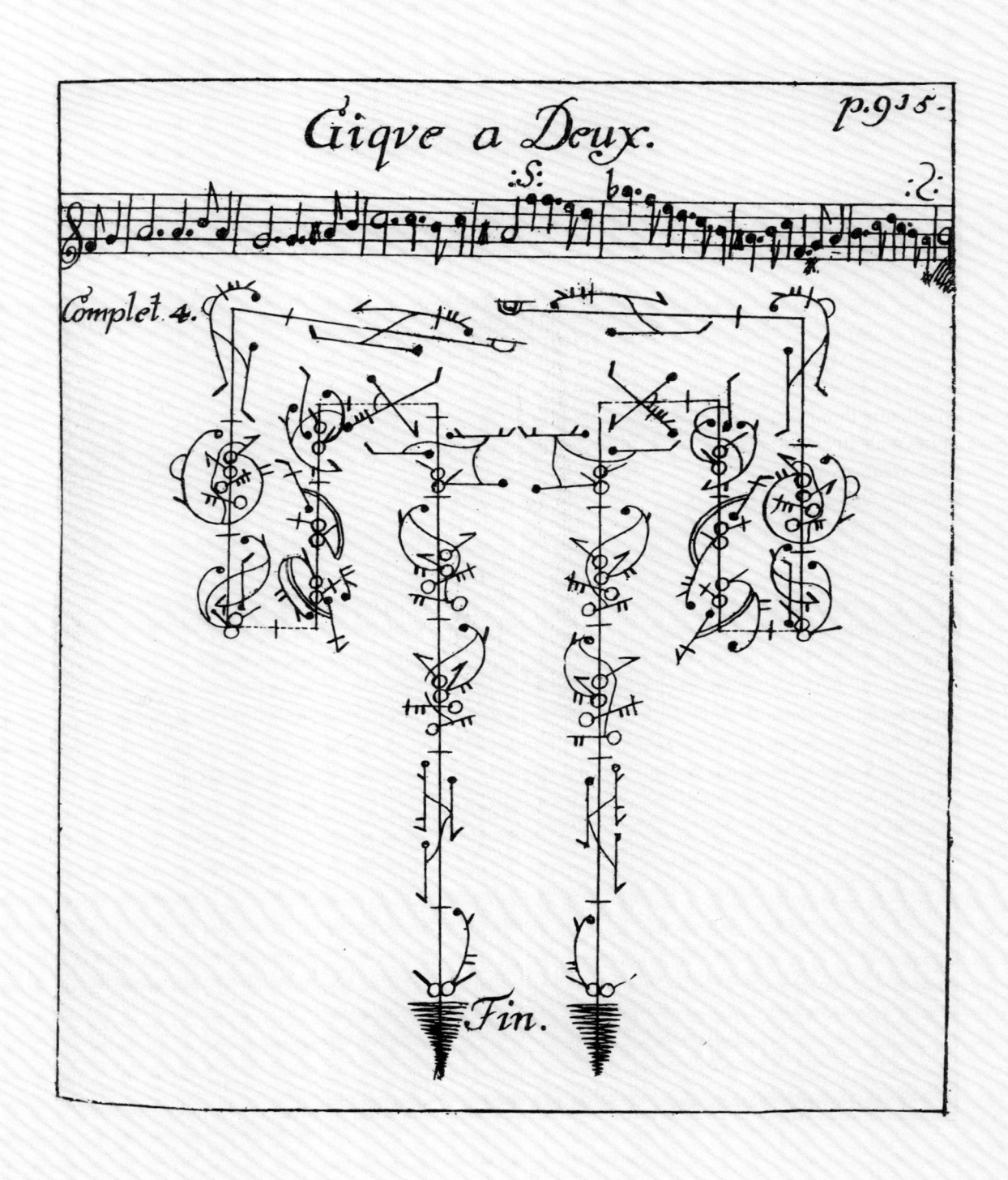

‚Melodie und Choreografie' aus der Tanzschule von Gottfried Taubert: **Rechtschaffener Tantzmeister oder gründliche Erklärung der Frantzösischen Tantz-Kunst,** Leipzig 1717. Der ehemalige Student und spätere Universitätstanzmeister Gottfried Taubert (1679–1746) beabsichtigte, seine Abhandlung über die Tanzkunst zur Erlangung eines Doktorgrades an der Universität Leipzig einzureichen. Sein in drei Bänden veröffentlichtes Buch gilt als das bedeutendste Werk zur französischen Tanzkunst des 18. Jahrhunderts

Musikwissenschaft an der Universität Leipzig
HELMUT LOOS

Musicorum et cantorum magna est distantia,
Isti dicunt, illi sciunt, quae componit Musica.
Nam qui facit, quod non sapit, diffinitur bestia.
(Guido von Arezzo)

So überraschend es auf den ersten Blick sein mag, in seinem Buch über die Musik an der Universität Leipzig ein Kapitel über die Musikwissenschaft anzutreffen, so sachgerecht ist es angesichts einer Musikgeschichte, in der klingende Musik und ihre Reflexion stets zusammengehören.[1] Zwar muss man nicht dem Hochmut eines Guido von Arezzo folgen, wenn es um das Verhältnis von Theorie und Praxis geht, aber sein Dictum verweist auf den Ursprung der abendländischen μουσική und der Musica mit all ihren spekulativen Implikationen. In Leipzig war sie als eine Wissenschaft der Septem artes liberales spätestens seit Gründung der Universität 1409 im Bewusstsein präsent, und in der späteren Verlagsstadt kam der sprachlichen Reflexion über Musik seit dem 18. Jahrhundert eine besondere Bedeutung zu. Dies alles pauschal als Musikwissenschaft zu bezeichnen, muss ein Unbehagen auslösen, das nach eingehender Differenzierung verlangt. Im vorliegenden Beitrag kann eine derartige Grundsatzfrage, inwieweit geschichtsphilosophische Konstruktionen oder spekulative Momente nach einem modernen Wissenschaftsverständnis auszuschließen sind,[2] nicht hinreichend geklärt werden, vielmehr muss der Hinweis auf die definitorische Problematik einer Musikwissenschaft nach historisch-kritischen oder naturwissenschaftlich-deduktiven Prinzipien, einer Musikphilosophie oder einer Musiktheorie mit spekulativen Elementen genügen – Vorstellungen, die in drei Jahrhunderten vielfach diskutiert worden sind und sich stets gewandelt haben. Die Universität Leipzig war dafür ein zentraler Ort, aber sie besaß in der Stadt keineswegs ein Alleinvertretungsrecht.

18. Jahrhundert

Die Verbindungen zwischen der Universität und anderen Institutionen der Stadt Leipzig waren stets sehr wichtig, das Zusammenwirken der verschiedenen Einrichtungen bildete die elementare Grundlage für das städtische Musikleben: Der Thomanerchor, die Universität und die Stadtmusik einschließlich der Collegia musica ergaben bei aller inneren Konkurrenz – aufeinander angewiesen – letztlich eine Einheit, ohne die Leipzig nicht den Ruf einer bedeutenden Musikstadt hätte erlangen können. Dies betrifft nicht nur das praktische Musikleben, sondern auch die theoretische und wissenschaftliche Auseinandersetzung mit Musik. Dank der Universität waren im 16. Jahrhundert in Leipzig musikalisch gebildete Fachleute für die Erstellung gedruckter Gesangbücher zu finden, und selbstverständlich arbeiteten Leipziger Verleger häufig mit Universitätsangehörigen zusammen, die hier mannigfache Gelegenheit zur Publikation fanden. Wie viele Universitätsmitglieder veröffentlichte auch Lorenz Christoph Mizler (1711–1778)[3] in Leipzig seine Publikationen, etwa die *Neu eröffnete musikalische Bibliothek* (1736–1754), wenn er insgesamt auch eher eine interessante Einzelerscheinung und für die allgemeine Situation keineswegs charakteristisch war. Dies wird beispielsweise in der Auseinandersetzung Mizlers mit Johann Adolph Scheibe (1708–1776) deutlich, der als Anhänger Johann Christoph Gottscheds (1700–1766) den sprachlichen Prinzipien mehr Gewicht für die Musik zuschrieb, während Mizler wie Gottfried Wilhelm Leibniz (1646–1716), der in Leipzig Jurisprudenz und Philosophie studiert hatte, stärker auf die mathematischen Grundlagen rekurrierte.

Nach dem Besuch der Nikolaischule immatrikulierte sich Scheibe 1725 an der Juristischen Fakultät der Univer-

---

[1] Vgl. Sebastian Klotz, Helmut Loos: *Musikwissenschaft*, in: Geschichte der Universität Leipzig 1409–2009, hrsg. v. der Universität Leipzig, Bd. 4: Fakultäten, Institute, Zentrale Einrichtungen, Leipzig 2009, 1. Halbband, Leipzig 2009, S. 253–269.

[2] Vgl. Frank Hentschel: *Bürgerliche Ideologie und Musik. Politik der Musikgeschichtsschreibung in Deutschland 1776–1871*, Frankfurt am Main 2006.

[3] Vgl. Hans-Joachim Schulze: *Lorenz Christoph Mizler – Versuch einer Restitution des Studienfaches Musik*, S. 101–110 im vorliegenden Band.

sität Leipzig, er wurde – stärker an der Philosophischen Fakultät interessiert – zu einem Schüler Gottscheds und wandte sich schließlich ganz der Musik zu. Als musikalischer Autodidakt hatte er mit seinen ersten Bewerbungen als Organist und Kapellmeister keinen Erfolg und betätigte sich aufgrund seiner literarischen Interessen als Musikschriftsteller. Bereits 1730 bis 1735 schrieb er – noch in Leipzig – ein *Compendium musices theoretico-practicum, das ist kurzer Begriff derer nöthigsten Compositions-Regeln* und brachte 1737 bis 1740 in Hamburg die Wochenschrift *Der Critische Musicus* heraus. Den Leipziger Rationalismus verband er mit einem durch Johann Mattheson (1681 bis 1764) vermittelten britischen Sensualismus auf empirischer Grundlage und brachte dies durch seine periodische Publikation mit aufklärerischem Anspruch in die öffentliche Meinungsbildung ein. Damit blieb er der Leipziger Universität inhaltlich verbunden. Geradezu einen Eklat provozierte er in Leipzig, als er im sechsten Stück des *Critischen Musicus* (14. Mai 1737) den bekannten Angriff auf Johann Sebastian Bach (1685–1750) als einen Caspar von Lohenstein (1635–1683) der Musik startete:

> „Die Schwülstigkeit hat beyde von dem Natürlichen auf das Künstliche, von dem Erhabenen aufs Dunkele geführet, und man bewundert an beyden die beschwerliche Arbeit und eine ausnehmende Mühe, die doch vergebens angewandt ist, weil sie wider die Vernunft streitet."[4]

Dieses Urteil gilt heute als ein wesentlicher Hinweis auf den epochalen Wandel in der Musikgeschichte vom Barock zur Klassik und löste zu seiner Zeit eine erbitterte Kontroverse aus.

Johann Abraham Birnbaum (1702–1748), seit dem 20. Februar 1721 Magister und am 15. Oktober 1721 zum Dozent für Rhetorik an die Universität Leipzig berufen, ergriff mit seinen *Unpartheyischen Anmerkungen* und einer *Verteidigung seiner Unpartheyischen Anmerkungen* 1738 und 1739 für Bach Partei und formulierte für den überlasteten Thomaskantor ausführliche Gegendarstellungen, die als Bachs eigener Standpunkt gelten dürfen.[5] Damit führte Birnbaum die Idee der Vollkommenheit von Bachs Musik in die Diskussion ein, die Christoph Wolff als Ausfluss frühen Genie-Denkens wertet.[6] Darüber hinaus gibt Birnbaum als Fachmann wertvolle Hinweise auf das Verständnis der Zeit von Bach als großem Rhetoriker der Musik:[7]

> „Die Theile und Vortheile, welche die Ausarbeitung eines musikalischen Stücks mit der Rednerkunst gemein hat, kennet er so vollkommen, daß man ihn nicht nur mit einem ersättigenden Vergnügen höret, wenn er seine gründlichen Unterredungen auf die Aehnlichkeit und Uebereinstimmung beyder lenket; sondern man bewundert auch die geschickte Anwendung derselben, in seinen Arbeiten. Seine Einsicht in die Dichtkunst ist so gut, als man sie nur von einem großen Componisten verlangen kann."[8]

Bachs Huldigungskantate *Willkommen, ihr herrschenden Götter der Erde* (BWV Anh. 13) auf einen Text von Gottsched rühmt Birnbaum ausdrücklich als „rührend, ausdrückend, natürlich, ordentlich und nicht nach dem verderbten, sondern besten Geschmack" gesetzt,[9] so dass hier möglicherweise tatsächlich eine musikalische Reaktion Bachs auf die literarische Debatte vorliegt. Wie lange und ausdauernd die Auseinandersetzung geführt wurde, belegt der Beitrag von Christoph Gottlieb Schröter, Organist der Nikolaikirche in Nordhausen und Mitglied der Mizlerschen Societät, der noch 1746 in der *Musikalischen Bibliothek* veröffentlicht wurde.[10]

Dass die Verbindungen Scheibes zu seiner Vaterstadt Leipzig lebendig blieben, zeigt unter anderem die „Neue, verbesserte und vermehrte Auflage" des *Critischen Musicus*, die 1745 in Leipzig beim Verlag Breitkopf herauskam. Sie steht am Anfang einer stürmischen Entwicklung Leipzigs als Verlagsstadt von Musikalien und Musikschrifttum, der bereits Mizler mit seinen Periodica für die gelehrte Fachwelt den Weg gewiesen hatte. 1766 bis 1770 kamen Johann Adam Hillers (1728–1804) *Wöchentliche Nachrichten und Anmerkungen die Musik betreffend* heraus.[11] Als ehemaliger Student der Universität Leipzig und vom dortigen Rationalismus geprägt, wandte sich seine Zeit-

---

4 Johann Adolph Scheibe: *Der Critische Musikus*, zitiert nach: Werner Neumann, Hans-Joachim Schulze (Hrsg.): *Fremdschriftliche und gedruckte Dokumente zur Lebensgeschichte Johann Sebastian Bachs 1685–1750* (Bach-Dokumente, Bd. 2), Leipzig 1969, Nr. 400.

5 Werner Breig: *Bach und Marchand in Dresden. Eine überlieferungskritische Studie*, in: Bach-Jahrbuch 84 (1998), S. 7–18.

6 Christoph Wolff: *Bach und die Idee musikalischer Vollkommenheit*, in: Jahrbuch des Staatlichen Instituts für Musikforschung Preußischer Kulturbesitz (1996), S. 9–23.

7 Manfred Peters: *Johann Sebastian Bach: Was heißt „Klang-Rede"?* (Musik-Konzepte 119), München 2003.

8 Johann Abraham Birnbaum: *Verteidigung seiner Unpartheyischen Anmerkungen*, Leipzig 1739, zitiert nach: W. Neumann, H.-J. Schulze (Hrsg.): *Fremdschriftliche und gedruckte Dokumente* (wie Anm. 4), Nr. 441.

9 Zitiert nach: Arnold Schering: *Musikgeschichte Leipzigs*, Bd. 3: *Johann Sebastian Bach und das Musikleben Leipzigs im 18. Jahrhundert*, Leipzig 1941, S. 145.

10 W. Neumann, H.-J. Schulze (Hrsg.): *Fremdschriftliche und gedruckte Dokumente* (wie Anm. 4), Nr. 552.

11 Gudula Schütz: *„Den Liebhabern der Musik, die sie eben so gern mit dem Verstande als mit den Fingern studieren." Johann Adam Hillers Nachrichten und Anmerkungen die Musik betreffend*, in: Musik und Bürgerkultur. Leipzigs Aufstieg zur Musikstadt, hrsg. v. Stefan Horlitz und Marion Recknagel (Leipzig – Musik und Stadt, Bd. 2), Leipzig 2007, S. 10–36.

schrift ebenso an ein breiteres Publikum wie die *Unpartheiische Kritik der vorzüglichsten zu Leipzig aufgeführten […] Concerte und Opern*, die Christian Gottfried Thomas (1748–1806), auch ein Absolvent der Universität Leipzig, zwischen 1798 und 1806 veröffentlichte.

Aufbruch um 1800

So konnte Friedrich Rochlitz (1769–1842) als Redakteur der *Allgemeinen Musikalischen Zeitung* gleich zur Eröffnung 1798 darauf verweisen, dass diese Gründung von Gottfried Christoph Härtel (1763–1827) in Leipzig ihren richtigen Verlagsort besitze, denn nirgends werde „so viel für das Wissenschaftliche in der Musik gethan"[12] wie hier. Die Zeitung erwies sich als sehr erfolgreich, sie erschien in 50 Jahrgängen bis 1848 und wurde zur prägenden Musikzeitschrift der bürgerlichen Musikbewegung. Mit ihr hat Rochlitz – nach Wilhelm Seidel – „tief ins Musikleben eingegriffen […] musikalische Weltgeschichte gemacht. Er hat den modernen Kanon, den ersten wirklich funktionierenden Kanon der musikalischen Kunstgeschichte, begründet und in Geltung gesetzt und alles initiiert, was daraus folgte."[13] Dazu gehört auch das Bestreben Leipziger Musikwissenschaftler, diesen Kanon wissenschaftlich und damit für alle Zeit verbindlich, unangreifbar zu begründen. Härtel hatte also klug gehandelt, denn es waren nicht zuletzt Erzeugnisse seines eigenen Musikverlags Breitkopf & Härtel, die er mithilfe der Zeitung zu propagieren wusste.[14] Er hatte an der Universität Leipzig Jurisprudenz studiert, sein Redakteur Rochlitz ebenda Theologie. Als Mitarbeiter gewann Rochlitz mit Christian Friedrich Michaelis (1770–1834) wiederum einen Angehörigen der Universität. Während seiner Schulzeit an der Thomasschule und an der Nikolaischule wurde Michaelis von den Universitätsmusikdirektoren Johann Gottlieb Görner (1697–1778) und Johann Friedrich Doles (1715–1797, auch Thomaskantor) musikalisch ausgebildet und studierte anschließend in Leipzig alte Sprachen und Jurisprudenz. Nach kurzem Studium in Jena wurde Michaelis 1793 als Privatdozent für Philosophie an die Universität Leipzig berufen, erhielt aber wegen seiner Nähe zu dem in den „Atheismusstreit" verwickelten Johann Gottlieb Fichte keine Professur. Er suchte den Anschluss an Kants *Kritik der Urteilskraft* mit dem 1795 publizierten Buch *Ueber den Geist der Tonkunst*, das als „ästhetischer Versuch" wie die meisten seiner Bücher im Leipzig erschien, und profilierte sich damit als Musikästhetiker. Weiter trug er zur Ausformulierung der romantischen Musikanschauung durch Bevorzugung der reinen Instrumentalmusik als ideale, ganz eigene Gegenwelt mit dem moralischen Anspruch sittlicher Bildung bei. Von 1799 bis 1829 schrieb er mindestens 30 Beiträge für die *Allgemeine Musikalische Zeitung*,[15] dies brachte ihm auch den Ruf eines Populärphilosophen ein. Mit seinen Vorlesungen war die Musikwissenschaft seit den späten 1790er Jahren wieder im Lehrangebot der Universität Leipzig präsent.

Hatten sich die Vertreter der Philosophie an der Universität Leipzig bis dahin wenig um die Musik gekümmert, so nahm dieses Bedürfnis seit Michaelis zu. Es dokumentiert den gestiegenen gesellschaftlichen Rang, den die Musik aufgrund der romantischen Musikanschauung in der sich formierenden bürgerlichen Gesellschaft einnahm. Auch Amadeus Wendt (1783–1836), seit 1811 Professor der Philosophie an der Universität Leipzig, wandte sich der Musik zu und schrieb Beiträge für die *Allgemeine Musikalische Zeitung*, hatte er doch selbst zwei Periodika initiiert, die bei den Leipziger Verlagen Brockhaus und Weidmann herauskamen: Das *Leipziger Kunstblatt für gebildete Kunstfreunde* erschien vom 29. August 1817 bis zum 15. Oktober 1818, der dreibändige *Musenalmanach* (Nr. 1–3) für die Jahre 1830–1832 wurde ab Band 4 von Adelbert von Chamisso (1781–1838) und Gustav Schwab (1792–1850) fortgesetzt. Umfangreich ist die Publikationsliste von Wendt: Neben der *Geschichte der Philosophie* von Wilhelm Gottlieb Tennemann (1761–1819), die Wendt „mit berichtigenden, beurtheilenden, und ergänzenden Anmerkungen und Zusätzen" (Leipzig 1829) herausgegeben hat, und seiner eigenen Schrift *Über die Hauptperioden der schönen Kunst oder die Kunst im Laufe der Weltgeschichte* (Leipzig 1831), hat er sich mit *Rossini's Leben und Treiben, vornehmlich nach den Nachrichten des Herrn von Stendhal geschildert und mit Urtheilen der Zeitgenossen über seinen musikalischen Charakter begleitet* (Leipzig 1824) und einer „beurtheilenden Schilderung" *Über den gegenwärtigen Zustand der Musik, besonders in Deutschland und wie er geworden* (Göttingen 1836) beschäftigt. Unter seinen Aufsätzen für die *Allgemeine Musikalische Zeitung* sticht ein Beitrag aus dem Jahre 1815 *Gedanken über die neuere Tonkunst, und van Beethovens Musik, namentlich dessen Fidelio* besonders

---

12 *Intelligenz-Blatt* zur *Allgemeinen Musikalischen Zeitung* 1 (1798), Nr. 1, Sp. 3.

13 Wilhelm Seidel: *Friedrich Rochlitz. Über die musikgeschichtliche Bedeutung seiner journalistischen Arbeit*, in: Musik und Bürgerkultur. Leipzigs Aufstieg zur Musikstadt, hrsg. v. Stefan Horlitz und Marion Recknagel (Leipzig – Musik und Stadt, Bd. 2), Leipzig 2007, S. 37–41, hier 41.

14 Nicole Kämpken, Michael Ladenburger (Hrsg.): *Beethoven und der Musikverlag Breitkopf & Härtel. Begleitbuch zu einer Ausstellung des Beethoven-Hauses Bonn*, Bonn 2007.

15 Nach dem Verzeichnis von Lothar Schmidt in: Christian Friedrich Michaelis: *Ueber den Geist der Tonkunst und andere Schriften*, hrsg. v. Lothar Schmidt (Musikästhetische Schriften nach Kant, Bd. 2), Chemnitz 1997, S. 390–402.

hervor. Bereits die Eingangspartie „Höhere Tonkunst" weist diesen Beitrag als Dokument romantischer Musikanschauung aus:

> „Wenn allen übrigen Künsten etwas vorliegt, was erst durch den Wunderblick des Genius, veredelt und verklärt aus dem Boden der Wirklichkeit gehoben und in das Elysium der Ideen versetzt zu seyn scheint, so scheint die Tonkunst gleichsam in diesem Lande *selbst erzeugt*, und redet, gleich dem Weltgeist, durch Sturm und Donner, wie durch das sanfte Wehen des Frühlings, und in den flüsternden Aerenbeugen, eine Wundersprache, die nur dem verständlich ist, dem das Gehör nicht eine Fülle äußerer Klänge, sondern das Innere der Welt und die geheimsten Tiefen des Herzens aufschließt, in die kein sterbliches Auge schaut. Der geniale Tonkünstler ist ein Eingeweihter des Himmels; in unsichtbaren Zeichen verkündet er seine Gesichte, hörbar jedem offnen Ohr, doch nicht jedem *vernehmlich*."[16]

Wendt legt im Anschluss daran den Vorzug der Instrumentalmusik und die Überlegenheit der deutschen vor der italienischen Musik dar, wobei ihm Beethoven als Vorbild dient. Eine ausführliche Besprechung des *Fidelio* bildet den Abschluss des langen, mehrteiligen Artikels, der vom 31. Mai bis 28. Juni 1815 erschienen ist und damit genau in die Zeit des Durchbruchs Beethovens zum „Weltruhm", das heißt zu einer Leitfigur der aus den Befreiungskriegen erstehenden neuen bürgerlichen Gesellschaft, fällt. Die Schlachtensinfonie *Wellingtons Sieg, oder: Die Schlacht bey Vittoria* spielte in diesem Zusammenhang eine entscheidende Rolle und begründete den endlichen Durchbruch des *Fidelio*, der in seiner dritten Fassung am 23. Mai 1814 in Wien am k. k. Theater nächst dem Kärntnertor herausgekommen und am 11. Oktober 1815 erstmals in Berlin aufgeführt worden ist. Dazu lieferte Wendt die treffsichere publizistische Vorbereitung. Seinen Einsatz für „wahre Deutschheit" leistete Wendt noch im selben Jahrgang der *Allgemeine Musikalische Zeitung* mit einem *Beytrag zur Sprachreinigung im Gebiete der Tonkunst*, in dem er sich in die laufende Debatte einschaltet, „ausländische Kunstausdrücke" einzudeutschen. Er nimmt sehr wohl wahr, „dass [...] viele Sprachreinigungsversuche als Scherz aufgestellt werden und im Ernst gemeint sind", wünscht sich aber, dass „alles, was darin wahr und beyfallswürdig seyn mag, für völligen Ernst, und nur das *Misslungene* für Scherz" gehalten werde.[17] Es ist die Rede davon, Sopran, Alt, Tenor und Bass umzubenennen in Höchstgesang, Hochgesang, Hebsang oder Dünnsang und Grundsang, große Oper in Singwerk, Trompete in Schmettermessing oder besser Schmetterrohr usw. Was Wendt in diesen beiden Aufsätzen als Universitätsangehöriger noch klarer als Michaelis formuliert, ist nichts anderes als die Begründung der Musik als die nationale deutsche Kunstreligion der bürgerlichen Gesellschaft, für die Leipzig als Musikstadt eine Vorreiterrolle spielen sollte.[18] Die passenden Dichter hat sich Wendt für seine Komposition von *Sechs Liedern von Schiller, Göthe, Herder und Tiek* ausgesucht, die um 1818 bei Simrock in Bonn und Köln gedruckt worden sind. Seinen Anklang bei den Studenten und die bereits erwähnte Verbindung zu den Thomanern belegt das von Wendt komponierte *Tafellied bei dem sechshundertjährigen Jubelfest der Thomasschule in Leipzig von ehemaligen Zöglingen derselben gesungen. Leipzig, den 7. Mai 1822*, gedruckt im selben Jahr in der Teubner'schen Officin, Leipzig.

1829 nach Göttingen berufen, blieben Wendts Beziehungen zu Leipzig eng. In der *Allgemeinen Musikalischen Zeitung* erschien 1836 ein Nachruf auf den Frühverstorbenen vom amtierenden Redakteur, Gottfried Wilhelm Fink (1783–1846). Dieser hatte in Leipzig Theologie und Geschichte studiert und leitete die *Allgemeine Musikalische Zeitung* 1828 bis 1841. Die Universität Leipzig promovierte ihn im August 1838 zum Dr. phil. h. c., und Fink lehrte 1839 bis 1846 Musik mit einem unbesoldeten Lehrauftrag.[19]

Diese Beispiele belegen, wie an der Universität Leipzig außerhalb der regen praktischen Musikpflege auch ohne ein eigenständiges Fach die theoretische oder im weiteren Sinne musikwissenschaftliche Auseinandersetzung mit Musik durch fachfremde oder außeruniversitäre Persönlichkeiten eingebracht wurde. Drei berühmte Universitätsprofessoren seien genannt: Gustav Theodor Fechner (1801–1887), seit 1834 Professor der Physik, ab 1843 für Naturphilosophie und Anthropologie, beschäftigte sich in physikalischen und philosophischen Schriften mit Musik, in seiner *Vorschule der Ästhetik* mit dem „direkten Faktor in der Musik"; Moritz Wilhelm Drobisch (1802–1896), seit 1826 Professor für Mathematik, seit 1842 auch der Philosophie, schrieb 1846 eine Abhandlung *Über die mathematische Bestimmung der musikalischen Intervalle*; Hermann Lotze (1817–1881), 1842 bis 1844 Professor der Philosophie in Leipzig, lieferte in seinen Werken wichtige Beiträge zur Gehörpsychologie und stellte in seiner *Geschichte der Ästhetik in Deutschland* (1868) das Ästhetische in einen direkten Zusammenhang mit dem Sittlichen (es liegen zwei Dissertationen über seine Musikästhetik vor[20]).

---

16 Amadeus Wendt: *Gedanken über die neuere Tonkunst, und van Beethovens Musik, namentlich dessen Fidelio*, in: Allgemeine Musikalische Zeitung 17 (1815), S. 345–353, 365–372, 381–389, 397–404, 413–420, 429–436.

17 Amadeus Wendt: *Beytrag zur Sprachreinigung im Gebiete der Tonkunst*, in: Allgemeine Musikalische Zeitung 17 (1815), S. 529–534.

18 Erich Reimer: *Nationalbewußtsein und Musikgeschichtsschreibung in Deutschland 1800–1850*, in: Die Musikforschung 46 (1993), S. 17–31.

19 http://histvv.uni-leipzig.de/dozenten/fink_gw.html vom 22. Juni 2009.

20 Kurt Steinbrück: *Grundzüge der Musikästhetik Lotzes*, Diss. Erlangen, Berlin 1918; Johannes Martin Hirsch, *Lotzes Musikästhetik*, Diss. Königsberg 1924.

Institutionelle Ansätze im 19. Jahrhundert

Viele der an der Universität tätigen Musiker, speziell auch die Universitätsmusikdirektoren, hatten keine Neigungen zur theoretischen Beschäftigung mit Musik und traten diesbezüglich nicht in Erscheinung. Dagegen immatrikulierten sich – ohne jedoch ernsthaft ein Studium aufzunehmen[21] – zwei berühmte Komponisten an der Universität Leipzig, deren schriftstellerische Aktivitäten großen Einfluss auf die Musikanschauung nehmen sollten: Richard Wagner und Robert Schumann, der 1834 die bedeutende *Neue Zeitschrift für Musik* gründete. Die Universität nahm keine Notiz von ihnen. Anders bei dem jeder Theorie abholden Felix Mendelssohn Bartholdy, der 1835 das Angebot einer Professur an der Universität Leipzig ausschlug[22] und dem schon 1836 die Ehrendoktorwürde verliehen wurde. Er engagierte sich nicht in der Universität, sondern gründete 1843 das Konservatorium und richtete dort eine Klasse für Harmonie- und Kompositionslehre ein, für die er den auf seine Empfehlung 1842 als Thomaskantor berufenen Moritz Hauptmann (1792–1868) gewinnen konnte. Als Musiktheoretiker war Hauptmann eine herausragende Erscheinung der Zeit; 1853 erschien sein Hauptwerk *Die Natur der Harmonik und der Metrik* (wie alle seine Schriften in Leipzig), mit dem er die Theoriediskussion der folgenden Jahrzehnte maßgeblich prägte. Seine Musiktheorie ist keine Handwerkslehre der Komposition, sondern eine hoch spekulative Auseinandersetzung mit akustischen Grundlagen einerseits, die er als natürliche Bildungsgesetze verstand, und Hegelschen Gedankengängen andererseits, die ihm eine dialektische Entwicklung aus einem Grundgedanken vorgaben. Aus den drei von ihm als direkt verständlich aufgefassten Intervallen Oktave, Quint und großer Terz sowie ihrer Entfaltung in einem harmonischen Dualismus entwickelte Hauptmann eine umfassende Theorie, die ihm nicht nur als verpflichtendes musikalisches Kategoriensystem, sondern weit darüber hinaus als Schlüssel der Welterkenntnis erschien und seine feste Überzeugung von der Richtigkeit seiner klassizistischen Musikanschauung begründete. Kontakt hatte Hauptmann zu Otto Jahn, 1847–1851 Professor der Archäologie in Leipzig, den er bei der Erarbeitung seiner epochalen Mozartbiographie beraten hat und mit ihm gemeinsam für die Gründung der Bach-Gesellschaft eingetreten ist, die mit dem Unternehmen der Bach-Gesamtausgabe der Musikwissenschaft eine große Aufgabe und einen mächtigen Auftrieb gab. Mit der Universität Leipzig ist Hauptmann nie eine engere Verbindung eingegangen, wenn er auch 1860 an der Doktorprüfung sowie 1866 an der Habilitation von Oscar Paul maßgeblich beteiligt war. Wenig Kontakt zur Universität hatten auch die Konservatoriumslehrer Ernst Friedrich Eduard Richter (1808–1879) und Franz Brendel (1811–1868). Richter unterrichtete seit 1843 neben Hauptmann Kontrapunkt und Harmonielehre und stellte mit seiner nicht spekulativen, theoretischer Systembildung abholden Handwerkslehre dessen Gegenpol dar. Brendel übernahm 1845 die *Neue Zeitschrift für Musik* von Schumann[23] und hielt seit 1846 „Vorlesungen über musikalische Gegenstände".[24] Er hatte in Leipzig Philosophie bei Christian Hermann Weisse (1801–1866) studiert, der ihn zum Hegelianismus bekehrt hatte; zu einer institutionellen Anbindung an die Universität kam es allerdings nicht. Er war ein höchst einflussreicher Musikhistoriker, der mit seinen *32 Vorlesungen*, einer umfangreichen, hegelianisch angelegten *Geschichte der Musik in Italien, Deutschland und Frankreich von den ersten christlichen Zeiten an bis auf die Gegenwart* (Leipzig 1852), die von Wendt vertretene kunstreligiös-national angelegte Musikanschauung weiterentwickelte und ihr mit seinen publizistischen Mitteln große Verbreitung sicherte. Bei Brendel findet sich die nationale Emphase der ‚deutschen Musik', wie sie bei Wendt formuliert war, zu einer absoluten Dominanz von welthistorischer Dimension überhöht.[25] Ganz mit dem Konservatorium verbunden war auch Salomon Jadassohn (1831–1902) seit seinem Studium, der sich später als Dozent der Musiktheorie mit zahlreichen Lehrbüchern einen Namen machte; 1887 wurde ihm die Ehrendoktorwürde der Universität verliehen.

Gleichzeitig und vielleicht in einer gewissen Konkurrenz zum Konservatorium[26] begann die Institutionalisierung der Musikwissenschaft an der Universität Leipzig. Hermann Langer (1819–1889), Universitätsmusikdirektor von 1844 bis 1887, nahm neben seinen praktischen Tätigkeiten 1859 Vorlesungen zur Musikgeschichte auf, die ersten seit dem Tode von Fink im Jahre 1846. Seine Themen, etwa Luthers geistliche Lieder, verband er gerne mit

---

21 So wie es auch viele andere später berühmte Musiker taten, siehe Liste im Anhang.

22 Felix Mendelssohn Bartholdy: Briefe vom 3. Januar 1835 an Abraham und Lea in Berlin und ebenfalls am 3. Januar 1835 an Friedrich Kistner in Leipzig, in: Felix Mendelssohn Bartholdy: *Sämtliche Briefe*, hrsg. v. Helmut Loos und Wilhelm Seidel, Bd. 4, Kassel (Druck in Vorbereitung).

23 Wilhelm Seidel: *Musikalische Publizistik und Kanonbildung. Über Franz Brendels Entwurf einer neuen Musikästhetik*, in: Musiktheorie 21 (2006), S. 27–36.

24 Jürgen Heidrich: *Protestantische Musikanschauung in der zweiten Hälfte des 18. Jahrhunderts. Studien zur Ideengeschichte ‚wahrer' Kirchenmusik*, Göttingen 2001, S. 28.

25 E. Reimer: *Nationalbewußtsein* (wie Anm. 18), passim.

26 Yvonne Wasserloos: *Das Leipziger Konservatorium der Musik im 19. Jahrhundert. Anziehungs- und Ausstrahlungskraft eines musikpädagogischen Modells* (Studien und Materialien zur Musikwissenschaft 33), Hildesheim 2004.

praktischen Übungen und bot sie auch dem Seminar für praktische Theologie an;²⁷ außerdem war er als Berater im Orgelbau verdienstvoll tätig. Er stand damit am Anfang einer Tradition praxisorientierter Musikwissenschaft, die sich in Leipzig etablierte. Eine stärker theoretisch orientierte Richtung in der Nachfolge von Moritz Hauptmann vertrat zuerst dessen Schüler Oscar Paul (1836–1898) an der Universität. Er hatte an beiden musikalischen Lehrstätten Leipzigs studiert, Theologie und klassische Philologie an der Universität, Klavier und Musiktheorie am Konservatorium. Schon frühzeitig stellte er seine beruflichen Bemühungen auf praktischem Gebiet ein und verfolgte intensiv seine wissenschaftlichen Ambitionen (1860 Promotion, 1866 Habilitation). Mit der Habilitation lehrte er als Dozent „Theorie und Geschichte der Musik" an der Universität und wurde 1874 außerordentlicher Professor, seit 1869 unterrichtete er auch am Konservatorium Musiktheorie und Klavier.²⁸ Von der theoriegeleiteten Sichtweise kam Paul mit der Zeit ab. Als Theorielehrer suchte er mit seinem *Lehrbuch der Harmonik für musikalische Institute und zum Selbstunterricht* (Leipzig 1880) eine Synthese der Methoden seiner beiden Lehrer Hauptmann und Richter zu erreichen, wissenschaftlich lehnte er sich bei seinem starken Interesse an der Musikgeschichte des Altertums bald an Rudolf Westphal (1826–1892) an, der 1881 bis 1884 als Privatgelehrter in Leipzig lebte.²⁹ Das Lehrangebot der Universität Leipzig erreichte damit seit den 1860er Jahren eine gewisse Breite von Vorlesungen zur Musik der Antike und des Mittelalters über die Formen der modernen Tonkunst bis zu Orgelspielkursen, Harmonielehre und Übungen des Universitäts-Sängervereins der Pauliner, dazu medizinische Vorlesungen zur Physiologie und Akustik des Gesanges und der Rede.³⁰ Wissenschaft und Praxis bilden hier sich ergänzende Teile, und die Dozenten waren stets in beiden Bereichen aktiv. Im gesamten deutschsprachigen Raum differenzierte sich das Fach in den folgenden Jahrzehnten und mit ihm das Lehrangebot sehr rasch; habilitierte Lehrkräfte wurden im Fach Musikwissenschaft der Philosophischen Fakultäten tätig.³¹

Die Ära Kretzschmar – Riemann

Dass sich Ende des 19. Jahrhunderts zwei bedeutende Gründungsfiguren der universitären Musikwissenschaft in Leipzig profilieren konnten, ist nicht allein dem durch Langer und Paul Erreichten zu danken, sondern dem städtischen Umfeld insgesamt; genannt seien nochmals das Konservatorium und die Leipziger Publikationsorgane. Das Zusammenspiel aller Einrichtungen funktionierte auf der Basis eines inhaltlichen Konsenses, der sich nicht nur in Leipzig, aber hier in besonders klarer und eindeutiger Form ausgebildet hatte, dass Musik nicht nur die höchste der Künste, sondern darüber hinaus als Kunstreligion die leitende Instanz in der bürgerlichen Gesellschaft darstelle. An zwei Beispielen lässt sich dies unmittelbar ablesen: 1884 wurde das ‚Neue Concerthaus' (das ‚Zweite Gewandhaus') eingeweiht, das als Tempelbau mit seinem Konzertsaal als Sakralraum dem Wiener Musikvereinsgebäude gleichgesetzt wurde, aber im Unterschied zu ihm die Orgel als ‚Königin der Instrumente' von vornherein als Zentrum, als ‚Allerheiligstes' eingeplant hatte und als weit ausstrahlenden Außenschmuck nicht mehr antike Figuren, sondern Komponisten aufstellte.³² Seit 1895 plante der berühmte Leipziger Maler, Graphiker und Bildhauer Max Klinger sein Hauptwerk, die lebensgroße Skulptur *Beethoven*, die er erstmals 1902 in Wien präsentierte und die den Komponisten als ‚Zeus', als zentrale Gottheit des neuen bürgerlichen Zeitalters, einer überhöhenden Synthese aus Antike und Christentum darstellt.³³ Das in Leipzig erschienene und von hier aus verbreitete musikalische Schrifttum ist weithin von dieser besonderen Form der romantischen Musikanschauung geprägt, einige Beispiele dafür sind bereits genannt worden. Nur in diesem Kontext mit seiner religiösen Emphase lassen sich die beiden Gründungsfiguren mit ihren durchaus unterschiedlichen Konzeptionen der Musikwissenschaft zur Darstellung bringen: Hermann Kretzschmar (1848–1924) eher praxisorientiert und Hugo Riemann (1849–1919) eher theoriegerichtet. Im 20. Jahr-

---

27 Universität Leipzig, Verzeichnis der Vorlesungen, Sommerhalbjahr 1869, http://histvv.uni-leipzig.de/dozenten/langer_h.html vom 23.6.2009.

28 Stefan Horlitz: *Oscar Paul. Ein Gelehrtenleben in Leipzig*, in: Musik und Bürgerkultur. Leipzigs Aufstieg zur Musikstadt, hrsg. v. Stefan Horlitz und Marion Recknagel (Leipzig – Musik und Stadt, Bd. 2), Leipzig 2007, S. 365–386.

29 Rudolf Westphal: *Harmonik und Melopöie der Griechen*, Leipzig 1863; Rudolf Westphal: *Die Musik des griechischen Altertums*, Leipzig 1883.

30 Universität Leipzig, Verzeichnis der Vorlesungen, Sommerhalbjahr 1872, http://histvv.uni-leipzig.de/vv/1872s.html vom 23. Juni 2009.

31 Zu diesen Entwicklungen vgl. Rainer Cadenbach: *Einer der ersten Musikwissenschaftler des Deutschen Reiches – Hermann Kretzschmars Dissertation von 1871*, in: Hermann Kretzschmar. Konferenzbericht Olbernhau 1998, hrsg. v. Helmut Loos und Rainer Cadenbach, Chemnitz 1998, S. 21–27, hier S. 23 f.

32 Helmut Loos: *Tempel der Kunst – Kathedralen der Nation: Opern- und Konzerthäuser vor 1914*, in: Musikgeschichte zwischen Ost- und Westeuropa. Kirchenmusik – geistliche Musik – religiöse Musik. Bericht der Konferenz Chemnitz 28.–30. Oktober 1999 anlässlich des 70. Geburtstages von Klaus Wolfgang Niemöller, hrsg. v. Helmut Loos und Klaus-Peter Koch (Edition IME, Reihe I: Schriften, Bd. 7), Sinzig 2002, S. 345–359.

33 Helmut Loos: *Max Klinger und das Bild des Komponisten*, in: Imago Musicae XIII (1996), Lucca 1998, S. 165–188.

hundert hat sich Riemann zunehmend stärker Geltung verschafft, während Kretzschmar immer weniger Beachtung gefunden hat. Zunächst allerdings wurde der Kampf um die rechte Lehre mit großer Inbrunst ausgefochten; Hermann Abert verweist in seiner Charakterisierung Kretzschmars auf dessen machtbewusste „Herrenmoral" und berichtet, bei seinem Amtsantritt in Leipzig eine „sich der Kretzschmarschen mit bewußter Feindschaft entgegenstemmende Riemannsche Tradition" vorgefunden zu haben.[34]

Kretzschmar war in seiner Jugend Mitglied des Dresdner Kreuzchores und erhielt auch Kompositionsunterricht. Im Frühjahr 1868 begann er an der Universität Leipzig Klassische Philologie und Geschichte zu studieren, er hörte bei dem Philologen Friedrich Ritschl (1806–1876), dem Historiker Wilhelm Voigt und vor allem bei Oscar Paul. 1871 wurde er promoviert mit einer Arbeit *De signis musicis, quae scriptores per primam medii aevi partem usque ad Guidonis Aretini tempora florentes tradiderint* (*Über die musikalischen Zeichen, wie sie die berühmten Autoren des frühen Mittelalters bis zu den Zeiten des Guido von Arezzo überliefert haben*). Wie sein Lehrer Paul studierte Kretzschmar 1869/70 zusätzlich am Konservatorium und wurde anschließend dort zur Lehre herangezogen. Nach Tätigkeiten in Metz und Rostock kehrte er 1887 als Universitätsmusikdirektor nach Leipzig zurück, er leitete neben dem Universitäts-Gesangverein Paulus auch den Riedel-Verein und veranstaltete 1890 bis 1895 Akademische Orchesterkonzerte. Neben seinen vielfältigen praktischen Tätigkeiten arbeitete Kretzschmar musikwissenschaftlich und wurde 1890 zum außerordentlichen Professor ernannt. 1897 trat er von allen praktischen Ämtern zurück und konzentrierte sich künftig auf musikwissenschaftliche und seit seiner Berufung 1904 nach Berlin auch auf administrative Aufgaben. Kretzschmar nahm in Berlin einen zentralen Posten nach dem ‚System Althoff' ein.[35] Seine Prägung erhielt er in Dresden und Leipzig. Die von ihm vertretene praxisorientierte Musikwissenschaft[36] war von einem Realismus geprägt, der allen spekulativen Überhöhungen abhold war und sich historischen Kriterien verpflichtet sah. Eine wissenschaftstheoretische Grundlage seiner historischen Erklärungsversuche musikalischer Werke fand er in Wilhelm Diltheys (1833–1911) hermeneutischem Ansatz, den er auf seine Schriften zu beziehen suchte, um damit eine musikalische Hermeneutik zu begründen.

Hugo Riemann wandte sich erst relativ spät dem Studium der Musik zu und immatrikulierte sich im Jahre 1871 am Leipziger Konservatorium, nach seiner Militärzeit in Berlin, wo er an der Universität für Jura, Germanistik und Geschichte eingeschrieben war, und nach weiteren Studien in Tübingen. Auf die Prägung seiner Persönlichkeit dürfte die Teilnahme am Deutsch-Französischen Krieg mit den emphatisch gefeierten militärischen Erfolgen des deutschen Heeres nicht ohne Auswirkungen geblieben sein. Riemanns Lehrer wurden Carl Reinecke (1824–1910) in Komposition, Ernst Friedrich Eduard Richter und Salomon Jadassohn in Musiktheorie sowie Oscar Paul in Musikgeschichte. Die Dissertation über *Musikalische Logik*, ein von Untersuchungen des bedeutenden Naturwissenschaftlers Hermann von Helmholtz (1821–1894)[37] angeregtes Thema, wurde an der Universität von Paul unter Verweis auf „Talent, Halbwisserei und Arroganz"[38] des Kandidaten zurückgewiesen, aber von dem Philosophen Hermann Lotze und dem Musikforscher Eduard Krüger (1807 bis 1885) in Göttingen akzeptiert, und Riemann dort *Ueber das musikalische Hören* promoviert. Für die Habilitation an der Universität Leipzig sah Riemann von Themen der spekulativen Musiktheorie ab und reichte 1877 *Studien zur Geschichte der Notenschrift* ein, eine historische Arbeit, mit der er sich 1878 erfolgreich habilitieren konnte. Da ihm die Anstellung an einer Universität verwehrt blieb, nahm er verschiedene Tätigkeiten als Chorleiter und Musiklehrer in Bielefeld, Bromberg (Bydgoszcz), Hamburg, Sondershausen und Wiesbaden an und brachte neben seinen praktischen Tätigkeiten mit einem ungeheuren Fleiß zahllose musikwissenschaftliche Veröffentlichungen heraus. In dieser Zeit gewöhnte sich Riemann daran, 18 Stunden pro Tag zu arbeiten, die meiste Zeit an am häuslichen Schreibtisch, den die Familie liebevoll-spöttisch seinen „Altar"[39] nannte, was die sakrale Aura seiner Arbeit umschreibt. Für das sakrale Sendungsbewusstsein, mit

---

34 Hermann Abert: *Johann Sebastian Bach. Bausteine zu einer Biographie*, hrsg. v. Michael Heinemann, Köln 2008, S. 39, 49. Leider allzu zeittypisch erscheinen die antisemitischen Äußerungen Aberts über jüdische Kollegen (z. B. S. 53f., 59 f.) in den 1922–1925 niedergeschriebenen Notizen *Aus meinem Leben*.

35 Wolfgang Rathert: *Hermann Kretzschmar in Berlin*, in: Hermann Kretzschmar. Konferenzbericht Olbernhau 1998, hrsg. v. Helmut Loos und Rainer Cadenbach, Chemnitz 1998, S. 141–163, bes. S. 144–149.

36 Heinz-Dieter Sommer: *Praxisorientierte Musikwissenschaft. Studien zu Leben und Werk Hermann Kretzschmars* (Freiburger Schriften zur Musikwissenschaft, Bd. 16), München und Salzburg 1985.

37 Scherzhaft ‚Reichskanzler der Physik' genannt. Riemann bezog sich auf: Hermann von Helmholtz: *Die Lehre von den Tonempfindungen als physiologische Grundlage für die Theorie der Musik*, Braunschweig 1863.

38 Oscar Paul: *Dissertationsgutachten*, Universitätsarchiv Leipzig (UAL): Phil. Fak. Prom 9193, 14. Oktober 1873, zitiert nach: Ellen Jünger: *Musik + Wissenschaft = Hugo Riemann. Ausstellung in der Bibliotheca Albertina 13. November 2008 – 14. Februar 2009* (Schriften aus der Universitätsbibliothek Leipzig, Bd. 14), Leipzig 2008, S. 14.

39 Michael Arntz: *Hugo Riemann (1849–1919) – Leben, Werk und Wirkung*, Köln 1999, S. 43.

dem Riemann seine selbstgestellte Aufgabe wahrnahm, spricht auch die Bezeichnung vieler seiner musiktheoretischen Schriften als ‚Katechismus', die er häufig erst in späteren Auflagen in ‚Handbuch' umbenannte. Nimmt man den Begriff ‚Katechismus' als Unterweisung in unbezweifelbaren Grundfragen des Glaubens und Zusammenfassung einer (hier nicht christlichen) Heilslehre ernst, so liegt es nahe, dies mit den philosophischen Lehren seines Förderers Lotze in Verbindung zu bringen. Lotze verband den naturwissenschaftlichen Ansatz eines durchaus mechanistischen Naturverständnisses mit der metaphysischen Vorstellung einer Instanz zur Verwirklichung des Weltzwecks. Die hat ihn zu einer Wertlehre geführt, die mit dem Anspruch objektiver ‚Geltung' die Erkenntnis von Wahrheiten und Werten des Gewissens gewährleistet. Das Ziel, aus Gesetzmäßigkeiten der Natur ‚naturwissenschaftlich' gültige Regeln für die Musik abzuleiten, charakterisiert auch das Schaffen Riemanns, diesbezüglich folgte er akustischen Arbeiten von Helmholtz und Arthur von Oettingen (1836–1920), tonpsychologischen von Carl Stumpf (1848–1936). Von Oettingen lehrte nach der Russifizierung seiner Heimatuniversität Dorpat von 1894 bis 1919 als ordentlicher Honorarprofessor an der Universität Leipzig zur gleichen Zeit wie Riemann, der seinen theoretischen Schriften immer einen Vorrang vor den musikhistorischen eingeräumt hat. Die höchste gesellschaftliche Bedeutung der Musik, deren Erforschung, ja theoretischer Begründung sich Riemann mit Hingabe widmete, bedurfte in Leipzig, von dem er in seinem Lebenslauf zur Habilitation als einer „musikalischen", ja sogar der „allermusikalischsten Stadt"[40] gesprochen hat, zumal im Umfeld emphatischer Kunstreligion keiner weiteren Begründung, so dass Riemann diese Wertschätzung als gegeben voraussetzen durfte und nicht mit entsprechenden Belegen selbst begründen musste. Deswegen darf seine meist nüchterne Sprache über diese seinerzeit selbstverständliche Verständnisgrundlage nicht hinwegtäuschen. Der Anspruch auf ‚Gültigkeit' wurde besonders deutlich in der Auseinandersetzung mit seinem ehemaligen Schüler Max Reger, der als Leipziger Universitätsmusikdirektor 1907/08 im Verlauf der großen Diskussion um Felix Draesekes (1835–1913) Mahnruf *Die Konfusion in der Musik* Riemann massiv angegriffen und damit den persönlichen Bruch provoziert hat.[41] Ob es allerdings persönliche Missachtung und Intrigen waren, die Riemann den Durchbruch zu einem Ordinariat an der Universität verwehrt haben, wie dies in historischen Darstellungen bislang unterstellt wird, oder doch auch ernste sachliche Gründe aufgrund wissenschaftlicher Bedenken gegenüber den spekulativen Theoriebildungen Riemanns eine Rolle gespielt haben, bedarf sicher noch der näheren Untersuchung.[42] Angesichts der starken Wirkung, die Riemann in der Geschichte des Faches im 20. Jahrhundert entfaltet hat,[43] ist dies bislang nicht ernsthaft in Erwägung gezogen worden. 1895 ist Riemann als Privatdozent an die Universität Leipzig zurückgekehrt, 1901 wurde er zum Extraordinarius bestellt, 1905 zum etatmäßigen Professor berufen.[44] 1906 erreichte er die institutionelle Anerkennung der Musikwissenschaft und 1908 ihre institutionelle Einrichtung als ‚Collegium musicum', dessen Direktor er wurde.[45] 1911 wurde Riemann zum ordentlichen Honorarprofessor ernannt, 1914 das Staatliche Institut für Musikforschung angegliedert und seiner Direktion unterstellt.

Ein zeittypischer Sonderling

Zur gleichen Zeit wie Kretzschmar und Riemann hat Hermann Bernhard Arthur Prüfer (1860–1944) an der Universität Leipzig Musikwissenschaft gelehrt. Da ihm im Unterschied zu den beiden Genannten bislang in der Fachgeschichte wenig Aufmerksamkeit zugekommen ist, soll er als Vertreter seiner Zeit hier etwas ausführlicher

---

40 Zitiert nach Wilhelm Seidel: *Hugo Riemann und die Institutionalisierung der Musikwissenschaft in Leipzig*, in: Musikwissenschaft als Kulturwissenschaft damals und heute. Internationales Symposon (1998) zum Jubiläum der Institutsgründung an der Universität Wien vor 100 Jahren, hrsg. v. Theophil Antonicek und Gernot Gruber, Tutzing 2005, S. 187–196, hier 191, Anm. 9.

41 Vgl. Susanne Shigihara (Hrsg.): *„Die Konfusion in der Musik". Felix Draesekes Kampfschrift und ihre Folgen* (Veröffentlichungen der Internationalen Draeseke-Gesellschaft, Bd. 4), Bonn 1990, S. 245–258, auch 369, Anm. 1.

42 Michael Arntz: *Nehmen Sie Riemann ernst*, in: Hugo Riemann (1849–1919). Musikwissenschaftler mit Universalanspruch, hrsg. v. Tatjana Böhme-Mehner und Klaus Mehner, Köln etc. 2001, S. 9–16.

43 Tatjana Böhme-Mehner, Klaus Mehner (Hrsg.): *Hugo Riemann (1849–1919). Musikwissenschaftler mit Universalanspruch*, Köln etc. 2001, passim.

44 M. Arntz: *Hugo Riemann* (wie Anm. 39), S. 103. Aus dem Jahr 1905 sind Briefe erhalten, die auf eine Konsolidierung des Instituts hinweisen. Arthur Prüfer verweist in einem Brief vom 21. November 1905 an das Rentamt darauf, dass er seinen eigenen Flügel, den er der Universität mehrere Jahre für den Unterricht zur Verfügung gestellt hatte, aus familiären Gründen wieder privat nutzen wolle. „Professor Riemann wird durch ministerielle Verfügung als bald ein Ersatz durch Anschaffung eines Klaviers von Staatswegen für unsere Vorlesungen beschafft werden." UAL: Film 1011, Vfnr. 0242–0244: Brief Arthur Prüfers an Rentamt vom 21. November 1905 (0243). Im Dezember 1905 werden vom Königl. Sächs. Ministerium für Kultus und öffentlichen Unterricht 1000 Mark bewilligt „zur Ausstattung des neubegründeten Seminars für Musikwissenschaften an der Universität Leipzig mit einem Flügel, Notenpulten, Schränken und anderen Ausstattungsgegenständen". UAL: Film 1011 Vfnr. 0257: Schreiben des Königl. Sächs. Ministeriums für Kultus und öffentlichen Unterricht an das Universitäts-Rentamt vom 22. Dezember 1905 (0257). Freundlicher Hinweis von Eszter Fontana.

45 M. Arntz: *Hugo Riemann* (wie Anm. 39), S. 105.

Beachtung finden. Nach der Schulzeit in Schnepfenthal bei Gotha und in seiner Heimatstadt Leipzig (Nikolaischule) studierte Prüfer seit 1880 Jurisprudenz und Musikwissenschaft in Leipzig, Heidelberg, Berlin und Jena, 1886 wurde er in Heidelberg zum Dr. jur. promoviert. In Leipzig besuchte er 1887/1888 das Konservatorium und war an der Universität Schüler von Paul und Kretzschmar, 1888/1889 von Philipp Spitta in Berlin; als sein wichtigster Lehrer allerdings galt Friedrich Stade (1844–1928).[46] 1890 folgte Prüfers Promotion in Musikwissenschaft über *Den außerkirchlichen Kunstgesang in den evangelischen Schulen des 16. Jahrhunderts*, 1895 die Habilitation in Leipzig bei Hermann Kretzschmar und Oscar Paul mit einer Arbeit über Johann Hermann Schein,[47] zu der er eine fünf Abteilungen umfassende Partitur seiner weltlichen Werke als zweiten Teil der Habilitationsschrift beifügte.[48] 1902 wurde Prüfer zum nichtplanmäßigen außerordentlichen Professor für Musikwissenschaft ernannt, seine Antrittsvorlesung über *Johann Sebastian Bach und die Tonkunst des neunzehnten Jahrhunderts* hielt er am 10. Mai 1902 in der Aula der Universität zu Leipzig,[49] der er bis zu seiner Emeritierung 1936 treu blieb. Die Lehrtätigkeit Prüfers ging über seine engeren Forschungsgebiete zur Musik des 16./17. Jahrhunderts (einschließlich Fragen ihrer Erforschung) und zu Richard Wagner hinaus,[50] die sich in Publikationen deutlich niederschlagen: 1898 veröffentlichte er den Briefwechsel zwischen Carl von Winterfeld und Eduard Krüger, 1908 eine Monographie über *Johann Hermann Schein und das weltliche Lied des 17. Jahrhunderts*, 1902 eine Studie über *Friedrich Chrysander und seine Händel-Reform*.[51] Prüfer engagierte sich mit öffentlichen Vorträgen für Richard Wagner, so sprach er am 10. März 1908 vor der Goethe-Gesellschaft zu Leipzig über *Richard Wagner und Bayreuth*,[52] lieferte Aufsätze zu den Bayreuther Blättern und publizierte weitere Studien. Eine umfangreiche Sammlung von Vorträgen über die Bayreuther Festspiele *Das Werk von Bayreuth*[53] publizierte er 1909, statt einer Neuauflage wurden daraus nach dem Ersten Weltkrieg vier Einzelhefte separat herausgebracht: *Der Ring des Nibelungen und Wagners Weltanschauung* (3. Aufl. Leipzig 1924), *Parsifal und der Kulturgedanke der Regeneration* (Leipzig 1924), *Die Meistersinger von Nürnberg* (Dresden 1922, 3. Aufl. Leipzig 1924) sowie *Tristan und Isolde* (3. Aufl. Bayreuth 1928). Als weitere erklärende Texte zu Person und Werken Wagners erschienen *Die Meistersinger von Nürnberg* (Dresden 1922, 3. Aufl. Leipzig 1924), *Tannhäuser und der Sängerkrieg auf Wartburg* (Bayreuth 1930) und *Einführung in Richard Wagners Lohengrin* (2. Aufl. Bayreuth 1937). Im Umfeld dieser Kommentare zum Werk Richard Wagners verfasste Prüfer noch weitergehende Studien wie *Die Geisteswelt Hans von Wolzogens*[54] oder *Musik als tönende Faust-Idee* (Leipzig 1920) und *Die musikalischen Gestaltungen des Faust* ([Bielefeld u. a.] 1920).

Grundlegende Gedanken seiner Forschungen formulierte Prüfer bereits während der Habilitation, in der Antrittsvorlesung beklagt er den schwierigen Stand der Musikwissenschaft als Universitätsfach und drängt – unter Verweis auf Hermann Kretzschmar – auf Abhilfe. Die Begründung ihrer Bedeutung folgt sodann dem Muster, das heute als Fachgeschichte einer ‚verspäteten' Disziplin durchaus problematisch gesehen wird.[55] Prüfer verweist auf die internationale Vernetzung des europäischen Musiklebens und – unter besonderer Akzentuierung der ‚Musikphilologie' von Hugo Riemann – auf die interdisziplinären Aspekte, denen er große Bedeutung zuschreibt. Doch „die führende Stellung in der gesammten Musikwissenschaft"[56]

---

46 Der an der Universität Leipzig studierte und promovierte Philologe Friedrich Stade war als Schüler von Carl Riedel und Ernst Friedrich Eduard Richter seit 1885 Organist der reformierten Kirche, seit 1893 der Peterskirche, seit 1886 auch Sekretär der Gewandhauskonzertdirektion; er verfasste Beiträge für die *Neue Zeitschrift für Musik* und veröffentlichte 1871 die Arbeit *Vom Musikalisch-Schönen mit Bezug auf Dr. E. Hanslicks gleichnamige Schrift*.

47 Arthur Prüfer: *Johan Herman* [sic] *Schein*, Leipzig 1895, Reprint Kassel 1989.

48 Sie wurden als wissenschaftliche Edition, erweitert auf sieben Bände, Leipzig 1901–1923, veröffentlicht.

49 Sie erschien 1902 für den Druck geändert und erweitert bei Poeschel & Trepte Leipzig. Weitere Publikationen zu Bach: *Sebastian Bach als Humorist*, Leipzig 1904; *Zum II. deutschen Bachfest 1.–3 Oktober 1904*, Leipzig 1904; *Eine alte, unbekannte Skizze von Sebastian Bachs Leben*, in: Bach-Jahrbuch 12 (1915), S. 166–169.

50 Als Beispiele seien einige Lehrveranstaltungen genannt, im Wintersemester 1908/09: Geschichte des Oratoriums von G. F. Händel bis F. Liszt; Lektüre ausgewählter Kapitel von Matthesons Grundlage einer Ehrenpforte; Zu Wagner und den Festspielen in Bayreuth. – Wintersemester 1918/19: Ludwig van Beethoven, sein Leben und seine Werke; Richard Wagner im Zusammenhang mit der Kunst- und Weltanschauung des 18. und 19. Jahrhunderts; Übung zu ausgewählten Kapiteln aus Schopenhauers Hauptwerk *Die Welt als Wille und Vorstellung*; Übung zu Wagners Schrift Beethoven und P. Peussen Die Elemente der Metaphysik. – Sommersemester 1928: Wagners *Parsifal*; Wagners *Tristan und Isolde*; Lektüreseminar zu Wagnerschen Schriften aus der Zeit des *Parsifal*.

51 In: Musikalisches Wochenblatt 33 (1902), S. 4 f., 20 f., 35–37.

52 Gedruckt bei Wörner Leipzig 1910.

53 1899 zuerst erschienen, 1909 als vollständig umgearbeitete und stark vermehrte Auflage seiner Vorträge über die Bühnenfestspiele in Bayreuth.

54 In: Festspielführer der Deutschen Festspiele G. Niehrenheim, Bayreuth 1926.

55 Anselm Gerhard (Hrsg.): *Musikwissenschaft – eine verspätete Disziplin? Die akademische Musikforschung zwischen Fortschrittsglauben und Modernitätsverweigerung*, Stuttgart und Weimar 2000; Hermann Danuser, Herfried Münkler (Hrsg.): *Deutsche Meister – böse Geister? Nationale Selbstfindung in der Musik*, Schliengen 2001.

56 Arthur Prüfer: *Johann Sebastian Bach und die Tonkunst des neunzehnten Jahrhunderts. Antrittsvorlesung*, Leipzig 1902, S. 9.

spricht er der Musikgeschichte zu, die im 19. Jahrhundert die „Summe ihrer Forschungsthätigkeit"[57] und ihren „Brennpunkt"[58] in Johann Sebastian Bach gefunden habe, „in dessen Kunst der seit Jahrhunderten herrschend gewesene Stil der Contrapunktik seine Gipfel erreicht [habe], wie sie andererseits auch in die moderne Periode der harmonischen Musik riesengroß"[59] hineinrage. Trotz der Betonung des internationalen Aspekts bleiben es die großen deutschen Komponisten, die Prüfers Blickfeld prägen: Das Engagement für Schein begründet er damit, die „Werke eines der größten Zeitgenossen Heinrich Schützens"[60] zu edieren, um durch die Möglichkeit des Vergleichs „einen Beitrag zur Würdigung der Kunst dieses Meisters"[61] zu liefern. Die durchaus unhistorische Hierarchisierung der Komponisten[62] lässt selbst Beethoven zu einem Garanten der Größe Bachs schrumpfen, der das durch Christian Gottlob Neefe vermittelte *Wohltemperierte Klavier* als „seine musikalische Bibel"[63] bezeichnet habe. So stark sich Prüfer für die Pflege alter Musik einsetzt, so sehr beklagt er die Spaltung zwischen alter und neuer Kunst; vehement setzt er sich für das Werk Franz Liszts und insbesondere Richard Wagners ein. Grundlage dafür sind ihm die philosophischen Schriften Arthur Schopenhauers (1788–1860), der die „Tonkunst […] endlich auf die ihr zukommende, metaphysische Grundlage gestellt"[64] habe, und Friedrich von Hauseggers (1837–1899), der „losgelöst von dem öden Formalismus eines Hanslick"[65] die „psychologische Methode mit Recht angewandt"[66] habe. Daraus leitet Prüfer die Forderung nach einer musikalischen Bildung ab, die es erlaube, Bach als den „gottbegnadeten Tondichter"[67] in christlich-protestantischer Tradition zu erkennen, in seiner „Tonsprache den Ausdruck des, zumal in der grossen deutschen Musik eigenthümlichen Erhabenen" zu vernehmen und „das Wesen der Musik, als eine ‚Offenbarung des innersten Traumbildes vom Wesen der Welt selbst', als das ‚unaussprechliche Geheimnis des Daseins' ahnungslos"[68] zu empfinden. Eingebettet in den interdisziplinären Austausch begründet Prüfer die Bedeutung seiner Disziplin unter ausdrücklicher Berufung auf „die Darwinsche Selektionstheorie, die Evolutionstheorie Herbert Spencers"[69] letztlich damit, dass „die Musik eines Volkes in noch höherem Grade, als die Sprache, wahrhaftigster Ausdruck seiner jeweiligen Kulturstufe"[70] sei. Damit ist die Musik als maßgebliche Instanz des Kulturdarwinismus zugunsten einer umfassenden deutschen Hegemonie installiert. Sie bewährt sich nach Prüfers Worten noch im Ersten Weltkrieg (1916): „Würdig ihrer Bedeutung als Abbild der Welt, wie sie Arthur Schopenhauer ihr zutiefst zuspricht, offenbart sie jetzt gerade die gewaltige Erregung, von der zumal die deutsche Volksseele daheim und draußen erfüllt ist."[71] Die publizistische Arbeit für Bayreuth erweist sich somit als eine inhaltliche Übereinstimmung mit der dort verbreiteten germanisch-christlichen Heilslehre.[72] In der Universität Leipzig wurde dies durchaus kritisch gesehen, nach Abert genoss Prüfer den Ruf eines „gänzlich vernagelten Wagnerianers".[73]

1920–1945

Die Grundlagen seiner wissenschaftlichen Karriere, die 1920 mit einem Ruf an die Universität Halle und 1928 (wieder als Nachfolger Hermann Aberts) an die Universität Berlin ihren steilen Aufstieg nahm, legte Arnold Schering (1877–1941) in Leipzig. Nach Studien der Musikwissenschaft in Berlin und München kam er 1900 an die Universität, wurde 1902 von Kretzschmar mit einer Arbeit über die *Geschichte des Instrumental- (Violin-) Konzertes bis Antonio Vivaldi* promoviert und habilitierte sich 1907 mit einer Arbeit über *Die Anfänge des Oratoriums*. Schering war zunächst in untergeordneter Stellung tätig und wurde 1915 zum außerordentlichen Professor ernannt. Wesentli-

---

57 Ebenda.

58 Ebenda.

59 Ebenda.

60 A. Prüfer: *Johan Herman* [sic] *Schein* (wie Anm. 47), S. VII.

61 Ebenda.

62 Helmut Loos: *Evangelische Kirchenmusik zwischen Heinrich Schütz und Johann Sebastian Bach. Mitteldeutschland und die „Weltherrschaft" der italienischen Musik*, in: Tagungsbericht Italien – Mitteldeutschland – Polen, Leipzig 22.–25. Oktober 2008 (Druck in Vorbereitung).

63 Helmut Loos: *Christian Gottlob Neefe. Das Schaffen. Werkverzeichnis*, in: Christian Gottlob Neefe. Ein sächsischer Komponist wird Beethovens Lehrer. Katalogbuch zur gleichnamigen Ausstellung des Schloßbergmuseums Chemnitz in Zusammenarbeit mit dem Beethoven-Haus Bonn, Chemnitz 1997, S. 59–115.

64 A. Prüfer: *Johann Sebastian Bach und die Tonkunst* (wie Anm. 56), S. 8.

65 Ebenda, S. 21.

66 Ebenda, S. 8.

67 Ebenda, S. 21.

68 Ebenda, S. 21 f.

69 Ebenda, S. 7 f.

70 Ebenda.

71 Arthur Prüfer: *Weltkrieg und Musik*, in: Westermanns Monatshefte 60 (1916), S. 857–863 (Sonderdruck).

72 Vgl. Ernst Hanisch: *Die politisch-ideologische Wirkung und „Verwendung" Wagners*, in: Richard-Wagner-Handbuch, hrsg. v. Ulrich Müller und Peter Wapnewski, Stuttgart 1986, S. 625–646, hier bes. 632 ff.

73 H. Abert: *Johann Sebastian Bach. Bausteine* (wie Anm. 34), S. 46. Aberts Anfrage nach einer Beförderung Prüfers soll der Dekan mit den Worten abgelehnt haben: „dazu hätte die Fakultät zu wenig Geld und zu viel Verstand, der Kollege Prüfer aber zu viel Geld und zu wenig Verstand."

che Grundzüge seines wissenschaftlichen Oeuvres sind erkennbar von Leipzig geprägt, seine Forschungen zur Renaissancemusik, zu musikalischen Gattungen wie Instrumentalkonzert und Oratorium, zu musikalischer Bildung und zu Ludwig van Beethoven; für Leipzig hat seine das Werk Rudolf Wustmanns weiterführende *Musikgeschichte der Stadt Leipzig* einen besonders hohen Wert. Von Anfang an bildete Johann Sebastian Bach einen wesentlichen Ausgangs- und Kernpunkt seines wissenschaftlichen Werks, das letztlich doch in Schopenhauer seine Begründung fand.[74] Zur vollen Entfaltung gelangte seine Persönlichkeit aber erst mit der Übernahme der zentralen musikwissenschaftlichen Position in Berlin; Schering übernahm viele Ehrenämter, die ihn zu kulturpolitischer Positionierung zwangen. Bereits 1933 betrieb er die Abberufung Alfred Einsteins als Herausgeber der *Zeitschrift für Musikwissenschaft*, da es staatliche Zuwendungen an die ‚Deutsche Musikgesellschaft' behindere, wenn ein Jude diese prominente Position bekleide. Frühzeitig förderte er die Gleichschaltung der Vereinigung unter dem neuen Namen ‚Deutsche Gesellschaft für Musikwissenschaft' weiter und sorgte für eine Struktur nach dem Führerprinzip.[75] Als Präsident der Gesellschaft sandte Schering am 16. November 1933 ein Treuegelöbnis an den Reichsminister für Volksaufklärung und Propaganda. Am 28. Januar 1934 hielt er in der Gesellschaft für deutsche Bildung in Berlin einen Vortrag über *Das Germanische in der deutschen Musik*[76] und in seinen methodisch höchst umstrittenen Beethoven-Deutungen sind Ergebenheitsadressen an Adolf Hitler und das ‚Dritte Reich' enthalten.[77]

Das Profil der Leipziger Musikwissenschaft haben Arthur Prüfer und Arnold Schering mitbestimmt. Dass sie als Wissenschaftler an der Universität Leipzig, die sich eindeutig politisch engagiert haben, keine Einzelerscheinung waren, mag ein Verweis auf den Philosophieprofessor Ernst Bergmann beleuchten, der im selben Institut wie Hans-Georg Gadamer eine ‚Deutschreligion' lehrte.[78] Dennoch scheinen die Grundpositionen in der Musikwissenschaft seinerzeit nicht so stark differiert zu haben wie in der Philosophie, da ein relativ homogener Arbeitsbereich und ein gesellschaftlich weithin akzeptierter Konsens von der Größe und Bedeutung der deutschen Musik, ihrer Weltherrschaft und Hegemonie ihr Ausgangspunkt waren. Dies betrifft auch Hermann Abert (1871–1927), der aufgrund der Einrichtung und Zusage eines Ordinariats 1920 als Nachfolger Riemanns von Halle nach Leipzig kam.[79] Da er bereits zwei Jahre später die Nachfolge Hermann Kretzschmars in Berlin antrat, hat er in Leipzig keine eindrücklichen Spuren hinterlassen, vielmehr hier laut eigenen Angaben nach „dem Musikphilologen und dem Ästhetiker […] die dritte Station meiner Entwicklung erreicht, den eigentlichen Musikwissenschaftler".[80] Wie stark Zeitumstände auf sein wissenschaftliches Schaffen durchgeschlagen haben, offenbart die 1917 herausgekommene dritte Auflage seiner Schumann-Biographie, in der er ein Einleitungskapitel vorschaltet, das eine Neubewertung der Persönlichkeit Schumanns im Sinne eines militanten Nationalismus vornimmt.[81] Der Beschluss, den ersten Musikwissenschaftlichen Kongress der Deutschen Musikgesellschaft vom 4. bis 8. Juni 1925 in Leipzig abzuhalten, geht auf das Jahr 1921 und Aberts hiesige Tätigkeit zurück. Einflussreich in der Stadt und weit darüber hinaus als konservativer Kritiker war zu jener Zeit Alfred Heuß (1877–1934), 1903 Leipziger Promovend Kretzschmars.[82]

Vor diesem Hintergrund ist der Nachfolger Aberts als musikwissenschaftlicher Ordinarius in Leipzig als eine wirkliche Ausnahmeerscheinung zu würdigen. Theodor Kroyer (1873–1945) hatte in München studiert und in Heidelberg seine wissenschaftliche Karriere begonnen, in Leipzig war er von 1923 bis 1932 Ordinarius für Musikwissenschaft und erwarb sich große Verdienste um den Aufbau des Instituts.[83] Als Vortragender war er gefragt und bot in der akademi-

---

74 Arnold Schering: *Zur Grundlegung der musikalischen Hermeneutik*, in: Zeitschrift für Ästhetik und allgemeine Kunstwissenschaft, hrsg. v. Max Dessoir, Bd. 9, Heft 2, Stuttgart (1914), S. 168–175, hier 171.

75 Pamela M. Potter: *Die deutscheste der Künste. Musikwissenschaft und Gesellschaft von der Weimarer Republik bis zum Ende des Dritten Reichs*, Stuttgart 2000, S. 97f.

76 Fred K. Prieberg: *Handbuch Deutsche Musiker 1933–1945*, CD-ROM Version 2004, S. 6085.

77 Heribert Schröder: *Beethoven im Dritten Reich. Eine Materialsammlung*, in: Beethoven und die Nachwelt. Materialien zur Wirkungsgeschichte Beethovens, hrsg. v. Helmut Loos, Bonn 1986, S. 187–221, hier 196.

78 Ernst Bergmann: *Die deutsche Nationalkirche*, Breslau 1933; Ernst Bergmann: *Kleines System der deutschen Volksreligion* (Bücher der Burg, Bd. 2), Prag 1941.

79 Karl Josef Funk: *Hermann Abert – Musiker, Musikwissenschaftler, Musikpädagoge*, Stuttgart 1994; Rudolf Eller: *Musikwissenschaft in Leipzig. Erfahrungen und Beobachtungen*, in: Musik und Musikwissenschaft in Leipzig, hrsg. v. Hartmut Grimm, Matthias Hansen, Klaus Mehner (Berliner Beiträge zur Musikwissenschaft, Beihefte zur Neuen Berlinischen Musikzeitung 9 [1994], Heft 3), S. 8–20, hier S. 14.

80 Anna Amalie Abert: *Hermann Aberts Weg zur Musikwissenschaft*, in: Deutsches Jahrbuch der Musikwissenschaft 9 (1964), S. 8.

81 Hermann Abert: *Robert Schumann*, 3. Aufl. Berlin 1917. Vgl. dazu Helmut Loos: *Der deutsche Schumann. Wandlungen eines Künstlerbildes*, in: Nationale Musik im 20. Jahrhundert. Kompositorische und soziokulturelle Aspekte der Musikgeschichte zwischen Ost- und Westeuropa. Konferenzbericht Leipzig 2002, hrsg. v. Helmut Loos und Stefan Keym, Leipzig 2004, S. 389–408.

82 Oliver Hilmes: *Der Streit ums „Deutsche". Alfred Heuß und die Zeitschrift für Musik* (Musikstadt Leipzig, Bd. 5), Hamburg 2003.

83 Herman Zenck, Helmut Schultz: *Die Musikwissenschaft in Leipzig und ihre Neuorganisierung. I. Geschichte und Gegenwart des Musikwissenschaftlichen Instituts*, in: Mitteilungen der Internationalen Gesellschaft für Musikwissenschaft 2 (1930), S. 56–61.

Besseler (1900–1969). Wegen des frühen Todes von Serauky dauerte diese Dopplung nur drei Jahre an. Insgesamt besaß Leipzig somit nach dem Zweiten Weltkrieg wiederum ein ausgezeichnet besetztes Institut mit großer intellektueller Spannweite – bis zum Jahre 1965, als Besseler in den Ruhestand trat.

Die Organisationsstruktur des Instituts änderte sich nach 1950. Im Zuge der Umstrukturierung der Musiklehrerausbildung wurde das Institut für Musikerziehung gegründet, wo seit 1952 Richard Petzoldt (1907–1974) als Professor für Musikgeschichte und Direktor agierte und nach der Vereinigung mit dem Institut für Musikwissenschaft 1956 stellvertretender Direktor der größeren Einrichtung wurde.[98] Als Musikjournalist und Administrator war Petzoldt in einschlägigen Einrichtungen Leipzigs tätig gewesen und entfaltete nun eine schier unüberschaubare Publikationstätigkeit zur Propagierung des klassischen Musikerbes.[99]

Rudolf Eller (1914–2001), zunächst die leitende Persönlichkeit, hatte neben Philosophie, Geschichte und Kunstgeschichte in Leipzig und Wien Musikwissenschaft und Komposition (Hermann Grabner) studiert. Er wurde 1947 mit einer Arbeit über *Die Konzertform J. S. Bachs* promoviert und erhielt daraufhin einen Lehrauftrag für Musikwissenschaft (1948 wissenschaftlicher Assistent, 1953 Dozentur). 1957 folgte die Habilitation (*Das Formprinzip des Vivaldischen Konzerts. Studien zur Geschichte des Instrumental-Konzerts und zum Stilwandel in der ersten Hälfte des 18. Jahrhunderts*), 1959 die Berufung an die Universität Rostock, wo er bereits seit 1952 die kommissarische Institutsleitung wahrnahm (1962 Professur, 1970 ordentlicher Professor).

Hellmuth Christian Wolff (1906–1988) wurde nach Studien in Berlin und Kiel (Promotion 1932, Habilitation 1942) 1947 als Dozent an die Universität Leipzig berufen, 1954 wurde er Professor mit Lehrauftrag, 1960 Professor mit vollem Lehrauftrag. Seit 1958 arbeitete er an der Felix-Mendelssohn-Gesamtausgabe mit, in der er die bisher unveröffentlichten Jugendsymphonien herausgab. 1958 gründete Wolff an der Universität Leipzig eine Abteilung für außereuropäische Musik. Seine durch Veröffentlichungen vielfach ausgewiesene Spezialisierung aber galt der Geschichte der Oper.

Walter Serauky (1903–1959) war Schüler Arnold Scherings und studierte von 1922 bis 1928 in Leipzig und Halle, dort habilitierte er sich 1932 mit einer großen Arbeit über die Musikgeschichte der Stadt Halle und wurde 1940 außerordentlicher Professor. Bereits im Kriege vertrat er (1943/44) übergangsweise den Lehrstuhl in Leipzig, auf den er dann 1949 berufen wurde. Halle blieb für seine Forschungen das Zentrum, indem er sich insbesondere auch den dort wirkenden Musikern zuwandte, insbesondere Händel, aber auch Samuel Scheidt (1587–1654), Daniel Gottlob Türk (1750–1813), Johann Friedrich Reichardt (1752–1814), Carl Loewe (1796–1869) und Robert Franz (1815–1892). In Leipzig kümmerte er sich verdienstvoll um den Wiederaufbau des Musikinstrumenten-Museums und setzte Kroyers Bemühungen um eine Verflechtung der Sammlung mit der Bach-Pflege fort.

Heinrich Besseler (1900–1969) darf gewiss als eine der spektakulären Persönlichkeiten der Musikwissenschaft des 20. Jahrhunderts bezeichnet werden.[100] Seine Ausnahmestellung im Fach, die er sich durch den Band *Die Musik des Mittelalters und der Renaissance* (1931–1934) im Handbuch der Musikwissenschaft erworben und mit seinen Arbeiten zu *Bourdon und Fauxbourdon* (1950) und über *Das musikalische Hören der Neuzeit* (1959) ausgebaut hat, wollte er mit allen Mitteln in eine entsprechende berufliche und gesellschaftliche Anerkennung umgesetzt sehen und verstrickte sich dabei in politische und kollegiale Intrigen. Als charismatischer Lehrer wurde er von seinen Schülern verehrt, das Problematische der Persönlichkeit zu Lebzeiten durch seine Ausstrahlung ganz ausgeblendet. Als Besseler nach Leipzig kam, brachte er einige Schüler aus Jena mit und gab dem Institut mit seinem Namen die Ausstrahlung, die Serauky nicht erreicht hatte. In gewisser Weise setzte Besseler eine Leipziger Tradition fort, indem er den Typus eines vom kulturdarwinistischen Fortschrittsglauben durchdrungenen ‚Herrenmenschen' verkörperte, wie es als Männlichkeitsideal seiner Zeit verbreitet und auch bei einigen seiner Vorgänger als gewichtigen Einzelpersönlichkeiten mit dem Anspruch auf wissenschaftliche Richtlinienkompetenz zu finden war. Dies beruht wiederum auf einem Musikverständnis, das bei Besseler nur gelegentlich in der Schlussapotheose einiger Beiträge aufscheint, aber in seiner Emphase unmissverständlich ist. Aus dem Werks Johann Sebastian Bachs leuchtet ihm (1935) unvergänglich „das Urbild deutschen Künstlertums: ein Leben voll Kampf und Arbeit, das in rastlosem Dienst an dem ihm zuteil gewordenen Auftrag die höchste Meisterschaft erreicht und aus der Berührung mit dem Ewigen seine schöpferi-

---

98 Vgl. dazu Hans-Jürgen Feurich: *Geschichte der Musikpädagogik an der Universität Leipzig*, S. 367–376 im vorliegenden Band.

99 Werner Wolf: *Richard Petzoldt (1907–1974)*, in: Namhafte Hochschullehrer der Karl-Marx-Universität Leipzig 5, hrsg. v. G. Handel, A. Neubert, H. Piazza, G. Schwendler und D. Wittich, Leipzig 1984, S. 39–48.

100 Zur umfangreichen Diskussion um Besseler sei hier auf die Arbeiten von Thomas Schipperges verwiesen, insbesondere seine grundlegende Studie: Th. Schipperges: *Die Akte Heinrich Besseler* (wie Anm. 85).

sche Kraft nimmt."[101] Und den klassischen Werken Mozarts unterstellt er (1958), „daß der Wert dieser Schöpfungen nicht im Persönlich-Subjektiven liegt, sondern in der objektiven, für jedermann verbindlichen Ordnung."[102]

Die Faszination des Lehrers strahlte insbesondere auch auf seine Assistenten Eberhardt Klemm und Peter Gülke (*1934) sowie Hans Grüß aus. Während Gülke nur etwa zwei Jahre zur Zeit seiner Promotion 1958 am Leipziger Institut verweilte und dann in die musikalische Praxis abwanderte, scharten andere Mitarbeiter unabhängig von Besseler längerfristige Gesprächskreise um sich. Es begann mit Eller, dessen Vorbild Klemm und Grüß folgten. Klemm insbesondere setzte sich aktiv mit den Lehren der berühmten Leipziger Wissenschaftler Ernst Bloch (1885–1977) und Hans Mayer (1907–2001) auseinander. Obgleich oder vielleicht auch gerade weil er sich dabei auf marxistischer Grundlage mit Grundfragen des Sozialismus und den Ideen der Frankfurter Schule (Adorno, Habermas) beschäftigte, geriet er – nachdem Bloch 1955 den Nationalpreis erhalten und gleichsam als Staatsphilosoph der DDR gegolten hatte – in der zweiten Hälfte der 1950er Jahre in den tiefgreifenden Konflikt der Wissenschaftler mit dem politischen Kurs, den die SED eingeschlagen hatte. Bloch verließ Leipzig 1961, Mayer 1963. Ihre Sympathisanten, soweit sie nicht ebenfalls die DDR verließen, wie Uwe Johnson (1934–1984), sahen sich Repressalien des Regimes ausgesetzt, das über ein ganzes Repertoire subtiler bis brutaler Einschüchterungsmittel verfügte.[103] Die Zentren der musikwissenschaftlichen Gesprächskreise waren alle betroffen: Eller wurde bereits 1959 nach Rostock versetzt, wo er zwar ein Institut und eine Professur erhielt, aber keine Studierenden der Musikwissenschaft, erst spät einige Lehramtsstudierende zugewiesen bekam. Grüß konzentrierte sich zunehmend auf die historische Aufführungspraxis Alter Musik im Musikinstrumenten-Museum mit der von ihm gegründeten ‚Capella Fidicinia'. Der Professorentitel wurde ihm bis 1993 vorenthalten.[104] Klemm schließlich traf es am härtesten, zumal er sich jeglicher Konzessionen enthielt und seinen Standpunkt öffentlich mit aller Konsequenz vertrat. Nur der persönliche Einsatz von Besseler ermöglichte die jährliche Fortsetzung seines Assistentenvertrags, der – regelrecht – bereits nach zwei Jahren wegen des Fehlens der Dissertation hätte beendet werden müssen. Als Besseler 1965 in den Ruhestand trat, folgte Klemm der Zusage Ellers auf eine Stelle am Institut zu Rostock und stellte aufgrund der Aussichtslosigkeit keinen weiteren Verlängerungsantrag in Leipzig, musste aber in Rostock feststellen, dass dort keine Stelle für ihn zur Verfügung stand. Er wurde also nicht entlassen, sondern von der SED klassisch ausmanövriert. Bis 1985 lebte er als freischaffender Musikwissenschaftler dank großzügiger Aufträge von Freunden in Rundfunk und Verlagen weiter in Leipzig, dann wurde er auf persönliche Fürsprache Stephanie Eislers als Leiter des Hanns-Eisler-Archivs der Ost-Berliner Akademie der Künste eingestellt. Der entscheidende Stein des Anstoßes war Klemms Eintreten für die musikalische Avantgarde der Schönbergschule, worin er Adornos Philosophie der Neuen Musik folgte. Insbesondere war Hanns Eisler hier als Staatskomponist der DDR brisant, da seine Zwölftonkompositionen in der DDR verschwiegen werden sollten, Klemm aber gerade diesen ‚wunden Punkt' immer wieder thematisiert und zur Vorführung der offiziellen Parteilinie verwendet hat. Erst mit der Friedlichen Revolution 1989 erhielt Klemm – kurz vor seinem Tode – nachträglich die gebührende Anerkennung, er wurde Präsidiumsmitglied des Musikrates der DDR, Präsident der Gesellschaft für Musikwissenschaft und war durch kumulative Habilitation als Direktor des Leipziger Instituts vorgesehen. Mit seiner konzessionslosen Haltung und unerbittlichen Konsequenz schloss Klemm an das Selbstbewusstsein seines Lehrers Besseler an, intellektuell im Besitz der Wahrheit diese gegen alle Anfeindungen verteidigen zu müssen. Das System, dessen Legitimation vom Marxismus als wissenschaftlicher Weltanschauung abhing, verstand Klemms von der offiziellen Parteilinie abweichenden Forschungsergebnisse als existenzbedrohend und suchte seine Herrschaft durch gezielte Personalpolitik abzusichern. 1960 wurde Reinhard Szeskus (*1935) als Assistent ins Institut entsandt.[105]

1965–1993

Die Emeritierung Besselers 1965 nutzte die Parteileitung der SED zu einer vollständigen Neuausrichtung der Leipziger Musikwissenschaft. Walther Siegmund-Schultze, musikwissenschaftlicher Ordinarius der Nachbaruniversität Halle, wurde als Funktionär der SED die kommissarische Leitung (1965–1970) und Neuorganisation des Leip-

---

101 Heinrich Besseler: *Johann Sebastian Bach (1685–1750)*, in: Heinrich Besseler: Aufsätze zur Musikästhetik und Musikgeschichte, hrsg. v. Peter Gülke, Leipzig 1978, S. 420–441, hier 441.

102 Heinrich Besseler: *Mozart und die „Deutsche Klassik"*, in: Heinrich Besseler: Aufsätze zur Musikästhetik und Musikgeschichte, hrsg. v. Peter Gülke, Leipzig 1978, S. 442–454, hier 454.

103 Zu nennen ist hier vor allem der Pianist Manfred Reinelt (1932–1964), der sich das Leben nahm.

104 Universität Leipzig (Hrsg.): *Magister und Musicus. Hans Grüß zum Gedenken* (Redaktion Winfried Schrammek), Leipzig 2005; Winfried Schrammek: *Capella Fidicinia. Alte Musik in werkgerechter Interpretation*, in: Leipziger Blätter 10 (1987), S. 55–58.

105 Nur kurzfristig waren u. a. Jürgen Elsner, Axel Hesse und Gert Schönfelder am Institut tätig.

ziger Instituts übertragen. Auf Weisung der SED hatte er ein Disziplinarverfahren gegen einen der verbliebenen Altwissenschaftler einzuleiten, als Hellmuth Christian Wolff 1967 einen DDR-kritischen Artikel *Rohrstock und Zeigefinger* an die Redaktion der Ostberliner Wochenschrift *Der Sonntag* geschickt hatte, dessen Text Anregung zu systeminterner Reform und keinesfalls Umsturz beinhaltet. Wolff wurde fristlos entlassen und ein Jahr später von Siegmund-Schultze als wenig beanspruchter Mitarbeiter am Händel-Handbuch in Halle untergebracht. Durch diesen brutalen Akt willkürlicher Staatsmacht wurden die verbliebenen Wissenschaftler weiter eingeschüchtert und andere, zumindest linientreue Akteure konnten neu berufen werden. Sie waren alle Mitglieder der SED, wenn auch mehr oder weniger überzeugt, in Einzelfällen nur zum Zwecke der Einstellung eingetreten. Richard Petzoldt war als Parteimitglied nicht mit der Reorganisation beauftragt worden, weil er sich persönlich durch seine Loyalität den Kollegen gegenüber dafür als ungeeignet erwiesen hatte; 1967 erhielt er den Auftrag zur Leitung des Musikinstrumenten-Museums, dem damit mehr Eigenständigkeit zukam. Auf ihn folgte 1974 bis 1977 Helmut Zeraschi. Anschließend wurde eigens der Direktorenposten geschaffen, den Hubert Henkel 1977 bis 1988 und Winfried Schrammek 1989 bis 1995 bekleideten, auf sie folgte Eszter Fontana.

Der erste neue Mitarbeiter im Institut war 1966 Werner Wolf (*1925), der 1969 als Lehrkollektivleiter in die Leitungsposition einrückte und von 1970 bis 1980 als Dozent dem Fachbereich Musikwissenschaft und Musikerziehung vorstand. Anschließend wurde er mit der Vorbereitung des internationalen Kolloquiums zum 100. Todestag Richard Wagners beauftragt, die Fachgruppe Musikwissenschaft leitete er sodann 1985 bis 1990. Rastlos als Kritiker der Leipziger Volkszeitung tätig, galt sein besonderes Interesse stets dem Werk Richard Wagners.

Udo Klement (*1938) kam gleichzeitig mit Wolf 1966 an das Institut und wurde 1969 mit einer Arbeit über *Das Musiktheater Carl Orffs* promoviert. Nachdem er zunächst nur vertretungsweise lehren durfte, erhielt er 1976 nach der Habilitation (Promotion B: *Die Bedeutung des Dramaturgischen in der Orchestermusik der Deutschen Demokratischen Republik*) die Lehrbefähigung für das Fachgebiet Musikwissenschaft.[106] 1980 wurde er zum Professor ernannt.

Eberhard Lippold (*1938) war seit 1961 wissenschaftlicher Mitarbeiter der Universität Leipzig im Bereich Allgemeine Ästhetik; er wurde 1967 mit der Dissertation *Zur Frage der ästhetischen Inhalt-Form-Relationen in der Musik* promoviert. Ab 1975 war er Dozent am Institut und habilitierte sich 1978 (Promotion B: *Untersuchungen zum ästhetischen Gehalt instrumentaler Musik und zu seiner persönlichkeitsbildenden Wirkungspotenz*). 1983 wurde er zum ordentlichen Professor ernannt.[107]

Reinhard Szeskus, noch unter Besseler ins Institut eingetreten, wurde 1966 mit seiner Dissertation über *Die Finkensteiner Bewegung* wissenschaftlicher Oberassistent und habilitierte sich 1979 (Promotion B: *Die musikalische Thematik in den Choralkantaten Johann Sebastian Bachs. Quellen, Gestalt und Entwicklung*).[108] Bereits 1974 hatte er das Forschungskollektiv ‚Johann Sebastian Bach' an der Universität Leipzig gegründet, das sich systemnah, aber wissenschaftlich eigenständig mit humanistischer Bach-Forschung beschäftigte.[109] Bemerkenswert ist die internationale Resonanz, die seine Forschungen etwa auf der Wissenschaftlichen Konferenz zum III. Internationalen Bachfest der DDR in Leipzig 1977 gefunden haben.

Wie auch an anderen Musikwissenschaftlichen Instituten ist es in Leipzig[110] eine gute Tradition, als Lehrkräfte für Musiktheorie Komponisten zu beschäftigen. Zu nennen sind hier Fritz Geißler (1921–1984), Fred Lohse (1908 bis 1987), Hansgeorg Mühe (*1929), Herbert Schramowski (*1927), Karl Ottomar Treibmann (*1936) und Bernd Franke (*1959). Treibmann[111] gehörte mit zur ‚neuen Garde', er kam 1966. In den folgenden Jahren geschah

---

106 Seine Lehrtätigkeit in Leipzig erstreckte sich von Kursen in künstlerischer Praxis bis zu Themen wie Musikgeschichte im Überblick (18., frühes 19. und 20. Jahrhundert), Dramaturgie der klassischen Instrumentalmusik, Geschichte der Musikwissenschaft, Musikkritik (z. T. mit Werner Wolf gemeinsam), Sinfonische Entwicklung im 19. Jahrhundert, Kompositionstechniken des 20. Jahrhunderts, DDR-Musik (Hanns Eisler, Fritz Geißler, Karl Ottomar Treibmann, Friedrich Schenker), Carl Orff, Igor Strawinsky und Violinkonzerte der 1930er Jahre. Diese Themen umreißen auch seine Forschungsgebiete.

107 Seine Lehrtätigkeit in Leipzig bezog sich vor allem auf Teilgebiete in den Fächern Allgemeine Ästhetik, ästhetische Spezialprobleme der Musik und Geschichte der Ästhetik.

108 Seine Lehrtätigkeit in Leipzig umfasste Themen wie Musikgeschichte von den Anfängen bis 1750, Geschichte der Kantate, des Oratoriums und der Passion, Geschichte des deutschen Volksliedes, Europäisches Volkslied, Nationale Besonderheiten der Musik des 19. und 20. Jahrhunderts, Probleme der Bachforschung, Das Kantatenschaffen Johann Sebastian Bachs, Die Musik der vorbachischen Thomaskantoren, Die Sinfonien Johannes Brahms' sowie Russische und sowjetische Musikgeschichte.

109 Martin Petzoldt: *Zur Bachforschung an der Karl-Marx-Universität zu Leipzig seit 1974*, in: Musik und Musikwissenschaft in Leipzig, hrsg. v. Hartmut Grimm, Matthias Hansen, Klaus Mehner (Berliner Beiträge zur Musikwissenschaft, Beihefte zur Neuen Berlinischen Musikzeitung 9 [1994], Heft 3), S. 21–24.

110 Als Mitarbeiter des Instituts kamen später hinzu: Manfred Richter (1971–1993 Assistent), Jürgen Asmus (1977–1993 Assistent, 1980 Promotion), Christoph Sramek (1980–1992 Assistent, 1980 Dissertation, 1988 Dozent), Michael Märker (1982–1998 Assistent, 1984 Promotion, 1990 Habilitation, 1992 Dozent), Allmuth Behrendt (1989–1992 Assistentin, 1989 Promotion), Thomas Schinköth (1989–1997 Assistent, 1988 Promotion, 1992 Habilitation).

111 Ulrike Liedtke: *Karl Ottomar Treibmann. Klangwanderungen*, Altenburg 2004.

etwas sehr Merkwürdiges: Die Lehre der Zwölftontechnik als Kompositionsmittel, an der Klemm sich noch abgearbeitet hatte, war plötzlich kein Tabu mehr, Treibmann konnte sie ungestraft als eigenes Kapitel in sein Kompositionslehrbuch aufnehmen. In einer Studienanleitung für die Lehrveranstaltung „Einführung in Grundprobleme der marxistischen Musikwissenschaft und Musikgeschichte von den Anfängen bis zur Gegenwart" (siehe Anhang) taucht der Name Arnold Schönbergs auf. Vielleicht hing dies mit allgemeinen Lockerungen in der DDR zusammen,[112] vielleicht aber signalisiert es auch einen ähnlichen Bruch, wie ihn die Ernste Musik im gesellschaftlichen Konsens der Bundesrepublik Deutschland im Zusammenhang mit der Studentenbewegung durch ein skandalöses Beethoven-Jahr 1970 erleiden musste:[113] Die scheinbar wissenschaftlich verbürgte Verbindlichkeit der Ernsten Musik mit ihrer kunstreligiös überhöhten, staatstragenden Funktion, die der Musikwissenschaft als Deutungsinstanz eine so wichtige soziale Rolle garantierte, war vor ihrem massenweisen Missbrauch durch die totalitären Systeme des 20. Jahrhunderts zerbrochen und zog sich in begrenzte Liebhaberkreise zurück. Breitere Kreise zeigten sich zumal an der Problematik avantgardistischer Musik weiter wenig interessiert, damit war ihre gesellschaftliche und politische Brisanz vergangen.[114]

Nach der Friedlichen Revolution von 1989 hatte die Musikwissenschaft an der Universität Leipzig einen weiteren Umbruch zu bewältigen. Hans Joachim Köhler (*1936) leitete das Institut in den schwierigen Übergangsjahren.[115] 1993 waren die meisten der alten Lehrenden durch Frühberentung aus dem Dienst geschieden, der Neuaufbau begann mit dem Musikhistoriker Wilhelm Seidel (*1935) und dem Musiksystematiker Klaus Mehner (*1939).[116] Bei allen äußeren Wandlungen, bei aller umfassenden Forschung und Lehre des Instituts für Musikwissenschaft der Universität Leipzig stellt sich angesichts der hier akzentuierten Tradition die drängende Frage, ob es Aufgabe der Musikwissenschaft sein kann, die zweifellos gegebene kunstreligiöse Tradition bürgerlicher Musikanschauung, wie sie sich paradigmatisch in der Musikstadt Leipzig ausgebildet hat, wissenschaftlich zu überhöhen und damit einer legitimen Kunstauffassung den Anschein wissenschaftlicher Verbindlichkeit zu geben.

---

112 Christoph Sramek: *Zur Geschichte der Musik und Musikwissenschaft an der Universität Leipzig seit 1945. Musiktheorie und Komposition – zwei Seiten einer Medaille*, in: Musik und Musikwissenschaft in Leipzig, hrsg. v. Hartmut Grimm, Matthias Hansen, Klaus Mehner (Berliner Beiträge zur Musikwissenschaft, Beihefte zur Neuen Berlinischen Musikzeitung 9 [1994], Heft 3), S. 25–28, hier S. 26.

113 Helmut Loos: *Das Beethoven-Jahr 1970*, in: Beethoven 2. Studien und Interpretationen, hrsg. v. Mieczyslaw Tomaszewski und Magdalena Chrenkow, Kraków 2003, S. 161–169.

114 Vgl. dazu am Konservatorium: Burkhard Glaetzner, Reiner Kontressowitz (Hrsg.), *Gruppe Neue Musik „Hanns Eisler" 1970–1990. Spielhorizonte*, Leipzig 1990. Bernd Franke leitete die Gruppe ‚Junge Musik' an der Universität.

115 Constanze Rora: *Hans Joachim Köhler zum 70. Geburtstag*, in: Robert Schumann und die Öffentlichkeit. Hans Joachim Köhler zum 70. Geburtstag, hrsg. v. Helmut Loos, Leipzig 2007, S. X–XIII.

116 Seit seiner Habilitation 1998 war auch Lothar Schmidt (*1960) als Privatdozent, seit 2000 als Hochschuldozent bis 2003 am Institut tätig.

Anhang[117]

KARL-MARX-UNIVERSITÄT LEIPZIG
SEKTION KULTURWISSENSCHAFTEN UND GERMANISTIK
FACHBEREICH MUSIKWISSENSCHAFT UND MUSIKINSTRUMENTENMUSEUM

Studienanleitung für die Lehrveranstaltung

Einführung in Grundprobleme der marxistischen Musikwissenschaft und Musikgeschichte von den Anfängen bis zur Gegenwart

1. Teil: Einführung in Grundprobleme der marxistischen Musikwissenschaft – Überblick über die Entwicklung der Musik von der Urgesellschaft bis zur stagnierenden Feudalgesellschaft und den frühbürgerlichen Revolutionen (Dr. Reinhard Szeskus)

2. Teil: Die Musik der spätfeudalen Gesellschaft, der bürgerlichen Aufklärung und siegreicher bürgerlicher Revolutionen (1. und 2. Stoffkomplex: Dr. Reinhard Szeskus, 3. und 4. Stoffkomplex: Dr. Udo Klement)

3. Teil: Die Musik der ausgeprägten kapitalistischen Gesellschaft und der Vorbereitung der proletarischen Revolution (1. Stoffkomplex: Dr. Udo Klement, 2. bis 7. Stoffkomplex: Dr. Werner Wolf)

4. Teil: Die Musik im Zeitalter des Sozialismus (Dr. Werner Wolf)

1. Teil
Einführung in Grundprobleme der marxistischen Musikwissenschaft – Überblick über die Musikgeschichte von der Urgesellschaft bis zur stagnierenden Feudalgesellschaft und den frühbürgerlichen Revolutionen

I. Stoffkomplex (12 Stunden)
Einführung in Grundprobleme der marxistischen Musikwissenschaft und in die musikwissenschaftliche Arbeitsweise

1. Thema (2 Stunden): Überblick über den Gesamtbereich der Musik und Musikwissenschaft als gesellschaftlich determinierte Kunst und Wissenschaft

1. Eingliederung der Musik in das Gesellschaftsgefüge und Kunstschaffen
2. Das Ineinandergreifen von Musik und Musikwissenschaft in der Kulturpolitik unseres Staates
3. Die Teilbereiche der Musikwissenschaft
3.1. Kritische Auseinandersetzung mit bürgerlichen Systematisierungsversuchen
3.2. Die Einheit von historischer und systematischer Betrachtung in der marxistischen Musikwissenschaft
4. Die Teilbereiche des Musikprozesses: Komposition, Interpretation, Rezeption
5. Die Rolle der Massenkommunikationsmittel

Schwerpunkte für das Selbststudium:
– Was kennzeichnet die Musik als eine gesellschaftliche Kunst? (Dabei ist von E. H. Meyers Definition der Musik auszugehen, siehe Pflichtliteratur)
– Welche Rolle spielen die in der Natur vorgebildeten Materialien und Strukturen in den Künsten, insbesondere in der Musik?
– Welche Aufgaben kommen der Musikwissenschaft in der sozialistischen Gesellschaft zu, im Unterschied zu ihrer Rolle in der bürgerlichen Gesellschaft?
– Was verstehen Sie unter Einheit von historischer und systematischer Betrachtungsweise in der marxistischen Musikwissenschaft?
– Erläutern Sie das Verhältnis von Interpretation und Rezeption. Nennen Sie einige Faktoren, die die Rezeption beeinflussen.

Pflichtliteratur:
– Seeger: Musik
– Ernst H. Meyer: Musik im Zeitgeschehen, Berlin 1950, S. 10

2. Thema (4 Stunden): Die Epochengliederung der Musikgeschichte

1. Kritische Wertung der von der bürgerlichen Musikwissenschaft eingeführten Stilepochen (Renaissance, Barock, Klassik, Romantik, Moderne) und Nachweis ihrer Unzulänglichkeit
1.1. Die starke Konfrontation der Stilrichtungen und die damit verbundene Vereinfachung der Betrachtungsweise
1.2. Die Lostrennung von der gesellschaftlichen Grundlage
1.3. Die Nichtbeachtung der wechselseitigen Beziehungen der Künste im gesellschaftlichen Zusammenhang und die vermeintlich autonome Kunstentwicklung
1.4. Ein Teil wird für das Ganze genommen (barock, romantisch)
2. Die Epochengliederung des neuen Studienprogramms im engen Zusammenhang mit der gesellschaftlichen Entwicklung
2.1. Die Musik der Urgesellschaft
2.2. Die Musik der antiken Sklavenhaltergesellschaft
2.3. Die Musik der frühen Feudalgesellschaft bis zum Jahre 1000
2.4. Die Musik der ausgeprägten Feudalgesellschaft und der europäischen Städtegründungen (1000–1325)
2.5. Die Musik der stagnierenden Feudalgesellschaft und der frühbürgerlichen Revolutionen (1325–1600)
2.6. Die Musik der späten Feudalgesellschaft, der bürgerlichen Aufklärung und der siegreichen bürgerlichen Revolutionen (1600–1815)
   1. Die Periode des sich herausbildenden Absolutismus und der frühen Aufklärung (1600–1710)
   2. Die Periode der europäischen Aufklärung und entscheidender Klassenschlachten (1710–1815)
2.7. Die Musik der ausgeprägten kapitalistischen Gesellschaft und der Vorbereitung der proletarischen Revolution (1815–1917)
2.8. Die Musik im Zeitalter des Sozialismus (seit 1917)

Schwerpunkte für das Selbststudium:
– In welchem Verhältnis stehen gesellschaftliche und Kunstentwicklung? – Welche Auffassungen vertraten Hegel, Marx, Forkel und Ambros?
– Was ist kritikwürdig an der bürgerlichen Epochengliederung?
– Begründung der gesellschaftlichen Gebundenheit eines in der Vorlesung behandelten Komponisten

Beispielwerke:
– Ausschnitte aus Werken von Leonin, Porotin, der Sommerkanon, Heinrich Isaac, Claudio Monteverdi, Heinrich Schütz, Johann Sebastian Bach, Georg Friedrich Händel, Ludwig van Beethoven, Franz Schubert, Felix Mendelssohn Bartholdy, Richard Wagner, Johannes Brahms, Bedřich Smetana, Gustav Mahler, Arnold Schönberg, Kurt Weill, Hanns Eisler, Dmitri Schostakowitsch

Pflichtliteratur:
– Knepler 1: Vom Mittelalter zur Neuzeit, S. 13–17
– ders.: Das Jahrhundert der Romantik, S. 489–517
– Walther Siegmund-Schultze: Epochenbegriffe der Musik des 18. Jh., in Händel-Jahrbuch 1971, S. 7–23

---

117 Auszüge aus einer Studienanleitung unbekannter Datierung aus dem Besitz von Christine Korff, der für die Überlassung herzlich gedankt sei. Im Original umfasst der Lehrplan für die ersten drei Teile insgesamt 58 Seiten, der vierte Teil („Die Musik im Zeitalter des Sozialismus") fehlt. Der erste Stoffkomplex des ersten Teils, 12 Stunden umfassend, wird hier ungekürzt wiedergegeben, vom Rest des Dokumentes werden jeweils nur die Teilüberschriften zitiert. (Die Ausarbeitungen zu den einzelnen Stoffkomplexen und Themen setzen sich in der Studienanleitung mit der gleichen Detailliertheit fort.) Die Grobgliederung und die Stoßrichtung vieler Fragestellungen zeigt den zeittypischen Einschlag der ‚marxistischen Musikwissenschaft' (vgl. z. B. die Epochengliederung im Sinne der DDR-Geschichtsschreibung, die Vermittlung der Theorie des Sozialistischen Realismus in der Musik). Andererseits werden musikwissenschaftliche Grundkenntnisse vermittelt, die auch heute noch Gegenstand einer typischen Einführungsveranstaltung sind (z. B. Vorstellung grundlegender Recherchemethoden, Geschichte einzelner Gattungen und nationaler Musiktraditionen).

3. Thema (4 Stunden): Einführung in die musikwissenschaftliche Arbeitsweise

1. Einführung in die wissenschaftliche Arbeitweise anhand der Broschüre „Rationell studieren"
2. Einführung in die musikwissenschaftliche Arbeitsweise
2.1. Wichtige musikgeschichtliche und musikbiographische Werke:
Charles Burney: A General History of Music, 4 Bände, London 1776–89, als Beispiel für englische, italienische und französische Darstellungen des 18. Jahrhunderts
Johann Nicolaus Forkel: Allgemeine Geschichte der Musik, 2 Bände, Leipzig 1788 und 1801
August Wilhelm Ambros: Geschichte der Musik, 3 Bände, Breslau 1862–68, Band 4 unvollendet, Leipzig 1878
François-Joseph Fétis: Historie Générale de la Musique, 5 Bände, Paris 1869–76
Hugo Riemann: Handbuch der Musikgeschichte, 2 Bände (Band 2 in 3 Teilen), Leipzig 1904–13
Guido Adler: Handbuch der Musikgeschichte, 1 Band, Berlin 1924, 2. Aufl. in 2 Bänden, Berlin 1929
Ernst Bücken: Handbuch der Musikwissenschaft, 10 Bände, Potsdam 1931 ff.
Georg Knepler: Musikgeschichte des XIX. Jahrhunderts, 2 Bände, Berlin 1961
Johann Nicolaus Forkel: Über Johann Sebastian Bachs Leben, Kunst und Kunstwerke, Leipzig 1802, Neuaufl. DVfM
Philipp Spitta: Johann Sebastian Bach, 2 Bände (in 4 Teilbänden), Leipzig 1873–80
Albert Schweitzer: Johann Sebastian Bach, Leipzig 1908 uf.
Friedrich Chrysander: Georg Friedrich Händel, 3 Bände (unvollendet), Leipzig 1858–67
Carl Ferdinand Pohl: Joseph Haydn, 2 Bände, Leipzig 1878–82
Otto Jahn: Wolfgang Amadeus Mozart, 4 Teile, Leipzig 1856–9; Neufassung von Hermann Abert, 2 Bände, Leipzig 1919–21 uf.
Alexander Wheelock Thayer: Ludwig van Beethovens Leben, 5 Bände, deutsch 1866–1908 von Hermann Doitors und Hugo Riemann
2.2. Methoden und Formen der musikalischen Analyse (gesellschaftlicher, inhaltlicher, motivisch-thematischer und formenkundlicher Aspekt)
2.3. Aufbau einer Partitur (knapper historischer Abriss, die Partitur des 18., 19. und 20. Jh.)
2.4. Transponierende Instrumente

Schwerpunkte für das Selbststudium:
– Stellen Sie mindestens 10 Titel zum Thema „J. S. Bach als Lehrer" zusammen. Benutzen Sie dazu die Musikenzyklopädie „Musik in Geschichte und Gegenwart" (MGG), das Riemann-Musiklexikon, die Kartei der Musikbibliothek Leipzig und die Bücherei des Fachbereichs
– Konspektieren Sie aus Johann Nicolaus Forkels „Johann Sebastian Bachs Leben, Kunst und Kunstwerke" das Kapitel „Bach als Lehrer", S. 53–61

Beispielwerke:
– Lauten- und Orgeltabulaturen
– Samuel Scheidt: Tabulature nova
– Joh. Seb. Bach: Brandenburgisches Konzert Nr. 1
– Ludwig van Beethoven: Sinfonie Nr. 5
– Fritz Geißler: „Schöpfer Mensch"

Pflichtliteratur:
– Johann Nicolaus Forkel: Über Johann Sebastian Bachs Leben, Kunst und Kunstwerke, Leipzig 1802, Neudruck DVfM
– Seeger: Artikel Partitur
– Riemann: Artikel Partitur

4. Thema (2 Stunden): Überblick über Nachschlagewerke und Denkmälerausgaben – Der Stand der marxistischen Musikforschung in der DDR

1. Nachschlagwerke
1.1. Wichtige historische Lexika:
Johann Gottfried Walther: Musicalisches Lexikon, 1732
Johann Mattheson: Grundlage einer Ehrenpforte, 1740
Ernst Ludwig Gerber: Tonkünstler Lexikon, 2 Bände, 1790 und 1792
Gustav Schilling: Encyklopädie der gesamten musikalischen Wissenschaften oder Universallexikon der Tonkunst, 6 Bände, 1835–8, Ergänzungsband 1841–2
Hermann Mendel/August Reißmann: Musikalisches Conversations-Lexikon, 11 Bände und 1 Ergänzungsband, 1870–83
1.2. Wichtige Lexika der Gegenwart:
Friedrich Blume: Die Musik in Geschichte und Gegenwart, 14 Bände, 1949–68, Ergänzungsband 1 A–D 1973
Hermann [sic!] Riemann: Musiklexikon, 1. Auflage 1882 (1 Band), 12. Auflage 2 Bände, Personenteil 1959–61, 1 Band Sachteil 1967, 2 Ergänzungsbände Personenteil 1972–
Horst Seeger: Musiklexikon, 2 Bände 1966
1.3. Andere Nachschlagewerke:
Konzertbuch, herausgegeb. von Karl Schönewolf, 2 Bände, 1958–60, 2. Auflage 1965
Konzertbuch, herausgegeb. von Hansjürgen Schaefer, Orchestermusik, 3 Bände 1973–74
Peter Czerny: Opernbuch
Ernst Krause: Oper A–Z
Otto Schneidereit: Operettenbuch
ders.: Operette A–Z
Eberhard Rebling: Ballett A–Z
2. Denkmäler der Tonkunst und Gesamtausgaben
2.1. Denkmäler Deutscher Tonkunst (DDT)
Denkmäler der Tonkunst in Österreich (DTÖ)
Denkmäler der Tonkunst in Bayern (DTB)
Das Erbe Deutscher Musik (EDM; Reichsdenkmale, Landschaftsdenkmale)
2.2. Gesamtausgaben:
Johann Sebastian Bachs Werke: 47 Bände, 1851–99
Neue Bach-Gesamtausgabe: seit 1950
Georg Friedrich Händels Werke: 93 Bände, 1858–1903
Hallesche Händelausgabe: seit 1955
Wolfgang Amadeus Mozarts Werke: 69 Bände, 1876–1905
Neue Mozart-Ausgabe: seit 1955
Ludwig van Beethovens Werke: 24 Serien, 1862–5
Neue Beethoven-Ausgabe: seit 1964
Heinrich Schütz' Werke: 16 Bände 1885–94, 2 Ergänzungsbände 1909/27
Neue Schütz-Ausgabe: seit 1955
3. Die Marxistische Musikforschung in der DDR, dargestellt an der Bach-, Händel-, Telemann- und Mendelssohn-Forschung

Schwerpunkte für das Selbststudium:
– Verschaffen Sie sich ein Bild über die genannten Nachschlagewerke und konspektieren Sie die Artikel über Bach in zwei historischen und zwei Gegenwartslexika
– Verschaffen Sie sich ein Bild von den genannten Denkmälern und Gesamtausgaben und stellen Sie die Gliederung der alten und der neuen Bach-Gesamtausgabe dar
– Geben Sie einen kurzen Abriss zu Problemen der Bachforschung

Pflichtliteratur:
– Riemann: Artikel Lexika und Denkmäler (Abschnitt Deutschland)
– Seeger: Artikel Gesamtausgaben
– Walther Siegmund-Schultze: Unser neues Bach-Bild, in Wissenschaftliche Zeitschrift der Karl-Marx-Universität, Gesellschafts- und sprachwissenschaftliche Reihe, 18. Jg., Heft 4
– ders.: Die Händel-Ehrung der Deutschen Demokratischen Republik, in Händel-Jahrbuch 1960, S. 19–29

Zusatzliteratur:
– Johann Nicolaus Forkel: Über Johann Sebastian Bachs Leben, Kunst und Kunstwerke, Leipzig 1802, Neudruck DVfM

II. Stoffkomplex (6 Stunden)
Grundfragen der marxistischen Erbe-Rezeption und des sozialistischen Realismus

1. Thema (2 Stunden): Grundprobleme der marxistischen Erberezeption, dargestellt am Beispiel der Händel-Pflege in der DDR [...]
2. Thema (2 Stunden): Aspekte des sozialistischen Realismus in der Musik, dargestellt am Beispiel der Deutschen Sinfonie Hanns Eislers [...]
3. Thema (2 Stunden): Parteilichkeit und Volksverbundenheit im Schaffen Dmitri Schostakowitschs, dargestellt am Beispiel der 11. und 12. Sinfonie [...]

III. Stoffkomplex (12 Stunden)
Überblick über die Entwicklung der Musik von der Urgesellschaft bis zur stagnierenden Feudalgesellschaft und den frühbürgerlichen Revolutionen

1. Thema (2 Stunden): Die Musik der Urgesellschaft und des Überganges zur antiken Sklavenhaltergesellschaft [...]
2. Thema (2 Stunden): Die Musik der antiken Sklavenhaltergesellschaft (unter besonderer Berücksichtigung von Ägypten, Griechenland und Rom) [...]
3. Thema (2 Stunden): Die Musik in der frühen Feudalgesellschaft (ab 500) bis zum Jahre 1000 (Darstellung der wichtigsten Züge in Europa) [...]
4. Thema (2 Stunden): Die Musik der ausgeprägten Feudalgesellschaft und der europäischen Städtegründungen (1000 bis 1325) [...]
5. Thema (4 Stunden): Die Musik der stagnierenden Feudalgesellschaft und der frühbürgerlichen Revolutionen (1325–1600) [...]

2. Teil
Die Musik der späten Feudalgesellschaft, der bürgerlichen Aufklärung und der siegreichen bürgerlichen Revolutionen (1600–1815)

I. Stoffkomplex (14 Stunden)
Die Periode des sich herausbildenden Absolutismus und der frühen Aufklärung (1600–1710) [...]

1. Thema (4 Stunden): Die Herausbildung neuer musikalischer Gattungen und die Entwicklung der Oper im 17. Jahrhundert [...]
2. Thema (4 Stunden): Geschichte des Oratoriums und der Kantate bis Händel [...]
3. Thema (2 Stunden): Die Entwicklung der Suite und der Sonate [...]
4. Thema (2 Stunden): Die Entwicklung des Instrumentalkonzerts [...]
5. Thema (2 Stunden): Die Zusammenfassung der deutschen Tradition und der neuen italienischen Geisteshaltung im Werk von Heinrich Schütz [...]

II. Stoffkomplex (12 Stunden)
Die Musik der Aufklärungsphase von 1710 bis 1740

1. Thema (2 Stunden): Die Einwirkung der Aufklärung auf die Musik des 18. Jahrhunderts [...]
2. Thema (4 Stunden): Johann Sebastian Bach (1685–1750) [...]
3. Thema (2 Stunden): Georg Friedrich Händel (1685–1759) [...]
4. Thema (2 Stunden): Georg Philipp Telemann (1681–1767) [...]
5. Thema (2 Stunden): Die europäischen Zeitgenossen Bachs, Händels und Telemanns [...]

III. Stoffkomplex (8 Stunden)
Die Musik der Aufklärungsphase von 1740 bis 1770

1. Thema (2 Stunden): Die Musik am Berliner Hof [...]
2. Thema (2 Stunden): Die Entwicklung des Liedes [...]
3. Thema (2 Stunden): Die Entwicklung des bürgerlichen Musiktheaters [...]
4. Thema (2 Stunden): Die Mannheimer Hofkapelle und ihre Komponisten – ihre Bedeutung für die Entwicklung der Sinfonie und des Solokonzerts [...]

IV. Stoffkomplex (12 Stunden)
Die Musik der Klassik und der Französischen Revolution (1770–1815)

1. Thema (2 Stunden): Joseph Haydn (1732–1809) [...]
2. Thema (4 Stunden): Wolfgang Amadeus Mozart (1756–1791) [...]
3. Thema (2 Stunden): Musik der Französischen Revolution [...]
4. Thema (4 Stunden): Ludwig van Beethoven (1770–1827) [...]

3. Teil
Die Musik der ausgeprägten kapitalistischen Gesellschaft und der Vorbereitung der proletarischen Revolution (1815–1917) [...]

I. Stoffkomplex (10 Stunden)
Die Entwicklung der Musik in Deutschland und Österreich zwischen 1815 und 1848

1. Thema (2 Stunden): Romantik und Realismus in der deutschen Oper [...]
2. Thema (4 Stunden): Franz Schubert (1797–1828) [...]
3. Thema (2 Stunden): Felix Mendelssohn Bartholdy (1809–1847) [...]
4. Thema (2 Stunden): Robert Schumann (1810–1856) [...]

[Sechs Seiten fehlen in der Quelle.]

III. Stoffkomplex
Die Entwicklung der Musik in Frankreich und in Italien zwischen 1815 und 1918 – Die Erneuerung der spanischen und englischen Musik im 19. und frühen 20. Jahrhundert

1. Thema: Die Musik in Frankreich zwischen 1815 und 1848 [...]
2. Thema: Die Musik in Frankreich zwischen 1848 und 1890 [...]
3. Thema: Die Entwicklung der französischen Musik zwischen 1890 und 1918 [...]
4. Thema: Die italienische Oper zwischen 1815 und 1890 [...]
5. Thema: Die Entwicklung der italienischen Oper zwischen 1890 und 1918 [...]
6. Thema: Die Erneuerung der spanischen und englischen Musik im ausgehenden 19. und frühen 20. Jahrhundert [...]

IV. Stoffkomplex
Die Entwicklung der nationalen Musik in Polen, Ungarn, Böhmen und Mähren und in den Ländern Nordeuropas

1. Thema: Die Entwicklung der polnischen Musik im 19. und frühen 20. Jahrhundert [...]
2. Thema: Die Entwicklung der ungarischen Musik im 19. und frühen 20. Jahrhundert [...]
3. Thema: Die Entwicklung der tschechischen Musik durch Bedřich Smetana und Antonín Dvořák [...]
4. Thema: Die Entwicklung der tschechischen Musik zwischen 1890 und 1918 [...]
5. Thema: Die Entwicklung nationaler Musikkulturen in Nordeuropa [...]

V. Stoffkomplex
Die Entwicklung der russischen Musik bis zum Jahre 1917

1. Thema: Die Entwicklung der russischen Musik bis zu Michail Glinka [...]
2. Thema: „Das mächtige Häuflein" [...]
3. Thema: Peter Tschaikowski (1840–1893) [...]
4. Thema: Die russische Musik zwischen 1890 und 1917 [...]

[Hier endet die Quelle.]

Zur Geschichte des Museums für Musikinstrumente der Universität Leipzig
Eszter Fontana

Die Geschichte der Leipziger Sammlung ist in ihren Anfängen eng mit dem Wirken eines seit 1879 in Leipzig lebenden Holländers, Paul Marie Guillaume Joseph de Wit (1852–1925), verbunden. Er genoss als Sohn wohlhabender Eltern in Maastricht eine gute, auch musikalisch fundierte Ausbildung. Eigentlich sollte de Wit die kaufmännische Laufbahn einschlagen, daher übernahm er zunächst die Leitung einer Weinhandlung in Aachen. Sieben Jahre später, am 18. Juli 1879, begann für ihn ein neuer Lebensabschnitt: An diesem Tag traf er in Leipzig ein, um als „Redakteur einer musikalischen Zeitung",[1] de facto als Volontär[2] bei dem Musikverleger Christian Friedrich Kahnt,[3] tätig zu werden und sich gänzlich seiner Leidenschaft für Musik und für historische Musikinstrumente zu widmen.[4] Interessiert beobachtete de Wit zudem die Entwicklung des Instrumentenbaus und -handels; ein Gewerbe, das gerade in dieser Zeit im sächsisch-böhmischen Raum eine außerordentliche Blütezeit erlebte. Er entdeckte für sich sehr bald ein besonderes Betätigungsfeld und gründete gemeinsam mit Oskar Laffert die *Zeitschrift für Instrumentenbau*, deren erste Nummer am 1. Oktober 1880 erschien und zum wichtigsten Fachorgan für Musikinstrumentenfabrikanten und -händler wurde. Ebenso große Bedeutung erlangte das *Weltadressbuch der Musikinstrumenten-Industrie*, dessen erster Band im Jahre 1883 und dessen zehnte, wesentlich erweiterte und aktualisierte Auflage 1926 in zwei Bänden in den Handel kamen. Seine Liebe zur Musik und seine Leidenschaft für historische Musikinstrumente wurden zu de Wits Lebensinhalt. Von entscheidender Bedeutung sollte ein außergewöhnliches Geschenk von einem Orgelbauer aus Ohlau bei Breslau werden: Für einen Freundschaftsdienst erhielt er kurz nach 1880 ein von Jacob Kirckman gebautes historisches Cembalo.[5] Dies soll den 30-jährigen Musikliebhaber angeregt haben, weitere alte, damals durchaus noch bezahlbare Instrumente zu sammeln. In seiner schnell wachsenden Kollektion empfing er bald auch Besucher. Am Thomaskirchhof 16, dem so genannten Bosehaus, welches gleichzeitig als Verlagshaus diente,[6] wurde 1886 das ‚Museum alterthümlicher Musikinstrumente' eingerichtet.

„Die durchaus eigenartige Sammlung alterthümlicher Musikinstrumente des Herrn Paul de Wit steht deshalb ohne Rivalin da, weil ähnliche Museen zu Brüssel, Paris, Petersburg und London, ja selbst die Sammlung Kraus zu Florenz und das germanische Museum weder eine so reiche Anzahl von Instrumenten besitzen noch dieselben dort so wohlerhalten und durchweg spielbar sind."[7]

Zeitlebens bewies de Wit kaufmännisches Geschick, doch bedurfte es langer Verhandlungen und der finanziellen

---

1 Stadtarchiv Leipzig (D-LEsa): Polizeiamt der Stadt Leipzig, Nr. 248, S. 118. Angabe nach Hubert Henkel: *Das Musikhistorische Museum von Paul de Wit*, in: Das Bosehaus am Thomaskirchhof. Eine Leipziger Kulturgeschichte, hrsg. v. Armin Schneiderheinze, Leipzig 1989, S. 175–201, hier Anm. 3, S. 201.
2 Dagmar Droysen-Reber: *100 Jahre Berliner Musikinstrumenten-Museum 1888–1988*, in: 100 Jahre Berliner Musikinstrumenten-Museum 1888–1988, Berlin 1988, S. 33–46, hier S. 35.
3 1851 gründete Christian Friedrich Kahnt den Musikalienverlag C. F. Kahnt. Dieser widmete sich der Herausgabe zeitgenössischer Musik wie auch musiktheoretischer Schriften. Seine besondere Bedeutung erhielt das Unternehmen durch die Übernahme der von Robert Schumann 1834 gegründeten *Neuen Zeitschrift für Musik*. Bis 1886 verblieb der Verlag in Familienhand.
4 Paul de Wits Leben wurde in verschiedenen Publikationen des Museums ausführlich dargestellt. Wir verweisen auf zwei Schriften von Hubert Henkel: 1. *Das Musikhistorische Museum von Paul de Wit* (wie Anm. 1); 2. *Zum 50. Todestag von Paul de Wit*, in: Schriftenreihe des Musikinstrumenten-Museums der Karl-Marx-Universität, Heft 1: *Jahresbericht 1975*, Leipzig 1976, S. 7–12. Siehe auch den Nachruf: Paul Daehne: *Paul de Wit's Leben und Wirken*, in: Zeitschrift für Instrumentenbau 46 (1925/1926), S. 321–324.
5 Wahrscheinlich das Cembalo aus dem Jahre 1761, das nach Berlin gekommen ist (Staatliches Institut für Musikforschung Preußischer Kulturbesitz, Musikinstrumenten-Museum, Inv.-Nr. 6).
6 Benannt nach einem ehemaligen Eigentümer, Georg Heinrich Bose (1682–1731), heute Sitz der Stiftung Bach-Archiv mit einer Bachgedenkstätte.
7 Paul Simon: *Das Museum altertümlicher Musikinstrumente des Herrn Paul de Wit zu Leipzig*, in: Neue Zeitschrift für Musik 45 (1887), Bd. 83, S. 159 f. und 172.

Paul de Wit's Colossalgruppe:
"Allegorie der Tonkunst"
auf der
Internationalen Ausstellung für Musik und Theaterwesen in Wien 1892.

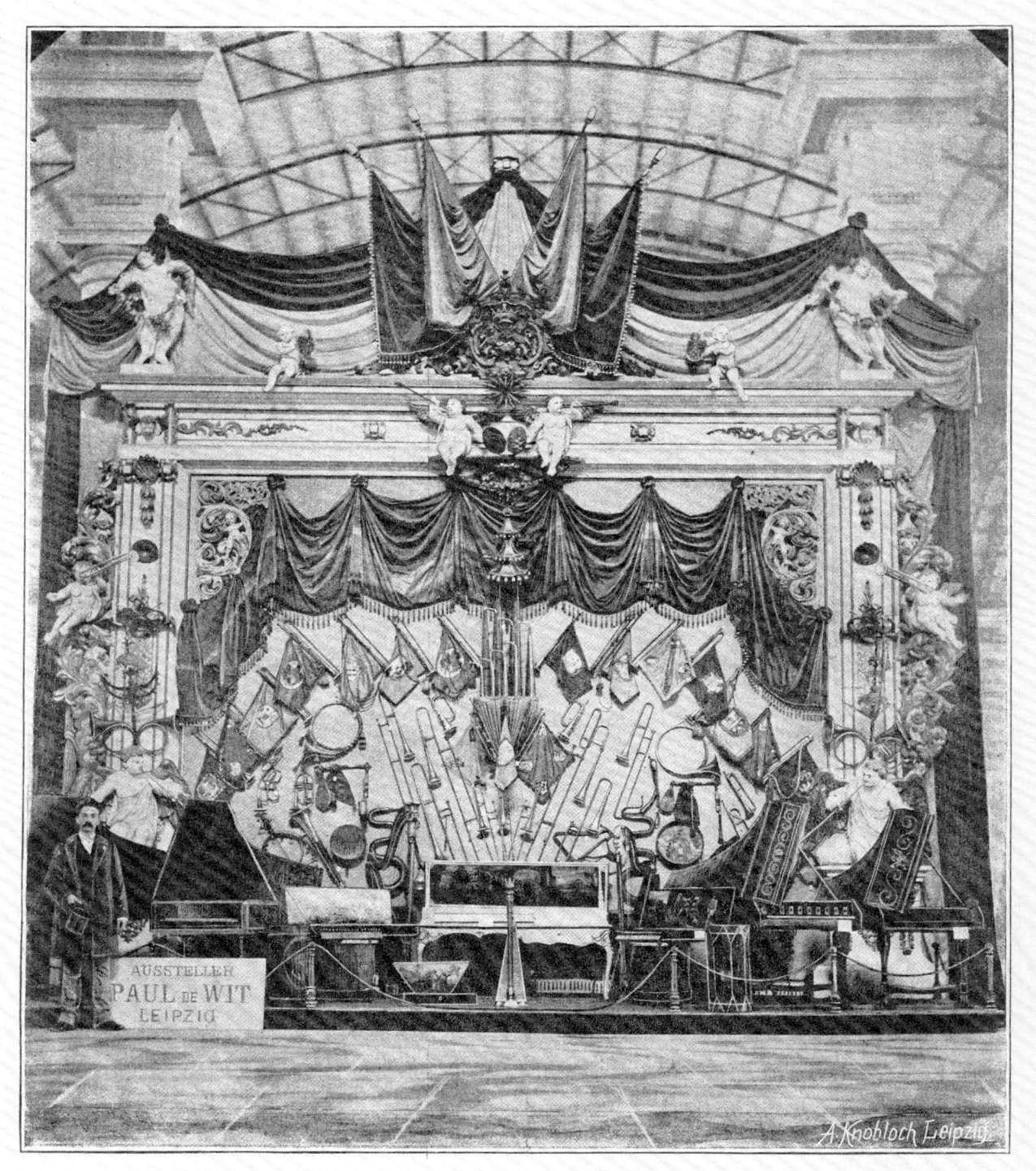

Photogr. Aufnahme von Anton Brand in Wien, Währingerstr. 5 u. 7.
Beilage zu No. 25 (Jahrg. 12) der "Zeitschrift für Instrumentenbau".

Unterstützung des preußischen Königshauses, um seine Zustimmung zum Verkauf von 240 Instrumenten im Jahr 1888 und weiterer 282 im Jahr 1890 an die Königliche Hochschule für Musik in Berlin zu erringen. Obwohl er die wertvollsten Stücke behalten hat,[8] führte die Veräußerung des „für Cultur- und Musikgeschichte so hoch interessante[n] und belehrende[n] Museum[s] alterthümlicher Musikinstrumente" zu großer Empörung in Leipzig.[9] Doch mit Akribie sammelte de Wit weiter. Er unternahm ausgedehnte Reisen nach Italien, den Niederlanden, Österreich, Frankreich und natürlich innerhalb Deutschlands. Durch seine Zeitschrift bekannt geworden, erhielt er – wie 1925 im Nachruf dargestellt – „Angebote aus Kirchen und Palästen, aus Klöstern und Werkstätten […]. In verstaubten Magazinen, in Böden und Rumpelkammern wurden Schätze, oft in höchst fragwürdiger Fassung, aufgestöbert".[10] „Die Sammlung umfasst zur Zeit circa 250 Instrumente, deren Zahl täglich noch zunimmt."[11] Er erwarb nicht nur Musikinstrumente, sondern auch Notenhandschriften, Briefe, Grafiken von Komponisten, Gemälde mit Darstellungen von Musizierenden sowie Gegenstände wie Metronome und Reliquien, welche umfassend die Musikgeschichte und Instrumentenbaukunst repräsentieren sollten.

„Nicht als totes Material schätzte de Wit seine Sammlung ein sondern vor allem grub er verschollene einschlägige Literatur aus, studierte Erfindungsversuche alter Meister, veröffentlichte eine Zusammenstellung von ‚Geigenzetteln', Signaturen berühmter Geigenbauer des sechzehnten bis zur Mitte des Neunzehnten Jahrhunderts.[12] Dazu kommt das Wichtigste: er bemühte sich in seiner neugegründeten Reparaturwerkstatt, die historischen Instrumente wieder spielbar zu machen!"[13] Auf der Wiener Musik- und Theaterausstellung 1892 präsentierte sich Paul de Wit mit einem gigantischen, aus über 100 Blasinstrumenten, Fahnen sowie von alten Orgeln abgebautem Schnitzwerk bestehenden Bildwerk von 10 Meter Höhe und 8,5 Meter Breite. Im Vordergrund der ‚Allegorie der Tonkunst' waren dekorativ ausgestattete Cembali, Clavichorde, Pauken und Harfen aufgestellt, um Prunk und Reichtum der Sammlung zu belegen.[14] Für die Anordnung und den Aufbau engagierte de Wit den Leipziger Architekten Hans Friedel und den Zimmermeister Willy von Zimmermann und ließ die Ausstellung über die ganze Zeit hinweg, vom 7. Mai bis 9. Oktober, von seinem Famulus Hermann Seyffarth betreuen. Anlässlich des Ereignisses ließ de Wit einen Pracht-Bildband, die erste ausführliche Publikation über seine Kollektion, „in feiner Plüschmappe mit Messingbeschlägen"[15] mit 200 farbigen[16] Abbildungen von Musikinstrumenten sowie mit deutsch-, französisch- und englischsprachigen Erläuterungen herstellen.[17]

Diese in Wien gezeigte Zusammenstellung sollte nunmehr ständig dem interessierten Publikum offen stehen. So wurde die Instrumentensammlung in neuer Anordnung im zweiten Stock des Verlagshauses am Leipziger Thomaskirchhof am 7. März 1893 für die Öffentlichkeit zugänglich gemacht. Damals nahm auch König Albert von Sachsen das Museum in Augenschein und besuchte ein historisches Konzert.

Im Vorwort der *Perlen aus der Instrumentensammlung von Paul de Wit in Leipzig* stellte der Autor sein Anliegen deutlich dar:

„Der Sammeleifer […] ist gewiss mehr als blosser Zeitvertreib, und besonders dann nicht zu unterschätzen, wenn dadurch nach dieser oder jener Richtung unsere Kenntnis erweitert und Licht in früher noch nicht genügend aufgeklärte Materien gebracht wird. […] Die Entwicklungsgeschichte der Musikinstrumente steht mit der Geschichte der Musik in innigem Zusammenhange, und doch ist sie in der Literatur bisher nur sehr stiefmütterlich behandelt worden."[18]

---

8   Jene in einem Inserat im Jahre 1890 erwähnten Instrumente sind auch zu sehen in: Paul de Wit: *Perlen aus der Instrumenten-Sammlung von Paul de Wit in Leipzig*, Leipzig 1892. Für das Inserat siehe Anm. 11.

9   *Neue Zeitschrift für Musik* 46 (1888), Bd. 84, S. 82 (Eintrag ohne Angabe von Autor und Titel unter der Rubrik ‚Vermischtes').

10 P. Daehne: *Paul de Wit's Leben* (wie Anm. 4), S. 323.

11 Paul de Wit: *Weltadressbuch der gesammten Musikinstrumenten-Industrie*, Leipzig 1890, S. 41 (im Hauptteil des Buches, nicht in den ebenfalls durchnummerierten Inseratseiten am Beginn).

12 Paul de Wit: *Geigenzettel alter Meister vom 16. bis zur Mitte des 19. Jahrhunderts*, Leipzig 1902. Hierzu erschien noch ein zweiter Band, Leipzig, 1910.

13 P. Daehne: *Paul de Wit's Leben* (wie Anm. 4), S. 323. Siehe auch Paul Daehne: *Nachruf auf Paul de Wit*, in: Leipziger Neueste Nachrichten, 11. Dezember 1925.

14 [o. A.]: *Internationale Musik- und Theater-Ausstellung 1982 in Wien*, in: Zeitschrift für Instrumentenbau 12 (1892), S. 51; R. W. Kurka: *Paul de Wit's Colossalgruppe „Allegorie der Tonkunst" auf der Internationalen Ausstellung für Musik und Theaterwesen in Wien 1882*, in: Zeitschrift für Instrumentenbau 12 (1892), S 438 f.; *Sammlung Paul de Wit* und *Raum XXVI. Kolossalgruppe Paul de Wit*, in: Internationale Ausstellung für Musik- und Theaterwesen, 1892. Fachkatalog. Deutschland und Österreich-Ungarn, Wien 1892, S. 142–148, 409–412.

15 Annonce in der *Zeitschrift für Instrumentenbau* 12 (1892), S. 618, 627. Die Prachtausgabe kostete 30 Mark, die Volksausgabe „in elegantem Einband" 8 Mark. Die Veröffentlichung erschien im Juni 1892.

16 Das neue, aufwändige Druckverfahren war die Chromolithographie. Da die Farben nachträglich auf die Druckplatten aufgetragen wurden, entsprechen sie nicht immer den wirklichen Farben der Instrumente.

17 P. de Wit: *Perlen aus der Instrumenten-Sammlung* (wie Anm. 8).

18 Ebenda, S. [1].

287

Die ausgestellten Instrumente wurden regelmäßig bei Führungen und auf Konzerten zum Klingen gebracht. Für diesen Zweck unternahm der Hausbesitzer bauliche Veränderungen; so wurden im zweiten Stock des Vordergebäudes im Bosehaus Zwischenwände entfernt, um einen für Kammerkonzerte geeigneten Saal zu gewinnen.[19] Paul de Wit selbst gab sehr erfolgreiche Konzerte. Zeitgenossen, wie der Gewandhausflötist Maximilian Schwedler rühmten sein „zauberhaft beseeltes Spiel"[20] auf dem Violoncello, später auch auf der Viola da gamba. Es war für ihn auch von Bedeutung, die alten Instrumente ständig in spielbarem Zustand zu halten. So übernahm bereits im Jahre 1884 Hermann Seyffarth[21] (1846–1933), seit 1882 Inhaber einer Klavier-Reparaturwerkstatt, die Pflege der Sammlung.[22] Zahlreiche Musikinstrumente – Tasteninstrumente, Lauten und Harfen – tragen seine mit Bleistift angebrachten Reparaturvermerke. Der Geigenbauer Christian Heinrich Siefert (1831–1889), „ein trefflicher Hersteller alter Geigen",[23] sowie sein Sohn Gustav Siefert (1856–1926), mit dem der Sammler gut befreundet war, betreuten die Streichinstrumente bis zum Verkauf der Kollektion im Jahre 1906 nach Köln.[24] Auch zu anderen Instrumentenbauern pflegte de Wit Kontakte. So ließ er beispielsweise eine Kopie von einem von ihm selbst als „Narrenflöte" bezeichneten Instrument, einer so genannten Eunuchen-Flöte, von dem berühmten Holzblasinstrumentenmacher Friedrich Wilhelm Kruspe (1838–1911) in Erfurt herstellen und sie fälschlicherweise in einer Art Blockflöte verwandeln.[25] Das Regal Inv.-Nr. 311 (eigentlich eine Kompilation von mehreren Teilen) wurde von dem namhaften Orgelbauer August Terletzki in Elbing (Westpreußen) noch kurz vor dem Ankauf und wahrscheinlich extra für diesen Zweck 1892 in spielbaren Zustand versetzt.[26] Dies galt als Qualitätsmerkmal, wie es aus der Presse entnommen werden konnte, als Paul de Wit anlässlich des VI. Internationalen Gitarristentages in München im Jahre 1904 „eine höchst interessante Kollektion, bestehend aus 48 seltenen und prächtig gearbeiteten Instrumenten der Gitarren- und Lautenfamilie [...] sämtlich in tadellosem spielbarem Zustande"[27] zusammenstellte.

Der erste Bestandskatalog wurde noch im Eröffnungsjahr veröffentlicht,[28] ein weiterer mit Beschreibungen von 1181 Musikinstrumenten und anderen Gegenständen verließ 1903 die Druckerei.[29] Die Sammlung, deren wertvollste Stücke auch in der *Zeitschrift für Instrumentenbau* beschrieben wurden[30] und die auch außerhalb Leipzigs gezeigt worden war,[31] erlangte zu Recht große Berühmtheit. Bald wurden aber die Räumlichkeiten im Bosehaus für den Sammeleifer von de Wit zu klein. So nahm er zuerst Kontakt zur Stadtverwaltung auf und bot seine gesamte Kollektion zunächst leihweise, später als dauerhaftes Vermächtnis an. Seiner Vorstellung hätte ein Erwei-

19 Werner Neumann: *Eine Leipziger Bach-Gedenkstätte*, in: Das Bosehaus am Thomaskirchhof. Eine Leipziger Kulturgeschichte, hrsg. v. Armin Schneiderheinze, Leipzig 1989, S. 11–30, hier S. 28, Anm. 39.

20 P. Daehne: *Paul de Wit's Leben* (wie Anm. 4), S. 323.

21 Er restaurierte beispielsweise die große italienische Harfe (Inv.-Nr. 382) im Jahre 1892 (?) und die Laute von Joachim Tielke, 1676. Für die Rekonstruktion des Wirbelkastens nahm Seyffarth eine Laute von Thomas Edlinger (Prag 1721) zum Vorbild (im Instrument ist sein Vermerk zu lesen: „Hals, Decke und Wirbelkasten neu gemacht von Hermann Seyffarth 1897"). Zwei dreimanualige Cembali sind von ihm bekannt, sie wurden nach den Vorstellungen von de Wit für Konzertzwecke gebaut. Weitere Angaben: Eszter Fontana: *Copies of Historical Musical Instruments in the Collection of the University of Leipzig*, in: Restauration and Conservation of Early Musical Instruments. The spinetta ovale by Bartolomeo Cristofori, hrsg. v. Gabriele Rossi-Rognoni, Firenze 2008, S. 53–92.

22 Seyffarth arbeitete auch für auswärtige Sammlungen. So kam er 1904/05 nach Luzern, um die kostbare Schumacher-Sammlung mit circa 330 Instrumenten wieder spielbar zu machen. Heinrich Schumacher pflegte zwischen 1881 und 1906 Kontakte zu Sammlern wie Heyer in Köln, Kraus in Florenz, Claudius in Malmö, Hammerich in Kopenhagen und de Wit in Leipzig. Auskunft des Richard Wagner Museums Luzern (12. Dezember 2008).

23 Willibald Leo von Lütgendorff: *Die Geigen- und Lautenmacher vom Mittelalter bis zur Gegenwart*, Frankfurt am Main 1913, S. 778.

24 Helmut Zeraschi: *Zur Geschichte des Musikinstrumenten-Museums nach Materialien der Archive zusammengestellt von Dr. H. Heyde*, Maschinenschrift im Archiv des Museums für Musikinstrumente der Universität Leipzig (Archiv MfM) 1977, S. 1.

25 P. de Wit Inv.-Nr. 454; Heyer Inv.-Nr. 1178 (Original) und Nr. 1179 (moderne Kopie) „Narrenpfeife a. d. 18. Jahrhundert; ein Scherzinstrument in Form einer Blockflöte mit einer durchlöcherten Holzkapsel, die mit Ruß oder Mehl angefüllt wurde und den nichtsahnenden Bläser mit Staub überschüttete." Georg Kinsky: *Kleiner Katalog der Sammlung alter Musikinstrumente*, Leipzig 1913, S. 148.

26 Die von August Terletzki 1857 gegründete namhafte Firma galt als die älteste Orgelbauanstalt Nordostdeutschlands. Die Reparatur des kleinen Instrumentes gehörte wohl zu den letzten Aufträgen des Orgelbaumeisters, dessen Werkstatt 1893 sein Schüler Eduard Wittek übernahm.

27 Paul de Wit: *Paul de Wit's historische Ausstellung auf dem 6. Internationalen Gitarristentage zu München*, in: Zeitschrift für Instrumentenbau 24 (1904/05), S. 995.

28 Paul de Wit: *Kurzgefasster Katalog aller im musikhistorischen Museum von Paul de Wit vorhandenen Musikinstrumente, Gemälde und anderen Merkwürdigkeiten, die auf Musik oder Musikinstrumente Bezug haben*, Leipzig 1893, mit zwei Nachträgen 1893/94 und 1895/96.

29 Paul de Wit: *Katalog des musikhistorischen Museums von Paul de Wit Leipzig*, Leipzig 1903.

30 Hier erschienen auch Beiträge von de Wit selbst, die ihn als kenntnisreichen Instrumentenkundler auswiesen: *Die Entwicklung des Musikinstrumentenmacher-Gewerbes in Leipzig, unter Berücksichtigung der im musikhistorischen Museum von Paul de Wit noch vorhandenen Instrumente*, in: Zeitschrift für Instrumentenbau 16 (1895/96), Nr. 16, S. 172–74, 202–05, 229–30; 22 (1901/02), Nr. 7, S. 162–165, 193–195, 219–221, 246–250, 386–388, 541; 25 (1904/05), Nr. 34, S. 995.

31 Siehe zum Beispiel Arno Richter: *Die historische und ethnografische Ausstellung von Musikinstrumenten im Krystallpalast zu Leipzig*, in: Zeitschrift für Instrumentenbau 3 (1882/1883), S. 244, 255 f., 267 f.

terungsbau des alten Grassimuseums am ehemaligen Königsplatz, heute Wilhelm-Leuschner-Platz, entsprochen. Der Rat der Stadt Leipzig stellte ihm lediglich die Boden- und Kellerräume jenes Gebäudes in Aussicht, daraufhin wurden die Verhandlungen abgebrochen. „Paul de Wit sei über das geringe Interesse, das man seiner Sammlung entgegengebracht habe, sehr ärgerlich gewesen und habe die Sammlung im Seitenflügel des Grundstücks Thomaskirchhof 16 untergebracht. 1906 [korrekt: 1905] sei sie dann an Herrn Kommerzienrat Heyer in Köln verkauft worden", erinnert sich 25 Jahre später der Augenzeuge Gustav Siefert.[32]

Das Musikhistorische Museum von Wilhelm Heyer in Köln

Der Papierfabrikant und Kunstmäzen Wilhelm Ferdinand Heyer (1849–1913), ein begeisterter und engagierter Musikliebhaber, Vorstandsmitglied des Konservatoriums und der Musikalischen Gesellschaft in Köln, sammelte mit dem gleichen Eifer wie Paul de Wit verschiedene Zeugnisse der Musikgeschichte. Der Sohn eines Lehrers gründet 1885 die Papiergroßhandlung ‚Poensgen & Heyer' und begann um die Jahrhundertwende mit seiner Sammeltätigkeit. Bereits 1902 besaß er eine vornehmlich aus Blasinstrumenten bestehende Kollektion, die den Werdegang der Instrumentalmusik in der Zusammenstellung ihrer Ausdrucksmittel veranschaulichen sollte. Heyer wollte „die längst verstummten Zeugen entschwundener Kunst- und Kulturepochen aufbewahren, um einen lebendigen Einblick in das musikalische Schaffen und Treiben vergangener Zeiten zu gewähren und gleichzeitig die enge Verwandtschaft darzulegen, die zwischen der Entwicklungsgeschichte der musikalischen Instrumente und der allgemeinen Musikgeschichte besteht."[33] Innerhalb kürzester Zeit trug er nach diesem Konzept Folgendes zusammen: 2600 Musikinstrumente, 700 Kompositionen des 17.–20. Jahrhunderts, darunter den gesamten kompositorischen Nachlass Paganinis, 1700 Musikerautographe.[34] 20000 Briefe,[35] rund 3700 Musikerbildnisse[36] und andere ikonografische Zeugnisse sowie eine große Bibliothek mit bibliophilen Unikaten.

Nicht zuletzt durch die Erwerbung der Leipziger Sammlung von Paul de Wit im Jahre 1905 hatte Heyers Kollektion herausragende Bedeutung erlangt. So ließ Heyer in der Worringerstraße in Köln eigens ein dreistöckiges Haus mit kleinem Konzertsaal im Erdgeschoss errichten.[37] Der Kölner Architekt Carl Moritz schuf das prunkvolle Gebäude 1905 nach den ästhetischen Vorstellungen des Neoklassizismus in Kombination mit Jugendstildekor. Im Juni 1906 wurde der junge Musikwissenschaftler, später als Dirigent erfolgreiche Dr. Ernst Praetorius (1880–1946) zum Direktor ernannt. Aus dieser Zeit gibt es Hinweise auf eine gewisse ‚Sammlung Praetorius', über deren Geschichte, Größe und Zusammensetzung keine Angaben gefunden werden konnten. Möglicherweise hängt die Überlassung der Sammlung im Jahre 1906 mit der Berufung von Praetorius als Direktor zusammen.[38] Dieses Amt sollte er bis 1909 ausüben.[39] Praetorius fielen zahlreiche organisatorische Aufgaben, vor allem die Einrichtung der Ausstellungen, zu.

Der planmäßige Erwerb weiterer Musikinstrumentensammlungen[40] sollte den Wert des Museums bald entscheidend erhöhen:

1. Sammlung Ibach, 1907: Im Jahre 1794 gründete Johann Adolph Ibach (1766–1848) in Barmen eine Werkstatt für Klavier- und Orgelbau und legte damit den Grundstein für das Unternehmen der Familie Ibach, das 100 Jahre später überregionale Bedeutung erlangt hatte. Peter Adolph Rudolph Ibach (1843–1892) begründete 1888 ein öffentliches Instrumentenmuseum sowie die erste Musikbibliothek Wuppertals. Er pflegte Kontakte

---

32 Zitiert nach H. Zeraschi: *Zur Geschichte des Musikinstrumenten-Museums* (wie Anm. 24), S. 1.

33 Wilhelm Heyer: *Geleitwort*, in: Georg Kinsky: *Katalog. Musikhistorisches Museum von Wilhelm Heyer in Cöln*, Bd. 1: *Besaitete Tasteninstrumente, Orgeln und orgelartige Instrumente, Friktionsinstrumente*, Leipzig 1910, S. 6.

34 Georg Kinsky: *Katalog. Musikhistorisches Museum von Wilhelm Heyer in Cöln*, Bd. 4: *Musikautographen*, hrsg. v. Frau Wilhelm Heyer, Leipzig 1916.

35 Diesen Katalog sollte Dr. Alfred Ebert bearbeiten. Er hatte 1906–1908 bei Theodor Kroyer in München studiert. Seine im Jahre 1912 begonnene Arbeit erfuhr durch den Krieg eine längere Unterbrechung; 1919 trat er von der Aufgabe zurück.

36 Es ist davon auszugehen, dass Kinsky für sein Buch auf diese Sammlung zurückgriff. Georg Kinsky: *Geschichte der Musik in Bildern*, Leipzig 1929 (engl. Ausgabe 1930).

37 G[eorg] K[insky]: *Zur Eröffnung des Musikhistorischen Museums von Wilhelm Heyer, Cöln am 20. September 1913*, Köln 1913.

38 Vgl. Fabian Kolb: *„nach Kräften zur Wiederbelebung der Musik vergangener Zeiten beizutragen". Das Musikhistorische Museum Wilhelm Heyer, Georg Kinsky und das musikkulturelle Netzwerk im Köln der 1920er Jahre*, in: *Musikwissenschaft im Rheinland um 1930*, hrsg. v. Klaus Pietschmann (Beiträge zur rheinischen Musikgeschichte, Bd. 30), Druck in Vorbereitung. Für die Überlassung der Angaben danke ich Herrn Prof. Dieter Gutknecht und Fabian Kolb, Köln.

39 Cornelia Zimmermann-Kalyoncu: *Deutsche Musiker in der Türkei im 20. Jahrhundert* (Europäische Hochschulschriften: Reihe 36, Musikwissenschaft, Bd. 15), Frankfurt am Main etc. 1985.

40 Die Sammlungen von Autografen, Briefen etc., die teilweise ebenfalls geschlossen angekauft wurden, werden hier nicht behandelt. Siehe hierzu G. Kinsky: *Katalog. Heyer in Cöln*, Bd. 4: *Musikautographen* (wie Anm. 34), Vorwort, S. IV.

zu Paul de Wit, der auch im Auftrag Ibachs Musikinstrumente erwarb und Tauschgeschäfte mit ihm unternahm. Anfänglich war das Museum in der Wohnung des Besitzers untergebracht. Damals konzentrierte sich die Sammlung auf Instrumente, die mit der Geschichte des Hauses Ibach[41] verbunden waren. Im Jahre 1900 war die Sammlung auf 158 Nummern angewachsen, beinhaltete neben zahlreichen Tasteninstrumenten von bedeutenden Herstellern wie Nanette Streicher in Wien oder Thomas Broadwood in London auch Asiatika und Kuriositäten. Die Kollektion wechselte im Jahr 1907 den Besitzer, Wilhelm Heyer in Köln übernahm sie für 49 000 Mark (zahlbar in fünf Raten). Ein Teil der Ibachschen Klaviere verbrannte im Grassimuseum in Leipzig während des Zweiten Weltkriegs, aber einige andere, vor allem kleinere Instrumente, wie das Clavichord von Donat (Inv.-Nr. 12) oder das wertvolle Virginal im Nähkästchen (Inv.-Nr. 36) sowie ein Teil der asiatischen Instrumente blieben erhalten.[42]

2. Sammlung Kraus, 1908: Baron Alessandro Kraus (1853–1931) aus Florenz unternahm musikwissenschaftliche und organologische Studien. Ebenso interessierte er sich für Anthropologie, Archäologie und Geographie. Er hatte vor, eine Generalgeschichte der Musik der verschiedenen Völker zusammenzustellen, ebenso wie eine vergleichende Geschichte der verschiedenen Familien von Musikinstrumenten zu schreiben.[43] Seit 1875 beschäftigte er sich auf Anraten seines Vaters intensiv mit dem Aufbau einer Sammlung, die es ermöglicht, durch das Studium dieser authentischen Dokumente das gesetzte Ziel zu erreichen.[44] Seine Aufmerksamkeit galt auch allgemeinen musikalischen Aspekten: „Importante e dunque il contributo che può apportare il musicologo agli studi dell'Etnografia e della Psicologia comparata, e utilissime le racolte le strumenti musicali di ogni tempo e di ogni regione." schrieb Kraus im Jahre 1901 über seine Intentionen.[45] So trug er für die Collezione etnografico-musicale Kraus in Florenz außer Instrumenten der europäischen Kultur auch musikalische Zeugnisse orientalischer Zivilisationen zusammen, ließ aber auch Kopien, Rekonstruktionen und dergleichen anfertigen. Auf der Weltausstellung in Paris 1878 erhielt er eine Goldmedaille für eine Studie über japanische Musik (*La musique au Japon*) sowie die Große Medaille der ethnographischen Sektion für seine Instrumentensammlung. Diese umfasste etwa 1000 Stücke, darunter Unikate wie einen der ältesten Hammerflügel der Welt, gebaut vom Erfinder der Hammermechanik, Bartolomeo Cristofori.

1909 erhielt der Musikwissenschaftler Georg Kinsky (1882–1951) eine Berufung an das Musikhistorische Museum in Köln, um dessen Leitung zu übernehmen. Als ehemaliger Mitarbeiter in der Musikabteilung der Königlichen Bibliothek zu Berlin war Kinsky für die wissenschaftliche Aufbereitung der Sammlung prädestiniert. Damit bewies Heyer eine besonders glückliche Hand, denn bereits ein Jahr später erschien Kinskys erster Band einer Katalogreihe,[46] die bis heute als wissenschaftliche Publikation höchstes Ansehen genießt. Der Verfasser begnügte sich nicht mit einer Auflistung von Objekten, sondern ging weit darüber hinaus. Er stellte die Musikinstrumente in Zusammenhang mit der Musik- und Kulturgeschichte, beschrieb Gelegenheiten ihrer Anwendung und spürte wichtige schriftliche und bildliche Quellen aus früherer Literatur auf.

Heyer ließ seine wertvolle Sammlung neben der wissenschaftlichen Bearbeitung auch restauratorisch betreuen.

---

41 Die Kollektion wurde mit einem Tafelklavier aus dem Jahre 1825 begründet, das 1871 erworben wurde (Inv.-Nr. 149, Kriegsverlust).

42 [o. A.]: *Das Haus Rud. Ibach Sohn Barmen-Köln*, Barmen 1894; Florian Speer: *Klaviere und Flügel aus dem Wupperthale. Instrumentenbau in der Wupperregion und am Niederrhein während des 19. Jahrhunderts am Beispiel der Orgel- und Klavierbaufamilie Ibach*, Diss. Wuppertal 2000, S. 350–356. Ich danke dem Autor für die Überlassung des Manuskriptes. Die Dissertation ist auch online verfügbar. http://elpub.bib.uni-wuppertal.de/edocs/dokumente/fb02/diss2000/speer/d020002.pdf.

43 Alessandro Kraus: *Catalogo della collezione etnografico-musicale Kraus in Firenze. Sezione istrumenti musicali*, Firenze 1901, S. 3.

44 Alessandro Kraus: *Musée Kraus à Florence. Catalogue des instruments de musique anciens et modernes du Musée Kraus*, Firenze 1878. Alessandro Kraus figlio: *La musique au Japon [...] 85 figures en photographie représentant les instruments japonais du Musée Kraus à Florence*, 3 Bde., Firenze 1878, 1879, 1880; Alessandro Kraus figlio: *Gli strumenti musicali degli Ostiacchi*, in: Archivio per l'antropologia e l'etnologia 11 (1881), S. 249–254. [o. A.]: *Das Museum Kraus in Florenz*, in: Zeitschrift für Instrumentenbau 4 (1883/84), S. 70, 79. Zur Person siehe auch: Gabriele Rossi-Rognoni (Hrsg.): *Alessandro Kraus musicologo e antropologo* [Führer durch die Sonderausstellung], Firenze 2004.

45 „Wichtig ist deshalb der Beitrag, den die Musikologie in die Studien der Ethnographie und der Vergleichenden Physiologie einbringen kann, und höchst nützlich ist der Bericht über Musikinstrumente aller Zeiten und aller Regionen." A. Kraus: *Catalogo della collezione etnografico-musicale Kraus* (wie Anm. 43), S. 3.

46 G. Kinsky, *Katalog. Heyer in Cöln*, Bd. 1: *Besaitete Tasteninstrumente* (wie Anm. 33); Georg Kinsky: *Katalog. Musikhistorisches Museum von Wilhelm Heyer in Cöln*, Bd. 2: *Zupf- und Streichinstrumente*, Leipzig 1912. Ein dritter Band für die Blas- und Schlaginstrumente sowie die mechanischen und exotischen Instrumente war geplant, die Drucklegung wurde aber zugunsten einer anderen Publikation zurückgestellt. Nach Ernst Simon: *Mechanische Musikinstrumente früherer Zeiten und ihre Musik*, Wiesbaden 1960, sind die Manuskripte im Krieg beim Verlag vernichtet worden. Eine Kopie des Manuskriptes für den Abschnitt zu den Blasinstrumenten befindet sich in der Bibliothek des Museums für Musikinstrumente der Universität Leipzig. Außerdem erschien: G. Kinsky: *Kleiner Katalog* (wie Anm. 25) und G. Kinsky: *Katalog. Heyer in Cöln*, Bd. 4: *Musikautographen* (wie Anm. 34).

Ein eigens eingestellter Restaurator, Otto Marx (1871 bis 1964), bemühte sich um den Erhalt der Museumsstücke und um die Vorbereitung der Instrumente (sowohl Kopien als auch Originale) für Konzerte.[47] Marx nahm seine Arbeit 1909 in Köln auf und war bis 1937 (seit 1926 in Leipzig) für die Sammlung und auch für die Herstellung von Kopien von Tasteninstrumenten zuständig. Immer mehr wurde klar, dass den alten Instrumenten der ständige Gebrauch schaden könne, so baute Marx im Jahre 1912 für Konzert- und Übungszwecke zwei Kopien des Cembalos von Johann Heinrich Gräbner dem Jüngeren (Dresden 1774).[48]

Zwischen 1909 und 1913 wurden für die geplante Ausstellung zahlreiche Kopien von Originalen sowie Nachbildungen von ikonografischen Vorlagen erstellt. Bezüglich der Streich- und Zupfinstrumente erhielt zwischen 1907 und 1914 Wilhelm Busch (1861–1929), dessen Bleistift- oder Tintensignatur in mehreren Instrumenten[49] gefunden werden konnte, entsprechende Aufträge. Es ist davon auszugehen, dass er regelmäßig für die Heyersche Sammlung arbeitete; eine Anstellung konnte aber nicht nachgewiesen werden. Kopien von historischen Holzblasinstrumenten wurden zwischen 1909 und 1913 bei Julius Schetelig (Firmengründung 1874, gestorben 1926) in Berlin bestellt.[50]

Das renommierte ‚Musikhistorische Museum Wilhelm Heyer' öffnete auch zu Ehren seines – inzwischen plötzlich verstorbenen – Begründers[51] am 20. September 1913 seine Pforten für das interessierte Publikum und präsentierte eine der wichtigsten Musikinstrumenten-Sammlungen der Welt. Auf dem Eröffnungskonzert spielten Wanda Landowska und Georg Kinsky eine Sonata a due Cembali von Bernardo Pasquini auf dem Gräbner-Cembalo und dessen Kopie.[52] Fortan fanden regelmäßig Konzerte und Vorlesungen statt, auch die wissenschaftliche Arbeit wurde fortgesetzt, und man versprach sich wichtige Impulse hinsichtlich der Belebung der Alten Musik. Doch als ein Jahr später die deutsche Armee in den Ersten Weltkrieg zog, musste das Museum für längere Zeit geschlossen werden.

Kinskys außerordentliches Können und die einmaligen Möglichkeiten, die sich anhand der Sammlung boten, bezog man bei der Planung des neu einzurichtenden Lehrstuhls für Musikwissenschaft in Köln ein. In der hierzu entworfenen Denkschrift von Dr. Gerhard Tischer am 5. Juli 1919 werden unter anderem Unterrichtseinheiten in Notenschriftkunde mit praktischen Seminarübungen sowie Musikinstrumentenkunde mit Museumsbesuchen vorgesehen.

„Der Custos des hiesigen Heyermuseums wäre hierfür der geeignete Mann. Das Museum selbst ist gerade für die angestrebte Verbindung zwischen Wissenschaft und Praxis bei historischer Musik der geeignete Mittelpunkt, da hier die Instrumente in gebrauchsfähigem Zustand vorhanden sind. In dieser Eigenart ist das Heyer-Museum sogar einzigartig in ganz Deutschland. So wäre dieser Custos zugleich der denkbar beste Mitarbeiter für ein Collegium musikum [sic], in dem alte Musik auch zu praktischer Vorführung kommen kann."[53]

Es sollte aber ganz anders kommen und die weitere Geschichte der Sammlung in Leipzig geschrieben werden. Im Jahre 1925 war Kinsky noch damit beschäftigt, eine Auswahl aus den Schätzen der Heyerschen Sammlung für den Musik-Raum der großen Ausstellung anlässlich der Rheinischen Jahrtausendfeier zu treffen. In den neu erbauten Kölner Messehallen waren von Mai bis Oktober 1925 unter den 10 000 Exponaten auch wertvolle historische Musikinstrumente und kostbare Autographe von Beethoven, Mendelssohn und Schumann für die insgesamt 1,4 Millionen Besucher zu sehen.[54]

Da der pekuniäre Druck auf die Erben des Sammlers ständig wuchs, suchte man händeringend nach einem Käufer für die gesamte Kollektion. Die Städte Köln, Leipzig und München bekamen gleichzeitig Angebote und Henry Ford soll sich für die Sammlung ebenfalls interessiert haben. Die Nachkommen von Heyer verlangten für diese Kostbarkeiten zwei Millionen Mark, Erwerbs- und Restaurierungskosten inbegriffen.[55] Als Käufer kam zunächst die Stadt Köln in Frage. Doch jene „exorbitant hohen Forderungen" machten die Verhandlungen nach Meinung des

---

47 Zum Beispiel am 15. März und 15. Oktober 1911 mit Wanda Landowska. Vgl. *Zeitschrift für Instrumentenbau* 31 (1910/11), Nr. 19, S. 723 und 32 (1911/12), S. 175.

48 Ein Cembalo im Besitz des Musikwissenschaftlichen Instituts der Universität Köln, ein weiteres Instrument im Museum für Musikinstrumente der Universität Leipzig, Inv.-Nr. 3093.

49 Penorcon (Inv.-Nr. 641) und Orpheoréon (Inv.-Nr. 642).

50 Vgl. E. Fontana: *Copies of Historical Musical Instruments* (wie Anm. 21).

51 Wilhelm Heyer starb am 20. März 1913.

52 Dieter Gutknecht: *Studien zur Geschichte der Aufführungspraxis Alter Musik*, Köln 1997, S. 189, Fußnote 150.

53 Michael Arntz: *Die Entwicklung der universitären Musikwissenschaft in Köln bis 1932*, in: Perspektiven und Methoden einer Systemischen Musikwissenschaft (Systemische Musikwissenschaft, Bd. 6), hrsg. v. Klaus Wolfgang Niemöller, Frankfurt am Main 2003, S. 49–63, hier S. 52.

54 Klaus Wolfgang Niemöller: *Kultur als nationale Selbstvergewisserung. Die Musik und die Jahrtausendfeiern im Rheinland 1925*, in: Nationale Musik im 20. Jahrhundert. Kompositorische und soziokulturelle Aspekte der Musikgeschichte zwischen Ost- und Westeuropa. Konferenzbericht Leipzig 2002, hrsg. v. Helmut Loos u. Stefan Keym, Leipzig 2004, S. 447–456, hier S. 454.

55 Protokoll der Verhandlungen, 18.1.1926. D-LEsa: Kap. 4 Nr. 31, Bd. 1/ Bl. 17 f.

Eszter Fontana

Schlussabteilung des Rundganges im Erdgeschoss (1929) mit einer Auswahl aus dem Instrumentarium des 18. Jahrhunderts (Museum für Musikinstrumente der Universität Leipzig, Fotoarchiv)

der Völker' in Frankfurt am Main von 11. Juni bis 28. August 1927 wurden sieben Instrumente (ein Serpent, zwei Zinken, zwei Posaunen, ein Klappenhorn und eine Chitarra battente) ausgeliehen.[72]

Am 30. Mai 1929 erfolgten im Großen Vortragssaal des Grassimuseums die feierliche Eröffnung[73] des Museums und des neu eingerichteten Instituts sowie die Einweihung der ‚Straube-Orgel'.[74] Es sprachen namhafte Vertreter der Stadt, der Universität und des Landes.

Der Geheime Kommerzienrat Henri Hinrichsen (1868–1942), unbestrittene Kapazität im Musikverlagswesen, war bereits mehrfach als freigiebiger Förderer in Erscheinung getreten. Er stiftete 1911 eine Sozialpädagogische Hochschule für Frauen, vergab Stipendien an junge Musiker und Komponisten und unterstützte vielerorts weitere Einrichtungen. Die Universität Leipzig ernannte ihn am 27. Februar 1929 zum Dr. honoris causa der Philosophie, das Dokument wurde anlässlich der Eröffnung des Museums feierlich überreicht. Das weitere Schicksal des Leipziger Bürgers und Juden Henri Hinrichsen gehört zu den traurigsten Kapiteln deutscher Geschichte. Er wurde während der Nazizeit an seinem beruflichen und gesellschaftlichen Wirken gehindert, enteignet, isoliert, seiner Familie beraubt und schließlich im KZ Auschwitz umgebracht. Hitlers treue Vollstrecker vermochten jedoch nicht, den Namen des bedeutenden Leipzigers aus dem kulturellen Stadtbild zu bannen; zu viele Spuren hatte er durch seine umfangreichen Aktivitäten hinterlassen. Einer

72 Kathi Meyer: *Katalog der internationalen Austellung „Musik im Leben der Völker"*, Frankfurt am Main 1927.

73 Siehe auch Winfried Schrammek: *Alte Musik an der Universität Leipzig von 1929 bis 2009. Musikausübung der Mitarbeiter des Musikinstrumenten-Museums*, S. 337–348 im vorliegenden Band.

74 Der rechtliche Eigentümer der von Furtwängler & Hammer in Hannover erbauten und von Leipziger Gönnern gestifteten Orgel war die Stadt. Die Orgel wurde im Zweiten Weltkrieg vernichtet.

Blick in die Ausstellung im Erdgeschoss (1929)
(Museum für Musikinstrumente der Universität Leipzig, Fotoarchiv)

Erwähnung wert ist das Verhalten der Universität, zu der das Museum gehört: Gegen den Willen des Oberbürgermeisters sprach man Hinrichsen 1939 nicht die Doktorwürde ab.[75]

Das gesamte Erdgeschoss präsentierte sich dem Besucher als ein einziger riesiger Raum mit einer fast unüberschaubaren Fülle an Instrumenten. Auf etwa 600 Quadratmetern waren in aus Köln mitgebrachten Vitrinen Streich-, Zupf- und Blasinstrumente aus vier Jahrhunderten zu sehen. Zudem fanden hier auch mehrere Orgeln Aufstellung. „Alle zusammen zeugen für die rastlose Bemühung des Menschen, die Materie seinem klanglichen Ideal dienstbar zu machen."[76] Im Obergeschoss befanden sich der mit ausgewählten Prunkstücken eingerichtete Henri Hinrichsen Saal, zwei kleine Räume[77] für den Restaurator bzw. für die Karteien, ein Saal für Vorlesungen und Räume für wissenschaftliches Personal. Im zweiten Stock (Dachgeschoss) wurden die großen Bestände an Klavieren, Harmoniums und kleineren Orgelinstrumenten, Volksmusikinstrumenten und außereuropäischen Instrumenten ausgestellt.

Laut Stellenplan wirkte folgendes Personal an der Sammlung: der Direktor (Theodor Kroyer, ab 1933 Helmut

---

75 Irene Lawford-Hinrichsen: *Music Publishing and Patronage. C. F. Peters: 1800 to the Holocaust*, Oxford 2000, S. 216–225.

76 Helmut Schultz: *Führer durch das Musikwissenschaftliche Musikinstrumenten-Museum der Universität Leipzig*, Leipzig 1929, S. 16.

77 Marx und Ernst arbeiteten ein halbes Jahr zusammen, in dieser Zeit hätte der erfahrene Restaurator die notwendigen Einweisungen machen sollen. Ernst beklagte, dass Marx *nichts* vermittelt hatte. Für den Restaurator stand ein Raum von circa 3,5 x 3,5 m und ein ebenso großer Raum für die Schreibarbeiten zur Verfügung. Klaus Gernhardt: *Kriterien für ein Restaurierungskonzept – ein Rückblick*, in: Kielinstrumente aus der Werkstatt Ruckers. Bericht über die Internationale Konferenz vom 13. bis 15. September 1996 im Händel-Haus Halle (Schriften des Händel-Hauses in Halle, Bd. 14), Halle 1998, S. 237–241, hier S. 238.

Professor Kroyer erläutert den Studenten das Cembalo vom Cristofori aus dem Jahre 1726. Der zweite von links ist Helmut Schultz, sein Assistent, rechts am Bildrand ist der Restaurator Marx zu sehen.
(Museum für Musikinstrumente der Universität Leipzig, Fotoarchiv)

Schultz) mit zwei Assistenten (Hermann Zenck und bis 1932 Helmut Schultz), ein aus Köln übernommener Restaurator (1927 bis 1937 Otto Marx, 1937 bis 1948 Friedrich Ernst), ein Fotograf, zwei Aufseher (seit 1. Juli 1927 Winand Mausbach und vom 1. Oktober 1928 bis 7. Juni 1944 [?] Johannes Hammer, der auch Führungen anbot) und schließlich ein ehrenamtlicher Assistent.

Zu den ersten Aufgaben des im Jahre 1928 promovierten Reinhold Fritz Helmut Schultz (1904–1945) gehörten die Einrichtung der Ausstellungsräume und die Drucklegung eines Museumsführers[78] mitsamt einer detaillierten Auflistung der ausgestellten Objekte. Aus dieser Publikation erfahren wir:

„Der Zuwachs, den die Sammlung seit ihrer Übersiedlung in Leipzig erhalten hat, beläuft sich auf rund 100 Nummern, Tasten-, Saiten- und Blasinstrumente und Mechaniken, die durch Kauf oder Stiftung an das Museum gelangt sind. Von den Stiftern seien besonders genannt die Pianofortefabriken Blüthner in Leipzig und J. C. Neupert (Dr. Fritz Neupert) in Bamberg sowie die Erben Paul de Wits, die ein wertvolles Stück aus dem Nachlaß geschenkt haben. Hinzu kommen noch über ein Dutzend Klaviere und Modelle als Leihgabe des benachbarten Kunstgewerbe-Museums; endlich als letzte und bedeutendste Erwerbung des Instituts: die von Furtwängler & Hammer in Hannover erbaute Barockorgel[79] im Großen Vortragssaal."

In der Zeit von der Eröffnung bis Ende 1931 hatten rund 8000 Gäste das Museum besucht und an Führungen und Konzerten teilgenommen. Im Januar 1932 wurde bekannt,

---

78 H. Schultz: *Führer durch das Musikwissenschaftliche Musikinstrumenten-Museum* (wie Anm. 76), S. 6.

79 Helmut Schultz: *Die Karl-Straube-Orgel des Musikwissenschaftlichen Instituts und Instrumenten-Museums der Universität Leipzig*, Leipzig 1930 (18 S.).

dass Kroyer ab dem 2. Mai 1932 einem Ruf an die Kölner Universität Folge leisten werden.[80] In dieser Zeit entstand ein Bildnis von ihm mit Instrumenten aus dem Museum im Hintergrund (siehe Abbildung S. 323).[81] Am 1. April 1932 wurde Helmut Schultz zum Leiter des Museums ernannt.

Am 25. Oktober 1933 wurde ein Vertrag unterzeichnet, der die Bedingungen der mietfreien Unterbringung der Sammlung im Grassimuseum genau regelte.[82] Die Universität Leipzig und die Stadtgemeinde Leipzig vereinbaren in dem 9 Paragrafen umfassenden Dokument, dass die Stadt die Räume im Nordflügel dem Museum zur Verfügung stellt sowie die Kosten für deren Heizung, Beleuchtung und Reinigung trägt. Es wird aber die Option festgehalten, Sammlung und Institut eventuell später im Landeskonservatorium unterzubringen. Der Sammlungskonservator und ein Aufseher werden von der Stadt gestellt, die Bewachung der Räume, solange Wächter für das Grassigebäude gestellt sind, ebenfalls. Die Personalangelegenheiten der städtischen Angestellten werden über die Stadt geregelt. Die Universität verpflichtet sich im Gegenzug, das Musikinstrumenten-Museum dauerhaft in Leipzig zu belassen. Leihgaben für Ausstellungen bedürfen der Genehmigung des Rates. Während des Semesters dürfen die Collegia musica den Großen Vortragssaal in Absprache mit den anderen Grassimuseen nutzen, wofür die Universität die anfallenden Kosten übernimmt. Instandhaltung und Haftungsverpflichtungen werden in dem Vertrag ebenfalls geregelt.

Die schwierige wirtschaftliche Situation, die Machtübernahme des nationalsozialistischen Regimes und die beginnenden Kriegsvorbereitungen überschatteten den Museumsbetrieb der nächsten Jahre. Im Haushaltsplan der Universität wurden zwei Stellen gestrichen, so blieb von ehemals drei Mitarbeitern einzig Helmut Schultz in Doppelfunktion als Institutsdirektor und Museumsleiter übrig. Seine Eingaben an das Ministerium blieben zunächst ohne Erfolg, schließlich bekam er aber doch die Erlaubnis, die bisherige Assistentenstelle zu teilen und einen technischen Mitarbeiter (Arthur Gruß, seit 1934) sowie einen Assistenten (Heinrich Husmann,[83] seit Oktober 1933) einzustellen. Ab dieser Zeit sank die Besucherzahl rapide; nachweislich haben im Jahre 1939, also zehn Jahre nach der Eröffnung, insgesamt nur 1449 Personen die Ausstellung besichtigt. Im Jahr 1943 wurden bis zur Schließung des Museums im August ganze 548 Besucher gezählt.[84] Es war Krieg, bereits ab 1941 wurden die Mitarbeiter für Nachtwachen-Dienste herangezogen, und es gab auch Pläne für die Evakuierung der Museumsbestände des Grassimuseums in den Schlössern der näheren Umgebung.[85] Um eine so große Sammlung zu verpacken, zu verladen, abzutransportieren und an einem anderen Ort einzulagern, bedurfte es vieler Helfer, Verpackungsmaterial, Kisten, Fahrzeuge und auch genügend Zeit. Die einzelnen Säle wurden nacheinander geräumt, man wollte den Museums- und Unterrichtsbetrieb so lange wie möglich aufrechterhalten. Die Auslagerung stellte sich als große Herausforderung dar und nahm verständlicherweise mehrere Monate in Anspruch.

— Mai 1943: Transporte zum Graf von Hohenthal auf Schloss Dölkau bei Schkeuditz, circa 20 km von Leipzig entfernt. Einlagerung von Kisten und Einzelinstrumenten, mit circa 600 Nummern, sowie 9 Kisten mit circa 200 Noten auf circa 40 qm.

— Juli 1943: Transporte zum Graf Könneritz auf Schloss Lossa,[86] Einlagerung von circa 500 Instrumenten auf circa 40 qm.

— August 1943: Transporte zum Grafen Münster auf dem Schloss Königsfeld bei Rochlitz, circa 40 km entfernt von Leipzig, Einlagerung von circa 300 Instrumenten auf circa 40 qm.

— Oktober 1943: Transporte nach Eisenberg in Thüringen, circa 75 km entfernt von Leipzig. Bei der Firma Gebrüder Ammer wurden circa 150 Instrumente in

---

80 M. Arntz: *Die Entwicklung der universitären Musikwissenschaft in Köln* (wie Anm. 53), S. 59, 63.

81 Das Ölgemälde vermachte die in Halle lebende Malerin Margarete Bethe-Loewe dem Musikinstrumenten-Museum, es wurde anlässlich einer Weihnachtsfeier im Jahre 1933 übergeben (Inv.-Nr. 4338).

82 Ein erster Vertragsentwurf wurde am 26. Juni 1928 unterbreitet. Dieser hat sich um Jahre verzögert, vor allem wegen Raumbedarfs der anderen Museen. UAL: Filmnummer von 1011/546–548 bis 1012/637. Eine maschinenschriftliche Abschrift im Archiv MfM.

83 Er verfasste im Jahre 1936 einen Artikel über die Viola pomposa. Heinrich Husmann: *Die Viola pomposa*, in: Bach-Jahrbuch 33 (1936), S. 90–100.

84 Kassenbuch im Archiv MfM: „Buch II. 1931–1942 [Angaben bis 1943] Instrumentenmuseum der Universität Leipzig." Die Dokumente des Museums werden in Ordnern aufbewahrt und nach Themen (Inventar und Inventur; Leihgaben, Leihnahmen; Museumskonzepte, Ausstellungen; Tätigkeitsberichte; Personalfragen; Bau- und Umbau; Sicherheit; Satzungen, Verträge; Restaurierungsberichte; Rechnungswesen; Diverses) sortiert. Innerhalb eines Ordners sind die Dokumente in chronologischer Reihenfolge abgeheftet. Bis zum Erscheinen des Studienbandes konnte die Erfassung und Reorganisation der Dokumente nicht abgeschlossen werden. Um das Wiederfinden der Akten zu ermöglichen, werden die nachfolgenden Quellenangaben mit Datum und ‚Archiv MfM' gekennzeichnet.

85 Diese Information verdanke ich Herrn Dr. Thormann, Stellvertretender Direktor des Museums für Angewandte Kunst. Als Miete für die Unterbringung der Musikinstrumente vereinbarte die Universitätsrentamt jährlich 2,50 Mark pro m² (Dokument von 27. Juni 1944, F. Ernst, Archiv MfM).

86 Das Gut Lossa lag etwa in der Mitte zwischen Eilenburg und Wurzen, circa 90 km von Leipzig entfernt. Die heutige Adresse lautet: Am Park 2, 04808 Thallwitz.

Kisten und 56 Einzelinstrumente,[87] verschiedene Tasteninstrumente und kleinere Flügel auf circa 30 qm eingelagert.

Im September 1943 wurde auch Helmut Schultz zur Wehrmacht einberufen, so blieben das Institut und damit auch das Museum ohne Leitung und bald auch ohne Personal. Das Schicksal der noch verbliebenen Teile der Sammlung war allein dem Restaurator Friedrich Ernst überlassen.[88]

„Ich musste auf fremde Hilfe aussenstehender Museums- und Institutsfreunde zurückgreifen. Herr Dr. Löhring (Zahnarzt) und Fräulein [Lieselotte] Selle[89] mussten einspringen und verbrachten volle Tage und ganze Wochen in kalten, fensterlosen Räumen und verrichteten mit mir zusammen die schwierigsten Arbeiten der Bergung der Museumsbestände."[90]

Da Schultz in der Nähe von Leipzig stationiert war, wurde er kurzfristig für die Organisation der weiteren Transporte freigestellt. Man handelte in Eile und in Verzweiflung. Freunde und Bekannte, Instrumentenbauer und Kirchenorganisten wurden gebeten, bei der Verpackung zu helfen und besonders wertvolle Stücke bei sich aufzuheben oder bei anderen vertrauenswürdigen Personen unterzubringen. Ernst erinnert sich im Oktober 1947: „Einige besonders gute Stücke[91] befanden sich während der ganzen Zeit in den Händen von Privatpersonen, die für diese Wertstücke die Sorge übernommen hatten."[92]

So gelangte zum Beispiel 1943 im Auftrag von Prof. Schultz über Dr. Alfred Löhrig[93] die Döring-Gambe (Inv.-Nr. 810) an Fräulein Margarethe Lotter in Ofterschwang[94] im Allgäu, das Italienische Cembalo (Inv.-Nr. 76) und das Nürnberger Orgelpositiv Inv.-Nr. 243 an Lieselotte Selle, die mit Friedrich Ernst und Alfred Hense befreundete Organistin der Paul-Gerhardt-Kirche Connewitz.

Weitere Instrumente gelangten nach Grimma, Radebeul bei Dresden, Markneukirchen, Zschirla bei Colditz und Plauen im Vogtland, vier Zimbeln gelangten sogar zu Prof. Johann Nepomuk David nach Salzburg.[95]

„Die verhängnisvolle Nacht des 4. Dezember 1943 brachte die Zerstörung des Leipziger Zentrums durch englisch-amerikanische Flieger mit sich, wobei auch das Museumsgebäude, in welchem die ehemalige Heyerische Sammlung untergebracht war, ganz empfindlichen Schaden davongetragen hat. 45 Minuten kreisten mehrere hundert Bomber über der Stadt und richteten durch Explosiv- und Brandbomben überall furchtbaren Schaden an. […] trotz der Nachtstunde stand alles im grellen Lichte der vielen Brände. In banger Sorge dachte man an seine Arbeitsstätte, das Musikinstrumenten-Museum und das Institut, und nachdem man schnellstmöglich die teilweise schweren Schäden am eigenen Hause und Haushalt notdürftig behoben hat, arbeitete man sich durch Schutt und Asche auf Umwegen in das Zentrum der Stadt vor, um sich dort für die eventuelle Rettung der musealen Werte einzusetzen. Der große Komplex des Grassimuseums […] brannte an allen Seiten. Die schweren Eingangstüren und alle Fenster waren vom Luftdruck zertrümmert worden. Infolge der riesigen Rauchentwicklung vermochte man erst nach Stunden in das Gebäude einzudringen, um sich endlich zu vergewissern, wie groß der Schaden am Bau und an den Museumsbeständen war. Aussen und Innen stand alles offen. Die Aufgänge waren kaum passierbar, da sie voller Schutt lagen. Von den drei Stockwerken des langen Gebäudes war das Ober- und Dachgeschoss gänzlich ausgebrannt. Die hier verbliebenen Instrumente, die nicht mehr rechtzeitig hatten abtransportiert werden können, waren Beute der Flammen geworden. Man ging oben unter freiem Himmel auf zentimeterhohem Aschenteppich und sah mit Wehmut auf die am Boden zerstreuten Eisenskelette der ausgebrannten schweren Flügel und Klaviere (alles 19 Jhdt). Das Mittelgeschoss des Museums war vom Feuer verschont geblieben, jedoch bot der Raum einen Anblick verheerender Verwüstung infolge des kolossalen Luftdruckes der Explosivbomben. Hier befanden sich nur wenige, wertvolle historische Instrumente, die eben-

---

87 „Von der Art kleinerer Kommoden", also wahrscheinlich Tasteninstrumente. Zitiert nach H. Zeraschi: *Zur Geschichte des Musikinstrumenten-Museums* (wie Anm. 24), S. 3, und nach Aufzeichnungen von Hubert Henkel, wahrscheinlich nach einem Telefongespräch mit Friedrich Ernst in Berlin im Jahre 1973.

88 Friedrich Ernst wurde im Juli 1944 zum Militär eingezogen.

89 Lieselotte Selle (geb. 1909 in Leipzig), seit 1932 Organistin, seit 1936 Kantorin der Paul-Gerhardt-Kirche Leipzig-Connewitz, war auch als Cembalistin tätig.

90 Archiv MfM. Brief von Friedrich Ernst an Herrn Direktor Wichmann am 10. Mai 1944.

91 Etwa zehn wertvolle Instrumente im spielbaren Zustand. Dokument im Archiv MfM, 27. Juni 1944.

92 „Diese von den Freunden unseres Museums betreuten Instrumente sind alle gut und unverletzt wieder in das Museum zurückgekommen worden", schrieb 1947 Ernst, diese Behauptung trifft nur teilweise zu. Friedrich Ernst: *Die Sammlung historischer Musikinstrumente in Leipzig während des Krieges und kurz darauf*, Leipzig Oktober 1947, S. 6 (Archiv MfM).

93 Dr. Alfred Löhrig war Magier in Leipzig. 1929 wurde das ‚Magische Museum' als Leihgabe ins Museum für Völkerkunde Leipzig verlegt (Professor Kollmann-Sammlung), möglicherweise entstanden die Kontakte hier. Leider wurde die Sammlung bei der Bombennacht im Dezember 1943 fast völlig vernichtet. Information von der Website des Magischen Zirkels, Ortszirkel Leipzig (23. Februar 2009).

94 Die Gambe sollte Anfang 1948 einen neuen Aufbewahrungsort in Erlangen bekommen. Monatsbericht von Friedrich Ernst, Januar 1948 (Archiv MfM).

95 Monatsbericht von Friedrich Ernst für Dezember 1947 (5. Januar 1948). Die gleichen Zimbeln werden im Monatsbericht des Musikwissenschaftlichen Instrumentenmuseums, Arbeitsbericht November, ohne Datum, Sign. R. Petzold, erwähnt (Archiv MfM).

falls nicht zur Sicherstellung außerhalb der Gefahrenzone der Stadt gekommen waren, da sie während der Semesterzeit für die Aufrechterhaltung des Universitätsbetriebes gebraucht wurden. Mit Genugtuung erfüllte einen der Gedanke, dass aus diesem ‚Saal der Seltenheiten', der ja erst im Vorjahre auf Drängen der städtischen Nazibehörden diesen Namen anstelle des ursprünglichen ‚Henri-Hinrichsen-Saales' erhielt, die ganzen Kostbarkeiten der wertvollen Sammlung noch vor der eigentlichen Bombenzeit rechtzeitig abtransportiert und auf ein Grafenschloss 30 km von Leipzig entfernt [Dölkau] geschafft worden waren. Das Untergeschoss bot ein Bild noch grösserer Verwüstung, da hier noch vieles in großen Glasschränken aufbewahrt hing, was nicht beizeiten in Kisten hatte verpackt werden können. Zur Zeit des Unglücks war man gerade mit diesem Arbeiten beschäftigt gewesen.

[…] Was das Musikinstrumentenmuseum anlangt, so wurde die Verpackung der noch vorhandenen Museumsbestände mit Eifer und in grosser Eile wieder aufgenommen, wobei die Beschaffung des notwendigen Verpackungsmaterials und der Kisten, sowie die Bereitstellung der Transportmittel für die Auslagerung der Gegenstände auf die grössten Schwierigkeiten stiessen.

Begreiflicherweise wollte jede Institution Leipzigs mit ihren Wertbeständen die gefährdete Zone der Stadt möglichst bald verlassen, und es liess sich erst nach monatelangem Warten ermöglichen, dass unsere eingepackten Kisten von den Transporten der Sicherstellungsaktion berücksichtigt wurden."[96]

Man vermochte die Instrumente vor Wasser, das durch die Riesenfenster eindrang und von der Decke sickerte, kaum zu retten, und der noch vorhandene Museumsbestand wurde dadurch empfindlich dezimiert, dass viele Gegenstände infolge Schnee- und Wasserkontakts sich in ihre Einzelteile auflösten. Man bemühte sich jeden Tag aufs Neue, die Sachen an einen anderen, etwas trockeneren Platz zu bringen, vermochte jedoch nicht zu verhindern, das so mancher schöne Kontrabass oder eine Gambe auseinanderfiel. Im letzten Jahr des Krieges waren alle Mitglieder des Institutes als Soldaten eingezogen, das Museum stand leer und verwaist, und der Zugang war für jedermann offen. Ein großer Teil der übriggebliebenen Musikinstrumente musste trotzdem als Restbestand ohne Verpackung in dem ganz ruinösen Gebäude zurückgelassen werden.[97]

„Von den 3 Stockwerken, in denen die Sammlungen untergebracht waren, ist das oberste Geschoss unter dem Dach vollständig ausgebrannt. Die beiden anderen Geschosse sind durch eine Explosivbombe, die 40 Meter vor dem Hause auf einen Luftschutzbunker traf, sehr stark beschädigt. Da wir von der circa 3000 Nummern zählenden Sammlung bereits vorher die meisten[98] und die besten Stücke ausserhalb an 6 verschiedenen Stellen geborgen haben, ist überschlagsweise folgender Verlust zu melden: Laut Aussage des Restaurators Ernst sind circa 500 Nummern verloren; dazu gehören schwerere Objekte: Flügel und Klaviere von zweit- und drittrangiger Bedeutung und einige Orgeln, die im Obergeschoss standen; außerdem ein Teil unserer exotischen Sammlung."[99]

Nun galt es die verbliebenen Instrumente noch zu retten. Einer der freiwilligen Helfer, Alfred Hense erinnerte sich dreißig Jahre später, dass die eigentliche Auslagerung, das Abtransportieren des restlichen, etwa aus 1200 Objekten bestehenden, in Kisten verpackten Sammlungsgutes erst nach dem ersten Bombenangriff vorgenommen werden konnte und dass diese Aufgabe mehrere weitere Monate in Anspruch nahm.[100]

— Seit Januar 1944 lagerten im Keller des Hauptgebäudes der Universität, Augustusplatz 2 Kisten mit circa 100 Instrumenten.
— Im April 1944 konnten auf den Lagerplatz der Transportfirma Eithner in Flöha bei Chemnitz Kisten und circa 300 Stück Einzelinstrumente in beschädigtem Zustand, darunter die Silbermann/Hildebrandt-Orgel[101]

---

96 F. Ernst: *Die Sammlung historischer Musikinstrumente* (wie Anm. 92), S. 4. Das aus 16 maschinenschriftlichen Seiten bestehende Schriftstück ist in mehreren Kopien erstellt und an Freunde verschickt worden. Ein Durchschlag befindet sich im Archiv MfM, ein anderer (nur 13 Seiten) im Nachlass Rück im Germanischen Nationalmuseum Nürnberg.

97 Ebenda, S. 5. Die restlichen, verbliebenen Gegenstände wurden zu einer sehr späten Zeit, unverpackt aus dem bereits ruinierten Museumsgebäude abtransportiert und in die Kellerräume des Hauptgebäudes der Universität am Augustusplatz eingelagert.

98 Etwa zwei Drittel der Instrumente.

99 Zusammenstellung von Friedrich Ernst für das Ministerium für Volksbildung. 22. Juni 1944. Durchschlag im Archiv MfM.

100 Bei der Verpackung hatte Alfred Hense ausgeholfen. Wahrscheinlich wird deshalb seine Einstellung 1945 als vertrauenswürdiger, geeigneter Restaurator vorgeschlagen, diese erfolgte erst 1946. Am 1. und 2. Januar 1974 konnte Hubert Henkel Alfred Hense über die Auslagerung während des Krieges befragen. Aktennotiz vom 29. November 1973 und Nachtrag unmittelbar nach dem Gespräch mit A. Hense, ohne Datum, im Archiv MfM.

101 Um die Orgel wurde eine Schutzmauer gebaut, doch diese wurde wegen einer Filmaufnahme im Winter 1943 wieder entfernt. Die meisten Pfeifen wurden entweder gänzlich zerstört oder stark beschädigt. Klaus Gernhardt, Hubert Henkel, Winfried Schrammek: *Orgelinstrumente, Harmoniums* (Musikinstrumenten-Museum der Karl-Marx-Universität Leipzig, Katalog Bd. 6), Leipzig 1983, S. 37. – Im Jahre 2009 ist ein neues Dokument aufgefunden worden, das die frühere Zuschreibung der Orgel an Gottfried Silbermann bestätigt. In dem vorliegenden Beitrag wird diese Orgel (Inv.-Nr. 25) als ‚Silbermann/Hildebrandt-Orgel' gekennzeichnet, da in den letzten 50 Jahren die selbe Orgel in Publikationen mehrfach als ein Werk von Zacharias Hildebrandt bezeichnet wurde.

abgestellt werden, diese kamen dann auf das Rittergut in Flöha, das circa 100 km entfernt von Leipzig liegt.
– Ende Juni 1944, bevor Ernst zum Militär ging, standen noch circa 20 beschädigte, großformatige Instrumente im Museum und weitere 52 Kisten mit Büchern und Noten aus dem Archiv warteten verpackt auf den Abtransport nach Lossa.[102]

Neuanfang und Rücktransporte der ausgelagerten Musikinstrumente nach 1945

Die Folgen des Zweiten Weltkrieges im Gebäude und im Sammlungsbestand waren von katastrophalem Ausmaß, auch die alten Inventare und die Bibliothek waren vernichtet. Der engagierte Museumsleiter, Helmut Schultz, fand am 13. April 1945 einen sinnlosen Tod in Waldenburg in Sachsen, als sich seine Einheit den Amerikanern ergeben wollte.[103] Die Neuorganisation des noch unter städtischer Obhut stehenden Museums und die Reorganisation[104] des damit in Symbiose lebenden universitären Instituts mussten nun in Angriff genommen werden. Im Winter 1945 wurde ein Organigramm erstellt, eine interessante Vision über eine mögliche, erst rund 60 Jahre später realisierte, enge Zusammenarbeit der Grassimuseen.[105] Hier sah man vorerst die Einrichtung einer eigenen Abteilung für die Rückführung der ausgelagerten Objekte vor, die neben der Wiederherstellung der Museumsgebäude tatsächlich die wichtigste Aufgabe war.

> „Das Musikwissenschaftliche Instrumentenmuseum der Universität evakuierte ebenso wie die andern Museen im Laufe des Krieges seine Bestände nach verschiedenen Orten in der Umgebung Leipzigs. Das Bild des augenblicklichen Zustandes der evakuierten Gegenstände ist folgendes: Von etwa 3500 Instrumenten sind etwa 500 (Bestände von Lossa) ganz abtransportiert worden, etwa 1500 (die Bestände von Dölkau und Königsfeld) in einem katastrophalen Zustand, die restlichen 1500 unberührt."[106]

So schrieb Heinrich Husmann, seit Anfang 1944 bis Ende November 1945 in Stellvertretung für Schultz kommissarischer Leiter des Instituts und des Museums, und drängte auf baldige Rücktransporte sowie auf die Einstellung eines weiteren Restaurators.[107] Zahlreiche Anträge belegen, wie schwer es war, Fahrzeuge für die Transporte zu besorgen[108] und geeignete Lagerräume für die zurückgebrachten Kisten zu finden. Unermüdliche Anstrengungen waren notwendig, um die kostbare Sammlung zu bergen und vor weiteren durch die Witterung verursachten Schäden zu bewahren. Ernst und Hense waren insbesondere im Jahr 1946 und auch darüber hinaus noch lange Zeit, bis 1951, mit der Rückführung der Instrumente beschäftigt. Ernst, der schon vor dem Krieg mit Eifer quasi als wissenschaftlicher Assistent Schultz' wirkte[109] und der selber noch die Auslagerung der Sammlungsbestände und ihre Unterbringung in der näheren Umgebung Leipzigs vollzogen hatte, übernahm nach seiner Rückkehr[110] die Leitung der Organisation, in einem Dokument von 6. Dezember 1947 wird er sogar offiziell als stellvertretender Museumsleiter benannt. Er führte seit 1937 den Titel eines Konservators und erledigte sämtliche Fachkorrespondenz. Die erhaltenen Dokumente sind bis zum seinen Weggang am 22. November 1948 von ihm unterzeichnet. Seine Russischkenntnisse erwiesen sich als äußerst praktikabel in diesen schwierigen Unternehmungen in der ‚Russischen Zone'. Er wurde gelegentlich als Dolmetscher bestellt und beauftragt, Verhandlungen für Leipziger Museen, wie das Museum für Kunsthandwerk

---

102 Dokument von Friedrich Ernst, 27. Juni 1944 im Ordner 1945–50, Archiv MfM.

103 Ein HJ-Mitglied der Truppe versuchte Widerstand zu leisten, daraufhin wurde die ganze Einheit erschossen. Mitteilung der Witwe, Gisela Schultz, 2009.

104 Als Muster diente der Organisationsplan des Völkerkundemuseums. Vgl. den Organisationsplan des Musikwissenschaftlichen Instrumenten-Museums vom 21. November 1945, Archiv MfM.

105 Siehe auch den Brief von OB Zeigner an Stadtrat Weise (Personalamt), 21. März 1946, hier wird die Einrichtung einer gemeinsamen Direktorenstelle in Erwägung gezogen. D-LEsa: StVuR (= Stadtverordnetenversammlung und Rat der Stadt) Nr. 8652, Bl. 13.

106 Antrag vom 12. November 1945 für einen baldigen Rücktransport und die Einstellung eines Restaurators, Alfred Hense. Adressiert an die Verwaltung des Grassimuseums, bzw. das Personalamt der Stadt Leipzig mit Kopie an das Kulturamt. Entwurf im Archiv MfM. Husmann verfasste diesen Antrag nach dem Bericht von Rudolf Eller und Friedrich Ernst. Die Zahl der Instrumente betrug circa 2600 und nicht 3500. Mit dem Datum 17. Dezember 1945 gibt es ebenfalls eine Zusammenstellung: Hier werden die Schäden in etwa in Prozent angegeben. Ein genaues Zustandsprotokoll zu erstellen, war damals nicht möglich.

107 Antrag von 12. November 1945 (wie Anm. 106). Hense wurde im Dezember 1945 zunächst probeweise und befristet eingestellt. Schreiben des Kulturamtes vom 6. Dezember 1945 im Archiv MfM.

108 Zum Beispiel ein Schreiben des Kulturamtes am 18. Dezember 1945 an die Museen: Sie sollten die Fahrzeuge des Circus Aeros in Anspruch nehmen. Zeitzeugen berichteten, dass der Pferdewagen Braunkohle vom Süden Leipzigs nach Wurzen brachte, auf dem Rückweg dann – völlig ungeschützt – die Instrumente. Mitteilung von Hubert Henkel, 2009.

109 Vgl. den Brief von Ernst an Rück, 25. März 1946. Germanisches Nationalmuseum, Historisches Archiv, Nachlass Rück, Briefwechsel Rück-Ernst, I.C-191 (unpaginiert).

110 Ernst wurde im Juli 1944 eingezogen und kehrte im Dezember 1945 aus der Gefangenschaft zurück. Brief von Ernst an Rück, 25. März 1946 (wie Anm. 109). Zur Person siehe auch: Annette Otterstedt: *Friedrich Ernst und seine Kartei. Ein Pionier der Restaurierung von Musikinstrumenten*, in: VDR Beiträge zur Erhaltung von Kunst- und Kulturgut, Heft 1/2 2007, S. 76–82.

und andere, zu führen.¹¹¹ Ernst und Hense schrieben zahlreiche Briefe, um den Verbleib der im Jahre 1943 an Institutionen und Privatpersonen ausgeliehenen Instrumente aufzuspüren,¹¹² erstellten vorläufige Inventarlisten, versuchten die Verluste zu erfassen und legten eine neue Inventarkartei an.

Die eingesammelten Sammlungsgegenstände wurden provisorisch im Gebäude der Hochschule für Musik, Grassistraße 8, beziehungsweise „im anderen Teil im Grassimuseum"¹¹³ untergebracht. Von Ende 1948 bis Herbst 1953¹¹⁴ hatten auch die – derzeit noch städtisch angestellten – Mitarbeiter des Musikinstrumenten-Museums ihren Sitz in den beheizbaren Räumen des Musikwissenschaftlichen Instituts in der Ritterstraße 24.

Im Jahre 1947 wurden die Instrumente aus dem Ausweichlager Flöha bei Chemnitz, einzelne Stücke aus Markneukirchen, aus Zschirla bei Colditz und aus Plauen im Vogtland zurückgebracht.¹¹⁵

---

111 Siehe sein letzter Brief vom 22. November 1948, Archiv MfM.

112 Briefe, Aufzeichnungen im Archiv MfM.

113 Wahrscheinlich im vorderen Flügel des Museums für Kunsthandwerk, der während der Bombennacht verschont blieb. Siehe auch: Dokument vom 15. Juni 1946, Archiv MfM.

114 Dokumente von Dezember 1953 tragen die Adresse Täubchenweg 2.

115 Vgl. den Jahresbericht 1947 vom 5. Januar 1948, Archiv MfM.

116 Vgl. Monatsbericht für Februar 1950, Archiv MfM. Eras war drei Semester lang Student bei Wilibald Gurlitt, interessierte sich für aufführungspraktische Fragen, er stand mit dem Museum und den Professoren Walter Serauky und Heinrich Besseler in Verbindung, die ihn auch mit Aufträgen versorgten.

117 Die Dissertation von Alfred Dürr (geb. 1918) über die frühen Kantaten von Johann Sebastian Bach erschien 1951.

118 Eras brachte die Instrumente, sobald ihre Unterbringung im Gebäude der Hochschule für Musik möglich war, Ende 1948 nach Leipzig zurück. Brief Geigenbaumeister Rudolf Eras an Restaurator Hense, 20. Dezember 1948, Archiv MfM.

119 „Frau Köhl: Seit 1942 ein unsigniertes Klavichord entliehen" „Zurück Febr. 1951" Diese Aufzeichnungen finden sich auf einer Karte eines Zettelkatalogs für Adressen, der zwischen 1943 und 1953 benutzt wurde (Aufbewahrungsort: Bibliothek des Museums). Hier gibt es noch einen Zettel, wahrscheinlich aus dem Jahr 1945. „Dr. [Ewald] Jammers Dresden-Neustadt, Landesbibliothek altes Klavichord aus d. Museums." Ewald Jammers (1897–1981) war Musikbibliothekar, er genoss seine Ausbildung in Dresden und Leipzig. Die Bibliothek befand sich vor dem Krieg im Japanischen Palais. Welches Clavichord gemeint ist und ob es den Weg nach Leipzig zurück fand, ist nicht bekannt.

120 Brief Dr. Paul Rubardt an Margarete Lotter, 19. November 1954, Ordner ‚Leihgaben' im Archiv MfM.

121 Ein Durchschlag des Briefes, ohne Unterschrift, befindet sich im Archiv MfM.

122 Brief an Friedrich Ernst von der Firma Gebrüder Ammer, 16. September 1948, Archiv MfM.

Die Hoffmann-Gambe (Inv.-Nr. 819) war bei dem in Erlbach lebenden Geigenbauer und Lehrer Rudolf Eras. Er reparierte sie kostenlos und führte sie 1950 zurück.¹¹⁶ Der Zink (Inv.-Nr. 1566) war zuerst bei Dr. Alfred Dürr in Göttingen, der diesen möglicherweise für seine Bach-Studien verwendete.¹¹⁷ Das Instrument wurde später, wahrscheinlich nach dem Krieg, an Eras übergeben, der für seine wissenschaftlichen und musikpraktischen Studien noch weitere Zinken bei sich hatte, so beispielsweise Inv.-Nr. 1560.¹¹⁸ Andere, wie der Dipl.-Ing. Deinhardt aus Leuna, melden sich selbst und lieferten die Instrumente im Museum ab. Wir erfahren aus Briefen, die aus den Jahren 1946 und 1949 erhalten sind, dass ein Clavichord im Jahre 1942 bei Herbert Köhl in Radebeul, offensichtlich befreundet mit Ernst, untergestellt worden war. Nach dem Krieg schrieb das Museum die Witwe, Susanne Köhl, mehrfach an und bat um die Rückgabe. Sie fühlte sich dem Instrument, das sie an die schönen Stunden mit ihrem im Krieg gefallenen Mann erinnerte, sehr verbunden. Sie beteuerte jedes Mal, dass sie das Clavichord zurückgeben wolle, sobald sich eine Möglichkeit für den Transport ergäbe. Der Rücktransport verzögerte sich abermals, möglicherweise auch durch den Weggang von Friedrich Ernst, schließlich wurde es im Februar 1951 zurückgegeben.¹¹⁹ Die Tenorgambe von Christoph Döring (Inv.-Nr. 810) wurde 1943 zu Margarete Lotter in Ofterschwang geschickt. Nach dem Krieg habe sie Hilmar Höckner abholen sollen, 1954 war das Instrument nicht mehr auffindbar.¹²⁰ Die Tastenglasharmonika (Inv.-Nr. 354) befand sich seit längerer Zeit zwecks Reparatur bei der Firma Pohl in Kreibitz (Tschechoslowakei). Am 17. November 1949 erkundigte sich das Museum beim Bürgermeister nach dem Verbleib des Instruments. Eine Antwort ist nicht bekannt und das wertvolle Instrument zählt zu den Kriegsverlusten.¹²¹

Die Instrumententransporte aus Eisenberg, vom Firmengelände der Gebrüder Ammer hat man beispielsweise über die Jahre verteilt: Kleinere Instrumente, wie die Clavichorde, konnten bereits vor Mitte des Jahres 1946 zurückgebracht werden, die Flügel hingegen standen im Herbst 1948 immer noch in Eisenberg. Die Firma meldete, dass „in unserer Fabrik [...] viel gestohlen worden"¹²² sei. Andererseits waren die Verhältnisse in Leipzig damals auch nicht besser, schließlich fehlte es an Lagerungsmöglichkeiten, und die zur Verfügung gestellten Räume der Hochschule für Musik reichten nicht aus. Man gab sich Mühe, weitere Einlagerungsmöglichkeiten zu finden, aber dies erwies sich im zerstörten Leipzig als besonders schwierig. So setzte man alles daran, die Zustände im Grassimuseum zu verbessern und hier und anderswo provisorische Lagerräume zu schaffen. Das Nürnberger Orgelpositiv (Inv.-Nr. 243) wurde beispielsweise aus der Paul-Gerhardt-Kirche in Connewitz im September 1949 abgeholt, musste aber mangels eines geeigneten Lagerraums übergangsweise im Stadtgeschichtlichen Museum aufgestellt werden.[123]

Die ausgelagerten Objekte kamen nur teilweise wohlbehalten zurück. In der Nähe von Lossa befand sich nach dem Krieg ein Beutelager, so dass man davon ausgehen muss, dass etwa 250 wertvolle, in den Inventaren als ‚Kriegsverlust' bezeichnete Instrumente von hier abtransportiert worden sind. Vor allem die in den Schlössern Königsfeld und Dölkau gelagerten Kisten wurden geplündert, größere Instrumente sinnlos zerschlagen, gestohlen oder gänzlich vernichtet. Augenzeugenberichten zufolge wurde so manches Instrument zum Beispiel in Flöha von Flüchtlingen als Brennholz benutzt.[124] Nach zeitgenössischen Schätzungen blieben etwa 65 Prozent des Bestandes von rund 2500 Instrumenten in einem Zustand erhalten, in welchem sie den Grundstock für den Neuanfang bilden konnten.[125] Dr. Rudolf Eller (1914–2001), ehemaliger Student der Universität Leipzig, damals seit Oktober 1945 als unbezahlter Hilfsassistent am Musikwissenschaftlichen Institut und Musikinstrumenten-Museum tätig, schrieb in seinem Notizkalender im Jahre 1945 Folgendes:

> „Ich bin am 15. Oktober mit Herrn Ernst und Dr. Andres nach Schloß Königsfeld gefahren (nahe Rochlitz (Mulde)). Der Anblick, der sich uns bot, war schrecklich: Der gesamte (mittelgroße) Saal war dicht mit alten Instrumenten bestellt, jedoch waren von einer Galerie aus schwere Sessel in diese empfindlichen Kostbarkeiten hineingeworfen worden. […] An einem weiteren Auslagerungsort war überhaupt nichts mehr vorhanden: die Instrumente müssen m. E. abtransportiert worden sein."[126]

Friedrich Ernst erinnert sich zwei Jahre später ebenfalls an diese schmerzhaften Verluste:

> „Auf Schloss Dölkau […] wurden die Kisten aufgerissen, und Militärpersonen, aber auch deutsche Helfer, entnahmen sich daraus als Andenken, das was sie gerade für sich als interessant oder wertvoll erachteten. Zur Zeit als die Gegenstände wieder zurückgebracht werden sollten, befanden sich von diesem wertvollen Depot von circa 500 Exemplaren, die in der Hauptsache zu unseren besten gehörten, nur die Hälfte an Ort und Stelle.[127] […]
> Auf Schloss Lossa fanden wir nach zwei Jahren [1945, Anm. d. Verf.] gar keine Kiste […]. Es hatte den Anschein, als ob wir dieses zweitwertvollste Depot mit 500 Musikinstrumenten einbüssen sollten. Dieser Bestand fand sich […] in der benachbarten Stadt Wurzen zum Teil wieder. […] Unserem der russischen Sprache mächtigen Restaurator gelang es, von dem sogenannten Beutelager in Wurzen 250 zum Teil sehr wertvolle und noch gut erhaltene Musikinstrumente für unser Museum wieder zurückzugewinnen.[128] […]
> Von den sieben Joachim Tielke-Saiteninstrumenten haben wir nur drei wieder in unserem Besitz bekommen. Die wunderbaren Einlegearbeiten dieses Hamburger Meisters aus der Zeit um 1700 an zwei seiner herrlichen Gamben, an dem kleinen Citrinchen und an einer Gitarre, waren sicherlich Grund und Vorwand, irgendeinem Angehörigen der Besatzungsmacht gefallen zu haben, sodass man die Instrumente sicherlich als Beutegut und Andenken mitgenommen hat."[129]

---

123 Siehe Inventar 2. November 1950 und Monatsbericht September 1949. Lieselotte Selle half bei der Auslagerung der Instrumente im Jahre 1943. Als sie am 21. September 1949 aus „gesundheitlichen Gründen" ihre Stelle kündigte, musste die Orgel anderswo untergebracht werden. Ihre letzte bekannte Adresse war Wunstorf bei Hannover. Die Angaben über Frl. Selle bzw. den Auszug aus der Chronik der Kirchenmusik verdanke ich der Kirchengemeinde der Paul-Gerhardt-Kirche, 2009. Ihr Nachfolger war seit 1949 Johannes Muntschick, der die Orgel in der Kirche noch gesehen hat. Persönliche Mitteilung von J. Muntschick im Jahre 2001. Siehe auch Anm. 89.

124 Schreiben des Kulturamtes an Dr. Richard Petzoldt mit der Bitte um dringende Rückführung der Bestände. 14. Februar 1946, Archiv MfM.

125 Go [Autor unbekannt]: *Das wiederentstandene Musikinstrumenten-Museum. Seine Geschichte und seine kulturelle Aufgabe*, in: Sächsisches Tageblatt, 29. September 1954. Über Jahrzehnte hinweg wurde immer wieder die Zahl zitiert, dass ein Drittel des Bestandes verloren gegangen sei. Paul Rubardt legte, wahrscheinlich im Jahr 1954, ein neues Inventarbuch an, wo er die eindeutig identifizierten Instrumente mit Kürzeln (v für vorhanden, f für fehlt, b für beschädigt und t für teilweise erhalten) versehen hat. Diese Kürzel finden sich im Heyerschen Katalog, im Exemplar des Direktors, wieder. Diese Dokumente werden im Direktorenzimmer aufbewahrt.

126 Mitteilung von Rudolf Eller an die Autorin im Jahre 1998. In Königsfeld waren Flüchtlinge untergebracht. Die Bestände von Lossa waren zu Beutelagern erklärt worden und sollen nach der Sowjetunion abtransportiert worden sein. Zwei entwendete Instrumente fanden ihren Weg in die Sammlung zurück: Eine als Kriegsverlust geführte „französische Gambe" (pardessus de viole) wurde von einem „Angehörigen der Roten Armee" in die Wurzener Tauschzentrale eingeliefert und im Herbst 1946 für einen Gegenwert von 100 Mark getauscht. Als das Instrument ein Jahr später für 2000 Mark in der Musikinstrumentenhandlung Schuster verkauft werden sollte, „wurde [es] identifiziert und sichergestellt". Siehe Dokumente im Archiv MfM vom 6. Dezember 1947, 11. Dezember 1947, 24. Januar 1948. Im Herbst 1998 gab die georgische Cellistin Tamara Gabarashwili in einer Festveranstaltung eine Viola d'amore (Inv.-Nr. 834), die auf Umwegen zu ihr gelangt war, an das Museum zurück. Es ist zu vermuten, dass weitere Sammlungsstücke sich noch in Moskau befinden.

127 F. Ernst: *Die Sammlung historischer Musikinstrumente* (wie Anm. 92), S. 7.

128 Ebenda, S. 7 f. Die Instrumente wurden durch die Besatzungstruppen aus dem Depot auf Schloss Lossa abtransportiert. Dokument von 15. Dezember 1946 an das Volksbildungsamt, wahrscheinlich von Friedrich Ernst formuliert (ohne Unterschrift), Archiv MfM.

129 Ebenda, S. 10.

Durch Aufrufe an ‚Freunde der Musik' versuchte man noch Jahre später, verlorenes Museumsgut aufzufinden. Es fanden nicht alle Instrumente ihren Weg ins Museum zurück. So wurde zum Beispiel ein italienisches Cembalo (Inv.-Nr. 76), dessen äußerer Kasten im Krieg verlorengegangen sein soll, von Hense verpackt und als Stückgut vom Leipziger Güterbahnhof verschickt. Es gelangte zu Dr. Buchloh, der im September 1947 (Vermerk auf der Karteikarte) das Instrument zu Hermann Moeck in Celle brachte. In seinem letzten Brief an die Verwaltung vermerkte Ernst noch: „Drei wertvolle Einzelgegenstände aus Celle, [Bezirk] Hann. aus dem Allgäu und aus Dresden sollen noch eingeholt werden."[130]

Es waren sowohl Eller als auch Ernst daran beteiligt, dass bestimmte Instrumente ihren endgültigen Verbleib in Westdeutschland fanden. Es sieht so aus, dass ein Schreiben des Ministeriums, das Möglichkeiten für die Veräußerung oder Tausch in Ausnahmefällen (selbstverständlich nicht für wertvolle Objekte) offen lässt, die Idee für diese Handlung gegeben hat.

„Der Verkauf und Austausch solcher Stücke der Museen, die den Wert oder Charakter der Sammlung entscheidend bestimmen, unterliegt der Genehmigung durch die Landesverwaltung. [...] Verkauf an Privathand darf nur bei zwingenden Gründen erfolgen und wenn erfolglos alles versucht worden ist um eine Verwendung in anderen Museen und Instituten zu ermöglichen."[131]

Das tägliche Leben der Mitarbeiter war in dieser Zeit sehr beschwerlich, es fehlte an Lebensmitteln, an Wohnraum, an Kohle und auch an Material für den Wiederaufbau. Renovierungsarbeiten am Museumsgebäude waren nicht in Sicht, es gab ständig Ärgernisse nicht nur mit der Behörde sondern auch zwischen Hense und Ernst. All diese Umstände mögen bei dem Entschluss Ernsts eine Rolle gespielt haben, Leipzig zu verlassen. Am 23. November war es nun soweit,[132] und er nahm eine Stelle im Musikinstrumenten-Museum in Westberlin an. Im Zusammenhang mit den Reisevorbereitungen nach dem ‚Westen' müssen die derzeit entstandenen seltsamen Dokumente

Seit dem Zweiten Weltkrieg vermisstes Cembalo von Lorenzo Magniai, Firenze 1689
(Georg Kinsky: Katalog des Musikhistorischen Museums von Wilhelm Heyer in Cöln, 1. Bd., Leipzig 1910, S. 92)

von Leihgaben und Tauschverträgen betrachtet werden. Ein klärendes Dokument wurde für das Museum in Leipzig im Jahre 2005 zugänglich, als das Historische Archiv des Germanischen Nationalmuseums den Nachlass des Instrumentensammlers Dr. Ulrich Rück aufarbeitete. Hier finden sich mehrere Briefe von Friedrich Ernst an Rück, einige von ihnen bringen uns die damaligen Zustände näher und erhärten einen seit Längerem bestehenden Verdacht.

„Ein Instrument von uns ist im Prozess der Auslagerung sogar bis nach Sonthofen im Allgäu gelangt. Allerdings als Einzelstück. Es ist eine Gambe (soviel mir erinnerlich, – ohne in dem Katalog nachzusehen) von Döring. Diese ist dort in guten Händen und kann dort bleiben, – aber sie kann auch ihren Platz wechseln. Mir fällt gerade ein, – dass man dieses Instrument auf irgend einem Wege zu Ihnen dirigieren kann. Was meinen sie darüber! Es ist ein ganz neuer Gedanke. Ich weiss nicht ob es Ihnen zusagt." [Zu diesen maschinenschriftlichen Brief wurde von Ernst noch handschriftlich zugefügt:] „Kennen Sie Hermann Möck in Celle? Diesen wunder-

---

130 Friedrich Ernst an das Volksbildungsamt, Abt. Kunst und Kunstpflege, 22. November 1948, Archiv MfM.

131 4. September 1948, Rundbrief des Dezernats Volksbildung, Amt für Kunst und Kunstpflege, an alle Museen. Nimmt Bezug auf ein Schreiben des Ministeriums vom 21. August 1948, Archiv MfM.

132 Vgl. ebenda.

133 Brief von Ernst an Rück, ohne Datum, [November 1947], Germanisches Nationalmuseum Nürnberg, Historisches Archiv, Nachlass Rück, Briefwechsel Rück-Ernst, I.C-191 (unpaginiert). Die Antwort von Rück ist nicht bekannt, ebenso nicht, wo sich die Gambe befindet.

vollen Menschen, der sich im vergangenen Sommer mir gegenüber wie ein Philanthrop gezeigt hat."[133]

Seit vielen Jahren standen Ernst und Rück in freundschaftlichem Kontakt. Rück hatte auch öfters Wünsche geäußert, zum Beispiel nach Büchern, für die er im Tausch etwa Rauchwaren oder Mehl anbot. Weitere Dokumente finden sich im Archiv des Museums, so ein von Rudolf Eller unterzeichneter Leihvertrag mit dem Datum 4. April 1949, welcher im Nachhinein vortäuschen soll, dass das Cembalo Inv.-Nr. 76, derzeit wohl bei Moeck in Celle zusammen mit der Gambe Inv.-Nr. 810 als „jederzeit wiederrufbare Leihgabe [...] für den praktischen Gebrauch" dem Leihnehmer zur Verfügung gestellt worden sei. Das nicht zulässige Verschenken des Museumsbestandes an eine Privatperson wird mit dem merkwürdigen Zusatz, dass eine spätere, „gegenseitige Eigentumsübertragung" möglich sei, aktenkundig gemacht. Es fand sich noch ein weiteres, von Rudolf Eller unterzeichnetes, auf den 15. Mai 1952 datiertes Dokument, welches das Cembalo in Celle als „infolge Wurmfraßes bereits sehr stark verfallen und [...] kaum zu retten" beschreibt. Diese Behauptung widerspricht dem Inhalt des 1949 geschriebenen Leihvertrages, der besagt, dass sich die Instrumente noch in spielbarem Zustand befanden. Es lassen sich auch in Bezug auf die Gambe Inv.-Nr. 810, die sich damals noch in Ofterschwang im Allgäu befand, Widersprüche nachweisen. Die Gambe sollte ihren Weg zu Hilmar Höckner[134] in Fulda finden, die Gegenleistung, eine Fachbibliothek von circa 400 Büchern, deren Wert keinesfalls dem der Instrumente entsprach, sollte Hilmar Höckners Bruder, Georg Walter Höckner aus Zwenkau, zur Verfügung stellen. Die Bücher trafen in Leipzig nie ein, es handelt sich um ein vorgetäuschtes Tauschverfahren.

Jahrzehntelang bemühte sich die Museumsleitung, diese Instrumente aufzuspüren. Alfred Hense, der von Hubert Henkel im Jahre 1973 besucht wurde, äußerte sich bezüglich dieses Vorgangs: „Dr. Eller hat das Instrument [Cembalo] verschoben."[135] Die Familie Moeck bestritt in den späteren Jahren, dass sie mit dem Cembalo etwas zu tun gehabt habe – obwohl ein Brief von Hermann Moeck jun. mit dem Datum 11. Mai 1950 an Eller existiert, in dem es heißt: „Wegen des Cembalos hat sich übrigens noch keiner gemeldet."[136] Auch Eller kannte die Standorte des Cembalos und der Döring-Gambe, wie dies eine Liste der Leihgaben vom 2. November 1950, welche anlässlich einer Inventur zusammengestellt wurde, bestätigt.[137]

Hense hat mehrfach auf die Rückführung der Instrumente gedrängt. „Auf Grund dieser und ähnlicher Differenzen mit Dr. Eller und dem damaligen Leiter, Prof. Dr. Serauky, sei er schließlich hinausgeworfen worden, er wäre gern am Museum geblieben."[138] Friedrich Ernst hatte sich sehr um das Museum verdient gemacht, er hatte unter besonders schwierigen Umständen die Arbeit aufgenommen. Ernst restaurierte, forschte, organisierte Rücktransporte und Kohle und erledigte außerdem sämtliche Arbeiten eines Kustoden: Vorbereitung der Ausstellungen, Schriftverkehr, Auskunft auch über wissenschaftliche Fragen, Katalogisierung, Bücherkauf, Instrumentenankauf und ähnliches gehörten noch zu seinem Betätigungsfeld. Er legte eine Kartei über Instrumentenbauer und über Instrumente an und zeichnete vieles auf.

„Einen schweren Verlust erlitt das Museum durch das Ausscheiden des ersten Restaurators Friedrich Ernst, der eine Fachkraft von ganz außergewöhnlichen Kenntnissen und Fähigkeiten war. Die Lösung der bevorstehenden großen Aufgaben des Museums, insbesondere der Restaurierungsarbeiten und der wissenschaftlich-systematischen Arbeiten, wird weitgehend davon abhängen, ob es in absehbarer Zeit gelingen wird, die freigewordene Stelle wieder mit einem hochqualifizierten und wissenschaftlicher Arbeit befähigten Fachmann zu besetzen."[139]

Wiederaufbau nach 1945

Erhebliche Schwierigkeiten standen auch dem Wiederaufbau des Grassimuseums entgegen, schließlich befanden sich zahlreiche andere Gebäude in Leipzig in ruinösem Zustand. In der Hochschule für Musik wurden dem Musikwissenschaftlichen Institut zwei kleine Arbeitsräume und den Restauratoren des Museums ein Raum zugewiesen. Mitte 1946 beklagte man, dass der Nordflügel des Museums noch kein Dach und keine Fenster habe, so dass man sich um die provisorische Schließung von acht Fenstern,

---

134 Von Hilmar Höckner sind im August 1947 für 175 M, Bezahlung per Postscheck, Bücher angekauft worden. Bleistiftvermerk auf einem Schreiben des Volksbildungsamtes vom 1. August 1947, Archiv MfM.

135 Hubert Henkel: Aktennotiz vom 29. November 1973 und Nachtrag unmittelbar nach dem Gespräch mit Hense, ohne Datum (Anfang Januar 1974), Archiv MfM. Hense war vom 1. Januar 1946 bis Ende 1954 im Museum angestellt.

136 Hermann Moeck an R. Eller, 11. Mai 1950, Archiv MfM.

137 Liste der Instrumente außerhalb des Museums, aufgenommen von Alfred Hense, Listenführer Heinz Jurisch, Kontrolleur Assistent Dr. Rudolf Eller und Brigitte Schipke. Maschinenschriftliche Dokumente im Archiv MfM, Ordner ‚Verschollene Instrumente', Datum: 2. November 1950 und 15. November 1950.

138 H. Henkel: Aktennotiz vom 29. November 1973 und Nachtrag (wie Anm. 135).

139 Jahresbericht 1948 vom 1. März 1849, gezeichnet Eller, S. 2, Archiv MfM.

140 Antrag Hense, 7. Juni 1946 und Bericht von Richard Petzoldt an das Volksbildungsamt der Stadt Leipzig, 3. September 1946, Archiv MfM. Auf diese Problematik wird noch 1950 hingewiesen.

Titel	Ort	Beschreibung	Ausstellungsdauer	Zahl der Besucher	Anmerkung
Kunstgewerblich interessante Musikinstrumente	Museum für Kunsthandwerk	120 Instrumente	2. März– 15. April 1947	3613	Anlässlich der Leipziger Frühjahrsmesse, Führungen, Vorführungen von Instrumenten
Historische Musikinstrumente	Hochschule für Musik	„kleine Lehrsammlung"	ab März 1949		
Alte Musikinstrumente	Städtische Bibliothek, Markt 8	Die kleine Schau wird noch erweitert.	ab Anfang 1948		Behelfsunterbringung, da die Räume im Grassi nicht beheizbar sind.
Gemeinschaftschau Leipziger Museen	Ringmessehaus	160 Instrumente aus der Zeit zwischen dem 16. und 19 Jahrhundert[147]	9. Mai–31. Juli 1948		Vorbereitet von F. Ernst. Konzerte, Führungen
Rokoko Kunst der Goethezeit	Gohliser Schlösschen	14 Instrumente, 2 Bilder und 1 Notendruck, Flügel von J. A. Stein	Juli–August 1949	19 337	Eröffnung: 30. Juni 1949 mit Vortrag und Konzert des Collegium Musicum
Messeschau des Kunstgewerbemuseums	3 Wandvitrinen, 13 Instrumente des Bachorchesters[148]				
Bach und die Instrumente seiner Zeit	Große Ratsstube im Alten Rathaus[149]		22. Juli– 30. September 1950		circa 30 Führungen mit durchschnittlich 25 Besuchern
Ausstellung anlässlich der Musik-Volkstage	Zoo, Weißer Saal	30 Volksmusikinstrumente in 5 Glasvitrinen	17. November– 19. November 1950		Circa 1000 Besucher, Führungen

Ausstellungen der Nachkriegszeit

den Bau einer Trennwand und die Abdichtung des Daches bemühte, um einen Lagerraum zu gewinnen.[140] Die Notbehelfe, der Personal- und Materialmangel bedeuteten immer wieder Rückschläge. Dazu seien einige Dokumente zitiert:

„Wegen der zunehmenden Kälte mussten die Restaurierungsarbeiten im Grassimusem unterbrochen werden. Dafür setzten umfangreiche Spezialuntersuchungen ein, vor allem die Schaffung und der Ausbau mehrerer Karteien durch den Konservator Ernst, die als Ersatz für die dem Museum verloren gegangenen wissenschaftlichen Materialien dienen werden."[141]

„Eine bei den Schneefällen eintretende Undichte des neugedeckten Daches machte Beseitigung größerer Wassermengen und das Umräumen größerer Instrumentenbestände notwendig."[142]

„Man bedauerte, dass bei der äußerst dürftigen gegenwärtigen Lage des Musikinstrumenten-Museums, das während des Bach-Jahres 1950 seine Heizkörper an ein anderes Museum abgeben musste, eine Planung auf längere Sicht nur hypothetische Bedeutung haben kann."[143]

„Dort wurde ohne unser Wissen und Einverständnis von Bauarbeitern eine Tür geöffnet, um Mauersteine zu gewinnen, wodurch der Zugang zu unseren alten Museumsräumen nicht mehr geschützt wurde."[144]

„Die ehemaligen, noch ausbaufähigen Räume des Instrumentenmuseums im Grassi-Museums wurden in Selbsthilfe durch die beiden Restauratoren von Schutt gesäubert. Ein Teil der Räume wurde durch eine behelfsmäßige Bretterwand abgeteilt, so dass dort etliche Museumsbestände lagern können."[145]

„Die beiden Restauratoren waren [...] vorwiegend als Bauarbeiter tätig: sie beseitigten eine Luftschutzmauer, putzten deren Ziegel für die geplante neue Abschlusswand, erweiterten die Lagerräume durch vorläufige

---

141 Musikinstrumenten-Museum an das Volksbildungsamt, Abteilung Kunst und Kunstpflege, Monatsbericht Dezember 1947, 10. Januar 1948.

142 Monatsbericht des Musikwissenschaftlichen Instrumentenmuseums der Universität für Februar 1950, ohne Datum, gezeichnet von Serauky, Archiv MfM.

143 Jahresplanung 1951, gerichtet an das Amt für Kunst und Literatur, Rat der Stadt, 10. Dezember 1950, gezeichnet von Walter Serauky, Direktor, Archiv MfM.

144 Monatsbericht Januar 1948, gez. P[etzold], Archiv MfM.

145 Vierteljahresbericht 8. April 1946, Archiv MfM.

146 Monatsbericht für August vom 15. September 1946 von Richard Petzoldt, Archiv MfM.

147 Veranstalter: Volksbildungsamt. Ein Plakat zur Ausstellung befindet sich im Stadtgeschichtlichen Museum Leipzig: PL 48/48a. Siehe auch: *Führer durch die Gemeinschaftschau der Leipziger Museen, Ringmessehaus*, Leipzig 1948.

148 Monatsbericht Februar 1950, Archiv MfM.

149 Siehe Monatsberichte Juli und August 1950 im Archiv des Museum. Zahlreihe Führungen wurden von Museumsmitarbeitern durchgeführt. Für die Ausstellung wurde die Silbermannorgel aus Rötha in 23 Tagen demontiert und im Rathaus aufgebaut. Punktebewertung Juni 1950, 18. Juli 1950.

Holzwände, fuhren Schutt ab, arbeiteten an Fensterverglasung usw."[146]
Noch bis Ende 1948 war man damit beschäftigt, brauchbares Material vom Rest zu trennen und aus dem Grassimuseum wegzutragen,[150] um für die anstehenden Baumaßnahmen Platz zu schaffen. Unter diesen unglaublich schwierigen Umständen wurden Ausstellungen und Konzerte[151] organisiert, Instrumente für diesen Zweck sowie für Rundfunkübertragungen hergerichtet. Diese kulturellen Angebote waren für die Bevölkerung in der vom Krieg gezeichneten Stadt von besonderer Bedeutung.[152] Bereits Ende Februar 1947 lud man zur Sonderausstellung ‚Kunstgewerblich interessante Musikinstrumente' in die nicht zerstörten Räume des Museums für Kunsthandwerk ein. Besucher nahmen die Gelegenheit wahr, die Schätze anzuschauen oder sich eines der Konzerte anzuhören.[153] Diese und weitere Ausstellungen der Nachkriegszeit sind in vorstehender Übersicht zusammengefasst.

Um die Produktion der Wirtschaft anzukurbeln, wurde 1947 nach sowjetischem Beispiel von der Partei SED eine Aktivisten- und Wettbewerbskampagne initiiert. Als ihre Entsprechung für die Kulturarbeit in Leipzig lässt sich das bald darauf eingeführte – von den Mitarbeitern des Musikinstrumenten-Museums stets als ungerecht empfundene – Punktesystem[154] verstehen. Die Quartals- und Jahrespläne, die Monats- und Jahresberichte, die in dreifacher Ausfertigung beim Amt für Kunst und Kulturpflege eingereicht werden mussten, dokumentieren nicht nur die Veranstaltungen und die Zahl der Besucher, sondern auch den gesellschaftlichen Wandel. Aus dem Arbeitsplan des Amtes für das III. und IV. Quartal 1950[155] wird auch die immer stärkere Politisierung der Arbeit in den Museen, die nunmehr Kulturkampf heißt, ersichtlich.

„Inhalt: Kämpferischer Humanismus auf demokratischer Grundlage
Fronteinstellung:
1. Kampf gegen die zersetzenden Einflüsse des imperial. Kulturzerfalles und der Kulturbarbarei.
2. für eine neue demokratische Kultur Deutschlands aus der Freundschaft zur Sowjet-Union und den volksdemokratischen Ländern."[156]

Für das Jahr 1950 wurde eine Statistik über das Museum zusammengestellt, aus der entnommen werden kann, welche Personen für die Angelegenheiten des Museums zuständig waren. Schließlich galt noch immer, dass das Museum und das Institut in einem städtischen Gebäude gemeinsam verwaltet und bewirtschaftet wurden. Als für das Museum verantwortliche Personen werden Prof. Dr. Walter Serauky als Direktor, Rudolf Eller als Assistent am Musikwissenschaftlichen Institut der Universität sowie die derzeit noch städtischen Museumsangestellten Alfred Hense und Heinz Jurisch genannt. Es standen für die Einlagerung der Sammlung, nachdem im Oktober 1950 die Fenster auch im Obergeschoss verglast werden konnten,[157] nunmehr circa 800 m² zur Verfügung. Das Grassimuseum hatte immer noch kein Dach, und es gab nicht einmal eine Aussicht auf Instandsetzung.[158]

„Der Charakter des Museums als Universitätsmuseum erfordert, wie schon wiederholt betont, eine besondere Beurteilung. Das Museum ist schon durch seinen Personalbestand nicht in der Lage, an der öffentlichen Tätigkeit anderer Museen sich zu beteiligen; das gesamte wissenschaftliche Personal hat zunächst und vor allen Dingen wissenschaftliche Forschungs- und Lehraufgaben und ist nicht in der Lage, sich mit der vom Amt gewünschten Werbe- und Verwaltungstätigkeit eingehend zu beschäftigen."[159]

So blieben nicht nur die Restaurierungen, sondern sämtliche praktische Aufgaben, wie die Organisation von Trans-

---

150 „4. August 1947: Die Baugruppe des Kunstgewerbemuseums macht den früheren Institutssaal schuttfrei." „17. September 1947: Dachgeschoss: eine Mauer wurde umgelegt, Steine mit Hilfe der Baugruppe weggebracht." Aus dem Tagebuch von Friedrich Ernst im Archiv MfM.

151 Siehe W. Schrammek: *Alte Musik an der Universität Leipzig* (wie Anm. 73)

152 Entsprechende Aufforderungen kamen beispielsweise vom Volksbildungsamt, Abteilung Kunst und Kunstpflege, siehe Rundschreiben von 12. Dezember 1946, Archiv MfM.

153 Helmut Zeraschi: *Geschichte des Museums* (Schriftenreihe des Musikinstrumenten-Museums der Karl-Marx-Universität, Heft 2), Leipzig 1977, S. 24 f.; Dokumente im Archiv MfM: Einladung zur Eröffnungsfeier sowie Aufzeichnungen von Friedrich Ernst, 1947: 2. März 1947–15. April 1947: Sonderschau historischer Musikinstrumente im KGM. Eröffnung mit Musik im Alten Senatssaal; 13. März 1947: Rundfunkaufnahme mit historischen Musikinstrumenten. Übertragen am 17. März 1947 von 22.35 bis 23.00 Uhr. Friedrich Ernst: Tagebuch im Archiv MfM. D-LEsa: Stadtverordnetenversammlung und Rat der Stadt, Nr. 8652, Blatt 33–34.

154 Beschluss der Belegschaftsversammlung der Leipziger Museen am 25. Januar 1949. Rundschreiben des Dezernates Volksbildung, Amt für Kunst und Kunstpflege, 25. Januar 1949, Archiv MfM.

155 Dokument über 23 Seiten, erhalten blieben nur jene Seiten, die das Museum betreffen (S. 2, 21–23). Ohne Datum, Mitte 1950, Archiv MfM.

156 Ebenda, S. 2.

157 Monatsbericht des Direktors an das Amt für Kunst und Literatur, für Oktober 1950, 3. November 1950, Archiv MfM.

158 „Das Stadtbauamt macht jedoch darauf aufmerksam, dass die endgültige Instandsetzung, bestehend aus der Eindeckung des Massivdaches [über dem Nordflügel, Anm. d. Verf.] mit Pappe, in den Finanzierungsplänen dieses Jahres nicht vorgesehen ist und dementsprechend erst zu einem späteren Zeitpunkt durchgeführt werden kann." Dokument vom Dezernat Volksbildung, Amt für Kunst und Literatur, an das Musikwissenschaftliche Instrumentenmuseum, 17. November 1950, Archiv MfM.

159 Walter Serauky: Dokument ohne Datum, Anfang Dezember 1950, Archiv MfM.

porten, Abräumung von Schutt, Schaffung von Lagerprovisorien, die Vorbereitungen der Ausstellungen, die Erstellung von Inventarlisten und auch die Beantwortung der fachspezifischen Anfragen die Aufgaben der Restauratoren Friedrich Ernst und Alfred Hense.

Die Bauarbeiten, die in die Zuständigkeit der Stadt gehörten, verzögerten sich und gingen nur schleppend voran. Seit 1949 existierte ein Plan für den Wiederaufbau einer Ausstellung, dafür wurde von Serauky ein Ausstellungskonzept erarbeitet. Demnach sollten die Abteilungen nach Stilperioden gegliedert werden, außerdem waren drei Sonderabteilungen (exotische, mechanische und elektrische Musikinstrumente) vorgesehen.[160] Das Zentrum der Ausstellung sollte eine Johann-Sebastian-Bach-Erinnerungsstätte bilden.[161] Auch Restaurierungen wurden nach diesen Listen vorgenommen.[162] 1949 rechnete man mit der Möglichkeit, dass anlässlich des Deutschen Bachfestes

(27.–31. Juli 1950) eine Wiedereröffnung stattfinden könnte,[163] dies zerschlug sich aber bald.

Aus eingesparten Haushaltmitteln des Rates der Stadt Leipzig konnte eine gewisse Summe für die Wiederherstellung des Erdgeschosses bereitgestellt werden. Zunächst wurde der Bachsaal hergerichtet, der seit Herbst 1952 als Veranstaltungsraum für Konzerte[164] und Vorträge Besucher empfing. Im Lauf des Jahres wurde die Restaurierung[165] der Silbermann/Hildebrandt-Orgel beendet und das Instrument am 29. Juni 1953 feierlich eingeweiht. Seit dem Wintersemester 1953 fanden die Lehrveranstaltungen des Musikwissenschaftlichen Instituts wieder in den alten Räumen im Grassimuseum statt, auch das Collegium musicum nahm seine Arbeit unter Paul Rubardt wieder auf. Aufträge an Instrumentenbauer wurden vergeben, um Sammlungsstücke wieder in spielbaren Zustand zu versetzen. So reparierten beispielsweise der Markneukirchner Gamben- und Lautenbauer Hans Jordan die Hoffmann-Theorbe (Inv.-Nr. 506) und Hans Zölsch die Busch-Altgambe (Inv.-Nr. 808) und lieferten Spiel- und Bundsaiten für Diskant-, Alt- und Tenorgamben.[166] Rudolf Elger in Leipzig bekam den Auftrag, eine Nachbildung einer Bassviola herzurichten.[167]

„Zur Reparatur selbst brauche ich nichts zu bemerken. Sie werden alles nötige daran tun, daß möglichst die Spielbarkeit erreicht wird. Vielleicht lassen sich die Holzschrauben zur Befestigung des Theorbenkragens durch Holzdübel ersetzen. In der gleichen Kiste von der Theorbe wird eine Busch-Altgambe mit beiliegen. Diese soll laut Herrn Dr. Rubardt, welcher nunmehr Assistent und Kustos des Museums geworden ist, von dem Geigenbauer Zölsch repariert werden."[168]

Walter Serauky stellte 1953 sein Ausstellungskonzept, welches eine Hauptgliederung nach Zeitaltern und Musikepochen vorsah und innerhalb dieser Untergruppen von Stilkreisen und Instrumentengattungen bildete, auf dem Internationalen Musikwissenschaftlichen Kongress in Bamberg vor.[169] Die Objekte sollten – den neuen kulturpolitischen Forderungen entsprechend – in ihrer Beziehung zur jeweiligen Zeit und Gesellschaft ausgestellt werden. Als Leitfaden lag das *Hilfsbuch der Museumsarbeit*, eine Publikation der Generaldirektorin der Dresdner Sammlungen, vor.[170]

„Die Ausstellung wurde nun nach völlig neuen Gesichtspunkten gegliedert, […] geschichtlich und nach Stilkreisen geordnet. Als eine der wesentlichsten neuen Errungenschaften wurde eine Tonbandapparatur geschaffen, die die Schätze des Museums auch zum klingenden Leben erwecken soll."[171]

Die Neueinrichtung der Ausstellung begann im Herbst 1953 und war Aufgabe von Paul Rubardt und Peter Schmiedel. Zur besseren Übersicht erhielt das Erdgeschoss eine neue Untergliederung in insgesamt vier Räume. Die Türen waren mittig eingesetzt, so bildete der Mittelgang die vir-

---

160 Vgl. Arbeitsplan für das III. und IV. Quartal 1950 (wie Anm. 155), S. 21.

161 Jahresbericht 1949, gezeichnet von Serauky, ohne Datum, Begleitschreiben 27. Januar 1950, Archiv MfM.

162 Monatsbericht von Alfred Hense für Dezember 1949, 23. Januar 1950, Archiv MfM.

163 Arbeitsplan des Musikwissenschaftlichen Instrumentenmuseums der Universität für 1950, ohne Datum, gez. von Serauky, Archiv MfM.

164 Seit Herbst 1952 stand ein einmanualiges Cembalo, hergestellt von der Firma Gebrüder Ammer in Eisenberg, Thüringen, für Konzertzwecke und Unterricht zur Verfügung. Briefe im Archiv MfM von 7. Juli 1953, 8. Juli 1953, 27. Juli 1953.

165 Die Orgel war „durch Kriegseinwirkungen außerordentlich stark beschädigt worden". Die Kosten der Restaurierung wurden für das Jahr 1952 beantragt und auf 4000 M veranschlagt. Maschinenschriftlicher Brief von Dr. Rudolf Eller an das Landesamt für Volkskunde und Denkmalpflege, 29. Januar 1952, Archiv MfM.

166 Siehe Eszter Fontana: *Annäherungen an die Alte Musik. Leipziger Protagonisten einer ‚Bewegung'*, S. 327–336, und W. Schrammek: *Alte Musik an der Universität Leipzig* (wie Anm. 73).

167 Anschreiben vom 26. Oktober 1953, Kostenvoranschlag vom 1. November 1953 und Auftrag von 3. November 1953, Archiv MfM.

168 Brief an Hans Jordan von Alfred Hense, 7. November 1953, Kopie im Archiv MfM. Zölsch bekam weitere Aufträge zu einem Violoncello piccolo (Hoyer) und einer Viola d'amore von W. Baudis, 1780 (Inv.-Nr. 842). Dokumente im Ordner 1950–1953, Archiv MfM.

169 W. Serauky: *Ausgewählte instrumentenkundliche Probleme in einem Musikinstrumenten-Museum*, in: Kongressbericht Bamberg 1953, Kassel und Basel 1954, S. 82–85.

170 Gertrud Rudloff-Hille: *Hilfsbuch der Museumsarbeit*, Dresden 1953. Siehe auch: H. Zeraschi: *Geschichte des Museums* (wie Anm. 150), S. 27.

171 w.h [Wolfgang Hanke]: *Museumsgut zu klingendem Leben erweckt. Zur Eröffnung des Musikwissenschaftlichen Instrumentenmuseums der Karl Marx Universität*, in: Union, 28. September 1954.

172 So waren Instrumente der Renaissance und der Klassik praktisch in einem Raum. Es wurde 1982 zumindest überlegt, eine Zwischenwand aufzuziehen. Vorschläge und Bedenken den Umbau des Museums betreffend, 28. April 1982, [Ruth] Rü[hle], Archiv MfM.

tuelle Trennung[172] der Abteilungen. Im Erdgeschoss waren sieben Themen untergebracht.

Abt. 1: Musikinstrumente des Altertums, des Mittelalters und der Renaissance
Abt. 2: Die Musikinstrumente des Frühbarocks. Praetorius und seine Zeit
Abt. 3: Hochbarock. Heinrich Schütz und seine Zeit
Abt. 4: Bach-Saal. Die Musikinstrumente der Zeit Johann Sebastian Bachs
Abt. 5: Musikinstrumente des Rokoko (Galanter Stil) und Wiener Stilkreis: Flügel, Klaviere und Kammermusikinstrumente
Abt. 6: Das Instrumentarium der Wiener Klassik
Abt. 7: Die Musikinstrumente der Romantik

Im ersten Obergeschoss im Henri-Hinrichsen-Saal wurde nach dem gleichen Prinzip der Mittelgang als Trennlinie zwischen den Abteilungen genutzt. Auf der rechten Seite (Straßenseite) stellte man besondere Kostbarkeiten, darunter auch die Instrumente von Bartolomeo Cristofori, auf. Damit wurde teilweise die alte Funktion des Raumes als Zimeliensaal beibehalten. Auf der Gartenseite wurden Musikinstrumente des 19. Jahrhunderts sowie mechanische und Friktionsinstrumente aufgestellt. Im zweiten Obergeschoss (Dachgeschoss) richtete man zwei Abteilungen für europäische und außereuropäische (Volks-) Musikinstrumente ein. Nahezu 800 Instrumente wurden auf diese Weise ausgestellt, ein Führer durch die Sammlung mit Kurzbeschreibungen und Erläuterungen von Paul Rubardt und mit einem Vorwort von Walter Serauky erschien im Jahre 1955.[173]

Die feierliche Eröffnung mit Festreden und einem Festkonzert fand am 25. September 1954 statt. Professor Walter Serauky (1903–1959) als Leiter des Instituts sprach Grußworte und „konnte beim Festakt zur Eröffnung in seinem anschaulichen Rückblick auf die Geschichte und Wiederherstellung des Museums mit berechtigtem Stolz die neuerschlossene Instrumentenschau als eine Quelle wissenschaftlicher Belehrung und künstlerischer Anregungen bezeichnen."[174] Er bedankte sich für die großzügige Unterstützung der Stadt, der Regierung und der Universität. Ebenso richtete er seine Dankesworte an die Mitarbeiter: den Leiter des Museums, Dr. Rudolf Eller, die Assistenten Dr. Peter Schmiedel und Dr. Paul Rubardt (1892–1971, seit 1953 Kustos am Museum) und die Restauratoren Alfred Hense und Heinz Jurisch. Für den Festvortrag mit dem Titel *Vom Umgang mit alten Musikinstrumenten* war der ehemalige Riemann-Student Professor Rudolf Steglich (1886–1976) eingeplant. Steglich war seit 1930 Leiter des Musikwissenschaftlichen Seminars und der Universitätssammlung in Erlangen sowie jahrelanger wissenschaftlicher Betreuer der Sammlung Rück.[175] Sein Beitrag wurde wegen einer ‚unerwarteten Erkrankung' des Redners vom Assistenten Peter Schmiedel vorgelesen. Dem Festakt wurde ein würdiger Rahmen verliehen durch Orgelwerke alter Meister und freie Improvisationen, auf der Silbermann/Hildebrandt-Orgel vorgetragen vom Universitätsorganisten Robert Köbler, sowie durch einen Auftritt des ‚Kammerorchesters der Universität' unter der Leitung von Friedrich Rabenschlag.[176]

„Die einzelnen Instrumentenfamilien treten nun nicht mehr ohne Verbindung mit ihrer praktischen Verwendung und ihrer klangstilistischen Zugehörigkeit vor den Beschauer. Die jetzige Aufteilung grenzt die einzelnen Epochen der Musikgeschichte klar voneinander ab. Altertum und Mittelalter treten als geschlossenen Gruppen in Erscheinung. Mit der Renaissance wird eine neue Form musikalischer Praxis ins Blickfeld gerückt und zwar wird diese durch das Eingehen auf bestimmte Stilkreise näher veranschaulicht. Instrumente eines Baseler Stilkreises um 1511 sind nach historischen Belegen zusammengestellt, und Besonderheiten des Renaissanceorchesters werden am Beispiel der Musikkammern der Isabella von Este und des Federigo von Urbino aufgezeichnet. Aus der Musikkultur des Barock sind das von Michael Praetorius belegte Orchester, die in den Symphoniae sacrae und dann im Weihnachtsoratorium von Heinrich Schütz geforderten Instrumentengruppen und schließlich das Bach-Orchester hervorgehoben. Weiterhin sind der Galante Stil des Rokoko, die Klangkultur der Wiener Klassik und die Aufführungspraxis der Romantik mit besonderer Berücksichtigung von Berlioz und Wagner durch eine kluge Zusammenfassung der Museumsbestände illustriert. Im letzten der fünf Säle kommt die jüngste Entwicklung des Instrumentenbaus zu ihrem Recht. Die vorhandenen exotischen Instrumente sind zusammengefasst. Die Volksmusik mit ihren Klangträgern findet lehrreiche Berücksichtigung. Mancherlei Ab- und Unarten der mechanischen Musikinstrumente

---

173 Paul Rubardt: *Führer durch das Musikinstrumenten-Museum der Karl-Marx-Universität Leipzig*, Leipzig 1955, 2. Aufl. 1964.

174 Go: *Das wiederentstandene Musikinstrumenten-Museum* (wie Anm. 125).

175 Seine Nazi-Vergangenheit war möglicherweise in Leipzig nicht bekannt. Steglich teilte Ulrich Rück am 28.4.1948 mit, dass er zwar kein Mitglied der NSDAP gewesen, aber von der Erlanger Spruchkammer als Mitläufer eingestuft worden sei. Vgl. Ralf Ketterer: *Schreibmaschinen hämmern alte Musik. Die Korrespondenz im Nachlass Dr. Dr. h. c. Ulrich Rück*, in: Kulturgut. Mitteilungsblatt des Germanischen Nationalmuseums, 2007, 2. Quartal, Heft 13, S. 12–14, hier S. 13.

176 Einladung im Archiv MfM und Konzertbericht, ohne Autor: *Lebendige Musikwissenschaft. Das Festkonzert zur Eröffnung des Musikinstrumenten-Museums*, in: Union, 1. Oktober 1954 (Archiv MfM). Siehe auch W. Schrammek: *Alte Musik an der Universität Leipzig* (wie Anm. 73).

177 Go: *Das wiederentstandene Musikinstrumenten-Museum* (wie Anm. 125).

sind vertreten. Abschließend fesselt noch eine besondere Auswahl kostbarer historischer Instrumente."[177]

Viele der Instrumente waren frei aufgestellt, man rechnete eher mit disziplinierten Erwachsenen als mit Kindern. Die ersten Erfahrungen nach der Eröffnung zeigten, dass Unachtsamkeit der Kinder in Schulklassen zu Beschädigungen führen kann, so wurde eine Altersgrenze eingeführt.

„Betr. Volksschulen und Volksmusikschulen. (Stets bei der Anmeldung vorzulesen) Bei der Anmeldung von Volksschulen und Volksmusikschulen ist darauf hinzuweisen, daß nur Kinder über 14 Jahre zur Besichtigung des Musikinstrumenten-Museums zugelassen werden können. Nur bei diesem Alter kann man eine gewisse Reife des Verstandes für alte Musikinstrumente und die unbedingt nötige Disziplin erwarten. Kinder in jüngerem Alter können **auf keinen Fall** zugelassen werden, da in letzter Zeit durch solche Kindergruppen schwere Beschädigungen im Museum vorgekommen sind. Die Direktion des Musikinstrumenten-Museums weist daher mit Entschiedenheit darauf hin, daß diese kostbaren Instrumente Volkseigentum sind und vor jeder willkürlichen Beschädigung geschützt werden müssen!"[178]

Organisatorische Maßnahmen, Einführung der Inventarbücher

Ein Schreiben des Dezernats Volksbildung, Amt für Kunst und Kunstpflege, mit dem Datum 1. Juni 1948 forderte die Leipziger Museen auf, ihre Bestände zu inventarisieren und eine Liste der wertvollsten Stücke zu erstellen.[179] Aus den Jahren 1950, 1951 und 1952 existieren handschriftliche Listen, möglicherweise wurde ein in den früheren Jahren praktiziertes System weitergeführt. In einigen wenigen Fällen gibt es Hinweise auf die alten Nummern (Jahreszahl/Laufende Nummer, jedes Jahr ab Nr. 1). Im Jahre 1953, unter Paul Rubardt, als der Gebäudezustand dies endlich zuließ, begann man die Bestände systematisch zu prüfen, um den Erhaltungszustand der Instrumente beziehungsweise die Kriegsverluste festzustellen – parallel zu den Vorbereitungen der neuen ständigen Ausstellung. Seit dieser Zeit wird für die Neuerwerbungen die Heyersche Nummerierung, grundsätzlich ab Nr. 3000, weitergeführt. In einigen Fällen wurden verschollene Instrumente auf die alte Nummer gesetzt, zum Beispiel die Zither (Inv.-Nr. 485, Kriegsverlust); sie bekam im Jahr 1950 die Listennummer 1950/1 und 1953 die Nummer 485n. Im Jahre 1954 wurden eine großformatige Kartei und ein Inventarbuch[180] für den alten Bestand angelegt. Das Inventarbuch beziehungsweise die Eintragungen in dem Direktorenexemplar des Heyerschen Kataloges können als Dokumente einer Inventur verstanden werden.

Das unter Dr. Helmut Zeraschi im Jahre 1959 eröffnete neue Inventarbuch[181] wurde bis 1996 geführt, als man ein neues Format etablierte, um etwas mehr Platz für Kurzbeschreibungen und damit für die Identifikation zu ermöglichen. Dieses Buch dient nur noch als eine Art amtliche Zusammenfassung der Bestände, die Dokumente zum Erwerb werden in Ordnern gesammelt. Ebenfalls 1996 wurden die Grundlagen einer elektronischen Verwaltung des Inventars gelegt und mit der detaillierten Beschreibung der Objekte sowie der Erfassung der bislang nur aufgelisteten beziehungsweise nicht inventarisierten Bestände[182] begonnen.

Dokumente zum Erwerb oder zum Objekt finden sich außer an den bereits aufgelisteten Orten in den gedruckten (teilweise auch online zugänglichen) Bestandskatalogen sowie in den ebenfalls nach Inventarnummern geführten Restaurierungsberichten. Das im Jahre 1998 eingeführte elektronische Inventarisierungsformular, das auch Spalten für weitere spezifische Angaben zur Geschichte des Instrumentes oder des Instrumentenbauers, Maße etc. erhielt, wurde 2009 verfeinert, um die vorhandenen Beschreibungen in eine spätere, größere Datenbank[183] leichter überfüh-

---

178 Unterstreichung im Original. Maschinenschriftlich, ohne Datum und Unterschrift, wahrscheinlich 1955, Archiv MfM.

179 Solche Listen, die die Objekte in verschiedenen Kategorien teilen, wurden in der rund 40-jährigen Geschichte der DDR weitergeführt. Die Listen befinden sich im Archiv MfM (Ordner Inventare).

180 Mit folgenden Angaben zum Objekt: Inv.-Nr., Name, Ort, Datum, Wert, Standort sowie Hinweise zu vorhandenen Fotos bzw. Negativen.

181 Mit folgenden Angaben zum Objekt: Inv.-Nr., Name, Kurzbeschreibung, Angaben zum Erwerb (Datum, Name, Preis).

182 Im Jahre 2003 wurde der Katalog der Notenrollen für selbstspielende Klaviere mit rund 3500 Einträgen fertiggestellt. Siehe auch: Eszter Fontana, Gabriele Kämpfe: *Sammlung historischer Tonträger – Elektronischer Katalog*, Teil I, Leipzig 2003, sowie Eszter Fontana (Hrsg.): *Namhafte Pianisten im Aufnahmesalon Hupfeld*, Halle 2000.

183 1998 wurde eine für die Verwaltung der Museumsbestände entwickelte Software gekauft und einige Jahre lang auch benutzt. Es konnte nicht vorausgesehen werden, dass das Programm nicht weiterentwickelt wird.

184 Der rasche Technologiewechsel, die damit verbundenen hohen Kosten und der nötige Personalaufwand erschwert momentan diese Arbeit. Bestimmte Datensätze (z. B. der ikonografischen Sammlung und der Noten) befinden sich bereits in einer Form der Datenbank. Die Verwaltung der vielen tausend Fotografien gehört ebenfalls zu den noch zu lösenden Aufgaben. Ein im Jahr 2009 gestartetes, durch die Europäische Union gefördertes Projekt wird es zulassen, die Grundeinträge von insgesamt 45 000 Musikinstrumenten der zehn größten Europäischen Museen online zu betrachten (MIMO ‚Musical Instruments Museums Online'). Im Zuge dieser Arbeit kann mit Hilfe zusätzlich beschäftigter Mitarbeiter die gesamte Sammlung nach einheitlichen Kriterien beschrieben werden. Hierzu gehört die Erstellung von Datensätzen aus den gedruckten Bestandkatalogen.

ren zu können.¹⁸⁴ Die wichtigste Aufgabe der nächsten Jahre besteht darin, erweiterungsfähige, leicht konvertierbare Datenbanken für alle Sammlungen zu erstellen, die die bereits an verschiedenen Orten existierenden Informationen zusammenführen, beziehungsweise den elektronischen Zugang zu den bereits vorhandenen Angaben und Dokumenten¹⁸⁵ ermöglichen.

Sammlungserweiterung

Während vor dem Krieg die Kollektion eher als eine geschlossene Sammlung betrachtet wurde, musste dieses Konzept nach dem Krieg – nicht zuletzt wegen der auf 40 Prozent geschätzten Verluste –, geändert werden. Das frühere Sammlungsprofil der europäischen Kunstmusik des 16.–19. Jahrhunderts wurde erweitert, und es war vorgesehen, „vor allem Instrumente der europäischen Kunst- und Volksmusik,¹⁸⁶ jetzt bis zur Gegenwart, und insbesondere Zeugnisse des Leipziger Instrumentenbaus"¹⁸⁷ zu sammeln. Seit 1995 ist das Sammlungskonzept – auch aus Kapazitätsgründen – genauer definiert. Das Hauptaugenmerk ist auf den Sächsischen Musikinstrumentenbau, die Erweiterung der bestehenden Sammlungen und auf musikhistorisch herausragende oder didaktisch unverzichtbare Objekte gerichtet. Eine große Bedeutung wird dabei den Instrumenten des 19. und vor allem des vergangenen 20. Jahrhunderts beigemessen. Auch die ikonografische Sammlung wird weiter entwickelt, da eine solche Sammlung seit der Gründung zu den Traditionen dieses Museums gehört¹⁸⁸ und mittlerweile eine seiner Stärken bildet. Für diese Vorhaben stellen die finanzielle Situation und die Auslastung der Magazine eine Grenze dar. Neuerwerbungen werden vom Freundeskreis des Museums seit seiner Gründung im Jahre 1992 maßgeblich unterstützt, aus Förderungen oder aus sogenannten Sondermitteln der Universität wird der Erwerb herausragender Objekte finanziert, wie zum Beispiel das außerordentlich wertvolle Clavichord aus dem Umkreis von Bartolomeo Cristofori, das einzig erhaltene Dokument einer weiteren Erfindung dieses genialen Instrumentenbauers.

Durch gezielte Ankäufe und einzelne Schenkungen konnte der Bestand des Museums in der zweiten Hälfte des 20. Jahrhunderts wesentlich bereichert werden. Auch größere, geschlossene Sammlungen gelangten ins Museum.

1. Stiftung Wilhelm Meissner

Der Orgelbauer Wilhelm Meissner (1891–1959) aus Zörbig hinterließ nach seinem Tode seine Sammlung alter Musikinstrumente und vermachte den größten Teil dem Leipziger Museum. Im Jahre 1959 gelangten somit wertvolle Streich- und Blasinstrumente sowie ein Steinweg-Hupfeld-Flügel mit Notenrollen, eine Harfe und andere Instrumente in den Bestand der Universitätssammlung (Inv.-Nr. 3441–3489).

---

185 Z. B. Archivbestände, Querverweise auf die Restaurierungsdokumentation, Fotos, technische Zeichnungen, Radiografien, Ergebnisse der naturwissenschaftlichen Untersuchungen wie Dendrochronologie, Pigmentanalysen etc.

186 Die Aussage scheint politischer Natur zu sein. Europäische Volksmusikinstrumente wurden nie systematisch gesammelt. Durch Schenkungen, gelegentlich durch Ankäufe, kamen einzelne Instrumente in die Sammlung.

187 Hubert Henkel: *Musikinstrumenten-Museum der Karl-Marx-Universität Leipzig: Geschichte und Aufgaben,* in: Neue Museumskunde. Theorie und Praxis der Museumsarbeit 22 (1979), Nr. 2, S. 81–92, hier S. 84.

188 Auf die Notwendigkeit der Weiterentwicklung der Sammlung wies auch Helmut Zeraschi hin. Er schreibt, dass die von Heyer zusammengetragene ikonografische Sammlung nachträglich für Leipzig erworben wurde. Leider ist das nicht der Fall gewesen, die Sammlung wurde in Berlin versteigert. Vgl. H. Zeraschi: *Geschichte des Museums* (wie Anm. 150), S. 30.

189 Emil Gustav Krause, geboren am 9. März 1893 in Gräfenhain, Kreis Kamenz, verstorben 30. März 1973 wohnte in Naunhof, Gartenstraße 57, Angaben im Sterberegister, Pfarramt Naunhof. Die Angaben verdanke ich Klaus Gernhardt.

2. Sammlung Reka

Im Jahre 1960 erwarb das Museum annähernd 250 Musikinstrumente europäischer und außereuropäischer Herkunft von Paul Kaiser-Reka (1881–1963) aus Brandenburg. Kaiser trat unter dem Künstlernamen ‚Reka' als gefragter Varieté-Künstler und Musik-Clown in Erscheinung und beherrschte eine Vielzahl von Instrumenten. Zudem sammelte er im Laufe seines Lebens etwa 1000 Musikinstrumente. Teile seiner Kollektion verkaufte er an Museen in Köln, Brandenburg und rund 250 Objekte an das Museum der Universität in Leipzig (Inv.-Nr. 3514–3769). Auch sein Sohn Berol erbte einen Teil der Objekte und gründete damit die Musikinstrumentensammlung Reka in Frankfurt an der Oder.

3. Sammlung Krause

Der Nachlass des im Frühjahr des Jahres 1973 verstorbenen Musikers aus Naunhof, Emil Gustav Krause[189] wurde Ende desselben Jahres erworben. Er umfasst 34 Geigen, 2 Violen, 2 Celli, 2 Trompeten, 15 Mundstücke und eine Zither sowie 37 Geigen- und zwei Cellobögen. Die Sammlung besteht vorwiegend aus Vogtländischen Instrumenten (Inv.-Nr. 4200–4279; 4287–88).

4. Sammlung Weißgerber

Im Jahre 1985 konnten 28 Gitarren aus dem umfangreichen Nachlass des Markneukirchner Gitarrenbauers Richard Jacob (1877–1960) ‚Weißgerber' erworben werden. Damit dürfte es sich nicht nur um eine der größten zusammenhängenden Dokumentationen zum Schaffen Richard Jacobs handeln, sondern vor allem auch um eine der repräsentativsten und qualitativ wertvollsten Kollektionen des Markneukirchner Meisters. 1998 erwarb das Museum außerdem die im Originalzustand erhaltene, aus rund 600 Teilen bestehende Werkstatt von Richard Jacob. Vor der Überführung des Inventars nach Leipzig wurde die Werkstatt dokumentiert und inventarisiert, sie umfasst Schablonen, Werkzeuge, Maschinen, Beiz- und Poliermaterial, Rohmaterial und Bestandteile sowie die in der Werkstatt befindlichen Möbel.[190] Die nach diesen Dokumenten aufgestellte Werkstatt ist seit 2008 in der ständigen Ausstellung zu sehen.

5. Trommelsammlung Wolf

In den 1980er Jahren baute Thomas Wolf (1964–2002) in seiner Leipziger Werkstatt zahlreiche Membranophone (Congas, Bongos, Boobams, Tomtoms und andere) aus Kunststoff (Mischpolymerisat). Seine haltbaren und schön gestalteten Klanggeräte werden von Schlagzeugern vieler Orchester und Bands bis heute gern verwendet. Nach dem Tod von Wolf stiftete dessen Mutter dem Museum über 20 Instrumente aus dem Nachlass.[191]

Restaurierung, Konservierung und die Restaurierungswerkstatt als Ausbildungsstätte

Seit Bestehen der de Wit'schen Sammlung in Leipzig, beziehungsweise seit Gründung der Sammlungen in Köln im Jahre 1902 und ebenso nach dem Erwerb der Musikinstrumente für die Universität Leipzig gehört die Restaurierung zu den grundlegenden Aufgaben des Museums. Die Instandhaltung für Konzertzwecke, die Wiederherstellung der „durch Alter oder unverständige Behandlung schadhaft oder unbrauchbar"[192] gewordenen Instrumente zählte über Jahrzehnte, bis in die 1940er Jahre zu den wichtigsten Aufgaben.

Nach den Zerstörungen des Zweiten Weltkriegs und aufgrund der völlig unzureichenden räumlichen Situation der Nachkriegszeit war das Aufgabengebiet der Restauratoren besonders gefragt. Die Situation wurde jedoch zusätzlich dadurch erschwert, dass bis circa 1953 für die Museumsbestände keine geeigneten Lagerräume zur Verfügung standen und deshalb weitere, klimabedingte Beschädigungen zu befürchten waren. Für die Sammlung tätige Instrumentenbauer wurden durch ‚learning by doing' Restauratoren für Musikinstrumente.[193]

Für die musikpraktische Ausbildung und für Konzertaufführungen waren spielbare Instrumente notwendig,

---

190 Vgl. Andreas Michel (Hrsg.): *Gitarren von Richard Jacob ‚Weißgerber'* (Katalog des Museums für Musikinstrumente der Universität Leipzig), Leipzig 2007.

191 Vgl. Birgit Heise: *Membranophone und Idiophone. Europäische Schlag- und Friktionsinstrumente* (Katalog des Musikinstrumenten-Museums der Universität Leipzig), Halle und Leipzig 2002.

192 Georg Kinsky: *Katalog. Musikhistorisches Museum von Wilhelm Heyer in Cöln*, Bd. 1: *Besaitete Tasteninstrumente, Orgeln und orgelartige Instrumente, Friktionsinstrumente*, Leipzig 1910, S. 6.

193 Friedrich Ernst und Klaus Gernhardt beispielsweise. Siehe Klaus Gernhardt: *Kriterien für ein Restaurierungskonzept* (wie Anm. 77).

194 Winfried Schrammek: *Die Ausbildung von Musikinstrumenten-Restauratoren im Musikinstrumenten-Museum der Karl-Marx-Universität Leipzig*, in: Neue Museumskunde, 12 (1969), Heft 1, S. 98–105, hier S. 99.

und es ist aus den Monatsberichten ersichtlich, dass es nach dem Krieg zu den wichtigsten Aufgaben der Restauratoren gehörte, für diesen Zweck einige Instrumente bereitzustellen. Erhaltene Rechnungen belegen, dass mehrere Streich- und Zupfinstrumente Geigenbauern anvertraut wurden. So bekamen beispielsweise Rudolf Elger, Max Franke, Hans Müller und andere Aufträge.

Seit 1954 wurde das Souterrain des Nordflügels zu Werkstätten für die Restaurierung ausgebaut. Heinz Jurisch (1916–1972), seit 1954 Leiter der Werkstatt, erwarb sich dabei große Verdienste. Er begann bereits 1955, seine Kenntnisse an die jungen Kollegen, den Orgelbauer Klaus Gernhardt (geb. 1938) und den Klavierbauer Johannes Hacke (geb. 1928) weiterzugeben, die nach alter Tradition, durch berufspraktische Erfahrung, Spezialisten werden sollten. Bald reifte die Erkenntnis, dass eine reguläre Ausbildung notwendig sei und dass die Gegebenheiten in der Leipziger Sammlung sich durch die Verbindung mit der Universität für eine solche Einrichtung besonders gut eigneten. Im Februar 1959 verfasste die Museumsleitung ein Konzept und bat um die Anerkennung der Restaurierungswerkstatt als eine zentrale Ausbildungsstätte für Musikinstrumenten-Restauratoren der DDR,[194] ein weiteres folgte am 15. Februar 1963 aus der Feder von Winfried Schrammek. Die Verhandlungen, die Erarbeitung des Berufsbildes und der Ausbildungsrichtlinien begannen, der endgültige Text lag Anfang November 1965 vor und wurde am 16. Mai 1966 schließlich durch das Ministerium für Hoch- und Fachschulwesen offiziell bestätigt.

Die Ausbildung begann am 1. November 1966 mit zwei Studenten, ein Dritter kam 1967 hinzu. Es war eine praxisorientierte Ausbildung an der Hobelbank, ergänzt mit Spezialfächern wie zum Beispiel Fotografie, Materialkunde und Dokumentation, welche ebenfalls in der Restaurierungswerkstatt des Museums vermittelt wurden. Der Unterricht zur Musik- und Kunstgeschichte und das gesellschaftswissenschaftliche Pflichtfach wurden in den entsprechenden Vorlesungen der Universität beziehungsweise durch die wissenschaftlichen Mitarbeiter des Museums, Winfried Schrammek (Musikinstrumentenkunde) und Peter Schmiedel (Akustik), angeboten. Es bestand außerdem die Möglichkeit für Musikeinzelunterricht. Zu den Teilnahmevoraussetzungen gehörten „Abitur mit entsprechender Facharbeiterausbildung oder eine abgeschlossene Facharbeiterausbildung" als Musikinstrumentenbauer, Tischler oder Feinmechaniker sowie Grundkenntnisse im Klavierspiel und Spiel eines anderen Instrumentes.[195] Die Ausbildung endete nach drei Jahren mit einer schriftlichen und einer mündlichen Prüfung. Aus einer Museumsakte erfahren wir die offizielle Benennung der Fächer:

Restaurator für Kulturgut, Fachrichtung Musikinstrumente:[196]

Grundausbildung:
Marxismus-Leninismus
Deutsch, Kulturtheorie
Fremdsprachenausbildung
Museologie
Physik, Chemie (Giftprüfung)
Werkstoffkunde
Galvanotechnik
Dokumentation, Fotografie
Künstlerische Ausbildung

Fachausbildung:
Einführung in das Restaurierungswesen
Fachkunde
Objektanalyse
Musikalische Akustik
Ausstellung, Magazinierung
Hausarbeit

Mehrere Absolventen wurden später Mitarbeiter des Museums, seit den 1970er Jahren wird die Sammlung ausschließlich von Spezialisten betreut, die eine reguläre Restauratorenausbildung in Leipzig, Berlin oder an der Fachhochschule Köln genossen haben.

Bereits 1970 machte sich aufgrund eines Volkskammerbeschlusses zur ‚Aus- und Weiterbildung der Werktätigen' eine Änderung des bisherigen Angebotes notwendig. 1975 lagen die überarbeiteten Studienpläne genehmigt vor.

Die Restauratorenausbildung für die handwerksnahen Sparten (Objekte aus Holz, Papier, Keramik, Textil und Metall) sowie die Ausbildung von Museologen sollte ab 1976 zentral als Fachschulfernstudium[197] angeboten werden. Am Museum für Deutsche Geschichte in Berlin wurde hierzu im Jahre 1976 eigens eine neue Abteilung eingerichtet. Hier fanden die Vorlesungen des Grundstudiums statt, die in erster Linie politische Fächer und Russisch[198] beinhalteten.

Die Ausbildung am Leipziger Musikinstrumenten-Museum konnte zwar im Prinzip in diese zentral organisierte Ausbildung integriert werden, jedoch mussten die Studienpläne grundlegend überarbeitet werden. Klaus Gernhardt und Winfried Schrammek konnten dazu ihre Erfahrungen aus der bisherigen Restauratorenausbildung einbringen. Restauratoren für Musikinstrumente absol-

---

195 Geschichte und detaillierte Beschreibung des Lehrplanes siehe ebenda.

196 Qualifizierungsvertrag zwischen der Karl-Marx-Universität und Rosemarie Lorenz, ohne Datum. Ausgestellt für die Zeit von 1.9.1973 bis 31.08.1977, Archiv MfM, Personalakten, Rosemarie Agricola, geb. Lorenz.

197 Die Abschlüsse wurden 1993 als Fachhochschulabschluss anerkannt, die Absolventen waren berechtigt, sich dipl. Restaurator zu nennen.

198 In geringer Stundenzahl wurden auch Deutsch, Kulturtheorie, Ästhetik, Museologie und Kunstgeschichte angeboten. Rund zwei Drittel des Lernstoffes musste im Selbststudium erarbeitet werden. Vgl. Roland Hentzschel: *Information zum Fachschulfernstudium. Schriftliche Zusammenfassung eines Vortrages, gehalten am 21. Juni 2004 in der Fachhochschule Köln, Fachbereich Restaurierung*. Ich bedanke mich bei Herrn Hentzschel für die Bereitstellung des Textes, Computerschrift im Archiv MfM.

199 H. Zeraschi: *Geschichte des Museums* (wie Anm. 150), S. 33.

*Restaurierungswerkstatt (2009) mit Thea Pawula und Markus Brosig
(Museum für Musikinstrumente der Universität Leipzig, Foto: Marion Wenzel)*

vierten also von nun an ihre Grundausbildung in Berlin und setzten dann ihre Fachausbildung in Leipzig fort. Das Fernstudium, das vier Jahre in Anspruch nahm, setzte eine Delegierung eines Betriebes voraus, damit die Freistellung für die sogenannten Konsultationen in Berlin und für das von Chefrestaurator Klaus Gernhardt bis 1994 geleitete Fachschulstudium in Leipzig gewährleistet werden konnte.

„Das Leipziger Museum [galt somit] als eine Außenstelle des Museums für Deutsche Geschichte in Berlin […] Nach einem Grundstudium erfolgt[e] die Spezialisierung ‚Restaurierung für Musikinstrumente' im Leipziger Museum nach bestätigten Lehrprogrammen und Studienanleitungen. Sie [sahen] unter anderem Einführungen in die Geschichte der Musikinstrumente, in die Akustik, die handwerklichen und kunsthandwerklichen Grundlagen des Musikinstrumentenbaues, Konservierungs- und Restaurierungstechniken vor."[199]

Die großen Räume im Kellergeschoss des Nordflügels wurden im Zuge der Generalsanierung des Grassimuseums (2001–2004) aufgegeben. Alle Werkstätten der drei Museen im Grassi befinden sich nunmehr im dritten Obergeschoss, Mittelgebäude. Den Restauratoren des Museums für Musikinstrumente stehen gut eingerichtete Spezialwerkstätten und diverse weitere Räume zur Verfügung, unter anderem ein Nassarbeitsraum, Räume für die Dokumentation und für Holzbearbeitungsmaschinen sowie eine von den Museen im Grassi gemeinsam genutzte Anlage gegen tierische Schädlinge.

An der Ausbildung von Restauratoren wirkt das Museum heute als international begehrte Praktikumsstätte mit, die enge Zusammenarbeit mit dem Fachbereich Konservierung und Restaurierung an der Fachhochschule Erfurt ermöglicht die Bearbeitung von gefassten Objekten und von besonders problematischen Stücken. In den letzten Jahren setzte sich zunehmend die Erkenntnis durch, dass der Wert der Instrumente als Zeitdokument in aller Regel höher einzustufen ist, als die Erfahrung eines mehr oder weniger verfälschten Hörerlebnisses. Daher treten konservatorische Aspekte und Schadensprävention als restauratorische Maßnahme gegenüber dem Wiederherstellen der Spielbarkeit in den Vordergrund. Erheblich mehr Gewicht misst man heute zudem der genauen Dokumentation der Instrumente bei, wobei auch moderne Untersuchungsmethoden wie Radiographie, Dendrochronologie und Computertomographie das Repertoire der Restauratoren erweitern. Randbereiche der klassischen Aufgabengebiete der Musikinstrumentenrestauratoren wie die Bearbeitung von Gegenständen aus Papier und gefassten Objekten etc. werden heute in der Regel entsprechenden Spezialisten anvertraut, für die Finanzierung großenteils Fördermittel in Anspruch genommen. Eine enge Zusammenarbeit von Wissenschaftlern/Kuratoren und Restauratoren bei der Vorbereitung von Ausstellungen oder

---

200 Siehe auch: *Pläne für 1980–1985*, zusammengestellt von Hubert Henkel, Maschinenschrift ohne Datum [1979] im Ordner: ‚Museumsgeschichte ab 1977' im Archiv MfM.

201 Herbert Heyde: *Flöten* (Musikinstrumenten-Museum der Karl-Marx-Universität Leipzig, Katalog Bd. 1), Leipzig 1978; Hubert Henkel: *Kielinstrumente* (Musikinstrumenten-Museum der Karl-Marx-Universität Leipzig, Katalog Bd. 2), Leipzig 1979; Hubert Henkel: *Clavichorde* (Musikinstrumenten-Museum der Karl-Marx-Universität Leipzig, Katalog Bd. 4), Leipzig 1981; Herbert Heyde: *Trompeten, Posaunen, Tuben* (Musikinstrumenten-Museum der Karl-Marx-Universität Leipzig, Katalog Bd. 3) Leipzig 1980; Herbert Heyde: *Hörner und Zinken* (Musikinstrumenten-Museum der Karl-Marx-Universität Leipzig, Katalog Bd. 5), Leipzig 1982; K. Gernhardt, H. Henkel, W. Schrammek: *Orgelinstrumente, Harmoniums* (wie Anm. 101).

wissenschaftlichen Katalogen gehört zu den Selbstverständlichkeiten.

Zu den herausragenden drittmittelfinanzierten Projekten der letzten Jahre gehörten die Restaurierung der Cristofori-Außenkästen in den Jahren 1999–2000, des Teetischklaviers (2001–2005), der Silbermann/Hildebrandt-Orgel (2005), zweier Harfen und der Kinoorgel (2001–2006).

Publikationen, Kataloge, wissenschaftliche Forschungsvorhaben

Seit der Einstellung von Herbert Heyde im Jahre 1965, der sich intensiv mit der Erforschung der Sammlungsbestände, insbesondere der Blasinstrumente befasste, gehört die Erforschung der eigenen Bestände zu den zentralen Aufgaben.[200] Im Jahre 1975 schloss der neue Museumsleiter Helmut Zeraschi einen Vertrag über die Herausgabe der wissenschaftlichen Bestandskataloge mit dem VEB Deutscher Verlag für Musik, dessen Leiter er bis 1974 gewesen war. Der erste Band über die Flöten aus der Feder von Herbert Heyde erschien im Jahre 1978, bald folgten weitere Kataloge, welche dem Museum in den Fachkreisen internationale Anerkennung brachten.[201]

Nach 1989 fielen sowohl die finanziellen als auch die personellen Grundlagen weg, so konnte die Katalogreihe, welche ein neues Format sowie ein neues inhaltliches und finanzielles Konzept erhielt, erst Mitte der 1990er Jahre fortgesetzt werden. Seitdem werden größere Monographien wie die Bestandskataloge mit einführenden Studien in der Reihe *Instrumentarium Lipsiense* und andere Projekte als Kooperationsvorhaben oder als drittmittelfinanzierte Projekte durchgeführt. Zur Unterstützung der Publikationstätigkeit wurde 1995 am Museum ein Eigenverlag gegründet und als Fortsetzung der 1976 begonnen Schriftenreihe[202] 1997 die Publikationsreihe *Scripta artium* ins Leben gerufen.[203]

Parallel zu der neuen Katalogfolge *Instrumentarium Lipsiense* wurde die gleichnamige CD-Reihe installiert, spezielle Tonaufnahmen werden gelegentlich als Beilage zu den Katalogen angeboten (zum Beispiel Idiophone/Membranophone und Gitarren von Weißgerber). Die Tonaufnahmen werden maßgeblich von dem Freundeskreis des Museums und aus Projektgeldern finanziert.

Zur Unterstützung der Forschungstätigkeit wurde 1998 am Museum für Musikinstrumente das Institut für Musikinstrumentenforschung ‚Georg Kinsky' e. V. gegründet. Dieses schloss 2006 einen Kooperationsvertrag mit der Universität Leipzig und 2008 mit dem Germanischen Nationalmuseum Nürnberg ab. Das Institut führt erfolgreich Projekte durch. Großes Aufsehen erregte nicht nur in Fachkreisen, sondern auch in den Medien ein vorwiegend durch Drittmittel finanziertes Projekt über die Musikinstrumente aus dem Jahr 1594 im Freiberger Dom. An diesem interdisziplinären Projekt nahmen circa 20 weitere Institute, insgesamt rund 70 Personen teil.[204]

Die größeren Forschungsprojekte, die CD- und Buchpublikationen des Museums können auf der Internetpräsenz des Museums eingesehen werden.

Neuorganisation und Renovierungen 1976–1986

1976 erfolgte die Herausnahme des Fachbereiches Musikwissenschaft (des Instituts für Musikwissenschaft und Musikerziehung) aus dem Grassimuseum. Der Umzug einschließlich der Aufteilung der Bibliothek wurde im April 1977 abgeschlossen. Die Lehrveranstaltungen für das Sommersemester fanden schon in der Tieckstraße 4 statt. Das Institut für Musikwissenschaft und Musikerziehung und das Museum gehörten bis zum 29. September 1976 zur Sektion Kulturwissenschaften und Germanistik, ab 30. September zur neugegründeten Sektion Kultur- und Kunstwissenschaften. Mit den früheren Institutsräumen wuchs die Ge-

---

202 *Schriftenreihe des Musikinstrumenten-Museums der Karl-Marx-Universität*, Heft 1: *Jahresbericht (1975)*, Leipzig 1976; Heft 2: H. Zeraschi: *Geschichte des Museums* (wie Anm. 150); Heft 3: *Aufsätze und Jahresbericht 1976*, Leipzig 1977.

203 In der neuen Katalogreihe erschienen bis 2009: Andreas Michel: *Zithern. Musikinstrumente zwischen Volkskultur und Bürgerlichkeit* (Katalog des Musikinstrumenten-Museums der Universität Leipzig), Leipzig 1995; Andreas Michel: *Zistern. Europäische Zupfinstrumente von der Renaissance bis zum Historismus* (Katalog des Musikinstrumenten-Museums der Universität Leipzig), Leipzig und Halle 1999; A. Michel (Hrsg.): *Gitarren von Richard Jacob ‚Weißgerber'* (wie Anm. 190); B. Heise: *Membranophone, Idiophone. Europäische Schlag- und Friktionsinstrumente* (wie Anm. 191). Vier weitere Bände sind in Vorbereitung: der Katalog der Gitarrensammlung, Band 2 (Andreas Michel, Philipp Neumann) sowie die Kataloge der außereuropäischen Musikinstrumente (Birgit Heise, Volker Seumel); der Lauten (Eszter Fontana) und der Streichinstrumente (Veit Heller).

204 Eszter Fontana, Veit Heller, Steffen Lieberwirth: *Wenn Engel musizieren*, Halle 2004, 2. Aufl. 2008.

205 Keller: 617,2 m²; Erdgeschoss 648,2 m²; 1. Obergeschoss 675,8 m²; 2. Obergeschoss 960,1 m². Quelle: *Vermessung der Nutzfläche*, 1993. Brief von Winfried Schrammek an das Staatliche Liegenschaftsamt am 11. November 1993, im Archiv MfM.

206 Brief an den Rektor Lothar Rathmann von Helmut Zeraschi, 12. September 1976, Archiv MfM

207 Durchgeführt in den Jahren 1977–1978, beinhaltete Maurerarbeiten im ersten Obergeschoss, Malerarbeiten, neue Lampen, Vorhänge, Sicherheitsanlage in den Ausstellungsräumen. Der Bachsaal mit 150 Sitzplätzen wurde weiterhin in Doppelfunktion als Ausstellungs- und Konzertraum genutzt. 1978 wurden mehrere gebrauchte Befeuchter angeschafft. Die kleineren Instrumente wurden nunmehr in Vitrinen ausgestellt.

208 Ausstellungskonzept ohne Datum, 1977, Archiv MfM.

samtfläche des Museums²⁰⁵ auf 2901,3 m². Die Organisationsform betreffend, gab es kurzzeitig Überlegungen, die Museen innerhalb der Universität zusammenzufassen beziehungsweise das Musikinstrumenten-Museum aus der Sektion zu nehmen, die mit den gleichzeitig auftretenden, vielschichtigen Problemen überfordert war.²⁰⁶ Die räumliche Trennung zwischen Institut und Museum brachte auch eine organisatorische Änderung mit sich: Mit Jahresbeginn 1975 wurde Helmut Zeraschi zum Museumsdirektor, Hubert Henkel zu seinem Stellvertreter beziehungsweise 1977 zu seinem Nachfolger ernannt. Das Museum erhielt einen eigenen Stellenplan, einige frühere Mitarbeiter des Musikwissenschaftlichen Instituts wurden nunmehr dem Museum zugeordnet. Henkel legte bald ein neues, ausführliches Museumskonzept vor, dessen schriftliche, in den Museumsunterlagen erhaltene Version als Diskussionsvorlage für die Mitarbeiter gedacht war. Als dringlichste Aufgabe erwies sich die Renovierung²⁰⁷ und die großzügigere Neugestaltung der Ausstellungen mit circa 750 Musikinstrumenten, die auch konservatorische und Sicherheitsaspekte berücksichtigen sollte. Hierzu erstellte Winfried Schrammek im Jahre 1977 ein Konzept:

„Im Gegensatz zu den meisten Sammlungen ähnlicher Art, die gewöhnlich nach Instrumentengattungen gegliedert sind, wurden die Leipziger Bestände nach historisch-musikwissenschaftlichen Epochen angeordnet. So ergeben sich unmittelbare Querverbindungen zur gesellschaftlichen Entwicklung, zur Kultur- und Kunstgeschichte."²⁰⁸

Für die Ausstellung waren folgende Bereiche geplant:
Erdgeschoss:
– 16. Jahrhundert: Zeit der Bauernkriege,²⁰⁹ der Reformation und Gegenreformation
– Erste Hälfte des 17. Jahrhundert: Zeit des Dreißigjährigen Krieges
– Zweite Hälfte des 17. Jahrhunderts: Epoche des Absolutismus
– Bachsaal: Erste Hälfte des 18. Jahrhunderts: Epoche der Frühaufklärung, Instrumentarium der Zeit Bachs, Händels und Telemanns sowie Instrumente von Cristofori.
– Drittes Viertel des 18. Jahrhunderts: Zeit der Aufklärung und Frühklassik
– Viertes Viertel des 18. Jahrhunderts: Zeit der bürgerlichen Revolution in Frankreich
– 1800 bis etwa 1830: Zeit der Befreiungskriege, der Reaktion und Restauration

1. Obergeschoss:
– Hinrichsensaal: Instrumente des 19. Jahrhunderts
– Mechanisches Kabinett (in den früheren Räumen des Tonstudios)
– Es war geplant, in dem früheren Hörsaal Instrumente des 20. Jahrhunderts aufzustellen und diesen gleichzeitig als pädagogisches Kabinett und als Proberaum für die Capella Fidicinia zu nutzen. Der Raum blieb bis 2001 ein multifunktionaler Raum und diente seit 1990 in erster Linie als Sonderausstellungssaal.

Die Renovierungsarbeiten dauerten wesentlich länger als geplant, auch in vielen anderen Bereichen mussten Abstriche gemacht werden. Die erhofften zusätzlichen Räume im Erdgeschoss, die eine großzügigere Ausstellungsgestaltung ermöglicht hätten, wurden dem Museum erst 25 Jahre später zugewiesen. Als Termin für die Wiedereröffnung standen die Konferenz des Comité International des Musées et Collections d'Instruments de Musique (CIMCIM), des Internationalen Museumsverbandes ICOM und das 50-jährige Jubiläum der Eröffnung des Museums fest. Die Freude über die erfolgreiche Veranstaltung im August 1979 und das internationale Aufsehen sollte von kurzer Dauer sein.

„Am Wochenende des 19./20. Dezember vorigen Jahres [1981, Anm. d. Verf.] fror im gesamten Grassimuseum die Heizung²¹⁰ ein. Als Folge platzten etwa 150 Heizkörper (im Musikinstrumenten-Museum 4), die unter Putz verlegten Rohre sind z. T. meterlang aufgerissen (diese Schäden sind in unserem Museum noch nicht bekannt). Bei uns kam es zu mehreren Wasserrohrbrüchen, davon ein Bruch der Heißwasserleitung, mit Schäden an den Instrumenten und den Raumausstattungen."²¹¹

Die Magazinräume im Dach waren ungelüftet und nicht isoliert, an Sommertagen erreichte die Temperatur 30–35, gelegentlich bis zu 44°C. Im Sommer 1982 richtete Direktor Henkel einen Brief an den Rektor der Universität und beschrieb die maroden elektrischen Leitungen, das Fehlen

---

209 Die Hinweise auf die historischen Ereignisse erschienen in den Ausstellungstexten nicht.
210 Mit der Heizung gab es seit Jahren Probleme. Im Frühjahr 1975 fiel die Heizung der Restaurierungswerkstätten aus, so dass diese geschlossen werden mussten. Provisorisch (bis 1977) wurden die Arbeitsplätze der technischen Zeichnerin und der Restauratoren in den Hinrichsensaal verlegt.
211 Hubert Henkel an das Rektorat, Januar 1982. Archiv MfM.
212 Hubert Henkel an den Rektor der Universität, Prof. Dr. sc. Lothar Rathmann, 8. Juni 1982, Archiv MfM.
213 Von Januar 1983 bis Juli 1984 Rekonstruktion der Heizungsanlagen im Musikinstrumenten-Museum, in den Jahren 1985–1986 in den beiden anderen Museen im Grassi.
214 Zitat aus dem Bauantrag *Das Musikinstrumenten-Museum der Universität Leipzig*, zusammengestellt für das Ministerium für Wissenschaft und Kunst von Eszter Fontana, 1998. Kapitel „Angaben zum Bauzustand", S. 14, Archiv MfM.
215 „1986: Das Dach im Nordflügel wird für die Depotbestände von innen isoliert, in den Sommermonaten erwärmt sich der Dachraum dennoch auf circa 28°C", Quelle siehe Anm. 212.

Jahr	Ort (Ausstellungskonzept)	Titel oder Thema
1980	Vancouver (Hubert Henkel)	*The Look of Music*[216]
1984	Landshut, Rathaus (Leihgaben)	Ausstellung anlässlich der Landshuter Hofmusiktage 1984
1985	Brügge (Leihgaben)	*Adrian Willaert*
1986	Leipzig, Ehemaliger Hörsaal im Grassimuseum (Winfried Schrammek)	*Gitarrensammlung Weißgerber*
1986	Leipzig, Ausstellungszentrum der Universität (Hubert Henkel)	*Leipziger Klavierbau ab 1800*
1987	Budapest, DDR-Kulturzentrum (Leihgaben)	Ausstellung der VEB Edition Peters, mit historischen Blechblasinstrumenten aus dem Museum
1987	Herne, Schloß Strunkede (Hubert Henkel)	12. Tage Alter Musik *Preise dein Glücke, gesegnetes Sachsen*[217]
1988	Victoria, University of Victoria (Hubert Henkel)	*Historic Double Reed Instruments*
1989	Wien, Künstlerhaus (Winfried Schrammek)	*Merkur und die Musen*
1989	Holzminden, Schloß Bevern (Winfried Schrammek)	*Musikinstrumente der Renaissance*

Ausstellungen zwischen 1980 und 1990 (Auswahl)

eines Be- und Entlüftungssystems und plädierte für koordinierte Maßnahmen.[212]

Nun konnten die Baumaßnahmen nicht mehr verschoben werden. Im November 1982 wurden die Ausstellungen im Museum geschlossen, die gesamte Sammlung übergangsweise im Völkerkunde-Museum eingelagert. Für die Räumung waren drei Monate, für die Bauarbeiten und den Wiederaufbau der Ausstellung zwei Jahre geplant.[213] Es nahm Jahre in Anspruch, bis die Installation einer neuen Heizung begonnen wurde.

> „Eine neue Heizung wird [1986, Anm. d. Verf.] installiert, deren Hauptzuleitung vom Wärmekraftwerk durch die Räume der Restaurierungswerkstatt des Musikinstrumenten-Museums geführt wird. Ergebnis: zu hohe Temperaturwerte auch in den darüberliegenden Ausstellungsräumen, unisolierte Rohrleitungen. Ein Überlaufbehälter wird in einem Depot (!) aufgestellt. Die Anlage selbst läuft von Anfang an nicht richtig, d. h. die Heizkörper arbeiten unzuverlässig, sind nicht regulierbar. Um weitere Schäden zu verhindern, wurden die Heizkörper in den Ausstellungs- und Depoträumen des Musikinstrumenten-Museums stillgelegt."[214]

Das Dach wurde in eigener Ausführung der Restauratoren von innen mit einer Wärmeisolierung[215] versehen, 1987 begann man mit den Schönheitsreparaturen, danach folgte eine sogenannte Werterhaltung der Museumsgebäude. Hierzu gehörten ein erneuter Versuch der Trockenlegung der Außenmauer der Kellerräume, die Erneuerung des Fußbodens, Malerarbeiten im Keller und in den Ausstellungsräumen. Bis Februar 1988 dauerten die Maßnahmen an.

Trotz der Bemühungen blieb das gesamte Grassimuseum ein Flickwerk und entsprach in keiner Weise den Anforderungen einer modernen kulturellen Einrichtung. Im Winter war es zu kalt, im Sommer zu warm, es waren sowohl für die Instrumente als auch für die Mitarbeiter sehr ungünstige Umstände. Doch konnten gerade in diesen Jahren zahlreiche wertvolle Instrumente in Ausstellungen außerhalb des Grassimuseums, in Westdeutschland und im Ausland gezeigt werden.

Hubert Henkel nahm die Gelegenheit wahr, die sich durch seinen Aufenthalt in Kanada bot, und kehrte 1988 nicht mehr in die DDR zurück. Sein Nachfolger wurde Winfried Schrammek, der diesen Posten bis zum 31. Januar 1995 bekleidete.

Man konnte noch nicht ahnen, dass das Jahr 1989 in der Geschichte eine besondere Bedeutung bekommen sollte und den Anfang großer gesellschaftlicher, politischer und wirtschaftlicher Umwälzungen mit sich bringen würde. Die Neuorganisation der Universität mit der Einführung eines neuen Verwaltungssystems zeichnet diese Jahre. Die ‚Wende' bedeutete neue – nicht immer vorteilhafte – Arbeitsverträge, Freude über die Entpolitisierung und über die Möglichkeit, reisen zu können, aber auch Bangen um den Arbeitsplatz. Die Zahl der Mitarbeiter des Museums halbierte sich,[218] frühere Partnerinstitutionen, wie zum Beispiel der Deutsche Verlag für Musik für die Produktion der Bestandskataloge, standen nicht mehr zur Verfügung. Finanzielle und personelle Engpässe sowie Restitutionsforderungen stellten zusätzliche neue Aufgaben. Die Umstellung auf ein neues, bisher unbekanntes Gesellschaftssystem mit seinen Freiheiten und Unsicherheiten hat von den Mitarbeitern und dem Leiter des Museums viel abverlangt, doch blieb die Hoffnung, dass die längst fällige Generalsanierung des Grassimuseums neue Perspektiven eröffnen würden.

---

216 Phillip T. Young: *The Look of Music. Rare Musical Instruments. 1500–1900*, Seattle und Vancouver 1980.

217 Christian Ahrens (Hrsg): *Katalog zur Sonderausstellung „Preise dein Glücke, gesegnetes Sachsen" anlässlich der 12. Tage Alter Musik in Herne*, Herne 1987.

218 1988: 22 Mitarbeiter auf 19 Planstellen; 2001: 12 Mitarbeiter auf 9,5 Planstellen.

219 *Umbau und Modernisierung Grassimuseum*, hrsg. in Zusammenarbeit zwischen der Stadt Leipzig und dem Freistaat Sachsen, Leipzig 2006, S. 8.

220 Zwischen 1994 und 1999 wurde die Idee verfolgt, dass die drei Grassimuseen ein Kindermuseum gründen und gemeinsam betreiben.

„Die bis zur Wiedervereinigung 1990 durchgeführten Instandsetzungsmaßnahmen wurden zwar jeweils den damaligen Möglichkeiten entsprechend ausgeführt, aber ohne Gesamtkonzept. Es kam zu äußeren und inneren Änderungen, beispielsweise von Grundrissen mit teilweisem Eingriff in die Statik, Abschlagen von architektonischen Details und Zusetzen von zwei der drei Eingangstüren im Durchgang, die dem Gebäude als Denkmal nicht entsprachen und im Rahmen einer dringend erforderlichen Gesamtsanierung korrigiert werden mussten."[219]

1994 war es endlich soweit, man traf sich, um über neue Museumskonzepte[220] zu diskutieren und erste Pläne für die Renovierung zu schmieden. Unter der Überschrift „GRASSIMUSEUM LEIPZIG" luden die Direktoren des Museums für Kunsthandwerk, des Musikinstrumenten-Museums und des Museums für Völkerkunde für den 19. Juni 1996 zu einer öffentliche Diskussion ein, der noch mehrere weitere folgten.

„In allen drei Museen befinden sich Schätze von großem Wert, die zum Teil sehr alt und entsprechend empfindlich sind. Wir schulden ihnen eine sachgemäße, den modernen musealen Erfordernissen entsprechende Behandlung und Aufbewahrung. Unseren Besuchern schulden wir darüber hinaus eine ansprechende Präsentation, um die Geschichte, die sich hinter jedem Ausstellungsstück verbirgt, erlebbar zu machen und Herz und Sinne anzurühren. Diesem Auftrag können wir aber nur gerecht werden, wenn die gesamte Anlage umfassend rekonstruiert wird – einerseits den Anforderungen des Denkmalschutzes entsprechend, andererseits unter modernen museologischen Gesichtspunkten. Nur so kann die beabsichtigte Einheit von Gebäude und den in ihm bewahrten Kunstschätzen auch künftig gewahrt werden. [...]

Inmitten der Stadt gäbe es einen Ort, an dem die Menschen ihre Bedürfnisse nach lebendiger Kultur ebenso befriedigen können wie die nach Natur und Ruhe. Zudem würde auf diese Weise wieder an alte Leipziger Kulturtraditionen angeknüpft. All diese schönen Pläne scheinen am Geld zu scheitern. Uns ist es natürlich bewußt, daß diese Baumaßnahmen eine beträchtliche Summe in Anspruch nehmen. Wir wissen auch, daß die Stadt in anderen kulturellen Bereichen ebenfalls brennende Probleme zu lösen hat. Aber auch das Grassi ist ein wesentlicher Punkt des kulturellen Lebens in Leipzig, und die Förderung einer solchen Kulturinstitution bedeutet gleichzeitig die Förderung von Fremdenverkehr, Wirtschaft und Bildung. [...] Wird an der baulichen Situation nicht sehr schnell etwas geändert, so werden weitere materielle und moralische Verluste entstehen, die nicht mehr gutgemacht werden können. Wir haben damals zugesehen, wie die Universitätskirche gesprengt wurde und fühlen heute Trauer, Scham und Wut über diesen Verlust. Wir haben ein weiteres Mal zugesehen, als die im Kriege verschont gebliebenen Bauteile der Johanniskirche – der Turm, der einst als Maßstab und achsialer Bezugspunkt für den Grassikomplex diente, – abgerissen wurde. Wir haben zusehen müssen, wie der Alte Johannisfriedhof verfiel und verwilderte, bis man die verbliebenen Fragmente mit höchstem Aufwand wieder instandzusetzen suchte. Angesichts der riesigen, kaum noch beherrschbaren Bauprobleme steht heute oder spätestens morgen auch die Frage nach dem Fortbestand des Museums und seiner Sammlungen. Sollen sie vor Verfall und Vernichtung bewahrt werden, so ist es allerhöchste Zeit, nicht mehr nur zuzusehen, sondern zu handeln."[221]

Neuorganisation und Renovierungen 2001–2004

Die Museumsdirektoren, die Mitarbeiter und auch das mit der Entwurfsplanung beauftragte Team des Büros David Chipperfield Architects hatten die Vision, wie das zeitgemäße, offene, touristisch attraktive GRASSI aussehen könnte, und nun sahen auch die zuständigen Behörden die Notwendigkeit und Dringlichkeit der Generalsanierung des denkmalgeschützten Grassimuseums. Doch gab es ein strukturelles Hindernis, das es noch zu lösen galt. Das

Eigentümer/Träger	Nutzer/Museum	Anteil
Stadt Leipzig	Museum für Angewandte Kunst	48,4 Prozent
Freistaat Sachsen	Museum für Völkerkunde/SES [Sächsische Ethnografische Sammlungen]	37,5 Prozent
Freistaat Sachsen/ Universität Leipzig	Museum für Musikinstrumente	14,1 Prozent

---

221 Den von den Direktoren formulierten Aufruf unterzeichneten „Die Mitarbeiter der Grassimuseen" 7. Juni 1996, Archiv MfM.

222 Der Entwurf des Büros Chipperfield sah eine Rekonstruktion der alten Substanz und eine den musealen Anforderungen entsprechende Modernisierung, einen Anbau sowie die Gestaltung des Umfeldes, einschließlich des Johannisplatzes, vor. Es konnte nur die Hälfte der Summe aufgebracht werden. So wurde mit der Erstellung der Ausführungspläne das Leipziger Architekturbüro Ilg-Friebe-Nauber beauftragt.

223 Die Bauinvestitionen betrugen rund 35 Millionen Euro und beinhalteten die komplette Erneuerung des Daches, sämtlicher Türen und Fenster, der Haustechnik und der Sicherheitssysteme sowie die Ausstattung der Depots mit Fahrregalanlagen. Die sogenannte Ersteinrichtung und mehrere andere Maßnahmen wurden aus Sondermitteln und aus Fördermitteln des Bundes finanziert.

224 *Umbau und Modernisierung Grassimuseum* (wie Anm. 219), S. 11.

Gebäude war zu 100 Prozent in städtischem Eigentum, die Museen darin standen unter Verwaltung der Stadt (Museum für Kunsthandwerk), des Landes (Museum für Völkerkunde) und der Universität (Musikinstrumenten-Museum). Kurz: Weder konnte die Stadt für die Sanierung von Gebäudeteilen, die von Landeseinrichtungen genutzt werden, die benötigte Summe aufbringen, noch war es für den Freistaat Sachsen möglich, ein Gebäude in städtischem Eigentum zu sanieren. Schließlich ging es um sehr viel Geld, um 120 Millionen DM.[222]

„Im Ergebnis der Planung von David Chipperfield Architects stellte sich heraus, dass die Stadt Leipzig die erforderlichen Mittel für die Sanierung und Umbau des Grassimuseums nicht allein aufbringen konnte. [...] Erst die erhebliche Reduzierung der Baukosten[223] ermöglichte die angestrebte Realisierung der geplanten Umbau- und Modernisierungsmaßnahmen. Der Freistaat Sachsen beteiligte sich an den Sanierungskosten und wurde gleichzeitig Eigentümer derjenigen Bereiche, die durch die beiden nichtstädtischen Museen genutzt werden. Konsequenz war die Aufteilung der Gebäudeflächen unter Berücksichtigung jeweils abgeschlossener Ausstellungsrundgänge der verschiedenen Museen. Rechtliche Grundlage bildet hierfür das Wohnungseigentumsgesetz."[224]

So eröffneten das Jahr 2001 drei wesentliche Ereignisse, die die geschilderten Probleme lösten und letztendlich die Durchführung des Bauvorhabens ermöglichten. Sämtliche Ausstellungen wurden am 1. Januar 2001 geschlossen und die Museen im Grassi brachten die Sammlungen in Interimsquartieren unter. Das Musikinstrumenten-Museum erhielt sehr gute, für diesen Zweck hergerichtete Räumlichkeiten im Täubchenweg 26, dort wurden Depots, Restaurierungswerkstätten und Büros untergebracht. Der Umzug selbst nahm praktisch das ganze Jahr in Anspruch: Verpackungsteams[225] wurden gebildet, jedes Instrument in den Ausstellungen und Depots musste einzeln identifiziert, mit provisorischer, gut lesbarer Inventarnummer versehen und schonend und instrumentengerecht verpackt werden. Verpackungslisten wurden geführt, Identifikationsfotos wurden angefertigt, maßgerechte Verpackungskartons durch die Restauratoren hergestellt. Das Jahr war für die Mitarbeiter außerordentlich anstrengend, aber für die Zukunft ebenso wichtig, schließlich musste ein System

225 Sämtliche Mitarbeiter und einige Hilfskräfte haben die außerordentliche Aufgabe gemeistert.

226 Es ist ein wiederkehrendes Problem, dass die Gremien der Universität oder des Ministeriums die Dimension der Sammlung nicht einschätzen können. So konnte es passieren, dass, um Baukosten zu sparen, die damit beauftragten Architekten im Jahre 2000 den Vorschlag gemacht haben das Musikinstrumenten-Museum in Räumlichkeiten der Universität, z. B. im Kroch-Hochhaus unterzubringen oder dass das Rektoratskollegium der Universität im Jahre 2001 beschloss, dass wegen fehlender Finanzmittel für den Umzug die Sammlung doch im Grassimuseum bleiben soll. Es gingen ab September 2001, da immer noch nichts entschieden war, täglich verzweifelte Telefonate an das Rektorat ein, um darzustellen, dass man bereits begann, das Dach im Grassi abzutragen, während sich das wertvolle Museumsgut immer noch im Gebäude befand. Erst dann wurden Mittel für den Transport und für die Verpackung der Großobjekte freigegeben.

227 Paul Raabe: *Blaubuch, Kulturelle Leuchttürme in Brandenburg, Mecklenburg-Vorpommern, Sachsen, Sachsen-Anhalt und Thüringen*, Berlin 2001, S. 154.

228 Ebenda, S. 24–26.

229 Hier seien die das Musikinstrumenten-Museum betreffenden wichtigsten Stationen zusammengefasst: 2002: Verhandlungen – ohne Ergebnis – zwischen der Universität und dem Sächsischen Staatsministerium für Wissenschaft und Kunst mit dem Ziel, den im *Blaubuch* gestellten Forderungen für eine neue Organisationsform innerhalb des Grassimuseums gerecht zu werden und auch die angemessene finanzielle und personelle Ausstattung bis zur Eröffnung des Museums wiederherzustellen. 2003: Das Museum für Musikinstrumente wird als eine unselbstständige Institution der Universität Leipzig, als ein Betrieb gewerblicher Art (BgA) deklariert. 2006: Im *Blaubuch* wird erneut empfohlen, für die Grassimuseen eine neue Struktur auszuarbeiten.

230 Grußwort des Staatssekretärs Dr. Knut Nevermann in: *Umbau und Modernisierung Grassimuseum* (wie Anm. 219), S. 4.

ausgearbeitet werden, das die Arbeit in den darauffolgenden Jahren ermöglichte und den Einzug ins Grassimuseum nach dem Abschluss der Bauarbeiten erleichterte. Die konservatorischen Gesichtspunkte waren stets von großer Bedeutung, so war es unumgänglich, spezielle Verpackung von großformatigen Instrumenten durch einen Fachbetrieb ausführen zu lassen. Obwohl der anstehende Bau und die Verpflichtung für die vollständige Räumung des Grassimuseums den entsprechenden Dezernaten der Universität bekannt war, konnten diese die für den Umzug und die sachgerechte Verpackung notwendige Finanzmittel nicht aufbringen.[226]

Das Zögern der Universität bestätigte die Erfahrung mehrerer Generationen, dass sich die Universität um die Belange eines Museums nicht kümmern kann. Ein unabhängiges Gremium, das zur Aufgabe hatte, im Auftrag des Bundesbeauftragten für Kultur und Medien eine Beschreibung der ‚kulturellen Leuchttürme' der neuen Bundesländer zusammenzustellen stellte fest: „Die finanzielle Situation ist außerordentlich bedrückend. Sie ist vollständig von der allgemein rückläufigen Haushaltslage der Universität abhängig."[227] Die drei Grassimuseen wurden in dem (nach längerer Vorbereitung im Jahre 2001 erstmalig publizierten) *Blaubuch* für würdig befunden, nunmehr zu den 20 bedeutsamen kulturellen Einrichtungen dieser Region zu gehören.[228] Im *Blaubuch* wurden die wichtigsten Aufgaben, zum Beispiel die Notwendigkeit der Sanierung, aufgezeichnet und auch empfohlen, für die Grassimuseen eine neue Struktur auszuarbeiten.[229] Der erste Schritt dazu war ein Übertragungsvertrag, der das Grassimuseum gemäß Wohnungseigentumsgesetz zwischen Freistaat und Stadt zu 51 Prozent und 49 Prozent sowie in Gemeinschaftsflächen und Sondereigentum aufteilt und für die gemeinsame Bewirtschaftung die zuständigen Gremien (Eigentümerversammlung, Direktorenkonferenz) ins Leben ruft.

Seitdem nehmen die ‚Museen im Grassi' zahlreiche Aufgaben gemeinsam wahr und teilen betrieblich-organisatorische Strukturen. Im Zuge dieser Entwicklung erhielten die Museen im Grassi im Jahre 2005 das gemeinsam entwickelte Corporate Design, einen neuen Namen und neues Logo. Seitdem führt das Museum den Namen „Museum für Musikinstrumente der Universität Leipzig".

„Mit der grundlegenden Sanierung wurde das GRASSI museumstechnisch auf den neusten Stand gebracht, es erstrahlt in wiedererstandener Schönheit; Sammlungen, Besucher und Mitarbeiter finden optimale Bedingungen vor. Die Museen treten mit neuen Ausstellungskonzepten, erweitertem Besucherservice und einem umfangreichen Veranstaltungsprogramm an die Öffentlichkeit."[230]

Ausstellungen, Lehre und Museumspädagogische Angebote

Seit 2005 erstreckt sich das Museum für Musikinstrumente in verschiedenen Gebäudeteilen auf 4000 m² und es hat eine Ausstellungsfläche von 2000 m² auf zwei Ebenen. Im renovierten Grassimuseum kann sich Deutschlands reichste Musikinstrumenten-Sammlung nach langer Wartezeit wieder würdig präsentieren. Die Zweiteilung seiner Dauerausstellungen (die chronologisch geordnete ‚Die Suche nach dem vollkommenen Klang' und die systematisch aufgestellte ‚Studiensammlung') ergibt sich aus den beiden Aufgaben des Museums: Als Teil der Universität ist es eine Stätte der Forschung und Lehre, zugleich bietet es als öffentliche Einrichtung in seinen Ausstellungen Interessenten aller Altersstufen einen Einblick in die vielfältige Welt der Musikinstrumente und einen Eindruck von den handwerklichen, künstlerischen und experimentellen Fähigkeiten der Instrumentenbauer seit dem 16. Jahrhundert. Die pädagogischen Angebote, Lesungen, Konzerte und Filmvorführungen[231] folgen aus seiner Verpflichtung als ein Ort der Bildung und tragen zu den vielfältigen Programmen der Grassimuseen bei.

Im Erdgeschoss zeichnet die chronologisch angelegte Ausstellung[232] ‚Die Suche nach dem vollkommenen Klang' die bedeutendsten musikhistorischen und instrumentenbautechnischen Entwicklungen in 13 umfangreichen Kapiteln nach. Als Leitfaden wurde die Musikgeschichte Leipzigs gewählt, die ausgestellten Objekte werden in Bezug zu den Leipziger Ereignissen und Persönlichkeiten des städtischen Musiklebens gestellt. Darüber hinaus werden in der

---

231 Siehe auch die Zusammenstellung der Veranstaltungen im Museum in den Jahren 2004–2009, S. 465–472 im vorliegenden Band.

232 Das Konzept zeichnet Dr. Eszter Fontana, unterstützt wurde ihre Arbeit von sämtlichen Mitarbeitern, in erster Linie von Volker Seumel und Wieland Hecht als Ausstellungsgestalter. Ausstellungsdesign: Hengst+Rudolf d SIGN Weimar.

233 Auf dieser Etage wurden die Arbeitsräume des Museumspädagogen, des PR-Mitarbeiters und des Sammlungskonservators sowie ein Studienzimmer für auswärtige Forscher untergebracht.

234 Das Konzept zeichnet Dr. Birgit Heise, unterstützt wurde ihre Arbeit in erster Linie von Volker Seumel und Wieland Hecht. Ausstellungsdesign: Hengst+Rudolf d SIGN Weimar.

235 Eine ständige Überwachung der Ausstellung ist derzeit aus finanziellen Gründen nicht möglich, deshalb werden regelmäßig Führungen organisiert und wenn der Einzelbesucher den Wunsch äußern, die Studiensammlung besichtigen zu wollen, wird ad hoc eine Begleitung organisiert.

236 Die Ausstellungkonzepte wurden innerhalb des Museums diskutiert und zu verschiedenen Anlässen, z. B. im Institut für Musikwissenschaft (Wintersemester 2005, Institutsseminar zu aktuellen Fragen der Musikwissenschaft) vorgestellt.

Jahr	Ort (Kurator)	Titel oder Thema
1992	Foyer des Grassimuseums (Winfried Schrammek)	Chinesische Musikinstrumente aus den Sammlungen des Museums
1994	Sonderausstellungsraum ehemaliger Vorlesungssaal, 1. Obergeschoss (Birgit Heise, mit Günter Dullat)	Nauheim) 150 Jahre Saxophon
1996	Sonderausstellungsraum ehemaliger Vorlesungssaal, 1. Obergeschoss (Andreas Michel)	Zithern
1997	Herne, Ausstellungsraum in der Martin-Opitz-Bibliothek (Andreas Michel)	Zistern und Gitarren Zur Entwicklung ‚volkstümlicher' Zupfinstrumente
1998	Sonderausstellungsraum ehemaliger Vorlesungssaal, 1. Obergeschoss (Eszter Fontana)	„Was immer ertönt, geht vorbei" Musikautomaten und Musikwiedergabegeräte aus drei Jahrhunderten
1999	Sonderausstellung im Bachsaal anlässlich des Museumsjubiläums (Eszter Fontana, Wieland Hecht)	Zeitzeugen, Zeitzeugnisse
2000	Musikinstrumenten-Museum, Cristofori-Saal (Eszter Fontana)	Bartolomeo Cristofori. Hofinstrumentenbauer der Medici (300 Jahre Clavier)
2000	Musikinstrumenten-Museum, Bachsaal	Musikinstrumente für Johann Sebastian Bach – Meisterwerke aus Leipziger Werkstätten
2001	Interim – Ausstellung im Thomaskirchhof (Eszter Fontana)	Die Klangwelt der Renaissance
2002	Interim – Ausstellung im Thomaskirchhof (Eszter Fontana)	Künstlerische Dokumentation des Musizierens um die Jahrtausendwende in Mitteldeutschland Fotoausstellung und Dokumentation
2002	Interim – Ausstellung im Thomaskirchhof (Eszter Fontana)	Musik und Mode
2003	Kloster Michaelstein (Eszter Fontana)	Musik und Mode
2003	Doppelausstellung in Leipzig in zwei Orten Interim – Ausstellung im Thomaskirchhof und Gohliser Schlösschen (Eszter Fontana)	Im Aufnahmesalon Hupfeld Historische Fotografien Berühmte Pianisten bei Hupfeld
2003	Berlin, Musikinstrumenten-Museum (Eszter Fontana, Martin Elste)	Im Aufnahmesalon Hupfeld Historische Fotografien Berühmte Pianisten bei Hupfeld
2003	Interim – Ausstellung im Thomaskirchhof (Eszter Fontana)	Kunst in Schwarz und Weiss – 150 Jahre Klavierbau Blüthner
2003	Bach-Museum Leipzig (Eszter Fontana)	Leipziger Instrumentenbauer der Bachzeit
2003	Kloster Michaelstein (Eszter Fontana)	Künstlerische Hologramme von Musikinstrumenten
2004	Intendanz des Mitteldeutschen Rundfunks (Eszter Fontana)	Künstlerische Hologramme von Musikinstrumenten
2004	Interim – Ausstellung im Thomaskirchhof (Birgit Heise)	Von der Apachen-Geige bis zum Zink. Alte Schätze neu entdeckt
2004	Interim – Ausstellung im Thomaskirchhof (Eszter Fontana)	„… mehr als bloßer Zeitvertreib …" 75 Jahre Musikinstrumenten-Museum der Universität Leipzig
2005	Interim – Ausstellung im Thomaskirchhof (Eszter Fontana)	Musik zwischen Ost und West. Zeugnisse aus der graphischen Sammlung des Museums
2006	Bach-Museum Leipzig	Von Bach zu Mozart
2009	GRASSI, Sonderausstellungsraum 1. Obergeschoss, (Eszter Fontana, Veit Heller, Wieland Hecht)	Studiosi, Magistri und die Musik

Sonderausstellungen zwischen 1989 und 2009

Probieren und Erfahrung sammeln im Klanglabor
(2009, Museum für Musikinstrumente der Universität Leipzig, Fotos: Marion Wenzel)

Ausstellung die Themen ‚Geschichte des Notendrucks', ‚Musikensembles', ‚Geschichte des Instrumentenbaus in Leipzig' und ‚Usuelle Musik' besprochen. Besonders wertvolle Meisterwerke sind optisch hervorgehoben oder werden mit Möbeln oder Textilobjekten zu Szenarien zusammengestellt. (Komponierstube eines Organisten; Musikinstrumente für die Dame; Handel mit Musikinstrumenten; Gitarrenbauwerkstatt Weißgerber). Ergänzt wird die Ausstellung durch Notenbeispiele, circa 100 grafische Darstellungen und Erläuterungen in mehreren Sprachen. Musikstationen mit zahlreichen Beispielen stehen zur Verfügung, die 3D-Beschallung – die Anlage ist eine eigene Entwicklung der Museumsmitarbeiter – verwandelt die Musik alter Zeiten in ein dreidimensionales Klangereignis.

Im ersten Obergeschoss (Nordflügel) befinden sich ein Saal für Sonderausstellungen, das Klanglabor, ein Seminarraum und die nach Henri Hinrichsen benannte Studiensammlung.[233] Für das Museum für Musikinstrumente waren seit 1929 Forschung und Lehre immer von herausragender Bedeutung. Auch das neue Museums- und Ausstellungskonzept berücksichtigt diese Aufgabenstellung. Das Museum verfügt über eine Lehrsammlung (circa 200 Objekte), über eine Studiensammlung mit circa 500 Objekten und über eine großzügig untergebrachte Fachbibliothek, die bei der Lehre eine zentrale Rolle spielen.

Die umfangreiche, systematisch geordnete Studiensammlung[234] bietet vornehmlich dem Fachpublikum und Studierenden die Möglichkeit zum Forschen, zum Üben und zum Vergleichen, sie steht aber dem interessierten Publikum ebenfalls zur Verfügung.[235] Hier sind die Instrumente – unabhängig von ihrem Alter oder der Herkunft – nach Gattungen angeordnet und nach ihrer Funktionsweise erläutert. Hier trifft man auf Vitrinen, in denen zum

---

237 Studierende der Musikwissenschaft, Museologie und der Restaurierung aus deutschen Hochschuleinrichtungen, gelegentlich aus dem Ausland.

238 Das Konzept zeichnet Dr. Eszter Fontana, unterstützt wurde ihre Arbeit in erster Linie von Veit Heller, Frank Sindermann und Wieland Hecht. Ausstellungsdesign: Hengst+Rudolf d SIGN Weimar. Das Projekt wurde von der Europäischen Union und von der Bundesrepublik gefördert (Beauftragter der Bundesregierung für Kultur und Medien aufgrund eines Beschlusses des Deutschen Bundestages).

Blick in die Studiensammlung
(2008, Museum für Musikinstrumente der Universität Leipzig, Foto: Marion Wenzel)

Beispiel alle Arten Blockflöten, Trommeln oder Lauten nebeneinander Aufstellung finden: Diese Objekte sind in ihrer Einzigartigkeit wertvoll, gleichzeitig stehen zusätzliche Informationen über die Herkunft oder über die Verbreitung des Instrumentes zur Verfügung oder man kann sich über weitere Aspekte, zum Beispiel – vielleicht verbunden mit einem Besuch im Museum für Völkerkunde – über die Kulturgeschichte anderer Länder informieren. Zum Bestand gehört eine erlesene Zahl von Klanggeräten aus Asien, Amerika und Afrika, darunter wertvolle Stücke aus dem 17. bis 19. Jahrhundert. Somit wirkt die umfangreiche Studiensammlung beinahe wie ein dreidimensionales Fachbuch.[236]

Die wissenschaftlichen Mitarbeiter des Museums sind für Vorlesungen und Seminare zu den Themen ‚Historische Musikinstrumentenkunde' und ‚Akustik' zuständig. Im Museum steht ein kleinerer, gut ausgestatteter Raum für Seminare zur Verfügung. Regelmäßig finden im Museum Lehrveranstaltungen für Studierende der Musikwissenschaft und (bis 2008) Musikpädagogik an der Universität sowie für Studierende der Hochschule für Musik und Theater ‚Felix Mendelssohn Bartholdy' statt.

[239] Das vorläufige Museumskonzept ist auf 26 Seiten im Jahre 1998 für die Baugenehmigung beschrieben worden, eine Zusammenstellung als Vorarbeit für die vom *Blaubuch* vorgeschlagenen Strukturänderungen für das Grassimuseum entstand auf 103 Seiten im Jahre 2009 (Exemplare im Universitätsarchiv Leipzig und in der Bibliothek des Museums für Musikinstrumente).

[240] Zu den Konzerten siehe auch E. Fontana: *Annäherungen an die Alte Musik* (wie Anm. 166) und W. Schrammek: *Alte Musik an der Universität Leipzig* (wie Anm. 73).

[241] Die 1929 erbaute sogenannte ‚Straube-Orgel' wurde in der Bombennacht 3./4. Dezember 1943 zerstört.

[242] Das Budget des Museum ist seit 13 Jahren gleich geblieben und berücksichtigt weder die Erweiterung der Museums- und Ausstellungsflächen noch die zusätzlichen Aufgaben oder die Verpflichtungen, die durch die gemeinsame Bewirtschaftung des Grassimuseums dem Museum für Musikinstrumente zufallen. Umso mehr ist das Museum auf Drittmittel, Zuwendungen und die eigenen Einnahmen angewiesen. Innerhalb von zehn Jahren gelang es dem Museum, an drei internationalen, von der Europäischen Kommission geförderten Projekten teilzunehmen und zahlreiche andere Förderungen einzuwerben. Siehe auch P. Raabe: *Blaubuch* (wie Anm. 227), S. 166.

Zur Geschichte des Museums für Musikinstrumente der Universität Leipzig

Prof. Dr. Theodor Kroyer (1873–1945), Gemälde von Margarete Bethe-Loewe, Leipzig, 1932 (Museum für Musikinstrumente der Universität Leipzig, Inv.-Nr. 4338)

*Blick in die Dauerausstellung, Erdgeschoss, Kapitel 4
(2006, Museum für Musikinstrumente der Universität Leipzig,
Foto: Marion Wenzel)*

*Blick in die Dauerausstellung, Erdgeschoss, Kapitel 8
(2006, Museum für Musikinstrumente der Universität Leipzig,
Foto: Marion Wenzel)*

Die Mitarbeiter des Museums erbringen pädagogische Leistungen auch für andere Lehreinrichtungen (Schulen, Hochschulen) innerhalb und außerhalb Leipzigs. Ebenso gehört zu ihren Aufgaben die Betreuung von Doktoranden und Praktikanten.[237] Es entstehen Magister- oder Bachelor-Arbeiten zu Teilen des Sammlungsbestandes, und wenige ausgewählte Studenten erarbeiten eigene Forschungsbeiträge zum Bestand. So ist das Museum ein Ort der Vertiefung und des speziellen Studiums, gleichzeitig ermöglicht es das Sammeln von praktischen Erfahrungen.

Ziel der museumspädagogischen Angebote ist die Vermittlung der Museumsinhalte an eine möglichst breite Öffentlichkeit. Dazu gehören neben Kindergärten und Schulen auch Behinderteneinrichtungen, Vereine und andere Träger. Im Rahmen der pädagogischen Programme werden die Ausstellungsinhalte in zielgruppengerechter Aufbereitung präsentiert und damit individuell, altersgerecht, oft spielerisch, erlebbar gemacht. Ein besonderer Ort für diese Tätigkeit ist das Klanglabor.[238] Hier soll, unter Anleitung, vor allem die Freude am eigenen Musizieren geweckt werden. Der museumspädagogischen Arbeit kommt eine wichtige soziale Aufgabe zu, vor allem aber trägt sie zur kulturellen Bildung bei. Das Klanglabor bietet Einzelbesuchern und Familien die Möglichkeit, Instrumente auszuprobieren, physikalische Effekte der Klangerzeugung spielerisch selbst oder im Gespräch zu entdecken. Diese Angebote trugen zur Erhöhung der Zahl der Besucher bei: Zum einen stellen bereits die (Kinder-)Gruppen einen erheblichen Anteil der Besucher, zum anderen bringen die Kinder nicht selten ihre Familien in das Museum, nachdem sie es zum Beispiel mit ihrer Hortgruppe besucht haben. Musik-Leistungskurse schließlich bringen potenzielle Musikstudenten ins Museum.

Das Museum für Musikinstrumente der Universität Leipzig bekam mit der Erneuerung des Grassimuseums in den Jahren von 2001 bis 2005 die einmalige Chance, den Bestand in geeigneten Räumen aufzubewahren, wesentlich erweiterte Ausstellungen zu präsentieren und ein modernes Museumskonzept[239] in geeigneten Räumen und im Verbund GRASSI umzusetzen. Erstmalig verfügt das Museum über einen akustisch hervorragenden, klimatechnisch von den übrigen Ausstellungräumen separierten Konzertsaal[240] und über einen Sonderausstellungsraum. Seit dem Wiederaufbau der Kinoorgel im großen Vortragssaal erklingt eine Orgel dort wieder regelmäßig.[241]

Doch ist der Prozess der Erneuerung noch nicht abgeschlossen. Um die genannten Anforderungen in den geschilderten Schwerpunktbereichen erfüllen zu können, ist eine minimale personelle und finanzielle Ausstattung des Museums notwendig.[242] Der Unterhalt eines so großen Museums bedeutet eine ungewöhnlich hohe finanzielle Belastung, die sich kaum in die universitären Strukturen integrieren lässt. So lässt sich seit der Gründung im Jahre 1929 über Jahrzehnte hinweg eine zwiespältige Haltung des Trägers und Eigentümers feststellen. Vor allem in Zeiten wirtschaftlicher Engpässe und dementsprechend rigoroser Sparmaßnahmen – die gab es in der Vergangenheit, es gibt sie gegenwärtig und sicherlich auch in der Zukunft

243 Aus einem Brief des Rektors der Universität an den Staatsminister Dr. Matthias Rößler, SMWK, 7. August 2002. Kopie des Briefes im Archiv MfM.

244 P. Raabe: *Blaubuch* (wie Anm. 227), S. 154, 178.

Kontrabassviola da gamba, Gottfried Tielke, 1662, siehe auch Seite 151 (Museum für Musikinstrumente der Universität Leipzig, Inv.-Nr: 940, Foto: Marion Wenzel)

*Johann George Tromlitz (1725–1805), Gemälde von Daniel Caffe, Leipzig, um 1803
(Museum für Musikinstrumente, Inv.-Nr. 5515, Geschenk der Ernst von Siemens Kunststiftung, 2009)*

Annäherungen an die Alte Musik[1]
Leipziger Protagonisten einer ‚Bewegung'
ESZTER FONTANA

Winfried Schrammek weist in seinem Beitrag im vorliegenden Band auf die Vorreiterrolle hin, die François-Joseph Fétis in Belgien und Frankreich sowie Felix Mendelssohn Bartholdy[2] in deutschen Landen für die beginnende Besinnung auf das musikalische Erbe spielten.[3]

In Leipzig besaß die Beschäftigung mit Alter Musik ebenfalls bereits eine längere Tradition, sie widmete sich jedoch kaum der historischen Aufführungspraxis, sondern eher der Wissenschaft. Gelehrte wie Moritz Hauptmann[4] (1792–1868) oder Carl Ferdinand Becker[5] (1804–1877) sammelten alte Noten und brachten sie auch zur Aufführung. Im Jahre 1850 bekam das Interesse für die Alte Musik eine erste institutionelle Form, als der Thomaskantor Moritz Hauptmann, der Nikolai-Organist Carl Ferdinand Becker, der Philologe Otto Jahn, Robert Schumann und der Musikverlag Breitkopf & Härtel die ‚Bach-Gesellschaft' gründeten. Sie machte es sich zur Aufgabe, eine vollständige kritische Ausgabe aller Werke Bachs herauszugeben.

Auch an der Leipziger Universität erwachte bei den mit der Theorie und Praxis der Musik betrauten Persönlichkeiten das Interesse für ältere Musik und historische Instrumente. Oscar Paul (1836–1898), seit Wintersemester 1866/1867 Privatdozent, seit Wintersemester 1872/1873 designierter außerordentlicher Professor der Musikwissenschaft, fünf Jahre später außerordentlicher Professor an der Universität Leipzig, hielt Vorlesungen über die Musik der Antike und des Mittelalters sowie über die Formen der modernen Tonkunst und publizierte ein Buch über die Geschichte des Klaviers.[6] Letzteres bezeugt, dass er sich mit dem Gegenstand gründlich auseinandersetzte und die neuesten Entwicklungen im Klavierbau mit großem Interesse und großer Intensität verfolgte. Für die ältere Musik interessierte sich, möglicherweise beeinflusst von Oscar Paul, auch Hermann Kretzschmar (1848–1924). Er hielt als Lector publicus der Musik zwischen 1887 und 1904 regelmäßig Vorlesungen an der Leipziger Universität und hatte zwischen 1887 und 1898 die Doppelfunktion des Universitätsmusikdirektors und des Universitätsorganisten inne. Kretzschmar war an der Gründung der ‚Neuen Bach-Gesellschaft' beteiligt und befasste sich zudem in mehreren Aufsätzen mit dem Vortrag Alter Musik.[7] Ob Oscar Paul oder Hermann Kretzschmar[8] die Musikinstrumentensammlung und die Historischen Konzerte von Paul de Wit im Bosehaus an der Thomaskirche besuchten? Davon muss ausgegangen werden, denn Paul de Wit – in der Musikgeschichte und -literatur bewandert, überdies ein vorzüglicher Cellist sowie Gründer, Herausgeber und

---

1 Unter dem gleichen Haupttitel erschien 2008 eine kürzere Version dieses Artikels in: *Alte Musik und Aufführungspraxis. Festschrift für Dieter Gutknecht zum 65. Geburtstag*, hrsg. v. Dietrich Kämper, Klaus W. Niemöller u. Wolfram Steinbeck, Wien etc. 2008, S. 4–18.

2 Am 6. Februar 1835 bekam Mendelssohn das Angebot, an der Universität Leipzig musikwissenschaftliche Vorlesungen zu halten, er schlug es jedoch aus. Vgl. Claudius Böhm, Sven-W. Staps (Hrsg.): *Das Leipziger Stadt- und Gewandhausorchester. Dokumente einer 250-jährigen Geschichte*, Leipzig 1993, S. 88.

3 Vgl. Winfried Schrammek: *Alte Musik an der Universität Leipzig von 1929 bis 2009. Musikausübung der Mitarbeiter des Musikinstrumenten-Museums*, S. 337–348 im vorliegenden Band.

4 Hauptmann sammelte seit den 1820er Jahren ältere Musik (z. B. Bach und Mozart) und setzte sich damit auseinander. Er war für die Ausarbeitung der Richtlinien für die Bach-Gesamtausgabe mitverantwortlich. Unter ihm fand die Aufführung Bachscher Werke (zwar neu instrumentiert) in Leipzig wieder Eingang in den Gottesdienst (1842).

5 Der Leipziger Organist Becker trug eine bedeutende Musikaliensammlung mit Werken des 16., 17. und 18. Jahrhunderts zusammen. 1856 stiftete er sie der Stadt Leipzig (Musikbibliothek der Stadt Leipzig).

6 Oscar Paul: *Geschichte des Claviers*, Leipzig 1868.

7 Hermann Kretzschmar: *Einige Bemerkungen über den Vortrag alter Musik*, in: Hermann Kretzschmar: Gesammelte Aufsätze aus den Jahrbüchern der Musikbibliothek Peters, hrsg. v. Karl Huber, Leipzig 1973, S. 100–119; Michael Heinemann: *Das Bach-Bild Hermann Kretzschmars*, in: Hermann Kretzschmar. Konferenzbericht Olbernhau 1998, hrsg. v. Rainer Cadenbach und Helmut Loos, 193–209.

8 Er förderte durch weit verzweigte praktische, editoriale und organisatorische Tätigkeiten die Wiederbelebung der Alten Musik. Als erster richtete er das Fach historisches Cembalospiel (Wanda Landowska) an der Hochschule für Musik in Berlin ein (1909), zu der die bedeutende, von Oskar Fleischer aufgebaute Instrumentensammlung gehörte.

Konzertprogramm von Paul de Wit in Leipzig, 7. März 1893 (Museum für Musikinstrumente, Inv.-Nr. 5484)

Autor der *Zeitschrift für Instrumentenbau*⁹ – war eine herausragende Persönlichkeit des Leipziger Musiklebens. Als Initiator einer sehr bedeutenden Musikinstrumentenkollektion befasste sich de Wit mit der praktischen Seite der Alten Musik: mit dem Sammeln und Spielen von historischen Musikinstrumenten.

> „Die Entwicklungsgeschichte der Musikinstrumente steht mit der Geschichte der Musik im innigen Zusammenhange. […] Wenn durch meine ‚Perlen' nun das Interesse der Kunst- und Musikfreunde wieder auf die alten Tonwerkzeuge hingelenkt wird, auf einen Kunstzweig, der die ihm gebührende Beachtung und Pflege bisher leider nur im geringen Masse gefunden hat, so ist der Zweck meiner Arbeit schon erreicht."¹⁰

Seit 1886 war es möglich, die Sammlung am Thomaskirchhof zu besichtigen, ein Jahr später berichtete Paul Simon von der neuen Sehenswürdigkeit Leipzigs:

> „mehr denn 100 Blasinstrumente aller Arten, […] eine ethnographisch-culturhistorisch wie sachlich-practisch gleich werthvolle Fundgrube für musikarchäologische, theoretische und auch den Bedürfnissen des realen Lebens dienende, zu practischer Verwerthung geeignete Studien und Forschungen".¹¹

De Wits Interesse entsprach den Strömungen der Zeit.¹² Wien, Brüssel und Berlin – alle mit bedeutenden Sammlungen alter Musikinstrumente – waren wichtige Zentren mit Tradition in der Aufführung älterer Musik auf Originalinstrumenten. In England war ab 1890 Arnold Dol-

---

9   Die Nr. 1 dieser Zeitschrift erschien am 1. Oktober 1880.

10 Paul de Wit (Hrsg.): *Perlen aus der Instrumenten-Sammlung von Paul de Wit in Leipzig*, Leipzig 1892, S. 1.

11 Paul Simon: *Das Museum alterthümlicher Musikinstrumente des Herrn Paul de Wit zu Leipzig*, in: Neue Zeitschrift für Musik 15 (1887), Bd. 83, S. 159–160, 172, hier S. 160.

12 Ich verweise auf die Publikation von Dieter Gutknecht: *Studien zur Geschichte der Aufführungspraxis Alter Musik. Ein Überblick vom Beginn des 19. Jh. bis zum Zweiten Weltkrieg*, 2. Aufl., Köln 1997.

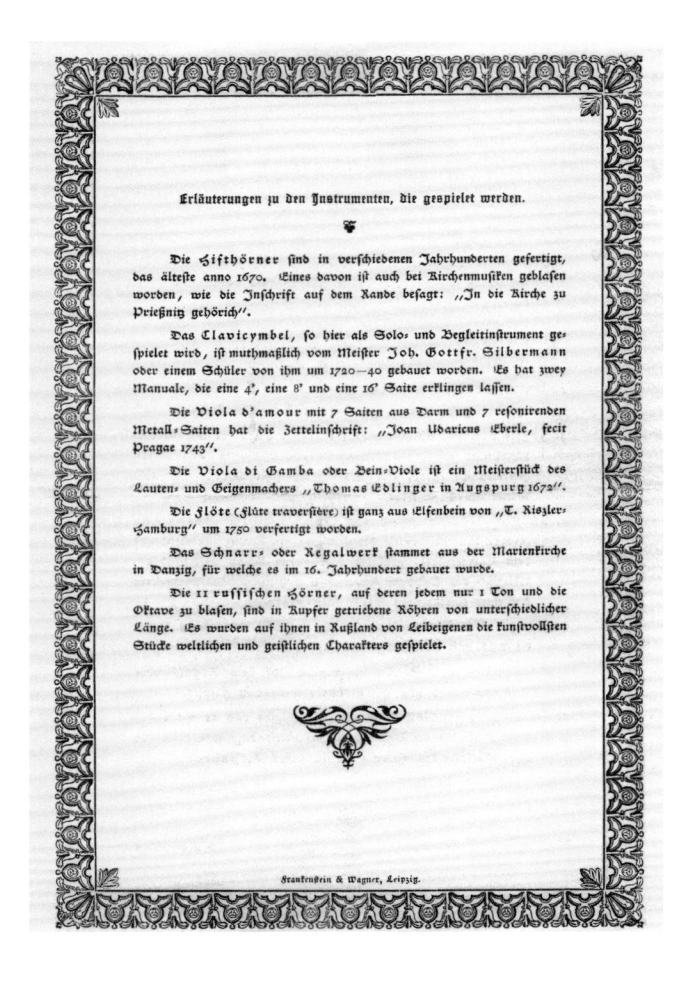

metsch (1858–1940) die treibende Kraft.[13] Er unterhielt eine eigene Instrumentenwerkstatt und ließ vergessene Instrumente des 15. bis 18. Jahrhunderts in Konzerten erklingen. In Brüssel gründete sich im Jahre 1900 eine ‚Société des instruments anciens',[14] ein Jahr später fand sich in Paris die ‚Société de concerts des Instruments anciens Casadesus' unter der Präsidentschaft von Camille Saint-Saëns zusammen, über deren Konzerte auch die deutsche Presse berichtete.[15] Die Basler Musikfreunde veranstalteten 1902 ein „Konzert auf altertümlichen Musikinstrumenten", wobei der „Vertreter der musikalischen Wissenschaft an der hiesigen Universität […] die zartklingenden Tonstücke durch einen sachgemässen Vortrag"[16] erläuterte. In Essen wurde 1904 eine ‚Musikalische Gesellschaft' gegründet,[17] in München gruppierte man sich seit 1905 um den Cellisten und Gambenspieler Christian Döbereiner (1874–1962) in der ‚Deutschen Vereinigung für Alte Musik', dem Kern der Gambenbewegung der 1920er Jahre. Alte Musikinstrumente erklangen ebenfalls in Basel und Luzern.[18]

Auch der Kölner Papierfabrikant Wilhelm Heyer (1849–1913), gleichzeitig ein begeisterter und engagierter Musikliebhaber, beschäftigte sich zu jener Zeit mit Alter Musik. 1902 gründete er eine Sammlung, die den Werdegang der Instrumentalmusik in der Zusammenstellung ihrer Ausdrucksmittel veranschaulichen sollte. Für die nach diesem Konzept innerhalb von kürzester Zeit zusammengetragenen Musikinstrumente,[19] Musikerautographen,[20] Briefe[21] und ikonografischen Zeugnisse über die Musik ließ Heyer 1905 eigens ein Haus in Köln errichten.[22] Er ahnte noch nicht, dass die Geschichte dieser prachtvollen Sammlung einmal in Leipzig weitergeschrieben werden sollte.

---

13 Er gründete 1925 ein Kammermusikfestival, in dem er mit seiner Familie in Solo- und Ensemblewerken Blockflöte, Laute, Gambe (auch im Gambenkonsort), Clavichord und Cembalo bekanntmachte. Diese gaben neue Anstöße für die deutschen Instrumentenbauer, wie Alois und Michael Ammer oder Peter Harlan, die unter anderem Instrumente für die im Jahre 1932 gegründete Schola Cantorum Basiliensis lieferten. Vgl. D. Gutknecht: *Studien zur Geschichte der Aufführungspraxis Alter Musik* (wie Anm. 12), S. 247. Arnold Dolmetsch veröffentlichte auch das Buch *The Interpretation of the Music of the XVIIth and XVIIIth Century*, London 1915.

14 *Deutsche Instrumentenbau-Zeitung* 1 (1900–1901), Nr. 11, 17. Januar 1901, S. 87 (Eintrag ohne Angabe von Autor und Titel unter der Rubrik ‚Vermischtes').

15 D. Gutknecht: *Studien zur Geschichte der Aufführungspraxis Alter Musik* (wie Anm. 12), S. 203.

16 *Konzert auf altertümlichen Musikinstrumenten in Basel*, in: Deutsche Instrumentenbau-Zeitung 3 (1902–1903), Nr. 6 [richtig: 7!], 7. Dezember 1902, S. 68 (Eintrag ohne Angabe des Autors in der Rubrik ‚Vermischtes').

17 *Historische Konzerte in Essen*, in: Zeitschrift für Instrumentenbau 25 (1904), Nr. 14, S. 391 (Eintrag ohne Angabe des Autors in der Rubrik ‚Vermischtes').

18 *Zeitschrift für Instrumentenbau* 25 (1904), Nr. 27, S. 780 (Eintrag ohne Angabe von Autor und Titel unter der Rubrik ‚Vermischtes').

19 Georg Kinsky: *Musikhistorisches Museum von Wilhelm Heyer in Cöln. Katalog*, Bd. 1: *Besaitete Tasteninstrumente, Orgeln und orgelartige Instrumente, Friktionsinstrumente*, Leipzig 1910; Georg Kinsky: *Musikhistorisches Museum von Wilhelm Heyer in Cöln. Katalog*, Bd. 2: *Zupf- und Streichinstrumente*, Leipzig 1912. Ein dritter Band für die Blasinstrumente war geplant, die Drucklegung wurde aber zugunsten einer anderen Publikation zurückgestellt: Georg Kinsky: *Kleiner Katalog der Sammlung alter Musikinstrumente*, Leipzig 1913.

20 Georg Kinsky: *Musikhistorisches Museum von Wilhelm Heyer in Cöln. Katalog*, Bd. 4: *Musikautographen*, hrsg. v. Wilhelm Heyer, Leipzig 1916.

21 Diesen Katalog sollte Dr. Alfred Ebert bearbeiten. Er hatte 1906–1908 bei Theodor Kroyer in München historische Studien betrieben. Seine im Jahre 1912 begonnene Arbeit erfuhr durch den Krieg eine längere Unterbrechung; 1919 trat er von der Aufgabe zurück.

22 G[eorg] K[insky]: *Zur Eröffnung des Musikhistorischen Museums von Wilhelm Heyer, Cöln am 20. September 1913*, Köln 1913.

Hugo Riemann (1849–1919), bereits 1878 in Leipzig habilitiert, kehrte 1895 als Privatdozent hierher zurück. 1901 wurde er Extraordinarius,[23] 1905 richtete er als etatmäßig berufener Professor ein ‚Musikhistorisches Seminar' ein, dem auch Rudolf Steglich und Max Unger angehörten. Riemanns Forschungs- und Lehrspektrum umfasste die Musikgeschichte, die Geschichte der Musiktheorie und der musikalischen Ästhetik sowie Akustik, Instrumentenkunde und historische Aufführungspraxis.[24] Eine Auswahl des für die Seminarübungen vorbereiteten Repertoires erschien in der Reihe *Collegium musicum* bei Breitkopf & Härtel.[25] Durch die allmählich wachsende Bibliothek, die im Jahre 1909 bereits 400 Musikalien beinhaltete,[26] und eine Lehrmittelsammlung, zu der auch Musikinstrumente zählten, sollten nach Riemanns Vorstellung Theorie und Praxis miteinander verbunden werden. Sein Seminar erhielt deshalb im Jahr 1905 und auch nach der sogenannten zweiten Gründung im Jahre 1908 den Beinamen ‚Collegium musicum', den es bis zum Tode Riemanns 1921 innehatte. Das Interesse für die Objekte der Musik war also schon seit Jahrzehnten beständig gewachsen und fand seine Entsprechung nun auch in der universitären Lehre.

Hugo Riemann und Arnold Schering (der ihn seit 1907 unterstützte) thematisierten in ihren Seminaren regelmäßig die alten Musikinstrumente. Die Studenten wurden dazu ermuntert, an ihrem gewählten Gegenstand weiter zu forschen, um später dazu eine größere Publikation oder Dissertation anzufertigen. Diese Schule brachte herausragende Persönlichkeiten hervor. Wilibald Gurlitt (1889–1963), der zwischen 1908 und 1914 Student, später Assistent am Leipziger Seminar war, legte im Jahre 1914 seine Dissertation über Michael Praetorius vor. Gurlitts Interesse galt nicht nur den Kompositionen früherer Jahrhunderte, sondern auch der werkgetreuen Wiederbelebung der Alten Musik[27] und den dazu notwendigen Musikinstrumenten. In den Jahren 1919/20 war er Begründer des Musikwissenschaftlichen Seminars und des Collegium musicum in Freiburg (Breisgau). Aus diesem Anlass trug er auch eine kleinere Sammlung von Musikinstrumenten zusammen. Im Jahre 1921 entwarf Gurlitt nach den Angaben der *Organographia* eine ‚Forschungsorgel' (die sogenannte Praetorius-Orgel des Musikwissenschaftlichen Instituts der Universität Freiburg), welche noch im gleichen Jahr vom Leipziger Thomaskantor Karl Straube eingeweiht wurde.[28] Die Aufführungen des Freiburger Collegium musicum auf alten Musikinstrumenten unter der Leitung von Gurlitt dienten als Ergänzung der Lehre,[29] bereits 1922 brachte man in öffentlichen Konzerten Musik des Mittelalters zu Gehör. Seine Publikationen über Orgelbauer[30] und ältere Musizierpraktiken, sein Beitrag als Wissenschaftler, Konferenzinitiator[31] und aktiver Musiker erhoben Gurlitt zu einem der wichtigsten Vertreter der Alte-Musik-Bewegung.[32]

Auch der Leipziger Student Ernst Simon erhielt, nachdem er 1910 und 1911 Referate über mechanische Musikinstrumente vorgetragen hatte, die Aufforderung, sein Thema zu einer Dissertation auszuarbeiten.[33] Ähnlich verlief es bei Gustav Wilhelm Becking (1894–1945), der im Jahre 1912 nach Leipzig gekommen war, um bei Riemann zu studieren. 1913 hörte er Vorlesungen in Berlin, dann in Heidelberg, 1914 war er Famulus, dann bis 1921 Assistent Riemanns. Nach der Promotion im Jahre 1920 in Leipzig folgte bald die Habilitation über den musikalischen Rhythmus in Erlangen. Hier richtete er ein Musikwissenschaftliches Seminar ein (1922/23), und weil die Interpretation Alter Musik ein wesentlicher Teil der wissenschaftlichen

---

23 Bis 1901 waren musikwissenschaftliche Veranstaltungen dem Bereich Kunstwissenschaften bzw. dem Kunsthistorischen Seminar zugeordnet.

24 Universität Leipzig: *Verzeichnis der Vorlesungen*, Sommer-Halbjahr 1901, S. 33 f.

25 Vgl. Andreas Sopart: *Collegium musicum – eine Kammermusikreihe als Beispiel und Produkt einer fruchtbaren Wechselwirkung zwischen der Universität Leipzig, ihrem Musikforscher Hugo Riemann und dem Musikverlag Breitkopf & Härtel*, S. 259–263 im vorliegenden Band.

26 Eduard Zarnke: *Leipziger Bibliothekenführer*, Leipzig 1909, S. 82.

27 Hans Heinrich Eggebrecht: *Musikgeschichte lebendig ergriffen. Zum Tode von Wilibald Gurlitt*, in: Archiv für Musikwissenschaft 19 (1963), S. 79–83, hier S. 80.

28 Gebaut in der Orgelbauanstalt Walker in Ludwigsburg. Diese Rekonstruktion gilt als Auslöser der neuen deutschen Orgelbewegung. Das Instrument wurde 1944 zerstört. Dazu ausführlich Markus Zepf: *Musikwissenschaft*, in: Die Freiburger Philosophische Fakultät 1920–1960. Mitglieder – Strukturen – Vernetzungen, hrsg. v. Eckhard Wirbelauer in Verbindung mit Frank-Rutger Hausmann, Sylvia Paletschek und Dieter Speck (Freiburger Beiträge zur Wissenschafts- und Universitätsgeschichte, Neue Folge 1), Freiburg (Breisgau) und München 2007, S. 411–439.

29 Heinrich Besseler: *Zum Tode Wilibald Gurlitts*, in: Acta Musicologica 36 (1964), S. 48.

30 Wilibald Gurlitt: *Zwei archivarische Beiträge zur Geschichte des Orgelbaues in Braunschweig aus den Jahren 1626 und 1631*, in: Braunschweigisches Magazin 19 (1913), S. 80–84, 89–91.

31 Wilibald Gurlitt: *Die Wandlungen des Klangideals der Orgel im Lichte der Musikgeschichte*, in: Bericht über die Freiburger Tagung für deutsche Orgelkunst, hrsg. v. Wilibald Gurlitt, Augsburg 1926, S. 11–42.

32 Wilibald Gurlitt: *Der musikalische Denkmalwert der alten Musikinstrumente*, in: Tag für Denkmalpflege und Heimatschutz, Tagungsbericht, Breslau 1926, S. 89–94; Wilibald Gurlitt: *Zur gegenwärtigen Orgel-Erneuerungsbewegung in Deutschland*, in: Musik und Kirche 1 (1929), S. 15–27; Wilibald Gurlitt: *Eröffnung des musikwissenschaftlichen Instrumentenmuseums der Universität Leipzig*, in: Halbmonatsschrift für Schulmusik 24 (1929), Heft 8; unter dem Titel *Festtag der deutschen Musik* auch abgedruckt in: Musica sacra 8 (1929), Heft 9, und: Zeitschrift für Kirchenmusiker 11 (1929/30), Heft 7 (jeweils eigene Sonderdrucke).

33 Ernst Simon: *Mechanische Musikinstrumente früherer Zeiten und ihre Musik*, Wiesbaden 1960, S. 9.

Arbeit sein sollte, gründete auch er ein leistungsfähiges Collegium musicum.[34] Gleichzeitig bemühte er sich um Musikinstrumente. Im Jahre 1923 stiftete Reinhold Neupert (1874–1955), der Geschäftsführer der Nürnberger Filiale des gleichnamigen, in Bamberg ansässigen Cembalo- und Klavierherstellers, dem Erlangener Collegium musicum einen Satz Blockflöten des Nürnberger Flötenbauers Georg Graessel (1874–1948), um auch den klanglichen Zugang zu den Kompositionen der Zeit vor Bach zu ermöglichen.[35] Als Vorbild diente ein Flötensatz von Hieronymus Franziskus Kinsecker (Nürnberg, um 1675) aus den Beständen des Germanischen Nationalmuseums. 1925 fanden die Graessel/Kinsecker-Blockflöten erstmals im öffentlichen Rahmen Verwendung, so etwa bei einem Konzert am 1. Oktober 1925 anlässlich der 55. Versammlung Deutscher Pädagogen und Schulmänner in Erlangen. Die beiden Altflöten wurden von den Musikwissenschaftlern Werner Danckert und Karl Dèzes gespielt.[36] Neupert stellte dem Erlanger Seminar außerdem aus seiner bedeutenden Sammlung elf Instrumente und etwa ebenso viele Klavier-Vorführmechaniken zur Verfügung. Mit diesen Objekten ließ sich die Geschichte des Klaviers, vom Monochord über das Psalterium beziehungsweise Hackbrett bis zum Wiener Hammerflügel, darstellen.

An der Universität Heidelberg war es Prof. Dr. Theodor Kroyer, der seit 1920 eine kleine Sammlung von historischen Musikinstrumenten zusammentrug, um sie in der Lehre zu verwenden. Kroyer setzte 1923 seine wissenschaftliche Tätigkeit in Leipzig fort und legte auch hier den Grundstein für eine Lehrsammlung mit Objekten der Musikgeschichte: Für den Bedarf des Collegium musicum erwarb er in den Jahren 1924 und 1925 eine Auswahl von einigen Dutzend Instrumenten sowie einige Nachbildungen und Modelle. Ein Jahr später stellte Kroyer einen erfolglosen Antrag für den Ankauf eines Generalbassinstrumentes:

„Ich habe zwar die Partitur so eingerichtet, daß im Notfall auf das Instrument verzichtet werden kann, aber stilgemäß wäre dieser Verzicht keineswegs. Auch Bachs Musik, wie die gesamte Musikpraxis des Barock, ist ohne die Mitwirkung eines Generalbaßinstruments eigentlich undenkbar. […] Freilich, […] wenn schon mögliche Mittel für den gedachten Zukauf vorhanden wären, dann möchte ich doch lieber gleich den Ankauf eines richtigen Cembalos vorschlagen."[37]

Fast zeitgleich traf aus Köln die Mitteilung ein, dass die Sammlung Wilhelm Heyers zu verkaufen sei. Das Angebot von Heyers Erben fiel in Leipzig auf fruchtbaren Boden. Nach dem unerwarteten Tod von Wilhelm Heyer im Jahre 1913 blieb das Museum in Köln noch mehrere Jahre bestehen, auch die wissenschaftliche Arbeit wurde fortgesetzt. Das außerordentliche Können des Museumsleiters Georg Kinsky (1882–1951) und die einmaligen Möglichkeiten der Sammlung bezog man in die Planung des neu einzurichtenden Lehrstuhls für Musikwissenschaft in Köln ein. Die Geschichte der universitären Musikwissenschaft in Köln begann im Sommersemester 1920, als Privatdozent Ernst Bücken regelmäßige musikwissenschaftliche Vorlesungen anbot.[38] Auf Anregung Kinskys wurde am 15. Juni 1920 eine Ortsgruppe der Deutschen Musikgesellschaft (DMG) gegründet und ein Collegium musicum gebildet.[39] Kinsky ist seit 1921/1922 im Vorlesungsverzeichnis vertreten, seine Veranstaltungen sowie die Proben des Collegium musicum, unter Mitwirkung von Kinsky, geleitet von Ernst Bücken, fanden im Museum statt.[40] Diese ideale Konstellation sollte aber nur von kurzer Dauer sein; Bücken hatte seine Position an der Universität noch nicht festigen können, als die Heyersche Sammlung zum Verkauf stand. Sowohl Kinsky als auch Bücken setzten sich im November 1925 für den Erhalt der Sammlung in Köln ein. Die Nachkommen von Heyer verlangten für diese Kostbarkeiten insgesamt zwei Millionen Mark[41] – „Exorbitant hohe Forderungen", die die Verhandlungen nach Meinung des

---

34 Unter anderem kamen Werke von Guillaume de Machaut und Guillaume Dufay zur Aufführung. Neben dem Collegium musicum des Erlanger Seminars unter Gustav Becking trat auch die von Prof. Oskar Dischner geleitete ‚Erlanger Vereinigung zur Pflege mittelalterlicher Musik' in Erscheinung. Information des Museums. Siehe auch: Rudolf Steglich: *Vom Klang der Zeiten; historische Musikinstrumente in Erlangen*, in: Musica 2 (1948), S. 19–24; Thomas Jürgen Eschler: *Die Sammlung historischer Musikinstrumente des Musikwissenschaftlichen Instituts der Universität Erlangen-Nürnberg* (Quellenkataloge zur Musikgeschichte, Bd. 25), Wilhelmshaven 1993.

35 Institut für Musikwissenschaft der Universität Erlangen-Nürnberg, Instrumentensammlung. Georg Graessel, Nürnberg 1922. Stiftung Neupert, Signaturen N 26–N 29.

36 Germanisches Nationalmuseum Nürnberg: Inv.-Nr. MI 98-104. Heute befindet sich auch die Werkstatt von Graessel im Museum. Graessel lieferte durch die Vermittlung Danckerts Flöten auch für die Jenaer Universität. Vgl. William Waterhouse: *The New Langwill Index. A dictionary of musical wind instrument makers and inventors*, London 1993, S. 142.

37 18. Juni 1925. Universitätsarchiv Leipzig (UAL): Rep. I/III 72, Bl. 1–2.

38 Michael Arntz: *Die Entwicklung der universitären Musikwissenschaft in Köln bis 1932*, in: Perspektiven und Methoden einer Systemischen Musikwissenschaft (Systemische Musikwissenschaft, Bd. 6), hrsg. v. Klaus Wolfgang Niemöller, Frankfurt am Main 2003, S. 49–63, hier S. 52.

39 Ebenda, S. 53.

40 Alle Angaben nach M. Arntz: *Die Entwicklung der universitären Musikwissenschaft* (wie Anm. 38), S. 54.

41 Protokoll der Verhandlungen, 18. Januar 1926. Dokumentensammlung zur Geschichte des Museums aus dem Stadtarchiv Leipzig: Kap. 4, Nr. 31, Bd. 1, Blatt 17–18. Kopie in der Bibliothek des Museums für Musikinstrumente der Universität Leipzig.

Oberbürgermeisters Konrad Adenauer „gänzlich unmöglich" machten.⁴² Es sollte anders kommen: Theodor Kroyer, seit 1923 in Leipzig, argumentierte in einem an das Ministerium für Volksbildung gerichteten Schreiben für den Erwerb der Sammlung für Leipzig.⁴³ In seinen langatmigen Ausführungen wird die Bedeutung des Faches Instrumentenkunde unterstrichen und die wohltuende Wechselwirkung von Wissenschaft und Musizierpraxis betont. Das nunmehr etwa zwei Jahrzehnte andauernde intensive Interesse an der Alten Musik findet seinen Ausdruck in Begriffen wie ‚Renaissancebewegung' oder ‚Wiedererweckung'.

„Die Entstehung der großen Instrumentensammlungen Europas (in Brüssel, London, Charlottenburg, Köln, Wien usw.) hängt aufs engste mit dem Aufschwung der historisch-philologischen Wissenschaften zusammen, mit denen auch die Musikwissenschaft als historische Kunstwissenschaft das doppelte Ziel der Erforschung und der Wiederbelebung alter Kunst verfolgt. Die moderne Renaissance ist aus der Überzeugung heraus geboren, daß schon das Verständnis des Barockzeitalters nicht allein von der Erkenntnis der inneren Stilkriterien abhängt, sondern auch von der Einfühlung in die ganz anders geartete Klangwelt des Generalbaßzeitalters, und daß z. B. Bachs Musik heute mit den aus der klassischen Kunst Beethovens geerbten Besetzungsmaßen in Kirche und Konzert nicht mehr stilgerecht, sondern verfälscht, jedenfalls unverantwortlich ‚modernisiert', erscheint. [...] Noch schwieriger ist unser Verhältnis zur linearen Musik der Renaissance und des ausgehenden Mittelalters, deren Klangproportionen, Besetzungs- und Vortragsbedingungen kaum erforscht, geschweige denn normiert sind. [...] [Die] altertümliche, verlorene Klangwirkung [muss] an Hand der noch vorhandenen Sammlungsobjekte erst wieder praktisch-experimentell ermittelt werden. [...] Es ergibt sich daraus, wie sehr auch die moderne Kulturhistorie im Verein mit der Soziologie an der Instrumentenkunde interessiert sein muß [...]. Was das Musikwissenschaftliche Institut der Universität Leipzig im besonderen betrifft, so würde ihm demnach die Erwerbung der Heyerschen Sammlung, die sich bekanntlich mit den besten Museen Europas und Amerikas messen darf, mit einem Schlag einen gewaltigen Vorsprung – eine führende Stellung in der Renaissancebewegung verschaffen."⁴⁴

In Leipzig bemühten sich nun einflussreiche Personen, das Land Sachsen für den Erwerb der Sammlung zu interessieren, bis 1926 die Kölner Instrumentensammlung für die Leipziger Universität gekauft werden konnte.⁴⁵ Die Sammlung musste von Köln nach Leipzig transportiert und die neue Ausstellung so bald als möglich vorbereitet werden. Zur Eröffnung der Ausstellungen im neuen Grassimuseum, wo auch die Bibliothek und das Musikwissenschaftliche Institut untergebracht waren, hielt Theodor Kroyer am 30. Mai 1929 eine Festrede mit dem Titel *Die Wiedererweckung des historischen Klangbildes in der musikalischen Denkmalpraxis*.⁴⁶ Professor Kroyer führte darin leidenschaftlich aus, dass die musikgeschichtliche Denkmalarbeit nun eine Grundlage habe und die Sammlung mit ihrem typenreichen Instrumentarium ausgedehnte praktische Klangexperimente für die Erforschung der Musik früherer Zeiten ermöglichen werde. Zuerst wolle man sich auf die Zeit des Barocks konzentrieren, später auch auf die Renaissance und das Spätmittelalter. Damit habe sich, so Kroyer, die Instrumentenkunde als ebenbürtiges und zentrales Fach in den Rahmen der deutschen Universitätswissenschaften eingereiht. Zum Schluss des Vortrages versprach er, sich in sachlicher und ehrlicher Weise um die historische Aufführungspraxis zu bemühen. Kroyer erkannte die Bedeutung der Sammlung und versprach ihre Einbeziehung in die musikalische Praxis.

Zur Eröffnung des Museums und des neu eingerichteten Instituts sowie zur Einweihung der Straube-Orgel spielte das Collegium musicum Werke von Claudio Monteverdi⁴⁷ und Georg Friedrich Händel.⁴⁸ Die Feierlichkeiten fanden im Großen Vortragssaal des Grassimuseums statt. Die von dem führenden Vertreter der ‚deutschen Orgelbewegung' Karl Straube konzipierte und auch nach ihm benannte ‚Barockorgel' sollte im Dienst der historischen

---

42 M. Arntz: *Die Entwicklung der universitären Musikwissenschaft* (wie Anm. 38), S. 56.

43 Leipzig hat sein Angebot erst nach der Ablehnung des Kölner Stadtrats vorgelegt. Die Oberbürgermeister Adenauer und Rothe haben sich in Berlin abgesprochen. Stadtarchiv Leipzig: Kap. 4, Nr. 31, Bd. 1, Blatt 30.

44 Bericht des Professors Dr. Kroyer in Leipzig. Landtag 1926, Vorlage Nr. 229, Anlage 1, S. 5. UAL: Rep. I/III 72, Bl. 46–49.

45 Die in den Katalogen von Kinsky veröffentlichten Inventarnummern sind beibehalten worden bzw. werden weitergeführt. Als Geschenk der Witwe gelangten auch Instrumente nach Leipzig, die nach 1912 für die Heyersche Sammlung erworben worden waren und deshalb in den gedruckten Katalogen nicht beschrieben sind. Teil des Bestandes waren noch ca. 200 Tasteninstrumente, „meist Doubletten", die nach der Drucklegung des Kataloges (Band 1) erworben worden waren. Vgl. *Vorlage, den Erwerb der Instrumentensammlung des Heyer'schen Musikhistorischen Museums in Köln für das Musikwissenschaftliche Institut der Universität Leipzig betreffend*, 8. Juni 1926, S. 1. UAL: Film 1119/278–282.

46 Theodor Kroyer: *Die Wiedererweckung des historischen Klangbildes in der musikalischen Denkmalpraxis*, in: Mitteilungen der Internationalen Gesellschaft für Musikwissenschaft 2 (1930), S. 61–64, 79–83.

47 Laut Ankündigung des Programmes „*Moresca* aus dem Dramma per musica *L'Orfeo* (1607)".

48 Concerto grosso op. 3 Nr. 6 (HWV 317) für Orgel, zwei Cembali und Orchester.

Eröffnung des Musikwissenschaftlichen Instrumentenmuseums am 30. Mai 1929
(Museum für Musikinstrumente der Universität Leipzig, Fotoarchiv)

Aufführungen von Musik früherer Zeiten stehen. Anlässlich der ersten öffentlichen Vorführung der Orgel im Februar 1931, mit Straubes Amtsnachfolger Günther Ramin am Spieltisch, verfasste der damalige Assistent und spätere Direktor Dr. Helmut Schultz, einen Zeitungsbericht.

„Sie ist technisch durchaus eine neuzeitliche Orgel mit allen den Einrichtungen und Erleichterungen, die der heutige Orgelbau dem Spieler gewährt; klanglich aber weicht sie von dem, was der Mensch der Gegenwart sich unter Orgelklang vorzustellen pflegt, mit Vorbedacht erheblich ab. Sie richtet sich nach den Forderungen, die der Komponist der Barockzeit für *seine* [Hervorhebung im Original, Anm. d. Verf.] Orgel erhob, und bei der Berechnung ihrer Pfeifenmaße ist versucht worden, jenen Orgeln, die aus der Glanzzeit des deutschen Orgelbaus, der Epoche bis zu Gottfried Silbermann, noch auf uns gekommen sind, ihr Geheimnis abzulauschen. [...] Dabei wird sich zeigen, [...] dass der Vortragssaal des Grassimuseums, dem die Orgel eingefügt ist, sich auch für kammermusikalische Wirkungen trefflich eignet."⁴⁹

Das Musikwissenschaftliche Institut wurde auf einer Fläche von circa 400 m² und das Museum auf circa 1600 m² eingerichtet, hinzu kam noch die regelmäßige Nutzung des sogenannten Großen Vortragssaals. Auf drei Ebenen war nun die wertvolle Sammlung, zu der Alessandro Kraus, Paul de Wit und Wilhelm Heyer beigetragen hatten, mit einem renommierten Musikwissenschaftlichen Institut in einem lebendigen Museum vereint. Die Eröffnung war zweifellos ein Höhepunkt im Leipziger Musikleben. Für die *Mitteilungen der Internationalen Gesellschaft für Musikwissenschaft* verfassten Dr. Hermann Zenck und

---

49 Helmut Schultz: *Zum bevorstehenden Orgelabend Günther Ramins*, Maschinenschrift ohne Datum, [1931], S. 1 f.

Dr. Helmut Schultz einen Artikel mit dem Titel *Die Musikwissenschaft in Leipzig und ihre Neuorganisierung 1929/30*:
„Die räumliche Nähe von Institut und Museum war ein deutlicher Ausdruck für das angestrebte Zusammenwirken von musikwissenschaftlicher, an das Papier gebannter Arbeit und der Schulung des historischen Ohrs. [...] Günstige äußere Fügungen und der offenbar in Leipzig immer noch wirksame ‚lokale Musikgeist' haben in dieser Stadt trotz der Ungunst der Gegenwart für die Musikwissenschaft einen Arbeitsapparat für die Musikwissenschaft geschaffen, auf den sie stolz sein darf, der sie aber ebensosehr auch zu kultureller Leistung verpflichtet."[50]

Der Pianist, Komponist und Musikschriftsteller Ernst Latzko (geb. 1885, Todesjahr nicht ermittelbar) beschrieb die Eröffnung als einen historischen Akt in der deutschen Musikwissenschaft und deutete auf den Wandel hin, der im Verlauf eines Vierteljahrhunderts in der Bewertung dieser Disziplin eingetreten sei.[51] Die *Neue Leipziger Zeitung* betonte, dass die Zeit des Gegensatzes von Wissenschaft und praktischer, lebensnaher Musik vorbei sei.[52]

In den darauf folgenden Jahren wurde der Große Vortragssaal regelmäßig für Proben und Konzerte der Studentenschaft genutzt, auch Vortragsreihen über das alte Instrumentarium standen auf dem Programm. Wir stoßen hier auf die bedenkenswert moderne Auffassung von Schultz über den musikalischen Gebrauch des Museumsgutes: „Freilich hat der Holzwurm manchen alten Instrumenten weit ärger zugesetzt als den Violinen. Nachbauten müssen dann aushelfen, um uns den verschwundenen Klangreiz wieder zu verlebendigen."[53]

Als das Museum und das Institut ihre Arbeit im Grassimuseum aufnahmen, war auch der Geigenbauer Rudolf Eras (1904–1998) als Student der Musikwissenschaft eingeschrieben.[54] Nachdem er von 1927 bis 1929 seine Gesellenzeit bei Peter Harlan (1898–1966) in Markneukirchen, einem wichtigen Instrumentenlieferanten der Alte-Musik-Bewegung,[55] absolviert hatte, hörte er Vorlesungen der Musikwissenschaft in Freiburg bei Wilibald Gurlitt und wechselte dann nach Leipzig, um sein Studium in den Jahren 1929 bis 1931 bei Kroyer fortzusetzen. So war er wahrscheinlich auch Mitglied des Collegium musicum,[56] für das in den folgenden Jahren noch weitere Instrumente erworben wurden. Es gelangten Musikinstrumente aus der Lingner-Stiftung[57] ebenfalls nach Leipzig, nachdem im Dezember 1932 der Stiftungsvorstand den Beschluss gefasst hatte „die wertvollen Musikinstrumente, die sich in der Verwaltung der Lingner-Stiftung befinden, irgendeiner Sächsischen Stelle zu übergeben, sei es das Musikwissenschaftliche Institut in Leipzig, oder einem anderen Museum in Dresden."[58]

Aus dem Jahre 1933 findet sich auch ein Hinweis auf dieses Ereignis: „Lehrmittel: 14 Instrumente aus der Barockzeit, aus dem Nachlaß von K. A. Lingner".[59] Die verschiedenen Streich-, Zupf- und Blasinstrumente und Dokumente wie Konzertprogramme,[60] Zeitungsartikel, Fotos und auch ein Vertrag aus dem Jahr 1933, dessen Gegenstand die Heyersche Sammlung war,[61] bestätigen ebenfalls, dass das studentische Collegium musicum die Musikinstrumente des Museums regelmäßig im Rahmen

---

50 Hermann Zenck, Helmut Schultz: *Die Musikwissenschaft in Leipzig und ihre Neuorganisierung 1929/30*, in: Mitteilungen der Internationalen Gesellschaft für Musikwissenschaft 2 (1930), S. 56–61, hier S. 60 f.

51 Ernst Latzko: *Die Eröffnung des Instrumenten-Museums der Universität Leipzig*, in: Das neue Leipzig, Jahrgang 1929/1930, S. 31–33, hier S. 31, zitiert nach Erika Bucholtz: *Henri Hinrichsen und der Musikverlag C. F. Peters: deutsch-jüdisches Bürgertum in Leipzig von 1891 bis 1938*, Tübingen 2001, S. 256.

52 *Neue Leipziger Zeitung*, 31. Mai 1929; zitiert nach E. Buchholtz: *Henri Hinrichsen* (wie Anm. 51), S. 257.

53 Dr. H. S-z [Helmut Schultz]: *Von der Pflege alter Musik auf alten Instrumenten*, in: Die Mirag. Illustrierte Rundfunk-Zeitung, 27. November 1929. Exemplar im Archiv des Museums für Musikinstrumente der Universität Leipzig vorhanden.

54 Zwischen 1929 und 1931.

55 Harlan besuchte 1921 Seminare von Gurlitt in Freiburg. Vgl. Fritz Jöde: *Interview mit Peter Harlan, Protokoll der Tonbandaufzeichnung aus dem Archiv der Jugendmusikbewegung*, Teil 1–2, in: Windkanal (2006), Nr. 3, S. 8 und Nr. 4, S. 15.

56 Die Kriegsjahre führten ihn zum Handwerk zurück, 1940 legte er als Geigenmacher die Meisterprüfung ab. Er bekam 1955 einen Lehrauftrag an der Universität Leipzig und auch die Aufgabe, zwei Gambenquartette für das studentische Musizieren zu bauen. Er promovierte 1957 und publizierte über Bau und Spielweise alter Instrumente. Er übernahm Restaurierungsarbeiten für die Leipziger Sammlung und für andere Museen. Vgl. Maschinenschriftliche Erinnerungen von Rudolf Eras im Musikinstrumenten-Museum Markneukirchen.

57 Karl August Lingner (1861–1916), Sammler, Mäzen und Gründer des Hygienemuseums in Dresden, dessen Direktor er bis zu seinem Tode war, erwarb 1916 die Musikinstrumente aus der Sammlung Amerling. Er galt als kunstsinnig und besaß schon zuvor eine kleinere Sammlung von alten Musikinstrumenten sowie sächsische Musikbildnisse und -erinnerungen. Leider konnte sich der Eigentümer an den Neuerwerbungen nicht lange freuen, da er noch im gleichen Jahr starb. Lingners Sammlung ging an eine Stiftung und schließlich im Jahre 1933 an das Musikinstrumenten-Museum der Universität Leipzig. Siehe Anm. 58.

58 Stadtarchiv Dresden: Hauptkanzlei 271/20. Dir.Reg. I.A. Nr.7 (Stadtrat zu Dresden 1920). Ich danke Frau Susanne Roeßinger, Stiftung Deutsches Hygiene-Museum, für diverse Angaben.

59 UAL: Phil. Fak. B1/14, Bd. H. 54.

60 Zum Beispiel vom 25. Februar 1938: „Konzertmusik aus alter Zeit, Dargeboten mit Benutzung von Musikinstrumenten durch das Collegium musicum der Universität Leipzig" Einladung der Deutschen Gesellschaft für Musikwissenschaft, Ortsgruppe Leipzig, 1938. Eine Kopie des Dokumentes befindet sich im Archiv des Museums für Musikinstrumente: Dokumentensammlung zur Museumsgeschichte.

61 Abgeschlossen zwischen der Stadt Leipzig und der Universität Leipzig. UAL: RA 1438–1443 (25.10.1933).

Aufführung von Henry Purcells Dido and Aeneas anlässlich der Eröffnung nach der Rekonstruktion des Grassimuseums am 21. April 2006
(Museum für Musikinstrumente der Universität Leipzig, Foto: Marion Wenzel)

seines Ausbildungsprogramms benutzte. Seit 1930 wurden im Museum regelmäßig thematische ‚Sonntags-Vorführungen' veranstaltet.[62]

Mit der Pflege der Musikinstrumente war Otto Marx (1871–1964) betraut, der schon seit 1909, damals noch in Köln, für die Heyersche Sammlung zuständig war. Er führte nicht nur die notwendigen Reparaturen aus, sondern fertigte auch Kopien[63] von Tasteninstrumenten an. Sein Nachfolger wurde Friedrich Ernst (1897–1976) mit einer abgeschlossenen Ausbildung als Klavierbauer, der zur Zeit der Museumseröffnung „im Bau und in der Pflege von historischen Typen" für die Firma Neupert und „verschiedene andere Nürnberger Instrumentensammlungen" beschäftigt war. Er besuchte Vorlesungen der Musikwissenschaft in München und Erlangen. Im Jahre 1930 unternahm er eine Studienreise, um die großen Sammlungen Europas kennenzulernen. Sein ausführlicher Reisebericht verweist auf den neuen Typus eines forschenden Instrumentenbauers, dessen bedeutender Vertreter er selbst war.

„In der neusten Zeit ist man bestrebt, die alte Musik, wie sie damals vor 200–300 Jahren gemacht wurde, zu neuem Leben zu erwecken. […] Das neuaufkommende Verlangen, die alte Musik so zu hören, wie sie seinerzeit gehört wurde, veranlasst jetzt die Musikfreunde und Musikwissenschaftler immer mehr und mehr, Nachbildungen alter Musikinstrumente anfertigen zu lassen, sodass gegenwärtig jedes Konservatorium und noch mehr jede Universität in Deutschland bestrebt ist, sich

---

62 Vgl. W. Schrammek: *Alte Musik an der Universität Leipzig* (wie Anm. 3).

63 Vgl. Eszter Fontana: *Copies of Historical Musical Instruments in the Collection of the University of Leipzig*, in: Restauration and Conservation of Early Musical Instruments. The spinetta ovale by Bartolomeo Cristofori, hrsg. v. Gabriele Rossi-Rognoni, Firenze 2008, S. 53–92.

das musikwissenschaftliche Instrument, das Cembalo anzuschaffen. [Es ist] Tatsache, dass die Universitäten Berlin, Erlangen, Heidelberg und das Konservatorium Würzburg (um einige zu erwähnen) seit gar nicht langer Zeit sich Cembali angeschafft haben. Im Gewerbe des Musikinstrumentenbaus kommt ein neuer Zweig hinzu, dem die Laien und auch die Fachwelt eine Lebensberechtigung nicht absprechen, ja sogar eine Zukunft prophezeien."[64]

In den Vorkriegs- und Kriegsjahren musste das Museum für Musikinstrumente der Universität Leipzig eine wechselvolle Geschichte, auch unersetzliche Verluste über sich ergehen lassen. „Wir vermissen die Buchsbaumquerflöte, die laut Überlieferung Prinz Louis Ferdinand gehört haben soll. Dieser Verlust ist umso schmerzlicher, als diese Querflöte in dem Instrumentarium unseres Collegium musicum fehlen wird."[65] Ebenso fehlte „die Tielke-Gambe",[66] von der es in einer nicht für die Publikation vorgesehenen, jedoch an verschiedene Freunde verschickten Maschinenschrift von Friedrich Ernst heißt, sie sei vor dem Krieg „bei den musikalischen Veranstaltungen oft gespielt" worden.[67]

Der Krieg verursachte zwar einen harten Rückschlag, aber das Interesse an der Alten Musik als wissenschaftliche und künstlerische Disziplin blieb erhalten. An den Lehrstühlen der Musikwissenschaft gründete man weiterhin Collegia musica[68] und die Erforschung der in den Musikinstrumentensammlungen gehüteten Quellen genoss eine besondere Aufmerksamkeit. Ausführliche Sammlungskataloge sowie technische Zeichnungen bildeten die Grundlage für Instrumentennachbauten, aber auch für Diskussionen der spieltechnischen oder akustischen Fragen. Generationen von Wissenschaftlern, Instrumentenbauern und Instrumentalisten und nicht zuletzt die Professionalisierung und Spezialisierung trugen dazu bei, dass man das Spiel auf alten Instrumenten, den stilsicheren, wissenschaftlich begründeten musikalischen Vortrag in unserer Zeit an zahlreichen Hochschuleinrichtungen studieren kann. Die Aufgaben, die sich die erste große Institution für Alte Musik, die Schola Cantorum Basiliensis, im November 1932 stellte, haben knapp 80 Jahre später immer noch Gültigkeit.

„Seine Aufgabe ist die Erforschung und praktische Erprobung aller Fragen, welche mit der Wiederbelebung alter Musik zusammenhängen, mit dem Ziel, eine lebendige Wechselwirkung zwischen Wissenschaft und Praxis herzustellen. Die Schola Cantorum Basiliensis wird ihre Ergebnisse kundtun durch Aufführungen und Neuausgaben, sowie durch Berichte in einer eigenen Zeitschrift. Unterricht im Spiel auf alten Instrumenten und Übungen in der Wiedergabe älterer Werke im Geist ihrer Epoche werden dem studierenden wie auch dem beruflich tätigen Musiker Gelegenheit bieten, sich weiterzubilden und in allen einschlägigen Fragen Rat zu holen."[69]

Mit Genugtuung können wir heute feststellen, dass die von Kroyer geforderte Professionalisierung erfolgt ist, und dabei spielt das Museum für Musikinstrumente der Universität Leipzig weiterhin eine gewichtige Rolle. 1991 wurde die Fachrichtung ‚Alte Musik' an der Hochschule für Musik und Theater „Felix Mendelssohn Bartholdy" gegründet. Seitdem erhalten die Studierenden der Fachrichtung fachspezifischen Unterricht (Historische Musikinstrumentenkunde und Akustik) in den Räumen und durch die Mitarbeiter des Museums. Auch auf dem seit 1998 jährlich gemeinsam gestalteten Alte-Musik-Fest wird das Gelernte und Erforschte dem Publikum zu Gehör gebracht. Als musikalischer Gruß und als ein Zeichen der guten Zusammenarbeit präsentierten am 21. April 2006 anlässlich der festlichen Wiedereröffnung des Museums für Musikinstrumente der Universität Leipzig Professoren, Dozenten und Studierende der Hochschule auf der Bühne des Zimeliensaals eine szenische Aufführung von Henry Purcells *Dido and Aeneas*. In Leipzig zeigen diese Konzerte, aber auch gemeinsam durchgeführte Forschungsprojekte, Vorträge, Konferenzen und Workshops, Wege zur Annäherung an die Alte Musik.

---

64 *Studienreise* (Oktober 1930), S. 1. Germanisches Nationalmuseum Nürnberg: Archiv, Nachlass Rück, nicht paginiert (zur Zeit der Bearbeitung).

65 Diskant-Querflöte mit vier silbernen Klappen, F. G. A. Kirst, Potsdam, vor 1804 (Inv.-Nr.1255), aus der Sammlung P. de Wit, später Heyer. Herbert Heyde: *Flöten* (Musikinstrumenten-Museum der Karl-Marx-Universität Leipzig, Katalog, Bd. 1), Leipzig 1978, S. 95.

66 Musikinstrumenten-Museum, ehemals Heyersche Sammlung, Inv.-Nr. 814, aus dem Jahr 1699.

67 Nachdem Otto Marx in den Ruhestand getreten war, übernahm F. Ernst die Stelle des Konservators. Er arbeitete vom 1. Januar 1937 bis zum 23. November 1948 am Museum in Leipzig. Aus dem Manuskript *Die Sammlung historischer Musikinstrumente in Leipzig während des Krieges und kurz darauf*, Germanisches Nationalmuseum Nürnberg: Archiv, Nachlass Rück, I.C.-191, S. 8 (Maschinenschrift). Eine Kopie der für Leipzig relevanten Schriften befindet sich im Archiv des Museum für Musikinstrumente der Universität Leipzig, Sammlung zur Museumsgeschichte.

68 Vgl. Winfried Schrammek: *Alte Musik an der Universität Leipzig* (wie Anm. 3).

69 Zitat aus dem Gründungsprogramm, November 1932; zitiert nach der Selbstdarstellung der Einrichtung im Internet: http://www.scb-basel.ch/index/110042. Datum der Einsichtnahme: 21. Januar 2009.

Alte Musik an der Universität Leipzig von 1929 bis 2009
Musikausübung der Mitarbeiter des Musikinstrumenten-Museums
WINFRIED SCHRAMMEK

Spätestens seit Anfang des 18. Jahrhunderts wird im mitteleuropäischen Konzertleben neben der intensiven und mehrheitlichen Ausübung der jeweils von Zeitgenossen komponierten Musik auch auf Musik vergangener Generationen zurückgegriffen. Offensichtlich ist dabei der Wunsch nach Ausdrucksgehalten und Funktionsmöglichkeiten maßgebend, die in der zeitgenössischen Musik zu wenig, zu schwer oder gar nicht zu finden sind. Dies betrifft zum Beispiel den Gregorianischen Choral oder ausgewählte sakrale Chorwerke ‚altklassischer Meister' in christlicher Liturgie oder schlechtweg Werke von Komponisten vergangener Generationen wegen ihres vermeintlich problemlosen Schönklangs, und zwar inner- oder außerhalb der öffentlichen Konzertpläne. Bei solchen Rückbesinnungen, wie sie auch in Leipzig unter Felix Mendelssohn Bartholdy als Gewandhaus-Kapellmeister 1838, 1841 und 1846/47 in drei Reihen ‚Historischer Konzerte' innerhalb des Abonnements bezeugt sind, spielt das Bemühen um eine möglichst originalgetreue Ausführung gemäß kritischer Beachtung der eröffneten Quellen eine untergeordnete Rolle. Vielmehr werden die alten Partituren mittels zeitgenössischer Kompositionstechniken bearbeitet sowie auf zeitgenössischen Instrumenten musiziert, ja, es gibt sogar den Brauch, zeitgenössische Musik von vornherein ‚in stile antiquo' zu komponieren.

Eine andere Denk- und Verfahrensweise wird durch das Aufstreben von Museen mit original erhaltenen historischen Musikinstrumenten während des 19. Jahrhunderts spürbar: Nun sollen alte Musikinstrumente mit alter Musik aus gleicher Entstehungszeit und gleicher Herkunft in musikalisch stilvoller Praxis das jeweils gegenwärtige Musikleben wie antike Schmuckstücke aus Gold und Edelstein bereichern.

Einen markanten Anfangspunkt für die Erfüllung solcher Wünsche bilden die ‚Concerts historiques', die der Musikgelehrte und Komponist François-Joseph Fétis ab 1832 mit Originalinstrumenten des Pariser Konservatoriums in Paris und ab 1836 mit Originalinstrumenten des Brüsseler Konservatoriums in Brüssel jeweils mit wissenschaftlichen Einführungsvorträgen für diejenigen veranstaltete, „qui aiment à observer les transformations du génie des artistes et les révolutions des arts" („die gern die Veränderungen im Genie der Künstler sowie die Umwälzungen der Künste beobachten").[1] Man darf wohl sagen, dass seitdem die mit kritischem, wahrheitssuchendem Blick in eine bewährte, vielleicht verklärte Vergangenheit verbundene Idee historischer Musik auf historischen Instrumenten in historisch gegründeter Aufführungspraxis wesentlich zur Ergänzung des jeweiligen zeitgenössischen Musiklebens beiträgt, sie zeigt, wie die Musik jeder Epoche „a eu les beautés d'un ordre particulier, qui, pour n'être pas à notre usage habituel, n'en sont pas moins réelles" („ihre Schönheiten in einer eigenen Ordnung hatte, die, obwohl sie nicht unserem üblichen Habitus entsprechen, doch nicht minder real sind").[2]

Dabei erscheint bemerkenswert, dass die durch Fétis angestoßene Bewegung gerade unter den Augen und Ohren von Hector Berlioz einsetzte, der durch Verwendung modernster Musikinstrumente und durch bis dahin unerhörte Instrumentationskünste die Voraussetzungen für eine ganz neuartige Musik schuf, die nicht mehr wie bislang als selbstverständlich-zeitgenössisch hingenommen, sondern als „musique belle et bizarre, sauvage, convulsive et douloureuse"[3] diskutiert, abgelehnt oder bejubelt wurde.

Wie Fétis standen auch andere Spezialisten historischer Aufführungspraxis mit Instrumentenbauern oder mit Instrumentenmuseen in Arbeitskontakt, so die Klaviervirtuosen Ignaz Moscheles seit 1836 und Alfred James Hip-

---

[1] Zitiert nach: *Fétis*, in: Riemann-Musiklexikon, Personenteil Bd. 1, Mainz 1959, S. 505 ff.
[2] Ebenda.
[3] So das Urteil von Alfred de Vigny nach der Uraufführung der *Grande Messe des Morts* von Hector Berlioz im Dezember 1837.

kins seit 1860 mit Broadwood in London, der Lehrer und Organist Paul Apian-Bennewitz seit 1883 mit dem von ihm gegründeten ‚Gewerbemuseum' in Markneukirchen, der Cellist und Gambist sowie Herausgeber der *Zeitschrift für Instrumentenbau*, Paul de Wit seit 1880 mit der Leipziger Instrumentenfabrikation sowie mit seinem Musikhistorischen Museum in Leipzig oder der Kunstsammler Wilhelm Heyer und der überragende Musikwissenschaftler Georg Kinsky seit 1909 mit dem Musikhistorischen Museum in Köln und seinem tüchtigen Restaurator Otto Marx.[4] An allen solchen Orten historischer Musikkunde fanden anspruchsvolle öffentliche Veranstaltungen statt.

Über die ‚Hauskonzerte' von Paul de Wit berichtete Bruno Röthig, Kantor der Leipziger Johanniskirche und Leiter eines weltweit berühmten Gesangsquartetts:

„Paul de Wit war es aber nicht nur um ein Anhäufen der ‚längst verstummten Zeugen entschwundener Kunst- und Kulturepochen', wie Wilhelm Heyer einmal schreibt, zu tun, er brachte in Hauskonzerten die alten Musikinstrumente wieder zum Erklingen, so einen lebendigen Eindruck des musikalischen Schaffens und Wesens versunkener Jahrhunderte vermittelnd. Diese Praxis [...] war für die achtziger und neunziger Jahre des 19. Jahrhunderts etwas Unerhörtes und Einzigartiges. [...] Man begegnete einem bunteren Publikum, Kaufmannskreise waren ebenso vertreten wie Juristen, Mediziner, bildende Künstler. Ich erinnere mich dabei an Max Klinger. Zweihundert Menschen wogten durch den Musiksalon in der Jakobstraße, und unser Hauskonzert brachte uns [...] die Aufforderung [...], das Programm zu wiederholen. Da [...] nur älteste Instrumente gespielt wurden, Bachs altes Cembalo, eine alte Flöte aus Friedrichs des Großen und Quantz' Zeit, geblasen von Maximilian Schwedler, unserem tüchtigen Gewandhaus-Flötisten, wurde auch lebhaft gewünscht, die alte Schnarrorgel wieder zu hören."[5]

Im Museum Heyer zu Köln gab es wissenschaftliche Führungen durch die Sammlung, ‚erläuternde Vorträge' über instrumentenkundliche Forschungsergebnisse und auch ausgewählte Konzerte auf historischen Instrumenten, unter anderem von Wanda Landowska, wozu der „größte Saal im Erdgeschoß" Raum gewährte.[6]

Die Leitmotive für die museologische Arbeit von Paul de Wit und Wilhelm Heyer ähneln einander sehr. Paul de Wit sagte:

„Ich gehe hierbei von dem Gesichtspunkte aus, daß für den Musikforscher das Äußere des Instruments wohl erst in zweiter Linie in Betracht kommt, dagegen in erster Linie die Qualität des Tones; erst damit kann er sich ein richtiges Bild von dem Musikleben unserer Vorfahren machen und sich vergewissern, wie die Compositionen früherer Meister auf jenen Instrumenten, für die sie geschrieben waren, geklungen haben. Auf diese Weise erhält man eine wirkliche Idee von der Musik früherer Jahrhunderte."[7]

Wilhelm Heyer sagte:

„Das von mir gegründete Musikhistorische Museum verfolgt den Zweck, den Werdegang der Instrumentalmusik in der Zusammenstellung ihrer Ausdrucksmittel zu veranschaulichen [...]. Mein Bemühen war aber nicht nur auf ein bloßes Sammeln und Anhäufen gerichtet, sondern es kam mir hauptsächlich auch auf die Möglichkeit eines praktischen Gebrauchs der Instrumente an, da sich ja ein anschauliches Bild ihrer klanglichen Eigenart nur gewinnen läßt, wenn sie sich in spielbarem Zustande befinden. In einer mit dem Museum verbundenen eigenen Werkstatt wird daher außer an der Instandhaltung der unversehrten Stücke auch an der Wiederherstellung solcher Instrumente unablässig gearbeitet, die durch Alter oder unverständige Behandlung schadhaft oder unbrauchbar geworden sind."[8]

Als das Musikhistorische Museum von Wilhelm Heyer in Köln 1926 für die Universität Leipzig erworben und am 30. Mai 1929 im Neubau des Grassimuseums festlich eröffnet wurde, war man sich einig, die musikhistorische Arbeit von Paul de Wit, der seine 1892/93 neu gesammelten Bestände 1905 an Wilhelm Heyer verkauft hatte, sowie die vielseitige und tiefgreifende instrumentenkundliche Forschung von Heyer und Kinsky geradlinig fortzuführen.

Befremdlich schien aber zunächst, dass die musikalische Umrahmung der Festveranstaltung in Leipzig zwar historische Musik brachte, diese jedoch durchweg in moderner Spielweise auf modernen Instrumenten ausgeführt wurde. Zu Beginn erklang das Schlussstück von Claudio Monteverdis *L'Orfeo* von 1607, die *Moresca*. „Der zweite Satz aus Georg Friedrich Händels Concerto grosso op. 3, 6 bot mit dem Widerspiel von Orgel und Solocem-

---

4   Zum Wirken von de Wit, Heyer, Kinsky und Marx vgl. auch den Beitrag von Eszter Fontana: *Annäherungen an die Alte Musik. Leipziger Protagonisten einer ‚Bewegung'*, S. 327–336 im vorliegenden Band.

5   Bruno Röthig, Kläre Röthig: *Aus einer sächsischen Kantorei. Erinnerungen aus des Lebens Mittag*, Leipzig [o. J.], S. 125 ff.

6   Georg Kinsky: *Musikhistorisches Museum von Wilhelm Heyer in Cöln. Katalog*, Bd. 1: *Besaitete Tasteninstrumente, Orgeln und orgelartige Instrumente, Friktionsinstrumente*, Leipzig 1910, S. 7, 110. Vgl. auch Denise Restout: *Landowska on Music*, 3. Aufl., New York 1981, S. 11.

7   Paul de Wit: *Kurzgefasster Katalog aller im musikhistorischen Museum von Paul de Wit vorhandenen Musikinstrumente, Gemälde und anderen Merkwürdigkeiten, die auf Musik oder Musikinstrumente Bezug haben*, Leipzig 1893, S. III f.

8   Georg Kinsky: *Musikhistorisches Museum von Wilhelm Heyer in Cöln. Katalog*, Bd. 1 (wie Anm. 6), S. 5 f.

balo, begleitet vom Collegium musicum und gestützt von einem zweiten Cembalo, einen festlichen und bewegten Ausklang."[9] Professor Theodor Kroyer, der Direktor des ‚Musikwissenschaftlichen Instituts und Instrumenten-Museums der Universität Leipzig' (so die neue Bezeichnung) und verdienstvolle Urheber des Museumserwerbs für Leipzig, betonte dazu ganz offen in seiner Festrede: „Ich habe in der Wiedergabe des Stückes nicht das Musikinstrumentarium Monteverdis, sondern bis auf die beiden Cembali moderne Instrumente benutzt, Streicher, Fagotte, Oboen, Posaunen und sogar Ventiltrompeten" – um dann in die Zukunft zu schauen:

> „Die Musikwissenschaft hat in ihrer Arbeit erst nach anfänglichem Tasten und Irren den Kurs gefunden, […] den Weg der Wahrheit. Sie ist erst jetzt so ganz von dem Willen durchdrungen, den Weg der Kompromisse zu verlassen […], [sie] erkennt, daß die Idee der ‚Wissenschaft' im höchsten Sinne des Wortes auch ihre höchste Idee sein muß – die Einsicht, daß die Ausfindung und Wiedererweckung des mannigfaltig wechselnden historischen Klangideals zur Ganzheit-Erfassung aller Musik unentbehrlich ist."[10]

Es mutet reizvoll an, im Bericht über die Museumseröffnung in Leipzig von Kroyers Schülern Hermann Zenck und Helmut Schultz die Gedanken Kroyers wie folgt wiedergegeben zu sehen:

> „Er knüpfte an den musikalischen Auftakt des Festes, die vom Collegium musicum der Universität vorgetragene Moresca aus Claudio Monteverdis Favola in musica ‚Orfeo' (1607) an und stellte die hierfür behelfsweise gewählte Ausführung und Besetzungsart rückhaltlos als einen Versuch mit untauglichen Mitteln dar, der unter den heutigen Bedingungen noch nicht anders unternommen werden könne."[11]

Über Kroyers Zukunftsintention schrieben Zenck und Schultz:

> „Das Schlußwort des Vortrags enthielt ein Programm: das Versprechen sachlicher und ehrlicher Bemühung um die historische Aufführungspraxis, um den Klang in allen seinen Verzweigungen, mit der Zuversicht, daß die Schwierigkeiten des Sicheinhörens und des Sicheinspielens für den nicht unüberwindlich sein werden, der nichts überstürzen will; und es enthielt ein Bekenntnis: daß die Musikwissenschaft berufen sei, der Gefahr der mechanisierenden Musiküberproduktion durch Besinnung auf verschüttete Werte zu wehren, und daß, wenn die Jetztzeit aus Zersplitterung und dilettantischer Unsicherheit zur Wahrheit und Ganzheit ihres Kunstwollens hinstrebe, die Musik der ferneren und fernsten Vergangenheit eine erneuernde und klärende Wirkung und geradezu eine diätetische Macht im Seelenhaushalt der Gegenwart entfalten müsse."[12]

Neben den gegenüber Kroyer um eine Generation jüngeren Musikwissenschaftlern Zenck und Schultz waren es vor allem Walter Gerstenberg, Heinrich Husmann und Ernst Rohloff, die innerhalb der Zeit von der Museumseröffnung 1929 bis zur Museumszerstörung während des Zweiten Weltkrieges 1943 im soeben dargestellten Sinn Musikwissenschaft und Musikpraxis verbunden und nun ganz bewusst und verantwortungsvoll den Weg originalgetreuer Interpretation historischer Musik beschritten haben. Sie alle waren Mitarbeiter des Musikwissenschaftlichen Instituts und Instrumenten-Museums der Universität Leipzig, in der Regel Assistenten von Professor Kroyer und seit dessen 1932 erfolgter Berufung nach Köln Mitarbeiter von Kroyers Nachfolger Professor Schultz. Einen Blick in die musikwissenschaftliche und musikpraktische Arbeit unter dem neuen Direktor vermittelt ein Artikel des bedeutenden Leipziger Hochschullehrers und Musikkritikers Hermann Heyer. Diesem Artikel sind die folgenden Hinweise und Beobachtungen entnommen:

Den „notwendigen Grundstock" für die Arbeit des Museums muss eine „umfassende Bibliothek" bilden. Die „interne Arbeit" dient vor allem der Ausbildung „zünftiger Musikwissenschaftler". Eine selbstverständliche Voraussetzung für die gründliche und vielseitige Ausbildung sind die personellen und künstlerischen Verbindungen des Lehrkörpers und der Studierenden zum Konservatorium der Musik, der heutigen Hochschule für Musik und Theater. In geregelten zeitlichen Abständen finden in Form öffentlicher Konzerte und Opernaufführungen von Dozenten und Studenten der Musikwissenschaft, des Musikinstrumenten-Museums und des Konservatoriums „Rechenschaftsberichte" statt. „Dann entpuppt sich etwa ein junger Brucknerforscher als talentvoller Pauker, oder man erlebt gar den Leiter des Instituts als Verwandlungskünstler, wenn er sich als Kapellmeister, Pianist, Klarinettist und Sänger betätigt."[13]

Der leitende ‚Verwandlungskünstler' war Helmut Schultz, geboren 1904 in Frankfurt am Main, Thomaner in

---

9 Hermann Zenck, Helmut Schultz: *Museumseröffnung und Orgelweihe in Leipzig*, in: Zeitschrift für Musikwissenschaft 11 (1928), S. 584–587, hier S. 586.

10 Theodor Kroyer: *Die Wiedererweckung des historischen Klangbildes in der musikalischen Denkmalpraxis*, in: Mitteilungen der Internationalen Gesellschaft für Musikwissenschaft 2 (1930), S. 61–64; 79–83, hier S. 62 f.

11 H. Zenck, H. Schultz: *Museumseröffnung und Orgelweihe* (wie Anm. 9), S. 584 f.

12 Ebenda.

13 hy [Signum von Hermann Heyer]: *Musikwissenschaftliches Institut und Instrumentenmuseum. Ein Besuch im Flügelbau des Grassimuseums*, in: Neue Leipziger Zeitung, 27. Oktober 1940, S. 6.

Leipzig, nach Studien in Leipzig (bei Theodor Kroyer) und Wien seit 1928 als Wissenschaftlicher Assistent am Musikwissenschaftlichen Institut der Universität Leipzig beauftragt, das 1926 für die Universität angekaufte Musikinstrumenten-Museum wissenschaftlich und praktisch für die öffentliche Ausstellung und Nutzung im neuen Gebäude des Grassimuseums aufzubereiten. Bereits 1929, zur Eröffnung des Museums, erschien von Helmut Schultz der *Führer durch das Musikwissenschaftliche Instrumenten-Museum der Universität Leipzig,* und 1931 wurde seine *Instrumentenkunde* veröffentlicht. Als Nachfolger von Theodor Kroyer wurde Schultz 1933 a. o. Professor und Direktor des Musikwissenschaftlichen Instituts und Instrumenten-Museums der Universität Leipzig. Charakteristisch für Schultz war sein mannigfaltiges Wirken; für seine Interessen und Begabungen war das Museum höchst willkommene Basis. Noch Jahrzehnte nach seinem Tode sprachen damalige Zeitgenossen in klarer Erinnerung über Helmut Schultz, so die langjährige Leiterin des Göschen-Hauses in Hohnstädt bei Grimma, Renate Sturm-Francke, der spätere Kustos am Musikinstrumenten-Museum, Dr. Paul Rubardt, der ehemalige Student und ‚Famulus' von Schultz, Professor Rudolf Eller, oder die Gattin von Helmut Schultz, Dr. med. Gisela Schultz. Sie alle bewunderten das brillante, dabei aber instrument- und werkgerechte Spiel von Helmut Schultz auf historischen Hammerflügeln und bezeichneten sein Musizieren in aufführungspraktischer Hinsicht als vorbildlich, als kaum übertreffbar. Sie alle waren sich aber auch einig, dass seine Vorlesungen und Vorträge, die die „musikalischen Phänomene auf vielfältige, bisweilen scheinbar einander widersprechende Weise und unter Heranziehen von Erscheinungen aus anderen Bereichen beleuchtet" haben, „äußerst gewinnbringend" waren.[14] Im Laufe des Zweiten Weltkriegs erlitt sein glückliches Wirken am Institut und am Museum jedoch Einschränkungen, und in der Nacht vom 3. zum 4. Dezember 1943 kamen alle Aktivitäten durch den unermesslichen Bombenschaden zum jähen Stillstand. Kurz zuvor, im September 1943, war Schultz zum Militärdienst einberufen worden. Am 13. April 1945 wurde er, der nicht der Nazipartei angehörte und aus seiner Abneigung gegen das Naziregime nie Hehl machte und folglich bespitzelt wurde, von Nazifunktionären gegen amerikanische Panzer getrieben; bei Waldenburg in Sachsen fand er den Tod.

Zu den Höhepunkten seiner Arbeit im Musikinstrumenten-Museum gehörten die öffentlichen Konzerte, ausgeführt von Studenten der Musikwissenschaft gemeinsam mit Studenten des Konservatoriums, aber auch offen für Mitwirkende aus allen Fakultäten. Das ‚Collegium musicum instrumentale' wurde in der Regel von Helmut Schultz selbst geleitet, das ‚Collegium musicum vocale' auch von Heinrich Husmann, Hermann Zenck oder Ernst Rohloff.

Für die Konzerte stand der Große Saal oder der Mittlere Hof des Grassimuseums, für die Opernaufführungen das historische Goethe-Theater zu Bad Lauchstädt zur Verfügung. Durchweg wurde Musik geboten, die nicht im Repertoire des Leipziger Konzertwesens enthalten war. So erklangen instrumentale Werke von Johann Bernhard, Johann Christoph und Johann Christian Bach sowie vokale Kompositionen vornehmlich aus dem 16. und 17. Jahrhundert von Ludwig Senfl, Erasmus Widmann und Nikolaus Zangius. Besondere Liebe galt den Instrumentalwerken von Wolfgang Amadeus Mozart und Joseph Haydn. Viel Lust und Spaß dürften Musiker und Hörer bei der szenischen Wiedergabe des *Wein- und Bierrufers* von Johann Nicolaus Bach oder bei einem Fastnachtsspiel von Hans Sachs mit Musik von Ernst Rohloff gewonnen haben. Singspiele und komische Opern von Joseph Haydn, Christian Gottlob Neefe, Franz Schubert, Johann Hoven und anderer Komponisten waren ebenfalls Bestandteil des Spielplans und damit der ‚Rechenschaftsberichte'. Auf der Grundlage dieses praktischen Musizierens erwuchsen mehrere von Helmut Schultz erarbeitete Ausgaben alter Musik, so die *Deutsche Bläsermusik vom Barock bis zur Klassik* oder *Meister des Cembalos* sowie Werkausgaben von Joseph Haydn und Antonio Rosetti. Außerdem sei erwähnt, dass Schultz die von seinem Vorgänger und Lehrer Theodor Kroyer ins Leben gerufenen *Publikationen älterer Musik* weiterhin betreut hat.

Als wesentlich wurde erachtet, für die Aufführungen historischer Musik historische Musikinstrumente des Museums zu verwenden, die auch den Musikern zum Üben ausgeliehen wurden. „Es gilt also, Klangerfahrungen zu sammeln. Gelegenheit dazu bietet sich […] am ausgiebigsten durch Selbstmusizieren." Dies war eine Maxime von Helmut Schultz.[15] Bemerkenswert erscheint heute, wie viele Instrumente des Museums gespielt wurden. Man erhält den Eindruck, dass fast jedes Instrument spielbar war. Die Leistung des Restaurators Otto Marx und seit 1937 seines Nachfolgers Friedrich Ernst, „auf seinem Gebiet ein Universalgenie",[16] muss außergewöhnlich gewesen sein.

---

14 Rudolf Eller: *Musikwissenschaft in Leipzig 1936 bis 1950. Erfahrungen und Beobachtungen*, in: *Musik und Musikwissenschaft in Leipzig*, hrsg. v. Hartmut Grimm, Matthias Hansen, Klaus Mehner (Berliner Beiträge zur Musikwissenschaft, Beihefte zur Neuen Berlinischen Musikzeitung 9 [1994], Heft 3), S. 8–20, hier S. 10.

15 Helmut Schultz: *Instrumentenkunde*, Leipzig 1931, S. VI.

16 Gisela Schultz: *Das Musikinstrumenten-Museum bis zum Zweiten Weltkrieg*, unveröffentlichtes Manuskript des Vortrags während der Festveranstaltung zum 70-jährigen Jubiläum des Musikinstrumenten-Museums der Universität Leipzig am 29. Mai 1999, S. 2.

Einige Beispiele aufgrund von erhaltenen Einladungen und Programmen mögen angeführt werden. Beim Konzert für drei Klaviere und Streichorchester von Wolfgang Amadeus Mozart erklangen zwei Wiener Hammerflügel aus der Zeit um 1800 und der Hammerflügel von Johann Andreas Stein, Augsburg 1773. Für das Haydn-Konzert für Violine und Cembalo wurde die (im Museumsbestand allerdings nicht nachweisbare) Violine von Johann Georg Leeb, Preßburg 1784, und das Cembalo von Jacob Kirckman, London 1767, gewählt. Und bei einer ‚Weihnachtsstunde' 1937 durfte natürlich die ‚Kirchenorgel von Gottfried Silbermann' nicht fehlen.

In den regelmäßig stattfindenden kommentierten ‚Sonntagsvorführungen des Instrumentenmuseums der Universität Leipzig', die von Theodor Kroyer 1930 begonnen und von Helmut Schultz mit aller Intensität fortgeführt wurden, gelangten darüber hinaus Lauten, Harfen, Gamben, Trompeten, Hörner, Pauken, Trommeln sowie „scherzhafte und ernstgemeinte Zwerg-Instrumente" zur erläuternden Betrachtung und zum musikalischen Spiel. Eines der ganz wenigen im Musikinstrumenten-Museum erhaltenen Dokumente benennt für 1930 sechs ‚Musikalische Vorführungen': Clavichord und Tafelklavier (Schultz), Cembalo und Hammerflügel (Schultz), Haus- und Kirchenorgel (Gerstenberg), Spinette (Schultz), Haus- und Kirchenorgel (Gerstenberg), Modeinstrumente der Biedermeierzeit (Schultz). Im Kassenbuch findet sich die folgende penible Aufzeichnung:

„Am 2. Febr. Vormittags v. 10–11 Uhr Musikalische Vorführung auf alten Tasten-Instrumenten des Museums durch H. Dr. Schultz. Clavichord und Tafelklavier. 47 Teilnehmer"

„Am 23 Febr. Vormittags v. 10–11 Uhr Musikalische Vorführung auf alten Tasteninstrumenten des Museums durch H. Dr. Schultz im großen Saal des Grassi-Museums. Cembalo und Hammerflügel. 59 Teilnehmer"

„Am 27 April Vormittags von 10–11 Uhr Musik-Vorführung auf versch. Orgeln des Museums durch Herrn Dr. Gerstenberg. Haus und Kirchenorgel – 61 Teilnehmer"

„Am 29. Juni Vormittags v. 10–11 Uhr Musik-Vorführung auf alten Orgeln des Museums durch Herrn Dr. Gerstenberg. Haus und Kirchenorgel – 45 Teilnehmer"

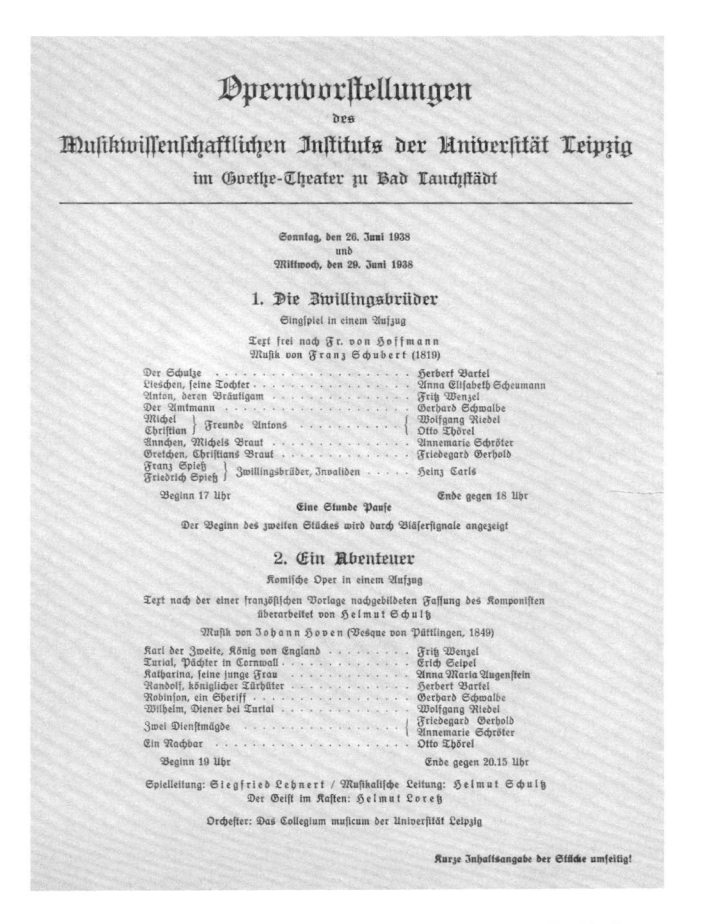

Programm einer Opernvorstellung des Musikwissenschaftlichen Instituts unter Leitung von Helmut Schultz im Juni 1938

„Am 30 Nov. vormittags 10 Uhr Musikvorführung auf alten Instrumenten der Biederm. Zeit. Durch Herrn Dr. Schultz – 41 Teilnehmer – Modeinstrumente der Biedermeierzeit".[17]

Am Sonntag, dem 25. Juni 1939, fand die 50. Sonntagsvorführung „der ganzen Reihe" statt: ‚Liebhabermusik aus drei Jahrhunderten'. In der Einladung heißt es: „Unter freundlicher Mitwirkung von Herrn und Frau Dr. Grössel (Grimma) und unter Verwendung verschiedener Museumsinstrumente wird den Zuhörern in dieser Vorführung ein vielseitiges Bild von der eingänglichen und dabei wertvollen liebhaberischen Musik aus alter Zeit vermittelt werden." Helmut Schultz beherrschte neben den Klavierinstrumenten alle Blasinstrumente, besonders gut die Klarinette, Walter Gerstenberg, bis 1932 Wissenschaftlicher Assistent, war für die Orgelinstrumente zuständig und Heinrich Husmann, Wissenschaftlicher Assistent von 1933 bis zu seiner Entlassung nach 1945, vermochte mindestens alle Streichinstrumente musikalisch vorzuführen.

In den wenigen bisher bekannten Beschreibungen der musikalischen Veranstaltungen des Museums sind die

---

17 Matineen im Jahr 1930, aufgezeichnet im Kassenbuch *Buch I., 1929–1930 Instrumentenmuseum der Universität Leipzig*. Archiv des Museums für Musikinstrumente: Dokumentensammlung zur Museumsgeschichte.

Klangeindrücke so plastisch wiedergegeben, dass man auf überlegene Spieltechnik und auf jeweils begründete kulturhistorische Einordnung schließen kann. In der *Zeitschrift für Instrumentenbau* steht eine solche Beschreibung:

> „Aus jedem der tausend Instrumente scheint es zu wispern und zu flüstern, Saiteninstrumente, Flöten und Orgeln beginnen ihre Akkorde anzuschlagen, feinsinnige Menschen aus manchen Jahrhunderten scheinen sich über die Instrumente zu beugen und sie zu stimmen, bis es dem einsamen Besucher schließlich deucht, als ob ein vielstimmiges zartes Konzert diese freundlichen Räume durchströmt."[18]

Über die am 22. Mai 1938 durchgeführte Sonntagsvorführung berichtet ein Ausschnitt aus einer Leipziger Zeitung Folgendes:

> „Kammermusik um Schubert nannte sich eine Vorführung im Instrumentenmuseum der Universität. Sie beschwor jenen melodieseligen Wiener Tanzgeist im Dreivierteltakt, in dem Schubert aufwuchs, der ihm selbst zum natürlichen Ausdruck wurde, und über den er in seinen Spitzenwerken wieder himmelhoch hinauswuchs. Auf alten Wiener Klavieren, Geige, Cello, auf der Gitarre und ihrer mit Tasten versehenen Schwester, der Orphika, auf einer alten Elfenbein-Klarinette und dem kleinen ‚Physharmonika' genannten Harmonium erklangen reizvolle anonyme vorschubertsche Tänze, ferner Tänze und Einzelstücke von Kreutzer, Hummel, Franz Krommer, dem Klarinettisten Baermann, von Weber und Berwald, und wie die Zeitgenossen alle heißen mögen. Schubert selbst wurde lebendig auf einem winzigen Boudoir-Klavierchen, auf einem schönen Wiener Flügel von Stein und Streicher, auf einer originellen mechanischen Flöten-Uhr und in seinem bekannten Nocturno Es-Dur für Klavier-Trio. Professor Dr. Helmuth Schultz war, wie immer, in seinen Einführungen und Erläuterungen kurzweilig und anregend. In der Vielseitigkeit auf den verschiedensten Instrumenten standen ihm Suse Grössel und Dr. Heinrich Grössel (Grimma) nicht nach."[19]

Ergänzt wurden die artenreichen musikalischen Darbietungen durch öffentliche wissenschaftliche Vorträge sowohl von den ortsansässigen Wissenschaftlern, wie Helmut Schultz, Heinrich Husmann, Hermann Grabner, als auch von auswärtigen Wissenschaftlern, wie Higino Anglés, Jens Peter Larsen, Felix Oberborbeck. Entsprechend den Konzerten und Vorlesungen dienten die weit gestreuten Themen dieser Vorträge, auch unter Einbeziehung außereuropäischer Musik, der Klärung des Grundanliegens von Helmut Schultz als „Mitte seiner geistigen Interessen": „Musik, verstanden als ästhetisches Phänomen menschlicher Kulturgeschichte".[20]

Bereits unmittelbar nach dem katastrophalen Ende des Zweiten Weltkrieges setzte die Arbeit mit den historischen Musikinstrumenten wieder ein. Das größte Verdienst kam Dr. Richard Petzoldt zu, der bereits am 1. Dezember 1945 vom Rektor der Universität beauftragt wurde, als wissenschaftlicher Assistent das Institut für Musikwissenschaft zu reorganisieren und für die Rückführung der während des Krieges ausgelagerten Instrumente zu sorgen. Obwohl auch in den verschiedenen ländlichen Auslagerungsorten zahlreiche Verluste und starke Beschädigungen zu beklagen waren, gelang es Petzoldt doch, sowohl in Bodenräumen der Musikhochschule als auch in noch benutzbaren Kellerräumen des weitgehend zerstörten Musikinstrumenten-Museums die geretteten Bestände zu sammeln und vor fremden Zugriffen zu schützen. Und es erscheint kaum glaubhaft: Inmitten dieser chaotisch schweren Zeit fanden bereits Ausstellungen und Konzerte mit historischen Musikinstrumenten statt. Nur wenige Beispiele können hier genannt werden, und auch diese nur ohne genaue Kenntnis der gespielten Instrumente und der angewandten Aufführungspraxis.

Vom 2. bis 15. April 1947 erweckte im Museum des Kunsthandwerks eine ‚Ausstellung kunstgewerblich interessanter historischer Musikinstrumente aus den Beständen der Universität Leipzig' großes Interesse der Bevölkerung. Etwa 2000 Besucher waren nachweisbar. Die Ausstellung wurde durch ein Konzert im Senatssaal der Universität

---

18 *Besinnlicher Spaziergang durch das Leipziger Instrumenten-Museum*, in: Zeitschrift für Instrumentenbau 61 (1941), S. 81–83, hier S. 82 (ohne Angabe des Autors).

19 Titel und Datum der Zeitung nicht bekannt. Information von Renate Sturm-Francke.

20 Die Angaben über die musikalischen Aktivitäten im Musikinstrumenten-Museum unter dem Direktorat von Helmut Schultz sind dem Aufsatz entnommen: Winfried Schrammek: *Über die Ära Schultz im Musikinstrumenten-Museum der Universität Leipzig*, in: 10 Jahre Fachrichtung Alte Musik. Hochschule für Musik und Theater Felix Mendelssohn Bartholdy, Leipzig 2001, S. 12–14. – Der Fachrichtung Alte Musik unter ihrem damaligen Leiter Professor Siegfried Pank gilt mein Dank für die Möglichkeit zum gekürzten Abdruck dieses Aufsatzes. – Für die genannten Unterlagen sowie für viele wertvolle mündliche Auskünfte bin ich Frau Renate Sturm-Francke (1903–1979) sehr dankbar. Frau Sturm-Francke betreute von 1954 bis 1979 das Göschen-Haus in Hohnstädt bei Grimma und stand bis kurz vor ihrem Tod mit dem Musikinstrumenten-Museum Leipzig in herzlicher Verbundenheit. In Dankbarkeit erinnere ich mich auch an Erlebnisberichte, die Dr. Paul Rubardt (1892–1971) in den Jahren nach 1962 gern vermittelt hat. Ferner denke ich an diesbezügliche Gespräche mit Professor Eller (1914–2001) und an den beeindruckenden Besuch von Frau Dr. Gisela Schultz (geb. 1918) am 29. Mai 1999 im Museum. Und schließlich sind mir die mündlichen Berichte des von 1937 bis 1948 am Museum wirkenden Restaurators Friedrich Ernst (1897–1976) unvergesslich. Sein Besuch mit anderen ‚westlichen' Restauratoren während des Internationalen Musikwissenschaftlichen Kongresses in Leipzig 1966 war ein Höhepunkt im gegenseitigen Fragen und Antworten nach Leben und Arbeit in Vergangenheit und Gegenwart, in Ost und West.

eröffnet. Es erklangen drei Sonaten für Violine und obligates Cembalo von Johann Sebastian Bach, gespielt von Hermann Diener (Berlin) und Günther Ramin (Thomaskantor in Leipzig). Das Konzert wurde vom Rundfunk übertragen.

Am 15. März, 7. April und 12. Juni 1948 sowie am 21. Januar 1949 nahm der Rundfunk im Institut für Musikwissenschaft Musik vornehmlich für historische Tasteninstrumente auf, gespielt von Studenten, eingeführt von Richard Petzoldt. Vom 9. Mai bis 31. Juli 1948 wurden im Ringmessehaus im Rahmen einer ‚Gemeinschaftsschau der Leipziger Museen' 120 historische Musikinstrumente ausgestellt. Am 30. Juni 1949 eröffnete ein Konzert des Collegium musicum der Universität die Rokoko-Ausstellung im Gohliser Schlösschen.

Zum Internationalen Bachfest 1950 zeigte das Musikinstrumenten-Museum zahlreiche Instrumente aus der ersten Hälfte des 18. Jahrhunderts im Alten Rathaus und verlieh besonders aussagestarke Instrumente zum konzertanten Gebrauch, zum Beispiel den Violino piccolo aus der Werkstatt Stradivaris und eine Viola da gamba von Johann Christian Hoffmann. Zur Beethoven-Ehrung 1952 steuerte das Museum wertvolle und repräsentative Instrumente für die Leipziger Ausstellung bei.

Im selben Jahr war der Wiederaufbau des Museums so weit fortgeschritten, dass ein Saal der Öffentlichkeit zugänglich gemacht werden konnte. Damit waren endlich erste Voraussetzungen für eine kontinuierliche Arbeit geschaffen. Da sich der ‚Bachsaal' vortrefflich für Kammerkonzerte eignete, wurde er des Öfteren für Solisten und Ensembles zur Darbietung historischer Musik genutzt.

Eine wirkliche, eine spürbare ‚Wende' in der Beschäftigung mit historischer Musik auf historischen Instrumenten bahnte sich jedoch erst mit der Wiedereröffnung des Musikinstrumenten-Museums der Karl-Marx-Universität Leipzig am 25. September 1954 an. Das Museum stand nach den schwierigen und zum Teil provisorischen Aufbauarbeiten nun in allen seit 1929 vom Rat der Stadt zugebilligten Räumen des Nordflügels Grassimuseum in neu durchdachter Ausstellungsart sowie mit einer neu eingerichteten geräumigeren Restaurierungswerkstatt zur Verfügung.

Vergleicht man den Ablauf der Eröffnungs-Festlichkeiten vom 25. September 1954 mit denen vom 30. Mai 1929, dann fallen bemerkenswerte Entsprechungen auf. Auch jetzt stand ein ‚Festvortrag' im Mittelpunkt, verfasst vom Erlanger Ordinarius, Professor Rudolf Steglich, wegen dessen plötzlicher Erkrankung verlesen von Dr. Peter Schmiedel. Der Vortrag wurde umrahmt von historischer Orgelmusik, gespielt vom Universitätsorganisten Robert Köbler an der gerade restaurierten Orgel von Gottfried Silbermann (1724) im Bachsaal des Museums. Im eigentlichen Festkonzert war ein reines Bach-Programm zu hören, dargeboten vom Universitätskammerorchester mit ausgewählten Solisten vornehmlich aus dem Gewandhaus-Orchester unter Leitung von Universitätsmusikdirektor Friedrich Rabenschlag. Verwendet wurden die gängigen Instrumente der Gewandhaus-Mitglieder; mit Ausnahme der Orgel von Silbermann erklang kein historisches Instrument. Ein Eintauchen in die weitläufige Problematik und in die vielen Möglichkeiten Alter Musik – wie es in der ‚Ära Schultz' praktiziert wurde – gab es nicht. Auch in den ersten Jahren nach der Wiedereröffnung wurden Konzerte im Bachsaal vornehmlich von Solisten geboten, die nicht Mitarbeiter des Museums waren, aber dem Engagement des seit 1949 amtierenden Direktors Professor Walter Serauky (1903–1959) folgten. Wie selbstverständlich benutzten diese Künstler ihre eigenen Instrumente in der von ihnen erarbeiteten Spielweise. Am Wichtigsten waren hier die Aktivitäten von Franz Genzel (1901–1968), Stimmführer der zweiten Violinen im Gewandhaus. In weiteren Konzerten wirkten Walter Gerwig, Düsseldorf (Laute), Johannes Koch, Kassel (Viola da gamba) und Thekla Waldbaur, Markkleeberg (Blockflöte). Eine seltene Ausnahme, das Instrument betreffend, bildeten die Konzerte von Amadeus Webersinke, Leipzig, auf dem besonders schön klingenden Clavichord von Christian Gottlob Hubert, Ansbach 1787. Webersinke besaß sogar das Privileg, dieses wertvolle historische Instrument Wochen vor seinen Konzerten in seine Wohnung zur intensiven Vorbereitung ausgeliehen zu erhalten.

Durch Initiative von Professor Serauky war allerdings schon 1954 die Überspielung von Schallplatten und Tonbändern mit historischer Musik in verschiedene Säle des Museums eingerichtet worden. Diese nur von den Museumsmitarbeitern zu bedienende Anlage wurde in späterer Zeit auch für Einführungsvorträge und Führungen genutzt. Bei der umfassenden Gebäuderekonstruktion und -sanierung des Grassimuseums 2001 bis 2006 wurde im Musikinstrumenten-Museum eine moderne klanggetreue Beschallungsanlage installiert, deren gespeicherte Musikstücke von den Besuchern abgerufen werden können.

Neben den angedeuteten solistischen Konzerten bildeten sich, zweifellos begeistert von den überreichen Schätzen des Musikinstrumenten-Museums und durch das freundliche Entgegenkommen des Direktors Professor Serauky und des Kustos Dr. Rubardt, drei Leipziger Ensembles heraus, die – teilweise unter Verwendung von Musikinstrumenten aus den Museumsbeständen – bestrebt waren, „einen lebendigen Eindruck des musikalischen Schaffens und des Wesens versunkener Jahrhunderte zu vermitteln", wie es schon im Bericht des Leipziger Kantors Bruno Röthig über Paul de Wit hieß.[21]

21 B. Röthig, K. Röthig: *Aus einer sächsischen Kantorei* (wie Anm. 5).

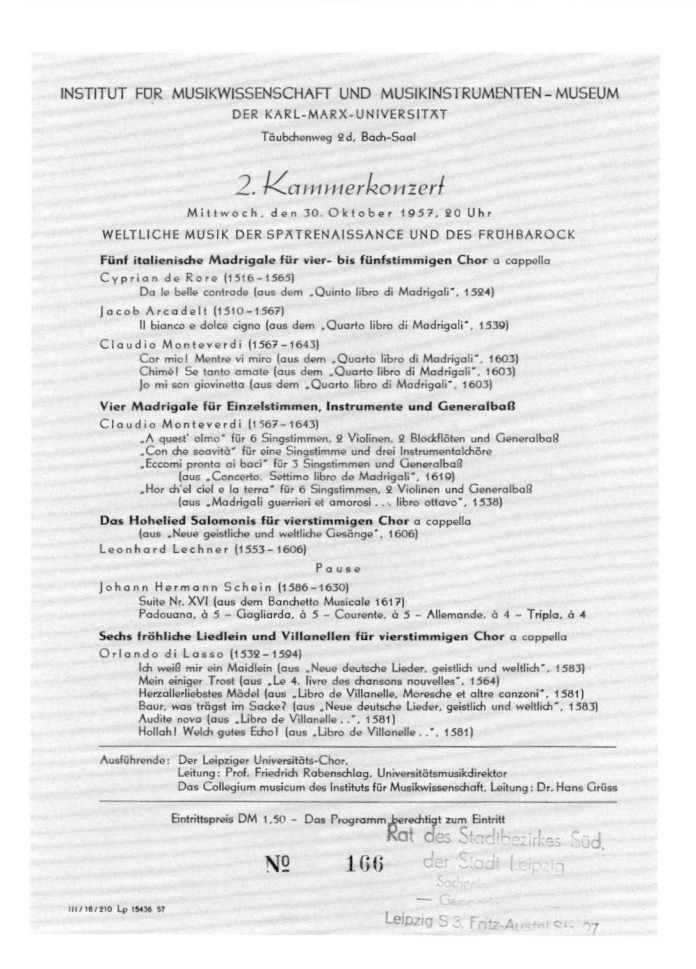

Konzertprogramm des 2. Kammerkonzerts am 30. Oktober 1957, dem Gründungsdatum der Capella Fidicinia

Zunächst war es der bereits erwähnte Kammervirtuos Franz Genzel, Primarius des ‚Genzel-Quartetts' und Leiter der ‚Kammermusikvereinigung für alte Musik', der schon bald nach der Wiedereröffnung mit seinen Kollegen gern im Museum musizierte, zumal er sowohl mit Serauky als auch mit Rubardt freundschaftlichen Kontakt pflegte. Das Repertoire dieses Ensembles bestand vornehmlich aus Musik für Streichinstrumente des 17. und 18. Jahrhunderts, aber auch Bruckners Quintett gelangte eindrucksvoll zu Gehör. Genzel war übrigens der bevorzugte Spieler des Violino piccolo aus der Werkstatt Stradivaris; während des Krieges hatte er dieses außergewöhnliche Instrument in seiner Obhut: Es erlitt keinerlei Schaden.

Wahrscheinlich mit der 1956 erfolgten Berufung von Professor Heinrich Besseler (1900–1969) an die Universität Leipzig steht der Lehrauftrag für Lieselotte Pieper (1909 bis 1991) aus Jena in Verbindung, eine weitbekannte Gamben- und Cellovirtuosin sowie hervorragende Pädagogin. Vor allem mit Studenten und Mitarbeitern des Instituts bildete sie als zweites Ensemble die ‚Arbeitsgemeinschaft Musica antiqua', der unter anderem Peter Gülke, Hans Grüß und Peter Schmiedel angehörten. Im Musikinstrumenten-Museum fand sie beste Möglichkeiten für ihre bis 1964 während künstlerische und pädagogische Tätigkeit. Lieselotte Pieper und ihre Schüler waren somit wohl die ersten Mitarbeiter des Museums, die nach der Wiedereröffnung auf historischen Instrumenten spielten.

Einen exakten Gründungstermin gibt es für das dritte Ensemble nach der Wiederbelebung des Museums. Am 30. Oktober 1957 beteiligte sich das studentische Collegium musicum unter Dr. Hans Grüß (1929–2001) an einem Konzert des Universitätschors mit der eigenwilligen Darbietung einer Suite von Johann Hermann Schein in streng durchdachter Aufführungsart auf originalen Gambeninstrumenten des Museums. Das Hörerlebnis war so stark, dass eine schier unabsehbare Flut von Konzerten mit Musik vom 10. bis zum 18. Jahrhundert, aber auch im Sinne einer dialektischen Belebung mit Musik des 20. Jahrhunderts unter Leitung von Hans Grüß aufbrach. Bald nach seinen ersten eigenen Konzerten gab sich das Ensemble gemäß einer Definition von Michael Praetorius (1619) die Bezeichnung ‚Capella Fidicinia am Musikinstrumenten-Museum'.

Hans Grüß war von 1957 bis 1996 Mitarbeiter am Institut für Musikwissenschaft bzw. am Musikinstrumenten-Museum der Universität Leipzig. Geboren 1929 in Berlin, studierte er Musikwissenschaft, Musikerziehung und Germanistik in seiner Geburtsstadt sowie in Leipzig, promovierte hier 1956 bei Walter Serauky und wurde Assistent bei Heinrich Besseler. 1957 gründete er die Capella Fidicinia, seit 1980 war er Dozent, seit 1993 Professor an der Universität Leipzig, seit 1994 ordentliches Mitglied der Sächsischen Akademie der Wissenschaften zu Leipzig. Über seine Arbeit mit der Capella Fidicinia sagte er:

„Die Capella Fidicinia ist ein Spezialensemble für die Aufführung älterer Musik, besonders des 16. und 17. Jahrhunderts. [...] Grundsatz der künstlerischen Arbeit ist, daß sämtliche Charakteristika originalgetreuer Aufführungspraxis so weit wie irgend möglich beachtet werden. Das betrifft einmal das historisch werkgerechte Instrumentarium, das aus zeitgenössischen Originalinstrumenten oder aus Instrumenten besteht, die nach alten Originalen, Abbildungen und Beschreibungen gefertigt wurden, zum anderen betrifft es die Spielweise und die Umsetzung älterer Notenbilder in lebendige Aufführungsmodelle, die den ursprünglichen Intentionen des jeweiligen Komponisten so genau wie möglich entsprechen."[22]

---

[22] Zitiert nach dem von Hans Grüß verfassten Programmheft eines Konzertes im Rahmen der Ersten Sächsischen Landesausstellung am 28. September 1998 in Marienstern.

Das Ensemble, dem neben Mitarbeitern des Museums an Alter Musik interessierte Mitglieder des Gewandhausorchesters und des Rundfunksinfonieorchesters Leipzig sowie Dozenten und freischaffende Musiker angehörten, arbeitete häufig mit dem Dresdner Kreuzchor zusammen, Konzertreisen führten es nach Polen, Tschechien, Österreich, Italien und in alle deutschen Bundesländer. Die Konzertprogramme der Capella Fidicinia lassen die Weite, Fülle und Tiefe der von Grüß gebotenen Musik erkennen, die er oft aus bislang ungenutzten oder gar unerschlossenen Quellen bereitet und mit eingehenden Erläuterungen versehen hat. Zu den größten aufgeführten Werken gehörten die konzertanten Darbietungen von Claudio Monteverdis *Orfeo* und *Marienvesper*. Zudem entstanden 32 Schallplatten bzw. CDs und zahlreiche Rundfunkaufnahmen.

Im März 1994 wurde Hans Grüß nach Vollendung seines 65. Lebensjahres emeritiert, er besaß und erfüllte jedoch weiterhin musikwissenschaftliche Lehraufträge, bis im Januar 1996 die Universität den Abbruch der Lehraufträge sowie die Lösung der Capella Fidicinia vom Musikinstrumenten-Museum veranlasste.[23] Damit war ein spürbarer Einschnitt in der Geschichte der Musikausübung im Musikinstrumenten-Museum gegeben: Die Capella Fidicinia verlor ihre wissenschaftlich-künstlerische und ökonomische Bindung an die Universität. Das Ensemble besteht aber weiter, seit 2006 als eingetragener Verein. Nach dem 2001 plötzlich erfolgten Tod von Hans Grüß wird die Arbeit der Capella in seinem Sinne von seinem Schüler Dr. Martin Krumbiegel weitergeführt. Sein und der Capella Ziel war und ist der Gewinn einer zuverlässigen Erscheinung historischer Musik, die das Vergnügen und die Kraft der Bildung bei klarer Einsicht in geschichtliche Perspektiven gewährt – „Kulturelles Erbe als brauchbarer, ja notwendiger Besitz unserer Zeit".[24] Unter diesem Anspruch

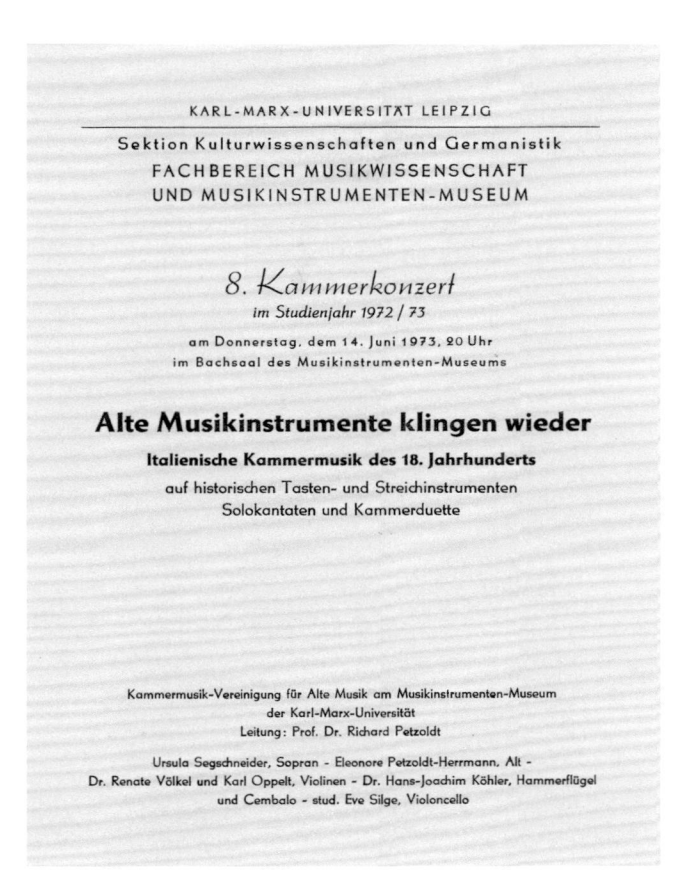

Konzertprogramm der Kammermusik-Vereinigung für Alte Musik am Musikinstrumenten-Museum der Karl-Marx-Universität vom 14. Juni 1973

---

23 Die Planstelle von Hans Grüß wurde 1994 im Zuge allgemeiner Einsparungen an der Universität weder verlängert noch neu besetzt. Seine Lehraufträge wurden 1996 gegen seinen Willen beendet und sein bisheriges Arbeitszimmer geräumt. Die Weiterführung von Konzerten der Capella Fidicinia in der bisherigen Form konnte aus dem Universitätsetat nicht mehr finanziert werden. Auch die Möglichkeiten für musikalische Proben in den Museumsräumen wurden nicht mehr gestattet.

24 Vgl. Winfried Schrammek: *Capella Fidicinia. Alte Musik in werkgerechter Interpretation*, in: Leipziger Blätter 10 (1987), S. 55–58; *Magister und Musicus. Hans Grüß zum Gedenken*, hrsg. v. Rektor der Universität Leipzig, Redaktion: Winfried Schrammek, Leipzig 2005, S. 41.

25 *Kammermusik-Vereinigung am Musikinstrumenten-Museum der Karl-Marx-Universität*, in: Schriftenreihe des Musikinstrumenten-Museums der Karl-Marx-Universität 1 (1975), S. 39–42, hier S. 39 (ohne Angabe des Autors).

wurde die Capella Fidicinia 2009 im großen ‚Jubiläumsprogramm 600 Jahre Universität Leipzig' für zwei Konzerte im Alten Rathaus verpflichtet.

Ähnliche Anliegen wie die Capella Fidicinia vertrat die ‚Kammermusik-Vereinigung am Musikinstrumenten-Museum der Karl-Marx-Universität', die 1972 vom damaligen Museumsleiter Professor Richard Petzoldt (1907–1974) gegründet wurde. Petzoldt richtete an die Musiziergruppe die Aufgabe, „einige der wertvollen Musikinstrumente, die im Museum stumm zur Schau stehen, in regelmäßigen Abständen einem interessierten Publikum klingend vorzustellen."[25] Da Professor Petzoldt gleichzeitig Inhaber des Lehrstuhls für Musikwissenschaft war, konnten darüber hinaus zahlreiche Werke aus historischen Quellen wieder für die Musizierpraxis bereitet werden. Es handelte sich vorwiegend um vokale und instrumentale Werke des 17. und 18. Jahrhunderts. Jedem Konzert wurden einführende Worte vorangestellt, die den Zuhörern die Absicht des Programms vermittelten, einzelne Werke erläuterten und auch die Besonderheiten der historischen Musikinstrumente erklärten. Nach dem Tode von Petzoldt 1974 führte seine Gattin Eleonore Petzoldt (geb. 1931, von 1964 bis 1999 Gesangspädagogin am Institut für Musikwissenschaft und Musikerziehung) die Leitungsaufgaben bis 1987 fort, während Dr. Hans Joachim Köhler und Dr. Werner Wolf die Einführungstexte übernahmen. Mitglieder der Kammermusik-Vereinigung waren vornehmlich Lehrkräfte der Abteilung Künstlerische Praxis des Instituts für Musikwissenschaft sowie Mitarbeiter des Museums.

Auswärtige Gastspiele bildeten eine anregende Bereicherung der künstlerischen Arbeit der ‚Kammermusik-Vereinigung'. So fanden unter anderem Konzerte im Schloss Moritzburg zu Zeitz, im Ekhof-Theater Gotha, im historischen Rathaussaal zu Torgau, in der Schlosskirche Weißenfels oder im Bachhaus Eisenach statt. Charakteristisch für die Konzertprogramme war die instruktive Darbietung von relativ unbekannter Musik bedeutender Komponisten, zum Beispiel von Carl Philipp Emanuel Bach, Johann Philipp Krieger und Reinhard Keiser. Besonderen Beifall fand das Konzert ‚Der junge Beethoven und seine Lehrer'.

Um auch den sehr wesentlichen museologisch-pädagogischen Aufgaben des Museums gerecht zu werden, eröffnete Winfried Schrammek (geb. 1929, von 1962 bis 1995 Mitarbeiter des Museums, von 1989 bis 1995 dessen Direktor) im Jahre 1967 die Veranstaltungsreihe ‚Musikalische Vorführung historischer Musikinstrumente'. Hier ging es weder um Führungen durch die Sammlung (so wichtig und notwendig diese auch sein mögen), und es ging auch nicht um festliche Konzerte mit ihren künstlerischen Ausstrahlungen, sondern vielmehr um detaillierte Erläuterungen der technischen Funktion, der musikalischen Handhabung, der historischen Provenienz und des gesellschaftlichen Rangs eines bestimmten Instruments oder einer bestimmten Instrumentengruppe. Hier war es möglich, ja erwünscht, das Instrument von Nahem ohne Glasvitrine zu betrachten, Fragen zu stellen, Kritik zu äußern, sich Zeit zu nehmen. Und selbstverständlich wurde dann auch auf dem vorgeführten Instrument fachgemäß gespielt, zunächst ‚nur' zur Hörbarmachung der instrumenteneigenen Klangmöglichkeiten, sodann aber zur beispielhaften Wiedergabe instrumentengemäßer Stücke. Für diese Aufgaben waren Musiker mit speziellem Wissen um ‚ihr' Instrument Voraussetzung, vor allem die Mitarbeiter des Museums selbst, so (seit 1967) der Restaurator Klaus Gernhardt, die Musikwissenschaftler Hans Grüß, Herbert Heyde, Birgit Heise und Veit Heller, der Forschungsstudent Klaus-Jürgen Kamprad, die Besucherbetreuerin Margot Sander, und schließlich auch Winfried Schrammek. Natürlich wirkten Mitglieder der Capella Fidicinia gern auf Grund ihrer reichen musikalischen Erfahrung mit, und auch befreundete auswärtige Fachleute konnten von Zeit zu Zeit verpflichtet werden.[26]

An dieser Stelle sei noch erwähnt, dass Winfried Schrammek an dem von Steffan Cuntz und Nicolaus Manderscheidt um 1610 in Nürnberg gebauten Orgelpositiv zwei Uraufführungen von Kompositionen gespielt hat, die von ihm angeregt und ihm gewidmet wurden. Am 10. Dezember 1965 gelangte die *Partita über ein eigenes Thema* von Georg Trexler (1903–1979, Kirchenmusikdirektor und Hochschulprofessor in Leipzig) zu Gehör, ein phantasievolles Variationswerk, das Einflüsse der Zwölftonmusik erkennen lässt (das Positiv war damals gleichstufig gestimmt). Die bei der Uraufführung im Rundfunk aufgenommene *Partita* wurde ab 1967 vom Verlag Breitkopf & Härtel in mehreren Auflagen veröffentlich. – Am 20. Juni 1997 erklangen erstmals *Air und Gigue* von Dieter Krickeberg (geb. 1932, bis 1996 Leiter der Sammlung historischer Musikinstrumente im Germanischen Nationalmuseum Nürnberg, seitdem freischaffender Komponist in Berlin), ein ernstes, ergreifendes Stück, das bewusst die mitteltönige Stimmung anwendet (in der das Positiv seit der gründlichen Restaurierung von 1997 wieder steht). Alte und neue Werte verbinden sich zur ausdrucksstarken Einheit.

Auch nach dem altersbedingten beruflichen Ausscheiden von Winfried Schrammek 1995 leben die musikalischen Vorführungen historischer Musikinstrumente unter dem Direktorat von Professor Eszter Fontana neben dem Engagement von Gastkünstlern, oft mit ihren eigenen Instrumenten wie seinerzeit unter Professor Serauky, erfolgreich weiter. Zu den Höhepunkten gehören die ‚Mechanischen Musikinstrumente', ausgewählt und erläutert von Dr. Birgit Heise, deren grundlegende und umfassende Habilitationsschrift *Leipzig als Zentrum der Fabrikation selbstspielender Musikinstrumente* zum Universitätsjubiläum 2009 vorliegt. Ferner gibt es Darbietungen der historischen Tasteninstrumente, realisiert durch Veit Heller, Birgit Heise und Frank Sindermann, sowie Vorführungen der höchst seltenen original erhaltenen Kinoorgel der Firma Welte & Söhne, Freiburg (Br.) 1931, moderiert von Veit Heller, gespielt von Sabine Heller, dies des Öfteren auch als bildgerechte Begleitung von Stummfilmen aus der Zeit von 1895 bis 1930. – Es ist unschwer zu

---

26 Vgl. Veranstaltungsplan von 1992 (Anhang), der ein reales Bild von der Öffentlichkeitsarbeit des Museums zulässt. Die letzte von Winfried Schrammek gehaltene Vorführung bestritt am 22. Januar 1995 mit außergewöhnlichem historischen, theoretischen und musikalischen Können Peter Thalheimer mit Block- und Querflöten. – Aus dem im Archiv des Museums für Musikinstrumente aufbewahrten Programmschriften lassen sich die musikalischen Mitwirkenden seit etwa 1956 nahezu vollzählig namentlich ersehen.

erkennen, dass in diesen Vorführungen eine Museumsaktivität besteht, die von Kroyer angeregt, von Schultz zum Höhepunkt gebracht, von Schrammek wiederbelebt und von den gegenwärtig wirkenden Museumsmitarbeitern liebevoll und schöpferisch weiterentwickelt wird.

Vielleicht geht von den Musikalischen Vorführungen, die Veit Heller verantwortet, ein besonderer Reiz aus. Heller wurde mit einer Arbeit über den Erfurter Glockengießer Nikolaus Jonas Sorber 1994 Magister, war dann am Musikinstrumenten-Museum Forschungsstudent, wissenschaftliche Hilfskraft und ist seit 2003 fester Mitarbeiter. Aus langjähriger Tätigkeit in den 1984 von ihm mitgegründeten Ioculatores, eines auch international hoch geschätzten Ensembles für mittelalterliche Musik, besitzt er sichere musikpraktische Kenntnisse. Eine Tätigkeit im Orgelbau verhalf ihm zu handwerklichen Fertigkeiten. So ist es ihm gelungen, mittelalterliche Instrumente originalgetreu nachzubauen und instrumentengerecht zu spielen: das Portativ, den Zink, das Krummhorn, das Trumscheit und das Glockenspiel. Am Wichtigsten aber wurde das von ihm nach mittelalterlichen Vorbildern rekonstruierte Glockenrad. Die hiermit erzeugten Klänge greifen weit in frühmittelalterliche Zeit zurück und erbringen eine Vorstellung davon, wie „die Musik der ferneren und fernsten Vergangenheit eine erneuernde und klärende Wirkung und geradezu eine diätetische Macht im Seelenhaushalt der Gegenwart entfalten" kann.[27] Diese Worte gehören zu den Visionen und Forderungen von Theodor Kroyer, wie sie bei der Eröffnung des Museums 1929 von seinen Schülern und Nachfolgern Zenck und Schultz aufgezeichnet wurden. Mit den Klängen, die Heller im Museum mit seinen Instrumenten, besonders mit dem Glockenrad erzeugt, vermag er sogar die Gedanken von François-Joseph Fétis, eines Begründers der historischen Musik auf historischen Instrumenten, zu rechtfertigen. Fétis, der selbst zielbewusst in Musikinstrumenten-Museen umging, er sah und verehrte – vielleicht sogar inspiriert durch den funktions- und störungsfreien Raum eines Museums – Musik als etwas Geistgeborenes, in sich Ruhendes, aus sich Sprechendes, als „l'art véritable, art pur, idéal, complet, existant par lui-même et indépendant de toute relation extérieure" („als wirkliche Kunst, als reine, ideale, vollkommene Kunst, die durch sich selbst existiert und unabhängig von aller äußerer Beziehung ist").[28] – Gold und Edelstein?

---

27 H. Zenck, H. Schultz: *Museumseröffnung und Orgelweihe* (wie Anm. 9).

28 *Fétis* (wie Anm. 1).

Veranstaltungen März bis Juni 1992

1. März 1992	Öffentliche Führung durch die Ausstellung; Dr. Peter Schmiedel
3. März 1992	Konzert anlässlich der Indischen Festspiele in Deutschland: Hindustanischer Gesang mit Gangubai Hangal und Instrumentalgruppe; Bachsaal
8. März 1992	Musikalische Vorführung historischer Musikinstrumente: Die Drehleier, eine mittelalterliche Musikpraxis, die bis ins 20. Jahrhundert lebendig geblieben ist; Dr. Hans Grüß
9. März 1992	Instrumentenkundlicher Vortrag: Werner von Strauch, Halle: Stimmungsfragen an Bundinstrumenten; Hörsaal
15. März 1992	Öffentliche Führung durch die Ausstellung; Klaus-Jürgen Kamprad
22. März 1992	Musikalische Vorführung historischer Musikinstrumente: Das Positiv aus Schirgiswalde – böhmische Orgelmusik des 18. Jahrhunderts; Dr. Winfried Schrammek
29. März 1992	Öffentliche Führung durch die Ausstellung; Klaus Gernhardt
5. April 1992	Musikalische Vorführung historischer Musikinstrumente: Der älteste Konzertflügel der Firma Blüthner – Werke von Beethoven, Mendelssohn Bartholdy und Smetana; Margot Sander
12. April 1992	Öffentliche Führung durch die Ausstellung; Evelin Märker
13. April 1992	Instrumentenkundlicher Vortrag: Dr. Winfried Schrammek: Tiefe Töne im Mittelalter; Hörsaal
19. April 1992	Öffentliche Führung durch die Ausstellung; Die schönsten Musikinstrumente des Museums; Dr. Winfried Schrammek
24. April 1992	Kammerkonzert mit Werken für Violen des 17. Jahrhunderts und für Hammerflügel des 18. Jahrhunderts; Christine Schornsheim, Hammerflügel; Capella Fidicinia, Leitung Hans Grüß
25. April 1992	Konzert im Rahmen der Taiwan-Kultur- und Informationswoche. Chinesische Instrumentalmusik, Teile aus Peking-Opern; Bachsaal
26. April 1992	Eröffnung einer Sonderausstellung mit chinesischen Musikinstrumenten des Museums; Frank Fickelscherer, Markneukirchen; Hörsaal
3. Mai 1992	Musikalische Vorführung historischer Musikinstrumente: Mechanische Musikinstrumente – Flötenwerke, Drehorgeln, Spieldosen und viele Kuriosa; Klaus Gernhardt
10. Mai 1992	Öffentliche Führung durch die Ausstellung; Konstanze Schmiedel
17. Mai 1992	Musikalische Vorführung historischer Musikinstrumente: Die Viola d'amore zur Zeit Johann Sebastian Bachs. Werke von Ariosti, Benda, Rust u. a.; Hermann Schicketanz, Viola d'amore; Dr. Winfried Schrammek
24. Mai 1992	Musikalische Vorführung historischer Musikinstrumente: Das älteste signierte Clavichord der Welt (1543) und seine Kopie (Prof. Stahmer, Braunschweig); Menno van Delft, Clavichord
31. Mai 1992	Öffentliche Führung durch die Ausstellung; Dr. Peter Schmiedel
6. Juni 1992	Englische Musik des Mittelalters; Capella Fidicinia, Leitung: Hans Grüß; Chorraum der Thomaskirche
7. Juni 1992	12. Mittelalterliche Kirchenmusik, u. a. Guillaume Dufay: *Missa Ave Regina Coelorum*; Capella Fidicinia, Leitung: Hans Grüß; Stiftskirche Wechselburg
7. Juni 1992	Poesie und Prosa aus Mittelalter und Renaissance; Capella Fidicinia; Bachsaal
8. Juni 1992	Kleines Fest im Musikinstrumenten-Museum: Puppenspiel – Spott-Motetten – Brezeln – Wein
14. Juni 1992	Musikalische Vorführung historischer Musikinstrumente: Über „die schnarrenden, höchst ekelhaften Regalen" (Mattheson 1713); Dr. Hans Grüß
21. Juni 1992	Öffentliche Führung durch die Ausstellung; Klaus-Jürgen Kamprad
28. Juni 1992	Musikalische Vorführung historischer Musikinstrumente: Rekonstruktionsversuche mittelalterlicher Klänge; Veit Heller und Dr. Winfried Schrammek

Der Leipziger Universitätschor in Geschichte und Gegenwart – Untersuchungen zu Ursprung, Entwicklungen und Traditionen im Kontext seiner Chorleiter

Manuel Bärwald

Darstellungen der Geschichte des Leipziger Universitätschores (im Folgenden LUC abgekürzt) sind bereits vorhanden; neben zahlreichen Publikationen[1] sind dies die Festschriften zum 50., 65. und 75. Chorjubiläum (1976, 1991 und 2001[2]). Doch fällt auf, dass insbesondere die Aufsätze zur Chorgeschichte eine gewisse Aktualität vermissen lassen, so dass über die Festschrift von 2001 hinaus keine umfassende Schilderung der Entwicklung eines der bedeutendsten Musikensembles der Universität Leipzig vorliegt. Liefert die genannte Festschrift im Wesentlichen eine Chronik des Chores, die um die Darstellung persönlicher Eindrücke seiner Chorleiter und Mitglieder erweitert wurde, will der vorliegende Text in Abgrenzung dazu eine inhaltliche Betrachtung ausgewählter, hinter diesen Fakten stehender Zusammenhänge vornehmen, um damit zum einen Einflüsse und Wirkungen der jeweiligen Chorleiter auf die Entwicklung des Chores darzustellen und zum anderen die darüber hinausreichenden Kontinuitäten in der Charakteristik des Chores deutlich zu machen.

Um dies zu erreichen, war es notwendig neben der von Henning Neubert 1980 begründeten, maschinenschriftlichen und reich bebilderten Chorchronik[3] auch bisher weitgehend unreflektiert gebliebene Archivalien, wie den Nachlass des Gründers und langjährigen Leiters des Chores Friedrich Rabenschlag (1902–1973), der im Universitätsarchiv Leipzig aufbewahrt wird, inhaltlich zu erschließen. Darüber hinaus dienten Gespräche mit den ehemaligen Chorleitern Hans-Joachim Rotzsch (*1929) und Max Pommer (*1936), dem amtierenden Chorleiter und Universitätsmusikdirektor David Timm (*1969) sowie Sängerinnen und Sängern des Chores der Verdeutlichung und Plastizität geschichtlicher Fakten.[4] Es ergibt sich damit der aus Sicht der Quellenlage günstige Umstand, dass, will man die Geschichte des LUC anhand seiner Chorleiter in Epochen einteilen,[5] eine fast lückenlose Dokumentation möglich wird. So bildet für die Amtsjahre Friedrich Rabenschlags (bis 1963) dessen Nachlass einen umfangreichen Primärquellenbestand, die Entwicklungen in den Amtszeiten Hans-Joachim Rotzschs (1963–1973) und Max Pommers (1973–1987) ließen sich in persönlichen Gesprächen explizieren, und die durch den frühen Tod Wolfgangs Ungers (1948–2004), der den Chor von 1987 bis 2004 leitete, entstandene Überlieferungslücke konnte durch die Erinnerungen von Chormitgliedern sowie von David Timm, der schon seit 1989 als Chorassistent unter Unger wirkte und den Chor seit 2005 leitet, weitestgehend geschlossen werden.

Die sich so ergebende – inhomogene – Quellenlage hat strukturelle Konsequenzen für die vorliegende Darstellung: Der erste Teil behandelt die Jahre 1926 bis 1963 und gründet sich im Wesentlichen auf die genannten Aktenbestände des

---

[1] Vgl. u. a. B.-L. L.: *50 Jahre Leipziger Universitätschor*, in: Musik und Gesellschaft 26 (1976), S. 572; Marion Söhnel: *Der Leipziger Universitätschor der Karl-Marx-Universität*, in: Johann Sebastian Bach. Lebendiges Erbe, hrsg. v. den Nationalen Forschungs- und Gedenkstätten Johann Sebastian Bach der DDR (Beiträge zur Bachpflege der DDR 7), Leipzig 1979, S. 12–18; Marion Söhnel: *…auch nach dem Studium der Musik verbunden bleiben. Aus Vergangenheit und Gegenwart des Uni-Chores*, in: Universitätszeitung Karl-Marx-Universität 36. Organ der Kreisleitung der SED, 10. Oktober 1983, S. 6.

[2] Karl-Marx-Universität, HA Kultur (Hrsg.): *Der Leipziger Universitätschor. Beiträge zur Universitätsmusik der Stadt Leipzig 1600–1976*, Leipzig 1976; Wolfgang Unger (Hrsg.): *Der Leipziger Universitätschor. Zum 65-jährigen Bestehen des Universitätschores*, Leipzig 1991; Wolfgang Unger (Hrsg.): *75 Jahre Leipziger Universitätschor. Festschrift*, Leipzig 2001.

[3] Die bis ins Jahr 1926 zurückreichende Chorchronik stellt eine Sammlung von Fotos, Presseartikeln, Programmzetteln und ausgewählten Schriftstücken (Rundschreiben an den Chor etc.) dar, die einen umfangreichen (wenn auch subjektiven) Einblick in die Chorgeschichte ermöglichen. Sie wird im Büro des Universitätsmusikdirektors aufbewahrt und ständig erweitert.

[4] Den genannten Personen bin ich für ihre umfangreichen Schilderungen und freundliche Unterstützung zu besonderem Dank verpflichtet. Die Gespräche mit ihnen bildeten eine wesentliche Voraussetzung für das Zustandekommen der vorliegenden Darstellung.

[5] Diese Einteilung, wie sie beispielsweise in W. Unger (Hrsg.): *75 Jahre Leipziger Universitätschor* (wie Anm. 2), konsequent vorgenommen wird, suggeriert dabei eine strenge Abhängigkeit der Chorentwicklung vom jeweiligen Leiter und verschweigt eine ebenso vorhandene entgegengesetzte Beeinflussung und Bedingtheit des Chorleiters durch das Ensemble, was diese Epochenbildung zwar nicht prinzipiell in Frage stellt, jedoch ihre Striktheit relativiert.

Der Madrigalkreis Leipziger Studenten im Gründungsjahr 1926 (Chorchronik des Leipziger Universitätschores)

Universitätsarchivs, der zweite Teil, die Jahre ab 1963 darstellend, auf persönlichen Erinnerungen der jeweiligen Protagonisten der Chorgeschichte. Auf dieser Basis sollen im Folgenden entlang der Chronik des LUC Entwicklungen, Traditionen und Abhängigkeiten des Chores gewürdigt werden.

Der Madrigalkreis Leipziger Studenten und die Universitätskantorei Leipzig – die Jahre 1926 bis 1938

Die Gründung des Chores, so suggerieren es die mit dem Jahr 1926 einsetzende Chorchronik und die Sekundärliteratur, fand am 17. Juni 1926 als Madrigalkreis Leipziger Studenten (im Folgenden MLS abgekürzt) durch Friedrich Rabenschlag statt.[6] Dem steht die Tatsache gegenüber, dass der LUC faktisch erst 1938 als universitäres Ensemble gegründet wurde und eine Kontinuität zwischen MLS und LUC zunächst nur über den gemeinsamen Leiter beider Ensembles bestand, was nicht als hinreichende Bedingung für eine Gleichsetzung oder gar Einheit dieser Chöre gelten darf. Auch die Behauptung, der LUC sei aus dem MLS hervorgegangen,[7] ist irritierend und steht im Widerspruch zu der Feststellung, der LUC sei 1938 „durch Zusammenlegung des Madrigalkreises Leipziger Studenten und der Heinrich-Schütz-Kantorei [das ist die Universitätskantorei Leipzig, die seit 1933 von Rabenschlag geleitet wurde und sich 1935 diesen Namen gab, Anm. d. Verf.]" entstanden.[8] Es soll im Folgenden die Tätigkeit Rabenschlags und die Entwicklung des MLS, aber auch der Universitätskantorei Leipzig bis 1938 Gegenstand der Betrachtungen sein, um den Widerspruch zwischen den vermeintlichen Gründungsdaten aufzulösen und die Frage zu klären, welches Ensemble als Wegbereiter des LUC in seiner heutigen Form angesehen werden kann.

Friedrich Rabenschlag wurde 1902 in Herford geboren, beendete 1922 seine schulische Ausbildung und immatrikulierte sich zum Sommersemester 1924 an der Universität Tübingen, wo er zwei Semester Musikwissenschaft, Philosophie, Theologie und Kunstgeschichte studierte.[9] Zum Sommersemester 1925 schrieb er sich in den Fächern Musikwissenschaft, Philosophie, Geschichte und Germanistik an der Universität Leipzig ein und war zugleich, vom Herbst 1925 bis zum Winter 1928, Student am örtlichen Landeskonservatorium der Musik. Hier erhielt er sowohl Unterricht im Klavier- und Partiturspiel wie auch in „Theorie und Kontrapunkt".[10] In seinem dritten Semester in Leipzig gründete Rabenschlag den MLS. Hierzu schreibt er:

„Im Sommer 1926 gründete ich aus Studierenden des Landeskonservatoriums und der Universität den ‚Madrigalkreis Leipziger Studenten' (jetzt Universitätschor), mit dem ich 1927 und 1928 bereits zwei Konzertreisen nach Ostpreußen, ins Baltikum und nach Finnland unternehmen konnte und der auch seit 1929 regelmäßige Konzerte in Leipzig (Thomaskirche) veranstaltete."[11]

Die Gründung des MLS fiel damit in die Zeit der Singbewegung, „die nach dem Erste Weltkrieg aus der Jugendbewegung hervorging"[12] und solche Ensembles wie den ‚Bachkreis Tübinger Studenten', den ‚Madrigalkreis Hamburg/Tübingen' oder den ‚Heinrich-Schütz-Kreis Wilhelm Kamlahs' hervorbrachte. Im Zentrum der Chorarbeit standen zunächst Liedsätze, Madrigale, dann auch geistliche Werke vornehmlich des 16. und 17. Jahrhunderts. Einen lebhaften Beleg dieses Wirkens liefert das Repertoire einer der ersten Konzertreisen des Chores. Unter dem Titel ‚Weltliche Abendmusik'[13] sang der Chor im September

---

6   W. Unger (Hrsg.): *75 Jahre Leipziger Universitätschor* (wie Anm. 2), S. 12.

7   Vgl. M. Söhnel: *Der Leipziger Universitätschor* (wie Anm. 1), S. 12.

8   W. Unger (Hrsg.): *75 Jahre Leipziger Universitätschor* (wie Anm. 2), S. 21.

9   Friedrich Rabenschlag: *Autobiographischer Lebenslauf vom 20. September 1937*, Universitätsarchiv Leipzig (im Folgenden UAL): Nachlass Friedrich Rabenschlag, 1.1.

10 Ebenda.

11 Friedrich Rabenschlag: *Autobiographischer Lebenslauf vom 15. September 1945*, UAL: Nachlass Friedrich Rabenschlag, 1.2.

12 Walter Blankenburg: *Die Singbewegung*, in: 75 Jahre Leipziger Universitätschor. Festschrift, hrsg. v. Wolfgang Unger, Leipzig 2001, S. 13 f., hier S. 13.

13 Abgedruckt in W. Unger (Hrsg.): *75 Jahre Leipziger Universitätschor* (wie Anm. 2), S. 15.

1927 in Danzig Werke von Hans Leo Haßler, Michael Praetorius, Caspar Othmayr, Ludwig Senfl und weiteren Meistern des 16. und 17. Jahrhunderts. Ferner präsentierte der Chor auf dieser Reise in einem geistlichen Programm „eine Motette von Johann Michael Bach, Chorsätze von Johann Rosenmüller, Hans Leo Haßler und Johann Eccard sowie die ‚Deutsche Messe' (Teile aus den ‚Zwölf geistlichen Gesängen') von Heinrich Schütz".[14] Von dem hohen Kunstwert dieser Aufführungen zeugen Rezensionen in der zeitgenössischen Tagespresse. So bescheinigt die *Elbinger Zeitung* dem Chor „klangvolle Stimmen; sauberste Ausarbeitung [...], klare Einsätze und reine Intonation".[15] Im September 1928 fand erstmals ein Konzert des Chores in Leipzig (Thomaskirche) statt, 1929 folgten dann erste Rundfunkauftritte. Schriftstücke, die im Kontext der Organisation einer Probenwoche des MLS für August 1929 in Aumühle bei Hamburg stehen, verdeutlichen die institutionelle Zusammensetzung des Chores: „Der ‚Madrigalkreis Leipziger Studenten, Leiter Fritz Rabenschlag', besteht aus einem Kreis musikliebender, grössten Teiles am Leipziger Konservatorium ausgebildeter junger Menschen, die alte Vokal-Musik pflegen."[16] Und: „Der Kreis besteht aus einer Reihe musikbegeisterter gegenwärtiger und ehemaliger Schüler des Leipziger Konservatoriums bzw. der dortigen Musikhochschule und pflegt besonders alte, kirchliche und weltliche Musik."[17] Die Nähe und Verbindung zur Leipziger Alma mater aber zeigt sich in der Tatsache, dass der MLS, der nur zu einem unwesentlichen Teil aus Universitätsstudenten bestand, ab 1931 die Chorproben in den Räumen der dortigen Universitätsbibliothek abhalten konnte.

14 Ebenda, S. 14.
15 *Elbinger Zeitung*, 6. September 1927. Zitiert nach W. Unger (Hrsg.): *75 Jahre Leipziger Universitätschor* (wie Anm. 2), S. 15.
16 Anfrage um freie Unterkunft für Mitglieder des MLS bei Probenwoche in Aumühle, UAL: Nachlass Friedrich Rabenschlag, 5.1.
17 Pressemeldung für die Bergedorfer Zeitung mit Bitte um Veröffentlichung, UAL: Nachlass Friedrich Rabenschlag, 5.1.
18 F. Rabenschlag: *Lebenslauf vom 15. September 1945* (wie Anm. 11).
19 Friedrich Rabenschlag: *1. Rundschreiben*, Sommersemester 1933, Chorchronik des LUC.
20 Fragebogen zur politischen Gesinnung vom 12. Mai 1945, UAL: Nachlass Friedrich Rabenschlag 1.8.
21 *Bestätigung über den erbrachten Nachweis der antifaschistischen Haltung für Herrn Friedrich Rabenschlag*, zitiert nach Faksimileabdruck in W. Unger (Hrsg.): *75 Jahre Leipziger Universitätschor* (wie Anm. 2), S. 27. Vgl. auch Fred K. Prieberg: *Handbuch Deutsche Musiker 1933–1945*, Auprès des Zombry 2004, Veröffentlichung auf CD-Rom, Version 1-11/2004, S. 5407 f.
22 F. Rabenschlag: *Lebenslauf vom 20. September 1937* (wie Anm. 9).
23 F. Rabenschlag: *1. Rundschreiben*, Sommersemester 1933 (wie Anm. 19).
24 Ebenda.

Zum 1. April 1933 wurde Rabenschlag zum Kantor der Universitätskirche zu St. Pauli ernannt, eine Stelle, die nach der Pensionierung Hans Hoffmanns frei geworden war und auf die sich Rabenschlag anscheinend bereits im Oktober 1932 beworben hatte.[18] Die Ernennung ist dann „schon vor Weihnachten erfolgt [...], aber erst Mitte März vom Sächsischen Ministerium bestätigt worden".[19] Dabei fällt auf, dass Rabenschlag insbesondere im Lebenslauf von 1945 sehr darum bemüht scheint, deutlich zu machen, dass die Wahl auf ihn „auf Grund meiner Leistungen als Chorerzieher und Dirigent" fiel und damit implizit deren Abhängigkeit von seiner NSDAP-Mitgliedschaft negiert, die mit dem Tag des Amtsantritts als Universitätskantor beginnt[20] und laut Rehabilitationsbescheinigung vom 4. Juni 1946 „auf Drängen des damaligen Rektors der Universität Leipzig" zustande kam.[21]

Die Universitätskantorei Leipzig (im Folgenden UKL abgekürzt) entstand dabei als eine Vereinigung „aus Mitgliedern des damaligen Universitätskirchenchores und aus einigen Singkreisen in der Studentenschaft"[22] – hier sollten „alle singenden Kräfte an der Universität zu gemeinsamer Chorarbeit zusammengefaßt werden".[23] Rabenschlags Vorstellung vom Verhältnis zwischen MLS und UKL macht das schon mehrfach zitierte Rundschreiben vom Sommer 1933 deutlich: Der MLS soll „in der bisherigen Weise" weiter arbeiten und wird „als Kreis nicht mit in die UKL einbezogen". Beide Chöre verbinde eine ähnliche Durchführung der Arbeit, die sich aber unterschiedlich auswirke. So habe die UKL eine „starke gottesdienstliche Bindung" und sorge für die Kirchenmusik an der Universitätskirche, wobei Rabenschlag von der Hoffnung geleitet war, dass auch der MLS etwa zwei bis drei Mal im Semester für die Kirchenmusik an St. Pauli zur Verfügung stehen könnte, „wozu er ja auch moralisch eine gewisse Verpflichtung hat, wenn man bedenkt, wie die Universität seine Arbeit in den letzten Jahren finanziell unterstützt hat." Und schließlich wünscht er sich „von Zeit zu Zeit [...] ein fruchtbares Zusammenarbeiten bei der Aufführung größerer Werke"; so könne „allmählich in der Universitätskirche eine Chorarbeit aufgebaut werden, die vorbildlich für Sachsen und darüber hinaus werden soll, und mir liegt daran, daß der MLS hieran führend beteiligt ist".[24]

Es wird durch all dies immer deutlicher, dass der MLS maßgeblich zur musikkulturellen Entwicklung an der Universität beitrug und mit ihr auch eine gewisse institutionelle Verbindung hielt, die zumindest in der (kostenlosen?) Bereitstellung von Probenräumlichkeiten und finanziellen Zuwendungen bestand, woraus sich ein Abhängigkeitsverhältnis ergeben haben muss, dass die Betrachtung des MLS als universitäres Ensemble zumindest faktisch rechtfertigt.

Am Buß- und Bettag 1933, dem 22. November, fand erstmals eine gemeinsame Aufführung der beiden Chöre,

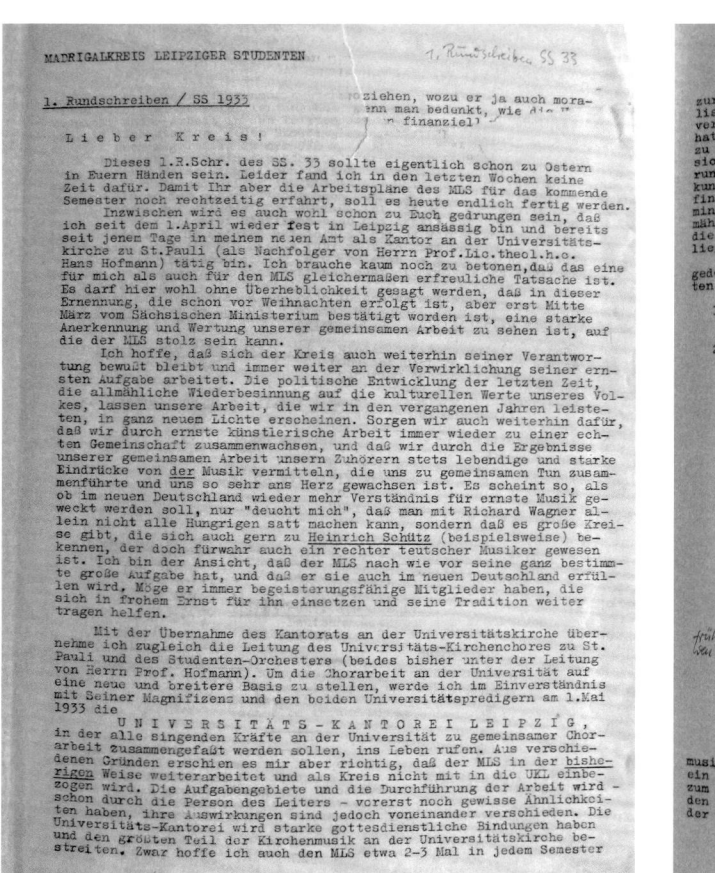

Rundschreiben vom Sommersemester 1933
(Chorchronik des Leipziger Universitätschores)

MLS und UKL, in der Universitätskirche mit dem Programm ‚Motettenkunst der Lutherzeit' statt. 1934 wurden die „zur Chorarbeit gehörenden Arbeitswochen und Probenwochenenden [...] in Meuselbach (Thüringen) [...] erstmalig von beiden Chorvereinigungen gemeinsam" durchgeführt.[25] Das 1935 anlässlich des 350. Geburtstags von Heinrich Schütz veranstaltete ‚Leipziger Heinrich-Schütz-Jahr' wurde von Rabenschlag mit sechs über das Jahr verteilten Abendmusiken begangen, bei denen unter anderem Schütz' *Lukaspassion*, *Auferstehungshistorie*, die *Musikalischen Exequien* und die *Weihnachtshistorie* – die beiden erstgenannten Werke als Leipziger Erstaufführungen – erklangen. Im Rahmen dieses Festjahres fand auch die Umbenennung der UKL in ‚Heinrich-Schütz-Kantorei' statt.[26]

Im Mai 1937 erhielt Rabenschlag „vom Oberbürgermeister der Stadt Flensburg eine Berufung, die neugeschaffene Stelle eines städt. Chordirektors und die Leitung der städt. Singschule zu übernehmen", die er aber ablehnte, da ihm „von der Universität Leipzig eine Erweiterung meines Leipziger Arbeitsfeldes zugesagt wurde."[27] Diese bestand ab Sommer 1937 in einem Lehrauftrag für die liturgische Gesangsausbildung der Theologen, als „gewissen Ausgleich für die wesentlich besser dotierte Stelle in Flensburg".[28]

Darüber hinaus dürfte auch die 1938 formal vollzogene Gründung des LUC in den Bereich der genannten Aufgabenerweiterung Rabenschlags fallen. Wird diese Gründung zumeist als „Zusammenlegung des Madrigalkreises Leipziger Studenten und der Heinrich-Schütz-Kantorei"[29] dargestellt, so offenbaren neueste Forschungen von Stephan

25 W. Unger (Hrsg.): *75 Jahre Leipziger Universitätschor* (wie Anm. 2), S. 18 f.
26 Ebenda.
27 F. Rabenschlag: *Lebenslauf vom 20. September 1937* (wie Anm. 9).
28 F. Rabenschlag: *Lebenslauf vom 15. September 1945* (wie Anm. 11).
29 W. Unger (Hrsg.): *75 Jahre Leipziger Universitätschor* (wie Anm. 2), S. 21.

Greiner[30] eine weitere – bisher unbetrachtet gebliebene – historische Ebene: Nachdem den akademischen Gesangvereinen durch das Verbot der einzelnen Studentenverbindungen ihre institutionelle Basis entzogen worden war und als einzige legale studentische Organisation der Nationalsozialistische Deutsche Studentenbund verblieb, kam es 1938 zu folgendem Aufruf in der *Arionenzeitung*, dem Zentralorgan des Akademischen Gesangsverein Arion:

„In einer Veröffentlichung von Mitte Dezember rufen der Rektor der Universität Leipzig, der Dozenten- und Studentenführer die Dozenten- und Studentenschaft der Universität und ihre Angehörigen, auch die Altakademiker, zur Gründung eines Universitätschores auf […]. In diesem Chor, der eine Einrichtung der Universität und der Studentenschaft ist und unter der Leitung des Universitätskantors Rabenschlag steht, sollen nach den Erläuterungen der Studentenführung die auf dem Pauliner- und dem Arionenhause zu bildenden Kameradschaften als singende Mannschaften den Stamm bilden."[31]

Die hier angesprochene „Veröffentlichung von Mitte Dezember" meint den *Aufruf zum Beitritt in den Leipziger Universitätschor Madrigalkreis und Singende Mannschaft*,[32] zu dessen Unterzeichnern auch „Friedrich Rabenschlag Universitätskantor" gehört.

Die Aussage der *Arionenzeitung*, dass die singenden Mannschaften den Stamm dieses Universitätschores bilden sollen, widerspricht dabei den bisherigen Vorstellungen von der Entstehung des LUC deutlich, doch liefert der Inhalt des Aufrufs einen begründeten Verdacht zur Relativierung. Dort heißt es:

„Der Rektor, der Dozentenführer und der Studentenführer der Universität haben den Universitätskantor Friedrich Rabenschlag, den Leiter des seit 1926 bestehenden Madrigalkreises Leipziger Studenten, dessen Arbeit in dem neugeschaffenen Universitätschor ihre organische Weiterführung finden wird, mit Aufbau und Leitung dieses Chores betraut. Der Leipziger Universitätschor, in dem nunmehr auch das gesamte studentische Singen an der Universität einen neuen Ausdruck und eine Pflegestätte finden soll und dessen Arbeit in enger Verbindung mit der Studentenschaft durchgeführt werden wird, steht unter dem Schutz des Rektors der Universität."[33]

Es darf zwar angenommen werden, dass der LUC zum Zeitpunkt seiner Gründung eine personelle Erweiterung über den bisherigen Stamm der Sänger des Madrigalkreises und der Heinrich-Schütz-Kantorei hinaus, beispielsweise durch ehemalige Arionen und Pauliner, erfuhr. Der Kern allerdings des gegründeten LUC bestand aus Sängern des MLS, dessen Wirken hier seine „organische Weiterführung" finden sollte. Gestützt wird diese These durch eine Aussage Rabenschlags, die sich in einem Protokoll der 1. Kreissitzung am 24. März 1946 im Senatssaal der Universität findet.[34] Im Zusammenhang mit seiner (später noch eingehender zu betrachtenden) Amtsenthebung und Rehabilitierung äußert er, dass es „zwischen Universität und Chor niemals Reibereien geben [werde], denn Univ. war damals auch dankbar, als sie MLS übernehmen konnte."[35] Dass diese Aussage aufgrund ihres Kontexts freilich nur eine starke Verkürzung und Vereinfachung der Ereignisse von 1938 darstellt, muss klar sein, doch macht auch sie den Stellenwert des MLS im Zusammenhang mit der Gründung des LUC deutlich.

Zur Problematik der Legitimierung des MLS als organischen, faktischen und anscheinend bedingt auch institutionellen Vorgänger des LUC sei zusammenfassend angemerkt: Setzte sich der MLS größtenteils auch aus Mitgliedern des Konservatoriums zusammen, so bestand schon allein durch den Chorleiter eine Beziehung zur Universität, die recht bald in der regelmäßigen Durchführung von Proben in universitären Räumlichkeiten Ausdruck fand. Darüber hinaus muss der MLS auch vor 1933 finanzielle Zuwendungen von Seiten der Alma mater erhalten haben.[36] Erst durch seine Leistungen und Erfolge mit dem MLS und dem dadurch entstandenen Renommee scheint es zur Berufung Rabenschlags als Universitätskantor im Jahr 1933 gekommen zu sein, die eine Voraussetzung für die Gründung des LUC in seiner heutigen Form darstellt. Die Frage, wie man sich diese Entwicklung ohne den MLS und schließlich ohne die Person Rabenschlags vorzustellen hätte, könnte wie folgt beantwortet werden: Das Auffangen der in den 1930er Jahren zur Auflösung gezwungenen akademischen Gesangvereine hätte entweder unweigerlich zum gänzlichen Ersterben des studentischen Chorwesens

---

30 Siehe Stephan Greiner: *Singende Studenten mit Band und Mütze. Der Akademische Gesangverein Arion im Kreise der Leipziger Musikvereine des 19. und frühen 20. Jahrhunderts*, S. 223–237 im vorliegenden Band.

31 *Arionenzeitung* 48 (1938), Heft 1, S. 1. Zitiert nach S. Greiner: *Der Akademische Gesangverein Arion* (wie Anm. 30), S. 237 f.

32 *Aufruf zum Beitritt in den Leipziger Universitätschor*. Faksimileabdruck in W. Unger (Hrsg.): *75 Jahre Leipziger Universitätschor* (wie Anm. 2), S. 21.

33 Ebenda.

34 Es handelte sich dabei allem Anschein nach um eine interne Sitzung des sogenannten ‚engeren Kreises' des LUC, dem laut Sitzungsprotokoll 15 Chormitglieder angehörten.

35 Protokoll der 1. Kreissitzung am 24.3.1946 im Senatssaal der Universität, UAL: Nachlass Friedrich Rabenschlag, 5.44.

36 F. Rabenschlag: *1. Rundschreiben*, Sommersemester 1933 (wie Anm. 19). Siehe auch das Zitat bei Anm. 24.

bis 1945 oder zur Gründung eines Universitätschores in der Einflusssphäre des Nationalsozialistischen Deutschen Studentenbundes geführt. Damit aber wäre der Chor zu einem politischen Repräsentationsapparat verkommen, dessen inhaltliche Ausrichtung gänzlich von dem verschieden gewesen wäre, was unter Rabenschlags Leitung in den Jahren bis 1945 und darüber hinaus praktiziert wurde und dessen Existenz spätestens mit Ende der Nazi-Diktatur komplett in Frage gestellt worden wäre.[37] So scheint es, bedenkt man dies alles, mehr als angebracht, die Geschichte des LUC auch als eine Geschichte seines unmittelbaren Wegbereiters, des MLS, zu betrachten, die nicht erst mit der Gründung 1938 oder der Ernennung Rabenschlags zum Universitätskantor 1933 beginnt, sondern ihren Anfang am 17. Juni 1926 nahm, „als sich gegen 20 Uhr ein kleiner Kreis von singbegeisterten jungen Menschen in meiner [d. i. Rabenschlags] Studentenbude in der Moschelesstraße 11 II […] traf und Liedsätze von Ludwig Senfl, Caspar Othmayr und Heinrich Isaak und einige Choräle Johann Sebastian Bachs sang".[38]

Die Grundlegung von Traditionen unter der Leitung von Friedrich Rabenschlag – Die Jahre 1938 bis 1963

Als erstes großes Projekt des neuen Universitätschores darf die Leipziger Wiederaufführung der Kantaten IV bis VI des Bachschen *Weihnachtsoratoriums* im Dezember 1938 – 204 Jahre nach der Uraufführung des Werks durch Johann Sebastian Bach – gelten, wodurch die Tradition begründet wurde, in Ergänzung zur Aufführung der Thomaner, die stets die Kantaten I bis III sangen, dem Leipziger Publikum jedes Jahr das komplette Werk zu Gehör zu bringen.[39]

Im Gründungsjahr des LUC rief Rabenschlag zudem „ein universitäres Kammerorchester als Begleitinstrument für den Chor" ins Leben.[40] Irritationen entstehen auch hier hinsichtlich des tatsächlichen Gründungsdatums, teilt doch ein – nach Art eines Tätigkeitsberichts gestaltetes – Dokument vom 2. Juni 1951 über dieses Orchester Folgendes mit:

> „Das Kammerorchester der Universität besteht aus Studierenden der Musikhochschule und der Universität Leipzig und aus freistehenden jungen Musiklehrern (Streichorchester). Es wirkt seit etwa 1933 regelmäßig bei allen Aufführungen des Universitätschores und der Kantorei (Universitätskirche) mit und wird für diese Aufführungen (besonders in den Bläsern) durch Mitglieder des Stadt- und Gewandhausorchesters ergänzt und verstärkt. […] Ferner [wirkt es mit] bei den Universitätsfeiern (Rektorwechsel), Kirchenmusiken in der Universitätskirche (Bach-Kantaten) und bei Serenaden.

Seit 1945 völlige Neuaufstellung des Kammerorchesters und selbstständi[g]e Kammerorchester-Konzerte."[41]

Die Entwicklung dieses Klangapparates hin zu einem universitären Ensemble darf man sich sicher ähnlich vorstellen, wie jene des MLS und der UKL. So mag die Jahresangabe „etwa 1933" das erste Zustandekommen eines projektbezogenen Instrumentalkörpers meinen, der die UKL und den MLS bei ihren großen gemeinsamen Projekten begleitete und 1938 schließlich einen offiziellen ‚universitären Status' erhielt.[42]

Dabei könnte das Jahr 1938 durchaus als eine Schnittstelle begriffen werden, wurde doch die „organische Weiterführung" der bisherigen Chorarbeit, die die Einstudierung und Aufführung von Chorwerken des 16. und 17. Jahrhunderts[43] und seit 1935 auch vermehrt von Werken des dem Chor zeitweilig angehörenden Ernst Pepping[44] umfasste, nun auf die großen oratorischen Werke Johann

---

37 Rabenschlag schildert diese Gefahr ganz konkret für den Fall, dass er die 1937 nach Flensburg erhaltene Berufung angenommen hätte: „Ich wollte aber die von mir in ganz organischer und kontinuierlicher Weise aufgebaute Arbeit, die mir natürlich sehr ans Herze gewachsen war und für die ich mich auch innerlich sehr stark verantwortlich fühle, nicht aufgeben, zumal sie dadurch höchstwahrscheinlich zum Erliegen gekommen oder den nazistischen Tendenzen des NS-Studentenbundes zum Opfer gefallen wäre." Friedrich Rabenschlag: *Autobiographischer Lebenslauf vom 1. April 1948*, UAL: Nachlass Friedrich Rabenschlag, 1.3.

38 Friedrich Rabenschlag: *Erinnerungen*, in: 75 Jahre Leipziger Universitätschor. Festschrift, hrsg. v. Wolfgang Unger, Leipzig 2001, S. 12.

39 W. Unger (Hrsg.): *75 Jahre Leipziger Universitätschor* (wie Anm. 2), S. 21.

40 Ebenda.

41 Kammerorchester der Universität, UAL: Nachlass Friedrich Rabenschlag, 2.630.

42 Genauere Untersuchungen zu diesem Ensemble hätten über den begrenzten Rahmen dieses Beitrags weit hinausgeführt. Die hier offenbleibenden Fragen dürfen daher als Anreiz zu weiteren Forschungen verstanden werden, wobei ausdrücklich auf den Bestand mit der Signatur 2.6. des Nachlasses von Friedrich Rabenschlag im UAL verwiesen sei, der beispielsweise eine Auflistung von Konzerten enthält, an denen das Kammerorchester in den Jahren 1945 bis 1950 mitgewirkt hat.

43 Vgl. Arbeitsplan für das Wintersemester 193[8]/39, UAL: Nachlass Friedrich Rabenschlag, 2.520. Auch weiterhin wurden ‚Deutsche Volkslieder und Madrigale' (Werke von Heinrich Finck, Ludwig Senfl, Caspar Othmayr, Hans Leo Haßler und Johann Hermann Schein), ‚Motetten und Lieder des 16. Jahrhunderts' sowie ‚Werke von Josquin des Prés, Cl. Monteverdi und L. Marenzio' aufgeführt.

44 In den Jahren 1935 bis 1951 erklangen in insgesamt 56 Konzerten des LUC Werke von Pepping, 31 davon allein in den Jahren 1936 bis 1939, darunter auch drei Uraufführungen: 20. Dezember 1936 *Uns ist ein Kind geboren* (Motette), 10. Dezember 1938 *Fröhlich soll mein Herze springen* und 28. Juli 1946 *Bei Tag und Nacht* (Lieder für gemischten Chor). Vgl. Aufführung von Werken Ernst Peppings durch den Leipziger Universitätschor 1935–1951, UAL: Nachlass Friedrich Rabenschlag, 2.520/1.

Sebastian Bachs[45] und Georg Friedrich Händels[46] erweitert. Zudem kam es zur Einrichtung der Universitätsmusiken – Konzertabenden, die in der Aula der Universität stattfanden und, soweit durch Quellen dokumentiert, stets gemeinsam vom LUC und dem Kammerorchester der Universität gestaltet wurden.[47] Die ‚1. Universitätsmusik' fand vermutlich am 10. Dezember 1938 mit Instrumentalwerken von Händel, Bach und Corelli sowie Liedsätzen alter deutscher Advents- und Weihnachtslieder statt.[48] Interessanterweise werden die Ausführenden, LUC und Kammerorchester, dabei als „Universitätschor und sein Orchester" bezeichnet, was eine Eigenständigkeit dieses Ensembles zu diesem Zeitpunkt gewissermaßen ausschließt.

Mit der Ernennung Friedrich Rabenschlags zum Universitätsmusikdirektor in der Nachfolge Hermann Grabners im Jahr 1939 intensivierte sich dessen institutionelle Bindung an die Universität erneut. Trotz der Einberufung zur Wehrmacht im Juli 1941 konnte Rabenschlag die Chorarbeit fortsetzen, da er nicht ‚kriegsverwendungsfähig' war und in Leipzig verbleiben durfte, wo er seine künstlerische Arbeit neben dem Wehrmachtsdienst aufrecht erhielt.[49] Durch diese kontinuierliche Fortführung der Chorarbeit war es ihm möglich, nach seiner Entlassung aus dem Wehrdienst am 16. Juni 1945 seine Tätigkeit als Chorleiter sofort wieder in vollem Umfang aufzunehmen und bereits im August 1945 „die Universitätskonzerte mit einem besonders leistungsfähigen Chor und mit einem ausgezeichnet besetzten Orchester" wiederzubeleben.[50]

Am 15. November 1945 wurde Rabenschlag wegen seiner Zugehörigkeit zur NSDAP aus seinen Ämtern als Universitätskantor, Universitätsmusikdirektor und Leiter des LUC entlassen und dem Chor ein Auftrittsverbot auferlegt. Die Frage, wie damit umzugehen sei und welche Perspektiven es für den LUC in dieser Situation gäbe, war Gegenstand der ersten Kreissitzung im Senatssaal der Universität am 24. März 1946. Zum damaligen Zeitpunkt war noch ungewiss, wie die Universität mit Rabenschlag verfahren würde, doch hoffte er auf seine Rehabilitierung und Wiedereinstellung. Sollte diese nicht erfolgen, plante er, sofern das Auftrittsverbot aufgehoben sei, den Chor „unter neuem Namen" weiterzuführen, wobei eine Existenz des LUC, losgelöst von der Universität, schon allein aus Gründen der finanziellen Absicherung Rabenschlags als Möglichkeit ausgeschlossen wurde. Die Alternative hätte darin bestanden, den LUC wieder in eine Kantorei der Universitätskirche zu überführen, da „das Amt des Kantors […] ein Nebenamt [ist,] und es liegt kein Grund vor, diese Angelegenheit [die NSDAP-Mitgliedschaft Rabenschlags, Anm. d. Verf.] anders zu behandeln, als bei den anderen Kantoren, die P[artei]g[eno]s[sen] waren. [Es handele sich um] keine leitende Stelle, wie man wohl beim UMD annimmt."[51] Dass Rabenschlag nach seiner im Juli 1946 erfolgten Rehabilitierung[52] mit einer gewissen Sicherheit davon ausging, bald wieder seine Ämter an der Universität ausüben zu können, macht die Ablehnung einer Berufung an die Staatliche Hochschule für Musik in Rostock im Herbst 1946 deutlich, die in der Überzeugung erfolgte, dass er seine „Arbeit […,] die nunmehr ihren festen Platz im Leipziger Musikleben einnahm, nicht im Stich lassen" könne.[53]

Noch bevor Rabenschlag zum 1. Juli 1949 offiziell in seine Ämter als Universitätsmusikdirektor und -kantor wiedereingesetzt wurde,[54] hatte man ihn in der Nachfolge Hans Siebers zum „Direktor und Dirigent der Leipziger Singakademie" berufen.[55] Verstärkt durch den LUC und das Kammerorchester brachte Rabenschlag mit der Singakademie „bis 1949 Händels Judas Makkabäus, Haydns Schöpfung, Mozarts Große Messe c-Moll in der Thomaskirche zur Aufführung".[56] Doch schon zuvor hatte der LUC in der Öffentlichkeit wieder auf sich aufmerksam gemacht: Seit 1946 gestaltete er jährlich bis zu sechs ‚Evangelische Morgenandachten' für den Sender Leipzig. Auf den Programmzetteln wird der Chor als ‚Die Leipziger Universitätskantorei' bezeichnet, was belegt, dass dem LUC während der Zeit der Entlassung Rabenschlags offiziell nicht

---

45 Seit 1938: *Weihnachtsoratorium* (Kantaten IV–VI), seit 1940: *Johannespassion*, 1942: *Weihnachtsoratorium* (Kantaten I–VI). Vgl. W. Unger (Hrsg.): *75 Jahre Leipziger Universitätschor* (wie Anm. 2), S. 21–24.

46 1939: *Acis und Galatea*, 1945: *Belshazzar*.

47 Leipziger Universitätschor. Veranstaltungen WS 1938/39, UAL: Nachlass Friedrich Rabenschlag, 2.520.

48 Ebenda wird der 4. Dezember 1938 als Konzerttermin genannt. Glaubwürdiger scheint aber die Aussage eines originalen Programmzettels, der den 10. Dezember als Konzertdatum nennt, UAL: Nachlass Friedrich Rabenschlag, 2.631.

49 F. Rabenschlag: *Lebenslauf vom 15. September 1945* (wie Anm. 11).

50 F. Rabenschlag: *Lebenslauf vom 1. April 1948* (wie Anm. 37).

51 Protokoll der 1. Kreissitzung am 24. März 1946 (wie Anm. 35).

52 Eine Bewertung dieses politischen Vorgangs, die andernorts (wenig überzeugend) versucht wurde (vgl. F. K. Prieberg: *Musiker 1933–1945* [wie Anm. 21], S. 5408), soll an dieser Stelle ausbleiben, da eine sehr einseitige Quellenlage im vorliegenden Fall kaum ein Indiz und erst recht kein Beweis für eine antifaschistische Haltung sein darf und damit verbundene Urteile oft zu keiner sinnvollen wissenschaftlichen Erkenntnis führen.

53 F. Rabenschlag: *Lebenslauf vom 1. April 1948* (wie Anm. 37).

54 W. Unger (Hrsg.): *75 Jahre Leipziger Universitätschor* (wie Anm. 2), S. 28.

55 Friedrich Rabenschlag: *Autobiographischer Lebenslauf vom 11. April 1949*, UAL: Nachlass Friedrich Rabenschlag, 1.4.

56 Anonymus: *35 Jahre Leipziger Universitätschor* (1961), Bach-Archiv Leipzig: M-SM 12/10. Maschinenschrift, 4 Blätter, hier Bl. 2. Vgl. auch UAL: Kammerorchester der Universität (wie Anm. 41).

Strafeinsatz des LUC zur Ernte 1961
(Bildarchiv des Leipziger Universitätschores)

der Status eines Universitätschores zukam. Die Programme dieser Andachten setzten sich aus einem Eingangschoral, einer ‚Hauptmotette', einem weiteren Choral oder einer ‚Kurzmotette' und einem Schlusschoral zusammen und hatten eine Sendedauer von 45 Minuten (inklusive Ansprache und Gebeten).[57]

1952 führte der LUC in der Universitätskirche erstmals Bachs *Matthäuspassion* auf, die fortan zum festen Bestandteil des Repertoires wurde und schon im folgenden Jahr eine erneute Aufführung erlebte.[58] Das Chor- und Konzertleben des LUC war in den 1950er Jahren von Konzertreisen, hauptsächlich innerhalb beider Teile Deutschlands, geprägt. So führte ein Gastspiel den Chor im August 1954 zu den ‚Festlichen Tagen – Junge Musik' nach Passau, wo er Werke von Schütz, Schein und Pepping darbot.[59] 1955 folgten Reisen nach Hamburg, durch Niedersachsen und Hessen (Kasseler Musiktage), 1956 nach Jena, Dresden sowie ins Rhein- und Saarland, wo „der Chor zur Wiedereinweihung der Basilika in Trier" sang.[60] Als musikalischer Höhepunkt des Jahres 1957 darf neben einer Konzertreise nach Stendal, Lübeck und Schleswig sicher die erstmalige Aufführung von Bachs *h-Moll-Messe* durch den LUC gelten. Weitere Reisen führten den Chor bis 1961 nochmals ins Saarland (1959), nach Osnabrück (1959) und zum internationalen Chorfestival ‚Europa cantat' in Passau (1961), wo der Chor ein vielfältiges Programm mit Werken von Orlando di Lasso, Adrian Willaert, Luca Marenzio, Claudio Monteverdi, Wolfgang Amadeus Mozart, Johannes Brahms, Hugo Distler, Ernst Pepping und anderen gestaltete.[61] „Dies ist für ca. 30 Jahre die letzte Konzertreise in den Westteil Deutschlands. Der Chor wurde zur Strafe zum Ernteeinsatz geschickt, weil er nicht gegen das Fehlen des DDR-Emblems in der schwarz-rot-goldenen Flagge beim Festival protestiert und mit Abreise gedroht hatte."[62]

Nachdem Rabenschlag 1960 einen Herzinfarkt erlitten hatte, wurde die Probenarbeit zunächst von Christoph Schneider[63] weitergeführt. Für die Konzerte wurden Dirigenten wie Hans-Joachim Rotzsch[64] oder die Kirchenmusikdirektoren Uwe Röhl[65] (Schleswig) und Eberhard Wenzel[66] (Halle) engagiert. Nach einer Phase der Genesung konnte Rabenschlag viele Konzerte der Jahre 1961 und 1962 wieder selbst leiten, wie die hochgelobte Aufführung ‚Meisterwerke der Motettenkunst' zum 38. Deutschen Bachfest 1962 in Leipzig.[67] Doch war die stete Verschlechterung seines Gesundheitszustandes nicht aufzuhalten, so dass er schließlich im November 1962 mit ‚A-cappella-Gesängen' mit Werken von Claudio Monteverdi, Giovanni Giacomo Gastoldi, Hanns Eisler, Hugo Distler und anderen den LUC ein letztes Mal dirigierte.[68] Hans-Joachim Rotzsch, der dem Chor seit 1951 als Gastsänger im Tenor angehörte und später häufig als Solist an Aufführungen mitwirkte, übernahm fortan die ständige Vertretung Rabenschlags.

Hans-Joachim Rotzsch: „Musik, bei der der Hörer weiß, was gemeint ist" – Die Jahre 1963 bis 1973

In der Funktion als ständiger Vertreter Friedrich Rabenschlags leitete Hans-Joachim Rotzsch die Aufführungen der Bachschen *Johannes-* und *Matthäuspassion* im März und April 1966 in der Universitätskirche sowie zum 41. Deutschen Bachfest die öffentliche Erstaufführung des

---

57 Evangelische Morgenandachten, Sender Leipzig 1946 bis 1952, UAL: Nachlass Friedrich Rabenschlag, 2.581–610.

58 W. Unger (Hrsg.): *75 Jahre Leipziger Universitätschor* (wie Anm. 2), S. 29.

59 Ebenda.

60 Ebenda, S. 30. Vgl. auch Aufstellung der Konzerte in der Bundesrepublik in den Jahren 1955 bis 1956, UAL: Nachlass Friedrich Rabenschlag, 2.532.

61 *Europa cantat. Passau 28. VII. – 6. VIII. 1961*, Programmheft, S. 24 f.

62 W. Unger (Hrsg.): *75 Jahre Leipziger Universitätschor* (wie Anm. 2), S. 32.

63 Schneider war zunächst Kruzianer, studierte in Leipzig Chemie und war seit 1955 Mitglied des LUC. Er wurde der Schwiegersohn Rabenschlags.

64 ‚Weihnachtsmusik im Kerzenschein' (1960 und 1962), Bach: *Matthäuspassion* (1962), Bach: *Weihnachtsoratorium* (1963).

65 Bach: *Weihnachtsoratorium* (1960).

66 Bach: *Johannespassion* (1961 und 1963).

67 Vgl. W. Unger (Hrsg.): *75 Jahre Leipziger Universitätschor* (wie Anm. 2), S. 32 sowie ebenda, S. 33 (Faksimileabdruck eines Zeitungsberichts anlässlich des 60. Geburtstags Rabenschlags).

68 Ebenda, S. 32.

Probenlager des Chores 1972 in Dranske unter der Leitung von Hans-Joachim Rotzsch
(Bildarchiv des Leipziger Universitätschores)

69 Ebenda, S. 42–44. Zu Heinz Krause-Graumnitz vgl. Dietmar Krause: *Krause-Graumnitz, Heinz (Kurt, Emil)*, in: Biographisch-Bibliographisches Kirchenlexikon, hrsg. v. Friedrich-Wilhelm Bautz, fortgeführt von Traugott Bautz, Band XXV, Hamm 2005, Sp. 719–729. Krause-Graumnitz gehörte dem MLS von 1930 bis 1934 „als aktives Mitglied an und hat [...] im Winter 1932/33 [Friedrich Rabenschlag] in der musikalischen Leitung des Chores vertreten und in dieser Zeit einige Konzerte im Reichssender Leipzig und in Orten der Umgebung Leipzigs veranstaltet". Bescheinigung über die Zugehörigkeit zum MLS vom 16. November 1934; unterzeichnet von Friedrich Rabenschlag. Die Quelle wurde mir vom Privatarchiv Heinz Krause-Graumnitz zur Verfügung gestellt. Hierfür sei Herrn Dietmar Krause (Leipzig) herzlich gedankt.

70 Über Hintergründe, Folgen und Bewertung der ideologisch motivierten Sprengung der Leipziger Universitätskirche durch den SED-Staat wurde viel geschrieben, so dass an dieser Stelle auf eine weitere Darstellung verzichtet werden darf. Vgl. Katrin Löffler: *Die Zerstörung. Dokumente und Erinnerungen zum Fall der Universitätskirche Leipzig*, Leipzig 1993 sowie Thomas Schinköth: *Einfach in die Luft gejagt ... Spurensuche: Musik und Musiker an der Leipziger Paulinerkirche*, in: Triangel. Das Programmjournal, hrsg. v. Mitteldeutschen Rundfunk, 3. Jg. Heft 6–8 (Juni bis August 1998). Siehe auch W. Unger (Hrsg.): *75 Jahre Leipziger Universitätschor* (wie Anm. 2), S. 46 und Christin Milosevic: *Robert Köbler als Universitätsorganist*, Magisterarbeit, Universität Leipzig 2006, S. 84–98.

Auftragswerks *Und das ist das Unsere* des Komponisten und Musikwissenschaftlers Heinz Krause-Graumnitz, der vom Herbst 1930 an Mitglied im MLS und ein guter Bekannter Rabenschlags war.[69] Im Rahmen der Festlichkeiten zum 40-jährigen Bestehen des LUC übernahm Rotzsch offiziell das Chorleiteramt von Friedrich Rabenschlag, der aber bis zu seinem Tod im Jahr 1973 – zumindest nominell – das Amt des Universitätsmusikdirektors behalten sollte.

Die größte äußere Veränderung, die den Chor während der Amtszeit Rotzschs betraf, war die Sprengung der Universitätskirche am 30. Mai 1968, die bisher als Hauptaufführungsort der Konzerte des LUC in Leipzig, ja überhaupt als dessen musikalische Heimat fungiert hatte.[70] Das letzte große Konzert des Chores an diesem Ort war die Aufführung von Bachs *Matthäuspassion* am 4. April 1968. Es folgte die Suche des LUC nach einem neuen ständigen Aufführungsort, wobei hierfür zunächst die Leipziger Kongresshalle am Zoologischen Garten ins Zentrum der Betrachtungen rückte, wie sich Hans-Joachim Rotzsch erinnert. Schon im November 1968 fand dort eine Aufführung von Haydns *Jahreszeiten* statt. Zwar hätte das Rektorat die Thomaskirche als Wirkungsstätte des LUC bevorzugt, doch schien sich zunächst namentlich der damalige Thomaskantor Erhard Mauersberger gegen eine solche Option zu versperren, was zur Folge hatte, dass in den kommenden Jahren zahlreiche Konzerte des LUC in der Leipziger Nikolaikirche stattfanden – so zuerst die Aufführung der Bachschen *Johannespassion* im Frühjahr 1969.

Neue künstlerische Akzente setzte Rotzsch mit der 1970 beginnenden Konzertreihe ‚Das Chorwerk', die eine Verbindung von „Freude und Unterhaltung mit musischer Weiterbildung" darstellen sollte und die „wir [der LUC, Anm. d. Verf.] als eine Art klingende Musikgeschichte bezeichnen möchten". Das Anliegen der Ausführenden bestand darin, „die wichtigsten Komponisten mit den Werken vor[zu]stellen, in denen die Entwicklung der Musik an typischen Beispielen einiger Gattungen aufgezeigt werden kann, und die Verbindungslinien der alten zur modernen Vokalkunst [zu] verfolgen".[71] Die Konzerte fanden zunächst im Festsaal des Leipziger Alten Rathauses, später im Weißen Saal des Leipziger Zoos sowie im Park des Gohliser Schlösschens statt und wurden stets mit einem Einführungsvortrag verbunden, wobei das maßgebende Kriterium für die Werkauswahl die potentielle Greifbarkeit der künstlerischen Intention der Komposition für den Hörer war oder, wie Hans-Joachim Rotzsch formulierte: Es handelte sich um „Musik, bei der der Hörer weiß, was gemeint ist".[72] So kamen neben den Werken der Meister des 15. bis 19. Jahrhunderts auch Stücke moderner Komponisten, wie Georg Trexler, Jürgen Golle, Siegfried Matthus, Ernst Pepping und Heinz Krause-Graumnitz sowie Hugo Distler, Paul Hindemith und Volker Bräutigam zur Aufführung, von denen viele inzwischen zu Klassikern der modernen Chorliteratur geworden sind. Zielgruppe dieser sechs Konzerte, die bis zum Juni 1973 stattfanden, war das gesamte Leipziger Publikum, jedoch sollten insbesondere Universitätsmitarbeiter aller sozialen Schichten, die eine Begeisterung für die Chormusik mitbrachten und Interesse an deren musikgeschichtlichen Zusammenhängen besaßen, angesprochen werden.[73] Das erste Konzert der Reihe fand am 29. Januar 1970 unter dem Titel ‚Chorische Darstellungsformen' mit Werken von Caspar Othmayr, Orlando di Lasso, Giovanni Gabrieli, Franz Schubert, Robert Schumann, Johannes Brahms, Hanns Eisler, Siegfried Matthus, Jürgen Golle und anderen statt und bot schon hier einen musikgeschichtlichen Querschnitt von der Renaissance bis zur Moderne; die *Leipziger Volkszeitung* vom 1. Februar 1970 kritisierte denn auch den „zu gleichartig" bleibenden Chorklang auch bei Werken verschiedener Epochen. Von vergleichbarer Struktur waren die weiteren Konzertabende der Reihe, die mit folgenden Titeln stets neue Aspekte der Musikgeschichte akzentuierten: ‚Die Entwicklung des Themas in der Vokalkunst' (18. Juni 1970), ‚Das Wort-Ton-Verhältnis in der Vokalmusik' (20. Januar 1971), ‚Das Madrigal' (11. November 1971), ‚Geschichte der Motette' (6. Juli 1972) und ‚Volkslieder in alten und neuen Sätzen' (21. Juni 1973). Dabei kam es auch zu Uraufführungen: Im ersten Konzert der Reihe erklangen die *Frühlingsmadrigale* Jürgen Golles, komponiert auf Texte von Peter Schwartze, Hermann Hesse, Georg Maurer und Dieter Mucke; sodann im November 1971 (‚Das Madrigal') Wilhelm Weismanns Goethemadrigal *Herbstgefühl*.[74]

Neben diesen Konzerten fanden auch weiterhin die alljährlichen Aufführungen einer der Bachschen Passionen und des *Weihnachtsoratoriums* sowie weitere Konzerte zu besonderen Anlässen statt, etwa das Gedächtniskonzert für den 1970 verstorbenen Universitätsorganisten Robert Köbler am 20. Februar 1971 in der Thomaskirche, zu dem der LUC die Bachsche Trauermotette *Der Geist hilft unser Schwachheit auf* und vier Sätze aus Max Regers *Acht Geistlichen Gesängen* sang. Zunehmend wurde der Chor auch zu Repräsentationszwecken, die nicht ins universitäre Umfeld fielen, herangezogen, so im Oktober 1970 zur Einweihung der Autobahn Leipzig–Grimma sowie zur Feier der Oktoberrevolution im gleichen Jahr.[75]

Am 12. Mai 1972 erhielt Rotzsch durch den Oberbürgermeister der Stadt Leipzig, Karl-Heinz Müller, die Berufung zum Thomaskantor,[76] womit er die Leitung des LUC aufgeben musste. Interimistisch übernahm zunächst das Chormitglied Detlef Schneider, heute Vorsitzender des Förderkreises Leipziger Universitätschor e. V., die vakante Stelle. „Am Ende des Jahres erlebt das Leipziger Publikum zweimal die Kantaten 1–3 aus dem ‚*Weihnachtsoratorium*' von Bach in der Thomaskirche unter der Leitung von Rotzsch. Er dirigiert nicht nur die Aufführung mit dem Thomanerchor sondern auch die des Leipziger Universi-

---

71 *Das Chorwerk. Sechs Universitätskonzerte aus dem 15. bis 20. Jahrhundert*, Gesamtprogrammheft der Konzertreihe des LUC, November 1969. Ich danke Herrn Prof. Hans-Joachim Rotzsch für das Überlassen einer Kopie dieses Drucks sowie für seine vielseitigen und umfangreichen mündlichen Auskünfte.

72 Prof. Hans-Joachim Rotzsch im persönlichen Gespräch, November 2008.

73 Prof. Hans-Joachim Rotzsch im persönlichen Gespräch.

74 Vgl. W. Unger (Hrsg.): *75 Jahre Leipziger Universitätschor* (wie Anm. 2), S. 47–50; *Das Chorwerk* (wie Anm. 71) sowie Chorchronik der Jahre 1970 bis 1973.

75 W. Unger (Hrsg.): *75 Jahre Leipziger Universitätschor* (wie Anm. 2), S. 47.

76 Kurt Meyer: *Der Fünfzehnte nach Bach: Thomaskantor Hans-Joachim Rotzsch*, Schkeuditz 2000, S. 85.

Aufführung der Bachschen Matthäuspassion in doppelchöriger Aufstellung unter der Leitung von Max Pommer,
Thomaskirche Leipzig 1975
(Bildarchiv des Leipziger Universitätschores)

tätschores in der Thomaskirche."[77] Die Vakanzzeit wurde zudem durch den Freiberger Kirchenmusikdirektor und Domorganisten Hans Otto überbrückt, der den Chor einige Monate in Vertretung leitete, doch fanden die Passionsaufführung (Bach: *Matthäuspassion*) sowie das *Weihnachtsoratorium* (Kantaten IV–VI) auch 1973 noch unter der Leitung Rotzschs statt, bevor schließlich Max Pommer „mit Wirkung vom 1. Januar 1974 zum Leiter des Leipziger Universitätschores der Karl-Marx-Universität" berufen wurde.[78]

Die ästhetische Neubewertung der Alten Musik – Beginn der historischen Aufführungspraxis unter Max Pommer in den Jahren 1974 bis 1987

Die Übernahme des Chores durch Max Pommer, der nicht nur praktischer Musiker, sondern – genau wie Rabenschlag – auch Musikwissenschaftler war,[79] fällt in die Zeit einer ästhetischen Neubewertung insbesondere der Musik des 18. Jahrhunderts. Durch die Versuche und Erfolge Nikolaus Harnoncourts angeregt, dessen Einspielung der Bachschen *Orchestersuiten* ihm Gerhard Schwalbe, Gründungsmitglied des MLS und später Musikchef des Deutschlandsenders (seit 1972 ‚Stimme der DDR') aus Wien mitgebracht hatte, begann nun auch Pommer – schon lange vor der Gründung des Neuen Bachischen Collegium Musicum im Jahr 1979 – diesen Weg zu beschreiten. So wurde bereits die erste Aufführung der Bachschen *Johannespassion* unter seiner Leitung (1974) zu einem Meilenstein der aufführungspraktischen Entwicklung in der DDR,[80] die, wie Pommer sich erinnert, als „neue impulsgebende Bach-Interpretation" empfunden und gelobt wurde. Begleitet wurde der Chor dabei von der Leipziger Kammermusikvereinigung, die seit 1962 unter der Leitung Pommers musizierte. Laut Werner Wolf[81] legte Pommer „bei seinen Einstudierungen

---

77 W. Unger (Hrsg.): *75 Jahre Leipziger Universitätschor* (wie Anm. 2), S. 50.

78 Berufungsschreiben vom 19. Dezember 1973. In Kopie zur Verfügung gestellt von Prof. Dr. Max Pommer, dem hierfür sowie für seine zahlreichen schriftlichen und mündlichen Auskünfte herzlich gedankt sei.

79 Pommer studierte von 1960 bis 1964 Musikwissenschaft an der Universität Leipzig.

80 Diese Aufführung stand im Zeichen des Gedenkens an den 1973 verstorbenen langjährigen Leiter des Chores, Friedrich Rabenschlag.

81 Werner Wolf: *Die Interpretation: Der Leipziger Universitätschor und seine Bach-Pflege unter Max Pommer*, in: Musik und Gesellschaft 29 (1979), S. 225–228, hier S. 225, 227.

großen Wert auf die Verdeutlichung des durchaus von der Oper beeinflussten dramatischen Zusammenhangs der Passionen", was sich im Verständnis der Bibeltexte als „eine kontrastreiche Einheit" widerspiegelt, die „zum unmittelbaren Geschehen" gehört:

> „Der Evangelist trägt die Vorkommnisse mit persönlicher Anteilnahme vor, als hätten sie sich eben erst vollzogen: bewegt, erregt, empört, von Trauer erfüllt, ganz den jeweils folgenden Worten [...] gemäß. [...] Die vom Universitätschor intensiv und kraftvoll dargebotenen Chöre dieser Abschnitte bilden gleichsam aufwühlende Aktionen. Sätze wie ‚Wäre dieser nicht ein Übeltäter' aus der Johannes-Passion machen durch ihre Erregtheit zwingend erlebbar, wie hier ohne Beweise hemmungslos agiert wird. Eine derart dramatische Gestaltung läßt die sonst weithin üblichen Kürzungen in der Matthäus-Passion entbehrlich werden. Die oft benannte epische Breite erweist sich als eine konventionelle Vorstellung. [...] Im bewußten Gegensatz zur Dramatik der Bibelszenen werden in den Passionen die Eingangs- und Schlußchöre, die Choräle, Ariosi und Arien als lyrische Betrachtungen und Kommentare dargeboten."[82]

Durch weitere Ausführungen vor allem zur Gestaltung des Continuoparts kommt Wolf schließlich zu der Einschätzung, dass Pommer eine „in sich stimmige Gesamtkonzeption im Sinne der Werke mit dem Chor, den Gesangssolisten und Instrumentalisten umzusetzen vermag."[83]

Die Vorstellung einer Gesamtkonzeption drückte sich auch in der Aufführung des *Weihnachtsoratoriums* im gleichen Jahr und der 1975 in der Thomaskirche in doppelchöriger Aufstellung von den beiden Choremporen gesungenen *Matthäuspassion* aus. Der LUC verhalf diesen Werken „durch seine schlanke, saubere, vokalbetonte und dynamische Tonführung und Tongestaltung [...] zu einer beispielhaften Aufführung".[84]

Neben zahlreichen Präsentationen weltlicher Werke Johann Sebastian Bachs,[85] mit denen Pommer die bisherigen aufführungspraktischen Entwicklungen fortsetzte, nahm der LUC 1976 nach regelmäßigen Aufführungen der beiden großen Passionen Bachs sowie des *Weihnachtsoratoriums* nun folgerichtig auch dessen *Messe in h-Moll* (wieder) in sein Repertoire auf, an deren Darbietung vor allem das Bemühen, „die Vielschichtigkeit des Werkes, den Reichtum seiner Ausdrucksmittel auch hörbar werden zu lassen" gelobt wurde. „Dabei scheute Pommer nicht die ganz scharfen Kontraste – von ungeheurer durchschlagender Wirkung der berühmteste, der zwischen dem ‚Crucifixus' und dem ‚Et resurrexit'."[86] Möglicherweise lässt sich die Aufführung der *Markuspassion* Reinhard Keisers 1980 (in der um sieben Arien, die aus Händels *Brockespassion* entlehnt wurden, erweiterten Bachschen Aufführungsfassung von 1749)[87] in Reaktion auf Werner Wolfs Anregung verstehen, dass für die Zukunft zu überlegen wäre, „ob die starke Konzentration auf Bach [...] beibehalten werden soll" oder ob auch die oratorischen Werke „der einstigen Leipziger Studenten Georg Philipp Telemann und Reinhard Keiser, [...] Georg Friedrich Händel und andere Zeitgenossen Bachs" durch den LUC zur Aufführung gebracht werden sollten.[88]

Dabei beschränkte sich das Repertoire des Chores auch unter Pommers Leitung keineswegs nur auf die Musik des bekanntesten Leipziger Thomaskantors: 1974 kam es im Rahmen der Festveranstaltung anlässlich der Ehrenpromotion und des 80. Geburtstages von Paul Dessau neben Darbietungen der Bachmotette *Komm, Jesu komm* und Schönbergs *Friede auf Erden* zur Uraufführung der – auf einem Text von Volker Braun basierenden – Komposition *Der geflügelte Satz* von Dessau. Ein weiteres musikalisches Gegengewicht zu den häufigen Darbietungen Bachscher Werke setzte der Chor 1978 mit der DDR-Erstaufführung des *Requiems* von Alfred Schnittke in der Thomaskirche. Hier hatte der Chor seit 1971 eine neue Heimstätte gefunden, die nun wieder einmal in Frage gestellt werden sollte. Dies hing unmittelbar mit der Aufführung jenes *Requiems*, einer Bühnenmusik zu Schillers *Don Carlos*, bei der der Chor von einem Jazzorchester begleitet wird, zusammen. So erinnert sich Pommer an den Vorwurf, mit diesem Werk den Teufel in die Kirche geholt zu haben, wobei sicherlich die nicht unbegründete Angst der kirchlichen Institutionen vor der Konfrontation mit dem totalitären Staat eine wesentliche Rolle spielte, die durch Meidung des Kontakts zu staatlichen Institutionen wie der Universität (und damit dem LUC) verhindert werden sollte.

---

82 Ebenda.

83 Ebenda, S. 227 f.

84 Vgl. Chorchronik des Jahres 1975. Hier: Presseartikel der „SSN" vom 24. April 1975. Datum und Quellenangabe handschriftlich vermerkt. Nachweis der Quelle über die Chorchronik hinaus nicht möglich.

85 1976: *Zerreißet, zersprenget, zertrümmert die Gruft* (BWV 205), *Vereinigte Zwietracht der wechselnden Saiten* (BWV 207); 1977: *Laßt uns sorgen, laßt uns wachen* (BWV 213), *Laß Fürstin, laß noch einen Strahl* (BWV 198); 1978: LP-Einspielung *Angenehmes Wiederau, freue dich in deinen Auen* (BWV 30a); 1979: Aufführung *Angenehmes Wiederau, freue dich in deinen Auen* (BWV 30a); 1982: *Tönet ihr Pauken* (BWV 214); 1983: *Zerreißet, zersprenget, zertrümmert die Gruft* (BWV 205); 1985: *Laßt uns sorgen, laßt uns wachen* (BWV 213).

86 *Die Union* vom 11. November 1976.

87 Vgl. Andreas Glöckner: Begleittext zum Programmheft *Marcus-Passion* des LUC vom 8. April 1980.

88 W. Wolf: *Der Leipziger Universitätschor und seine Bach-Pflege* (wie Anm. 81), S. 228.

Auf der erneuten Suche nach einem geeigneten Aufführungsort fand der Chor schließlich wieder zurück in die Nikolaikirche, wo im Dezember 1979 Bachs *Weihnachtsoratorium* erklang (nachdem noch im April des Jahres die Aufführung der *Matthäuspassion* in St. Thomas stattgefunden hatte). Von Seiten der Nikolaikirche erhoffte man sich hierdurch eine kulturelle Aufwertung des Gotteshauses gegenüber der schier übermächtig wirkenden Thomaskirche.

Nachdem des neu errichtete Gewandhaus 1981 der Öffentlichkeit übergeben wurde, konzertierte hier auch der Universitätschor gemeinsam mit dem Ensemble ‚Pawel Kortschagin' und dem Chor des Fachbereichs Musikwissenschaft mit Weills *Berliner Requiem* und Orffs *Carmina Burana*.[89]

Eine Erweiterung des musikalischen Horizonts – insbesondere für die Sänger des Chores – stellte die Zusammenarbeit mit verschiedenen Gastdirigenten dar. So fand 1977 die Aufführung des *Weihnachtsoratoriums* unter der Leitung des Universitätsmusikdirektors der Pariser Sorbonne, Jacques Grimbert, statt. 1979 arbeitete der LUC mit dem Budapester Universitätschor zusammen, und 1983 erfolgte die erste Einladung Helmuth Rillings durch die Universität nach Leipzig. Rilling leitete am 23. Februar die Aufführung von Bachs *Johannespassion* im Großen Saal des Neuen Gewandhauses. 1986 folgte erneut eine Aufführung des Bachschen *Weihnachtsoratoriums* unter einem Gastdirigenten – diesmal stand John Eric Floreen, der Leiter des Universitätschores der Rutgers University New Jersey (USA), dem LUC in der Nikolaikirche vor.

Als Festakt anlässlich des 575. Universitätsjubiläums 1984 gestaltete der Chor in einem großen Konzert die Uraufführung der Chorsinfonie *Der Friede* von Karl Ottomar Treibmann. Es handelte sich um die Vertonung einer zeitkritischen Dichtung Volker Brauns, die durch ihre „ironisierende Musik Irritationen bei verschiedenen Stellen auslöste. Der Rektor, Prof. Dr. Rathmann, teilte diese nicht, sondern genehmigte die Darbietung im Festakt und ließ den Text im Programmheft veröffentlichen".[90] Die Aufführung wurde ein großer Erfolg, und Treibmann bedankte

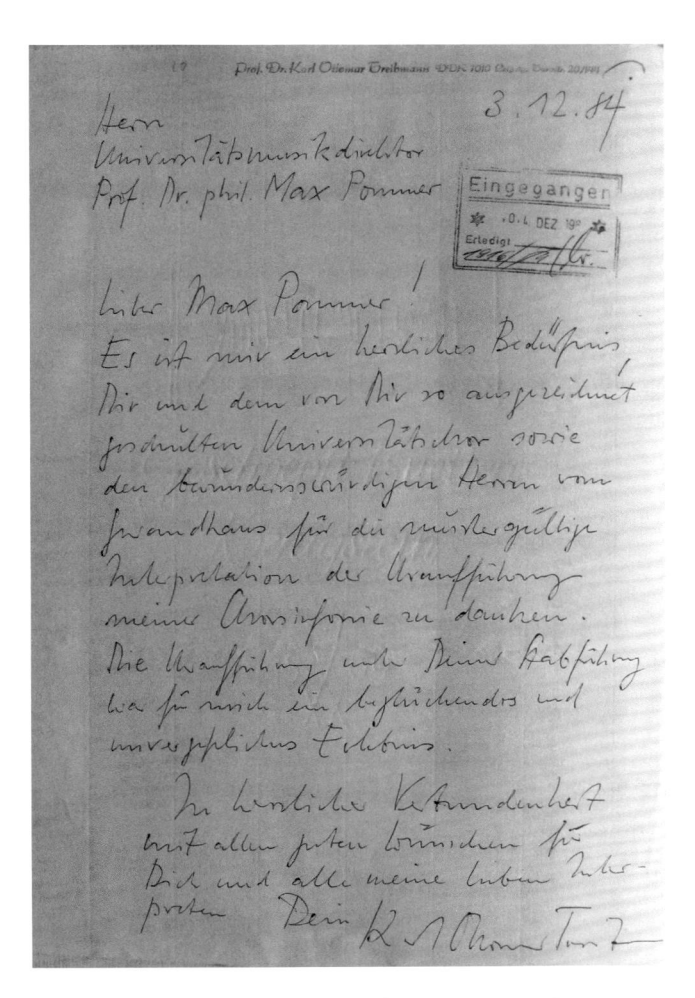

Dankesschreiben Karl Ottomar Treibmanns an Max Pommer nach der Uraufführung der Chorsinfonie Der Friede *1984*

sich in einem persönlichen Schreiben bei Pommer, dem LUC und dem Gewandhausorchester (das die Begleitung des Chors übernahm) für die „mustergültige Interpretation der Uraufführung meiner Chorsinfonie".[91]

Im Jahr 1987 verließ Pommer die Universität und damit auch den LUC und nahm fortan das Amt des Generalmusikdirektors und Leiters des Rundfunk-Sinfonieorchesters Leipzig wahr. Vom Rektor wurde er „mit der Suche nach einem Nachfolger beauftragt. Ich [Max Pommer, Anm. d. Verf.] entschied mich für den Leiter des Thüringischen Akademischen Singkreises Wolfgang Unger. Herr Unger hatte, wie mir mitgeteilt wurde, eine schlechte politische Beurteilung. Das teilte ich dem Rektor Prof. Dr. Rathmann mit, der sich aber aufgrund meiner Empfehlung darüber hinwegsetzte und Herrn Unger einstellte."[92]

---

89 W. Unger (Hrsg.): *75 Jahre Leipziger Universitätschor* (wie Anm. 2), S. 63.

90 Ich danke Prof. Dr. Max Pommer für die schriftliche Mitteilung dieser Zusammenhänge.

91 Vgl. Chorchronik des Jahres 1984.

92 Schriftliche Mitteilung Max Pommers vom 19. November 2008.

Traditionspflege und wieder ein Neuanfang –
Der politische Umbruch und die Jahre 1987 bis 2004
unter der Leitung Wolfgang Ungers

Seinen musikalischen Auftakt gab Wolfgang Unger im Herbst 1987 mit Orffs *Carmina burana* und einer Leipziger Erstaufführung des lyrischen Poems *Und es schlägt des Menschen Herz* von Carl-Heinz Dieckmann. Die *Carmina burana* wurden damit allmählich zu einem festen Repertoirebestandteil des Chores, der auch in einer Einspielung auf Tonträger vorliegt – einem Live-Mitschnitt der Aufführungen des LUC vom 14. und 15. Juni 1990 im Leipziger Gewandhaus.

1988 fand für den Chor wieder eine intensive Begegnung mit dem Werk Heinrich Schütz' statt, womit Unger eine lange vergessene Tradition wieder aufgriff. In einem A-cappella-Konzert kamen im Juni Motetten aus der *Geistlichen Chormusik* (1648) und das geistliche Konzert *Wie lieblich sind deine Wohnungen* aus den *Psalmen Davids* (1619) – ergänzt durch die Bach-Motette *Singet dem Herrn ein neues Lied* und einzelne Chöre Anton Bruckners, Benjamin Brittens und Francis Poulencs – zur Aufführung. Am 15. Oktober des Jahres gestaltete der LUC das Abschlusskonzert der Köstritzer Schütz-Tage und am 6. Dezember eine Aufführung der *Historia der Geburt Jesu Christi*, in der der Chor von historischem Instrumentarium begleitet wurde. Fortsetzung erfuhr die Schütz-Pflege 1990 mit der Aufführung des *Deutschen Magnificat* und 1993/94 mit dessen *Johannespassion*. Dabei traten Bachs Werke keineswegs in den Hintergrund: Die Aufführungen der großen Passionen fanden weiterhin regelmäßig statt, wobei aber eine zunehmende Pluralität der Werkaufführungen zu verzeichnen ist: Zu den neuen Werken im Repertoire des LUC zählten fortan neben den erwähnten *Carmina burana* auch Brahms' *Deutsches Requiem* (1989), Mozarts *Requiem* (1991), Dvořáks *Stabat mater* (1993) und etwas später schließlich Bruckners *Requiem* (1997) sowie Haydns *Jahreszeiten* (2001). Besonders hervorzuheben sind zudem die szenischen Aufführungen von Mozarts *Zauberflöte* (1996) und Bachs *Johannespassion* (1997) in der Leipziger Peterskirche,[93] die dem LUC seit Anfang der 1990er Jahre und bis zur Fertigstellung des Universitätsneubaus am Augustusplatz als Aufführungsort diente und die nicht zuletzt durch die Aufführungen des LUC vor dem schon begonnenen Verfall bewahrt werden konnte: Am 7. April 1993 fand die Aufführung der Bachschen *Matthäuspassion* als Beginn einer Benefizkonzertreihe zugunsten der Erneuerung der Peterskirche statt. Der feste Platz, den die Universitätsmusik der Peterskirche damit im kulturellen Leben der Messestadt gab, konnte auch bald auf andere Ensembles ausstrahlen und verhalf dem Gebäude zu einer bedeutenden Stellung im Leipziger Konzertleben, der nicht mehr nur der LUC, sondern beispielsweise auch das unter dem Titel *Orgel-Punkt-Zwölf* stehende, regelmäßig Donnerstags stattfindende Orgelkonzert und einzelne Aufführungen der Leipziger Musikhochschule Ausdruck verleihen. In diesem Kontext stand auch die Wiederaufstellung der 1968 kurz vor der Sprengung aus der Universitätskirche geretteten Jahn-Orgel als Dauerleihgabe im Jahr 1995.

Die friedliche Revolution des Jahres 1989 eröffnete dem Chor zum einen die Möglichkeit, fortan wieder im Westen Deutschlands zu gastieren. Der LUC hatte im Juli 1990 Auftritte im bayerischen Kloster Speinshart sowie in Freiburg (Breisgau). 1992 folgte eine Reise nach Baden-Baden. Im März 1999 gastierte der LUC schließlich in den USA, wo er in fünf Konzerten ein Programm mit Werken von Leipziger Komponisten präsentierte. Eine weitere Folge des Endes der SED-Herrschaft, aber auch des Engagements Ungers, ist die vermehrte liturgische Einbindung des Chores in die akademischen Gottesdienste, in denen der LUC seit dem Herbst 1989 wieder regelmäßig sang und die Gestaltung einer Christvesper am Heiligen Abend, die erstmals 1992 erfolgte.

Im Oktober 1992 rief Unger das Pauliner Kammerorchester ins Leben, dem 1994 die Gründung des Pauliner Barockensembles folgte, das im Gegensatz zum Kammerorchester auf historischem Instrumentarium musiziert. Beide Klangkörper dienen dem LUC seitdem als ständige Begleiter bei Konzerten und CD-Einspielungen, etwa bei dem im Jubiläumsjahr 2009 Projekt ‚Festmusiken zu Leipziger Universitätsfeiern'. In dieser CD-Reihe, die den Namen des entsprechenden Bandes der Neuen Bach-Ausgabe[94] übernimmt, sollen jedoch nicht nur die dort edierten Kompositionen[95] erscheinen, sondern „alle Werke Bachs, die er im Auftrag von einzelnen Universitätsangehörigen oder für Universitätsangehörige geschaffen hat. Dazu gehören auch die Huldigungsmusiken für das sächsische Herrscherhaus, die – wenn nicht vor Apels Haus am Markt –

---

93 Beide Inszenierungen stammten von dem Regisseur Martin Behrend. Zur Aufführung der Johannespassion vgl. Herbert Glossner: *Szenische Johannes-Passion*, in: Musik und Kirche 67 (1997), S. 201.

94 Werner Neumann: *Festmusiken zu Leipziger Universitätsfeiern* (Johann Sebastian Bach, Neue Ausgabe Sämtlicher Werke. Serie I, Band 38, hrsg. v. Johann-Sebastian-Bach-Institut Göttingen und vom Bach-Archiv Leipzig), Kassel und Leipzig 1960.

95 *Zerreißet, zersprenget, zertrümmert die Gruft* (BWV 205), *Vereinigte Zwietracht der wechselnden Saiten* (BWV 207), *Laß, Fürstin, laß noch einen Strahl* (BWV 198), *Die Freude reget sich* (BWV 36b).

in der Regel im Zimmermannischen Kaffeehaus oder dessen Kaffeegarten vor dem Grimmaischen Tor unter Beteiligung von Studenten zur Aufführung kamen."[96]

Das unter Wolfgang Ungers Leitung 2002 mit der Einspielung der *Trauerode* und der Motette *Der Geist hilft unser Schwachheit auf* begonnene Projekt[97] wurde nach dem unerwarteten Tod Ungers im April 2004 und dem Interim unter Ulf Wellner von dem seit 2005 amtierenden Chorleiter und Universitätsmusikdirektor David Timm mit den Einspielungen von *Tönet, ihr Pauken! Erschallet, Trompeten!* und *Vereinigte Zwietracht der wechselnden Saiten* im Dezember 2005 fortgeführt und soll im Universitätsjubiläum 2009 abgeschlossen werden.

Szenische Aufführung der Bachschen Johannespassion, Peterskirche Leipzig, 1997 (Bildarchiv des Leipziger Universitätschores)

„Wir haben einen Bildungsauftrag nach außen und innen" – Der LUC unter der Leitung von David Timm seit 2005

David Timm, der den Chor schon seit 1989 durch seine Tätigkeit als Chorassistent unter Wolfgang Unger (dessen Schüler er an der Leipziger Hochschule für Musik und Theater war) gut kannte, übernahm 2005 mit den Proben zu Bachs *Matthäuspassion* und der damit verbundenen Aufführung am 22. März in der Peterskirche die Leitung des LUC. Die schon unter Unger begründete Tradition der musikalischen Gestaltung der Immatrikulationsfeier durch den Chor erweiterte Timm 2005 zunächst auf das Universitätsorchester und 2007 auf die Unibigband.

Neben der Fortsetzung der traditionellen jährlichen Aufführung einer der Bachschen Passionen und des *Weihnachtsoratoriums* setzte Timm gleich zu Beginn seiner Amtszeit mit einer konzertanten Aufführung von Wagners *Fliegendem Holländer* und Mozarts *c-Moll-Messe* in der Bearbeitungsfassung Robert Levins neue Akzente in der Repertoirepflege des Chores. Zudem erklangen noch 2005 Brahms' *Deutsches Requiem* und die ersten drei Kantaten des Bachschen *Weihnachtsoratoriums*, so dass das erste Amtsjahr Timms auf die Aufführung von gleich fünf Werken der großen Chorliteratur zurückblicken konnte, was auch für die folgenden Jahre zur Norm werden sollte. So fand im Bemühen, die Universitätsmusik fortan auch bei den Leipziger Bachfesten stärker zu etablieren, 2006 eine Aufführung von Händels *Alexanderfest* und der Bach-Motette *Singet dem Herrn ein neues Lied* statt. Weiterhin sang der Chor im Jahre 2006 die Bachsche *Johannespassion*, anlässlich des 80. Chorjubiläums Orffs *Carmina burana*, im November Verdis *Messa da Requiem*, unterstützt vom Leipziger Vocalensemble, und in der Adventszeit die Kantaten IV bis VI des Bachschen *Weihnachtsoratoriums*.

Bevor im März des folgenden Jahres die Bachsche *Markuspassion* in der Bearbeitung von Volker Bräutigam in der Thomaskirche erklang, war der LUC einer Einladung des Coro de la universidad de Sevilla (Spanien) gefolgt, mit dem er gemeinsam erneut Verdis *Requiem* darbot – eine Reise, die für den LUC, wie die Sänger versichern, der „Höhepunkt" des Jahres war, so dass auch 2008 wieder Flüge nach Sevilla gebucht wurden. Diesmal sollte ein gemeinsames Konzert mit Beethovens *9. Sinfonie* erfolgen. Im Mai 2007 gestaltete der Chor eine konzertante Aufführung von Wagners *Meistersingern* im Leipziger Schauspielhaus und am 13. und 14. Juli die Motette in der Thomaskirche mit den Bachwerken *Jesu, meine Freude* und *Wir danken dir, Gott, wir danken dir* sowie Regers *Meinen Jesum lass ich nicht*.

Zusätzlich zu diesen Aufführungen bezog David Timm auch vereinzelt eigene Kompositionen in die Konzertprogrammplanung ein: Zur Immatrikulationsfeier 2007 erklang sein einst für das Leipziger Vocalensemble komponiertes *Agnus Dei*, dem zum gleichen Anlass 2008 ein für den LUC komponiertes *Gloria* folgte.

---

96 David Timm: *Festmusiken zu Leipziger Universitätsfeiern. Das Projekt.* Veröffentlicht unter http://www.uni-leipzig.de/unichor/index.php?page=festmusiken, Stand: 10. Januar 2009. Gemeint sind damit des Weiteren die Kantaten *Schleicht, spielende Wellen* (BWV 206), *Laßt uns sorgen, laßt uns wachen* (BWV 213), *Tönet, ihr Pauken! Erschallet, Trompeten!* (BWV 214), *Preise dein Glücke, gesegnetes Sachsen* (BWV 215) und die Motette *Der Geist hilft unser Schwachheit auf* (BWV 226), die bereits in Einspielungen der Leipziger Universitätsmusik unter Beteiligung des LUC vorliegen sowie die Kantaten *Schwingt freudig euch empor* (BWV 36c), *Auf, schmetternde Töne der muntern Trompeten* (BWV 207a) und *Was mir behagt, ist nur die muntre Jagd* (BWV 208a), deren Einspielung im Verlauf des Jubiläumsjahres 2009 stattfindet.

97 Die Einspielung der Kantate *Die Freude reget sich* erfolgte schon 1996 als Welterseinspielung auf der CD *Bachkantaten* des LUC und des Pauliner Barockensembles unter Wolfgang Ungers Leitung.

Mit der Fertigstellung des Universitätsneubaus am Augustusplatz, dem Paulinum, wird der LUC ab dem Jubiläumsjahr 2009 wieder über einen steten Konzertort in den Räumen der Alma mater verfügen, so dass es nur selbstverständlich ist, dass er, in Person des Universitätsmusikdirektors, an der Mitgestaltung des Neubaus beteiligt war – insbesondere um auf die akustischen und aufführungstechnischen Voraussetzungen am neuen Konzertort Einfluss nehmen zu können. So folgte man dem Wunsch der Universitätsmusik nach einer Chorempore, die bis zu 150 Musikern Platz bietet. Die öffentlichen Auseinandersetzungen um die Installation einer trennenden Glaswand im Paulinumsbau, die die akustischen Möglichkeiten des Konzertraumes negativ zu beeinflussen droht, werden von Seiten der Musiker in der Überzeugung geführt, dass die Ausführenden in ihrer neuen Wirkungsstätte keine schlechteren Bedingungen vorfinden dürfen, als in den Interimsspielstätten. In diesem Zusammenhang wird auch das eigenverantwortliche Engagement zahlreicher Chormitglieder deutlich, die sich mit einer eigenen Internetpräsenz,[98] die über diese Zusammenhänge informiert, an die Öffentlichkeit wenden und in einem offenen Brief an den Rektor und den Senat fordern, auf die Installation dieser starren Trennung des künftigen Konzertsaals zu verzichten oder zumindest deren konkrete Umsetzung grundlegend zu überdenken.

Dieses Engagement darf hier exemplarisch für die besondere Chorkultur des LUC stehen, die sich insbesondere in einer Bindungskraft ausdrückt, die bei den Mitgliedern oft über die Studienzeit hinausreicht und beispielsweise in der fortwährenden Mitgliedschaft im Förderkreis Leipziger Universitätschor e. V.,[99] der den Chor ideell und finanziell unterstützt, ihren konkreten Ausdruck findet. Als das Besondere an der Chorgemeinschaft des LUC wird von den Sängerinnen und Sängern, aber auch den verschiedenen Chorleitern immer wieder der Zusammenschluss von jungen Menschen genannt, die, gehören sie auch den unterschiedlichsten Fakultäten an, doch die Leidenschaft am gemeinsamen Chorgesang eint. So sieht der LUC seine Funktion innerhalb der Universität auch nicht nur als Konzertveranstalter oder gar Repräsentationsorgan bei universitären Festlichkeiten,[100] sondern vertritt ein Selbstbild, das auch von einem „Bildungsauftrag nach innen" geprägt wird. Dabei besteht die Grundfunktion des Chores im Vertrautmachen der Sänger mit den „großen Werken der Vergangenheit [...]. Viele erleben im Universitätschor zum ersten Mal, wie es ist, eine Matthäus- oder Johannespassion, ein Weihnachtsoratorium, ein Brahms- oder Mozart-Requiem zu singen."[101] Wie David Timm weiter betont, ist „besonders jungen Männern diese Tradition fremd geworden, da sie erfahrungsgemäß auch während der Schulzeit weniger singen als die gleichaltrigen Mädchen."[102] Vor dem Hintergrund dieses Bildungsauftrages rechtfertigt sich schließlich auch die Aufführung der großen Bachschen Werke mit einem Chor von über einhundert Sängern, für die der LUC bisher auch nie Skepsis erfuhr. Hauptargument für diese Aufführungspraxis ist die Freude der Sänger an der Darbietung der Werke, womit dem Bildungskonzept, das sich auch in einem – durch den Förderverein des Chores finanziell unterstützten – Gesangs- und Stimmbildungsunterricht insbesondere für die Tenöre und Bässe ausdrückt und das bei den Sängern auf große Wertschätzung und Anerkennung stößt, Rechnung getragen wird.

Die Konzertprojekte des Chores für das Jahr des 600. Universitätsjubiläums sind überaus vielseitig und begannen bereits im Februar mit der Aufführung von Mendelssohns Oratorium *Paulus* in der Thomaskirche. Nachdem 2007 die Bachsche *Markus-* und 2008 die *Matthäuspassion* erklungen waren, war der LUC im April wieder mit der *Johannespassion* zu hören. Im Juni gestaltete der Chor anlässlich des Bachfestes ein Konzert mit Bachschen *Festmusiken zu Leipziger Universitätsfeiern*. Neben einem Gemeinschaftskonzert mit den Chören der Universitäten Halle und Jena im Juli, hatte der LUC im November den Universitätschor von Sevilla zu Gast, mit dem eine erneute Aufführung von Verdis *Requiem* stattfand. Zum Festakt *600 Jahre Universität Leipzig* am 2. Dezember 2009 war schließlich neben der Uraufführung eines Werkes des Leipziger Komponisten Bernd Franke[103] auch Mendelssohns *Lobgesang* zu hören.

---

98 Siehe www.paulinum-glaswand.de.

99 Der Förderkreis Leipziger Universitätschor e. V. wurde im Jahr 1991 auf Initiative von Ingeborg Richter, die von 1955 bis 1972 Organisationsleiterin des Chores war, gegründet und umfasst heute über 200 Mitglieder.

100 Beispielsweise sang der LUC aus Anlass der Ehrenpromotion von Bundeskanzlerin Dr. Angela Merkel am 3. März 2008 im Festsaal des Alten Rathauses die Bachmotette *Der Geist hilft unser Schwachheit auf*.

101 Vgl. Manuel Bärwald: *Das Besondere ist die Gemeinschaft. Ein Interview mit David Timm über den Leipziger Universitätschor*, in: Carl Orff. Carmina burana. Anläßlich des 80-jährigen Jubiläums des Leipziger Universitätschores, Programmheft der Leipziger Universitätsmusik (Bundesverwaltungsgericht, 14. Juli 2006).

102 David Timm im persönlichen Gespräch am 5. Dezember 2008.

103 Vgl. Bernd Franke: *Das Auftragswerk zum 600-jährigen Bestehen der Universität Leipzig und zur Einweihung des Neuen Paulinums*, S. 389–391 im vorliegenden Band.

Der Leipziger Universitätschor unter der Leitung von David Timm anlässlich der Ehrenpromotion der Bundeskanzlerin Dr. Angela Merkel im Festsaal des Alten Rathauses Leipzig am 3. März 2008
(Digitales Bildarchiv des Leipziger Universitätschores)

Endlichkeiten und Konstanten

Mit der Gründung des MLS im Jahr 1926 – das Ensemble hatte sich zunächst der Musik des 16. und 17. Jahrhunderts verschrieben – wurde der Grundstein zu einer Chorarbeit gelegt, die ihre organische Weiterführung in dem 1938 gegründeten Leipziger Universitätschor fand. Ab diesem Jahr wurde nahezu jährlich eine der Bachschen Passionen und das *Weihnachtsoratorium* aufgeführt. Dabei „ist es Tradition geworden, daß die beiden Werke [d. h. *Matthäus-* und *Johannespassion*] alljährlich in Leipzig erklingen, interpretiert von Thomanern und Universitätschor, die sich in regelmäßigem Wechsel je einer der Passionen widmen".[104] Gleiches galt für das *Weihnachtsoratorium*. Hier bildeten die Aufführungen der Kantaten IV bis VI meist das Pendant zur Aufführung der Thomaner, die die Kantaten I bis III bevorzugten. Inzwischen hat sich diese Aufführungspraxis geändert. So führte der LUC auch vereinzelt Werke auf, die eine Alternative zu diesem Rhythmus bildeten, wie beispielsweise die *Markuspassion* (1980 und 2007). Auch werden vor allem die Aufführungen des *Weihnachtsoratoriums* durch den LUC durch die Vielzahl der Darbietungen dieses Werks in den Leipziger Kirchen zur Adventszeit vom Publikum kaum noch als Pendant zur Aufführung der Thomaner wahrgenommen.

Die vorliegende Geschichte des LUC sollte keine Geschichte seiner Leiter werden, doch musste die Bedeutung des Einflusses der verschiedenen Persönlichkeiten auf die musikalische Ausrichtung des Chores deutlich gemacht werden, um schließlich dessen Traditionen und Kontinuitäten begreifen zu können. Diese gehen insbesondere einher mit der Zeitlosigkeit bestimmter Komponisten und Werke und der Vergänglichkeit von politisch motivierten Tendenzen.

---

104 W. Wolf: *Der Leipziger Universitätschor und seine Bach-Pflege* (wie Anm. 81), S. 225.

personell mit der Universität verknüpft war.⁶ Und ab Sommersemester 1928 ist die Beteiligung der Universität Leipzig an der Volksschullehrerbildung im Vorlesungsverzeichnis mit genauen Fach- und Prüferangaben zur Staatlichen Prüfungskommission für das Lehramt an der Volksschule dokumentiert. Das Fach Musik fehlt allerdings in der Auflistung der Fächer.⁷ Erst ab 1949, dem Gründungsjahr der DDR, finden sich im Vorlesungsverzeichnis ausdrücklich Angaben zur Musiklehrerausbildung für die Grund- und Mittelstufe.

Anders verhielt es sich mit der Lehrerbildung für den Musikunterricht an höheren Lehranstalten. Im Wintersemester 1925/26 wurde an der Universität Leipzig erstmals nach preußischem Vorbild ein ‚Fachprüfungsausschuss für Kandidaten der musikalisch-wissenschaftlichen Richtung' gebildet.⁸ Dieses Datum darf auch als Beginn einer institutionalisierten Musiklehrerausbildung an der Universität Leipzig gelten. Die Vielfalt der Prüfungsgebiete und die Beteiligung namhafter Hochschullehrer wie Theodor Kroyer (1873–1945, Musikgeschichte), Felix Krueger (1874–1948, Musikästhetik einschließlich Tonpsychologie), Hermann Grabner (1886–1969, Musiktheorie und Komposition), Max von Pauer (1866–1945, Klavierspiel) und Fritz Reuter (1896–1963, Pädagogik des Schulgesangs) lassen auch in der Musiklehrerausbildung das Bestreben erkennen, das Lehramtsstudium für höhere Schulen insgesamt auf ein hohes Niveau zu stellen. Besonders bedeutsam für die pädagogische Ausbildung war Dr. Fritz Reuter, der – neben seiner Lehrtätigkeit in den Fächern Musiktheorie am Landeskonservatorium Leipzig und Komposition am Kirchenmusikalischen Institut – von 1924/25 bis 1933 sowohl am Konservatorium als auch an der Universität Leipzig das Fach Pädagogik der Schulmusik unterrichtete. In Erinnerung geblieben ist Reuter durch eine Vielzahl an musikwissenschaftlichen und musikpädagogischen Publikationen sowie ein umfangreiches kompositorisches Schaffen.⁹

In den Angaben zum ‚Fachprüfungsausschuß' spiegeln sich zwei grundlegende Neuerungen wider: Zum einen bewirkte die mit der ‚Kestenberg-Reform'¹⁰ eingeleitete Überführung des Gesangs- in den Musikunterricht eine für den neuen gymnasialen Musiklehrer konstitutive Schwerpunktsetzung im künstlerischen Bereich mit den Fächern Musiktheorie, Komposition und Klavierspiel. Der hochrangige Unterricht im Fach Klavier lässt zudem ein Instrumentalspiel vermuten, das nicht mehr, wie im früheren Gesangsunterricht üblich, nur als – zum Teil sogar verpöntes¹¹ – methodisches Hilfsmittel dienen sollte, sondern auf eine künstlerisch vollwertige Beherrschung des Instruments ausgerichtet war.¹² Im Unterschied zu späteren Entwicklungen blieb das Instrumentalspiel im vorliegenden Fächerkanon allerdings noch auf das Klavier beschränkt.

Zum anderen darf die prononcierte künstlerische Qualifikation auch in sozialer Hinsicht als Strategie verstanden werden, den spezifisch ausgebildeten Musiklehrer seinen wissenschaftlichen Fachkollegen nicht nur dienstrechtlich, sondern auch hinsichtlich des Status gleichzustellen.¹³ Insbesondere das Klavierspiel dürfte darüber hinaus als qualifikatorisches und zugleich unterrichtsmethodisches Unterscheidungskriterium gegenüber dem Musiklehrer an Volksschulen gegolten haben, zu dessen Arbeitsmittel, wie damals und noch bis in die Nachkriegszeit üblich, vorrangig die Geige gehörte.¹⁴

6   Carsten Heinze: *Die Pädagogik an der Universität Leipzig in der Zeit des Nationalsozialismus 1933–1945*, Bad Heilbrunn 2001, S. 18. Die Studiendauer betrug, im Unterschied etwa zu der an den Pädagogischen Akademien in Preußen oder den noch aus dem 19. Jahrhundert stammenden Lehrerseminaren in Bayern und Württemberg, nicht vier, sondern sechs Semester. Vgl. Ulrich Günther: *Musikerziehung im Dritten Reich – Ursachen und Folgen*, in: Handbuch der Musikpädagogik, Bd. 1: Geschichte der Musikpädagogik, hrsg. v. Hans-Christian Schmidt, Kassel 1986, S. 85–173, hier S. 120 f.

7   Ob der im Wintersemester 1925/26 eingerichtete ‚Fachprüfungsausschuß für Kandidaten der musikalisch-wissenschaftlichen Richtung' mit dem Prüfungsgebiet ‚Pädagogik des Schulgesangs' auch für die Volksschullehrerbildung zuständig war, lässt sich nach den Angaben des Vorlesungsverzeichnisses zwar nicht ausschließen, ist aber angesichts des weitgefassten musikwissenschaftlichen Fächerspektrums sehr unwahrscheinlich. Denn selbst in den bahnbrechenden Richtlinien der Preußischen Schulmusikerlasse wird erst 1927 der Musikunterricht an Volksschulen im Sinne eines Übergangs vom ‚Gesangsunterricht' zu einem inhaltlich erweiterten ‚Musikunterricht' neu geregelt. Vgl. G. Schünemann: *Geschichte der deutschen Schulmusik* (wie Anm. 5), S. 378, 380.

8   Vgl. Vorlesungs- und Personalverzeichnisse der Universität Leipzig in der digitalisierten Fassung der Leipziger Universitätsbibliothek, hier: Wintersemester 1925/26, S. 29. Parallel zur Einrichtung eines musikpädagogischen Fachprüfungsausschusses wurde im Wintersemester 1925/26 erstmalig auch ein ‚Fachprüfungsausschuß für Kandidaten der zeichnerisch-wissenschaftlichen Richtung' gebildet. Ebenda. Die erste ‚Prüfungsordnung für das künstlerische Lehramt an höheren Lehranstalten' wurde in Preußen am 22. Mai 1922 erlassen und 1924 in Grundzügen von Sachsen übernommen. Vgl. G. Schünemann: *Geschichte der deutschen Schulmusik* (wie Anm. 5), S. 377 und S. 381.

9   Zu Fritz Reuter vgl. auch Abschnitt 1933–1945.

10 Leo Kestenberg war während der Zeit der Weimarer Republik als Ministerialrat im Preußischen Ministerium für Wissenschaft, Kunst und Volksbildung tätig und leitete eine grundlegende Reform der Musikpädagogik ein.

11 G. Schünemann: *Geschichte der deutschen Schulmusik* (wie Anm. 5), S. 371.

12 Solche Schwerpunktsetzung, und hier insbesondere die wachsenden Anforderungen im Hauptfach Instrumentalspiel als entscheidendes Kriterium für die künstlerische Qualifikation, sind in der ausbildungsgeschichtlichen Bewertung des gymnasialen Musiklehrers nicht unumstritten. Sigrid Abel-Struth knüpfte daran die berechtigte Kritik, dass die Steigerung der künstlerischen Ausbildungsansprüche in der Folgezeit mit der Rückentwicklung der akademischen Ausbildung erkauft wurde. S. Abel-Struth: *Grundriß der Musikpädagogik* (wie Anm. 4), S. 419 f.

13 Vgl. auch G. Schünemann: *Geschichte der deutschen Schulmusik* (wie Anm. 5), S. 377.

14 So schreibt z. B. ein Preußischer Ministerialerlass aus dem Jahr 1924 als Arbeitsmittel neben einer Stimmgabel und einer Notenlinientafel auch (und nur) eine Geige vor. U. Günther: *Musikerziehung im Dritten Reich* (wie Anm. 6), S. 113.

Die mit den Sächsischen Bildungsreformen angestrebte qualitative Verbesserung der Lehramtsausbildung für höhere Schulen führte an der Universität Leipzig ab 1925 auch institutionell zu einer deutlichen Erweiterung und Intensivierung der fachlichen und berufspraktischen Ausbildung. Die Studierenden wurden verpflichtet, in zwei aufeinander folgenden Studienhalbjahren Übungen im Praktisch-pädagogischen Seminar des 1919 von Eduard Spranger (1882–1963) gegründeten Instituts für Erziehung, Unterricht und Jugendkunde zu besuchen. Diese Regelung ergab eine konsequente Ausweitung des anfänglich noch recht begrenzten Fächerspektrums, so dass schließlich im Winterhalbjahr 1930/31 fast sämtliche Unterrichtsfächer in diesem Institut vertreten waren.[15] Das Fach Musik kam im Wintersemester 1928/29 hinzu. Die ‚Gruppe für Musik', so die Bezeichnung für den musikpädagogischen Bereich, vertraten die Oberlehrer Verbeek (Leitung) und Eugen Schubert (‚Beauftragter'). Ab dem Winterhalbjahr 1931/32 wurde das Praktisch-pädagogische Seminar, bisher als 2. Abteilung des Instituts für Erziehung, Unterricht und Jugendkunde aufgeführt, aus diesem Institut ausgegliedert und in ein eigenständiges Institut für praktische Pädagogik der höheren Schule umgewandelt. Ab Sommersemester 1934 erhielten dessen Fachgebiete statt ‚Gruppen' die Bezeichnung ‚Abteilungen', aus der ‚Gruppe für Musik' wurde nunmehr die ‚Abteilung für akademische Musiklehrer'. Die Leitung verblieb weiterhin bei Oberlehrer Verbeek, der diese Position bis zu seiner Ablösung durch den Oberlehrer Luding im Wintersemester 1939/40 innehatte. Oberlehrer Schubert wird nach dem Sommersemester 1934 im Vorlesungsverzeichnis dagegen nicht mehr aufgeführt.[16]

1933–1945

Mit der Machtergreifung der Nationalsozialisten setzten auch in der Schulpolitik Bestrebungen der weltanschaulichen Ausrichtung auf die Ideologie des Nationalsozialismus ein. In der Praxis blieb allerdings vieles weiter bestehen. So behielten die Länder ihre Kulturhoheit und damit auch ihre Zuständigkeit für die Schulverwaltung. Sowohl das im Jahr 1934 aus dem Preußischen Kultusministerium hervorgegangene Reichserziehungsministerium wie auch die Länderministerien verstanden sich in erster Linie als Fachministerien und oberste Schulbehörden und setzten in den ersten Jahren der Diktatur ihre Traditionen fort.[17] So galten die Richtlinien und Lehrpläne für den Musikunterricht aus der Reformzeit der 1920er Jahre zunächst bis zum Ende der 1930er Jahre weiter. Und auch die neuen, ab 1938 veröffentlichten Richtlinien orientierten sich noch an den alten, wenn auch mit stark nationalsozialistischem Einschlag.[18]

Wie überall in politisch und gesellschaftlich relevanten Bereichen wurden allerdings auch im Bildungswesen Personen in leitenden Positionen, die sich nicht systemkonform verhielten, abgesetzt. In der Leipziger Lehrerausbildung traf dies unter anderen den Direktor des mit der Universität Leipzig kooperierenden Pädagogischen Instituts, den ordentlichen Honorarprofessor für die Didaktik der Volksschule Johannes Richter. Im April 1933 wurde er vom Sächsischen Ministerium für Volksbildung ‚ersucht', seine Stellung am Pädagogischen Institut und an der Universität Leipzig aufzugeben. Ihm wurde auf der Grundlage des „Gesetzes zur Wiederherstellung des Berufsbeamtentums" vorgeworfen, nicht „jederzeit rückhaltlos für den nationalen Staat" einzutreten.[19] Eine zielstrebig und konsequent verfolgte Umbesetzung mit linientreuem Personal ist allerdings im Personenverzeichnis des Instituts für praktische Pädagogik nicht zu erkennen.[20] Dennoch führte die nationalsozialistische Personalpolitik auch in der Musiklehrerausbildung zu einem gravierenden Verlust. Noch im Jahr 1933 verlor Dr. Fritz Reuter aus politischen Gründen sämtliche Hochschulämter in der Musikausbildung und musste damit auch seine Lehrtätigkeit in der Pädagogik der Schulmusik am Konservatorium und an der Universität Leipzig beenden. Er ging als Studienrat in den Schuldienst und konnte erst wieder 1949 seine Hochschullaufbahn als Professor für Musikerziehung zunächst an der Universität Halle, dann an der Humboldt-Universität Berlin fortsetzen.[21]

---

15 C. Heinze: *Die Pädagogik an der Universität Leipzig* (wie Anm. 6), S. 19.

16 Vgl. Vorlesungs- und Personalverzeichnisse der Leipziger Universität (wie Anm. 8), hier: Wintersemester 1928/29 bis Wintersemester 1939/40.

17 Vgl. U. Günther: *Musikerziehung im Dritten Reich* (wie Anm. 6), S. 100.

18 Ebenda, S. 103 ff. 1938 wurde festgelegt, dass Musik kein Randfach, sondern das gehobene Gewicht eines ‚weltanschaulichen Faches' haben solle.

19 C. Heinze: *Die Pädagogik an der Universität Leipzig* (wie Anm. 6), S. 23.

20 Vgl. dazu ebenda, S. 95. Ob die bereits erwähnte Ablösung des für die Musiklehrerausbildung am Institut für praktische Pädagogik zuständigen Oberlehrers Verbeek durch den Oberlehrer Luding zum Wintersemester 1939/40 politisch motiviert war, ließ sich nicht ermitteln.

21 Vgl. *Reuter, Fritz*, in: Neues Lexikon der Musikpädagogik, Personenteil, hrsg. v. Siegmund Helms, Reinhard Schneider und Rudolf Weber, Kassel 1994, S. 191 f., hier S. 192. Reuter verlor seine Hochschulämter wegen seiner Auftragskomposition „Daghestanische Suite" und seiner Tätigkeit für Leipziger Arbeiterchöre. Gleichwohl trat er 1934 in die NSDAP ein und hatte von 1937 bis 1945 im sächsischen Volksbildungsministerium die Aufsicht über die schulmusikalischen Angelegenheiten in Sachsen inne. Vgl. Ingrid Graubner: *Er begann mit dem Dienstantritt bereits zu ‚regieren'. Der Musikwissenschaftler Fritz Reuter starb vor 40 Jahren*, in: Humboldt (Universitätszeitung der Humboldt-Universität Berlin), 10. Juli 2003, S. 11.

Über die inhaltliche Neuausrichtung des Lehrbetriebs auf nationalsozialistische Zielsetzungen lässt sich wenig sagen, da die pädagogisch-praktischen Veranstaltungen in den Vorlesungsverzeichnissen nur pauschal als „Übungen für akademische Musiklehrer" aufgeführt sind und von Verbeek keine Veröffentlichungen gefunden werden konnten. Und wenn Dr. Helmut Schultz, Professor für Musikgeschichte und zugleich stellvertretender Vorsitzender des Fachprüfungsausschusses für das höhere Schulamt der musikalisch-wissenschaftlichen Richtung, auf einer Tagung mit einem rassismusverdächtigen Vortrag zum Thema „Volkshafte Eigenschaften des Instrumentalklangs" aufwartet,[22] darf dies nicht zu voreiligen Schlussfolgerungen verleiten. Zumindest die Themenformulierungen zu den ja auch für Schulmusikstudierende gedachten musikwissenschaftlichen Lehrveranstaltungen[23] waren für die gesamte Zeit der NS-Diktatur durchweg fachspezifischer Art.[24]

Gravierende Veränderungen ergaben sich für die Musiklehrerausbildung und deren pädagogisches Umfeld jedoch im Zuge eines umfassenden Rückbaus der Leipziger Pädagogik insgesamt. Dieser Prozess begann bereits 1934 mit der Entscheidung, die Stelle des verstorbenen Philosophie-Professors Friedrich Lipsius für das Lehrgebiet der Pädagogik nicht wiederzubesetzen. 1936 wurde der bisher von der Universität Leipzig übernommene wissenschaftliche Studienanteil an der Volksschullehrerausbildung aus deren Zuständigkeit herausgenommen. Die zukünftigen Volksschullehrer erhielten ihre Ausbildung nunmehr ausschließlich an den aus den Pädagogischen Instituten in Leipzig und Dresden hervorgegangenen Hochschulen für Lehrerbildung.[25] Damit entfielen im Vorlesungsverzeichnis ab Sommersemester 1937 auch die Angaben zur ‚Prüfungskommission für das Lehramt an der Volksschule'. Nach der Emeritierung von Theodor Litt (1880–1962) wurde 1937 die Professur für Philosophie und Pädagogik in eine Professur für Vorgeschichte umgewandelt. Eine weitere Professur für Philosophie und Pädagogik entfiel 1939 mit der Emeritierung von Hermann Schneider (1874 bis 1953). Im selben Jahr wurde schließlich das Philosophisch-pädagogische Institut in das Psychologisch-pädagogische Institut überführt und damit aufgelöst.

Folgenreich für die Musiklehrerausbildung war der Rückbau des Instituts für praktische Pädagogik der höheren Schule im Jahr 1942. Ausgehend von einem Erlass des Reichs- und Preußischen Ministers für Wissenschaft, Erziehung und Volksbildung aus dem Jahr 1937, der die Vereinheitlichung der Ausbildung für das Lehramt an höheren Schulen für das gesamte Reich vorsah,[26] setzten in Sachsen und an der Universität Leipzig ab 1939 lang andauernde Diskussionen zur Umstrukturierung der Lehrerausbildung ein.[27] Angesichts einer immer noch ausstehenden Entscheidung des Ministeriums in dieser Sache stellte das Institut mit Ende des Winterhalbjahres 1941/42 schließlich seine Arbeit vorübergehend ein. Für das Sommerhalbjahr 1942 wurden daher auch keine Lehrveranstaltungen angekündigt. Vom Wintersemester 1942/43 an wurde das Institut dann so radikal reduziert, dass von den ein Jahr zuvor noch 15 Lehrkräften in 14 Abteilungen mit Zuständigkeit für 17 Fächer nur noch Oberstudiendirektor Dr. Erhard Lenk übrig blieb. Die Lehrveranstaltungen schrumpften laut Vorlesungsverzeichnis für dieses Semester auf ein einziges, allgemein gehaltenes Angebot von Lenk zusammen, nämlich auf eine Vorlesung zum Thema „Methoden der Bildungsarbeit in der Schule (mit Unterrichtsbesuchen und Lehrproben)". Infolge dieses Rückbaus finden sich ab dem Sommerhalbjahr 1942 im Vorlesungsverzeichnis auch keine Abteilungs-, Personal- und Veranstaltungsangaben mehr zur Musiklehrerausbildung. Allerdings blieben die fachspezifischen Übungen zu allen Fächergruppen erhalten, wurden aber nicht mehr im Vorlesungsverzeichnis aufgeführt, sondern zu Semesterbeginn vereinbart und durch Anschlag bekannt gegeben.[28] In dieser reduzierten Form blieb das Institut bis zum Kriegsende bestehen.

Vordergründig betrachtet ergibt sich das Bild eines kontinuierlichen Abbaus der Pädagogik an der Universität Leipzig. Zunächst mag damit auch die Vermutung einer zielgerichteten Strategie der nationalsozialistischen Bildungspolitik nahe liegen. Ein genaues Aktenstudium zeigt aber, dass der Rückbau weniger das Ergebnis einer systematisch verfolgten Demontage war. Näher liegt die Schlussfolgerung, dass die Rückentwicklung in erster Linie Folge eines planlos und eher zufällig verlaufenden Kräftespiels zwischen unterschiedlichen Interessen einzelner Regierungsstellen und Amtsinhaber war – eines Kräftespiels, das durch verzögernde und mitunter wechselnde

---

22 Der Vortrag wurde auf der im Rahmen der Reichsmusiktage 1938 abgehaltenen musikwissenschaftlichen Tagung zur Thematik *Musik und Rasse* gehalten; vgl. Joseph Wulf: *Musik im Dritten Reich. Eine Dokumentation*, Gütersloh 1963, S. 464.

23 Das Vorlesungsangebot wurde im Vorlesungsverzeichnis noch nicht nach musikwissenschaftlichem und musikpädagogischem Studiengang differenziert.

24 Vgl. Vorlesungs- und Personalverzeichnisse der Leipziger Universität (wie Anm. 8), hier: Winter- und Sommersemester von 1933–1945.

25 C. Heinze: *Die Pädagogik an der Universität Leipzig* (wie Anm. 6), S. 75.

26 Ebenda.

27 Ebenda, S. 81 ff.

28 Vgl. Vorlesungs- und Personalverzeichnisse der Leipziger Universität (wie Anm. 8), hier: Wintersemester 1942/43, S. 51.

ministerielle Vorgaben aus Berlin zusätzlich zu Verunsicherungen unter den bildungspolitischen Entscheidungsträgern in Sachsen führte.[29]

1945–1989/90

Nach dem Ende des Zweiten Weltkriegs kam es zu einer organisatorischen Neupositionierung der Musiklehrerausbildung an der Universität Leipzig (ab 1953 Karl-Marx-Universität). Das Institut für Praktische Pädagogik, in dem sie angesiedelt war, wurde nun im Zuge der Neugründung von Fakultäten und Instituten[30] der im Sommersemester 1947 neu eingerichteten Pädagogischen Fakultät zugeordnet und erhielt 1948 eine ‚Abteilung Musikerziehung'.[31] Als offenbar erste musikpädagogische Lehrveranstaltung der Nachkriegszeit bot Max Fest, Lektor für Methodik des Musik- und Gesangsunterrichts, im Sommersemester 1947 Kurse zum musikalischen Elementarunterricht an.[32] Fest ist im Vorlesungsverzeichnis mit diesen Kursen bis zum Wintersemester 1948/49 aufgeführt.

Eine grundlegende Neuerung betraf die Ausrichtung auf ein neues Schulkonzept. Im Vorlesungsverzeichnis für das Sommersemester 1948 wurde erstmals ein ‚Künstlerisches Prüfungsamt für das Lehramt für die Oberstufe der Einheitsschule, Fachrichtung Musikerziehung' aufgeführt. Schulpolitischer Hintergrund war das noch 1946 in der Sowjetischen Besatzungszone verabschiedete „Gesetz zur Demokratisierung der deutschen Schule", das an Stelle der Volks-, Mittel- und höheren Schulen eine Einheitsschule mit achtjähriger Schulpflicht vorsah. Damit, so die Hoffnung, könnten sich soziale Benachteiligungen durch eine zu frühe Differenzierung der Bildungswege mindern lassen.[33] Ab dem Sommersemester 1949 finden sich im Vorlesungsverzeichnis genauere Angaben zum Lehrerstudium. Demnach oblag dem Institut für praktische Pädagogik die Ausbildung für die Grund- und Mittelstufe mit einer Studiendauer von sechs Semestern. Leiter der Fachrichtung Musik wurde Prof. Heinrich Schachtebeck (1886–1965) mit den Lehrfächern Violine und Instrumentenkunde. Für die Methodik des Musikunterrichts und die Musikgeschichte war der Lehrbeauftragte Prof. Dr. Hans Pezold (1901–1984) zuständig, als Lektor für Musiktheorie amtierte Prof. Dr. Fred Lohse (1908–1987).

Das Wintersemester 1950/51 brachte eine markante Änderung in der Organisationsform der Musiklehrerausbildung mit sich. Die bisherige Abteilung Musikerziehung wurde in ein Institut für Musikerziehung umgewandelt. Die Zuständigkeit für die sechssemestrige Musiklehrerausbildung für Grund- und Mittelstufe blieb weiterhin erhalten. Die Leitung des Instituts übernahm zunächst Prof. Kurt Schöne (1889–1972) und ab Herbstsemester 1952 der neu auf die Professur für Musikgeschichte berufene Dr. Richard Petzoldt (1907–1974). Petzoldt leitete die Musiklehrerausbildung auch über deren spätere Integration in das Institut für Musikwissenschaft hinaus bis zum Jahr 1967. Der Institutsgründung folgte eine starke Erweiterung des Lehrkörpers, durch die die Leipziger Musiklehrerausbildung sich im Übrigen deutlich aus der häufig desolaten und immer wieder heftig beklagten Ausbildungssituation für Musiklehrer in der DDR heraushob.[34] Im Studienjahr 1952/53 wurden die Lehrenden zusätzlich durch Kollegen der Universität Rostock unterstützt, zu denen auch Prof. Dr. Paul Willert (1901–1988) mit dem Fachgebiet Musikgeschichte und Volksliedkunde gehörte. Im Herbstsemester 1954/55 zählte das Institut schließlich drei Professoren, zwei Dozenten, einen Oberassistenten, drei Assistenten, fünf Lektoren und zahlreiche Lehrbeauftragte für die künstlerisch-praktische Ausbildung.

Der Zeitabschnitt mit einem eigenen Institut endete für die Musikerziehung im Studienjahr 1955/56 mit der Umwandlung der Pädagogischen Fakultät in ein Pädagogisches Institut und dessen Eingliederung in die Philosophische Fakultät. Während die Lehrerausbildung für die meisten Schulfächer nunmehr im Pädagogischen Institut stattfand, wurde die Musikerziehung im Institut für Musikwissenschaft angesiedelt. Eine mögliche Erklärung für die institutionelle Sonderstellung der Musikpädagogik außerhalb des Pädagogischen Instituts lässt sich den musikpädagogischen Diskussionen der Jahre 1953 bis 1957 entnehmen. Beklagt wurden immer wieder die fehlende Anerkennung der Musikerziehung als allgemeinbildendes Fach und die mangelnde Gleichberechtigung mit anderen Fächern in der Lehrerbildung und Lehrerfortbildung – vor allem auch an den Pädagogischen Instituten, in denen die Fachlehrer für die Mittelstufe ausgebildet wurden.[35]

---

29 Vgl. C. Heinze: *Die Pädagogik an der Universität Leipzig* (wie Anm. 6), S. 95.

30 Vgl. Lothar Rathmann: *Alma Mater Lipsiensis. Geschichte der Karl-Marx-Universität Leipzig*, Leipzig 1984, S. 277 f.

31 Vgl. Rainer Herberger, Renate Völkel, Manfred Würzberger: *Das Institut für Musikerziehung*, in: Zur Geschichte der Pädagogischen Fakultät der Universität Leipzig 1946–1955, Bd. 4, hrsg. v. Alexander Bolz, Leipzig 2002, S. 179–185, hier S. 179.

32 Max Fest ist möglicherweise identisch mit dem bis zum Wintersemester 1937/38 an der Universität Leipzig tätigen Studienrat und Dozenten M. Fest, der für die Pädagogik des Schulgesangs am Pädagogischen Institut zuständig war. Vgl. auch Abschnitt 1933–1945.

33 Eva Rieger: *Schulmusikerziehung in der DDR*, Frankfurt am Main 1977, S. 14.

34 Ebenda, S. 54 f.

35 Ebenda.

Im Institut für Musikwissenschaft bildete die Musikerziehung neben der Musikwissenschaft eine – auch räumlich – eigenständige Abteilung mit eigenen, und das heißt nicht nur musikpädagogischen und künstlerisch-praktischen, sondern auch musikgeschichtlichen Lehrveranstaltungen. Gleichwohl entstanden enge Verzahnungen zwischen beiden Abteilungen. So besuchten im Frühjahrssemester 1956/57 auch die Studenten der Musikwissenschaft im ersten und zweiten Studienjahr ausschließlich Lehrveranstaltungen in der Abteilung Musikerziehung – und hier wohl insbesondere solche der musiktheoretischen und künstlerisch-praktischen Propädeutik. Veränderungen gab es in dieser Zeit auch hinsichtlich der Studiengänge. Die Musiklehrerausbildung für die Unterstufe entfiel und ging bis zum Ende der DDR an das Institut für Lehrerbildung in Leipzig-Probstheida.[36] Gleichzeitig wurde das Studienangebot infolge der Auflösung der Abteilung Schulmusik an der Leipziger Musikhochschule und ihrer Ansiedlung an der Universität im Jahr 1956[37] ausgeweitet. Im Vorlesungsverzeichnis wurden fortan das dreijährige und ab Herbstsemester 1958 das vierjährige Zweifachstudium mit Musikerziehung für Mittelstufenlehrer aufgeführt sowie das fünfjährige Zweifachstudium mit Musikerziehung für Lehrer der Oberstufe. Vom Herbstsemester 1959 bis zum Frühjahrssemester 1962 fanden darüber hinaus auch im dritten, vierten und fünften Studienjahr Veranstaltungen für Musiklehrer der zwölfklassigen Oberschule statt.

Zu einer institutsinternen Neugliederung kam es im Studienjahr 1966/67 unter dem Kommissarischen Institutsdirektor Prof. Dr. Walther Siegmund-Schultze (1916–1993). Anstelle der bisherigen Doppelgliederung in Musikwissenschaft und Musikpädagogik entstanden nun drei Abteilungen: eine für die Historisch-Systematische Musikwissenschaft, eine für die Künstlerische Praxis und eine für die Theorie und Methodik des Musikunterrichts. Sofern das Studium der Musikpädagogik von Haus aus und unverzichtbar die Teilgebiete Fachwissenschaft (Musikgeschichte und Anteile der Systematischen Musikwissenschaft), künstlerische Fachpraxis und Fachdidaktik (einschließlich Methodik des Musikunterrichts) umfasste, darf die Einordnung der Musiklehrerausbildung in ein Institut, das alle drei Teilgebiete unter einem Dach kooperativ vereinte, als eine durchaus naheliegende und insofern auch vorbildliche institutionelle Regelung verstanden werden. Diese Dreiteilung blieb weiter bestehen, als das Institut im Studienjahr 1965/66 der neu gegründeten Philologischen Fakultät zugeordnet und im Studienjahr 1969/70 mit der Umgestaltung der Fakultäten in Sektionen als Wissenschaftsgebiet Musikwissenschaft in der Sektion Kulturwissenschaften und Germanistik angesiedelt wurde. Erst mit der Neugründung des Instituts für Musikpädagogik im Jahr 1993 wurden wieder grundlegende Änderungen in der Organisationsstruktur der Musiklehrerausbildung vorgenommen.

Mit dem organisatorischen und personellen Aufbau in der DDR-Zeit gewann die Musikerziehung an der Universität Leipzig auch an fachlichem Profil und an Ausstrahlung auf das gesamte Leipziger Musikleben. Unter den Hochschullehrern mit musikpädagogischem Lehrgebiet ist dies insbesondere der Wirksamkeit von Richard Petzoldt (1907–1974), Hans Pezold (1901–1984), Hella Brock (*1919) und Rainer Herberger (*1939) zu danken.

Richard Petzoldt ist durch seine im besten Sinne des Wortes populärwissenschaftlichen Publikationen, nicht zuletzt aber auch durch eine bemerkenswerte Standhaftigkeit gegenüber dem SED-Regime in Erinnerung geblieben. Petzoldt wurde 1952 auf eine Professur für Musikgeschichte an der Karl-Marx-Universität Leipzig berufen und leitete gleichzeitig von 1952 bis 1967 die Musiklehrerausbildung am Institut beziehungsweise an der späteren Abteilung für Musikerziehung. Von Haus aus Musikwissenschaftler und Germanist, belebte und prägte er in unterschiedlichen Funktionen maßgeblich die Leipziger Musikkultur. Seine spezifisch pädagogische Wirksamkeit entfaltete er außer in seinen Lehrveranstaltungen zur Geschichte der Musik und Musikerziehung sowie zur Musiksoziologie mit größerer Breitenwirkung auch durch seine publizistische Tätigkeit als Chefredakteur der Zeitschrift *Musik in der Schule* und durch Publikationen und Rundfunksendungen, die altersspezifisch auf Kinder, Jugendliche bzw. Erwachsene ausgerichtet waren.[38] Nicht selbstverständlich war sein Eintreten für den Jazz und zumindest die tonale Musik zeitgenössischer westlicher Komponisten wie Carl Orff, Werner Egk oder Igor Strawinsky, die in den Musiklehrplänen dieser Zeit aufgrund kulturpolitischer Vorbehalte nicht aufgeführt wurden.[39]

---

36 Rainer Herberger: *Gedanken zur Musiklehrerausbildung an der Universität Leipzig*, in: Musikpädagogik in den neuen Bundesländern – Aufarbeitung und Neubeginn, hrsg. v. Hans-Jürgen Feurich und Gerd Stiehler, Essen 1996, S. 183–188, hier S. 183.

37 Reinhard Pfundt: *Willkommen Schulmusik. Der Wiedereinzug der Schulmusik in die Hochschule – Rückblick und Hintergründe*, in: MT-Journal Nr. 8, Sonderheft, hrsg. v. der Hochschule für Musik und Theater ‚Felix Mendelssohn Bartholdy' Leipzig, Wintersemester 1999/2000, S. 1.

38 Vgl. Rainer Herberger, Renate Völkel, Manfred Würzberger: *Das Institut für Musikerziehung* (wie Anm. 31), S. 180 ff. Weitere Angaben in Rainer Herberger: *Prof. Dr. Richard Petzoldt (1907–1974) – eine herausragende Persönlichkeit in der DDR-Geschichte der Musikpädagogik*, in: Die Pädagogische Fakultät der Universität Leipzig (1946–1955), hrsg. v. einem Autorenkollektiv unter Leitung von H.-G. Paul, nicht veröffentlichter Tagungsbericht 2001 aus Privatbesitz, S. 31–40.

39 R. Herberger, R. Völkel, M. Würzberger: *Das Institut für Musikerziehung* (wie Anm. 31), S. 182.

Noch weniger selbstverständlich war Petzoldts Standhaftigkeit in mehreren politischen Auseinandersetzungen. Dazu zählen seine Weigerung, im Jahr 1967 der politisch motivierten Entlassung seines Leipziger Kollegen Prof. Dr. Hellmuth Christian Wolff (1906–1988) zuzustimmen, wie auch sein vehementer öffentlicher Protest gegen die Sprengung der Leipziger Universitätskirche im Jahr 1968. Ab 1969 sah sich der Staatssicherheitsdienst schließlich veranlasst, Petzoldt zu überwachen.[40]

Hans Pezold lehrte in der Leipziger Musiklehrerausbildung fast drei Jahrzehnte lang (1949–1977) das Fach „Methodik des Musikunterrichts". Er begann zunächst – noch während seiner Tätigkeit als Musik-Studienrat – mit einem Lehrauftrag, wurde 1952 zum ‚Wahrnehmungsdozenten', 1958 nach seiner Promotion zum Dozenten und schließlich 1965 zum Professor ernannt. Nach seiner Emeritierung im Jahr 1966 blieb er noch bis 1977 in der Musiklehrerausbildung tätig. Erste prägende Berufserfahrungen sammelte er in der Weimarer Zeit als Musikpädagoge an ‚Arbeiterbildungsinstituten'. Die für die ‚musische Bewegung' der 1920er Jahre maßgebliche Idee einer ‚Volksbildung' und einer ‚Einheit von Musik und Leben' – die sich freilich, wie auch in der DDR(-Pädagogik) der Fall, mit diffusen Wendungen, wie ‚volksnahe Musik', leicht zu politisch-ideologischer Manipulation und musikstilistischer Restriktion missbrauchen ließ – bestimmte die Zielrichtung seiner Arbeit bis in die letzten Jahre seiner pädagogischen Tätigkeit. Noch 1973 gründete er die ‚Arbeitermusikakademie', die sich die Vermittlung eines höheren Bildungsniveaus der ‚werktätigen Menschen' zum Ziel setzte. Sein Bemühen um eine Verbesserung der methodischen Ausbildung von Musiklehrern zeigte sich in einer Vielzahl von Publikationen, insbesondere in der Zeitschrift *Musik in der Schule*, in seiner maßgeblichen Mitarbeit an der Konzeption neuer Lehrpläne und in seinem Einsatz für eine deutliche Verbesserung der Lehrmittel. Eine wesentliche Erleichterung in der Unterrichtsvorbereitung bewirkten unter anderem die von Pezold verfassten Beihefte zu den neu eingeführten Magnettonbändern mit den im Lehrplan vorgeschriebenen Werken.[41]

Ein weit über die Grenzen der DDR hinausreichendes Renommee erwarb sich die Musikpädagogin Hella Brock. Nach anfänglichem Schuldienst promovierte sie bei Fritz Reuter in Halle, wurde 1959 mit dem Aufbau und der Leitung des Instituts für Musikerziehung an der Ernst-Moritz-Arndt-Universität in Greifswald beauftragt und dort 1963 zur Professorin ernannt. 1972 nahm sie einen Ruf auf die Professur für Theorie und Praxis der Musikerziehung an der Karl-Marx-Universität Leipzig an. In ihrer Lehrtätigkeit sowie einer langjährigen Mitarbeit in der Kommission zur Erarbeitung der Studienprogramme für das Fach Musikerziehung in der DDR entwickelte sie ihre für die Musikpädagogik zentralen Arbeitsschwerpunkte: Musikrezeption von Schülern, Musik für Kinder, Geschichte der Musikerziehung und kunstübergreifende Aspekte der Musikerziehung. Wichtige Anregungen hierzu erhielt Hella Brock auch durch die Einstudierung und Aufführung von szenischen Musikspielen und Schulopern und die damit einhergehenden Kontakte mit Bertolt Brecht, Paul Dessau und Kurt Schwaen. Ihre musikpädagogischen Erfahrungen und Forschungsergebnisse sind in vielen allseits beachteten Büchern, Aufsätzen und Lehrmaterialien dokumentiert. Themengebiete ihrer Veröffentlichungen sind unter anderem: Schuloper – Musik für Kinder, Geschichte der Musikerziehung, Aktivierung der Musikrezeption von Schülern, Polyästhetische Aspekte der Musikerziehung sowie Werkanalysen und Komponistenporträts. Nach ihrer Emeritierung im Jahr 1980 verlagerte sich ihr Arbeitsschwerpunkt auf die Persönlichkeit, das Werk und die weltweite Wirkung von Edvard Grieg. Entstanden sind seither mehrere Bücher und zahlreiche Aufsätze über den Komponisten, unter anderem auch zu den pädagogischen Dimensionen seines Schaffens.

Nach der Emeritierung von Hella Brock übernahm Rainer Herberger mit seiner Ernennung zum Hochschuldozenten im Jahr 1980 eine führende Funktion in der Musiklehrerausbildung. 1988 folgte seine Berufung auf die ordentliche Professur für Musikerziehung an der Karl-Marx-Universität Leipzig. Vor seiner Dozententätigkeit erwarb er schulpraktische Erfahrungen als Musik- und Deutschlehrer und ging 1965 an die Universität Leipzig, wo er zunächst als Assistent im Institut für Musikwissenschaft in der Musiklehrerausbildung tätig war. Seine Lehr- und Publikationstätigkeit konzentrierte sich insbesondere auf Gebiete der musikpädagogischen Grundlagenforschung, auf Fragestellungen der Musikrezeption von Schülern und auf die Entwicklung von Musiklehrbüchern. Musikpädagogische Anerkennung über die Universität hinaus gewann Herberger nicht zuletzt durch seine enga-

---

[40] R. Herberger: *Prof. Dr. Richard Petzoldt (1907–1974) – eine herausragende Persönlichkeit in der DDR-Geschichte der Musikpädagogik* (wie Anm. 38), S. 38 ff. Petzoldt weigerte sich, die von dem Musikwissenschaftskollegen Siegmund-Schultze, Halle (Saale), wegen einer kritischen Publikation über allzu autoritäre Erziehungsmethoden beantragte Entlassung des Leipziger Kollegen Hellmuth Christian Wolff zu befürworten (die Petzoldt dennoch nicht verhindern konnte).

[41] Vgl. R. Herberger, R. Völkel, M. Würzberger: *Das Institut für Musikerziehung* (wie Anm. 31), S. 183 ff. Weitere Angaben in Manfred Würzberger: *Professor Dr. Hans Pezold (1901–1984) – Musikerzieher aus Leidenschaft*, in: Die Pädagogische Fakultät der Universität Leipzig (1946–1955), hrsg. v. einem Autorenkollektiv unter Leitung von H.-G. Paul, nicht veröffentlichter Tagungsbericht 2001 aus Privatbesitz, S. 28–30.

Das Haus der Fachgebiete Musikwissenschaft und Musikpädagogik zwischen 1977 und 1994 im Süden von Leipzig, Tieckstraße 4 (Foto: Christine Thiemann, 2009)

gierte Mitarbeit in der Lehrplan-Kommission Sachsen und in zahlreichen musikpädagogischen Verbänden sowie auch durch seine Beteiligung an der curricularen Neukonzeption der Musiklehrerausbildung in der im Jahr 2000 verordneten Lehramtsprüfungsordnung I.

Nach 1989/90

Der Lehrstuhl von Herberger wurde 1992 mit der Berufung von Hans Joachim Köhler (*1936) zum Professor für Musikpädagogik um eine weitere Hochschullehrerstelle ergänzt. Vorher war Köhler bereits viele Jahre als Lektor und Dozent auf künstlerisch-praktischen und ab 1991 auch wissenschaftlichen und pädagogischen Lehrgebieten tätig. Daneben nahm er in schwierigen Zeiten der universitären Umstrukturierung von 1991 bis 1993 die Aufgaben eines Interim-Leiters des Instituts für Musikwissenschaft und Musikpädagogik wahr. Besondere Verdienste erwarb er sich durch vielbeachtete Beiträge zur Schumann-Forschung, die unter anderem auch mit der Verleihung des Schumann-Preises der Stadt Zwickau im Jahr 1979 gewürdigt wurden.

Herbergers und Köhlers Professorentätigkeit fiel in eine Phase der grundlegenden Neuordnung der Musiklehrerausbildung in Leipzig. Im Dezember 1993 wurden der musikpädagogische und künstlerisch-praktische Studienbereich aus dem – nunmehr in der neu gegründeten Fakultät für Geschichte, Kunst und Orientwissenschaften angesiedelten – Institut für Musikwissenschaft herausgelöst und in einem neu eingerichteten Institut für Musikpäda-

gogik zusammengefasst. Wesentlich tiefgreifender jedoch als die damit verbundene Trennung von der Musikwissenschaft wirkte sich für die universitäre Musiklehrerausbildung die unmittelbar nach der politischen Wende betriebene Verlagerung der gymnasialen Musiklehrerausbildung von der Universität an die Musikhochschule aus. Sie begann 1990 mit einer entsprechenden Initiative der Leipziger Musikhochschule.[42] In langwierigen Verhandlungen zwischen der Musikhochschule, der Universität und dem Sächsischen Staatsministerium für Wissenschaft und Kunst wurden unterschiedliche Vorstellungen über das Anspruchsniveau von Musikwissenschaft, Musikpädagogik und künstlerischer Praxis in der Lehrerbildung geltend gemacht, wobei offenkundig altbekannte institutionelle Interessenkonflikte durchbrachen.[43] Musikhochschulen streben von Haus aus mit der Übernahme der vorzugsweise gymnasialen Musiklehrerausbildung – mehr oder weniger offen ausgesprochen – eine akademische Aufwertung ihrer Institution an. Sie verweisen dabei mit Blick auf ihre musikhochschulspezifische Personalausstattung gern auf ein hohes künstlerisches Anspruchsniveau,[44] bei dem allerdings, so eine verbreitete Kritik, die spezifischen Erfordernisse des Musiklehrerberufs leicht aus dem Blick geraten können.[45] Universitäten befinden sich hingegen oft – und dies zeichnet sich in dieser Zeit auch an der Universität Leipzig ab – in einer zwiespältigen Interessenlage. Einerseits gehört mit dem wissenschaftlichen und pädagogischen Ausbildungsbereich der überwiegende Anteil des Musiklehrerstudiums eher in die Kompetenz einer wissenschaftlichen Hochschule. Andererseits gibt es an Universitäten schon immer das Bestreben, die durch Einzelunterricht hohen Kosten der künstlerisch-praktischen Musiklehrerausbildung vorrangig zugunsten wissenschaftlicher Aufgaben einzuschränken – notfalls auch durch Preisgabe musikpädagogischer Studiengänge.

In dieser Situation schlug Herberger ein um Interessenausgleich bemühtes ‚Leipziger Modell‘ vor.[46] Es sah einen von Universität und Musikhochschule gemeinsam verantworteten Studiengang vor, der in kooperativer Vernetzung den Studierenden die Möglichkeit geben sollte,

---

42 R. Pfundt: *Willkommen Schulmusik* (wie Anm. 37), S. 1.

43 Vgl. H.-J. Feurich: *Institutionen der Musiklehrerausbildung* (wie Anm. 3), S. 269 ff.

44 So auch Professor Reinhard Pfundt, wenn er für die Musiklehrerausbildung an der Leipziger Musikhochschule ein „höheres Niveau" reklamiert; R. Pfundt: *Willkommen Schulmusik* (wie Anm. 37), S. 1.

45 Vgl. H.-J. Feurich: *Institutionen der Musiklehrerausbildung* (wie Anm. 3), S. 278 f.

46 R. Herberger: *Gedanken zur Musiklehrerausbildung* (wie Anm. 36), S. 185 ff.

sich entsprechend ihrer individuellen Interessen und Begabungen unterschiedlich zu profilieren. Bei künstlerischer Schwerpunktsetzung hätte die künstlerisch-praktische Ausbildung an der Musikhochschule stattfinden können, bei wissenschaftlicher Schwerpunktsetzung mit etwas geringerem Anspruchsniveau an der Universität. Die erziehungswissenschaftlichen und fachdidaktischen Studienabschnitte sollten an der Universität verbleiben. Dieses Modell wurde jedoch verworfen. 1998 stimmte die Universität Leipzig auf der Grundlage des Sächsischen Hochschulentwicklungsplanes von 1997 der Überführung der gymnasialen Schulmusikerausbildung an die Musikhochschule zu. Damit entfielen für die gymnasiale Musiklehrerausbildung freilich auch alle Vernetzungsmöglichkeiten mit anderen, an der Universität gelehrten Disziplinen. Von der Umsetzung betroffen waren neben künstlerisch-praktischen Lehrkräften auch die Musikpädagogen Rainer Herberger und dessen Mitarbeiter Hans Werner Unger. Fortan beschränkte sich das Institut auf die Musiklehrerausbildung für die Lehrämter an Grund-, Mittel und Förderschulen. Gleichwohl blieben ihm trotz des personellen Aderlasses hoch qualifizierte Lehrende erhalten, darunter die renommierten Komponisten Prof. Dr. Karl Ottomar Treibmann (*1936) und dessen Nachfolger, Prof. Bernd Franke (*1959), die dem Institut für Musikpädagogik auch auf künstlerischem Gebiet eine weitreichende überregionale Geltung verschafften.

Im April 2001 wurde Hans-Jürgen Feurich (*1940) von der Technischen Universität Chemnitz an die Universität Leipzig umberufen und mit der Leitung des musikpädagogischen Instituts betraut. Fachliche Grundlage für seinen Berufsweg waren die Ausbildung zum Gymnasiallehrer mit den Hauptfächern Musik und Politik und seine musikwissenschaftliche Promotion in Frankfurt am Main. Danach arbeitete er an der Hochschule Hildesheim im Seminar für Musikpädagogik, zunächst als Wissenschaftlicher Mitarbeiter, dann als Professor für Systematische Musikwissenschaft. Es folgten Berufungen auf Musikpädagogik-Professuren an der Universität Osnabrück, Abteilung Vechta, und an der Technischen Universität Chemnitz. Seit seinem Wechsel in den Freistaat Sachsen engagierte sich Feurich für eine Modernisierung der Musiklehrerausbildung. Im Jahr 1999 war er an der curricularen Neugestaltung der Lehramtsprüfungsordnung im Fach Musik beteiligt. Sie bildete auch die Grundlage für seine Neukonzeption der Studienordnungen des Instituts. Zu den inhaltlichen Neuerungen im Lehrangebot gehörten unter anderem Veranstaltungen zu den psychologischen, soziologischen und ästhetischen Grundlagen der Musikpädagogik sowie zur Popularmusik. Seine Arbeitsschwerpunkte liegen vor allem auf den Gebieten Rezeptionsdidaktik, musikalische Sozialisation, Wechselbeziehungen

Das Kroch-Hochhaus am Augustusplatz, Domizil der Musiklehrerausbildung zwischen 1995 und 2007 (Foto: Rainer Behrends, 1995)

zwischen den Künsten im Musikunterricht sowie Werte und Normen in der Musik. Sie sind in Buch- und zahlreichen Aufsatzpublikationen dokumentiert.

Nach der Pensionierung von Hans-Jürgen Feurich im Herbst 2005 übernahm Constanze Rora (*1961) mit ihrer Berufung auf die Professur für Musikpädagogik auch die Leitung des Instituts. Ihre grundlegende Berufsausbildung erwarb sie in Berlin mit dem Studium der Schulmusik, der Germanistik und der Theaterpädagogik. Im Anschluss an das Referendariat arbeitete sie zunächst als Studienrätin an einer Berliner Berufsfachschule für Erzieher, Kinderpfleger und Altenpfleger und übernahm danach die Stelle einer Wissenschaftlichen Mitarbeiterin am Institut für Ästhetische Erziehung und Kulturwissenschaft der Universität der Künste Berlin. Weitere universitäre Lehrerfahrungen sammelte sie als Lehrbeauftragte für Musikdidaktik. Die Schwerpunkte ihrer Tätigkeit liegen auf den Gebieten Ästhetische Grundlagen des Musikunterrichts, Qualitative Forschung in der Musikpädagogik, Musik und Spiel sowie

Konzertpädagogische Projekte. Insbesondere zu diesen Themenbereichen hat sie zahlreiche theoretische und praxisorientierte Publikationen vorgelegt. Im Zuge der auch an der Universität Leipzig vorgenommenen Umstellung der bisherigen Studienstruktur auf konsekutive Studiengänge ab dem Wintersemester 2006/07 entwickelte Constanze Rora neue Studienordnungen für den polyvalenten Bachelor „Lehramt Musik" und die Masterstudiengänge für die Lehrämter Musik an Grund-, Mittel- und Förderschulen. In die Konzeption dieser Studiengänge flossen wichtige Neuerungen aus den Arbeitsschwerpunkten von Constanze Rora ein. Dazu gehörten insbesondere Themen wie Musik und Bewegung, Darstellendes Spiel, Vokale Improvisation und Musiktheater-Spiel.

Mit der Einführung konsekutiver Studiengänge geriet das Institut für Musikpädagogik in Entscheidungsprozesse, die in grundsätzlicher Weise über organisatorische Fragen der Neustrukturierung von Studiengängen hinausreichten. Es ging – wieder einmal und wie auch an anderen Hochschulstandorten[47] – insbesondere um Probleme der finanziellen Ausstattung der künstlerisch-praktischen Ausbildung und um die Positionierung der Musiklehrerausbildung an einer Universität oder Musikhochschule. Nach längeren Kontroversen kam das Ende der Musiklehrerausbildung an der Universität Leipzig. Zum Sommersemester 2009 wurden alle Lehramtsstudiengänge des Instituts für Musikpädagogik an die Hochschule für Musik und Theater Leipzig überführt und das Institut aufgelöst.

Wenn es Gründe gibt, mit Respekt auf die über 80-jährige Musiklehrerausbildung an der Universität Leipzig zurückzublicken, dann gehört zu ihnen nicht zuletzt die immer wieder nach Maßgabe musikpädagogischer Erfordernisse angestrebte Gleichwertigkeit der wissenschaftlichen, musikalisch-praktischen und pädagogischen Studienanteile. Hierfür bot die Universität Leipzig der Musikpädagogik ein besonders günstiges Umfeld: eine traditionsreiche und renommierte Musikwissenschaft, zahlreiche und attraktive interdisziplinäre Vernetzungsmöglichkeiten und ein für eine Universität außergewöhnlich vielgestaltiges, reges und künstlerisch beeindruckendes Musikleben.

---

47 Ein Beispiel ist der langjährige Streit in Frankfurt am Main um die Verlegung der Musikpädagogik von der Universität an die Musikhochschule (Vgl. *Frankfurter Allgemeine Zeitung*, 6. Februar 2007, Nr. 31, S. 52).

Zeitgenössische Musik an der Universität Leipzig zur Zeit der DDR
Ur- und DDR-Erstaufführungen durch Ensembles der Universität

Katrin Stöck

Die Musik spielte an der Leipziger Universität – wie auch an anderen Universitäten und öffentlichen Einrichtungen – über die Jahrhunderte hinweg eine große Rolle. Dies gilt auch für die Zeit der DDR, als neben primär universitären Veranstaltungen auch Staats- und Parteifeiern musikalisch umrahmt werden mussten. Auch wenn viele der für solche Anlässe geschaffenen Kompositionen als stark ideologisch gebundene Gelegenheitswerke im heutigen Musikleben keine Bedeutung mehr besitzen, stellten sie doch einen prägenden Teil der damaligen musikalischen Arbeit an der Universität dar. Der vorliegende Beitrag konzentriert sich anhand prägnanter Beispiele auf die überblicksartige Darstellung von Ur- und Erstaufführungen durch Ensembles der Universität im Rahmen universitärer Festlichkeiten und Konzerte, ausgeklammert bleibt dagegen die wissenschaftliche Beschäftigung mit zeitgenössischer Musik an der Universität.[1]

Die Quellenlage stellt sich insgesamt sehr heterogen dar. Neben Chor- und Orchesterarchiven können das Universitätsarchiv Leipzig sowie kleinere Veröffentlichungen[2] erste Zugänge schaffen. Am Institut für Musikwissenschaft der Universität Leipzig sind auch Magisterarbeiten zum Thema angefertigt worden.[3]

An der Leipziger Universität existierten zur Zeit der DDR zahlreiche Musik-, Theater- und Tanzensembles, die sich in unterschiedlicher Intensität musikalischen Ur- und Erstaufführungen widmeten.[4] So entstanden beispielsweise verschiedene Theatergruppen sowie so genannte Agit-Prop-Gruppen, die zum Teil neben den hauptsächlich Musik bezogenen Ensembles an Aufführungen von großen Programmen zu bestimmten Feiern beteiligt waren, ebenso wie Singeklubs und ähnliche Formationen, die gerade in den 1980er Jahren das studentische Musikleben in Leipzig prägten, so zum Beispiel das Ensemble ‚Solidarität', bestehend aus ausländischen Studenten.

Am häufigsten traten der Leipziger Universitätschor (nach der Umbenennung der Universität 1953 offiziell ‚Universitätschor der Karl-Marx-Universität Leipzig') unter seinen Leitern Friedrich Rabenschlag (1938–1963), Hans-Joachim Rotzsch (1963–1973), Max Pommer (1974 bis 1987) und Wolfgang Unger (1987–2004) sowie das Akademische Orchester, gegründet 1955 und seitdem unter Leitung von Horst Förster, mit Ur- und Erstaufführungen hervor.[5]

Darüber hinaus spielten für musikalische Ur- und Erstaufführungen drei weitere Ensembles eine Rolle: das Louis-Fürnberg-Ensemble (Namensgebung 1960, vorher: Zentrales FDJ-Volkskunstensemble), das 1949 gegründet wurde und sich aus einem Chor, einer Tanzgruppe, einer Sprechergruppe sowie einer Instrumentalgruppe zusammensetzte, das Ensemble ‚Pawel Kortschagin', ein aus dem Institut für Bohemistik hervorgegangenes Ensemble, das sich nicht ausschließlich slawischem Liedgut widmete,

---

[1] Ebenso wenig kann hier auf allgemeine Mechanismen und Besonderheiten des Musiklebens der DDR eingegangen werden, die aber trotzdem auch in den beleuchteten Zusammenhängen eine Rolle spielen: das Zustandekommen von Auftragswerken, die Positionierung von Komponisten und Musikern im ästhetischen Diskurs, der Umgang mit Institutionen, die Art der Verständigung und permanenten Kompromissfindung zwischen Künstlern und Parteimitgliedern usw. Ohne die Kenntnis dieser Mechanismen sind das Zustandekommen vieler Konzertprogramme wie auch die Zusammenarbeit bestimmter Personen und Ensembles nicht zu verstehen. Für alle genannten Aspekte soll dieser Beitrag ein Anstoß zu weiterer Forschung und Aufarbeitung der aufgeworfenen Fragen sein.

[2] Vgl. vor allem Hartmut Grimm, Matthias Hansen, Klaus Mehner (Hrsg.): *Musik und Musikwissenschaft in Leipzig* (Berliner Beiträge zur Musikwissenschaft, Beihefte zur Neuen Berlinischen Musikzeitung 9 [1994], Heft 3); sowie Thomas Schinköth: *Die Universität und ihre Musik*, in: GewandhausMagazin Nr. 45 (2004/05), S. 32–37.

[3] Matthias Gries: *Das Akademische Orchester der Karl-Marx-Universität Leipzig von 1954 bis 1992*, Magisterarbeit am Institut für Musikwissenschaft der Universität Leipzig, 2005.

[4] M. Gries: *Das Akademische Orchester* (wie Anm. 3), enthält u. a. (unvollständige) Hinweise auf die Zusammenarbeit mit anderen Ensembles. Zu weiteren Ensembles vgl.: Imke Griebsch: *Musikalische Ensembles an der Universität Leipzig seit 1945*, in: Musik und Musikwissenschaft in Leipzig, hrsg. v. Hartmut Grimm, Matthias Hansen, Klaus Mehner (Berliner Beiträge zur Musikwissenschaft, Beihefte zur Neuen Berlinischen Musikzeitung 9 [1994], Heft 3), S. 34–39.

[5] Zur Gründungsgeschichte M. Gries: *Das Akademische Orchester* (wie Anm. 3), S. 17 ff.

sondern sich besonders auch auf dem Gebiet des Laienmusiktheaters betätigte, sowie der Chor des Institutes für Musikerziehung.[6] Bis 1989 waren die zuletzt genannten Ensembles zum Teil an verschiedenen Neugründungen, Umbenennungen und Fusionen beteiligt. Als Beispiel sei das Zusammengehen von Academixern und Louis-Fürnberg-Ensemble genannt, die 1967 unter dem Namen ‚Poetisches Theater der Karl-Marx-Universität Louis Fürnberg' eine neue Theaterform begründeten. In einem Handzettel der Kulturkommission der Universität war dazu 1964 zu lesen:

> „Liebe Kommilitonen, Kolleginnen und Kollegen, Wußten Sie schon, daß an unserer Universität das erste ‚Theater der Poesie' der DDR aus der Taufe gehoben wurde? Mit der Inszenierung des Balladesken Poems ‚Die Spanische Hochzeit' nach der gleichnamigen Dichtung Louis Fürnbergs begründeten die Mitglieder unseres Louis-Fürnberg-Ensembles das ‚Theater der Poesie' als eine qualitativ völlig neue Form der Theaterkunst."[7]

Das Ensemble erhielt für die genannte Inszenierung die Goldmedaille der 6. Arbeiterfestspiele des FDGB, es folgten Gastspiele unter anderem am Deutschen Theater in Berlin.

Alle bisher genannten Ensembles der Universität wurden im ‚sozialistischen Volkskunstzentrum' zusammengefasst. Zu bestimmten Anlässen waren sie gefordert, gemeinsam große thematische Programme zu gestalten. Wie unterschiedlich sich die Ensembles und ihre Leiter hier einbringen wollten und wie sie sich teilweise den ideologischen Zwängen auch entziehen konnten, zeigen die im Universitätsarchiv aufbewahrten Dokumente. Besonders der Universitätschor, aber auch das Akademische Orchester und andere Ensembles begriffen sich als eigenständige Institutionen, deren Hauptaugenmerk das Musizieren war. Parteiliche Aspekte und ideologische Indoktrination wurden – so gut es ging – ferngehalten. So ist beispielsweise in einer „Stellungnahme der AGr. Kultur beim Sekretariat der KL KMU" zum Tagesordnungspunkt „Stand und Entwicklung der Kulturarbeit an der KMU" zu lesen, die „politisch-ideologische Führungstätigkeit des Kulturzentrums weist eine Reihe von Mängeln auf". Konkret wird festgestellt, dass außer im Ensemble ‚Pawel Kortschagin' in allen Gruppen

> „kaum von einem geistig-kulturellen Leben innerhalb und außerhalb des Probenbetriebes gesprochen werden [kann]; die Atmosphäre ist sehr stark auf das Professionell-Handwerkliche konzentriert. [...] Deshalb gibt es in den zuerst genannten Ensembles [Universitätschor, Akademisches Orchester, Louis-Fürnberg-Ensemble, Anm. d. Verf.] auch kaum kritische Auseinandersetzungen zu ideologischen Problemen. Die Mitarbeit wird von einigen Mitgliedern offensichtlich z. T. als bloße Freizeitbeschäftigung gesehen."[8]

Die hier als Beispiel angeführte Einschätzung ist so in zeitlichen Abständen mehrfach zu finden und zeigt, dass es über die Jahre den Partei- und FDJ-Leitungen nicht gelungen ist, entscheidenden ideologischen Einfluss auf die Arbeit der Ensembles zu nehmen.[9]

Die 1950er Jahre

Der Universitätschor befasste sich unter Leitung von Universitätsmusikdirektor Friedrich Rabenschlag vor allem mit Alter Musik, Schwerpunkte bildeten dabei die Werke von Heinrich Schütz und Johann Sebastian Bach. Die zeitgenössische Musik war in den Programmen des Chores seit den 1930er Jahren vor allem mit Werken von Ernst Pepping vertreten, von dem auch einige Kompositionen uraufgeführt wurden, so 1936 die Motette *Uns ist ein Kind geboren* und 1946 die Motette *Bei Tag und Nacht*. 1939 und 1947 gestaltete der Chor reine Pepping-Konzerte, 1942 und 1950 führte er dessen Chorzyklus *Das Jahr* auf. 1948 kamen zu den Werken von Pepping auch Motetten von Hugo Distler hinzu.

Von der zweiten Hälfte der 1950er Jahre an ist eine stärkere Beschäftigung des Universitätschores mit zeitgenössischer Chormusik zu verzeichnen, wobei Werke von Heinz Krause-Graumnitz, selbst ehemaliges Chormitglied, einen neuen Schwerpunkt bildeten. Aber auch andere zeitgenössische Komponisten wurden in den Konzerten des Universitätschores berücksichtigt. So erklangen im ersten Universitätskonzert des Herbstsemesters 1957 am 30. November 1957 unter anderem Werke von Hugo Distler, Karl Marx, Ernst Hermann Meyer und Günter Kochan, im zweiten Universitätskonzert des Frühjahrssemesters 1958 auch solche von Ernst Pepping, Wilhelm Weismann, Hugo Distler und Fidelio F. Finke.

Ein Beispiel für das seltene Zusammenwirken mehrerer Ensembles der Universität außerhalb von Staats- oder Parteifeiern ist das 3. Akademische Konzert im Studienjahr 1958/59, das gleichzeitig als Konzert anlässlich der Leipziger Musiktage 1958 am 1. Dezember 1958 in der Kongress-

---

6 Vgl. I. Griebsch: *Musikalische Ensembles* (wie Anm. 4).

7 Handzettel der Kulturkommission der Universität 1964, Universitätsarchiv Leipzig (UAL): R 345, S. 41.

8 Dr. Hexelschneider: *Stellungnahme der AGr. Kultur beim Sekretariat der KL KMU zum Tagesordnungspunkt Stand und Entwicklung der Kulturarbeit an der KMU*, o. J., UAL: R. 81, Bd. 12, S. 22 f.

9 Vgl. u. a. auch Rudolf Gehrke: *Bericht über die Konzertreise des Universitätschores der KMU* (26. Februar–10. März 1959), UAL: R. 343, Bd. 4, S. 20; Genosse Seehafer: *Bericht über die Chorreise „Rabenschlag"*, UAL: R. 343, Bd. 4, S. 33. sowie Protokolle von den Auseinandersetzungen im Louis-Fürnberg-Ensemble 1958 in: UAL: FDJ 226.

halle stattfand. In diesem Fall musizierten das Akademische Orchester der Karl-Marx-Universität, der Chor des FDJ-Volkskunstensembles (später Louis-Fürnberg-Ensemble, Leitung: Horst Irrgang) und der FDJ-Chor des Institutes für Musikerziehung (Leitung: Jochen Schneider) gemeinsam unter dem Dirigat von Horst Förster, sowie der Universitätschor unter der Leitung von Friedrich Rabenschlag.[10]

Es erklangen Béla Bartóks *Ungarische Bilder* (als Erstaufführung durch das Akademische Orchester) sowie je ein Konzert für Violoncello und Orchester von Dmitrij Kabalewski und Camille Saint-Saëns. Der Universitätschor sang Stücke aus Heinz Krause-Graumnitz' ‚Brecht-Zyklus' von 1956, sowie Fidelio F. Finkes *Freiheit und Friede*, beides ebenfalls Erstaufführungen des Chores. Die anderen beiden Chöre führten zusammen mit dem Akademischen Orchester Ottmar Gersters *Ballade vom Manne Karl Marx und der Veränderung der Welt* auf.

Aufschlussreich ist in diesem Zusammenhang auch der Umgang des Universitätschores mit zeitgenössischer Chormusik im Kontext der Konzertreisen nach Westdeutschland, der hier an einer Reise vom 26. Februar bis 10. März 1959 ins Saarland dargestellt werden soll: In einem Brief des Chorleiters Friedrich Rabenschlag an den Rektor der Universität wird deutlich, dass die Aufführung von Chormusik von DDR-Komponisten als ein Hauptargument für die Bitte um Genehmigung der Reise diente. Er schrieb dort am 11. Februar 1959, dass der Chor Einladungen zu Konzerten im Saarland und zu Aufnahmen mit Saarländischem Rundfunk erhalten habe:

„Ich darf noch erwähnen, daß der Universitätschor sowohl vom Saarländischen Rundfunk wie auch vom Norddeutschen Rundfunk gebeten wurde, erstmalig ein Programm mit Werken der sozialistischen Musikkultur der DDR zu singen."

Und er betont, wie außerordentlich wichtig es wäre,

„wenn dem Universitätschor jetzt die Möglichkeit gegeben würde, […] **„erstmalig Werke von Komponisten unserer Republik aufzuführen**, die bei Aufführungen in Leipzig außerordentlich starken Erfolg hatten, und deren Aussage in künstlerischer und politischer Hinsicht in der augenblicklichen Situation großes Gewicht haben könnte."[11]

Die Chorreise wurde genehmigt, und der Chor gab mehrere Konzerte im Saarland und spielte neben den Aufnahmen für den Saarländischen Rundfunk ein ähnliches Programm auch für den Norddeutschen Rundfunk ein. Zu diesem Programm gehörten Sätze aus den ‚Brechtzyklen' von Fidelio F. Finke und Heinz Krause-Graumnitz,[12] Motetten von Johannes Weyrauch und Ernst Pepping sowie verschiedene Madrigale, darunter auch ein zeitgenössisches von Wilhelm Weismann. Für den NDR wurden die Kompositionen von Weyrauch und Pepping durch eine von Hugo Distler ausgetauscht.[13] Auch einer der beiden Begleiter des Universitätschores auf dessen Reise nach Westdeutschland, der Referent des Rektorats Rudolf Gehrke, betonte in seinem Bericht die Bedeutung der zeitgenössischen Musik im Konzertprogramm des Chores.[14] Sein Erstaunen über die intensive Chorarbeit und die vollständige Abwesenheit irgendeiner ideologischen Indoktrination der Chormitglieder formulierte Gehrke in seinem Bericht ebenfalls:

„Mein Eindruck vom Chor läßt sich dahingehend zusammenfassen, daß die gesamte Arbeit ausschließlich auf die sogenannte künstlerische Qualität gerichtet ist. Was gesungen wird, bestimmt Prof. Rabenschlag; alles, und sei es das kleinste, was unternommen werden muß, wird von Prof. Rabenschlag angeordnet. Denken und Handeln des Chores ist ganz auf die Persönlichkeit von Prof. Rabenschlag abgestimmt."[15]

Gehrke beschrieb danach seine Versuche, während der Fahrt mit Chormitgliedern sowie mit dem Chorleiter über die aus seiner Sicht notwendige FDJ-Arbeit im Chor ins Gespräch zu kommen. Dies verband er mit der Hoffnung auf einen stärkeren Schwerpunkt der entsprechenden Literatur im Repertoire des Chores:

„Über die ganze Breite der Diskussion kann hier nicht berichtet werden, dennoch glaube ich, daß wir in Zukunft mit dem Chor rechnen dürfen, daß die FDJ-Gruppe in kürzester Zeit gegründet wird und auch das sozialistische Schaffen mehr die Programme des Chores bestimmen wird. So hat der Chor den Plan gefaßt, die Kantate ‚Eisenhüttenkombinat Ost' aufzuführen."[16]

---

10 Die Aufzählung spiegelt diejenige im Programmheft wider, wodurch deutlich gemacht wird, dass der Universitätschor ausschließlich a cappella sang, während die anderen Ensembles auch gemeinsam musizierten. Vgl. Karl-Marx-Universität Leipzig: *Drittes Akademisches Konzert im Studienjahr 1958/59*, o. S., o. Sign. Sämtliche zitierte Programmhefte stammen aus der Programmheftsammlung des Universitätschores.

11 Brief von Friedrich Rabenschlag an den Rektor der Universität vom 11. Februar 1959, UAL: R. 343, Bd. 4, S. 4 f. Hervorhebung original. Symptomatisch erscheint hier auch die knappe Planungszeit: Die Reise begann 15 Tage nach dem zitierten Brief.

12 Fidelio F. Finke, *Lied vom Wasserrad*, Heinz Krause-Graumnitz, *In den finsteren Zeiten, Von der Freundlichkeit der Welt, An meine Landsleute*.

13 Friedrich Rabenschlag: *Bericht über die Konzertreise* (26. Februar–10. März 1959), UAL: R. 343, Bd. 4, S. 6–9.

14 Gehrke fuhr als Parteimitglied und ‚Aufpasser' mit. Die andere Begleitperson war Prof. Paul Willert vom Institut für Musikerziehung. Willert wurde als zweite Begleitperson eingesetzt, da Rabenschlag Bedenken gegen Gehrke angemeldet hatte, da dieser „nicht vom Fach" sei. Vgl.: R. Gehrke: *Bericht über die Konzertreise des Universitätschores* (wie Anm. 9), S. 15–20.

15 Ebenda, S. 19.

16 Ebenda, S. 20, die Kantate schrieb Ottmar Gerster 1952.

Ohne hier ins Detail gehen zu können sei angemerkt, dass die hier skizzierte Diskussion ausgesprochen typisch für entsprechende Vorgänge in der DDR war: Der Chor führte die Kantate nicht auf, und in größeren Abständen wiederholten sich die Feststellungen in entsprechenden Berichten, dass es notwendig sei, im Chor eine FDJ-Gruppe zu gründen.[17]

Zur 550-Jahrfeier der Universitätsgründung gestalteten die Ensembles der Universität im Jahre 1959 zum wiederholten Male (Ähnliches hatte z. B. zum 40. Jahrestag der Novemberrevolution 1958 stattgefunden) ein so genanntes künstlerisches Festprogramm, das aus Instrumentalstücken, Chören und Liedern, Tänzen bzw. Tanzfolgen, Rezitationen, kabarettistischen Szenen, Sprechtexten bzw. -chören bestand und mit Bildprojektionen und anderen Elementen kombiniert wurde. Im Mittelpunkt stand die von Fritz Geißler (Musik, u. a. Mitarbeiter am Institut für Musikerziehung) und Max Zimmering (Dichtung) als Auftragswerk geschaffene Kantate *Das Lied von der Erkennbarkeit der Welt*.[18] Das gesamte Programm erhielt folgerichtig den Titel *Wir singen das Lied von der Erkennbarkeit der Welt. Künstlerisches Festprogramm des sozialistischen Volkskunstzentrums der Karl-Marx-Universität* und wurde nach seiner mehrfachen Aufführung während der Festtage zum Universitätsjubiläum[19] leicht modifiziert am 6. November 1959 als Beitrag zu den Arbeiterfestspielen in Böhlen wiederholt.

In einem Papier mit dem Titel *„Wir singen das Lied von der Erkennbarkeit der Welt". Grundzüge des Festprogramms der Volkskunstensembles der Karl-Marx-Universität zum 550. Jubiläum*[20] stellte der nicht genannte Autor[21] fest, dass hier „erstmals alle Ensembles in einem geschlossenen Festprogramm vereinigt" seien.[22] Zum inhaltlichen Konzept schrieb er:

„Nachdem in den Nachkriegsjahren die Weltanschauung der Arbeiterklasse sich in hartnäckigen Kämpfen auch an der Universität durchgesetzt hat, wird jetzt zum erstenmal in einem geschlossenen Programm mit künstlerischen Mitteln versucht, die Rolle der Wissenschaft in der Gesellschaft zu gestalten. Die aus diesem Anlass geschaffene Kantate von Max Zimmering und Fritz Geißler ‚Das Lied von der Erkennbarkeit der Welt' bereichert unsere Literatur um ein wesentliches Werk. Auf sie ein großes künstlerisches [Programm] aufbauend – das deshalb auch den Namen ‚Wir singen das Lied von der Erkennbarkeit der Welt' trägt – soll der Gefahr des Historisierenden und des Didaktischen entgangen werden, und es muß auch Klarheit darüber bestehen, daß gegenwärtig noch nicht jeder Gedanke volkskünstlerisch gestaltet und zu einem Erlebnis werden kann. Anderseits bieten sich durch die Einheit von Theorie und Praxis, durch die Verflochtenheit aller Lebensbereiche mit der politischen und wissenschaftlichen Problematik reiche Möglichkeiten einer solchen Gestaltung."[23]

Weiterhin ging er auf die dramaturgische Gestaltung sowie das Bühnenbild ein:

„Aus dramatischen Erwägungen macht sich eine Zerlegung der Kantate im Festprogramm erforderlich. Das wird wesentlich dazu beitragen, letztlich statt vieler Eindrücke eines Nummernprogramms einen geschlossenen Eindruck zu hinterlassen.

Das Bühnenbild soll aus Fotomontagen bestehen. 3 Tafeln vergegenständlichen den Kampf um's materialistische Weltbild. (1.: Traditionen der Universität; Naturwissenschaft; 2.: Karl Marx und der Befreiungskampf der Arbeiterklasse; 3.: Der Triumph der Wissenschaft im Sozialismus)"[24]

Als Gesamtleiter des Programms fungierte einmal mehr Rudolf Gehrke, die Regie führte Christoph Hamm. Beteiligt waren das Akademische Orchester (Leitung: Horst Förster), das Zentrale FDJ-Volkskunstensemble (Jochen Geldner), dessen Chor (Horst Irrgang), Tanzgruppe (Editha Dörwaldt-Lindemann) und Instrumentalgruppe (Gerd Schlotter), der Universitätschor der Karl-Marx-Universität (Prof. Friedrich Rabenschlag[25]), das zentrale politisch-satirische Kabarett ‚Rat der Spötter' (Ernst Röhl), die FDJ-Studentenbühne (Wolfgang Lorenz), der FDJ-Chor des Insti-

---

17 Vgl. Gen. Seehafer: *Bericht über die Chorreise „Rabenschlag"* (wie Anm. 9), S. 33.

18 Zum 550-jährigen Universitätsjubiläum steuerte Fritz Geißler zudem noch die kleinere Kantate *Wissen ist Macht* bei, die im Institut für Musikerziehung zusammen mit Fred Lohses Chören unter dem Titel *Land meines Lebens* zum 10-jährigen Bestehen der DDR durch den Chor des Institutes für Musikerziehung aufgeführt wurde. Vgl. UAL: R. 158, Bd. 4, S. 95.

19 Studentischer Festakt am 12. Oktober 1959, Wiederholung der Aufführung für die Leipziger Bevölkerung am 16. Oktober 1959. Außerdem erklangen Teile des Programms auf der Kundgebung auf dem Markt nach dem Fackelzug am 14. Oktober 1959. Vgl. *Maßnahmeplan zur Vorbereitung und Durchführung des Fackelzuges*, UAL: FDJ 35, S. 41–45, hier S. 45.

20 *„Wir singen das Lied von der Erkennbarkeit der Welt". Grundzüge des Festprogramms der Volkskunstensemble der Karl-Marx-Universität zum 550. Jubiläum*, UAL: R. 158, Bd. 4, S. 33 f.

21 Vermutlich verbirgt sich dahinter der Leiter des Volkskunstzentrums Rudolf Gehrke.

22 Dies kann so nicht unterstrichen werden. Wie oben z. B. für 1958 gezeigt, gab es bereits ähnliche Programme, wenn sie auch an dieses in ihrer Größe und Einbeziehung von Ensembles nicht herangereicht haben dürften.

23 *„Wir singen das Lied von der Erkennbarkeit der Welt"* (wie Anm. 20), S. 33.

24 Ebenda, S. 34.

25 Die Universität bestand bei entsprechenden Anlässen darauf, dass der Universitätschor mit vollständigem Namen „… der Karl-Marx-Universität" genannt wurde. Vorstellbar ist, dass Friedrich Rabenschlag auch deshalb auf Nennung seiner Funktion und seines Professorentitels in diesem Zusammenhang bestand, nur bei ihm sind in diesem Programmheft diese Informationen enthalten.

tutes für Musikerziehung (Jochen Schneider), die FDJ-Kulturgruppe ‚Pawel Kortschagin' (Jürgen Morgenstern), das Ensemble der Arbeiter- und Bauernfakultät (Helmuth Grimmer), das FDJ-Ensemble der Wirtschaftswissenschaftlichen Fakultät (Gerhard Hoffmann), ein Doppelquartett sorbischer Studenten, die Zentrale Agit-Prop-Gruppe der Karl-Marx-Universität sowie Solisten und Sprecher. Die bloße Aufzählung der Mitwirkenden zeigt bereits den großen Aufwand, der hier zum Universitätsjubiläum betrieben wurde, zumal viele der Ensembles auch eigene Konzerte oder weitere Konzertteile zu anderen Veranstaltungen während der Festtage beisteuerten.

Der Universitätschor absolvierte vom 22. August bis zum 3. September 1959 seine in dem Jahr dritte Auslandsreise, diesmal nach Norddeutschland. Im Kontext der Vorbereitungen schrieb Friedrich Rabenschlag an die Chormitglieder:

„Mit Rücksicht auf die Vorbereitungen zur ‚550-Jahrfeier' im Oktober und besonders auf die von der Universität gewünschte Mitwirkung des Universitätschores bei der ‚Festkantate' von Fritz Geißler […] beim **Festakt in der Kongreßhalle am 12.10.** deren Leitung mir übertragen wurde [sic]",[26] wird der Universitätschor bereits am 3. September nach Leipzig zurückkehren, um vom 4. bis 11. September noch eine Woche am **Kulturlager in Glowe (Rügen)** teilzunehmen. Die Genehmigung unserer Chorreise erfolgte ausdrücklich unter der Voraussetzung, daß der Universitätschor in der genannten Zeit am Kulturlager teilnimmt und bei der Kantate im Oktober mitwirkt."[27]

Am Beginn der Veranstaltung erklang, gespielt vom Akademischen Orchester, Johannes Paul Thilmans als Auftragswerk komponierte *Festouvertüre*, in der er unter anderem das Lied *Unsterbliche Opfer* und das Weltstudentenlied verarbeitete. Die Aufführung zu den Arbeiterfestspielen in Böhlen wurde dann aber mit Ludwig van Beethovens *Egmont-Ouvertüre* eröffnet. Nach dem Sprechchor *Ehrung der Republik* (Text: Max Zimmering), folgte Beethovens *Phantasie mit Chor* op. 80, hier mit einem Text von Johannes R. Becher, interpretiert von den ‚Vereinigten Chören der Karl-Marx-Universität' und dem Akademischen Orchester unter Leitung von Horst Irrgang. Nach einer Präsentation von Texten durch Sprechchor und gleichzeitigen Projektionen zum Thema „Scholastik und Moder verdrängend, wuchs kraftvoll Erkenntnis empor. Revolutionäre Traditionen der Leipziger Universität" (Textauswahl Rudolf Gehrke) und dem Monolog aus Goethes *Faust* 1. Teil, folgten die Abschnitte drei bis sechs der Kantate von Geißler,[28] gesungen vom Chor des Zentralen Volkskunstensembles, dem Chor der Musikerzieher, dem Universitätschor, begleitet vom Akademischen Orchester, dirigiert von Horst Förster. Der Text der Kantate beschreibt hier aus kommunistischer Sicht die langsame Emanzipation der Wissenschaft, die erst durch die Arbeiterklasse zu vollständiger Entfaltung kommen kann und dies Karl Marx und Friedrich Engels verdankt. Nur selten finden sich imitierende Passagen und differenzierte Behandlung der einzelnen Chor-Stimmen, Geißler komponierte größte Teile der Kantate mit marschartigem, unisono oder homophon gestaltetem Gesang des Chores, abwechselnd mit einem Bariton-Solo, dessen Gestaltungsweise als ‚heroisches Rezitativ' beschrieben werden könnte.

Daran logisch anschließend folgte ein Teil des *Kommunistischen Manifestes* von Karl Marx, vorgetragen von zwei Sprechern sowie der fünfte Abschnitt der *Ballade vom Manne Karl Marx und der Veränderung der Welt* mit dem Titel *Rolle der Partei*, gesungen vom Chor des Zentralen Volkskunstensembles, dem Chor der Musikerzieher und gespielt vom Akademischen Orchester unter Leitung von Horst Förster. Der Universitätschor war hieran, wie auch bei anderen Aufführungen der Kantate von Ottmar Gerster, nicht beteiligt. Nach dem Text *Über die Bildungsfähigkeit der deutschen Arbeiter* erklang das Lied der Arbeiter- und Bauernfakultäten (ABF) *Wir kommen vom Pflug, von Maschinen* in einem neu geschaffenen Satz von Horst Förster, gesungen vom Chor der ABF, vom Chor der Wirtschaftswissenschaftlichen Fakultät, vom Chor der Slawisten und Dolmetscher, und wiederum begleitet vom Akademischen Orchester unter Horst Förster. Nach einer Szene *Wahl des Studentenrates 1948*, geschrieben und dargeboten von der Agit-Prop-Gruppe der Wirtschaftswissenschaftlichen Fakultät, erklang der 11. Satz der Kantate von Geißler, der mit einem Bariton-Solo den *Sieg der proletarischen Diktatur*[29] feiert. Es schlossen sich der *Gesang vom Lernen* (Johannes R. Becher, Hanns Eisler), interpretiert von allen Chören, sowie das *Tanzlied der Studenten* (Gert Ullrich, Horst Irrgang, Bearbeitung Gerd Schlotter, mit Choreographie), dirigiert jeweils von Irrgang an. Den folgenden Abschnitt bildeten wiederum Sprechtexte mit Bild-

---

26 Dieser Hinweis Rabenschlags widerspricht scheinbar den anderen Befunden, wonach er ausschließlich den Schostakowitsch dirigiert hat. Rabenschlag dirigierte die Gesamtaufführung der Kantate im Akademischen Festakt am 12. Oktober 1959. Vgl. dazu Unterlagen: UAL: FDJ 35, S. 50 f. An dem beschriebenen Festprogramm beteiligte er sich dann aber nur in der erläuterten Weise.

27 Vgl. *Mitteilung 2/Reisechor*, Brief von Friedrich Rabenschlag an die Chormitglieder, ohne Datum [Sommer 1959], in: Leipziger Universitätschor. Chronik, Band für die Jahre 1926–1980, o. S., o. Sign. Hervorhebung original. Die Chronik wird heute im Büro der Leipziger Universitätsmusik aufbewahrt.

28 In diesem Programm erklangen nur ausgewählte Teile der Kantate.

29 Textheft: *Das Lied von der Erkennbarkeit der Welt. Kantate zur 550-Jahrfeier der Karl-Marx-Universität*, Leipzig 1959, S. 5, o. Sign.

dokumentationen zum Thema *Wissenschaft im Kampf gegen Faschismus und Militarismus*, darin eingebettet eine satirische Szene *Korporazzia*, dargeboten vom ‚Rat der Spötter'. Hierauf folgte der Universitätschor mit dem Poem *Kämpft kühner noch!* aus Dmitri Schostakowitschs *Zehn Poemen für gemischten Chor*, einem A-cappella-Werk und zugleich dem einzigen Stück der Veranstaltung, bei dem Friedrich Rabenschlag als Dirigent des Chores auftrat (in Böhlen wurde dieser Programmpunkt gestrichen).[30] Danach erklang der Eingangschor aus Georg Friedrich Händels *Friedensode*,[31] bereits das zweite Stück des Programms nach Beethovens *Chorphantasie*, das mit einem in der DDR neu entstandenen parteilichen und nichtreligiösen Text versehen wurde,[32] gesungen vom Chor des Zentralen Volkskunstensembles, dem Chor der Musikerzieher und begleitet vom Akademischen Orchester diesmal unter Leitung von Jochen Schneider, der Universitätschor war hier wiederum nicht beteiligt. Hieran schlossen sich ein Vietnamesisches Lied als Gesangssolo einer Studentin sowie ein Algerischer Freiheitstanz, dargeboten von algerischen Studenten an, es folgten weiterhin Auszüge aus dem *Planetarischen Manifest* (Johannes R. Becher), das Lied *Rodina moja* (Lew Oschanin, Anatoli Nowikow), gesungen vom Chor der Slawisten und Dolmetscher (Jürgen Morgenstern) sowie das Lied zu den VII. Weltfestspielen in Wien *Wir tragen den Sommer ins Land* (Armin Müller, Günter Fredrich), gesungen von allen Chören unter Leitung von Irrgang. Danach kamen der *Sporttanz der Studenten* (Choreografie: Editha Dörwaldt-Lindemann, Musik: Gerd Schlotter) sowie das *Lied vom Bau der Erdölleitung*, gesungen vom Chor des Zentralen Volkskunstensembles (Leitung Irrgang) zur Aufführung. Den nächsten Programmpunkt bildeten die Teile 14 und 15 der Geißler-Kantate, welche die Entfaltung der Wissenschaft in der DDR und das Lob der sozialistischen Gemeinschaft der Universität zum Ausdruck brachten. Nach einem weiteren Tanz mit dem Titel *Vom ich zum wir*, der den Besuch von Studenten bei einer Brigade der sozialistischen Arbeit zeigen sollte",[33] getanzt von den vereinigten Tanzgruppen der Karl-Marx-Universität (Choreografie: Jutta Barthel, Musik: Wolfgang Hudy, Bearbeitung: Gerd Schlotter) und einem Auszug aus Bertolt Brechts *Das Leben des Galilei* folgten die beiden letzten Abschnitte der Festkantate, die die Schöpferkraft des Menschen in den Mittelpunkt stellten und am Ende in einer hymnischen Aufgipfelung, in der praktisch jede Note mit einem Akzent versehen ist, den Kommunismus als letztes, bald zu erreichendes Ziel feiern.

Zur 550-Jahrfeier der Universität steuerte der Universitätschor außerdem noch eine Aufführung von Georg Friedrich Händels Oratorium *Belshazzar*,[34] ebenfalls am 12. Oktober 1959 bei und gestaltete außerdem am 17. Oktober ein festliches Universitätskonzert, gleichzeitig das 2. Universitätskonzert im Studienjahr 1959/60, in dem Werke von Distler und Weismann erklangen, wiederum das Poem *Kämpft kühner noch!* von Dmitri Schostakowitsch sowie Ausschnitte aus Fidelio F. Finkes *Frieden und Freiheit* und Heinz Krause-Graumnitz' ‚Brecht-Zyklus'. Außerdem sang der Chor Werke von Johannes Brahms sowie ausgewählte Madrigale, der Universitätsorganist Robert Köbler spielte Klavierwerke von Johann Sebastian Bach und Georg Friedrich Händel.

Die 1960er Jahre

Auch in den 1960er Jahren gestalteten die Ensembles verschiedene ähnliche Programme wie das zuvor ausführlich beschriebene Programm zum 550-jährigen Universitätsjubiläum. So fand in der 1. Woche der Sozialistischen Volkskunst der Karl-Marx-Universität am 3. Februar 1961 eine Festveranstaltung statt, deren Bestandteile wiederum die *Egmont-Ouvertüre* von Beethoven, aber auch das Vorspiel zu Richard Wagners *Die Meistersinger von Nürnberg* waren, aufgeführt vom Akademischen Orchester. Die Kantate *Sturm und Gesang* von Kurt Schwaen wurde vom Louis-Fürnberg-Ensemble aufgeführt, der Leipziger Universitätschor (Leitung in Vertretung: Christoph Schneider) beteiligte sich am Programm bezeichnenderweise wiederum separat mit einem Block von Madrigalen und sang am Schluss des Programms bei der Aufführung der Kantate

---

30 Die Stellung des Festprogramms im Kontext der Chorarbeit ist auch an der Tatsache ablesbar, dass in der Chorchronik außer den entsprechenden Daten und einem Foto keine weiteren Informationen enthalten sind. Vgl.: *Leipziger Universitätschor. Chronik*, Band für die Jahre 1926–1980, o. S., o. Sign.

31 Es handelt sich dabei um Händels *Ode for the Birthday of Queen Anne* (HWV 74).

32 „Am Tag der uns den Frieden bringt, daß Freude alle Welt durchklingt". Der ursprüngliche Text lautet: „The day that gave great Anne birth, who fixed a lasting peace on earth." Es handelt sich hierbei um eine typische Vorgehensweise, Musik des sogenannten ‚Erbes' ideologisch brauchbar zu machen. So erschien später beispielsweise das Buch: Claus Haake: *Georg Friedrich Händel, Chorsätze aus Opern, Oratorien, Oden und anderen Chorwerken, Empfehlungen zur Repertoire- und Programmgestaltung der Chöre des künstlerischen Volksschaffens der DDR*, Leipzig 1984, in dem verschiedenste Auszüge aus Händels Werken mit neuen Texten zu Aufführung vorgeschlagen wurden. Und auch Johannes R. Bechers Neutextierung von Beethovens *Chorphantasie* ist kein Einzelfall: 1963 gab die Universität Leipzig für die II. Universitätsfestspiele eine Textneufassung für das gleiche Stück bei Max Zimmering, damals Professor am Institut für Literatur Johannes R. Becher in Leipzig, in Auftrag. Vgl. *Verschiedene Dokumente*, UAL: R. 343, Bd. 2, S. 105–114, Zimmerings Text „Es ist ein neuer Frühling dir gekommen" S. 107–114.

33 Programmablauf: *„Wir singen das Lied von der Erkennbarkeit der Welt"*, UAL: R. 158, Bd. 4, S. 40–44, hier S. 44.

34 Vgl. Programmabläufe des Universitätsjubiläums, in: UAL R. 158, Bd. 4, S. 91 f.

Unsere Republik von Armin Müller (Text) und Günter Fredrich (Musik) gemeinsam mit dem Louis-Fürnberg-Ensemble unter Begleitung des Akademischen Orchesters unter Leitung von Horst Förster oder Horst Irrgang.[35]

Eine ähnliche Festveranstaltung anlässlich des 10. Jahrestages der Namensgebung der Karl-Marx-Universität am 2. Mai 1963 unter dem Titel „Seht es leuchtet eine neue Zeit" begann mit der *Festouvertüre 1948* von Ottmar Gerster. Verschiedenste Mitwirkende unter der künstlerischen Leitung von Horst Förster (auch hier wird im Programm wieder Rudolf Gehrke für die Gesamtleitung genannt) brachten in dieser Zusammenstellung unter anderem die Schlussszene der *Meistersinger von Nürnberg* und, nach einem Auszug einer Rede von Walter Ulbricht, den Schlusschor aus der *Ballade vom Manne Karl Marx und der Veränderung der Welt*, ebenfalls von Gerster zur Aufführung. Auch der Universitätschor wirkte hier mit, in Vertretung von Friedrich Rabenschlag dirigierte Christoph Schneider. Der Chor beteiligte sich mit dem Stück *Fragen eines lesenden Arbeiters* aus dem ‚Brecht-Zyklus' von Krause-Graumnitz. Zu vermuten ist, dass er ebenfalls bei dem Auszug aus den *Meistersingern von Nürnberg* mitwirkte, aus dem Programm geht dies nicht eindeutig hervor.[36]

Während also der Universitätschor, das heißt vor allem sein Leiter, versuchte, die Positionen des Chores bei solchen Programmen möglichst klein zu halten und selbst nur marginal als Leiter in Erscheinung zu treten, wählte der Komponist Horst Irrgang, seit 1958 Leiter des Chores des Louis-Fürnberg-Ensembles, zum Teil einen anderen Weg. Außerdem setzte er mit einem ausgesprochen ambitionierten eigenen Programm ausschließlich mit zeitgenössischer Chormusik Akzente. Zu den 1. Universitätsfestspielen 1961 präsentierte er am 10. Dezember 1961 im Großen Hörsaal der Deutschen Hochschule für Körperkultur ein Programm mit dem Titel *Mitten in der neuen Zeit*, das neben dem Chor des Louis-Fürnberg-Ensembles auch von Dieter Streithof (Klavier) sowie vier Sprechern bestritten wurde. Es erklangen Werke von Kurt Schwaen (aus der Kantate *Sturm und Gesang*), Gerhard Rosenfeld (aus seinen *Aesop-Fabeln*), Heinz Krause-Graumnitz (aus *Von Bäumen, Tieren und Menschen*), zwei Lieder von Gerhard Wohlgemuth und Heinz Krause-Graumnitz, zwei Lieder von Fred Lohse,[37] zwei Lieder von Ottmar Gerster sowie dessen Kantate *Friede und Freiheit*.

Als Uraufführungen sang der Chor außerdem in diesem Programm den Liederkreis *Jedes Jahr ist jung* für gemischten Chor a cappella, nach Gedichten von Louis Fürnberg komponiert von Irrgang selbst, sowie *Das bist du mir*, Liebeslieder für gemischten Chor nach Texten von Richard Dehmel, Louis Fürnberg und Johannes R. Becher komponiert von Fritz Geißler. Als Zwischenspiele fungierten die Sätze einer Klaviersuite von Gerhard Wohlgemuth, interpretiert von Streithof, die Sprecher brachten dazu Gedichte von Bertolt Brecht, Louis Fürnberg, Johann Wolfgang von Goethe, Kuba (Kurt Barthel), Rainer Kunze und Werner Lindemann zum Vortrag.

Ebenfalls während der 1. Universitätsfestspiele, am 16. Dezember 1961, wurde wiederum offiziell vom Sozialistischen Volkskunst-Zentrum der Leipziger Universität, in diesem Fall der Kulturgruppe ‚Pawel Kortschagin' sowie weiteren Solisten, begleitet vom Akademischen Orchester die Operette *Freier Wind* von Isaak Dunajewski aufgeführt. Ausgehend von dieser Aufführung fasste das Ensemble den Entschluss, sich in den folgenden Jahren weiter der Operette, dem heiteren Singspiel und der politisch-satirischen Revue zu widmen.[38] Ganz im Zeichen des ‚Bitterfelder Weges' steht die in der Konzeption enthaltene Begründung für die dabei notwendige Zusammenarbeit mit professionellen Musikern und Theaterleuten:

„Mit der Unterstützung von Berufskünstlern in unserer Arbeit wollen wir helfen, die Kluft zwischen Kultur und Unterhaltung zu überwinden und in der Wirkung auf unsere Menschen eine Verbindung zwischen beiden herzustellen. Damit ist auch für uns der Bitterfelder Weg zur Richtlinie unserer Kuturarbeit [sic] geworden."[39]

Das slawische Liedgut, von dem die Gruppe ausgegangen war, solle trotzdem weiter gepflegt werden.[40]

Auch das Akademische Orchester integrierte in seine Konzertprogramme häufig Ur- und Erstaufführungen. So gestaltete es am 25. Januar 1963 ein festliches Konzert zum VI. Parteitag der SED, das vom Verband deutscher Komponisten und Musikwissenschaftler gemeinsam mit dem FDGB veranstaltet wurde und dessen Programm mehrere Werke von Komponisten aus der DDR enthielt. Es erklangen die Uraufführung des Auftragswerkes *Sinfonietta serena* von Max Dehnert, Erstaufführungen von Fritz Geißlers *Sinfonischer Burleske des braven Soldaten Schwejk*

---

35 Programmzettel: *Festveranstaltung der 1. Woche der Sozialistischen Volkskunst der Karl-Marx-Universität am Freitag, dem 3. Februar 1961*, Leipzig 1961, o. S., o. Sign. Der Programmzettel im Archiv des Universitätschores weist verschiedene nachträglich mit Schreibmaschine angebrachte Änderungen auf, so dass manche Besetzungsfragen und auch die Programmreihenfolge nicht endgültig zu klären sind.

36 Programmheft: *Karl-Marx-Universität Leipzig. Sozialistisches Volkskunstzentrum „Seht es leuchtet eine neue Zeit"*, Leipzig 1963, o. S., o. Sign.

37 Fred Lohse war 1952 bis 1977 Mitarbeiter am Institut für Musikerziehung.

38 *Konzeption für die Arbeit der Kulturgruppe im Jahre 1962*, UAL: R 345, S. 22.

39 Ebenda, S. 23.

40 Ebenda, S. 24.

und von Fred Maliges Klarinettenkonzert sowie Carl-Ernst Ortweins *Nocturne concertant für Klaviersolo und Kammerorchester*.[41]

Mit einer interessanten Programmzusammenstellung beteiligte sich der Universitätschor mit seinem 1. Universitätskonzert des Studienjahres 1963/64 am 12. Dezember 1963 an den II. Universitätsfestspielen der Karl-Marx-Universität. Unter Begleitung des verstärkten Kammerorchesters der Universität und unter der Leitung von Hans-Joachim Rotzsch (in Vertretung)[42] bot der Chor im Saal der Ingenieurschule für Post- und Fernmeldewesen die Kantate für Soli, Chor und Orchester *An die Nachgeborenen* von Heinz Krause-Graumnitz nach Texten von Bertolt Brecht sowie Johann Sebastian Bachs Kantate *Was mir behagt, ist nur die muntre Jagd* (BWV 208). Die Kombination von zeitgenössischer Musik mit älteren Werken hatte im Universitätschor immer Tradition, die Kombination mit Werken von Johann Sebastian Bach sollte in der Folge weiter eine besondere Facette der Programmgestaltung bilden, reine Programme mit zeitgenössischer Chormusik sang der Chor dagegen kaum.

Dass Heinz Krause-Graumnitz weiterhin eine feste Größe im Repertoire des Universitätschores darstellte, zeigt das Programm eines A-cappella-Konzertes vom 27. Januar 1967 im Leipziger Alten Rathaus (gleichzeitig das 2. Universitätskonzert im Studienjahr 1966/67). Unter Leitung von Hans-Joachim Rotzsch sang der Chor unter anderem Werke von Ernst Pepping, Zoltán Kodály und Lajos Bárdos sowie Auszüge aus dem Auftragswerk *Das Unsere. Acht Chorpoeme für vier bis achtstimmigen Chor a cappella* von Heinz Krause-Graumnitz mit Texten von Georg Maurer aus *Gestalten der Liebe*. Diese 1965 entstandene Komposition war vom Chor unter Rotzschs Leitung am 2. Juni 1966 zum Leipziger Bachfest uraufgeführt worden. Höhepunkt des Konzertes aus der Sicht zeitgenössischer Chormusik war aber die Uraufführung des Chorzyklus *Die Wolken*, ebenfalls ein Auftragswerk, komponiert vom Universitätsorganisten Robert Köbler nach Texten von Günther Deicke, die sich ausgehend von der Betrachtung der Liebe und der Schönheit der Erde dem Thema der Abwendung eines möglichen Atomkrieges widmen. Dem Werk kommt auch insofern eine singuläre Stellung zu, als dass es augenscheinlich das einzige Werk Köblers für ein Ensemble der Universität war.[43] Kulturpolitische Intentionen, die allerdings leider im Moment nicht belegbar sind, könnten auch deshalb unterstellt werden, weil das Konzert im Kontext der so genannten „kulturellen Leistungsschau" der Universitätsensembles stattfand.

Das Werk Köblers blieb einige Zeit im Repertoire des Chores und wurde unter anderem in einem Konzert des Kammerchores des Universitätschores am 31. Januar 1968 in der Alten Börse wiederaufgeführt, in dem auch die Uraufführung der *Frühlingsmadrigale* von Jürgen Golle erklang. In einer in der Chorchronik enthaltenen Kritik dieses Konzertes ist zu lesen:

„Daß der Universitätschor sich nicht mit Uraufführungen begnügt, sondern die einmal von ihm aus der Taufe gehobenen Werke immer wieder ins Bewußtsein der Hörerschaft rückt, zeigte er mit Robert Köblers Chorzyklus ‚Die Wolken', der gerade in der durchsichtigen Kammerchor-Wiedergabe von stärkster Eindringlichkeit war. Diese Eindringlichkeit unterstrich der Komponist noch mit einer sich gedanklich und im Charakter anschließenden Klavierimprovisation."[44]

Zu den 11. Arbeiterfestspielen präsentierte der Universitätschor am 7. Juni 1969 in Mittweida unter Hans-Joachim Rotzsch die Uraufführung der Komposition *Das Jahr zweitausend naht* von Siegfried Matthus, eines Auftragswerkes des Leipziger Universitätschores „zu Ehren des 20. Jahrestages der Gründung der DDR". Neben dem Auftragswerk erklang in diesem Programm heitere Chormusik aus vier Jahrhunderten. Matthus legte seiner Komposition, von der er in der Partitur betont, keinen Zyklus geschaffen zu haben, sondern Stücke mit verschiedenem Schwierigkeitsgrad für unterschiedliche Ensembles,[45] Texte von Paul Wiens zugrunde. Die meisten der neun Stücke sind doppelchörig angelegt, wobei Matthus zum Teil vorschlägt, den zweiten Teilchor hinter dem Publikum zu postieren. In einigen der Stücke verteilt er den Text auf beide Teilchöre und behandelt sie auch musikalisch gleichrangig (Nr. 1, 7, 9), in anderen bildet der zweite Chor eine Art ‚Background-Chor' und singt auf Vokalisen („dap du da" etc., Nr. 2 und 8). Weitere Nummern sind einchörig und eher homophon, zum Teil auch mit Solostimmen gestaltet. Matthus' Stücke fanden zum Teil Eingang in das Repertoire des Chores und wurden beispielsweise bei einem Freiluftkonzert auf der Dahlienterasse des Cla-

---

41 Vgl. M. Gries: *Das Akademische Orchester* (wie Anm. 3), S. 40.

42 Diese Formulierung findet sich im Programmheft: *II. Universitätsfestspiele der Karl-Marx-Universität: 1. Universitätskonzert 1963/64*, Titelseite, o. S., o. Sign. Rabenschlag ließ sich seit 1963 aus gesundheitlichen Gründen von Rotzsch als Leiter des Universitätschores vertreten. 1965 löste Rotzsch Rabenschlag dann auch offiziell ab.

43 Köbler konzertierte häufig gemeinsam mit dem Universitätschor, wobei er Orgel- bzw. Klavierwerke im Wechsel mit den Chorwerken in dessen Konzerten vortrug.

44 -del [Autor namentlich nicht bekannt]: *Überzeugung und Qualität. Zeitgenössische Chormusik mit dem Universitäts-Kammerorchester in der Börse*, in: Leipziger Universitätschor. Chronik, Band für die Jahre 1926–1980, o. S., o. Sign. Die Kritik ist hier allerdings fälschlicherweise dem oben erwähnten Konzert vom Januar 1967 zugeordnet.

45 Siegfried Matthus: *Das Jahr zweitausend naht. Neun Sätze für gemischten Chor a cappella auf Worte von Paul Wiens*, Partitur, Leipzig 1969.

ra-Zetkin-Parkes am 24. Juli 1969 gemeinsam mit Teilen aus der Sportfestkantate *Wer die roten Früchte will* von Armin Müller und Günter Fredrich aufgeführt.

Die 1970er Jahre

Das Akademische Orchester führte in den 1970er Jahren mehrere Auftragswerke erstmals auf, die zu verschiedenen Jubiläen des Orchesters entstanden waren. 1971, zum 15-jährigen Bestehen, komponierte Günther Neubert die *Concertante Suite* für Violine und kleines Orchester, zum 25-jährigen Jubiläum des Orchesters 1979[46] erklang während der IX. Universitätsfestspiele mit dem *Concertino für Cembalo* ein Auftragswerk von Friedbert Groß. 1974 spielte das Orchester außerdem die Uraufführung von Karl Dietrichs *Divertimento Nr. 2 für Orchester nach einem Thema von Max Reger*, unter anderem in einem Konzert zur „kulturell-ästhetischen Bildung von Lehrerstudenten".[47]

In den Jahren 1970 bis 1973 gestaltete der Universitätschor sein Projekt ‚Das Chorwerk', das aus sechs Konzerten zu verschiedenen musikalischen Themenstellungen bestand, die durch entsprechende Vorträge vertieft wurden. In diesem Kontext erklang auch zeitgenössische Chorliteratur.[48] Im ersten Konzert am 29. Januar 1970 mit dem Titel ‚Chorische Darstellungsformen' kamen beispielsweise Jürgen Golles *Frühlingsmadrigale* zur Uraufführung, außerdem erklangen Ausschnitte aus dem Auftragswerk von Siegfried Matthus (*Das Jahr zweitausend naht*) und Kompositionen von Hugo Distler und Hanns Eisler. In den weiteren Konzerten sang der Chor unter anderem Werke von Volker Bräutigam, Siegfried Köhler, Wilhelm Weismann, Heinz Krause-Graumnitz und Georg Trexler.[49]

Wiederum die Kombination einer Uraufführung mit einem Bach-Werk präsentierte der Universitätschor am 27. April 1971 im Rahmen der IV. Universitätsfestspiele mit Heinz Krause-Graumnitz' Kantate *Ein Mensch wächst auf* für Bariton-Solo, Chor und Orchester nach Worten von Johannes R. Becher, Louis Fürnberg, Johann Wolfgang von Goethe, Kuba (Kurt Barthel), Wladimir Iljitsch Lenin, Karl Liebknecht, Friedrich Schiller und Max Zimmering in einer Auswahl von Annerose Mann, die als Auftragswerk von Universitätschor und Rat des Bezirkes Leipzig für die 13. Arbeiterfestspiele entstand und gemeinsam mit Kyrie, Gloria und Dona nobis pacem aus der h-Moll-Messe von Johann Sebastian Bach, unterstützt von Mitgliedern des Gewandhausorchesters und Solisten unter der Leitung von Hans-Joachim Rotzsch aufgeführt wurde. Am 6. Juni 1971 erklang das gleiche Konzert noch einmal im Rahmen der 13. Arbeiterfestspiele der DDR in Leipzig. Im Programmheft war dazu zu lesen:

„Das Programm verbindet das sozialistische Gedankengut unter dem Aspekt der Persönlichkeitsentwicklung in der Kantate von Krause-Graumnitz mit der zutiefst humanistischen Aussage des Werkes von Johann Sebastian Bach. Die ‚Missa' wurde von Bach als eigenständiges Werk komponiert und erst später mit drei anderen Kompositionen in der sogenannten ‚Messe in h-Moll' zusammengefasst, deren letzter Chorsatz ‚Dona nobis pacem' – Bitte um Frieden – das Programm abschließt."[50]

Am 19. November 1974 sang der Universitätschor nunmehr unter der Leitung von Max Pommer ein denkwürdiges Konzert, das dem 80. Geburtstag Paul Dessaus gewidmet war und gleichzeitig dessen Ehrenpromotion an der Leipziger Universität umrahmte. Der Chor sang Arnold Schönbergs *Friede auf Erden* sowie die Uraufführung des Chorwerkes *Der geflügelte Satz* von Dessau selbst, das in den Jahren 1972/73 auf Anregung des Universitätschores und seines Leiters Hans-Joachim Rotzsch im Auftrag der Universität und des Rates des Bezirkes Leipzig entstanden war. Das Konzert endete mit der Motette *Komm, Jesu, komm* von Johann Sebastian Bach, womit Pommer nur allzu gern einem Wunsch von Dessau selbst entsprach. Neben dem Chor wirkten auch Solisten und Mitglieder des Rundfunksinfonieorchesters mit. Pommer wurde nach dem Konzert wegen seiner die Bach-Motette einbeziehenden Programmkonzeption sehr scharf angegangen, die Wogen konnten erst durch ein Gespräch Paul Dessaus mit dem Rektor geglättet werden, in dem Dessau nochmals erklärte, gerade jenes Werk von Bach sei sein Wunsch gewesen.[51] Bereits die Programmheftgestaltung sagt viel über Strategien von Programmpolitik in der DDR aus. Pommers Einführung mit dem Titel „Notizen und Zitate" begann nach einem Schönberg-Zitat mit Informationen zum Text der Motette von Bach und stellte diese damit in den Kontext der Universitätsgeschichte. Pommer ging danach kurz auf die Stellung von *Friede auf Erden* in Schönbergs Schaffen ein und widmete den größten Teil des Textes dem Werk von Dessau. Pommer wollte die Kantate nicht als Alterswerk bezeichnen, fand aber trotzdem entsprechende Merkmale und fasste dann zusammen:

---

46 Die unterschiedlichen Daten kommen durch Bezugnahme auf differierende Gründungsdaten zustande. Vgl. M. Gries: *Das Akademische Orchester* (wie Anm. 3), S. 74.

47 Ebenda.

48 Zu den einzelnen Konzerten und ihrer Thematik vgl.: *Leipziger Universitätschor. Chronik*, Band für die Jahre 1926–1980, o. S., o. Sign. Gesamtdarstellung des Projektes mit Erläuterungen und Konzertprogrammen.

49 Ebenda.

50 Programmheft *13. Arbeiterfestspiele der Deutschen Demokratischen Republik. Festliches Konzert des Leipziger Universitätschores*, 6.6.1971, o. S., o. Sign., Textautor unbekannt.

51 Telefonat Max Pommers mit der Autorin am 19. März 2009.

„Die ungestüme Aggressivität des 5. Satzes, die leidenschaftliche Dichte der Dynamik und nicht zuletzt die Art und Weise, wie Dessau alles in seiner Komposition in den Dienst der politischen Aussage stellt und von ihr abhängig macht, lassen in Zusammenhang mit ihm und diesem Werk die Jahreszahl seines Geburtstages völlig vergessen!"[52]

Auf der Programmheftrückseite befanden sich noch zwei Zitate: ein Auszug aus einem Brief Schönbergs an Hermann Scherchen sowie der Text *Zur historischen Veränderlichkeit der musikalischen Perzeption* von Zofia Lissa, die beide augenscheinlich die Gewagtheit der Programmkonzeption für bestimmte Adressaten ausgleichen oder relativieren bzw. die Notwendigkeit einer Suche nach neuen Wegen der Kompositionstechnik belegen sollten:

„Der Komponist wäre nicht schöpferisch, wenn er in den gleichen musikalischen Kategorien lebte wie der Hörer. Die Komponisten stecken also den Entwicklungsweg der Vorstellung der Hörer ab, und die Änderungen in ihrem Schaffen sind entscheidend für die Änderung der Perzeptionsprinzipien der Hörer. Komponisten, die sich nach eingeschliffenen Prinzipien richten, finden bei den Hörern leichter Verständnis. Jedenfalls sind diese Prinzipien nichts Überhistorisches, sondern historisch veränderlich. Sie sind nicht abhängig von der musikalischen Erfahrung, sondern an ihr gebildet".[53]

Max Pommer selbst hatte Mitte der 1970er Jahre ein weiteres Werk in Auftrag gegeben, das sich auf Texte von Thomas Brasch in einer Gemeinschaftskomposition der Komponisten Friedrich Schenker, Georg Katzer und Karl Ottomar Treibmann der Thematik des Bauernkrieges widmen sollte. In der Festschrift zum 50-jährigen Bestehen des Chores schrieb Pommer dazu:

„Der seit der Leitung des Chores durch Prof. Hans-Joachim Rotzsch immer gewichtigere Anteil neuer Werke im Repertoire des Chores wurde in den letzten Jahren um Kompositionen von Schönberg und Paul Dessau erweitert. Ein Auftragswerk über ein Thema aus dem deutschen Bauernkrieg ist fertiggestellt. Auch hier: interessante und engagierte Diskussionen mit Thomas Brasch und den Komponisten Friedrich Schenker, Georg Katzer und Ottomar Treibmann."[54]

Leider konnte das Werk – trotz gegenteiliger Behauptung im zitierten Text – nicht fertig gestellt und unter DDR-Bedingungen vor allem nicht aufgeführt werden, da Brasch die Erklärung zur Ausbürgerung Wolf Biermanns unterschrieben hatte und in der Folge aus der DDR ausreiste.[55] Dadurch ist ein durch die Vermittlung von Heiner Müller (Textebene) und Friedrich Goldmann (musikalische Ebene) zustande gekommenes Projekt leider unvollendet geblieben.

Ende der 1970er Jahre führte der Universitätschor zum Teil gemeinsam mit dem Akademischen Orchester weitere Auftragswerke auf, wobei hier ein deutlicher Schwerpunkt auf sowjetischen Komponisten, hauptsächlich aus baltischen Sowjetrepubliken lag. So waren beide Ensembles 1977 von der SED-Bezirksleitung beauftragt, ein Festkonzert zum 60. Jahrestag der Oktoberrevolution zu gestalten, in dessen Kontext ein Auftragswerk des litauischen Komponisten Vytautas Paltanavicius mit dem Titel *Zum Feste* erklang sowie wiederum Beethovens *Chorphantasie*.[56]

Am 5. November 1978, zur Festveranstaltung des nunmehr 61. Jahrestages der Oktoberrevolution führte der Universitätschor die ihm gewidmeten *3 Poeme nach Texten von Wladimir Majakowski* des estnischen Komponisten Vitali Gewicksmann auf, die der Chor bereits am 26. Oktober 1977 für den Rundfunk produziert hatte. Neben den Hymnen beider Länder, Ansprachen und Sprechtexten, erklangen, gespielt vom Akademischen Orchester, die *Feuerwerksmusik* von Georg Friedrich Händel sowie der 1. Satz des Konzerts a-Moll für Violine und Orchester von Johann Sebastian Bach, der Universitätschor sang außerdem Hanns Eislers *Naturbetrachtung*, und beide Ensembles boten am Schluss Ludwig van Beethovens *Chorphantasie*. Im Vergleich zum oben beschriebenen Festprogramm für die 550-Jahrfeier der Universität wurde hier deutlich weniger Aufwand betrieben und das Programm hauptsächlich mit klassischen Stücken bestritten.

Noch im gleichen Monat setzte der Universitätschor einen ungleich gewichtigeren Akzent mit der DDR-Erstaufführung von Alfred Schnittkes Requiem am 23. November 1978 (1. Universitätskonzert 1978/79) in der Leipziger Thomaskirche. Es handelte sich um die erste Konzertaufführung des Werkes überhaupt. Pommer kombinierte Schnittkes Komposition, 1974/75 als Bühnenmusik zu Schillers *Don Carlos* entstanden, mit zwei Chorwerken von Max Reger sowie der Motette *Fürchte dich nicht* von Johann Sebastian Bach. Schnittkes Komposition für Soli, Chor und ein Instrumentalensemble aus Orgel, Trompete, Posaune sowie Schlagwerk mit Elektro-Gitarre, wurde auch vom Chor als besonderes Erlebnis vor allem bezüglich des Umgangs mit dem Requiemtext, mit der Art von

---

52 Max Pommer: *Notizen und Zitate*, in: Programmheft: Festliches Konzert anläßlich des 80. Geburtstages von NPT Prof. Paul Dessau, 1974, o. S., o. Sign.

53 Ebenda.

54 Karl-Marx-Universität, HA Kultur (Hrsg.): *Der Leipziger Universitätschor. Beiträge zur Universitätsmusik der Stadt Leipzig 1600–1976* (Redaktion: UMD Dr. Max Pommer), Leipzig 1976, S. 25.

55 Telefonat Max Pommers mit der Autorin am 19. März 2009.

56 Vgl. M. Gries: *Das Akademische Orchester* (wie Anm. 3), S. 76.

Schnittkes Stimmbehandlung sowie dem gemeinsamen Musizieren mit dem klangfarblich ungewöhnlichen Instrumentalensemble beschrieben.⁵⁷

Die 1980er Jahre

Zum 575. Universitätsjubiläum 1984 steuerte der Universitätschor ebenfalls eine Uraufführung zum Akademischen Festakt am 2. Dezember 1984 bei: Karl Ottomar Treibmanns Chorsinfonie *Der Frieden* nach einem Text von Volker Braun. Treibmann, selbst Dozent am Institut für Musikwissenschaft, hatte die Komposition „im Auftrag des Rates des Bezirkes Leipzig und des Rektors der Karl-Marx-Universität" geschrieben und im Karl-Marx-Jahr 1983 beendet.⁵⁸ Er schrieb dazu in der Chorchronik:

> „Nicht jeder Text regt zu musikalischer Umsetzung an. Volker Brauns Dichtung hat mich sofort angesprochen und inspiriert. Die Gründe: brisante Aussagen zu einem uns bewegenden Thema – lapidar und zugleich vielschichtig, bildhaft und ausdrucksstark. Die Sätze REQUIEM und GIOCOSO sind nach strengen Ton- und Zeitordnungen komponiert. Melodik und Zusammenklang werden aus einer zwölftönigen Reihe entwickelt. Im dritten Satz wird bis in die Mikrostrukturen hinein ein den zeitlichen Ablauf gliederndes serielles Ordnungsprinzip wirksam, das dem Satz Strenge, zugleich aber auch seinen ‚federnden' Charakter verleiht. Die beiden APPELL-Sätze folgen rhapsodisch frei dem Impuls der Worte." ⁵⁹

Der Leipziger Professor für Literaturwissenschaft Walfried Hartinger ordnete Brauns Text die entsprechende ‚parteiliche Perspektive' zu, um das Werk vor Angriffen der Zensur zu schützen.

> „Im künstlerischen Bild, in der ausgeführten Personifikation des Friedens erscheint das, was Volker Braun gleichsam in Klartext [...] so formuliert hat: ‚Der Frieden, den es jetzt zu erhalten gilt, das ist eine fürchterlich hagere Gestalt, die in Waffen geht. Die uns zu der fortwährenden Anstrengung zwingt, sie von allen Seiten zu panzern, einer Anstrengung, bei der der Sozialismus seine eigenen Zwecke vergessen kann. Der Frieden, ein Monster, das unsere Kräfte verschlingt. Alle Interessen und Ziele untergeordnet dem [...] Zwecke, ihn zu erhalten!' Dieser uns von der Welt des Kapitals aufgezwungene Kampf, den wir mit Einsatz aller unserer Kräfte bestehen müssen, kann und darf nicht das Nachdenken über den ‚Großen Frieden', die kommunistische Perspektive, verdrängen – das ist die eigentliche Botschaft des Textes."⁶⁰

In der Folge wurde Treibmanns Komposition noch mehrfach aufgeführt, so unter anderem am 5. Mai 1986 im Leipziger Gewandhaus, dessen Reihe ‚Das Neue Werk. Konzertreihe zeitgenössischer Musik' in einem Konzert im Rahmen der 8. Tage der Neuen Musik im Bezirk Leipzig das Werk mit der 14. Sinfonie von Dmitri Schostakowitsch kombinierte. Während die Sinfonie von Schostakowitsch vom Leipziger Kammerorchester unter Leitung von Georg Moosdorf interpretiert wurde, sang der Universitätschor Treibmanns Werk in Begleitung von Mitgliedern des Gewandhausorchesters unter Leitung von Max Pommer. Außerdem war das Werk im gleichen Jahr zu den DDR-Musiktagen im Berliner Schauspielhaus erklungen. Zu seinem 60. Jubiläum am 19. Juni 1986 brachte der Universitätschor ebenfalls eine Uraufführung von Treibmann zu Gehör, seine Neufassung des Studentenliedes *Gaudeamus igitur*, die dem Chor gewidmet war.

Die letzte in diesem Rahmen interessierende DDR-Erstaufführung eines zeitgenössischen Werkes durch den Universitätschor fand am 30. November 1987 im 1. Universitätskonzert des Studienjahres – gleichzeitig offiziell dem Jahrestag der Oktoberrevolution gewidmet –, statt: Zur Aufführung kamen Carl-Heinz Dieckmanns *... und es schlägt des Menschen Herz*, komponiert 1984 auf einen Text von Louis Fürnberg, sowie Carl Orffs *Carmina burana*. Dieses Konzert war gleichzeitig das erste Konzert des neuen Leiters des Universitätschores Wolfgang Unger.

Beim Akademischen Orchester ist ab Anfang der 1980er Jahre ein Rückgang der Aufführungen von Auftragswerken und Erstaufführungen zeitgenössischer Werke zu verzeichnen, Matthias Gries vermutet als Gründe dafür geringe Publikumsakzeptanz und die allgemeine wirtschaftliche Krise der DDR. Das letzte Auftragswerk, das das Orchester in der DDR aufführte, war demnach Joachim Gruners *Gaudeamus* im Festkonzert zum 30-jährigen Jubiläum des Klangkörpers am 15. Oktober 1984.⁶¹

In den Jahren zuvor hatte sich Horst Förster stark um die Gewinnung von Auftragswerken für sein Orchester

---

57 Vgl. *Bericht von Edita Kludas*, in: Leipziger Universitätschor. Chronik, Band für die Jahre 1926–1980, o. S., o. Sign.

58 Vgl. Karl Ottomar Treibmann: *Der Frieden. Chorsinfonie*, Partitur, Leipzig 1984.

59 Vgl. *Leipziger Universitätschor. Chronik*, Band für die Jahre 1980–1997, o. S., o. Sign. Das Programmheft für den Akademischen Festakt enthält einen anderen Text Treibmanns. Vgl.: Karl-Marx-Universität Leipzig: *Akademischer Festakt anläßlich der 575. Wiederkehr der Gründung der Alma mater Lipsiensis*, Leipzig 1984.

60 Vgl. *Leipziger Universitätschor. Chronik*, Band für die Jahre 1980–1997, o. S., o. Sign. Im Programmheft ist der Text um eine entscheidende Formulierung gekürzt und lässt den Verweis auf die „kommunistische Perspektive" aus. Vgl. Karl-Marx-Universität Leipzig: *Akademischer Festakt anläßlich der 575. Wiederkehr der Gründung der Alma mater Lipsiensis*, Leipzig 1984

61 Vgl. M. Gries: *Das Akademische Orchester* (wie Anm. 3), S. 85

bemüht.[62] Neben den bereits genannten Werken wurden folgende Auftragswerke vom Orchester uraufgeführt und zum Teil ins Repertoire aufgenommen: Fritz Geißlers *Sinfonietta giocosa* (21. Mai 1963), Jens-Uwe Günthers *Marx. Canto risento für Bariton und Orchester* (1. Juli 1978), Theodor Hlouscheks *Concertino giocoso* (13. April 1970), Siegfried Köhlers *Sinfonie der Jugend* (25. Mai 1965), Hansgeorg Mühes *Concertino für Klavier und Kammerorchester* (12. April 1965), Nguon v. Thoungs *Dong Khoi* (14. Dezember 1971), Gerhard Rosenfelds *Epitaph für Orchester* (13. Dezember 1966) und Karl Ottomar Treibmanns *Prolog für Orchester* (1. November 1974).[63]

Die Musikausübung an der Universität Leipzig zur Zeit der DDR in all ihren Facetten konnte hier nur skizziert werden. Weitere intensive Studien müssen folgen, um aufgeworfene Fragen zu beantworten und ein vollständigeres Bild zu gewinnen. Deutlich wurde trotzdem, dass im Kontext der Auseinandersetzung mit den kulturpolitischen Zwängen und in ständiger Interaktion von Ensembles und Universitäts- sowie Partei- und FDJ-Leitungen, die unterschiedlichsten Strategien bei der Durchsetzung eigener künstlerischer Konzeptionen eine Rolle spielten. Die Durchsetzungsfähigkeit wiederum vor allem der Ensembleleiter hing stark von ihrer Person sowie ihrer Stellung im Universitätsbetrieb und im Kulturleben der Stadt allgemein ab.

62 Vgl. ebenda, S. 130 ff. bzw. S. 62 f.
63 Vgl. ebenda, S. 62 f.

Das Auftragswerk zum 600-jährigen Bestehen der Universität Leipzig und zur Einweihung des Neuen Paulinums:
Memoriam – Tempo e tempi für Chor und Orchester auf Texte von Hans-Ulrich Treichel und William Shakespeare (2008/09)
Bernd Franke

Angaben zum Werk

Besetzung: gemischter großer Chor (SATB), Orchester: 2 Flöten, 3 Oboen, 2 Klarinetten, 2 Fagotte, 4 Hörner, 4 Trompeten, 3 Posaunen, Tuba, Pauke, Schlagzeug (3 Spieler), Harfe, Klavier, Streicher (ideal: 14 erste Violinen, 12 zweite Violinen, 10 Violen, 8 Violoncelli, 6 Kontrabässe oder 12 erste Violinen, 10 zweite Violinen, 8 Violen, 8 Violoncelli, 6 Kontrabässe).
Die dritte Oboe sowie die dritte und vierte Trompete als Ferninstrumente hinter dem Publikum, zusätzlich eine Solo-Violine und eine Solo-Viola oberhalb oder seitlich des Orchesters (in Distanz).

Sätze/Form: Prolog – I (Treichel) – Interludium – II (Shakespeare) – Epilog (Treichel)

Dauer: ca. 17 Minuten

Verlag: C. F. Peters, Frankfurt

Uraufführung: 2. Dezember 2009, Universität Leipzig, Neues Paulinum. Festakt zum 600-jährigen Bestehen der Universität Leipzig.

Ausführende: Leipziger Universitätschor, Mendelssohn Kammerorchester Leipzig, Leitung: David Timm.

Weitere Informationen unter: www.BerndFranke.de

Gedanken zur Komposition:

Was ist Geschichte, was ist Zeit, was ist Glauben?
Wie gehen wir mit Brüchen, Wunden und Verletzungen um?
Was bleibt, was verändert sich, was ist quasi zeitlos?
Wie erleben wir persönlich Veränderungen (biografische, gesellschaftliche, kulturelle)?
Welchen Stellenwert hat für uns Bildung, welche Beziehung haben wir zur nächstfolgenden Generation, wie gehen wir mit Verantwortung und Moral um?
Was bedeutet Freiheit in der Bildung, für den Einzelnen, in der Kunst, in der Gesellschaft?

Solche und noch viele andere Fragen habe ich mir nach dem Empfang des ehrenvollen Kompositionsauftrages der Universität Leipzig zum 600-jährigen Jubiläum gestellt.

Auf der Suche nach geeigneten Texten zum Vertonen entschied ich mich nach längerer Suche aus einer engeren Auswahl für zwei Texte:

Zum einen handelt es sich um einen Ausschnitt aus William Shakespeares *Hamlet* – eine Ode an den Menschen, an seine Fähigkeiten zu Außergewöhnlichem, das, was ihn als Mensch von allen anderen Geschöpfen unterscheidet, ihn zu Mit-Menschlichkeit und zu bewusstem Handeln bringt.

Das zweite Gedicht *Immerdar* wurde im Januar 2009 von dem bekannten deutschen Schriftsteller und Lyriker Hans-Ulrich Treichel (geb. 1952) auf meine Bitte hin für dieses Werk geschrieben. Ich kenne Treichel schon seit vielen Jahren sehr gut und habe mit ihm auf Anregung von Hans-Werner Henze zusammen an der deutschen Fassung meiner letzten Oper *Mottke der Dieb* gearbeitet. Hans-Ulrich Treichel war viele Jahre Librettist von Henze und zählt seit langem zu den prominentesten Lyrikern deutscher Sprache. Seine Romane werden bei Suhrkamp verlegt. Großen Erfolg hatte er unter anderem mit seinen Büchern *Der Verlorene* (1998) und *Tristanakkord* (2000). Seit einigen Jahren lehrt er als Professor am Deutschen Literaturinstitut der Universität Leipzig.

In seinem Gedicht *Immerdar* beschäftigt sich Hans-Ulrich Treichel mit ewigen Fragen nach dem Sinn des Lebens, mit den Themen Werden und Vergehen und dem Wechselspiel von Gegenwart, Vergangenheit und Zukunft. Ein wunderbar schlichtes Gedicht, welches mich stark an japanische Lyrik erinnert. Gerade solche Passagen wie „das Haus, das wir bauen, der Sturm, der es einreißt" erinnern an die Vergänglichkeit und an den Schmerz von Verlusten. Diese Metapher kann man konkret auf die Geschichte der Leipziger Universität und der Universitätskirche beziehen. Die Patina einer Stadt wie Leipzig ist wie bei jeder großen Stadt mit einer reichen Kulturtradition und Geschichte ein ewiges Überschreiben und Verändern von äußeren in

Bernd Franke, (geb. 1959), Komponist des Werkes **Memoriam – Tempo e tempi** *zum 600-jährigen Bestehen der Leipziger Universität*

inneren Strukturen. Es gibt nie Stillstand, alles bewegt sich, nichts ist von unendlicher Dauer. So habe ich unter anderem Treichels Gedicht *Immerdar* interpretiert.

Für das Interludium von *Memoriam – Tempo e tempi* habe ich mich von dem Gedicht *Tempo e tempi* des großen italienischen Lyrikers Eugenio Montale (1896–1981) inspirieren lassen. Das Gedicht wird nicht für den Chor vertont, es erfolgt eine instrumentale Transformation in zwei Streichersoli mit Begleitung. Diese beiden Soli, eine Fern-Violine und eine Fern-Viola, ersetzen quasi zwei Solo-Gesangsstimmen und stellen zwei zusätzliche Linien/Schichten zur vorhergehenden Vertonung von Treichels Gedicht dar. Mit ‚fern' ist gemeint, dass beide Instrumente in einer räumlichen Distanz zum Orchester positioniert sind.

Diese Form der Räumlichkeit spielt auch für Prolog und Epilog eine wichtige Rolle. Im Prolog erklingen Rufe aus der räumlich-historischen Ferne, übertragen auf drei Oboen und vier Trompeten. Diese sind antiphonal aufgestellt, eine Oboe und zwei Trompeten stehen hinter dem Publikum. Im Epilog treten zu diesen Instrumenten nun auch die beiden Solo-Streichinstrumente Violine und Viola hinzu.

Welche Rolle spielen die Zeit und das Tempo?

Die Zeit wird unterschiedlich organisiert. Es gibt aleatorische Teile mit freiem Metrum, quasi organisch-aufgelöst, ohne klar erkennbaren Puls. Das betrifft vor allem Prolog und Epilog.

Satz I mit der Treichel-Vertonung hat einen Grundpuls 60, also Herzschlag, und ist vom Charakter her schlicht, liedhaft, einfach, mit wenigen Schnörkeln, dem Gedicht von Treichel ähnlich in der poetischen Struktur. Bestimmte Intervalle und Basisklänge kehren immer wieder, Linien und einfache Klangstrukturen kreisen um die Zentralmotive und -klänge.

Im Orchester tauchen schlichte ‚Schattenfiguren' in den Streichern auf, die tiefen Streicher ‚weben' ein weiches organisches Gefüge, kantige harte Klänge wechseln sich mit weichen ab.

Das Interludium ‚tritt aus der Zeit'. Wie in der indischen Musik wird das Puls-Herzschlag-Tempo auf 30 halbiert, ein Vakuum entsteht, in dieses Vakuum treten die beiden Fern-Solo-Instrumente in ein Zwiegespräch, kontrapunktiert und begleitet nur von diffusen Cluster-Pizzicati der tiefen Streicher, des Klaviers, der Harfe und am Anfang unterstützt von dem Quart-Tritonus-Klang des Chores. Der Chor ‚zieht' diesen Basis-Klang von Satz I wie ein Echo in das Vakuum hinein.

Satz II beschleunigt das Tempo um das Mehrfache auf 120 und zieht es immer weiter an. Die Vertonung von Shakespeares Text ist eine Ode, eine Liebeserklärung an den Menschen. Als Basis dient ein polytonaler Akkord, welcher schon im Prolog kurz auftaucht. Zentralton ist wiederum das A.

Im Epilog wird der Puls nach und nach wieder aufgelöst, ähnlich wie im Prolog werden mehrere Linien überlagert, der Chor wiederholt den Schlussteil von Treichels Gedicht *Immerdar* und zitiert die Anfangsklänge des Prologs.

Klänge/Töne/Strukturen:

Im Prolog ‚zitiere' ich die Grundtonart einer meiner Lieblingskompositionen von Mozart, der Symphonie g-Moll (KV 550). Aus dem repetierten Grundton G wird eine Mollterz G-B und daraus dann ein spannungsgeladener Tritonus G-Des. Weiche Terzen und angespannte Tritoni stellen eine Einheit in der Semantik und im Ausdruck dar. Der Tritonus transformiert dann später in Quarten beziehungsweise Quinten, ebenfalls symbolträchtige Intervalle.

Diese anfänglichen Repetitionen werden antiphonal von vier Trompeten und drei Oboen gespielt. Diesem Introitus schließt sich eine freie aleatorische Struktur der Holzbläser und der Streicher an, ein ‚Fließen und Loslassen' nach der extrem aufgestauten Energie am Anfang. Pulse in den tiefen Instrumentengruppen kommen dazu, es baut sich ein polytonaler Klang auf, welcher im Satz II später wiederkehrt.

Ein weiteres wichtiges Motiv wird vorgestellt: A-C-H, eine Chiffre, abgeleitet aus ‚Alma Mater Lipsiensis'. Diese Tonkombination wurde mit zwei unterschiedlichen Herangehensweisen entwickelt: einmal aus der konkreten Übertragung des Buchstabens A auf den Ton A und bei ‚Mater

Lipsiensis' aus der Übertragung der Buchstaben des gesamten Alphabets auf die chromatische Skala.

Der Ausgangston A spielt für beide Chor-Orchester-Hauptsätze eine wichtige Rolle, von ihm aus bildet sich ein Quart-Tritonus-Akkord am Anfang des Satzes I, der Ton A wird ebenfalls zum klanglichen Ausgangspunkt für Satz II.

Des Weiteren arbeite ich auch, wie seit längerem, mit aleatorischen und vor allem teilaleatorischen Mitteln, welche zu einer größeren Organik und Polyphonie führen und dennoch mit relativ überschaubaren und einfachen Mitteln zu realisieren sind.

Die Essenz, die Grundsubstanz in meiner musikalischen Sprache ist in der Regel einfach und klar, wird aber durch unterschiedlichste kontrapunktische und aleatorische Strukturen verfeinert und so zu einer organisch-konstruktivistischen Stilistik geführt. Chiffren, semiotische Denk- und Arbeitsweisen und organische Kompositionsmittel bilden in der Regel die Ausgangsbasis und den Gegenpol zur klaren architektonisch-formellen Struktur. Heterogene Strukturen bilden eine Einheit in der Ganzheitlichkeit.

Vertonte Texte
Hans-Ulrich Treichel (Januar 2009)

Immerdar

Alles hat seine Zeit,
der Wind, das Laub,
der Schnee und die Krähen,
ein Jegliches hat seine Zeit,
auch das, was geschrieben steht,
auch die Worte, Gebete,
der Schrei, das Gelächter,
auch die Zeit hat ihre Zeit,
der Himmel, die Wolken,
wie alles und alle, jeder und jede,
der Herzschlag, der Atem,
das Schnurren der Katze,
was wächst, was gedeiht,
was stirbt, was verdirbt,
die vor uns waren,
die nach uns kommen,
das Haus, das wir bauen,
der Sturm, der es einreißt,
der Tag, den wir loben,
das Jetzt und das Niemals
hat seine Zeit und auch
das Immerdar.

William Shakespeare
(aus *Hamlet*, 2. Akt, 2. Szene, Hamlet)

What a piece of work is a man! How noble in reason, how infinite in faculty, in form and moving how express and admirable, in action how like an angel, in apprehension how like a god – the beauty of the world, the paragon of animals!

Welch ein Meisterwerk ist der Mensch! Wie edel durch Vernunft! Wie unbegrenzt an Fähigkeiten! In Gestalt und Bewegung wie bedeutend und wunderwürdig! Im Handeln wie ähnlich einem Engel! Im Begreifen wie ähnlich einem Gott! Die Zierde der Welt! Das Vorbild der Lebendigen!

(Übersetzung: August Wilhelm von Schlegel)

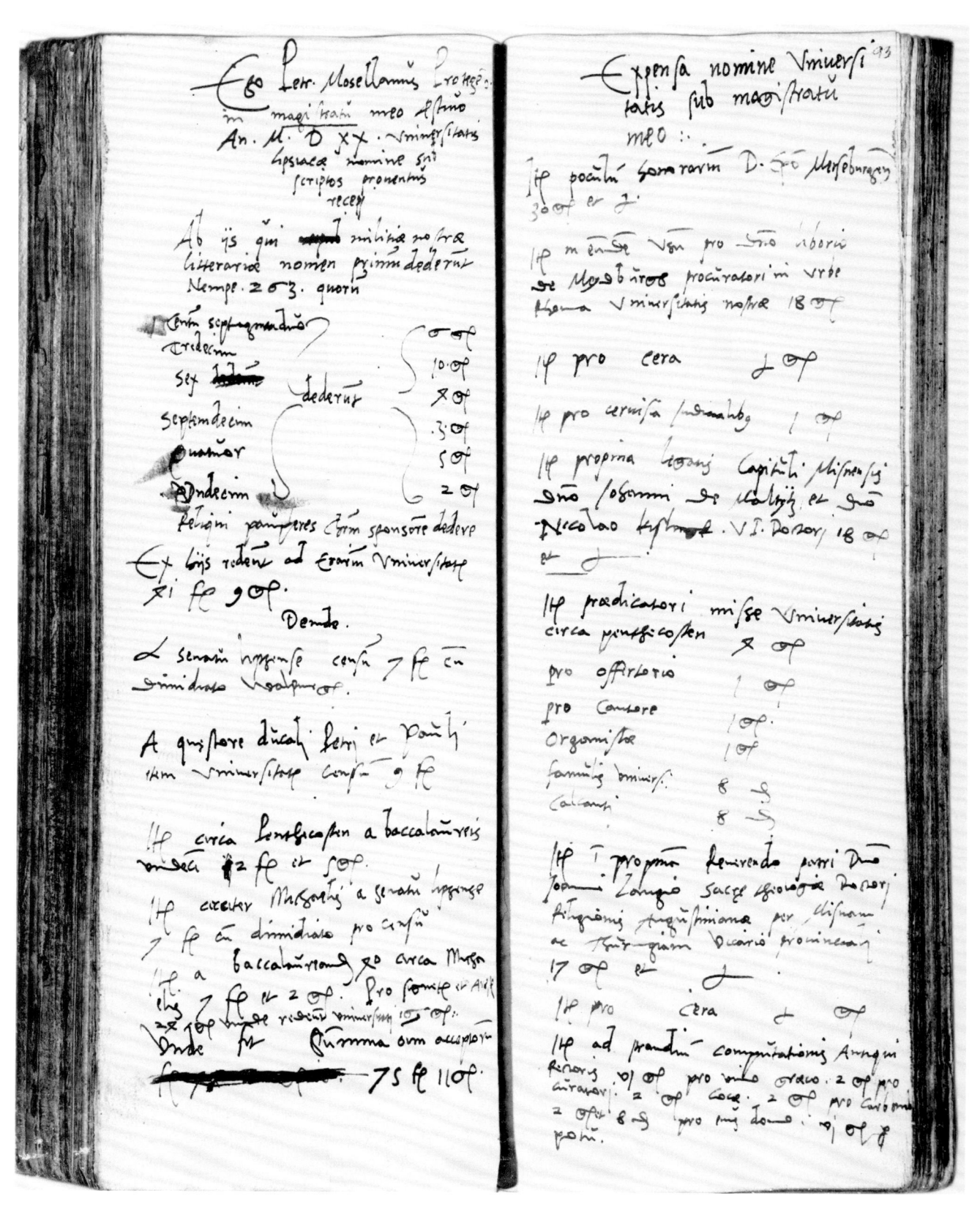

Rechnungsbuch der Leipziger Universität aus dem Jahre 1520. Auf der rechten Seite stehen unterhalb der Mitte die Ausgaben für den Pfingstgottesdienst, unter anderem werden der Kantor, der Organist sowie Kalkanten bezahlt: „pro Cantore 1 gr / Organiste 1 gr / […] Calcanti 8 pf."
(Universitätsarchiv Leipzig, Rektor B 26, fol. 92v–93r)

Dokumente zur universitären Musikgeschichte im Universitätsarchiv Leipzig
Petra Hesse

Die 1409 gegründete Universität Leipzig setzte sich – wie viele mittelalterliche Universitäten – aus vier Fakultäten zusammen, der Theologischen Fakultät, der Juristenfakultät, der Artistenfakultät und der Medizinischen Fakultät.[1] Zur Artistenfakultät, der späteren Philosophischen Fakultät, zählte von Anfang an die Musik als Bestandteil der sieben freien Künste, der Septem artes liberales. Mit der Universitätsgründung setzt auch die historische Überlieferung und somit der Bestand des Leipziger Universitätsarchives ein. Da die Bestände des Universitätsarchivs zahlreiche musikhistorisch bedeutende Quellen enthalten, soll hier ein Einblick in die Struktur des Archivs und die musikbezogenen Teilbestände gegeben werden.

Die tatsächlich angelegten und überlieferten Quellen spiegeln die Entwicklung der Alma Mater sehr unterschiedlich wider. In den *Rationari Fisci*[2] ist nachzulesen, dass sämtliche Urkunden seit 1409 in einer Truhe im Fiskus aufbewahrt wurden. Beim halbjährlichen Rektoratswechsel fand eine Übergabe der Truhe statt, die neben den Urkunden auch Zepter und Bargeldbeträge enthielt.

Mit dem Anwachsen der Schriftlichkeit wuchs allerdings keineswegs die Wertschätzung von historischen Quellen. Im Gegenteil, das Archivgut wurde zeitweise vernachlässigt. Erst Caspar Borner, bedeutender Reformator und Rektor der Universität, legte 1539 ein Kopialbuch[3] an, in dem in alphabetischer Folge alle überlieferten Stücke von 1409 an verzeichnet sind. Wenige Jahre später schrieb er dieses Kopialbuch sicherheitshalber nochmals ab und verwendete hier erstmals den Begriff ‚archivum'.

Schon frühzeitig wurden universitäre Veranstaltungen, wie Rektor- und Dekaneinführungen, Jubiläen, Graduierungen mit den dazugehörigen ‚Magisterschmäusen', Geburts- und Todestage wichtiger Universitätsangehöriger oder die Besuche der Landesherren an der Universität feierlich ausgestaltet und musikalisch umrahmt. Waren es anfangs die städtischen Musiker, die diese Aufgaben zu erfüllen hatten, wurden später die Universitätsangehörigen selbst in Gestalt des jeweiligen Universitätsorganisten oder eines universitätseigenen Chores bzw. Orchesters damit betraut.

Neben der praktischen Musikausübung ist schon von Beginn der Universitätsgeschichte an eine Beschäftigung mit Musiktheorie zu erkennen, wie die entsprechenden Quellen über Vorlesungen sowie Abhandlungen beziehungsweise Disputationen bezeugen. Vor allem im Bestand der Philosophischen Fakultät im Universitätsarchiv Leipzig sind zahlreiche musiktheoretische und musikpraktische Themen zu finden.[4] Vorlesungen zur Musik wurden bereits 1410 in den Ordnungen und Statuten der Philosophischen Fakultät zur Pflicht gemacht.[5]

Der Rektorbestand als einer der umfangreichsten Bestände des Universitätsarchivs Leipzig reflektiert bereits in seiner Struktur die Universitätsgeschichte in all ihren Facetten, so auch auf dem Gebiet der Musikgeschichte. Er entstand aus den Überlieferungen der Rektoratsverwaltung und einiger zentraler Körperschaften der Universität. Eine Abgrenzung erfolgte gegenüber den Nationen, dem Gerichtsamt, später dem Rentamt, der Quästur und den Fakultäten. Diese Bereiche besaßen eigene Archive, die

---

1 Die Medizinische Fakultät konstituierte sich im Juli 1415.
2 Universitätsarchiv Leipzig (UAL): Rektor B 25. Die *Rationari Fisci* enhalten die Protokolle der Übergabe des Fiskus der Universität vom scheidenden an den neuen Rektor, und zwar sowohl die Rechnungslegung als auch die Angaben der im Fiskus befindlichen Dokumente.
3 *Copiale Magnum*, Tom. 1, UAL: Rektor B 44.
4 Vgl. UAL: Phil. Fak. B 61 ff. Z. B.: Samuel Bachusio, *Über die theoretische Musik*, UAL: Phil. Fak. B 81, Bd. 6, Nr. 2, oder Matthaeus Friedrich Frietzsch, *Wie, nach allgemeiner Meinung, der Ton aus der Glocke heraustönt*, UAL: Phil. Fak. B 91, Bd. 16, Nr. 73.
5 Die ältesten Statuten vom Jahre 1409/10, mit Zusatzbeschlüssen bis zum Jahre 1445. Vgl. *Die Statutenbücher der Universität Leipzig aus den ersten 150 Jahren ihres Bestehens*, hrsg. v. Friedrich Zarncke, Leipzig 1861, S. 311 ff. „13. Libri ad gradum magistri. Ad gradum magistrii sunt libri isti: topicorum, de celo, de generazione, [...] arismetrica communis, musica (Muris), metafisica." oder „21. Secuntur termini maximi et minimi librorum ad gradus, et pasus [...]; similiter pro musica Muris".

heute eigenständige Bestände innerhalb des Universitätsarchivs Leipzig darstellen. Der Bestand ‚Rektor' umfasst Dokumente aus dem Zeitraum zwischen 1409 und 1945 (circa 190 laufende Meter Akten). Die im 19. Jahrhundert angelegte Struktur des Bestandes, der in drei große Repertorien[6] gegliedert ist, blieb unverändert. Die ältesten Archivalien, urkundliches Material und Matrikelabschriften, sind unter ‚Rektor B' zusammengefasst. Sie werden unter besonderen Schutz gestellt und befinden sich in einem speziellen Magazin. Trotz aller Verluste, bedingt durch Kriegs- und Umbruchszeiten, stellt der Bestand Rektor noch immer die beste Quelle zur Universitätsgeschichte dar. So geben unter anderem Berichte[7] der Rektoren und Dekane kund, wie universitäre und Fakultätsveranstaltungen musikalisch begleitet worden sind. Im Bestand Rektor gibt es Übersichten über Kosten und öffentlich abgehaltene Musikaufführungen.[8] Leider sind solche Aktivitäten in der ältesten Zeit quellenmäßig eher seltener belegbar.

Einen Ort zur Ausübung der Musik, insbesondere der Kirchenmusik, bekam die Universität Leipzig mit der Moritzschen Schenkung,[9] als die Universität das Pauliner-Kloster mit der dazugehörigen Kirche St. Pauli erhielt. Die Universitätskirche wurde in den ersten Jahren noch nicht für den öffentlichen Gottesdienst freigegeben. Daher waren es zunächst die universitären Veranstaltungen, die hier stattfanden und von den Studenten musikalisch ‚betreut' wurden. Erst 1724 erhielt die Universitätskirche einen fest angestellten Organisten[10] und nach 1710 eine neue Orgel.[11]

Im Rektorbestand dokumentiert ein eigenes großes Kapitel das ‚Collegium Paulinum' und seine Geschichte.[12] Unabhängig davon existieren in vielen anderen Kapiteln Dokumente zu Universitätsbeamten,[13] Universitätsvermögen[14] und Universitätsbetrieb,[15] die als musikhistorische Quellen ausgewertet werden können.

Der Rektorbestand gibt aber auch Aufschluss über die Studentenschaft: zum einen als Nachweis der Personalien von Studierenden,[16] zum anderen als Dokumentation studentischer Aktivitäten im Rahmen von Vereinen und Verbindungen.[17] In den Matrikeln sind über alle Jahrhunderte hinweg Studenten anzutreffen, die später berühmte Musiker und Komponisten geworden sind – wie zum Beispiel Georg Philipp Telemann, Robert Schumann und Richard Wagner.[18]

Die Beziehung zwischen Stadt und Universität manifestiert sich zum Beispiel auch über die zu erstellenden Rechnungen zur Begutachtung der Pauliner-Orgel nach ihrem Umbau (1717). Die Rechnungs- und Gutachterunterschriften belegen den engen Zusammenhang zwischen den Ämtern von Thomaskantor und Universitätsmusikdirektor.[19] Dies gilt für Johann Sebastian Bach, Gottlob Harrer, Johann Friedrich Doles und Johann Adam Hiller.[20] Ebenso gibt der Rektorbestand Auskunft über die aus dem Witwenfiskus der Universität gezahlten Gelder an die Musikerwitwen Bach, Harrer und Hiller.[21] Neueste Forschungen konnten im Kapitel ‚Stiftungen und Stipendien' neue Autographen Johann Sebastian Bachs entdecken.[22]

Die Anfang des 19. Jahrhunderts beginnende Vereins- und Sängerbewegung führte auch in Leipzig zur Gründung von studentischen Sängervereinigungen, deren Akten nun eigene Teilbestände des Universitätsarchivs bilden.[23]

In der zweiten Hälfte des 19. Jahrhunderts kam es zu einer deutlichen Spezialisierung und Differenzierung der Fachgebiete an der Universität. Diese Entwicklung, einschließlich ihrer Institutionalisierung ist im Rektorbestand

---

6 UAL: Repertorium I: Cap. I bis Cap. XVIIII, Repertorium II: Cap. I bis Cap. XVI, Repertorium III: Cap. I bis Cap. V. Vgl. Findbuch Rektor im Universitätsarchiv Leipzig.

7 Vgl. *Actorum Academiae lipsiensis liber 1542, Handell-Buch*, UAL: Rektor B 6; *Novus Conclusorum liber 1501–1558*, UAL: Phil. Fak. B 10; *Liber actorum Collegii theologici saec. XVII (1600–1700)*, UAL: Theol. Fak. B 7b.

8 Z. B. *Novus liber Rationum*, UAL: Rektor B 31.

9 Vgl. Urkunde vom 22. April 1543, UAL: Urkunden 1543-IV-22.

10 Vgl. *Acta, die Organistenstelle in der Pauliner-Kirche betr.* (1724 bzw. 1832), UAL: Rep. I/X/33, Bd. 1 und 2 (Carl Friedrich August Geißler); *Acta, die Besetzung der Organisten- und Musikdirektor-Stelle betr.* (1887 bzw. 1907), UAL: Rep. I/X/111, Bd. 1 und 2.

11 Vgl. UAL: Rep. II/III/B II 5. Im November 1710 führte Gottfried Silbermann Verhandlungen über einen nicht verwirklichten Orgelneubau in der Universitätskirche. Der Neubau wurde schließlich 1717 von Johann Scheibe vollendet und von Johann Sebastian Bach geprüft.

12 UAL: Rep. II/III B (circa 3,5 laufende Meter).

13 UAL: Rep. I/VIII bzw. Rep. I/X (‚Tanzmeister und Organist').

14 UAL: Rep. I/X (Rechnungen).

15 UAL: Rep. I/I (Universitätsverfassung); Rep. I/XVI/I (Protokolle des Conciliums); Rep. I/XVI/II A (Protokolle des akademisches Senates); Rep. I/IX (Vorlesungen).

16 UAL: Rektor M 1 ff (Matrikel).

17 UAL: Rep. II/I O bzw. Rep. II/XVI.

18 Siehe die Liste „In Leipzig studieren, Musiker werden" im Anhang dieses Bandes.

19 Vgl. die Liste/das Lexikon der Leipziger Universitätsmusikdirektoren und -organisten.

20 *Acta, das Bauwesen in der Paulinerkirche betr.* (1715), UAL: Rep. II/III/B I 15.

21 Kapitel *Witwen- und Waisenversorgung* (1702–1946), UAL: Rep. III/III.

22 UAL: Rep. III/II/II H I. Vgl. Andreas Glöckner: *Johann Sebastian Bach und die Universität Leipzig – Neue Quellen (Teil I)*, in: Bach-Jahrbuch 94 (2008), S. 159–201.

23 Z. B. ‚St. Pauli' (gegründet 1822) – UAL: Rep. II/I O 1 bzw. II/XVI/III P 2 oder ‚Arion' (gegründet 1849) – UAL: Rep. II/XVI/III A 20. Vgl. Stephan Greiner: *Singende Studenten mit Band und Mütze. Der Akademische Gesangverein Arion im Kreise der Leipziger Musikvereine des 19. und frühen 20. Jahrhunderts*, S. 223–237 im vorliegenden Band.

genauso nachweisbar wie in den Fakultäten oder im Bestand des Rentamtes. Die nahezu zeitgleich einsetzende regelmäßige Vorlesungstätigkeit zu Musikwissenschaft und Musiktheorie ist im Universitätsarchiv Leipzig durch Vorlesungskataloge und Vorlesungsverzeichnisse dokumentiert. Diese Entwicklung der Beschäftigung mit Musik in all ihrer Breite mündete in die Entstehung des Collegium musicum (1906), des späteren musikwissenschaftlichen Seminars unter der Leitung von Hugo Riemann. Leider sind die entsprechenden Unterlagen im Bestand des Rektors nicht erhalten.

Auch in den Akten des Rentamtes und der Philosophischen Fakultät finden sich aufschlussreiche Informationen. Der Bestand ‚Rentamt' – beginnend mit der Entstehung dieser Einrichtung selbst im Jahr 1825 – umfasst in den Jahren von circa 1825 bis circa 1950 vor allem Akten zum Baugeschehen und zu den finanziellen Bedingungen der Institute und Einrichtungen der Leipziger Universität. Hierunter fallen beispielsweise Akten zur Herstellung einer neuen Orgel in der Pauliner-Kirche 1841[24] oder zur Entstehung und Entwicklung des Seminars für Musikwissenschaft ab 1905.[25] Die Gehälter der Beamten, Professoren und anderer Universitätsmitglieder[26] sind genauso im Rentamt zu finden wie der Ankauf und die Entwicklung der Heyerschen Musikinstrumentensammlung,[27] die den Grundstock für das heutige Museum für Musikinstrumente der Universität Leipzig bildete. Die baulichen Veränderungen sowie deren Kosten sind ebenfalls im Bestand des Rentamtes zu erfahren. In den allgemeinen Akten der Pauliner-Kirche[28] sind Erwähnungen der Universitätsmusikdirektoren (zum Beispiel Max Reger) zu finden, ferner wurden auch die Gehälter von Kantoren und Organisten der Pauliner-Kirche[29] notiert.

Der wissenschaftliche Werdegang an der Universität Leipzig ist im Bestand der Philosophischen Fakultät besser und ausführlicher nachvollziehbar. Dort sind die Vorlesungen[30] und die allgemeine Entwicklung der einzelnen Institute[31] dokumentiert, darunter auch die Entstehung und Besetzung der Lehrstühle für Musikwissenschaft.[32] Die Protokolle der Philosophischen Fakultät zeugen zum Teil von heftigen inhaltlichen und personellen Diskussionen bei Berufungs- und Anstellungsverhandlungen.[33] Darüber hinaus weisen die Akten zur Philosophischen Fakultät auch Informationen zu Stiftungen und Stipendien[34] auf, die noch der intensiveren Untersuchung unter musikwissenschaftlichen Aspekten ausharren.

Aufgrund der engen Verbindungen von Musik und Kirche sind es neben den Beständen der Philosophischen Fakultät vor allem jene der Theologischen Fakultät, die für die Erforschung der Musikgeschichte an der Universität Leipzig von Wichtigkeit sind. Beispiele dafür sind die Akten zur Pauliner-Kirche,[35] die Fakultätsnachrichten und Protokolle[36] sowie die im Bestand der Theologischen Fakultät vorhandenen Gesangbücher.[37]

Die personellen und damit einhergehenden wissenschaftstheoretischen Entwicklungen der Musikwissenschaft sind im Bestand der Personal- und Graduierungsakten nachvollziehbar.[38] Im Allgemeinen besitzt das Universitätsarchiv Personalakten zu Dozenten und Professoren einschließlich deren Habilitationen. Innerhalb der Akten zu den Dissertationen bergen die Gutachten zu den Graduierungsarbeiten viele interessante Details.

Der eigenständige Bestand Ehrenpromotionen[39] ist hier ebenfalls zu nennen. Die Universität Leipzig hat zahlreichen Komponisten, Musikern und Musikwissenschaftlern die Ehren eines Doktor honoris causa zugedacht. Genannt seien hier stellvertretend Heinrich August Marschner (am 3. März 1835), Arthur Nikisch (am 1. Oktober 1920), Franz Konwitschny (am 3. Oktober 1959), Friedrich Rabenschlag (am 6. Mai 1963), Paul Dessau (am 19. November 1974), Kurt Schwaen (am 30. März 1983) und Kurt Masur (am 1. Dezember 1984).

---

24 *Die Herstellung der Orgel in der Pauliner-Kirche betr., Die Benutzung der Pauliner-Kirche zu großen Musik-Aufführungen betr.* (1841 ff.), UAL: RA 454.

25 *Das Seminar für Musikwissenschaften bei der Univ., dessen Verlegung s. w. d. a.* (1905–1933), UAL: RA 1443 Bd. 1; *Musikwissenschaftliches Institut und Instrumenten-Museum. Verwaltungs- und Bausachen* (1933–1943), UAL: RA 1443 Bd. 2. Im Übrigen spricht die Philosophische Fakultät vom Institut für Musikwissenschaft, vgl. *Institut für Musikwissenschaften und Musikinstrumentenmuseum* (1908–1940 bzw. 1945–1964), UAL: Phil. Fak. B 1/14[27], Bd. 1 und 2.

26 *Die Etats der Universitäts-Hauptcasse* (1841–1842), UAL: RA 458 ff.

27 *Heyersche Sammlung* (1926–1929), UAL: RA 1858.

28 *Pauliner-Kirchenangelegenheiten, sowie die Angelegenheiten des Pauliner Sängervereins* (1826 ff.), UAL: RA 169.

29 *Die Pauliner-Kirchrechnungen von Michael 1819 bis dahin 1825*, UAL: RA 86.

30 *Vorlesungen in der Philosophischen Fakultät* (1584–1739), UAL: Phil. Fak. B3/30.

31 *Institut für Musikwissenschaft und Musikinstrumentenmuseum* (1908 ff.), UAL: Phil. Fak. B1/14[27].

32 Vgl. z. B. *Professur für Musikwissenschaft* (1932–1941), UAL: Phil. Fak. B2/2021; *Vertretung von Prof. Dr. H. Schultz (Musikwissenschaft)* (1943–1944), UAL: Phil. Fak. B2/22[30].

33 *Dekanat und Prokanzlariat* (1525 ff.), UAL: Phil. Fak. A3/30.

34 Kapitel *Stipendien, Stiftungen und Konvikt* (1504–1951), UAL: Phil. Fak. D1.

35 *Befehle, die Paulinerkirche betreffend* (1818–1835), UAL: Theol. Fak. 104.

36 *Liber actorum Collegii theologici saec. XVII* (1601–1700), UAL: Theol. Fak. 7b ff.

37 *Prediger- und Liederbuch für die Pauliner-Kirche* (1850–1854), UAL: Theol. Fak. 133 ff.

38 UAL: PA bzw. UAL: Phil. Fak. Prom. oder UAL: WR.

39 UAL: Ehrenpromotionen.

Bei den personenrelevanten Unterlagen sind die Nachlässe im Universitätsarchiv Leipzig nicht zu unterschätzen. Der größte seiner Art auf musikgeschichtlichem Gebiet ist der Nachlass Friedrich Rabenschlag (circa 4 laufende Meter), der die Entstehung, Entwicklung und Wirkung des Universitätschores aus dem von Rabenschlag gegründeten Madrigalkreis sehr umfassend dokumentiert.[40] Trotz vieler anderer bekannter Musikwissenschaftler an der Universität Leipzig (wie Theodor Kroyer, Hugo Riemann, Hellmuth Christian Wolff) besitzt das Universitätsarchiv Leipzig nur einen musikwissenschaftlichen Nachlass – den Nachlass Heinrich Besseler (circa 2 laufende Meter).[41] Derzeit bemüht sich das Archiv um die Übernahme von künftigen Vorlässen von Universitätsmusikdirektoren der jüngsten Vergangenheit (Hans-Joachim Rotzsch, Max Pommer, Wolfgang Unger [gestorben 2004]).

Die im Universitätsarchiv Leipzig vorhandenen Bestände des Gerichtsamts oder der Nationen und Kollegien sind ebenfalls mit musikgeschichtsrelevantem Material bestückt, das künftigen Forschungen noch vorbehalten ist. Im Gerichtsamt befindet sich beispielsweise eine Akte mit dem Titel „für Gottsched gebrachte Abendmusik"[42] bzw. Zeugnisse zu musikalischen Prüfungen.[43]

Birgt der Bestand der Urkunden Zeugnisse aus der Zeit von 1409 bis in die Gegenwart,[44] so beginnt der Bestand ‚Rektorat' erst mit dem Jahre 1945. Dort sind Unterlagen zur Pauliner-Kirche, sowohl zur Einsetzung des Kantors und Organisten an der Universitätskirche[45] als auch zur Sprengung des Gotteshauses im Jahre 1968 zu finden. Dabei sind in den Protokollen des akademischen Senats[46] ebenso musikwissenschaftliche Themen enthalten wie in den Akten der einzelnen Institute.[47] Die nach 1945 entstandenen Strukturen lassen sich in den entsprechenden Beständen im Universitätsarchiv verfolgen. Die zum Teil nur kurzzeitig bestehenden Institutionen, wie die Arbeiter- und Bauernfakultät[48] oder die Philologische Fakultät[49] legen Zeugnis von der praktischen und theoretischen Beschäftigung mit der Musik ab. Diese Unterlagen wie der gesamte Bestand Rektorat reflektieren sowohl den universitären Unterrichtsbetrieb als auch die Freizeitgestaltung an der Universität Leipzig. Die Freizeitaktivitäten der Studenten und Universitätsangehörigen durchziehen alle Bereiche und lassen sich ebenso anhand der Unterlagen kleinerer Bestände, wie denen des Kulturbundes,[50] der Hauptabteilung Kultur mit den volkskünstlerischen Ensembles, der Moritzbastei[51] oder aber innerhalb der Plakatsammlung[52] und der Spezialsammlung[53] mit Medaillen, Pokalen, Bildern und anderem Sammlungsgut nachvollziehen. Ebenso ist der Bestand FDJ[54] eine interessante Quelle vor allem für die kulturellen und damit auch musikalischen Aktivitäten der Studentenschaft in der Zeit der DDR.

Die Illustration all dieser Aktivitäten ist mit Hilfe der in den letzten Jahren im Universitätsarchiv Leipzig entstandenen und immer weiter wachsenden Fotosammlung möglich. So gibt es viele Aufnahmen der Auftritte des Universitätsorchesters und Universitätschores, des Studententheaters ‚Louis Fürnberg' oder des Ensembles ‚Solidarität'.[55]

Die Zeit nach 1989 wird sich vor allem in den Akten des sogenannten Zugangsmagazins (ZM) widerspiegeln. Die hier vorhandenen Akten umfassen alle die Universität betreffenden Vorgänge in der Zeit von 1990 bis heute. Dieses Aktenmaterial wird leider nicht in jedem Falle vollständig sein. Zum einen sind Verluste zu verzeichnen, die sich in jeder Umbruchsituation ereignen, zum anderen sind manche der entsprechenden Unterlagen nicht in das Universitätsarchiv abgegeben worden. Sie liegen zum Teil noch, leider meist ungeordnet und damit kaum benutzbar, in den Instituten und Einrichtungen. In neuester Zeit werden elektronische Datenträger wie Film und Videoaufzeichnungen sowie CD und DVD bedeutsamer, so dass diese Medien in der Archivierung eine größere Rolle spielen. Das Universitätsarchiv nimmt sich dieser Aufgabe an und betreibt den Aufbau einer dementsprechenden Sammlung.

---

40 UAL: NA Rabenschlag.

41 UAL: NA Besseler.

42 UAL: GA III/G 3.

43 *Zeugnisse seit dem 19. Jahrhundert*, UAL: GA XIV D 27; *Abgangs-Studien-Sittenzeugnisse* 1768–1937, UAL: Rep. I/XVI/VII C 1–99.

44 Z. B. UAL: Urkunden 1728-VIII-28 (Rescript zur Musik in der Pauliner Kirche); UAL: Urkunden Nr. 47 (Gründungsurkunde des Institutes für Musikwissenschaft 1993).

45 *Berufungsangelegenheiten der Theol. Fak.* (Sept. 1945–1958), UAL: R 213.

46 *Senatssitzungen* (Mai 1945–1951), UAL: R 1ff.

47 *Berufungsnagelegenheiten der Phil. Fak., Lehrstuhl für Musikwissenschaften* (1946–1948), UAL: R 209, Bd. 3.

48 1946–1962, ca. 3 laufende Meter, UAL: ABF.

49 1965–1969, ca. 1 laufender Meter, UAL: Philol. Fak.

50 UAL: K 30 ff.

51 Alle archiviert unter: UAL: ZM.

52 UAL: Plakatsammlung – derzeit ca. 2400 Stück.

53 UAL: Spezialsammlung – derzeit ca. 800 Objekte.

54 ‚Freie Deutsche Jugend', UAL: FDJ – ca. 60 laufende Meter.

55 Hier gab es für ausländische Studierende die Möglichkeit, ihre Kultur im Gastland vorzustellen. Es fanden sich beispielsweise eine chilenisches Singegruppe, polnische Folklore- und Tanzgruppen oder afrikanische Gruppen, die Lieder und Bräuche ihrer Länder vorstellten. Die Zusammensetzung änderte sich selbstredend mit der Fluktuation der ausländischen Studierenden.

Schließlich soll die kleine archiveigene Handbibliothek erwähnt werden, in der einige Bücher, Abhandlungen und ähnliches zur Thematik Musik gefunden werden können. Hier handelt es sich meist um Belegexemplare von wissenschaftlichen Arbeiten und anderen Publikationen, die mit Hilfe von universitären Quellen entstanden sind.[56]

Im Zusammenhang mit der Stadt und der Universität Leipzig als Heimstatt bekannter und weniger bekannter Komponisten und Musiker wird es auch in Zukunft immer wieder neue Erkenntnisse und Funde auf dem Gebiet der lokalen Musikgeschichte geben. Das Universitätsarchiv Leipzig wird dabei weiterhin eine bedeutende Rolle spielen.

---

56 Z. B. Irene Hempel, Gunter Hempel: *Musikstadt Leipzig*, Leipzig 1979, 2. Aufl. 1986; Michael Maul: *Musik und Musikpflege in Leipzig nach dem Dreißigjährigen Krieg (1645–1660)*, Magisterarbeit Universität Leipzig 2001; *Zimelien – Kunstschätze der Universität Leipzig*, Kalender für das Jahr 2000 [Musikinstrumenten-Museum]; *75 Jahre Leipziger Universitätschor. Festschrift*, hrsg. v. Wolfgang Unger, Leipzig 2001.

Sethus Calvisius, Albumblatt, Leipzig, 10. August 1606
(Universitätsbibliothek Leipzig: Sammlung Taut, Musiker)

Sammlungen und Nachlässe mit Musikhandschriften und Musikerbriefen in den Sondersammlungen der Universitätsbibliothek Leipzig

Annegret Rosenmüller

Die Ars musica – in ihrem theoretischen Verständnis als ‚scientia quae de numeris loquitor' und in ihrer praktischen Ausübung als ‚scientia bene modulandi' – gehörte seit dem Mittelalter zum Bildungssystem der Septem artes liberales. Auch an der 1409 gegründeten Leipziger Universität fanden bis ins 16. Jahrhundert Musikvorlesungen statt, die jedoch mit der in dieser Zeit stattfindenden Neuordnung der Universitäten und dem Ausschluss der Musik als eigenes Lehrfach eingestellt wurden. Danach boten in Leipzig erst wieder 1737 Lorenz Christoph Mizler musiktheoretische und 1798 Christian Friedrich Michaelis musikästhetische Vorlesungen an. Der Beginn einer eigentlichen musikwissenschaftlichen Arbeit in Leipzig wurde aber durch die 1859 einsetzenden Lehrveranstaltungen des Universitätsmusikdirektors Hermann Langer markiert. Bis zur Gründung des Musikwissenschaftlichen Instituts durch Hugo Riemann (zunächst als ‚Musikhistorisches Seminar' bezeichnet) sollten jedoch wiederum fast 50 Jahre vergehen. Die alles andere als von Kontinuität gekennzeichnete Entwicklung des Faches ‚Musik' beziehungsweise ‚Musikwissenschaft' an der Universität Leipzig lässt sich auch an den musikbezogenen Beständen der Universitätsbibliothek ablesen. Im Gegensatz beispielsweise zu Bibliotheken von Klöstern, Kirchen und Lehreinrichtungen wie Konservatorien, wo stets eine Wechselwirkung zur musikalischen Praxis bestand, fanden hier bis zum Ende des 19. Jahrhunderts kein organisches Wachstum und planvolle Ergänzung statt, sondern musikalische Erwerbungen geschahen eher zufällig durch Schenkungen und Vermächtnisse. Dazu kam in Leipzig noch der besondere Umstand, dass die 1677 gegründete Stadtbibliothek bis ins 19. Jahrhundert auf vielen Gebieten mit wissenschaftlicher Literatur so hervorragend ausgestattet war, dass es ab 1835 eine Vereinbarung gab,[1] die die Konzentration der jeweiligen Einrichtung auf bestimmte Sammelgebiete regelte, um Doppelanschaffungen zu vermeiden. Für den Bereich ‚Musik' lag die Verantwortung bei der Stadtbibliothek, da diese seit 1856 durch die Stiftung der musikalischen Privatsammlung Carl Ferdinand Beckers über einen Bestand verfügte, wie er zu dieser Zeit in einer öffentlichen Bibliothek nur noch in München, Berlin oder Wien existierte. Erst die Etablierung der Musikwissenschaft an der Leipziger Universität führte 1908 zur Gründung einer Institutsbibliothek,[2] die vor allem für den Lehrbetrieb benötigte Literatur erwarb, darunter ebenfalls Manuskripte aus dem Antiquariatshandel. Dazu kamen Stiftungen und Zuwendungen von am Institut lehrenden Dozenten. Wie die Mehrzahl universitärer Einrichtungen war auch das Musikwissenschaftliche Institut von den Auswirkungen des Zweiten Weltkriegs stark betroffen. Der amerikanische Luftangriff in der Nacht vom 3. auf den 4. Dezember 1943 vernichtete zusammen mit den Institutsräumen nahezu die gesamte Bibliothek. Nur ein Teil des Handschriftenbestandes sowie der wertvollen Drucke, die evakuiert worden waren, blieb erhalten.[3] Beim Aufbau der Institutsbibliothek nach 1945 konzentrierte man sich in erster Linie auf den Erwerb gedruckter Fachliteratur. Aus Gründen der Umstrukturierung wurden 1970 sämtliche Notenmanuskripte des Instituts in die Handschriftenabteilung der Hauptbibliothek (heute Sondersammlungen) gebracht.

Schon 1962 hatte diese durch die Übernahme von mehreren Autographensammlungen aus der Stadtbibliothek einen nicht unbedeutenden Zuwachs, eingeschlossen eine große Anzahl Musikerbriefe, zu verzeichnen. Ursache war die sehr radikal vorgenommene Umgestaltung der alten Stadtbibliothek zu einer modernen Volksbücherei. Ein Ratsbeschluss vom 19. November 1952 ordnete an,

---

1 Vgl. Friedhilde Krause (Hrsg.): *Handbuch der historischen Buchbestände in Deutschland*, Bd. 18: Sachsen L–Z, Hildesheim etc. 1997, S. 172; *Acta, die Stadtbibliothek betr.*, Bd. 2, 1831 ff., fol. 100 ff.; Bd. 6, 1861 ff., fol. 194v – Leipzig, Stadtarchiv: Tit. LXII B Nr. 35.

2 Vgl. Eduard Zarncke (Hrsg.): *Leipziger Bibliothekenführer*, Leipzig 1909, S. 82.

3 Vgl. *Zusammenstellung der Schäden, die durch Luftangriffe und Evakuierungsmaßnahmen an den Fachbüchereien der Institute und Kliniken entstanden sind*, 1946, f. 109r. Universitätsarchiv Leipzig (UAL): Bestand Rektor, Rep. I/I/218.

Annegret Rosenmüller

Universitäts-Bibliothek um 1910
(Universitätsbibliothek Leipzig, Ms 2784, Nr. 68r)

dass die für eine allgemeine öffentliche Bibliothek nicht geeigneten Bestände an Büchern und Kunstwerken an entsprechende wissenschaftliche Einrichtungen abgegeben werden mussten. Autographen, Inkunabeln und seltene Drucke verblieben zunächst in der Stadtbibliothek, wurden jedoch zehn Jahre später auf der Grundlage eines Ratsbeschlusses vom 4. Juni 1962 als Dauerleihgabe an die Universitätsbibliothek und die Deutsche Bücherei abgegeben.

Bedingt durch die wechselvolle Bestandsgeschichte beherbergen die Sondersammlungen der Leipziger Universitätsbibliothek heute einen sehr heterogenen Fundus an Musikhandschriften und Musikerbriefen,[4] dem im Folgenden nachgegangen werden soll. Die Untersuchung konzentriert sich auf relativ geschlossene Teilbestände wie Sammlungen und Nachlässe, welche diesbezügliche Materialien enthalten, und verzichtet auf die Dokumentation von Einzelstücken. Die beschriebenen Autographensammlungen sind zum Teil durch Sonderkataloge, immer aber auch – alphabetisch nach Absender beziehungsweise Autor der jeweiligen Stücke geordnet – im Zettelkatalog ‚Autographen' erschlossen.

Sammlung Kestner

Bei dem musikbezogenen Handschriftenbestand der Universitätsbibliothek handelt es sich, geht man vom Erwerbungsdatum aus, um einen verhältnismäßig jungen Fundus. Als älteste Erwerbung mit umfangreichem Musikteil gelangte 1892 die Sammlung Kestner nach Leipzig.[5] Ihr Urheber war Georg Kestner[6] (1774–1867), der älteste Sohn von Johann Christian Kestner (1741–1800) und dessen Ehefrau Charlotte (geborene Buff,[7] 1753–1828), Patenkind von Johann Wolfgang von Goethe und später in Hannover als Archivrat tätig. Die Sammelleidenschaft teilte er mit seinem Bruder August Kestner (1777–1853), einem Diplomaten in hannoverschem Staatsdienst, der vor allem in Rom wirkte. Während August besonders Kunstschätze und Musikalien zusammentrug, waren es bei Georg Schriftzeugnisse, Porträts und Zeitungsausschnitte, die das Leben und Wirken berühmter Persönlichkeiten dokumentierten. Weitergeführt und bewahrt wurden die Sammlungen von zwei Söhnen Georgs, Johann Georg Wilhelm Eduard Kestner[8] (1805–1802) und Hermann Kestner (1810–1890). Letzterem ist es zu verdanken, dass die Kunstgegenstände heute ihren Platz im Kestner-Museum Hannover haben, die Musikalien aber den Musikhandschriftenbestand der Stadtbibliothek Hannover bereichern. Im Falle der Autographensammlung verfügte Georg Kestner d. J. in seinem Testament, dass sie als Legat in den Besitz der Universitätsbibliothek Leipzig übergehen und damit „der öffentlichen Benutzung so viel als nur immer möglich zugänglich gemacht werden sollte. Deswegen hat er zu ihrem künftigen Sitze eine bedeutende Universitätsstadt gewählt, in der er einen Mittelpunkt des litterarischen Verkehrs voraussetzen konnte."[9] Die Handschriften erhielten in der Leipziger Universitätsbibliothek auch äußerlich einen ansprechenden Rahmen. Dem Besucher bot sich 1892 folgendes Bild:

„Wenn man den Handschriftensaal der Universitätsbibliothek betritt, der sich eines reichen z. Th. kostbaren Bilderschmuckes erfreut, so erblickt man gleich links zunächst dem Eingange bei älteren Gönnern und Wohlthätern der Bibliothek, Kregel von Sternbach, G. Hänel, W. Engelmann, E. Härtel, S. Hirzel auch die Bilder von Georg und Sophie Kestner und vom alten Archivrathe."[10]

---

4   Mit einer Erschließung der Musikhandschriften in RISM wurde begonnen. Für die Musikerbriefe ist in den kommenden Jahren eine Einarbeitung in KALLIOPE geplant.

5   Vgl. Otto Günther: *Die Kestnersche Handschriften-Sammlung auf der Universitäts-Bibliothek in Leipzig*, in: Zentralblatt für Bibliothekswesen 9 (1892), S. 490–502, hier S. 490. Näheres zur Sammlung auch in: *450 Jahre Universitätsbibliothek Leipzig 1543–1993. Geschriebenes aber bleibt*, Ausstellungskatalog, 2. überarb. Aufl., Leipzig 1994, S. 32.

6   Hier auch als Georg Kestner d. Ä. bezeichnet.

7   Johann Wolfgang von Goethe hatte sich unglücklich in sie verliebt und setzte ihr als ‚Lotte' in seinen *Leiden des jungen Werther* ein Denkmal.

8   Hier auch als Georg Kestner d. J. bezeichnet.

9   O. Günther, *Die Kestnersche Handschriften-Sammlung* (wie Anm. 5), S. 501.

10 Ebenda.

1924 fand in der Universitätsbibliothek Leipzig eine ausschließlich der Sammlung Kestner gewidmete Ausstellung statt, die diese als eine „der schönsten und wertvollsten Autographensammlungen" würdigte, „die für das Geistes- und Kulturleben Deutschlands namentlich im 18. und beginnenden 19. Jahrhundert in Betracht kommt".[11]

Die bis heute erhaltenen handschriftlichen Kataloge der Leipziger Sammlung Kestner stammen von Georg Kestner d. J., der sich besonders um die Ordnung der Sammlung verdient gemacht hat und nur noch einen relativ geringen Teil beisteuerte. Von seinem Vater überliefert ist eine *General-Uebersicht der Handschriften-Sammlung des A. R.*[12] *Kestner Hannover im Februar 1843*,[13] die Auskunft über Aufbau und Inhalt gibt. Zusammenfassend heißt es in der *Einleitung*:

„Diese Sammlung erstreckt sich auf die Handschriften aller in irgend einer Beziehung merkwürdiger Personen, wovon auch sonstige Urkunden, Actenstücke und andere, besonders gleichzeitige, geschriebene oder gedruckte, Nachrichten über merkwürdige Begebenheiten und Verhältnisse, in religiöser, wissenschaftlicher, politischer oder künstlerischer Hinsicht, nicht ausgeschlossen sind [...]

Bloße Namen oder Fragmente von Scripturen ohne Inhalt werden nur einstweilen, in Ermangelung eines Besseren, aufgenommen. In der Regel sollte jede Handschrift ein Ganzes in ihrer Art ausmachen und sollten, wenn es zu deren Vollständigkeit gehört, alsdann Unterschriften, Siegel, Adressen p. nicht fehlen. Doch ist auch das minder Vollständige oft sehr schätzbar. Handschriften ohne Namensunterschrift werden möglichst mit Beweisen ihrer Authenticität begleitet. Beÿ Urkunden, ohne oder mit Unterschriften von fremder Hand, besonder aus älterer Zeit, kann dieser Mangel durch die Siegel ersetzt werden.

Da der Besitzer dieser Sammlung den Inhalt stets vorzüglich berücksichtiget, so wird deshalb von einer merkwürdigen Person gern alles aufgenommen, was durch den Inhalt interessant ist. Es sind daher häufig von einer Person mehrere Schreiben vorhanden, welche an Interesse gewinnen, wenn sie an andere gleichfalls merkwürdige Personen gerichtet sind."[14]

Die Sammlung, welche etwa 20 000 Autographen enthält, ist fachlich und regional universal ausgerichtet. ‚Künste' und ‚Künstler' finden sich in der Section I C, ‚Musiker' dabei unter II.[15] Der Katalog listet dort 458 Nummern auf, angefangen vom Sänger Carl David Ackermann (1751 bis 1796) bis zum italienischen Komponisten Niccolò Antonio Zingarelli (1753–1837). Der überwiegende Teil der Handschriften stammt aus dem 18. und 19. Jahrhundert.

Zu den meisten Personen trug Georg Kestner d. J. – oft unter Ausweisung der Quellen – biographische Notizen ein. Die Anzahl der Nummern korrespondiert nicht mit der Anzahl der Manuskripte, da die Nummern lediglich den jeweiligen Musiker bezeichnen, unter dem nochmals Unternummern[16] eingetragen sind. Hier finden sich dann genauere Angaben zu den enthaltenen Briefen, Musikalien, Porträts und Faksimiles, wobei es sich um nur pauschale Bemerkungen handeln kann, wie beispielsweise bei Moritz Hauptmann (Nr. 144): „von ihm geschriebene Noten mit Bemerkungen"[17] oder auch um sehr exakte Ausführungen, wie bei Johann Anton André (Nr. 5): „ein Brief aus Offenbach vom 2. Apr. 1829 an den Sänger Hauser zu Wien mit Bemerkungen über Mozarts ‚Don Juan'". Die Diskrepanz mag man weniger als Nachlässigkeit kritisieren, sondern aus dem praktischen Grund heraus sehen, dass die Notenhandschriften oft nur ungenügend gekennzeichnet waren und aufwendige Recherchen nötig gewesen wären, Inhalte, Absender und Adressaten der Briefe jedoch durch Lektüre leicht zu erschließen waren.

Besonders reichhaltig ist der Bestand zu Franz Liszt (Nr. 230), der 14 Stücke enthält, darunter ebenfalls vier Briefe seiner Lebensgefährtin, der Fürstin Carolyne von Sayn-Wittgenstein. Auch Luigi Spontini (Nr. 396) mit neun Stücken und Karl Gottlieb Reißiger (Nr. 330) mit sechs Stücken zählt zu den ausführlicher dokumentierten Persönlichkeiten. Häufig wird im Katalog auf „Musiker Generalia" verwiesen. Dabei handelt es sich um eine relativ schmale Sammelmappe, die vermutlich der in der *General-Uebersicht* genannten Section III entstammt: „Sect. III ist nicht ostensibel und enthält theils Handschriften von geringerem oder noch nicht ermittelten Werthe, theils solche, welche zu secretiren die Discretion gebietet." Die Mappe beinhaltet Schriftstücke und Noten, zum Teil ohne

---

11 Anonym: *Die Kestner-Sammlung. Ausstellung der Leipziger Universitätsbibliothek*, [fol. 1r], Ms. von 1924, Sammlung Kestner, ohne Signatur.

12 Archivrat [Anm. d. Verf.].

13 Im Aufsatz von O. Günther, *Die Kestnersche Handschriften-Sammlung* (wie Anm. 5), wird eine *Generalübersicht* von 1849 erwähnt. Diese konnte nicht aufgefunden werden, dafür aber in einem unbezeichneten Karton der Sammlung Kestner abgekürzte Fassungen von 1843 und 1845, die identisch sind.

14 Zitiert nach der Fassung von 1843, [fol. 1r].

15 Bemerkung im handschriftlichen Katalog bei I C II: „Opernsänger u. Musiker, welcher nur für das Theater gearbeitet haben, sind zu den Schauspielern gelegt."

16 Auch diese können wiederum mehrere Stücke enthalten, z. B. eine Anzahl von Briefen an einen Adressaten.

17 Es handelt sich dabei um vier Takte aus einer Motette Hauptmanns (Psalm 34), geschrieben von Gustav Schreck.

Angabe des Autors, biographische Notizen und Porträts von Musikern, die noch nicht in der Sammlung vorhanden waren.[18]

Häufige Adressaten von Briefen sind der Schauspieldirektor Gustav Grossmann (1746–1798), von dem die Sammlung Kestner einen Teilnachlass enthält, und der Sänger und Sammler Franz Hauser (1794–1870), der einen weitgespannten Tauschverkehr pflegte. Mehrmals wird als Provenienzquelle der Pianist Hermann Scholtz aus Dresden genannt, von dem im Jahr 1876 verschiedene Stücke erworben wurden. In vereinzelten Fällen wurden der Sammlung auch nach ihrer Übernahme durch die Universitätsbibliothek Handschriften hinzugefügt, beispielsweise ein Brief von Julius Klengel, der aus dem Jahre 1909 stammt.

Bestand N.I.

Die unter der Signatur N.I. (= Neues Inventar) zusammengefassten Musikmanuskripte stellen den ehemaligen Handschriftenbestand des Musikwissenschaftlichen Instituts dar, der – wie bereits erwähnt – 1970 in die damalige Handschriftenabteilung der Universitätsbibliothek gelangte. Bei dieser Umlagerung wurde auch die einheitliche Benennung N.I. eingeführt, die die alten Signaturen wie „M.pr. Ms. […]"[19] und „M.pr. Ms. […] Con."[20] ersetzte. Zum Teil sind die alten Bezeichnungen noch zu erkennen, oft jedoch aus den Exemplaren getilgt beziehungsweise alte Umschläge, die diese trugen, entfernt worden.

Der Gesamtbestand N.I. umfasst insgesamt rund 240 Einzel- und 20 Sammelhandschriften aus dem 17. bis 19. Jahrhundert. Es handelt sich bis auf wenige Ausnahmen um Abschriften, überwiegend von damals populären Opern, Liedern sowie Klavier- und Kammermusik des deutschsprachigen und italienischen Raumes. Gebrauchsspuren sind nur in seltenen Fällen festzustellen, obwohl anzunehmen ist, dass etliches Material für das dem Musikwissenschaftlichen Institut zugehörige ‚Collegium musicum' angeschafft wurde.

Mangels alter Kataloge und Erwerbungsunterlagen, die wohl zu den Kriegsverlusten des Musikwissenschaftlichen Instituts zu zählen sind, lässt sich bei vielen Manuskripten die Provenienz nicht mehr feststellen. In etlichen Fällen weisen entsprechende Eintragungen im Innendeckel auf einen Erwerb aus dem Antiquariatshandel hin. Es gibt jedoch mehrere zusammengehörige Teilbestände; in einem Fall ist die Herkunft bekannt und dokumentiert, sie fallen durch den gleichen Besitzvermerk auf oder sind durch gemeinsame äußere Merkmale gekennzeichnet.

Ihrem Umfang nach der größte derartige Bestand ist eine Sammlung von zum Teil prächtig ausgestatteten Bänden, in der Hauptsache Opern- und Kirchenmusikpartituren.[21] Es handelt sich dabei um Dubletten aus der ehemaligen Königlichen Privat-Musikaliensammlung in Dresden, die als großzügige Schenkung des sächsischen Königshauses 1853/54 an das zehn Jahre zuvor gegründete Leipziger Konservatorium gelangten. 1924 fiel – aus finanzieller Notlage heraus – die Entscheidung, die sogenannte ‚Dresdner Bibliothek' zu veräußern. Starke Kräfte, namentlich der Oberbürgermeister Karl Rothe, setzten sich mit Erfolg für ihren Verbleib in Leipzig ein, und am 18. März 1924 beschloss das Kuratorium des Konservatoriums den Verkauf an die ‚Vereinigung der Freunde der Universität Leipzig' zugunsten des Musikwissenschaftlichen Instituts zum Preis von 3000 Goldmark.[22] Eine geringe Anzahl von Bänden ging an das Hallenser Musikwissenschaftliche Institut, welches damals von Arnold Schering geleitet wurde und gern die gesamte Sammlung übernommen hätte. Ursprünglich – zum Zeitpunkt der Stiftung an das Konservatorium Mitte des 19. Jahrhunderts – umfasste der Bestand 262 Bände. Heute befinden sich in den Sondersammlungen der Leipziger Universitätsbibliothek noch rund 100 Bände[23] mit etwa 60 Werken, im Hallenser Institut 22 Bände mit 11 Werken. Höchstwahrscheinlich ist die Differenz auf Kriegsverluste zurückzuführen. Genaueres lässt sich nicht sagen, da bisher keine Übergabeliste von 1924 aufgefunden werden konnte. – Der Begriff ‚Dubletten' meint zwar nicht zwangsläufig minderwertiges Material, suggeriert aber – gerade im Handschriftenbereich – dass die an anderer Stelle vorhandenen weitaus wertvolleren ‚Originale' eine größere Beachtung verdienen. Das mag in manchen Fällen durchaus zutreffen, ist im speziellen jedoch eher irreführend. Die Dresdner Bibliothek trennte sich zwar damals tatsächlich

---

18 Georg Kestner d. Ä. weist in der *General-Uebersicht*, Fassung von 1843 [fol. 1v], darauf hin, dass er Porträts z. T. schon im voraus gesammelt hätte.

19 Musica practica. Nach „Ms." folgte die Nummer der Signatur.

20 Musica practica des Konservatoriums – ausschließlich Signatur für die vom Konservatorium übernommenen Handschriften. Vor „Con." wurde die Nummer der Signatur eingefügt.

21 Ausführlich vgl. dazu Maren Goltz: *Studien zur Geschichte der Bibliothek der Hochschule für Musik und Theater „Felix Mendelssohn Bartholdy" Leipzig von 1843 bis 1945 mit einem Ausblick bis zur Gegenwart* (Schriftliche Hausarbeit, Institut für Bibliothekswissenschaft der Humboldt-Universität Berlin), Leipzig 2003, S. 24 ff.

22 Vgl. Protokolle über die Sitzungen des Kuratoriums des Konservatoriums am 11. und 18. März 1924 in: *Protokolle 1924*, Hochschule für Musik und Theater „Felix Mendelssohn Bartholdy" Leipzig, Archiv: Bestand A, IV.3/6.

23 Eine genaue Zahl wird nach Abschluss der Katalogisierungsarbeiten für RISM vorliegen.

von in mehreren Exemplaren vorhandenen Werken, behielt aber offensichtlich eher Gebrauchsnoten als unpraktische Prachtbände. So bietet sich heute die Situation, dass – soweit nicht durch Dresdner Kriegsverluste das Leipziger Exemplar von der Dublette zum Unikat wurde – die Musikabteilung der Sächsischen Landesbibliothek – Staats- und Universitätsbibliothek die Dirigierpartitur einer Komposition besitzt, Leipzig aber beispielsweise die von Wiener Kopisten erstellte Vorlage für eine Dresdner Aufführung,[24] das von Dresdner Kopisten angefertigte Widmungsexemplar[25] oder – im Einzelfall – sogar das Autograph.[26] Zum größten Teil sind es Werke aus dem Repertoire des Dresdner Hoftheaters von Dresdner Kapellmeistern und Komponisten wie beispielsweise Johann Adolf Hasse, Johann Gottlieb Naumann, Giovanni Alberto Ristori und Baldassare Galuppi.

Ein weiterer, jedoch weitaus geringerer Teilbestand von N.I. enthält handschriftliche Musikalien aus dem ehemaligen Besitz von Helmut Schultz, der von 1933 bis zu seiner Einberufung 1943 als Ordinarius des Leipziger Musikwissenschaftlichen Instituts wirkte. Sein Tod, er fiel kurz vor Ende des Krieges im April 1945, veranlasste die Witwe Gisela Schultz, dem Institut seine Privatbibliothek leihweise zur Verfügung zu stellen, die offensichtlich zeitweise fast den einzigen Literaturbestand der kriegsgeschädigten Institutsbibliothek darstellte.[27] Am 17. Juni 1950 wird die gesamte Sammlung Schultz', darunter auch Musikinstrumente, durch die Universität zu einem Preis von 24 218 Deutsche Mark käuflich erworben.[28] Leider konnte das in den Akten erwähnte und den Bestand näher

Titelblatt zu Johann Gottlieb Naumann La reggia d'Imeneo, *Abschrift eines Dresdner Hofkopisten, 1787 (Universitätsbibliothek Leipzig: N.I.10323)*

beschreibende Gutachten bisher nicht aufgefunden werden, so dass nur noch vorhandene Namenseinträge auf den ehemaligen Besitzer schließen lassen. Im Bestand N.I. lassen sich bisher zehn Manuskripte aus dem ehemaligen Besitz Schultz' nachweisen.[29] Der geringe Umfang sowie die inhaltliche und zeitliche Unterschiedlichkeit der Materialien lassen keine Rückschlüsse auf ein eventuelles Erwerbungskonzept zu. Auffällig allenfalls, dass es sich oftmals um Werke unbekannter Komponisten handelt, vermutlich, weil sie nicht als Druck zugänglich waren. Einiges mag dem praktischen Gebrauch gedient haben – leitete Schultz doch ebenfalls das ‚Collegium musicum' des Instituts – anderes seiner wissenschaftlichen Arbeit zugute gekommen sein, wie der autographe Klavierauszug der Oper Johann Vesque von Püttlingens, *Der lustige Rat*.[30] Merkwürdigerweise finden sich auch im heutigen Bestand des Holstein-Nachlasses Materialien, die einen Besitzvermerk Schultz' tragen.[31]

Nur am Rande soll ein kleiner Bestand mit Abschriften aus dem frühen 20. Jahrhundert erwähnt werden.[32] Im Gegensatz zum größten Teil der in N.I. enthaltenen Handschriften bestand hier höchstwahrscheinlich ein direkter Bezug zur musikalischen Praxis. Häufig wurden sie mit ergänzenden Bleistifteintragungen versehen. Zum Teil gibt es Hinweise, dass die Kopien von gedruckten Vorlagen in auswärtigen Bibliotheken stammen. Allerdings ist nicht eindeutig zu beantworten, ob die 20 Handschriften mit kammermusikalischen Werken von Komponisten wie Johann Wilhelm Forchheim, Johann Ghro, Johann Moeller und Johann Jakob Walther, wirklich – wie es naheliegt – aus dem Repertoire des bereits mehrfach erwähnten ‚Collegium musicum' kommen. Hilfreich wäre dazu eine Iden-

---

24 Ferdinando Paër, Oper *La Camilla*: N.I.10321a–e; Dresden, Sächsische Landesbibliothek – Staats- und Universitätsbibliothek (D-Dl): Mus.4259-F-512.

25 Johann Gottlieb Naumann, Oper *La reggia d'Imeneo*: N.I.10323; D-Dl: Mus.3480-F-28.

26 Z. B. Johann David Heinichen, Oper *Flavio Crispo*: N.I.10305a–c; D-Dl: Mus.2398-F-3.

27 Vgl. Brief von Dr. Richard Petzoldt an den Dekan der Philosophischen Fakultät vom 11. März 1946, in: *Schenkungen von Schriften, 1946–1949*, fol. 29r. UAL: Bestand Philosophische Fakultät, E 21, Bd. 2.

28 Vgl. Kaufvertrag zwischen der Universität und Gisela Schultz vom 17. Juni 1750, in: *Angebote und Ankauf von Privatbibliotheken, 1945–1956*, fol. 55r. UAL: Bestand Rektor, R. 294, Bd. 1.

29 Eine genaue Zahl wird nach Abschluss der Katalogisierungsarbeiten für RISM vorliegen.

30 Schultz promovierte mit der Arbeit *Johann Vesque von Püttlingen. 1803–1883*, erschienen Regensburg 1930.

31 Näheres dazu im Abschnitt Holstein-Nachlass.

32 Betrifft N.I.10559, 10565–10571, 10607–10610, 10615–10617, 10619, 10620, 10622, 10627, 10628. In N.I.10569 (Johann Möller, *Neuwe Paduanen*) Datierung von 1911.

tifizierung des Hauptschreibers, dem 18 Handschriften zuzuordnen sind, und der unter den Lehrkräften des Instituts zu vermuten ist. Möglicherweise kamen die Manuskripte erst über einen Nachlass in den Bestand, denn der verwendete Institutsstempel weist auf die Zeit nach 1945.

Holstein-Nachlass

Eng mit dem Musikwissenschaftlichen Institut verbunden ist auch der Nachlass Franz von Holsteins. Ursprünglich in der dortigen Bibliothek aufbewahrt, gelangte er 1970 zusammen mit den Manuskripten des heutigen Bestandes N.I. in die damalige Handschriftenabteilung der Universitätsbibliothek und erhielt die Nachlass-Nummer 273.

Franz von Holstein, geboren 1826 in Braunschweig, hatte – seine vorherige Offizierslaufbahn quittierend – 1853 am Leipziger Konservatorium ein Musikstudium begonnen. Nach dessen Abschluss war er vor allem als Komponist von Opern, Liedern und Kammermusik sowie als Dichter tätig. Seinen größten Erfolg errang er mit der 1868 uraufgeführten Oper *Der Haideschacht*. Außerdem wirkte er ab 1868 als Vorsitzender der Bachgesellschaft Leipzig und ab 1875 als Vorsitzender des Leipziger Bach-Vereins.

1855 heiratete Franz von Holstein die vier Jahre ältere Hedwig Salomon, Tochter des angesehenen Bankiers Rudolf Julius Salomon. Diese, von Jugend an in gehobenen Kreisen des Leipziger Kulturlebens verkehrend, befreundet und bekannt beispielsweise mit den Familien Moritz Hauptmanns, Heinrich Conrad Schleinitz', Robert Schumanns und Felix Mendelssohn Bartholdys, wusste schon bald, ihre gemeinsame Wohnstätte zu einem gesellschaftlichen Zentrum zu machen. Gerhart Glaser, ein Biograph Holsteins, berichtet dazu ausführlich:

> „Das gesellige musikalische Leben, die ganze Atmosphäre im Haus […] war erfüllt von künstlerischem Geist und von herzlicher Innigkeit. Der Hausherr, eine heitere, liebenswürdige, feine Poetennatur, immer zu Scherz bereit, auch ironisch scharf mitunter, und doch stets gütig, anziehend humorvoll; die Hausfrau lebhaft und impulsiv, voll Geist und Phantasie, dabei schlicht und offenherzig; beide in seelischer Harmonie miteinander verbunden […] Von denen, die im Holsteinschen Haus verkehrten, seien an bekannten Namen nur erwähnt: Brahms, Clara Schumann, Heinrich und Elisabeth v. Herzogenberg, Sarasate, Bruch, Goldmark; neben diesen gingen nicht allein Musiker aus und ein, allen Künstlern stand das gastliche Haus offen."[33]

Kurz vor seinem Tod 1878 verfügte Franz von Holstein als Vermächtnis die Gründung einer Stiftung. Diese hatte zum Ziel, unbemittelten, aber begabten Musikstudenten kostenlos Wohnraum zur Verfügung zu stellen. Dafür wurde im Garten des Holsteinschen Hauses ein eigenes Gebäude errichtet, das jeweils sieben Personen aufnehmen konnte, und Hedwig von Holstein, deren Ehe kinderlos geblieben war, kümmerte sich mütterlich um alle Belange ihrer Schützlinge.[34] Ihre vorrangige Aufgabe sah sie jedoch darin, dem Andenken ihres Mannes zu dienen. So unterstützte sie Heinrich Bulthaupt, der 1880 eine Gedichtausgabe Franz von Holsteins initiierte, und brachte 1879 bis 1881 zahlreiche, bisher unveröffentlichte Kompositionen zum Druck. Nach Hedwig von Holsteins Tod 1897 fiel testamentarisch das gesamte Vermögen der Holstein-Stiftung als Alleinerbin zu, darunter – wie sie formulierte – auch „die Bibliothek und die Manuskripte, sowie Instrumente meines seligen Mannes".[35] Von diesem Zeitpunkt an ist der Weg des Holsteinschen Nachlasses nicht mehr klar zu rekonstruieren. Leider fehlen zudem genaue Übersichten, die den damaligen Bestand dokumentieren. Unklar bleibt, weshalb es 1908 in Leipzig durch das Auktionshaus C. G. Boerner zu einer Versteigerung kommt, die unter anderem „wertvolle Autographen aus dem Nachlass Hedwig von Holsteins"[36] anbietet. Wurden diese zugunsten der Holstein-Stiftung veräußert oder waren sie schon vorher in andere Hände gelangt? Bedauerlicherweise weist der Auktionskatalog, welcher Stücke aus verschiedenen Sammlungen offeriert, keine genaue Provenienzangabe der einzelnen Manuskripte auf, so dass im Nachhinein eine Zuordnung zur Holsteinschen Sammlung nicht mehr möglich ist.[37] Eine nächste Spur findet sich erst wieder in den 1920er Jahren: 1928 bewarb sich Gerhart Glaser, seit 1926 Student u. a. der Musikwissenschaft in Leipzig, um ein Stipendium der Holstein-Stiftung.[38] Das diesbezügliche

---

33 Gerhart Glaser: *Franz von Holstein. Ein Dichterkomponist des 19. Jahrhunderts*, Diss. Leipzig 1930, S. 35.

34 Vgl. *Eine Glückliche. Hedwig von Holstein in ihren Briefen und Tagebuchblättern*, hrsg. v. Helene von Vesque, 2. vermehrte Aufl., Leipzig 1902, S. 300 ff.

35 *Acta, die Mitcollatur des Rectors zur Vertretung der „Holstein-Stiftung" betr., 1897–1937*, fol. 9v. UAL: Bestand Rektor, Rep. III/II/I/070.

36 Vgl. *Katalog einer kostbaren Autographen-Sammlung aus Wiener Privatbesitz. Wertvolle Autographen aus dem Nachlass von Josef Joachim, Philipp Spitta, Hedwig von Holstein*, Leipzig 1908 [Auktionskatalog Nr. 92 von C. G. Boerner zur Auktion am 8./9. Mai 1908 in Leipzig].

37 Die 1908 gegründete Bibliothek des Musikhistorischen Seminars in Leipzig übernahm keine Manuskripte aus der Auktion, wie ein Vergleich zwischen Auktionskatalog und heutigem Nachlassbestand ergab. Auch bei E. Zarncke, *Bibliothekenführer* (wie Anm. 2) ist der Holstein-Nachlass noch nicht nachgewiesen.

38 Das Holstein-Stift wurde 1918 aufgelöst, weiter bestand aber ein Holstein-Stipendium.

Schreiben verweist auf seine im Manuskript fertiggestellte Dissertation über Franz von Holstein. Theodor Kroyer als Ordinarius des Instituts fügte eine Studienbescheinigung hinzu, die er mit dem Hinweis versah, dass Glaser „den Nachlaß des Komponisten gesichtet und katalogisiert" habe.[39] Möglicherweise war der Holstein-Nachlass mit der 1918 erfolgten Auflösung des Holstein-Stiftes[40] wenige Jahre zuvor an das Institut gekommen.

Der Katalog Glasers hat sich nicht erhalten, dafür bringt aber seine Dissertation nähere Angaben zum Inhalt des Nachlasses. Er nennt „23 Originalkompositionen, 3 Bände handschriftlicher Skizzen, 7 Bände Kompositionsübungen, lose Manuscriptblätter, 19 Abschriften von Werken Holstein", außer elf Opuszahlen sämtliche gedruckte Werke, „7 Textdichtungen Holsteins. 57 Briefe und Karten an Franz v. Holstein. Zeitungen, Zeitschriften, Zeitungsausschnitte, Programme, Dokumente etc."[41]

Heute ist der Holstein-Nachlass durch einen vom ehemaligen Fachreferenten der Universitätsbibliothek Dr. Wolfgang Orf erstellten Katalog erschlossen und bietet ein stark verändertes Bild. Vermutlich durch Kriegseinwirkungen existieren lediglich noch die Autographe, Skizzen, Textdichtungen und ein Teil der Abschriften von Werken des Komponisten.[42] Sie machen nur etwa 15 Prozent des heutigen Holstein-Nachlasses aus. Der andere Teil umfasst etwa 130 Handschriften – meist Abschriften des 18. und 19. Jahrhunderts – und fast 40 Drucke von Werken fremder Komponisten wie Ludwig van Beethoven, Johannes Brahms, Wolfgang Amadeus Mozart, Heinrich Marschner und Carl Ditters von Dittersdorf. Darunter finden sich unter anderem Materialien, die den Besitzvermerk ‚Helmut Schultz' tragen. Eine Beziehung zu Holstein besteht allenfalls bei den 16 Kompositionen Max Fiedlers, eines frühen Stipendiaten des Holstein-Stifts. Mit Sicherheit hat sich nicht der gesamte heute mit Holstein-Nachlass bezeichnete Bestand im Besitz Franz von Holsteins oder seiner Ehefrau befunden, sondern er ist als angereicherter Nachlass zu betrachten.

Helmut Schultz (1904–1945), 1935
(Universitätsarchiv Leipzig, Fotosammlung, N00615)

Klengel-Nachlass[43]

Der unter den Nummern 252/253 aufbewahrte Klengel-Nachlass bezieht sich auf den Gewandhauscellisten Julius Klengel (1859–1933) sowie dessen Vater, den ebenfalls in Leipzig wirkenden Philologen, Naturkundler und Gesangslehrer Wilhelm Julius Klengel (1818–1879). Eva Klengel (1891–1975), die Tochter Julius Klengels, hatte schon zu seinen Lebzeiten begonnen, Materialien über ihn und vorangegangene Generationen zu sammeln, darunter Werkmanuskripte und Rezensionen sowie persönliche Dokumente und Korrespondenzen von Familienmitgliedern.

„Bei den Klengels handelt es sich um eine weitverzweigte obersächsische Musiker- und Künstlerfamilie, die die Musik- und Kulturgeschichte im deutschsprachigen Raum vor allem durch ausübende Künstler, auch durch Musikwissenschaftler wesentlich bereicherten."[44]

Nach dem Tod Eva Klengels ging der von ihr angereicherte Nachlass an ihre Schwester Nora Klengel, die 1975

---

39 Vgl. *Acta „Holstein-Stiftung"* (wie Anm. 35), fol. 81 f.

40 Vgl. G. Glaser, *Holstein* (wie Anm. 33), S. 41.

41 Ebenda, S. 118.

42 Ein genauer Abgleich zwischen dem Bestand vor 1945 und danach ist leider nicht möglich, weil die Angaben bei G. Glaser, *Holstein* (wie Anm. 33) zu ungenau sind.

43 Der folgende Abschnitt bezieht sich im Wesentlichen auf Dörte Melzer: *Nachlaß Julius Klengel jun. Ordnung und Aufbereitung eines Nachlasses* (Abschluss-Hausarbeit an der Fachschule für wissenschaftliches Bibliothekswesen), Leipzig 1971.

44 Wolfgang Orf: *Gutachten zur Autographen-Sammlung Julius Klengel*, Typoskript, enthalten im Anhang der unter Anm. 43 genannten Hausarbeit.

Wilhelm Julius Klengel (1818–1879)
(Universitätsbibliothek Leipzig: NL 252, K 2)

zunächst die Musikmanuskripte und -nachschlagewerke⁴⁵ der Universitätsbibliothek Leipzig als Geschenk überließ. Durch Vermittlung und Engagement von Dr. Wolfgang Orf gelang es 1976, den übrigen Teil des für die Geschichte des Leipziger Musik- und Kulturlebens äußerst wichtigen Bestandes zum Preis von 16 000 Mark käuflich zu erwerben. Orf initiierte 1977 auch die für die damalige Zeit vorbildliche Erschließung durch eine Absolventin der Fachschule für wissenschaftliches Bibliothekswesen.⁴⁶ Gedruckte Musikalien sowie Stammbücher wurden dabei entnommen und in den allgemeinen Bibliotheksbestand eingearbeitet.

Der Nachlass dokumentiert nicht nur detailreich das Lebenswerk von Julius und Wilhelm Julius Klengel, sondern enthält außerdem eine 543 Stück beinhaltende Autographensammlung, die einen zeitlichen Rahmen vom Anfang des 19. bis zur Mitte des 20. Jahrhunderts spannt.

Es handelt sich dabei im Wesentlichen um die Familienkorrespondenz⁴⁷ und dazugehörige Dokumente, die durch bedeutende Persönlichkeiten im Freundes- und Bekanntenkreis eine nicht unerhebliche Aufwertung erfährt. Unter den musikbezogenen Schriftstücken sind vor allem die 44 Briefe und Postkarten Max Regers hervorzuheben.

Sammlung Nebauer

Als jüngste Erwerbung der Sondersammlungen mit teilweise musikbezogenem Inhalt kam die Sammlung Nebauer in den Bestand. Sie umfasst 3500 Briefe aus dem späten 18. bis in das erste Drittel des 20. Jahrhundert. Zusammengetragen wurde diese von Paul Nebauer, einem gebürtigen Wiener (geb. 1912⁴⁸), der in Rostock bis zu seinem Ruhestand das Amt eines Oberveterinärrats bekleidete. Seine Quelle waren wohl hauptsächlich deutsche Auktionshäuser, insbesondere die Firma Karl Ernst Henrici.⁴⁹ Einige Stücke stammen aus der berühmten Sammlung Alfred Bovet, die 1884/85 in Paris versteigert wurde.⁵⁰ Als Nebauer seine Sammlung 1976 an die Universitätsbibliothek Leipzig verkaufte – seit 1975 war sie bereits als Dauerleihgabe in ihrem Besitz – geschah dies möglicherweise schon im Hinblick auf seine spätere Ausreise in die Bundesrepublik im Jahr 1981. Danach hat er anscheinend seine Sammeltätigkeit nicht wieder aufgenommen.⁵¹

Der Bestand ist klassisch nach Sachgruppen mit den Rubriken ‚Wissenschaft', ‚Literatur', ‚Musik', ‚Geschichte', ‚Bildende Kunst' und ‚Darstellende Kunst' aufgebaut. Mit knapp 700 Dokumenten, einschließlich 40 musikalischen Albumblättern und 29 Notenmanuskripten, gehört der Musikteil ‚Sammlung Nebauer, Musiker' zahlenmäßig zu den gewichtigsten. Besondere Schwerpunkte gibt es nicht, weder in der regionalen Zugehörigkeit der Persönlichkeiten, noch in der Konzentration auf ‚große Namen'. Wichtig war Nebauer die Vielfalt. So sind die meisten Musiker nur

---

45 Die Nachschlagewerke wurden in den allgemeinen Bestand der Bibliothek eingearbeitet.

46 Vgl. Anm. 43.

47 Die Korrespondenzen Julius Klengels und Wilhelm Julius Klengels wurden dabei als eigene Nachlassteile separiert.

48 Das Sterbedatum ist leider nicht zu ermitteln.

49 Vgl. Dietmar Debes: *Die Autographensammlung Nebauer*, in: Marginalien 66 (1977), S. 37–42, hier S. 38.

50 Vgl. *Zentralblatt für Bibliothekswesen* 90 (1976), Heft 7, S. 286.

51 Vgl. Hermann F. Weiss: *Neue Entdeckungen zu Friedrich von Hardenbergs letzten Jahren*, in: „daß gepfleget werde der feste Buchstab". Festschrift für Heinz Rölleke zum 65. Geburtstag am 6. November 2001, hrsg. v. Lothar Bluhm und Achim Hölter, Trier 2001, S. 175–194, hier S. 185.

mit einem Schriftstück dokumentiert, wie Carl Philipp Emanuel Bach, Hector Berlioz, Johannes Brahms und Fryderyk Chopin. Ausnahmen bilden – da möglicherweise als Konvolut erworben – beispielsweise der jüdische Sänger Joseph Schmidt mit 17 Stück, Felix Mottl mit neun Stück, der Sänger Ludwig Schnorr von Carolsfeld und seine Ehefrau Malwina mit sieben Stück sowie Carl Czerny mit sechs Stück. Bemerkenswerte Notenhandschriften sind unter anderem das auf 1886 datierte Autograph eines Vokalquartetts *Ein getreues Herze wissen* von Heinrich von Herzogenberg für die Sängerin Livia Frege und ihren Gatten und ein Albumblatt von Johann Gottlieb Naumann mit einem dreistimmigen Chorsatz *Tutto canzia, e il di che viene*, versehen mit einer italienischsprachigen Widmung an „Contessa de Brühl", von 1786.

Sammlungen der Leipziger Stadtbibliothek[52]

Sammlung Taut

Die Sammlung Taut geht auf den Musikwissenschaftler Kurt Taut zurück. Er wurde 1888 in Obereichstädt (Sachsen) geboren und studierte 1909 bis 1914 an der Leipziger Universität Theologie sowie Musikwissenschaft bei Hugo Riemann und Arnold Schering. Hier entstand ebenfalls seine Dissertation zum Thema *Beiträge zur Geschichte der Jagdmusik*.[53] 1929 wurde Taut Leiter der Musikbibliothek Peters und Herausgeber ihres Jahrbuchs. Dort war er bis zu seinem Tod 1939 tätig und setzte sein bemerkenswertes organisatorisches Geschick vor allem zur Erwerbung von Katalogen bedeutender Musiksammlungen und deutschsprachiger Dissertationen ein, die er gegen Fotokopien von Werken der Petersbibliothek tauschte.[54] Ab 1933 fungierte er zudem als Fachberater für die Arbeitsgruppen ‚Musikalische Bibliographie und Bibliothekswesen' innerhalb der Deutschen Gesellschaft für Musikwissenschaft.

Julius Klengel (1859–1933), 1909
(Universitätsbibliothek Leipzig: NL 252, N 40)

Auch publizistisch widmete er sich diesem Bereich, und es entstanden eine Reihe musikbibliographischer Veröffentlichungen, darunter ein *Verzeichnis des Schrifttums über Georg Friedrich Händel*,[55] eine *Bibliographie des Musikschrifttums*[56] sowie ein Beitrag zur *Festschrift Arnold Schering* unter dem Titel *Arnold Schering und sein Werk, Zusammenstellung seiner bis 1936 veröffentlichten Arbeiten*.[57]

Bereits während seines Studiums begann Taut mit dem Sammeln von Autographen. Neben Briefen und literarischen Werkmanuskripten galt sein besonderes Interesse natürlich Notenhandschriften. Auch Faksimiles und Widmungsexemplare wurden einbezogen. Bis zu seinem Tod entstand in einem Zeitraum von etwa drei Jahrzehnten eine rund 15 000 Stück umfassende Sammlung, die vor allem den Leipziger Kulturkreis, insbesondere auf den Gebieten der Musik und der Wissenschaft, berücksichtigte.

---

52 Heute Leipziger Städtische Bibliotheken.

53 Kurt Taut: *Beiträge zur Geschichte der Jagdmusik*, Leipzig 1927.

54 Vgl. Heinrich Lindlar: *Zur Geschichte der Musikbibliothek Peters*, in: Quellenstudien zur Musik. Wolfgang Schmieder zum 70. Geburtstag, hrsg. v. Kurt Dorfmüller, Frankfurt am Main etc. 1972, S. 121.

55 Erschienen als *Händel-Jahrbuch* 6 (1933).

56 Kurt Taut: *Bibliographie des Musikschrifttums*, Jahrgang 1–2, Leipzig 1936–1937.

57 Kurt Taut: *Arnold Schering und sein Werk, Zusammenstellung seiner bis 1936 veröffentlichten Arbeiten*, in: Festschrift Arnold Schering zum 60. Geburtstag, hrsg. v. Helmuth Osthoff u. a., Berlin 1937, S. 1–23.

Weitere Schwerpunkte waren Dichtung, Bildende Kunst, Theater und Politik. Nach dem Tod Tauts trug sich die Witwe Elisabeth Taut mit dem Gedanken, die Sammlung zu versteigern und wandte sich 1941[58] mit der Bitte um eine Schätzung des Wertes an den damaligen Direktor der Stadtbibliothek Dr. Johannes Hofmann. Er wusste seit Längerem von ihrer Existenz und kam bei der Sichtung sehr rasch zu dem Entschluss, dass dieser hochrangige Bestand nicht verstreut werden durfte. Hofmann verständigte sich mit Elisabeth Taut auf eine Kaufsumme von 46 000 Reichsmark, die er aber nicht dem laufenden Etat entnehmen konnte, sondern als Sonderausgabe bei Stadtkämmerei und Kulturamt beantragen musste. In einem diesbezüglichen Brief vom 18. Februar 1941 an beide Institutionen[59] weist Hofmann mit Nachdruck auf die Bedeutung der in Leipzig gewachsenen Sammlung für die Stadt hin, die eine Erwerbung in jedem Falle rechtfertige. Er kann sich dabei auf ein Schreiben des Reichsministers und Chefs der Reichskanzlei Hans Heinrich Lammers vom 10. August 1939 an die Landesregierungen berufen, in dem ausdrücklich empfohlen wurde, dass Privatsammlungen möglichst unversehrt an dem Ort ihres Entstehens bleiben sollten. Der Antrag gelangte in höchste Stadtinstanzen und wurde vom Oberbürgermeister persönlich genehmigt. Hofmann machte am 26. März 1941 Elisabeth Taut davon Mitteilung und schloss an:

> „Ich darf Ihnen, sehr verehrte gnädige Frau, noch einmal versichern, wie glücklich unsere Stadtbibliothek ist, dass sie nun Besitzerin und Hüterin dieses von Ihrem verstorbenen Herrn Gemahl gesammelten Schatzes wird. Die Sammlung wird in dem grossen Büchersaal unserer Stadtbibliothek geschlossen aufgestellt und sie wird den Namen Dr. Kurt Taut-Sammlung tragen, um dadurch für alle Zeiten das Andenken an den feinsinnigen kultivierten Sammler Kurt Taut zu ehren und zu erhalten."[60]

Nach der offiziellen Übergabe der Sammlung Ende Mai 1941 wurde die Neuerwerbung in Tageszeitungen, der bibliothekarischen Fachpresse und in regionalgeschichtlichen Publikationen vorgestellt und gewürdigt.[61]

Durch die Auslagerung wertvoller Bestände der Stadtbibliothek im Zweiten Weltkrieg wurde die Sammlung Taut vor Verlusten bewahrt. Nicht verhindert werden konnte allerdings eine Teilung des Bestandes nach 1945. Im Zuge der Umgestaltung der Stadtbibliothek gelangten 1962 die Musikhandschriften und Widmungsexemplare in die 1954 gegründete Musikbibliothek der Stadt Leipzig,[62] die Briefe und sonstige handschriftliche Materialien jedoch in die Universitätsbibliothek. Eher zufällig war unter Letzterem auch ein Splitterbestand von handschriftlichen Musikalien.

Die Sammlung Taut ist in den Sondersammlungen durch den allgemeinen Zettelkatalog ‚Autographen' erschlossen, in den die originalen von Kurt Taut mit Akribie verfassten und geschriebenen Karteikarten eingearbeitet wurden.[63] Der Teilbestand ‚Taut Musiker' umfasst 16 Kästen mit 4360 vorwiegend Briefen und Postkarten, aber ebenso Zeichnungen, Fotografien und Notenmanuskripten – einschließlich 100 Albumblättern – sowie vier Sondermappen beziehungsweise -kästen (Wolfgang Amadeus Mozart, Hugo Wolf, Johannes Brahms, Edvard Grieg, Robert und Clara Schumann) mit unterschiedlichen Materialien. Der zeitliche Schwerpunkt liegt im 19. Jahrhundert. Es dominieren Leipziger Musiker, darunter Thomaskantoren, Gewandhausmitglieder und Konservatoriumslehrer wie Johann Adam Hiller, Moritz Hauptmann, Ferdinand David, Carl Reinecke, Salomon Jadassohn und Wilhelm Rust. Als ältestes Stück enthält die Sammlung ein Albumblatt des Thomaskantors Sethus Calvisius vom 10. August 1606 mit dem Psalmzitat 150, 6 – „Alles was Odem hat, lobe den Herrn" – in hebräischer, lateinischer und deutscher Sprache.

Sammlungen Bendemann, Clodius, Hönisch, Neu, Neumann

Konsultiert man das ab 1838 geführte und bis 1952 reichende *Zuwachsverzeichnis* der Leipziger Stadtbibliothek, fällt auf, dass vor allem nach 1945 – sicher auf Grund der besonderen politischen, wirtschaftlichen und finanziellen Verhältnisse – sehr viele Handschriften und Autographensammlungen angekauft wurden.[64] Dazu zählen auch die Sammlungen Bendemann, Clodius, Hönisch, Neu und Neumann.

---

58   Entgegen dem bisher in der Literatur verbreiteten Erwerbungsjahr 1939, wurde die Sammlung erst 1941 von der Leipziger Stadtbibliothek angekauft – vgl. Briefwechsel zwischen Elisabeth Taut und der Leipziger Stadtbibliothek zum Erwerb der Sammlung Taut, heute in den Leipziger Städtischen Bibliotheken.

59   Enthalten im Briefwechsel Elisabeth Taut – Leipziger Stadtbibliothek zum Erwerb der Sammlung Taut.

60   Ebenda.

61   Z. B. *Neue Leipziger Tageszeitung* und *Leipziger Neueste Nachrichten* vom 13. Juni 1941; *Leipziger Neueste Nachrichten* vom 22. Juli 1941; *Zentralblatt für Bibliothekswesen* 48 (1941), Heft 9/10, S. 366 f.; Liesbeth Weinhold: *Neue Handschriftenschätze in der Leipziger Stadtbibliothek*, in: Leipziger Jahrbuch 1942, S. 133–139.

62   Durch die 1973 erfolgte Angliederung der Musikbibliothek an die damalige Stadt- und Bezirksbibliothek Leipzig gelangte der dortige Teil-Bestand der Sammlung Taut wieder an den alten Eigentümer.

63   Allerdings waren schon bei Übergabe des Bestandes nicht zu allen Stücken Katalogkarten vorhanden, so dass auch Karten nachgefertigt werden mussten.

64   Vgl. *Zuwachs-Verzeichnis der Handschriftenabteilung der Leipziger Stadtbibliothek*, 2 Bde., Leipzig, Universitätsbibliothek (D-LEu): Rep. XI, 2.

Für die Sammlung Bendemann weist das *Zuwachsverzeichnis* unter der Nummer 522 und der Signatur Rep. IX. 3 aus:

„Autographensammlung Bendemann bestehend aus 547 Briefen u. Urkunden, angekauft am 20. Oktober 1947 (s. Kaufvertrag in den Akten) zum Preise von RM 20 000.– Aus dem Besitz der Enkelin Frau Ruth Sachau, geb. Bendemann. Die einzelnen Stücke s. Spezialliste."

Der Bestand geht in seinem Ursprung auf den Maler Eduard Bendemann zurück, Sohn eines Berliner Bankiers, Schwiegersohn des Bildhauers Johann Gottfried Schadow und langjähriger enger Freund Felix Mendelssohn Bartholdys. Es handelt sich hierbei nicht um eine planvoll angelegte Autographensammlung, sondern im Wesentlichen um die Überlieferung der von Bendemann und seiner Ehefrau empfangenen Briefe. Durch die Nachfahren wurden später noch einige Stücke hinzugefügt, so dass der Zeitraum die Jahre 1817 bis 1913 umfasst. Das beigelegte handschriftliche Verzeichnis listet unter fortlaufender Nummerierung vor allem Schriftstücke von Malern, Historikern, Dichtern, Kunsthistorikern und Musikern auf. Letztere[65] finden sich mit 126 Manuskripten von Nummer 98 bis 223 sowie unter Nummer 456. Besonders häufig vertretene Absender – und damit Freunde beziehungsweise gute Bekannte Bendemanns – sind neben Felix Mendelssohn Bartholdy der Violinist Joseph Joachim sowie der Dirigent und Komponist Ferdinand Hiller.[66] Ein enges Verhältnis, belegt durch 46 Briefe und eine Postkarte, bestand zwischen Lida Bendemann, der Ehefrau Eduards, und Clara Schumann. Notenmanuskripte sind nur in sehr geringer Zahl enthalten. Von Felix Mendelssohn Bartholdy findet sich beispielsweise das einzige überlieferte Autograph des 1830 als op. 9 Nr. 2 gedruckten Liedes *Geständnis ‚Kennst du nicht das Glutverlangen'* (hier in abweichender späterer Variante von 1831 mit dem Titel *Frage*) sowie ein Skizzenblatt aus den 1820er Jahren, auf dem Mendelssohn einen unbekannten Walzer und weitere Klavierstücke und Entwürfe notierte.

Nur wenige Wochen nach dem Ankauf der Sammlung Bendemann, am 26. November 1947, wurde durch die Stadtbibliothek auch die Sammlung Clodius erworben. Mit der Vorbesitzerin Christine Jentsch wurde eine Ver-

Kurt Taut (1888–1939)
(Universitätsbibliothek Leipzig: Rep.XI.6:66)

einbarung über eine ratenweise, vierteljährlich erfolgende Abgabe der 476 Autographen zum Preis von insgesamt 11 193 DM getroffen, die Ende 1950 abgeschlossen war.[67] Der Urheber der Sammlung war der Dichter und Philosoph Christian August Heinrich Clodius (1772–1836). Näheres ist einem Brief vom 8. Januar 1831 an den Dresdner Hofrat und Bibliothekar Konstantin Karl Falkenstein zu entnehmen, der Clodius einen Handschriftentausch angeboten hatte:

„Die Grundlage [...] war der Nachlaß einer Correspondenz meines seligen Vaters mit vielen Gelehrten Deutschlands, so dann auch ein Theil der meinigen, ungeachtet ich für meine Person durchaus kein allzeitfertiger Briefsteller bin. Der Zweck, als ich sie anlegte, war nicht so wohl, bloße Schriftzüge zu haben, über die sich allerdings anthropologische, übrigens oft unsichere Bemerkungen machen lassen, sondern Privaturtheile und charakteristische Äußerungen merkwürdiger Männer in vertraulichen Mittheilungen, die besser Handschrift bleiben, als gedruckt werden. In dieser Hinsicht

---

65 Heute in der Universitätsbibliothek Leipzig unter der Bezeichnung *Sammlung Bendemann, Komponisten* (Rep. IX, 3).

66 Felix Mendelssohn Bartholdy: 15 Nummern, Joseph Joachim: 20 Nummern, Ferdinand Hiller – 15 Nummern.

67 Vgl. *Zuwachsverzeichnis* (wie Anm. 64) unter der Nr. 522c und der Signatur Rep. IX, 5.

betrachte ich sie theils als ein freundschaftliches Stammbuch, theils als einen Anhang zu meiner Bibliothek".[68]

Die Leidenschaft zum Sammeln zeigte sich im Übrigen bereits bei seinem Großvater Christian Clodius (1694 bis 1778), dem Begründer der Bibliothek der Deutschen Gesellschaft in Leipzig. Dieser schrieb in Reaktion auf einen Reisebericht an seinen Freund Johann Christoph Gottsched am 17. September 1753:

„Auf dieser Reise hätte ich mit seyn sollen. Mein Gott! wie würde ich Bücher, M. S. C. Antiquitäten, Ligna, Bergstuffe [?], Petrefacta, Semina, Flores, Herbas, radices, animalia, sceleta, embryones, alte u. neue Münzen eingehamstert haben."[69]

Die Sammlung gliedert sich in die Abteilungen Dichter, Musiker, Maler, Staatsmänner, Gelehrte und Theologen, wobei Erstere mit 78 Schriftstücken den Schwerpunkt bilden. Sie wurde bis in das frühe 20. Jahrhundert fortgeführt. Von wem, lässt sich aber nicht näher bestimmen, auch nicht, wann sie in die Hände der Pfarrerfamilie Jentsch kam, die selbst Autographen besaß und sammelte.[70] Anfang des 20. Jahrhunderts findet sie sich bei Heinrich Adolf Leberecht Jentsch,[71] vermutlich dem Vater der letzten Besitzerin Christine Jentsch.

Bezüglich des Musikbestandes ist in dem erwähnten Brief Clodius' an Falkenstein zu lesen:

„Von Mozart hab ich nur Ein Gedicht an seine Gattin, von dem jeder Buchstabe Gold ist. Eben so ist Haydn (Righini, Romberg, Fasch, Zelter u. s. w.) nur Einmal vorhanden."[72] Spätere Tauschaktionen oder Verkäufe mögen dafür verantwortlich sein, dass der heutige Teil ‚Sammlung Clodius, Musiker' jedoch weder Mozart und Haydn, noch Fasch oder Zelter enthält. Lediglich ein Brieffragment des Komponisten Vincenzo Righini von 1811 und ein undatiertes Klavierstück *Schweizer Rondo* des Cellisten und Komponisten Bernhard Romberg werden möglicherweise zum ursprünglichen Musikerbestand gehört haben. Insgesamt umfasst dieser 37 Schriftstücke und Dokumente, in erster Linie Briefe, beispielsweise von Johannes Brahms, Franz Liszt, Felix Mendelssohn Bartholdy, Johann Gottlob Naumann und Friedrich Silcher.[73]

Ein nahezu ausschließlich dem musikalischen Bereich gewidmeter Bestand ist die Sammlung Hönisch. Sie wurde im April 1949 zum Preis von 650 DM von der Stadtbibliothek angekauft und enthielt 141 Briefe und Karten.[74] Davon existieren heute noch 138. Die Einlieferin war Friedel Gröer-Hönisch, eine Tochter des 1878 geborenen Leipziger Buchhändlers und Antiquars Rudolf Hönisch. Von 1910 bis 1932 verlegte sein Geschäft 81 Angebotskataloge,[75] und auch danach scheint er noch einige Jahre tätig gewesen zu sein.[76] Nach 1945 gibt es keine Hinweise mehr auf den Fortbestand der Firma. Hönischs bevorzugte Gebiete waren deutsche und ausländische Literatur, Geschichte und Kunst. Vertrieben wurden Bücher, Autographen, Gemälde und Graphik sowie vollständige Privatsammlungen, so beispielsweise 1921 die Bibliothek von Hugo Riemann.[77] Ebenfalls 1923 und 1927 gab es noch einmal spezielle Musik-Angebote.[78] – Bei der heutigen Sammlung Hönisch handelt es sich vermutlich weniger um Stücke aus dem Privatbesitz Hönischs, sondern höchstwahrscheinlich um Restbestände seines Geschäftes. Die Autographen stammen aus dem Zeitraum 1886 bis 1920. Die Absender und Adressaten sind fast ausschließlich Musiker, Musikschriftsteller und Musikredakteure. Als Empfänger erscheinen häufig Eugen Segnitz (1862–1927), Karl Kipke (1850–1923) und Karl Pohlig (1864–1924). Während Segnitz und Kipke vor allem in Leipzig als Musikjournalisten, -redakteure und -schriftsteller wirkten, war Pohlig als Kapellmeister und Musikdirektor unter anderem in Stuttgart, Philadelphia und Braunschweig tätig. Unter ihren Briefpartnern finden sich beispielsweise Eugen d'Albert, Felix Mottl, Arthur Nikisch, Siegfried Wagner und Hugo Riemann. Dominierend sind dienstliche Vorgänge wie Bitten um Besprechungen von Büchern, Noten und Konzerten oder Anfragen zu Musikaufführungen. Denkbar wäre deshalb, dass die Handschriften nicht aus dem jeweiligen Privatbesitz zu Hönisch gelangten, sondern eventuell durch die Abgabe von Korrespondenz aus Zeitungs- und Zeitschriftenarchiven, beispielsweise dem *Leipziger Tageblatt*, dem *Musikalischen Wochenblatt* und der *Sängerhalle*, für die Segnitz und Kipke arbeiteten.

---

68 Zitiert nach Günter Mecklenburg: *Vom Autographensammeln*, Berlin 1963, S. 22 f. Der Brief befand sich damals in der Sammlung des verstorbenen Schweizer Dichters und Bibliophilen Emanuel Stickelberger. Teile davon gelangten in die Universitätsbibliothek Basel. Der erwähnte Brief ist aber laut freundlicher Auskunft der Bibliothek nicht darunter.

69 D-LEu: Ms 0342, Bd. XVIII (Gottscheds Korrespondenten 1753), fol. 456r.

70 Vgl. Detlef Döring: *Ein unbekannter Brief G. E. Lessings vom 16. Dezember 1778 an Heinrich Christian Boie*, in: Lessing Yearbook 31 (1999), S. 1–10, hier S. 2.

71 Lebensdaten 1848–1918, seit 1889 Pfarrer in Kohren.

72 Zitiert nach G. Mecklenburg, *Vom Autographensammeln* (wie Anm. 68), S. 23.

73 Fälschlicherweise ist darunter auch ein Brief des Kunsthistorikers Johann Gottlob von Quandt.

74 Vgl. *Zuwachsverzeichnis* (wie Anm. 64), Nr. 522m, Rep. IX, 14.

75 Vgl. *Bibliographie der Aniquariats-, Auktions- und Kunstkataloge*, bearbeitet von Gerhard Loh, Folge 11, Leipzig 1992, S. 55-58.

76 Das *Internationale Adressbuch der Antiquare* (erschienen in Weimar) verzeichnet ihn noch 1937.

77 Vgl. Kataloge Nr. 15 und 16.

78 Vgl. Kataloge Nr. 29 und 62.

In Ermangelung der Kenntnis des wirklichen Vorbesitzers ist die Sammlung Neu nach ihrem Vermittler benannt. Alfred Neu, von 1945 bis 1952 Präsident des Landgerichts Leipzig, wird im Zuwachsverzeichnis als derjenige ausgewiesen, welcher im September 1950 der Leipziger Stadtbibliothek ein Autographen-Album sowie „beschlagnahmte Bücher" aushändigte.[79] Die Formulierung lässt darauf schließen, dass es sich dabei um einen behördlichen Akt handelte. Ob die Autographen jemals in gebundener Form als wirkliches Album vorlagen, scheint sehr unwahrscheinlich. Vielmehr ist eine ähnliche Aufbewahrung wie heute in verschiedenen Mappen anzunehmen. Wem die Sammlung zuletzt gehörte, ist nicht mehr festzustellen. Möglicherweise waren es Nachfahren des Schriftstellers Robert Eduard Prutz (1816–1872), da sein Name und vermutlich derjenige seiner Ehefrau – Ida Prutz – in 28 Fällen als Adressat erscheint. Prutz gehörte zu den engagiertesten Publizisten des Vormärz und auffälligerweise finden sich auch in der Sammlung eine Reihe von Dokumenten, die mit freiheitlich gesinnten Persönlichkeiten, vor allem Schriftstellern und Journalisten, in Verbindung stehen, darunter Heinrich Heine, Georg Herwegh, Ferdinand Freiligrath, Heinrich Laube, Albert Emil Brachvogel und Anastasius Grün. Unter den 156 Handschriften und Fotografien aus dem Zeitraum von etwa 1740 bis 1880 nehmen die musikbezogenen Dokumente mit lediglich sieben Schriftstücken nur einen sehr geringen Raum ein. Die Absender sind Hector Berlioz, Jenny Lind, Franz Liszt, Felix Mendelssohn Bartholdy, Giacomo Meyerbeer, Arthur Nikisch und Gaspare Spontini.

Von ihrem Umfang her der kleinste, hier relevante Bestand ist die Sammlung Neumann mit insgesamt 54 Autographen vorrangig aus dem 19. Jahrhundert, welche 1951 von der Leipzigerin Hella Neumann zum Preis von 280 DM angekauft wurden.[80] Neben Schriftstücken von Schriftstellern und Malern ist die Musik mit 19 Dokumenten vertreten, vorwiegend Briefe und zwei musikalische Albumblätter, unter anderem von Eugen d'Albert, Max Bruch und Clara Schumann. Allein neun Briefe stammen von der Sängerin Wilhelmine Schröder-Devrient, die meisten davon an einen Geschäftsmann Joseph Meyer aus Dresden in Geldangelegenheiten.

Obwohl sich durch besondere Umstände der Erwerb der besprochenen Sammlungen und Nachlässe mit ihren musikbezogenen Beständen auf nicht einmal 100 Jahre konzentriert, geschieht hier im Kleinen, was im Großen die Entwicklung von öffentlichen Bibliotheken immer schon beeinflusst und prägt. So waren diese Einrichtungen seit jeher nicht nur für eine gezielte Anschaffung von Literatur verantwortlich, sondern auch „Bewahrerinnen und Hüterinnen von Bibliotheken und Sammlungen […], die ein Lebenswerk oder zumindest doch einen wesentlichen Teil des Lebensinhalts eines Gelehrten, gelehrten oder schöngeistigen Sammlers darstellen".[81] Durch ihre Größe oder bereits vorhandene Sammlungen sich auszeichnende Bibliotheken hatten es dabei erwiesenermaßen leichter, weitere wertvolle Bestände an sich zu ziehen. Herausragende Beispiele sind die heutige Bayerische Staatsbibliothek München und die Staatsbibliothek zu Berlin – Preußischer Kulturbesitz. Für den sächsischen Raum war neben Dresden traditionell ebenso Leipzig eines der wichtigsten diesbezüglichen Zentren. Ende des 19. Jahrhunderts, zum Zeitpunkt der großzügigen Schenkung der Kestner-Sammlung, stand die Leipziger Universitätsbibliothek an der Spitze der deutschen Universitätsbibliotheken.[82] – Die Übereignung von wertvollen Beständen an eine Bibliothek lässt sich stets auch als ein Konsens zwischen privaten und allgemeinen Interessen lesen. Die Einrichtungen gelangen damit vielfach an Wissensquellen, die durch ihre spezielle Zusammensetzung einmalig sind und in ihrem Umfang und ihrer Dichte kaum je von einer öffentlichen Bibliothek hätten zusammengetragen werden können. Der Sammler gibt seinem Werk eine Zukunft, baut einer späteren Verstreuung des oft unter persönlichen Opfern entstandenen Fundus' vor und weiß sich dadurch geehrt, dass die Sammlung in der Regel geschlossen unter der Bezeichnung ihres ursprünglichen Besitzers fortexistiert. Mag das Einzelstück in seiner Aussage häufig unbedeutend und nur durch den Glanz großer Namen geadelt sein, letztendlich sind es gerade die Sammlungen und Nachlässe in ihrer Gesamtheit, die einer über Jahrhunderte gewachsenen Bibliothek in öffentlicher Hand das spezielle Profil und ihren unverwechselbaren Charakter geben.

---

79 *Zuwachsverzeichnis* (wie Anm. 64), Nr. 522x, Rep. IX, 25.

80 Vgl. ebenda, Nr. 522ad, Rep. IX, 30.

81 *450 Jahre Universitätsbibliothek Leipzig. 1543–1993* (wie Anm. 5), S. 22.

82 Ebenda, S. 15.

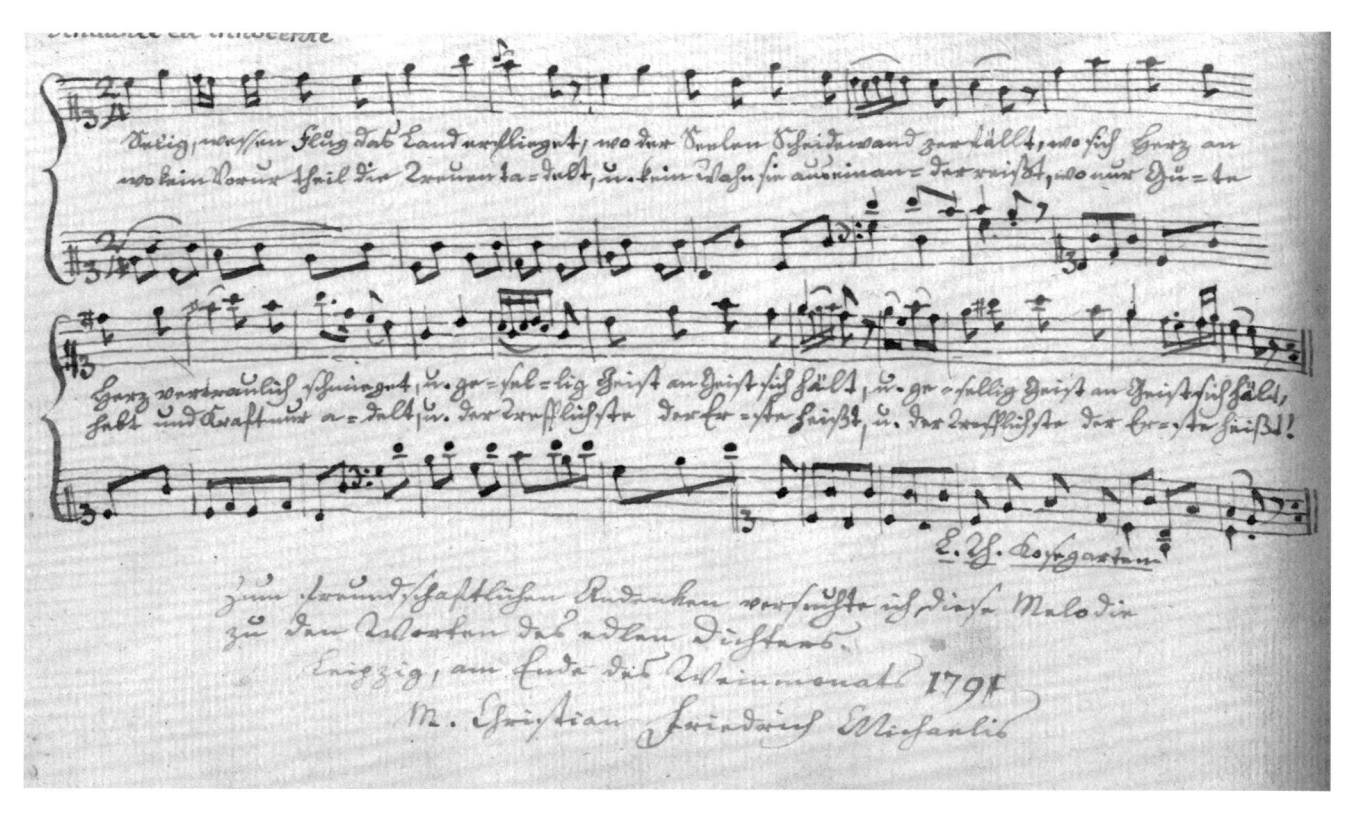

Stammbuch des Friedrich Kind, Komposition des Christian Friedrich Michaelis (immatrikuliert 1787), Leipzig Ende Oktober 1791 (Universitätsbibliothek Leipzig, Rep.IV.88-g, Blatt 76v)

Stammbuch des Christian Friedrich Woydt (immatrikuliert 1764), Seite 55: kleine Komposition mit Tanzschrittdarstellung des Johann Gottlieb Geißler, Leipzig 17. Dezember 1768 (Universitätsbibliothek Leipzig, MS 2643, Bl.37r)

Musiksammlungen der Universität Leipzig
Annegret Rosenmüller, Christine Korff

An der Universitätsbibliothek Leipzig kann vom gezielten Aufbau eines musikalischen beziehungsweise musikwissenschaftlichen Bestandes erst mit der Errichtung des ‚Musikhistorischen Seminars' durch Hugo Riemann zu Beginn des 20. Jahrhunderts gesprochen werden. Dennoch gab es in der Hauptbibliothek vorherige Erwerbungen im Zuge der allgemeinen Anschaffung von geisteswissenschaftlicher Literatur. Das eigentliche Sammelgebiet für musikalische Literatur lag jedoch in Leipzig seit der Stiftung der ehemaligen Privatsammlung Carl Ferdinand Beckers 1856 bei der Leipziger Stadtbibliothek, mit der es auch diesbezügliche Erwerbungsabsprachen gab.

Das *Handbuch der historischen Buchbestände in Deutschland*, welches sich auf den 1833 in der Universitätsbibliothek angelegten handschriftlichen Bandkatalog der Druckschriften beruft, nennt für den Bereich Musik summarisch 1.447 Titel vom 16. bis zum 19. Jahrhundert.[1] Dieser von Kriegsschäden unbetroffene Bestand verblieb auch nach der Gründung des Seminars in der Hauptbibliothek und wird bis heute kontinuierlich ergänzt.

Die Bibliothek des heutigen Instituts für Musikwissenschaft besteht seit 1908, bildete aber bereits seit 1906 einen „erste[n] Stamm aus eigenen Einnahmen" und hatte darüber hinaus „Zuweisungen von Prof. Riemann, Prof. A. Prüfer, Dr. A. Schering, Breitkopf & Härtel, M. Hesse, W. Spemann [und] D. Rahter" erhalten.[2] 1909 zählte sie rund „600 Bücher aus der Musik-Literatur" und „400 Musikalien".[3] Der Luftangriff in der Nacht vom 3. auf den 4. Dezember 1943 zerstörte das gesamte Institut und damit auch die Bibliothek. Durch Auslagerung blieb jedoch ein kleiner Teil des Bestandes, darunter wertvolle Handschriften und Drucke, erhalten. – Von 1955 bis 1993 bildete das Institut neben Musikwissenschaftlern auch Musikpädagogen aus. Damit erweiterten sich ebenfalls die Aufgaben der Bibliothek. Die im Rahmen der dritten Hochschulreform von 1968 wirkende Bibliotheksreform der DDR hatte auf die Institutsbibliothek räumlich keine Auswirkungen; allerdings wurde sie 1973 – wie auch andere Institutsbibliotheken – der Universitätsbibliothek angegliedert und das ‚Fachreferat Musik' eingerichtet. Seit dieser Zeit werden sämtliche Bestände des Instituts zusätzlich in den Katalogen der Hauptbibliothek nachgewiesen und die Erwerbung von dort aus getätigt. 1970 wurden durch die Umstrukturierung die Musikhandschriften (Autographe und Abschriften) des Instituts in die damalige Handschriftenabteilung (heute Sondersammlungen) der Universitätsbibliothek überführt. – Nach 1989 wurde der Aufbau der Zweigbibliothek Musik durch mehrere Stiftungen gefördert. Den letzten größeren Zuwachs erhielt sie 1995 durch die Übernahme von 4000 Bänden mit Musikalien aus dem Besitz des Leipziger Musikwissenschaftlers Eberhardt Klemm (1929–1991).

Heutige Standorte der Musiksammlungen der Universitätsbibliothek Leipzig:

Zweigbibliothek Musik im Institut für Musikwissenschaft, Goldschmidtstr. 12, 04103 Leipzig: ca. 28 000 Titel mit Musikliteratur sämtlicher Fachgebiete (19.–21. Jahrhundert), ca. 30 000 Musikaliendrucke (18.–21. Jahrhundert) und Tonträger. Ausleih- und Präsenzbestand.

Nebenstelle im Museum für Musikinstrumente der Universität Leipzig, Johannisplatz 5–11, 04103 Leipzig: Insgesamt ca. 1650 Titel mit Musikliteratur (19.–21. Jahrhundert), Musikalien und Tonträger mit den Schwerpunkten Musikinstrumentenkunde, Akustik und Kataloge, sowie Musikalien (ausschließlich Instrumentalschulen, ca. 150 Titel. Präsenzbestand).

---

1 Vgl. Friedhilde Krause (Hrsg.): *Handbuch der historischen Buchbestände in Deutschland*, Bd. 18: *Sachsen L–Z*, Hildesheim etc. 1997, S. 76.

2 Eduard Zarncke: *Leipziger Bibliothekenführer*, Leipzig 1909, S. 82.

3 Ebenda.

Hauptbibliothek Albertina, Beethovenstr. 6, 04107 Leipzig: Musikaliendrucke (19.–20. Jahrhundert), Musikliteratur (17.–21. Jahrhundert). Ausleih- und Präsenzbestand.[4]

Sondersammlungen: Musikliteratur und frühe Musikdrucke (15.–16. Jahrhundert), ca. 600 Musikhandschriften (10.–20. Jahrhundert): vor allem Musikalien, wenige Theoretika; davon ca. 400 Handschriften aus dem ehemaligen Bestand des Musikwissenschaftlichen Seminars (größerer Teilbestand: Dubletten aus der ehemaligen Königlichen Privatmusikalien-Sammlung in Dresden, Holstein-Nachlass), ca. 180 Handschriften in verschiedenen Sammlungen, hauptsächlich in den Sammlungen Taut (ehemals Stadtbibliothek, seit 1962 in der Universitätsbibliothek), Kestner, Nebauer und im Klengel-Nachlass, ca. 20 mittelalterliche Musikhandschriften (Provenienz neben Altbestand der Universität Leipzig u. a. Kloster Altzelle, Kloster Pegau, Leipziger Kirchenbibliothek St. Thomas). Ca. 10 000 Musikerbriefe (18.–20. Jahrhundert). Präsenzbestand.

---

[4] Durch einen umfangreichen noch nicht im OPAC erfassten Alt- und Musikalienbestand ist eine genaue Zahlenangabe momentan nicht möglich.

Anhang

Abkürzungsverzeichnis

Betrifft folgende Abschnitte des Anhangs:
Leipziger Universitätsmusikdirektoren, Universitätsorganisten und Universitätskantoren
In Leipzig studieren, Musiker werden… Eine Liste Leipziger Studenten, die Musiker, Komponisten oder Instrumentenbauer geworden sind

75 Jahre LUC	Universität Leipzig, Büro des Universitätsmusikdirektors Wolfgang Unger (Hrsg.): *75 Jahre Leipziger Universitätschor. Festschrift*, Leipzig 2001.
ADB	Eintrag zur Person in *Allgemeine deutsche Biographie*, hrsg. von der Bayerischen Akademie der Wissenschaften, 56 Bde., Leipzig 1875–1912; unveränd. Nachdruck Berlin 1967–1971
Altner	Stefan Altner: *Das Thomaskantorat im 19. Jahrhundert. Bewerber und Kandidaten für das Leipziger Thomaskantorat in den Jahren 1842 bis 1918. Quellenstudien zur Entwicklung des Thomaskantorats und des Thomanerchors vom Wegfall der öffentlichen Singumgänge 1837 bis zur ersten Auslandsreise 1920*, 2. Aufl., Leipzig 2007.
BBKL	Eintrag zur Person in: Biographisch-Bibliographisches Kirchenlexikon: www.bbkl.de
Beitrag …	Beiträge im vorliegenden Band mit Nachname des Autors
BLO	Eintrag zur Person in: Oberlausitzische Gesellschaft der Wissenschaften (Hrsg.): Projekt Biographisches Lexikon der Oberlausitz: www.wiki.olgdw.de
BMLO	Eintrag in zur Person in: Bayrisches Musiker-Lexikon Online, hrsg. von Josef Foch: www.bmlo.uni-muenchen.de
Busch	Hermann J. Busch: *Organisten an St. Nikolai*, in: Die Nikolaikirche zu Leipzig und ihre Orgel, hrsg. v. demselben, Leipzig 2004, S. 29–35.
EitnerQ	Eintrag zur Person in: Robert Eitner: *Biographisch-Bibliographisches Quellenlexikon der Musiker und Musikgelehrten der christlichen Zeitrechnung bis zur Mitte des neunzehnten Jahrhunderts*, 10 Bände, Leipzig 1900–1904.
Glöckner: Bach	Andreas Glöckner: *Johann Sebastian Bach und die Universität Leipzig. Neue Quellen (Teil I)*, in: Bach-Jahrbuch 94 (2008), S. 159–201.
Glöckner: Kalendarium	Andreas Glöckner: *Kalendarium zur Lebensgeschichte Johann Sebastian Bachs*, Leipzig 2008.
Grenser	Carl Augustin Grenser: *Geschichte der Musik hauptsächlich aber des großen Concert- u. Theater-Orchesters in Leipzig*, Leipzig 1840, hrsg. u. transkribiert von Otto Werner Förster, Leipzig 2005.
Grohs	Gernot Maria Grohs: *Georg Trexler. Wurzeln, Wirken, Werke, Vermächtnis*, Leipzig 2004.
Hempel	Gunter Hempel: *Die Musikpflege an der Universität Leipzig von 1800 bis zur Gegenwart*, in: Beiträge zur Musikwissenschaft 11 (1969), S. 21–40.
Hofmann	Hans Hofmann: *Gottesdienst und Kirchenmusik in der Universitätskirche zu St. Pauli-Leipzig seit der Reformation (1543–1918)*, in: Beiträge zur Sächsischen Kirchengeschichte 32 (1919) [Jahresheft für 1918], S. 119–151.
Jung	Eintrag zur Person in: Claudius Böhm, Hans-Rainer Jung: *Das Gewandhaus-Orchester. Seine Mitglieder und seine Geschichte seit 1743*, Leipzig 2006.
Kötzschke	Richard Kötzschke: *Geschichte der Universitäts-Sängerschaft zu St. Pauli in Leipzig 1822–1922*, Leipzig 1922.
Langer	Paul Langer: *Chronik der Leipziger Singakademie. Herausgegeben zur 100jährigen Jubelfeier am 14.–16. Februar 1902*, Leipzig 1902.
Mendel/Reissmann	Eintrag zur Person in: Hermann Mendel/August Reissmann (Hrsg.): *Musikalisches Conversations-Lexikon. Eine Enzyklopädie der gesammten musikalischen Wissenschaften. Für Gebildete aller Stände*, 11 Bde., Berlin 1870–1879, Ergänzungsband Leipzig 1880.
MGG1	Eintrag zur Person in: *Die Musik in Geschichte und Gegenwart*, 1. Ausg., hrsg. v. Friedrich Blume, Kassel etc. 1949–1968.
MGG2	Eintrag zur Person in: *Die Musik in Geschichte und Gegenwart*, 2. Ausg., Personenteil, hrsg. v. Ludwig Finscher, Kassel etc. 1999–2007.
NDB	Eintrag zur Person in: *Neue deutsche Biographie*, hrsg. von der Bayerischen Akademie der Wissenschaften, derzeit 23 Bde., Berlin 1953 ff.
Schering 1926	Arnold Schering: *Musikgeschichte Leipzigs*, Band 2: *Von 1650 bis 1723*, Leipzig 1926.
Schering 1941	Arnold Schering: *Musikgeschichte Leipzigs*, Band 3: *Johann Sebastian Bach und das Musikleben Leipzigs im 18. Jahrhundert*, Leipzig 1941.
New Grove	Eintrag zur Person in: *The New Grove Dictionary of Music and Musicians*, hrsg. v. Stanley Sadie, London 1980.
Riemann …	Eintrag zur Person in *Riemanns Musiklexikon*, nachgestellte Ziffer bezeichnet die Auflage: 6. Aufl. Leipzig 1905; 11. Aufl., 2 Bde., bearb. v. Alfred Einstein, Berlin 1929; 12. Auflage, 3 Bde., hrsg. v. Wilibald Gurlitt, Mainz etc. 1959–1961.

SB	Eintrag zur Person in: *Sächsische Biografie*, hrsg. vom Institut für Sächsische Geschichte und Volkskunde e.V., bearb. von Martina Schattkowsky, Online-Ausgabe: www.isgv.de/saebi
UAL	Leipziger Universitätsarchiv
UMD	Eintrag zur Person im Lexikon der Universitätsmusikdirektoren, -organisten und -kantoren im vorliegenden Band.
VDK 1982	Eintrag zur Person in: *Komponisten, Musikwissenschaftler, Interpreten, Musikerzieher des Verbandes der Komponisten und Musikwissenschaftler der DDR. Bezirksverband Leipzig*, hrsg. v. Verband der Komponisten und Musikwissenschaftler der DDR, Bezirksverband Leipzig in Verbindung mit der Abteilung Kultur des Rates des Bezirkes Leipzig, Leipzig 1982.
Vollhardt	Reinhard Vollhardt: *Geschichte der Cantoren und Organisten von den Städten im Königreich Sachsen*, Berlin 1899, Nachdruck mit einem Nachwort hrsg. v. Hans-Joachim Schulze, Ergänzungen und Berichtigungen von Eberhard Stimmel, Leipzig 1978.
Wasserloos	Yvonne Wasserloos: *Das Leipziger Konservatorium der Musik im 19. Jahrhundert*, Hildesheim etc. 2004.
Wustmann	Wustmann, Rudolf: *Musikgeschichte Leipzigs*, Band 1: *Bis zur Mitte des 17. Jahrhunderts*, Leipzig/Berlin 1909

№ 1.

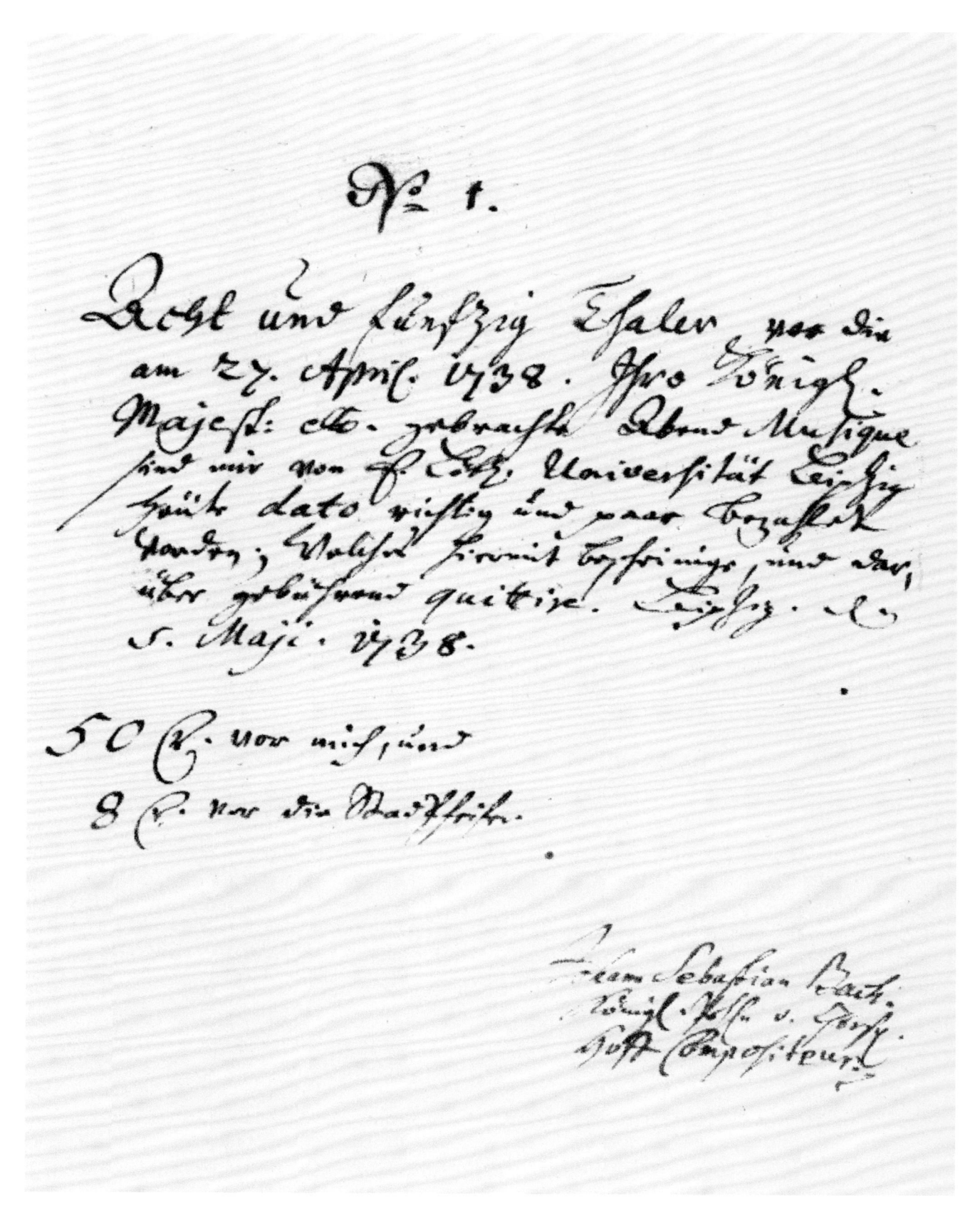

Acht und fünfzig Thaler, vor die am 27. April: 1738. Ihro Königl. Majest: etc. gebrachte Abend Music sind mir von E. Löbl. Universität Leipzig heute dato richtig und paar bezahlet worden; Welches hiermit bescheinige, und darüber gebührend quitire. Leipzig,
5. Maji. 1738.

50 rh. vor mich, und
8 rh. vor die Nachtwächter.

Johann Sebastian Bach.
Königl. Pohln. u. Churfl.
Sächß. Hoff Compositeur.

Rechnung von Johann Sebastian Bach an die Leipziger Universität für die Abendmusik anlässlich der Vermählung von König Karl IV. von Neapel und Sizilien und Prinzessin Maria Amalia von Sachsen am 27. April 1738
(Universitätsarchiv Leipzig: Rep. II/XIV.20, fol. 49)

Leipziger Universitätsmusikdirektoren, Universitätsorganisten und Universitätskantoren

Christiane Arnhold, Stephan Greiner, Martin Petzoldt

Das folgende biografische Lexikon enthält alle bekannten Musikdirektoren, Organisten und Kantoren im Dienste der Leipziger Universität. Dabei wird hier zum ersten Mal eine Auflistung der Leipziger Universitätsorganisten und -kantoren unternommen. Anders verhält es sich mit den Leipziger Universitätsmusikdirektoren: Schon mehrmals gab es Versuche, sie systematisch zu erfassen sowie ihre Anstellungszeiten und Biografien zusammenzutragen. Die in der zweiten Hälfte des 20. Jahrhunderts veröffentlichten Listen und Lexika sind untereinander inhaltlich verschieden und teilweise sehr widersprüchlich. Ein biografisches Lexikon „zusammengestellt und erarbeitet von einem Kollektiv des Leipziger Universitätschores" aus dem Jahr 1961 wird im Nachlass Friedrich Rabenschlags im Leipziger Universitätsarchiv verwahrt.¹ Im Jahr 1966 verzeichnete Heinrich Hüschen in der Enzyklopädie *Die Musik in Geschichte und Gegenwart* Musikprofessoren und -dozenten, von denen er eine ganze Reihe der in Leipzig tätigen mit dem Zusatz ‚UMD' versah.² Das Programmbuch zu den 1. Leipziger Universitätsmusiktagen 1994³ sowie die Festschrift zum 75-jährigen Jubiläum des Universitätschores⁴ enthalten Listen der Universitätsmusikdirektoren und ihrer Amtszeiten. Alle diese Publikationen kranken an dem Fehlen von Quellennachweisen und widersprechen sich mitunter in wichtigen Punkten: War eine Person tatsächlich offiziell ernannter Universitätsmusikdirektor? Wann genau begann die Amtszeit, endete sie mit dem Tode oder dadurch, dass ein Vertreter einsprang? Beim Erstellen dieses Lexikons war es erklärtes Ziel, diese Fragen zu klären und in den biografischen Rahmen der vorgestellten Personen einzubetten. Unser Bemühen galt der Genauigkeit der Datierungen bis aufs Jahr und der Richtigstellung mancher irrtümlicher Angaben, die sowohl in den oben erwähnten Publikationen als auch in anderen Werken der Sekundärliteratur zu den einzelnen Personen oder historischen Sachgebieten noch zu finden sind.⁵ In Fällen, bei denen trotz aller Recherchen keine Sicherheit gewonnen werden konnte, ist dies vermerkt. Lücken in der zeitlichen Abfolge der Amtsinhaber sowie im Wissen über Leben und Werk der einzelnen Personen sind durch die teilweise äußerst spärliche Quellenlage bedingt. Dass weiterer Forschungsbedarf besteht, wird hier besonders deutlich. Am Ende der biografischen Artikel sind die benutzte Literatur und die verfügbaren Quellen in Kurzform angegeben.

Zur Geschichte der Ämter Universitätsmusikdirektor, Universitätsorganist und Universitätskantor in Leipzig

Musik wurde und wird an Universitäten dazu eingesetzt, offiziellen Feiern Glanz zu verleihen und akademischen Akten einen würdigen Rahmen zu geben. Außerdem wird bei akademischen Gottesdiensten ebenfalls gesungen und musiziert. Wenn eine Universität einen Universitätsmusikdirektor beschäftigt, so trägt sie der Bedeutung der Musik zu diesen Anlässen Rechnung. Im Gegensatz zu

---

1   UAL: NA Rabenschlag 5.42. Es handelt sich um ein 14-seitiges Heft mit einem Text über *Die Universität im Musikleben der Stadt Leipzig* und einer Aufstellung über *Der beyden Hauptkirchen und Euer hochlöblichen Universität Musikdirektoren*. Das Dokument wurde zwar gedruckt, gelangte aber offenbar nicht in den Handel und fand daher nicht den Weg in andere Bibliotheken und Archive.

2   Heinrich Hüschen: *Universität und Musik*, in: Die Musik in Geschichte und Gegenwart, hrsg. v. Friedrich Blume, Bd. 13, Kassel etc. 1966, Sp. 1093–1138, hier Sp. 1106.

3   Wolfgang Unger (Hrsg.): *Leipziger Universitätsmusik. Musiktradition in Jahrhunderten. 1. Leipziger Universitätsmusiktage 25. bis 29. Mai 1994*, Leipzig 1994, S. 10 f.

4   Universität Leipzig, Büro des Universitätsmusikdirektors Wolfgang Unger (Hrsg.): *75 Jahre Leipziger Universitätschor. Festschrift*, Leipzig 2001, S. 96–99.

5   Es ließen sich beispielsweise keinerlei Belege, nicht einmal Indizien dafür finden, dass Gottfried Wilhelm Fink (1783–1846) im Jahre 1842 zum Universitätsmusikdirektor ernannt worden sei, wie beide Ausgaben der *Musik in Geschichte und Gegenwart* behaupten. Fink, der in Leipzig als Musikredakteur und Dozent an der Universität wirkte, von der er 1838 zum Ehrendoktor ernannt wurde, wird daher in der vorliegenden Übersicht nicht geführt.

anderen Städten, in denen das Amt des Universitätsmusikdirektors oder -konzertmeisters seit der zweiten Hälfte des 18. Jahrhunderts ein vollwertiges war und die Verpflichtung zu musikalischem Unterricht in Theorie und Praxis einschloss, blieb es in Leipzig sehr lange – bis zur zweiten Hälfte des 19. Jahrhunderts – ein Nebenamt, das ‚nur' zur musikalischen Gestaltung universitärer Feierlichkeiten und Gottesdienste verpflichtete.[6] Auch heute gehen mit dem Amt des Universitätsmusikdirektors in der Regel keine Lehraufträge an der Universität mehr einher – Hermann Grabner war der letzte, der gleichzeitig dieses Amt innehatte und als Lektor am Institut für Musikwissenschaft beschäftigt war. In der Regel bekleideten die Leipziger Universitätsmusikdirektoren ihr Amt daher als eines von mehreren öffentlichen musikbezogenen Ämtern, die sie gleichzeitig übernahmen. Dieser Umstand ist spezifisch für Leipzig. An der Abfolge der Posten, die von den Musikdirektoren ausgeübt wurden, ja zeitweise fest mit dem Musikdirektorat verknüpft waren, zeigt sich, wie die Leipziger Universität stets Anschluss an die im Bereich der Musik führenden Institutionen der Stadt suchte: Zunächst die Thomaskantoren, im 18. Jahrhundert die Kapellmeister und Vorspieler der studentischen Collegia musica und des ‚Großen Konzerts', im 19. Jahrhundert die Dirigenten der Leipziger Singakademie und des Universitäts-Gesangvereins zu St. Pauli und schließlich seit 1939 die Leiter des Universitätschores – diese Musikerpersönlichkeiten waren es, die regelmäßig zu Universitätsmusikdirektoren ernannt wurden.

Für lange Zeit war in Leipzig das Universitätsmusikdirektorat an einen bestimmten Ort gebunden, nämlich die Universitätskirche, die sich seit 1543 im Besitz der Universität befand. Die Amtsträger waren zunächst vornehmlich Musikdirektoren der Universitätskirche zu St. Pauli und trugen Verantwortung für die dort abgehaltenen Veranstaltungen. In der Universitätskirche fanden anfangs nur an den „hohen Festen, am 1. Weihnachtstag, am Ostersonntag, am Pfingstsonntag und zum Reformationsfest"[7] Gottesdienste statt, hinzu kamen die Festakte der Universität, die Quartalsorationen, Doktorpromotionen und Leichenbegängnisse.[8] Die erste Quelle, die für die Musik zu solchen Anlässen Zahlungen von Universitätsseite an einen Organisten und einen Kantor dokumentiert, datiert auf das Jahr 1503,[9] also 40 Jahre bevor die Paulinerkirche zur Universitätskirche wurde. Dass anscheinend die Thomas- und Nikolaikirche zu diesem Zeitpunkt als Orte der akademischen Feiern dienten, verdeutlicht die fortan über Jahrhunderte gepflegte Kooperation zwischen Universität und Kirche.[10] Es gilt als gesichert, dass die Universität die Gestaltung der Musik in der Paulinerkirche anfangs regelmäßig den Thomaskantoren anvertraute. Die Universitätsakten bestätigen dies in Einzelfällen ausdrücklich,[11] wobei jedoch Rechnungsposten ohne Namensnennung in der Überzahl sind und somit durchaus Raum für Spekulationen bleibt, wann an der Universitätskirche erstmals eigene Kantoren und Organisten beschäftigt worden sind.[12] Oft sind in den Rechnungsbüchern nämlich nur die Funktionen genannt, darunter erscheinen neben Kantor und Organist regelmäßig Kalkanten (Balgtreter für die Orgel) oder unspezifischer ‚musici' (z. B. 1580 und 1581)[13] beziehungsweise ‚symphonici' (z. B. 1630–1633).[14] Wenn im frühen 17. Jahrhundert die musikalische Gestaltung der universitären Festakte über Orgelspiel und Gesang hinausgehen sollte, so wurden dafür auch öfter die Leipziger Stadtpfeifer engagiert. Der früheste Beleg für diese Praxis datiert auf das Wintersemester 1612/13, der letzte auf das Winterse-

---

6   Laut Emil Platen wurde erst mit der Berufung Hermann Kretzschmars 1887 eine dem Amt an anderen Universitäten entsprechende Position geschaffen (vgl. Emil Platen: *Universität und Musik*, in: Die Musik in Geschichte und Gegenwart, 2. Ausg., hrsg. v. Ludwig Finscher, Sachteil Bd. 9, Kassel etc. 1998, Sp. 1165–1186, hier Sp. 1172). Allerdings war ebenso Kretzschmars Vorgänger Hermann Langer mit musikpraktischem Unterricht und musikwissenschaftlichen Vorlesungen an der Universität betraut, so dass sich schon bei ihm das Tätigkeitsbild des vielseitig in Theorie und Praxis aktiven Universitätsmusikdirektors ausprägt.

7   Andreas Glöckner: *Johann Sebastian Bach und die Universität Leipzig. Neue Quellen (Teil I)*, in: Bach-Jahrbuch 94 (2008), S. 159–201, hier S. 169.

8   Vgl. hier und im Folgenden: Hans Hofmann: *Gottesdienst und Kirchenmusik in der Universitätskirche zu St. Pauli-Leipzig seit der Reformation (1543–1918)*, in: Beiträge zur Sächsischen Kirchengeschichte 32 (1919) [Jahresheft für 1918], S. 119–151.

9   UAL: Rektor B 26, Bl. 26. Damit greift die Datierung von Emil Platen, laut dessen Aussage erst seit den 1590er Jahren in den Abrechnungen regelmäßig Organisten auftauchen, wesentlich zu kurz (vgl. E. Platen, *Universität und Musik* [wie Anm. 6], Sp. 1171).

10 Die Nikolaikirche tritt als Ort von mindestens drei akademischen Aktus auf, nämlich im Sommersemester 1602, im Wintersemester 1604/05 und im Wintersemester 1612/13, wobei Nikolaikantor und Nikolaiorganist für ihre Dienste bezahlt werden (UAL: Rektor B 30, Bl. 22, Bl. 43v u. Bl. 121v).

11 Der Thomaskantor erhält 6 Groschen für die Feier des „annivsario D. Augusti Electoris" (Sterbetag des Herzogs August von Sachsen) (UAL: Rektor B 27, Bl. 139v) am 11. Februar 1589. Dabei muss es sich um den damaligen Thomaskantor Valentin Otto gehandelt haben. Die Thomaner erhalten 3 Taler und 12 Groschen für zwei Festakte im Wintersemester 1621/22 (UAL: Rektor B 30, Bl. 195). Der Thomaskantor Johann Hermann Schein erhält 1 Taler und 3 Groschen im Wintersemester 1626/27 (UAL: Rektor B 30, Bl. 239). Weitere Nennungen des Thomaskantors im Sommersemester 1633 und im Wintersemester 1634 (UAL: Rektor B31, Bl. 48 u. Bl. 52).

12 Einen Anhaltspunkt hierfür bildet die namentliche Nennung eines von der Universität bezahlten Kantors namens „Anger", der nicht Thomaskantor war, im Wintersemester 1627/28 (UAL: Rektor B 31, Bl. 2).

13 UAL: Rektor B 27, Bl. 89 u. Bl. 95.

14 UAL: Rektor B 31, Bl. 10 ff.

mester 1644/45.[15] Offenbar wurden die Musiker für jeden der durchschnittlich zwei bis drei Dienste pro Semester einzeln bezahlt.

Nicht in jedem Fall wurde den an der Universitätsmusik Beteiligten auch ein entsprechender Titel verliehen, so wurden etwa die Thomaskantoren in den seltensten Fällen gleichzeitig als Universitätsmusikdirektoren bezeichnet, vielmehr gehörte die Verantwortung für die Universitätsmusik ins Berufsbild des städtischen Musikdirektors, welches sich im Thomaskantor verkörperte. Weil also in der Frühzeit der Universität die musikalischen Ämter an diesen Institutionen oft eng verknüpft und nicht klar voneinander abgegrenzt waren, existieren durchaus widersprüchliche Angaben über die Frage, wer zu welchem Zeitpunkt Universitätsmusikdirektor oder Universitätsorganist gewesen sei.[16] Als ein Fixpunkt kann Werner Fabricius gelten, der ab 1656 für die Musik in der Paulinerkirche verantwortlich zeichnete. Eben weil mit Fabricius ausnahmsweise kein Thomaskantor diese Funktion übernahm, musste man wohl gesondert darauf hinweisen. Fabricius' Nachfolger Johann Schelle und Johann Kuhnau waren wieder gleichzeitig Kantoren an der Thomaskirche. Erst in einem Rechnungsbuch für den Zeitraum 1685 bis 1741 taucht erstmals in den Universitätsakten der Begriff ‚Director Chori Musici' auf, und zwar durchgängig für jedes einzelne Jahr dieses Zeitraums, leider jedoch bis zur Nennung Johann Gottlieb Görners im Jahr 1723 ohne Namen.[17] Dieselbe Akte verzeichnet zwar Zahlungen für den Universitätsmusikdirektor, für Kalkanten und für Orgelmacher, jedoch keine Organisten. Ein anderes im Jahr 1714 einsetzendes Rechnungsbuch[18] weist von 1718 an regelmäßig Universitätsorganisten auf. Einen eigenen Universitätsorganisten anzustellen, war jedoch schon ab 1710 unabdingbar geworden, weil die nun aufkommenden regelmäßigen Anforderungen nicht mehr durch den Thomaskantor oder eine von ihm beauftragte Vertretung bewältigt werden konnten.

Im Jahr 1702 wurden nämlich an der Universitätskirche sonntägliche Frühgottesdienste für Universitätsangehörige durch Professoren und Dozenten der Theologie eingerichtet. Seit 1710 waren diese Gottesdienste öffentlich.[19] Von nun an waren die Universitätsmusikdirektoren auch für die musikalische Gestaltung dieser Sonntagsgottesdienste, der sogenannten ‚neuen Gottesdienste', zuständig. Die traditionellen akademischen Feiern – auch sie waren eng mit dem christlichen Ritus verknüpft – wurden als ‚alte Gottesdienste' bezeichnet. Die neuen Gottesdienste gerieten zum Zankapfel zwischen dem traditionell für alle Universitätsmusik verantwortlichen Thomaskantor Johann Kuhnau und dem Studenten Johann Friedrich Fasch, der die Pauliner-Kirchenmusik mit seinem Collegium musicum ausführen wollte.[20] In dem Streit setzte sich Kuhnau durch, die Musik an der Universitätskirche blieb in seinen Händen.

Johann Gottlieb Görner, selbst ehemaliger Universitätsorganist, vertrat während der Vakanz des Thomaskantorats nach Kuhnaus Tod das Musikdirektorat der Universität und beanspruchte das akademische Amt weiter für sich, als Johann Sebastian Bach 1723 Thomaskantor wurde. Die nachfolgenden Streitigkeiten gingen zu Görners Gunsten aus, die Ämter wurden teilweise getrennt: Görner musizierte in den ‚neuen' Gottesdiensten mit seinem Collegium musicum. Nur für die ‚alten' Gottesdienste blieb der Thomaskantor noch zuständig. Es hat den Anschein, dass mit Bachs Tod auch die ‚alten' Gottesdienste in den Verantwortungsbereich des Universitätsmusikdirektors übergingen, da Görner einen solchen im Jahr 1755 leitete.[21] Görner war damit – mit Ausnahme von Fabricius – der

---

15 In den Rechnungen vermerkt als ‚Stadtpfeiffer' oder ‚tibicinibus [urbiscis]'. Vgl. UAL: Rektor B 30, Bl. 121v, Bl. 144, Bl. 148v, Bl. 163, Bl. 175, Bl. 187, Bl. 214v, Bl. 221v, Bl. 224v, Bl. 239; Rektor B 31, Bl. 6v, Bl. 22v, Bl. 102, Bl. 160.

16 Vor allem die Suche nach einem ‚ersten' Universitätsmusikdirektor gestaltet sich schwierig: Die erste Ausgabe der *Musik in Geschichte und Gegenwart* benennt sämtliche bis dahin bekannten Thomaskantoren von Georg Rhaw bis Johann Sebastian Bach als Universitätsmusikdirektoren (H. Hüschen, *Universität und Musik*, [wie Anm. 2]). Bei Richard Kötzschke ist Johann Hermann Schein, Thomaskantor von 1616 bis 1630, „wahrscheinlich der erste Universitätsmusikdirektor" (Richard Kötzschke: *Geschichte der Universitäts-Sängerschaft zu St. Pauli in Leipzig. 1822–1922*, Leipzig 1922, S. 12), während die Liste der Universitätsmusikdirektoren in der Schrift zu den Leipziger Universitätsmusiktagen 1994 ebenfalls im Jahr 1616 beginnt – jedoch mit Georg Engelmann (vgl. W. Unger, *1. Leipziger Universitätsmusiktage* [wie Anm. 3], S. 10). Die zweite Ausgabe der *Musik in Geschichte und Gegenwart* vertritt hingegen den richtigen Standpunkt, dass mit dem Jahr 1656 Werner Fabricius „der erste sicher nachweisbare Universitäts-MD. in Leipzig" sei (Michael Märker: *Fabricius, Werner*, in: Die Musik in Geschichte und Gegenwart, 2. Ausg., hrsg. v. Ludwig Finscher, Personenteil Bd. 6, Kassel etc. 2001, Sp. 639–642, hier Sp. 639). Die Aufzählung der Widersprüche in der Literatur ließe sich auch in Bezug auf Universitätsmusikdirektoren späterer Jahrhunderte fortsetzen.

17 UAL: Rep. II/III/B I, Nr. 3a *Rationarium Fisci veteris Templi Paulini*.

18 UAL: Rep. II/III/B I, Nr. 3b *Rationes Fisci Templi Paulini*.

19 Im Jahr 1722 wurden dann auch Nachmittagsgottesdienste erlaubt, wobei sie allerdings schon seit 1714 ohne Erlaubnis abgehalten worden waren, vgl. H. Hofmann, *Gottesdienst und Kirchenmusik* (wie Anm. 8), S. 131.

20 Vgl. hier und im Folgenden: Peter Krause, Gunther Hempel: *Leipzig*, in: Die Musik in Geschichte und Gegenwart, 2. Ausg., hrsg. v. Ludwig Finscher, Sachteil Bd. 5, Kassel etc. 1996, Sp. 1050–1075, hier Sp. 1059.

21 „[1755] am Michaelistage war das Jubel- und Dankfest wegen des Anno 1555 im Heil. Römischen Reiche geschlossenen Religionsfriedens. Johann Gottlieb Görner dirigierte d. 30. Sept. als Director Musices in der Paulinerkirche die Musik […]" Carl Augustin Grenser: *Geschichte der Musik hauptsächlich aber des großen Concert- u. Theater-Orchesters in Leipzig*, Leipzig 1840, hrsg. u. transkribiert von Otto Werner Förster, Leipzig 2005, S. 8.

erste nachweisbare Leipziger Universitätsmusikdirektor, der nicht gleichzeitig Thomaskantor war. Zwar finden sich in der Reihe der Universitätsmusikdirektoren weiterhin auch Thomaskantoren wie Johann Adam Hiller, Johann Gottfried Schicht und Ernst Friedrich Richter, doch bekleideten diese beide Ämter nicht mehr synchron, sondern nacheinander. Eine Ausnahme bildet hier Johann Friedrich Doles, der als Thomaskantor den alternden Universitätsmusikdirektor Görner für einige Jahre vertrat.

Doles und die folgenden Leipziger Universitätsmusikdirektoren – Hiller, Häser und Schicht – sind einer neuen Musikinstitution verbunden, sie alle waren vor oder während ihrer akademischen Amtszeit als Dirigenten oder wenigstens Konzertmeister (Häser) des ‚Großen Konzerts' beziehungsweise des Gewandhausorchesters aktiv. Johann Gottfried Schicht bildet gewissermaßen das Scharnier zur nächsten universitätsnahen Musikeinrichtung: Er gründete die Leipziger Singakademie, die oft zur Universitätsmusik herangezogen wurde und deren Dirigenten (Schicht selbst, Johann Philipp Christian Schulz, Christian August Pohlenz, Ernst Friedrich Richter) in der ersten Hälfte des 19. Jahrhunderts als Universitätsmusikdirektoren fungierten. Im Jahr 1836 wurde das Augusteum mit der neuen Universitätsaula eröffnet, seitdem wurde die Paulinerkirche nicht mehr als Aula genutzt. Im selben Jahr geschah ein Wechsel des für die Universität repräsentativen musikalischen Organs: Dem Universitäts-Gesangverein zu St. Pauli, 1822 zur Unterstützung der Pauliner-Kirchenmusik gegründet, wurde die Gestaltung der akademischen Festakte übertragen und in ungebrochener Folge amtierten dessen Leiter von Hermann Langer bis Hermann Grabner nun als Universitätsmusikdirektoren. Die ersten in dieser Reihe – Hermann Langer, Hermann Kretzschmar, Heinrich Zöllner – waren darüber hinaus gleichzeitig Universitätsorganisten, die Verschmelzung der Ämter wurde erst beim Amtsantritt Max Regers aufgehoben.

Mit der Gründung des Konservatoriums in Leipzig 1843 begann diese Institution eine zunehmende Rolle in den Biografien der Leipziger Universitätsmusikdirektoren zu spielen. Seit Hermann Kretzschmar ist es die Regel (von der Friedrich Brandes die einzige Ausnahme bildet), dass die Amtsträger ein musikpraktisches Studium dort oder an einer anderen Musikhochschule absolviert haben. Oft folgten dann auch Lehrtätigkeiten am Konservatorium und an der Universität in musikbezogenen Fächern. Die Hochschule für Musik und Theater ‚Felix Mendelssohn Bartholdy' dominiert die Ausbildung der Leipziger Universitätsmusikdirektoren bis heute. Auffällig ist andererseits, dass bis zum Beginn des 20. Jahrhunderts die höchsten musikalischen Repräsentanten der Universität ausnahmslos aus den Reihen der eigenen Studenten rekrutiert werden konnten: Sämtliche offiziell ernannten Universitätsmusikdirektoren bis einschließlich Heinrich Zöllner waren ehemalige Studenten der Universität Leipzig.

In der Zeit des Nationalsozialismus wurde aus politischen Gründen versucht, die Musik an der Leipziger Universität zu zentralisieren und im Zuge dessen 1938 der Leipziger Universitätschor gegründet. Seitdem sind es dessen Leiter, die regelmäßig zu Universitätsmusikdirektoren ernannt werden. In den sechziger und siebziger Jahren des 20. Jahrhunderts kam es jedoch zu Brüchen in der Kontinuität der Ämter. Hans-Joachim Rotzsch bekam den Titel Universitätsmusikdirektor nicht verliehen, obwohl er genau die Funktion seines Vorgängers Friedrich Rabenschlag ausfüllte. Seine Biografie wurde dennoch in die hier zusammengestellte Übersicht integriert. Gleiches gilt für die Biografie Wolfgang Hofmanns, der nach der Sprengung der Paulinerkirche und dem frühen Tod des Universitätsorganisten Robert Köbler praktisch dessen Nachfolge antrat, aber nie zum Universitätsorganisten ernannt wurde.[22]

Stephan Greiner

---

[22] Nicht in die Liste aufgenommen wurden jedoch Musiker, die gelegentlich vertretungsweise in den Ämtern agierten oder kurze Interimsperioden überbrückten, wie zum Beispiel Johannes Muntschick (1921–2007, Kantor an der Paul-Gerhardt-Kirche in Leipzig von 1949 bis 1986), der zwischen den Amtszeiten der Universitätsorganisten Heinrich Fleischer und Robert Köbler im Jahr 1948 interimistisch die Orgel in Universitätsgottesdiensten spielte (Nachlass Johannes Muntschick im Besitz von Ursula Muntschick, Markkleeberg).

Leipziger Universitätsmusikdirektoren, Universitäts-
organisten und Universitätskantoren

Bach, Johann Sebastian	428	Müller, Karl Ernst	436
Becker, H.	428	Nakonz, C. Friedrich August	437
Beilschmidt, Daniel	428	Neander, Christoph	437
Bergener, Andreß	428	Nelkenbrecher, Johann Christian	437
Brandes, Friedrich	428	Pitschel, Johann Christian	437
Büchner, Johann	429	Pohlenz, Christian August	437
Calvisius, Sethus [Seth Kalwitz]	429	Pommer, Max	437
Clodius [Klöde], Christian	429	Rabenschlag, Friedrich	438
Cotenius	429	Reger, Max	438
Doles, Johann Friedrich	429	Rhau [Rhaw], Georg	439
Engelmann der Ältere, Georg	430	Richter, Ernst Friedrich Eduard	439
Fabricius, Werner	430	Rotzsch, Hans-Joachim	439
Fleischer, Heinrich	430	Rüling, Samuel	440
Gast, Arvid	431	Salzer, Johann Lebrecht	440
Geißler, Friedrich August	431	Scheibe, Johannes	440
Glaser, Michael Konrad	431	Scheibler, Gottlieb	440
Görner, Johann Gottlieb	431	Schelle, Johann	440
Grabner, Hermann	432	Schicht, Johann Gottfried	441
Häser, Johann Georg	432	Schneider, Friedrich	441
Hennicke, Johann David	432	Schneider, Johann Gottlob	441
Hiller, Johann Adam	432	Schulz, Johann Philipp Christian	442
Hofmann, Hans	433	Starke, Johann Gottlob	442
Hofmann, Wolfgang	433	Stolle, Johann Adam	442
Högner, Friedrich	433	Thiele, Johann Christoph	442
Hübel, Christian Gotthelf Immanuel	434	Timm, David	442
Irmler, Georg	434	Unger, Wolfgang	443
Köbler, Robert	434	Wagner, Gotthelf Traugott	443
Kretzschmar, Hermann	434	Weiske, Carl Gottlieb	443
Krummacher, Christoph	435	Zehrfeld, Albin Fürchtegott	443
Kuhnau, Johann	435	Zeidler, Eduard Moritz	444
Langer, Hermann	436	Zetzsche [Zetsch], Gottlieb	444
Möller, Johann Gottfried	436	Zöllner, Heinrich	444

426

427

Bach, Johann Sebastian (1685–1750)
Als Thomaskantor für die ‚alten Gottesdienste' an der Universitätskirche verantwortlich 1723–1750

Johann Sebastian Bach wurde in Eisenach als Sohn des dortigen Stadtpfeifers und Hofmusikers geboren und besuchte die Eisenacher Lateinschule. Nach dem Tod der Eltern kam er zu seinem Bruder, dem Organisten Johann Christoph Bach nach Ohrdruf und besuchte auch dort die Lateinschule einschließlich Kantorei und Kurrende. Im Jahr 1700 wechselte Johann Sebastian Bach als Alumnus des Michaelisklosters nach Lüneburg. Er wurde 1703 zunächst an die Privatkapelle Herzog Johann Ernsts von Weimar und dann als Organist nach Arnstadt verpflichtet. Es folgten Anstellungen in Mühlhausen, erneut in Weimar und in Köthen. Nach dem Tode Johann Kuhnaus wurde Bach 1723 als Thomaskantor nach Leipzig berufen. Diese Stellung hatte er bis zu seinem Lebensende inne. Bachs Anstellung als Thomaskantor beinhaltete auch die Verantwortung für die Musik zu den ‚alten Gottesdiensten' an der Universitätskirche. Im Gegensatz zu seinen Vorgängern im Thomaskantorat trug Bach nie den Titel Universitätsmusikdirektor, denn wenige Wochen vor seiner Wahl zum Thomaskantor war Johann Gottlieb Görner zum Universitätsmusikdirektor ernannt worden und hatte die Musik der ‚neuen Gottesdienste' zu besorgen. Bach versuchte, bei der Universität das volle Musikdirektorat zu erlangen, es blieb jedoch bei der Teilung der Ämter. Offenbar war Bach damit der letzte der Leipziger Thomaskantoren, zu dessen Aufgabenfeld die Universitätsmusik noch unmittelbar gehörte. Es sind einige Kompositionen Bachs für die ‚alten Gottesdienste' sowie für besondere Anlässe der Universität erhalten. Bereits 1717 hatte Bach die Orgel in der Universitätskirche geprüft und abgenommen, auch in den 1730er Jahren wurde er noch mehrmals als Orgelsachverständiger herangezogen. Als Thomaskantor schrieb Bach außerdem Gutachten für begabte und mittellose Thomasschüler, mit denen diese sich an der Universität um das sogenannte ‚Hammerische Stipendium' bewerben konnten.

Quellen: UAL: Rep. I/XVI/I 13, fol. 460 ff.; Rep. I/XVI/I 34, fol. 119 f.; Rep. II/III/B I 3b, fol. 47v; Rep. II/III/B I 17, fol. 47v; Rep. I/III/B I 22.

Literatur: ADB; Glöckner: Bach; Glöckner: Kalendarium; Hofmann; MGG1; MGG2; New Grove; NDB; Riemann12; Schering 1941; Vollhardt.

Becker, H.
Universitätskantor ab 1741

Literatur: Schering 1941, S. 114.

*Beilschmidt, Daniel (*1978)*
Universitätsorganist seit 2009

Daniel Beilschmidt, geboren in Zeulenroda, besuchte die Spezialklassen für Musik in Gera und studierte anschließend von 2000 bis 2006 an der Leipziger Musikhochschule im Fach Orgel. Seine Lehrer waren Stefan Johannes Bleicher, der damalige Universitätsorganist Arvid Gast und der Thomasorganist Ullrich Böhme sowie Volker Bräutigam (Improvisation) und Ulrich Urban (Klavier). Im Jahr 2002 gewann Beilschmidt den ersten Preis um ein Stipendium der Hans-und-Eugenia-Jütting-Stiftung Stendal. Darauf folgte ein einjähriger Studienaufenthalt in der Orgelklasse von Hans Fagius am Königlich Dänischen Konservatorium in Kopenhagen. Von 2006 bis 2008 absolvierte Beilschmidt ein Aufbaustudium an der Hochschule für Musik ‚Franz Liszt' in Weimar. 2008 gewann er den Sonderpreis beim IV. Internationalen August-Gottfried-Ritter-Wettbewerb in Magdeburg und belegte den vierten Platz beim XVI. Johann-Sebastian-Bach-Wettbewerb in Leipzig. Seit Juni 2009 ist er als Assistenzorganist an der Leipziger Thomaskirche in Motetten, Gottesdiensten und Konzerten zu hören. Im September 2009 wurde er in sein Amt als Universitätsorganist als Nachfolger Christoph Krummachers eingeführt. Neben seiner Tätigkeit als Kirchen- und Konzertorganist ist Daniel Beilschmidt kammermusikalisch tätig und wirkt in der Leipziger Band ‚Mud Mahaka' mit.

Quelle: Selbstauskunft.

Bergener, Andreß
Universitätskantor ab 1556

Andreß Bergener wurde in Neustadt geboren. (Es ist nicht bekannt, um welche der verschiedenen gleichnamigen Städte es sich dabei handelt.) Er besuchte die Fürstenschule St. Afra in Meißen und war während seines Studiums in Leipzig kurfürstlicher Stipendiat.

Literatur: Wustmann, S. 138.

Brandes, Friedrich (1864–1940)
Universitätsmusikdirektor 1909–1930

Friedrich Brandes wurde in Aschersleben geboren und besuchte das Gymnasium in Köthen. Er studierte in Halle, Berlin (1885) und Leipzig (1886 bis 1890) Germanistik, Philosophie und Musikwissenschaft. Zu Beginn seines Studiums in Leipzig wurde er Mitglied des Universitätsgesangvereins zu St. Pauli, im Jahr vor dem Examen trat er jedoch wegen Zeitmangels aus dieser Verbindung aus. Im Jahr 1891 bestand er die Staatsprüfung für das höhere Lehramt. Er war in Leipzig als Dirigent, Klavierlehrer, Herausgeber und Musikschriftsteller tätig und arbeitete unter anderem am *Brockhaus-Konversationslexikon* mit. Im Jahr 1896 übersiedelte Brandes nach Dresden, wirkte als Musikredakteur beim *Dresdner Anzeiger* und schrieb Programmhefte für die dortigen Sinfoniekonzerte. Er dirigierte 1898 bis 1922 den Dresdner Lehrergesangverein und wurde 1904 zum Professor ernannt. Während seiner Zeit als Leipziger Universitätsmusikdirektor von Januar 1909 bis 1930 war er gleichzeitig Leiter des Universitäts-Gesangvereins zu St. Pauli, dem er schon 1903 als ‚Alter Herr' wieder beigetreten war. Von 1910 bis 1914 war er Dirigent der Sängerschaft Fridericiana in Halle. In den Jahren 1911 bis 1919 war Brandes Leiter der *Neuen Zeitschrift für Musik*. Er war 1918 unter den Bewerbern um das Thomaskantorat. Für ihn wurde an der Universität Leipzig ein Lektorat für Musiktheorie errichtet. Aus der dortigen Tätigkeit gingen zahlreiche Lehrbücher hervor. Im Jahr 1922 wurde Friedrich Brandes zum Ehrendirigenten des Leipziger Lehrergesangvereins ernannt, mit dem er auch erfolgreiche Konzertreisen unternahm. Als Komponist trat er mit Männerchören, Liedern und Klavierstücken hervor.

Literatur: Altner; Hempel; Kötzschke; Reichshandbuch der deutschen Gesellschaft, Bd. 1, 1930, S. 197; Riemann12.

Büchner, Johann (†1793)
Universitätskantor von 1767 bis 1793

Literatur: Grenser, S. 19, 23, 45; Schering 1941, S. 114; Vollhardt.

Calvisius, Sethus [Seth Kalwitz] (1556–1615)
Universitätskantor 1581 bis 1582
Als Thomaskantor für die Universitätsmusik zuständig 1594–1615

Sethus Calvisius, geboren in Gorsleben bei Sachsenburg (Thüringen), ging in Frankenhausen und Magdeburg zur Schule. Seit 1576 war er an der Universität Leipzig immatrikuliert, nahm sein Studium jedoch wahrscheinlich erst 1580 dort auf. Im Jahr 1579 hatte er in Helmstedt studiert. In den Jahren 1581/82 wirkte Calvisius als Kantor an der Leipziger Universitätskirche zu St. Pauli. Von 1582 bis 1594 war er Kantor an der Fürstenschule Pforta. Im Mai 1594 wurde er zum Thomaskantor gewählt und kehrte nach Leipzig zurück, wo er bis zu seinem Tode verblieb und auch für die Kirchenmusik der Universitätskirche verantwortlich war. Namentlich taucht er in den Universitätsakten nur in einem Rechnungsbuch für ein 1610 veranstaltetes Jubiläumsfest auf, wobei er hier auch deutlich als Thomaskantor und nicht etwa als Universitätsmusikdirektor bezeichnet wird (zu diesem Anlass wurde auch der damals noch studierende Johann Hermann Schein für die Komposition von *cantionis secularis* bezahlt). Calvisius selbst komponierte unter anderem Motetten, Choräle und geistliche Lieder. Neben seinem kompositorischen, pädagogischen und musiktheoretischen Schaffen (letzteres zeitigte beispielsweise die 1592 erschienene Tonsatzlehre *Melopoeia*) war er als Chronologe und Astronom tätig.

Quelle: UAL: Rektor B 30, Bl. 88v–94v.

Literatur: ADB; EitnerQ; Mendel/Reissmann; MGG1; MGG2; NDB; New Grove; Riemann12; Wustmann, S. 138; Vollhardt.

Clodius [Klöde], Christian (1647–1717)
Universitätskantor 1665–1669

Christian Clodius wurde in Neustadt (Sachsen) geboren. Während seines Studiums in Leipzig von 1665 bis 1669 war er Universitätskantor und Vorsteher einer studentischen Tischgenossenschaft. Er legte 1669 eine handschriftliche Liedersammlung mit dem Titel *Hymna studiosorum pars prima* an, die vermutlich das Repertoire dieser Gesellschaft widerspiegelt. Diese als ‚Liederbuch des Studenten Clodius' bekannt gewordene Sammlung enthält großteils generalbassbegleitete Sololieder und bietet einen breiten Querschnitt durch das studentische Liedgut der Barockzeit. Nach Abschluss des Studiums wirkte Clodius in Neustadt als Lehrer und wurde 1675 dort Rektor der Stadtschule.

Literatur: EitnerQ; MGG1; MGG2; Schering 1926, S. 328; NDB; Riemann12; SB; Vollhardt Wustmann, S. 238;.

Cotenius
Universitätskantor 1701

Literatur: Schering 1926, S. 328.

Doles, Johann Friedrich (1715–1797)
Universitätsmusikdirektor, vertretungsweise für Johann Gottlieb Görner 1770 oder 1773–1778

Der in Steinbach-Hallenberg im Thüringer Wald geborene Johann Friedrich Doles der Ältere ging in Schmalkalden zur Schule und übernahm schon als Fünfzehnjähriger interimistisch das Kantorenamt an der dortigen Stadtkirche. Als Gymnasiast in Schleusingen komponierte für ein mit Mitschülern abgehaltenes ‚wöchentliches Concert'. Im Jahr 1739 ging er zum Studium der Theologie nach Leipzig, wurde Schüler von Johann Sebastian Bach, gab selbst Klavierunterricht und leitete 1743/44 das neu gegründete ‚Große Concert'. Von 1744 bis 1755 war er Kantor und Musikdirektor in Freiberg, danach Thomaskantor in Leipzig bis 1789. Wie schon Bach geriet Doles bald nach seinem Amtsantritt in einen Kompetenzstreit mit dem Universitätsmusikdirektor Görner. Als Johann Gottlieb Görner aus Altersgründen den Dienst als Universitätsmusikdirektor nicht mehr ausüben konnte, wurde Doles dessen Substitut. Die Leipziger Adressbücher verzeichnen Doles von 1770 an als solchen, die Rechnungsbücher der Universität erst ab 1773. Beide wurden von der Universität bezahlt. Nach Görners Tod 1778 verzeichnen die Rechnungsbücher Doles für zwei Termine nicht mehr als Substitut, sondern als tatsächlichen Director Chori Musici. Er wurde jedoch nicht dauerhaft als Görners Nachfolger angestellt, sondern noch im selben Jahr durch Johann Adam Hiller ersetzt. Doles hinterließ die bis weit ins 19. Jahrhundert hinein anerkannte Gesangsschule *Anfangsgründe zum Singen* und ein umfangreiches, vorrangig der geistlichen Vokalmusik gewidmetes Kompositionswerk.

Quellen: UAL: Rep II/III/B I, Nr. 3c, Bl. 294 ff., Bl. 340.

Literatur: ADB; EitnerQ; Hofmann; Jung; Mendel/Reissmann; MGG1; MGG2; NDB; New Grove; Riemann12.

Engelmann der Ältere, Georg (†1632)
Universitätsorganist ab ca. 1596

Georg Engelmann wurde nach 1570 in Mansfeld geboren und studierte ab 1593 in Leipzig. Um 1596 wurde er Organist an der Paulinerkirche. Der genaue Zeitpunkt des Amtsantritts kann nicht verifiziert werden, erst Akten aus dem Jahr 1627 bezeichnen ihn als „in Paulino und St. Thomas allhier bestalten Organisten". Den Organistendienst an der Thomaskirche hatte Engelmann im Jahr 1625 zusätzlich zu dem Amt an der Paulinerkirche angetreten. Angaben, nach denen Engelmann 1616 zum „Director Chori Musici Paulini" berufen wurde und in dieser Funktion mit dem Thomaskantor Sethus Calvisius zusammenarbeitete, konnten nicht verifiziert werden. Unter seinen Werken befindet sich eine Universitätsjubelmusik aus dem Jahr 1617. Neben Vokalmusik, meist Motetten, die in Mitteldeutschland weite Verbreitung fanden, komponierte er unter anderem Pavanen und Galliarden. Georg Engelmann d. Ä. verfasste *Annales Lipsiensi* (Leipziger Annalen), die eine wichtige Quelle für Rudolf Wustmanns ersten Band der *Musikgeschichte Leipzigs* waren.

Engelmanns Sohn Georg der Jüngere (geboren zwischen 1601 und 1605, gestorben 1663) hatte wie sein Vater in Leipzig studiert (von 1618 bis 1622). Er folgte ihm 1634 auf dem Posten des Thomasorganisten nach. Angaben, nach denen Georg Engelmann der Jüngere in diesem Jahr auch als Universitätsmusikdirektor angetreten sein soll, sind wenig glaubwürdig, zumal der Titel offenbar zu dieser Zeit noch nicht gebräuchlich war. Durchaus plausibel ist jedoch die Annahme, dass auch Georg Engelmann der Jüngere, wie sein Vater, zu Orgeldiensten in der Universitätskirche herangezogen wurde. Den Posten als Thomasorganist hatte er bis 1659 inne. Vermutlich ist die Begräbnismusik für seinen Sohn Georg Ernst *Giebstu nicht, o werther Gott* die einzige von Georg Engelmann d. J. im Druck erschienene Komposition.

Quellen: UAL: Rep. II/II/B I, Nr. 1, Bl. 44; Rep. II/III/B II, Nr. 1, Bl. 17 ff.

Literatur: EitnerQ; Mendel/Reissmann; MGG2; Wustmann, S. 193 f.; Schering 1926, S. 246; New Grove; Vollhardt (Ergänzung).

Fabricius, Werner (1633–1679)
Universitätsorganist und Universitätsmusikdirektor 1655/56–1679

Werner Fabricius, geboren in Itzehoe, ging in Flensburg und Hamburg zur Schule. Er studierte ab 1652 in Leipzig Philosophie, Jura und Mathematik und übte danach als Notarius publicus Caesareus die öffentliche Advokatur aus. Von Ende 1655 oder Anfang 1656 an war er Organist und Musikdirektor an der Universitätskirche zu St. Pauli und ab 1658 Organist an der Nikolaikirche in Leipzig. Diese Ämter bekleidete er bis zu seinem Tod. Er ist als Komponist zu mindestens zwei von der Universität in der Paulinerkirche gefeierten Festakten nachweisbar, nämlich zum Jubiläum des Augsburger Religionsfriedens im Jahr 1655 und zum 71. Geburtstag des Kurfürsten Johann Georg I. Auch seine Kompositionen auf Weihnachten, Ostern und Pfingsten waren wohl für die Gottesdienste in der Paulinerkirche entstanden. Ab 1656 unterzeichnete Fabricius mit „Academiae Musicus". Seine Bewerbung um das Amt des Thomaskantors im Jahr 1657 blieb erfolglos. Fabricius wird in der Leichenpredigt von Pfarrer Johannes Thilo als „der löblichen Universität Chori musici Director" bezeichnet. Er ist damit der erste nachweisbare Träger des Titels Universitätsmusikdirektor in Leipzig. Er komponierte hauptsächlich geistliche Vokalmusik. Als Organist und Sachverständiger für Orgeln fand er über Leipzig hinaus große Anerkennung. Fabricius stiftete der Universitätsbibliothek 21 Bildnisse berühmter Musiker.

Literatur: ADB; EitnerQ; Mendel/Reissmann; MGG1; MGG2; NDB; New Grove; Riemann12; Vollhardt (dort nur als Organist geführt); Beiträge von Cornelia Junge und Michael Maul im vorliegenden Band.

Fleischer, Heinrich (1912–2006)
Universitätsorganist 1937–1948

Rudolf Heinrich Fleischer wurde in Eisenach geboren. Er studierte Orgelspiel in Weimar, Philosophie in Jena (von 1930 bis 1932) und Kirchenmusik am Konservatorium in Leipzig, wo er 1934 das Studium als Schüler von Karl Straube mit Diplom abschloss und 1939 an der Universität im Fach Musikwissenschaft promovierte. Fleischer wirkte seit 1937 als Dozent am Kirchenmusikalischen Institut des Konservatoriums und als Universitätsorganist. Aus dem Kriegsdienst von 1941 bis 1943 kehrte er schwer verwundet zurück. Offenbar unzufrieden mit den politischen Gegebenheiten und mit dem Wunsch nach mehr persönlicher Freiheit verließ er Leipzig und die Sowjetische Besatzungszone im Juni 1948. Für den plötzlich verschwundenen Fleischer sprang der damalige Student Johannes Muntschick (1921–2007, Kantor an der Paul-Gerhardt-Kirche in Leipzig von 1949 bis 1986) ein, er spielte kurzzeitig interimistisch die Orgel in den Universitätsgottesdiensten bis zur Berufung Robert Köblers als Universitätsorganist. In Ravensburg trat Fleischer 1948 eine Stelle als Organist und Chorleiter an und wurde Ostern 1949 in die Vereinigten Staaten von Amerika an die Universität von Valparaiso, Indiana, berufen, wo er daraufhin bis 1957 als Musikprofessor tätig war und gleichzeitig als Organist an der Universität von Chicago diente. Fleischer wurde 1957 US-amerikanischer Staatsbürger und 1959 Universitätsorganist an der Universität von Minnesota in Minneapolis, wo er bis 1982 auch lehrte. Als Herausgeber veröffentlichte er mehrere Reihen liturgischer Orgelmusik. Ehemalige Schüler ehrten ihn zu seinem 90. Geburtstag mit einer Festschrift.

Quellen: Briefwechsel Heinrich Fleischer/Johannes Muntschick im Besitz von Ursula Muntschick, Markkleeberg; Auskunft von Dr. David Backus; UAL: Rentamt 454 IV, Bl. 22; Rektorat R 213, Bl. 19; Hochschule für Musik und Theater ‚Felix Mendelssohn Bartholdy' Leipzig, Archiv, Nachlass Fleischer.

Literatur: Nachruf in: *American Organist Magazine 40*, Heft 6 (Juni 2006), S. 67; David Backus: Briefe von Heinrich Fleischer (in Vorbereitung).

*Gast, Arvid (*1962)*
Universitätsorganist 1993–2004

Arvid Gast, geboren in Bremen, studierte nach dem Abitur Orgel und Kirchenmusik an der Hochschule für Musik und Theater in Hannover. Bereits während seines Studiums gewann er mehrere internationale Orgelwettbewerbe. Von 1990 an bekleidete er das Amt des Organisten und Kantors an der Hauptkirche St. Nikolai zu Flensburg. 1993 erhielt er einen Ruf als Professor für künstlerisches Orgelspiel an die Hochschule für Musik und Theater ‚Felix Mendelssohn Bartholdy' in Leipzig und wurde zum Leipziger Universitätsorganisten ernannt. Seit 2004 ist Arvid Gast Professor für Künstlerisches Orgelspiel und Leiter der Abteilung Kirchenmusik an der Musikhochschule Lübeck. Im Januar 2005 wurde er zum Titularorganisten an der Kirche St. Jakobi zu Lübeck ernannt. Gast konzertiert im In- und Ausland, auch im seit 1979 bestehenden Duo mit Joachim Pliquett (Trompete), zahlreiche Aufnahmen und CD-Einspielungen dokumentieren sein Repertoire, in dessen Zentrum die Werke Johann Sebastian Bachs, Max Regers und der deutschen Romantik stehen.

Quelle: Selbstauskunft.

Geißler, Friedrich August (1804–1869)
Universitätsorganist 1832–1843

Friedrich August Geißler, geboren in Markersdorf bei Zittau, studierte ab 1825 Theologie in Leipzig. Während seines Studiums, das er 1829 beendete, war er Mitglied, Vikar und Solosänger im Sängerverein an der Paulinerkirche. Im Anschluss arbeitete er als Lehrer und wurde im Sommer 1832 Nachfolger des verstorbenen Universitätsorganisten und Direktors des Paulinervereins Gotthelf Traugott Wagner. Die offizielle Anstellung als Universitätsorganist erfolgte im Oktober desselben Jahres. Im Juli 1843 wechselte er als Organist an die Thomaskirche, wo er 26 Jahre lang bis zu seinem Tode angestellt war. Außerdem war Geißler Gesangslehrer an der 2. Bürgerschule und Dirigent mehrerer Gesangvereine (z. B. ‚Orpheus').

Quellen: UAL: Rep. II/III/B I, Nr. 3d, Bl. 427 ff.; Rep. II/III/B II, Nr. 11; Rentamt 169 I, Bl. 76; Rep. II/I/O, Nr. 1, Bl. 13–28.

Literatur: Altner, S. 161; Hempel; Hofmann; Kötzschke; Vollhardt.

Glaser, Michael Konrad
Universitätskantor bis 1720

Michael Konrad Glaser stammte aus Sorau und immatrikulierte sich im Jahr 1716 an der Leipziger Universität. Er wirkte danach bis 1720 als Kantor an der Universitätskirche.

Literatur: Schering 1926, S. 328.

Görner, Johann Gottlieb (1697–1778)
Universitätsorganist 1720/21
Universitätsmusikdirektor 1723–1778 (seit 1770 oder 1773 vertreten durch Johann Friedrich Doles)

Johann Gottlieb Görner, geboren in Penig, wurde ab 1712 an der Leipziger Thomasschule von Johann Kuhnau musikalisch unterwiesen. Im Jahr 1713 ließ er sich an der Leipziger Universität immatrikulieren. Nach dem Weggang von Gottlieb Zetsch übernahm Görner von Ostern 1720 bis Johannis (24. Juni) 1721 das Amt des Universitätsorganisten, wechselte noch 1721 in dieser Funktion an die Nikolaikirche und 1729 schließlich an die Thomaskirche, wo er bis 1768 Organist bleib. Im Jahr 1723 wurde er in Nachfolge Kuhnaus zum Director musices der Leipziger Universität ernannt, was zu einer Kontroverse mit dem neuen Thomaskantor Johann Sebastian Bach führte, der dieses Amt gemäß der bisherigen Regelung ebenfalls für sich beanspruchte. Ergebnis war, dass Görner als musikalischer Leiter der ‚neuen' öffentlichen Sonntagsgottesdienste bestätigt wurde und Bach nur die Leitung der ‚alten' Gottesdienste, das heißt der akademischen Festakte, zuerkannt wurde. Diese Position behielt Görner offiziell bis zu seinem Tode 1778, wobei in den letzten Lebensjahren Johann Friedrich Doles vertrat. Die Leipziger Adressbücher verzeichnen Doles von 1770 an als Substituten, die Rechnungsbücher der Universität erst ab 1773. Görner leitete das zweite, von Johann Friedrich Fasch gegründete, Collegium musicum, mit dem er zahlreiche weltliche Kantaten in den Lokalitäten Leipziger Kaffeehäuser aufführte von 1723 bis zu dessen Auflösung im Jahr 1756. Von 1764 bis 1769 war er Leiter des ‚Gelehrtenkonzertes' oder ‚Universitätskonzertes', einem Konkurrenzunternehmen zum ‚Großen Concert'. Von dem Komponisten Görner sind Messen, Kantaten und Cembalokonzerte überliefert.

Quellen: UAL: Rep. I/III/B I 22; Rep. II/III/B I, Nr. 3a, S. 181 ff.; Rep. II/III/B I, Nr. 3b, Bl. 85 u. Bl. 97; Rep. II/III/B I, Nr. 3c, Bl. 5 ff.; Rep II/III/B I, Nr. 12, Bl. 152–154, Bl. 163, Bl. 177, Bl. 178; Rep. I/XVI/I 27, fol. 58v–59r u. 82v–83r; Rep. I/XVI/I 30, fol. 18r–19r.

Literatur: Glöckner: Bach, S. 175–180; EitnerQ; Grenser 23; Hofmann; MGG2; New Grove; Vollhardt.

Grabner, Hermann (1886–1969)
Universitätsmusikdirektor 1930–1938

Hermann Grabner, geboren in Graz, erhielt seine musikalische Ausbildung am dortigen Konservatorium und studierte Rechtswissenschaft, worin er 1909 promovierte. Er ging 1910 als Schüler Max Regers (Komposition) und Hans Sitts (Dirigieren) ans Leipziger Konservatorium. Nach Abschluss seines Studiums 1912 folgte er Reger als Assistent nach Meiningen und wurde 1913 nach Straßburg, 1919 nach Heidelberg und Mannheim sowie 1924 wieder nach Leipzig an die dortigen Musikhochschulen berufen. Er lehrte am Leipziger Konservatorium Theorie und Komposition und wirkte am Kirchenmusikalischen Institut als Dozent für Orgelbau. Grabner wurde im Jahr 1930 zum Leipziger Universitätsmusikdirektor und gleichzeitig zum Lektor für Musikwissenschaft sowie zum Dirigent der Universitätssängerschaft zu St. Pauli ernannt. Er bekam 1932 den Professorentitel verliehen. Im Jahr 1938 ging Grabner nach Berlin, wo er bis 1945 als Lehrer an der Hochschule für Musik und 1950/51 am Berliner Konservatorium wirkte.

Quellen: UAL: Rep. II/I/O, Nr. 1, Bl. 104, Bl. 116–118; Rentamt 454 III, Bl. 240 ff.

Literatur: Hempel; MGG1; MGG2; Schering 1926, S. 325; Schering 1941, S. 113; New Grove; Riemann12; Barnet Licht: *Zwei Leipziger Musikerpersönlichkeiten Dr. Walter Niemann und Dr. Hermann Grabner*, in: Leipzig. Illustrierte Monatsschrift für Kultur, Wirtschaft und Verkehr 7 (1930), Heft 4, S. 105.

Häser, Johann Georg (1729–1809)
Universitätsmusikdirektor 1785–1809

Johann Georg Häser, geboren in Gersdorf bei Görlitz, finanzierte sein Jurastudium (1752 bis 1756) in Leipzig, indem er Musikunterricht erteilte. Hiller engagierte ihn 1763 als Geiger für das ‚Große Concert', in dem Häser bis 1795 Konzertmeister war und noch nach seiner Pensionierung im Jahr 1800 Viola spielte. Ebenso war Häser Vorspieler des Theaterorchesters, das fast ausschließlich aus Musikern des Konzertorchesters bestand. Im Jahr 1785 wurde er zum Musikdirektor der Universitätskirche berufen. Zur Universitätsmusik zog er auch Musiker des Theaterorchesters heran. Der Rektor der Universität Dr. Ludwig erneuerte 1802 feierlich Häsers Inskription zu deren 50. Jubiläum. Den Titel Universitätsmusikdirektor behielt Häser bis zu seinem Tod. Kompositionen von ihm sind nicht überliefert.

Quellen: UAL: Rep. II/III/B I, Nr. 3c, Bl. 418 ff.; Rep. II/III/B I, Nr. 3d, Rep. II/III/B I, Nr. 43–47 u. Nr. 49; Rep. II/III/B II, Nr. 10; Rep. II/III/B I, Nr. 62, Bl. 7–10.

Literatur: ADB; EitnerQ; Hempel; Hofmann; Jung; Mendel/Reissmann; MGG1; MGG2; Vollhardt.

Hennicke, Johann David
Universitätskantor 1760–1767

Literatur: Grenser, S. 14; Schering 1941, S. 114; Vollhardt (dort als Heinrich Adolph Hennicke).

Hiller, Johann Adam (1728–1804)
Universitätsmusikdirektor 1778–1785

Johann Adam Hiller wurde in Wendisch-Ossig bei Görlitz geboren und besuchte das Gymnasium in Görlitz. Er erhielt 1746 eine Freistelle an der Dresdner Kreuzschule und studierte 1751 bis 1754 Jura in Leipzig. Hiller widmete sich der Theorie und Praxis der Musik, lernte zahlreiche Instrumente spielen, gab Musikunterricht und wirkte als Sänger und Flötist im ‚Großen Concert' mit. Im Jahr 1754 wurde er als Hofmeister (Hauslehrer) für Heinrich Adolph Graf von Brühl in Dresden angestellt und kehrte 1758 in dessen Begleitung nach Leipzig zurück. Nach dem Ende des Siebenjährigen Krieges wurde sein Engagement prägend für das Leipziger Musikleben. Nachdem er schon 1762 Subskriptionskonzerte veranstaltet hatte, belebte Hiller 1763 das ‚Große Concert' neu und übernahm dessen musikalische Leitung bis vermutlich 1775. Außerdem gab Hiller neben Noten eigener sowie fremder Kompositionen die erste Musikzeitschrift im modernen Sinne, die *Wöchentlichen Nachrichten und Anmerkungen die Musik betreffend* (1766–1770) heraus, für die er die meisten Artikel auch selbst schrieb. Er gründete eine Singschule und 1775 die ‚Musikübende Gesellschaft', eine aus Schülern, Studenten, Laien und Berufsmusikern zusammengesetzte Konzertvereinigung. Als das ‚Große Concert' 1778 seine Tätigkeit einstellte, trat die ‚Musikübende Gesellschaft' an dessen Stelle. Hiller setzte sich für den Ausbau des Saales im Gewandhaus ein und wurde somit 1781 erster Gewandhauskapellmeister. Im Jahr 1778 wurde er Universitätsmusikdirektor und zog die ‚Musikübende Gesellschaft' zu den Feiern und Gottesdiensten der Universität heran. Hiller war zusätzlich zeitweise Musikdirektor an der Neukirche. Sämtliche Ämter legte er 1785 nieder und folgte zunächst einem Ruf nach Mietau (als Kapellmeister), dann nach Breslau (1787 als städtischer Musikdirektor). Als Privatunternehmung organisierte und leitete Hiller die Leipziger Erstaufführung von Händels *Messias* am 3. November 1786. Im Jahr 1789 wurde er schließlich, zunächst als Substitut für Johann Friedrich Doles, zum Thomaskantor berufen. Ab dem Jahr 1800 ließ der Thomaskantor Hiller sich seinerseits vertreten, sein Nachfolger wurde August Eberhard Müller. Wie schon Kuhnau war Hiller erfolgreich mit Musik zu Singspielen, widmete sich in seinen späten Jahren aber fast nur noch der Kirchenmusik.

Quelle: UAL: Rep. II/III/B I, Nr. 3c, Bl. 350 ff.

Literatur: ADB; EitnerQ; Hofmann; Jung; Mendel/Reissmann; MGG1; MGG2; NDB; New Grove; Riemann12; Vollhardt.

Hofmann, Hans (1867–1932)
Universitätskantor 1906–1932

Hans Ernst Johannes Hofmann wurde in Borna geboren. Er war ab 1879 Thomaner und studierte anschließend an der Leipziger Universität von 1887 bis 1890 Theologie. Im Zeitraum von 1892 bis 1899 schrieb er sich mehrmals erneut an der Philosophischen Fakultät der Universität ein. Hans Hofmann war während seines Studiums Mitglied des Akademischen Gesangvereins Arion und gründete 1899 den Arionen-Frauenchor. Er schrieb den Text zu Felix Draesekes Männerchor op. 64 *Der Deutsche Sang*. Nach seiner Ernennung zum Universitätskantor gründete er 1906 den Universitätskirchenchor zu St. Pauli und 1912 das Studentenorchester der Universität. Hans Hofmann war im Hauptberuf Lehrer, später Professor an der Oberrealschule Leipzig.

Literatur: Hofmann; Riemann12.

*Hofmann, Wolfgang (*1928)*
inoffizieller Universitätsorganist 1970–1993

Wolfgang Hofmann, geboren in Kirchberg (Sachsen), ging in Kirchberg, Zwickau und Plauen zur Schule und erhielt privaten Klavierunterricht. Als Sechzehnjähriger wurde er zu Arbeitsdienst und Militär einberufen und geriet in Kriegsgefangenschaft. Nach seiner Rückkehr im Herbst 1945 war er kurzzeitig als Neulehrer tätig. Beim Kantor und Organisten an der Leipziger Nikolaikirche Johannes Piersig und an der Kirchenmusikschule in Dresden erlernte er das Orgelspiel. Als Kantor und Organist war Hofmann zunächst in Liebertwolkwitz (1947–1953) und an der Emmauskirche in Leipzig-Sellerhausen (1953–1959) tätig, bevor er zum Nachfolger Johannes Piersigs an die Leipziger Nikolaikirche berufen wurde. Diesen Posten hielt er von 1959 bis 1993 inne und leitete in dieser Zeit auch die Kantorei St. Nikolai. Als Organist und Dirigent wurde er zu mehreren Konzertreisen in die USA und die BRD eingeladen. Von 1959 bis 1977 war er als Dozent für Kirchenmusik und Liturgie am Theologischen Seminar der Evangelisch-Lutherischen Landeskirche Sachsens in Leipzig tätig. Nach der Sprengung der Universitätskirche wurden die Universitätsgottesdienste in der Nikolaikirche abgehalten. Nach dem Tod des Universitätsorganisten Robert Köbler wurde Wolfgang Hofmann 1970 beauftragt, das Orgelspiel zu den Universitätsgottesdiensten zu übernehmen. Auch diese Aufgabe übte er bis zu seiner Pensionierung 1993 aus, ohne aber offiziell zum Universitätsorganisten ernannt worden zu sein. 1977 wurde er zum Kirchenmusikdirektor für den Kirchenbezirk Leipzig-West berufen. Heute lebt Wolfgang Hofmann in Leipzig und widmet sich verstärkt dem Komponieren und Bearbeiten von Vokalmusik.

Quelle: Selbstauskunft.

Literatur: Busch, S. 35.

Högner, Friedrich (1897–1981)
Universitätsorganist 1933 bis 1937

Friedrich Högner besuchte das Gymnasium in Ansbach. Als Soldat im Ersten Weltkrieg geriet er in Kriegsgefangenschaft. Nach seiner Heimkehr besuchte er das Konservatorium in Nürnberg, 1921 wechselte er ans Leipziger Konservatorium. Karl Straube machte ihn dort zu seinem Vertreter im Unterricht. Mit 24 Jahren, also noch 1921 oder 1922, wurde Högner Kantor an der Versöhnungsgemeinde in Leipzig-Gohlis. Von 1925 bis 1929 war er Kantor an den vier evangelischen Kirchen in Regensburg und Musikdirektor am dortigen Konservatorium, wo Robert Köbler zu seinen Schülern zählte. Im November 1929 wurde er nach Leipzig an das Kirchenmusikalische Institut berufen, wo er Lehrer für virtuoses und liturgisches Orgelspiel sowie Improvisation war. Anfang April 1933 wurde er Nachfolger des in den Ruhestand getretenen Universitätsorganisten Karl Ernst Müller, gleichzeitig mit dem Amtsantritt von Friedrich Rabenschlag als Universitätsmusikdirektor. Im Jahr darauf wurde Friedrich Högner der Professorentitel verliehen. Im Frühjahr 1937 wurde er als Landeskirchenmusikdirektor der evangelischen Kirche Bayerns auf die Kantorenstelle der Münchener Matthäi-Kirche berufen. 1959 wurde er zusätzlich Abteilungsleiter für evangelische Kirchenmusik an der Münchener Musikhochschule, wo er erneut virtuoses und liturgisches Orgelspiel sowie Improvisation lehrte. Als konzertierender Organist setzte sich Högner für die zeitgenössische Musik ein, er brachte unter anderem Werke von Johann Nepomuk David, Hugo Distler, Paul Hindemith, Ernst Pepping und Wilhelm Weismann zu Ur- und Erstaufführungen. Als Cembalist war er Teil des ‚Münchener Trios für alte Musik'. Er wirkte außerdem als Orgelsachverständiger und Komponist von Kantaten, Motetten, Choralvorspielen, Chören und Liedern.

Quellen: UAL: Rentamt 454 III, Bl. 214 ff.; Rentamt 454 IV, Bl. 1–22.

Literatur: Hermann Grabner: *Friedrich Högner zum 70. Geburtstag am 11. Juli*, in: Der Kirchenmusiker, Mai/Juni 1967, S. 94–98.

Hübel, Christian Gotthelf Immanuel
Universitätskantor 1793 bis 1822
amtierte vertretungsweise als Universitätsmusikdirektor 1810–1818

Christian Gotthelf Immanuel Hübel stammte aus Tillendorf in Schlesien und immatrikulierte sich 1780 an der Leipziger Universität. Er war von 1793 bis 1822 Kantor an der Universitätskirche und vertrat währenddessen nach dem Weggang von Johann Gottfried Schicht für mehrere Jahre die vakante Stelle des Universitätsmusikdirektors. In den Rechnungsbüchern wird er als ‚Praecentor', ‚Vorsänger' oder ‚Cantor' geführt, während in den Appendizes zu den Abrechnungen der Jahre 1810 bis 1818 immer wieder Ausgaben von 1 Taler und 16 Groschen bis zu 2 Talern vermerkt sind „dem Cantor Hübel, als Directori Chori Musici, für Besorgung der Noten, Instrumente und Musiker, auch für deren Bezahlung". Derselbe Posten taucht in den Rechnungen von 1813 bis 1815 mit dem Zusatz auf, dass diese Ausgaben nicht stattgefunden hätten, da die Kirche als Lazarett in Gebrauch gewesen sei. Hübel blieb bis Michaelis 1822 Universitätskantor.

Quellen: UAL: Rep. II/III/B I, Nr. 3d, Bl. 127 ff.; Rentamt 86, Bl. 6, Bl. 22, Bl. 34.

Literatur: Hempel; Kötzschke, S. 26; Schering 1941, S. 114.

Irmler, Georg (1695–1762)
Universitätskantor 1720–1741

Georg Irmler wurde in Düben geboren und besuchte ab 1709 die Leipziger Thomasschule. Er studierte ab 1716 an der Leipziger Universität und war 1740 als „baccalaureus funerum" Teil des Lehrerkollegiums der Thomasschule.

Literatur: Schering 1926, S. 328; Schering 1941, S. 114.

Köbler, Robert (1912–1970)
Universitätsorganist 1949–1970

Robert Köbler, geboren in Waldsassen, besuchte das Humanistische Gymnasium in Regensburg, wo er bereits mit 11 Jahren Orgelunterricht bei Friedrich Högner erhielt, Präfekt des Alumnatschors war und Högner als Organist an der evangelischen Hauptkirche Regensburgs vertrat. Nach dem Abitur studierte er von 1931 bis 1934 am Kirchenmusikalischen Institut des Landeskonservatoriums in Leipzig Orgel und Klavier. Er legte das Staatsexamen ab und ging als Kantor und Organist nach Löbau. 1940 wurde er zum Kriegsdienst eingezogen. Nach Kriegsende folgte ein Jahr in Weimar als Pianist und Komponist am Theater des Tanzes. Karl Straube holte Robert Köbler 1946 an die Hochschule für Musik Leipzig als Lehrer für Orgel und Klavier. Einige Zeit war Köbler Leiter des Hochschulchors. Im Jahr 1949 wurde er als Nachfolger Heinrich Fleischers zum Universitätsorganisten berufen. 1951 erfolgte die Anstellung als Dozent an der Musikhochschule, 1956 die Ernennung zum Professor für Orgel und Cembalo. 1960 wurde Köbler Leiter der gleichnamigen Fachrichtung. Orgelunterricht und Examina fanden hauptsächlich in der Universitätskirche statt. An der Pädagogischen Fakultät der Universität Leipzig erhielt Köbler 1953 einen Lehrauftrag für Orgel. Mit dem Universitätsmusikdirektor Friedrich Rabenschlag und dem Universitätschor gab es eine intensive Zusammenarbeit. Der Öffentlichkeit wurde er vor allem durch seine Konzerte auf Klavier, Cembalo und Orgel bekannt, besonders seine Improvisationen und die regelmäßigen Improvisationswettstreite mit seinem Freund und Kollegen Johannes-Ernst Köhler erfreuten sich großer Beliebtheit. Köbler gastierte im In- und Ausland, es entstanden zahlreiche Rundfunk- und Schallplattenproduktionen, unter anderem in der Reihe *Bachs Werke auf Silbermann-Orgeln* (Eterna). Als Komponist trat er mit einigen Klavier-, Kammermusik- und Chorwerken hervor, darunter ein Auftragswerk des Leipziger Universitätschors: *Die Wolken*, ein Chorzyklus nach Texten Günther Deickes. Nach der Sprengung der Universitätskirche 1968 konnte Robert Köbler vorerst die Versuche der Universitätsleitung abwehren, das Amt des Universitätsorganisten abzuschaffen. Die Akademischen Gottesdienste wichen in die Nikolaikirche aus und Köbler behielt das Amt bis zu seinem frühen Tod 1970.

Quellen: Auskunft Brigitte Köbler; Brigitte Köbler: *Bericht über den Zeitabschnitt vor und nach der Sprengung der Universitätskirche,* Juni 2008, UAL: PA-SG 0696.

Literatur: Katrin Löffler: *Die Zerstörung. Dokumente und Erinnerungen zum Fall der Universitätskirche Leipzig,* Leipzig 1993; Christin Milosevic: *Robert Köbler als Universitätsorganist,* Magisterarbeit am Institut für Musikwissenschaft der Universität Leipzig 2006.

Kretzschmar, Hermann (1848–1924)
Universitätsmusikdirektor und Universitätsorganist 1887 bis 1898

Hermann Kretzschmar wurde in Olbernhau im Erzgebirge in eine Kantorenfamilie geboren und war von 1862 bis 1867 Schüler der Dresdner Kreuzschule und Mitglied (auch Präfekt) des Kreuzchors. Er studierte ab 1868 an der Universität Leipzig Musikwissenschaft, Klassische Philologie und Geschichte sowie von 1869 bis 1870 auch am Leipziger Konservatorium Musiktheorie und -geschichte. Zu Beginn seines Studiums trat er dem Universitäts-Gesangverein zu St. Pauli bei. Kretzschmar erwarb 1871 den Doktortitel der Universität und wurde Lehrer für Theorie und Orgelspiel am Konservatorium. Er dirigierte den Gesangverein ‚Ossian', die Leipziger Singakademie (nur kurzzeitig im Jahr 1875), den Bach-Verein und die ‚Euterpe'. Nach einer kurzen Zeit als Dirigent am Stadttheater in Metz 1876 wirkte er von 1877 bis 1887 in Rostock als Universitäts- und dann Stadtmusikdirektor. Im Jahr 1886 erschien der erste Band seines *Führers durch den Konzertsaal*, womit eine umfangreiche publizistische Tätigkeit Kretzschmars einsetzte. Er kehrte 1887 nach Leipzig zurück und übernahm als Nachfolger Hermann Langers die Ämter des Universitätsmusikdirektors und Universitätsorganisten, die er bis 1898 in Doppelfunktion innehatte. Kretzschmar war für die liturgischen Kurse der Theologiestudenten verantwortlich und dirigierte den Universitätsgesangverein zu St. Pauli – damals mit etwa 200 Mitgliedern. Gleichzeitig war er als Dozent für Musikgeschichte und -theorie an der Universität tätig, ab 1891 als außerordentlicher Professor für Musikwissenschaft, und leitete von 1888 bis 1898 auch den Riedelverein. Hermann Kretzschmar rief 1890 die bis 1895 bestehenden Akademischen Konzerte ins Leben. Er war an der Gründung der Neuen Bach-Gesellschaft beteiligt. Im Jahr 1898 musste er die Ämter des Universitätsmusikdirektors und Universitätsorganisten sowie die Leitung des Paulinervereins aus gesundheitlichen Gründen niederlegen. Er wurde 1904 nach Berlin berufen, wo er in der Folgezeit als Ordinarius für Musik an der Universität Berlin, als Geheimer Regierungsrat (1908), Direktor der Königlichen Hochschule für Musik (1909–1920) und Herausgeber der *Denkmäler Deutscher Tonkunst* wirkte. Kretzschmar gilt als einer der bedeutendsten Musikforscher seiner Zeit und setzte sich unter anderem für die historische Aufführungspraxis von Musik des 17. und 18. Jahrhunderts ein.

Quellen: UAL: Rentamt 454 I, Bl. 265; Rentamt 454 II, Bl. 1, Bl. 126, Bl. 159 f.; Rentamt 169 II, Bl. 11 f.

Literatur: Altner; Hempel; Jung; Kötzschke; Mendel/Reissmann; MGG1; MGG2; NDB; New Grove; Riemann12; Vollhardt.

*Krummacher, Christoph (*1949)*
Universitätsorganist 2004–2009

Christoph Krummacher, geboren in Berlin, studierte Kirchenmusik und (im Nebenfach) Theologie in Dresden, Greifswald und Leipzig. Er war in der Zeit von 1975 bis 1980 Domorganist in Brandenburg an der Havel und im Anschluss bis 1992 Universitätsorganist und Dozent an der Theologischen Fakultät der Universität Rostock, wo er 1991 zum Dr. theol. promoviert wurde. Seit 1992 ist er Professor für Kirchenmusik und Direktor des Kirchenmusikalischen Instituts der Leipziger Hochschule für Musik und Theater, deren Rektor er zudem von 1997 bis 2003 war. Er lehrt unter anderem die Fächer Orgel, Liturgik und Hymnologie. Krummacher ist ordentliches Mitglied der Sächsischen Akademie der Wissenschaften zu Leipzig, war von 2004 bis 2009 Universitätsorganist der Universität Leipzig und ist seit 2007 Präsident des Sächsischen Musikrates. Er gibt Konzerte, übernimmt Gastdozenturen und erteilt Meisterkurse im In- und Ausland. In zahlreichen Rundfunk- und CD-Produktionen widmet er sich vornehmlich norddeutscher und altfranzösischer Orgelmusik sowie Werken J. S. Bachs. Seine wissenschaftlichen Publikationen befassen sich mit Interpretationsfragen und Grundsatzproblemen der Kirchenmusik sowie dem Verhältnis von Musik und Theologie.

Quelle: Selbstauskunft.

Kuhnau, Johann (1660–1722)
Thomaskantor und Universitätsmusikdirektor 1701–1722

Johann Kuhnau stammte wie sein Vorgänger Schelle aus Geising. Er war Alumnus der Kreuzschule und Ratsdiskantist in Dresden, floh aber 1680 vor der Pest in seine Heimat und war einige Zeit als Gymnasiast interimistisch Kantor und Organist in Zittau. In Leipzig studierte er ab 1682 Philosophie und Jura und war danach (1688 bis 1701) erfolgreich als Advokat tätig. Kuhnaus Klavierbücher, die in dieser Zeit entstanden, insbesondere die *Musicalische Vorstellung einiger biblischer Historien*, erlangten große Beliebtheit für das heimische Musizieren in Bürgerhäusern. Schriftstellerisch trat er mit dem satirischen Roman *Der musicalische Quack-Salber* hervor und war darüber hinaus als Gelehrter verschiedener Sprachen angesehen. Im Jahr 1684 wurde er noch als Student Organist zu St. Thomas, 1701 dann Thomaskantor und damit gleichzeitig Universitätsmusikdirektor bis zu seinem Tod. Im Jahr 1710 wurden regelmäßige öffentliche Sonntagsgottesdienste an der Paulinerkirche eingerichtet, die sogenannten ‚neuen Gottesdienste', deren musikalische Gestaltung nach anfänglichen Streitigkeiten ebenfalls in Kuhnaus Verantwortungsbereich fiel. Kuhnaus Schüler Johann Friedrich Fasch scheiterte mit seinem Versuch, bei der Universitätsbehörde zu erreichen, dass ihm und seinem Collegium musicum die Gestaltung der neuen Gottesdienste übertragen werde. Kuhnaus Witwe Sabina Elisabeth bestätigt im Jahr 1725, dass ihr Mann nach dem Tod Johann Schelles, „des damaligen Directoris Choris musici bey E. hochlöbl. Universität und Cantoris der Schule zu St. Thomas alhier" vollständig dessen Funktionen übernommen habe, auch die neuen Gottesdienste.

Später übernahm Kuhnau auch die Kirchenmusik der Peterskirche (eingerichtet als vierte Stadtkirche im Jahr 1712) und – an hohen Festtagen – die der Johanniskirche. Zum dreihundertjährigen Jubiläum der Universität Leipzig komponierte er die weltliche Ode *Tibi litamus* (zweifelhaft, verschollen) sowie die Festmusiken *Der Herr hat Zion erwehlet* und *Dies ist der Tag, den der Herr gemacht hat* (jeweils nur Text erhalten). Wie sein Vorgänger Schelle erhielt Kuhnau für seine Dienste als Universitätsmusikdirektor jährlich 12 Taler. Kuhnau geriet in Konkurrenz zu dem jungen Georg Philipp Telemann, der ein Collegium musicum gegründet hatte, wodurch Kuhnau die für die größeren kirchenmusikalischen Aufführungen unerlässlichen Studenten verloren gingen. Auch die Eröffnung der Oper in Leipzig kostete Kuhnau wichtige Mitwirkende, so dass seine frühere Affinität zur Oper – er hatte selbst mehrere musikdramatische Werke geschaffen – in Protest umschlug, der jedoch erfolglos blieb.

Quellen: UAL: Rep. II/III/B I, Nr. 3a; Rep. II/III/B II, Nr. 3 u. Nr. 4, Bl. 84–111; Rep. I/III/B I 22, Bl. 12; Rep. II/III/B II, Nr. 8, fol. 64.

Literatur: ADB; EitnerQ; Glöckner: Bach, S. 169–177; Mendel/Reissmann; MGG1; MGG2; NDB; New Grove; Riemann12.

Langer, Hermann (1819–1889)
Universitätsorganist 1843–1887
Universitätsmusikdirektor 1860–1887

Hermann Langer wurde in Höckendorf bei Tharandt geboren, ging in Oschatz zur Schule und wechselte 1835 auf das Friedrichstädter Seminar nach Dresden, wo er zum Volksschullehrer ausgebildet wurde. Dort war er Präfekt des Chores, ging 1838 als Hauslehrer zu einem Pastor nach Niederschöna bei Freiberg und bezog 1840 die Universität Leipzig als Student der Pädagogik und Philosophie. Mit seinem ersten Studiensemester wurde Langer Mitglied des Universitäts-Gesangvereins zu St. Pauli. Er wurde 1843 als Universitätsorganist angestellt und gleichzeitig zum Dirigenten dieses Vereins ernannt. Daneben leitete zeitweise verschiedene weitere Vereine und Dachverbände: den gemischten Chor ‚Orpheus' (ab 1855), den Orchesterverein ‚Euterpe' (ab 1856), den Zöllnerbund (ab 1862), den Männergesangverein (1865–1883) und den Leipziger Gausängerbund. Er wurde 1859 im Rahmen des 450-jährigen Universitätsjubiläums zum Doktor phil. h. c., 1860 zum Universitätsmusikdirektor und zum Lector publicus im Fach Musik ernannt. Damit waren die Ämter Universitätsorganist und -musikdirektor vereinigt, eine Konstellation, die bis zum Amtsantritt Max Regers 1907 bestehen bleiben sollte. Bei einem weiteren Jubiläum, nämlich dem 60. Stiftungsfest des Paulinervereins im Jahr 1882, wurde Hermann Langer zum Professor ernannt. Langer gab an der Universität Unterricht im liturgischen Gesang und hielt Vorlesungen zu liturgischer Musik, Musiktheorie und -geschichte. Im Jahr 1880 war Langer unter den Bewerbern um die Stelle des Thomaskantors, 1887 ging er nach Dresden und wirkte weiter als Orgelbaurevisor. Er gab Liedersammlungen heraus und komponierte selbst hauptsächlich für Männerchor.

Quellen: UAL: Rep. I/VIII, No. 194, Bl. 7–24; Rentamt 169 I, S. 115; Rentamt 169 I, Bl. 88–109, Bl. 115 f., Bl. 136; Rep. II/V, Nr. 75, Bl. 32; Rentamt 454 I, Bl. 50v ff.; Rep. II/I/O, Nr. 1, Bl. 29–40.

Literatur: Altner; Hofmann; Hempel; Kötzschke; Langer; Mendel/Reissmann; Riemann6; Vollhardt.

Möller, Johann Gottfried (1774–1833)
Universitätsorganist 1800–1806

Möller, geboren in Ohrdruf, besuchte das Erfurter Gymnasium und wurde dort von dem Bach-Schüler Johann Gottfried Kittel unterrichtet. Er studierte in Leipzig Theologie und Musik von 1797 bis 1800 und veröffentlichte während seines Studiums Klaviermusik. Von 1800 bis 1806 amtierte er in Nachfolge von Gottlieb Scheibler als Universitätsorganist in Leipzig und gab Klavierunterricht. Später war er Musiklehrer, Kantor und Organist in Gotha sowie Pfarrer in Schwabhausen und Petriroda. Er komponierte Klavierwerke, Sonaten, Tänze und Variationen.

Quellen: UAL: Rep. II/III/B I, Nr. 3c, Bl. 531 ff.; Rep. II/III/B I, Nr. 3d, Bl. 5 ff.; Rep. II/III/B II, Nr. 10, Bl. 28 ff.; Rep. II/III/B I, Nr. 62, Bl. 3–17.

Literatur: EitnerQ; Grenser, S. 64, 75; Hempel 1969; Schering 1941, S. 113; Vollhardt; *Universal-Lexikon der Tonkunst. Neue Hand-Ausgabe in einem Bande. Mit Zugrundelegung des größeren Werkes neu bearbeitet, ergänzt und theilweise vermehrt von F. S. Gaßner*, Stuttgart 1849, S. 618.

*Müller, Karl Ernst (*1866)*
Universitätsorganist 1907–1933

Karl Ernst Wilhelm Müller (Rufname Ernst) wurde in Leipzig geboren. Nach sechsjähriger Ausbildung am Lehrerseminar Zschopau bestand er dort 1886 die Reifeprüfung und die musikalische Prüfung. Im April 1891 wurde er in das Leipziger Konservatorium aufgenommen. Zu diesem Zeitpunkt war er bereits als Lehrer an der 3. Bezirksschule Leipzig tätig. Müller beendete sein Studium im Herbst 1893, das Zeugnis lobte neben seinen Kompositionen und seinem Klavierspiel vor allem sein Talent an der Orgel. Ab 1896 arbeitete er als Gesangslehrer am Leipziger Petri-Realgymnasium. Daneben war er Kantor an der Andreaskirche und wurde am 1. April 1907 Organist an der Universitätskirche. Das Amt des Universitätsorganisten wurde von diesem Zeitpunkt an wieder getrennt von dem des Universitätsmusikdirektors vergeben. Im Jahr 1918 war Ernst Müller unter den Bewerbern um das Thomaskantorat und trug einen Professorentitel. Er komponierte zahlreiche weltliche und geistliche Werke, die auch in den Universitäts-Kirchenmusiken aufgeführt wurden. Frühere Angaben, wonach Müller auch am Konservatorium als Lehrer tätig gewesen sei, lassen sich anhand der Archivmaterialien nicht bestätigen.

Quellen: Hochschule für Musik und Theater ‚Felix Mendelssohn Bartholdy' Leipzig, Archiv: A, I.2 (5675); A, I.3 (5675/2); UAL: Rep. II/III/B II, Nr. 11, Bl. 26; Rentamt 454 II, Bl. 211; Rentamt 169 II, Bl. 43v, Bl. 49 ff.; Theol. Fak. 142, Bl. 19v ff.; Rentamt 454 III, Bl. 1–194.

Literatur: Wilhelm Altmann (Hrsg.): *Kurzgefaßtes Tonkünstlerlexikon. Für Musiker und Freunde der Tonkunst neu bearbeitet, begründet von Paul Frank*, 13. Aufl., Leipzig 1927, S. 264 f.; Altner, S. 179.

Nakonz, C. Friedrich August (1797–1852)
Universitätskantor 1831–1852

C. Friedrich August Nakonz wurde in Hohenbocka in der Lausitz geboren. Er studierte an der Universität Leipzig Theologie und war spätestens ab dem Jahr 1823 als Tenor Mitglied des Sängervereins an der Paulinerkirche, wo er später auch als Vikar amtierte. Von Ostern 1931 an war Nakonz Universitätskantor. Er hatte schon im Frühjahr 1830 seinen Vorgänger Salzer vertreten, wobei unklar ist, ob es sich dabei um eine einfache oder schon um eine dauerhafte Vertretung handelte.

Quellen: UAL: Rep. II/III/B I, Nr. 3d, S. 413 ff.; Rep. I/XVI/ I/Nr. 58, S. 24.; Rentamt 129; Rep. II/I, Litt. O, Nr. 1, S. 1–4.
Literatur: Grenser S. 150, 167; Hempel; Kötzschke, S. 22; Vollhardt.

Neander, Christoph (1589–1625)
Universitätskantor 1612–1615

Christoph Neander [Naumann], geboren in Koltzschen bei Colditz, war in Leipzig Thomasschüler unter Sethus Calvisius. Er studierte von 1610 bis 1613 Theologie an der Leipziger Universität und war von 1612 bis 1615 Kantor an der Universitätskirche. Im Anschluss ging er als Kantor an die Kreuzkirche in Dresden und trat dort die Nachfolge Samuel Rülings an. Er blieb Kreuzkantor bis zu seinem Tode. Kompositionen von Christoph Neander sind nicht überliefert.

Literatur: EitnerQ; Vollhardt; Wustmann, S. 139.

Nelkenbrecher, Johann Christian (†1760)
Universitätskantor von spätestens 1751 bis 1760

Johann Christian Nelkenbrecher wurde in Bautzen geboren. Er studierte in Leipzig, nannte sich Kandidat der Rechte und der Arithmetik, erlangte aber vermutlich keinen Abschluss. In Leipzig gab er 1752 sein erstes mathematisches Tabellenwerk heraus, nach seinem Tod erschien das *Taschenbuch eines Bankiers und Kaufmanns,* ein sehr erfolgreiches Werk mit Münz- und Maßtabellen sowie kaufmännischen Rechenvorschriften.

Literatur: ADB; Grenser, S. 6; SB; Schering 1941, S. 114; Vollhardt.

Pitschel, Johann Christian
Universitätsorganist 1713–1714

Johann Christian Pitschel aus Zeitz wurde an der Leipziger Universität im Sommersemester 1712 immatrikuliert. 1715 bewarb der sich erfolglos um das Amt des Neukirchenorganisten. Er ist sicherlich identisch mit „Johann Christian Pitschel" aus Zeitz, der als „berühmter Musicus" 1722 in Holland starb, „da er aus Ostindien nach Sachsen zurückreisen wollte" (Arno Werner: *Städtische und fürstliche Musikpflege in Zeitz bis zum Anfang des 19. Jahrhunderts,* Bückeburg etc. 1922, S. 59).

Literatur: Andreas Glöckner: *Die Musikpflege an der Leipziger Neukirche zur Zeit Johann Sebastian Bachs,* Leipzig 1990, S. 150; Schering 1926, S. 325; Schering 1941, S. 113; Vollhardt (Ergänzung, dort 1713–1740).

Pohlenz, Christian August (1790–1843)
Universitätsorganist 1817–1820
Universitätsmusikdirektor 1827–1843

Christian August Pohlenz wurde in Sallgast (Niederlausitz) geboren. Er wurde im Jahr 1802 Schüler der Dresdner Kreuzschule und immatrikulierte sich 1811 in Leipzig für das Jurastudium. Als der Universitätsorganist Johann Gottlob Schneider 1812 seine Stelle aufgab, spielte Pohlenz vertretungsweise die Orgel in der Paulinerkirche und bewarb sich als zunächst erfolglos als Schneiders Nachfolger. Erst später, im Jahr 1817, war seine erneute Bewerbung erfolgreich und er war bis 1820 Organist an der Universitätskirche, danach bis 1843 Organist an der Thomaskirche und von 1827 bis 1835 Gewandhauskapellmeister. Pohlenz dirigierte die Leipziger Singakademie von 1827 bis 1843 und war in dieser Zeit Universitätsmusikdirektor. Im Jahr 1842 wirkte er interimistisch als Thomaskantor. Er war am Leipziger Konservatorium als Gesangslehrer vorgesehen, starb jedoch vor der Gründung. Manche Liedkompositionen von Pohlenz erreichten einige Bekanntheit unter seinen Zeitgenossen.

Quellen: UAL: Rep. II/III/B I, Nr. 3d, Bl. 241 ff.; Rep. I/XVI/I, Nr. 52, Bl. 14–16, Bl. 36, Bl. 45; Rentamt 86, Bl. 6v.; Rentamt 169 I, Bl. 21.
Literatur: ADB; Altner; Hempel; Jung; Langer; New Grove; Mendel/Reissmann; Riemann11; Vollhardt.

*Pommer, Max (*1936)*
Universitätsmusikdirektor 1975–1987

Max Pommer wurde in Leipzig geboren, besuchte die dortige Thomasschule und studierte Dirigieren und Klavier an der Leipziger Hochschule für Musik. Nach einjähriger Kapellmeistertätigkeit von 1959 bis 1960 in Borna studierte er von 1960 bis 1964 Musikwissenschaft an der Universität Leipzig, wo er 1968 promovierte. Max Pommer gründete 1962 die Leipziger Kammermusikvereinigung des Gewandhauses als Ensemble für Neue Musik und übernahm später auch die Leitung der ‚Gruppe Neue Musik Hanns Eisler'. Von 1965 bis 1970 war er außerdem Erster Kapellmeister am Kleist-Theater in Frankfurt an der Oder. Am 1. Januar 1974 wurde er zum Leiter des Leipziger Universitätschores, am 1. September 1975 zum Universitätsmusikdirektor ernannt und wirkte in diesen Funktionen bis 1987. Die Universität Leipzig erteilte ihm im 1977 die Lehrbefähigung, berief ihn

1978 zum Dozenten und 1980 zum Professor. Im Jahr 1979 gründete Max Pommer aus Mitgliedern der Leipziger Kammermusikvereinigung das Neue Bachische Collegium Musicum, dessen künstlerischer Leiter er ebenfalls bis 1987 war und das für seine Schallplattenaufnahmen internationale Preise erhielt. Er wurde mit dem Kunstpreis (1979) und dem Nationalpreis (1985) der DDR ausgezeichnet. Max Pommer leitete als Chefdirigent 1987 bis 1991 das Rundfunk-Sinfonieorchester Leipzig. Im Jahr 1989 wurde ihm der Titel eines Generalmusikdirektors verliehen, 1990 ging er als Professor für Orchestererziehung und Dirigieren an die Hochschule für Musik Saar. Seit seiner Emeritierung 2003 kommt er weiterhin nationalen und internationalen Dirigierverpflichtungen nach, besonders mit der Hamburger Camerata, deren künstlerische Gesamtleitung er 2001 übernahm. Seit 2006 ist Max Pommer Gastdirigent beim Nagoya Philharmonic Orchestra in Japan.

Quelle: Selbstauskunft.

Literatur: 75 Jahre LUC; *Wir stellen vor: Universitätsmusikdirektor Dr. Max Pommer,* in: Universitätszeitung Leipzig, 31. Oktober 1975, S. 6; VDK 1982.

Rabenschlag, Friedrich (1902–1973)
Universitätskantor 1933–1966
Universitätsmusikdirektor 1939–1966 (mit Unterbrechung 1945–1949)

Friedrich Rabenschlag wurde in Herford geboren. Er studierte Germanistik, Kunstgeschichte, Musikwissenschaft und Philosophie in Tübingen und Köln (1924 bis 1933) sowie in Leipzig (1925 bis 1928) und belegte die Fächer Klavier, Orgel, Chor- und Orchesterleitung am Landeskonservatorium in Leipzig. Im Jahr 1926 gründete er, von der Singbewegung angeregt, den Madrigalkreis Leipziger Studenten aus einer Gruppe Studierender der Universität und des Konservatoriums. Rabenschlag wurde ab 1933 als Nachfolger von Hans Hofmann Kantor an der Universitätskirche zu St. Pauli. Er übernahm damit die Leitung des Universitätskirchenchores zu St. Pauli (fortan Universitätskantorei, ab 1935 Heinrich-Schütz-Kantorei genannt) und des Studenten-Orchesters (bzw. Universitäts-Kammerorchesters). Im Jahr 1938 wurde der unter Rabenschlags Leitung stehende Leipziger Universitätschor gegründet. In ihm gingen der Madrigalkreis Leipziger Studenten und die Heinrich-Schütz-Kantorei auf, während gleichzeitig alle Universitätsangehörigen zum Beitritt aufgefordert wurden, besonders die ehemaligen Mitglieder der Leipziger Sängerschaften Paulus und Arion (beide 1936 aufgelöst). Rabenschlag wurde 1939 zum Universitätsmusikdirektor berufen. Mit dem Universitätschor führte er vor allem, wie schon mit dem Madrigalkreis, Barock- und Renaissancemusik sowie die Werke von Rabenschlags Zeitgenossen wie Hugo Distler und Ernst Pepping auf (letzterer war ein ehemaliges Mitglied des Madrigalkreises). Ab 1941 wurde Rabenschlag zum Kriegsdienst eingezogen, führte jedoch die Chorarbeit in Leipzig nach Möglichkeit weiter. Nach Kriegsende wurde er wegen NSDAP-Mitgliedschaft von allen Ämtern suspendiert, 1946 rehabilitiert und 1949 offiziell wieder in die Ämter des Universitätskantors und -musikdirektors eingesetzt. Von 1947 bis 1949 war er Dirigent der Leipziger Singakademie. Die Universität verlieh Rabenschlag zum 1. Juni 1954 in Anerkennung seiner künstlerischen Verdienste den Titel Professor, die Theologische Fakultät ernannte ihn 1963 zum Ehrendoktor. Im Jahr 1965 gab Rabenschlag die Leitung des Universitätschores aus gesundheitlichen Gründen ab, schon seit 1963 hatte ihn sein späterer Nachfolger Hans-Joachim Rotzsch vertreten. Sein Nachlass befindet sich im Leipziger Universitätsarchiv, die dortige Biografie legt nahe, dass er 1966 förmlich von seinen Pflichten als Universitätsmusikdirektor entbunden wurde.

Quellen: UAL: NA Rabenschlag; Rep. II/I/O, Nr. 1, Bl. 113; Rentamt 454 IV, Bl. 35; PA 3648.

Literatur: 75 Jahre LUC; Hempel; Günther Pohlenz: *Wir erinnern an... Friedrich Rabenschlag,* in: Leipziger Blätter, Heft 21, 1992, S. 68; Universität Leipzig, Hauptabteilung Kultur (Hrsg.): *Der Leipziger Universitätschor. Beiträge zur Universitätsmusik der Stadt Leipzig 1600–1976,* Leipzig 1976.

Reger, Max (1873–1916)
Universitätsmusikdirektor 1907–1908

Max Reger wurde in Brand in der Oberpfalz geboren. Während seiner Schulzeit in Weiden bekam er Unterricht vom Stadtorganisten Adalbert Lindner, der ihn an Heinrich Riemann empfahl. Infolgedessen studierte er ab 1890 unter anderem bei Riemann, dessen Assistent er wurde, in Sondershausen und Wiesbaden Musiktheorie, Komposition und Klavier und wurde 1891 bis 1896 Lehrer am Wiesbadener Konservatorium. Nach Wehrdienst und freier kompositorischer Tätigkeit in Weiden und München wurde er 1905 als Lehrer für Komposition und Orgel an die Königliche Akademie der Tonkunst in München berufen. Im Jahr 1907 folgte Reger einem Ruf an das Leipziger Konservatorium und wurde zum Professor für Komposition ernannt. Nur kurzzeitig war er Universitätsmusikdirektor und Dirigent des Universitätsgesangvereins zu St. Pauli (April 1907 bis November 1908). Im Gegensatz zu seinen Vorgängern wurde er, wohl wegen seiner katholischen Konfession, damit nicht gleichzeitig Universitätsorganist der evangelischen Universitätskirche. Regers progressive Programmgestaltung, die im Universitätsgesangverein auf Widerstand stieß, seine Abneigung gegen das studentische Kneipen und seine Unzufriedenheit mit den Leistungen des Chores trugen zu seinem baldigen Rücktritt bei. Reger war als Komponist eines Auftragswerkes zum Universitätsjubiläum 1909 im Gespräch, sagte jedoch ab. Ab 1911 leitete er die Meininger Hofkapelle, zog 1915 nach Jena, von wo aus er weiter Unterricht am Leipziger Konservatorium gab. Max Reger gilt als einer bedeutendsten deutschen Komponisten nach Johannes Brahms und komponierte für nahezu alle Genres außer für das Musiktheater. Darüber hinaus war er als Pianist, Organist, Dirigent und Kompositionslehrer angesehen.

Quelle: UAL: Rentamt 169 II, Bl. 45 ff.

Literatur: Hempel; Kötzschke; MGG1; MGG2; NDB; New Grove; Riemann12; Helmut Loos: *Max Reger: Zum 100jährigen Jubiläum der Ernennung Max Regers zum Universitätsmusikdirektor in Leipzig*, in: Jubiläen 2007, hrsg. vom Rektor der Universität Leipzig, Pressestelle der Universität Leipzig, 2007, S. 101–105; Max Reger: *Briefwechsel mit dem Verlag C. F. Peters* (Veröffentlichungen des Max-Reger-Instituts Bd. 13), hrsg. v. Susanne Popp und Susanne Shigihara, Bonn 1995, dort S. 269, Anm. 3 u. S. 317, Anm. 2.

Rhau [Rhaw], Georg (1488–1548)
Als Thomaskantor für die Universitätsmusik verantwortlich 1518/19–1520

Georg Rhau wurde in Eisfeld an der Werra geboren. Er war 1508 an der Universität Erfurt eingeschrieben und studierte ab 1512 an der Universität Wittenberg, wo 1514 zum Baccalaureus in artibus promovierte. Im Jahr 1518 wurde er nach Leipzig zum Thomaskantor berufen und als Assessor in den Lehrkörper der Artisten-Fakultät der Universität Leipzig aufgenommen. Rhau hielt dort Vorlesungen zur Musik. Anlässlich der Leipziger Disputation von 1519 wurde eine wahrscheinlich von ihm komponierte zwölfstimmige Messe aufgeführt. Bald darauf verließ er als Anhänger Luthers die Stadt. MGG1 führt ihn für die Jahre 1519 und 1520 als Universitätsmusikdirektor (Bd. 13, Sp. 1106, Liste der Musikprofessoren und -dozenten), was jedoch durch Originalquellen nicht belegt werden konnte. Es ist plausibel, dass Rhau, wie andere Thomaskantoren seiner Zeit auch, für die Musik bei akademischen Festakten verantwortlich gewesen ist, die eventuell auch in der Thomaskirche stattfanden. In der Zeit von 1520 bis 1522 ist Georg Rhau als Schulmeister in Eisleben und Hildburghausen nachweisbar. Von etwa 1523 bis zu seinem Tode lebte er als Drucker und Verleger kirchlicher Literatur und Musik in Wittenberg. Seit 1541 war er dort Ratsherr. Seine Verlegertätigkeit fasste er als bewusstes Bekenntnis zur Reformation auf. Schon in seiner ersten Wittenberger und in der Leipziger Zeit veröffentlichte er unter anderem das erfolgreiche zweiteilige musiktheoretische Werk *Enchiridion utriusque musicae practicae* (1517 und 1520).

Literatur: ADB; EitnerQ; Mendel/Reissmann; MGG1; MGG2; New Grove; Riemann12.

Richter, Ernst Friedrich Eduard (1808–1879)
Universitätsmusikdirektor 1843–1860

Ernst Friedrich Eduard Richter wurde in Groß-Schönau bei Zittau geboren. Schon am Zittauer Gymnasium leitete er den dortigen Chor und während seines Studiums der Theologie in Leipzig ab 1831 den Zittauer Studentengesangverein. Bald machte er die Musik zu seinem Hauptberuf. Er leitete die Leipziger Singakademie von 1843 bis 1847. Mit der Übernahme der Singakademie ging auch der Titel Universitätsmusikdirektor auf ihn über. Ein Gutachten der Theologischen Fakultät beklagt 1860, dass Richter „seit mindestens 17 Jahren weder für den musikalischen Unterricht an der Universität, noch für den academischen Gottesdienst noch auch für Musikaufführungen bei academischen Feierlichkeiten irgendetwas gethan, vielmehr alle Functionen eines Universitäts-Musikdirektor dem Organisten Dr. Langer überlassen" habe. Richter lehrte seit der Gründung des Leipziger Konservatoriums 1843 dort Kontrapunkt und Harmonielehre und übernahm seit 1851 mehrere Organistenämter (Peterskirche, 1862 Neukirche, 1862 bis 1868 Nikolaikirche). Im Jahr 1868 wurde er zum Professor am Konservatorium und im selben Jahr als Moritz Hauptmanns Nachfolger zum Thomaskantor berufen. Sehr verbreitet und viele europäische Sprachen übersetzt waren seine Lehrbücher, unter anderem über Harmonie, Fuge, Kontrapunkt und Formenlehre.

Quelle: UAL: Rep. I/VIII, No. 194, Bl. 9–13.

Literatur: ADB; Altner; Langer; Mendel/Reissmann; MGG1; MGG2; New Grove; Riemann12; Vollhardt.

*Rotzsch, Hans-Joachim (*1929)*
Leiter des Universitätschores 1963–1973

Hans-Joachim Rotzsch ging zunächst in seiner Geburtsstadt Leipzig zur Schule und besuchte von 1940 bis 1945 das Musische Gymnasium in Frankfurt am Main. Nach Kriegsende kehrte er nach Leipzig zurück, holte den durch den Krieg verhinderten Schulabschluss nach und absolvierte eine Lehre als Kraftfahrzeugschlosser. Rotzsch studierte von 1949 bis 1953 Kirchenmusik in Leipzig und sang in verschiedenen Chören, so auch im Universitätschor und als Gastsänger im Thomanerchor, dem er nach Abschluss seines Studiums als Stimmbildner diente. Ab 1954 trat er zunächst vertretungsweise, dann regelmäßig mit dem Thomanerchor und anderen Chören als Tenorsolist auf und erlangte so überregionale und internationale Bekanntheit. Hans-Joachim Rotzsch übernahm im Jahr 1965 offiziell die Leitung des Leipziger Universitätschores, die er faktisch schon seit 1963 in Vertretung des erkrankten Friedrich Rabenschlag innehatte. Für die Arbeit mit dem Universitätschor wurde Rotzsch 1967 der Kunstpreis der DDR verliehen. Rotzsch wurde 1972 zum Professor ernannt und zum Thomaskantor berufen, im selben Jahr beendete er seine Sängerlaufbahn. 1973 gab er die Chorleitung des Universitätschores an Max Pommer ab, um sich vollständig dem Thomaskantorat zu widmen. Rotzsch wurde 1988 zum Ehrendoktor an der Philosophischen Fakultät der Leipziger Universität ernannt. Im Jahr 1991 wurde bekannt, dass er seit 1973 als Inoffizieller Mitarbeiter beim Ministerium für Staatssicherheit der DDR geführt worden war. Infolgedessen musste er sein Amt als Thomaskantor niederlegen. Im Jahr 1992 wurde Rotzsch als ordentlicher Gastprofessor für evangelische Kirchenmusik an das Mozarteum in Salzburg berufen, wo er bis 2000 wirkte. Heute lebt Hans-Joachim Rotzsch in Leipzig.

Quelle: Selbstauskunft.

Literatur: 75 Jahre LUC; Hempel; Werner Gosch: *Hans-Joachim Rotzsch – Für Sie porträtiert,* Leipzig 1989; Kurt Meyer: *Der Fünfzehnte nach Bach. Thomaskantor Hans Joachim Rotzsch,* Schkeuditz 2002.

Rüling, Samuel (1587–1626)
Universitätskantor 1610–1612

Samuel Rüling wurde in Groitzsch geboren und besuchte von 1601 bis 1606 die Fürstenschule Grimma. Anschließend studierte er an der Leipziger Universität vor allem Theologie. Er promovierte im Wintersemester 1609/10 und wurde danach Kantor an der Universitätskirche St. Pauli. Im Jahr 1612 ging er als Kreuzkantor nach Dresden, wurde 1615 an der Kreuzkirche Diakonus und rückte 1620 zum Archidiakonus auf. Seit spätestens 1612 war Samuel Rüling *poeta laureatus.* Die vielen Abschriften von Rülings A-cappella-Werken deuten auf eine weite Verbreitung seiner Kompositionen im 17. Jahrhundert hin.

Literatur: Eitner; MGG1; MGG 2; SB; Vollhardt; Wustmann, S. 138 f..

Salzer, Johann Lebrecht (†1831)
Universitätskantor 1822–1831

Johann Lebrecht Salzer tritt als Kantor in den Universitätsakten von Michaelis 1822 bis Ostern 1831 auf. Im Frühjahr 1830 wurde er bereits durch seinen Nachfolger Nakonz vertreten, wobei unklar ist, ob es sich dabei um eine einfache oder schon dauerhafte Vertretung handelte. Als Salzer im März 1831 starb, rückte Nakonz offiziell auf seinem Posten nach.

Quellen: UAL: Rep. II/III/B I, Nr. 3 d, S. 294 ff.; Rentamt 86, S. 46 ff.; Rep. I/XVI/ I, Nr. 58, S. 24; Rentamt 129; Rentamt 169 I, S. 28 ff.

Literatur: Hempel.

Scheibe, Johannes
Universitätskantor ab 1616

Literatur: Wustmann, S. 139.

Scheibler, Gottlieb (†1800)
Universitätsorganist ab 1772 vertretungsweise für Johann Christoph Thiele, amtlich 1773–1800

Gottlieb Scheibler wurde in Dornhennersdorf geboren und immatrikulierte sich 1765 an der Leipziger Universität. Er vertrat seinen Vorgänger Johann Christoph Thiele zunächst von Weihnachten 1772 an als Universitätsorganist. Nach Thieles Tod erhielt er dessen Posten und bekleidete ihn bis zu seinem Tod im Jahr 1800.

Quellen: UAL: Rep. II/III/B I, Nr. 3c, Bl. 294 ff.; Rep. II/III/B I, Nr. 43–47 u. Nr. 49; Rep. II/III/B II, Nr. 10, Bl. 4–15.

Literatur: Schering 1941, S. 113; Vollhardt.

Schelle, Johann (1648–1701)
Thomaskantor 1677–1701, gleichzeitig (bzw. ab 1679?) Universitätsmusikdirektor

Johann Schelle wurde in Geising im Erzgebirge getauft. Als Sopranist wirkte er im Dresdner Kreuzchor (1655 bis 1657). Auf Vermittlung von Heinrich Schütz konnte er danach in der Herzoglichen Kapelle in Wolfenbüttel (1657 bis 1664) und im Leipziger Thomanerchor (ab 1665) singen. Schelle wurde 1667 an der Universität Leipzig immatrikuliert und erwarb seinen Unterhalt, indem er Musikunterricht in vornehmen Bürgerhäusern gab. Im Jahr 1670 wurde Schelle zum Kantor der Stadtschule in Eilenburg und 1677 schließlich zum Thomaskantor in Leipzig berufen. Dieser Posten als städtischer Director chori musici, den er bis an sein Lebensende innehatte, bedeutete derzeit, dass Schelle nicht nur für die Kirchenmusik an der Thomas- und der Nikolaikirche und Lehraufgaben an der Thomasschule verantwortlich war, sondern dass er – wahrscheinlich spätestens mit dem Tode des Universitätsmusikdirektors Werner Fabricius 1679 – auch für die musikalische Gestaltung akademischer Feierlichkeiten in der Paulinerkirche verpflichtet wurde, wofür er jährlich von der Universität 12 Taler erhielt. Belegt wird dies unter anderem durch eine Auskunft von Schelles Witwe Maria Elisabeth aus dem Jahr 1725, worin sie bestätigt, ihr Mann sei „pro Directorio musices bey E. hochlöbl. Universität allhier" eingesetzt gewesen. Nach der Einweihung der Neukirche im Jahr 1699 scheint er auch dort die Figuralmusikaufführungen geleitet zu haben. Schelle hat ein reiches Werk an geistlichen Konzerten, Arien, Motetten und vor allem in Mitteldeutschland weit verbreiteten Kantaten hinterlassen.

Quellen: UAL: Rep. II/III/B I, Nr. 3a; Rep. I/III/B I 22, Bl. 11.

Literatur: ADB; EitnerQ; Mendel/Reissmann; MGG1; MGG2; New Grove; Riemann12.

Schicht, Johann Gottfried (1753–1823)
Universitätsmusikdirektor 1809–1810

Johann Gottfried Schicht wurde in Reichenau bei Zittau geboren, erhielt in Zittau Unterricht beim dortigen Kantor und wirkte an der Kirchenmusik mit. Er ging 1776 nach Leipzig, um Jura zu studieren. Noch im selben Jahr wirkte er im ‚Großen Concert' als Akkompagnist. Später trat er in Hillers ‚Musikübender Gesellschaft' und schließlich im Gewandhauskonzert bei den ersten Violinen auf. Er war 1785 bis 1810 Hillers Nachfolger als Musikdirektor der Gewandhauskonzerte und der Neukirche. Für die Aufführung von Chorwerken an diesen Orten gründete Schicht einen aus Knaben und Studenten bestehenden Singverein, der von 1786 bis 1810 existierte. Im Jahr 1802 gründete Schicht die Leipziger Singakademie, den ersten gemischten Laienchor der Stadt, und blieb bis 1816 ihr Leiter. Schon 1806/07 taucht sein Name in Rechnungsbüchern der Universität auf, als er entlohnt wird „wegen Bemühung bei der Organisten Probe" – es ging darum, einen Nachfolger für Johann Gottfried Möller zu finden. Schicht wurde 1809 als Nachfolger Johann Georg Häsers zum Universitätsmusikdirektor ernannt – um diese Stelle hatte er sich schon 1785 einmal beworben. Zum Universitätsjubiläum 1809 komponierte er ein *Te Deum* und ein *Veni sancte spiritus*. Im Jahr 1810 wurde er zum Thomaskantor berufen und gab das Amt als Universitätsmusikdirektor auf. Offenbar besorgte er dennoch weiterhin Musikaufführungen in der Paulinerkirche, denn eine Akte aus dem Jahr 1814 hält fest, das Schicht aus Kostengründen vorerst keine Instrumentalmusik, sondern nur noch Vokalmusik zur Aufführung bringen soll. Schicht behielt die Stelle als Thomaskantor bis zu seinem Tod und komponierte unter anderem Oratorien, Motetten und Kantaten. Schicht leistete als Herausgeber einiger Werke Johann Sebastian Bachs Beiträge zur Bach-Rezeption des 19. Jahrhunderts. Zu Schichts Schülern gehörten Heinrich Marschner, Carl Gottlieb Reissiger, Carl Friedrich Zöllner und Johann Philipp Christian Schulz.

Quellen: UAL: Rep. II/III/B I, Nr. 3d, Bl. 67 ff.; Rep. I/XVI/I, Nr. 52, Bl. 25v.

Literatur: ADB; EitnerQ; Jung; Hempel; Hofmann; Langer; Mendel/Reissmann; MGG1; MGG2; New Grove; Riemann12; Vollhardt.

Schneider, Friedrich (1786–1853)
Universitätsorganist 1807–1811, erneut vertretungsweise 1815–1817

Johann Christian Friedrich Schneider wurde in Altwaltersdorf (heute Waltersdorf) bei Zittau geboren und trat schon auf dem Zittauer Johanneum als Komponist in Erscheinung. Zum Studium der Geisteswissenschaften bezog Schneider 1805 die Universität Leipzig und übernahm bald verschiedene musikalische Ämter der Stadt. Er wurde 1806 Gesangslehrer an der Ratsfreischule und 1807 Organist der Paulinerkirche. Sein Bruder Johann Gottlob Schneider folgte ihm im Jahr 1811 als Organist an der Universitätskirche nach. Von 1810 bis 1812 war Friedrich Schneider als Nachfolger von Johann Philipp Christian Schulz Theaterkapellmeister für die Seconda'sche Schauspielgesellschaft, von 1813 bis 1821 Organist an der Thomaskirche. In den Jahren 1815 bis 1817 spielte Friedrich Schneider erneut die Orgel im Universitätsauftrag. Der vorherige Universitätsorganist Johann Gottlob Starke übte sein Amt offenbar nicht mehr aus, daher wurde Friedrich Schneider, „wegen des Orgelspielens bey […] Festreden" bezahlt. In den Jahren 1815 und 1816 fanden diese Orationen in der Nikolaikirche statt. Darüber hinaus war Schneider von 1816 bis 1817 Leiter der Ersten Leipziger Singakademie und ab 1817 Musikdirektor am neugegründeten Stadttheater. Im Jahr 1821 ging er als Hofkapellmeister nach Dessau und machte sich um die dortige Vokalmusikpflege verdient. Er leitete im Zeitraum von 1819 bis 1847 eine Reihe großer Musikfeste, wo unter anderem seine Oratorien (bekanntestes: *Das Weltgericht*) aufgeführt wurden. Die Universitäten Halle und Leipzig verliehen Schneider 1830 die Ehrendoktorwürde.

Quellen: UAL: Rep. II/III/B I, Nr. 3d, Bl. 66 ff. u. B. 220 ff.

Literatur: ADB; Hempel; Hofmann; Langer; Mendel/Reissmann; MGG1; MGG2; New Grove; Riemann12; Vollhardt (auch als UMD geführt, jedoch ohne Daten).

Schneider, Johann Gottlob (1789–1864)
Universitätsorganist 1811–1812

Der jüngere Bruder von Friedrich Schneider, Johann Gottlob Schneider, wurde in Altgersdorf (heute Neugersdorf, Oberlausitz) geboren. Er besuchte das Zittauer Gymnasium und wurde Präfekt des dortigen Kirchenchores. Im Jahr 1810 ging er nach Leipzig um Jura zu studieren, gab das Studium jedoch bald auf. Er wurde 1811 als Nachfolger seines Bruders Gesangslehrer an der Ratsfreischule und wirkte in den Jahren 1811 und 1812 als Universitätsorganist. Noch 1812 wurde er als Organist in Görlitz angestellt und gründete dort einen Gesangverein. Im Jahr 1825 ernannte man ihn zum Hoforganisten in Dresden, wo er auch seit 1830 die Dreißigsche Singakademie leitete. Schneider war überregional anerkannt als Konzertorganist, Orgelsachverständiger und Lehrer. Die Leipziger Universität verlieh ihm anlässlich seines 50-jährigen Organistenjubiläums im Jahr 1861 den Ehrendoktortitel.

Quellen: UAL: Rep. II/III/B I, Nr. 3d, Bl. 127 ff.; Rep. II/III/B II, Nr. 10, Bl. 84 ff.; Rep. I/XVI/ I, Nr. 52, Bl. 7 ff.

Literatur: ADB; EitnerQ; Hempel; Mendel/Reissmann; MGG2; Vollhardt.

Schulz, Johann Philipp Christian (1773–1827)
Universitätsmusikdirektor 1818–1827

Der in Langensalza geborene Johann Philipp Christian Schulz kam 1783 als Thomasschüler nach Leipzig und sang ab 1787 Diskant in Gewandhauskonzerten. Im Jahr 1793 begann er das Theologiestudium an der Universität Leipzig, konzentrierte sich jedoch bald auf die Musik und wurde Schüler von Johann Gottfried Schicht. Schulz war 1800 bis 1810 Theaterkapellmeister für die Seconda'sche Schauspielgesellschaft, für die er auch komponierte, und wurde 1810 Leiter der fünf Jahre zuvor von Riem gegründeten Zweiten Leipziger Singakademie. Ebenfalls im Jahr 1810 übernahm er den Posten des Gewandhauskapellmeisters als Nachfolger von Johann Gottfried Schicht, zunächst nur für die weltliche Vokalmusik, ab 1816 auch für die geistliche Vokalmusik. Im Jahr 1817 vereinigten sich die Erste und die Zweite Leipziger Singakademie unter Schulz' Leitung zu einem einzigen Klangkörper. Für die Leistungen dieser Singakademie bei der Universitätsfeier zum Regierungsjubiläum des Königs wurde ihm 1818 der Titel Universitätsmusikdirektor verliehen. Es handelte sich hier aber mehr um eine Titelverleihung als Zeichen der Würdigung, als um eine tatsächliche Indienstnahme. In den Rechnungsbüchern der Universität wird Schulz nicht geführt, vielmehr wird der Posten des Universitätsmusikdirektors dort als vakant vermerkt. Fortan wurde die Singakademie als mit der Universität verbundenes Institut betrachtet. Im Jahr 1820 beschwerte sich Schulz, dass der Universitätsorganist (und spätere Nachfolger als Universitätsmusik- und Singakademie-Direktor) Christian August Pohlenz die Musik beim Reformationsfest an der Universitätskirche aufgeführt habe. Schulz wird daraufhin vom Konzil in die Schranken gewiesen mit dem Hinweis, er sei vor allem für die Aufführungen der Singakademie zuständig. Außerdem dirigierte Schulz die Liedertafel, den ersten Männergesangverein Leipzigs.

Quellen: UAL: Rep. I/XVI/ I, Nr. 53, Bl. 64v, Bl. 87v f.; Rep. II/III/B I, Nr. 82, Bl. 45.

Literatur: ADB; EitnerQ; Jung; Langer; Mendel/Reissmann; MGG1; MGG2; New Grove; Riemann12; Vollhardt.

Starke, Johann Gottlob (1773–1834)
Universitätsorganist 1812–1814

Johann Christian Gottlob Starke, geboren in Molau, ging zunächst in Naumburg zur Schule, wurde 1793 in Leipzig Thomasschüler und studierte ab 1798 an der Leipziger Universität. Er spielte seit 1808 auf verschiedenen Positionen im Theaterorchester und im Konzertorchester Violine, Viola und Violoncello. Für die Zeit von Weihnachten von 1812 bis in das Rechnungsjahr 1813/1814 verzeichnen die Akten des Universitätsarchivs Johann Gottlob Starke als Universitätsorganisten. Von 1814 bis zu seinem Tode war er Organist an der reformierten Kirche in Leipzig. Als Orchestermusiker fiel er durch problematisches Betragen auf: Immer wieder setzte er sich auf die Stelle der ersten Viola, auch wenn ihm andere Plätze zugeteilt waren. Teilweise kam es zu tätlichen Auseinandersetzungen, die dazu führten, dass er 1816 kurzzeitig aus beiden Orchestern suspendiert wurde, dass er 1820 in eine Kur geschickt wurde und ihm, als sich noch immer keine Besserung einstellte, schließlich 1822 gekündigt wurde.

Quellen: UAL: Rep. II/III/B I, Nr. 3d, Bl. 166 ff.; Rep. I/ XVI/I, Nr. 52, 13–14.

Literatur: Hempel; Jung; Vollhardt.

Stolle, Johann Adam (†1713)
Universitätsorganist 1710–1713

Johann Adam Stolle stammte aus Purschenstein und wurde im Sommersemester 1707 an der Leipziger Universität immatrikuliert. Er war der erste Universitätsorganist, der für die 1710 neu eingerichteten öffentlichen Sonntagsgottesdienste an der Paulinerkirche verantwortlich war.

Literatur: Schering 1926, S. 325; Schering 1941, S. 113; Vollhardt (Ergänzung).

Thiele, Johann Christoph (1692–1773)
Universitätsorganist 1721–1773

Johann Christoph Thiele wurde in Großhartmannsdorf bei Freiberg geboren. Er studierte ab 1713 in Leipzig Theologie und wurde am 3. Juli 1721 als Nachfolger Johann Gottlieb Görners zum Universitätsorganisten gewählt. Die Position behielt er bis zu seinem Tode. Ab 1723 war Thiele zugleich Lehrer an der Nikolaischule. Im Jahr 1726 wurde er von dem Orgelbauer Scheibe öffentlich für sein Orgelspiel kritisiert. Im Alter erhielt Thiele Substitute, und zwar wurde er für drei Termine Ende 1771 bis Mitte 1772 von Johann Gottlob Claußen vertreten, von Weihnachten 1772 bis zu seinem Tode durch Gottlieb Scheibler.

Quellen: UAL: Rep. I, XVI, I, 29, fol. 86r+v; Rep. II/III/B I, Nr. 3b, Bl. 97 ff.; Rep. II/III/B I, Nr. 3 c, Bl. 155 ff.; Rep. II/III/B I, Nr. 12, Bl. 179 ff.; Rep. I/XVI/I 27, fol. 10r–11r.

Literatur: Glöckner: Bach, S. 177; Hofmann; Schering 1926, S. 325; Schering 1941, S. 113; Vollhardt.

*Timm, David (*1969)*
Universitätsmusikdirektor seit 2005

David Timm, geboren in Waren (Müritz), war Mitglied und 1. Präfekt des Leipziger Thomanerchores. Er studierte Kirchenmusik (1989 bis 1995) an der Hochschule für Musik und Theater ‚Felix Mendelssohn Bartholdy' in Leipzig. Daran schloss sich ein Meisterklassestudium im Fach

Klavier in Leipzig und am Salzburger Mozarteum an, das er 1999 mit Auszeichnung abschloss. Timm unterrichtete von 1998 bis 2002 an der Hochschule für Kirchenmusik in Halle das Fach Chor- und Orchesterleitung. An der Hochschule für Musik und Theater in Leipzig ist er seit 1998 Lehrbeauftragter für Liturgisches Orgelspiel, seit 2002 auch für Künstlerisches Orgelspiel. Von 1999 bis 2006 war David Timm musikalischer Leiter des Leipziger Vocalensembles. Er gründete 1999 gemeinsam mit Frank Nowicky die LeipzigBigband. Im Jahr 2005 wurde er zum Leipziger Universitätsmusikdirektor und damit zum Leiter des Leipziger Universitätschores ernannt, dessen langjähriger Korrepetitor er schon während seines Studiums gewesen war. Als Pianist und Organist wurde er mehrfach ausgezeichnet, konzertierte im In- und Ausland sowie auf internationalen Festivals und ist darüber hinaus als Gastdirigent und Arrangeur für verschiedene Ensembles tätig.

Quelle: Selbstauskunft.

Literatur: Sabine Näher: *„Dieser Raum wird für uns Kirche sein" David Timm ... ein Porträt des seit 2005 amtierenden Leipziger Universitätsmusikdirektors*, in: Gewandhaus-Magazin 56 (2007), Altenburg, S. 18–21.

Unger, Wolfgang (1948–2004)
Universitätsmusikdirektor 1991–2004

Wolfgang Unger wurde in Eibenstock im Erzgebirge geboren. Er besuchte die Dresdner Kreuzschule und war von 1965 bis 1967 erster Präfekt des Kreuzchors. Nach dem Abitur folgten Chorleitungs- und Kapellmeisterstudium an der Hochschule für Musik ‚Franz Liszt' in Weimar. Im Jahr 1969 gründete er den Thüringischen Akademischen Singkreis, den er bis 1996 leitete. Ab 1973 war er Kapellmeister und Chordirektor der Halleschen Philharmonie und Direktor der Robert-Franz-Singakademie in Halle. Wolfgang Unger übernahm 1987 die künstlerische Leitung des Leipziger Universitätschores und wurde 1991 zum Universitätsmusikdirektor berufen. Für ein Jahr leitete er 1991/92 den Thomanerchor ad interim. Unger hatte darüber hinaus einen Lehrauftrag im Fach Chorleitung/Dirigieren an der Hochschule für Musik und Theater ‚Felix Mendelssohn Bartholdy' inne. Er gründete 1992 das Pauliner Kammerorchester, vorrangig zur Unterstützung des Universitätschores, und 1994 das Pauliner Barockensemble. Unter Ungers Leitung begannen die ‚Leipziger Universitätsmusiktage', die im etwa zweijährigen Rhythmus seit 1994 stattfinden. Im Jahr 2003 wurde ihm von der Universität der Titel eines außerplanmäßigen Professors verliehen.

Literatur: 75 Jahre LUC; Volker Schulte: *„Meine fruchtbarsten Jahre" Zum Dezennium von Universitätsmusikdirektor Wolfgang Unger*, in: Mitteilungen und Berichte für die Angehörigen und Freunde der Universität Leipzig 5/1997, S. 36; Detlef Schneider: *Ein Leben für die Musik: Zum Tode des Universitätsmusikdirektors Wolfgang Unger*, in: Journal Universität Leipzig 3/2004, S. 25.

Wagner, Gotthelf Traugott (1779–1832)
Universitätsorganist vertretungsweise ab 1820, amtlich von 1822 bis 1832

Gotthelf Traugott Wagner wurde in Golscho in der Niederlausitz geboren. Im Sommersemester 1803 schrieb er sich an der Leipziger Universität ein. Er begann Weihnachten 1820 zunächst vertretungsweise seinen Dienst als Universitätsorganist, wurde im Dezember 1921 schließlich zum Nachfolger von Christian August Pohlenz gewählt und im März 1822 offiziell in sein Amt eingeführt. Er gründete 1822 während seiner Amtszeit als Universitätsorganist den „Sängerverein an der Kirche zu St. Pauli", einen Männerchor, der sich später zur Universitätssängerschaft zu St. Pauli entwickelte. Wie Christian Gotthelf Immanuel Hübel wirkte auch Wagner einige Zeit vertretungsweise als „Director Chori Musici" und wurde in dieser Funktion entlohnt „für Besorgung der Noten, Instrumente und Musiker", während der tatsächliche Posten in den Rechnungsbüchern vakant blieb. Nachgewiesen ist dies von Michaelis 1821 bis Michaelis 1831. Offizieller Amtsträger zu dieser Zeit war Johann Philipp Christian Schulz, der aber bei den regelmäßigen Anlässen der Universitätsmusik offenbar nicht in Erscheinung trat.

Quellen: UAL: Rep. II/III/B I, Nr. 3d, Bl. 294 ff.; Rep. I/XVI/I, Nr. 52, Bl. 53 ff.; Rep. II/III/B I 86a, fol. 32–34v; Rentamt 86, Bl. 22 ff.; I/XVI/ I, Nr. 58, Bl. 24; Rentamt 129; Rentamt 169 I, Bl. 29; Rentamt 454 I, Bl. a; Rep. II/I/O, Nr. 1, Bl. 1–13.

Literatur: Hempel; Hofmann; Kötzschke; Vollhardt.

Weiske, Carl Gottlieb
Universitätskantor ca. 1854–ca. 1872

Literatur: Hempel; Vollhardt.

Zehrfeld, Albin Fürchtegott
Universitätskantor 1872–1906

Albin Fürchtegott Zehrfeld war Bürgerschullehrer. Eventuell war er ein Sohn des langjährigen Gewandhaustrompeters Johann Gottfried Zehrfeld. Am 25. März 1874 richtete der Universitätsmusikdirektor Hermann Langer ein Gesuch an die Universität, Zehrfeld eine Gehaltserhöhung zu gewähren, weil dieser mittlerweile nicht nur den Kantorendienst verrichte, sondern auch die Organistenfunktion quasi von Langer auf Zehrfeld übergegangen sei. Im Jahr 1906 wurde Zehrfeld nach 34-jährigem Dienst pensioniert.

Quellen: UAL: Rentamt 169 I, S. 136; Rentamt 169 II, S. 1; Theol. Fak. 142, S. 2.

Literatur: Altner, S. 239; Hempel; Jung; Vollhardt.

Zeidler, Eduard Moritz (†1854)
Universitätskantor 1852–1854

Eduard Moritz Zeidler war Dr. phil. und Lehrer der Armenschule in Leipzig.

Literatur: Hempel; Vollhardt.

Zetzsche [Zetsch], Gottlieb
Universitätsorganist 1718–1720

Gottlieb Zetzsche [Zetsch] stammte aus Leipzig und wurde an der dortigen Universität im Sommersemester 1707 immatrikuliert. Er bewarb sich 1715 erfolglos um das Amt des Neukirchenorganisten. Zu Michaelis (29. September) 1718 trat er das Amt als Universitätsorganist an, das er bis Ostern 1720 innehatte. Offenbar verließ er Leipzig im Laufe des Jahres 1720 nach Siebenbürgen. Ihm wurden 1 Taler und 12 Groschen „zum abschied auff die reyße geschenckt".

Quellen: UAL: Rep. II/III/B I, Nr. 3b; Rep. II/III/B I, Nr. 12, Bl. 129–131 u. Bl. 151; Rep. I/XVI/I 13, fol. 505–507.

Literatur: Glöckner: Bach, S. 159, S. 177; Hofmann; Schering 1926, S. 325; Schering 1941, S. 113; Vollhardt (Ergänzung).

Zöllner, Heinrich (1854–1941)
Universitätsmusikdirektor und Universitätsorganist 1898–1906

Heinrich Zöllner wurde als Sohn des berühmten Chordirigenten und Komponisten Carl Friedrich Zöllner in Leipzig geboren. Nach dessen Tod 1860 kam er zu Verwandten in Bautzen und besuchte das dortige Gymnasium. Zum Studienbeginn an der Universität Leipzig 1874 trat er dem Universitäts-Gesangverein zu St. Pauli bei. Für zwei Semester studierte er Jura und besuchte danach erfolgreich von 1875 bis 1877 das Leipziger Konservatorium als Schüler von Reinecke, Jadassohn und Ernst Friedrich Richter. Im Jahr 1878 wurde er Musikdirektor an der Universität von Dorpat (heute Tartu) in Estland. Er wechselte 1885 nach Köln, dirigierte den Kölner Männergesangverein und lehrte am dortigen Konservatorium. Im Jahr 1890 ging er nach New York um dort den Deutschen Liederkranz zu leiten. Zöllner wurde 1898 zum Universitätsmusikdirektor, Universitätsorganist und Dirigent des Universitätsgesangverein zu St. Pauli nach Leipzig berufen, wo er 1902 auch Reineckes Nachfolge als Kompositionslehrer am Konservatorium antrat. Ab 1903 war er Musikredakteur des *Leipziger Tagblattes* und wurde 1905 zum Professor ernannt. Diese Stellungen gab er im Dezember 1906 auf, arbeitete als Opernkapellmeister in Antwerpen (1907–1912) und lebte ab 1914 in Freiburg im Breisgau, wo er Opernkritiken für die *Breisgauer Zeitung* verfasste (1922–1932). Er schrieb Chorwerke (vor allem für Männerchor, oft mit Soli und Orchester), zehn Opern, Orchesterwerke, Kammermusik und Lieder.

Quellen: UAL: Rentamt 454 II, Bl. 150 ff.; Rentamt 169 II, Bl. 30.

Literatur: Hempel; Kötzschke; MGG1; MGG2; New Grove; Riemann12; Vollhardt.

In Leipzig studieren, Musiker werden …
Eine Liste Leipziger Studenten, die Musiker, Komponisten oder Instrumentenbauer geworden sind

ESZTER FONTANA, STEPHAN GREINER

Die folgende Liste stellt einen musikbezogenen Ausschnitt aus sechs Jahrhunderten der Leipziger Matrikel dar. Sie versammelt Studenten der Leipziger Universität, die während ihres Studiums bzw. danach als Komponisten, professionelle Musiker oder Instrumentenbauer tätig gewesen sind. Dabei liegt es in der Natur des Gegenstandes, dass Vollständigkeit nicht erreicht werden kann und der Inhalt wesentlich durch den Stand des zugänglichen Materials bestimmt ist. Als Quellen dienten die einschlägigen musikalisch-biografischen Lexika sowie Publikationen zur Musikgeschichte Leipzigs. Besonders hinzuweisen ist auf Hans-Rainer Jungs Lexikon der Gewandhausorchester-Mitglieder, das eine Vielzahl von ihnen als Leipziger Studenten identifiziert (vgl. dazu auch Claudius Böhm: *Ohne Universität kein Gewandhausorchester*, S. 197–202 im vorliegenden Band). Dabei wurde die ursprüngliche Differenzierung in Kirchen-, Konzert- und Theaterorchester aus Platzgründen hier meist nicht wiedergegeben.

Die Tabelle beschränkt sich auf eingeschriebene Studenten, andere Universitätsangehörige sind nicht berücksichtigt. Sie ist geordnet nach dem Jahr der Immatrikulation. Falls dieses nicht bekannt ist, wurden die Personen nach Geburtsdatum in die Nähe wahrscheinlicher Immatrikulationsjahrgänge eingeordnet. Bestimmte Personen sind über das Register (ab S. 497) zu finden. In den wenigen Fällen, in denen ohne Weiteres ermittelt werden konnte, wann jemand sein Studium beendete oder abbrach, ist dieses Jahr in derselben Spalte mit angegeben. In der dritten Spalte folgen Stichworte zur musikbezogenen Tätigkeit und, falls bekannt, zu eventuellen anderen Berufen und den wichtigsten Lebensstationen. Die vierte Spalte enthält einen Literaturverweis auf eine Stelle, wo genauere Informationen und weitere Literaturhinweise zur entsprechenden Person auffindbar sind.

Alle Einträg wurden für diese Übersicht in den Matrikeln bzw. den einschlägigen Matrikel-Editionen (einschließlich der durch das Universitätsarchiv zur Verfügung gestellten Online-Datenbanken für manche Zeiträume) überprüft. Die Immatrikulationen nach 1945 wurden durch das Universitätsarchiv bestätigt. Einträge mit einem * vor dem Namen konnten anhand der Matrikel nicht verifiziert werden. Dies kann auf eventuelle Ungenauigkeiten bei der Immatrikulation selbst (etwa stark abweichende Schreibung eines Namens) oder in den Ausgaben beziehungsweise auf Bestandslücken zurückzuführen sein. Wenn andere Angaben ein Studium in Leipzig dennoch plausibel erscheinen lassen, wurden die Personen daher trotzdem in der Tabelle belassen.

Name (Lebensdaten, falls bekannt)	Studienzeit: Fakultät/Studiengang	musikalische Tätigkeit – evtl. anderer Beruf	Quelle
Hartmann Schedel (1440–1514)	1455–1459	Schreiber und Besitzer einer bedeutenden Liederhandschrift, des *Schedelschen Liederbuches* – Humanist, Arzt, Chronist u. a. in Nürnberg	MGG2 Art. *Schedelsches Liederbuch*
Heinrich Finck (1444/1445–1527)	1482	Komponist u. a. in Krakau, Vilnius und Wien	MGG2
Johann Weinmann (ca. 1477–1542)	1492	Organist, Komponist in Nürnberg und Wittenberg	MGG2
Nikolaus Apel (†1537)	1492–1497	Kompilator/Besitzer einer bedeutenden Musikhandschrift, des *Apel-Codex* – Priester, Professor der Philosophie, Doktor der Theologie, Dekan, Rektor und Vizekanzler an der Universität Leipzig	MGG2 Art. *Apel-Codex*
Johann Haß (1475/76–1544)	1493	Kantor in Zittau, Zwickau und Naumburg – Oberstadtschreiber und Bürgermeister in Görlitz	SB
*Nicolaus Decius (1485–nicht vor 1546)	1501	Kantor, Komponist – u. a. Schulrektor in Hannover, Lehrer in Braunschweig, Pfarrer in Stettin	MGG2
*Melchior Schanppecher (*ca. 1480)	1502	Musiktheoretiker in Köln	MGG2
Johannes Galliculus [Hähnel/Hennel] (ca. 1490–nach 1520)	1505	Komponist, Musiktheoretiker in Leipzig	MGG2
Anthon Musa [Wesch/West] (*zwischen 1485 und 1490; †1547)	1509–1514: Theologie	Komponist – Theologe in Erfurt, Jena und Merseburg	MGG2
Wilhelm Breitengraser (ca. 1495–1542)	1514	Komponist, Schulrektor in Nürnberg	MGG2
Balthasar Resinarius [Baldassar Harczer] (ca. 1483–1544)	1515	Komponist – Pfarrer in Tetschen, Bischof in Leipa	MGG2
Andreas Ornithoparchus (*ca. 1490)	1516	Musiktheoretiker – Schulrektor in Münster	MGG2
Johann Walter (1496–1570)	1517	Sänger, Kantor, Komponist, Kapellmeister u. a. in Torgau und Dresden	MGG2
Wolfgang Jünger (1517–1564)	1536	Thomaskantor in Leipzig, Kantor in Freiberg – Pfarrer in Großschirma	Wustmann
Ulrich Lange (†1549)	1538	Thomaskantor in Leipzig	Wustmann
Auctor Lampadius [Lampe] (ca. 1500–1559)	1541–1542	Kantor, Komponist, Theologe in Lüneburg, Wernigerode und Halberstadt	MGG2
Christoph Hecyrus [Schweher] (ca. 1520–1593)	1541–1542	Kirchenliedkomponist und -dichter – Lehrer und Priester u. a. in Budweis (České Budějovice)	MGG2
Melchior Heger (†1564)	1542	Thomaskantor in Leipzig	Wustmann
Wolfgang Figulus [Töpfer] (ca. 1525–1589)	1547	Komponist, Thomaskantor in Leipzig, Fürstenschulkantor in Meißen – Musikdozent an der Leipziger Universität	MGG2
Valentin Otto (1529–1594)	1548	Thomaskantor in Leipzig	Wustmann
Elias Nicolaus Ammerbach (ca. 1530–1597)	1548, erneut 1569	Thomasorganist in Leipzig, Musikarrangeur – Lehrer	MGG2
Andreß Bergener	1555–1558	Universitätskantor in Leipzig	Wustmann
Jakob Meiland (1542–1577)	1558–1560	Komponist, Kapellmeister u. a. in Ansbach	MGG2
Georg Otto (ca. 1550–1618)	1568	Komponist, Kantor in Langensalza, Kapellmeister in Kassel	MGG2
Benedict de Drusina (*zwischen 1520 u. 1525; †zwischen 1573 u. 1582)	1570	Lautenist, Komponist in Frankfurt an der Oder und Leipzig	MGG2
Seth Kalwitz [Sethus Calvisius] (1556–1615)	1576	Komponist, Musiktheoretiker, Kantor in Schulpforta und Leipzig – Astronom, Chronologe	MGG2
Gregor Vorberg	1579	Komponist – Lehrer und Theologe in Toruń (Thorn, Polen), Frankfurt an der Oder und Trautenau (Böhmen)	New Grove
Matthäus Reymann (ca. 1565–nach 1625)	1582: Jura	Lautenist, Komponist in Leipzig – Jurist	MGG2
Friedrich de Drusina	1583	Instrumentist in Braunschweig/Wolfenbüttel, Lautenist und Ratsmusikant in Hamburg	Beitrag Király
Valerius Otto (1579–1612)	1592	Komponist, Instrumentalist, Organist in Prag	New Grove
Georg Engelmann d. Ä. (†1632)	1593	Organist, Komponist in Leipzig	MGG2

Name (Lebensdaten, falls bekannt)	Studienzeit: Fakultät/Studiengang	musikalische Tätigkeit – evtl. anderer Beruf	Quelle
Johannes Christoph Demant[ius] (1567–1643)	1594	Komponist, Musiktheoretiker, Kantor und Lehrer in Zittau – Dichter	MGG2
Thomas Avenarius (1584–nach 1638)	1599	Komponist, Kapellmeister, Organist u. a. in Hildesheim – Dichter	ADB, Art. *Philipp Avenarius*
*Johannes Rude[nius] (nach 1555–nach 1615)	nach eigenen Angaben: um 1600: Jura	Lautenist, Komponist in Leipzig	MGG2
Martin Rinckart (1586–1649)	1602–1609: Theologie, Philosophie	Komponist, Kantor in Eisleben – Dichter, Lehrer in Eisleben, Diakon in Eilenburg	MGG2
Michael Lohr (1591–1654)	1602	Kantor in Frankenberg und Rochlitz, Kreuzkantor in Dresden, Komponist	MGG2
Bartholomäus Helder (1585–1635)	1603	Komponist, Liederdichter, Kantor in Friemar – Pfarrer in Remstädt	MGG2
Johann Hermann Schein (1586–1630)	1603 (non iuratus)[1] 1608–1612: Jura	Komponist, Hofkapellmeister in Weimar, Thomaskantor in Leipzig – Dichter	MGG2
Samuel Rüling (1587–1626)	1606	Komponist, Universitätskantor in Leipzig, Kreuzkantor in Dresden – Diakonus an der Kreuzkirche Dresden	MGG2
Nicolaus Erich[ius] (†1631)	1609	Kantor in Jena	Internetdatenbank[2]
Anders [Andreas] Düben (ca. 1597–1662)	1609	Komponist, Organist in Stockholm	MGG2
Christoph Neander [Neumann] (1589–1625)	1610–1613: Theologie	Universitätskantor in Leipzig, Kreuzkantor in Dresden	UMD
Stephan Otto (1603–1656)	1614 (non iuratus)	Komponist, Kantor u. a. in Schandau – Lehrer in Augsburg und Freiberg	MGG2
Georg Engelmann d. J. (*zwischen 1601 u. 1604; †1663)	1618–1622	Organist in Leipzig	MGG2
Thomas Selle (1599–1663)	1622	Komponist, Kantor in Itzehoe, Musikdirektor in Hamburg	MGG2
*Heinrich Albert (1604–1651)	1623–1626: Jura, Literaturwissenschaft	Komponist, Organist in Königsberg – Dichter	MGG2
Andreas Unger (Ungar) (ca. 1605–1657)	1625–1631: wahrscheinlich Jura	Kantor, Komponist, Musikalien- und Instrumentensammler in Naumburg	MGG2
Christoph Schultze (1606–1683)	1627: Medizin	Kantor in Neumarkt und Delitzsch, Komponist	MGG2
Andreas Cares	1639: Jura	Lautenist, Tanzmeister, Lautenbauer in Leipzig	Beitrag Király
Johann Rosenmüller (ca. 1617–1684)	1640	Komponist, Kantor, Organist in Leipzig, Posaunist in Venedig, Kapellmeister in Wolfenbüttel	MGG2
Elias Nathusius	1648–1652	Nikolaikantor in Leipzig	Beitrag Wollny
Werner Fabricius (1633–1679)	1652: Philosophie, Jura, Mathematik	Komponist, Kantor, Organist und Universitätsmusikdirektor in Leipzig – Advokat ebd.	MGG2
Sebastian Knüpfer (1633–1676)	1653	Komponist, Kapellmeister, Orgelsachverständiger, Thomaskantor in Leipzig	MGG2
Johann Stohr (1640–1707)	1659–1663	Kantor in Pforta – Tertius an der Fürstenschule Grimma, Pastor in Schwarzbach bei Colditz	Beitrag Wollny
Johann Friedrich Alberti (1642–1710)	1661: Jura, Philosophie	Komponist, Organist in Merseburg	MGG2
Georg Ludwig Agricola (1643–1676)	1662–1663: Philosophie	Komponist, Kapellmeister in Gotha	MGG2
*Johann Caspar Horn (1636–1721)	1663?	Komponist, Musikdirektor – Arzt, Jurist in Leipzig	MGG2
Georg Christoph Bach (1642–1697)	1665	Kantor und Organist in Themar und Schweinfurt	MGG2
Christian Clodius (1647–1717)	1665–1669	Liedersammler, Universitätskantor in Leipzig	MGG2
Johann Theile (1646–1724)	(1658 eingeschrieben) 1666 begonnen: Jura	Komponist, Musiktheoretiker, Kompositionslehrer, Kapellmeister u. a. in Wolfenbüttel u. Merseburg	MGG2

1 Non iuratus: Keine vollgültige Immatrikulation, sondern eine Anmeldung darauf, sich zu seinem späteren Zeitpunkt ordentlich zu immatrikulieren.

2 http://www.thueringer-komponisten.de

Name (Lebensdaten, falls bekannt)	Studienzeit: Fakultät/Studiengang	musikalische Tätigkeit – evtl. anderer Beruf	Quelle
Johann Schelle (1648–1701)	1667–1670	Komponist, Thomaskantor in Leipzig	MGG2
Gottfried Vopelius (1645–1715)	1667	Kantor in Leipzig (St. Nikolai) – Lehrer	MGG2
Johann Valentin Meder (1649–1719)	1669–1670: Theologie	Komponist, Sänger, Kantor in Reval, Musikdirektor in Danzig, Kapellmeister und Organist in Riga	MGG2
Samuel Jacobi (1652–1721)	1675	Komponist, Notenkopist, Kantor in Grimma	New Grove
Christian Andreas Schulze (ca. 1655–1699)	1675	Komponist, Kantor in Meißen	MGG2
Johann Kuhnau (1660–1722)	1682–1688: Philosophie, Jura	Komponist, Musikschriftsteller, Organist, Thomaskantor in Leipzig – Advokat ebd.	MGG2
Georg Österreich (1664–1735)	1683–1684	Komponist, Musikaliensammler, Sänger, Kapellmeister in Gottorf, Kantor in Wolfenbüttel	MGG2
Samuel Grosser (1664–1736)	1683–1687	Kirchenlieddichter – Rektor am Gymnasium in Görlitz	SB
*Christian Ludwig Boxberg (1670–1729)	1686?	Komponist, Librettist und Sänger in Leipzig, Organist in Großenhain und Görlitz	MGG2
*Pantaleon Hebenstreit (1668–1750)	studierte „angeblich" (MGG2) in Leipzig	Komponist, Hackbrettbauer und -spieler, Violinist und Tanzmeister u. a. in Leipzig und Weißenfels	MGG2
Gottfried Taubert (ca. 1679–1746)	1693	Herausgeber eines Tanztraktats, Tanzmeister in Leipzig, Danzig und Zerbst	MGG2
Anton Englert (1674–1751)	1693–1697: Theologie, Musik	Generalbassspieler und Dirigent an der Leipziger Oper, Komponist, Kantor, Organist und Lehrer in Schweinfurt	SB
Conrad Michael Schneider (1673–1752)	1695	Komponist, Organist in Ulm	MGG2
Jan Wauer [Wawer] (1672–1728)	1696	Herausgeber des überarbeiteten sorbischen Gesangbuches – Pfarrer in Hochkirch	SB
Georg Philipp Telemann (1681–1767)	1701–1705: Jura	Komponist, Kapellmeister, Organist u. a. in Leipzig, Frankfurt und Hamburg	MGG2
Melchior Hoffmann (1679–1715)	1702	Organist, Leiter eines Collegium musicum in Leipzig	New Grove, Art. *Gottfried Heinrich Stölzel*
Johann David Heinichen (1683–1729)	1702–1706: Jura	Musiktheoretiker, Komponist in Leipzig und Venedig, Kapellmeister in Dresden – Advokat in Weißenfels	MGG2
Gottlob Adolph (1685–1745)	1703–1705	Kirchenlieddichter – Lehrer in Hirschberg, Pfarrer in Großhennersdorf bei Zittau	SB
Christoph Graupner (1683–1760)	1703–1705/1706: Jura	Komponist, Cembalist in Hamburg, Hofkapellmeister in Darmstadt	MGG2
Johann Theodor Römhild (1684–1756)	1705	Organist, Kantor und Kapelldirektor in Spremberg, Freystadt und Merseburg	New Grove
Johann Adam Stoll (†1713)	1707	Universitätsorganist in Leipzig	UMD
Gottfried Heinrich Stölzel (1690–1749)	1707: Theologie	Komponist, Kapellmeister in Gera und Gotha	MGG2
*Gottfried Meusel (1688–1728)	1708?: Jura	Lautenist u. a. in Zeitz u. Nürnberg – Hofmarschall-Amtsregistrator in Gotha	BMLO
Johann Friedrich Fasch (1688–1758)	1708–1713: Theologie, Jura	Komponist, Kapellmeister in Zerbst	MGG2
Johann Georg Pisendel (1687–1755)	1709	Komponist, Dirigent, Orchestererzieher, Geigenvirtuose, Konzertmeister in Dresden	MGG2
Johann Gottlob Klemm (1690–1762)	1709: Theologie	Orgelbauer u. a. in Dresden, Philadelphia und Bethlehem (Pennsylvania)	New Grove
Gottlieb Zetzsche [Zetzsch]	1709	Universitätsorganist in Leipzig	UMD
Johann Christian Pitschel	1712	Universitätsorganist in Leipzig	UMD
Johann Christoph Thiele (1692–1773)	1713	Universitätsorganist in Leipzig	UMD
Johann Gottlieb Görner (1697–1778)	1713	Komponist, Organist, Universitätsmusikdirektor in Leipzig	MGG2
Georg Balthasar Schott (1686–1736)	1714	Organist, Universitätskantor und Leiter eines Collegium musicum in Leipzig, Stadtkantor in Gotha	MGG2
Ernst Gottlieb Baron (1696–1760)	1715–1719	Komponist, Musiktheoretiker, Musikschriftsteller, Lautenist u. a. in Gotha, Eisenach und Berlin	MGG2
Michael Konrad Glaser	1716	Universitätskantor in Leipzig	UMD

Name (Lebensdaten, falls bekannt)	Studienzeit: Fakultät/Studiengang	musikalische Tätigkeit – evtl. anderer Beruf	Quelle
Johann Samuel Endler (1694–1762)	1716	Komponist, Leiter des Collegium musicum in Leipzig, Musiklehrer, Hofmusikus in Stuttgart und Darmstadt, Kapellmeister	MGG2
Georg Irmler (1695–1762)	1716	Universitätskantor in Leipzig	UMD
*Anton Wilhelm Heinrich Gleitsmann (*1698)	1716/17?: Jura	Komponist, Lautenist und Bläser in Leipzig, Prag u. Würzburg – Dichter, Jurist	BMLO
Johann Christian Weyrauch (1694–1771)	1717: Jura	Komponist, Lautenist, Mitwirkung bei der Leipziger Kirchenmusik	Glöckner: Kalendarium
Johann Pfeiffer (1697–1761)	1717–1719: Jura	Komponist, Kapellmeister, Violinist in Weimar und Bayreuth	MGG2
Johann Sigismund Scholze alias Sperontes (1705–1750)	1718 (depositus): Jura	Komponist, Musiksammler (Singende Muse an der Pleiße) in Leipzig – Dichter ebd.	MGG2
Johann Friedrich Caroli (1695–1738)	1719: Jura	Kunstgeiger, Mitwirkung bei der Leipziger Kirchenmusik	Glöckner: Kalendarium
Adam Falckenhagen (1697–1754)	1719–1720	Lautenlehrer in Weißenfels, Lautenist u. a. in Weimar und Bayreuth	MGG2
Johann Valentin Görner (1702–1762)	1722	Komponist, Musikdirektor in Hamburg	MGG2
Johann Christoph Samuel Lipsius (1695–1749)	1723	Bassist bei der Leipziger Kirchenmusik	Glöckner: Kalendarium
Bernhard Friedrich Völkner (nachgewiesen 1723–1728)	1723	Violinist bei der Leipziger Kirchenmusik	Glöckner: Kalendarium
Ephraim Jacob Otto (1698–1775)	1723: Jura	Mitwirkung bei der Leipziger Kirchenmusik	Glöckner: Kalendarium
Johann Salomon Riemer (1702–1771)	1724	1. Hornist, Bratscher, Pauker und Notenkopist im Großen Konzert in Leipzig – Jurist ebd.	Jung
Heinrich Nikolaus Gerber (1702–1775)	1724: Jura	Komponist, Klavier- und Kompositionslehrer, Organist und Cembalist u. a. in Sondershausen	MGG2
Johann Adolph Scheibe (1708–1776)	1725: Jura	Komponist und Musikschriftsteller in Hamburg, Kapellmeister in Kulmbach und Kopenhagen, Musiklehrer in Sønderborg (Dänemark)	MGG2
Christoph Gottlieb Fröber (1704–1759)	1726: Jura	Kantor, Mitwirkung bei der Leipzig Kirchenmusik	Glöckner: Kalendarium
Balthasar Schmid [Schmidt] (1705–1749)	1726	Komponist, Organist, Notenstecher, Musikverleger, Musikalienhändler in Nürnberg	MGG2
Carl Gotthelf Gerlach (1704–1761)	1727: Jura	Komponist, Organist in Leipzig, Violinist und Cembalist bei der Leipziger Kirchenmusik, Violinist und Konzertmeister im Großen Konzert	Jung
David Nicolai (*1702)	1727: Jura	Organist in Görlitz	MGG1 Art. *David Traugott Nicolai*
Wilhelm Friedemann Bach (1710–1784)	1729: u. a. Jura, Philosophie, Mathematik	Komponist, Organist in Dresden und Halle	MGG2
Philipp Christoph Siegler (*1709)	1729	Fagottist im Großen Konzert zu Leipzig	Jung
Johann Friedrich Wachsmann (nachgewiesen 1729–1732)	1729	Mitwirkung bei der Leipziger Kirchenmusik	Glöckner: Kalendarium
Carl Philipp Emanuel Bach (1714–1788)	1731–1734: Jura	Komponist, Cembalist in Berlin, Kirchenmusikdirektor in Hamburg	MGG2
Lorenz Christoph Mizler von Kolof (1711–1778)	1731–1734: Theologie, Mathematik, Physik, Philosophie, Poetik	Komponist, Musiktheoretiker, Dozent für Musik (auch für Mathematik u. Philosophie) an der Leipziger Universität – Universalwissenschaftler, Historiograf, Hofrat in Końskie (Polen), Hofarzt in Warschau	MGG2
Johann Georg Röllig (1710–1790)	1735–1737: Theologie	Komponist, Organist und Kapellmeister in Zerbst	MGG2
*Johann Ludwig Krebs (1713–1780)	1735–1737: Philosophie, Jura	Komponist, Cembalist, Organist in Zwickau, Zeitz und Altenburg	MGG2
Gottfried August Homilius (1714–1785)	1735: Jura	Komponist, Organist und Kreuzkantor in Dresden	MGG2
Johann August Landvoigt (1715–1766)	1737: Jura	1. Flötist im Großen Konzert – Notar in Leipzig, Akzisekommissar in Marienberg	Jung

Name (Lebensdaten, falls bekannt)	Studienzeit: Fakultät/Studiengang	musikalische Tätigkeit – evtl. anderer Beruf	Quelle
*Johann Chrysostomus Mittendorf (*1716)	?	Bassist bei der Leipziger Kirchenmusik	Glöckner: Kalendarium
Johann Friedrich Agricola (1720–1774)	1738: Philosophie, Jura, Geschichte, Rhetorik	Komponist, Organist, Sänger, Musikpublizist in Berlin, Musikdirektor in Potsdam	MGG2
Johann Gottlieb Wiedner (1724–1783)	1739	Komponist, Organist und Musikdirektor der Matthäikirche in Leipzig; Violinist und Tenor im Großen Konzert ebd.	Jung
*Johann Friedrich Doles d. Ä. (1715–1797)	1739–1743: Theologie	Komponist, Kantor und Musikdirektor in Freiberg, Thomaskantor in Leipzig	MGG2
*Johann Ernst Bach (1722–1777)	ca. 1740: Jura	Komponist, Cembalist, Organist in Eisenach, Kapellmeister in Weimar – Advokat in Eisenach	MGG2
Gotthard Wenzel (†1757)	1740	Komponist, möglicherweise Cellist im Großen Konzert in Leipzig, Organist in Auerbach	Jung
Rudolf Straube (1717–1780)	1740	Komponist, Lautenist in Leipzig und London	New Grove
Johann Trier (1716–1790)	1741: Theologie	Komponist, 1. Geiger und Bassist im Großen Konzert in Leipzig, Organist und Musikdirektor in Zittau	Jung
Johann Christoph Kessel (1722–1798)	1742	2. Hornist und 2. Geiger im Großen Konzert in Leipzig, Musiklehrer ebd., Stadtkantor in Freiberg	Jung
*Johann Friedrich Drobisch (1723–1762)	1743	Komponist, Altist und Bratscher im Großen Konzert in Leipzig, Kantor in Dresden	Jung
Johann Gottfried Fulde (1718–1796)	1743: Theologie	2. Geiger und Tenorist im Großen Konzert – Hofmeister in Schlesien, Pastor in Dyhernfurth (Oder)	Jung
Carl Wilhelm Bielitz	1744	wahrscheinlich 2. Geiger im Großen Konzert in Leipzig	Jung
Johann Christian Nelkenbrecher (†1760)	1744	Kantor an der Leipziger Universitätskirche – Mathematiker, Handelsschriftsteller in Leipzig	ADB
Johann Christoph Altnickol (1719–1759)	1744: Jura	Violinist, Cellist, Vokal-Bassist bei der Leipziger Kirchenmusik; Komponist, Organist in Niederwiesa (Schlesien) und Naumburg	MGG2
Friedrich August Cic[h]orius (1723–1753)	1745: Jura	Cellist im Großen Konzert	Jung
Karl August Thieme (*1721)	1745–1752	Nikolaikantor in Leipzig – Lehrer, Bibliothekar, Konrektor der Thomasschule ebd.	Grenser
Johann Wilhelm Cunis (1726–1796)	1747	Komponist, Kontrabassist im Großen Konzert in Leipzig, Kantor in Kölleda, Musikdirektor in Frankenhausen	Jung
Johann Christoph Hopfe (†1805)	1748	1. Bratscher im Großen Konzert, „Flügelspieler" im Gewandhausorchester	Jung
Johann Georg Tromlitz (1725–1805)	1750: Jura	Komponist, Musiktheoretiker, 1. Flötist des Großen Konzerts in Leipzig, Musiklehrer, Flötenbauer in Leipzig – Notar ebd.	Jung
*Johann Adam Hiller (1728–1804)	1751–1754: Jura	Komponist, Kantor, Organist, Musikschriftsteller, Sänger, 1. Flötist und Musikdirektor im Großen Konzert in Leipzig, Kapellmeister in Mitau, Universitätsmusikdirektor und Thomaskantor in Leipzig	MGG2
*Johann Christian Wünsch (ca. 1730–1799)	1752: Jura	2. Geiger im Großen Konzert, später im Gewandhausorchester und im Theater in Leipzig	Jung
Christian Mittenzwey (*1729)	1752–1757	Nikolaikantor in Leipzig	Grenser
Johann Georg Häser (1729–1809)	1752–1756: Jura. Immatrikulation feierlich erneuert: 1802.	Musiklehrer, Geiger und Bratscher im Großen Konzert (später im Gewandhausorchester) in Leipzig, Universitätsmusikdirektor ebd.	Jung
David Traugott Nicolai (1733–1799)	1753–1755: Jura, Physik, Mathematik	Organist und Komponist in Görlitz, Orgelsachverständiger, Erbauer einer Glasharmonika	MGG2
Carl Gottlieb Göpfert (1734–1798)	1753: Jura	Komponist, Geiger und Vorspieler (Konzertmeister) im Großen Konzert in Leipzig, Konzertmeister in Weimar	Jung
Ernst Christoph Dreßler (1734–1779)	1753: Jura, Dichtkunst	Musikschriftsteller, Sänger, Violinist, Komponist u. a. in Bayreuth, Gotha und Wetzlar	MGG2
Gottlob Friedrich Hertel (1730–1795)	1754	Bratscher im Großen Konzert (später im Gewandhausorchester) in Leipzig, Musikdirektor des Großen Konzerts, Organist in Leipzig	Jung
Gottlieb Weiner	1756	Kontrabassist im Großen Konzert in Leipzig	Jung
Carl Gottlieb Berger (1735–1812)	1756	Geiger und Konzertmeister im Großen Konzert in Leipzig	Jung
Johann Friedrich Berger (1732–1786)	1757: Jura	Cellist im Großen Konzert (später im Gewandhausorchester) in Leipzig	Jung

Name (Lebensdaten, falls bekannt)	Studienzeit: Fakultät/Studiengang	musikalische Tätigkeit – evtl. anderer Beruf	Quelle
Johann Gottlob Pörschmann (1725–1792)	1758	Fagottist im Gewandhausorchester, Instrumentenmacher	Jung
Christian Heinrich Ficker (1734–1798)	1758–1764: Theologie, Philosophie	Kontrabassist bei den Extrakonzerten in Leipzig– Lehrer an der Thomasschule ebd.	Jung
Johann Samuel Petri (1738–1808)	1760	Komponist, Musikschriftsteller, Organist in Sorau, Kantor und Lehrer in Lauban, Kantor, Musikdirektor und Gymnasiallehrer in Bautzen	MGG2
Johann Gottlob Behringer (*1743)	1762–1770	Nikolaikantor zu Leipzig	Grenser
Gottlob Gottwald Hunger (1741–1796)	1762–1768: Jura	Flötist und Cembalo-/Fortepianospieler im Großen Konzert in Leizpig – Advokat, Akziseinspektor ebd.	Jung
Georg Simon Löhlein [Lelei] (1725–1781)	1763	Komponist, Musiklehrer, Geiger, Cembalo-/Fortepianospieler und Musikdirektor des Großen Konzerts in Leipzig, Musikdirektor in Danzig	Jung
Carl Gottlob Kirchhübel (1736–1787)	1764	Kontrabassist im Großen Konzert (später im Gewandhausorchester) in Leipzig – Akziseeinnehmer ebd.	Jung
Johann Friedrich Doles d. J. (1746–1796)	1764–1776: Jura	Komponist, Bassist, Klavierspieler – Jurist in Leipzig	MGG2
Carl Wilhelm Möller (ca. 1741–1819)	1764	Cellist im Gewandhausorchester in Leipzig	Jung
Gottlieb Scheibler (†1800)	1765	Universitätsorganist in Leipzig	UMD
Ernst Ludwig Gerber (1746–1819)	1766: Jura	Komponist, Musiklexikograph, Cellist im Großen Konzert und im Theater in Leipzig – Hofsekretär in Sondershausen	Jung
Christian Gottlob Neefe (1748–1798)	1767–1772: Jura	Komponist, Pianist, Theaterkapellmeister in Leipzig, Bonn und Dessau, Klavierlehrer und Organist in Bonn	MGG2
Johann Samuel Meschke (*1745)	1769: Jura	Bratscher im Großen Konzert – Gerichtsdirektor	Jung
Christian Gottfried Thomas (1748–1806)	1770, erneut 1791: Jura	Komponist, Musikschriftsteller, Hornist im Großen Konzert (später im Gewandhausorchester) in Leipzig, Musikalienhändler u. Konzertunternehmer ebd.	Jung
Johann Gottfried Bock (1751–1823)	1771: Theologie	Kirchenliedkomponist – Hauslehrer, Pastor in Nieder-Ulrichsdorf und Triebel	BLO
Johann Wilhelm Ruhe (*1750)	1771	Komponist, Geiger im Großen Konzert (später im Gewandhausorchester) und im Theater in Leipzig, Geiger und Kapellmeister in Kassel	Jung
Friedrich Christian Poll (*1750)	1771	2. Geiger im Großen Konzert in Leipzig	Jung
Daniel Gottlob Türk (1750–1813)	1772	Komponist, Geiger im Großen Konzert und im Theater in Leipzig, Kantor, Lehrer, Organist und Universitätsmusikdirektor in Halle, Musikprofessor der Universität ebd.	Jung
Samuel Gottfried Jütner (1749–1794)	1772	Bratscher im Gewandhausorchester in Leipzig	Jung
Friedrich Gabriel Jonne (*1753)	1772	2. Oboist im Gewandhausorchester in Leipzig, Stadtpfeifer und Türmer in Marienberg, Stadtmusikus in Colditz	Jung
Carl Traugott Hoffmann (*1752)	1774: Medizin, Jura	Flötist und Fagottist im Großen Konzert (später im Gewandhausorchester) in Leipzig – Kammermusikus und Hofrat in Mitau	Jung
Samuel Traugott Gerstenberg (1752–1820)	1775–1781: Jura	Geiger im Großen Konzert in Leipzig – Jurist u. a. in Künitzsch	Jung
Johann Gottlieb Geissler (1739–1813)	1775	Geiger, Oboist und Bratscher im Großen Konzert (später im Gewandhausorchester) in Leipzig, Musiklehrer ebd.	Jung
Johann Heinrich Siebeck (1754–1802)	1776	Geiger im Gewandhausorchester in Leipzig, Kantor in Frohburg und Lößnitz	Jung
Johann Gottfried Schicht (1753–1823)	1776: Jura	Komponist, Musikherausgeber, Geiger, Orgel- und Flügelspieler im Großen Konzert, später bei der ‚Musikübenden Gesellschaft' in Leipzig, Musikdirektor des Gewandhausorchesters, Thomaskantor, Universitätsmusikdirektor ebd.	Jung
Carl Gottlob Buchenthal (1751–1826)	1777	Hornist und Fagottist im Großen Konzert (später im Gewandhausorchester) in Leipzig, Messinginstrumentenbauer ebd.	Jung
Johann Christian Gottlieb Eichler (†1830)	1777	Hornist im Großen Konzert, Bratscher im Gewandhausorchester in Leipzig, Organist und Lehrer in Niederwildungen in Waldeck	Jung
Carl August Jonne (1760–1811)	1777	Oboist, Bratscher, Cellist u. Pauker im Großen Konzert in Leipzig, Konzertunternehmer ebd.	Jung

Name (Lebensdaten, falls bekannt)	Studienzeit: Fakultät/Studiengang	musikalische Tätigkeit – evtl. anderer Beruf	Quelle
Carl Gottfried Wilhelm Wach (1755–1833)	1777: Jura	Geiger u. Kontrabassist im Gewandhausorchester in Leipzig, Notenkopist ebd.	Jung
Ernst Florenz Friedrich Chladni (1756–1827)	1778–1782: Dr. phil./ Dr. jur.	Physiker mit Schwerpunkt Akustik, Instrumenten-Erfinder in Wittenberg	MGG2
*Johann Christian Friedrich Haeffner (1759–1833)	?	Komponist, Theaterkapellmeister in Frankfurt und Hamburg, Gesangslehrer und Organist in Stockholm, Universitätsmusikdirektor in Uppsala	MGG2
Johann Georg Kimmerling (1758–1814)	1779	Geiger im Gewandhausorchester in Leipzig	Jung
Johann Christian Müller (1749–1796)	1779	Komponist, Geiger und Cembalo-/Fortepianospieler im Theaterorchester in Leipzig	Jung
Johann Friedrich Christian Kühn (1757–1832)	1779–1785: Philosophie, Geschichte, Theologie, Mathematik, antike Literatur	Geiger im Gewandhausorchester in Leipzig	Jung
Georg Friedrich Baumgärtel (1760–1840)	1779–1785: Philosophie, Geschichte, Philologie, Theologie	Geiger im Gewandhausorchester in Leipzig – Lehrer ebd.	Jung
Christian Gotthelf Immanuel Hübel	1780	Universitätskantor in Leipzig	UMD
Gottfried Christoph Härtel (1763–1827)	1780: Jura	Musikverleger (Breitkopf & Härtel) und Musikpublizist in Leipzig	MGG2
Gottfried Martini [Martin] (1759–1814)	1780	Kontrabassist im Gewandhausorchester in Leipzig – Buchhändler ebd.	Jung
Carl Friedrich Samuel Brötler [Prätler] (1760–1810)	1780–1788: Jura	Geiger u. Bratscher im Gewandhausorchester in Leipzig	Jung
Johann Philipp Gutsch (*1757)	1781	Cellist im Gewandhausorchester in Leipzig, Musikdirektor in Solms	Jung
Friedrich Adam Hiller (1767–1812)	1781	Komponist, Geiger im Gewandhausorchester, Tenorist in Rostock, Theaterkapellmeister in Schwerin, Musikdirektor u. a. am Theater in Leipzig sowie in Altona	Jung
Johann Christian Jacob Saurbier (*1759)	1781	Kontrabassist im Gewandhausorchester in Leipzig	Jung
Christian Jacob Graun (†1823)	1781	Geiger und Bratscher im Gewandhausorchester in Leipzig	Jung
Johann Michael Bach (1745–1820)	1781	Komponist, Musiktheoretiker, Kantor u. Organist in Tann, Musiklehrer in Elberfeld – Advokat in Güstrow	MGG2
Gotthelf Benjamin Flaschner (1761–1836)	1781–1787: Theologie	Komponist, Mitglied des Konzert- und Theaterorchesters in Leipzig, Hauslehrer u. a. in Dresden	Jung
Heinrich Friedrich Ströbel (*1762)	1784–1788: Jura	Geiger im Gewandhausorchester in Leipzig	Jung
*Friedrich Adolph Pitterlin (1769–1804)	1785: Theologie	Komponist, Cellist und Musikdirektor am Theaterorchester, Bratscher im Gewandhausorchester in Leipzig, Musikdirektor in Magdeburg	Jung
Christian Heinrich Paufler (1763–1806)	1785	Mitglied im Konzert- und Theaterorchester in Leipzig, Altus im Konzert ebd. – Lehrer in Schneeberg, Schulrektor in Altdresden und Dresden	Jung
Heinrich Agatius Gottlob Tuch (1766–1821)	1786: Theologie	Sänger, Komponist, Musikverleger in Dessau und Leipzig	MGG2
Carl Traugott Hennig (1764–1830)	1786–1790: Jura	Kontrabassist im Gewandhausorchester in Leipzig – Richter, Bürgermeister in Bautzen	Jung
(Johann) Friedrich Kind (1768–1843)	1786–1793: Jura	Librettist (zu C. M. v. Webers *Freischütz*) – Publizist, Schriftsteller in Dresden	MGG2
*Gottlieb Rudolph Wipprecht (*1766)	1787	möglicherweise Mitglied im Gewandhausorchester in Leipzig	Jung
Carl Gotthelf Fischer (1766–1841)	1787	Geiger im Gewandhausorchester in Leipzig	Jung
Christian Friedrich Michaelis (1770–1834)	1787: Theologie, Philologie, Jura	Musikschriftsteller – Privatdozent für Philosophie in Leipzig	MGG2

| Name
(Lebensdaten, falls bekannt) | Studienzeit:
Fakultät/Studiengang | musikalische Tätigkeit – evtl. anderer Beruf | Quelle |
|---|---|---|---|
| Johann Georg Hermann Voigt
(1769–1811) | 1788 | Komponist, Geiger, Bratscher und Cellist im Gewandhausorchester in Leipzig, Organist in Zeitz und Leipzig | Jung |
| Johann George Brandis
(1767–1833) | 1788–1790: Jura | Geiger im Gewandhausorchester in Leipzig – Akziseinspektor, Steuerprokurator in Tennstädt | Jung |
| Johann Christian Höne
(1768–1803) | 1788 | Geiger im Gewandhausorchester in Leipzig – Notar ebd. | Jung |
| Johann Friedrich Häser
(1775–1801) | 1788 | Geiger im Gewandhausorchester in Leipzig, Organist ebd. | Jung |
| Carl Gottlieb Hering
(1766–1853) | 1788 | Komponist, Verfasser musikpädagogischer Lehrwerke, Musikpädagoge und Organist in Oschatz und Zittau – Hauslehrer in Gatterstädt bei Querfurt, Lehrer und Konrektor in Oschatz, Lehrer in Zittau | MGG2 |
| Johann Friedrich Rochlitz
(1769–1842) | 1788–1791: Theologie | Komponist, Musikpublizist in Leipzig – Schriftsteller | MGG2 |
| Martin Gottlieb Conrad
(1766–1834) | 1789 | Herausgeber von vaterländischen Gesängen und einer Liederkonkordanz – Rektor in Zwenkau, Diakon in Borna und in Neustadt-Dresden | BLO |
| Christian Gottlob August Bergt
(1771–1837) | 1791–1795: Theologie | Komponist, Organist und Musikpädagoge in Bautzen | MGG2 |
| Carl Friedrich Gotthelf Kirsten
(1771–1813) | 1791 | Geiger im Gewandhausorchester in Leipzig, Kantor u. a. in Zörbig – Diakon/Archidiakon in Zörbig | Jung |
| Benjamin Gottlieb Rösler
(1769–1833) | 1792: Theologie, Musik | Organist und Musikdirektor in Zittau – Lehrer u. Redakteur ebd. | BLO |
| Johann Christian Karl Förtsch
(†1842) | 1793: Theologie, Pädagogik | Lehrer und Kantor in Leipzig und Goltzen, Pastor in Altgoltzen und Naumburg | BLO |
| Johann Philipp Christian Schulz
(1773–1827) | 1793: Theologie | Komponist, Musikdirektor im Gewandhaus zu Leipzig, Universitätsmusikdirektor ebd. | MGG2 |
| Jacob Michael Poley
(1774–1850) | 1795: Theologie | Geiger im Gewandhausorchester in Leipzig, Klavierlehrer ebd. | Jung |
| Carl Gottlob Krug (1764–1813) | 1795 | Kontrabassist im Gewandhausorchester in Leipzig | Jung |
| Carl August Liebeskind
(1774–1799) | 1795 | Cembalo-/Fortepianospieler und Musikdirektor im Theater in Leipzig, Organist u. Hauslehrer ebd. – Pfarrer in Reinsdorf und Spielberg | Jung |
| Carl Gottlob Müller
(1774–1844) | 1796: Theologie | Pauker, Posaunist und Kontrabassist im Gewandhausorchester in Leipzig, Kantor und Lehrer in Leisnig | Jung |
| August Ferdinand Häser
(1779–1844) | 1796–1797: Theologie
(1789 depositus) | Komponist, Kantor, Musikdirektor u. a. in Weimar | MGG2 |
| Johann Gottlob Maiwald
(ca. 1776–1826) | 1797: Theologie, Pädagogik | Kantor und Lehrer in Lauban – Gründer einer Mädchenschule | BLO |
| *Johann Gottfried Möller | 1797–1800: Theologie | Organist und Kantor in Leipzig (Universitätskirche) und Gotha | UMD |
| Christian Wilhelm Häser
(1781–1867) | 1798: Jura
(1790/91 depositus) | Komponist, Librettist, Sänger am Theater in Leipzig und Prag, Hofsänger in Stuttgart | MGG2 |
| Johann Christan Gottlob Starke
(1773–1834) | 1798 | Cellist, Geiger und Bratscher im Gewandhausorchester in Leipzig, Organist u. Musiklehrer ebd. | Jung |
| Carl Heinrich Senf (*1779) | 1798 | Geiger im Gewandhausorchester in Leipzig – Amtsactuarius in Annaburg | Jung |
| Ernst Gebhard Salomon
Anschütz (1780–1861) | 1798–1802 | Kantor, Dichter u. Komponist von Volks- u. Kinderliedern (z. B. Fuchs, du hast die Gans gestohlen), Herausgeber eines Schulgesangbuches – Lehrer in Leipzig | SB |
| Johann August Günther
Heinroth (1780–1846) | 1799: Literaturgeschichte, Theologie, Pädagogik | Kantor, Musikpädagoge, Akademischer Musikdirektor in Göttingen | MGG2 |
| Johann Christian Fischer
(1777–1859/1860) | 1799 | möglicherweise Klarinettist im Gewandhausorchester in Leipzig – Katechet ebd., Pastor in Webstädt, Oberpfarrer in Tennstädt | Jung |
| Friedrich Wilhelm Riem
(1779–1857) | 1799: Theologie, Jura | Komponist, Klavierlehrer, Dirigent, Cellist im Gewandhausorchester in Leipzig, Gründer zweier Singakademien ebd., Organist in Bremen | Jung |
| Christian Traugott Fleischmann
(1776–1813) | 1799 | Flötist im Gewandhausorchester in Leipzig, Organist ebd. | Jung |
| Christian Traugott Tag
(1777–1839) | 1800–1803: Philosophie, Theologie | Komponist, Kantor in Jessen, Kantor, Musikdirektor und Lehrer in Glauchau | MGG2 |

Name (Lebensdaten, falls bekannt)	Studienzeit: Fakultät/Studiengang	musikalische Tätigkeit – evtl. anderer Beruf	Quelle
Johann Gottlob Schwips (*1777)	1800–1803: Jura	Posaunist und Kontrabassist im Gewandhausorchester in Leipzig – Vize-Actuarius in Weißenfels	Jung
Johann Gottfried Petrick (1781–1826)	1802: Jura, Theologie	Geiger im Theater in Leipzig – Diakon in Schönberg bei Görlitz, Hofprediger in Muskau	Jung
Karl Theodor Küstner (1784–1864)	1803	Möglicherweise Geiger im Gewandhausorchester in Leipzig – Theaterdirektor in Leipzig und Darmstadt, Intendant in München u. Berlin	Jung
*Amadeus Wendt (1783–1836)	?: Theologie, Philologie, Philosophie	Musikschriftsteller, Komponist – Hauslehrer in Großenhain, Professor der Philosophie in Leipzig und Göttingen	ADB
Georg Israel Klemm (*1784)	1803	möglicherweise Geiger im Gewandhausorchester	Jung
Gottlieb Benjamin Müller (*1782)	1803	Pauker im Gewandhausorchester, Organist u. Lehrer in Leisnig	Jung
Friedrich Erdmann Sattlow (*1781)	1803	Mitglied im Gewandhausorchester in Leipzig	Jung
Gotthelf Traugott Wagner (1779–1832)	1803	Universitätsorganist in Leipzig	UMD
Friedrich August Christian Rathgeber (*1785)	1804	möglicherweise Klarinettist im Gewandhausorchester in Leipzig – Dozent für Italienisch, Portugiesisch u. Spanisch an der Leipziger Universität	Jung
Gottfried Wilhelm Fink (1783–1846)	1804–1809: Theologie, Geschichte, Literatur, Musik	Komponist, wahrscheinlich Bratscher im Gewandhausorchester in Leipzig, Musikschriftsteller, -theoretiker, -herausgeber und -dozent – Hilfsprediger, Pädagoge, Lexikonautor, Journalist in Leipzig	MGG2
Heinrich Leberecht August Mühling (1786–1847)	1805	Komponist, Geiger im Gewandhausorchester in Leipzig, Musikdirektor, Organist, Kantor u. Musiklehrer in Naumburg und Magdeburg	Jung
[Johann Christian] Friedrich Schneider (1786–1853)	1805: Geisteswissenschaften	Komponist, Gesangslehrer, Pianist, Organist in Leipzig, Dirigent am Leipziger Theater, Organist und Hofkapellmeister in Dessau	MGG2
Carl Christian Heinrich Siebeck (1784–1846)	1807–1812: Theologie (1803 depositus)	Bratscher im Gewandhausorchester in Leipzig, Kantor und Lehrer in Zwickau	Jung
August Adolph Bargiel (1783–1841)	1809	Geiger im Gewandhausorchester in Leipzig, Musiklehrer in Leipzig und Berlin	Jung
Wilhelm Johann Albrecht Agthe (1790–1873)	1810	Geiger im Gewandhausorchester in Leipzig, Komponist, Musiklehrer u. a. in Berlin	Jung
Johann Gottlob Schneider (1789–1864)	1810: Jura	Komponist, Orgelsachverständiger, Musiklehrer, Organist in Leipzig, Görlitz und Dresden	ADB
Christoph Gotthold Müller (*1788)	1811	Pauker im Gewandhausorchester in Leipzig	Jung
Christian August Pohlenz (1790–1843)	1811: Jura	Musikdirektor im Gewandhaus zu Leipzig, Organist u. Universitätsmusikdirektor ebd.	Riemann11
*Gottlob August Jähkel (*1792)	? (3 Jahre)	Zog 1814 als Hornist mit dem Sächsischen Jägercorps gegen Frankreich – Pastor in Zessel bei Oelsnitz	BLO
August Wilhelm Hünerfürst (1794–1879)	1812: Theologie	Geiger und Cellist im Gewandhausorchester in Leipzig, Kantor und Lehrer in Reichenbach	Jung
Johann David Breuer (1790–1863)	1812: Theologie	möglicherweise Pauker im Gewandhausorchester in Leipzig, Hilfsprediger in Connewitz, Kantor und Lehrer in Torgau	Jung
Heinrich August Marschner (1795–1861)	1814–1816: Jura	Komponist, Musikdirektor, Kapellmeister u. a. in Preßburg, Dresden, Danzig und Hannover	MGG2
August Ferdinand Anacker (1790–1854)	1814	Komponist, Sänger, Pianist u. Musiklehrer in Leipzig, Stadtmusikdirektor in Freiberg	MGG2
Moritz Gotthold Klengel (1794–1870)	1814: Theologie	Geiger im Gewandhausorchester in Leipzig, Lehrer am Konservatorium ebd.	Jung
Carl Ernst Maximilian Einert (1794–1840)	1814: Theologie	Kontrabassist im Gewandhausorchester in Leipzig, Kantor in Wurzen	Jung
Wenzel Gährig (1794–1864)	1815: Jura	Komponist, Geiger im Gewandhausorchester in Leipzig, Geiger und Ballettkapellmeister in Berlin	Jung
*Johann Gottlieb Schneider (1797–1856)	?	Organist in Sorau und Hirschberg	ADB

Name (Lebensdaten, falls bekannt)	Studienzeit: Fakultät/Studiengang	musikalische Tätigkeit – evtl. anderer Beruf	Quelle
Michael Möhn [Mjen] (1793–1875)	1817	Übersetzer und Herausgeber von Kirchenliedern – Pfarrer in Malschwitz und Hochkirch, Verantwortlicher für die sorbischen Gottesdienste in Dresden	BLO
Heinrich Ferdinand Kappe (1793–1848)	1817	möglicherweise Geiger im Leipziger Theaterorchester – Pfarrer in Thränitz	Jung
Georg Wilhelm Nörr [Nerr/Neer] (*1797)	1818	Geiger im Gewandhausorchester in Leipzig	Jung
Gustav Ludwig Hübel (*1800)	1818	möglicherweise Geiger im Gewandhausorchester in Leipzig – Prokurator, Oberkonsistorialrat, Geheimer Kirchenrat ebd.	Jung
Carl Gottlieb Reißiger (1798–1859)	1818: Theologie	Komponist, Geiger und Bratscher im Gewandhausorchester in Leipzig, Opernkapellmeister in Dresden	Jung
Siegfried Wilhelm Dehn (1799–1858)	1819–1823: Jura	Theorie- und Kompositionslehrer, Cellist im Gewandhausorchester in Leipzig, Kustos in Berlin, Musikherausgeber und Redakteur ebd.	Jung
Karl Ludwig Drobisch (1803–1854)	1821: Philosophie	Komponist, Musiklehrer, Musikdirektor in Leipzig, München und Augsburg	MGG1
C. Friedrich August Nakonz (1797–1852)	1822: Theologie	Universitätskantor in Leipzig	UMD
Christian Friedrich Pohle [Pohl] (1801–1871)	1822: Theologie, Philosophie, Musik	Geiger und Bratscher im Gewandhausorchester in Leipzig, Musiklehrer ebd.	Jung
Wilhelm Eduard Hermsdorf (1804–1886)	1823: Jura	wahrscheinlich Geiger im Gewandhausorchester in Leipzig – Rechtsanwalt u. Stadtrat ebd.	Jung
Heinrich Conrad Schleinitz (1802–1881)	1823: Theologie	erster Direktor des Leipziger Konservatoriums – Advokat, Notar ebd.	Wasserloos
Friedrich August Geißler (1804–1869)	1825	Organist (u. a. an der Universitätskirche), Gesangslehrer, Dirigent in Leipzig	UMD
Ernst Gotthold Benjamin Pfundt (1806–1871)	1827–1831: Theologie, erneut 1832	Pauker im Gewandhausorchester in Leipzig, Klavierlehrer ebd.	Jung
Ernst Ferdinand Wenzel (1808–1880)	1827: Theologie	Pianist, Klavierlehrer am Leipziger Konservatorium	Riemann6
Robert Schumann (1810–1856)	1828–1829: Jura	Komponist, Musikschriftsteller, Redakteur und Lehrer am Konservatorium in Leipzig, Musikdirektor in Düsseldorf	MGG2
Jan Kilian (1811–1884)	1830: Theologie	Verfasser geistlicher Liederbücher – Pfarrer in Kotitz und Weigersdorf, Gründer der Gemeinde in Serbin/Texas (USA)	BLO
Ernst Friedrich Eduard Richter (1808–1879)	1831: Theologie	Komponist, Organist, Dirigent, Musiktheoretiker, Professor am Konservatorium in Leipzig, Thomaskantor ebd.	MGG2
Richard Wagner (1813–1883)	1831–1832: Musik	Musikdramatiker und -schriftsteller, Opernkapellmeister u. a. in Dresden und Bayreuth	MGG2
Franz Brendel (1811–1868)	1832: Philosophie, Kunstgeschichte, Ästhetik	Musikschriftsteller und -kritiker, Dozent u. a. in Leipzig am Konservatorium und an der Universität	MGG2
Hermann Langer (1819–1889)	1840: Pädagogik, Philosophie	Komponist, Dirigent, Musikdozent, Universitätsorganist und -musikdirektor in Leipzig, Orgelbaurevisor in Dresden	UMD
Hans Guido Freiherr von Bülow (1830–1894)	1848: Jura	Dirigent, Pianist, Komponist, Klavierlehrer in Berlin, Hofkapellmeister in München und Hannover, Hofmusikintendant in Meiningen, Musikschriftsteller	MGG2
Richard Müller (1830–1904)	1850–1853: Theologie	Dirigent, Komponist, Musiklehrer in Leipzig	Beitrag Greiner
Karl Ernst Naumann (1832–1910)	1850–1858	Universitätsmusikdirektor und Stadtorganist in Jena, Musikherausgeber	MGG2
Richard Pohl (1826–1896)	April–August 1851: Philosophie, Physik, Chemie	Komponist, Privatlehrer und Musikkritiker in Dresden und Weimar – Dichter, Übersetzer	MGG2
Robert Emil Lienau (1838–1920)	1859: Philosophie	Musikverleger in Berlin	MGG2
Georg Unger (1837–1887)	1859: Theologie	Opernsänger (Tenor) u. a. in Leipzig, Mannheim und Bayreuth	New Grove
Friedrich Stade (1844–1928)	1862: Philologie	Organist in Leipzig, Sekretär der Gewandhauskonzertdirektion ebd., Musikschriftsteller	Beitrag Loos
Friedrich Nietzsche (1844–1900)	1865–1867: Theologie, klassische Philologie, Philosophie	Komponist, Pianist – Philosoph, Schriftsteller, Professor für klassische Philologie in Basel	MGG2

Name (Lebensdaten, falls bekannt)	Studienzeit: Fakultät/Studiengang	musikalische Tätigkeit – evtl. anderer Beruf	Quelle
Hermann Kretzschmar (1848–1924)	1868: Philologie	Organist, Dirigent, Musikforscher und -herausgeber, Lehrer am Leipziger Konservatorium, Universitätsmusikdirektor in Rostock und Leipzig, Musikprofessor in Berlin	MGG1
Otto Adolf Klauwell (1851–1917)	1871: Mathematik	Komponist, Musikschriftsteller, Lehrer für Klavier, Musiktheorie und -geschichte in Köln	Riemann11
Paul Klengel (1854–1935)	1873–1876: Kunstgeschichte, Philosophie, Philologie	Dirigent, Komponist, Geiger im Gewandhausorchester in Leipzig, Lehrer am Konservatorium ebd.	MGG2
Heinrich Zöllner (1854–1941)	1874–1877: zunächst Philologie, dann (November 1874) Jura	Dirigent, Komponist, Organist, Musikredakteur u. -kritiker, Professor am Konservatorium in Leipzig, Universitätsmusikdirektor in Dorpat u. Leipzig	MGG2
Johannes Kuhlo (1856–1941)	1876–1877: Theologie	Flügelhornist, Musikherausgeber, Initiator von Bläsertreffen – Pfarrer in Hüllhorst und Bethel	MGG2
Wilhelm Kienzl (1857–1941)	1876–1877	Komponist, Musikschriftsteller, Pianist, Dirigent u. a. in Graz und Wien	MGG2
*Frederick Niecks [Friedrich Maternus] (1845–1924)	1877–1878: u. a. Philosophie	Geiger, Bratscher, Musikschriftsteller, Organist und Lehrer in Dumfries (Schottland), Dirigent und Musikprofessor in Edinburgh	MGG2
Carl Muck (1859–1940)	1878: Philosophie	Pianist, Dirigent u. a. in Berlin, Boston und Hamburg	MGG2
Carl Heynsen (1859–1940)	1881–1885: Philosophie, Kunstgeschichte	Organist in Eutin und Leipzig (St. Nikolai), Professor für Orgelspiel am Leipziger Konservatorium	Busch
Franz Valentin Rödelberger (*1863)	1884–1888: rer. nat.	Bratscher im Gewandhausorchester in Leipzig	Jung
Friedrich Brandes (1864–1940)	1886–1890: Germanistik, Philosophie, Musikwissenschaft	Komponist, Dirigent, Klavierlehrer und Musikschriftsteller in Leipzig, Musikredakteur in Dresden und Leipzig, Universitätsmusikdirektor in Leipzig, Dozent an der Universität ebd.	UMD
Hans Hofmann (1867–1933)	1887: Theologie	Kantor an der Leipziger Universitätskirche, Dirigent, Musikhistoriker – Lehrer in Leipzig	UMD
Paul Friedrich Ernst Gerhardt (1867–1946)	1890–95: Kameralistik (tatsächlich hauptsächlich Musikwissenschaft)	Komponist, Organist und Orgelsachverständiger in Leipzig und Zwickau	MGG1
Tswetan Radoslawow (1863–1931)	1893–1898: philos.	Komponist der bulgarischen Nationalhymne	New Grove, Art. *National Anthems*
Georg Göhler (1874–1954)	1893–1896	Komponist, Dirigent unter anderem in Leipzig und Altenburg	MGG2
Albert Nef (1882–1966)	1902–1904	Komponist, Musikwissenschaftler, Opernkapellmeister u. a. in Rostock u. Bern	MGG2
Fritz Reuter (1896–1963)	1916–1922: Germanistik, Philosophie, Musikwissenschaft	Musiktheoretiker, Musikpädagoge, Komponist, Dirigent in Allenstein, Dozent am Konservatorium und der Universität in Leipzig, Professor für Musikpädagogik in Halle u. Berlin	MGG2
Georg Hanstedt (1904–1975)	1923–1925: rer. pol. et jur., später phil.	Geiger im Gewandhausorchester in Leipzig	Jung
*Georg Trexler (1903–1979)	1924: Volkswirtschaft, Jura	Komponist, Kantor u. Organist in Leipzig, Musikprofessor am Konservatorium ebd.	Grohs
Friedrich Rabenschlag (1902–1973)	1925–1928: Germanistik, Kunstgeschichte, Musikwissenschaft, Philosophie	Dirigent, Universitätskantor u. -musikdirektor in Leipzig	UMD
Miklós Rózsa (1907–1995)	1925: Chemie, Musikwissenschaft	Komponist u. a. in Hollywood	New Grove
Wolfgang Fortner (1907–1987)	1927–1931: Musikwissenschaft, Philosophie, Germanistik	Komponist, Dirigent, Kompositionslehrer in Heidelberg, Detmold und Freiburg	MGG2
Heinz Krause-Graumnitz (1911–1979)	1930–1936: Musikwissenschaft, Germanistik	Komponist, Musikwissenschaftler, Kantor und Musiklehrer in Dresden, Kapellmeister ebd., Dozent u. a. in Leipzig und Rostock	BBKL
Hallgrímur Helgason (1914–1994)	1936–1939: Musikwissenschaft	Komponist, Musikwissenschaftler, Dirigent, u. a. Professor an den Universitäten von Saskatchewan (Kanada) und Island (Reykjavik)	MGG2
Siegfried Köhler (1927–1984)	1950: Musikwissenschaft, Kunstgeschichte	Komponist, u. a. Professor und Rektor an der Dresdner Musikhochschule, Direktor der Staatsoper ebd.	MGG2

Name (Lebensdaten, falls bekannt)	Studienzeit: Fakultät/Studiengang	musikalische Tätigkeit – evtl. anderer Beruf	Quelle
*[3]Klaus Stöckel (1934–2005)	1952–1953: Musikpädagogik	Klarinettist im Gewandhausorchester in Leipzig, Lehrer an der Hochschule für Musik ebd.	Jung
Peter Gülke (*1934)	1956–1957: Musikwissenschaft	Musikwissenschaftler, Dozent u. a. in Leipzig und Freiburg, Dirigent u. a. in Dresden, Weimar u. Wuppertal	MGG2
Max Pommer (*1936)	1960–1964: Musikwissenschaft	Dirigent u. a. in Frankfurt an der Oder u. Leipzig, Universitätsmusikdirektor in Leipzig, Dozent und Professor in Leipzig u. Saarbrücken	UMD
Jürgen Hart (1942–2002)	1963–1967: Lehramt Deutsch/Musikerziehung	Liedermacher – Schauspieler, Kabarettist u. Lehrer in Leipzig	Homepage[4]

3   Stöckel wechselte 1953 an die Leipziger Hochschule für Musik. Er ist in den Akten der Universität nicht auffindbar, weil zu DDR-Zeiten die Akten von Personen, die ihr Studium an der Universität nicht beendet hatten, entweder nach einer gewissen Zeit vernichtet oder der Institution übergeben wurden, wo das Studium weitergeführt wurde (Auskunft von Petra Hesse, Universitätsarchiv Leipzig, 2. Dezember 2009)

4   http://www.katrinhart.de/juergen_hart.html

FESTAKT
600 JAHRE UNIVERSITÄT LEIPZIG

2. Dezember 2009 · 11 Uhr

Paulinum - Aula/Universitätskirche St. Pauli

Bernd Franke
„Memoriam – Tempo e tempi"
Auftragskomposition

Felix Mendelssohn Bartholdy
Sinfonie-Kantate „Lobgesang"
MWV A 18

Julia Kirchner – Sopran I
Katrin Starick – Sopran II
Martin Petzold – Tenor

Chor der Oper Leipzig
Einstudierung: Sören Eckhoff

Leipziger Universitätschor

Mendelssohnorchester Leipzig

Leitung: David Timm

600 JAHRE
UNIVERSITÄT LEIPZIG

www.sechshundert.de

Seite aus dem Programmheft zum Festakt ‚600 Jahre Universität Leipzig' am 2. Dezember 2009
(Universität Leipzig, Büro Universitätsmusik)

Veranstaltungen der Leipziger Universitätsmusik und des Museums für Musikinstrumente 2004 bzw. 2005 bis 2009

SILVIA LAUPPE, CHRISTINA BALCIUNAS, ESZTER FONTANA

1. Veranstaltungen der Leipziger Universitätsmusik 2004 bis 2009

In der folgenden Übersicht sind die von der Leipziger Universitätsmusik ausgerichteten Konzerte sowie die von ihr mitgestalteten anderen Veranstaltungen der Jahre 2004 bis 2009 verzeichnet. Darunter sind einerseits mehrere besondere Anlässe und Wendepunkte für die Entwicklung der Leipziger Universitätsmusik in der jüngsten Zeit zu finden, andererseits viele regelmäßig wiederkehrende Ereignisse. Zu Beginn des Jahres 2004 sind beispielsweise das erste Konzert des Leipziger Studentischen Orchesters (des nachmaligen Universitätsorchesters) und der letzte Auftritt des Leipziger Universitätschors unter dem früh verstorbenen Universitätsmusikdirektor Wolfgang Unger dokumentiert. Die Zusammenarbeit der Universitätsorganisten Arvid Gast, Christoph Krummacher und Daniel Beilschmidt mit den Ensembles der Universitätsmusik sowie die Übergabe der Leitung des Universitätschors von Wolfgang Unger (über die interimistische Leitung durch Ulf Wellner) an David Timm lassen sich nachvollziehen. Gleiches gilt etwa für die Universitätsmusiktage der Jahre 2005 und 2007 – die für 2009 geplanten Universitätsmusiktage mussten ausfallen –, die Konzertreisen des Universitätschores im März 2007 und 2008 nach Spanien sowie die Gründung und Entwicklung der Unibigband. Zu den regelmäßigen Veranstaltungen, die den größten Teil der Übersicht ausmachen, gehören unter anderem die Aufführungen des Universitätschors, der im Frühjahr eine der Bachschen Passionen präsentiert, am Totensonntag ein Requiem und im Dezember Teile aus Bachs *Weihnachtsoratorium* singt. Das Universitätsorchester bestreitet ein Sinfoniekonzert am Ende jedes Semesters, die Unibigband gibt (neben vielen anderen Auftritten im Laufe des Jahres) immer im Dezember ein Konzert. Alle drei Ensembles gestalten die Immatrikulationsfeiern zu Beginn jedes Wintersemesters mit. Ferner sind die jeden Sonntag stattfindenden Universitätsgottesdienste zu erwähnen, die immer vom Universitätsorganisten begleitet werden. Sie sind hier nicht verzeichnet beziehungsweise nur dann aufgenommen, wenn zusätzlich zum Universitätsorganisten oder an seiner Stelle weitere Ensembles der Universitätsmusik mitwirkten. Jeden Donnerstag veranstaltet die Theologische Fakultät außerdem den ‚Orgel-Punkt-Zwölf' in der Peterskirche, bei dem neben Texten zur Besinnung die aus der Paulinerkirche stammende Jahn-Orgel zu hören ist.

Abkürzungen:
LUC   Leipziger Universitätschor
LUO   Leipziger Universitätsorchester
GWH   Gewandhaus

2004

15. Januar 2004   Sinfoniekonzert
B. Bartók: *Rumänische Volkstänze*, W. A. Mozart: *1. Flötenkonzert in G-Dur*, J. Haydn: *Sinfonie Nr. 104 („Londoner")*; Leipziger Studentisches Orchester, Solistin: Dóra Ombódi, Leitung: Norbert Kleinschmidt
GWH, Mendelssohnsaal

4. Februar 2004   Semesterabschlussgottesdienst
Werke von H. Schütz, A. Bruckner, F. Mendelssohn Bartholdy, R. Mauersberger; LUC, Leitung: Wolfgang Unger
Nikolaikirche

6. April 2004   J. S. Bach: *Johannespassion BWV 245*
LUC, Pauliner Kammerorchester, Solisten, Leitung: Albrecht Koch
Peterskirche

26. April 2004   Universitätsgottesdienst zur Beerdigung von Wolfgang Unger
Werke von J. S. Bach, H. Distler, H. Schütz, M. Baumann, M. Reger; LUC (Leitung: Ulf Wellner), Thomanerchor Leipzig (Leitung: Georg Christoph Biller), Thüringischer Akademischer Singkreis (Leitung: Ilse Krüger-Kreile), Arvid Gast (Orgel)
Thomaskirche

8. Mai 2004   Vesper
Werke von H. Schütz, H. Distler, R. Mauersberger, S. Reda, W. Stockmeier, M. Baumann; LUC, Leitung: Ulf Wellner
Kreuzkirche Dresden

20. Juni 2004   Universitätsgottesdienst
Werke von D. Manicke, H. Distler; LUC, Leitung: Ulf Wellner
Nikolaikirche

25. Juni 2004　　　　Konzert bei der 2. Sächsischen Landesausstellung
Werke von R. Mauersberger, D. Manicke, C. Franck, H. Distler u. a.; LUC, Leitung: Ulf Wellner
Torgau, Stadtkirche St. Marien

27. Juni 2004　　　　Festkonzert zur Namensgebung
C. Debussy: *Petite Suite*, S. Prokofieff: *Klavierkonzert Nr. 1 in Des-Dur*, A. Dvořák: *Sinfonie Nr. 8 in G-Dur*; LUO, Solist: Christian Girbard, Leitung: Anna Shefelbine
GWH, Großer Saal

14. Oktober 2004　　　Immatrikulationsfeier
Werke von C.-M. Widor, J. Brahms, F. Mendelssohn Bartholdy, B. Bartók; LUC (Leitung: Ulf Wellner), LUO (Leitung: Anna Shefelbine)
GWH, Großer Saal

17. Oktober 2004　　　Universitätsgottesdienst
zur Einführung des Universitätsorganisten
Prof. Christoph Krummacher
Werke von M. Praetorius, D. Buxtehude, H. Distler; Christoph Krummacher (Orgel), LUC, Solisten, Leitung: Ulf Wellner
Nikolaikirche

3. November 2004　　　Universitätsvesper am Paulineraltar
M. Praetorius: *Peccavi fateor* à 6 aus den *Motectis et Psalmis Latinis*, J. Brahms: *1. Satz* aus *Ein deutsches Requiem*; LUC, Leitung: Ulf Wellner
Thomaskirche

21. November 2004　　Gedenkkonzert in Memoriam Wolfgang Unger
J. Brahms: *Ein deutsches Requiem*; LUC, Thüringischer Akademischer Singkreis, Pauliner Kammerorchester, Solisten, Leitung: Ulf Wellner
Thomaskirche

14. Dezember 2004　　J. S. Bach: *Weihnachtsoratorium BWV 248, Kantaten I, II, VI*
LUC, Pauliner Barockensemble, Solisten, Leitung: Ulf Wellner
Peterskirche

17. Dezember 2004　　J. S. Bach: *Weihnachtsoratorium* (wie 14. Dezember 2004)
Pattensen

24. Dezember 2004　　Christvesper
Mitglieder des LUC und Mitglieder des Förderkreises LUC, Christoph Krummacher (Orgel), Mitglieder der Schola Cantorum, Leitung: Ulf Wellner
Nikolaikirche

2005

6. Februar 2005　　　Sinfoniekonzert
E. Grieg: *Peer Gynt Suite Nr. 2 op. 55*, A. Arutjunjan: *Konzert für Trompete und Orchester As-Dur*, R. Schumann: *Sinfonie Nr. 4 in d-Moll op. 120*; LUO, Solist: Philipp Lohse, Leitung: Anna Shefelbine
GWH, Großer Saal

22. März 2005　　　J. S. Bach: *Matthäuspassion BWV 244*
LUC, Pauliner Barockensemble, Leipziger Barockorchester, Solisten, Leitung: David Timm
Peterskirche

31. März 2005　　　Universitätsgottesdienst zur Beerdigung von Altrektor Volker Bigl
Werke von J. S. Bach; LUC, Christoph Krummacher, Leitung: David Timm
Nikolaikirche

27. April 2005　　　Universitätsvesper
Werke von G. Fauré, S. Scheidt, J. S. Bach; LUC, Leitung: David Timm
Thomaskirche

5. Mai 2005　　　　Universitätsgottesdienst im Rahmen des Bachfestes
Werke von J. S. Bach, S. Scheidt, E. Grieg, G. Fauré; LUC, Christoph Krummacher, Solisten, Leitung: David Timm
Nikolaikirche

6./7. Mai 2005　　　R. Wagner: *Der fliegende Holländer*
LUC, Leipziger Vocalensemble, Mendelssohnorchester Leipzig, Solisten, Leitung: David Timm
Bundesverwaltungsgericht

19.–26. Juni 2005　　VI. Universitätsmusiktage

19. Juni 2005　　　Universitätsgottesdienst
Werke von H. Schütz und J. H. Schein; LUC, Leitung: David Timm
Nikolaikirche

19. Juni 2005　　　Sinfoniekonzert
A. Dvořák: *Konzert für Violoncello und Orchester h-Moll op. 104*, S. Prokofjew: *Romeo und Julia. Auszüge aus den Orchestersuiten Nr. 1 op. 64a, Nr.2 op. 64g, und Nr. 3 op. 101*; LUO, Solist: David Hausdorf, Leitung: Anna Shefelbine, GWH
Großer Saal

20. Juni 2005　　　Sommerkonzert – Ein Konzert des Studentenchores ‚Vivat Academia'
Werke von F. Schubert, E. Suchon, J. Brahms, R. Schumann, H. Barbe u. a.; Studentenchor Vivat Academia, Leitung: Ulrich Barthel
Peterskirche

20. Juni 2005　　　Klavierabend David Timm
Werke von F. Chopin, R. Schumann, M. Petrucciani, B. Evans, D. Timm
Peterskirche

21. Juni 2005　　　7. Leipziger Medizinerkonzert
Werke von F. Schubert, J. Brahms, G. Kreisler, J. S. Bach, S. Prokofjew, L. Bernstein u. a.; medici cantantes, Solisten, Leitung: Johannes Wilde
Alte Handelsbörse

21. Juni 2005　　　Liturgische Nacht
Studierende der Theologischen Fakultät der Universität Leipzig und des Kirchenmusikalischen Instituts der HMT
Peterskirche

22. Juni 2005　　　Kammermusikabend Physik
Werke von F. Schubert, L. Spohr, L. van Beethoven, C. Nielsen u. a.; Kammermusikgruppe der Fakultät für Physik und Geowissenschaften, Leitung: Dr. Volker Riede
Alter Senatssaal der Universität Leipzig

23. Juni 2005　　　Ensemblemusik des 17. Jahrhunderts
Werke von C. Geist, J. A. Reincken, D. Buxtehude, S. Scheidt u. a.; Instrumentalsolisten unter der Leitung von Ulf Wellner
Nikolaikirche

23. Juni 2005　　　Bach und Jazz
Werke von J. S. Bach und F. Liszt in Bearbeitung von David Timm, Vocalquintett „Stream", David-Timm-Jazzquartett
Nikolaikirche

24. Juni 2005　　　Benefizkonzert
W. A. Mozart: *Missa in c KV 427 (417a)*; LUC, Pauliner Kammerorchester, Leitung: David Timm
Thomaskirche

25. Juni 2005　　　Großer Abschlussabend
Werke von J. S. Bach, G. Fauré, F. Mendelssohn Bartholdy, W. A. Mozart, D. Timm u. a.; LUC, Eva Schulze Jazzband, Blaswerk Leipzig, David-Timm-Jazzquartett, Leitung: David Timm
Peterskirche

26. Juni 2005　　　Universitätsgottesdienst
Werke von F. Mendelssohn Bartholdy, J. S. Bach, LUC, Leitung: David Timm
Nikolaikirche

13. Oktober 2005   Immatrikulationsfeier
Werke von J. Brahms, E. Grieg, D. Timm, LUC (Leitung: David Timm), LUO (Leitung: Juri Lebedev), David-Timm-Jazzquartett
GWH, Großer Saal

6. November 2005   Gottesdienst im Rahmen
der Mendelssohn-Festtage
F. Mendelssohn Bartholdy: *Der hundertste Psalm*, *Denn er hat seinen Engeln befohlen über dir* aus *Elias*; LUC, Johannes Unger (Orgel), Leitung: David Timm
Thomaskirche

20. November 2005   J. Brahms: *Klavierkonzert Nr. 1 d-Moll op. 15*
1. Satz, *Ein deutsches Requiem op. 45*
LUC, Westsächsisches Symphonieorchester, Solisten, Leitung: Christiane Bräutigam, David Timm
Peterskirche

13. Dezember 2005   J. S. Bach: *Weihnachtsoratorium*
BWV 248, Kantaten I–III
LUC, Pauliner Barockensemble, Solisten, Leitung: David Timm
Peterskirche

24. Dezember 2005   Christvesper
Mitglieder des LUC und Mitglieder des Förderkreises LUC, Christoph Krummacher (Orgel), Mitglieder der Schola Cantorum, Leitung: David Timm
Nikolaikirche

2006

21. Januar 2006   Sinfoniekonzert
M. Mussorgsky: *Eine Nacht auf dem kahlen Berge*, S. Goldhammer: *Concertino für Klarinette und Orchester*, A. Bruckner: *Sinfonie d-Moll ("Nullte")*; LUO, Solistin: Felicitas Ressel, Leitung: Juri Lebedev
GWH, Großer Saal

1. Februar 2006   Semesterabschlussgottesdienst Werke von H. Schütz, J. S. Bach, D. Timm; LUC, Solisten, Leitung: David Timm
Nikolaikirche

11. April 2006   J. S. Bach: *Johannespassion BWV 245*
LUC, Pauliner Barockensemble, Solisten, Leitung: David Timm
Peterskirche

11. Mai 2006   Ehrenpromotion Prof. Ryan
Unibigband Leipzig, Leitung: Reiko Brockelt
Alter Senatssaal

30. Mai 2006   Konzert im Rahmen des Bachfestes
J. S. Bach: *Singet dem Herrn ein neues Lied BWV 225*, G. F. Händel: *Das Alexander-Fest, HWV 75*; LUC, Pauliner Barockensemble, Solisten, Leitung: David Timm
Michaeliskirche

2. Juli 2006   Sinfoniekonzert
P. Dukas: *Der Zauberlehrling*, J. Sibelius: *Violinkonzert in d-Moll*, N. Rimski-Korsakow: *Scheherazade*; LUO, Solist: Philipp Wenger, Leitung: Juri Lebedev
GWH, Großer Saal

7. Juli 2006   C. Orff: *Carmina Burana*
LUC, Westsächsisches Symphonieorchester, Solisten, Leitung: Markus Huber
Borna, Volksplatz

13. Juli 2006   Gründungskonzert der Unibigband Leipzig
Unibigband Leipzig, Leitung: Reiko Brockelt
Moritzbastei

14. Juli 2006   C. Orff: *Carmina Burana*
LUC, Westsächsisches Symphonieorchester, Solisten, Leitung: David Timm
Bundesverwaltungsgericht

15. Juli 2006   Festveranstaltung zum 80-jährigen Jubiläum
des Leipziger Universitätschores
LUC, Johanna Franke (Klavier, Orgel), Leitung: David Timm
Evangelisch-reformierte Kirche

16. Juli 2006   Universitätsgottesdienst
Werke von F. Mendelssohn Bartholdy u. a.; LUC, Leitung: David Timm
Nikolaikirche

21. Juli 2006   A-cappella-Konzert
Werke von J. S. Bach, H. Schütz, F. Mendelssohn Bartholdy, F. Schubert, D. Timm; LUC, Solisten, Leitung: David Timm
Naumburg

22. Juli 2006   A-cappella-Konzert (wie 21. Juli 2006)
Görlitz

17. September 2006   Gedenkkonzert zum 150. Todestag
von Robert Schumann,
siehe unten stehende Tabelle „Musikveranstaltungen im Museum für Musikinstrumente 2005 bis 2009", 17. September 2006

6. Oktober 2006   Bürgerfest
Unibigband Leipzig, Leitung: Reiko Brockelt
Neues Rathaus

11. Oktober 2006   Immatrikulationsfeier
Werke von C. Orff, N. Rimsky-Korsakow, F. Liszt, M. Pinkard; LUC (Leitung: David Timm), LUO (Leitung: Juri Lebedev), Unibigband Leipzig (Leitung: Reiko Brockelt),
GWH, Großer Saal

26. November 2006   G. Verdi: *Messa da Requiem*
LUC, Leipziger Vocalensemble, Mendelssohnorchester Leipzig, Solisten, Leitung: David Timm
Thomaskirche

1. Dezember 2006   Feierliche Amtseinführung
des Rektoratskollegiums
Unibigband Leipzig, David Timm (Klavier), Leitung: Reiko Brockelt
GWH, Mendelssohnsaal

12. Dezember 2006   J. S. Bach: *Weihnachtsoratorium*
BWV 248, Kantaten IV–VI
LUC, Pauliner Barockensemble, Solisten, Leitung: David Timm
Peterskirche

21. Dezember 2006   Konzert der Unibigband Leipzig
Leitung: Reiko Brockelt
Moritzbastei

24. Dezember 2006   Christvesper
Mitglieder des LUC und Mitglieder des Förderkreises LUC, Christoph Krummacher (Orgel), Solisten, Leitung: David Timm
Nikolaikirche

2007

27. Januar 2007   Sinfoniekonzert
A. Copland: *Fanfare for the Common Man*, G. Kochan: *Konzert für Orchester*, J. Brahms: *Sinfonie Nr. 4 e-Moll op. 98*; LUO, Leitung: Juri Lebedev
GWH, Großer Saal

31. Januar 2007   Semesterabschlussgottesdienst
M. Reger: *Meinen Jesum laß' ich nicht*; LUC, Solisten, Leitung: David Timm
Nikolaikirche

15. März 2007   G. Verdi: *Messa da Requiem*
LUC, Coro de la Universidad de Sevilla, Orquesta Sinfónica Hispalense, Solisten, Leitung: José Carlos Carmona
Sevilla, Spanien, Kathedrale

31. März 2007   J. S. Bach/V. Bräutigam: *Markuspassion BWV 247*
LUC, Pauliner Barockensemble, cantores lipsienses, Solisten, Leitung: David Timm, Christiane Bräutigam
Thomaskirche

10. Mai 2007   Vocal Total – Konzert mitteldeutscher Universitätschöre beim Festival Mitteldeutsche Universitätsmusik 2007
Werke von F. Mendelssohn Bartholdy, H. Distler, J. S. Bach, R. Wagner u. a.; Universitätschor Halle „Johann Friedrich Reichardt" (Leitung: Jens Lorenz, Jens Arndt), Studentenchor der Friedrich-Schiller-Universität Jena (Leitung: Christoph Lutz), LUC, Solisten (Leitung: David Timm)
Aula der Martin-Luther-Universität Halle–Wittenberg

20.–27. Mai 2007   VII. Leipziger Universitätsmusiktage: *Leipziger Romantik*

20. Mai 2007   Kammermusikabend
Werke von M. Reger, R. Wagner, C. und R. Schumann, A. von Zemlinski; Kammermusikgruppe der Physik und Geowissenschaften, Leitung: Volker Riede
Alter Senatssaal

21. Mai 2007   „Ich hab die Nacht geträumet ..."
Werke von J. Brahms, F. Mendelssohn Bartholdy, E. Grieg, J. G. Rheinberger, G. Fauré u. a.; Studentenchor Vivat academia Leipzig, Aya Kugele (Klavier), Leitung: Marcus Friedrich
Peterskirche

22. Mai 2007   R. Wagner: *Die Meistersinger von Nürnberg*
LUC, Mendelssohnorchester Leipzig, Solisten, Leitung: David Timm
Schauspielhaus Leipzig

23. Mai 2007   Klavierkonzert
Werke von E. Chabrier, G. Benjamin, M. Reger; Thomas Chiron (Klavier)
Baumwollspinnerei

23. Mai 2007   Universitätsvesper am Pauliner altar
Stefan Kießling (Orgel), Ansage zur Zeit: Monika Wohlrab-Sahr
Thomaskirche

23. Mai 2007   Leipziger Medizinerkonzert
Werke von J. Brahms, R. Schumann, S. Rachmaninow, F. Liszt u. a.; medici cantates und Instrumentalsolisten, Leitung: Johanna Kuhnt
Alte Handelsbörse

24. Mai 2007   Orgel-Punkt-Zwölf
David Schlaffke (Orgel)
Peterskirche

24. Mai 2007   Kammermusikabend
Werke der Leipziger Romantik, Kammermusikensembles des LUO
Alter Senatssaal

24. Mai 2007   „Dämmrung will die Flügel spreiten ..."
Werke von R. Schumann, F. Mendelssohn Bartholdy, J. Brahms, F. Hensel, E. Grieg; Studenten und Lehrkräfte des Instituts für Musikpädagogik
Mendelssohnhaus, Gartenhaus

25. Mai 2007   Chorkonzert: The Rutgers University Glee Club, New Jersey
Werke von F. Mendelssohn Bartholdy, S. Rachmaninoff, K. Penderecki u. a.; The Rutgers University Men's Glee Club, Leitung: Patrick Gardner
Reformierte Kirche

25. Mai 2007   Max-Reger-Orgelnacht
Johannes Gebhardt, Johannes Unger, David Timm (alle Orgel), Daniel Ochoa (Bariton)
Thomaskirche

26. Mai 2007   Wagner und Reger
Werke von J. S. Bach, R. Wagner, M. Reger; LUC, Mendelssohnorchester Leipzig, Solisten, Leitung: David Timm
Peterskirche

27. Mai 2007   Universitätsgottesdienst
Werke von J. S. Bach, M. Reger; LUC, Christoph Krummacher (Orgel), Solisten, Leitung: David Timm
Nikolaikirche

27. Mai 2007   Open-Air-Konzert der Unibigband
Unibigband Leipzig, Leitung: Reiko Brockelt, David-Timm-Jazzsextett
Nikolaikirchhof

6. Juni 2007   Konferenzeröffnung: Die Vielfalt Europas
David Timm (Klavier), Reiko Brockelt (Saxophon), Matthias Buchholz (Bass)
Bundesverwaltungsgericht

14. Juni 2007   Sinfoniekonzert
Philip Glass „Heroes" Symphony, Part VI „V2 Schneider", Sergej W. Rachmaninow *Konzert für Klavier und Orchester Nr. 3 d-Moll op. 30*, Ludwig von Beethoven *Sinfonie Nr. 7 A-Dur op. 92*; LUO, Solist: Amir Tebenikhin, Leitung: Juri Lebedev
Universität Erfurt, Audimax

17. Juni 2007   Sinfoniekonzert (wie 14. Juni 2007)
GWH, Großer Saal

6. Juli 2007   Campus 2007
Unibigband Leipzig, Leitung: Reiko Brockelt
Marktplatz

10. Juli 2007   Konzert der Unibigband
Leitung: Reiko Brockelt
Moritzbastei

11. Juli 2007   Lesung mit Musik
Werke von J. A. Hiller, J. S. Bach u. a.; David Timm (Klavier)
Kustodie

13. Juli 2007   Motette
J. S. Bach: *Toccata, Adagio und Fuge C-Dur BWV 564, Jesu meine Freude BWV 227*, M. Reger: *Meinen Jesum laß' ich nicht*; LUC, Johannes Unger (Orgel), Solisten, Leitung: David Timm
Thomaskirche

14. Juli 2007   Motette
J. S. Bach: *Jesu meine Freude BWV 227, Wir danken dir Gott, wir danken dir BWV 29*, M. Reger: *Meinen Jesum laß' ich nicht*; LUC, Pauliner Barockensemble, Johannes Unger (Orgel), Solisten, Leitung: David Timm
Thomaskirche

14. Juli 2007   Konzert des Universitätschores bei der Nacht der Kirchen in Nordhausen
Werke von J. S. Bach, M. Reger, M. Kluge, D. Timm; LUC, Johannes Unger, Johanna Franke (Orgel), Solisten, Leitung: David Timm
Nordhausen, Dom

15. Juli 2007   Konzert des Universitätschores
Werke von J. S. Bach, N. W. Gade, M. Reger, C. M. Widor, D. Timm; LUC, Johannes Unger, Johanna Franke (Orgel), Solisten, Leitung: David Timm
Mühlhausen, St.-Marienkirche

17. Juli 2007   Universitätsgottesdienst zur Beerdigung von Prof. Dr. Dr. Dr. h. c. Günther Wartenberg
Werke von J. S. Bach; Mitglieder des Leipziger Universitätschores, Stefan Nusser (Orgel), Leitung: David Timm
Nikolaikirche

20. September 2007 Benefizkonzert für die Universitätskinderklinik
Werke von J. S. Bach; Camerata Lipsiensis, David Timm (Orgel und Leitung)
Thomaskirche

10. Oktober 2007 Immatrikulationsfeier
Werke von R. Wagner, M. Reger, L. van Beethoven, D. Timm, D. Sebesky; LUC (Leitung: David Timm), LUO (Leitung: Daniel Huppert), Unibigband Leipzig (Leitung: Reiko Brockelt)
GWH, Großer Saal

25. Oktober 2007 Eröffnungsveranstaltung des Seniorenkollegs der Universität Leipzig
Unibigband Leipzig, Leitung: Reiko Brockelt
GWH, Großer Saal

11. November 2007 Wiedereröffnung des Opernhauses
S. König/P. J. Neumann: *Die Beschwörung der Oper* (Uraufführung) sowie Werke von R. Wagner; LUC, LUO, GewandhausKinderchor, Kinderchor der Oper Leipzig, Bigband und Jazzchor der HMT, Chor der Oper Leipzig, GewandhausChor, MDR-Rundfunkchor, Gewandhausorchester
Oper Leipzig

25. November 2007 L. Boulanger: *Pie Jesu*, W. A. Mozart: *Requiem KV 626*
LUC, Pauliner Kammerorchester, Solisten, Leitung: David Timm
Peterskirche

11. Dezember 2007 J. S. Bach: *Weihnachtsoratorium BWV 248, Kantaten I–III*
LUC, Pauliner Barockensemble, Solisten, Leitung: David Timm
Peterskirche

18. Dezember 2007 Konzert der Unibigband
Leitung: Reiko Brockelt
Mendelssohnhaus, Gartenhaus

24. Dezember 2007 Christvesper
Mitglieder des LUC und Mitglieder des Förderkreises LUC, Christoph Krummacher (Orgel), Solisten, Leitung: David Timm
Nikolaikirche

2008

2. Februar 2008 Sinfoniekonzert
Camille Saint-Saëns: *„Danse Macabre" Poème symphonique op. 40*, Louis Spohr *Konzert für Klarinette und Orchester Nr. 4 e-Moll WoO 20*, Peter Iljitsch Tschaikowsky *Sinfonie Nr. 5 e-Moll op. 64*; LUO, Solist: Edgar Heßke, Leitung: Daniel Huppert
GWH, Großer Saal

19. Februar 2008 Unternehmerrunde der Universität Leipzig zum 600-jährigen Jubiläum 2009
Unibigband Leipzig, Leitung: Reiko Brockelt, David Timm (Klavier)
Moritzbastei

7. März 2008 L. van Beethoven: *Sinfonie Nr. 9 d-Moll op. 125*
LUC, Coro de la Universidad de Sevilla, Orquesta Sinfónica Hispalense, Solisten, Leitung: José Carlos Carmona
Sevilla, Spanien, Kathedrale

8. März 2008 Wiederholung des Konzerts vom 7. März 2008.
Osuna, Spanien

18. März 2008 J. S. Bach: *Matthäuspassion BWV 244*
LUC, Schola Cantorum, Pauliner Barockensemble, Solisten, Leitung: David Timm
Peterskirche

16. Mai 2008 Chorkonzert zur Feier des 450-jährigen Jubiläums der Friedrich-Schiller-Universität Jena
Werke von F. Mendelssohn Bartholdy, J. Brahms, J. F. Reichardt, R. Mauersberger, J. S. Bach u. a.; Studentenchor der Friedrich-Schiller-Universität Jena (Leitung: Christoph Lutz), Universitätschor Halle ‚Johann Friedrich Reichardt' (Leitung: Jens Lorenz, Jens Arndt), LUC, Solisten (Leitung: David Timm)
Jena, Stadtkirche St. Michael

30. Mai 2008 Universitätsgottesdienst zum Gedenken an die Sprengung der Universitätskirche St. Pauli vor 40 Jahren
R. Mauersberger: *Wie liegt die Stadt so wüst*, J. S. Bach: *Der Geist hilft unser Schwachheit auf BWV 226*; LUC, Christoph Krummacher (Orgel), Leitung: David Timm
Nikolaikirche

30. Mai 2008 Gedenkkonzert zum 40. Jahrestag der Sprengung der Universitätskirche St. Pauli
J. S. Bach: *Der Geist hilft unser Schwachheit auf BWV 226*, V. Bräutigam: *Epitaph* (Uraufführung), D. Schostakowitsch: *10. Sinfonie e-Moll*; LUC, Mendelssohnorchester Leipzig, Andreas Schmidt-Schaller (Sprecher), Leitung: David Timm
Thomaskirche

3. Juni 2008 Verleihung der Ehrendoktorwürde der Fakultät für Physik und Geowissenschaften an Angela Merkel
J. S. Bach: *Der Geist hilft unser Schwachheit auf BWV 226*; LUC, Mitglieder des Pauliner Barockensembles, Leitung: David Timm
Altes Rathaus, Festsaal

14. Juni 2008 Konzert der Unibigband im Rahmen des Bachfestes
Leitung: Reiko Brockelt
Hauptbahnhof

15. Juni 2008 Abschlusskonzert der Händel-Festspiele
Werke von G. F. Händel, LUC, Studentenchor der Friedrich-Schiller-Universität Jena, Jugendchor der Stadt Halle, Neuer Chor Halle e. V., A-Cappella-Chor Halle e. V., Robert-Franz-Singakademie, Staatskapelle Halle, Gesamtleitung: Denis Comtet
Halle, Galgenbergschlucht

17. Juni 2008 Konzert im Rahmen des Bachfestes
C. H. Graun/G. P. Telemann/J. S. Bach: *Wer ist der, so von Edom kömmt* cantores lipsienses, Pauliner Barockensemble, Solisten, Leitung: David Timm
Thomaskirche

22. Juni 2008 Universitätsgottesdienst im Rahmen des Bachfestes
Werke von J. S. Bach, LUC, Stefan Viegelahn (Orgel), Leitung: David Timm
Nikolaikirche

24. Juni 2008 Konzert der Unibigband
Leitung: Reiko Brockelt
Moritzbastei

5. Juli 2008 Sinfoniekonzert
Leonard Bernstein: *Overture Candide*, Ney Rosauro: *Konzert für Marimbaphon und Streichorchester op. 12*, Dimitri Schostakowitsch: *Sinfonie Nr. 5 d-Moll op. 47* LUO, Solist: Frank Babe, Leitung: Juri Lebedev
GWH, Großer Saal

8. Juli 2008 Eröffnungskonzert des XVI. Internationalen Johann-Sebastian-Bach-Wettbewerbs
Werke von G. P. Telemann, J. S. Bach, C. P. E. Bach; Kristin von der Goltz (Violoncello), Johannes Unger (Orgel), Pauliner Barockensemble, Leitung und Cembalo: David Timm
Altes Rathaus, Festsaal

15. Oktober 2008   Immatrikulationsfeier
Werke von J. S. Bach, D. Schostakowitsch, D. Timm, R. Brockelt; LUC (Leitung: David Timm), LUO (Leitung: Juri Lebedev), Unibigband Leipzig (Leitung: Reiko Brockelt)
GWH, Großer Saal

7./8. November 2008   Konzert der Unibigband
Leitung: Reiko Brockelt
Glauchau

8. November 2008   MenschenRechtMusik
W. Rihm: *In doppelter Tiefe*, D. Schostakowitsch: *Symphonie Nr. 13 b-Moll „Babi Yar"*; Männerstimmen des LUC und anderer Chöre, Mendelssohnorchester Leipzig, Solisten, Leitung: David Timm
Bundesverwaltungsgericht

23. November 2008   J. S. Bach: *h-Moll-Messe BWV 232*
LUC, Pauliner Barockensemble, Solisten, Leitung: David Timm
Thomaskirche

9. Dezember 2008   Advents- und Weihnachtskantaten
J. S. Bach: *Nun komm, der Heiden Heiland BWV 62, Süßer Trost, mein Jesus kömmt BWV 151, Gloria in excelsis Deo BWV 191, Sanctus aus h-Moll-Messe BWV 232* u. a.; LUC, Pauliner Barockensemble, Johannes Unger (Orgel), Solisten, Leitung: David Timm
Peterskirche

18. Dezember 2008   Konzert der Unibigband
Leitung: Reiko Brockelt
Mendelssohnhaus, Gartenhaus

24. Dezember 2008   Christvesper
Mitglieder des LUC und Mitlglieder des Förderkreises LUC, Christoph Krummacher (Orgel), Solisten, Leitung: David Timm
Nikolaikirche

2009

10. Januar 2009   Anton Webern: *Passacaglia op. 1*,
Maurice Ravel: *Bolero*, Jean Sibelius: *Sinfonie Nr. 2 D-Dur op. 43*; LUO, Leitung: Juri Lebedev
GWH, Großer Saal

12. Januar 2009   Friedensgebet
F. Mendelssohn Bartholdy: *Wie lieblich sind die Boten, Wachet auf! ruft uns die Stimme, Siehe! Wir preisen selig* aus *Paulus*; LUC, Leitung: David Timm
Nikolaikirche

22. Januar 2009   Wiederholung des Konzerts vom 10. Januar 2009
Universität Halle, Löwengebäude

3. Februar 2009   Konzert der Unibigband
Unibigband Leipzig, Blaswerk, Leitung: Reiko Brockelt Moritzbastei

7. Februar 2009   Eröffnungskonzert der Benefizreihe ‚Grundton D' des Deutschlandfunks
F. Mendelssohn Bartholdy: *Paulus op. 36*; LUC, Mendelssohnorchester Leipzig und Solisten, Leitung: David Timm
Thomaskirche

26. Februar 2009   Konzert der Unibigband
Leitung: Reiko Brockelt
Markneukirchen

14. März 2009   Gesprächskonzert: Leipziger Studenten und ihre Werke – Festkonzert zum 600-jährigen Jubiläum der Universität. Geistliche und weltliche Musik von Fabricius bis Bach
Werke von W. Fabricius, G. Ph. Telemann, J. D. Heinichen, T. Albinoni, R. Keiser, J. S. Bach; Hannah Saskia Schlott (Sopran), Susanne Krumbiegel (Alt), Sebastian Reim (Tenor), Karsten Müller (Bass), Leipziger Concert, Leitung: Rahel Mai, Moderation:. Michael Maul

7. April 2009   J. S. Bach: *Johannespassion BWV 245*
LUC, Pauliner Barockensemble und Solisten, Leitung: David Timm
Peterskirche

19. April 2009   in memoriam Wolfgang Unger – Gedenkkonzert zum 5. Todestag
Werke von J. Brahms, F. Mendelssohn Bartholdy, J. S. Bach, M. Reger, R. Mauersberger u. a.; LUC, Thüringischer Akademischer Singkreis, Pauliner Kammerorchester, Johannes Unger (Orgel), Leitung: David Timm
Thomaskirche

5. Mai 2009   Medienball
Unibigband Leipzig, Leitung: Reiko Brockelt
Moritzbastei

9. Mai 2009   Eröffnungskonzert (geschlossene Veranstaltung). Musik aus 600 Jahren Universitätsgeschichte
Barocke Bläsermusik, Werke von J. S. Bach, F. Mendelssohn Bartholdy, R. Brockelt, D. Timm; Capella Fidicinia, LUC und Pauliner Barockensemble (Leitung: David Timm), LUO (Leitung: Juri Lebedev), Unibigband Leipzig (Leitung: Reiko Brockelt), Gesamtleitung: David Timm
GWH, Großer Saal

10. Mai 2009   Universitätsgottesdienst
Werke von J. S. Bach; Pauliner Barockensemble, Christoph Krummacher, Solisten, Leitung: David Timm   Nikolaikirche

24. Mai 2009   Benefizkonzert für die Epitaphien der zerstörten Paulinerkirche
Bernd Franke: *CUT VIII*, Felix Mendelssohn Bartholdy: *Konzert für Violine und Orchester e-Moll op. 64*, P. I. Tschaikowsky: *Sinfonie Nr. 5 e-Moll*; Gemeinschaftskonzert des MDR Sinfonieorchesters und des LUO, Solist: Serge Zimmermann, Leitung: Juri Lebedev und Michael Sanderling
GWH, Großer Saal

5. Juni 2009   Jazzfest
Unibigband Leipzig, Leitung: Reiko Brockelt
Görlitz

7. Juni 2009   Campus 2009
Unibigband Leipzig, Leitung: Reiko Brockelt
Augustusplatz

8. Juni 2009   Konzert der Unibigband Leipzig
Unibigband Leipzig, The Groovy Jazzkids, Leitung: Reiko Brockelt
Moritzbastei

14. Juni 2009   Konzert im Rahmen des Bachfestes. Festmusiken zu Leipziger Universitätsfeiern
J. S. Bach: *Vereinigte Zwietracht der wechselnden Seiten BWV 207*, J. S. Bach: *Was mir behagt, ist nur die muntre Jagd BWV 208a*, J. G. Görner: Choralkantate *Die Lieb' erkaltet allenthalben*; LUC, Pauliner Barockensemble und Solisten, Leitung: David Timm
Michaeliskirche

18. Juni 2009   Kongress der Erziehungswissenschaftlichen Fakultät der Universität Leipzig
Unibigband Leipzig, Leitung: Reiko Brockelt
Campus am Augustusplatz

21. Juni 2009   Universitätsgottesdienst im Rahmen des Bachfestes
Werke von J. S. Bach, J. G. Görner, F. Mendelssohn Bartholdy, R. Schumann; LUC, Pauliner Barockensemble, Solisten, Leitung: David Timm
Nikolaikirche

1. Juli 2009
M. Glinka: *Ouvertüre zu Ruslan und Ludmilla*, D. Kabalewski: *Cellokonzert Nr. 2 C- Dur op. 77*, S. Prokofiew: *Sinfonie Nr. 7 cis-Moll op. 131*; LUO, Solist: Norbert Hilger, Leitung: Juri Lebedev
Lutherstadt Wittenberg, Stadtkirche

5. Juli 2009,   Wiederholung des Konzerts vom 1. Juli 2009
GWH, Großer Saal

8. Juli 2009   Eröffnung der Jubiläumsausstellung ‚Erleuchtung der Welt'
Pauliner Barockensemble, David Timm
Altes Rathaus

11. Juli 2009   Gemeinschaftskonzert der mitteldeutschen Universitätschöre
Werke von B. Franke, F. Mendelssohn Bartholdy, J. Brahms, D. Timm u. a.; Studentenchor der Friedrich-Schiller-Universität Jena (Leitung: Christoph Westphal, Ines Kaun), Universitätschor Halle ‚Johann Friedrich Reichardt' (Leitung: Jens Lorenz, Jens Arndt), LUC (Leitung: David Timm)
Peterskirche

14. August 2009   Konzert bei den ‚Classic Open'
Unibigband, Leitung: Reiko Brockelt
Marktplatz

9. September 2009   Auftritt bei der Botanikertagung der Universität Leipzig
Unibigband, Leitung: Reiko Brockelt
Campus Augustusplatz

13. September 2009   Frühe Leipziger Universitätsmusiken aus dem 15. bis 17. Jahrhundert
Werke von G. Rhaw, S. Calvisius, J. H. Schein, J. Rosenmüller, A. Krieger, W. Fabricius, S. Knüpfer und J. Kuhnau; Capella Fidicinia Leipzig, 5 Vokal- und 12 Instrumentalsolisten auf historischen Instrumenten, Leitung: Martin Krumbiegel
Altes Rathaus

4. Oktober 2009   Auftritte studentischer Bands bei den Leipziger Markttagen
Blaswerk e. V. und andere
Marktplatz

14. Oktober 2009   Immatrikulationsfeier
LUC (Leitung: David Timm), LUO (Leitung: Kiril Stankow), Unibigband Leipzig (Leitung: Reiko Brockelt), Gesamtleitung: David Timm
GWH, Großer Saal

15. Oktober 2009   Semesteranfangsgottesdienst
LUC, Leitung: David Timm
Thomaskirche

16. Oktober 2009   Eröffnungsveranstaltung des Seniorenkollegs der Universität Leipzig
Unibigband Leipzig, Leitung: Reiko Brockelt
GWH, Großer Saal

22. November 2009   G. Verdi: *Messa Da Requiem*
LUC, Coro de la Universidad de Sevilla, Solisten, Leitung: David Timm
Thomaskirche

29. November 2009   Universitätsgottesdienst am 1. Advent
J. S. Bach: *Schwingt freudig euch empor BWV 36*; LUC, Pauliner Barockensemble, Solisten, Leitung: David Timm
Nikolaikirche

---

[1] Sonntags 10.30 Uhr werden kostenlose Rundgänge durch die Ausstellung angeboten. Führungen zu unterschiedlichen Themen und die pädagogischen Angebote müssen gebucht werden, sie werden rund 500 Mal pro Jahr in Anspruch genommen.

2. Dezember 2009   Festakt zum 600-jährigen Jubiläum der Universität Leipzig (geschlossene Veranstaltung)
F. Mendelssohn Bartholdy, *Sinfonie-Kantate „Lobgesang" MWV A 18*, B. Franke: *Memoriam – tempo e tempi* (Uraufführung); Opernchor Leipzig, LUC, Mendelssohnorchester Leipzig, Solisten, Leitung: David Timm
Aula/Universitätskirche St. Pauli

2. Dezember 2009   Festkonzert
Öffentliche Wiederholung des musikalischen Teils des Festaktes
Aula/Universitätskirche St. Pauli

2. Dezember 2009   Jazzkonzert
LeipzigBigBand, Vocal Jazz Group tonalrausch, Pauliner Kammerorchester, Leitung und Klavier: David Timm
Aula/Universitätskirche St. Pauli

6. Dezember 2009   Universitätsgottesdienst am 2. Advent
J. S. Bach: *Nun komm, der Heiden Heiland BWV 61*; LUC, Pauliner Barockensemble, Solisten, Leitung: David Timm
Aula/Universitätskirche St. Pauli

15. Dezember 2009   J. S. Bach: *Weihnachtsoratorium BWV 248, Kantaten IV–VI*
LUC, Pauliner Barockensemble, Solisten, Leitung: David Timm
Peterskirche

15. Dezember 2009   Konzert der Unibigband Leipzig
Leitung: Reiko Brockelt
Mendelssohnhaus, Gartenhaus

24. Dezember 2009   Christvesper
Mitglieder des LUC und Mitglieder des Förderkreises LUC, Daniel Beilschmidt (Orgel), Leitung: David Timm Nikolaikirche

2. Musikveranstaltungen im Museum für Musikinstrumente 2005 bis 2009

Im Museum für Musikinstrumente der Universität Leipzig fanden mit der Eröffnung des erneuerten ‚Klanglabors' sowie einer Sonderausstellung zur Geschichte der Musik an der Universität Leipzig im August 2009 mühevolle Jahre der Gebäuderekonstruktion ihren Abschluss. Seitdem gibt es eine eindrucksvolle, auch touristisch attraktive Dauerausstellung mit zwölf Kapiteln zur Musik- und Kulturgeschichte Leipzigs sowie eine umfangreiche, nach systematischen Gesichtspunkten geordnete Studiensammlung, die auf das musikalische Welterbe fokussiert ist. Die Veranstaltungen richten sich, sowohl das Alter als auch die Vorkenntnisse betreffend, an unterschiedliche Besuchergruppen. So stehen Führungen und musikalische Demonstrationen,[1] pädagogische Angebote für Kindergärten und Schulen, Konzerte, Vorträge, aber auch Puppenspiel und Lesungen zu verschiedenen Themen im Programm. In den neuen Räumlichkeiten des Grassimuseums bzw. im zum Museum für Musikinstrumente gehörenden Zimeliensaal sind auch größere Veranstaltungen möglich. Über das Jahr verteilt werden mehrere Schwerpunkte gesetzt. Es finden jährlich im März Lesungen zur Buchmesse statt, im April lockt die ‚Nachtschicht' (Museumsnacht) der Leipziger Museen mit attraktiven Programmen über 1000 Besucher an einem Abend ins Museum, Mitte Mai findet jährlich das für Familien und Kinder organisierte ‚Fest der Schwarzen und Weißen Tasten' statt. Es gibt Führungsangebote und Konzerte zum Bachfest im Mai/Juni und öffentliche Konzerte des Bachwettbewerbs. Seit 1998 wird im Juni das ‚Fest Alter Musik' mit einem Eröffnungskonzert – seit 2006 mit einer Opernaufführung – sowie Wandelkonzerten und einem Abschlusskonzert im Zusammenarbeit mit der Hochschule für Musik und Theater ‚Felix Mendelssohn Bartholdy' angeboten. Die Konzerte werden von Dozenten und Studierenden der Abteilung Alte Musik gestaltet. Im September finden die Veranstaltungen zum Mendelssohnfest, sowie das Grassifest statt. Letzteres, eine gemeinsame Veranstaltung der Museen im Grassi, richtet sich an Familien.

Die folgende, aus Platzgründen kurz gefasste Übersicht verzeichnet die musikalischen Veranstaltungen des Museums für Musikinstrumente seit dem Wiederbezug des renovierten Grassi, wobei die meisten Aktivitäten der Übergangszeit im Jahre 2005 noch in der Interim-Ausstellung im Thomaskirchhof stattfanden. Alle weiteren Veranstaltungen, wenn nicht anderes angegeben, waren im Zimeliensaal des Museums, die Kinoorgel-Vorführungen im Großen Vortragssaal des Grassimuseums. Wo in der Zeit nach 2005 kein Veranstalter gesondert angegeben ist, handelt es sich um Alleinveranstaltungen des Museums.

Führungen durch die Ausstellung mit musikalischen Darbietungen werden in der Liste nicht gesondert aufgeführt, nur das Programm der Sängerin Ulrike Richter ‚Unwiderstehlich muss die Schöne uns entzücken – musikalischer Wandelgang'. Hier führt Frau Richter im biedermeierlichen Kostüm durch den Ausstellungsbereich ‚Meisterspiel und Liebhaberei: Tonkunst um 1800' und singt Lieder von Adam Hiller bis Fanny Hensel zur Hakenharfe.

Im Oktober 2006 wurde nach einer langjährigen Restaurierung die Kinoorgel im Großen Vortragssaal des Grassimuseums fertig gestellt. Seitdem wird das Programmangebot des Museums mit Stummfilmvorführungen, die an der Kinoorgel begleitet werden, erweitert. Die Reihe ‚Tönende Bilder – Vorstellung der Kinoorgel' mit Filmbeispielen und wird an Wochenendnachmittagen von Sabine Heller (Kinoorgel) und Veit Heller (Moderation) gestaltet. Auf dem Programm stehen Episoden aus Scherenschnittfilmen von Lotte Reiniger wie Aladin mit der Wunderlampe, Kalif Storch, Der Froschkönig, Der fliegende Koffer und Cinderella sowie Episoden aus der Anfangszeit des Films von den Brüdern Lumière und Georges Méliès (1895–1905). Die Reihe ‚Kinoorgel Live' stellt Meisterwerke des Films der 1920er Jahre mit zwei Vorstellungen und Improvisation an der Kinoorgel vor. Diese Veranstaltungen werden in Zusammenarbeit mit der Cinémathèque Leipzig e. V. angeboten.

Abkürzungen:
MAK   Museum für angewandte Kunst
MfM   Museum für Musikinstrumente
MfV   Museum für Völkerkunde
HMT   Hochschule für Musik und Theater ‚Felix Mendelssohn Bartholdy' Leipzig, Fachrichtung Alte Musik
Grassi   Museen im Grassi bzw. Grassimuseum am Johannisplatz
SMWK   Sächsisches Ministerium für Wissenschaft und Kunst
MuWi   Institut für Musikwissenschaft der Universität Leipzig
BMSch   Kooperationsprojekt „Bach-Mendelssohn-Schumann" mit der Stiftung Bach-Archiv Leipzig, dem Mendelssohn-Haus Leipzig e. V., dem Schumann-Haus Leipzig und dem Museum für Musikinstrumente der Universität Leipzig

2005

22. März 2005   Eröffnung der Kabinettausstellung
‚Musik zwischen Ost und West'
Mona Ragy Enayat
MfM im Interim

25. März 2005   Musik am Karfreitag
Werke von G. Frescobaldi, G. Ph. Telemann, J. S. Bach, J. L. Krebs, I. v. Stendal, J. v. Eyck, G. F. Händel, aus Buxheimer Orgelbuch und St.-Thomas-Graduale; Reiner Gebauer (Blockflöten), Winfried Schrammek (Cembalo, Orgelpositiv)
MfM im Interim

27. März 2005   Musik am Ostersonntag
Werke und Interpreten wie 25. März 2005
MfM

23. April 2005   ‚Nachtschicht' zum Thema ‚Licht'
MfM im Interim

26. April 2005   ‚Große Musik in kleinen Sälen'
Gesprächskonzert Drehleier mit Till Uhlmann
MfM im Interim

25. Juni 2005   Kammerkonzert zum 7. Fest
Alter Musik
MfM, HMT/MfM Interim

3. Juli 2005   Tag der offenen Baustelle im Grassi
mit halbstündig gestarteten Führungen und Improvisationen am Portativ
Veit Heller, E. Fontana

14. Juli 2005   Grassi-Schlüsselübergabe im Zimeliensaal
Mit Musikdarbietungen des Sax-Quartetts
SMWK, Stadt Leipzig

14. Juli 2005   Gesprächskonzert: ‚... Über die wahre Art, das Clavier zu spielen'
Werke für Orgel, Cembalo, Clavichord von G. Muffat, Chr. Erbach, J. K. Kerll, J. J. Froberger, J. S. Bach und C. Ph. E. Bach; Andreas Mitschke
MfM Interim

1. November 2005   ‚Mendelsohn auf Klangsuche'
(Mendelssohn-Festtage)
Friktionsinstrumente: Glasharmonika und Clavicylinder; Vortrag von B. Heise mit Klangbeispielen

19. November 2005   Konzert im Zimeliensaal
‚Die Welt geht wie im Springen'
Werke von E. N. Ammerbach, J. H. Schein, J. Chr. Pezel, M. Franck, A. Hammerschmidt, J. Ph. Krieger, J. Rosenmüller; Leipziger Concert, Chordæ Freybergensis; Leitung: Susanne Scholz; Jutta Voss, Martin Prescha (Tanz)

27. November 2005   Tag der offenen Tür im Grassi
Konzerte im Cristofori-Saal mit Cornelia Osterwald (zweistündlich)

8. Dezember 2005   Ausklang im Interim: The Queen's Harpe
MfM Interim

14. Dezember 2005   Klingendes Museum: Vom Umgang mit alten Musikinstrumenten
Vortrag von B. Heise im Rahmen des Studium universale

15. Dezember 2005   Nô-Theater, Teile des Epos Heike-Monogatari, Nô-Spiel „Tsunemasa"
Suda Seishu (Biwa, Gesang), Kojima Shoji (Tanz), Sakurama Ujin (Nô-Spiel)
MfM, MfV

2006

21. April 2006   Eröffnung der Ausstellung ‚Die Suche nach dem vollkommenen Klang'
Mit Aufführung der Oper *Dido und Aeneas* von Henry Purcell mit Tanzeinlagen; Dozenten und Studierende der HMT, Leitung Susanne Scholz.

23. April 2006   Wandelkonzert ‚Große Musik in kleinen Sälen'
Werke von A. Krieger, J. F. Doles, J. F. Reichardt, J. Chr. F. Bach, C. Ph. E. Bach, J. N. Forkel; Ulrike Richter (Sopran), Iva Dolezalek (Tasteninstrumente)
Bach-Archiv, Gohliser Schlösschen, Mendelsohn-Haus, MfM, Schumann-Haus

6. Mai 2006   ‚Nachtschicht' zum Thema „Transit" mit musikalischen Vorführungen.

7.–9. Mai 2006   Ukrainische Musik. Konzert junger Preisträger des Internationalen Festivals moderner Musik 2005
Alla Kaschtschenko (Klavier)
MuWi, MfM

20. Mai 2006   Tagung des Instituts für Musikwissenschaft (mit Orgelkonzert und Führung)

28. Mai 2006   Jubiläumsveranstaltung der Jugendmusiziergruppe ‚Michael Praetorius'
Pfarrerband ‚Die Schwarzen Löcher', ‚La Volta' (Basel, Leitung: Jürgen Hübscher)

1. Juni 2006   Kakaokonzert mit Schülern des Evangelischen Schulzentrums

3. Juni 2006   Konzert zum Bachfest

17. Juni 2006   ‚Es muss in mir die Liebe quellen …'
Werke von J. Ph. Krieger, H. Schütz, A. Hammerschmidt, S. Knüpfer, J. Theile, H. Albert, J. H. Schein, E. N. Ammerbach, C. Kittel; Leipziger Concert, Calmus Ensemble Leipzig

23./24. Juni 2006   8. Fest Alter Musik
Englische Musik des 16. bis 18. Jahrhunderts
Mit zwei Aufführungen der Oper *Dido und Aeneas* von Henry Purcell (halbszenische Opernaufführung) und Wandelkonzerten der Dozenten und Studierenden der HMT in den Ausstellungen. Werke von Johann Christoph Bach, W. A. Mozart. Sächsische Musik des 16. Jahrhunderts auf den Kopien der Freiberger Instrumente. Leitung: Susanne Scholz.
MfM, HMT

1. Juli 2006   Gründungskonzert des ‚ensemble leipzig 21'
Werke von Chr. Göbel, B. Franke, H.-Chr. Bartel, J. S. Bach, A. Webern; Leitung: Hannes Pohlit; Musik im Blickfeld der Gegenwart e. V., MfM

18. Juli 2006   Musik im Grassi: Schülerjahresabschlusskonzert Klavier
Werke von A. Terzibaschitsch, P. Tschaikowski, M. Schoenmehl, D. Helbach, J. B. Vanhal, R. Vinciguerra, Y. Tiersen, M. Schmitz, I. Berkowitsch, C. Orff, J. B. Cramer, R. Schumann, D. Hellbach und aus div. Klavierschulen
Schüler der Klavierklasse von Frau Dathe

15. August 2006   Konzert des Jugendbarockorchesters
Schumann-Festwoche: Komponisten als Verehrer J. S. Bachs; Leipziger Concert; Leitung: Raphael Alpermann

10. September 2006   Grassifest –Familienfest in allen Ausstellungen, Foyers und Innenhöfen.
Bühnenprogramm mit Musik, Tanz, Mitmach-Aktionen und Gastronomie. Zwergenmusik und Improvisationen im Klanglabor, Junge Musiker der Grundschule ‚Clara Schumann' im Zimeliensaal (Kakaokonzert), WARU Didgeridoo-World-Music mit Musikern aus drei Kontinenten und vier Ländern.
Grassi

15. September 2006   Konzert im Rahmen der Schumann-Festwoche mit dem Hyperion-Trio
Werke von F. Mendelssohn Bartholdy und R. Schumann

17. September 2006   Rekonstruktion eines Gedenkkonzerts für R. Schumann im Rahmen der Schumann-Festwoche
R. Schumann: *Streichquartett F-Dur op. 41,2*; Lieder aus op. 39, 42 und 48; *Sonate für Klavier fis-Moll op. 11*; *Sonate für Klavier und Violine a-Moll op. 105*; *Kreisleriana. Fantasien für Klavier op. 16*; Solo und Chor aus *Das Paradies und die Peri op. 50*; Mitglieder des Leipziger Universitätschors, Leitung: David Timm; MfM, Leipziger Universitätsmusik, Gewandhaus zu Leipzig, Robert-und-Clara-Schumann-Verein Leipzig e. V.

15. Oktober 2006   Einweihung der Welte-Kinoorgel
Orgelimprovisation, David Timm an der Kinoorgel

18. Oktober 2006   Pachelbel, Bach (… und kein Kanon). Konzert zum Pachelbel-Jahr
Virtuose Vokalkonzerte und Motetten von Johann Pachelbel und Bach J. Pachelbel: *Deus in adjutorium (ingressus) in F, Der Herr ist König (Ps. 93), Sonate – Aria – Courant, Jauchzet dem Herrn, alle Welt, Aria – Ciacona, Nun danket alle Gott, Magnificat a 15 in D*; Gundula Anders (Sopran), David Erler (Altus), Marek Rzepka (Bass), Solisten und Instrumentalisten der Fachrichtung Alte Musik der HMT; Leitung: Christian Fischer und Arno Paduch. Fachrichtung Alte Musik und Kirchenmusikalisches Institut der HMT

19. Oktober 2006   Pachelbelkurs im MfM: Johann Pachelbel: Quellen, Überlieferung, Edition, Interpretation. Dr. Michael Belotti (Freiburg i. Br.)
HMT

3. November 2006   ‚… fast zu viel des herrlichen' – Vokaltradition der Leipziger Romantik
Arien und Klavierwerke von J. S. Bach, W. A. Mozart, C. H. Graun, A. Stradella und G. F. Händel; Lieder und Duette von F. Mendelssohn-Bartholdy, F. Hensel, R. u. C. Schumann.; Manja Stephan (Sopran), Matthias Repovs (Bariton), Martina Fiedler (Hammerflügel)
BMSch

11. November 2006   Konzert ‚Pythagoras' Erben'
Werke von N. D. Sâlih, D. Terzakis, P. D. Kantemir, H. Â. Bey, Sultan Selim III., Y. Aydin, S. Pohlit; Susen Schneider (Sopran), Andreas Wehrenfennig (Harfe), ‚ensemble leipzig 21'; Stefan Pohlit (Moderation), Hannes Pohlit (Leitung); Musik im Blickfeld der Gegenwart e. V., MfM

16. November 2006   Indisches Konzert
Somjit DasGupta (Kolkata) spielt Sarod
MfV, MfM

18. November 2006   ‚Tönende Bilder – Vorstellung der Kinoorgel'

29. November 2006   Biber-Projekt *Rosenkranzsonaten*
H. I. F. Biber *Rosenkranzsonaten*; Studierende der Klassen für Barockvioline und Cembalo der der HMT
HMT

17. Dezember 2006   Lieder aus Europa und Korea
Lee Jang-Hee (Sopran), Park Mi-Na (Klavier)
MfM, HMT

2007

11. Februar 2007   Konzert mit Maurice van Lieshout

24. Februar 2007   ‚Tönende Bilder – Vorstellung der Kinoorgel'

3. März 2007   ‚Khukh Mongol – Instrumentalmusik, Lieder und Tänze aus der Mongolei'
MfM, MfV

21. April 2007   ‚Nachtschicht' zum Thema „Augen auf!" mit musikalischen Vorführungen

29. Mai 2007   ‚Tönende Bilder – Vorstellung der Kinoorgel'

9. Juni 2007   ‚Komponisten als Bach-Verehrer'
Werke von: Robert Schumann, Felix Mendelsohn Bartholdy, Max Reger und Wolfgang Amadeus Mozart; Ausführende: Leipziger Concert

19. Juni 2007   Fundraising Diner für das Universitätsjubiläum 2009 mit Orgelkonzert
Christiane Bräutigam (Cembalo, Hammerflügel)
Universität Leipzig

23./25. Juni 2007   9. Fest Alter Musik:
Werke des 16. bis 18. Jahrhunderts aus Italien. A. Vivaldi: *Serenata a tre* (halbszenische Opernaufführung); Leitung: Susanne Scholz. Ausstellung von an auf historische Bauweise spezialisierten Geigenbauern; Verkaufsausstellung von Noten
MfM, HMT

24. Juni 2007   ‚Tönende Bilder – Vorstellung der Kinoorgel'

30. Juni –1. Juli 2007   Kindermusical P. Schindler *Hans, mach Dampf*
Schola Cantorum Leipzig (3 Aufführungen); Leitung: Philipp Amelung

12. Juli 2007   Indisches Konzert
MfM, MfV

25./26. August 2007   ‚Tönende Bilder – Vorstellung der Kinoorgel', ‚Kinoorgel live'
Der General (1926) mit Jürgen Kurz (Berlin, an der Kinoorgel)

4. September 2007   Gesprächskonzert „Mendelssohn und die Orgel"
Mendelssohn-Festtage

5. September 2007   Gesprächskonzert Hammerflügel
Tobias Koch
Mendelssohn-Festtage

8. September 2007   ‚Tönende Bilder – Vorstellung der Kinoorgel'
Mendelssohn-Festtage

9. September 2007   Wandelkonzert ‚Große Musik in kleinen Sälen'

10. September 2007   ‚Pizzicato – Virtuose Musik für Zupfinstrumente'
Katsia Prakopchyk (Mandoline, Barockmandoline), Jan Skryhan (Gitarre, Vihuela)
Mendelssohn-Festtage

12. September 2007   Kundenkonzert
BW-Bank

16. September 2007   Grassifest –Familienfest in allen Ausstellungen, Foyers und Innenhöfen.
Bühnenprogramm mit Musik, Tanz, Mitmach-Aktionen und Gastronomie

19. September 2007   Indisches Konzert
MfV

3.–6. Oktober 2007   Internationales Festivalkonferenz zum Thema ‚Die Orgel im Zeitalter der Romantik'
Konzerte, Exkursionen und Workshops
BMSch

13. Oktober 2007   Orgelkonzert
Werke von J. S. Bach, J. J. Froberger, D. Buxtehude, M. Weckmann, A. Kühnel, J. Schenk; Márton Borsányi (Orgel), Christoph Dittmar (Altus), Júlia Vetö (Viola da gamba), Giso Grimm (Violine)
BMSch

20. Oktober 2007   Konzert ‚Leidenschaft für Blech, Gehrock und Zylinder'
Ensemble ‚Passion des Cuivres' Robert Vanryne (Kornett), Steffen Launer (F-Horn), Bernhard Meier (Posaune), Erhard Schwartz (Ophicleide)

27. Oktober 2007   Jubiläumskonzert des Leipziger Concert (10 Jahre)
Werke u. a. v. N. E. Ammerbach, S. Knüpfer, Sperontes, J. L. Krebs, J. S. Bach; Gundula Anders (Sopran), Thibaud Robinne (Naturtrompete), Leipziger Concert, Leitung: Susanne Scholz

27./28. Oktober 2007   ‚Tönende Bilder – Vorstellung der Kinoorgel', ‚Kinoorgel live'
Der Mann mit der Kamera (1929) mit Tobias Rank (Leipzig, Kinoorgel)

29. Oktober 2007   Konzert ‚Sonate concertante' Instrumentalmusik des 17. Jahrhuntert
Werke von J. Chr. Pezel, A. Bertali, J. K. Kerll, A. Oswald, J. H. Schmelzer, G. Piscator, H. Bach, Anonymus
HMT

7. November 2007   Sarod-Konzert
Prattyush Bannerjee (Sarod), Ashis Paul (Tabla), Raga e. V., MfM, MfV

11. Dezember 2007   ‚Genuss für die Sinne' im Grassi mit Führungen und Orgelkonzert
Kundenveranstaltung der Leipziger Verkehrsbetriebe

15. Dezember 2007   Weihnachtskonzert der Schola Cantorum

29./30. Dezember 2007 ‚Tönende Bilder – Vorstellung der Kinoorgel', ‚Kinoorgel live'
Goldrausch (1925) mit Jürgen Kurz (Berlin, Kinoorgel)

2008

11. Januar 2008   Neujahrsempfang mit Konzert und Führung
J. Haydn: *Violinkonzert in C-Dur*; Claudia Mende (Solovioline), Jee Hee Lee, Szabolcs Illès (beide Violine), Anke Hörschelmann (Viola), Wiebke Roterberg (Cello) interDaF e. V.

12. Januar 2008   Konzert Musikschule/Fachbereich Streichinstrumente
Musikschule Leipzig „J. S. Bach"

22. Januar 2008   Diplomkonzert – Claudia Mende (Violine),
Werke von D. Buxtehude, J. Rosenmüller, N. Bruhns, G. Fr. Händel, J. Haydn

Diplomkonzert – Benjamin Dreßler (Viola da gamba)
Werke von S. Scheidt, H. Purcell, H. Schütz, J. H. Schein, T. Hume, J. K. Kerll, A. Kühnel
HMT

25. Januar 2008 Regionalkonzert Gitarre
Werke von L. de Call, J. A. Logy, J. S. Bach, M. D. Pujl, L. Brouwer, F. Just, F. Tarrega, I. Albeniz, F. Sor, A. B. Mangore, J. Dowland, F. Pilkington; Schüler des Fachbereichs Zupfinstrumente
Musikschule Leipzig ‚J. S. Bach'

2. Februar 2008 Afrikanisches Konzert
MfM, MfV

3. Februar 2008 Lebst du noch oder singst du schon? Musikalische Reise in den Norden
Werke von E. Grieg, P. Jansson, H. Kaski, J. Sibelius, H. Alfvén, W. Peterson-Becker, R. Gothoni, S. Lillebjerka, G. Tveitt, S. von Koch, L. Jansson, J. Kvandal, N. H. Asheim, T. Kärki, U. Mononen sowie schwedische und norwegische Volkslieder; Lumi Ensemble: Marjut Paavilainen (Sopran), Ingvild Sorhaug (Mezzosopran) Louise Jansson (Klavier).

23. Februar 2008 Eröffnung 2. Ausstellungsbereich
mit Führungen und Konzerten
Claudia Mende (Violine) und Studenten der HMT, Ulrike Richter (Gesang, Harfe); Klavierkonzert mit Werken von F. Mendelssohn-Bartholdy, Fr. Liszt, F. Schubert und R. Schumann; Svitlana Kapitanova, Andriy Tsygichko (Klavier)

23./24. Februar 2008 ‚Tönende Bilder – Vorstellung
der Kinoorgel'; ‚Kinoorgel live'
The circus (1927) mit Jürgen Kurz (Berlin, Kinoorgel)

6. März 2008 Äthiopisches Konzert
MfM, MfV

13. März 2008 Lesung mit Musik ‚Lilienhand'
Wilfried Haecker (Gitarre)
Leipzig liest

14. März 2008 Lesung mit Musik ‚Ich bin bei dir'
Leipzig liest

15. März 2008 Orgelkonzert im Rahmen
einer Orgelfahrt

28.–30. März 2008 ‚Tönende Bilder – Vorstellung
der Kinoorgel', ‚Kinoorgel live'
im Rahmen des Stummfilm-Festivals ‚Solo für Licht'; *Odna – Allein* mit Stephan von Bothmer (Berlin); *Dr. Jekyll and Mr. Hyde* (1920) mit Tobias Rank (Leipzig, Kinoorgel)

16. April 2008 Konzert ‚Unterwegs'
Werke von R. Schöbe, H. G. Seidl, C. Hidalgo, N. Seidl, E. Theodorakis; Tünde Molnár (Altflöte), Niklas Seidl, Felix Eugen Thiemann (beide Violoncello), Christiane Seidl (Flöte), Stefan Stopora (Percussion), Steffen Ahrens (Gitarre), Martin Becker (Klarinette), Edgar Heßke (Bassklarinette), Juraj Migas (Viola), Simon Klingner (Kontrabass); Leitung: Manolo Cagnin
HMT

26. April 2008 ‚Nachtschicht' zum Thema Private
Sammlungen. ‚Mit Lochplatten,
Zungen und Stahlkamm'
Vorstellung der Privatsammlung von Paul-Heinz Wirtz. Konzerte u. a. mit dem Ensemble ‚Musik im Salon': Antje Sehnert (Csakan), Bettina Hennig (Biedermeiergitarre)
MfM

30. April 2008 1. Akademie im Grassi
Werke von J. S. Bach und G. Ph. Telemann; Dozenten und Absolventen der Fachrichtung Alte Musik der HMT
HMT, MfM

15. Mai 2008 Indisches Konzert
MfM, MfV

23.–24. Mai 2008 I. Fest der Schwarzen und weißen Tasten
Eröffnungskonzert/Schülerkonzerte
Werke von M. Proksch, E. Grieg, P. Eben, H. G. Heumann, M. Schoenmehl, D. C. Glover, E. Malycheva, A. Chatschaturjan, M. Krekel, U. Korn, L. C. Daquin, J. Ibert, A. Terzibaschitsch, J. Garscia, T. Wegmann Schüler des Fachbereiches Klavier und Tanz
Werke von W. A. Mozart, E. Schulhoff, A. Skrjabin, J. S. Bach, F. Busoni, L. van Beethoven, M. Ravel, S. Prokofjew; Svitlana Kapitanova, Andriy Tsygichko (beide Klavier)
‚Ein TROLLiger Besuch bei Edvard Grieg'
Werke von E. Grieg und Worpsweder Musikwerkstatt; Schüler und Lehrer der Musikschule Johann Sebastian Bach; Leitung: Ursula Nawroth
MfM, Musikschule Leipzig ‚J. S. Bach'

24./25. Mai 2008 ‚Tönende Bilder – Vorstellung der Kinoorgel'.
‚Kinoorgel live'
Der Golem, wie er in die Welt kam (1920) mit Jürgen Kurz (Berlin, Kinoorgel); Im Rahmen des Stummfilm-Festivals ‚Solo für Licht'

7. Juni 2008 Liederabend Yooncho Cho (Sopran) und
Hannes Pohlit (Klavier)
Werke von H. Wolf, R. Strauss, A. Reimann
HMT, MfM

9. Juni 2008 Porträtkonzert Wilfried Krätzschmar
Katharina Hanstedt (Harfe), Matthias Sannemüller (Viola), Gerd Schenker (Große Trommel), Jorge garcia del Valle Mendez (Fagott)
Sächsischer Musikbund e. V.

25. Juni 2008 Diplomkonzert – Katinka Kirják (Cembalo)
Werke von J. Rosenmüller, D. Buxtehude, G. Ph. Telemann, G. A. Benda
HMT

27.–28. Juni 2008 10. Alte Musik Fest. ‚Musiker auf Reisen'
Eröffnungskonzert: J. Ch. Bach: *Catone in Utica* (Szenische Aufführung), Wandelkonzerte, Tanzstile der Barockzeit. Im Rahmen des Wissenschaftssommers Leipzig: Einführung zu der Grundfrage der musikalischen Stimmungen Abschlusskonzert: ‚Der Reiz der Unschärfe – Musikalische Stimmungen im hörbaren Vergleich'; Filmvorführungen von jeweils 45 Minuten zeigen die Großprojekte der Fachrichtung der letzten 5 Jahre.
MfM, HMT

30. Juni –1. Juli 2008 Kindermusical *Hans mach Dampf*
Schola Cantorum Leipzig (3 Aufführungen)

3. Juli 2008 Konzert im Zimeliensaal
Maria Brätigam (Cembalo), Reiner Gebauer (Blockflöte); Gruppe Hannick Reizen BV, Niederlanden

6. Juli 2008 Landesmusikgymnasium Dresden: Auswärtsspiel
Moderiertes Kammermusikprogramm von Dowland bis Piazolla

14. Juli 2008 Eröffnungsfest zum Sommerferienpass

26. Juli 2008 ‚Unwiderstehlich muss die Schöne uns entzücken
– musikalischer Wandelgang'

27. Juli 2008 ‚Tönende Bilder – Vorstellung der Kinoorgel'

2. August 2008 ‚Unwiderstehlich muss die Schöne uns entzücken
– musikalischer Wandelgang'

24. August 2008 Matinee Adrian Willaert
Führung und Konzert: Adrian Willaert ‚Musica Nova". Venezianische Musik des 16. Jahrhunderts'; Rinascita consort, Christine Mothes (Sopran)

30. August 2008 Öffentliche Generalprobe des Gambenconsorts
‚Musicke & Mirth'
Division-Musick (Die Kunst der Diminution)

31. August 2008 ‚Tönende Bilder – Vorstellung der Kinoorgel'

1. September 2008 Empfang mit Konzert und Führungen
Stadtwerke Leipzig

6. September 2008   Wandelkonzert
Werke von Chr. G. Neefe, J. Fr. Reichardt, F. A. Kramer, J. A. Hiller; Ulrike Richter (Sopran), Iva Dolezalek (Tasteninstrumente)

9. September 2008   Führung und Vorführung: Mendelssohn und Schumann auf Spieldosen, automatischen Klavieren und Flötenuhren

14. September 2008   Grassifest – Familienfest in allen Ausstellungen, Foyers und Innenhöfen.
Bühnenprogramm mit Musik, Tanz, Mitmach-Aktionen und Gastronomie

14. September 2008   Durch die Wälder, durch die Auen – ein musikalischer Spaziergang. Gesprächskonzert mit ‚Musik im Salon'
Antje Sehnert (Csakan), Bettina Hennig (Biedermeiergitarre)

15. September 2008   Gesprächskonzert: J. S. Bachs Sonaten und Partiten für Violine und ihre romantischen Bearbeitungen
Mayumi Hirasaki (Violine), Christine Schornsheim (Hammerflügel), Anselm Hartinger (Moderation)
BMSch

18. September 2008   Die Kunst des Zuhörens. Frauenmusizieren der Romantik
Gesprächskonzert mit Ulrike Richter (Sopran), Sebastian Knebel (Hammerflügel)

20. September 2008   ‚Unwiderstehlich muss die Schöne uns entzücken – musikalischer Wandelgang'

21. September 2008   Grieg-Konferenz und Abschlusskonzert

27./28. September 2008 ‚Tönende Bilder – Vorstellung der Kinoorgel', ‚Kinoorgel live'
Wie Luft zum Atmen (Dokumentarfilm über Musik in Georgien von Ruth Olshan, 2005); *Fuhrmann des Todes* (Körkarlen) (1921) mit Jürgen Kurz (Berlin, Kinoorgel)

1. Oktober 2008   ‚Reger spielt Reger' Vortrag und Vorführung der Reger-Notenrollen

1. Oktober 2008   Gesprächskonzert: Historische Tasteninstrumente
Andreas Mitschke (Orgel, Cembalo, Cristofori-Klavier)

2. Oktober 2008   Die Stille hören. Konzert mit Erläuterungen
Jim Franklin, Shakuhachi-Meister (Shihan), traditionelle japanische Bambusflöten.

3. Oktober 2008   Eröffnung der Studiensammlung
Musik der persischen modalen Dastgah-Tradition; Jamal Samawati (Tar und Setar), Schlagzeuger

17. Oktober 2008   Der Klang der Sonne. Volksmusik der südsibirischen Steppenvölker
Nikolay Oorzhak (schamanischer Heiler, Oberton- und Kehlkopfsänger)
MfM, MfV

1. November 2008   ‚Unwiderstehlich muss die Schöne uns entzücken – musikalischer Wandelgang'

2. November 2008   Amor vittorioso: Die Liebe vom Madrigal zum Popsong
Madrigale, Volksliedbearbeitungen, Lovesongs in A-cappella-Arrangements; Vokalensemble La Nove Canta

4. November 2008   Konzert mit Werken von J. F. Fasch, G. Ph. Telemann, A. Vivaldi
Accademia Capricciosa: Anna Januj (Blockflöte), Michael Bosch (Oboe), Szabolcs Illes (Violine), Kinga Gáborjáni (Violoncello), Györgyi Farkas (Fagott), Alexandra Vilmányi (Cembalo); Förderverein der Universität

8. November 2008   Solistenensemble vocal modern Werke von R. Pfundt, K. O. Treibmann, D. de la Motte, M. Drude, Wagner; S. Reinhold, T. Buchholz.; Solistenensemble vocal modern, Leitung: Christfried Brödel; Sächsischer Musikbund e. V.

13. November 2008   Konzert zum Symposium
Werke von J. S. Bach. J. Pachelbel und J. Haydn; Holm Vogel (Orgel); Verlag ‚Da Capo'

15. November 2008   ‚Tanzender Orpheus und singende Marktschreier. Dramatisches und Amüsantes aus Leipziger Collegium musicum des 17. Jahrhunderts'
Werke von S. Knüpfer, A. Hammerschmidt, H. Albert, J. C. Horn; Calmus Ensemble Leipzig, Jutta Voß, Martin Prescha (beide Tanz), Leitung: Rahel Mai; Leipziger Concert, MfM

21. November 2008   Lacrimae Coelorum. Deutsche und englische Vokalmusik aus Renaissance und Barock
Werke von H. Schütz, Th. Weelkes, W. Byrd, H. Purcell, J. H. Schein, T. L. Victoria, O. di Lasso; Ensemble Concerto Sacro, Leitung: Gregor Meyer

23. November 2008   Matinee Fachbereich
Zupfinstrumente; Musikschule Leipzig ‚J. S. Bach'

13. Dezember 2008   Victorian Christmas: Englische Weihnachtsmusik des 19. Jahrhunderts
Ensemble Passion des Cuivres

27.–28. Dezember 2008 ‚Tönende Bilder – Vorstellung der Kinoorgel', ‚Kinoorgel live'
Metropolis (1927) mit Tobias Rank (Kinoorgel)

2009

10. Januar 2009   ‚Unwiderstehlich muss die Schöne uns entzücken – musikalischer Wandelgang'

24. Januar 2009   ‚Kinoorgel live'
Filme von C. Chaplin, B. Keaton und weitere stumme Filme (1917–1922); Christoph Küstner, Clemens Lucke, Florian Zschucke (Kinoorgel)

27. Januar 2009   Diplomkonzert – József Gál (historischer Gesang)
Kammermusik mit Werken von J.-B. Lully, B. Marini, A. Campra, A. Ariosti, G. Fr. Händel

Diplomkonzert – Christine Mothes (historischer Gesang)
Werke von H. Schütz, C. Monteverdi, G. Fr. Händel, A. Vivaldi, J. S. Bach

Diplomkonzert – Anastasiya Peretyahina (historischer Gesang)
Werke von J. Arcadelt, T. de Courville, P. Guedron, J. Marín, J. B. Lully, G. Fr. Händel, G. de Bin dit Binchois
HMT

1. Februar 2009   Truhe, Tipi, Tamburin: Familiensonntag im Grassi mit vielfältigem Programm in allen Ausstellungen und Foyers der Museen im Grassi.
Trommelworkshop

5. Februar 2009   Ägyptische Religion – Totenliteratur Vortrag von Jan Assmann;
MfM, Suhrkamp-Verlag und Ägyptologischen Institut der Uni

7. Februar 2009   ‚Unwiderstehlich muss die Schöne uns entzücken – musikalischer Wandelgang'

14. Februar 2009   SangesArt ‚Mittelalter bis Romantik'
Führung durch MAK, MIM und Arien im Zimeliensaal; Ruth Engel Brown (Sopran) und junge Musizierende der HMT

6. März 2009   Regionalkonzert
Schüler des Fachbereichs Zupfinstrumente
Musikschule Leipzig ‚J. S. Bach'

7. März 2009   ‚Unwiderstehlich muss die Schöne uns entzücken – musikalischer Wandelgang'

12. März 2009 Im Spinnhaus – Lesung mit Musik
Autorenlesung mit Kerstin Hensel, Frank Fröhlich (Gitarre); Goldmund Hörbücher

13. März 2009 Zeit für Unsterblichkeit – Lesung mit Musik
Klaus Funke (Lesung), Ulf Heise (Moderation), Thomas Bächli (Klavier); Sächsischer Literaturrat e. V., Verlag Faber & Faber

14. März 2009 Gesprächskonzert zum 600-jährigen Jubiläum der Universität, siehe obenstehende Aufzählung „Veranstaltungen der Leipziger Universitätsmusik 2004 bis 2009", 14. März 2009

15. März 2009 Bach erlebt – Vernissage der Bach-Anthologie der St. Galler Bach-Stiftung
Bach-Museum Leipzig, MfM und NZZLibro

21. März 2009 SangesArt. Mittelalter bis Romantik
wie 14. Februar 2009

26. März 2009 Im Eis – Lesung mit Musik. Aus Arktis-Tagebüchern von Franz Boas und seinem Diener Wilhelm Weike. Ein Hörstück von Bernd Gieseking.
Bernd Gieseking (Sprecher), Wim Wollner (Saxophon)
MfM, MfV

27.–28. März 2009 ‚Kinoorgel live'
Asphalt (1929) mit Franz Danksagmüller (Lübeck, Kinoorgel); Aufführung im Rahmen des Leipziger Festivals ‚Solo für Licht 2009'

29. März 2009 ‚Tönende Bilder – Vorstellung der Kinoorgel'

4. April 2009 ‚Unwiderstehlich muss die Schöne uns entzücken – musikalischer Wandelgang'

26. April 2009 ‚Tönende Bilder – Vorstellung der Kinoorgel'

6. Mai 2009 Kammermusikabend anlässlich des 50-jährigen Bestehens der Kammermusikgruppe der Fakultät für Physik und Geowissenschaften
Werke v. J. S. Bach, G. Fr. Händel, J. Haydn, L. v. Beethoven, F. Mendelssohn-Bartholdy; Kammermusikgruppe der Fakultät für Physik und Geowissenschaften; Leitung: Dr. Volker Riede

9. Mai 2009 ‚Unwiderstehlich muss die Schöne uns entzücken – musikalischer Wandelgang'

15.–16. Mai 2009 ‚Fest der schwarzen und weißen Tasten'
Eröffnungskonzert: Werke von L. Giustini, D. Scarlatti, G. B. Martini, D. Zipoli, B. Pasquini, G. Fr. Händel, mit Lorenzo Ghielmi (Hammerflügel, Orgel)
Familienkonzerte: Klavier für zwei und vier Hände. Modernes, Musical, Musik zum Film; Musik und Tanz – Geschichten, die Spaß machen.
Schüler der Musikschule Leipzig „J. S. Bach"

23./24. Mai 2009 ‚Tönende Bilder – Vorstellung der Kinoorgel', ‚Kinoorgel live'
‚Der müde Tod' (1921) Tobias Rank (Leipzig, Kinoorgel)

25. Mai 2009 ‚Variations of a Double': Neue Musik aus Ungarn und Deutschland
Werke von J. Sáry, Á. Kondor, P. Károlyi, B. Sáry, J. Widmann, Chr. FP Kram, K. Müller, R. Th. Lorenz; Lajos Rozmán (Klarinette) und Martin Tchiba (Piano)
Sächsischer Musikbund e. V.

27. Mai 2009 Diplomkonzert – Katy von Ramin (Cembalo)
Werke von J. C. F. Fischer, J. J. I. Brentner, J. A. Benda, Anonymus
Diplomkonzert – Isolde Winter (Barockcello)
Werke von A. Stradella, G. Fr. Händel, G. M. Monn, G. Ph. Telemann, W. A. Mozart
HMT

5. Juni 2009 ‚Die Nacht der Gitarre' mit Martin Steuber (Gitarre)

6. Juni 2009 ‚Unwiderstehlich muss die Schöne uns entzücken – musikalischer Wandelgang'

7. Juni 2009 Die Suche nach dem vollkommenen Klang
wie 31. Mai 2009
Konzert – Werke von Renaissance bis Gegenwart; Bundinstrumentenorchester des Heinrich-Schütz-Konservatoriums Dresden; Leitung: Birgit Pfarr

12.–13. Juni 2009 Frühjahrstagung Herzzentrum Leipzig
Werke von M. Weckmann, A. Corelli, G. Ph. Telemann; Lisa Tatz (Blockflöte), Magda Uhlirova (Gitarre), Lu Wollny (Cembalo, Orgel)

13. Juni 2009 Universitätsorgelbauer und Universitätsorganisten
Orgelkonzert mit Einführung; Márton Borsányi (Orgel), Moderation: Veit Heller

14. Juni 2009 Meisterwerke aus Leipziger Werkstätten der Bachzeit – Führung durch die Ausstellung

15. Juni 2009 Trilogie ‚Volkslied und Lieder im Volkston'
Konzert I: Werke aus dem 13., 15., 16. Jahrhundert, M. Weckmann; Ulrike Richter (Sopran), Stefan Kießling (Orgel, Cembalo)

16. Juni 2009 ‚Über Instrumenta der süßen Melodey' Szenische Vorführung einer Vorlesung um 1500 mit Werken von J. Martini, J. des Préz
Anabelle Guibeaud, Johanna Steinborn, Petra Zámbó (alle Blockflöte), Márton Borsányi (Orgel)
MfM

17. Juni 2009 Bach auf Spieldosen, automatischen Klavieren und Flötenuhren, Führung mit Vorführung einiger mechanischer Instrumente

18. Juni 2009 Trilogie ‚Volkslied und Lieder im Volkston'
Konzert II: Lieder nach Herder mit Ulrike Richter (Sopran) und Sebastian Knebel (Hammerflügel)

19. Juni 2009 Bach meets Armstrong. Seriöses und weniger Seriöses zu Bach und Lady Cinemaorgan: Improvisationskonzert zu Jazz und Bach
Rudolf Lutz (Basel, Kinoorgel)

23. Juni 2009 Diplomkonzert – Anna Januj (Blockflöte),
Werke von A. Vivaldi, G. Ph. Telemann
HMT

24. Juni 2009 Diplomkonzert – Marta Niedźwiecka (Cembalo),
Werke von J. G. Janitsch, J. S. Bach, W. F. Bach
HMT

24. Juni 2009 ‚Mundlaut und Leisemaul'
Jaap Blonk, Agnes Ponizil; Sächsischer Museumsbund e. V.

26./27. Juni 2009 11. Alte Musik Fest
Eröffnungskonzert, G. Ph. Telemann, G. B. Bononcini: „Mario Fuggitivo" (Der flüchtende Mario), Wandelkonzerte in den Ausstellungsräumen, Abschlusskonzert, A. Bertali, J. J. Froberger, J. H. Schmelzer, Kaiser Leopold I., J. J. Fux, G. M. Bononcini, N. Porora, J. Haydn

28. Juni 2009 ‚Tönende Bilder – Vorstellung der Kinoorgel'

4. Juli 2009 ‚Unwiderstehlich muss die Schöne uns entzücken – musikalischer Wandelgang'

1. August 2009 ‚Im Freien zu singen'
Vokalmusik von F. Mendelssohn-Bartholdy, R. Schumann, J. Brahms; Mitglieder des MDR-Rundfunkchores, Graham Welsh (Klavier)
BMSch

8. August 2009 Nachwuchskonzert der Euro Music Academy Leipzig
Werke von Messiaen, Chopin, Mozart und Debussy; Drew Petersen, Fuko Ishii (Klavier), Fabio Corsi (Gitarre)
HMT

15.–16. August 2009 Singspiel im Grassi mit Kurzführungen durch MAK und MfM
W. A. Mozart: *Bastien und Bastienne*; Taryn Knerr (Sopran), Laurenco Madeira de Medieros (Tenor), Sebastian Wartig (Bariton), Mi Na Park (Klavier)
MAK, MfM

471

29. August 2009	Festwoche zum Universitätsjubiläum ‚Unwiderstehlich muss die Schöne uns entzücken – musikalischer Wandelgang'	17. Oktober 1009	‚Unwiderstehlich muss die Schöne uns entzücken – musikalischer Wandelgang'

29. August 2009 Festwoche zum Universitätsjubiläum
‚Unwiderstehlich muss die Schöne uns entzücken – musikalischer Wandelgang'

29. August 2009 Festwoche zum Universitätsjubiläum
Film im Grassi:
Sozialistischer Enthusiasmus vor 50 Jahren. Film zum 550. Jubiläum der Universität (1959); Leipzig – Augustusplatz. Bilder eines Wandels von 1909 bis 2009; Volker Bräutigam (Kinoorgel)
MfM, Universitätsarchiv Leipzig

29.–30. August 2009 Festwoche zum Universitätsjubiläum
Film im Grassi: *Der Tangospieler* (1990)
MfM, Cinémathèque Leipzig e. V.

30. August 2009 Festwoche zum Universitätsjubiläum
Ausstellungseröffnung der Sonderausstellung ‚Studiosi, Magistri und die Musik'

2. September 2009 Festwoche zum Universitätsjubiläum
Mendelssohn und Schumann auf Spieldosen, automatischen Klavieren und Flötenuhren

3. September 2009 Trilogie ‚Volkslied und Lieder im Volkston'
Konzert III: Volkslieder und Volksliedbearbeitungen um die Mitte des 19. Jahrhunderts; Ulrike Richter (Sopran), Sebastian Knebel (Hammerflügel)

5. September 2009 Wandelkonzert: Musikalischer Spaziergang von Bach zu Mendelssohn
Moderierter Rundgang mit Klaviermusik und Werken für Vokalensemble
BMSch

13. September 2009 Grassifest – Familienfest in allen Ausstellungen, Foyers und Innenhöfen.
Bühnenprogramm mit Musik, Tanz, Mitmach-Aktionen und Gastronomie

18. September 2009 ‚Aus der Sammlung Friedrich August III.'
Werke von Haydn, C. H. Graun u. a.; Leipziger Cembalo-Duo

19. September 2009 ‚Unwiderstehlich muss die Schöne uns entzücken – musikalischer Wandelgang'

22. September 2009 ‚Soiree für Anna Magdalena Bach'
Werke von R. I. Mayr, J. J. Walther, H. Purcell, G. F. Händel, J. S. Bach, C. Ph. E. Bach V. Bräutigam ; Maria Bräutigam (Cembalo), Juliane Kirchner (Sopran), Thomas Fleck (Violine)
Isolde-Hamm-Stiftung

6. Oktober 2009 A Journey through Indian Classical Music
Dr. Subhendu Ghosh, Sitar
Max-Plank-Institut

11. Oktober 2009 Von Haydn bis Mendelssohn.
Ein Streifzug von der frühen Klassik bis zur Frühromantik
Trio Fagonia: Mathias Kiesling (Flöge), Christine Trinks (Violine), Christian Walter (Fagott)

17. Oktober 1009 ‚Unwiderstehlich muss die Schöne uns entzücken – musikalischer Wandelgang'

1. November 2009 Musik der Reformationszeit
Rinascita Consort und Anja Lipfert (Gesang), Nicholas Achten (Gesang, Laute), Leitung: Kerstin Reinboth

7. November 2009 ‚Unwiderstehlich muss die Schöne uns entzücken – musikalischer Wandelgang'

14. November 2009 Tres Vientos und Elektronik
Uraufführungen – von in Sachsen sowie in New York lebenden Komponisten; Trio Tres Vientos: Anke Nevermann de García del Valle (Oboe), Jana Strauchmann (Klarinette), Jorge García del Valle Méndez (Fagott), Michael Flade (Elektronik/Klangregie); Sächsische Gesellschaft für Neue Musik Dresden e. V. und Sächsischer Musikbund e. V.

22. November 2009 Matinee des Fachbereiches Zupfinstrumente
Musikschule Leipzig, ‚J. S. Bach'

25. November 2009 Johann Rosenmüller (1617–1684).
Geistliche Konzerte und Instrumentalmusik zu seinem 325. Todestag
Studierende der Fachgruppe Alte Musik der HMT; Einstudierung: Arno Paduch
HMT

28. November 2009 ‚Wie zu Urgroßmutters Zeiten'
Führung durch die Ausstellung mit Vorführung verschiedener mechanischer Musikinstrumente mit anschl. Besuch im Café

29. November 2009 ‚Tönende Bilder – Vorstellung der Kinoorgel'

5. Dezember 2009 ‚Wie zu Urgroßmutters Zeiten'
(wie 28. November 2009)

12. Dezember 2009 ‚Wie zu Urgroßmutters Zeiten'
(wie 28. November 2009)

13. Dezember 2009 Weihnachtskonzert mit dem Ensemble The Playfords
Björn Werner (Gesang), Annegret Fischer (Blockflöten), Erik Warkenthin (Laute, Barockgitarre), Benjamin Dreßler (Viola da gamba), Nora Thiele (Percussion); The Playfords

26./27. Dezember 2009 ‚Tönende Bilder – Vorstellung der Kinoorgel', ‚Kinoorgel live'
Das Cabinet des Dr. Caligari (1920) mit Franz Danksagmüller (Lübeck, Kinoorgel)

Literaturverzeichnis

Aufgenommen wurde die in den einzelnen Aufsätzen des Bandes zitierte Literatur. Keine Berücksichtigung fanden dabei Lexikonartikel, Archivalien, Musikalien, allgemeine Nachschlagewerke sowie Web-Hinweise.

Sigrid Abel-Struth: *Grundriß der Musikpädagogik*, Mainz 1985.

Hermann Abert: *Die Lehre vom Ethos in der griechischen Musik* (Sammlung musikwissenschaftlicher Arbeiten von deutschen Hochschulen, Bd. 2), Leipzig 1899.

Hermann Abert: *Johann Sebastian Bach. Bausteine zu einer Biographie*, hrsg. v. Michael Heinemann, Köln 2008.

Jacob Adlung: *Anleitung zu der musikalischen Gelahrtheit*, Erfurt 1758.

Jakob Adlung: *Musica Mechanica Organoedi*, hrsg. v. Johann Lorenz Albrecht, Bd. II, Berlin 1768.

Johann Friedrich Agricola: *Anleitung zur Singkunst*, Berlin 1757, Reprint, hrsg. v. Thomas Seedorf, Kassel u. a. 2002.

Christian Ahrens (Hrsg): *Katalog zur Sonderausstellung „Preise dein Glücke, gesegnetes Sachsen" anlässlich der 12. Tage Alter Musik in Herne*, Herne 1987.

Erdmann Hannibal Albrecht: *Sächsische evangelisch=luther'sche Kirchen= und Predigergeschichte, Ersten Bandes erste Fortsetzung*, Leipzig 1800.

Peter Allsop: *Cavalier Giovanni Battista Buonamente, Franciscan violinist*, Ashgate, Aldershot und Burlington 2005.

Christian Alschner: *Die Säkularisation der Klosterbibliotheken im albertinischen Sachsen (Mark Meißen, Leipzig und Pegau)*, Diss. masch. Leipzig 1969.

Stefan Altner: *Aus dem Archiv* [Artikel über das Leipziger Stiftungswesen zugunsten der Thomaner], in: Thomanerchor Leipzig, Almanach 2, Leipzig 1996/97, S. 62–71.

Stefan Altner: *Ein Schatz im Dornröschenschlaf, Das Thomas-Graduale in der Bibliotheca Albertina*, in: Leipziger Blätter, Heft 41, Leipzig 2002, S. 50 f.

Stefan Altner: *Das Thomaskantorat im 19. Jahrhundert, Bewerber und Kandidaten für das Leipziger Thomaskantorat in den Jahren 1842 bis 1918. Quellenstudium zur Entwicklung des Thomaskantorats und des Thomanerchors vom Wegfall der öffentlichen Singumhänge 1837 bis zur ersten Auslandsreise 1920*, 2. Aufl., Leipzig 2007.

Stefan Altner: *Sethus Calvisius, das Thomaskantorat und die Thomasschule um 1600. Zum 450. Geburtstag von Sethus Calvisius „Astronomus, Chronicus, Musicus, Poeta"*, in: TEMPUS MUSICÆ – TEMPUS MUNDI, Untersuchungen zu Seth Calvisius, hrsg. v. Gesine Schröder, Hildesheim 2008, S. 1–19.

Michael Arntz: *Hugo Riemann (1849–1919) – Leben, Werk und Wirkung*, Köln 1999.

Michael Arntz: *Nehmen Sie Riemann ernst*, in: Hugo Riemann (1849–1919). Musikwissenschaftler mit Universalanspruch, hrsg. v. Tatjana Böhme-Mehner und Klaus Mehner, Köln u. a. 2001, S. 9–16.

Michael Arntz: *Die Entwicklung der universitären Musikwissenschaft in Köln bis 1932*, in: Perspektiven und Methoden einer Systemischen Musikwissenschaft (Systemische Musikwissenschaft, Bd. 6), hrsg. v. Klaus Wolfgang Niemöller, Frankfurt am Main 2003, S. 49–63.

Ernst Gottlieb Baron: *Historisch-Theoretisch und Practische Untersuchung des Instruments der Lauten*, Leipzig 1727.

Rainer Bayreuther: *Struktur des Wissens in der Musik-Wissenschaft Lorenz Mizlers*, in: Die Musikforschung 56 (2003), S. 1–22.

Johann Christoff Beckmann: *Accessiones Historiae Anhaltinae [...]*, Zerbst 1716.

Klaus Beckmann, Hans-Joachim Schulze (Hrsg.): *Johann Gottfried Walther, Briefe*, Leipzig 1987.

Johann Beerens [...] Musicalische Discurse durch die Principia der Philosophie deducirt [...], Nürnberg 1719, Reprint mit einem Nachwort von Heinz Krause-Graumnitz, Leipzig 1982.

Beate Berger: *Variationen eines Themas. Quellen zur Musikgeschichte im Stadtarchiv Leipzig*, in: Musik & Dramaturgie. 15 Studien. Fritz Hennenberg zum 65. Geburtstag, hrsg. v. Beate Hiltner-Hennenberg, Frankfurt am Main 1997, S. 9–32.

Ernst Bergmann: *Die deutsche Nationalkirche*, Breslau 1933.

Ernst Bergmann: *Kleines System der deutschen Volksreligion* (Bücher der Burg, Bd. 2), Prag 1941.

Heinrich Besseler: *Zum Tode Wilibald Gurlitts*, in: Acta Musicologica 36 (1964), S. 48.

Heinrich Besseler: *Aufsätze zur Musikästhetik und Musikgeschichte*, hrsg. v. Peter Gülke, Leipzig 1978.

Heinrich Beyer: *Leichensermone auf Musiker des 17. Jahrhunderts*, in: Monatshefte für Musikgeschichte 7 (1875), S. 171–188.

Johann Abraham Birnbaum: *Verteidigung seiner Unpartheyischen Anmerkungen*, Leipzig 1739.

Ulrike Bodemann: *Cedulae actuum. Zum Quellenwert studentischer Belegzettel des Spätmittelalters. Mit dem Abdruck von Belegzetteln aus dem 14. bis frühen 16. Jahrhundert*, in: Schulliteratur im späten Mittelalter, hrsg. v. Klaus Grubmüller (Münstersche Mittelalter-Schriften, 69), München 2000, S. 435–499.

Wolfgang Boetticher: *Handschriftlich überlieferte Lauten- und Gitarrentabulaturen des 15. bis. 18. Jahrhunderts* (Répertoire international des sources musicales, B. VII.), München 1978.

Claudius Böhm, Sven-W. Staps (Hrsg.): *Das Leipziger Stadt- und Gewandhausorchester. Dokumente einer 250-jährigen Geschichte*, Leipzig 1993.

Claudius Böhm: *Ohne Bach kein Großes Konzert?*, in: GewandhausMagazin Nr. 25 (1999), S. 49–53.

Claudius Böhm, Hans-Rainer Jung: *Das Gewandhausorchester. Seine Mitglieder und seine Geschichte seit 1743*, Leipzig 2006.

Tatjana Böhme: *Wege von der Kunst zur Wissenschaft. Hermann Kretzschmars Wirken in Leipzig*, in: Hermann Kretzschmar. Konferenzbericht Olbernhau 1998, hrsg. v. Rainer Cadenbach und Helmut Loos, Chemnitz 1998, S. 44–51.

Tatjana Böhme-Mehner, Klaus Mehner (Hrsg.): *Hugo Riemann (1849–1919). Musikwissenschaftler mit Universalanspruch*, Köln u. a. 2001.

Emil Bohn: *Katalog Musik-Druckwerke bis 1700, welche in […] Breslau aufbewahrt werden*, Berlin 1883.

Karl Boysen: *Das älteste Statutenbuch des kleinen Fürstenkollegs der Universität Leipzig*, in: Beiträge zur Geschichte der Universität Leipzig im fünfzehnten Jahrhundert, zur Feier des 500-jährigen Jubiläums der Universität gewidmet von der Universitätsbibliothek, Leipzig 1909.

Werner Braun: *Kanons aus dem Leipziger Collegium musicum (1662 und 1673)*, in: Schütz-Jahrbuch 28 (2006), S. 49–64.

Albert Brause: *Johann Gottfried Stallbaum, ein Beitrag zur Geschichte der Thomasschule in der ersten Hälfte des 19. Jahrhunderts*, in: Thomasschulprogramme I 1896/1897; II 1897/1898, III 1898/1899, Leipzig 1896–1899.

Werner Breig: *Bach und Marchand in Dresden. Eine überlieferungskritische Studie*, in: Bach-Jahrbuch 84 (1998), S. 7–18.

Franz Brendel: *Geschichte der Musik in Italien, Deutschland und Frankreich* [1852], 7. Aufl., Leipzig 1889.

Isabell Brödner: *Die Schützpflege des Leipziger Riedel-Vereins von 1854 bis 1888*, Magisterarbeit, Institut für Musikwissenschaft der Universität Leipzig 2006.

Friedhelm Brusniak, Dietmar Klenke: *Sängerfeste und die Musikpolitik der deutschen Nationalbewegung*, in: Die Musikforschung 52 (1999), Heft 1, S. 29–54.

Hans-Joachim Buch: *Die Tänze, Lieder und Konzertstücke des Werner Fabricius*, Dissertation, Bonn 1961.

Erika Bucholtz: *Henri Hinrichsen und der Musikverlag C. F. Peters: Deutsch-jüdisches Bürgertum in Leipzig von 1891 bis 1938*, Tübingen 2001.

Georg Buchwald, Theo Herrle (Hrsg.): *Redeakte bei Erwerbung der akademischen Grade an der Universität Leipzig im 15. Jahrhundert* (Abhandlungen der Sächsischen Akademie der Wissenschaften zu Leipzig, Philologisch-Historische Klasse 36,5), Leipzig 1921.

Erica Buhlmann: *Der Männerchorgesang und Leipzig*, in: Der Männerchor. Nachrichtenblatt des Leipziger Männerchors e. V. 11 (1931), Heft 9, S. 161–164, Heft 11, S. 192–195, Heft 12, S. 207–212.

Enno Bünz: *Die Universität Leipzig um 1500*, in: Der Humanismus an der Universität Leipzig. Pirckheimer Jahrbuch 2008, S. 9–39.

Peter Burkhart: *Die lateinischen und deutschen Handschriften der Universitäts-Bibliothek Leipzig*, Bd. 2: *Die theologischen Handschriften*, Teil 1: *Ms 501–625* (Katalog der Handschriften der Universitäts-Bibliothek Leipzig V,2), Wiesbaden 1999.

Hermann J. Busch: *Fünf Jahrhunderte Orgeln in der Schlosskirche zu Wittenberg*, in: Die Orgel in der Schlosskirche zu Wittenberg, hrsg. v. evang. Predigerseminar und Anne-Dore Baumgarten, Wittenberg 1994, S. 8–23.

Rainer Cadenbach: *Einer der ersten Musikwissenschaftler des Deutschen Reiches – Hermann Kretzschmars Dissertation von 1871*, in Hermann Kretzschmar. Konferenzbericht Olbernhau 1998, hrsg. v. Rainer Cadenbach und Helmut Loos, Chemnitz 1998, S. 21–27.

Auguste Castan: *Note sur Jean-Baptiste Bésard de Besançon célébre luthiste*, in: Mémoires de la Société d'Emulation du Doubs, Besançon 1876.

Anton Chroust (Hrsg.): *Denkmäler der Schreibkunst des Mittelalters. Schrifttafeln in lateinischer und deutscher Sprache*, Serie 3, Bd. 2, Leipzig 1931–1935.

Jurist Gottlieb Siegmund Corvinus: *Proben Der POESIE In Galanten– Verliebten– Vermischten– Schertz- und Satyrischen Gedichten abgelegt Von Amaranthes*, Frankfurt und Leipzig 1710.

Jurist Gottlieb Siegmund Corvinus: *Proben Der POESIE In Galanten – Verliebten – Vermischten – Schertz- und Satyrischen Gedichten abgelegt Von Amaranthes. Anderer Theil [...]*, Frankfurt und Leipzig 1711.

Jurist Gottlieb Siegmund Corvinus: *Reiffere Früchte Der Poesie In unterschiedenen Vermischten Gedichten dargestellet von Gottlieb Siegmund CORVINO [...]*, Leipzig 1720.

Karoline Czerwenka-Papadopoulus: *Typologie des Musikerporträts in Malerei und Graphik. Das Bildnis des Musikers ab der Renaissance bis zum Klassizismus* (Denkschriften, hrsg. v. Österreichische Akademie der Wissenschaften, Philosophisch-Historische Klasse, Bd. 355), Wien 2007.

Paul Daehne: *Paul de Wit's Leben und Wirken*, in: Zeitschrift für Instrumentenbau 46 (1925/1926), S. 321–324.

Ulrich Dähnert: *Der Orgel- und Instrumentenbauer Zacharias Hildebrandt*, Leipzig 1962.

Ulrich Dähnert: *Historische Orgeln in Sachsen*, Leipzig 1980.

Hermann Danuser, Herfried Münkler (Hrsg.): *Deutsche Meister – böse Geister? Nationale Selbstfindung in der Musik*, Schliengen 2001.

Dietmar Debes: *Die Autographensammlung Nebauer*, in: Marginalien 66 (1977), S. 37–42.

Jenny Dieckmann: *Die in deutscher Lautentabulatur überlieferten Tänze des 16. Jahrhunderts*, Kassel 1931.

Gottfried Johann Dlabacz: *Allgemeines historisches Künstler-Lexikon für Böhmen [...]*, Prag 1815.

Arnold Dolmetsch: *The Interpretation of the Music of the XVIIth and XVIIIth Century*, London 1915.

Alfred Dörffel: *Die Gewandhausconcerte zu Leipzig. Geschichte der Gewandhausconcerte zu Leipzig vom 25. November 1781 bis 25. November 1881*, Leipzig 1884, Reprint Leipzig 1980.

Detlef Döring: *Die Beziehungen zwischen Johannes Kepler und dem Leipziger Mathematikprofessor Philipp Müller. Eine Darstellung auf der Grundlage neuentdeckter Quellen und unter besonderer Berücksichtigung der Astronomiegeschichte an der Universität Leipzig* (Sitzungsberichte der Sächsischen Akademie der Wissenschaften zu Leipzig, Philologisch-historische Klasse 126,6), Berlin 1986.

Detlef Döring: *Die Bestandsentwicklung der Bibliothek der Philosophischen Fakultät der Universität zu Leipzig von ihren Anfängen bis zur Mitte des 16. Jahrhunderts. Ein Beitrag zur Wissenschaftsgeschichte der Leipziger Universität in ihrer vorreformatorischen Zeit* (Zentralblatt für Bibliothekswesen, Beiheft 99), Leipzig 1990.

Detlef Döring: *Das Musikleben im Leipziger Collegium Gellianum in den vierziger und fünfziger Jahren des 17. Jahrhunderts*, in: Beiträge zur musikalischen Quellenforschung, hrsg. v. der Forschungs- und Gedenkstätte Schütz-Haus Bad Köstritz (Protokollband Nr. 2 der Kolloquien im Rahmen der Köstritzer Schütz-Tage), Bad Köstritz 1991, S. 123 f.

Detlef Döring: *Der junge Leibniz und Leipzig. Ausstellung zum 350. Geburtstag von Gottfried Wilhelm Leibniz im Leipziger Alten Rathaus*, Leipzig 1996.

Detlef Döring: *Ein unbekannter Brief G. E. Lessings vom 16. Dezember 1778 an Heinrich Christian Boie*, in: Lessing Yearbook 31 (1999), S. 1–10

Detlef Döring, Cecilie Hollberg (Hrsg.): *Erleuchtung der Welt. Sachsen und der Beginn der modernen Wissenschaften*, Dresden 2009.

Dagmar Droysen-Reber: *100 Jahre Berliner Musikinstrumenten-Museum 1888–1988*, in: 100 Jahre Berliner Musikinstrumenten-Museum 1888–1988, Berlin 1988.

Ulrike Dura: *Leipzig original. Stadtgeschichte vom Mittelalter bis zur Völkerschlacht. Katalog zur Dauerausstellung des Stadtgeschichtlichen Museums Leipzig im Alten Rathaus*, Teil I, hrsg. v. Stadtgeschichtlichen Museum Leipzig, Leipzig 2006.

Marmee Alexandra Eddy: *The Rost Codex and its Music*, Diss. Stanford University 1984.

Hans Heinrich Eggebrecht: *Musikgeschichte lebendig ergriffen. Zum Tode von Wilibald Gurlitt*, in: Archiv für Musikwissenschaft 19 (1963), S. 79–83.

Robert Eitner, Otto Kade (Hrsg.): *Katalog der Musik-Sammlung der Kgl. Öffentlichen Bibliothek zu Dresden*, Leipzig 1890.

Rudolf Eller: *Musikwissenschaft in Leipzig. Erfahrungen und Beobachtungen*, in: Musik und Musikwissenschaft in Leipzig, hrsg. v. Hartmut Grimm, Matthias Hansen, Klaus Mehner (Berliner Beiträge zur Musikwissenschaft, Beihefte zur Neuen Berlinischen Musikzeitung 9 [1994], Heft 3), S. 8–20.

Rudolf Eller: *Leipziger Musikwissenschaft im NS-Staat*, in: Musikstadt Leipzig im NS-Staat. Beiträge zu einem verdrängten Thema, hrsg. v. Thomas Schinköth, Altenburg 1997, S. 261–279.

Bernhard Engelke: *Johann Friedrich Fasch. Sein Leben und seine Tätigkeit als Vokalkomponist*, Halle 1908.

Georg Erler (Hrsg.): *Die Matrikel der Universität Leipzig* (Codex diplomaticus Saxoniae Regiae; 2,16–2,18), 3 Bde., Leipzig 1895–1902, Bd. 1: *Die Immatrikulationen von 1409 bis 1559*, Leipzig 1895; Bd. 2: *Die Promotionen von 1409 bis 1559*, Leipzig 1897; Bd. 3: *Register*, Leipzig 1902.

Georg Erler: *Leipziger Magisterschmäuse im 16., 17. und 18. Jahrhundert*, Leipzig 1905.

Georg Erler (Hrsg.): *Die jüngere Matrikel der Universität Leipzig 1559–1809*, 3 Bd., Leipzig 1909, Bd. 1: *Die Immatrikulationen vom Wintersemester 1559 bis zum Sommersemester 1634*; Bd. 2: *Die Immatrikulationen vom Wintersemester 1634 bis zum Sommersemester 1709*; Bd. 3: *Die Immatrikulationen vom Wintersemester 1709 bis zum Sommersemester 1809*.

Georg Erler (Hrsg.): *Die Matrikel der Albertus-Universität zu Königsberg i. Pr.*, Bd. 1, Leipzig 1910.

Thomas Jürgen Eschler: *Die Sammlung historischer Musikinstrumente des Musikwissenschaftlichen Instituts der Universität Erlangen-Nürnberg* (Quellenkataloge zur Musikgeschichte, Bd. 25), Wilhelmshaven 1993.

Rudolf Falk: *Geschichte der Sängerschaft Arion zu Leipzig 1849–1929* (Sonderheft der Arionenzeitung), Leipzig 1930.

Christoph Falkenroth: *Die Musica speculativa des Johannes de Muris. Kommentar zur Überlieferung und kritische Edition* (Beihefte zum Archiv für Musikwissenschaft 34), Stuttgart 1992.

Susan Fast (Hrsg.): *Johannis de Muris musica (speculativa)* (Musicological studies 61), Ottawa 1994.

Hellmut Federhofer: *Lorenz Christoph Mizlers Kommentare zu den beiden Büchern des Gradus ad Parnassum von Johann Joseph Fux*, in: Johann Joseph Fux und seine Zeit. Kultur, Kunst und Musik im Spätbarock, hrsg. v. Arnfried Edler und Friedrich Wilhelm Riedel, Laaber 1996, S. 121–136.

Joachim Feller: *Utriusque reipubl. proceribus reliquisque literarum aestimatoribus : qui Bibliothecae Paulinae augmenti vel ornamenti quid promisere aurem per Bibliothecarium Fellerumvellicat Apollo Lipsiensis, adjectis pro donation jam facta gratis*, Leipzig 1679.

Hans-Jürgen Feurich: *Institutionen der Musiklehrerausbildung für allgemeinbildende Schulen im Vergleich – ein einführender Überblick*, in: Handbuch der Musikberufe. Studium und Berufsbilder, hrsg. v. Eckart Rohlfs, Regensburg 1988, S. 269–281.

Hermann Fischer, Theodor Wohnhaas: *Sieben Jahrhunderte Nürnberger Orgelbau*, in: Der „Schöne" Klang, Studien zum historischen Instrumentenbau in Deutschland und Japan unter besonderer Berücksichtigung des alten Nürnberg, hrsg. v. Dieter Krickeberg, Nürnberg 1996, S. 158–170.

Werner Fläschendräger: *Geschichtliche Entwicklung und gesellschaftliche Stellung der Universität Leipzig im Spiegel ihrer Jubiläumsfeiern von 1509 bis 1959. Ein Beitrag zur Geschichte der Karl-Marx-Universität*, Dissertation, Universität Leipzig 1965.

Eszter Fontana: *Inventare der Pester Stadtpfarrkirche*, in: Musik-Geschichten. Festschrift Winfried Schrammek zum 70. Geburtstag, Leipzig 1999 (Privatdruck), S. 15–24.

Eszter Fontana, Veit Heller, Steffen Lieberwirth: *Wenn Engel musizieren*, Halle 2004, 2. Aufl. 2008.

Eszter Fontana: *Copies of Historical Musical Instruments in the Collection of the University of Leipzig*, in: Restauration and Conservation of Early Musical Instruments. The spinetta ovale by Bartolomeo Cristofori, hrsg. v. Gabriele Rossi-Rognoni, Firenze 2008, S. 53–92.

Eszter Fontana: *Annäherungen an die Alte Musik*, in: Alte Musik und Aufführungspraxis. Festschrift für Dieter Gutknecht zum 65. Geburtstag, hrsg. v. Dietrich Kämper, Klaus W. Niemöller u. Wolfram Steinbeck, Wien etc. 2008, S. 4–18.

Johann Nikolaus Forkel: *Ueber Johann Sebastian Bachs Leben, Kunst und Kunstwerke*, Leipzig 1802, Nachdruck hrsg. v. Walther Vetter, Berlin 1966.

Johannes Forner (Hrsg.): *Die Gewandhaus-Konzerte zu Leipzig 1781–1981. Mit einem zusammenfassenden Rückblick von den Anfängen bis 1781*, Leipzig 1981.

Emil Friedberg: *Die Leipziger Juristenfakultät, ihre Doktoren und ihr Heim 1409–1909* (Festschrift zur Feier des 500-jährigen Bestehens der Universität Leipzig, Bd. 2), Leipzig 1909.

Ernst Friedlaender (Hrsg.): *Aeltere Universitäts-Matrikeln*, I: *Universität Frankfurt a. O.*, Bd. 1, Leipzig 1887.

Felix Friedrich, Helmut Werner u. a. (Hrsg.): *Geschichte und Rekonstruktion der Trost-Orgel in der Konzerthalle Schloßkirche Altenburg* (Beiträge zur Altenburger Heimatkunde, Heft 10), Altenburg 1978.

Martin Heinrich Fuhrmann: *Musikalischer Trichter*, Frankfurt an der Spree [Berlin] 1706.

Ludwig Fuhrmann, Walter Meyer: *Die Geschichte des Arion in seinem 6. Jahrzehnt. Mai 1899 bis Mai 1909. Vom 50- bis zum 60-jährigen Stiftungsfeste*, Leipzig 1912.

Karl Josef Funk: *Hermann Abert – Musiker, Musikwissenschaftler, Musikpädagoge*, Stuttgart 1994.

Heinz Füßler (Hrsg.): *Leipziger Universitätsbauten. Die Neubauten der Karl-Marx-Universität seit 1945 und die Geschichte der Universitätsgebäude* (Leipziger Stadtgeschichtliche Forschungen, Bd. 6), Leipzig 1961.

Heinrich Geffcken, Heiin Tykocinski (Hrsg.): *Stiftungsbuch der Stadt Leipzig*, Leipzig 1905.

Anselm Gerhard (Hrsg.): *Musikwissenschaft – eine verspätete Disziplin? Die akademische Musikforschung zwischen Fortschrittsglauben und Modernitätsverweigerung*, Stuttgart und Weimar 2000.

Klaus Gernhardt, Hubert Henkel, Winfried Schrammek: *Orgelinstrumente, Harmoniums* (Musikinstrumenten-Museum der Karl-Marx-Universität Leipzig, Katalog Bd. 6), Leipzig 1983.

Klaus Gernhardt: *Kriterien für ein Restaurierungskonzept – ein Rückblick*, in: Kielinstrumente aus der Werkstatt Ruckers. Bericht über die Internationale Konferenz vom 13. bis 15. September 1996 im Händel-Haus Halle (Schriften des Händel-Hauses in Halle, Bd. 14), Halle 1998, S. 237–241.

Ephraim Gotthelf Gersdorf: *Beitrag zur Geschichte der Universität Leipzig: die Rectoren der Universität Leipzig […]*, Leipzig 1869.

Gottfried Gille: *Der Kantaten-Textdruck von David Elias Heidenreich, Halle 1665, in den Vertonungen David Pohles, Sebastian Knüpfers, Johann Schelles und anderer*, in: Die Musikforschung 28 (1985), S. 81–94.

Burkhard Glaetzner, Reiner Kontressowitz (Hrsg.), *Gruppe Neue Musik „Hanns Eisler" 1970–1990. Spielhorizonte*, Leipzig 1990.

Gerhart Glaser: *Franz von Holstein. Ein Dichterkomponist des 19. Jahrhunderts*, Diss. Leipzig 1930.

Andreas Glöckner: *Bachs Leipziger Collegium musicum und seine Vorgeschichte*, in: Die Welt der Bach-Kantaten, hrsg. v. Christoph Wolff und Ton Koopman, Bd. 2, Stuttgart und Kassel 1997, S. 105–117.

Andreas Glöckner: *„… daß ohne Hülffe derer Herren Studiosorum der Herr Cantor keine vollstimmende Music würde bestellen können…": Bemerkungen zur Leipziger Kirchenmusik vor 1723 und nach 1750*, in: Bach-Jahrbuch 87 (2001), S. 131–140.

Andreas Glöckner, *Alumnen und Externe in den Kantoreien der Thomasschule zur Zeit Bachs*, in: Bach-Jahrbuch 92 (2006), S. 9–36.

Andreas Glöckner: *Johann Sebastian Bach und die Universität Leipzig – Neue Quellen (Teil I)*, in: Bach-Jahrbuch 94 (2008), S. 159–201.

Herbert Glossner: *Szenische Johannes-Passion*, in: Musik und Kirche 67 (1997), S. 201.

Albert Göhler: *Der Riedel-Verein zu Leipzig. Eine Denkschrift zur Feier seines fünfzigjährigen Bestehens*, Leipzig 1904.

Maren Goltz: *Das Kirchenmusikalische Institut. Spuren einer wechselvollen Geschichte. Dokumentation der Ausstellung „Das Kirchenmusikalische Institut" im Rahmen der Wandelausstellung zum Bach-Jahr 2000 in Leipzig*, Leipzig 2001.

Maren Goltz: *Studien zur Geschichte der Bibliothek der Hochschule für Musik und Theater „Felix Mendelssohn Bartholdy" Leipzig von 1843 bis 1945 mit einem Ausblick bis zur Gegenwart* (Schriftliche Hausarbeit, Institut für Bibliothekswissenschaft der Humboldt-Universität Berlin), Leipzig 2003.

Otto Gombosi: *Der Lautenist Valentin Bakfark, Leben und Werke*, Budapest 1935.

Gerhard Graf: *Die Seminare der Lausitzer Prediger-Gesellschaft im Lehrbetrieb der Theologischen Fakultät*, in: Die Theologische Fakultät der Universität Leipzig. Personen, Profile und Perspektiven aus sechs Jahrhunderten Fakultätsgeschichte (BLUWiG Reihe A, Band 2), Leipzig 2005, S. 323–330.

Ingrid Graubner: *Er begann mit dem Dienstantritt bereits zu ‚regieren'. Der Musikwissenschaftler Fritz Reuter starb vor 40 Jahren*, in: Humboldt (Universitätszeitung der Humboldt-Universität Berlin), 10. Juli 2003, S. 11.

Stephan Greiner: *Gesangvereine in Leipzig dargestellt am Beispiel des ‚Arion' 1849–1936*, Magisterarbeit, Institut für Musikwissenschaft der Universität Leipzig 2008.

Carl Augustin Grenser: *Geschichte der Musik hauptsächlich aber des großen Concert- u. Theater-Orchesters in Leipzig. 1750–1838*, Leipzig 1840, hrsg. und transkribiert v. Otto Werner Förster, Leipzig 2005.

Imke Griebsch: *Musikalische Ensembles an der Universität Leipzig seit 1945*, in: Musik und Musikwissenschaft in Leipzig, hrsg. v. Hartmut Grimm, Matthias Hansen, Klaus Mehner (Berliner Beiträge zur Musikwissenschaft, Beihefte zur Neuen Berlinischen Musikzeitung 9 [1994], Heft 3), S. 34–39.

Matthias Gries: *Das Akademische Orchester der Karl-Marx-Universität Leipzig von 1954 bis 1992*, Magisterarbeit am Institut für Musikwissenschaft der Universität Leipzig, 2005.

Hartmut Grimm, Matthias Hansen, Klaus Mehner (Hrsg.): *Musik und Musikwissenschaft in Leipzig* (Berliner Beiträge zur Musikwissenschaft, Beihefte zur Neuen Berlinischen Musikzeitung 9 [1994], Heft 3).

Hans Große, Hans Rudolf Jung (Hrsg.): *Georg Philipp Telemann Briefwechsel. Sämtliche erreichbare Briefe von und an Telemann*, Leipzig 1972.

Rebecca Grotjahn: *Die Sinfonie im deutschen Kulturgebiet 1850 bis 1875. Ein Beitrag zur Gattungs- und Institutionengeschichte*, Sinzig 1998.

Bruno Grusnick: *Die Dübensammlung. Ein Versuch ihrer chronologischen Ordnung (Teil 2)*, in: Svensk Tidskrift för Musikforskning 48 (1966), S. 63–186.

Otto Günther: *Die Kestnersche Handschriften-Sammlung auf der Universitäts-Bibliothek in Leipzig*, in: Zentralblatt für Bibliothekswesen 9 (1892), S. 490–502.

Ulrich Günther: *Musikerziehung im Dritten Reich – Ursachen und Folgen*, in: Handbuch der Musikpädagogik, Bd. 1: Geschichte der Musikpädagogik, hrsg. v. Hans-Christian Schmidt, Kassel 1986, S. 85–173.

Cornelius Gurlitt: *Beschreibende Darstellung der Bau- und Kunstdenkmäler des Königreiches Sachsen: Stadt Leipzig*, Bd. II (Heft XVIII), Dresden 1896.

Wilibald Gurlitt: *Zwei archivarische Beiträge zur Geschichte des Orgelbaues in Braunschweig aus den Jahren 1626 und 1631*, in: Braunschweigisches Magazin 19 (1913), S. 80–84, 89–91.

Wilibald Gurlitt: *Die Wandlungen des Klangideals der Orgel im Lichte der Musikgeschichte*, in: Bericht über die Freiburger Tagung für deutsche Orgelkunst, hrsg. v. Wilibald Gurlitt, Augsburg 1926, S. 11–42.

Wilibald Gurlitt: *Der musikalische Denkmalwert der alten Musikinstrumente*, in: Tag für Denkmalpflege und Heimatschutz, Tagungsbericht, Breslau 1926, S. 89–94.

Wilibald Gurlitt: *Zur gegenwärtigen Orgel-Erneuerungsbewegung in Deutschland*, in: Musik und Kirche 1 (1929), S. 15–27.

Wilibald Gurlitt: *Eröffnung des musikwissenschaftlichen Instrumentenmuseums der Universität Leipzig*, in: Halbmonatsschrift für Schulmusik 24 (1929), Heft 8 [unter dem Titel *Festtag der deutschen Musik* auch abgedruckt in: Musica sacra 8 (1929), Heft 9, und: Zeitschrift für Kirchenmusiker 11 (1929/30), Heft 7].

Dieter Gutknecht: *Studien zur Geschichte der Aufführungspraxis Alter Musik. Ein Überblick vom Beginn des 19. Jahrhunderts bis zum Zweiten Weltkrieg*, 2. Aufl., Köln 1997.

Claus Haake: *Georg Friedrich Händel, Chorsätze aus Opern, Oratorien, Oden und anderen Chorwerken, Empfehlungen zur Repertoire- und Programmgestaltung der Chöre des künstlerischen Volksschaffens der DDR*, Leipzig 1984.

Annegret Haase, Helmut Lomnitzer (Hrsg.): *Johannes Rothes Elisabethleben* (Deutsche Texte des Mittelalters 85), Berlin 2005.

Ludwig Hain: *Repertorium bibliographicum in quo libri omnes ab arte typographica inventa usque ad annum MD typis expressi ordine alphabetico vel simpliciter enumerantur vel adcuratius recensentur*, Stuttgart etc. 1826–1838.

Ernst Hanisch: *Die politisch-ideologische Wirkung und „Verwendung" Wagners*, in: Richard-Wagner-Handbuch, hrsg. v. Ulrich Müller und Peter Wapnewski, Stuttgart 1986, S. 625–646.

Viktor Hantzsch: *Beiträge zur älteren Geschichte der kurfürstlichen Kunstkammer in Dresden*, in: Neues Archiv für Sächsische Geschichte und Altertumskunde, Bd. 23, Dresden 1902, S. 220–296.

Anselm Hartinger: *„Es gilt dem edelsten und erhabensten Theil der Musik" – Felix Mendelssohn Bartholdy, die Thomaner, die Thomaskirche und die Leipziger Stadtkirchenmusik. Neue Dokumente und Überlegungen zu einer unterschätzten Arbeitsbeziehung*, in: Mendelssohn-Studien 16 (2009), S. 139–186.

Paul Hase: *Festschrift zum 50-jährigen Jubiläum des Leipziger Lehrergesangvereins 1876–1926*, Leipzig 1926.

August Ferdinand Häser: *Versuch einer systematischen Übersicht der Gesangslehre*, Leipzig 1822.

August Ferdinand Häser: *Chorgesangsschule für Schul- und Theaterchöre und angehende Singvereine*, 2 Teile, Mainz 1831.

Jürgen Heidrich: *Der Meier–Mattheson–Disput. Eine Polemik zur deutschen protestantischen Kirchenkantate in der ersten Hälfte des 18. Jahrhunderts*, in: Nachrichten der Akademie der Wissenschaften in Göttingen, I. Phil.-Hist. Kl., Jg. 1995 Nr. 3, S. 57–107.

Jürgen Heidrich: *Protestantische Musikanschauung in der zweiten Hälfte des 18. Jahrhunderts. Studien zur Ideengeschichte ‚wahrer' Kirchenmusik*, Göttingen 2001.

Michael Heinemann: *Das Bach-Bild Hermann Kretzschmars*, in: Hermann Kretzschmar. Konferenzbericht Olbernhau 1998, hrsg. v. Rainer Cadenbach und Helmut Loos, Chemnitz 1998, Chemnitz 1998, S. 193–209.

Carsten Heinze: *Die Pädagogik an der Universität Leipzig in der Zeit des Nationalsozialismus 1933–1945*, Bad Heilbrunn 2001.

Birgit Heise: *Membranophone und Idiophone. Europäische Schlag- und Friktionsinstrumente* (Katalog des Musikinstrumenten-Museums der Universität Leipzig), Halle und Leipzig 2002.

Karl Held: *Das Kreuzkantorat zu Dresden*, Leipzig 1894.

Karl Heller: *Das Rostocker Jahrzehnt Hermann Kretzschmars*, in: Hermann Kretzschmar. Konferenzbericht Olbernhau 1998, hrsg. v. Rainer Cadenbach und Helmut Loos, Chemnitz 1998, S. 57–77.

Hermann von Helmholtz: *Die Lehre von den Tonempfindungen als physiologische Grundlage für die Theorie der Musik*, Braunschweig 1863.

Rudolf Helssig: *Die lateinischen und deutschen Handschriften*, Bd. 1: *Die theologischen Handschriften*, Teil 1 (Katalog der Handschriften der Universitäts-Bibliothek zu Leipzig IV,1), Leipzig 1926–1935, Nachdruck Wiesbaden 1995.

Rudolf Helssig: *Die lateinischen und deutschen Handschriften der Universitäts-Bibliothek Leipzig*, Bd. 3: *Die juristischen Handschriften* (Katalog der Handschriften der Universitätsbibliothek zu Leipzig VI,3), Leipzig 1905, Nachdruck Wiesbaden 1996.

Rudolf Helssig: *Die wissenschaftlichen Vorbedingungen für Baccalaureat in artibus und Magisterium im ersten Jahrhundert der Universität*, in: Beiträge zur Geschichte der Universität Leipzig im fünfzehnten Jahrhundert, zur Feier des 500-jährigen Jubiläums der Universität gewidmet von der Universitätsbibliothek, Leipzig 1909, Teil II.

Günther Hellwig: *Joachim Tielke. Ein Hamburger Lauten- und Violenmacher der Barockzeit*, Frankfurt am Main 1980.

Gunter Hempel: *Das Ende der Leipziger Ratsmusik im 19. Jahrhundert*, in: Archiv für Musikwissenschaft 15 (1958), S. 187–197.

Irene Hempel, Gunter Hempel: *Musikstadt Leipzig*, Leipzig 1979, 2. Aufl. 1986.

Hubert Henkel: *Zum 50. Todestag von Paul de Wit*, in: Schriftenreihe des Musikinstrumenten-Museums der Karl-Marx-Universität, Heft 1: *Jahresbericht 1975*, Leipzig 1976, S. 7–12.

Hubert Henkel: *Beiträge zum historischen Cembalobau* (Beiträge zur musikwissenschaftlichen Forschung in der DDR, Bd. 11), Leipzig 1979.

Hubert Henkel: *Musikinstrumenten-Museum der Karl-Marx-Universität Leipzig: Geschichte und Aufgaben*, in: Neue Museumskunde. Theorie und Praxis der Museumsarbeit 22 (1979), Nr. 2, S. 81–92.

Hubert Henkel: *Kielinstrumente* (Musikinstrumenten-Museum der Karl-Marx-Universität Leipzig, Katalog Bd. 2), Leipzig 1979.

Hubert Henkel: *Clavichorde* (Musikinstrumenten-Museum der Karl-Marx-Universität Leipzig, Katalog Bd. 4), Leipzig 1981.

Hubert Henkel: *Das Musikhistorische Museum von Paul de Wit*, in: Das Bosehaus am Thomaskirchhof. Eine Leipziger Kulturgeschichte, hrsg. v. Armin Schneiderheinze, Leipzig 1989, S. 175–201.

Fritz Hennenberg: *Musikgeschichte der Stadt Leipzig im 19. und 20. Jahrhundert. Studien zur Methodologie und Konzeption*, in: Beiträge zur Musikwissenschaft 33 (1991), Heft 3, S. 225–249, Heft 4, S. 259–289

Frank Hentschel: *Bürgerliche Ideologie und Musik. Politik der Musikgeschichtsschreibung in Deutschland 1776–1871*, Frankfurt am Main 2006.

Roland Hentzschel: *Der Orgelbauer Johann Gottlieb Mauer*, in: Händel-Hausmitteilungen, hrsg. v. Freundes- und Förderkreis des Händel-Hauses zu Halle e. V., Juni 2008, S. 54–60.

Rainer Herberger: *Gedanken zur Musiklehrerausbildung an der Universität Leipzig*, in: Musikpädagogik in den neuen Bundesländern – Aufarbeitung und Neubeginn, hrsg. v. Hans-Jürgen Feurich und Gerd Stiehler, Essen 1996, S. 183–188.

Rainer Herberger: *Prof. Dr. Richard Petzoldt (1907–1974) – eine herausragende Persönlichkeit in der DDR-Geschichte der Musikpädagogik*, in: Die Pädagogische Fakultät der Universität Leipzig (1946–1955), hrsg. v. einem Autorenkollektiv unter Leitung von H.-G. Paul (nicht veröffentlichter Tagungsbericht 2001 aus Privatbesitz), S. 31–40.

Rainer Herberger, Renate Völkel, Manfred Würzberger: *Das Institut für Musikerziehung*, in: Zur Geschichte der Pädagogischen Fakultät der Universität Leipzig 1946–1955, Bd. 4, hrsg. v. Alexander Bolz, Leipzig 2002, S. 179–185.

Herbert Heyde: *Flöten* (Musikinstrumenten-Museum der Karl-Marx-Universität Leipzig, Katalog Bd. 1), Leipzig 1978.

Herbert Heyde: *Trompeten, Posaunen, Tuben* (Musikinstrumenten-Museum der Karl-Marx-Universität Leipzig, Katalog Bd. 3) Leipzig 1980.

Herbert Heyde: *Hörner und Zinken* (Musikinstrumenten-Museum der Karl-Marx-Universität Leipzig, Katalog Bd. 5), Leipzig 1982.

Herbert Heyde: *Produktionsformen und Gewerbeorganisation im Leipziger Musikinstrumentenbau des 16. bis 18. Jahrhunderts*, in: Der „Schöne" Klang, Studien zum historischen Instrumentenbau in Deutschland und Japan unter besonderer Berücksichtigung des alten Nürnberg, hrsg. v. Dieter Krickeberg, Nürnberg 1996, S. 217–248.

hy [Hermann Heyer]: *Musikwissenschaftliches Institut und Instrumentenmuseum. Ein Besuch im Flügelbau des Grassimuseums*, in: Neue Leipziger Zeitung, 27. Oktober 1940

Johann Adam Hiller: *Anweisung zum musikalisch-richtigen Gesange*, Leipzig 1774.

Johann Adam Hiller *Lebensbeschreibungen berühmter Musikgelehrten und Tonkünstler neuerer Zeit*, Leipzig 1784, Faksimile, hrsg. v. Bernd Baselt, Leipzig 1975.

Johann Adam Hiller: *Anweisung zum Violinspielen für Schulen und zum Selbstunterrichte*, Leipzig [1792].

Johann Adam Hiller, *Mein Leben. Autobiographie, Briefe und Nekrologe*, hrsg. v. Mark Lehmstedt, Leipzig 2004.

Oliver Hilmes: *Der Streit ums „Deutsche". Alfred Heuß und die Zeitschrift für Musik* (Musikstadt Leipzig, Bd. 5), Hamburg 2003.

Johannes Martin Hirsch, *Lotzes Musikästhetik*, Diss. Königsberg 1924.

Hans Hofmann: *Gottesdienst und Kirchenmusik in der Universitätskirche zu St. Pauli-Leipzig seit der Reformation (1543–1918)*, in: Beiträge zur Sächsischen Kirchengeschichte 32 (1919) [Jahresheft für 1918], S. 119–151.

M.[agister] Fr.[iedrich] G[ottlob] Hofmann: *Versuch einer historisch-statistischen Beschreibung der beiden Leipziger Gymnasien oder der Thomas- und Nicolaischule. Mit vielen Urkunden und anderen Beilagen*, Bd. 1: *Historische Beschreibung der Thomasschule, Erster Theil*, Ms. Thomasalumnat, o. J. [entstanden ca. 1841].

Johannes Hohlfeld: *Geschichte der Sängerschaft Arion (Sängerschaft in der D. S.) 1909–1924*, Leipzig 1924.

Volker Honemann: *Leipziger „magistrandi" als Musikinstrumente: Die Magisterpromotion des Peter Eschenloer und seiner Kommilitonen im Jahre 1449*, in: Die Musikforschung 61 (2008), S. 122–127.

Stefan Horlitz: *Oscar Paul. Ein Gelehrtenleben in Leipzig*, in: Musik und Bürgerkultur. Leipzigs Aufstieg zur Musikstadt, hrsg. v. Stefan Horlitz und Marion Recknagel (Leipzig – Musik und Stadt, Bd. 2), Leipzig 2007, S. 365–386.

August Horneffer: *Johann Rosenmüller (ca. 1619–1684)*, Dissertation, Charlottenburg 1898.

Maria Hübner: *Der Bach-Verein zu Leipzig 1875–1920*, in: Bach-Jahrbuch 83 (1997), S. 97–115.

Maria Hübner: *Leipziger Karfreitagskonzerte*, 2 Teile, in: GewandhausMagazin, Nr. 42, Frühjahr 2004, S. 40–42 sowie Nr. 43, Sommer 2004, S. 36–38.

Elisabeth Hütter: *Die Pauliner-Universitätskirche zu Leipzig. Geschichte und Bedeutung*, Weimar 1993.

Gisela Jaacks: *Arp Schnitger und die Hamburger Zünfte*, in: Acta organologica 28 (2004), S. 275–281.

Sylvie Jacottet: *Caspar Borner (†1547) und seine Bücher. Einbandkundliche Merkmale als ein Mittel, die Privatbibliothek des Rektors der Leipziger Universität bei der Einführung der Reformation zu rekonstruieren*, in: Einband-Forschung, Heft 25 (2009), S. 21–31.

Annegrete Janda-Bux: *Die Entstehung der Bildnissammlung an der Universität Leipzig und ihre Bedeutung für die Geschichte des Gelehrtenporträts*, in: Wissenschaftliche Zeitschrift der Karl-Marx-Universität Leipzig 4 (1954/55), S. 143–168.

Fritz Jöde: *Interview mit Peter Harlan, Protokoll der Tonbandaufzeichnung aus dem Archiv der Jugendmusikbewegung*, Teil 1–2, in: Windkanal (2006), Nr. 3.

Hans John: *Der Dresdner Kreuzchor und seine Kantoren*, Berlin 1982.

Hans Rudolf Jung, Hans-Eberhard Dentler: *Briefe von Lorenz Mizler und Zeitgenossen an Meinrad Spiess (mit einigen Konzepten und Notizen)*, in: Studi Musicali XXXII (2003), N. 1, S. 73–196.

Cornelia Junge: *„Ein Tisch, gezimmert aus dem Holz der Arche Noah". Studien zum Karzer der Leipziger Universität*, in: Journal. Mitteilungen und Berichte für die Angehörigen und Freunde der Universität Leipzig, Heft 3/2000, S. 46–49.

Ellen Jünger: *Musik + Wissenschaft = Hugo Riemann. Ausstellung in der Bibliotheca Albertina 13. November 2008–14. Februar 2009* (Schriften aus der Universitätsbibliothek Leipzig, Bd. 14), Leipzig 2008.

Otto Kaemmel: *Geschichte des Leipziger Schulwesens vom Anfange des 13. bis gegen die Mitte des 19. Jahrhunderts (1214–1846)*, Leipzig 1909.

Nicole Kämpken, Michael Ladenburger (Hrsg.): *Beethoven und der Musikverlag Breitkopf & Härtel. Begleitbuch zu einer Ausstellung des Beethoven-Hauses Bonn*, Bonn 2007.

Roland Kanz: *Dichter und Denker im Porträt. Spurengänge zur deutschen Porträtkultur des 18. Jahrhunderts* (Kunstwissenschaftliche Studien, Bd. 59), München 1993.

Karl-Marx-Universität, HA Kultur (Hrsg.): *Der Leipziger Universitätschor. Beiträge zur Universitätsmusik der Stadt Leipzig 1600–1976*, Leipzig 1976.

Gerhard Karpp: *Bibliothek und Skriptorium der Zisterzienserabtei Altzelle*, in: Altzelle. Zisterzienserabtei in Mitteldeutschland und Hauskloster der Wettiner, hrsg. v. Martina Schattkowsky und André Thieme (Schriften zur sächsischen Landesgeschichte 3), Leipzig 2002, S. 193–233.

Friedrich Kenner: *Die Porträtsammlung des Erzherzogs Ferdinand von Tirol*, in: Jahrbuch der Kunsthistorischen Sammlungen in Wien, 15 (1894), S. 248 f.

Ralf Ketterer: *Schreibmaschinen hämmern alte Musik. Die Korrespondenz im Nachlass Dr. Dr. h. c. Ulrich Rück*, in: Kulturgut. Mitteilungsblatt des Germanischen Nationalmuseums, 2007, 2. Quartal, Heft 13, S. 12–14.

Georg Kinsky: *Musikhistorisches Museum von Wilhelm Heyer in Cöln. Katalog*, Bd. 1: *Besaitete Tasteninstrumente, Orgeln und orgelartige Instrumente, Friktionsinstrumente*, Leipzig 1910.

Georg Kinsky: *Musikhistorisches Museum von Wilhelm Heyer in Cöln. Katalog*, Bd. 2: *Zupf- und Streichinstrumente*, Leipzig 1912.

Georg Kinsky: *Kleiner Katalog der Sammlung alter Musikinstrumente*, Leipzig 1913.

G[eorg] K[insky]: *Zur Eröffnung des Musikhistorischen Museums von Wilhelm Heyer, Cöln am 20. September 1913*, Köln 1913.

Georg Kinsky: *Musikhistorisches Museum von Wilhelm Heyer in Cöln. Katalog*, Bd. 4: *Musikautographen*, hrsg. v. Wilhelm Heyer, Leipzig 1916.

Georg Kinsky: *Geschichte der Musik in Bildern*, Leipzig 1929.

Peter Király: *Jean Baptiste Besard: new and neglected biographical information*, in: The Lute 35 (1995), S. 62–72.

Peter Király: *Einige Beobachtungen und Anmerkungen über Lautenmusikquellen, Lautenisten und Amateure im 16. und frühen 17. Jahrhundert*, in: Die Laute. Jahrbuch der Deutschen Lautengesellschaft Nr. 1, Frankfurt am Main 1997, S. 24–44.

Peter Király: *Valentin Bakfark*, in: Beiträge zur Musikgeschichte der Siebenbürger Sachsen, hrsg. v. Karl Teutsch, Kludenbach 1999, S. 7–47.

Erik Kjellberg: *Instrumentalmusiken i Dübensamlingen. En Översikt*, Uppsala 1968.

Erik Kjellberg: *Über Inhalt und Bedeutung der Instrumentalmusik in der Düben-Sammlung. Zur Geschichte der schwedischen Hofkapelle in Buxtehudes Zeit*, in: Dietrich Buxtehude und die europäische Musik seiner Zeit. Bericht über das Lübecker Symposion 1987, hrsg. v. Arnfried Edler und Friedhelm Krummacher (Kieler Schriften zur Musikwissenschaft 35), Kassel 1990, S. 162–182.

Sebastian Klotz, Helmut Loos: *Musikwissenschaft*, in: Geschichte der Universität Leipzig 1409–2009, hrsg. v. der Universität Leipzig, Bd. 4: Fakultäten, Institute, Zentrale Einrichtungen, Leipzig 2009, 1. Halbband, Leipzig 2009, S. 253–269.

Emil Kneschke: *Zur Geschichte des Theaters und der Musik in Leipzig*, Leipzig 1864.

Agatha Kobuch: *Zensur und Aufklärung in Kursachsen. Ideologische Strömungen und politische Meinungen zur Zeit der sächsisch-polnischen Union (1697–1763)*, Weimar 1988.

Eduard Emil Koch: *Geschichte des Kirchenliedes und Kirchengesanges der christlichen, insbesondere der deutschen evangelischen Kirche*, Bd. 4, Stuttgart 1868, Reprint Hildesheim 1973.

Hans-Peter Kosack: *Geschichte der Laute und Lautenmusik in Preussen*, Kassel 1935.

Rainer Kößling: *Caspar Borner*, in: Sächsische Lebensbilder, Bd. 5, hrsg. v. Gerald Wiemers (Quellen und Forschungen zur sächsischen Geschichte 22), Stuttgart 2003, S. 45–74.

Rainer Kößling: *Caspar Borners Beitrag zur Pflege der ‚studia humanitatis' an der Leipziger Universität*, in: Der Humanismus an der Universität Leipzig. Pirckheimer Jahrbuch 2008, S. 41–57.

Richard Kötzschke: *Geschichte der Universitäts-Sängerschaft zu St. Pauli in Leipzig 1822–1922*, Leipzig 1922.

Günther Kraft: *Die thüringische Musikkultur um 1600*, Teil I: *Die Grundlagen der thüringischen Musikkultur um 1600*, Würzburg 1941.

Eduard Kral: *Taschenbuch für deutsche Sänger*, Wien 1864, Nachdruck mit Einführung hrsg. v. Friedhelm Brusniak und Dietmar Klenke, Schillingsfürst 1996.

Alessandro Kraus: *Musée Kraus à Florence. Catalogue des instruments de musique anciens et modernes du Musée Kraus*, Firenze 1878

Alessandro Kraus: *Catalogo della collezione etnografico-musicale Kraus in Firenze. Sezione istrumenti musicali*, Firenze 1901

Alessandro Kraus figlio: *La musique au Japon [...] 85 figures en photographie représentant les instruments japonais du Musée Kraus à Florence*, 3 Bde., Firenze 1878, 1879, 1880.

Alessandro Kraus figlio: *Gli strumenti musicali degli Ostiacchi*, in: Archivio per l'antropologia e l'etnologia 11 (1881), S. 249–254.

Konrad Krause: *Alma mater Lipsiensis. Geschichte der Universität Leipzig von 1409 bis zur Gegenwart*, Leipzig 2003.

Hermann Kretzschmar: *Führer durch den Concertsaal. I. Abtheilung: Sinfonie und Suite*, 1. Aufl. Leipzig 1887; 2. Aufl. Leipzig 1890; 3. Aufl. Leipzig 1898.

Hermann Kretzschmar: *Einige Bemerkungen über den Vortrag alter Musik*, in: Hermann Kretzschmar: Gesammelte Aufsätze aus den Jahrbüchern der Musikbibliothek Peters, hrsg. von Karl Huber, Leipzig 1973, S. 100–119.

Heinrich Gottlieb Kreussler: *Geschichte der Universität Leipzig*, Dessau und Leipzig 1810.

Ernst Kroker: *Die Universität Leipzig im Jahre 1742*, in: Georg Merseburger (Hrsg.), Leipziger Kalender. Illustriertes Jahrbuch und Chronik 5 (1908), S. 71–79.

Theodor Kroyer: *Die circumpolare Oper. Zur Wagnergeschichte*, in: Jahrbuch der Musikbibliothek Peters (1919), S. 16–33.

Theodor Kroyer: *Die Wiedererweckung des historischen Klangbildes in der musikalischen Denkmalpraxis*, in: Mitteilungen der Internationalen Gesellschaft für Musikwissenschaft 2 (1930), S. 61–64, 79–83.

Martin Kügler: *Handwerker und Gelehrter, Sammler und Mäzen. Wenceslaus Buhlen (1619–1685) aus Breslau im Spiegel seiner Leichenpredigt*, in: Silesia nova, Bd. 4 (2007), Heft 2, S. 75–83.

Wilhelm Külz: *Leben und Streben des Akademischen Gesangvereins Arion während der 50 Jahre seines Bestehens. Festschrift zum 50-jährigen Jubiläum*, Leipzig-Reudnitz 1899.

R. W. Kurka: *Paul de Wit's Colossalgruppe „Allegorie der Tonkunst" auf der Internationalen Ausstellung für Musik und Theaterwesen in Wien 1882*, in: Zeitschrift für Instrumentenbau 12 (1892), S 438 f.

Konrad Küster: *Leipzig und die norddeutsche Orgelkultur des 17. Jahrhunderts. Zu Werner Fabricius, Jacob Weckmann und ihrem Umkreis*, in: Ständige Konferenz Mitteldeutsche Barockmusik, Jahrbuch 2000, Eisenach 2001, S. 22–41.

Konrad Küster: *Die Leipziger Organistenkultur des 17. Jahrhunderts. Beobachtungen am Fabricius-Konvolut der Universitätsbibliothek Freiburg im Breisgau*, in: Schütz-Jahrbuch 28 (2006), S. 65–87.

Paul Langer: *Chronik der Leipziger Singakademie. Herausgegeben zur 100-jährigen Jubelfeier am 14.–16. Februar 1902*, Leipzig 1902.

Wolfgang Langner: *Der Gewandhauschor zu Leipzig. Von den Anfängen bis 2000*, Beucha 2005.

Ernst Latzko: *Die Eröffnung des Instrumenten-Museums der Universität Leipzig*, in: Das neue Leipzig, Jahrgang 1929/1930, S. 31–33.

Irene Lawford-Hinrichsen: *Music Publishing and Patronage. C. F. Peters: 1800 to the Holocaust*, Oxford 2000.

Arno Lehmann: *Die Instrumentalwerke von Johann Rosenmüller*, Dissertation, Leipzig 1965.

Georg Lehmann: *Das verlassene / aber in der That keines weges verlassene Weiblein [...] Bey Christlicher Volckreicher Leich-Bestattung [...] Annen Dorotheen / gebohrner Rappoltin [...] Joachim Fellers [...]*, Leipzig 1677.

Georg Lehmann: *Der Gefallene / aber nicht weggeworffene Gerechte / Bey Christlicher und Volckreicher Leich-Bestattung Des Wohl-Ehrwürdigen / Großachtbarn und Hochgelahrten HERRN Joachim Fellers [...] In der Pauliner-Kirchen den 10. April Anno 1691. fürgestellet*, Leipzig 1692.

Pit Lehmann: *Vom Verteidigungsgelände zum Promenadenring*, in: Leipzig um 1800. Beiträge zur Sozial- und Kulturgeschichte, hrsg. v. Thomas Topfstedt und Hartmut Zwahr, Leipzig 1998, S. 7–16.

[Georg Christian Lehms]: *Historische Beschreibung der weltberühmten Universität Leipzig [...]*, Leipzig 1710.

Georg Christian Lehms: *Teutschlands Galante Poetinnen Mit Ihren sinnreichen und netten Proben; Nebst einem Anhang Ausländischer Dames / So sich gleichfalls durch Schöne Poesien Bey der curieusen Welt bekannt gemacht, und einer Vorrede. Daß das Weibliche Geschlecht so geschickt zum Studieren / als das Männliche / ausgefertiget Von Georg Christian Lehms*, Frankfurt am Main 1715, Reprint Leipzig 1973.

Ulrich Leisinger: *Biedermann und Bach – Vordergründe und Hintergründe eines gelehrten Streites im 18. Jahrhundert*, in: Musik, Kunst und Wissenschaft im Zeitalter Johann Sebastian Bachs (Leipziger Beiträge zur Bach-Forschung 7), Hildesheim etc. 2005, S. 141–167.

Ernst-Heinrich Lemper: *Die Thomaskirche zu Leipzig*, Leipzig 1954.

Monika Lichtenfeld: *Zur Geschichte, Idee und Ästhetik des historischen Konzerts*, in: Die Ausbreitung des Historismus über die Musik, hrsg. v. Walter Wiora, Regensburg 1969, S. 41–53.

Ulrike Liedtke: *Karl Ottomar Treibmann. Klangwanderungen*, Altenburg 2004.

Uta Lindgren: *Die Artes liberales in Antike und Mittelalter: bildungs- und wissenschaftsgeschichtliche Entwicklungslinien* (Algorismus 8), München 1992.

Harold Bruce Lobaugh: *Three German Lute Books: Denss's Florilegium, 1594; Reymann's Noctes Musicae, 1598; Rude's Flores Musicae, 1600*, Diss., University of Rochester 1968.

Katrin Löffler: *Die Zerstörung. Dokumente und Erinnerungen zum Fall der Universitätskirche Leipzig*. Leipzig 1993.

Gerhard Loh: *Geschichte der Universitätsbibliothek Leipzig von 1543–1832. Ein Abriß* (Zentralblatt für Bibliothekswesen, Beiheft 96), Leipzig 1987.

Gerhard Loh: *Die Leipziger Buchbinder im 15. Jahrhundert. Zugleich ein methodischer Beitrag zur Nutzung historischer Bucheinbände für die Erforschung der örtlichen Buchgewerbe- und Handwerkergeschichte*, Diss. Humboldt-Universität Berlin 1989.

Gabriel M. Löhr OP: *Die Dominikaner an der Leipziger Universität* (Quellen und Forschungen zur Geschichte des Dominikanerorden in Deutschland 30), Vechta 1934

Harald Lönnecker: *Archivalien zur Studentengeschichte aus dem Universitätsarchiv Leipzig*, Frankfurt am Main 1998.

Harald Lönnecker: *„Nicht Erz und Stein, Musik soll unser Denkmal sein!" Die Singbewegung und das nie gebaute Denkmal der Deutschen Sängerschaft (Weimarer CC)*, in: Einst und Jetzt. Jahrbuch des Vereins für corpsstudentische Geschichtsforschung 47 (2002), S. 321–352.

Harald Lönnecker: *„Entsetzliche Schlägereien und Saufereien aus nächster Nähe". Eine Männerdomäne: Studentische Verbindungen im Wandel der Jahrhunderte*, in: Journal. Mitteilungen und Berichte für die Angehörigen und Freunde der Universität Leipzig, Heft 6/2007, Leipzig 2007, S. 26–29.

Helmut Loos: *Christian Gottlob Neefe. Das Schaffen. Werkverzeichnis*, in: Christian Gottlob Neefe. Ein sächsischer Komponist wird Beethovens Lehrer. Katalogbuch zur gleichnamigen Ausstellung des Schloßbergmuseums Chemnitz in Zusammenarbeit mit dem Beethoven-Haus Bonn, Chemnitz 1997, S. 59–115.

Helmut Loos: *Hermann Kretzschmars musikalischer Wertekanon*, in: Hermann Kretzschmar. Konferenzbericht Olbernhau 1998, hrsg. v. Rainer Cadenbach und Helmut Loos, Chemnitz 1998, S. 113–116.

Helmut Loos: *Max Klinger und das Bild des Komponisten*, in: Imago Musicae XIII (1996), Lucca 1998, S. 165–188.

Helmut Loos: *Tempel der Kunst – Kathedralen der Nation: Opern- und Konzerthäuser vor 1914*, in: Musikgeschichte zwischen Ost- und Westeuropa. Kirchenmusik – geistliche Musik – religiöse Musik. Bericht der Konferenz Chemnitz 28.–30. Oktober 1999 anläßlich des 70. Geburtstages von Klaus Wolfgang Niemöller, hrsg. v. Helmut Loos und Klaus-Peter Koch (Edition IME, Reihe I: Schriften, Bd. 7), Sinzig 2002, S. 345–359.

Helmut Loos: *Das Beethoven-Jahr 1970*, in: Beethoven 2. Studien und Interpretationen, hrsg. v. Mieczyslaw Tomaszewski und Magdalena Chrenkow, Kraków 2003, S. 161–169.

Helmut Loos: *Gesangvereinswesen in Leipzig*, in: Choral Music and Choral Societies and their Role in the Development of the National Musical Cultures. Symposium (18th Slovenian Musical Days 2003), hrsg. v. Primož Kuret, Ljubljana 2004, S. 153–161.

Helmut Loos: *Der deutsche Schumann. Wandlungen eines Künstlerbildes*, in: Nationale Musik im 20. Jahrhundert. Kompositorische und soziokulturelle Aspekte der Musikgeschichte zwischen Ost- und Westeuropa. Konferenzbericht Leipzig 2002, hrsg. v. Helmut Loos und Stefan Keym, Leipzig 2004, S. 389–408.

Helmut Loos: *Die Universität Leipzig als Stätte musikalischer Ausbildung*, in: Erleuchtung der Welt. Sachsen und der Beginn der modernen Wissenschaften, hrsg. v. Detlef Döring und Cecilie Hollberg, Dresden 2009, Essayband, S. 338–343.

Joachim Lüdtke: *Die Lautenbücher Philipp Hainhofers (1578–1647)*, Göttingen 1999.

Joachim Lüdtke: *Handschrift Mus. ant. pract. 2000 der Lüneburger Ratsbücherei: Das Lautenbuch des Wolff Christian von Harling*, in: Die Laute. Jahrbuch der Deutschen Lautengesellschaft Nr. 5, Frankfurt am Main 2003.

Rüdiger Lux, Martin Petzoldt (Hrsg.): *Vernichtet, vertrieben – aber nicht ausgelöscht. Gedenken an die Sprengung der Universitätskirche St. Pauli zu Leipzig nach 40 Jahren*, Leipzig und Berlin 2008.

Christoph Mackert: *Repositus ad Bibliothecam publicam – eine frühe öffentliche Bibliothek in Altzelle?* (mit einem Anhang: *Verzeichnis der nachweisbaren Bände aus der Altzeller bibliotheca publica*), in: Die Zisterzienser und ihre Bibliotheken. Buchbesitz und Schriftgebrauch im Kloster Altzelle, hrsg. v. Tom Graber und Martina Schattkowsky (Schriften zur sächsischen Geschichte und Volkskunde 28), Leipzig 2008, S. 85–170.

Almuth Märker: *Die Bibliothek des Benediktinerklosters Pegau*, in: Zur Erforschung mittelalterlicher Bibliotheken. Chancen – Entwicklungen – Perspektiven, hrsg. v. Andrea Rapp und Michael Embach (Zeitschrift für Bibliothekswesen und Bibliographie, Sonderbände 97), Frankfurt am Main 2009, S. 275–289.

Michael Märker: *Musik und Musikwissenschaft in Leipzig*, in: *Musik und Musikwissenschaft in Leipzig*, hrsg. v. Hartmut Grimm, Matthias Hansen, Klaus Mehner (Berliner Beiträge zur Musikwissenschaft, Beihefte zur Neuen Berlinischen Musikzeitung 9 [1994], Heft 3), S. 4–7.

Johann Mattheson: *Das Neu-Eröffnete Orchestre*, Hamburg 1713, Neudruck Hildesheim 1993.

Johann Mattheson: *Critica Musica*, Bd. 2, Hamburg 1725, Reprint Laaber 2003.

Johann Mattheson: *Grundlage einer Ehrenpforte*, Hamburg 1740, Neudruck Berlin 1910.

Michael Maul: *Der 200. Jahrestag des Augsburger Religionsfriedens (1755) und die Leipziger Bach-Pflege in der zweiten Hälfte des 18. Jahrhunderts*, in: Bach-Jahrbuch 86 (2000), S. 101–118.

Michael Maul: *Musik und Musikpflege in Leipzig nach dem Dreißigjährigen Krieg (1645–1660)*, Magisterarbeit, Universität Leipzig 2001.

Michael Maul: *Elias Nathusius. Ein Leipziger Komponist des 17. Jahrhunderts*, in: Ständige Konferenz Mitteldeutsche Barockmusik. Jahrbuch 2001, Schneverdingen 2002, S. 70–98.

Michael Maul: *Academiae musicus Werner Fabricius. Vor 350 Jahren Bestallung des Leipziger Universitätsmusikdirektors*, in: Jubiläen 2006, Personen, Ereignisse, Leipzig 2006, S. 167–170.

Michael Maul: *Die musikalischen Ereignisse anlässlich der Erbhuldigung von Johann Georg II. (1657). Ein Beitrag zur Rekonstruktion von Leipziger Festmusiken im 17. Jahrhundert*, in: Schütz-Jahrbuch 28 (2006), S. 89–121.

Michael Maul: *Scheidt-Dokumente aus der Lutherstadt Eisleben*, in: Samuel Scheidt (1587–1654). Werk und Wirkung. Bericht über die Internationale wissenschaftliche Konferenz in Halle (Schriften des Händel-Hauses in Halle 20), Halle 2006, S. 201.

Michael Maul: *‚Alte' und ‚neue' Materialien zu barocken Organistenproben in Mittel- und Norddeutschland*, in: Basler Jahrbuch für Historische Aufführungspraxis 32 (2008), S. 221–249.

Michael Maul: *Barockoper in Leipzig (1693–1720)* (Voces: Freiburger Beiträge zur Musikgeschichte, Bd. 12), Freiburg 2009.

Hendrikje Mautner: *Wege der Musikvermittlung. Hermann Kretzschmars ‚Führer durch den Concertsaal'*, in: Gattungsgeschichte als Kulturgeschichte. Festschrift für Arnfried Edler, hrsg. v. Christine Siegert u. a., Hildesheim 2008, S. 163–174.

Jürgen May: *Georg Leopold Fuhrmanns Testudo Gallo-Germanica*, Frankfurt am Main 1992.

Dörte Melzer: *Nachlaß Julius Klengel jun. Ordnung und Aufbereitung eines Nachlasses* (Abschluss-Hausarbeit an der Fachschule für wissenschaftliches Bibliothekswesen), Leipzig 1971.

Georg Mentz (Hrsg.): *Die Matrikel der Universität Jena*, Bd. 1: *1548 bis 1652*, Jena 1944.

Christian Meyer u. a. (Hrsg.), *Sources manuscrites en tablature, Luth et theorbe (c. 1500–c. 1800)*, Bd. 2: *Bundesrepublik Deutschland* (Collection d'etudes musicologiques. Bd. 87), Baden-Baden und Bouxwiller 1994.

Christian Meyer (Bearb.): *The Theory of Music*, Vol. 6: *Manuscripts from the Carolingian Era up to c. 1500. Addenda, Corrigenda. Descriptive Catalogue*, München 2003.

Clemens Meyer: *Geschichte der Güstrower Hofkapelle: Darstellung der Musikverhältnisse am Güstrower Fürstenhofe im 16. und 17. Jahrhundert*, in: Jahrbücher des Vereins für Mecklenburgische Geschichte und Altertumskunde, Bd. 83, Aufsatz 1, Schwerin 1919, S. 1–46.

Kathi Meyer: *Katalog der internationalen Austellung „Musik im Leben der Völker"*, Frankfurt am Main 1927.

Kurt Meyer: *der Fünfzehnte nach Bach: Thomaskantor Hans-Joachim Rotzsch*, Schkeuditz 2000.

Christian Friedrich Michaelis: *Ueber den Geist der Tonkunst und andere Schriften*, hrsg. von Lothar Schmidt (Musikästhetische Schriften nach Kant, Bd. 2), Chemnitz 1997.

Andreas Michel: *Zithern. Musikinstrumente zwischen Volkskultur und Bürgerlichkeit* (Katalog des Musikinstrumenten-Museums der Universität Leipzig), Leipzig 1995.

Andreas Michel: *Zistern. Europäische Zupfinstrumente von der Renaissance bis zum Historismus* (Katalog des Musikinstrumenten-Museums der Universität Leipzig), Leipzig und Halle 1999.

Andreas Michel (Hrsg.): *Gitarren von Richard Jacob ‚Weißgerber'* (Katalog des Museums für Musikinstrumente der Universität Leipzig), Leipzig 2007.

Ulrich Michels: *Die Musiktraktate des Johannes de Muris* (Beihefte zum Archiv für Musikwissenschaft 8), Wiesbaden 1970.

Klaus Miehling: *Direktion und Dirigieren in der Barockoper*, in: Basler Jahrbuch für historische Musikpraxis 24 (2000), S. 25–47.

Carl Borromäus von Miltitz, *Über das Institut der Stadtmusiker*, in: Allgemeine musikalische Zeitung 39 (1837), Sp. 825.

Lorenz Mizler: *Sammlungen auserlesener moralischer Orden*, Faksimile der ersten, zweiten und dritten Sammlung nach den einzigen erhaltenen Exemplaren der Originalausgabe. Mit einem Nachwort in Deutsch und Englisch von Dragan Plamenac, Leipzig 1972.

Andreas Nachtsheim (Hrsg.): *Die Lautentraktate des Ms. Sloane 1021 British Museum (Stobaeus-Manuskript)*, Welschneudorf 1996.

Werner Neumann: *Das „Bachische Collegium Musicum"*, in: Bach-Jahrbuch 47 (1960), S. 5–27.

Werner Neumann, Hans-Joachim Schulze (Hrsg.): *Schriftstücke von der Hand Johann Sebastian Bachs* (Bach-Dokumente, Bd. 1), Leipzig 1963.

Werner Neumann, Hans-Joachim Schulze (Hrsg.): *Fremdschriftliche und gedruckte Dokumente zur Lebensgeschichte Johann Sebastian Bachs 1685–1750* (Bach-Dokumente, Bd. 2), Leipzig und Kassel 1969.

Werner Neumann: *Eine Leipziger Bach-Gedenkstätte*, in: Das Bosehaus am Thomaskirchhof. Eine Leipziger Kulturgeschichte, hrsg. v. Armin Schneiderheinze, Leipzig 1989, S. 11–30.

Klaus Wolfgang Niemöller: *Untersuchungen zu Musikpflege und Musikunterricht an den deutschen Lateinschulen vom ausgehenden Mittelalter bis um 1600* (Kölner Beiträge zur Musikforschung 54), Regensburg 1969.

Klaus Wolfgang Niemöller: *Kultur als nationale Selbstvergewisserung. Die Musik und die Jahrtausendfeiern im Rheinland 1925*, in: Nationale Musik im 20. Jahrhundert. Kompositorische und soziokulturelle Aspekte der Musikgeschichte zwischen Ost- und Westeuropa. Konferenzbericht Leipzig 2002, hrsg. v. Helmut Loos u. Stefan Keym, Leipzig 2004, S. 447–456.

Elisabeth Noack: *Die Bibliothek der Michaeliskirche zu Erfurt*, in: Archiv für Musikwissenschaft 7 (1924/25), S. 65–116.

Elisabeth Noack: *Wolfgang Carl Briegel. Ein Barockkomponist in seiner Zeit*, Berlin 1963.

Eckard Nolte: *Lehrpläne und Richtlinien für den schulischen Musikunterricht in Deutschland vom Beginn des 19. Jahrhunderts bis in die Gegenwart*, Mainz 1975.

Johann Carl Conrad Oelrichs: *Historische Nachricht von den akademischen Würden in der Musik und öffentlichen musikalischen Akademien und Gesellschaften*, Berlin 1752.

[ohne Autor]: *Gehorsambste Aufwartung Welche Bey deß Durchlauchtigsten Hochgebornen Fürsten v. Herrn Herrn Johann Georgen Hertzogen zu Sachsen […] Nach geschlossenen Teützschen Friede Glücklichen Einzuge in die Stadt Leipzigk in einen Musicalischen Aufzuge bey wehrender Nacht Unterthänigst abgeleget Die sämbtlich daselbst Studirenden*, Leipzig 1650.

[ohne Autor]: *Glückwünschung An Hn. Friedrich Blumbergen von Schneeberg Als er zu Leipzig Magister worden von zweyen guten Freunden überbracht / unter welchen die Music Johann Rosenmüllers*, Leipzig 1650.

[ohne Autor]: *Schuldige Auffwartung, mit welcher dem [...] Herrn Jacob Wellern [...] bey seinem Anwesen zu Leipzig die daselbst studierenden Meissner und Voigtländer in einer Nacht-Musik begegnet haben*, Leipzig 1650.

[ohne Autor]: *Die wohlgestimmte Harffe*, Leipzig 1684.

[ohne Autor]: *Der angenehme Betrug / oder der CARNEVAL von VENEDIG wurden mit Ihro Königl. Majest. in Pohlen / und Churfürstl. Durchl. zu Sachsen Allergnädigster Bewilligung / bey solenner Begehung Des dritten Jubel-Fests der Weltberühmten Universität Leipzig / Auf dem daselbst befindlichen THEATRO vorgestellet in einer OPERA*, Leipzig 1709.

[ohne Autor]: *Das Dritte Jubel-Fest der berühmten Universität Leipzig/ Mit historischer Feder entworffen [...]*, Leipzig 1710.

[ohne Autor]: *Beschreibung des Leipziger Dritten Academici Jubilaei, mit allen seinen Solennitaeten [...] Von einem der dabey gewesen*, Jena 1710.

[ohne Autor]: *Oratio secularis de Viris Eruditis, qui Lipsiam scriptis atque doctrina illustrem reddiderunt, in Academia Lipsieni [...]*, Leipzig 1710.

[ohne Autor]: *Konzert auf altertümlichen Musikinstrumenten in Basel*, in: Deutsche Instrumentenbau-Zeitung 3 (1902–1903), Nr. 6 [richtig:7!], 7. Dezember 1902, S. 68.

[ohne Autor]: *Historische Konzerte in Essen*, in: Zeitschrift für Instrumentenbau 25 (1904), Nr. 14, S. 391.

[ohne Autor]: *Besinnlicher Spaziergang durch das Leipziger Instrumenten-Museum*, in: Zeitschrift für Instrumentenbau 61 (1941), S. 81–83.

[ohne Autor]: *Kammermusik-Vereinigung am Musikinstrumenten-Museum der Karl-Marx-Universität*, in: Schriftenreihe des Musikinstrumenten-Museums der Karl-Marx-Universität 1 (1975), S. 39–42.

Helmuth Osthoff: *Adam Krieger (1634–1666). Neue Beiträge zur Geschichte des deutschen Liedes im 17. Jahrhundert*, Leipzig 1929.

Annette Otterstedt: *Friedrich Ernst und seine Kartei. Ein Pionier der Restaurierung von Musikinstrumenten*, in: VDR Beiträge zur Erhaltung von Kunst- und Kulturgut, Heft 1/2 2007, S. 76–82.

Andrew Parrott: *Bachs Chor zum neuen Verständnis*, Stuttgart und Weimar 2003.

David Peifer [Davidis Peiferi]: *Lipsia seu Originum Lipsiensium, Libri IV. cum Quibusdam additamenitis, Curante*, Leipzig 1689.

Karl Peiser: *Johann Adam Hiller. Ein Beitrag zur Musikgeschichte des 18. Jahrhunderts*, Leipzig 1894.

Franzjosef Pensel (Bearb.): *Verzeichnis der deutschen mittelalterlichen Handschriften in der Universitätsbibliothek Leipzig*, zum Druck gebracht von Irene Stahl (Deutsche Texte des Mittelalters 70, Verzeichnisse altdeutscher Handschriften 3), Berlin 1998.

Manfred Peters: *Johann Sebastian Bach: Was heißt „Klang-Rede"?* (Musik-Konzepte 119), München 2003.

Martin Petzoldt: *Zur Bachforschung an der Karl-Marx-Universität zu Leipzig seit 1974*, in: *Musik und Musikwissenschaft in Leipzig*, hrsg. v. Hartmut Grimm, Matthias Hansen, Klaus Mehner (Berliner Beiträge zur Musikwissenschaft, Beihefte zur Neuen Berlinischen Musikzeitung 9 [1994], Heft 3), S. 21–24.

Heinrich Pfeil: *Richard Müller und der akademische Gesangverein „Arion" in Leipzig. Ein Festgruß zu ihrem 40-jährigen Jubiläum*, in: Die Sängerhalle. Allgemeine Deutsche Gesangvereinszeitung für das In- und Ausland 29 (1889), Heft 15, S. 223–225.

Julius Pflug: *Correspondance*, Recueillie et éd. avec introd. et notes par J. V. Pollet, Bd. 1: *1510–1539*, Leiden 1969.

Reinhard Pfundt: *Willkommen Schulmusik. Der Wiedereinzug der Schulmusik in die Hochschule – Rückblick und Hintergründe*, in: MT-Journal Nr. 8, Sonderheft, hrsg. v. der Hochschule für Musik und Theater ‚Felix Mendelssohn Bartholdy' Leipzig, Wintersemester 1999/2000, S. 1.

Gerhard Piccard (Bearb.): *Die Ochsenkopf-Wasserzeichen* (Veröffentlichungen der Staatlichen Archivverwaltung Baden-Württemberg, Sonderreihe: Die Wasserzeichenkartei Piccard im Hauptstaatsarchiv Stuttgart, Findbuch II), Stuttgart 1966.

Gerhard Pietzsch: *Zur Pflege der Musik an den deutschen Universitäten bis zur Mitte des 16. Jahrhunderts*, Nachdruck mit Vorwort, Ergänzungen und neuerer Literatur, Hildesheim etc. 1971.

Alexander Pilipczuk: *Neue Erkenntnisse zu Ausbildung und Profession des Lautenmachers und Kaufmanns Joachim Tielke*, in: Jahrbuch des Museums für Kunst und Gewerbe Hamburg, Neue Folge 20–22 (2001–2003), Hamburg 2006, S 19–38.

Pamela M. Potter: *Die deutscheste der Künste. Musikwissenschaft und Gesellschaft von der Weimarer Republik bis zum Ende des Dritten Reichs*, Stuttgart 2000.

Michael Praetorius: *Syntagma musicum*, Bd. 2: *De Organographia*, Wolfenbüttel 1619, Faksimile-Reprint hrsg. v. Wilibald Gurlitt (Documenta Musicologica, Erste Reihe, Bd. 14), Kassel u. a. 1958.

Fred K. Prieberg: *Handbuch Deutsche Musiker 1933–1945*, Auprès des Zombry 2004 (Veröffentlichung auch als CD-ROM).

Arthur Prüfer: *Johan Herman* [sic] *Schein*, Leipzig 1895, Reprint Kassel 1989.

Arthur Prüfer: *Friedrich Chrysander und seine Händel-Reform*, Leipzig 1902.

Arthur Prüfer: *Johann Hermann Schein und das weltliche Lied des 17. Jahrhunderts*, Leipzig 1908.

Arthur Prüfer: *Weltkrieg und Musik*, in: Westermanns Monatshefte 60 (1916), S. 857–863.

Paul Raabe: *Blaubuch, Kulturelle Leuchttürme in Brandenburg, Mecklenburg-Vorpommern, Sachsen, Sachsen-Anhalt und Thüringen*, Berlin 2001.

Wolfgang Rathert: *Hermann Kretzschmar in Berlin*, in: Hermann Kretzschmar. Konferenzbericht Olbernhau 1998, hrsg. v. Rainer Cadenbach und Helmut Loos, Chemnitz 1998, S. 141–163.

Lothar Rathmann: *Alma Mater Lipsiensis. Geschichte der Karl-Marx-Universität Leipzig*, Leipzig 1984.

Johannes Rautenstrauch: *Luther und die Pflege der kirchlichen Musik in Sachsen (14.–19. Jahrhundert), ein Beitrag zur Geschichte der katholischen Brüderschaften, der vor- und nachreformatorischen Kurrenden, Schulchöre und Kantoreien Sachsens*, Leipzig 1905, Reprint Hildesheim 1970.

Georg Reichert: *Martin Crusius und die Musik in Tübingen um 1590*, in: Archiv für Musikwissenschaft 10 (1953), S. 185–212.

Erich Reimer: *Nationalbewußtsein und Musikgeschichtsschreibung in Deutschland 1800–1850*, in: Die Musikforschung 46 (1993), S. 17–31.

Ralph-Jürgen Reipsch, Telemanns „Zuschrift" der Vier und zwanzig, theils ernsthaften, theils scherzenden, Oden" (Hamburg 1741) an Scheibe – eine Satire auf Mizler?, in: Biographie und Kunst als historiographisches Problem. Bericht über die Internationale Wissenschaftliche Konferenz anläßlich der 16. Magdeburger Telemann-Festtage Magdeburg, 13. bis 15. März 2004 (Telemann-Konferenzbericht XIV), hrsg. v. Joachim Kremer, Wolf Hobohm und Wolfgang Ruf, Hildesheim etc. 2004, S. 233–260.

Denise Restout: *Landowska on Music*, 3. Aufl., New York 1981.

G. Reuschke, F. Hartung: *Chronik der Leipziger Liedertafel*, Leipzig 1892.

Alfred Richter: *Aus Leipzigs musikalischer Glanzzeit. Erinnerungen eines Musikers* [ca. 1913], hrsg. v. Doris Mundus, Leipzig 2004..

Arno Richter: *Die historische und ethnografische Ausstellung von Musikinstrumenten im Krystallpalast zu Leipzig*, in: Zeitschrift für Instrumentenbau 3 (1882/1883), S. 244, 255 f., 267 f.

Bernhard Friedrich Richter: *Joh. Seb. Bach und die Universität zu Leipzig*, in: Monatshefte für Musikgeschichte 33 (1901), S. 101–110.

Bernhard Friedrich Richter: *Joh. Seb. Bach und die Universität zu Leipzig*, in: Bach-Jahrbuch 22 (1925), S. 1–10.

Eva Rieger: *Schulmusikerziehung in der DDR*, Frankfurt am Main 1977.

Hugo Riemann: *Studien zur Geschichte der Notenschrift*, Leipzig 1878, Reprint Wiesbaden 1970.

Hugo Riemann: *Geschichte der Musik seit Beethoven (1800–1900)*, Berlin und Stuttgart 1901.

Georg Rietschel: *Wir können nichts wider die Wahrheit, sondern für die Wahrheit. Predigt bei der Wiedereröffnung der Paulinerkirche in Leipzig II. p. Tr. 1899*, Leipzig 1899.

Monique Rollin: *Étude biographique et appareil critique*, in: *Oeuvres pour luth seul de J. B. Besard*, hrsg. v. André Souris und Monique Rollin (Corpus des Luthistes Français), Paris 1969.

Constanze Rora: *Hans Joachim Köhler zum 70. Geburtstag*, in: Robert Schumann und die Öffentlichkeit. Hans Joachim Köhler zum 70. Geburtstag, hrsg. von Helmut Loos, Leipzig 2007, S. X–XIII.

Annegret Rosenmüller: *Musik und Erkenntnis*, in: Ein Kosmos des Wissens. Weltschrifterbe in Leipzig, hrsg. v. Ulrich Johannes Schneider (Schriften aus der Universitätsbibliothek 15), Leipzig 2009, S. 136–147.

Franco Rossi: *Pacolini da Borgotaro versus Pacolone da Padova, Francesco da Milano nell'antologia manoscritta di Castelfranco Veneto*, in: Trent'anni di richerche musicologiche, Studi in onore di F. Alberto Gallo, hrsg. v. Patrizia Dalla Vecchia und Donatella Restani, Roma 1996, S. 167–196.

Gabriele Rossi-Rognoni (Hrsg.): *Alessandro Kraus musicologico e antropologo*, Firenze 2004.

Bruno Röthig, Kläre Röthig: *Aus einer sächsischen Kantorei. Erinnerungen aus des Lebens Mittag*, Leipzig [o. J.].

Paul Rubardt: *Johann Scheibe. Zu seinem 200. Todestag*, in: Musik und Kirche 18 (1948), S. 173 f.

Paul Rubardt: *Führer durch das Musikinstrumenten-Museum der Karl-Marx-Universität Leipzig*, Leipzig 1955, 2. Aufl. 1964.

Gertrud Rudloff-Hille: *Hilfsbuch der Museumsarbeit*, Dresden 1953.

Martin Ruhnke: *Beiträge zu einer Geschichte der deutschen Hofmusikkollegien im 16. Jahrhundert*, Berlin 1963.

Oskar Schäfer: *Der Leipziger Riedelverein. Die Geschichte eines gemischten Chores*, in: Die Musikpflege 9 (1938/39), S. 17–22.

Christian Schatt: *Die Leipziger Tischlerinnung im 18. Jahrhundert*, in: *Leipzig um 1800. Beiträge zur Sozial- und Kulturgeschichte*, hrsg. v. Thomas Topfstedt und Hartmut Zwahr, Leipzig 1998, S. 95–112.

Martina Schattkowsky: *Zwischen Rittergut, Residenz und Reich: Die Lebenswelt des kursächsischen Landadligen Christoph von Loß auf Schleinitz (1574–1620)*, Leipzig 2007.

Johann Adolph Scheibe: *Critischer Musikus. Neue, vermehrte und verbesserte Auflage*, Leipzig 1745.

Gottfried Ephraim Scheibel: *Zufällige Gedancken Von der Kirchen-Music, Wie Sie heutiges Tages beschaffen ist Allen rechtschaffnen Liebhabern der MUSIC zur Nachlese und zum Ergötzen wohlmeinende ans Licht gestellet Von Gottfried Ephraim Scheibel*, Frankfurt und Leipzig 1721.

Arnold Schering: *Zur Grundlegung der musikalischen Hermeneutik*, in: Zeitschrift für Ästhetik und allgemeine Kunstwissenschaft, hrsg. v. Max Dessoir, Bd. 9, Heft 2, Stuttgart (1914), S. 168–175.

Arnold Schering: *Tabellen zur Musikgeschichte. Ein Hilfsbuch beim Studium der Musikgeschichte*, Leipzig 1914, Neufassung: Frank Reinisch, *Neue Tabellen zur Musikgeschichte*, Wiesbaden u. a. 2003.

Arnold Schering: *Die Leipziger Ratsmusik von 1650 bis 1775*, in: Archiv für Musikwissenschaft 3 (1921), S. 17–53.

Arnold Schering: *Ein Memorial Joh. Kuhnaus*, in: Zeitschrift für Musikwissenschaft, 4 (1921/22), S. 612–614.

Arnold Schering: *Musikgeschichte Leipzigs*, Bd. 2: *Von 1650 bis 1723*, Leipzig 1926.

Arnold Schering: *Musikgeschichte Leipzigs*, Bd. 3: *Johann Sebastian Bach und das Musikleben Leipzigs im 18. Jahrhundert*, Leipzig 1941.

Thomas Schinköth: *Einfach in die Luft gejagt ... Spurensuche: Musik und Musiker an der Leipziger Paulinerkirche*, in: Triangel. Das Programmjournal, hrsg. v. Mitteldeutschen Rundfunk, 3. Jg. Heft 6–8 (Juni bis August 1998).

Thomas Schinköth: *Die Universität und ihre Musik*, in: GewandhausMagazin Nr. 45 (2004/05), S. 32–37.

Thomas Schipperges: *Die Akte Heinrich Besseler. Musikwissenschaft und Wissenschaftspolitik in Deutschland 1924 bis 1949*, München 2005.

Friedrich Schmidt: *Das Musikleben der bürgerlichen Gesellschaft Leipzigs im Vormärz (1815–1848)* (Musikalisches Magazin, Heft 47), Diss., Langensalza 1912.

Günther Schmidt: *Die Musik am Hofe der Markgrafen von Brandenburg-Ansbach*, Kassel und Basel 1956.

Johann Michael Schmidt: *Musico-Theologia, Oder Erbauliche Anwendung Musicalischer Wahrheiten*, Bayreuth und Hof 1754.

Ludwig Schmidt: *Beiträge zur Geschichte der wissenschaftlichen Studien in sächsischen Klöstern*, I: *Altzelle*, erweiterter Sonderabdruck aus dem Neuen Archiv für Sächsische Geschichte und Altertumskunde 18 (1897), Dresden 1897.

Adolf Schmiedecke: *Heinrich Steucke (Steuccius) 1579–1645*, in: Die Musikforschung 17 (1964), S. 40 f.

Alfred Schöne (Hrsg.): *Briefe von Moritz Hauptmann Kantor und Musikdirektor an der Thomasschule zu Leipzig an Franz Hauser*, 2. Bd., Leipzig 1871.

Wilhelm Schöne: *Zur Chronik der Weihnachtsaufführungen des Arion*, in: Arionenzeitung 40 (1930), Heft 1, S. 34–40.

Winfried Schrammek: *Die Ausbildung von Musikinstrumenten-Restauratoren im Musikinstrumenten-Museum der Karl-Marx-Universität Leipzig*, in: Neue Museumskunde, 12 (1969), Heft 1, S. 98–105.

Winfried Schrammek: *Capella Fidicinia. Alte Musik in werkgerechter Interpretation*, in: Leipziger Blätter 10 (1987), S. 55–58.

Winfried Schrammek, Frieder Zschoch (Red.): *Freundes- und Förderkreis Musikinstrumenten-Museum der Universität Leipzig e. V. Festliche Gründungsveranstaltung am 14. Dezember 1991*, Leipzig 1992.

Winfried Schrammek: *Über die Ära Schultz im Musikinstrumenten-Museum der UniveritätUniversität Leipzig*, in: 10 Jahre Fachrichtung Alte Musik. Hochschule für Musik und Theater Felix Mendelssohn Bartholdy, hrsg. v. Christoph Krummacher, Leipzig 2001, S. 12–14.

Hermann Schreibmüller: *Das Ansbacher Gymnasium 1528–1928*, Ansbach 1928.

Heribert Schröder: *Beethoven im Dritten Reich. Eine Materialsammlung*, in: Beethoven und die Nachwelt. Materialien zur Wirkungsgeschichte Beethovens, hrsg. von Helmut Loos, Bonn 1986, S. 187–221.

Johann Friedrich Schubert: *Neue Singe-Schule*, Leipzig 1804.

Dr. H. S-z [Helmut Schultz]: *Von der Pflege alter Musik auf alten Instrumenten*, in: Die Mirag. Illustrierte Rundfunk-Zeitung, 27. November 1929.

Helmut Schultz: *Führer durch das Musikwissenschaftliche Musikinstrumenten-Museum der Universität Leipzig*, Leipzig 1929.

Helmut Schultz: *Die Karl-Straube-Orgel des Musikwissenschaftlichen Instituts und Instrumenten-Museums der Universität Leipzig*, Leipzig 1930.

Helmut Schultz: *Johann Vesque von Püttlingen. 1803–1883*, Regensburg 1930.

Helmut Schultz: *Instrumentenkunde*, Leipzig 1931.

Hans-Joachim Schulze: *Lorenz Mizlers Societät der musikalischen Wissenschaften in Deutschland*, in: Gelehrte Gesellschaften im mitteldeutschen Raum (1650–1820), hrsg. v. Detlef Döring und Kurt Nowak, Teil III (Abhandlungen der Sächsischen Akademie der Wissenschaften zu Leipzig. Phil.-hist. Klasse, Bd. 76, Heft 6), Stuttgart und Leipzig 2002, S. 101–111.

Johann Daniel Schulze: *Abriß einer Geschichte der Leipziger Universität*, Neue bis zum Jahre 1810 vermehrte Ausgabe, Leipzig 1810.

Georg Schünemann: *Geschichte der deutschen Schulmusik*, 2. Aufl., Köln 1931.

Gudula Schütz: „*Den Liebhabern der Musik, die sie eben so gern mit dem Verstande als mit den Fingern studieren." Johann Adam Hillers Nachrichten und Anmerkungen die Musik betreffend*, in: Musik und Bürgerkultur. Leipzigs Aufstieg zur Musikstadt, hrsg. v. Stefan Horlitz und Marion Recknagel (Leipzig – Musik und Stadt, Bd. 2), Leipzig 2007, S. 10–36.

Christian Schwela: *Zentrum und Peripherie. Stadtkern, Vorstädte und Umland von Leipzig im frühen 19. Jahrhundert*, in: Leipzig um 1800. Beiträge zur Sozial- und Kulturgeschichte, hrsg. v. Thomas Topfstedt und Hartmut Zwahr, Leipzig 1998, S. 163–173.

Katrin Seidel: *Carl Reinecke und das Leipziger Gewandhaus*, Hamburg 1998.

Wilhelm Seidel: *Hugo Riemann und die Institutionalisierung der Musikwissenschaft in Leipzig*, in: Musikwissenschaft als Kulturwissenschaft damals und heute. Internationales Symposion (1998) zum Jubiläum der Institutsgründung an der Universität Wien vor 100 Jahren, hrsg. v. Theophil Antonicek und Gernot Gruber, Tutzing 2005, S. 187–196.

Wilhelm Seidel: *Musikalische Publizistik und Kanonbildung. Über Franz Brendels Entwurf einer neuen Musikästhetik*, in: Musiktheorie 21 (2006), S. 27–36.

Wilhelm Seidel: *Friedrich Rochlitz. Über die musikgeschichtliche Bedeutung seiner journalistischen Arbeit*, in: Musik und Bürgerkultur. Leipzigs Aufstieg zur Musikstadt, hrsg. v. Stefan Horlitz und Marion Recknagel (Leipzig – Musik und Stadt, Bd. 2), Leipzig 2007, S. 37–41.

Susanne Shigihara (Hrsg.): „*Die Konfusion in der Musik". Felix Draesekes Kampfschrift und ihre Folgen* (Veröffentlichungen der Internationalen Draeseke-Gesellschaft, Bd. 4), Bonn 1990.

Christoph Ernst Sicul: *Neo Annalium Lipsiensium Continuatio II*, Leipzig 1715–1717.

Andreas Silbermann: *Das Silbermann-Archiv. Der handschriftliche Nachlaß des Orgelmachers Johann Andreas Silbermann (1712–1783)*, hrsg. v. Marc Schaefer, Winterthur 1994.

Ernst Simon: *Mechanische Musikinstrumente früherer Zeiten und ihre Musik*, Wiesbaden 1960.

Matthias Simon: *Ansbachisches Pfarrerbuch* (Einzelarbeiten zur Kirchengeschichte Bayerns XXVIII), Nürnberg 1955–1957.

Paul Simon: *Das Museum alterthümlicher Musikinstrumente des Herrn Paul de Wit zu Leipzig*, in: Neue Zeitschrift für Musik 15 (1887), Bd. 83, S. 159–160, 172.

Josef Sittard: *Geschichte des Musik- und Concertwesens in Hamburg*, Altona und Leipzig 1890.

Douglas Alton Smith: *A history of the lute from Antiquity to the Renaissance*, Lute Society of America 2002.

Marion Söhnel: *Der Leipziger Universitätschor der Karl-Marx-Universität*, in: Johann Sebastian Bach. Lebendiges Erbe, hrsg. v. den Nationalen Forschungs- und Gedenkstätten Johann Sebastian Bach der DDR (Beiträge zur Bachpflege der DDR 7), Leipzig 1979, S. 12–18.

Marion Söhnel: *...auch nach dem Studium der Musik verbunden bleiben. Aus Vergangenheit und Gegenwart des Uni-Chores*, in: Universitätszeitung Karl-Marx-Universität 36. Organ der Kreisleitung der SED, 10. Oktober 1983, S. 6.

Andreas Sopart: *Verlagsverzeichnisse von Breitkopf & Härtel vom 18. bis zum frühen 20. Jahrhundert*, in: Beethoven und der Leipziger Musikverlag Breitkopf & Härtel, hrsg. v. Nicole Kämpken u. Michael Ladenburger, Bonn 2007, S. 120–127.

Georg Sowa: *Anfänge institutioneller Musikerziehung in Deutschland 1800–1843* (Studien zur Musikgeschichte des 19. Jahrhunderts 33), Regensburg 1973.

Florian Speer: *Klaviere und Flügel aus dem Wupperthale. Instrumentenbau in der Wupperregion und am Niederrhein während des 19. Jahrhunderts am Beispiel der Orgel- und Klavierbaufamilie Ibach*, Diss. Wuppertal 2000.

Philipp Spitta: *Leichensermone auf Musiker des XVI. und XVII. Jahrhunderts*, in: Monatshefte für Musikgeschichte 3 (1871), S. 30–41.

Philipp Spitta: *Johann Sebastian Bach*, Leipzig 1880.

Heinz-Dieter Sommer: *Praxisorientierte Musikwissenschaft. Studien zu Leben und Werk Hermann Kretzschmars* (Freiburger Schriften zur Musikwissenschaft, Bd. 16), München und Salzburg 1985.

Peter Nathanael Sprengel: *Handwerk und Künste in Tabellen*, 11. Slg., Berlin 1773.

Christoph Sramek: *Zur Geschichte der Musik und Musikwissenschaft an der Universität Leipzig seit 1945. Musiktheorie und Komposition – zwei Seiten einer Medaille*, in: Musik und Musikwissenschaft in Leipzig, hrsg. v. Hartmut Grimm, Matthias Hansen, Klaus Mehner (Berliner Beiträge zur Musikwissenschaft, Beihefte zur Neuen Berlinischen Musikzeitung 9 [1994], Heft 3), S. 25–28.

Stadt Leipzig, Freistaat Sachsen (Hrsg.): *Umbau und Modernisierung Grassimuseum*, Leipzig 2006.

Martin Staehelin: *Musik in den Artistenfakultäten deutscher Universitäten des späten Mittelalters und der frühen Neuzeit*, in: Artisten und Philosophen. Wissenschafts- und Wirkungsgeschichte einer Fakultät vom 13. bis zum 19. Jahrhundert (Veröffentlichungen der Gesellschaft für Universitäts- und Wissenschaftsgeschichte 1), hrsg. v. Rainer Christoph Schwinges, Basel 1999, S. 129–141.

Gottfried Stallbaum: *Die Thomasschule zu Leipzig nach dem allmählichen Entwickelungsgange ihrer Zustände, insbesondere ihres Unterrichtswesens*, Leipzig 1839.

Rudolf Steglich: *Vom Klang der Zeiten; historische Musikinstrumente in Erlangen*, in: Musica 2 (1948), S. 19–24.

Kurt Steinbrück: *Grundzüge der Musikästhetik Lotzes*, Diss. Erlangen, Berlin 1918.

Salomon Stepner: *Verzeichniß allerhand denckwürdiger Überschrifften, Grab- und Gedächniß-Mahle in Leipzig*, Leipzig 1675.

Michael Stolz: *Artes-liberales-Zyklen. Formationen des Wissens im Mittelalter* (Bibliotheca Germanica 47), Tübingen und Basel 2004.

Johann Strauch: *Danck- und Denck-Wahl / Seiner Excellentze Dem Wohl-Ehrenvesten […] Johanni Strauchen / J. U. D. der Leipzischen Universität wohlverdientem Prof. Publ. des grossen Fürsten-Collegii Collegiato*, Leipzig 1652.

Wilfried Stüven: *Orgel und Orgelbauer im Hallischen Land vor 1800*, Wiesbaden 1964.

Reinhard Szeskus, *Bach und die Leipziger Universitätsmusik*, in: Beiträge zur Musikwissenschaft 32 (1990), S. 161–170.

Kurt Taut: *Arnold Schering und sein Werk, Zusammenstellung seiner bis 1936 veröffentlichten Arbeiten*, in: Festschrift Arnold Schering zum 60. Geburtstag, hrsg. v. Helmuth Osthoff u. a., Berlin 1937, S. 1–23.

Jakob Thomasius, Richard Sachse (Hrsg.): *Acta Nicolaitana et Thomana. Aufzeichnungen von Jakob Thomasius während seines Rektorates an der Nikolai- und Thomasschule zu Leipzig (1670–1684)*, Leipzig 1912.

Christian Thorau: *Führer durch den Konzertsaal und durch das Bühnenfestspiel. Hermann Kretzschmar, Hans von Wolzogen und die Bewegung der Erläuterer*, in: Hermann Kretzschmar. Konferenzbericht Olbernhau 1998, hrsg. v. Rainer Cadenbach und Helmut Loos, Chemnitz 1998, S. 93–107.

Justus Christian Thorschmid: *Historia preafecturae Thomanae quam praepositurum vocant in incluta Lipsiensium urbe a primis inititius*, Leipzig 1741.

Gustav Toepke (Hrsg.): *Die Matrikel der Universität Heidelberg*, Bd. 2, Heidelberg 1886.

Jürgen Udolph: *Familiennamen in ihrer Bedeutung für die Dialektologie, Wüstungsforschung und Siedlungsgeschichte: Anwendungsmöglichkeiten digitaler Familiennamenverzeichnisse*, in: Zunamen. Zeitschrift für Namenforschung 1 (2006), S. 48–75.

Wolfgang Unger (Hrsg.): *Der Leipziger Universitätschor. Zum 65-jährigen Bestehen des Universitätschores*, Leipzig 1991.

Wolfgang Unger (Hrsg.): *75 Jahre Leipziger Universitätschor. Festschrift*, Leipzig 2001.

Universität Leipzig (Hrsg.): *Magister und Musicus. Hans Grüß zum Gedenken* (Redaktion Winfried Schrammek), Leipzig 2005.

Universität Leipzig (Hrsg.): *Geschichte der Universität Leipzig 1409–2009*, Leipzig 2009.

Ferdinand Vaňa, *Notační principy Loutnových památek v Českých zemích* [Notierungsprinzipien der Lautendenkmäler in den böhmischen Ländern], in: Sborník prací Pedgaogické Fakulty Univerzity Palackého v Olomouci, Hudební Výchova 2, Olomouc 1979, S. 57–181.

Johann Jacob Vogel: *Leipzigisches Geschicht-Buch Oder Annales, Das ist: Jahr- und Tage-Bücher Der Weltberühmten Königl. und Churfürstlichen Sächsischen Kauff- und Handels-Stadt Leipzig […]*, Leipzig 1714.

Reinhard Vollhardt: *Geschichte der Cantoren und Organisten von den Städten im Königreich Sachsen*, Berlin 1899, Nachdruck hrsg. v. Hans-Joachim Schulze, Leipzig 1978.

Steffen Voss: *„… sur les loix d'une certaine societé". Die Mizlersche Societät der musikalischen Wissenschaften im Urteil Georg Philipp Telemanns und Johann Mattesons*, in: Telemann und Bach. Telemann-Beiträge (Magdeburger Telemann-Studien XVIII), hrsg. v. Brit Reipsch und Wolf Hobohm, Hildesheim etc. 2005, S. 206–213.

Heinz Wagner: *Zeugenschaft. Glaubenserfahrungen in meinem Leben*, mit einem Geleitwort von Martin Petzoldt, Leipzig 1992.

Peter Wagner: *Zur Musikgeschichte der Universität*, in: Archiv für Musikwissenschaft 3 (1921), S. 1–16.

Gustav Waniek: *Gottsched und die deutsche Litteratur seiner Zeit*, Leipzig 1897.

Tom R. Ward: *Music in the library of Johannes Klein*, in: Music in the German Renaissance. Sources, Styles, and Contexts, ed. by John Kmetz, Cambridge 1994, S. 54–73.

Tom R. Ward: *Music in the University. The Manuscript Leipzig, Universitätsbibliothek, Ms 1084*, in: Gestalt und Entstehung musikalischer Quellen im 15. und 16. Jahrhundert, hrsg. v. Martin Staehelin (Quellenstudien zur Musik der Renaissance 3; Wolfenbütteler Forschungen 83), Wiesbaden 1998, S. 21–34.

Yvonne Wasserloos: *Das Leipziger Konservatorium der Musik im 19. Jahrhundert. Anziehungs- und Ausstrahlungskraft eines musikpädagogischen Modells* (Studien und Materialien zur Musikwissenschaft 33), Hildesheim 2004.

Liesbeth Weinhold: *Neue Handschriftenschätze in der Leipziger Stadtbibliothek*, in: Leipziger Jahrbuch 1942, S. 133–139.

Hermann F. Weiss: *Neue Entdeckungen zu Friedrich von Hardenbergs letzten Jahren*, in: „daß gepfleget werde der feste Buchstab". Festschrift für Heinz Rölleke zum 65. Geburtstag am 6. November 2001, hrsg. v. Lothar Bluhm und Achim Hölter, Trier 2001, S. 175–194.

Anton Weiz: *Verbessertes Leipzig, oder die vornehmsten Dinge, so von Anno 1698 an biß hieher bey der Stadt Leipzig verbessert worden, mit Inscriptionibus erleutert*, Leipzig 1728.

Amadeus Wendt: *Gedanken über die neuere Tonkunst, und van Beethovens Musik, namentlich dessen Fidelio*, in: Allgemeine Musikalische Zeitung 17 (1815), S. 345–353, 365–372, 381–389, 397–404, 413–420, 429–436.

Amadeus Wendt: *Beytrag zur Sprachreinigung im Gebiete der Tonkunst*, in: Allgemeine Musikalische Zeitung 17 (1815), S. 529–534.

Arno Werner, *Städtische und fürstliche Musikpflege in Zeitz bis zum Anfang des 19. Jahrhunderts*, Bückeburg und Leipzig 1922.

Rudolf Westphal: *Harmonik und Melopöie der Griechen*, Leipzig 1863.

Rudolf Westphal: *Die Musik des griechischen Altertums*, Leipzig 1883.

Carl Wilhelm Whistling: *Der Musikverein Euterpe zu Leipzig*, Leipzig 1874.

Paul de Wit: *Weltadressbuch der gesammten Musikinstrumenten-Industrie*, Leipzig 1890.

Paul de Wit (Hrsg.): *Perlen aus der Instrumenten-Sammlung von Paul de Wit in Leipzig*, Leipzig 1892.

Paul de Wit: *Kurzgefasster Katalog aller im musikhistorischen Museum von Paul de Wit vorhandenen Musikinstrumente, Gemälde und anderen Merkwürdigkeiten, die auf Musik oder Musikinstrumente Bezug haben*, Leipzig 1893.

Paul de Wit: *Die Entwicklung des Musikinstrumentenmacher-Gewerbes in Leipzig, unter Berücksichtigung der im musikhistorischen Museum von Paul de Wit noch vorhandenen Instrumente*, in: Zeitschrift für Instrumentenbau 16 (1895/96), Nr. 16, S. 172–74, 202–205, 229–230; 22 (1901/02), Nr. 7, S. 162–165, 193–195, 219–221, 246–250, 386–388, 541; 25 (1904/05), Nr. 34, S. 995.

Paul de Wit: *Geigenzettel alter Meister vom 16. bis zur Mitte des 19. Jahrhunderts*, Leipzig 1902.

Paul de Wit: *Katalog des musikhistorischen Museums von Paul de Wit, Leipzig*, Leipzig 1903.

Paul de Wit: *Paul de Wit's historische Ausstellung auf dem 6. Internationalen Gitarristentage zu München*, in: Zeitschrift für Instrumentenbau 24 (1904/05), S. 995.

Georg Witkowski: *Geschichte des literarischen Lebens in Leipzig*, Leipzig und Berlin 1909.

G[eorg] W[itkowski] (Hrsg.): *Thränen und Seuffzer wegen der Universität Leipzig denen getreuen Land Ständen geoffenbahret. 1742*, Leipzig 1929.

Franz Wöhlke: *Lorenz Christoph Mizler. Ein Beitrag zur musikalischen Gelehrtengeschichte des 18. Jahrhunderts*, Würzburg-Aumühle 1940.

Werner Wolf: *Die Interpretation: Der Leipziger Universitätschor und seine Bach-Pflege unter Max Pommer*, in: Musik und Gesellschaft 29 (1979), S. 225–228.

Christoph Wolff: *Der Stile antico in der Musik Johann Sebastian Bachs. Studien zu Bachs Spätwerk* (Beihefte zum Archiv für Musikwissenschaft VI), Wiesbaden 1968.

Christoph Wolff: *Bach und die Idee musikalischer Vollkommenheit*, in: Jahrbuch des Staatlichen Instituts für Musikforschung Preußischer Kulturbesitz (1996), S. 9–23.

Christoph Wolff, Markus Zepf: *Die Orgeln J. S. Bachs. Ein Handbuch*, Leipzig 2006.

Werner Wolffheim: *Eine Kolleg-Ankündigung des Kantors Heinrich Bokemeyer*, in: Gedenkboek aangeboden aan Dr. D. F. Scheurleer op zijn 70sten Verjaardag, 's-Gravenhage 1925, S. 393–396.

Peter Wollny: *Bachs Bewerbung um die Organistenstelle an der Marienkirche zu Halle und ihr Kontext*, in: Bach-Jahrbuch 80 (1994), S. 25–39.

Peter Wollny, *Neue Forschungen zu Johann Kuhnau*, in: „Nun bringt ein polnisch Lied die gantze Welt zum springen": Telemann und Andere in der Musiklandschaft Sachsens und Polens des 18. Jahrhunderts, hrsg. v. Friedhelm Brusniak (Arolser Beiträge zur Musikforschung 6), Sinzig 1998, S. 185–195.

Peter Wollny: *Eine anonyme Leipziger Hochzeitsmusik aus dem 17. Jahrhundert*, in: Über Leben, Kunst und Kunstwerke: Aspekte musikalischer Biographie. Johann Sebastian Bach im Zentrum, hrsg. v. Christoph Wolff, Leipzig 1999, S. 46–60.

Peter Wollny: *Zur stilistischen Entwicklung des geistlichen Konzerts in der Nachfolge von Heinrich Schütz*, in: Schütz-Jahrbuch 23 (2001), S. 7–32, speziell S. 10–12.

Peter Wollny: *Beiträge zur Entstehungsgeschichte der Sammlung Düben*, in: Svensk Tidskrift för Musikforskning 87 (2005), S. 100–114.

Peter Wollny: *Heinrich Schütz, Johann Rosenmüller und die „Kern-Sprüche" I und II*, in: Schütz-Jahrbuch 28 (2006), S. 35–47.

Peter Wollny: *Zur Rezeption des stile nuovo in der Oberlausitz – Beobachtungen an der Handschrift Mus. Löb 53 der Sächsischen Landesbibliothek – Staats- und Universitätsbibliothek Dresden*, in: Ständige Konferenz Mitteldeutsche Barockmusik. Jahrbuch 2006, Beeskow 2007, S. 117–140.

Peter Wollny: *Studien zum Stilwandel in der protestantischen Figuralmusik des mittleren 17. Jahrhunderts*, Habilitationsschrift, Universität Leipzig 2009.

Theodor Wotschke: *Gottlieb Wernsdorf gegen Johann Olearius*, in: Zeitschrift für Kirchengeschichte 53 (1934), S. 242–254.

Joseph Wulf: *Musik im Dritten Reich. Eine Dokumentation*, Gütersloh 1963.

Manfred Würzberger: *Die Konzerttätigkeit des Musikvereins „Euterpe" und des Winderstein-Orchesters im 19. Jahrhundert* (Die Musikstadt Leipzig. Arbeitsberichte, Heft 4), Leipzig 1966.

Manfred Würzberger: *Die Entwicklung des Orchesterwesens in Leipzig außerhalb des Stadt- und Gewandhausorchesters in der zweiten Hälfte des 19. Jahrhunderts*, Diss., Leipzig 1968.

Manfred Würzberger: *Professor Dr. Hans Pezold (1901–1984) – Musikerzieher aus Leidenschaft*, in: Die Pädagogische Fakultät der Universität Leipzig (1946–1955), hrsg. v. einem Autorenkollektiv unter Leitung von H.-G. Paul (nicht veröffentlichter Tagungsbericht 2001 aus Privatbesitz), S. 28–30.

Rudolf Wustmann: *Sächsischer Musikantenartikel von 1653*, in: Neues Archiv für Sächsische Geschichte und Altertumskunde 19 (1908), S. 108 ff.

Rudolf Wustmann: *Musikgeschichte Leipzigs*, Bd. 1: *Bis zur Mitte des 17. Jahrhunderts*, Leipzig und Berlin 1909.

Phillip T. Young: *The Look of Music. Rare Musical Instruments. 1500–1900*, Seattle und Vancouver 1980.

Friedrich Zarncke: *Die Statutenbücher der Universität Leipzig aus den ersten 150 Jahren ihres Bestehens*, Leipzig 1861.

Eduard Zarnke: *Leipziger Bibliothekenführer*, Leipzig 1909.

Friedrich Zarncke: *Acta rectorum universitatis studii Lipsiensis*, Leipzig 1859.

Friedrich Zarncke (Hrsg): *Die Statutenbücher der Universität Leipzig aus den ersten 150 Jahren ihres Bestehens*, Leipzig 1861.

Friedrich Zarncke (Hrsg.): *Leipzig und seine Universität vor hundert Jahren. Aus den gleichzeitigen Aufzeichnungen eines Leipziger Studenten jetzo zuerst ans Licht gestellt*, Leipzig 1879.

Hermann Zenck, Helmut Schultz: *Museumseröffnung und Orgelweihe in Leipzig*, Ms. Museum für Musikinstrumente Leipzig, publiziert in: Zeitschrift für Musikwissenschaft 11 (1928), S. 584–587.

Hermann Zenck, Helmut Schultz: *Die Musikwissenschaft in Leipzig und ihre Neuorganisierung 1929/30*, in: Mitteilungen der Internationalen Gesellschaft für Musikwissenschaft 2 (1930), S. 56–61.

Markus Zepf: *Musikwissenschaft*, in: Die Freiburger Philosophische Fakultät 1920–1960. Mitglieder – Strukturen – Vernetzungen, hrsg. v. Eckhard Wirbelauer in Verbindung mit Frank-Rutger Hausmann, Sylvia Paletschek und Dieter Speck (Freiburger Beiträge zur Wissenschafts- und Universitätsgeschichte, Neue Folge 1), Freiburg (Breisgau) und München 2007, S. 411–439.

Caspar Zieglers von Leipzig, Jesus Oder Zwantzig Elegien Uber die Geburt / Leyden / und Auferstehung unsers Herrn und Heylandes Jesu Christi, Leipzig 1648.

Über die Autoren

Dr. Stefan Altner, geboren 1956 in Brandis, 1966–1975 Mitglied im Leipziger Thomanerchor, 1976–1982 Studium an der Musikhochschule ‚Felix Mendelssohn Bartholdy' in Leipzig, Diplom als A-Kirchenmusiker, anschließend Kirchenmusiker in Zossen bei Berlin. Nach Ausreiseantrag aus der DDR 1984–1993 in München. Mitarbeiter im Lektorat des Bärenreiter-Verlages Kassel. 1986–1993 Geschäftsführer des Münchener Kammerorchesters, außerdem Cembalist der Barocksolisten der Münchner Philharmoniker. Seit 1993 Geschäftsführer des Leipziger Thomanerchores, 2005 Promotion als erster Doktorand der Leipziger Musikhochschule zum Dr. phil. Umfangreiche Konzert- und Lehrtätigkeit. Forschungsschwerpunkte: Geschichte des Thomanerchores, Schul-, Musik- und Stadtgeschichte Leipzigs.

Christiane Arnhold, geboren 1980 in Leipzig, aufgewachsen in Suhl. Studium der Philosophie, Germanistik und Musikwissenschaft in Leipzig und Paris, derzeit (2009) Magisterarbeit im Fach Philosophie, Interessen: hermetische Philosophie der frühen Neuzeit.

Manuel Bärwald, M. A., geboren 1983 in Leipzig. Von 2003 bis 2009 Studium der Musikwissenschaft und Philosophie an der Universität Leipzig. Seit 2009 als wissenschaftlicher Mitarbeiter im Rahmen des vom Bach-Archiv Leipzig durchgeführten Forschungsprojektes „Expedition Bach" tätig. Forschungsschwerpunkt: Mitteldeutsche Musikgeschichte des 17. und 18. Jahrhunderts.

Claudius Böhm, geboren 1960 in Leipzig, Mitglied des Thomanerchores von 1970 bis 1978. Philosophisch-theologisches Studium in Erfurt von 1980 bis 1983, Studium des wissenschaftlichen Bibliothekswesens in Leipzig 1985 bis 1988. Bibliothekar an der Deutschen Bücherei Leipzig von 1988 bis 1990, Tätigkeit als Fachschuldozent. Seit 1991 Wissenschaftlicher Mitarbeiter am Gewandhaus zu Leipzig, Redakteur und Autor für das *GewandhausMagazin* seit seiner Gründung 1992, seit 1996 Verantwortlicher Redakteur. Zahlreiche Beiträge zur Leipziger Musik- und insbesondere zur Gewandhausgeschichte für Booklets, Monographien, Zeitungen und Zeitschriften.

Prof. Dr. Hans-Jürgen Feurich, geboren 1940 in Leipzig. Studium der Schulmusik, Musikwissenschaft, Germanistik und Politik in Frankfurt am Main. Nach Staatsexamen und Promotion Vorbereitungsdienst für das Lehramt an Gymnasien. 1971 Wissenschaftlicher Mitarbeiter und 1981 Professor für Systematische Musikwissenschaft an der Hochschule in Hildesheim, 1982 Professor für Musikpädagogik an der Universität Osnabrück, Standort Vechta, 1993 Professor für Musikpädagogik/Musikdidaktik an der TU Chemnitz, 2001–2005 Professor für Musikpädagogik/Musikdidaktik und Direktor des Instituts für Musikpädagogik an der Universität Leipzig, seit 2005 im Ruhestand. Forschungsschwerpunkte: Musikalische Sozialisation, Musikanalyse, Wechselbeziehungen zwischen den Künsten, Wertungsforschung, Theorie und Praxis des Handlungsorientierten Musikunterrichts.

Prof. Dr. Eszter Fontana, geboren 1948 in Budapest, 1966–1970 einjähriges Praktikum und dreijährige Ausbildung als Musikinstrumenten-Restauratorin am Musikinstrumenten-Museum der Universität Leipzig, anschließend Restauratorin für Musikinstrumente im Ungarischen Nationalmuseum in Budapest, dort 1974 Sammlungsleiterin im Bereich Musikinstrumente und Uhren. Studienaufenthalte in Brüssel, Nürnberg, Paris und Wien; Promotion 1993 an der Franz-Liszt-Musikakademie Budapest (*Klavierbau in Pest und Buda, 1800–1872*). Seit 1995 Direktorin des Musikinstrumenten-Museums der Universität Leipzig; damit verbunden Lehrtätigkeit am Institut für Musikwissenschaft mit Seminaren und Vorlesungen zur historischen

Musikinstrumentenkunde und Akustik. 1995–2001 Lehrauftrag im Fachbereich ‚Alte Musik' an der Hochschule für Musik und Theater in Leipzig, ferner Initiierung und Koordinieung verschiedener organologischer Forschungsprojekte, Gründung des Verlages des Musikinstrumenten-Museums der Universität Leipzig sowie des Instituts für Musikinstrumentenforschung ‚Georg Kinsky' e. V. Forschungsschwerpunkte: Musikinstrumentenbau in Ungarn und Sachsen sowie Instrumentenbautechnologie. 2006 Ernennung zur außerplanmäßigen Professorin.

Prof. Bernd Franke, geboren 1959 in Weißenfels, Studium in Leipzig an der Musikhochschule ‚Felix Mendelssohn Bartholdy' in den Fächern Komposition (Siegfried Thiele) und Dirigieren (Wolf-Dieter Hauschild), 1980 bis 1983 Gründung und Leitung der Gruppe ‚Junge Musik' Leipzig. Seit 1981 Lehrtätigkeit an der Universität Leipzig und zwischenzeitlich auch an der Hochschule für Musik und Theater ‚Felix Mendelssohn Bartholdy' Leipzig sowie Tätigkeit als Komponist. Seit Anfang der 1990er Jahre Mentorenschaft durch Hans Werner Henze, Arbeitsaufenthalte u. a. in den USA sowie in Indien und Südostasien. Seit 2000 Komposition u. a. der Zyklen *SOLO XFACH*, *CUT*, *LINES* und *IN BETWEEN*. Regelmäßige Einladung als ‚Composer in residence' zu Festivals zeitgenössischer Musik.

Dr. Andreas Glöckner, geboren 1950 in Sondershausen, von 1969 bis 1973 Studium der Musikwissenschaft an der Universität Leipzig. Nach dem Studium Musikdramaturg und Regieassistent am Landestheater Halle, seit 1979 wissenschaftlicher Mitarbeiter am Bach-Archiv Leipzig. Promotion 1988 an der Martin-Luther-Universität Halle mit dem Thema *Die Musikpflege an der Leipziger Neukirche zur Zeit Johann Sebastian Bachs*. Zahlreiche Veröffentlichungen zur Musikgeschichte des 17. bis 19. Jahrhunderts, vor allem zu Themen und Spezialfragen der Bach-Forschung. Von 1992 bis 2006 hauptamtlicher Mitarbeiter der Neuen Bach-Ausgabe, überdies Autor von Radiosendungen und Dramaturg des jährlich stattfindenden Bachfests Leipzig.

Stephan Greiner, M. A., geboren 1983 in Merseburg, studierte von 2003 bis 2008 Musikwissenschaft und Theaterwissenschaft in Erlangen und Leipzig; Magisterarbeit über den Akademischen Gesangverein Arion zu Leipzig (1849–1936). Während und nach dem Studium Mitarbeiter im Lektorat des Friedrich Hofmeister Verlags, ab 2010 wissenschaftlicher Mitarbeiter am Museum für Musikinstrumente der Universität Leipzig im Rahmen des EU-Projekts MIMO (Musical Instrument Museums Online), außerdem Vorbereitung einer Dissertation zur Geschichte der Leipziger Singakademie.

Anselm Hartinger, M. A., geboren 1971 in Leipzig, Studium der Musikwissenschaft sowie Mittleren und Neueren Geschichte an der Universität Leipzig, Magisterarbeit zu einer Messe des Dresdner Vizekapellmeisters Marco Peranda, musikwissenschaftliche Lehraufträge an den Universitäten Leipzig und Dresden sowie Konzeption und Koordination von musikhistorischen Ausstellungs- und Konferenzprojekten, 2003 bis 2006 Mitarbeiter am Bach-Archiv Leipzig. Veröffentlichungen zur Quellen- und Rezeptionsgeschichte Bachs im 18. und 19. Jahrhundert, zu Mendelssohn, zur Leipziger Musikgeschichte und Geschichte der Aufführungspraxis, Mitherausgeber des Bandes VI der *Bach-Dokumente*. Seit September 2006 wissenschaftlicher Mitarbeiter der Forschungsabteilung der Schola Cantorum Basiliensis, zusätzlich seit 2008 Redakteur des *Basler Jahrbuchs für historische Musikpraxis*, zur Zeit (2009) Fertigstellung einer Dissertation zu den Bach-Aufführungen in Leipzig in der ersten Hälfte des 19. Jahrhunderts

Veit Heller, M. A., geboren 1968, Studium der Musikwissenschaft, Kunstgeschichte sowie Geschichte des Mittelalters und der frühen Neuzeit an der Universität Leipzig. 1994 Studienabschluss mit einer instrumentenkundlichen Magisterarbeit: *Die Glocken und Geläute des Nicolaus Jonas Sorber*. Seit 1995 – bis 1998 zunächst als Forschungsstudent – als Wissenschaftlicher Mitarbeiter am Museum für Musikinstrumente der Universität Leipzig tätig und an verschiedenen Forschungsthemen beteiligt, zuletzt als Leiter des Projekts *Die Musikinstrumente der Begräbniskapelle im Dom zu Freiberg*. Lehraufträge in den Fächern Historische Instrumentenkunde sowie Akustik und Stimmungen an der Leipziger Hochschule für Musik und Theater ‚Felix Mendelssohn Bartholdy'; Gründungsmitglied und Instrumentalist des seit 1984 bestehenden Ensembles für mittelalterliche Musik IOCULATORES, das seit 1991 jährlich das ‚Internationale Festival für mittelalterliche Musik môntalbane' auf Schloss Neuenburg in Freyburg (Unstrut) mitveranstaltet.

Petra Hesse, geboren 1958 in Leipzig; Abitur an der Kreuzschule Dresden; Geschichtsstudium an der Karl-Marx-Universität Leipzig; seit 1981 wissenschaftliche Mitarbeiterin im Universitätsarchiv Leipzig; Schwerpunkt auf Universitätsgeschichte bis ca. 1870.

Dipl. phil. Cornelia Junge, geboren 1955 in Dessau, nach dem Abitur 1973–74 Museums- und Parkführerin der Staatl. Schlösser und Gärten Wörlitz, 1974–1979 Studium der Kunstgeschichte an der Karl-Marx-Universität Leipzig, 1979–1990 Lehrtätigkeit an der Fachschule für Museologie Leipzig (Geschichte des Kunsthandwerks, Kunstgeschichte, Volkskunde). Seit 1990 Sammlungskonservatorin der Kunstsammlungen der Universität Leipzig.

PD Dr. Stefan Keym, geboren 1971 in Bremen. 1991–1997 Studium der Musikwissenschaft, Germanistik und Geschichte in Mainz, Paris und Halle (Saale), gefördert von der Studienstiftung des Deutschen Volkes; 1995 Maîtrise de musique an der Université de Paris IV (Sorbonne) mit einer Arbeit über *La Sonate cyclique chez Vincent d'Indy*; 1997 Magister Artium an der Martin-Luther-Universität Halle-Wittenberg; 2001 dort Promotion über *Farbe und Zeit. Untersuchungen zur musiktheatralen Struktur und Semantik von Olivier Messiaens ‚Saint François d'Assise'*. Seit 2002 wissenschaftlicher Assistent am Institut für Musikwissenschaft der Universität Leipzig; 2008 dort Habilitation mit einer Arbeit über *Symphonie-Kulturtransfer. Untersuchungen zum Studienaufenthalt polnischer Komponisten in Deutschland und zu ihrer Auseinandersetzung mit der symphonischen Tradition 1867–1918*. Publikationen zur Musik des 18. bis 20. Jahrhunderts, u. a. zu C. Ph. E. Bach, Beethoven, Mendelssohn, Liszt, C. Franck, Szymanowski, Penderecki und Messiaen.

Peter Király, geboren 1953 in Budapest (Ungarn), seit 1984 hauptsächlich in Deutschland tätig. Veröffentlichung zahlreicher musikwissenschaftlicher Studien in Büchern, Fachzeitschriften, Musiklexika u. ä. mit den Themenschwerpunkten Laute und Lautenspiel sowie Musikgeschichte Ungarns im 16. und 17. Jahrhundert, dabei besondere Konzentration auf Erforschung des Lebens und Werks des Lautenisten Valentin Bakfark sowie der Hofmusik in Ungarn. Zweiter Vorsitzender der Deutschen Lautengesellschaft und Herausgeber des Jahrbuchs der Lautengesellschaft.

Christine Korff, geboren 1952 in Leipzig, Studium des Wissenschaftlichen Bibliothekwesens an der Deutschen Bücherei Leipzig (Diplom 1973) und der Musikwissenschaft, Germanistik und Pädagogik (Staatsexamen bzw. Diplom 1979). Seit 1980 wissenschaftliche Assistentin, seit 1991 Fachreferentin für Musik an der Universitätsbibliothek Leipzig, zuständig für die Koordinierung des Bestandsaufbaus, die Systematisierung sowie die Erschließung von Musikliteratur, Musikalien und Tonträger im Bibliothekssystem der Universität Leipzig. Forschungsschwerpunkt: die Musikgeschichte Leipzigs, speziell des 19. Jahrhunderts.

Prof. Dr. Helmut Loos, geboren 1950, Studium der Musikpädagogik (Staatsexamina), Musikwissenschaft, Kunstgeschichte und Philosophie in Bonn, 1980 Promotion, 1989 Habilitation. 1981–1989 Wissenschaftlicher Mitarbeiter am Musikwissenschaftlichen Seminar der Universität Bonn, 1989–1993 Direktor des Instituts für deutsche Musik im Osten in Bergisch Gladbach. Seit 1993 Inhaber des Lehrstuhls für Historische Musikwissenschaft an der TU Chemnitz, seit 2001 an der Universität Leipzig, hier 2003 bis 2005 auch Dekan der Fakultät für Geschichte, Kunst- und Orientwissenschaften. 2003 Professor honoris causa der Lyssenko-Musikhochschule Lemberg/L'viv, 2005 Ehrenmitglied der Gesellschaft für deutsche Musikkultur im südöstlichen Europa, außerdem Mitglied in den internationalen Editionsräten der Zeitschriften *Hudební věda* (Prag), *Lituvos muzikologija* (Vilnius) und *Studies in Penderecki* (Princeton, New Jersey).

Dr. Christoph Mackert, geboren 1964 in Tauberbischofsheim, Studium der Germanistik, Kunstgeschichte und Mittellateinischen Philologie in Freiburg (Breisgau) und Hamburg, 1997 Promotion mit einer Arbeit über das frühmittelhochdeutsche Alexanderlied des ‚Pfaffen' Lambrecht, 1993–1994 und 1997–1998 Wissenschaftlicher Angestellter am Deutschen Seminar der Universität Freiburg, Abteilung Sprache und Ältere Literatur, 1998–2000 Handschriftenbearbeiter an der Badischen Landesbibliothek Karlsruhe im DFG-Projekt Neukatalogisierung der ehemals Donaueschinger Handschriften, seit November 2000 Leiter des Handschriftenzentrums an der Universitätsbibliothek Leipzig. Forschungsschwerpunkte: Alexanderliteratur des Mittelalters, handschriftliche Überlieferung der deutschen Literatur des Mittelalters, mittelalterliche Handschriften der Universitätsbibliothek Leipzig, Klosterbibliotheken Sachsens, Wasserzeichenkunde.

Dr. Michael Maul, geboren 1978 in Leipzig, Studium der Musikwissenschaft, Journalistik und Betriebswirtschaftslehre in Leipzig, Promotion 2006 in Freiburg. Seit 2002 wissenschaftlicher Mitarbeiter am Bach-Archiv Leipzig mit einem Forschungsprojekt zur systematischen Erschließung der Archivlandschaft Mitteldeutschlands auf Dokumente zum Leben und Wirken Johann Sebastian Bachs. Neben Publikationen zu Bach zahlreiche Veröffentlichungen zur Musikgeschichte des 17. und 18. Jahrhunderts, etwa 2004 eine Edition des bislang als verschollen geltenden ältesten deutschsprachigen Opernmanuskriptes (Johann Sebastiani, *Pastorello musicale*) und 2009 die zweibändige Druckfassung seiner Dissertation *Barockoper in Leipzig (1693–1720)*. Die Arbeit wurde mit dem Gerhart-Baumann-Preis für interdisziplinäre Literaturwissenschaft ausgezeichnet. Michael Maul ist Lehrbeauftragter an der Universität Leipzig und Mitglied im Direktorium der Neuen Bachgesellschaft.

Andreas Mitschke, M. A., geboren 1982 in Leipzig, studierte Musikwissenschaft und Kunstgeschichte an der Universität Leipzig (2008 Magister Artium) und Kirchenmusik an der Hochschule für Musik ‚Franz Liszt' Weimar (2009 Diplom Kirchenmusik-A), seit 2004 Stipendiat der Friedrich-Ebert-Stiftung. Derzeit Assistent der Künstlerischen Leitung des MDR-Kinderchores sowie des Knabenchores Suhl. Forschungsschwerpunkte: Historische Aufführungspraxis Chor, Orchester und Orgel.

Prof. Dr. Martin Petzoldt, geboren 1946 in Rabenstein bei Chemnitz. Mitglied des Dresdner Kreuzchores, Studium der Theologie in Leipzig, Staatsexamen 1969. Promotion 1976 in Leipzig, Habilitation 1985 ebenda. 1973 Ordination zum Pfarrer der Ev.-Luth. Landeskirche Sachsens, 1986 Dozent für Systematische Theologie an der Theologischen Fakultät in Leipzig, von 1992 bis zur Emeritierung 2009 Professor für Systematische Theologie mit besonderer Berücksichtigung der Ethik an der Theologischen Fakultät in Leipzig. Mitherausgeber der *Theologischen Literaturzeitung*, Vorsitzender der Neuen Bachgesellschaft e. V. Umfangreiche Forschungen und zahlreiche Veröffentlichungen u. a. zu Grundfragen der Christologie, zur Interdisziplinarität zwischen Biblischer Theologie und Dogmatik sowie zur Theologischen Bachforschung.

Dr. Annegret Rosenmüller, geboren 1967 in Neubrandenburg, Studium der Musikwissenschaft, Editionswissenschaft und Kunstgeschichte. Wissenschaftliche, bibliothekarische und archivalische Tätigkeiten u. a. für MDR, Bach-Archiv Leipzig, Hochschule für Musik und Theater ‚Felix Mendelssohn Bartholdy' Leipzig, Stadtgeschichtliches Museum Leipzig, Göttinger Händelfestspiele, Universitätsbibliothek Leipzig, überdies Editionstätigkeit. Derzeit als freie Mitarbeiterin für RISM tätig. Forschungsschwerpunkte: Quellenstudien zur Musik des 18. und 19. Jahrhunderts, Leipziger Musikgeschichte.

Dr. Bernhard Schrammek, geboren 1972 in Leipzig, Studium der Musikwissenschaft und Geschichte an der Humboldt-Universität zu Berlin, Studienaufenthalte als Stipendiat des Deutschen Historischen Instituts in Rom. Promotion 2001 mit einer Arbeit über Virgilio Mazzocchi und die Cappella Giulia am römischen Petersdom. Seit 2001 freiberufliche Tätigkeit als Musikwissenschaftler in Berlin, dabei vor allem Redaktion und Moderation von Rundfunksendungen, Gestaltung von Konzertprogrammen, Redaktion wissenschaftlicher Publikationen sowie Realisierung von Noteneditionen und Forschungsarbeiten. Besonderer Forschungsschwerpunkt: Musik- und Sozialgeschichte des 16. bis 18. Jahrhunderts.

Prof. Dr. Winfried Schrammek, geboren 1929 in Breslau, Studium an der Musikhochschule Weimar (Kirchenmusik, 1950 Staatliches B-Examen) und an der Universität Jena (Musikwissenschaft, 1956 Dr. phil.). Wissenschaftlicher Mitarbeiter im Institut für Volkskunstforschung Leipzig 1956–1962, anschließend im Musikinstrumenten-Museum der Universität Leipzig, dort 1977 Kustos, 1989 Direktor, 1994 Professor; Ruhestand 1995. Umfangreiche Tätigkeit im Museum, auch mit Musikausübung auf historischen Tasteninstrumenten. Fachspezifische Vorlesungen an der Universität Leipzig sowie an anderen Hochschulen. Vielseitige Veröffentlichungen über Probleme der Volksmusik, der Liturgik und der Instrumentenkunde, hier besonders über Fragen, die mit dem Gebrauch der Orgel in Geschichte und Gegenwart verbunden sind.

Prof. Dr. Hans-Joachim Schulze, geboren 1934 in Leipzig, Studium der Musikwissenschaft und Germanistik in Leipzig, seit 1957 tätig am Bach-Archiv Leipzig (1992–2000 als dessen Direktor).

Dr. Andreas Sopart, geboren 1954 in Gießen, Studium des Bibliothekswesens in Stuttgart (Diplomexamen 1977) und Zusatzausbildung zum Musikbibliothekar (Examen 1978); anschließend Studium der Musikwissenschaft (bei Hans Heinrich Eggebrecht und Carl Dahlhaus), Kunstgeschichte, Bibliothekswissenschaft und Italienisch in Freiburg und Berlin (Technische Universität); 1984 Magister Artium in Berlin; 1984/85 Stipendiat am Deutschen Historischen Institut Rom; 1986 Promotion über Verdis *Simon Boccanegra* in Berlin; seit 1986 Leiter des Archivs von Breitkopf & Härtel in Wiesbaden.

Katrin Stöck, M. A., Studium der Musikwissenschaft, Theaterwissenschaft und germanistischen Literaturwissenschaft in Halle und Leipzig, wissenschaftliche Mitarbeiterin an den musikwissenschaftlichen Instituten der Universitäten Halle-Wittenberg und Leipzig; Organisationsleitung des XIV. Internationalen Kongresses der Gesellschaft für Musikforschung 2008 in Leipzig. Promotionsprojekt zum Thema Szenische Kammermusik und Kammeroper in der DDR der 1970er und 1980er Jahre. Forschungsschwerpunkte: tschechische Musikgeschichte, Musikgeschichte der DDR, Musiktheater des 20. Jahrhunderts, angewandte Musikwissenschaft sowie Musiktheaterwissenschaft, weiterhin als freie Autorin, Dramaturgin und Sängerin aktiv.

Prof. Dr. Christoph Wolff, geboren 1940, ist Ordinarius für Musikwissenschaft der Harvard University in Cambridge (Massachusetts), Direktor des Bach-Archivs Leipzig und Honorarprofessor der Universität Freiburg. Nach dem Studium in Berlin, Freiburg und Erlangen (1966 Dr. phil.) lehrte er in Erlangen, Toronto, New York, Princeton und wurde 1976 an die Harvard University berufen, wo er u.a. 1992–2000 Dekan der Graduate School of Arts and Sciences war. Er ist Mitglied der American Academy of Arts and Sciences, der American Philosophical Society, der Sächsischen Akademie der Wissenschaften und Präsident des Répertoire International des Sources Musicales. Seine wissenschaftlichen Arbeiten widmen sich der Musikgeschichte des 15.–20. Jahrhunderts, insbesondere Bach und Mozart.

PD Dr. Peter Wollny, geboren 1961 in Sevelen (Niederrhein), Studium der Musikwissenschaft, Kunstgeschichte und Germanistik an der Universität Köln sowie Musikwissenschaft an der Harvard University Cambridge/MA, dort 1993 Promotion mit einer Arbeit über Wilhelm Friedemann Bach. Seit 1993 wissenschaftlicher Mitarbeiter am Bach-Archiv Leipzig, seit 2001 Leitung des Referats Forschung I und wissenschaftlicher Bibliotheksreferent; außerdem Leiter des Forschungsprojekts ‚Bach, Mendelssohn, Schumann', General Editor der *Collected Works* von Carl Philipp Emanuel Bach, Herausgeber der Wilhelm-Friedemann-Bach-Ausgabe sowie des Bach-Jahrbuchs. Veröffentlichungen zahlreicher Schriften zur Bach-Familie sowie zur Musikgeschichte des 17. und 18. Jahrhunderts, Lehraufträge u. a. an den Universitäten Leipzig, Dresden, Weimar und Berlin. 2009 Habilitation an der Universität Leipzig mit der Arbeit *Studien zum Stilwandel in der protestantischen Figuralmusik des mittleren 17. Jahrhunderts*.600 Jahre Musik an der Universität Leipzig

Personenregister

A

Aachen, Hans von: 71, 73
Abert, Hermann: 259 f., 271, 274 f., 283
Ackermann, Carl David: 401
Adam von Fulda: 25
Adami, Friedrich: 84, 86
Adenauer, Konrad: 292, 332
Adler, Guido: 283
Adlershelm, Lorenz von: 159
Adlung, Jacob: 104–106
Adolph, Gottlob: 448
Adolph, Heinrich: 424
Adorno, Theodor W.: 279
Agricola, Georg Ludwig: 447
Agricola, Johann Friedrich: 194, 450
Agthe, Wilhelm Johann Albrecht: 454
Aichinger, Gregor: 276
Albert, Heinrich: 145, 447
Albert, König von Sachsen: 236, 287
Alberti, Daniel Dieterich: 104
Alberti, Johann Friedrich: 447
Alberti, Valentin: 64 f., 67–69
Albrici, Vincenzo: 46, 87 f.
Alramer, Joachim: 132
Alten, Bella: 235
Altnickol, Johann Christoph: 110, 450
Ambros, August Wilhelm: 282 f.
Ammer, Alois und Michael: 297, 301, 307, 329
Ammerbach, Elias Nicolaus: 446
Anacker, August Ferdinand: 454
André, Johann Anton: 401
Anglés, Higino: 342
Anschütz, Ernst Gebhard Salomon: 453
Anton, König von Sachsen: 205
Apel, Nikolaus: 446
Apian-Bennewitz, Paul: 338
Appelmann, Johann Christian: 41
Aribo Scholasticus: 29
Arion von Lesbos: 225
Arndt, Johann: 55
Arpinus, Joannes: 132
Asmus, Jürgen: 280
Assig und Siegersdorff, Johann von: 84–86, 88 f.
Atterberg, Kurt: 263
Avenarius, Thomas: 447

B

Bach, Anna Magdalena: 100, 394
Bach, Carl Philipp Emanuel: 245, 346, 407, 449
Bach, Georg Christoph: 447
Bach, Johann Bernhard: 340
Bach, Johann Christian: 340

Bach, Johann Christoph: 340
Bach, Johann Ernst: 450
Bach, Johann Michael: 351, 452
Bach, Johann Nicolaus: 340
Bach, Johann Sebastian: 46, 51, 56, 78, 91, 93 f., 96, 98–103, 109–111, 122 f., 149, 167, 170, 177 f., 180, 182 f., 186, 187 f., 191, 199, 203, 208, 214, 216–221, 225, 239, 243 f., 261 f., 266, 269, 273–276, 278, 280, 282–284, 327, 331 f., 338, 343, 354–365, 378, 382, 384–386, 394, 420 f., 424, 428 f., 431
Bach, Wilhelm Friedemann: 449
Baermann, Carl: 342
Bakfark, Valentin: 132
Barbetta, Giulio Cesare: 132
Bárdos, Lajos: 384
Bargiel, August Adolph: 454
Baron, Ernst Gottlieb: 448
Barth, Wilhelm Leberecht: 192, 220
Barthel, Jutta: 382
Bartók, Béla: 379
Bassani, Giovanni Battista: 243
Baumbach, Rudolf: 232
Baumgärtel, Georg Friedrich: 452
Becher, Johannes R.: 381–383, 385
Becker, Carl Ferdinand: 139, 213, 219–221, 327, 399, 413
Becker, Felix: 62, 70 f.
Becker, H.: 424, 428
Becker, Valentin Eduard: 232
Becking, Gustav Wilhelm: 330
Beer, Johann: 35
Beethoven, Ludwig van: 214, 242, 244 f., 248, 251–253, 267 f., 273–275, 281–284, 291, 332, 346, 363, 381 f., 386, 405
Behrend, Martin: 362
Behrendt, Allmuth: 280
Behringer, Johann Gottlob: 451
Beilschmidt, Daniel: 425, 428
Bendemann, Eduard: 409
Bendemann, Lida: 409
Bergener, Andreß: 176, 428
Berger, Carl Gottlieb: 450
Berger, Johann Friedrich: 450
Bergmann, Ernst: 275
Bergner, Andreß: 424
Bergt, Christian Gottlob August: 453
Berlioz, Hector: 246 f., 308, 337, 407, 411
Bernacchi, Antonio: 195
Berndt, Universitätsfechtmeister: 168
Berno von Reichenau: 29
Bertali, Antonio: 88 f.
Berwald, Franz: 342
Besard, Jean Baptiste: 132 f., 141
Besseler, Heinrich: 186, 278–280, 301, 344, 396
Besser, Friedrich: 116
Bethe-Loewe, Margarete: 297
Beyer, Heinrich Christian: 197, 200

Biedermann, Johann Gottlieb: 103
Bielitz, Carl Wilhelm: 450
Biermann, Wolf: 386
Binding, Rudolf G.: 235
Birnbaum, Johann Abraham: 103, 266
Birtner, Herbert: 276
Blankenburg, Walter: 186
Bloch, Ernst: 279
Blochberger, Johann Martin: 109
Blume, Friedrich: 283
Blümner, Heinrich: 202
Bock, Johann Gottfried: 451
Bock, Wolfgang: 135
Bodenschatz, Erhard: 177
Bodenstein, Andreas (Karlstadt): 164
Boehmer, Alexander Philipp: 82
Boethius: 28–30
Boetticher, Wolfgang: 138
Bokemeyer, Heinrich: 80, 104, 106
Bonifatius IX., Papst: 160
Borner, Caspar: 23, 27, 31, 162, 165, 174–176, 393
Borodin, Alexander: 247
Bose, Georg Heinrich: 285
Bose, Johann Ernst: 39
Bose, Johanna Maria: 39
Bossi, Marco Enrico: 248
Bottschild, Samuel: 65, 67
Bovet, Alfred: 406
Boxberg, Christian Ludwig: 191, 448
Brachvogel, Albert Emil: 411
Brahms, Johannes: 187, 233, 242, 246, 248 f., 252, 280, 282, 356, 358, 362–364, 404 f., 407 f., 410
Brambach, J.: 232
Brandes, Friedrich: 422, 425, 428 f., 456
Brandis, Johann George: 453
Brasch, Thomas: 386
Braun, Volker: 360 f., 387
Braune, Christian Wilhelm: 202
Bräutigam, Helmut: 263
Bräutigam, Volker: 358, 363, 385
Brecher, Gustav: 186
Brecht, Bertolt: 373, 379, 382–384
Breitengraser, Wilhelm: 446
Breitkopf, Johann Gottlob Immanuel: 259
Brendel, Franz: 269, 455
Breuer, Johann David: 454
Breunung, Ferdinand: 219
Briegel, Wolfgang Carl: 87 f.
Britten, Benjamin: 362
Broadwood, Thomas: 290
Brock, Hella: 372 f.
Brockhaus, Heinrich: 186
Broizem, Eduard von: 202
Brötler, Carl Friedrich Samuel: 452
Brotuffo, Io.: 162
Bruch, Max: 248, 404, 411
Bruckner, Anton: 241, 249, 344, 362
Brugel, Georg: 134
Brugel, Vincent: 134
Bruns, Bertha: 219
Buchenthal, Carl Gottlob: 451
Buchholtz, Reinholdt: 147
Büchner, Johann: 424, 429
Bücken, Ernst: 276, 283, 331
Buhl, Wenzel: 64, 67
Bülow, Hans von: 255, 455
Bulthaupt, Heinrich: 404
Bünau, Heinrich, Graf von: 108
Bünau, Juliana Augusta von: 108
Buonamente, Giovanni Battista: 62
Burgsdorff, Carl Ludwig Gottlob von: 202

Burkard von Chemnitz: 163
Burney, Charles: 192, 283
Busch, Wilhelm: 291
Buschmann, Friedrich August: 208
Buxtehude, Dieterich: 262, 276

C

Calvisius, Sethus: 35, 36, 59, 91, 163 f., 168, 177, 180, 408, 424, 429 f., 437, 446
Capricornus, Samuel: 89
Cares, Andreas: 136 f., 447
Carissimi, Giacomo: 86, 234
Carl, Johann Martin: 102
Caroli, Johann Friedrich: 449
Carpzov, Johann Benedict: 179
Casati, Gasparo: 86, 87
Cato, Diomedes: 131, 133
Cazzati, Maurizio: 87
Cesti, Marc'Antonio: 243
Chamisso, Adelbert von: 267
Cherubini, Luigi: 211, 214, 245
Chevalley, Heinrich: 253
Chipperfield, David: 317
Chladni, Ernst Florenz Friedrich: 452
Chopin, Fryderyk: 239, 247, 252, 407
Christian I., Kurfürst von Sachsen: 35, 177
Christian II., Kurfürst von Sachsen: 177
Christiane Eberhardine, Kurfürstin von Sachsen: 51, 99
Chrysander, Friedrich: 273, 283
Cichorius, Friedrich August: 450
Clajus, Donatus: 82
Claußen, Johann Gottlob: 424, 442
Clodius, Christian (1647–1717): 179, 429, 447
Clodius, Christian (1694–1778): 410
Clodius, Christian August Heinrich: 409 f.
Compenius, Esaias (II): 121
Compenius, Heinrich: 117 f., 121
Conrad, Martin Gottlieb: 453
Corelli, Arcangelo: 243, 262, 355
Cornelius, Peter: 188
Corvinus, Gottlieb Siegmund: 55, 56
Corvinus, Wolfgang: 177
Cotenius: 424, 429
Courvoisier, Walter: 276
Cowen, Frederic H.: 241, 246 f., 249
Cristofori, Bartolomeo: 288, 290, 308, 310, 313, 315, 320
Croce, Giovanni: 63
Cruse (Kruse), Johannes: 24
Cunis, Johann Wilhelm: 149, 199, 450
Cuntz, Steffan: 117, 346
Cyprian, Johann: 49
Czerny, Carl: 407
Czerny, Peter: 283

D

D'Albert, Eugen: 410 f.
D'Este, Alfonso II.: 75
D'Este, Cesare: 74
Dach, Simon: 145 f.
Dahlhaus, Carl: 260
Dähnert, Ulrich: 121, 128
Dall'Abaco, Evaristo Felice: 262
Damm von Seydewitz, Kurt Paul: 292
Danckert, Werner: 331
David, Ferdinand: 144, 213 f., 235, 408
David, Johann Nepomuk: 263, 298
Decius, Nicolaus: 446
Degen, Helmut: 263
Dehmel, Richard: 383

Dehn, Siegfried Wilhelm: 455
Dehnert, Max: 383
Deicke, Günther: 384
Demantius, Johannes Christoph: 447
Dessau, Paul: 360, 373, 385 f., 395
Deyling, Salomon: 102
Dèzes, Karl: 331
Dieckmann, Carl-Heinz: 362, 387
Diener, Hermann: 343
Dietrich von Wettin (Diezmann): 170
Dietrich, Karl: 385
Dilthey, Wilhelm: 271
Dischner, Oskar: 330
Distler, Hugo: 188, 356, 358, 378 f., 382, 385
Dittersdorf, Carl Ditters von: 243, 245, 405
Długoraj, Albert: 131, 139
Döbereiner, Christian: 329
Döbricht, Samuel Ernst: 50
Doles, Johann Friedrich: 199 f., 267, 394, 422, 424, 429, 431, 433, 450
Doles, Johann Friedrich d. J.: 451
Dolmetsch, Arnold: 328
Donat, Christoph d. Ä.: 111, 118, 121, 129
Donat, Christoph d. J.: 49, 121
Donati, Baldassare: 234
Dönhoff, Gerhard Graf von: 146
Dörffel, Alfred: 195
Döring, Detlef: 80
Dörwaldt-Lindemann, Editha: 380, 382
Douglas, Robert: 37
Dowland, John: 133
Draeseke, Felix: 272
Dreßler, Ernst Christoph: 450
Dreuer, Sebastian: 44
Drobisch, Carl Ludwig: 208, 215, 455
Drobisch, Johann Friedrich: 450
Drobisch, Moritz Wilhelm: 268
Dröbs, Johann Andreas: 218
Drombsdorf, Johann Georg: 36
Drusina, Benedikt de: 136 f., 140 f., 446
Drusina, Friedrich de: 135, 446
Düben, Andreas: 447
Düben, Gustav: 84 f.
Dufay, Guillaume: 330
Dunajewski, Isaak: 383
Durante, Francesco: 234
Dürr, Alfred: 301
Dvořák, Antonín: 247, 249, 284, 362
Dyck, Antonis van: 72, 76

E

Ebeling, Johann Georg: 104
Eberl, Anton: 246
Ebert, Alfred: 289, 329
Eccard, Johann: 351
Eck, Johannes: 164
Eder, Helmut: 263
Ederle, Gertrud: 230
Edlinger, Thomas: 288
Eggebrecht, Hans Heinrich: 260
Egk, Werner: 372
Ehrmann, Johann Samuel: 102
Eichler, Johann Christian Gottlieb: 451
Einert, Carl Ernst Maximilian: 454
Einert, Christian Gottlob: 201
Einstein, Alfred: 260, 275
Eisler, Hanns: 279 f., 282, 284, 356, 358, 381, 385 f.
Eisler, Stephanie: 279
Elger, Rudolf: 307, 311
Elias, Norbert: 227
Elisabeth von Sachsen: 170

Eller, Rudolf: 277–279, 300, 302–304, 306,–308, 340
Elsner, Jürgen: 279
Elste, Martin: 320
Enckhausen, Johann Christoph: 104
Endler, Johann Samuel: 449
Engel, Carl Immanuel: 196
Engelmann, Georg d. Ä.: 120, 178, 424, 430, 446
Engelmann, Georg d. J.: 447
Engels, Friedrich: 381
Englert, Anton: 448
Englert, Johannes: 143
Eras, Rudolf: 301, 334
Erich, Nicolaus: 447
Erler, Georg: 81
Ernesti, Johann August: 162
Ernesti, Johann Christian Gottlieb: 202
Ernesti, Johann Heinrich: 94, 96 f., 100, 182
Ernst, Friedrich: 296, 298–304, 306 f., 311, 335 f., 340
Eulenburg, Ernst: 241
Eulenhaupt, Johann Ernst: 86

F

Fabricius, Georg: 162
Fabricius, Joachim: 103
Fabricius, Johann Albert: 64
Fabricius, Werner: 35–46, 53, 57–65, 67–74, 79, 84 f., 88 f., 178 f., 421, 424, 430, 440, 447
Falckenhagen, Adam: 449
Falkenstein, Johann Paul von: 202
Falkenstein, Konstantin Karl: 409 f.
Fasch, Johann Friedrich: 56, 82, 93 f., 96, 149 f., 182, 261 f., 410, 435, 448
Fechner, Gustav Theodor: 268
Feller, Anna Dorothea: 53
Feller, Heinrich: 57, 81
Feller, Joachim: 52, 57 f., 61 f., 64, 69, 72, 79, 81 f., 179
Feller, Joachim Friedrich: 55
Ferdinand II., Erzherzog von Österreich: 62
Fest, Max: 371
Fétis, François-Joseph: 283, 327, 337, 347
Feuerlein, Johann Georg Christoph: 102
Feurich, Hans-Jürgen: 375
Feyerabendt, Gottfried: 147
Fickelscherer, Frank: 348
Ficker, Christian Heinrich: 451
Fiedler, Max: 405
Figulus, Wolfgang: 424, 446
Finck, Heinrich: 354, 446
Finckelthaus d. J., Sigismund: 59, 78, 81 f.
Fink, Gottfried Wilhelm: 268 f., 454
Finke, Fidelio f.: 378 f., 382
Fischer, Carl Gotthelf: 452
Fischer, Johann Christian: 453
Fischer, Michael Gotthard: 218
Flaschner, Gotthelf Benjamin: 452
Fleischer, Heinrich: 422, 425, 430 f.
Fleischer, Oskar: 327
Fleischmann, Christian Traugott: 453
Floreen, John Eric: 361
Fontana, Eszter: 280, 320, 346
Forchheim, Johann Wilhelm: 403
Ford, Henry: 291
Forkel, Johann Nicolaus: 282 f.
Förster, Horst: 377, 379–381, 383, 387
Fortner, Wolfgang: 186, 456
Förtsch, Johann Christian Karl: 453
Franchetti, Alberto: 241
Franck, César: 247
Francke, August Hermann: 167, 179
Francke, Christian: 117
Francke, Johann Balthasar: 82

Personenregister

Franke, Bernd: 280 f., 364, 375
Franke, Joachim: 143
Franke, Max: 311
Franz, Robert: 278
Frederick III., König von Dänemark: 58
Fredrich, Günter: 382 f., 385
Frege, Livia: 407
Freiligrath, Ferdinand: 411
Frentzel, Johannes: 64, 69
Fridericus, Johannes: 132
Friedel, Hans: 287
Friedrich August I., König von Sachsen: 204, 213
Friedrich August I., Kurfürst von Sachsen: 68, 98, 183
Friedrich August II., Kurfürst von Sachsen: 129
Friedrich August, Prinz von Sachsen-Zeitz: 56
Friedrich I., König in Preußen: 47
Friedrich II., Herzog von Sachsen-Gotha-Altenburg: 99
Friedrich II., König von Preußen: 338
Friedrich Wilhelm I., Kurfürst von Brandenburg: 145
Fröber, Christoph Gottlieb: 449
Fuhrmann, Georg: 133, 137, 141
Fuhrmann, Martin Heinrich: 148
Fulde, Johann Gottfried: 450
Fürnberg, Louis: 378, 383, 385, 387
Furtwängler, Wilhelm: 227
Fux, Johann Joseph: 108

G

Gabarashwili, Tamara: 302
Gabrieli, Andrea: 63, 277
Gabrieli, Giovanni: 63, 243, 244
Gadamer, Hans-Georg: 275, 277
Gade, Niels Wilhelm: 211, 216, 247
Gährig, Wenzel: 454
Galliculus, Johannes: 176, 446
Galuppi, Baldassare: 403
Gardano, Antonio: 75
Gast, Arvid: 425, 428, 431
Gastoldi, Giovanni Giacomo: 356
Gauch, Jacob: 81
Geffcken, Heinrich: 161
Gehler, Johann Samuel Traugott: 201
Gehrke, Rudolf: 379, 380, 381, 383
Geier, Martin: 36, 165
Geißler, Carl Friedrich August: 185, 209, 213, 215, 217, 221 f., 424, 431, 455
Geißler, Fritz: 280, 283, 380–383, 388
Geissler, Johann Gottlieb: 451
Geldner, Jochen: 380
Gellert, Christian Fürchtegott: 184
Geminiani, Francesco: 192
Gentzmer, Johann Cornelius: 200
Genzel, Franz: 343 f.
Georg [der Bärtige], Herzog von Sachsen: 162
Gerber, Ernst Ludwig: 283, 451
Gerber, Heinrich Nikolaus: 449
Gerhardt, Paul Friedrich Ernst: 456
Gerlach, Carl Gotthelf: 199 f., 449
Gerle, Hans: 134, 140
Gernhardt, Klaus: 311–313, 346, 348
Gerstenberg, Samuel Traugott: 451
Gerstenberg, Walter: 276, 339, 341
Gerster, Ottmar: 379, 381, 383
Gerwig, Walter: 343
Gesner, Johann Matthias: 101 f.
Gewicksmann, Vitali: 386
Glaser, Gerhart: 404
Glaser, Michael Konrad: 424, 431, 448
Glauning, Otto: 186
Gleditsch, Johann Caspar: 200

Glein, Erasmus de: 63
Gleitsmann, Anton Wilhelm Heinrich: 449
Glinka, Michail: 247, 284
Gluck, Christoph Willibald: 234, 243, 245, 252, 262
Godard, Benjamin: 247
Goerdeler, Carl Friedrich: 186
Goethe, Johann Wolfgang von: 102, 358, 381, 383, 385, 400
Göhler, Georg: 225, 233, 456
Goldbach, Christian: 59
Goldmann, Friedrich: 386
Goldmark, Karl: 404
Goldstein, Anna Beata: 146
Golle, Jürgen: 358, 384 f.
Göpfert, Carl Gottlieb: 450
Goretti, Antonio: 62, 74
Görner, Johann Gottlieb: 46, 97–100, 182 f., 267, 421 f., 424, 428 f., 431 f., 448
Görner, Johann Valentin: 449
Göttlich, Gottlob: 114 f., 125, 128 f.
Gottsched, Johann Christoph: 51, 102, 107–110, 265 f., 396, 410
Grabner, Hermann: 187, 277 f., 342, 355, 368, 420, 422, 425, 432 f.
Gräbner, Johann Heinrich d. J.: 291
Graessel, Georg: 331
Graumann, Johannes (Poliander): 163 f.
Graun, Carl Heinrich: 101, 193
Graun, Christian Jacob: 452
Graun, Johann Gottlieb: 262
Graupner, Christoph: 98, 101, 191, 448
Green, August Friedrich Siegmund: 201
Grenser, Carl Augustin: 204, 215, 218
Grieg, Edvard: 227, 247, 251, 373, 408
Grimbert, Jacques: 361
Grimmer, Helmuth: 381
Gröer-Hönisch, Friedel: 410
Groh, Johann: 403
Groß, Friedbert: 385
Große, Johann Rudolph: 57, 81
Grössel, Heinrich: 342
Grössel, Suse: 342
Grosser, Samuel: 448
Grossmann, Gustav: 402
Grün, Anastasius: 411
Gruner, Joachim: 387
Gruß, Arthur: 297
Grüß, Hans: 277, 279, 344–346, 348
Grützmacher, Friedrich: 245
Guido von Arezzo: 29, 31, 265
Gülke, Peter: 279, 344, 457
Günther, Jens-Uwe: 388
Gurlitt, Wilibald: 260 f., 301, 330, 334
Gutsch, Johann Philipp: 452
Güttler, Ludwig: 188

H

Habermas, Jürgen: 173, 279
Hacke, Johannes: 311
Haeffner, Johann Christian Friedrich: 452
Hagenmeister, Johan: 147
Hainhofer, Philipp: 63, 74, 133
Hamm, Christoph: 380
Hammer, Matern: 100
Händel, Georg Friedrich: 101, 193, 204, 213 f., 239, 243 f., 262, 273, 278, 280, 282–284, 332, 339, 355, 360, 363, 382, 386
Hanslick, Eduard: 274
Hanstedt, Georg: 456
Harlan, Peter: 329, 334
Harling, Wolff Christian von: 140 f.
Harnoncourt, Nikolaus: 359
Harrer, Christiana Elisabeth: 394
Harrer, Gottlob: 394

Hart, Jürgen: 457
Härtel, Gottfried Christoph: 267, 452
Hartinger, Walfried: 387
Häser, August Ferdinand: 191, 453
Häser, Christian Wilhelm: 453
Häser, Johann Friedrich: 453
Häser, Johann Georg: 151, 183, 191, 424, 432, 450
Haß, Johann: 446
Hasse, Johann Adolf: 403
Hasse, Karl: 170
Haßler, Hans Leo: 234, 351, 354
Haupt, Christian Friedrich: 183
Hauptmann, Moritz: 144, 216, 234, 269 f., 327, 401, 404, 408
Hausegger, Friedrich von: 274
Hausen, Christian August: 102
Hauser, Franz: 216, 402
Haydn, Joseph: 204, 214 f., 243, 245, 262, 277, 284, 340 f., 355, 358, 362, 410
Hebenstreit, Johann Christian: 102
Hebenstreit, Pantaleon: 448
Hecht, Wieland: 319 f.
Heckelberger, Jacob: 132
Hecyrus, Christoph: 446
Hegar, Friedrich: 233
Hegel, Georg Wilhelm Heinrich: 282
Heger, Melchior: 424, 446
Heidenreich, David Elias: 45, 88
Heine, Heinrich: 411
Heinichen, Johann David: 50, 56, 181 f., 191, 403, 448
Heinroth, Johann August Günther: 453
Heise, Birgit: 311, 314, 319 f., 346
Helder, Bartholomäus: 447
Helgason, Hallgrímur: 456
Heller, Sabine: 346
Heller, Veit: 314, 320, 346–348
Hellwig, Friedemann: 144
Helmholtz, Hermann von: 271 f.
Henkel, Hubert: 280, 285, 298 f., 304, 313–316
Hennicke, Johann David: 432
Hennig, Carl Traugott: 452
Henrici, Karl Ernst: 292, 406
Hense, Alfred: 298–301, 303 f., 306–308
Hensel, Walther: 234
Henze, Hans-Werner: 389
Herberger, Rainer: 372–375
Herfurth, Edgar: 293
Herfurth, Paul: 293
Hering, Carl Gottlieb: 453
Hermann von Reichenau (Hermannus Contractus): 29
Hermann, Johann: 424, 429
Hermsdorf, Wilhelm Eduard: 202, 455
Herold, Christoph: 133, 141
Herrmann, Hugo: 234
Hertel, Gottlob Friedrich: 450
Herwegh, Georg: 411
Herzogenberg, Elisabeth von: 404
Herzogenberg, Heinrich von: 225, 404, 407
Hesse, Axel: 279
Hesse, Hermann: 358
Hesse, Samuel: 57, 81
Hetscher, Balthasar: 158
Hetscher, Christian: 158
Heuberger, Richard: 234
Heuß, Alfred: 186, 233, 275
Heyde, Herbert: 313
Heyer, Hermann: 339
Heyer, Wilhelm: 288–293, 310, 329, 331, 333, 336, 338 f.
Heynsen, Carl: 456
Hildebrandt, Zacharias: 115, 124, 128 f., 299, 307 f., 313
Hiller, Christiana Eleonora: 394
Hiller, Elisabeth Wilhelmine: 195

Hiller, Ferdinand: 409
Hiller, Friedrich Adam: 452
Hiller, Henriette Wilhelmine Friderica: 195
Hiller, Johann Adam: 94, 105, 126, 148, 183 f., 186, 191–196, 201, 266, 394, 408, 422, 424, 430, 432, 450
Hindemith, Paul: 358
Hinrichsen, Henri: 186, 277, 292–295, 299, 308, 319
Hipkins, Alfred James: 338
Hitler, Adolf: 275
Hlouschek, Theodor: 388
Höckner, Georg Walter: 304
Höckner, Hilmar: 301, 304
Hoffmann, Carl Traugott: 451
Hoffmann, Gerhard: 381
Hoffmann, Johann Christian: 343
Hoffmann, Melchior: 56, 94, 181 f., 448
Hofmann, Hans: 173, 185 f., 235, 276, 351, 420, 424, 433, 438, 456
Hofmann, Johannes: 408
Hofmann, Wolfgang: 188, 425, 433
Högner, Friedrich: 425, 433 f.
Holstein, Franz von: 225, 403–405
Holstein, Hedwig von: 404
Hölty, Ludwig: 234
Homburg, Ernst Christoph: 39, 46
Homilius, Gottfried August: 449
Höne, Johann Christian: 453
Hönisch, Rudolf: 410
Hopfe, Johann Christoph: 450
Horn, Johann Caspar: 84 f., 447
Hornigk, Paul: 59
Hove, Joachim van den: 132
Hoven, Johann: 340
Hübel, Christian Gotthelf Immanuel: 424, 434, 443, 452
Hübel, Gustav Ludwig: 455
Hubert, Christian Gottlob: 343
Hubert, Michael: 85
Hübner, Johann Ephraim: 119
Hucbald von Saint-Amand: 29
Hudy, Wolfgang: 382
Hummel, Johann Nepomuk: 342
Hünerfürst, August Wilhelm: 454
Hunger, Gottlob Gottwald: 451
Hunichius, Christoph: 136
Husmann, Heinrich: 277, 297, 300, 339–342
Hütter, Elisabeth: 184

I

Ibach, Johann Adolph: 289
Ibach, Josias: 117, 120 f.
Ibach, Peter Adolph Rudolph: 289
Ihmels, Ludwig: 185
Irmler, Georg: 183, 424, 434, 449
Irrgang, Horst: 379, 380–383
Isaac, Heinrich: 186, 282, 354

J

Jacob, Richard (Weißgerber): 311, 314, 319
Jacobi, Samuel: 448
Jadassohn, Salomon: 260, 269, 271, 408
Jähkel, Gottlob August: 454
Jahn, Otto: 269, 283
Jahrow, Hermann Alfred: 241
Jammers, Ewald: 301
Janda-Bux, Annegrete: 75
Jankó, Paul: 247
Jehmlich, Johann Gotthold: 112, 128, 222
Jentsch, Christine: 409 f.
Jentsch, Heinrich Adolf Leberecht: 410
Joachim, Joseph: 409

Johann Georg I., Kurfürst von Sachsen: 35, 42–44, 69, 178
Johann Georg II., Kurfürst von Sachsen: 41, 57, 67, 69 f., 179
Johann Georg III., Kurfürst von Sachsen: 58, 68, 83
Johann Georg IV., Kurfürst von Sachsen: 68
Johannes Cotto / Afflighemensis: 29 f.
Johannes de Muris: 22–26, 29
Johnson, Uwe: 279
Jonne, Carl August: 451
Jonne, Friedrich Gabriel: 451
Jordan, Hans: 307
Josquin des Préz: 354
Judenkünig, Hans: 134
Jugler, Johann Heinrich: 61 f., 259
Julius, Herzog von Braunschweig-Wolfenbüttel: 135
Jünger, Wolfgang: 424, 446
Jurisch, Heinz: 304, 306, 308, 311
Jütner, Samuel Gottfried: 451

K

Kabalewski, Dmitrij: 379
Kaemmel, Otto: 156
Kahnt, Christian Friedrich: 285
Kaiser-Reka, Paul: 310
Kalliwoda, Johann Baptist Wenzel: 246, 253
Kamprad, Klaus-Jürgen: 346, 348
Kapp, Johann Erhard: 102
Kappe, Heinrich Ferdinand: 455
Käppler, Ingrid: 71
Katzer, Georg: 386
Kauer, Ferdinand: 192
Kautz, Detlef: 72
Kegel, Carl Christian: 218
Keil, Johann Christoph: 82
Keil, Johann Georg: 212, 216
Keiser, Reinhard: 346, 360
Kessel, Johann Christoph: 200, 450
Kestenberg, Leo: 368
Kestner, August: 400
Kestner, Charlotte: 400
Kestner, Georg: 400 f.
Kestner, Hermann: 400
Kestner, Johann Christian: 400
Kestner, Johann Georg Wilhelm Eduard: 400 f.
Kienzl, Wilhelm: 456
Kilian, Jan: 455
Kilian, Lukas: 63
Kilian, Philipp: 64, 67 f.
Kimmerling, Johann Georg: 452
Kind, Friedrich: 452
Kinsecker, Hieronymus Franziskus: 331
Kinsky, Georg: 289, 290 f., 293, 329, 331 f., 338
Kipke, Karl: 410
Kipp, Johann Heinrich: 104
Kirchbach, Hans Karl von: 51
Kirchhoff, Johann Friedrich: 200
Kirchhübel, Carl Gottlob: 451
Kirckman, Jacob: 285, 341
Kirsten, Carl Friedrich Gotthelf: 453
Kittel, Johann Christian: 218
Kittlitz, F.: 152
Klausing, Heinrich: 102
Klauwell, Otto Adolf: 456
Klein, Bernhard: 219
Klein, Johannes: 26 f.
Klement, Udo: 280, 282
Klemm, Eberhardt: 277, 279, 281, 413
Klemm, Georg Israel: 454
Klemm, Johann Gottlob: 448
Klengel, Eva: 405
Klengel, Julius: 233, 235, 402, 405 f.

Klengel, Moritz Gotthold: 454
Klengel, Nora: 405
Klengel, Paul: 233, 456
Klengel, Wilhelm Julius: 405 f.
Klinger, Max: 270, 338
Klipstein, Gottfried: 136
Klipstein, Johann: 136, 140
Klopstock, Friedrich Gottlieb: 184
Kloß, Christian: 57, 81
Knepler, Georg: 282, 283
Kneschke, Emil: 208
Knoblauch, Carl Albrecht Heinrich von: 112, 127
Knüpfer, Georg: 88
Knüpfer, Sebastian: 53, 55, 59 f., 79, 82, 84–86, 88 f., 158, 447
Köbler, Robert: 187 f., 308, 343, 358, 382, 384, 422, 425, 433 f.
Koch, Hermann Ernst: 233
Koch, Johannes: 343
Kodály, Zoltán: 384
Koerppen, Alfred: 263
Köhl, Herbert: 301
Köhl, Susanne: 301
Köhler, Hans Joachim: 281, 346, 374
Köhler, Siegfried: 385, 388, 456
König, Johann Ulrich von: 55
Konwitschny, Franz: 395
Kornagel, Johann Gottfried: 200
Koschenbahr, Christian Ulrich: 56
Kößling, Rainer: 64
Köster, Albert: 235
Kötzschke, Richard: 185
Kral, Eduard: 224
Kraus, Alessandro: 285, 288, 290, 333
Kraus, Alessandro figlio: 290
Krause, Bernhard: 135
Krause, Emil Gustav: 310
Krause, Ernst: 283
Krause-Graumnitz, Heinz: 357 f., 378 f., 382–385, 456
Krebs, Johann Ludwig: 262, 449
Kregel, Johann Ernst: 95
Krehl, Ludwig Gottlob: 206, 209, 211, 217, 222
Kretzschmar, Clara: 242
Kretzschmar, Hermann: 225, 239–257, 259, 270–275, 277, 327, 422, 424, 434 f., 456
Kreussler, Heinrich Gottlieb: 161
Kreutzbach, Urban: 128, 222
Kreutzer, Conradin: 232, 239, 342
Krickeberg, Dieter: 346
Krieger, Adam: 40, 60, 80, 84 f., 89, 261
Krieger, Johann Philipp: 80, 346
Kristinus, K. R.: 232
Krommer, Franz: 342
Kroyer, Theodor: 186, 259 f., 275–278, 289, 292 f., 295, 297, 329, 331 f., 334, 336, 339–341, 347, 368, 396, 405
Krug, Carl Gottlob: 453
Krüger, Eduard: 271, 273
Krüger, Felix: 235
Krüger, Joachim: 135
Krumbiegel, Martin: 345
Krummacher, Christoph: 425, 435
Kruspe, Friedrich Wilhelm: 288
Kuba (Kurt Barthel): 383, 385
Kuhlo, Johannes: 456
Kühn, Johann Friedrich Christian: 452
Kühn, Johannes: 59
Kuhn, Michael: 57, 81
Kühn, Ulrich: 187
Kühn, Walther: 71
Kuhnau, Johann: 39, 48–51, 56, 79, 82–84, 88, 91, 93–98, 121, 149 f., 180, 182 f., 199, 261, 421, 424, 431, 435 f., 448
Kuhnau, Sabina Elisabeth: 96
Kunze, Rainer: 383

Küster, Konrad: 58
Küstner, Karl Theodor: 454
Kyselak, Joseph: 150

L

Ladegast, Friedrich: 128
Laffert, Oskar: 285
Lammers, Hans Heinrich: 408
Lampadius, Auctor: 446
Landowska, Wanda: 291, 327, 338
Landvoigt, Johann August: 199 f., 449
Lange, Christian: 41, 44
Lange, Ulrich: 424, 446
Langer, Hermann: 169, 185, 209–212, 219, 269 f., 399, 420, 422, 424, 436, 443, 455
Larsen, Jens Peter: 342
Laßmann, Jacob: 168
Lasso, Orlando di: 62 f., 69–74, 211, 234, 356, 358
Latzko, Ernst: 334
Laube, Heinrich: 411
Lawford, Irene: 293
Le Blanc, Max: 292
Leeb, Johann Georg: 341
Lehár, Franz: 229
Lehmann, Gottfried Conrad: 95
Lehmann, Johann: 82
Lehmann, Johann Christian: 94, 102
Lehms, Georg Christian: 47, 49, 52, 53, 55
Leibniz, Gottfried Wilhelm: 265
Leichtentritt, Hugo: 262
Lendvai, Erwin: 233
Lenin, Wladimir Iljitsch: 385
Lenk, Erhard: 370
Leo, Leonardo: 243
Leonarda, Isabella: 86, 89
Leonin: 282
Levin, Robert: 363
Liebeskind, Carl August: 453
Liebknecht, Karl: 385
Lienau, Robert Emil: 455
Liepmannssohn, Leo: 292
Limburger, Jakob Bernhard: 223
Lind, Jenny: 411
Lindemann, Werner: 383
Lindener, Michael: 134, 135
Lingner, Karl August: 334
Linike, Johann Georg: 80
Lipiński, Karol: 246
Lippold, Eberhard: 280
Lipsius, Friedrich: 370
Lipsius, Johann Christoph Samuel: 449
Lissa, Zofia: 386
Liszt, Franz: 144, 220, 232, 234, 241, 246, 249, 253, 274, 401, 410 f.
Litt, Theodor: 186, 370
Locatelli, Pietro Antonio: 262
Lochmann, Carl Friedrich: 128
Lochmann, Johann Carl: 222
Loewe, Carl: 278
Löhlein, Georg Simon: 192, 451
Lohr, Michael: 447
Löhrig, Alfred: 298
Lohse, Fred: 280, 371, 380, 383
Lorenz, Wolfgang: 380
Lorenzino: 133
Lorenzo dal Lauto: 133
Loß, Christoph von: 135
Loß, Joachim von: 135, 138 f.
Loß, Nicolaus von: 135
Lotter, Margarethe: 298, 301
Lotti, Antonio: 234

Lotze, Hermann: 268, 271 f.
Louis Ferdinand, Preußischer Prinz: 336
Löwe, Johann Jacob: 45
Luckenbach, Claudia: 67
Luding: 369
Ludovici, Christian: 99
Ludwig, Fürst zu Anhalt-Köthen: 135
Lully, Jean-Baptiste: 195, 239
Luther, Martin: 164, 174–176, 179, 184

M

Machaut, Guillaume de: 330
Magdalena Sibylle, Kurfürstin von Sachsen: 35
Maggini, Santo: 151
Mahler, Gustav: 282
Maiwald, Johann Gottlob: 453
Małachowski, Jan Graf: 109
Malige, Fred: 384
Mancini, Giovanni Battista: 192
Manderscheidt, Nicolaus: 117, 346
Mann, Annerose: 385
Marenzio, Luca: 354, 356
Märker, Evelin: 348
Märker, Michael: 280
Marpurg, Friedrich Wilhelm: 104
Marschner, Heinrich: 234, 239, 395, 405, 441, 454
Martini, Gottfried: 452
Martius, Johann Georg: 100
Martucci, Giuseppe: 248
Marx, Karl (1818–1883): 282, 381
Marx, Karl (1897–1985): 378
Marx, Otto: 291, 296, 335, 338, 340
Masur, Kurt: 395
Mattheson, Johann: 80, 83, 101, 103, 105–107, 147, 266, 283
Matthus, Siegfried: 358, 384, 385
Mauer, Johann Gottlieb: 114–116, 124 f., 129
Mauersberger, Erhard: 358
Maurer, Georg: 358, 384
Maximilian II., Römisch-deutscher Kaiser: 132
Mayer, Hans: 279
Meckel, Michael: 135
Meder, Johann Valentin: 448
Mehner, Klaus: 281
Meier, Joachim: 104, 106
Meiland, Jakob: 446
Meissner, Wilhelm: 310
Melanchthon, Philipp: 161, 164
Mencke, Johann Burckardt: 48, 99, 112, 113, 122, 162, 181
Mende, Johann Gottlob: 111 f., 127–129, 221 f.
Mendel, Hermann: 283
Mendelssohn Bartholdy, Felix: 196, 202 f., 211–220, 239, 242, 245 f., 253, 269, 278, 282–284, 291, 327, 336 f., 342, 364, 404, 409–411
Merkel, Angela: 364
Mertel, Elias: 140
Merulo, Claudio: 63
Meschke, Johann Samuel: 451
Metzler, Johan: 147
Meurer, Wolfgang: 162
Meusel, Gottfried: 448
Meyer, Ernst Hermann: 282, 378
Meyer, Joseph: 411
Meyerbeer, Giacomo: 239, 411
Michael, Tobias: 36 f., 40 f., 46, 81, 178, 424
Michaelis, Christian Friedrich: 267 f., 399, 452
Michel, Andreas: 311, 314, 320
Mielich, Hans: 73
Mittendorf, Johann Chrysostomus: 450
Mittenzwey, Christian: 450
Mizler, Lorenz Christoph: 101–110, 197, 265 f., 399, 449
Moeck, Hermann: 303, 304

Moeller, Johann: 403
Möhn, Michael: 455
Möller, Augustus: 81
Möller, Carl Wilhelm: 451
Möller, Johann Gottfried: 424, 436, 441, 453
Montale, Eugenio: 390
Monte, Philippe de: 63
Monteverdi, Claudio: 62 f., 242 f., 282, 332, 338 f., 354, 356
Moosdorf, Georg: 387
Morgenstern, Jürgen: 381 f.
Moritz, Carl: 289
Moritz, Kurfürst von Sachsen: 35, 83, 165, 174, 176
Morley, Thomas: 234
Moscheles, Ignaz: 337
Mosel, Ignaz von: 213
Mottl, Felix: 407, 410
Mozart, Leopold: 192
Mozart, Wolfgang Amadeus: 214, 226, 243, 245, 253 f., 262, 279, 283 f., 340 f., 355 f., 362–364, 390, 401, 405, 408, 410
Muck, Carl: 456
Mucke, Dieter: 358
Muffat, Georg: 243, 276
Mühe, Hansgeorg: 280, 388
Mühling, Heinrich Leberecht August: 454
Müller, Adolph Heinrich: 221
Müller, Alfred Dedo: 186
Müller, Armin: 382 f., 385
Müller, August Eberhard: 126
Müller, August Friedrich: 102
Müller, Carl Gottlob: 453
Müller, Carl Wilhelm: 201
Müller, Christian Gottlieb: 205, 231
Müller, Christoph Gotthold: 454
Müller, Gottlieb Benjamin: 454
Müller, Hans: 143, 311
Müller, Heiner: 386
Müller, Jan: 76
Müller, Johann Christian: 452
Müller, Johann Christoph: 101
Müller, Karl Ernst Wilhelm: 169, 424, 433, 436
Müller, Karl-Heinz: 358
Müller, Otto: 235
Müller, Richard: 231–234, 236, 455
Muntschick, Johannes: 302, 422
Musa, Anthon: 176, 446
Mylius, Johann Daniel: 134

N

Nakonz, C. Friedrich August: 424, 437, 455
Nambdelstadt, Jacob: 135
Nathusius, Elias: 59, 78, 82, 447
Naumann, Ernst: 169
Naumann, Johann Gottlieb: 403, 407, 410
Naumann, Karl Ernst: 455
Neander, Christoph: 35, 177, 424, 437, 447
Neander, Joachim: 184
Nebauer, Paul: 406
Neefe, Christian Gottlob: 274, 340, 451
Nef, Albert: 456
Neidhardt, Johann Georg: 148
Nelkenbrecher, Johann Christian: 424, 437, 450
Neu, Alfred: 411
Neubert, Günther: 385
Neubert, Henning: 349
Neumann, Hella: 411
Neumeister, Erdmann: 38, 53
Neupert, Fritz: 296
Neupert, Reinhold: 331
Newsiedler, Hans: 140
Newsiedler, Melchior: 137

Nguon v. Thoung: 388
Nicolai, David: 449
Nicolai, David Traugott: 450
Nicolai, Friedrich: 194
Nicolai, Otto: 220
Niecks, Frederick: 456
Nietzsche, Friedrich: 455
Nikisch, Arthur: 241 f., 247, 249, 254 f., 395, 410 f.
Noricus, Johann Ernst: 79
Nörr, Georg Wilhelm: 455
Notker Labeo (Notker der Deutsche): 30
Nowikow, Anatoli: 382

O

Oberborbeck, Felix: 342
Ochsenkhun, Sebastian: 140
Oeder, Georg Ludwig: 102
Oelrichs, Johann Carl Conrad: 103–105
Oettingen, Arthur von: 272
Olearius, Johann Gottfried: 48, 96, 180 f.
Orf, Wolfgang: 405 f.
Orff, Carl: 280, 361–363, 372, 387
Ornithoparchus, Andreas: 446
Orologio, Alessandro: 62, 63, 69 f., 72–74
Ortwein, Carl-Ernst: 384
Oschanin, Lew: 382
Oschatz, Johann Christian: 197, 200
Österreich, Georg: 448
Othmayr, Caspar: 186, 351, 354, 358
Otto, Ephraim Jacob: 449
Otto, Georg: 446
Otto, Hans: 359
Otto, Stephan: 447
Otto, Valentin: 168, 177, 424, 446
Otto, Valerius: 140, 446

P

Pachelbel, Johann: 276
Pacoloni, Giovanni: 132
Paër, Ferdinando: 403
Paganini, Nicolò: 246, 289
Paisiello, Giovanni: 234
Palestrina, Giovanni Pierluigi da: 211, 220, 234, 239
Palma il Giovane, Jacopo: 74
Paltanavicius, Vytautas: 386
Pank, Siegfried: 342
Pari (Parry), Thomas: 132
Pasquini, Bernardo: 291
Pauer, Max von: 368
Paufler, Christian Heinrich: 452
Paul, Eberhard: 187
Paul, Oscar: 269–271, 273, 327
Pechuel, Johann Christian: 94
Peifer, David: 156
Peiser, Karl: 194
Pepping, Ernst: 186–188, 354, 356, 358, 378 f., 384
Peranda, Giuseppe: 88
Pergolesi, Giovanni Battista: 262
Perotin: 282
Petri, Johann Samuel: 451
Petrick, Johann Gottfried: 454
Petschke, H. T.: 232
Petzoldt, Eleonore: 346
Petzoldt, Richard: 277 f., 280, 302, 304 f., 342 f., 345, 371–373, 403
Pezel, Johann: 84, 88, 242, 261
Pezold, Hans: 371–373
Pfeiffer, Johann: 449
Pfeiffer, Johann Gottlob: 102, 179
Pflug, Nickel: 170

Pfundt, Ernst Gotthold Benjamin: 455
Philippi, Johann: 59, 82
Piegler, Gustav: 72
Pieper, Lieselotte: 344
Pietzsch, Georg: 41
Pietzsch, Katharina: 41
Pincker, Christoph: 59 f., 69 f.
Pincker, Euphrosine: 70
Pisendel, Johann Georg: 448
Pitschel, Johann Christian: 424, 437, 448
Pitterlin, Friedrich Adolph: 452
Platner, Ernst: 201
Pohl, Carl Ferdinand: 283
Pohl, Johann Ehrenfried: 201
Pohl, Richard: 455
Pohle, Christian Friedrich: 455
Pohlenz, Christian August: 184, 196, 207, 214 f., 217, 422, 424, 437, 442 f., 454
Pohlig, Karl: 410
Poley, Jacob Michael: 453
Poll, Friedrich Christian: 451
Poller, Johann Michael: 57, 81
Pommer, Max: 170, 188, 349, 359–361, 377, 385–387, 396, 425, 437 f., 440, 457
Porpora, Nicola: 262
Porsche, Carl Wilhelm August: 192, 216
Pörschmann, Johann Gottlob: 199, 451
Potsche, Christian Gottfried: 112
Poulenc, Francis: 362
Praetorius, Ernst: 289
Praetorius, Michael: 120, 175, 308, 330, 344, 351
Printz, Wolfgang Caspar: 148
Prüfer, Hermann Bernhard Arthur: 120, 272, 273, 274, 275, 413
Prutz, Ida: 411
Prutz, Robert Eduard: 411
Pufendorf, Samuel Freiherr von: 107
Püttlingen, Johann Vesque von: 277

Q

Quandt, Johann Jakob: 147
Quantz, Johann Joachim: 338

R

Rabenschlag, Friedrich: 186–188, 343, 349–357, 359, 377–384, 395 f., 422, 425, 433 f., 438 f., 456
Raddäus, Georg: 148
Radecke, Robert: 219 f.
Radoslawow, Tswetan: 456
Raff, Joachim: 248
Rameau, Jean-Philippe: 243 f., 252
Ramin, Günther: 187, 229, 233, 277, 333, 343
Raphael, Günter: 263
Rappolt, Friedrich: 53
Rathgeber, Friedrich August Christian: 454
Rathmann, Lothar: 361
Rautenstrauch, Johannes: 166
Rebling, Eberhard: 283
Rechenberg, Carl Otto: 94
Reger, Max: 227, 234, 272, 358, 363, 386, 395, 424, 438, 439
Reichard, Heinrich August Ottokar: 194
Reichardt, Johann Friedrich: 193, 278
Reiche, Gottfried: 49
Reichel, Johann Gottlieb: 102
Reichert, Christian: 40
Reichert, Sara Elisabeth: 40
Reinecke, Carl: 227, 239–242, 245, 248 f., 254 f., 260, 271, 408
Reinelt, Manfred: 279
Reinick, Robert: 232
Reinisch, Frank: 260

Reißiger, Carl Gottlieb: 401, 441, 455
Reißmann, August Friedrich: 169, 283
Resinarius, Balthasar: 446
Reusner d. J., Esaias: 137
Reuter, Fritz: 368 f., 373, 456
Reymann, Matthäus: 136 f., 139–141, 446
Reyneck, Johannes: 23
Rhau, Georg: 164, 168, 424, 439
Rheinberger, Joseph Gabriel: 232, 276
Richter, Alfred: 209, 214, 233, 241, 254
Richter, Ernst Friedrich Eduard: 144, 214, 233 f., 260, 269, 271, 273, 424, 439, 455
Richter, Georg Friedrich: 102
Richter, Ingeborg: 364
Richter, Johannes: 369
Richter, Manfred: 280
Riedel, Carl: 225, 273
Riem, Friedrich Wilhelm: 453
Riemann, Hugo: 169, 244, 259–263, 270–273, 275, 277, 283, 330, 395 f., 399, 407, 410, 413
Riemer, Johann Salomon: 149, 198–200, 449
Rietschel, Georg: 185
Rietz, Julius: 214, 216
Righini, Vincenzo: 410
Rilling, Hellmuth: 361
Rinckart, Martin: 447
Ristori, Giovanni Alberto: 403
Ritschl, Friedrich: 271
Ritter, August Gottfried: 220
Ritter, Jacob: 104
Rivinus, Johann Florens: 94, 96
Rochlitz, Johann Friedrich: 205, 214, 217, 239, 267, 453
Rödelberger, Franz Valentin: 456
Röhl, Ernst: 380
Röhl, Uwe: 356
Rohloff, Ernst: 339 f.
Röling, Johann: 146
Röllig, Johann Georg: 449
Romani, Angelo: 89
Romberg, Bernhard: 410
Römhild, Johann Theodor: 448
Romstet, Christian: 69
Rora, Constanze: 375 f.
Rore, Cipriano de: 63
Rosa, Johann Christoph: 57, 81
Rosenfeld, Gerhard: 383, 388
Rosenhagen, Julius Adolph: 104
Rosenmüller, Johann: 35–41, 45 f., 59, 78, 80 f., 84, 86, 88, 351, 447
Rosetti, Antonio: 340
Rösler, Benjamin Gottlieb: 453
Rothe, Karl: 292 f., 332, 402
Röthig, Bruno: 338, 343
Rotzsch, Hans-Joachim: 170, 188, 349, 356–359, 377, 384–386, 396, 422, 425, 438–440
Rózsa, Miklós: 456
Rubardt, Paul: 128, 143, 277, 301 f., 307–309, 340, 343 f.
Rubinstein, Anton: 247–249
Rück, Ulrich: 299 f., 303 f., 308
Rückert, Friedrich: 211
Rude, Johannes: 136 f., 141, 447
Rudolf II., Römisch-deutscher Kaiser: 73, 74
Ruhe, Johann Wilhelm: 451
Ruhe, Ulrich Heinrich Christoph: 199
Rüling, Samuel: 35, 177, 424, 440, 447
Russo, Vicenzo: 234
Rust, Wilhelm: 408
Rymkovius, Matthias: 146

S

Sachau, Ruth: 409
Sachs, Hans: 340
Saint-Saëns, Camille: 247 f. , 329, 379
Salomon, Rudolf Julius: 404
Salzer, Johann Lebrecht: 151, 424, 440
Sammartini, Giovanni Battista: 262
Sances, Giovanni Felice: 89
Sander, Margot: 346
Sarasate, Pablo de: 404
Sattlow, Friedrich Erdmann: 454
Saurbier, Johann Christian Jacob: 452
Sayn-Wittgenstein, Fürstin Carolyne von: 401
Scarlatti, Alessandro: 243
Schacher, Augustus Quirinius: 180
Schachtebeck, Heinrich: 371
Schade, Peter (Petrus Mosellanus): 164
Schadow, Johann Gottfried: 409
Schaefer, Hansjürgen: 283
Schäffer, H.: 232
Schanppecher, Melchior: 446
Scharwenka, Philipp: 248
Schedel, Hartmann: 446
Scheibe, Johann: 103, 111–119, 121–124, 127–129, 221, 265, 394, 449
Scheibe, Johannes: 35, 178, 424, 440
Scheibel, Gottfried Ephraim: 55
Scheibler, Gottlieb: 424, 436, 440, 442, 451
Scheidemann, Heinrich: 59
Scheidt, Samuel: 120 f., 278, 283
Schein, Johann Hermann: 36, 59, 62, 66, 70 f., 78, 120, 140, 178, 188, 273, 344, 354, 356, 424, 447
Schele, Ernst: 141
Schelle, Elisabeth: 440
Schelle, Johann: 46, 191, 421, 424, 435, 440, 448
Schenker, Friedrich: 280, 386
Scherchen, Hermann: 386
Schering, Arnold: 33, 41, 77, 82, 128, 134, 173, 259 f., 274 f., 277 f., 330, 402, 407, 413
Schertzer, Johann Adam: 59
Schetelig, Julius: 291
Schicht, Johann Gottfried: 151, 184, 196, 204, 206, 208, 211, 214, 217, 221, 223, 422, 424, 434, 441 f., 451
Schicketanz, Hermann: 348
Schiller, Friedrich: 360, 385 f.
Schilling, Gustav: 283
Schinköth, Thomas: 280
Schleinitz, Heinrich Conrad: 404, 455
Schlotter, Gerd: 380–382
Schmelzer, Johann Heinrich: 88 f.
Schmid, Balthasar: 449
Schmidt (Fabricius), Albert: 58
Schmidt, Friedrich: 224
Schmidt, Johann Michael: 110
Schmidt, Joseph: 407
Schmidt, Lothar: 281
Schmiedel, Peter: 277, 307 f., 312, 343, 344, 348
Schmuck, Vincenz: 178
Schmuck, Wilhelm: 178
Schmutzler, Siegfried: 187
Schneider, Christoph: 356, 382 f.
Schneider, Conrad Michael: 448
Schneider, Detlef: 358
Schneider, Friedrich: 208, 215, 217, 219, 424, 441, 454
Schneider, Hermann: 370
Schneider, Jochen: 379, 381 f.
Schneider, Johann: 200
Schneider, Johann Gottlieb: 454
Schneider, Johann Gottlob: 217, 222, 424, 437, 441, 454
Schneidereit, Otto: 283
Schnitger, Arp: 116–118
Schnittke, Alfred: 360, 386 f.
Schnorr von Carolsfeld, Ludwig: 407
Schnorr von Carolsfeld, Malwina: 407
Scholtz, Hermann: 402
Scholze, Johann Sigismund (Sperontes): 449
Schönberg, Arnold: 281 f., 360, 385 f.
Schöne, Kurt: 371
Schönewolf, Karl: 283
Schönfelder, Gert: 279
Schopenhauer, Arthur: 273–275
Schostakowitsch, Dmitri: 282, 284, 381 f., 387
Schott, Georg Balthasar: 448
Schrade, Leo: 276
Schrammek, Winfried: 280, 293, 311–314, 316, 320
Schramowski, Herbert: 280
Schreck, Gustav: 234
Schröder-Devrient, Wilhelmine: 411
Schröer, Johann Georg: 87
Schröter, Christoph Gottlieb: 104–106, 266
Schubert, Eugen: 369
Schubert, Franz: 232, 234, 239, 245 f., 282, 284, 340, 342, 358
Schubert, Johann Friedrich: 195
Schultz, Gisela: 340, 403
Schultz, Helmut: 276 f., 296–298, 300, 333 f., 339–343, 347, 370, 403, 405
Schultze, Christoph: 447
Schulz, Johann Philipp Christian: 422, 424, 441–443, 453
Schulze, Christian Andreas: 448
Schumacher, Heinrich: 288
Schumann, Andreas: 135
Schumann, Clara: 404, 408 f., 411
Schumann, Robert: 211, 220, 239, 246, 248, 269, 275, 284, 285, 291, 327, 358, 394, 404, 408, 455
Schütz, Christoph Georg: 68
Schütz, Heinrich: 37 f. , 46, 58–63, 68–70, 72, 78, 87, 165, 177, 187, 274, 282–284, 350–352, 356, 362, 378
Schwab, Gustav: 267
Schwaen, Kurt: 373, 382 f., 395
Schwalbe, Gerhard: 359
Schwartze, Caspar: 120
Schwartze, Peter: 358
Schweinefleisch, Johann Christian Immanuel: 114 f., 124, 128 f.
Schweitzer, Albert: 283
Schwips, Johann Gottlob: 454
Sebastiani, Johann: 146 f.
Seeger, Horst: 282 f.
Segnitz, Eugen: 410
Seidel, J. G.: 232
Seidel, Wilhelm: 267, 281
Seiller, Johann Georg: 68
Selle, Lieselotte: 298, 302
Selle, Thomas: 39, 59, 447
Selmnitz, Friedemann von: 165
Senf, Carl Heinrich: 453
Senfl, Ludwig: 186, 276, 340, 351, 354
Serauky, Walter: 277 f., 301, 304–308, 343 f.
Servatius Sacerdos: 30
Seumel, Volker: 143, 314, 319
Seussius, Johann: 135
Seyffarth, Hermann: 287 f.
Sgambati, Giovanni: 248
Shakespeare, William: 389–391
Sicul, Christoph Ernst: 97 f. , 182 f.
Siebeck, Carl Christian Heinrich: 454
Siebeck, Johann Heinrich: 451
Sieber, Hans: 355
Siefert, Christian Heinrich: 288
Siefert, Gustav: 288 f.
Siegler, Philipp Christoph: 199 f., 449
Siegmund-Schultze, Walther: 279 f., 282 f., 372 f.
Silbermann, Gottfried: 112, 117, 119, 123, 128, 299, 305, 307 f., 313, 333, 341, 394

Silbermann, Johann Andreas: 122–124
Silcher, Friedrich: 231, 410
Siloti, Alexander: 241
Simon, Ernst: 330
Simon, Paul: 328
Sindermann, Frank: 346
Sixtus IV., Papst: 174
Smetana, Bedřich: 249, 282, 284
Sommer, Heinz-Dieter: 242, 251
Sommerlath, Ernst: 186
Sorber, Nikolaus Jonas: 347
Sorge, Georg Andreas: 109
Speidel, Wilhelm: 232
Spencer, Herbert: 274
Sperbach, Karl Gottlob: 102
Spetner, Christoph: 64, 68–70
Spieß, Meinrad: 104, 109
Spitta, Philipp: 225, 273, 283
Spohr, Louis: 246
Spontini, Gaspare: 411
Spontini, Luigi: 401
Spranger, Eduard: 369
Sramek, Christoph: 280
Stade, Friedrich: 273, 455
Stade, Wilhelm: 234
Stahl, Christianus: 82
Stallbaum, Johann Gottfried: 162, 167
Stamitz, Johann: 244, 261 f.
Starke, Johann Gottlob: 424, 441, 442, 453
Steglich, Rudolf: 308, 330, 343
Stein, Johann Andreas: 341
Stephani, Johann Gottlieb Ehregott: 112, 115 f., 126 f., 129
Stepner, Salomon: 70
Steucke (Steuccius), Heinrich: 140
Steude, Wolfram: 87
Stickelberger, Emanuel: 410
Stiehl, Christine: 188
Stier, Gothart: 188
Stock, Elias Christoph: 56
Stöckel, Klaus: 457
Stohr, Johann: 84, 86 f., 447
Stolle, Johann Adam: 424, 442, 448
Stölzel, Gottfried Heinrich: 94, 448
Stradivari, Antonio: 343, 344
Straube, Karl: 186, 225, 276, 277, 292–294, 322, 330, 332
Straube, Rudolf: 450
Strauch, Johann: 39
Strauss, Richard: 249, 255
Strawinsky, Igor: 280, 372
Streithof, Dieter: 383
Striggio, Alessandro: 63
Ströbel, Heinrich Friedrich: 452
Strohbach, Siegfried: 263
Stübner, Friedrich Wilhelm: 102
Stumpf, Carl: 272
Sturm-Francke, Renate: 340, 342
Sweelinck, Gerrit Pieterszoon: 76
Sweelinck, Jan Pieterszoon: 59, 63, 76
Swieten, Gottfried Freiherr van: 215
Szeskus, Reinhard: 279 f., 282

T

Tag, Christian Traugott: 453
Tappert, Wilhelm: 138
Taubert, Gottfried: 448
Taut, Elisabeth: 408
Taut, Kurt: 407 f.
Telemann, Georg Philipp: 82, 97 f., 106, 108 f., 182, 244, 261 f., 283 f., 360, 394, 435, 448
Tennemann, Wilhelm Gottlieb: 267

Terletzki, August: 288
Thayer, Alexander Wheelock: 283
Theile, Johann: 79, 82, 84–87, 447
Theoger von Metz (Theoger von St. Georgen): 23
Thibaut, Anton Friedrich Justus: 244
Thiele, Johann Christoph: 97, 149, 182 f., 424, 440, 442, 448
Thieme, Karl August: 450
Thilman, Johannes Paul: 381
Thilo, Johann: 45
Thomas, Christian Gottfried: 267, 451
Thomas, Kurt: 188, 263
Thomasius, Jakob: 46, 156, 158, 161
Thomasius, Michael: 161
Thomm, Hans-Jürgen: 187
Tielke, Gottfried: 143–147, 149 f.
Tielke, Joachim: 143, 145, 288, 302
Timm, David: 349, 363 f., 389, 425, 442 f.
Tischer, Gerhard: 291 f.
Tockler, Conrad (Conradus Noricus): 26
Tosi, Pier Francesco: 192, 195
Trampeli, Johann Gottlob: 126–129
Trapps, Petrus: 104
Trede, Hilmar: 276
Treibmann, Karl Ottomar: 280 f., 361, 375, 386–388
Treichel, Hans-Ulrich: 389–391
Trexler, Georg: 346, 358, 385, 456
Trier, Johann: 199, 450
Tröger, Samuel: 79
Troitzsche, Johann Gottlieb: 114
Tromlitz, Johann Georg: 450
Tröndlin, Johann Nepomuk: 167
Trost, Tobias Heinrich Gottfried: 117, 124
Tschaikowski, Piotr: 241, 249, 284
Tuch, Heinrich Agatius Gottlob: 452
Türk, Daniel Gottlob: 278, 451
Tykocinski, Heiin: 161

U

Udolph, Jürgen: 150
Uhland, Ludwig: 232
Ulbricht, Walter: 383
Ullrich, Gert: 381
Ulrici, S.: 89
Unger, Andreas: 36, 447
Unger, Georg: 455
Unger, Hans Werner: 375
Unger, Max: 330
Unger, Wolfgang: 188, 349, 361–363, 377, 387, 419, 425, 443
Uz, Johann Peter: 184

V

Vecchi, Oratio: 62, 69 f., 72–74
Verbeek: 369 f.
Verdi, Giuseppe: 363 f.
Vesque von Püttlingen, Johann: 403
Vetter, Daniel: 121–123
Vierling, Georg: 232
Viotti, Giovanni Battista: 246
Vitztum von Eckstedt, Christoph: 40
Vogel, Bernhard: 243, 253
Vogel, Ferdinand: 218
Vogel, Johann Jacob: 41, 43–45, 83 f., 180
Vogler, Georg Joseph (Abbé): 126, 218
Voigt, Johann Georg Hermann: 453
Voigt, Wilhelm: 271
Voit, Wilhelm Philipp: 126
Volkland, Alfred: 225
Volkmann, Robert: 248 f.
Völkner, Bernhard Friedrich: 449

Vopelius, Gottfried: 166, 448
Vorberg, Gregor: 446

W

Wach, Carl Gottfried Wilhelm: 215, 452
Wachs, Siegmund Gottlob: 212
Wachsmann, Johann Friedrich: 449
Wagner, Doktor: 161
Wagner, Georg Gottfried: 97
Wagner, Gotthelf Traugott: 173, 184 f., 206–209, 221, 424, 431, 443, 454
Wagner, Richard: 242, 246 f., 251 f., 269, 273 f., 276, 280, 282, 308, 363, 382, 394, 455
Wagner, Siegfried: 255, 410
Wagner, Traugott: 223
Waissel, Matthäus: 133, 137, 141
Waldbaur, Thekla: 343
Walter, Johann: 446
Walther, Carl Salomo: 241
Walther, Johann Gottfried: 101 f., 104, 107, 283
Walther, Johann Jakob: 403
Wauer, Jan: 448
Weber, Ananias: 83
Weber, Carl Maria von: 229, 239, 245 f., 342
Webersinke, Amadeus: 343
Wedebach, Appolonia: 170
Wedebach, Georg: 170
Weichmann, Christian Friedrich: 104
Weill, Kurt: 282, 361
Weiner, Gottlieb: 450
Weingartner, Felix: 255
Weinmann, Johann: 446
Weinrich, Georg: 177
Weise, Christian: 79
Weiske, Carl Gottlieb: 424, 443
Weismann, Wilhelm: 358, 378 f., 382, 385
Weiß, Christian d. J.: 102
Weisse, Christian Hermann: 269
Weiße, Johannes: 24
Weiz, Anton: 91
Wellek, Albert: 277
Wellendörffer, Virgilius: 25
Wellner, Ulf: 363
Wendt, Amadeus: 202, 267, 268, 269, 454
Wenzel, Eberhard: 356
Wenzel, Ernst Ferdinand: 455
Wenzel, Gotthard: 200, 450
Wernsdorf, Gottlieb: 48
Westphal, Rudolf: 270
Weyrauch, Johann Christian: 449
Weyrauch, Johannes: 379
Widmann, Erasmus: 340
Widor, Charles-Marie: 248

Wiedner, Johann Gottlieb: 199, 450
Wiens, Paul: 384
Wiesner, Kurt: 188
Wilhelmj, August: 144, 151
Wilke, Andreas: 132
Willaert, Adrian: 62 f., 69 f., 72–75, 356
Willamovy, Michael: 147
Willert, Paul: 371, 379
Winderstein, Hans: 224, 240 f.
Winterfeld, Carl von: 273
Wipprecht, Gottlieb Rudolph: 452
Wissenbach, Rudolf: 140
Wit, Paul de: 143 f., 285, 287–290, 293, 296, 311, 327 f., 333, 336, 338, 343
Wittek, Eduard: 288
Wohlgemuth, Gerhard: 383
Wöhlke, Franz: 101
Wolf, Christian Heinrich: 115, 117, 125, 129
Wolf, Hugo: 408
Wolf, Thomas: 311
Wolf, Werner: 280, 282, 346, 359, 360
Wolff, Christoph: 266
Wolff, Hellmuth Christian: 277 f., 280, 373, 396
Wolffheim, Werner: 104
Wolle, Christoph: 102
Wollny, Peter: 33, 36
Wünsch, Johann Christian: 450
Wurstisen, Emanuel: 131
Wüstenfeld, Arnold: 164
Wustmann, Rudolf: 34 f., 77, 134, 138, 141, 164, 169, 173, 177, 275

Z

Zangius, Nikolaus: 340
Zarncke, Friedrich: 62, 259
Zedler, Johann Heinrich: 78, 101
Zehrfeld, Albin Fürchtegott: 424, 443
Zeidler, Eduard Moritz: 424, 444
Zeigner, Erich: 300
Zeißeler, Christoph: 79, 81
Zelenka, Jan Dismas: 244
Zelter, Carl Friedrich: 195, 410
Zenck, Hermann: 276, 296, 334, 339 f., 347
Zeraschi, Helmut: 280, 309 f., 313 f.
Zetzsch, Gottlieb: 97, 182, 424, 444, 448
Ziegler, Caspar: 37 f., 45, 60, 80
Zimmering, Max: 380–382, 385
Zimmermann, Willy von: 287
Zingarelli, Niccolò Antonio: 401
Zöllner, Carl Friedrich: 208, 223, 227, 441
Zöllner, Heinrich: 422, 424, 444, 456
Zölsch, Hans: 307
Zschockelt, Gerhard: 229

Collage
Links: 1890, Ansicht von Augusteum und Pauliner-Universitäts-Kirche vom Augustusplatz gesehen. Postkarte (Universitätsarchiv)
Rechts: Neuer Universitäts-Campus, Fertigstellung 2009/2010 anlässlich des sechshundertjährigen Jubiläums der Universität Leipzig,
© designed by Erick van Egeraat

Bildnachweis

Archiv Breitkopf & Härtel Wiesbaden: 258

Archiv der Sängerschaft Arion-Altpreußen zu Göttingen: 226, 230, 231, 232

Archiv des Thomanerchores: 157, 159, 160, 170

Bach-Archiv Leipzig: 95

Behrends, Rainer: 375

Bodleian Library, Oxford: 10

Bundesarchiv, Koblenz: 4

Christian-Weise-Bibliothek Zittau: 39

Franke, Bernd: 390

Herzog August Bibliothek Wolfenbüttel: 51, 52, 53

Klassik Stiftung Weimar, Herzogin Anna Amalia Bibliothek: 42, 43

Landesdenkmalamt Sachsen: 238

Leipziger Städtische Bibliotheken, Musikbibliothek: 90

Max-Reger-Institut/Elsa-Reger-Stiftung, Karlsruhe: 427

Museum für Musikinstrumente der Universität Leipzig: 172, 250, 254, 286, 295, 296, 323, 326, 328, 329, 333, 426, Marion Wenzel: 151, 313, 321, 322 324, 325, 326, 335

Niedersächsische Staats- und Universitätsbibliothek Göttingen: 37

Pommer; Max: 427

Privatbesitz, Straßburg: 124

Rieger, Heike: 366

Rotzsch, Hans-Joachim: 427 (Viola Boden)

Sächsische Landesbibliothek, Staats- und Universitätsbibliothek Dresden: 44, 55

Schlossmuseum Sondershausen: 54 (Helmut Rötting)

Schrammek, Winfried: 341, 344, 345

Staatsbibliothek Berlin – Preußischer Kulturbesitz, Musikabteilung mit Mendelssohn-Archiv: 40, 99

Stadtgeschichtliches Museum Leipzig: 20, 142, 198, 212, 214, 215, 216, 217, 218, 219, 220, 227, 235, 254

Stahl, Marcus: 119

Thiemann, Christine: 374

Thomaskirche Leipzig: 164 (Altner, Stefan)

Universitätsarchiv Leipzig: 19, 47

Universitätsbibliothek Uppsala: 81, 89

Universitätsbibliothek Freiburg: 45

Universitätsbibliothek Leipzig: 2, 23, 24, 25, 27, 28, 29, 31, 130, 163, 398, 400, 403, 406, 407, 409, 412, 426, 509 (Pressestelle)

Universität Leipzig, Büro Universitätsmusik: 350, 352, 356, 357, 359, 361, 363, 365, 427, 458

Universität Leipzig, Kustodie: 32, 60, 76, 92, 190, Marion Wenzel: 65, 66, 68, 71, 72, 74, 75

Universität Leipzig, Pressestelle: 18 (Volkmar Heinz), 509

Wikimedia: 145

Reproduktionen:

Georg Kinsky: *Katalog des Musikhistorischen Museums von Wilhelm Heyer in Cöln*, 1. Bd., Leipzig 1910 S. 92: 303

Bernhard Knick (Hrsg.): *St. Thomas zu Leipzig. Schule und Chor. Stätte des Wirkens von Johann Sebastian Bach. Bilder und Dokumente zur Geschichte der Thomasschule und des Thomanerchores mit ihren zeitgeschichtlichen Beziehungen*, Wiesbaden 1963, S. 319: 426

Richard Kötzschke: *Geschichte der Universitäts-Sängerschaft zu St. Pauli in Leipzig. 1822–1922*, Leipzig 1922: 427

Meyer Konversations-Lexikon, 5. Aufl., Leipzig 1895: 144

Universität Leipzig, Büro des Universitätsmusikdirektors Wolfgang Unger (Hrsg.): *75 Jahre Leipziger Universitätschor. Festschrift*, Leipzig 2001, S. 34: 427

Gottfried Taubert: *Rechtschaffener Tantzmeister oder gründliche Erklärung der Frantzösischen Tantz-Kunst*, Leipzig 1717 (Faksimile, hrsg. vom Zentralantiquariat, Leipzig, 1976): 264

Impressum

Herausgeber: Eszter Fontana
Redaktion: Bernhard Schrammek

Satz, Layout: Hans-Jürgen Paasch
Gestaltung: Janos Stekovics
Gesamtherstellung: VERLAG JANOS STEKOVICS
Straße des Friedens 10
06198 Wettin OT Dößel
Telefon: (03 46 07) 2 10 88
Fax: (03 46 07) 2 12 03
E-Mail: steko@steko.net
www.steko.net

© 2010 VERLAG JANOS STEKOVICS
in Zusammenarbeit mit dem Verlag des Museums
für Musikinstrumente der Universität Leipzig

ISBN 978-3-89923-245-5